史念海 著

中国的河山

ZHONG GUO DE
HE SHAN

上

陕西师范大学出版总社

图书代号　ZZ21N2111

图书在版编目（CIP）数据

中国的河山：上、下/史念海著．—西安：陕西师范大学出版总社有限公司，2022.2（2022.10重印）

ISBN 978-7-5695-2572-4

Ⅰ.①中⋯　Ⅱ.①史⋯　Ⅲ.①历史地理—中国—文集　Ⅳ.①K928.6-53

中国版本图书馆CIP数据核字（2021）第229003号

中国的河山（上、下）
ZHONGGUO DE HESHAN

史念海　著

出 版 人	刘东风
选题策划	胡杨文化　何崇吉
责任编辑	焦　凌　刘　定
责任校对	高　歌
特约编辑	史开俊
装帧设计	龚心宇
出版发行	陕西师范大学出版总社
	（西安市长安南路199号　邮编710062）
网　　址	http://www.snupg.com
印　　刷	陕西龙山海天艺术印务有限公司
开　　本	720 mm×1020 mm　1/16
印　　张	52.5
插　　页	4
字　　数	703千
版　　次	2022年2月第1版
印　　次	2022年10月第2次印刷
书　　号	ISBN 978-7-5695-2572-4
定　　价	128.00元（上、下）

读者购书、书店添货或发现印装质量问题，请与本公司营销部联系、调换。
电话：（029）85307864　85303629　传真：（029）85303879

目录 CONTENTS

- 001 祖国锦绣河山的历史变迁
- 050 黄河在山陕之间
- 064 三门峡与古代漕运
- 085 论泾渭清浊的变迁
- 107 论济水和鸿沟
- 158 壶口杂考
- 170 古代的关中
- 208 函谷关和新函谷关
- 225 论雁门关
- 243 唐代原州的木峡关和石门关
- 252 河西与敦煌
- 302 龙首原和隋唐长安城
- 321 新秦中考
- 360 西安地区地形的历史演变

祖国锦绣河山的历史变迁

我们伟大的祖国位于亚洲的东部和太平洋的西岸,幅员广大,疆域辽阔。领土面积约960万平方公里,占地球上陆地面积的十四分之一,亚洲的四分之一,与整个欧洲相仿佛,是世界上领土面积最大的国家之一。

我们伟大祖国的历史可以远溯到旧石器时代的初期,元谋人、蓝田人和北京人化石的发现,都可以证明我们的祖国是世界上历史最悠久的国家之一。我们祖国幅员辽阔,历史悠久,河山历经变迁,愈显得娇妍。

一、疆域的沿革和地形的变迁

(一)疆域与行政区划

我国在西汉时,西域都护府辖地,就已达到巴尔喀什湖和帕米尔高原的西侧,而鲜卑族和肃慎族的辖地,乃在黑龙江之外,而且达到黑龙江入海口之北。现在的黑龙江就是当时的弱水。汉时最南的州为交趾，交趾所属的日南郡，其治所为西卷县，相当于今越南的广治。这个郡的南界则在今巴江以南。唐代的安西都督府辖境，更远至咸海以西，而黑水靺鞨部的辖地自外兴安岭以东，兼有黑龙江入海口以北。唐代最南的一州为罗伏州，其南境则在今越南海万城以南。清代前期，西北的疆界仍在巴尔喀什湖畔；而在东北，也仍达到外兴安岭和黑龙江入海口之北；南海诸岛直至曾母暗沙以南，都在版图之内。这样广大的土地，都是我国各族人民辛勤劳动和繁衍生息的地方。

我国目前是世界上人口最多的国家。根据历史记载，人口比较多的时期是西汉末年、唐代和清朝的中叶。汉平帝元始二年（公元2年）共有人口5959万余[1]；唐玄宗开元二十八年（公元740年），共有人口4814万余[2]；清宣宗道光二十九年（公元1849年），共有人口4亿1298万余[3]。这些数字都比现在人口少得多。应该指出，这些数字仅包括当时王朝直辖的地方。就是直辖的地方，也不是所有的人都报过户口，所以都远比现在为少。

我们的祖国也是一个统一的多民族的国家。历史上有的兄弟民族有时改变名称，有时迁移居地，现在难得一一具论。就以当前来说，在全国各民族中，汉族人口最多，约占全国人口的94%，其他五十五个民族，约占全国人口的6%。

各族人民的文化发展程度虽不尽相同，但是都有悠久的历史，共同反对统治阶级的压迫和剥削，一起抵抗外来的侵略，以勤劳的双手和智慧创造了祖国的历史和文化。新中国成立后，各兄弟民族聚居的地方实行了区域自治，各民族自治的地方都是中华人民共和国不可分割的一部分。

我们祖国的行政区域，变迁相当频繁。现在是以省和自治区为一级行政

---

[1] 《汉书》卷二八下《地理志》。
[2] 《新唐书》卷三七《地理志》。
[3] 《清史稿》卷一二六《食货志》。

区域。历史上的一级行政区域却有州、郡、道、路、行省等各种制度。秦始皇统一六国后，改以前诸侯封国为郡县，郡就成了一级行政区划。秦的都城在咸阳（今陕西咸阳市东），咸阳附近为内史，内史以外共设四十一个郡。西汉时在郡以上另设州刺史部。西汉都城在长安，长安周围另设司隶校尉部，其他各地共设十三个州。秦郡繁多，不可备举。西汉时的十三州为冀州、幽州、并州、朔方、凉州、益州、交趾、荆州、扬州、豫州、兖州、徐州、青州，而西域都护府和一些民族聚居的区域还没有包括在内。西汉以后，经过几个王朝，州的辖境逐渐缩小。到了唐朝，又在州上设道。唐初共设了十个道，为关内、河南、河东、河北、山南、陇右、淮南、江南、剑南、岭南道。宋代改道为路，元丰年间（公元1078—1085年）共有二十三路，为京东东，京东西、京西南、京西北、河北东、河北西、永兴、秦凤、河东、淮南东、淮南西、两浙、江南东、江南西、荆湖南、荆湖北、成都、梓州、利州、夔州、福建、广南东、广南西路。北宋都于开封，所以有几个路都以京城定方位。唐宋和汉一样，一些民族聚居的地方都没有包括在道或路之内。元时则在路上设省或行省。元都于大都（今北京市），大都附近设中书省。中书省以外还有十一个行中书省。十一个行中书省是岭北、辽阳、河南、陕西、四川、甘肃、云南、江浙、江西、湖广、征东。明代改中书省为直隶，改行省为布政使司。当时有南北两京（今南京市和北京市）。共有南北两个直隶和十三个布政使司。这些布政使司为山东、山西、河南、陕西、四川、湖广、浙江、江西、福建、广东、广西、云南和贵州。当时虽有布政使司这个名称，可是民间一般还是以省相称。到清代也就以省相称了。清代都城也在北京，以北京为中心的直隶亦成为一省。清代后期一共有二十三个省，直隶而外，还有奉天、吉林、黑龙江、江苏、安徽、山西、山东、河南、陕西、甘肃、浙江、江西、湖北、湖南、四川、福建、台湾、广东、广西、云南、贵州、新疆等省，另外还有内蒙古、外蒙古、青海、西藏几个地方。

（二）地形鸟瞰

我们伟大的祖国幅员辽阔，地形复杂，高原山地连绵，平原盆地舒展，间杂丘陵，寒暖适宜。其总的地形特征是西高东低，呈阶梯状。这在现代的分层设色的地形图上，都可清晰地显示出来。青藏高原的平均海拔达 4500 米，横空杰出，昂然屹立，素有"世界屋脊"的称号。高原上，山岭交错，原野旷平，山原之间湖泊晶莹，到处星罗棋布，形成独特的景观。高原东北部的柴达木盆地，虽稍低平，然海拔犹在 3000 米上下。正因为是高昂绝伦，所以高原上的河流就分别下注，各向一方，一部分流入太平洋，一部分流入印度洋。青藏高原以北和以东，则有内蒙古高原、黄土高原和云贵高原以及准噶尔盆地、塔里木盆地和四川盆地，海拔一般在 3000 米左右。局部地区有降至 500 米以下者。吐鲁番盆地的最低点在海平面以下 154 米处，为祖国陆地上最低的洼地，也是全世界最低的洼地之一。这些高原和盆地各有其显著的地形特点：内蒙古高原的高山不多，丘陵平缓，在苍苍天色下更显得旷野茫茫；黄土高原沟壑纵横，致使原面多趋于破碎；云贵高原群山逶迤，气势磅礴，道路崎岖，平原稀少；准噶尔盆地草原辽阔，一望无边，南缘冲积扇宽广，绿洲较少；塔里木盆地沙海浩瀚，黄浪滚滚，有全国最大的沙漠，绿洲多在盆地的西部边缘；四川盆地沃野千里，周围丘陵起伏，与远处的青山表里辉映。

这些高原和盆地不仅各有其显著的地形特点，而且也经历了若干变迁。这些变迁过程须待详细探索，这里仅就内蒙古高原和黄土高原略事说明。内蒙古高原自来以畜牧事业著称，畜牧事业发达正说明草原的广阔。草原上本来也是有沙漠的，不过范围都不能说过大。现在一些沙漠却在逐渐扩展，乌达市和磴口以西的乌兰布和沙漠和伊克昭盟的毛乌素沙漠，已显出这样的情形[1]，都为内蒙古高原增添了特色。黄土高原上本来是有不少的原，

---

[1] 朱震达《历史时期沙漠的变化》（稿本）。

由于水力和风力的侵蚀，黄河及其绝大部分支流流经其间，于是高原切割破碎，沟壑增多，已和原来的地形迥不相同。

由这些高原再往东去，过了大兴安岭、太行山脉，更南及于巫山和云贵高原东缘，海拔降至500米以下，更多的地方则在200米以下。这里是广大的平原和丘陵湖泊地区。东北平原和华北平原广阔无际，气象万千。长江中下游平原则分散着许多湖泊。尤其是江汉平原和江淮之间的运河东西的湖泊宛如长夜无际的繁星，晶莹发光，耀人眼目。东南各地丘陵间，夹杂着一些低山和小的红色盆地，高高低低，起伏不平。至于沿海平原，海拔更低至50米以下。

应该着重指出的是这些平原的变迁。华北平原是一个很大的平原，却是黄河频繁改道的地区。由于黄河挟带有大量的泥沙，每一决溢泛滥，泥沙就随着洪水所至而到处堆积。据说华北平原本来是一个海，由于黄河泥沙堆积而成为陆地。这话如果属实，也当在地质时期，非本文论述所及。即以历史时期而论，这个平原因黄河泛滥而形成的堆积，一般来说其厚都不下于10米，甚而有至几十米的。当然，这样的堆积并不仅限于黄河和华北平原，就是江汉平原也是一样的。江汉平原现在虽仍是一个多湖泊地区，但历史上的湖泊却远较现在为多，那些消失的湖泊都是由于泥沙堆积而淤平了。

在我国的内海和边海之下，有着广阔的大陆架。它是大陆边缘倾斜平缓的海底地带，是我国大陆被海水淹没的水下延续部分，蕴藏着丰富的自然资源。大陆架的存在是有悠久历史的，它的发现和利用却是近世的事情，历史上是不会有这样的记载的。

（三）巍峨的群山

在祖国的广阔版图中，有纵横全国的大小山脉。这些山脉主要分布于西部，那里有阿尔泰山脉、天山山脉、昆仑山脉、喀喇昆仑山脉、冈底斯山脉和喜马拉雅山脉。阿尔泰山脉和天山山脉分别蜿蜒于新疆维吾尔自治区的北部和中部。昆仑山脉西起帕米尔，东至四川盆地的西缘，东西横贯青藏高原。其西段与阿尔金山和祁连山脉构成了青藏高原的北缘。昆仑山脉东段的一条支脉叫可可西里山，东延为巴颜喀拉山，是长江和黄河源流的分水岭。它的另一条支脉积石山，东延与秦岭相连。喀喇昆仑山脉和喜马拉雅山脉分别雄峙于青藏高原的西部和南部边缘，冈底斯山脉则横亘于雅鲁藏布江北岸。位于西藏东部和四川、云南西部的大雪山、怒山和高黎贡山等南北并列的山地，通称横断山脉，山高谷深，景色变化多端，寒燠悬殊，植被分布也随地势高低有极为显著的垂直差异，其北段和中段也是青藏高原的一部分。青藏高原的山脉突兀直起，昂首天外，许多山岭都在雪线以上，终年白雪皑皑，难尽消融。喜马拉雅山脉上的珠穆朗玛峰，海拔8848米有余，为世界第一高峰。喀喇昆仑山脉的乔戈里峰，亦高达8611米，仅次于珠穆朗玛峰。

青藏高原以东的主要山地，有东西走向的阴山山脉、秦岭山脉和南岭山脉。秦岭不仅是长江和黄河的分水岭，也是我们祖国南北之间一条重要的自然地理分界线，即亚热带暖温带的分界线。

南岭山脉横亘于长江和珠江之间，以越城岭、都庞岭、萌渚岭、骑田岭和大庾岭五个山岭最为有名，故南岭有五岭之称。南岭虽然高度不大，山形破碎，但仍有阻拦寒潮南下的作用，使岭南和岭北的气候有所不同，而岭南的自然景色中热带特征更趋显著。

作为东北西南走向的大兴安岭、太行山、巫山、武陵山、雪峰山等，都是西坡较为平缓，东侧相当陡峻，构成显著的地形分野。其东侧山麓，就是东北平原、华北平原和长江中下游平原的西界。

分布在台湾岛东部的台湾山脉，山势高峻，是我国年青的山地之一，有许多山峰的海拔高达3500米以上，主峰玉山更高至3950米，是我国东部的著名高峰。

这些分布在不同地区的山脉，大部分都有相当茂密的森林和极其丰富的矿藏，都是建设强大社会主义祖国的重要物质资源。

这些高低的山峰和大小的山脉都是在地质时期早已形成的。千百年来也不是了无变迁的。历史上的山崩地裂，历代文献都曾有过记载。像泰山、华山、恒山这样一些名山，也都有过崩陷的现象。至于植被缺少或无植被的山上，侵蚀更是普遍，有些山上本来并非尽是岩石裸露，由于表土全被侵蚀，仿佛本来就完全是一座石山。虽有这样一些现象和记载，但就整个山系来说，都是十分微小的，并不足以影响山的形状。

（四）滔滔的河流和浩渺的湖泊

在冈峦起伏的群山之间，广漠的高原和平原之上，还有众多的江河湖泊。这些江河东流入太平洋的主要有长江、黄河、黑龙江、珠江、松花江、辽河、海河和淮河，南流入印度洋的主要有雅鲁藏布江、澜沧江和怒江，新疆的额尔齐斯河则向北流入北冰洋，另外还有内陆河流，主要有塔里木河、疏勒河和弱水。由于多数河流向东注入太平洋，所以"大江东去"是我们祖国水系的主要特征之一。其中有些河流是到达国境以外才分别入海的，主要有黑龙江、额尔齐斯河、雅鲁藏布江、澜沧江和怒江等。

祖国境内的河流以长江为最长，全流共计7300公里，流经青海、西藏、四川、云南、重庆、湖北、湖南、江西、安徽、江苏、上海等十一个省级行政区，流域面积180万平方公里。其次是黄河，长达5464公里，流经青海、四川、甘肃、宁夏、内蒙古、陕西、山西、河南、山东等九个省区，流域面积75万多平方公里。再其次是黑龙江，长度为2965公里，我们祖国东北的大部分地区属于黑龙江流域。新疆境内的塔里木河流长2179公里，由于它的支流不多，流域面积才有19.8万平方公里。南岭以南的珠江，以西江和南盘江为上源，流长也有2129公里（流经香港附近一段未计入），流经云南、贵州、广西、广东四个省区，流域面积42.57万平方公里。其他河流的流长都在2000公里以下。松花江流长虽仅1840公里，流域面积却有54.56万平方公里，而嫩江、雅鲁藏布江（国境以内）、海河的流域面积亦皆在20万平方公里以上。

由于一些河流的源远流长，整个流域的情况在一些时期里还未能尽为人们熟知，有待于进一步实地观察和研究。长江为我们祖国最长的河流，可是过去长期认为它发源于岷山，只是到了明代末年，徐霞客远游川蜀云贵等地，始纠正这项谬误。近年不断探索，发源处才得确实所在。黄河源流问题，较之长江更为复杂。远在张骞通西域时，曾以新疆罗布泊为河源，后来才认为在青海。至于具体的细节，还有赖于今后的详细探索。

一般河流都有下切和侧蚀的作用，一些河流还不断发生过改道。黄河流经黄土高原，下切最为明显。山陕峡谷中的黄河河段已经下切到基岩。黄土高原上的黄河支流，有不少的河段也都下切到基岩，有的可能在地质时期就已如此，历史时期也还在继续下切，而且下切的进度和深度有的还可计算出来。陕西省府谷城下和陕西省宜川县与山西省吉县之间的壶口，就是具体的证明。黄土高原河流两侧的黄土更易受到侧蚀，这里的黄河及其支流几乎都有侧蚀的记载，有些侧蚀由于曾经造成灾害，还未为当地的人所忘却。由此可见，河流所流经的河谷和河床，在历史时期仍然是不断加深和加宽的。当然像黄河下游那样成为悬河，那是另有原因的。

我们祖国诸河流中，以黄河的改道最为频繁。黄河的大改道究竟多少次，现在学者中尚有不同的说法。自来以黄河改道是由周定王五年（公元前602年）开始的。这一年是怎样改道的，到现在还说不清楚。因此要计算出大改道的次数，还嫌过早。大体说来，黄河改道都是发生在河南荥阳、武陟两县以下的华北平原。最北曾由天津附近入海，最南则夺淮入海。后来又由淮河南入长江，再入于海。因为频繁改道，华北平原大部分都受到波及。

新疆的塔里木河也曾经有过较大的改道。八十年前，塔里木河还东流入于罗布泊，现在则由尉犁县东南流，注于台特玛湖。岭南的珠江本是由西江和北江、东江合流而成的。西江和北江、东江都曾经有过改道，改道的地方都在珠江三角洲上，因而改道的河流都不很长。①

这些河流不仅为人民生活、工农业生产提供了丰富的水源和巨大的动力资源，而且相当多的河道都有交通舟楫之利。淮河和其以西的秦岭山脉遥相联系，同为我国南北之间一条重要的自然地理分界线，其南北气候物产都有显著的差别。这种差别自古就是如此，在以前很长时期里，就曾有过这样一句话，说是"橘过淮而为枳"，而且成为一般的常识，可见秦岭—淮河一线南北差别的明显。秦岭、淮河以南的河流，水源丰富，流量稳定，含沙量小，无结冰期，经年可以通航。长江及其支流的航道最为绵长，船舶往来最为便利。可是远在春秋时期，现在九江东西，吴头楚尾的一段江水，竟然少有舟楫之利。当然后来这样的困难终于被克服，风帆更为繁多。近年整理疏浚后，清除了礁石，炸平了险滩，设置了航标，可以日夜通航。天险乌江，甚至也风帆上下，变为通途。淮河本是直流入海的，由于黄河的影响，现在辗转南入长江，水道虽有变更，航运依然畅通。但秦岭、淮河以北的河流就大不相同，不仅水源不足，而且流量无常，加以含沙量大，冬季结冰流凌，通航能力有限；然每当夏秋水盛的时候，一些河流的航运还是相当发达。黄河含沙量最高，远在秦汉时期，已有"河水重浊，号为一石水而六斗泥"②的记载。现在河南陕县测量所得，平均每立方米河水含沙量犹有37.6公斤，为世界上含沙量最大的河流。黄河既有这样多的泥沙，在水流较缓的地方就不免沉淀，使河床淤浅抬高，再加上壶口瀑布和峡谷中的一些险滩，航运自然受到一定影响。不过，长期以来，黄河也曾是封建王朝运输漕粮的必经之途，中游的包头东西和下游的一些河段，至今仍然有舟楫之利。

流经高原和山间峡谷的河流，沟谷深邃，两岸高起，水力资源丰富，是兴修水库和建设水电站的良好基地。新中国成立后，已经建成的水库数以万计，分布在各个地区，真是"高峡出平湖"，既能拦蓄洪水，建设电站，

---

① 曾昭璇、黄少敏《珠江下游河道变迁》（油印稿）。
② 《汉书》卷二九《沟洫志》。

又能发展航运，保证灌溉，促进了社会主义经济建设的迅速发展。这些人工湖泊的数量远比天然湖泊为多，在保护和改善我们祖国的环境方面起着积极的作用。

说到湖泊，更是星罗棋布，遍及全国各地，主要集中在藏北高原、蒙新高原、长江中下游、大运河沿岸、东北和云贵高原六个湖群区。其中大部分是淡水湖，也有许多咸水湖。有江西的鄱阳湖，青海的青海湖。洞庭湖本是一个最大的湖泊，古人以洞庭和钜野并称。钜野泽在现在山东西南部，久已湮淤。洪泽湖在隋代还是一个小水泊，现在扩展成为一个大湖。

历史时期，像钜野泽这样的大湖，在华北平原还不止这一个，太行山东就曾有一个大陆泽，和钜野泽不相上下。其他较小的湖泊还很多。应该说，现在河南东部和山东西南部，再南到淮河附近，历史上曾经是一个湖泊区域，湖泊之多，仿佛现在江淮之间。

浩渺的淡水湖泊同样也有舟楫灌溉之利。像洞庭、鄱阳这样的大湖，在历史上自来就是长江流域和岭南各地的交通要道，为往来舟楫必经的地方。这些淡水湖泊中鱼类资源富饶，一直是湖滨人民生活中所不可缺少的食品。近年来，有些湖泊还能发电，有些则是疗养和游览的胜地。像洞庭湖这样的大湖，还起着容纳湖南省境内湘、资、沅、澧四水和吞吐长江洪水的作用，减少了长江泛滥的威胁。鄱阳湖较洞庭湖为大，由于地势比长江略高，对于调节长江洪水的作用不是很大，但能够拦蓄江西境内各河流，在汛期也可保证长江的安全。咸水湖的作用虽然受到一定限制，但它含有多种盐类矿物，如食盐、镁盐以及石膏、硼砂等，都是发展工业的重要原料。有些咸水湖也还盛产鱼类。

除天然河流外，我国劳动人民还开凿了运河，沟通有关的湖泊水道，发展舟楫灌溉之利。我国运河有悠久的历史，京杭大运河全长达1782公里，沟通了海河、黄河、淮河、长江和钱塘江五大水系，是一条南北向的重要航道，在历史上曾对我国南北政治、经济和文化的发展，起过重要的作用。新中国成立以后，京杭大运河获得新生，经过重新疏浚整治，河道宽畅，航运繁忙，成了南北交通的重要航道。

(五) 波澜壮阔的大海和绵长曲折的海岸线

我们祖国大陆的东面和南面濒临大海。最北的是渤海，辽东半岛和山东半岛南北对峙，成为渤海的天然门户。渤海之南是黄海，长江口以南为东海，台湾海峡以南为南海。渤海和黄海、东海位于我国东方，又合称为中国海，南海位于我国的南方，又称为南中国海。黄海和东海、南海之外，就是浩瀚的太平洋，所以它们是太平洋的边缘海。渤海深入大陆的内部，只有辽东半岛和山东半岛之间的狭窄水道和黄海相通，所以它是我国的一个内海。这四个大海之中，只有渤海偏于北方，海水较浅，盐分较淡，冬季有结冰现象。不过秦皇岛和葫芦岛附近，背倚崇山，可以阻挡寒流，港阔水深，是渤海中的不冻良港。

海水辽阔，亘古如此。但各处的海名却未能都是一律。"渤海"一名，其来甚早，战国时期即已有之[①]。战国时人多以东方之海为东海[②]，而楚国东滨之海，亦称东海[③]。楚未灭时，楚国东境仅及于长江口以北，则所谓东海，就是现在的黄海。汉初封越国的后裔为东海王[④]，则闽越以东的海，也是东海。至于南海，自秦始设南海郡（郡治今广州市），郡南的海，就以南海为名了。唐宋以后，又皆泛称为海。

在这几个大海中，罗列着5000多个岛屿，总面积约8万平方公里。其中有一半以上散布在东海，最大的为台湾岛，面积达35780平方公里；其次是海南岛，面积34000多平方公里；再次是崇明岛，面积1083平方公里（该岛面积逐年增长。——编者注）。台湾岛与福建省隔海相对，其间为台湾海峡。这条海峡自东北斜向西南，长约300公里，宽约150公里，最狭处只有130

---

① 《战国策·齐策一》。
② 《战国策·赵策三》。
③ 《战国策·楚策一》。
④ 《史记》卷一一四《东越传》。

公里，是我们祖国南北海上交通要道。台湾岛至迟于我国东汉时的历史书中已有记载。①海南岛在雷州半岛之南，其间为琼州海峡。琼州海峡宽约20公里，最狭处仅有18公里，是南海上的重要通道。海南岛在西汉时，就已经设过郡县。②崇明岛位于长江入海处，江水在这里分成南北两股。崇明岛是由于长江所挟带的泥沙，在入海处遇到海潮顶托沉积而形成。唐代初年，这里始显露出沙洲，至北宋后期才有"崇明"这个名称。③

沿海还有不少群岛，位于渤海门户的庙岛群岛，钱塘江口外的舟山群岛，台湾海峡的澎湖列岛，均相当著名。南海中的东沙群岛、西沙群岛、中沙群岛和南沙群岛，亦皆早见于我国历史记载，列入我们祖国的版图之中。南海诸岛北距大陆较远，在国防上却都有重要的地位。南海诸群岛为数目不等的岛屿、沙洲、暗礁、暗沙等所组成。

我国海域广阔，海岸线绵长，北起鸭绿江口，南至北仑河口，长达14000多公里。沿海各处既有突出海中的半岛，也有深入大陆的港湾。较大的半岛有山东半岛和雷州半岛。较阔的海湾有辽东湾、莱州湾和海州湾。

这样绵长的海岸，历史上还是经过不少的变迁的。变迁最为显著的则有渤海、淮河口外、长江口外、钱塘江口和珠江口等处。这里仅略举战国、秦、汉时期的这几处海岸的轮廓，就可以和现在相比较。战国时渤海的海岸是由秦皇岛以西，经乐亭县南、宁海县北、天津市东、黄骅县东、沾化县西、利津县东，而至于掖县之西。西汉时，天津和唐山两市之间，更凹入至宝坻县东。淮河口外则经赣榆县东，更经连云港市、阜城、盐城诸县之东，而达于长江口附近。长江口北的海岸则在东台、海安诸县以东，长江口南的海岸则在嘉定县东。当时上海尚未成陆。这几个地方的海岸都在现在的海岸之内，由于陆续伸延，才成为现在的形状。钱塘江口南上虞、余姚两县北的海岸也和上面所说的一样，是在战国、秦、汉时期以后不断

---

① 《后汉书》卷八五《东夷传》。
② 《汉书》卷六四下《贾捐之传》。
③ 《读史方舆纪要》卷二四《太仓州》。

向外伸延的。可是钱塘江口北海岸、余杭诸县南的海岸却是向内地塌陷的。至于珠江口附近的顺德县那时尚在海中，而中山等县的所在地也只是珠江入海口的一些岛屿，其成陆或与陆地相连都是以后的事。①

由于海岸线绵长曲折，自然良港众多，主要的有大连、秦皇岛、天津、青岛、连云港、上海、宁波、泉州、厦门、汕头、黄浦、湛江以及台湾的基隆和高雄等港，其中宁波和泉州两处远在唐宋时期就已成为著名的港口。那时的宁波是明州的治所，明州在与日本的交通方面就具有重要的地位。

二、富饶的经济地区的演变

（一）富饶的经济区的所在

我们祖国的版图广大，幅员辽阔，很早就形成了许多富饶的经济地区。经济地区最早形成于黄河流域，其次是长江流域，后来又转到沿海一带。

黄河流域的经济地区先后有泾、渭两河下游的关中，汾、涑两河之间的山西西南部，以洛阳为中心的伊、洛两河下游，另外还有黄河下游南北地区。不过汾、涑之间及伊、洛下游的经济地区较为狭小，不如关中及黄河下游南北地区广大。

长江流域的成都平原也曾经有过相当的繁荣，而洞庭湖北的江汉平原和长江下游三角洲太湖周围也相继发展起来。成都平原于战国、秦、汉时期即与关中相媲美，均以"天府之国"闻名于世。三国时期蜀汉能够于此立国，就是由于有这样富饶的经济地区作为基础。南北朝时，地处长江中游的荆州（今湖北江陵县），江左诸王朝称之为"陕西"，与长江下游的

---

① 陈吉余《历史时期的海岸变迁》（稿本）。

建康（今江苏南京市）相颉颃（这里所说的"陕西"，自然是当时引用西周时周、召二公分陕而治的故事）。荆州能够获得这样的地位，就是凭借着洞庭湖北江汉平原经济的发达。不过若论富饶的程度，这两个地区却都不能和长江下游三角洲的太湖周围相比拟。

沿海各地也有富饶的基础，但繁荣的迟早却因地而异，只是鸦片战争后，才发展成为举足轻重的富饶经济地区。

（二）泾渭下游的关中平原

关中地区在泾、渭两河的下游，位于现在陕西省的中部。从早周时起，这里就是一个农业经济相当发达的地区；周、秦、汉、唐诸王朝相继在这里建都，使关中成为全国最富饶的经济地区之一。

关中地区平畴沃野，自然条件优越。这里的黄土很早就被认为是上等的土壤[①]，加以气候温和，雨量比较充沛，适于农业的发展。其他资源也十分丰富，号称"陆海"[②]，使当地手工业的发展具备了一定的条件。关中虽是"四塞之国"[③]，但通过周围峰峦之间交通也很方便。西南的四川盆地，东南的江汉平原，东北的汾河流域，北面的阴山南北，都有大道和关中相往来。尤其值得提出的是东出潼关和函谷关（旧关在今河南灵宝县北，新关在今河南新安县东），通到中原各处，西越陇山，可直达天山南北的西域诸国。正由于具备了这样的条件，关中能够发展成为一个富饶的经济地区。

关中虽然气候温和，雨量充沛，但为了更好的发展农业，从西周时起就已经重视灌溉。秦、汉、隋、唐诸王朝更不断兴修具有相当规模的农田水利工程，而以郑国渠和白渠的灌溉面积最为广大。长安城外泾、渭、灞、

---

① 《尚书·禹贡》。
② 《汉书》卷六五《东方朔传》。
③ 《战国策·楚策》。

浐、沣、镐、涝、潏八水环绕，构成了以它为中心的水利网，使农业生产有了比较可靠的保证。不过农业的发达还有待于手工业的配合，铁器的生产应为其中的一个重要方面。西汉时由于采用盐铁专卖的政策，全国各地设置铁官四十六处，关中一隅之地就占有四处。①就是后来到了唐代，关中产铁之地见于记载的也还有两处。②

冶铁业而外，其他手工业也相当发达。由于关中长期作为一些王朝的都城，为了供应各个王朝和它们的贵族的需要，官营手工业都有相当的规模。近年在周原地区发掘的周代遗址（今陕西岐山县和扶风县京当、黄堆、法门诸公社），发现不少手工业作坊，仅制骨作坊的范围就有5万多平方米，是全国已发现的最大的制骨作坊。仅从发掘出的一小部分，就已经清理出废骨几百万斤。早周和西周时尚且如此，后来的王朝就更用不着多说了。这些官营手工业的制成品与广大人民的生计无关，但有许多原料却是当地供应的。唐代向关中人民征收的贡赋，约计有四十七种，其中需要加工制成的竟有十六种之多。③民间的手工业也是不少的，以丝织品和麻布的生产为大宗。秦汉时期，亢父县（今山东济宁县东南）所织的缣是全国有名的丝织品，可是三辅白素的价值竟然还在亢父县的缣之上④，证明其质量更高。

关中的繁荣情况，西汉时史学家司马迁曾做过估计。他说："关中之地，于天下三分之一，而人众不过十三，然量其富，十居其六。"⑤不过应该指出，关中的长安，无论是在秦汉时期，还是在隋唐时期，都是兼有政治都会和经济都会两重性质。汉代的长安城中除一般市肆之外，还有一条蒿街，成为外国商贾聚居之所⑥，而唐代长安城中东市和西市的繁荣情况，更为当时各国城市所未有。秦汉时期，长安之西的雍（今陕西凤翔县南）和其东

---

① 《汉书》卷二八《地理志》。四处，指郑县、夏阳、雍县和漆县。
② 《新唐书》卷三七《地理志》。两处，即韩城和汧源。
③ 《新唐书》卷三七《地理志》，《元和郡县图志》卷一、二关中诸府州。
④ 《流沙坠简考释》二。
⑤ 《史记》卷一二九《货殖列传》。
⑥ 《汉书》卷七〇《陈汤传》。

的栎阳（今陕西临潼县东北武屯），也皆以经济繁荣著称；而隋唐时期，长安东西的都会则为凤翔和同州（今陕西大荔县）。唐代的凤翔其实就是汉代的雍，只是城池稍稍向北移了一点而已。雍和凤翔是绾毂陇、蜀两地交通的要道，陇、蜀的货物运到长安必先经过这里。栎阳和同州都是在由长安通往汾河流域及太行山东各地的大路上，因而先后都有过一段繁荣的时期。

作为一个富饶的经济地区，关中也有它的弱点。这里平原面积显得狭小，粮食产量有限。建都在这里的王朝必须依赖外地的支援。秦、汉和隋、唐几个王朝都先后由关东漕运过粮食，每年运转的数额最高达几百万石。秦汉时期，运粮的地方远及山东半岛东海之滨，隋唐时期更远及长江以南。为了运输粮食，还在渭河以南开过漕渠。漕渠由长安开始，到现在华阴、潼关之间入于黄河。以农业著称的富饶经济地区，为什么粮食有时反而紧张？这和当地人口密度有关，人口过于稠密，超过了当时生产所能负荷的饱和点，粮食自会感到不足，不过封建王朝所豢养的军队众多，官司机构庞大和统治阶级的挥霍浪费，实际也是促成紧张的重要原因。

正是由于统治阶级残酷的压榨剥削，和他们所进行的不义战争的破坏，关中这个富饶的经济地区后来终于衰落下去。而国都的随着迁离远去，也有很大的影响。因为水利不修，田亩荒芜，手工业不振，长安等处市容萧条，就长期不能和其他富饶地区相提并论了。

（三）黄河下游南北地区

黄河下游南北经济地区，论繁荣的时期，大体和关中相仿佛，其中一些地方到北宋时还相当可观，论富饶的地区，却远较关中为广大。大体说来，从现在河南省郑州市附近起，东绕泰山之北，直到山东半岛的海滨，南起河南省开封、商丘诸县市以南，北抵河北省邢台、清河诸县市以北，皆包括在内，这当然只是一个总的轮廓，在不同王朝的统治期间，是不免略有出入的。

黄河下游南北地区的富饶，远在殷商时即已露其端倪。据说商代曾苦于河患，都城屡经迁徙，但却总在黄河的左近。这正说明当地富饶经济的吸引力量。对于商代的河患有些人还有不同的看法，这里不必详说，不过后来的事实仍能作为佐证。春秋战国时期，泰山以北为齐，泰山以南为鲁，齐鲁都是适宜于农业的地区①，实际上齐比鲁还要富饶②。秦始皇时就曾从齐鲁以东的海滨各地征集粮食，输往北河③。现在开封、商丘诸县市以北至山东的西南部，那时是所谓梁、宋之地，农业也是可以称道的④。太行山东河北平原的土地虽稍瘠薄⑤，就在南北朝社会长期不安的情况下，北魏统治阶级还说"国之资储，唯借河北"⑥。直到唐代中叶，这里仍为征运供应关中漕粮的主要地区⑦。

黄河下游南北地区也是丝织业最为发达的地区。战国初期兖州的蚕桑事业居全国的首位。⑧那时的兖州相当于现在河南、河北、山东三省相接壤的地方。黄河下游范围广大，丝织业当非仅此区区一隅。春秋时，鲁国就曾送给楚国善于丝织的能工巧匠数百人⑨，齐国的丝织品也号称是"冠带衣履天下"⑩，足见泰山南北丝织业的雄厚基础。秦汉时期，临淄和襄邑是全国最著名的丝织业中心。⑪临淄就在今山东淄博市区的临淄，襄邑为今河南睢县。丝织业的产品更是名目繁杂，难以备举，而以绢的产量为最多。唐代全国产绢分为上下八等，黄河下游十几个州所产的绢皆位列前茅，尤其

---

① 《史记》卷一二九《货殖列传》。
② 《汉书》卷八《高祖本纪》。
③ 《汉书》卷六四《主父偃传》。
④ 《史记》卷一二九《货殖列传》。
⑤ 《汉书》卷二八《地理志》。
⑥ 《北史》卷一五《魏常山王遵传》。
⑦ 《新唐书》卷五三《食货志》。
⑧ 《尚书·禹贡》。
⑨ 《左传》成公二年。
⑩ 《汉书》卷二八《地理志》。
⑪ 《汉书》卷七二《贡禹传》。

一二两等，别的地方更是无由达到的。① 实际上黄河下游当时的丝织品不仅品种多，质量好，而且已成为农家普遍操作的手工业之一。一些地方偶有不事养蚕织丝的人，就要遭到邻里乡党的苛责②，仿佛不能见容于世。

黄河下游西有太行山，东有泰山，矿藏资源十分丰富。在现今山东省境内，西汉时就曾设有八处铁官，而太行山东麓也有同样规模的设置③。磬口山铁冶（在今河北沙河县）和牵口冶（在今河南安阳县）先后著名于三国④和北魏⑤时。今山东莱芜县在唐时设有铁冶、铜冶三十余所。⑥这些冶铁手工业，不仅制造农具，有的还制造刀剑之属，显示出当地的富饶程度。与冶铁业同为当世所重视的就是晒盐业。远在齐国初封时，沿海鱼盐之利已闻名于当代⑦，后世继踵，成为一个重要的手工业部门。黄河下游农业和其他工业虽有萧条不振的时候，晒盐业却未曾间断。

在导致黄河下游南北地区经济发达的手工业中，还应略一涉及瓷器的产地。瓷器为一般人的重要日用品之一，制作的地方多，销售的范围也广。我国瓷器的发明很早，至唐代，黄河下游邢窑所产的瓷器可与南方的越窑相媲美⑧，而邢窑的实际产地是在邢州（今河北邢台县）内丘县（今河北内丘县）⑨。宋代名瓷产地更多，以定、汝、官、哥、钧五窑最著名。五窑中的官窑设在当时都城所在地的开封。设在郑州的柴窑和陈留（今河南开封县陈留镇）的东窑也很有名。其他如汲县的河北窑和磁县彭城镇的磁州窑，也享有一定的声誉。⑩

黄河下游平原广漠，河流纵横，所以水陆交通皆称便利，春秋时期，

---

① 《唐六典》二。
② 秦观《蚕经》。
③ 《汉书》卷二八《地理志》。
④ 《太平寰宇记》卷五九《邢州》引卢毓《冀州记》。
⑤ 《魏书》卷一一〇《食货志》。
⑥ 《新唐书》卷三八《地理志》。
⑦ 《史记》卷三二《齐太公世家》。
⑧ 陆羽《茶经》。
⑨ 《唐国史补》。
⑩ 傅振伦《中国伟大的发明——瓷器》。

诸侯之间会盟与征伐频繁不绝，显示出交通道路的完整。秦始皇时修筑的驰道，曾遍及全国各处，黄河下游尤为主要干线所经过。战国时期的菏水和鸿沟，汉魏之际的白沟和利漕渠，唐宋的汴河等运河，都与黄河下游直接或间接联系。水陆交通发达，有利于经济文化的交流，这就为黄河下游经济地区的繁荣创造了更好的条件。北宋王朝建都的开封就位于这个富饶的地区之中。开封交通便利[①]，很早以来，经济就相当发达。战国时的大梁，唐时的汴州，名称虽屡有改变，地方却只是一个。北宋时这里更成为汴河、惠民河、天源河和广济河交汇分流的中枢。汴河通往江淮下游，惠民河通往淮河中游，天源河通往开封以西，广济河通往今山东西南部，而通往陕西的黄河和通往太行山东的御河（即永济渠），也都能和汴河等相联系。所以开封能够成为一个繁荣的经济都会，是有其深刻的渊源的。宋代国都设在这里，经济中心与政治中心合二为一，就更相得益彰。另外，战国初年的陶（后称定陶，今山东定陶县）、临淄、濮阳（今河南濮阳县）和两汉时的睢阳（今河南商丘县），魏晋南北朝的邺（今河北临漳县西南），唐代的魏州（今河北大名县）和贝州（今河北清河县），北宋的大名府（今河北大名县）和应天府（今河南商丘县）等地，都是闻名一时的经济都会。

　　黄河下游富饶的经济地区，在中唐以前也曾有过多次的萧条和复苏。直到唐代中叶，河北藩镇割据，局势才有了深刻的变化。北宋以开封为都城，正说明这一变化已成定局。开封本是四战之地，无险可守，宋代建都于此，完全是从经济方面着眼的。可是它所着眼的并非黄河下游南北的经济地区，而是更为遥远的江南，依靠汴河来运输粮食。开封距太行山东较近，当时已难指望那里的漕粮。宋代漕运迭有变迁，中叶以后，以汴河、惠民河和广济河为主。然惠民河及广济河漕运的数量仅及汴河的六分之一。[②] 这已足以证明：黄河下游南北地区的富饶程度已有显著的降低，经济重心已经向南移转了。引起黄河下游南北地区经济局势的重大变化的，除政治原因外，

---

① 《史记》卷九七《郦食其传》。
② 《宋史》卷一二八《食货志》。

黄河的频繁泛滥也是不容忽视的问题。黄河自东汉初年堵口合龙后，曾有过长期的安澜。可是唐代后期以至北宋时期，河患迄无休止，而五代与北宋尤为严重。北宋以后，迄至新中国成立之前，黄河的溃决泛滥更为习见之事，甚至还频繁改道。因此，当地经济的恢复和发展，更是可望而不可即了。

（四）长江下游三角洲和太湖周围

长江下游三角洲和太湖周围富饶的经济地区的兴起，远在黄河流域之后。直到西汉时，在今江苏南部与浙江、福建两省偌大一块地方只设立了一个会稽郡，为当时全国一百零三个郡国之一。① 虽然江东的吴（今江苏苏州市）因有海盐和铜山之利，而被称为一个都会②，可是江南等处气候潮湿热燠，又是水乡泽国，居住黄河流域的人往往对这里望而生畏③。不过这种自然条件恰恰适于农业的经营。当地之所以不能早日发展为富饶的经济地区，实因人口稀少，对此有利的条件不能充分利用。两汉之际，黄河流域社会动荡不安，南迁的人口逐渐增多，已初步促进这里经济的发展，三国时期的吴国即借以崛起。后来，人口的大量南迁还有过两次：一在东晋时，一在南宋时。东晋时，北方十六国割据起伏，黄河流域几无宁日；南宋时，女真族占据中原，对当地人民进行极为残酷的压迫，遂使黄河流域人口先后大量南迁。到了明代中叶，长江流域的户口就远远超过了黄河流域。特别是苏州、松江、常州三府的户口数合计，竟使全国的名都大省望尘莫及。④ 人口众多，劳动力增加，当地的生产自然能够得到迅速的发展。

长江下游三角洲和太湖周围经济地区能够后来居上，是有优越的自然条件作为基础的。这里一片平原，土壤肥沃，气候温暖，雨量充沛，水道

---

① 《汉书》卷二九《地理志》。
② 《汉书》卷二九《地理志》。
③ 《史记》卷一二九《货殖列传》。
④ 《明史》卷四〇《地理志》。

密如蛛网，皆便于农业的经营。再加以人为的努力，优越的自然条件就更能发挥它的潜在力量。其中水利的兴修极为显著，自五代时起，规模就日益巨大，北宋继踵，愈有长足的发展。① 迨宋室南迁，局蹐于江南一隅，军糈民用，尽取于此，更不能不讲求水利。② 于是农业的发展，竟为全国所仅见。俗谚所说，"苏常熟，天下足"，正是这种情况的生动写照。

水利的兴修不仅促进了农业的发展，而且也便利了交通。尤其是自江南运河和浙东运河开通后，当地经济更是锦上添花。运河联系长江和钱塘江两个流域，又绕太湖侧畔，成为这一地区的主要交通动脉。同时越过长江，大致借邗沟的旧道，更能与黄河流域相联系。自两汉时起，长安、洛阳、开封、北京诸地先后都曾经做过统一王朝的都城。都城虽时有转移，却皆有运河直通这个地区，这就使当地的繁荣更具有特殊的条件。

然而促成这个地区的繁荣，丝织业及继之而兴起的棉纺织业也占有重要的位置。这个地区丝织业普遍发展较黄河流域为晚。直至唐代，越罗、吴绫虽已间为人称道③，然江南道缴纳的贡赋仍以麻纻为主④；其后宋金对峙，南宋向女真贡献的岁币，为银、绢两类，数量之大实堪惊人。这一方面是南宋小朝廷辱国的证据，另一方面也可见江浙之间丝织业兴盛的一斑。下迄明初，各布政使司所缴纳的夏税绢，以浙江为最多，南直隶（今江苏、安徽两省）次之，而苏州一府所缴纳的几占南直隶的二分之一，占浙江的约十分之一⑤。浙江的丝织业主要集中在钱塘江两岸，而太湖以南的湖州和杭州也与苏州相仿佛。就是到现在，这一带还是全国丝织业的中心所在。

棉花传入我国后，长江下游三角洲和太湖周围地区棉织业也随着发展起来。松江、嘉定各处顿时成为棉纺织业的中心。由于丝织业和棉纺织业相继兴盛，与此有关的手工业如浆染业和踹布业也不断增加。自制茶业兴

---

① 《天下郡国利病书·苏州府上·历代水利》。
② 《宋史》卷九六、九七《河渠志》。
③ 《新唐书》卷四三《食货志》、卷一三四《韦坚传》。
④ 《唐六典》。
⑤ 万历《明会典》卷二四《税粮》。

起以来，太湖周围茶叶种植面积不断扩大，其中不少名茶，恒为品茗者所珍视。随后，嘉兴、苏州、上海等处，更成为制茶业的中心，被视为利薮所在①，产品畅销于国内外市场。

正是由于这个地方的富饶繁荣，所以形成了不少著名的经济都会。其中长江北岸的扬州最为繁荣，这到后面另做说明。稍居扬州上游的南京，更是六朝的古都。明王朝初建时，也曾以这里为国都。后来迁都北京，南京仍与之相呼应，为留都所在。南京虽曾成为政治中心，然以濒于长江，又近于富饶的经济地区，所以也是一个重要的经济都会。此外，苏州、松江、杭州、嘉兴、湖州等地，也都是这个地区的名都大镇。苏州、杭州、嘉兴三地皆濒于运河，而松江在黄浦江旁，湖州濒临太湖，皆有水道与运河相联系。这些地方物产既富饶，交通又便利，宜其能够长期繁荣，就是一般市镇都显得兴盛，苏州附近吴江县的盛泽镇就是一例。盛泽镇在明时仅丝绸牙行就有千百余家②，清代初年，依然繁荣，四方大贾辇金而至者，殆无虚日③。

长江下游和太湖周围富饶的经济地区的演变和关中及黄河下游不同：后两处经过社会动荡，人口减少，农田水利失修，黄河决徙泛滥，就容易萧条下去；而这里的农业和手工业的物质基础雄厚，干扰破坏较少，故能保持较长时期的繁荣。虽然如此，鸦片战争之后，上海已经发展成为沿海最大的通商口岸，帝国主义就以上海为据点，进行渗透掠夺，使这个经济地区遭受到更多的灾难，经济也日益畸形发展。

（五）沿海各地

鸦片战争以后，沿海一带经济地区的兴起，使内地各个经济地区瞠乎其后。沿海各处只要有良好的港口和丰富的物产，帝国主义便立即把它们

---

① 叶梦珠《阅世篇·食货六》，康熙《苏州府志》卷二二《物产》。
② 《醒世恒言》卷一八《施润泽滩阙遇友》。
③ 乾隆《吴江县志》卷四。

的魔爪伸到那里，促使其经济适应它们各自的需要而畸形发展。上海以外，广州、青岛、天津、大连等处的繁荣过程都相仿佛。另有一些较为次要的港口，如厦门、宁波、烟台、牛庄等参差其间，也有一定程度的变化。

沿海良港，本是我们祖国自古以来和海外各民族交通的重要口岸。譬如广州，远在秦汉时期就已是我国通往南洋群岛和印度洋的海舶起碇的地方，唐代更在这里设立市舶使，专司对外贸易[①]，盛况空前。鸦片战争以前，广州一直以丝茶为出口的大宗商品。丝茶产地主要是在长江流域，而长江下游尤为重要产区。广州之北虽有五岭阻隔，然由五岭发源的北江、漓江和湘、赣诸江南北分流，交通运输仍很方便。长江流域的货物就由这几条水道南运，越过五岭，直抵广州城下，而广州的货物也可由此运往长江流域。当然广州附近的珠江三角洲也是一个肥沃的地区，农业、手工业均很发达，佛山的铁器曾成为出口的重要货物[②]，就是明证。

鸦片战争后，各帝国主义逐渐垄断我国的对外贸易和控制我国的经济命脉，促使丝、茶、棉花、大豆、油料和烟草等经济作物大量种植，形成畸形发展，严重影响粮食的生产，竟然使我国这样一个农业大国也要靠进口粮食来过日子。譬如烟草，以前虽有种植，但面积有限。由于帝国主义插手控制，像本来不种植烟草的山东潍县，后来也成为有名的产地了。这当然是为了供应帝国主义青岛烟厂的需要。其他如桑、棉、茶等也是一样的，种植面积都在不断扩大。与此相反，据海关记载，以小麦及稻米为主的五谷类，在清德宗光绪十四年（公元1888年）时，已占进口货物的第三位，直到公元1931年为止，大抵波动于第二位至第六位之间。而公元1932年至1934年更跃居第一位，连素以产粮闻名的长江下游三角洲和太湖周围，也需要进口粮食。随着帝国主义各国发展其本国或其殖民地的生产之后，我国的丝茶等产品的出口量大幅度下降，原来繁荣的地区立即受到沉重的打击。譬如英国在印度培植茶树之后，我国出口的茶叶就受到影响；抗日

---

① 《册府元龟》卷五四六《直谏》。
② 屈大均《广东新语》卷一五《货语·铁》。

战争时,日本帝国主义一方面在其本国发展蚕桑生产,另一方面在江浙等沦陷地区大量伐砍桑树,使我国的桑蚕事业一蹶不振。

沿海的经济都会因为对外贸易的关系,本来就容易呈现出虚假的繁荣景象。因为帝国主义不仅在这里设立洋行商店,操纵市场,而且贪图我国沿海地区丰富的物产和廉价的劳动力,纷纷设立工厂,就近制造和运销,以牟取暴利。虽然这些经济都会显得一时的繁荣,但实际上还是帝国主义对我国经济侵略的深入促成了我国经济地区的畸形发展。

三、四通八达的水陆交通道路

我们祖国的幅员广阔,自古以来,水陆交通皆称便利。论述其间的发展和变迁,可以看到劳动人民创造历史的另一个方面。

(一)陆上交通道路

交通的发展,道路的形成,远古时期就已肇其端倪。旧石器时代文化遗址的发现尚不甚多,难以具论。仅由新石器时代文化遗址的分布,已能仿佛看到交通的雏形。关中一隅,即可作为例证。现在渭河两岸的文化遗址已发现不少,西安以东多在渭河以南,西安以西多在渭河以北,其分布情况与目前主要交通道路相符合。关中以东的灵宝、三门峡等处,关中以西的天水、陇西等处,也都有新石器时代文化遗址发现,显然是东西一线互相连贯的。

后来到了西周时期,对于道路的兴修维护,就更十分注意。《诗经》三百篇中曾称颂过"周道如砥,其直如矢"[①],还说"周道倭迟"[②],描绘

---

① 《诗经·小雅·大东》。
② 《诗经·小雅·四牡》。

了当时的道路不仅平坦端直，而且还能通到很远的地方。那时的人就以道路的修整和败坏，来判断一时政治的隆窊和官吏的能否，甚至可以作为社稷兴亡的象征。春秋时期，晋文公以时修整道路，宾至如归，是他能够成为盟主的一个因素。① 稍后一些时候，周朝有一个单襄公，出使陈国（今河南淮阳县），看到当地道路废塞，断定陈国可能败亡。② 西汉时，薛宣的儿子任职县令，薛宣经过这个县，看到桥梁不修，就知道他的儿子不能胜任。③ 当然，道路的兴修维护，完全是劳动人民智慧和匠心的结晶，那些统治阶级只是坐享其成而已。

道路随其经过的地方不同，兴修的难易自有差异。广漠平原，四通八达，就可不必多费力量。如果要翻越重峦叠嶂的山岭，或者横渡沟壑纵横的险地，工程必然艰辛。然而广大劳动人民克服重重困难，化险为夷，天堑终会变成通途。战国时期所开始兴修的横越秦岭和巴山的栈道，就是一项艰巨的险工。为了通过无由施工的悬崖绝壁，经常需要凿山为孔，架木为梁，然后在梁上铺板，始可行人。栈道的名称就是这样得来的。

交通道路虽早已受人重视，但作为全国的交通网，则当以秦时的驰道为嚆矢。驰道是秦始皇统一六国之后，在秦国旧有的道路之外，按照一定的计划，大规模兴修的道路。当时规定，道路的宽度为50步，路面一般都高于两侧的平地，还用金属的椎子夯筑坚实，每隔3丈栽种一株青松，所以相当壮丽美观。④ 驰道和秦国旧有的道路都以都城咸阳（今陕西咸阳市东20里）为中心，形成了向外辐射的交通网。这样的交通网主要是由以下几条道路组成的：

1. 由咸阳西南行，经汉中至蜀郡（今四川成都市），再至巴郡（今重庆市）。

---

① 《左传》襄公三十一年。
② 《国语·周语》。
③ 《汉书》卷三八《薛宣传》。
④ 《汉书》卷五一《贾山传》。

2. 由咸阳西行，经回中宫（在今陕西陇县），至陇西郡（今甘肃临洮县）。

3. 由咸阳西北行，至北地郡（今甘肃庆阳县附近）。

4. 由咸阳西北行，经云阳（今陕西淳化县北），循子午岭北上，折东北行，至九原郡（今内蒙古包头市西北）。这条道路当时叫作直道。

5. 由咸阳北行，经上郡（今陕西榆林县南），至云中郡（今内蒙古托克托县东北）。

6. 由咸阳东北行，过临晋关（今陕西大荔县东），经河东郡（今山西夏县西北）和太原郡（今山西太原市西南），至平城（今山西大同市东）。

7. 由咸阳东行，出函谷关（今河南灵宝县北）至三川郡（今河南洛阳市），然后再分为两路：

（1）东北经邺县（今河北临漳县西南）、邯郸（今河北邯郸县），而至广阳（今北京市），再东至碣石山（今河北昌黎县境）。

（2）东至东郡（今河南濮阳县），由此又分为两路：

①东南至定陶，再到彭城（今江苏徐州市）。

②东北经聊城，至临淄，复分两路：

甲、东北经黄县（今山东黄县）、腄县（山东福山县），而至成山角；

乙、东南至琅邪（今山东诸城县东南）。

8. 由咸阳东南行，过武关（在今陕、豫、鄂三省交界处荆紫关附近），经南阳、南郡（今湖北江陵县），由此浮江而下，在丹阳（今安徽当涂县）登岸，东南至会稽山（今浙江绍兴县境）。

以咸阳为辐射的中心，辐射出去的道路愈伸向远方，就愈形分散，彼此间的距离也就愈为悬远。当时计划这个交通网时是曾经考虑到这一点的，于是就另有一些道路把其中的主要几条连系在一起。这样作为连系的道路也是以咸阳为中心的，因而成了弧形的状态。譬如其中的一条就是由太原东过太行山上的井陉，绕泰山西麓，南至彭城，再西南达到南郡。在北边塞下另有由广阳经平城到九原的道路。在长江以南，结合湘赣诸水，也另有几条道路，越过南岭，直到相当于现在广州市的南海郡。

秦王朝虽然短促，可是这样以都城为中心形成的向外辐射的交通网的布局，却为后世所沿用。咸阳虽由于秦王朝的崩溃而毁灭，但后来汉唐诸王朝的长安，实际上是继咸阳而兴起的。长安与咸阳中间，只隔着一条渭河，近在咫尺，因此秦时的旧规模基本上为后来以长安为都城的王朝所因袭。当然若干局部的调整也是有的，譬如说，秦时由咸阳东经三川郡的道路，到洛阳以后，斜趋东北，往东去的没有见于记载。但西汉时，由洛阳而东，经大梁（西汉为浚仪县，在今河南开封市）、彭城，至于广陵（今江苏扬州市），确实有过一条大路。① 过江之后，就是通到会稽的道路了。由于汉唐诸王朝的版图较之秦时为广大，所以新增的道路也不在少数。例如，由于西域的开辟，就增添了通过河西走廊直趋天山南北的道路；由于长白山下郡县的设置，原来只通到广阳的道路，就由大凌河谷向东北伸延；由于东越的平定，从今浙江和江西到福建亦有道路相通；由于在云贵高原上设置了郡县，原来只到巴蜀的道路就更向西南伸延；到了唐代，由于和吐蕃的关系密切，又增修了由长安通到青藏高原的道路。同时，有些道路也因形势的变化而废弃不用了，子午岭上的直道就是具体的例证。

就是以后统一王朝的国都离开了咸阳和长安，构成了新的辐射中心点，但已经形成的交通网却依然被沿用着。东汉、魏、晋诸王朝的都城洛阳和北宋的都城开封，就在秦和西汉交通网的大道上。当然洛阳和开封既已成为一代的都城，就不能不有它自己向外辐射的道路。东汉以南阳为南都，于是就有越过伏牛山的道路。曹操曾经感慨地说过"北上太行山，艰哉何巍巍"②，则由洛阳到太原也是有大道的。汉魏为了拱卫洛阳，在它的周围设置了几个关隘，自然也都在大道上，其东南的轩辕关（今河南偃师县东南），正是在经过颍川（今河南禹县）、陈国（今河南淮阳县）通往淮河中游的道路上。北宋以开封为都城，另以洛阳为西京，商丘为南京，大名

---

① 《汉书》卷四〇《周勃传附周亚夫传》。
② 《曹操集·诗集·苦寒行》。

为北京。开封、洛阳和商丘都在旧有的交通线上,只有大名是要另辟新道的。

现在的北京于秦时为广阳郡,正处在太行山东的驰道上。北京成为都城由金开始,金朝来自东北,当然会使东北的道路有更多的发展。元朝来自漠北,不必说到更远,至少由北京通往上都(今内蒙古正蓝旗东北)就有新辟的大道。明代兼置南北两京,渤海湾西部的道路正在两京之间,应该是经常得到维修的。当时由于东北边防孔急,除大凌河谷一路外,出山海关,沿海滨而行的大路也成为坦途。还应该指出,由北京往南,经过武昌,直达广州的大路亦成为联系南北的重要干线。这条南北大道,大致略同于今天的京广铁路。

国都是统治阶级行使政治权力的中枢,以它为中心而形成全国性的交通网是势所必然的。

(二)丝绸之路的通塞

随着陆上交通的发展,一些道路还可继续伸延通到国外。东汉时,"永昌徼外多异物"①。永昌郡在今云南保山县,由此西南行,可至缅甸伊洛瓦底江畔,再南即可至印度洋上,故异物多由此道输入。唐时的参天可汗道在回纥以南,突厥以北②,大致当由鄂尔浑河上回纥牙帐直南达贺兰山下的灵州。然而最为著名,影响也最大的,则为汉唐时期的丝绸之路。

丝绸之路是汉唐时期中西陆路交通的大道,由渭河流域的长安开始,横贯中亚,直到地中海的东岸和罗马帝国。这条路运输的货物主要是我国所产的丝绸,所以就称为丝绸之路。丝绸之路是由西汉中叶张骞通西域之后开始的。其实在此以前,由于商贾的往来,已有货物西运。张骞在妫水(即今阿姆河)流域的大夏国中,就曾见到蜀郡所出产的邛杖和蜀布,只是运输的道路并不一定就是这条丝绸之路。唐代中叶以后,由于吐蕃和大食相

---

① 《后汉书》卷八六《西南夷传》。
② 《新唐书》卷一四二上《回鹘传》。

继强大，西域交通受到阻塞，而航海技术与造船业的不断发展，促使海上运输愈臻发达，丝绸之路因之也就逐渐失去其重要意义了。

丝绸之路历年悠久，路途遥远，其间诸国迭有兴亡，山川地理也各具特色，道路也就难免有所变迁。大体说来，自张骞始通西域之后，丝绸之路是由长安西北行。经祁连山北的河西走廊，出玉门关（今甘肃敦煌县西北）和阳关（今敦煌县西南）。两关之外当时称为西域。由于天山和昆仑山之间横亘着广大的沙漠，所以再向西去的道路就分为两条：出玉门关的一条，傍天山南麓西行的为北道，出阳关的一条，傍昆仑山北麓西行的为南道。北道由疏勒（今新疆喀什市），逾葱岭（今帕米尔高原）至大宛（锡尔河上游）的贵山城（原苏联费尔干纳之东），再至康居和奄蔡。康居在咸海之东，奄蔡已在里海之北。南道由莎车之西逾葱岭，至大月氏国（阿姆河北）的蓝氏城（今阿富汗法扎巴德之东），再西至安息（今伊朗及伊拉克等国）。安息之西，已是罗马帝国，拜占庭（今土耳其伊斯坦布尔）为其东部重镇，丝绸之路当止于其地。在这茫茫长途中，道路不免时有分歧，也还有一些道路相互联系，如葱岭以东的南北两道在疏勒与莎车之间实际上是相连接的，故由莎车亦可北去大宛。而由莎车西南行，还可至印度河上。再由印度河口经海道运往西方。① 当时印度河上游为罽宾国（今克什米尔），由罽宾国也可到大月氏。大月氏在大宛之南，其间有道路可以相通。张骞第一次西行，就是由大宛达到大月氏的。②

就是葱岭以东的道路，也因时而有所变迁。北魏时，宋云、慧生西行，却是由洛阳起程，经长安，过青海湖之北，穿越柴达木盆地，再至于昆仑山北的南道上。③ 宋云、慧生当是遵循大道而行的。既为大道，自然会有商贾运输货物。

---

① 夏鼐《中巴友谊的历史》，载《考古》1965年第7期。
② 《史记》卷一二三《大宛传》，《汉书》卷六一《张骞传》、卷六六《西域传》，《后汉书》卷八八《西域传》。
③ 《洛阳伽蓝记》卷五。

唐时丝绸之路与汉时已有不同。唐时天山与昆仑山间仍有南北两道，北道则改由瓜州（今甘肃安西县）西北趋伊州（今新疆哈密县）、西州（今新疆吐鲁番东南），再循天山南麓西行。南道则以于阗（今新疆和田县）之东各处后来为沙碛所掩，故别由北道的安西（今新疆库车县）另辟一道，循和田河以至于阗。于阗以西，越葱岭可至印度河上。而由安西西北行，绕热海（今吉尔吉斯斯坦伊塞克湖）之南，可至碎叶城（今吉尔吉斯斯坦托克马克附近）和怛逻斯（今吉尔吉斯斯坦的江布尔）。碎叶城于唐初曾为安西四镇之一。唐时于这南北两道之外，还增辟了一条北道，原来的北道实际上成了中道。这条新的北道由中道上的伊州或西州折向西北行，皆可到北庭（今新疆奇台县北），再由北庭西至碎叶城。①

碎叶城和怛逻斯城的西南为康国（今乌兹别克斯坦的撒马尔罕）、安国（今乌兹别克斯坦的布哈拉）、石国（今乌兹别克斯坦的塔什干）等所谓昭武九姓胡国，其南又为吐火罗国（今阿富汗北部）。这些国家分布在药杀水（今锡尔河）和乌浒河（今阿姆河）流域，也就是中亚细亚各处。所以当时的丝绸之路就分别通过这些国家。唐初玄奘赴印度，取道中亚细亚。其去时由天山南麓一道，经安西至碎叶城，再南至于石、康等国；其归来时，则由吐火罗，经疏勒而至于阗。当时于阗以东的道路尚未为沙碛所淹没，玄奘于是由于阗再东至于沙州（今甘肃敦煌县）。玄奘所行的这两段道路，都是丝绸之路。丝绸之路由康、安等国西行，再西就是波斯。波斯为今伊朗、伊拉克等地，其西境且至于小亚细亚。由波斯往西，还可远至拂林国。拂林即东罗马帝国，其地在小亚细亚和巴尔干半岛，以至于欧洲的东部。东罗马帝国的都城为君士坦丁堡，也就是以前的拜占庭，依然是丝绸之路的终点。后来大食兴起，奄有阿拉伯半岛和波斯等处，亦曾为丝绸之路经过的大国。

下至五代北宋时，由内地前往西域的人，则改出夏州（今陕西靖边县

---

① 《新唐书》卷四〇、卷四三下《地理志》。

北)①，或出灵州（今宁夏灵武县西南）②，或出秦州（今甘肃天水市）③，皆经西凉府（今甘肃武威县），由玉门关西行。天山南北的道路，大抵仍为唐代的旧规。葱岭以西，行人稀少，旧道已难具知。④宋初有继业三藏者，前往印度，于疏勒之西过葱岭，曾经到过伽湿弥罗国。⑤伽湿弥罗国于两汉为罽宾国，也就是现在的克什米尔。继三藏于此南至印度，未再西行。道路既已多阻，丝绸及其他货物的运输也不会是很多的。

当然，这条丝绸之路的开通，除以丝绸为运输大宗货物外，对于中外文化的交流和发展我国人民和西域各国人民的友谊也起过重要的作用。

（三）水上交通路线

我国水上交通同样起源很早。原始社会文化遗址多在水滨，自是为了易于解决生计问题，而水上交通便利，可能是选择居住地点的一个条件。甲骨文字中"舟"字的字形不一，也应该和水上交通的开辟有一定的关系。

随着时代的变迁，水上交通也日益频繁。一些能够通行舟楫的河流，人们都尽量设法加以利用。有些河流水势浩渺，一时尚难行船，虽不能不改由他途，可是稍过时日，舟楫还是可以畅通的。黄河中游，水流湍急，自来是不易航行的。不过，春秋时期，秦、晋两国泛舟之役，就不仅利用了黄河的一段水道，而且还利用它的支流渭河和汾河漕运粮食。⑥长江流量稳定，自是交通要道。然九江一段迄至春秋时期，吴、楚两国尚皆视为畏途，其间一些战争，反移到淮河之滨。⑦就是这一段被称为艰险的水道，后来到

---

① 《宋史》卷四九〇《高昌传》。
② 《文献通考》卷三二七《四裔考》引《居诲记》。
③ 《宋会要辑稿》卷一九七《于阗》。
④ 《宋会要辑稿》卷一九七《拂林国》。
⑤ 范成大《吴船录》。
⑥ 《左传》僖公十三年。
⑦ 《史记》卷三一《吴太伯世家》、卷四〇《楚世家》。

了秦时,即已畅通无阻。秦始皇东巡,就曾自江陵浮江而下,直抵丹阳。①

然而最早记载全国水道交通网的,则为成书于战国时期的《禹贡》。这篇书是托名夏禹而撰述的,其中记载各地向都城进贡的道路,就尽量利用当时的水上交通。传说夏禹的都城是在安邑。安邑位于今山西夏县西北。其地距黄河很近,所以各处进贡的物品都辗转来到黄河上,再运到都城。按照《禹贡》的规划,全国共分为九个州。今山西和河北西部为冀州。冀州三面濒于黄河,所以冀州的贡道就全靠黄河。今河北东南部和山东北部为兖州。兖州的贡道由济水和漯水入于黄河。济、漯二水本是由黄河中分流出来的,后来也就湮塞了。泰山以东到海边为青州。青州的贡道由汶河入于济水,再由济水入于黄河。泰山以南,淮河以北、东至于海为徐州。徐州的贡道由淮河、泗水入于菏水,菏水是由济水分出的,所以还得由菏水入于济水,再由济水入于黄河。淮河以南到海边是扬州。扬州的贡道由长江入于海,再循海边北上,进入淮河和泗河。现在的湖南和湖北为荆州。荆州是长江容纳其支流汉江的地方,长江还有支津叫沱江。这些都是东流的水道,要运送贡品到都城去,就不能利用这些水道,而要跋涉一段陆路。好在现在河南西部有一条洛河,流入黄河,所以当时荆州的贡道,就利用这条洛河。荆州之北到黄河之间为豫州。豫州的贡道自然就是洛河了。现在的四川为梁州。根据《禹贡》的说法,梁州的贡道是由潜水入于沔水,再翻山越岭转到渭河,然后入于黄河。沔水就是现在的汉江。所谓潜水其实是没有的。《禹贡》的作者对于梁州知道得不够具体,因而就不免有所附会。今陕西、甘肃两省为雍州。雍州在黄河的中上游,所以运输贡品就顺黄河而下了。这个水道交通网基本上描绘出当时水上交通的轮廓。

水上交通虽早已发达,可是却有一定的局限性。因为不同的水系之间,都有相当遥远的距离。如果由这个水系到那个水系,就难免要舍舟就陆,感到不便。很早以前,劳动人民就设法改造自然,在两条主要的河流之间

---

① 《史记》卷六《秦始皇帝本纪》。

挖掘运河，克服这样的困难。长江中下游地区水道稠密，最早的运河就从这里发轫。春秋时期，吴楚两国在这方面都有相当的成就，而吴国在邗城（今江苏扬州市西北蜀冈上）下面所掘的一条沟通江淮的运河尤为著名。这条运河因为由邗城之下开始，所以后来就称之为邗沟。邗沟由于正在江、淮距离最近处，后世相继沿用下来，今天仍然是京杭大运河的一段，当然也是几经变迁，才成为这样南北端直的状态。稍后开凿的而又有较大影响的运河是菏水和鸿沟。前者是春秋末年吴国开凿的，后者是战国初期魏国开凿的。①

菏水在今山东西南部，当时这里是济水流经的地方。这条运河就由济水沿岸的陶（今山东定陶县）凿起，向东通到泗河。由于济水是从黄河里分流出来的，实际上是黄河的一条支流。泗河是淮河的支流，而淮河又借邗沟与长江相联系。江、淮、河、济在那时称为四渎。菏水的开凿一下子就使四渎都能够沟通，影响很大，自不待言。陶本来是春秋时期的曹国，曹国以前一直默默无闻于世，可是菏水一经凿成，交通发达，陶就迅速繁荣起来，蔚为"天下之中"的经济都会。

鸿沟在今河南省中部和东部。这是由黄河中引出来的一条运河。那时的黄河由今河南武陟县附近向东北流去。鸿沟是在今荥阳县北由黄河里分出来的。它由黄河分出来后，向东南流，到今开封市附近，折向南流，通到颍河。楚汉战争时，项羽、刘邦以鸿沟为界，分割天下，就是指此而言。这条运河涉及的河流不限于黄河和颍河，因为鸿沟以东当时还有汲水、获水、睢水、涡水等几条河流，都和鸿沟相联系。这些河流都是自然水道。但能够和鸿沟相接连，都是经过人工的开凿，因此可以总称之为鸿沟系统。鸿沟系统诸河流，北有济水，东有泗河，而南有淮河，都能够互相联系起来，构成一个水道交通网，对于这个地区经济的发展起到了巨大的作用。

然而规模更为巨大，影响更为深远的却要数隋时开凿的运河和元代开

---

① 拙著《释〈史记·货殖列传〉所说的"陶为天下之中"兼论战国时代的经济都会》。

凿的南北大运河。隋时开凿的通济渠，是由洛阳开始，引谷、洛水入于黄河，再由板渚（今河南荥阳县西北）引黄河水，经今河南开封市、商丘县及安徽宿县，至今江苏泗洪县南入于淮河。唐宋时期的汴河，也就是板渚以下的通济渠。隋时开凿的运河还有广通渠、永济渠、山阳渎和江南运河。广通渠是由长安附近，引渭河水东入黄河。这里本是汉代漕渠经过的地方，两者虽非完全吻合，规模都是一样的。永济渠是由今河南武陟县引沁河水，入于淇河，东北流至今天津市西南，淇河水由此入海，可是运道却折向西北去，至今永清县再溯桑乾河直达涿郡（今北京市）。桑乾河就是现在的永定河。这条运河中间所利用淇河的一段水道，也就是东汉末年曹操开凿的白沟。山阳渎北起今江苏清江市，南至扬州市，沟通淮河和长江。江南运河北起今江苏镇江市，南至今浙江杭州市，连接长江和钱塘江。由此可见，这几条运河是以国都长安为中心，东北通到涿郡，东南通到长江下游三角洲和太湖周围地区。永济渠的开凿在当时虽具有一定的国防意义，但它流经的太行山东的河北平原，也是一个富饶的经济地区。这几条河的开凿，正是为了便利国都和富饶经济地区的交通。

由于长江下游三角洲和太湖周围发展成为最重要的经济地区，唐宋时期的汴河就成了交通命脉，为运输漕粮所不可或缺的水道。北宋的国都设在开封，几乎完全依赖这条运河维持国都中的军糈民食。唐王朝灭亡前，关中漕渠（隋广通渠）已告湮塞。宋王朝南迁，汴河也随着不通了。其他几条有的虽还继续通流，但作用甚微。南宋都于杭州，在钱塘江南修了一条浙东运河，规模就小得多了。

元代建都于现在的北京，对于东南漕粮的需要更为迫切，于是陆续兴修通往长江下游的运河，这就是一般所说的大运河。其实元代所修的主要只是通惠河和会通河（包括济州河）两段。通惠河在今北京和通县之间，引用北京西山诸泉水通到白河。白河也就是后来所称的北运河。这段运河，金时就曾经开通过。会通河在今山东省内，上连御河（今卫河），下接泗河，并引汶河入于运河，以增加水量。如果从北京取水路南行，就可由通惠河入白河，再由白河转入御河，由御河转入会通河，由会通河入于泗河。泗河本来是南入淮河的，那时因黄河东南行在今徐州市附近夺泗入淮，再夺淮入海，运河中的船只，自然也就随着由泗入黄，由黄入淮。淮河以南，唐宋以来的旧运河依然存在，可以一直通到杭州。以后历经明、清两代，由于漕粮运输关系重大，对于这条运河也不断有所维护和改凿。运河本以运输漕粮为主，清代后期，漕粮改折，海运发达，运河失于维修，不少河段也就先后淤塞不通了。

（四）海上的交通

我们祖国有绵长的海岸线，海上交通素称发达。早在战国时期，燕齐方士往往入海求仙，而《禹贡》中更明确记载了长江和淮河入海口之间的运输路线。西汉时，海上的航路更远，已东至于倭国（今日本国），西南至黄支和皮宗。黄支国再南有一个已程不国，为汉王朝驿使到过的最远地方。① 皮宗为马来半岛西南的蒲牢皮散岛，黄支国则在印度东南海岸马德拉斯境内②，或谓已程不国的故地距马德拉斯仅30余公里，则亦不出印度的东南海岸③。东汉末年，大秦国王曾派遣使者自海道来献方物。大秦为罗马帝国，欲与汉王朝贸易，而为安息所阻，故改由海道东来。④ 当时安息国西境达到今伊拉克国，波斯湾亦当在它的控制之下，大秦使者可能是由红海北端扬帆东来的。

海上航行，利用信风最为便捷安全。根据东汉末年大秦使者抵达洛阳的月份推算，其泛海东来，当是利用印度洋上的东南风。自此以后，来往于印度洋上的船舶，无不凭借信风以为航行的节令。东晋时，法显自印度

---

① 《汉书》卷二八《地理志》。
② 费琅《昆仑及南海古代航行考》（冯承钧译）。
③ 岑仲勉《中外史地考证·西汉对南洋的海道交通》。
④ 《后汉书》卷八八《西域传》。

归来；唐初，义净自广州前往印度，都是乘信风之便启碇首途的。①其后罗盘针发明，并在海舶上使用，海上航行就更为便利了。②

唐代海上交通有东、西两途。一由登州（今山东蓬莱县）东行，一由广州南行。③由登州浮海，可至高丽（今朝鲜），再远至日本。而日本的遣唐使也由明（今浙江宁波市）、越（今浙江绍兴县）两州登陆。④由广州南行，过海峡（今马六甲海峡），直西至师子国（今斯里兰卡），绕南天竺（今印度南部）海岸，至新头河（今印度河）口，折向西北行，入波斯湾，登陆至缚达（今伊拉克国巴格达）。缚达就是大食的都城。

当时的扬州和广州都是往来海舶经常寄碇的处所，而广州尤为最大的港口。唐王朝在广州设有市舶司，足证海上交通发达，船舶众多。到了宋代初年，市船司的设置，广州之外，兼有明州和杭州⑤，而广州的税收在明、杭二州之上⑥。后来泉州继起，兴盛一时。宋、元之际，大食人蒲寿庚盘踞泉州，竟夤缘为地方官吏。⑦元初马可·波罗西还时，也是由泉州泛海的。马可·波罗还盛赞泉州为世界两个最大贸易港之一，以之与地中海东南岸的亚力山大港相媲美。⑧

然而最脍炙人口的，则是明初的郑和下西洋。郑和前后七次泛海，由长江口的刘家港起碇，曾到过占城（今越南南郑）、文莱（今仍旧名，在婆罗洲）、暹罗（今泰国）、苏门答剌、爪哇和锡兰（今斯里兰卡），并绕印度东西海岸，更远至波斯湾头的忽鲁谟斯（在今伊朗国波斯湾北岸），红海东岸的天方（今沙特阿拉伯）和非洲东海岸的木骨都束（今索马里国

---

① 桑原骘藏《蒲寿庚考》第二章（陈裕青译）。
② 朱彧《萍州可谈》卷二。
③ 《新唐书》卷四三下《地理志》。
④ 《新唐书》卷二二〇《日本传》。
⑤ 《宋史》卷一八六《食货志》。
⑥ 梁廷枏《粤海关志》。
⑦ 桑原骘藏《蒲寿庚考》。
⑧ 《马可·波罗行记》第十五章《刺桐城》（冯承钧译）。

海岸）等处。① 这几次空前的盛举，显示我国古代航海事业的巨大成就。

清代初年，曾经禁止与海外往来，然谙熟航海的沿海人民，仍不时冲破限制，出没于海上风涛之中。鸦片战争后，帝国主义列强的魔爪一齐伸向我国，直至新中国成立前夕，海上交通已经完全为帝国主义所控制，成为侵略我国的捷径。

四、祖国的历史名城

我们伟大的祖国历史悠久，人口众多，经济繁荣，文化发达。自古以来，就陆续兴起了无数的名城大都。以统一王朝的都城来说，就有咸阳、长安、洛阳、开封、南京、北京等著名都会。今天的北京是我们伟大社会主义祖国的首都。其他值得称道的，还有太行山东的邯郸和邺（今河北临漳县西南），山东境内的临淄和陶，四川盆地的成都，长江中下游的江陵和扬州，太湖东南的杭州，等等。西藏的拉萨，也曾名重一时。特别是近百年来突起的上海，迄今尤为世界有名的商埠。这里仅就其政治经济地位特别重要的，分别论述如下：

（一）咸阳和长安

咸阳和长安都在今陕西关中的中部，隔着渭河遥遥相对。咸阳为秦王朝的都城，其故地在今咸阳市东。长安则为西汉、隋、唐诸王朝的都城。其间前赵、前秦、后秦、西魏、北周也都在这里建都。东汉与西晋末年，都曾迁都于此。农民起义领袖黄巢和李自成也在这里分别建立过大齐和大顺政权。隋以前的长安在今西安市西北，从隋时起才迁到现在的西安市。

---

① 《明史》卷三〇四《宦官郑和传》。

如果由秦汉向前推溯，则西周的丰镐就在今西安市西南的沣河两岸。丰镐、咸阳和长安形成一个三角形。实际上汉长安也正是秦咸阳的继续和发展。因为秦咸阳经过项羽的焚烧，了无余烬，西汉才不得不在渭河南岸另建新都。

丰镐、咸阳和长安相继建为都城，是有其共同的特点的。不论其政权的性质如何，都城的选择都以能否加强其统治为出发点。丰镐、咸阳和长安都位于关中的中央，而关中有四塞之险，足以作为固守的凭借。关中虽在四塞之中，交通却也还算是便利，能够和四周各处密切联系。这种优越的自然条件构成了进可以攻，退可以守的有利形势。

关中平原土地肥沃，农业经济发达，为建立都城创造了一定的经济基础。只是由于关中平原的范围有限，都城人口稍多，当地所生产的粮食就会感到不足，所以建都在关中的王朝就不能不讲求漕运，由关东各处运来更多的粮食作为补充。漕运的顺利与否，往往会关系到一些王朝的安危。

现在丰镐故地早已湮废，其遗址在今沣河东西的斗门镇和马王村一带。今咸阳市窑店镇东的秦咸阳故城遗址，南濒渭河，北达咸阳原上。由于渭河不断北移，原下部分遗址多已沦于渭河之中。近年考古发掘，在北原（就是所谓北阪）上陆续发现了一些城墙遗迹，还不易看到故都的全貌。不过那时一些宫殿如阿房宫等原来就建在渭河以南，咸阳毁灭，渭南则未波及，汉长安城的宫殿就是在前代离宫别馆的基础上发展起来的。长安和咸阳虽然隔着一条渭河，其间关系却是十分密切的。

汉长安城的城垣迄今还有大部分残存，犹能显示故城的轮廓。其东墙较为端直，西、北、南三墙多有曲折，城的形状极不规则，仿佛天空中的南斗和北斗，故有斗城之称。[①] 城内大部分为宫殿和官署，商业区在城内西北部，有东市和西市等市场。这大概是因为近于渭河，交通便利。汉长安城因受地理形势的限制，不易扩展，后来井水亦多咸卤，不适于食用，所以到了隋代，就在其东南的龙首原南麓另建新城。

---

① 《三辅黄图》。

隋唐的长安城包括宫城、皇城和外郭城三个部分。今西安城就是隋唐长安城的缩小和改建。宫城是皇室居住地，在今西安城内北部偏西处，兼有城北一些地方。皇城为隋唐王朝中枢官署所在地，在宫城之南，其南墙大致就是今西安城的南城墙的前身。宫城和皇城皆不包括今城内偏东的一部分。外郭城为住宅区，东、西、南三面拱卫宫城和皇城，这样的住宅区共有一百一十个坊。另有东市和西市，为城中的商业区。

唐代末年，封建统治阶级不断进行争权夺利的战争，长安城遭到严重破坏，国都也迁往洛阳。后来，只好舍弃外郭城和宫城，留下皇城，勉强维持残局。明朝初年改称西安，重修了城池。这次重修，只是对原城略加扩充而已。从那时一直到新中国成立前，城垣大体没有多大变化。

（二）洛阳

洛阳城就在现在河南省的洛阳市，是东周、东汉、魏、晋、北魏、后唐等王朝的都城，也是隋、唐两代的东都。东都是和长安相对称的。本来是陪都，实际上隋炀帝和武则天都长期住在这里，和都城没有什么差别。

在这里最早建立的城池，是周代的王城和成周。成周在瀍河东，王城在瀍河西、涧河东。汉、魏的洛阳城实际上就是成周的扩大。隋唐的洛阳城兼有洛河南岸地。现在的旧洛阳县城则在隋唐东都中宫城的东侧。其西城墙且侵入隋唐的东都城内。

洛阳城位于洛河之北，南望龙门山，北倚邙山。邙山之北就是黄河。洛河在这里汇合伊河和瀍、涧诸河，形成山环水绕的形势；也是一个易于防守的地方。虽然山水环绕，却不如关中险固。伊洛河谷平原自来也是一个富饶的经济地区，足以作为建都的经济基础。不过论平原的范围，较之关中还要狭小。

洛阳城最初是作为西周王朝的东都而建立的。周室东迁，才正式作为国都。西周初建洛阳时，说它是"天下之中"，四方入贡的道路比较平均。① 以周王朝的疆域来衡量，洛阳的位置大体是适中的。其实当时建城的目的，则是加强对于前代殷商遗民的统治。西周灭亡，丰镐已成废墟，周室东迁本是出于无可奈何，加之一些诸侯封国先后强大起来，东周王朝实际上没有什么统治力量。洛阳这时作为全国的都城，只不过徒有虚名罢了。

西汉初年，本来打算建都洛阳，由于考虑到这里不如关中险要，因而改变了计划。② 到了东汉，才以洛阳为都。当时长安已经残破，不易恢复。东汉所以迁都，除过这一点外，主要还是从经济着眼。论伊洛的河谷远不如关中的广大，可是洛阳距黄河下游南北富饶的经济地区较近，又无三门砥柱之险，漕运是要比关中方便些，所以东汉就把洛阳建为国都。后来隋唐王朝都于长安，却建洛阳为东都，也是基于同样的原因。

西周的王城和成周分在两处，周王朝的统治者居于王城，而被迫迁徙的殷遗民则居于成周。③ 东周初年的都城实际上是在王城。④ 到后来才又迁于成周。⑤ 秦时的三川郡和西汉的河南郡因之也就设在成周故城。东汉就在这个旧址上扩建为都城。自此以后，魏晋和北魏皆沿而未改，只是北魏的洛阳城是在西晋的废墟上重建的，到现在，城内早已成为田畴，仅若干城墙残段犹残留于地上，显示其为故都的旧址而已。

洛阳城到隋时曾迁徙改建。这和长安城的变迁相仿佛，只是时间稍晚了二十多年。⑥ 新建的洛阳城较故城西移 18 里，已在瀍河以西。隋亡之后，唐代依旧以这里为东都。东都也和长安一样，有宫城、皇城和外郭城。外郭城也是分成许多坊的。当时的宫城在皇城之北，也是在整个洛阳城的西北隅。皇城南近洛河，外郭城的大部分在洛河之南。后来在隋唐故都的一部分废墟上建立的洛阳城，到新中国成立前夕也已残破不堪了。

---

① 《史记》卷四《周本纪》。
② 《史记》卷九九《刘敬传》。
③ 《书·多士》，《史记》卷四《周本纪·正义》引《括地志》。
④ 《左传》庄公二十一年。
⑤ 《左传》昭公二十六年。
⑥ 中国科学院考古研究所洛阳发掘队《隋唐东都城址勘查和发掘》，载《考古》1961年第3期。

（三）北京

北京城有悠久的历史，可以远溯到周代的蓟。那时蓟为燕国的都城。蓟的故址据说在现在北京外城的广安门以北和白云观以南。[①] 东晋时，蓟还曾做过前燕的都城，不过只有八年光景。如果除去这短促的年代，自秦统一六国之后，蓟长期是一方的军事、政治和经济的中心。

蓟再次作为都城，是在辽时。辽以这里为南京，只是居于陪都的地位。后来金朝才正式在这里建都，定名中都。辽的南京大体是沿袭蓟的规模，金则对辽的南京从东、西、南三面大加扩展。城内中部的前方是内城，为皇宫所在，内城北面为市场。蓟仅占有今北京外城的西北一隅，中都城大部分在今北京外城的西部。[②] 辽、金两朝分别与北宋、南宋相对峙，算不上统一的政权，所以那时的南京或中都也不是全国唯一的政治中心。

后来到了元代，北京才成为统一政权的都城。明、清两代和民国初年都因循未改。元代称为大都，明代始改称北京。北京的名称自是对南京而言的。明初本是建都于金陵的，稍后才因元代的故都另建新京，南北相对，就分别称为南京和北京。清代继起，以后就一直称为北京。在元代，北京城有了很大的变迁。辽、金两朝都是在蓟的旧基上改建和扩展的。元代初年，由于金的故都已经毁灭，于是另奠新基，而且这个新基大部分为明代所沿袭，元代大都城的南城在今北京东西长安街上。北城则远在今城之北，仅东西两垣和现城相一致。今北海和中南海周围是当时的皇城。皇城之中又有宫城。明初加以增损，缩减它的北部，并把南垣向外扩展，成为新的北京城的内城部分。内城的名称是增建了外城之后才有的。外城在内城之南，两者紧相连接，这是明代新建筑的部分。内城中的紫禁城，也是皇室宫殿所在地。它位于北海和中南海之东，较之元代的宫城偏南一点。

北京城的不断发展，成为一些王朝的都城，是与它所处的地理位置的

---

① 侯仁之《历史上的北京城》。
② 侯仁之《历史上的北京城》。

优越分不开的。北京位于华北大平原西北边缘的北京小平原上。它西倚西山，北踞军都山。这两座山分别是太行山脉和燕山山脉的支脉。两山蜿蜒掩映，险峻相连，为西北方面的屏蔽。永定河绕过它的西南，潞河（潮白河）经过它的东面。山河环抱，自古就是一个交通枢纽。由这里循太行山东麓南行，可以达到中原各地，这条古道远在蓟城初建时即已通行。后来秦始皇修的驰道也从这里通过。秦始皇时的驰道还由这里东达碣石山，西北又通到位于今内蒙古包头市西南的九原郡。那时由于永定河和潮白河下游还是一片沼泽，蓟城东南的道路未免要受到阻隔，好在后来沼泽逐渐干涸，道路才得畅通。由这里东北行，通过燕山山脉上一些峪口，可以远至松花江和辽河流域，自山海关一路开辟，东北的道路更为便捷。陆上交通之外，还有一条北运河，就在北京城东的通县。金元时期曾先后修到北京城下。北运河实际上就是通往长江下游的大运河的一部分。水陆道路互相配合，北京城的交通就愈臻发达。

北京城不仅为交通枢纽，而且距我国北部游牧地区不远，所以这里很早就成为汉族与游牧部族之间文化、物资交流的处所，并且进而发展成为地区的经济都会和政治都会。一些王朝还以此作为军事重镇。燕国以后的统一王朝几乎都在这里驻扎过重兵，积极经营，唐代中叶因此还导致过安史之乱，唐代以后，我国北部和东北部地区的契丹、女真、蒙古各族相继兴起，更使这个地方日趋重要。这些游牧民族进入中原，北京实为其必经的门户，又距他们后方基地不远，所以先后都以北京为都城。而明代却正和这些王朝相反，由于元朝的后裔仍然存在，加强北边的防御实为当时不可忽视的急务，所以就把都城由南京迁到北京。

北京是具有悠久历史的名城。近百年来，揭开中国新民主主义革命序幕的五四运动就是在北京城爆发的。

（四）南京

南京也曾做过一些王朝的都城。最早在这里建都的是三国时期的吴国。

后来东晋偏安江左,仍然在这里建都。南北朝时期宋、齐、梁、陈诸王朝都因而未改。吴时称为建业,东晋以后改称建康。一般称南京为六朝故都,就是指此而言。其实后来到五代时期,南唐的都城也是设在这里,当时称为江宁府。这些虽都是分裂割据时期政权的都城,算不得全国的政治中心,可是南京城也不是没有做过统一王朝的国都,不过历时短暂,只有明代初期的五十多年而已。到了清代中叶,这里成为太平天国的都城,名称改为天京。太平天国在这里建都,是要进一步推翻清王朝,却未能达到目的。辛亥革命后,临时政府就设在南京。后来国民党反动派在这里盘踞,直到蒋家王朝的崩溃,南京城才回到人民的怀抱。

南京城东倚钟山(一名紫金山,又名金陵山),西踞石头山(亦名清凉山)。自古论南京的形势,就有"钟山龙蟠,石头虎踞"的说法,也是一个险要的所在。不过分裂割据时期在这里建都的政权,其着眼点却都在南京城西北的长江,认为这是一道天堑,可以作为防守的要塞。南京城能够作为都城,除过这些地理形势外,也有它的经济基础。长江下游的三角洲是一个富饶的经济地区,南京就在这个地区里,在这里建都,粮食问题也就容易解决。这个经济地区在汉魏之际已经逐渐繁荣起来,所以吴国能够有所凭借,建立它的政权。就这个经济地区来说,南京实际上是在它的西北角,距富饶的中心区域还不算很近。这固然可以利用长江运输,可是一来路途更远,再则江中多风涛,也非十分安全。为了解决漕运的问题,吴国初年就开凿句容中道,以通吴郡(今江苏苏州市)和会稽(今浙江绍兴县)。① 句容中道在今江苏句容和丹阳两县之间,也称为破冈渎。这里是秦淮河的一个源头,而秦淮河则流经当时的建业城外。由秦淮河畔到建业城,那时还修了一条运渎,所以吴郡和会稽的粮食就可由这条水路运到都城里。梁时破冈渎的运道还曾一度改到附近的上容渎。直到陈朝灭亡,这条漕运道路才湮塞废弃。明朝初年,再在这里建都,苏浙粮食改由高淳县东坝运

---

① 《三国志·吴书》卷二《孙权传》。

到秦淮河中，再顺水而下，运到都城。① 经济地区的富饶和水上交通的便利也使南京城成为繁荣的经济都会。

其实，这两个有利的条件并不一定能够保证作为都城的南京万无一失。东晋时，苏峻入据建康，郗鉴就断其粮道，峻军终于败北②，就是一个显著的例证。长江虽号称天险，然在南京割据一方的一些政权，其最后覆灭还不是由于未能守住这一线的江水？

南京城由于历年悠久，城池已经过几度的变迁。六朝的旧城北近覆舟山（一名九华山），南去秦淮河五里。城内还有一个台城，为当时皇室所在地。台城北至北极阁下鸡鸣寺前，南去旧城正南的城墙尚有2里。③ 陈灭之后，隋王朝尽毁建康城郭宫殿，成为耕地。当时石头山上另有一座石头城，隋王朝毁建康城后，在石头城中设了一个蒋州。④

五代时的南唐改筑江宁城。新城跨秦淮河南北，南近聚宝山（即雨花台所在地）⑤，西距石头山⑥，东至今大中桥，北至今北门桥⑦。这个江宁城远较六朝的建康城为广大。现在的南京城为明代初年所筑，又较五代时江宁城为广大。然其南亦至于雨花台北，西仍据石头山，新扩展的部分只在北部和东部。城内东偏有明王朝所筑的皇城。皇城的遗址就在今中山门内。明时尚有外郭城。虽利用天然土坡，未起城垣，然当时诸城门如江东、仙鹤、麒麟等仍沿用至今，有的已成为人民公社的驻地。

（五）扬州

扬州位于江苏省长江北岸，隔江与镇江市相望。京杭大运河由城东通过。

---

① 《天下郡国利病书》第八册《江宁》引韩邦宪《东坝考》。
② 《晋书》卷六七《郗鉴传》。
③ 朱偰《金陵古迹图考》。
④ 《隋书》卷三一《地理志》。
⑤ 《天下郡国利病书》第八册《江宁》引《京城图志》。
⑥ 《读史方舆纪要》卷二〇《江宁府》。
⑦ 朱偰《金陵古迹图考》。

历史上的扬州城曾一度是全国最著名的经济都会，这是因为它位于长江沿岸，又在长江与运河的交叉处，具有优越的交通条件。长江是我国通航里数最长的水道，沿岸又有许多富饶的经济地区，为扬州的兴起和发展提供了有利的条件。然而至关重要的还是运河的开凿。经过扬州的运河，南通钱塘江，北达黄河流域和海河流域，南段较为短促，往北的部分却相当绵长。运河的一些河段有时也有些改变，而长江与运河的交叉处，总是在扬州附近，这就使扬州能够得到较长时期的繁荣。

扬州的历史可以远溯到春秋末年吴国所筑的邗城，邗城的故地在今扬州市西北的蜀冈之上。那时的长江在这一带偏向北流，经过蜀冈之下，和现在很不一样。邗城西南角实际上正是濒临江岸。① 吴国在筑邗城时，又开凿了邗沟。邗城和邗沟的兴建都是为了北伐齐国。目的既相同，动工也在同时，可知二者是密切相关的。邗城下的运河开通以后，接着吴国再向北掘沟于商、鲁之间。所说的商就是宋国。宋国都城在今河南商丘县。鲁国都城在今山东曲阜县。商、鲁之间的运河实际上就是前面所说的连接济水和泗水之间的菏水。到战国时期，魏国又开通了鸿沟，于是邗城就通过这些运河和黄河流域各地相往还，扩大了互通有无的范围，地位也日益重要。

这些运河的先后开通，首先繁荣起来的是济、菏两水相汇处的陶，而不是长江与邗沟相汇处的邗城。就是长江下游这一地区间的经济都会也只有吴（今江苏苏州市）一处。② 为什么如此？因为当时富饶的经济地区是在黄河下游，而不在长江下游。没有一个富饶的经济地区作为基础，邗城只能起到一个转运站的作用。而这时的长江下游也只有海滨之盐、章山之铜、三江五湖之利而已。③

但是扬州优越的地理条件终于使它在隋唐和宋时发展成为全国最繁荣的经济都会。魏晋南北朝时期，黄河流域经济衰退，而长江下游经济却有了突

---

① 陈达祚、朱江《邗城遗址与邗沟流经区域文化遗存的发现》，载《文物》1973年第12期。
② 《史记》卷一二九《货殖列传》。
③ 《史记》卷一二九《货殖列传》。

出的发展。虽然后来到隋及唐代前期黄河流域的经济有了恢复,而长江下游的经济则发展得更为迅速,一跃而为漕粮的主要供给基地。扬州也正处于这个富饶的经济地区之中。隋唐两代兴修了长安和扬州之间的一系列运河,以转运长江下游的漕粮,使扬州的繁荣得到空前的发展。后来到了元、明、清诸王朝,以北京为都城,开凿了南北大运河,促使扬州继续维持繁荣的局面。

当然,扬州的繁荣能够蒸蒸日上,盐业的发展也是一个原因。就在唐时,长江下游南北近海处盐场每年所得的盐利,竟相当于百余州的赋税[①]。当时总缉盐利的盐铁转运使就驻在扬州。[②]尤其是长江下游丝织业的发展,也更助长了扬州的繁荣。唐玄宗天宝二年(公元743年),韦坚聚江淮漕船数百艘,溯运河来到长安,船上各载其本地物产,其中广陵郡(即扬州)船就载有锦、铜器、绫绣等物。[③]

扬州在唐时不仅成为国内最著名的经济都会,而且还发展成为对外的贸易港。对外贸易发达,税收自多,这就引起唐朝统治者的垂涎,甚至颁发诏书保护蕃客。[④]本来南海岸上的广州早已成为重要的对外贸易港口。由广州到长安,以取道扬州,泛舟运河最为方便,而由广州到扬州,则要经过大庾岭路,才能顺赣江而下,转入长江。[⑤]大庾岭为五岭之一,山高路险,不易通行,所以外国商贾多直接从海道直至扬州城下。唐末,田神功兵洗扬州,大食、波斯的贾胡死者竟有数千人。[⑥]扬州对外贸易的发达,由此可见一斑。

邗城筑成后,几经变迁,才有现在扬州城这样的规模。这里于秦汉时期为广陵,广陵城是在邗城的基础上扩大的。扩大的部分是在东郭。唐时扬州大城西据蜀冈,北抱雷塘,远较秦汉时广陵城宏大。宋代对扬州大城更加修整。今扬州城只是宋代扬州大城的一部分。[⑦]

---

① 《新唐书》卷五四《食货志》。
② 《容斋随笔》卷五。
③ 《新唐书》卷一三四《韦坚传》。
④ 《全唐文》卷七五《太和八年疾愈德音》。
⑤ 《全唐文》卷二九一,张九龄《开大庾岭路》。
⑥ 《新唐书》卷一四四《田神功传》。
⑦ 《读史方舆纪要》卷二三《扬州府》。

扬州城自兴建之后,以地居要津,曾经遇到多次兵燹,其中以明、清之际清兵屠城那一次,损失最为惨重,迄今数百年,仍令人为之发指。①只是由于运河继续通航,扬州才又恢复了繁荣。清代末年,黄河一再决口,运道受阻,封建统治阶级束手无策,漕粮只好改由海运。运河失于维修,若干段落阻塞不通,扬州就顿时萧条,一蹶不振。

(六)上海

上海位于长江入海口以南的黄浦江沿岸。黄浦江是太湖通长江的最大水道。它汇集了太湖东南的一些小水流,从金山县以下始称为黄浦江。黄浦江在上海市区又汇合吴淞江,北流至吴淞江口入于长江。长江下游三角洲的河流密如蛛网,而长江又浩渺广阔,支流众多。上海正是凭借这些水路交通的发达,和长江三角洲的富庶,再加上和海外贸易的便捷,后来居上,终于发展成为全国最大和闻名世界的经济都会。

虽然如此,上海成为全国的经济都会却远在扬州之后。上海本来只是海滨一个渔村,由于不断有所发展,才设镇置县。上海设镇已在南宋末年,置县更晚到元代初年。②上海设县之始,隶属于松江府。棉花于元代始由岭南传入松江。至明代,松江的棉纺织业已十分发达。松江的布被誉为衣被天下,上海一县所产的已销行到"秦晋京边"和"湖广、江西、两广诸路"③,而海运的发展也使上海的繁荣更为显著。清圣祖康熙二十四年(公元1685年),清朝就在上海设置江海关。江海关的设置,标志着上海的发展已进入一个新的阶段,成为全国最重要的海港城市,这是扬州望尘莫及的。

下至清宣宗道光二十年(公元1840年),上海的发展却又经历了一个新的转折点。这一年,英国资产阶级依仗它的船坚炮利,对中国发动了无

---

① 王秀楚《扬州十日记》。
② 《读史方舆纪要》卷二四《松江府》。
③ 叶梦珠《阅世编》卷七《食货五》。

耻的鸦片战争，用武力打开了中国的大门，迫使腐朽的清政府签订了丧权辱国的不平等条约——《中英南京条约》，规定上海和广州、厦门、福州、宁波等五个港口为通商口岸。从此以后，各资本主义列强群起效尤，接踵而来，上海就成为它们吸吮中国人民膏脂的重要侵略据点，向着殖民地、半殖民地的方向畸形发展。这些侵略者还溯着长江而上，把他们的魔爪伸入我国内地。与此同时，英、美、法、德、日、意各国侵略者还在上海强辟租界，侵犯我国主权。其初，英租界在吴淞江口以南，美、日、德三国租界皆在吴淞江口以北，法租界在洋泾浜以南，意租界在洋泾浜以北。此后多次无理取闹，强行扩大。清德宗光绪二十六年（公元1900年），除法租界外，其他各国租界合并为公共租界，与法租界南北相对。据公元1918年的记载，公共租界之中、东、西、北四区已占地3万3千余亩，法租界为1万2千余亩[①]，而旧上海县城则局蹐于黄浦江边，与租界相较，俨然成为弹丸之地，迥不相侔。县城之外，非租界的市区如闸北、南市、沪西、浦东等处，则十分落后，与各租界形成对照，充分表现了殖民地、半殖民地城市的基本特征。

新中国成立以前，上海虽已成为我国最大的工商业城市，但在帝国主义的政治经济压力之下，所谓商业，主要是帝国主义及其所豢养的买办资产阶级搜刮我国物资和推销帝国主义货物的场所。后来各帝国主义就干脆利用我国廉价的劳动力和资源就地设厂制造，排挤我国民族工商业。我国的民族工商业在帝国主义的经济压力之下，很难得到发展，而帝国主义卵翼下的封建主义和官僚资本主义却乘机对广大人民进行残酷的压迫和剥削，帝国主义、封建主义和官僚资本主义就是压在中国人民头上的三座大山。

（七）拉萨

西藏高原上的拉萨，远在唐代初年即已成为吐蕃的都城。当时称为逻

---

① 民国《上海县续志》。

些①或逻娑②，这只是音译的不同。从那时起，迄今一千多年，拉萨一直成为这个地区的政治、文化和经济的中心。

拉萨位于拉萨河北岸。拉萨河就是唐代的逻娑川。它经过拉萨之南，西南流汇合羊八井河，注入雅鲁藏布江。这里四山环绕，碧水如带，河谷宽广，阡陌纵横，气候温和，而附近几条河谷又都是交通孔道，可以通到更远的地方。这里虽是平川，却还有两个小山：一为布达拉山，一为招拉笔洞山，都是平地突起的石峰。布达拉山周回5里。招拉笔洞山较为矮小，就近在其西南。

唐时的拉萨已有相当的规模。传说布达拉山上的布达拉宫和其南的大昭寺，那时已经建立，而布达拉宫尤为当时赞布建牙之所。不过那时的人尚多游牧积习，秋冬始入城隍，还多居于庐帐之中。大昭寺门前迄今犹竖有唐蕃会盟碑，记载当时汉藏两族亲密的友谊。大昭寺和布达拉宫相隔5里，当时的都会可能就是围绕大昭寺兴建的，只是街道狭隘，显得拥挤。布达拉宫后来长期成为达赖喇嘛的住所。这个宫殿历经整修，金碧辉煌，为西藏最著名的建筑。可是布达拉山下仅有房屋不多的小村落，和以大昭寺为中心的城区一直未能够连成一片。

拉萨附近还有一些大大小小的林卡，林卡是园林的意思。以前，每到夏令，达赖喇嘛就移居拉萨以西的罗布林卡。拉萨周围尚有几个较大的寺院，其北10里为色拉寺，其西20里为哲蚌寺，其东50里为噶尔丹寺。这三座寺院在宗教和政治方面都有较高的地位和较大的力量，为藏中各地所不及。据说以前的藏王即由此三大寺内选择。三大寺教长所以重视拉萨并以之为首府者，以拉萨近在咫尺，便于支持和控制。③其实这是无稽的推测。远在三大寺创建以前，拉萨早已成为一方的都会，固无待于三大寺的干预和维护。

（原载《中国历史地理论丛》第一辑，陕西人民出版社1981年版，有删节）

---

① 《旧唐书》卷一九六上《吐蕃传》。
② 《新唐书》卷二一六上《吐蕃传》。
③ 麦唐纳《西藏之写真》（郑宝善译）。

黄河在山陕之间[①]

一、山陕两省间黄河的特征

黄河为我国第二大河。它从青海巴颜喀拉山北麓发源，流经青海等九个省（区），到山东垦利县入海，全长 5464 公里。其中山陕两省之间为 779.3 公里，由于地形的特殊，成为全河突出的河段。（附图一《山陕两省间黄河图》）

黄河和长江、淮河一样，从发源地流出以后，大体是向东奔流。可是在内蒙古自治区，受到阴山山脉的阻遏，一再转折，就由山陕两省之间，向南流泻，甚至有些地方还稍稍偏向西南，直到潼关城北，才为秦岭所阻，又折而东流。这不仅和黄河全流其他各段大异其趣，也是其他江河很少见的现象。黄河在这两省之间，都是流经黄土高原，但也受到一些山脉的制约。在初入两省之间不久，西有横山山脉，东有吕梁山脉。横山山脉为东

[①] 本文写作期间，承中国人民解放军陕西省军区大力支持，特志谢意。

图一 山陕两省间黄河图

西走向，南北绵延不远。吕梁山脉却蜿蜒斜向西南，直至和黄龙山脉隔河对峙。横山山脉距黄河稍远，山南山北诸水能够分别汇成黄河的较大支流。吕梁山和黄龙山距黄河较近处，溪谷流下诸水皆独流入河，所以这一段支流较为众多，与其他河段迥乎不同。尤其应该指出的，在这一河段中，河谷的广狭竟有很大的差别。山西永济县的峨嵋原和陕西大荔县的朝坂之间，竟宽到 20 公里，这不仅为黄河中游各段所未有，就和下游各段相较，也不能算是逊色的。就是现在汾河口的黄河河谷东西也有 12 公里，不能说是过于狭窄的。真正的狭窄处则在其更北的地方。山西偏关县老牛湾和万家寨之间有一段河谷，其宽仅有 150 米。就是移到上游，也不能说是很宽的。

这样宽窄河谷的差异，把山陕两省之间的黄河分成两段。山西河津县和陕西韩城县的龙门成为其间的分界点。黄河在龙门还只宽 300 米，可是一出龙门，河谷骤然宽到 4 公里，就是常水位也有 2 公里宽。龙门以下一段，长 132.5 公里，龙门以上一段更长，为 646.8 公里。一般所说的山陕峡谷就是指这上一段而言的。

由于这两段河谷宽窄不同，其间的黄河宽度也就很难一样。在上段，黄河受峡谷的束缚，摆动的机会不多。有的地方甚至紧濒陡崖，毫无回旋的余地。偶有峡谷稍宽处，河旁滩地也不十分广大。山西河曲县和保德县，陕西府谷县和绥德县的枣林坪，濒河处能有相当面积的滩地，已经是难能可贵了。龙门以南的一段则不然。东西两边的原下就都是滩地。平川广阔，无有阻拦，黄河就容易左右摆动。远的不必说起，就以近五十年的变迁而论，公元 1927 年，黄河还在旧朝邑县南赵渡镇旁，并在三河口接纳渭河；公元 1928 年，黄河已离赵渡镇 3 公里，并在潼关附近与渭河相汇合；公元 1943 年东移到永济县南夏阳村旁，公元 1954 年又由夏阳村向南流，至华阴县陈家村与渭河合流；公元 1960 年，更东至于蒲州城（永济县老城）下[①]；今又在蒲州城西 5 公里处。蒲州城西本有座大庆关，原在黄河西岸，是山陕

---

① 夏开儒、李昭淑《渭河下游冲积形态的研究》。

两省往来必经的渡口。据当地人回忆，黄河曾在一夜之间改道西移，把大庆关隔在河东。这就充分证明黄河在这里的变迁是十分迅速的。

这两段河谷不仅宽窄不同，落差和比降也悬殊。从黄河进入山西省界到龙门，646.8公里之间，落差竟达545米，比降为0.8426‰。如果再以山西吉县与陕西宜川县间的壶口来分上下，则壶口以上一段582.8公里间，落差为485米，比降为0.832‰。壶口距龙门仅64公里，落差却还有60米，比降为0.9375‰。壶口之南有几块大石横亘于黄河河道中，这就是古代所说的孟门山。孟门山到龙门这一段，河谷都相当窄狭，自来把孟门当作龙门的上口。由于水流急湍，所以古人说过，黄河流下龙门，像射出的竹箭一样，不是飞奔的快马所能追赶得上的。① 可是龙门以下却另是一个样子。由龙门到潼关的132.5公里，其间落差为59米，比降才为0.445‰。这完全和龙门以上不同。这里虽然还是黄水奔注，但涛声低微，急湍已变成平流了。

然而最应该指出的是这两段河谷中河床的明显区别。龙门以上都是前第三纪基岩。龙门以下则是砾石、沙及沙壤土所组成的现代河流冲积层的河床。龙门以上的河段是相当长的，前第三纪基岩自是一个概括的总名，还因地而有所不同。譬如府谷县城附近就是黄色石黄砂岩，壶口上下又是上部为紫红色灰绿色细砂岩及泥质砂岩夹砂质页岩，底部为厚层砂岩、交错层发育的岩石河床。岩石性质不同，硬度各异，抵抗河流侵蚀的力量也就互不相同。所以，同在山陕峡谷之中也并非都是一样的。

就是这样的宽窄不等的河谷，高下悬殊的落差，再加上沙砾或基岩的河床，两岸的支流还不时流来洪水，突然会增加黄河的水量。夏秋之际，霖雨连绵，加之一些支流流域又是暴雨区，流入黄河的水量是会骤然猛增的。府谷县北的黄甫川，并不能算是黄河的较大支流，往往一次涨水，在流入黄河时甚至会阻遏黄河的水流。

黄土高原是易于受到侵蚀的地区。从这里奔腾而过的黄河支流，把侵

---

① 《水经·河水注》。

蚀的大量泥沙输送到黄河中来,成为黄河泥沙的主要来源。其中土壤侵蚀异常强烈的地区乃是在山西大宁县及陕西延长县以北的山陕峡谷的两侧,即吕梁山脉和横山山脉之间。龙门以上也属于侵蚀强烈的地区。①

二、黄河河床的下切与增高

黄河是屡经变迁的河流。据现代地质学家的论证,太行山东在地质时期实为茫茫大海,泰山在那时实不过大海中一个孤岛。今日一片平原正是黄河泥沙淤积的结果。就以历史时期来说,黄河大徙前后已经六次。可说是相当频繁的。下游如此,以上的河段,具体到山陕两省之间的黄河又是怎么样呢?当然也在不断变迁之中,不过具有自己的特色罢了。

山陕峡谷中的黄河河谷是相当深邃的。这是从地质时期起不断发展变迁而成的。陕西佳县城下高达130米的石崖上留下一道道的流水冲刷的痕迹,由黄河岸边直到城根,清晰如画,正显示出不同时期黄河水位的所在。府谷县的石崖上的痕迹,其清晰的程度也不亚于佳县。这只是就一些县城附近容易见到的来说,其实在这一河段中只要河谷两旁有石崖,就都有这样的痕迹。龙门以下的一段河谷两旁都是土崖,土崖上的痕迹是没有石崖上那样显著的。这些痕迹的形成正说明远自地质时期以来黄河的不断下切,黄河河谷因之日益加深,尚无终止之期。

地质时期历年久远,姑且不论。这里只就历史时期探讨黄河在这一河段的下切进度。河谷两旁石崖的流水痕迹虽班班可考,不过单凭这一点而无文献记载与有关的实物相佐证,实不易得出下切速度的具体数字。这里概括地先提出三点,作为初步论述的根据。这就是府谷县城下宋代的水门和明代东门外面的控远门的位置,宜川吉县间孟门山和壶口的距离,以及

---

① 黄秉维《编制黄河中游流域土壤侵蚀分区图的经验教训》。

潼关县的唐代新旧两城的迁徙。

府谷县城是明代初期（公元1440年）在宋代旧城的基础上拓建的。[①]东门之外另设一座控远门。用西安、兰州等地的习惯来说，应该就是东稍门了。这座控远门设在黄河岸边，两旁有矗立的大石。到清高宗乾隆四十六年（公元1781年），为了汲水的方便，在控远门外修了一段石阶。[②]由残存的石阶看来，其长有半里多路。后来从石阶到水边又添了一条陡岸。陡岸深3米，控远门和陡岸顶上的垂直距离为5米。这分明是明代初年修城以后，到清代中叶铺石阶路时，黄河下切了5米。石阶修成之后到现在，黄河又下切了3米。下切进度平均每百年皆为1.5米。宋代的水门在宋仁宗庆历元年（公元1041年）北宋与西夏的战争中，曾为双方争夺的要地[③]，遗址早已圮毁。

既然近五百年来下切进度平均每百年为1.5米，则距今一千年前的北宋水门位置应该在距现在黄河常水位14米的高处，也就是说，在现在府谷县小南门外的石崖中间。这虽是推测之辞，却还符合当时战争的形势。水门是为了从黄河取水而设的，当然是在临河的一面。西夏兵为夺取水门，曾缘着半崖的微径，鱼贯而前。由于城上矢石乱下，无法前进，只好退去。府谷城东南角外峭壁直立，当时也是无由绕过的。西南角石崖稍有斜处，西夏兵当是从那里进攻的。如果当时水位过低，西夏兵靠山崖遮掩，就不虞城上交加的矢石。如果水位太高，淹没了崖半的微径，无路可通，西夏兵若是强行前进，那就只好凫水而行了。

壶口在宜川县圪针滩之上，距圪针滩5公里。这是万里黄河的唯一瀑布，涛声震天，白雾云浮，景色十分壮观。孟门山其实不是一座大山，只是黄河河谷中几块巨石。因为它横亘在河谷之中，阻遏水流，就像三门峡的砥柱石一样，远在古代就以山来称呼它。这里的山形水势，南北朝地理

---

① 嘉庆重修《清一统志》卷二三九《榆林府》。
② 乾隆《府谷县志》。
③ 《宋史》卷二五三《折德扆传附折御卿传》、卷二一《仁宗纪》。

学家郦道元在《水经注》中曾有过细致逼真的描述。《水经注》的成书至迟在公元527年前。那时壶口和孟门山还连在一起。由那时迄今一千五百年间，孟门山依然屹立在河谷之中，而壶口却上移了5公里。按年平均，每年上移3.3米。由于壶口上移，这个瀑布就把河床冲成了一条石槽。石槽宽约30～50米。瀑布的落差为25米。据唐代记载，壶口已在孟门山北1000步处。石槽的深度有70余尺①，折合22米有余。和现在略相仿佛。

潼关以前为关中东部的雄关，这是尽人皆知的。潼关城本与山西风陵渡隔河相望，由于兴修三门峡水库才移到吴村的现址，旧潼关城改称港口。其实这个旧潼关城还不是最早的潼关城，古城在今港口东南4里杨家庄附近。唐武则天天授二年（公元691年）才由原上移下来。②为什么原来的潼关城要设在原上而不在河边？为什么唐代才从原上移到河边？唯一的原因是古城设立的时候黄河的水位很高，现在的港口尚在水底，河水一直弥漫到南原之下，河边不仅没有修城的地方，就连往来的道路也还没有。由于黄河下切，水位低落，河边逐渐能够行人，又逐渐能有稍宽的地方可以建城，所以唐代才能把城由原上移到河边。唐代所迁的城就在今港口潼关旧城。今旧城下距现在黄河的常水位近20米。这个数字应是公元691年以来将近一千三百年间黄河在这里下切的进度。

上面三处的下切速度数字是各不相同的，因为各地的落差大小、流速缓急、河床宽窄、河床岩石的性质和地质构造以及局部地区的新构造运动，都会影响黄河下切的进度，所以难得强求一致。虽然如此，黄河下切的普遍性却是可以肯定的。

既然黄河的下切作用使河床降低，是不是还有河床增高的现象？答案是有的。最明显的就是在山西永济县的蒲州城外。

蒲州城旁的黄河，原来也是一直下切的，两侧高达几百米的原头就是证明。仅是蒲州城的历史就可追溯到两千年前。不过到了近代，城旁的河

---

① 《元和郡县图志》卷三《丹州》。
② 咸丰《同州府志》卷二一《古迹志》。

岸反而增高起来了。还在唐代中叶，为了在河上架设浮桥，两岸皆铸设铁牛，维系桥缆。[①] 下迄清代中叶，西岸铁牛虽已沉沦河底，东岸铁牛依然存在，可是现在也已为泥沙所湮没，不可复睹。今蒲州城是明太祖洪武四年（公元1371年）重修的，城高3丈8尺[②]，折合12米有奇，可是现在仅余2米，有的地方还不到2米。西门早已半塞，行人须越城而过。原来西门外还有一道小坡，坡顶坡下垂直距离有1丈多高，而今坡已不存，变成平地。这种增高如从东岸铁牛沉没处算起，约在23米之间。黄河经过若干次摆动，直到公元1959年犹在蒲州城下，主流线遗迹宛在。由于泥沙的沉淀，现在仅宽2米，深不到5寸。按说这里的河床增高还算不上一次巨变，可是已经迫使永济县城迁到其东北的赵伊镇了。

三、黄河的侧蚀与河谷的展宽

黄河的侧蚀作用和下切作用一样，也是在黄河最初具有河形时就已经开始了。河水靠岸边流过，就使岸边受到冲刷。河流因地形而有弯曲，在弯曲处水势更会直向前流，冲击凹岸，形成侧蚀，促使岸崖崩塌。石岸虽然坚硬，也抵抗不住水力的侵蚀，若是土岸，自更容易塌陷。山陕两省间的黄河，龙门以上石岸居多，龙门以下尽是土岸。两段河谷宽窄不同，这是其中的一个原因。

黄河进入山陕峡谷后，经偏关县境南绕河曲县城。河曲这个县名正显示它处于黄河的弯曲处。黄河由东北流来，经县城的西北角外斜向西南，在距城不及2公里处折而东流，成为一个大的弯曲。河曲县城建在一片滩地上，据说深掘地层时就可遇到一层鹅卵石，显然原为河床的所在。此后

---

① 《新唐书》卷三九《地理志》。
② 《古今图书集成·职方典》卷三一二。

黄河逐渐向西岸侧蚀，始得空出这一片滩地。河曲县本是明代初年一个边堡①，再往前溯，已无从稽考。不过近三百年来黄河主流线又时时东移，说明西岸的侧蚀历年已久了。

河曲县城附近黄河西岸的侧蚀不易推知其确切的年代，可是当地黄河东岸的侧蚀则不出近三百多年，甚至更近到三十几年间。这里本是明代长城经过的地方。长城大致是濒河建筑的，所以黄河一有侧蚀就会危及城址。今长城已残缺不全，圮毁的原因大部与黄河有关。其中焦尾城，赵家口和康家会诸处更为明显。焦尾城和赵家口侧蚀的段落不长，为黄河冲刷的痕迹依然可见。康家会不仅长城被冲断，就是紧贴长城之内的这个村庄，其靠南一部分也已被冲塌，并先后冲走了六十多户人家。原来村南有一条大路，现已成为黄河中流的所在。

河曲县南为保德县。保德县和河曲县一样，临河不少村庄都曾受到黄河的侧蚀。清德宗光绪元年（公元1875年）至1913年间三次河涨，县城附近夹肚庄和狄家畔两个村庄就完全被冲走了。然而最严重的却要数到县城的东关。据说公元1933年以前，保德城距黄河犹有半公里②，几条街道纵横罗列。可是那年一次大水，东关全被黄河侧蚀。现在保德城下倚崖临河仅能修筑一段公路，行车犹须时时小心。

山西柳林县西北的孟门公社也是一个黄河侧蚀严重的地方。孟门公社西北1公里有一座古城，本是唐代孟门县的遗址。孟门县西100步为孟门关，再100步为黄河。③后来黄河向东侧蚀，不仅冲掉孟门关，还冲掉孟门县故城。现在黄河已逼近孟门公社的街口了。河曲、保德和孟门这几处地方同受到黄河的侧蚀，却还各有不同。康家会正是黄河转弯的地方，黄河由西南流来，直冲村旁，侧蚀已是不易避免的了。保德城下的黄河现在是斜流而过，在东关未被冲毁以前，黄河绕过东关突出的部分，成了一个小湾。

---

① 同治《河曲县志》卷三。
② 康熙《保德州志》。
③ 《元和郡县图志》卷一四《石州》。

弯曲虽小，却迎着由天桥峡经府谷城下直冲而来的黄河主流线，由于没有预防措施，难免被侧蚀掉。山陕峡谷的黄河，本来是相当窄狭的，由于黄河不断侧蚀，河谷中就有片断的滩地。有了滩地，黄河河身就容易左右摆动，而形成更多的弯曲，这就使侧蚀更有较大的作用。现在孟门公社以北2.5公里处的黄河已经摆向左岸，这次摆动不知始于何年。但这样的摆动无疑是孟门古城被侧蚀的一个原因。河曲城下的黄河，前面说过是一直向西侧蚀的。可是河中沙洲却逐渐增多，显示河身也在向左岸摆动；沙洲既多，形成河水分汊，分汊的弯曲处也同样是河水侧蚀的所在。

山陕峡谷中黄河河身受到一定的限制，尚且如此，龙门以下，河谷宽阔，两岸黄土高崖，连绵不断，河身容易摆动，曲折冲流，侧蚀作用更是随处可见。汾河口的上下挪易就足以说明问题。汾河本在汾阴脽之北流入黄河。① 汾阴脽在今万荣县庙前村的西北，唐代中叶北移到庙前村东北的南北甲店村西，明代后期又北移到河津县西南20里的壶卢滩，清代后期又改到甲店村。② 为什么这样一再北移？正是黄河在这里侧蚀的结果。

原来黄河和汾河在河津县以下都向西南流，两河之中为一道高梁所隔绝，直至汾阴脽才汇合到一起，由于黄河向东岸侧蚀，这一道高梁竟完全被冲掉，于是汾河口就陆续向北移了25公里。后来汾河口又向南移，那是黄河向西摆动，在原来的高梁地区滩出几个沙洲的缘故。由于汾河口北移，黄河主流线长期偏近东岸，汾阴脽就成为黄河直接冲击的所在。

汾阴脽是西汉及其以后的封建王朝祭祀后土的地方，很受历代统治阶级的重视。汾阴脽其实是个长阜，据古代记载，长四五里，广2里，高10余丈。③ 折合今制，长约2公里，广不足1公里，高23米余。明代后期黄河的一次东徙，不仅冲掉了黄河和汾河之间的高梁，也把汾阴脽绝大部分

---

① 《水经·河水注》。
② 光绪《山西通志》卷四〇《山川考》。
③ 《水经·河水注》。

侧蚀掉了，剩下一点残迹，清代末年已几乎不见踪迹。① 汾阴脽南麓本是汾阴县故城所在地。② 历代封建帝王祭祀后土时都住在汾阴县城。隋时把这个县城向南迁到现在的宝鼎镇。③ 宝鼎镇就是公元1923年以前的荣河县城。宝鼎镇旧县城周围9里8步。④ 可是近年来黄河又把这个城侧蚀得只剩下东城墙和南北两城墙的一部分，共计3.8里。黄河灌注全城，荣河县也只好再度迁徙了。

东岸如此，西岸的侧蚀也十分明显，现在韩城县南有两段古长城，是战国时期魏国建筑的。一在芝川镇，濩河东的少梁原上。一在芝川镇吕庄川南的原上，两原的东侧正是黄河河谷。濩河以东原上的长城仅剩下1公里。为什么只有1公里？显然是由于这条原夹处在黄河和濩河之间，两河相向侧蚀，长城东西两端均受到侧蚀。尤其是东端原下黄河滩旁还残存一条狭长约半公里的土丘，分明是原边被侧蚀而崩塌下来的土堆，尚未为河水冲去。吕庄川以南那条原上的长城，东端同样因原头为黄河侧蚀而滑塌入河。稍南数十步，因侧蚀而形成滑塌的痕迹仍历历在目。芝川镇北西少梁为汉代的夏阳城⑤。唐代另设夏阳县，遗址在今合阳县东。当地有夏阳村，就是因袭原来的旧名。其实唐代的故城址又在夏阳村以东，大部分已经被黄河侧蚀了，这里原来有几条瀵水，都是平地喷水上涌，泉眼很大，几乎像车轮模样。⑥ 夏阳城为黄河侧蚀，近城的一处瀵泉也沦于河中，由黄河水面的水纹，犹可辨出原来泉眼的所在。

黄河侧蚀土岸，主要是在岸崖下冲刷泥沙，到了岸崖的重心不能平衡时，就会骤然滑塌。当汾河口由南向北挪移时，黄河东岸由临晋城西至河津县的80里间都受到侧蚀，曾出现大面积的滑塌，共被冲去十八个村庄。在汾

---

① 民国《荣河县志》卷一四《祥异》。
② 《水经·河水注》及《汾水注》。
③ 《读史方舆纪要》卷四一《蒲州》。
④ 《水经·河水注》。
⑤ 民国《荣河县志》卷一《沿革》。
⑥ 嘉庆重修《清一统志》卷二四四《同州府》二。

阴脽遗址附近的庙前村旁，近五十年来，近河滩地 50 余万亩，被黄河侧蚀了 47 万亩，黄河因此东移了 3.5 公里。像这样的变迁和危害，沿河各处人民都记忆犹新。他们正在采取各种措施，整理河道，兴利除害，逐步夺回被黄河侧蚀掉的土地。

四、山陕两省间黄河的改造与利用

毛主席教导我们说："克服自然和改造自然，从自然里得到自由。"我们要遵照毛主席的教导，对黄河进行改造和利用，不断克服它的不利因素，充分发挥它的有利条件，更多地为人类造福。

黄河流经的山陕峡谷本来就不甚宽阔，年复一年地下切使河谷日益深邃，两岸石崖更为陡峭。虽因侧蚀作用河谷之中也有滩地，但面积都不甚广大。由于河谷曲折，水流多弯，滩地也难得连成大片。从总的河段来看，滩地所占的比例，实甚微小。前面说过，从偏关县北到龙门之间落差为 545 米。在长达 646.8 公里的河段中，这并不是一个小数字。如果再分成一些短促的段落，落差当更为悬殊。由壶口上溯到延长县与大宁县间的马头关，45 里中，落差 90 米，就是一个例证。这就为兴修水库创造了有利条件。而且因落差的高低，可以节节兴修，使之成为一系列阶梯式的峡谷水库。以壶口为例，若在这里兴修水库，就是筑高度达 90 米的坝，库长也不过 45 里，达到马头关下。马头关以上还可另择坝址，继续兴修。这些水库修成之后，既可以拦洪蓄水，又可以发电、养殖水产和灌溉农田。以前黄河下游经常发生事故，原因复杂。上游洪水暴涨，超过下游河床的容量，也是其中的一端。新中国成立以来，在伟大领袖毛主席关于"一定要把黄河的事情办好"的伟大号召鼓舞下，全国人民大力治理黄河，使这条在几千年间纵横奔驰、为害多端的"苍龙"，变得驯顺安然，波平浪静，而且让它在社会主义建设中发挥了一定作用，成为历史上的奇迹。若再利用峡谷地区，大修水库，拦蓄洪水，控制黄河水流，就可使黄河完全按照人民的意志驯服地奔流入海。当前，我国各建设事业突飞猛进，电力需要与日俱增，节节兴修水库，利用黄河水流发电，正是解决黄河中游地区用电的重要一环。这些水库相继兴修之后，高原低地都可得到灌溉，真是"高峡出平湖"，北国变江南。现在府谷、保德两县间的天桥峡水库已经快要建成。建成后除发电以外，还可灌溉陕西府谷、榆林等三县和山西保德、五寨等五县的广阔农田。这是山陕两省间黄河改造和利用的发端。将来峡谷水库次第节节兴建，受益的地区一定会不断扩大。

与此同时，还要控制黄河的侧蚀，不断增加河谷滩地。如前所说，龙门以上石岸较多，石岸虽也不免受到黄河的侧蚀，究竟发展缓慢。河旁虽有滩地，滩地面积不是十分宽广。龙门以下皆土岸，土岸为黄河冲刷稍久，便易崩塌。河旁滩地往往宽到数公里或一二十公里。因为是滩地，黄河就容易左右摆动，难于充分利用。所以说到山陕之间黄河的改造和利用，龙门以下控制侧蚀的任务更为迫切。新中国成立后，保德县人民以"缚住苍龙"的英勇气概修筑堤岸，迫使黄河归槽。主河道已经基本形成，而且向下切深了 2 米。这就是一条很好的经验。河曲县的曲峪人民更把治黄工作向前发展了一步。曲峪也是黄河侧蚀严重的地方。当地本来是明代长城经过的地方，而长城早已为黄河侧蚀所圮毁。新中国成立前国民党反动派助黄作恶，逼得当地人民离乡背井，逃往"口外"，新中国成立后在党和毛主席的英明领导下，曲峪人民"组织起来"，走上社会主义的康庄大道，在乱石滩上筑起一条长 55 公里的淤地坝，引洪淤地 4000 多亩，为山陕之间黄河的治理树立了一个光辉的榜样。他们不仅治河，而且治沟，控制了水土流失，并大力发展引黄灌溉。

曲峪和保德的经验，应该大力推广。具体说来，就是束紧河身，促使下切，减少侧蚀，滩出土地。在历史上永济县人民也曾几次筑起石堤[①]，却并没有挡住河水，只是河床增高以后，才又复向西摆去。这是万恶的旧社会所造成的必然结果，但也有两点教训值得注意。一点是单方面筑堤，只求河水不冲到堤内，堤外河水可以自由摆动，终究不能归槽，形成主河道下切十分缓慢。再一点是没有引洪淤背，巩固河堤。河堤在年久失修，河水过大时，就等于虚设。引洪淤背是在河堤后面淤地，堤后高了，就等于大大加宽了河堤。这是近年黄河下游人民的创举，开封附近已取得明显的效果。曲峪人民的引洪淤地，虽是以扩展土地为主，实际也起到了淤背的作用。黄河下游，两侧皆有河堤，再引洪淤背，堤身就更加巩固。曲峪引洪淤地，紧束河身，是因为其西面有陡峭的石崖。由此可见，要紧束河身，必须两岸同时并举，不宜一方面单独施工。如果一方面筑堤，不仅不能取得紧束河身的效果，甚至迫使河身向对岸摆动，形成以邻为壑。两岸同时并举，齐力筑堤，筑一段，河身就紧束一段。步步前进，黄河冲刷的岸崖愈短，侧蚀作用也就愈小，滩地也就愈来愈多。

山陕两省间的河旁滩地，看来似乎不是很多，合起来却是可观，龙门以南更是如此。何况这些滩地都是河岸崩塌以后形成的，本来就不是弃地，应予以充分利用。像这样广大的滩地如果能够充分利用起来，其收益必然是相当巨大的。在声势浩大的农业学大寨运动中，山陕两省沿河人民统一规划河道，统一治理，向黄河要地，一定能使昔日乱石滩，变成富饶的米粮川。黄河中游的问题不如下游那样繁多。可是中游问题减少，对下游的治理也是很有帮助的。我们相信，在党的领导下，经过广大人民群众的艰苦奋战，万里黄河一定会变得更加光彩夺目！

（原载《陕西师大学报》1976年第2期）

[①] 乾隆《蒲州府志》卷二〇《艺文志·明王崇古重修黄河石堤记》，光绪《永济县志》卷三《山川》。

三门峡与古代漕运

一、关东西漕运的枢纽

黄河中游的三门峡为古代东西漕粮转输必经的要道。从秦始皇统一六国时起，这条运道即已发挥了作用。[①]其后虽也有若干次中止的时期，但作为主要的运输力量，却一直维持到唐朝的末年。就是在北宋时对于这方面也还有所致力。[②]北宋以后，这里就默默无闻，不为人们所重视。所谓漕运，主要是指由关东各地转输粟米接济关中的需要。当然，也有一些时期关中的粮食曾经沿河而下，运到中原，不过那究竟是无关大旨，不居重要的地位。

古代漕运频繁的时期，三门峡一直受到人们的重视，甚至被人们视为畏途。之所以这样，是由于这里水流激湍，是运道中一个十分危险的所在。本来黄河自潼关以东，流经中条和崤山之间，两山相夹，河身受到约束，实际是处在峡谷之中。到了三门峡，狭窄的河谷却为雄峙在河中的两大石

[①] 《汉书》卷六四上《主父偃传》。
[②] 《宋会要辑稿》卷四六《食货》。

岛所分开。正如三门峡名称所表示的，黄河在这里分成了三股，水势更加湍急。三门峡以下，一直到五户滩头 120 里内还有若干险滩，同样使船只的航行受到阻碍。①但比起三门峡来已经要算平易了。因为三门峡的黄河不仅河道狭窄，而且还有许多暗礁。水面到处现出漩涡，船只至此，稍有不慎，便立刻沉没。这样艰难的途程，严重影响到黄河中游的运输。

　　和这段黄河平行的还有一段陆道，人们本来是可以舍水就陆的，但是事实却并非这样简单。这条陆道逶迤穿行在黄河南岸崤山山谷之中，远在石器时代可能已经有了。②后来周武王伐纣，就是由这里向东进兵的。就运输效力来说，陆道究竟不如水道来得便捷，黄河中游固然有三门峡的阻碍，但山中道路也不见得就是省力。崤、函山谷中的道路有南北两条，东汉末年以前，人们一直走的是南道。曹操西征汉中时，才另外开了一条北道。③所以要另外开辟一条北道，自然是因为南道恶险，不便于往来。可是到南北朝末年，人们却舍弃北道而又改行南道，这说明了北道也不是平易舒适的。据说这条道路中由东崤到西崤之间的一段，更是非常险峻，东崤的情形已是"峻阜绝涧，车不可方轨"，西崤的长阪，艰难的程度也是不下于东崤的。④虽然这样地险绝，但由于三门峡覆舟的频繁，人们有时候还是会舍水就陆的。隋初，由关东运来的漕粮，就是在小平（今河南孟津县西北）开始陆运，通过崤、函山路运到陕郡（今河南陕县），再转从水运，循河西上。⑤直到唐朝初年，崤、函山路倒成为一条主要的运道。东方运来的漕粮，在小平以东的洛口就转入洛水，运到洛阳，然后再陆运到陕州（即陕郡）。在洛阳，隋时置有河阳仓，唐时置有含嘉仓⑥，都是为了存储和运输漕粮的方便。这样是绕过了三门峡的险阻，免于覆舟的危险，但是车

---

① 《水经·河水注》。
② 拙著《石器时代人们的居地及其聚落分布》。
③ 《元和郡县图志》卷五《河南道》。
④ 《元和郡县图志》卷五《河南道》。
⑤ 《隋书》卷二四《食货志》。
⑥ 《隋书》卷二四《食货志》，《新唐书》卷五三《食货志》。

辆运输仍然有很大的耗费，而且大量使用牛力，影响了附近地区的农业生产，也算不得上策。人们就设想：既然这段黄河的险阻，主要是三门峡，路程究竟不算很长，是不是可以只避开这一段水道而尽量利用黄河的力量？开元二十一年（公元733年），裴耀卿主持漕运，就是在这方面打主意。当时在三门峡以东置集津仓，在三门峡以西置盐仓，从关东来的漕船由黄河直至集津仓下，再由陆运转到盐仓，复行水运。集津仓和盐仓之间相隔18里。这18里虽不算很长，但其间地峻山高也是诸多困难。为了运输漕粮，只好凿山开道。这段陆运当时为区别于崤、函山道，称为北运。据说：自北运道路凿通以后，三年之中节省运输开支三十余万缗，显然有了很大的成就。说也奇怪，这样有成就的道路却只用了三四年的光景，到了开元二十五年（公元737年）便已废弃不用。① 为什么会如此？正说明虽然只有18里的山路，也是异常险峻，不易发挥运输力量。安史之乱后，在李泌的主持下，旧话重提，才重新修整了裴耀卿所开凿的故道，并在故道的侧面山坡又开了一条新路，下路运粮，上路作为回转空车之用。② 这样，比裴耀卿时的故道要好一些，不过也只维持了十几年的光景，仍然废弃。③ 看来在这里陆运粮食，确实是困难的。

应该指出，从秦始皇开始，由关东转输粮食时，运粮的船只就已经通过三门峡了。西汉初年，张良劝刘邦建都关中时，就曾经说过，"河、渭漕挽天下，西给京师"，正道出了那时的情况。④ 漕舟由三门峡上溯，必须用人力挽曳，这自然是十分困难的。当时，是不是在沿岸开凿过山崖，修筑栈道，以供挽船的船夫行走，现在已不可知了。在现存的漕运遗迹中，

---

① 《新唐书》卷五三《食货志》。
② 《新唐书》卷五三《食货志》。
③ 唐宪宗时，王播领盐铁转运使，曾实行水运。见《文苑英华》卷八八八，李宗闵《故丞相尚书左仆射太尉王公神道碑》。
④ 《汉书》卷六四《主父偃传》说到秦始皇时的漕运，提到"飞刍挽粟"的方法。据颜师古《注》，挽谓引车船。似当时车船兼用，漕粮不一定就通过三门峡。但《史记》卷五五《留侯世家》，记张良劝说刘邦定都长安时说，河、渭漕挽天下，西给京师。张良的话自然是根据秦时情形来说的。这样看来，秦时关东粮食的西运应当是循河而上的。

也未发现当时的遗存,看来是没有任何施工的。秦始皇是出名的暴虐皇帝,自来不以人民的生命为重,当时没有采取任何的措施也是可能的。现存的栈道遗迹至迟是在东汉桓帝和平元年(公元150年)以前开凿的。魏晋时期继续开凿的栈道,绵延分布在黄河的左岸,大致已足够供这段挽船之用。① 这种开凿工程在隋初还曾经进行过②,成就可能不大。唐朝初年,关中对漕粮的需要不断增加,陆运困难又多,只好改从水运。水运就不能不用人工挽舟,也就不能不开凿栈道。唐高宗时,曾经一次调拨了六千人施工,但是并不能完全改善运道中的困难情形。③ 最大一次开凿栈道工程是在中宗到玄宗的时候。这次工程是由杨务廉主持的,他们烧石凿山,虽然也取得一定成就,但是当时死亡的人数很多,一节节的栈道都留下了施工人民斑斑的血迹。④ 就是这样,仍然解决不了问题。

还在三门峡漕运的初期,人们就曾经设想过:是不是可以改善河道,使河身稍宽,暗礁稍平?西汉成帝鸿嘉四年(公元前17年),就曾为这种目的进行过施工。他们凿开水旁的石崖,打算使河身加宽,水流稍为舒缓。但是结果石块坠入河内,反使水流更加湍急。⑤ 魏晋时期,也曾不断地努力,甚至长期住有人工,按年修治,可是一样解决不了问题。根据记载,当时的情况是:"虽世代加功,水流湍浟,涛波尚屯,及其商舟是次,鲜不踟蹰难济。"⑥(附图一《西汉漕运与三门峡图》)最大一次整理河道的工程,是在唐开元二十九年(公元741年)。当时想彻底解除三门峡运输的困难,就在人门以北的岸上,另外开凿了一条新河,使漕舟避开黄河的正流,由新河上行,这就是所谓开元新河。⑦ 按道理说来,新河应该比黄河正流便于

---

① 中国科学院考古研究所《三门峡漕运遗迹》附录一。
② 《隋书》卷二《高祖纪》下。
③ 《唐会要》卷八七《漕运》。
④ 《新唐书》卷五三《食货志》。
⑤ 《汉书》卷二九《沟洫志》。
⑥ 《水经·河水注》。
⑦ 《新唐书》卷五三《食货志》。关于这条新河的名称,曾有过不同的记载,参见《三门峡漕运遗迹》附录一。

图一 西汉漕运与三门峡图

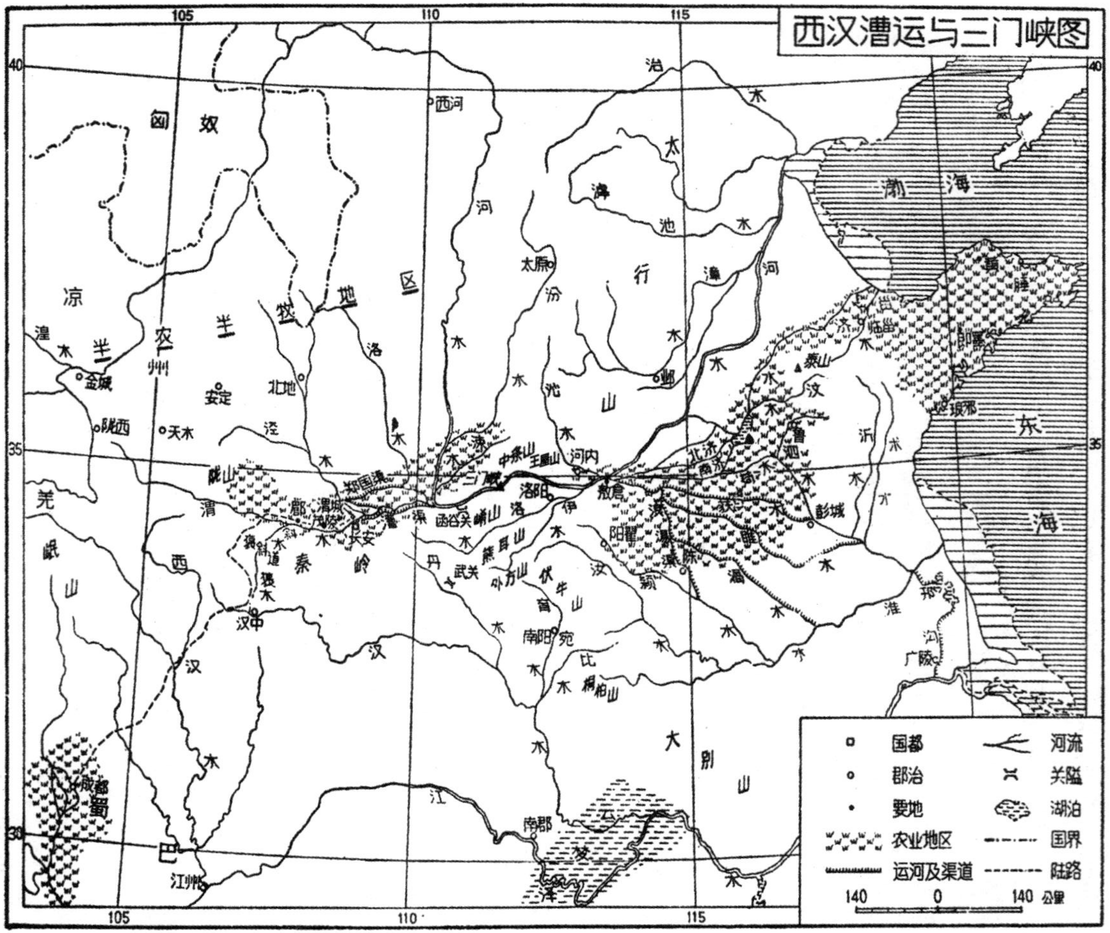

漕运。实际上新河的作用并不能尽满人意，因为开河时，岸上凿下的石块坠入河道中，河水一样湍急，漕舟不能够顺利进入新河，仍然要由船夫牵挽。不过究竟比较从黄河正流直上要好一点。因为在新河开凿后的几年中，运入关中的粮食确实是比以前增多了。① 由于新河本身的缺陷，也由于河水夹杂泥沙太多，所以不到几年，新河也就淤塞不能通行了。② 西上的漕舟还必须艰难地由三门峡通过。

通过三门峡西上的漕舟的困难情形是可以想见的。关于这一点，出于唐人之手的《邺侯家传》曾有深刻的叙述。当时的情况是这样的："自集津上至三门，皆一纲船夫并牵一船，仍和雇相近数百人挽之。河流如激箭，又三门常有波浪，每日不能进一二百船，触一暗石，即船碎如末，流入旋涡，更不复见。上三门篙工，谓之门匠，悉平陆人为之，执一标指麾，以风水之声，人语不相闻。陕人云：'自古无门匠墓'，言皆沉死也；故三门之下，河中有山，名米堆、谷堆。每纲上三门，无损伤，亦近百日方毕。所以漕运艰阻。"③ 历尽这样的困难，关东的漕粮才能源源运到关中。

由此可以看出，以前建都在长安的王朝，为了满足他们统治阶级的需要，是如何摧残人民的生命，让他们从事艰苦的运输粮食工作。同时由此也可以看出劳动人民在三门峡上下不顾艰难困苦，克服险阻，战胜自然的伟大毅力。（附图二《唐代漕运与三门峡图》）

二、关中各地对于漕粮的需要

通过三门峡的漕运既然是这样地困难，为什么这些王朝的统治者还要

---

① 《新唐书》卷五三《食货志》。
② 《通典》卷一〇《食货典》。
③ 曾慥《类说》卷二引。

图二 唐代漕运与三门峡图

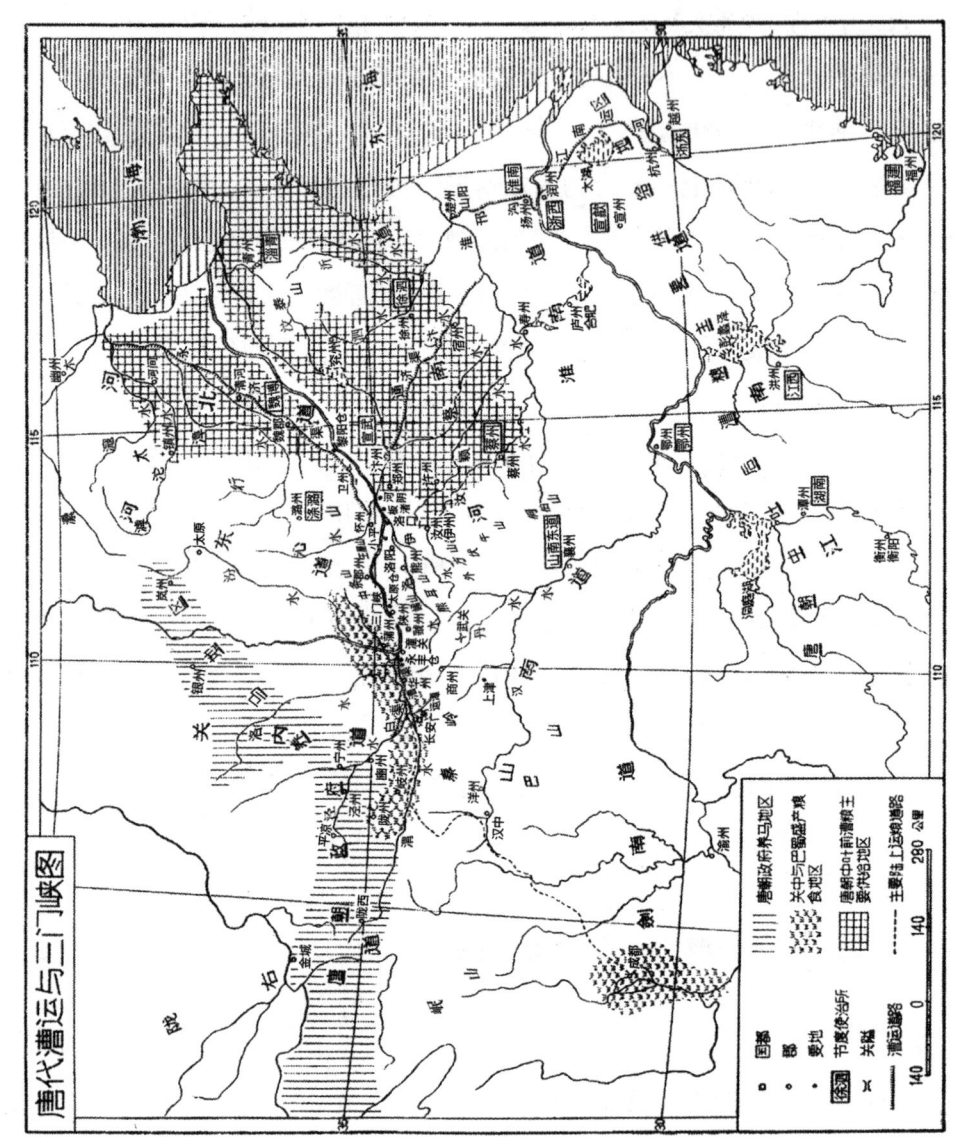

不断地从事运输？这要从关中及其附近地区的粮食生产及其需要的情况去解释。

关中本是一个适宜农业的地区，从汧、雍以东至华山之麓和黄河之滨都是属于黄土地带，沃野膏壤，自来就是被列为上上等的土地。人们称之为陆海，以显示当地物产的丰富。① 这样的地方在战国末年的生产能力的情况下，秦国的粮食本来是差可自足的。那时秦国正在向外发展，对粮食的需要也就较为迫切。秦国为了这样的目的，向南发展，占领了巴、蜀。巴、蜀也是富庶的地方，秦国就仰赖那里来解决它的粮食问题。② 巴、蜀和秦国距离遥远，中间又隔着秦岭和巴山，为了运输粮食，秦国在山间岭畔，修筑了千里的栈道。③ 虽然如此，困难还是不小的。

秦统一六国后，咸阳成了全国的都城，人口必然大量增加。秦朝又从各地迁徙豪强贵族，充实都城，关中人口的增多更可以想见。秦国还为了防止匈奴的侵略，在边疆地区驻扎很多军队。这一些都必须增加粮食的消耗，也就超过了关中农业生产所能够负荷的数量。所以由秦统一时候起，从关东运输粮食就成为当时的急务。这种情况在后来统一局面的西汉和隋唐，并没有很大的改变。这些王朝的国都同样是建在关中。秦时咸阳的人口有多少，不得而知。西汉时期的长安已经有八万户人家，是全国人口最多的城市。汉朝也和秦时一样，不断从各地徙人实都，和长安相距不远的长陵有五万多户，另外一个茂陵也有六万多户。④ 这都是关中的城市，自然都增加了关中人口的数目。隋唐时期的长安及其所在的京兆府，人户都在三十万以上。⑤ 如果除去各县的人户，长安实有数目或者比西汉还要多一些。关中于当时全国的形势偏于西北，而西北边外各族又复经常内侵，在汉时的匈奴依然猖獗，隋唐时在匈奴故地兴起的突厥同样是向南侵略。后来突

---

① 《汉书》卷二八《地理志》。
② 《战国策·秦策》一。
③ 《战国策·秦策》三。
④ 《汉书》卷二八《地理志》。
⑤ 《隋书》卷二九《地理志》，《新唐书》卷三七《地理志》。

厥灭亡，吐蕃和回纥又先后成为唐朝的劲敌，为了保障国土不受蹂躏和国都的安宁，又不能不驻重兵。汉时在北边经常乘塞列隧的吏卒只有数千人[1]，虽不算很多，但遇匈奴发动内侵时，屯集防胡的兵力就不在少数。就如汉文帝时，匈奴入烧回中宫那一次，汉军屯于长安附近的就有十万人[2]，可为一例。唐时西北的边兵也是不少，论实力已经占有全国的半数。[3] 当然这许多的人户和边兵所消耗的粮食都是有相当的数目要仰给于关东的漕粮的。

　　秦朝每年从东方运来有多少漕粮，已难知确实数字。西汉初期，每年却只有数十万石。[4] 唐朝初年和汉朝差不多，每年所运的漕粮也不过20万石。[5] 但是汉朝到了中叶武帝时候，每年所需要的漕粮竟高达400万石。[6] 唐朝到了中叶玄宗时候，每年所需要的漕粮也同样是达到了400万石。[7] 这里面就有问题了。为什么西汉和唐朝中叶所需要的漕粮竟有这样多的数目？如果说漕粮需要数目的增加，主要是由于当时国都人户的众多，则汉初到武帝末年和唐初到玄宗天宝初年，都不过一百多年，人户的增加显然不像粮食需要数目增加得那么多。上面所举的汉时长安城人户的数字是西汉末年的记载，武帝时候长安城中的人户当不至比这个数字还高。武帝时候较汉初的增加数，已经不能得到确实数字。不过就唐朝来说，已经可说明问题。唐朝高宗永徽时全国人户计有三百八十万，到天宝初年增加到八百五十三万[8]，所增加的不到三倍。但是这个时候的漕粮却增加了三十倍。这样看来，长安人口的增加确实不是漕粮增加的主要原因。汉唐两代中叶边疆用兵的次数和所用的兵额都比较繁多，边兵既多，耗费的粮食也应该随之增加。可是问题不是这样简单。汉武帝末年因感对外用兵的频繁和国

---

[1] 《汉书》卷六九《赵充国传》。
[2] 《汉书》卷九四上《匈奴传》。
[3] 《旧唐书》卷三八《地理志》。
[4] 《汉书》卷二四《食货志》。
[5] 《新唐书》卷五三《食货志》。
[6] 《汉书》卷二四《食货志》。
[7] 《新唐书》卷五三《食货志》。
[8] 《唐会要》卷八四《户口数》。

力损失的严重，遂颁布轮台诏书，痛陈以往的过失，减少了边地屯田的吏卒。虽然如此，直到宣帝时候，从关东运来的漕粮依然维持在 400 万石的高额，并未有所减低。① 至于唐朝，如果说是中叶漕粮增加到 400 万石是由于边地的兵多，可是中叶以后，防边的兵力并未有所减少，关东的漕运有时候却大致只有 100 多万石。② 漕运的减少虽说主要是由于关东江南的粮食来路不易，不过这样看来，边地驻军数额的增加也确实不是漕粮增加的主要原因。要追求漕粮增加的主要原因，应该从统治阶级本身去寻找线索。像汉唐这样的王朝都是在农民起义之后建立的，在初年的时候，农民起义的威力还使他们感到有所畏惧，不敢过分剥削，时间稍久，他们就得意忘形，奢侈浪费，因而也就多方搜括。《史记·平准书》记载汉武帝时的情形，说是："太仓之粟陈陈相因，充溢露积于外，至腐败不可食。"司马迁的意思自然是以此来说明当时的富庶，但也可以给漕粮增加的原因找到一些线索。唐朝开元、天宝之际，钱谷之臣从事胺削的原因也是"天子骄于乐佚，而用不知节，大抵用物之数常过于其所入"③。至于当时后世一些记载里，更是有不少人提到这些统治阶级的狗马食粱肉的事情。像这样的腐化奢侈，从关东运来漕粮的数字又怎能不一再地增加而达到最高的数额呢？还应该指出，汉唐两朝每年需要漕粮的最高数额都达到 400 万石，却也有所不同。因为历代衡量各异，汉时 1 升仅合 0.3425 公升，而唐时 1 升却合 0.5954 公升④，唐之衡量几为汉之一倍。当然，汉唐两代的情形各有不同，不能以汉制来说唐制，但由消耗粮食来说，唐朝统治阶级的极端腐化至少应该是其中的一个原因。从这种种情形看来，漕粮数额的增多和统治阶级的奢侈浪费不能是没有关系的，而且他们的奢侈浪费还应该是一个主要原因。

就以每年 400 万石的数目来计算，按当时生产的情况来说，实在不是

---

① 《汉书》卷二四《食货志》。
② 《新唐书》卷五三《食货志》。
③ 《新唐书》卷五一《食货志》。
④ 吴承洛《中国度量衡史》。

一个小的数目。隋唐时期，全国各地都设有义仓，义仓储藏的数目可以和最多的漕运数目互相比较。据天宝八载（公元749年）的数字，全国义仓总储粮数为6317万多石，其中关内道储粮594万多石。[①] 这400万石漕粮占全国义仓总额的十五分之一，也占关内道义仓所储蓄的三分之二。这样说来，漕粮的数目确实是不少了。唐初制度是实行租庸调法的。按照租庸调法的规定，每丁授田百亩，输租2石。如果按地亩平摊，每亩应是2升。当时义仓储粮的来源，是在租庸调法制度以外，按垦田亩数每亩征收2升。这是说，义仓征收的数额和租庸调制度中的租是一样的。那么，400万担的漕粮也等于关内道人民每年按租庸调制度输租总额的三分之二了。从这一点来看，漕运的数目确实是不小的。

就关中和其附近地区来说，农业生产的情形是不完全一样的。唐朝的关内道是包括现在陕西省秦岭以北，一直至内蒙古的河套。陇右道大约就是现在的甘肃省。泾、渭流域在关内道的南部，也就是一般所说的关中平原。这里本来是一个富庶的地区，农业特别发达，是可以承当粮食仓库的名称而无愧色的。不过就整个关内道和陇右道来说，这个平原究竟还是比较狭小的，它的农业生产难免有一定的限制。在此以外，富庶程度就难得一概而论。论起土壤情况，关内道和陇右道都属于黄土区域。黄土本是适宜于农作物生长的。但由于历史上的各种原因，自来这样的地带并不完全都是农业区域。从汉朝起，人们就经常说："凉州之畜为天下饶。"[②] 汉朝的凉州就是现在的甘肃。这意味着凉州是一个以畜牧业为主或者半农半牧畜业的地区。那里虽然也有农业，是应该让畜牧业一等的。以畜牧业为主或者半农半牧的地区，实不仅限于这一带，应该包括现在陕西的北部，实际当时还兼有关中以西以北各地。真正成为主要农业区域的也只有泾渭中下游和洛水下游而已。汉朝如此，隋唐时期虽有所改变，但还有些地方仿佛汉朝的遗规。唐朝国家养马的地区极为广大，现在甘肃黄河东南各处，

---

① 《通典》卷一二《食货典》。
② 《汉书》卷二八《地理志》。

还有陕西和山西的北部一隅，都陆续包括在内。^① 当然隋唐时期陇右各地垦田已多，不能再把它作为半牧半农地区，但既然成了养马地区，不能说对农业没有影响。就如唐初始置监牧之时，较好水草腴田就已经一律割隶监牧。其后牧地向东扩展时，种植刍秣的田亩竟有1230顷之多，这都不是一些小的数目，是值得注意的。在西汉和隋唐时期，为了减少内地转输之劳，在西北边地都推行过屯田政策，西汉赵充国在湟中的屯田已经成为历史上的佳话^②，唐朝娄师德经营边地垂三十年，足迹所至，遍及陇上各地，也同样卓有成效^③。唐朝中叶，甚至还有由陇右运粮沿黄河而下，接济关中的事情。^④ 这固然是一个奇迹，但究竟不是经常的事情。边地屯田，虽有一定的收获，也不可能完全解决驻扎在边地军队的给养问题。如果这些困难都要泾渭流域的农业区域来解决，自然不是轻而易举的事情，也是当时统治阶级不可能办到的事情，所以他们只好仰给于关东的漕运粮食了。

三、关东各地盛产粮食地区和运输网的变迁

运到关中这样多的漕粮，主要都是从关东各地来的。但是关东盛产粮食的地区并非一成不变。最初黄河中下游地区是漕粮的主要来源地。由于人为的影响，黄河流域的农业生产受到不断摧残，因而难以满足统治阶级这样的需要。黄河流域有了变迁，长江下游却有了很大的发展，因而代替了黄河流域成了关中漕粮的供给地。虽然长江流域不属于关东的范围，为了叙述方便起见，不妨把它们看成一起。这样说来，北从太行山东，南至五岭之麓，这一广泛的地带都曾经先后成为漕粮取给的处所。地区虽有变

---

① 《唐会要》卷七二《马门》，《新唐书》卷五〇《兵志》。
② 《汉书》卷六九《赵充国传》。
③ 《新唐书》卷一〇八《娄师德传》。
④ 陈鸿祖《东城老父传》。

化，运到关中的漕粮还是必须经过三门峡，这也是三门峡所以成为重要地方的缘故。为了说明这一点，还有必要对关东各地盛产粮食地区的变迁情形，以及相随而来的各王朝运输网的改变，做出较为详细的阐述。

最早由关东运粮的是秦始皇。据汉朝人的说法，秦始皇所运的粮食是取之于东海之滨，黄、腄、琅邪等地。① 秦始皇为什么从这么远的地方运粮？应该从两方面来解释：秦始皇对于人民的剥削极为残酷，由咸阳到东海之滨必须经过中原，他绝不会舍弃中原不加过问，这当是他已经在中原各地搜刮，然后才到东海之滨。同时还可以说明东海之滨也是一个富庶的地区，不然，秦始皇为什么会光顾这里？当时关东产粮食的地区，当然不仅是东海之滨的一隅之地，最主要的所在还是齐、鲁、梁、宋等处。而黄、腄、琅邪也就是原来齐国的土地。具体说来，这样的地区，大致是起于现在河南的荥阳附近，一直向东至海滨。北边起自现在的山东北部，南边几乎快要到了淮水之北。这样一个地区是要比关中的泾、渭流域平原广大得多，因而成了秦和西汉漕粮所取给的地方。秦汉时代的疆土固然早已达到长江下游，但是那里的农业当时还相当落后，依然稽留在火耕水耨的生产方式。② 自然难得有许多余粮，所以不在供给漕粮的地区之列。

秦汉时代从这个富庶的地区运输漕粮是比较方便的。因为这里有许多自然水道和人工开凿的水道可供运输之用。它们彼此灌注，正构成了当时的漕运网。这些水道指的是济水和鸿沟系统。济水是当时的一个自然河流，而鸿沟系统乃是人工开凿的水道。鸿沟系统包括汳水、获水、蒗荡渠（也作狼汤渠）、睢水、涡水等几条河流。济水的故道大致就是现在黄河下游的河道。因为那时黄河是由现在河南荥阳县附近向东北流去，一直流到现在天津附近入海，和现在河道不同。就是在济水和黄河分流的地方，大约是战国时代，人们又从黄河里面引出了鸿沟。这几条水道正好分布于当时的农业地区之中。在济水中游，春秋末年的人们又在今山东旧定陶县附近开了一条菏水，

---

① 《汉书》卷六四《主父偃传》。
② 《史记》卷一二九《货殖列传》。

东南流通到泗水。这条菏水离鸿沟系统中的汳水还不甚远。在济水下游，人们还开凿了一条人工水道，使它和淄水连接起来，这样现在的山东半岛在当时也归入这个运输网中。既然这几条水道都直接间接和黄河有关，各地的漕舟都可以因之而集中到黄河之中，再越三门峡向西运输。必须指出，这个漕运网还应该包括渭水下游的漕渠。渭水虽没有三门峡的水流湍急，但是泥沙太多，容易沉淀，运道也就经常受阻。西汉中叶为了解决这个困难，才开凿了这条漕渠，所以说到三门峡东西的漕运网，应该把这段漕渠包括在内。

西汉末年情况有了变化。首先是黄河的不断决口，使鸿沟的水道受到影响，破坏了漕运网。东汉的国都设在洛阳，这就使通过三门峡的漕运没有必要了。东汉以后分裂局面较长，王朝也时有更迭。这些新的王朝许多都不以长安为国都，因而运输漕粮与三门峡的关系不大，即令在关中有所征发，也是顺河而下，虽仍然通过三门峡，究竟顺水行舟，比逆流而上要省力得多，何况这样的漕运数目，远不如以前向关中运输之多。固然在这个时期中，关中也曾经有过王朝建都，但是分裂时期的政权是不能和统一的局面相比拟的。

隋初统一南北，使漕运的情形顿时有了改观。不过由于经过长期的分裂，当时的情形和秦汉时代有所不同。这时候黄河下游的南北地区的农业已经相继恢复，能够负担关中漕粮的需要，不过运输系统却得重新调配。当时在三门峡以西渭水下游地区，开凿一条广通渠，它的规模仿佛汉朝的漕渠。关东的情形却和汉朝完全不同。前在《开皇天宝之间黄河流域及其附近地区农业的发展》一文中，根据《隋书·食货志》的记载，指出隋初漕粮的供给地区。这里不妨再度提及。据《隋志》所说，当时为了向长安运输粮食，曾在蒲、陕、虢、熊、伊、洛、郑、怀、邵、卫、汴、许、汝等水次十三州，置仓募丁，从事转运。这十三州之中，蒲、陕二州在三门峡的上游，郑、怀、邵、卫四州在三门峡的下游，这都是濒于黄河的地方，不必说起。其余虢、熊、洛三州在洛水流域，伊、汝、许三州在颍、汝二水流域，汴州在汴水沿岸，也就是后来的通济渠流经的地区。由这十三州的分布可以看出当时已粗具小型运输网的雏形。应该指出：颖、汝二水向南流入淮水，和黄河并不连接。由颖、汝二水上溯，转运粮食如果要达到黄河沿岸，还须经过一段不很短的陆运。可是沿颖、汝二水而下，就可以达到淮水沿岸。就是说，这个交通网也应该包括淮水附近的地区。不过这个运输网也有它的狭隘性：洛水流域在当时并不是主要产粮区域，可是在沿岸三州却都设有仓库。其次，这个运输网只限于黄河中游的两岸，好像没有涉及下游各地，这大概是由于隋朝建立未久，规模还没有完备。黄河下游在分裂时期也曾经受到巨大的摧残，但是南北朝末年这里已经恢复，而且也同样盛产粮食。所以这个产粮的地区应该包括现在河南的东部和中部，兼有山东的西南隅和安徽的西北部，以及现在江苏的北部。另外太行山东的广大平原，包括现在河北省中部以南各地，在当时也是一个富庶的地区，论情形是和黄河以南的地方相仿佛的。① 由这些富庶的农业地区看来，隋朝初年包括十三州的运输网似乎是偏西了一点。

　　自来统治阶级对于人民的剥削是不肯轻易放松的。如果说隋朝初年的运输网不能达到所有的农业富庶地区，对于统治王朝说来是一个缺陷，那么这个缺陷在炀帝时候就完全得到弥补，满足了他们的需要。隋炀帝开凿了永济渠和通济渠，就是通过了这些富庶的农业地区。通济渠是引谷、洛水入河，再由板渚分河而出，一直流向东南通入淮水，更与淮水之南的邗沟相连接，达到长江。越江而南，还有江南运河，绕过太湖之东而达到杭州。隋炀帝所开的永济渠是在黄河以北，引沁水南入黄河，北到现在天津的附近；又循潞水而上，然后达到当时涿郡所治的蓟县，也就是现在的北京。不管炀帝开凿运河的目的何在，这两条运河应该是隋朝初年的运输网进一步的发展。通过这两条运河，黄河南北及其有关地区所产的粮食，都可运到黄河沿岸而转输到关中去。如果说这个运输网还不够完整，那就是通济

---

① 拙著《开皇天宝之间黄河流域及其附近地区农业的发展》。

渠流向东南，而永济渠通向东北，其中就剩下了现在山东的西部和中部没有包括进来。远一点在后来的唐朝得到弥补。武则天时候，在汴州附近从汴河（即隋时的通济渠）引了一条湛渠，东北灌注到现在河南省开封以北的白沟，目的是通到曹州和兖州，也就是现在的山东菏泽和旧滋阳县。这条渠道经过的地区虽然不十分明了，不过后来宋朝为同一目的而兴修的广济河就是从这一带流过①，可能湛渠就是广济河的前身。在唐朝穆宗时候，在兖州又开凿了盲山故渠②，于是泰山附近各地也归入这个运输网中。唐朝前期，关中所需要的漕粮主要取于黄河中下游地区，而这个运输网就起了很大的作用。安史之乱后，局面有了很大的改变，黄河下游南北各地成了藩镇割据的场所。由于不断的战争，农业生产受到严重的摧残。即令生产一些粮食，也被藩镇就地扣留，不能转运到关中去。好在长江下游农业生产已经有了极大的发展，因而唐朝统治者的剥削目标，就集中在东南各地。东南各地所产的粮食也就顺着邗沟、汴河源源西运。这时候的永济渠在漕运方面已经不发生若何作用，但通过三门峡的漕舟却并未为之减少。长江下游农业发达的地区，当然是指长江三角洲而言，也就是包括太湖附近在内的地区。不过唐朝统治者并不以此为满足，还扩大其重点剥削的范围。唐宪宗时，李吉甫撰《元和国计簿》，论当时国内形势。按他的叙述，凤翔、鄜坊等十五道七十一州，是属于藩镇割据的区域，唐朝政府不能够多事过问；唐朝政府的财政开支，仰给于浙东、浙西、宣歙、淮南、江西、鄂岳、福建、湖南等八道四十九州。③当时全国实有州数一共二百九十五州。李吉甫所举的两宗州数，合起来才有一百二十州，就是说还有一百七十五州没有为他所提到。李吉甫没有提到的原因，并不是唐政府不能控制那些地方，而只是说，那一百七十五州的财政收益不十分丰富，无关全局的盈绌。李吉甫所举的东南八道，是包括淮水以南，五岭以北，现在湖南和湖北中部以东

---

① 《宋史》卷九四《河渠志》。
② 《新唐书》卷三八《地理志》。
③ 《旧唐书》卷一四《宪宗纪》。

各地。当然各道的情况不能一概而论，像鄂岳、湖南两道，地处长江中游，濒于洞庭湖周围，也是一个从来就很富足的地区，堪与长江下游太湖区域相媲美。肃代二宗之际，刘晏绾领转运盐铁，以搜括财富为己任。他曾经指出：潭、桂、衡阳必多积谷。并且打算：漕引潇湘、洞庭，西指长安。①他所说的潭、桂、衡阳，正是现在洞庭湖以南的长沙、桂林、衡阳等处。其余各道，虽较这里还差一点，但由于没有藩镇割据，没有战争破坏，农业生产还是有成就的。唐朝后期，漕粮取给于东南八道，不是没有缘故的。

唐朝为了从东南各地运输漕粮，充分利用了汴河和邗沟，长江下游沿岸扬州的繁荣，就是因为它在邗沟的口岸，便利运输。由扬州再向东南，隋炀帝所开的江南运河还依然无损，可以充分利用。当然由扬州往西，滚滚不尽的长江同样起了转输沿岸漕粮的作用。再加上当地其他一些小水道，就可通向这八道的腹地。这样也就形成了以扬州为中心的运输网。而扬州又由邗沟、汴河通过三门峡，而与长安相连接。

应该指出，当时的巴蜀在运输漕粮方面也是属于以扬州为中心的运输网范围之内。巴蜀自古以来就是个富庶区域。前面说过，在秦统一六国之前，已经翻越秦岭、巴山，由巴蜀运输粮食以补关中的不足。汉唐初年也有同样的情况。巴蜀距离关中虽不算十分遥远，但秦岭、巴山的险阻，毕竟会使粮食的运输受到阻碍。西汉初年以后，巴蜀的贡赋如何运到关中，不得而知。唐朝中叶以后，却已经可以看出改变的痕迹。唐德宗时，杜佑司转运，统筹全国漕运，就是把黔中、蜀汉等地的粮食向东运输，顺长江而下，然后再转运到关中去。②这样看来，通过三门峡的漕粮，不仅来自黄河中下游的南北地区，不仅来自东南八道，而且也来自巴蜀了。正如千壑万江汇在一起，要通过尾闾，才能流入海中一样，三门峡正是关东来的漕舟不能不通过的地方。

---

① 《旧唐书》卷一二三《刘晏传》。
② 《新唐书》卷五三《食货志》。

四、封建王朝解决关中粮食问题的不彻底办法

秦汉隋唐的漕运历史说明了这样的一个问题：这些王朝的都城皆在关中，关中成为政治中心地；但是当时的经济区域却距关中相当遥远。经济区域不论是在黄河中下游，或者在长江下游，要和政治中心地的关中相联系，就必须利用黄河，也就是说要通过三门峡。而这里的险阻却使政治中心和经济区域的联系有着很大的困难。是不是还有其他办法改善这种状况？当时的人们一直在考虑着。如果不通过三门峡，漕粮的西运是不是还有可能？这是一个困难的问题。因为三门峡的南岸，由崤山向南，依次接着熊耳、外方、伏牛诸山，向北，又和中条、王屋、太行诸山相对峙。这些崇山峻岭的中间只有黄河一线，连接着东西两方，如果不通过三门峡，运输的艰辛也未必能减轻。

很早以来人们就曾经设想：是不是可从绕远一点路程通向关中？本来由关中往东南，还有越过秦岭、通过武关的一条道路。但是这条道路的迂曲险峻，并不下于崤函山路。所以从来提出改道方案的人很少考虑过这里。唐朝中叶以后，由于黄河下游的藩镇割据，东南漕粮不能运到关中，当时曾经改道，由长江汉水而上，越商於，过秦岭，运到关中。①但是行之不久，即告终止。在这以后，虽然整理了这条道路，从蓝田到内乡开了700余里新道，使往来行旅感到方便②，然而却没有听说再从这里转运过漕粮。

还在汉武帝的时候，有人提出开凿褒斜道的主张，想用这种办法来解决通过三门峡的困难。褒斜道在长安以西，而三门峡在长安以东。方向根本不对头，这话怎样说起？原来提出这种主张的人是这样设想的：如果把黄河中下游各地的漕粮用各种方法都集中到河南南阳附近，再由南阳附近

---

① 《新唐书》卷五三《食货志》。
② 《新唐书》卷三七《地理志》。

的淯水和比水运到沔水。沔水即现在的汉水。漕粮由沔水西上，运到汉中附近。那里有由秦岭发源的褒水流入沔水，那么在沔水中的漕舟就可以溯褒水而上，达到秦岭山中。离褒水发源不远的秦岭南坡另有一条斜水，它是向北流入渭水，而渭水正是流经长安城下。提这个建议的人设想：如果把褒水和斜水之间的秦岭山道加工修凿，使稍平坦，用车辆从褒水转运粮食至斜水上游，再装船下运，就可以运到长安城下了。汉武帝接受了这个建议，派人去修凿褒斜道。褒斜道是凿成了，陆运不成问题，但褒水和斜水却整理不好，水流依然湍急，漕舟不能上下，只好作为罢论。[①] 从整个情况看来，这条道路绕的圈子很大，开凿褒斜道的工程也不是十分简单。为什么汉朝政府听从了这个意见，还不惮其烦地进行施工？这正说明了三门峡的运输是如何困难，它迫使汉朝政府有了这个不切实际的想法和举动。

改变道路既然是不可能的，人们又想：不仰给关东的漕粮是不是可能呢？当时人们是曾经这样做过，从巴蜀转运粮食，就是具体的措施。巴蜀的粮食虽然可以解决一时之急，但是不能够彻底解决问题。汉唐初年，曾经从巴蜀运输过粮食，为时未久，都先后停止，就是这个道理。汉朝中叶时，人们也曾想到由河东、上党、太原诸郡转运粮食，这些相当于现在山西的地方，固然有汾水可以供运输，不过这些地方所产的粮食究竟有限，纵然可能运出一些，一样是解决不了问题的。

最能够解决问题的是从关中和附近地区本身着想。简单地说，就是如何能够提高当地的农业生产。在生产工具没有新的改进时，提高农业生产的重要办法只有兴修水利一途。秦汉和隋唐都在这方面下过功夫，郑国渠和白渠就是具体的成就。尤其是白渠从汉朝中叶开凿起，一直到唐朝，还能发挥出一定的作用。当然由于兴修水利而增加农田的收成，是可以减少由关东运来漕粮的数目的。不过兴修水利也不是简单的事情，在封建社会生产关系支配下，地主豪强垄断了土地，甚至在有些地方还控制了水源，

[①]《史记》卷二九《河渠书》。

使水利不能发挥它应有的作用。譬如郑、白渠原来可以灌田 4 万多顷，到了唐朝初年只能灌溉 1 万多顷。为什么会这样呢？是由于富商大贾地主豪强竞造碾硙，浪费了水流。这种情况虽曾经做过纠正，但在封建社会里不可能根本除掉，所以过了一些时候依然如故。到了唐朝中叶以后，可能灌溉的面积只有 6000 多顷，作用已经不十分大了。① 这些王朝在泾渭流域以外其他各地也曾经兴修过若干水利，贺兰山下的黄河西岸和祁连山下的河西走廊都曾经有过不少的水利建设。由于当地水利的兴修，确实也解决过一部分边地军民的需要。但是问题的症结乃是这些水利工程的灌溉面积毕竟有限，有些工程甚至不能够支持许久，因而也就难于继续充分发挥它的作用。

本来关中及其附近地区属于黄土地带，而黄土地带正是适于农业的耕植，只要雨水调匀，是一样可以有丰富的收获的。唐朝中叶开元年间，曾经由于彭杲的建议而推行了和籴办法，并且取得一定的成绩。这在《开皇天宝之间黄河流域及其附近地区农业的发展》那篇文章中已经提到过。彭杲的办法虽不是新的创见，但当时实行的范围比较广大，是值得重视的。其实这种办法如果行之不好，就难免流为一种变相的强夺豪取的手段。彭杲的建议初实行时，不见得就会如此，但是推行一段时期以后，就再推行不下去了，可见其中是有弊病的。但是这种办法最初推行的时候，却也反映了关中地区农业的情况。彭杲建议推行和籴的时候是在开元二十五年。细检两《唐书·五行志》，开元二十五年的前几年，关中地区并没有很大的自然灾害发生。虽然在开元二十四年（公元 736 年），曾经记载过夏旱，但这条记载并没有肯定的地区，应该是一个广泛的情况，不限于关中一隅。另外在开元二十二年（公元 734 年），有两条记载：一条是"关辅河南州十余水害稼"，另一条是"京畿渭南等六县大风雹"，都是属于自然灾害的范围。虽然有这两条记载，但离彭杲推行和籴法时已经两三年了，应该

---

① 《元和郡县图志》卷一云阳县《泾水》条。

不至于有很大的影响。可见开元二十五年这一年算得上风调雨顺，就是前两年也还算得没有灾害，因而使彭杲建议的办法能够有实行的基础。这说明在适宜的自然条件之下，关中及其附近地区的农田是可以获得丰收的。应该指出，自然条件的适宜并不是促进农业生产的唯一条件。因为封建社会里受着封建的生产关系的影响，农业生产是有很大的局限性的，即令有很好的自然条件，也不一定就能够很充分地利用起来。何况还有很多人为的破坏，带来了许多不利于生产的阻碍。

这些事情都可以证明：从秦汉以来的漕粮不断西运，并不能够说明关中及其附近地区就没有很大的农业生产潜力。如果经过人为的努力，这样的潜力是可以发挥出来的。但是这种情形在封建王朝下是办不到的。他们只好求之于关东各地。现在黄河下游各地，当时用作运输漕粮的河道有的早已湮没无存；而当时所谓的运输网也早已成为纸上的陈迹。虽然如此，在三门峡的旁边还可以看到当时栈道的遗存，还可以看到当时船夫曳舟用纤绳在石上磨下的深壕。这种难以磨灭的痕迹正说明当时从事漕运的人民所受的痛苦。

（原载《人文杂志》1960年第4期）

论泾渭清浊的变迁

泾河和渭河孰清孰浊？这是长期以来各家争论的老问题，似乎无再论述的必要。不过它关系泾渭两河流域土壤侵蚀的演变，还应该提出来重新研究讨论，为当前泾渭两河流域的水土保持工作提供依据。

一、有关泾渭清浊的论点

泾渭清浊的问题可以追溯到《诗经》。在《邶风》的《谷风》这篇诗中，曾说过"泾以渭浊，湜湜其沚"。这篇诗据说是春秋时期的作品。[①] "泾以渭浊"这句话说得让人比较费解。西汉时，毛公解释这篇诗，说是"泾渭相入而清浊异"。这句话笼统含糊，并没有说明谁清谁浊。直到东汉末年，

---

① 郑玄《诗谱·邶鄘卫谱》，这首诗是作为《邶风》的一篇。邶与卫皆在太行山东南，那里的诗怎么忽然提到泾河和渭河？辛树帜《禹贡新解》疑为《小雅》的错简，或是。

郑玄才说是"泾以有渭，故见渭浊"①。西晋时，潘岳由洛阳到长安，写了一篇《西征赋》，叙述沿途所见所闻。他说长安城北有清渭浊泾②，和郑玄的说法截然不同。下至南北朝时，北朝郦道元的《水经注》是地理学的名著，由于简编缺佚，没有看到专提这个问题。其后也有人说渭河是清的。③南朝人有的还不免含糊其词④，有的却已肯定地说：浊泾清渭⑤。

到了唐代，关中为都城所在地。泾渭两河正由畿辅流过。所以当时诗人的篇什往往涉及这两条河流，自然也注意到它们的清浊。著名的诗人杜甫就曾有过"浊泾清渭何当分"⑥，"旅泊穷清渭，长吟望浊泾"⑦的名句。而单说清渭的就有七处⑧，说浊泾的也有两处⑨。较杜甫为早的韦挺，也常以泾河的浊流和渭河的清津对举⑩。其他如苏颋⑪、沈佺期⑫、刘沧⑬的诗中皆提到清渭。白居易因为居家就在渭河的旁边，泛舟清流，说得更为真

---

① "故见渭浊"的"渭"字，有人改作"谓"字，见《十三经注疏·校勘记》。其实，这是不必要的。因为改的人先有一个"泾浊"的概念，所以就认为这个"渭"字是个错字。
② 《文选》卷一〇。
③ 《文苑英华》卷九一一，庾信《周上柱国宿国公河州都督普屯威神道碑铭并序》："浊河清渭，两地谋明。"
④ 《鲍参军集》卷四《见卖玉器者》："泾渭不可杂，珉玉当早分。"
⑤ 《梁书》卷五《元帝本纪》："梁兴五十余载，平壹海内，德惠悠久，浊泾清渭，靡不向风。"又《全梁诗》卷四，沈约《八咏诗》也说："别北芒于浊河，恋横桥于清渭。"
⑥ 《九家集注杜诗》卷一《秋雨叹三首》。
⑦ 《九家集注杜诗》卷二〇《秦州见敕目，薛三璩授司仪郎，毕四曜除监察，与二子有故，远喜迁官，兼述索居，凡三十韵》。
⑧ 《九家集注杜诗》卷一《奉赠韦左丞丈二十二韵》："回首清渭滨。"又卷二《哀江头》："清渭东流剑阁深。"又卷三《留花门》："沙苑浮清渭。"又卷一四《故著作郎贬台州司户荥阳郑公虔》："叶坠清渭朗。"又卷二〇《秦州杂诗二》："清渭无情极。"又卷二五《泛江》："故国流清渭。"又卷三六《归雁二首》："却过清渭影。"
⑨ 《九家集注杜诗》卷二《桥陵诗三十韵因呈县内诸官》："飘摇凌浊泾。"又卷二九《即事》："肠断秦川流浊泾。"
⑩ 《全唐文》卷一五四，韦挺《泾水赞》。
⑪ 《全唐诗》卷三，苏颋《扈从温泉同紫微黄门群公泛渭川》："侍跸浮清渭。"
⑫ 《全唐诗》卷四，沈佺期《上巳日祓禊渭滨应制》："宝马香车清渭滨。"
⑬ 《全唐诗》卷二二，刘沧《望未央宫诗》："云楼欲动入清渭。"

切。①柳宗元还特以《泾水黄》为题作了一篇歌曲。②看来在唐人的眼中，泾浊渭清是确切无疑的了。虽然当时也有人说泾渭都是清的③，恐怕不是事实。唐代初年，孔颖达作《毛诗正义》，就根据当时的情况解释"泾以渭浊"这句诗，说它的意思是泾浊渭清。

南宋时，从未到过泾渭流域的朱熹，根据孔颖达的解释，也说浊泾清渭，仿佛从此就成定论。后来的人大都秉承其说。明代的康海④、龚懋贤⑤就是例证。

不过问题并没有到此结束。清代中叶，为了解决这个问题，还有人特地到泾渭合流处勘查过。据说那里泾河的水色与长江、汉水相仿佛，而渭河呢，却和黄河一样。尤其是在两河合流的地方，清浊的差别是一眼可以看到的。合流七八里后，才混杂为一。当时还在合流处取水检查，说是泾河的1石水中，有滓3升，渭河的1石水中，却有滓1斗多。这自然是泾清渭浊了。⑥就是到近年，还不断有人继续勘查。据说，除下暴雨外，在泾渭合流处可以明确看出泾清渭浊，清流在北，浊流在南，合流后五六百米内，依然能够清清楚楚地看出两河水色的不同。⑦

不同的解释各有其来历。有的自是亲临目睹，有的就不免得之传闻。最早解释这个问题的是毛公。毛公是太行山东的人。⑧对于泾渭流域自然是要生疏些，因而就无法说得清楚。郑玄虽出身于东海之滨⑨，却还到过关中。

---

① 《白香山集》卷九《重到渭上旧居》："旧居清渭曲。"又卷二一《泛渭赋》："泛泛渭水上，有舟沿兮溯今，当此百里之清流。"
② 《柳河东集》卷一《铙歌鼓吹曲》。
③ 《全唐诗》卷二七二，吕牧《泾渭扬清浊》："泾渭横秦野，逶迤近帝城，二渠通作润，万户映皆清""渔歌好濯缨"。
④ 嘉庆《岐山县志》卷八《艺文》，康海《出周公庙望南山》。
⑤ 《咸宁长安两县续志》卷五《地理考》下引龚懋贤《钟楼碑记》。
⑥ 《辛卯侍行记》卷三。刘源《诗经恒解》卷一就是根据乾隆时的勘查来解释《邶风·谷风》这篇诗的。因而就说"泾以渭浊"这句诗的意思是泾清，渭河浊。
⑦ 张佛言《泾渭清浊辨》，载1961年5月6日《光明日报》。
⑧ 《汉书》卷五八《儒林·毛公传》。
⑨ 《后汉书》卷三五《郑玄传》。

唐人诗篇很多，不能说都到水边去过，不过像白居易这位住在渭河之滨而又泛舟渭上的诗人，总不能说他是得之于耳闻的。后来一些勘查工作者亲临其地，随波上下，当然也是确切无讹了。然而矛盾重重，仍未能完全解决。我们必须根据具体的历史过程来分析泾河和渭河清浊的变迁。

二、泾渭两河流域自然条件的同异

渭河发源于甘肃省渭源县西南鸟鼠山，从西向东，流经甘肃省东部和陕西省中部的二十四个县市，至潼关县港口入于黄河，全长672公里，流域面积13.6万平方公里，为黄河最大的支流。由渭源县鸟鼠山至陕西宝鸡市太寅村为上游，长423公里，流域面积3.0661万平方公里。泾河发源于宁夏泾源县西南六盘山下老龙潭，由西北流向东南，经过宁夏、甘肃、陕西三省区的十三个县，至高陵县泾渭堡东北入于渭河，全长450公里，流域面积4.78万平方公里。由渭源县六盘山下至陕西泾阳县张家山为上游，长371公里，流域面积为4.3216万平方公里。

渭河流域绵延横亘秦岭之北。秦岭之南为长江流域的嘉陵江、汉江及其支流。渭河上游在甘肃渭源和漳县以西与黄河另一支流洮河流域相衔接，又在渭源、陇西、通渭与宁夏西吉诸县之北和黄河又一支流祖厉河流域相衔接。由西吉县往东，过了六盘山，就是泾河流域。泾河流域在宁夏固原县东北和甘肃环县以北，与黄河另外两条支流清水河和苦水河流域相衔接。泾河流域之东为子午岭，子午岭东侧则是洛河流域。泾河流域延袤于六盘山之东。六盘山实为泾河上源与渭河另一支流葫芦河的分水岭。渭河的又一支流千河就是由六盘山东侧发源的。六盘山之南为陇山。陇山向东伸出一支为岐山。岐山山脉蜿蜒于陕西凤翔、麟游、永寿诸县间，山北为泾河流域，山南之水皆流注于渭河。泾河流域在关中平原，东与渭河又一支流石川河流域相衔接。石川河以东，洛河由北流向东南，在大荔县三河口附近入于渭河。（附图一《泾河渭河流域图》）渭河源远流长，支流繁多，尤以南侧最为密集。因为南侧就是秦岭，山高坡陡，水流湍急，一出山外，就入渭河，相邻山谷的溪涧不易相互汇流，故较大的支流不多。但渭河北侧则迥然不同。由于地势平缓，较大的支流不少，尤其是发源于六盘山西麓的葫芦河，流经西吉、静宁、秦安、天水诸县，始入于渭河。

泾河较渭河短促，支流不如渭河的繁多。其中马连河最为特殊。马连河和泾河在甘肃宁县南合流。马连河较宁县以上的泾河长约一倍有余，和一般支流不同。为什么如此？要说明其中的道理，应该回顾到西周初年。周王朝兴起于泾渭之间，所以泾河早就见于记载，可是那时对于马连河却还相当茫然，因为那时马连河上下都是混夷的游牧区域。等到知道马连河这条水流时，泾河的名称早已固定下来，所以马连河就成了它的支流。

黄河中游地区为黄土高原，泾河和渭河皆贯穿其间。渭河之南的秦岭、泾河和洛河之间的子午岭、泾河上源的六盘山、千河东西的岐山和陇山，其上面皆被覆着基岩碎屑等第四纪残积物。山下的泾渭两河流域虽都是黄土分布的地区，不过六盘山和陇山东西的地形却显然有所不同：在此南北一线以西，山岭连绵，平原甚少，以东则山原衔接，平原广漠。在黄土地区里，一般较为高亢而平坦的地方都称为原。在泾河流域和宝鸡峡东的渭河流域这样的原是连绵不绝的，尤以庆阳地区的董志原和宝鸡市的周原最为著名。可是在六盘山和陇山以西，几乎就不容易看到这样的原了。但不能因此而说这里就没有原。今甘肃榆中县南有一个白草原，一百多年前，还以草地广阔而闻名[①]，现在竟狭小到长宽皆不及1公里。渭河上游及其支流地区水文网较密，地形切割零碎，可以想见原来的原都已破碎无余，而为起伏较大的黄土丘陵所代替。现在当地有不少的坪。坪当然也是较为平坦的地方，论面积却远较原为狭小，甚至不能相互比拟。六盘山和陇山以

---

① 嘉庆《清一统志》卷二五二《兰州府》。

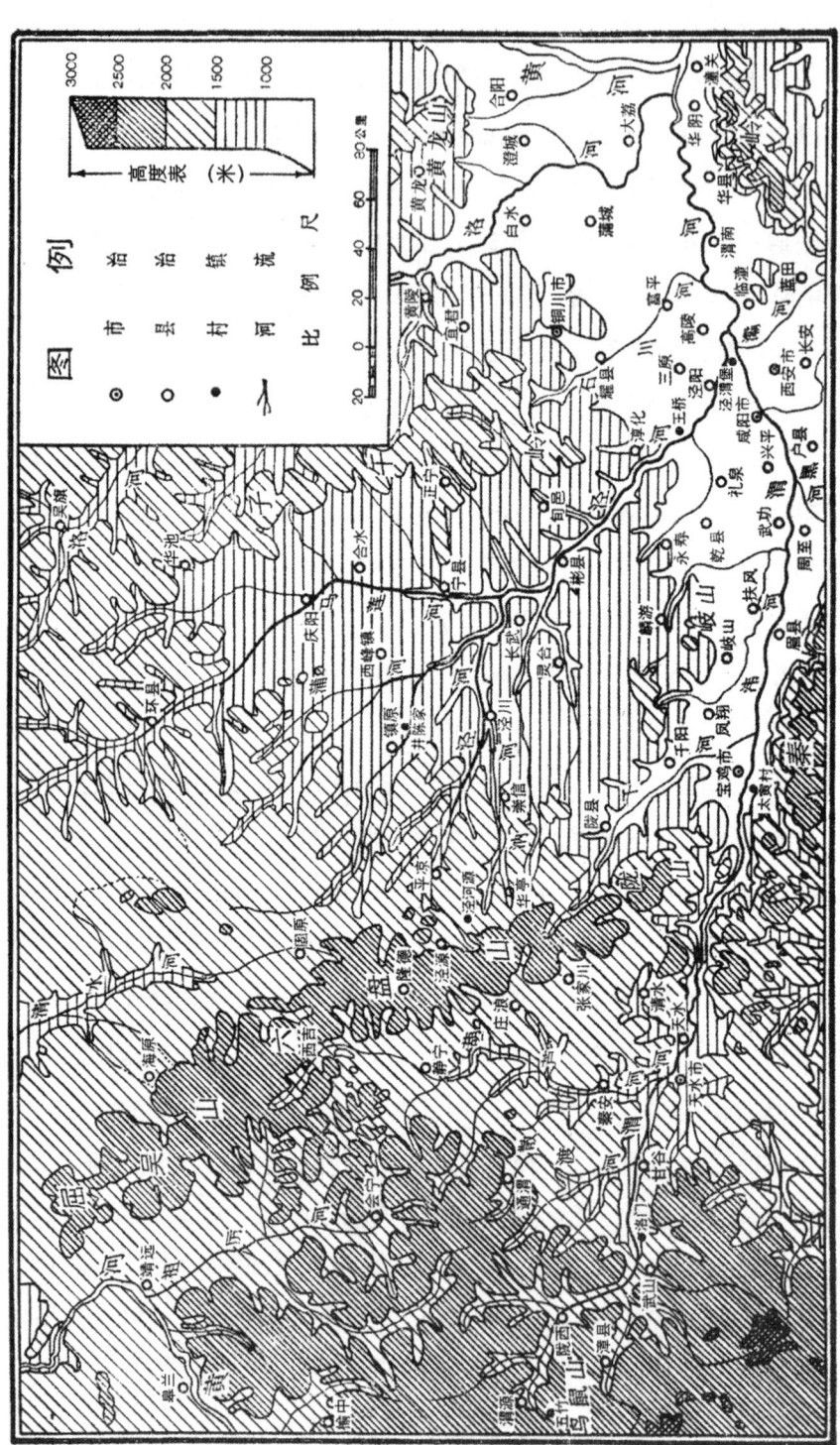

图一 泾河渭河流域图

东的原当然也在不断切割之中，不过不如渭河上游地区那么严重罢了。

泾河上游的黄土原和渭河上游的黄土丘陵已互不相同，如果再循此推求，差异还更明显。两河流域黄土原和黄土丘陵的顶部与其附近已有川地发育的河谷底部之间的相对高度也不完全一样。渭河上游渭源县北黄土丘陵顶部和渭河河谷底部的相对高度约为450米。由此往东，陇西县南约为350米，武山县北约为450米，甘谷县南约为400米，天水市北约为350米，渭河支流葫芦河畔的西吉县约为200米，静宁县约为250米，秦安县约为500米。泾河上游平凉县北的原与其南侧的泾河河谷底部相对高度约为250米，泾川县北也近于250米，马连河畔的环县约为250米，庆阳县城西约为200米，宁县城北约为150米。由此可见，渭河上游及其主要支流各县城附近的黄土丘陵顶部与其近处的河谷底部的相对高度较之泾河上游及其主要支流为大。在其他因素相同的情况下，相对高度愈大的地方，土壤侵蚀也应愈为剧烈。

泾渭两河流域的地形不同，两河的落差比降就不尽一样，流速的缓急因而也有所差异。泾河发源于六盘山东麓后，斜贯黄土高原，至陕西泾阳县王桥镇西始进入关中平原。由泾源县泾河源公社至王桥镇西377公里，落差为1338.5米，比降为3.55‰。由王桥镇西至高陵县泾渭堡与渭河合流处56公里，落差为64.5米，比降为1.15‰。渭河发源于鸟鼠山后，历经黄土丘陵地区，至陕西宝鸡市太寅村进入关中平原。由渭源县五竹公社至宝鸡市太寅村433公里，落差为1685米，比降为3.68‰，由宝鸡市太寅村至高陵县泾渭堡212公里，落差为240米，比降为1.13‰。两相比较，略相仿佛。只是某一些河段，两者之间还有相当的差距。如泾川县城与彬县县城间的泾河为120公里，其间落差为200米，比降为1.66‰。而武山县城与天水县城间的渭河为129公里，其间落差为385米，比降为2.9‰。显得渭河的一些河段的落差高，比降大。

泾河及其支流的谷地和渭河流域的差异就更为明显。泾河在关中平原以上的河段及其支流的谷地皆已显露前第三纪基岩，仅各靠近上源的短促河段为晚第三纪三趾马红土和甘肃群黏土，甚至还有中第四纪风积老黄土。只是在进入关中平原后，泾河干流及其支流的谷地始为砾石、沙及部分沙壤土的现代河流冲积层。①说得更具体些，则现在甘肃境内泾河谷地皆为卵石河底，陕西境内，长武、彬县间为砂卵石河底，彬县以下至泾阳张家山，谷地为石质，张家山以下则是卵石和泥沙。泾河支流马连河虽也显露前第三纪基岩，然其下游也还有一段是淤泥河底。渭河流域则不然。渭河谷地不仅在宝鸡峡以下皆为砾石、沙及部分沙壤土的现代河流冲积层，就是武山、甘谷、天水各县城东西的河段以及静宁、秦安两县南北的葫芦河也都是一样的。而武山县的榜沙河、天水市的藉河、武功县的漆水河等更几乎全流如此。渭河谷地显露出前第三纪基岩的河段，只有上游渭源、陇西两县境内，武山与甘谷两县之间，甘谷与天水两县之间以及陇山与秦岭间的峡谷等处。葫芦河为渭河第二大支流，也仅在几小部分河段里才显露出前第三纪基岩。全流显露出前第三纪基岩的只有甘谷县的散度河、清水县的牛头河和千阳县的千河。②概括起来说，泾渭两河的河谷组成在关中地区大体是相同的，所差异的是在关中平原以上的河段。在那里，泾河及其主要支流几乎都已显露前第三纪基岩，而渭河只有少数几处河段是这样的，有的支流甚至尚未显露出来。当然，河流对于已显露基岩的河床，下切侵蚀一般是要比较慢些。

土壤侵蚀与气候、降水皆有关系，而以降水量的多少影响最大。泾渭两河流域地处陇山东西，气候温和。关中地区年平均气温在12～13摄氏度，愈往西往北，则逐渐递减。泾河上游及其支流地区较之渭河上游及其支流地区气温显得稍低。关中平原的相对湿度为65%～70%，也是向西向北递减，而泾河支流马连河上流更是显得干燥。渭河流域紧依秦岭山地，降水量较多，宝鸡附近年降水量在700毫米上下，其南的秦岭山地竟多达800毫米。由此向西向北递减，天水、平凉、长武等县市皆在500毫米以上。渭河流

---

① 刘东生《黄河中游黄土》（附《黄河中游黄土分布图》）。
② 刘东生《黄河中游黄土》（附《黄河中游黄土分布图》）。

域虽至上游尚未减到400毫米以下，而泾河支流马连河的上游竟少至300毫米以下。一般的降水对土壤侵蚀还是有一定的限度的。若是暴雨、大雨就相当严重。这里所说的大雨是日降水量30~49.9毫米之间，暴雨则是日降水量50毫米以上。大雨暴雨的次数，渭河流域皆稍多于泾河流域。以大雨来说，六盘山下泾河上游和马连河中游平均每年只遇到一次，再稍往东南，也不过两次，彬县以下达到三次。渭河流域天水附近每年就可遇到两次，宝鸡附近多到三次，甚至四次。以暴雨来说，六盘山下泾河上游平均每两年遇到一次，马连河上下及彬县等处平均每十年才遇到一次。渭河流域则不然。天水以下平均每两年在一次以上，宝鸡附近平均高到每年一次，甚至每两年三次。[①]

由于气温、湿度的高低及降水量的多寡，植被的分布就不免受到影响。当然，现代泾渭流域的森林大部分是在以前已被摧毁的基础上重新培育的，现有的林地尚待继续扩大。现在泾河流域的林地只有西侧的六盘山和东侧的子午岭上各一部分，不如渭河流域的广大。渭河北岸的陇山与南岸的秦岭，隔水相望，山头岭上树木茂密，郁郁葱葱，几乎连成一片，天水以西渭河南岸各处断断续续尚有若干较小林地，与泾河流域大异其趣。泾渭流域除少数崇山峻岭外，几已尽垦为农田，虽田间沟畔已多种植树木，然主要植被则是农作物。由于泾渭两河流域植被的不同，水土流失的情况也就有了差异。

由此可见，泾渭两河流域的自然条件是不尽相同的。这对于泾渭两河清浊的变迁是会起到一定的作用的。不过泾渭两河均流经水土易于流失的黄土高原，如果他们都按照各自的自然条件演变，则彼此的清浊可能不会有很大的差异。可是，在历史时期，反动统治阶级对于泾渭流域的土地和植被极尽破坏之能事，加速了土壤侵蚀，致使泾渭两河的泥沙量均有显著的增加。只是由于各个时期的具体情况不同，使两河的清浊时有变迁而已。

---

① 叶笃正等《黄河流域的降水》。

三、泾渭清浊的历史演变

泾渭两河的清浊问题并不是一成不变的。这种因时而异的变迁，按照时代的顺序，春秋时期是泾清渭浊，战国后期到西晋初年却成了泾浊渭清，南北朝时期再度成为泾清渭浊，南北朝末年到隋唐时期又复变成泾浊渭清，隋唐以后又成了泾清渭浊。瞻望将来，泾河和渭河都是有可能趋于清澈的。

应该指出，一河清浊，有季节的变化、洪枯的差异。史籍所载的清浊异同，主要都是河流在常水位的现象，而不是在暴雨洪水的季节。遇有暴雨洪水，则土壤侵蚀加剧，泥沙俱下，不论泾渭都成了浊流。其实，就是暴雨洪水季节，泾渭两河所含的泥沙也不是都完全相同的。

（一）春秋时期的泾清渭浊

春秋时期承西周之后，周王朝的都城已由丰镐迁往雒邑（今河南洛阳市）。秦国逐渐由陇山以西东徙，定居到渭河以北的周原。后来又一再向东发展，奄有丰镐故地。秦晋两国曾争战于泾河的下游。由泾河上溯，秦国的版图当时似乎没有多远。周人的先世曾居于豳，又曾征服过密须。豳在今陕西彬县和旬邑县，密须在今甘肃灵台县西。这些周人的故地到春秋时期再未见提过，可能还不是秦国力量所能达到的地方。秦穆公为春秋时期五霸之一，其霸业可以称道的是灭掉十二个小国。有人说这些小国在后来的陇西、北地两郡。① 前者在秦国之西，后者却到了秦国之北了。秦穆公称霸于西戎，是溯渭河而上，向西发展，似乎和泾河上游无关。泾河上游是所谓义渠之戎的居地，它到战国时还是相当强大的部落。

西周时期渭河下游就已成为农业地区。春秋时期，当地的农业较前更

---

① 《史记》卷五《秦本纪》。

为发达。渭河两岸的平原山地原来都有相当茂密的森林，农业的发展和农田的扩大，自然要和森林争地，使森林面积逐渐缩小。由林变农以后，土壤失去了天然的保护，自然容易受到地表径流的侵蚀，这虽只是限于渭河的下游地区，但已经影响到它的清澈程度。

可是泾河流域却另是一番景色。当时居住在泾河上游的戎人还是过着原始的游牧生涯。泾河上游实际是一个草原地区。草原地区不能说就没有土壤侵蚀，但终究比农业地区轻微。何况当时游牧地区还向下游扩展，现在的彬县、旬邑、灵台等处都包括在内。因此，泾河和渭河比较起来，就显得清澈。

《诗经·邶风·谷风》篇中所说的"泾以渭浊"正是这种情况的具体反映。后来情况有所改变，泾河由清变浊，一些人不明白其中的道理，看到他们当时的泾河并不清澈，因而就悬想春秋时期的泾河本来就是浊的。并且还由此推论，说是泾河和渭河合流，由于渭河清澈，所以更显得泾河浑浊。其实这样的悬想推论都根本不符合《谷风》这篇诗的实际情况。

（二）战国后期至魏晋时期的泾浊渭清

西晋时，潘岳在《西征赋》中所说的泾浊渭清，乃是他亲自看到的情况，不会有什么差错。不过泾渭的清浊远在战国后期已经有了变迁，到潘岳时已经过去好几个世纪了。

这样的变迁可由秦始皇尚未统一六国时说起。秦始皇初年开凿了一条郑国渠，引用泾河的水流灌溉农田。当时称这股水流为"填阏之水"。① 这是说水中含有很多的泥沙，已经相当浑浊了。郑国渠的开凿固然是为了灌溉，更重要的则是利用泾河所含的泥沙来改良盐碱地。泾河含有多少泥沙？西汉中叶已有具体的记载，说是"泾水一石，其泥数斗"②。根据《谷风》

---

① 《汉书》卷二九《沟洫志》。
② 《汉书》卷二九《沟洫志》。

篇的描述，春秋时期的泾河清澈见底，可以看到水中的浅滩。战国秦汉时期泾河泥沙如此之多，和春秋时期迥乎不同了。

这样的变迁与秦国向泾河上游的发展有关。秦国向这方面发展，可分成三个阶段。春秋时期秦国的力量虽没有达到现在的彬县、旬邑一带，至迟到战国中叶这里就已成为畿辅的一部分。① 战国后期，接着就在义渠之戎的故地设立了北地郡。② 北地郡以北仍为匈奴所占据。秦国为了防御匈奴，修了一道长城，经过今宁夏固原县和甘肃环县。③ 今固原县东南彭阳附近的长城原，就是秦长城经过的地方，这条长城是由固原附近东南行，绕西峰镇之西，再由环县之北趋向东北。就是说，战国后期北地郡初设时，辖有泾河干流上游，兼有马连河东西，长城以外的泾河支流是不包括在内的。一直到秦始皇统一六国之后，北地郡才向北扩展到黄河岸边。

因此，秦国经营泾河上游地区，也有三种不同方式。今陕西彬县、旬邑一带既已成为当时畿辅的一部分，自然也就成为农业地区。秦长城以南本是从事游牧生涯的匈奴族义渠戎王的辖地，秦国设置北地郡就是有意改变当地的生产方式。这一点在西汉时更为明显。虽然还有若干畜牧业，但已不占多大比重。秦长城以北的泾河支流各处则仍以畜牧业为主。这不仅因袭旧来的习俗，按照当地自然条件也不能不如此。直到现在那里不仅气候干旱，而且土地多含盐碱，发展农业还是有若干不利因素的。

战国后期始设北地郡时，当地有多少人口，已难稽考。不过设郡以后，秦汉王朝为了对付匈奴的侵略，曾一再向当地迁徙人口。大举迁徙至少有三次。④ 这些人口大都在上面所说的秦长城以南，因为秦长城以北泾河支流

---

① 今彬县于汉时为漆县，今旬邑县于汉时为栒邑县，皆属右扶风。汉右扶风本秦内史的一部分。内史即秦国的畿辅。漆县与栒邑秦时皆已设县。这两个县既已划到畿辅之内，当然不是灭义渠后才列入版图的。

② 《史记》卷一一〇《匈奴传》。

③ 《元和郡县图志》卷三《原州、庆州》。

④ 这是指汉文帝时用晁错的计策，徙民塞下（《汉书》卷四九《晁错传》），汉武帝时卫青收复河南地后募民徙朔方（《汉书》卷六《武帝纪》），以及其后的徙关东贫民（《汉书·武帝纪》及《食货志》）诸事。

各处迄至西汉初年依然没有设县。当时对于北地郡稍南的地方也不断迁徙人口，仅秦始皇迁于今陕西淳化县附近的就有5万家之多。① 西汉中叶继续大举移民②，使当地人口更有显著的增加。到西汉末年，六盘山东泾河上游的居民约有10.7万余户，41.4万余人。③ 按泾河上游流域面积平均计算，则每平方公里为2.5户，9.7人。迁徙到泾河上游的人口，本来都是从事农耕的，迁到当地以后，当然会在各处开垦农田，仍然以农为业。秦长城以南泾河上游是一个可农可牧的区域，改农为牧并不是十分困难的。而且草原初垦，土壤肥沃，产量较高，开垦者还会不断扩大耕地的面积。可是游牧地区一经改为农耕地区，由于土壤经过耕耘而显得疏松，再加之撂荒和农田的季节性等不如草原植被的保土作用好，就会加速土壤的侵蚀。

　　游牧地区一般说来是缺乏森林的。泾河上游，尤其是马连河流域，也是如此。牧民随水草迁徙，不需要建筑房屋，使用材木不多。但是农业人口的大批迁来，对材木的需要就完全不同。秦汉时期迁徙人口时，首先在当地建筑房屋，准备农具，然后再营建城池。④ 这些设施哪一样不需要材木？草原上不能满足，当然是取之于临近的山上。泾河上源出自六盘山东麓，马连河傍着子午岭南流，六盘山和子午岭就成了理所当然的伐木地区。森林被大量砍伐，自然会加速水土流失。子午岭北段为土山，土壤侵蚀更为严重。追溯马连河最早的旧名，就可看出它的严重性。马连河在秦汉时期叫作泥水⑤，就显示出河中含有大量的泥沙。今马连河发源于甘肃环县北。泥水的上源实际上是今马连河支流柔远川，而柔远川则由子午岭北端

---

① 《史记》卷六《秦始皇帝本纪》。秦始皇曾迁徙人口于云阳县。云阳县故城在今陕西淳化县北。
② 《汉书》卷六《武帝纪》、卷七《昭帝纪》。武帝和昭帝都曾迁徙人口于云陵。云陵县故城亦在淳化县北。
③ 西汉在今泾阳县张家山以北泾河上游地区设有北地、安定两郡，兼有左冯翊和右扶风各两个县，又有上郡一个县。北地、安定两郡中有些县无考，有些县不在泾河流域中。《汉书·地理志》记载有各郡户口数。今按各郡县数求得每县平均户口数值，再以泾河流域各县合计求得这个地区的实有户口数。
④ 《汉书》卷四九《晁错传》。
⑤ 《汉书》卷二八《地理志》。

的西侧流下。泥水名称的肇始正说明子午岭上的森林遭到严重破坏。水土大量流失，遂使这条河流蒙受了"泥水"的名称，同时也使泾河为之浑浊不清。

从渭河全流来说，这一时期的变迁并不很剧烈。渭河上游于秦汉时期为天水郡和陇西郡。陇西郡与泾河上游的北地郡同置于战国后期①，西汉中叶分置天水郡②。陇西置郡之后也尝一再迁徙人口，这两郡最多时达到7.7万多户，33.6万多口。③按渭河上游流域面积平均计算，则每平方公里为2.5户，10人，较之泾河上游为多。人口虽多，但却不像北地郡那样引起严重后果。这主要是由于渭河上游在那时为森林地区，和泾河上游原为草原地区不同。当地居民普遍用木板造屋成为一时的风气④，就是例证。当然人口的增多，农田面积的扩大，也摧毁了一部分自然植被，使土壤侵蚀较前有了增强，但终究还是比泾河流域要好一些。这可从西汉时引渭灌溉的成国渠没有见到淤地肥田的记载得到证明。

（三）南北朝时期的泾清渭浊

虽然南北朝时期北朝人没有具体谈到泾渭清浊的问题，但泾渭的清浊还是有了新的变迁。这种变迁乃是由居住在西、北两方面的游牧部落逐渐向内地迁徙所引起的。

西、北两方面游牧部落的内迁可以上溯到东汉末年，十六国时期的迁徙更为频繁，进入南北朝时期才逐渐稳定下来。泾渭两河上游各地在这些时期也都有游牧部落的徙居，而泾河上游各地更显得突出。马连河东西魏晋时期就已不设郡县。泾河上游其他各地在十六国时期虽偶尔有郡县设置，

---

① 《水经·河水注》。
② 《汉书》卷二八《地理志》。
③ 西汉在今宝鸡之西渭河上游设有陇西、天水两郡。按本小节"41.4万余人"之注的方法求得这个地区的户口数。
④ 《汉书》卷二八《地理志》。

然废置不常，显然没有定居人口作为基础。比较起来还是渭河上游的郡县稍微显得稠密。游牧部落迁居所至，农业地区逐渐又复转变为草原地区。草原地区和农业地区的范围由郡县的分布可以辨别出来。十六国时期，泾渭两河上游地区大致和春秋时期以及战国初年相仿佛。南北朝前期，这些地方虽陆续有郡县设置，仍不能和秦汉时期相提并论。当时这里究竟有多少人口，记载缺略，无由备征。然北魏并没有像秦汉王朝那样，向这里大量迁徙人口，当地的农业不可能有大的发展，是可以想见的。

郦道元生当北魏后期，他也注意过泾渭清浊的问题。他曾经以泾渭的特殊情况来比拟黄河在下游和济水交流后的黑白异流。可惜《水经·泾水注》早已散佚，无由看到有关的论述。虽然如此，由他书所征引的片段，尚可略见一斑。据其所记，则泥水在当时已改称为白马水。① 泥水名称的停止使用，显示河中泥沙的减少。实际在当地改为游牧的草原以后，泥沙是不会增多的。马连河的泥沙既少，泾河自有转清的可能。

渭河上游地区虽也受到游牧部落迁居的影响，却和泾河上游略有不同。在游牧部落频繁徙居的时候，这里仍散居有许多农业人口。十六国时期前后秦交递之际，前秦苻登据有南安（今甘肃陇西县东），夷夏归之者3万余户。② 这里所说的夷夏是兼有游牧部落和农业人口。其实当时这里的夷夏杂居实不仅南安一地，前秦后秦相继在这里建置一些郡县，正说明当地还有相当数量的农业人口。北魏底定陇右，渭河上游粗告安谧，农业渐就恢复，地方官吏以劝农相标榜③，大小二麦也成了主要农产品④，附近地区的军粮因之有时就依靠这个地区来供应⑤。农业的恢复和发展，对于渭河的清浊就不能没有相当的影响。

由于南北朝时期渭河上游还有不少的游牧部落，当地农业虽已有所发

---

① 《太平寰宇记》卷三三《庆州》引。
② 《资治通鉴》卷一○六《晋纪》。
③ 《魏书》卷五一《吕罗汉传》。
④ 《魏书》卷五一《封敕文传》。
⑤ 《魏书》卷五一《皮豹子传》。

展，还远不能和秦汉时期相比较。秦汉时期渭河是比较清的，南北朝时期自然不能更为浑浊。不过秦汉时期泾河里面含有大量泥沙，成为浊流，就显得渭河比较清澈。这时期泾河既已转清，渭河虽未更为浑浊，但和已经转清的泾河比较起来，就显得不是那么清澈了。

（四）隋唐时期的泾浊渭清

由前面征引的唐代诗文，可以知道当时是泾浊渭清。为什么有这样的变迁？这得由南北朝末年说起。

泾河上游的郡县到北魏后期虽已陆续增置，不过马连河流域还只限于下游。西魏时，先后在马连河流域设置了朔州（今甘肃庆阳县）等三个州。这几个州到北周时虽又废去[1]，但已显示马连河一带不尽是草原地区了。

北魏行将分为东西的时候，六盘山下泾河上游还有相当的畜牧业[2]，可是当宇文泰起于平凉时，就征发邠、泾、东秦、岐四州的粮食，以供军用[3]。其中邠州为今甘肃宁县，泾州为今甘肃泾川县，皆在泾河上游。泾河上游所出产的粮食可给军用，正说明当地的农业有了恢复和发展。庾信以南人入北，上距东西魏分裂不过二十余年，他只称道渭河的清澈，显示泾河又在转浑。这说明农牧业对于土壤侵蚀差异的影响十分明显。

泾渭两河上游再度成为农业地区以后，人口也相应增多。隋时，泾河上游有20.1万余户，渭河上游也有7.1万余户。[4]按泾渭两河上游各自的流域面积平均计算，每平方公里的户数，分别是4.7和2.3。与西汉时相较，渭河上游差相仿佛，而泾河上游则大为发展。唐代泾河上游有8.5万余户，65.2万余口。按流域面积平均计算，每平方公里以户计为两户弱，以人计

---

[1] 《隋书》卷二九《地理志》。朔州而外，还有蔚州和恒州。

[2] 《周书》卷二七《赫连达传》。

[3] 《周书》卷一《文帝纪上》。

[4] 隋时泾河上游有弘化、平凉、安定、北地四郡，渭河上游有陇西、天水二郡，皆见《隋书》卷二九《地理志》。计算方法同本节（二）小节"41.4万余人"之注。

为 10.2 口。虽不能与隋时相比拟，但口数却多于西汉。唐代渭河上游仅有 2.8 万余户，12.3 万余口。[①] 按流域面积平均计算，每平方公里以户计只有 0.9 户，以人计也仅有 4 口。如以泾渭两河上游相比较，则隋唐两代泾河上游的人口皆较渭河上游为稠密，这和西汉时期正好相似。西汉时，泾河上游地区仅有 10 万余户，从事农业耕耘，已使泾河水色浑浊。隋唐时期人口皆较为众多，在耕耘技术没有若何更改的情况下，泾河由清转浊，也是有可能的。

由于泾河转浊，遂使渭河比较显得清些。就隋唐时期的具体情况来说，渭河也再没有更为浑浊的理由。渭河上游隋代人口较多，充其量也只是和西汉相仿佛，唐代由于吐蕃不断地骚扰，人口有显著的减少。也就是说经过南北朝时期，渭河上游农业的恢复最多也只是到达西汉的水平，农田面积没有新的扩展，到唐代更等而下之，相对地还有减少。渭河上游本与泾河上游不同。泾河上游原来是草原地区，而渭河上游则是森林地区。森林地区如无其他的摧残，农田不再扩展，原来的森林当然可以得到保存，甚至还可继续滋生发展。当地黄土丘陵顶部和其近处河谷底部的相对高度虽大，但由于森林的被覆，还不至多受侵蚀，这自然会有助于渭河的清澈。唐人一再说浊泾清渭，正是实际的描述。

（五）唐代以后的泾清渭浊

唐代泾河方浊的时候，当地情况又逐渐显露出了新的变迁。泾河在关中平原以上各河段及其支流的谷地，除近于源头的段落而外，迄今已经下切到前第三纪基岩。是什么时候下切到这样的地步？由于促成下切的原因较为复杂，一时难得明确解释。不过沿河有些城池或其遗址，在现在看来，已经近于基岩，或与基岩高差不大，很值得注意。因为这些城池始建以来，

---

① 唐代于泾河上游置庆、原、泾、宁、邠五州；于渭河上游置秦、渭二州，分别见《新唐书》卷三七、四〇《地理志》。计算方法同本节（二）小节"41.4 万余人"之注。

迄今已数百年或者竟在千年上下。经过这样悠久的时间，城基与基岩的高差犹不甚悬殊，正可说明建城之时基岩已经露头，或者建城的地方已经接近基岩。汉代的彭阳县城旧址，在今甘肃镇原县东南28公里（以直线距离计）茹河北岸井陈家，其地一片瓦砾，间有残瓦当出土。故城旧址紧濒茹河，与现在显露出的基岩高差仅约10米，当时茹河谷地可能已有基岩外露，或者行将外露。今甘肃宁县城据说是五代梁时所筑。[①]其城夹处于城北河与九龙河汇合之地，城西南隅与基岩高差不逾15米。今甘肃合水县东北的老合水，为合水旧城所在地，雉堞依然完好。据说旧城始筑于北宋时[②]，倚山临水，东南距合水川100米，与河床的高差亦仅10米上下。这里虽只举出几个县城，已可以看出唐宋之际泾河及其支流谷地的基岩若非全部显露，至少已显露出相当多的部分。泾河上游及其支流沿岸其他各县城，如平凉和泾川两县，马连河畔的环县与庆阳两县，茹河旁的镇原县，汭河岸上的崇信县，达溪河侧的灵台县，马栏河北侧的旬邑县，其建筑年代皆可上溯至元明之间，甚至更早一些。平凉、庆阳两县和城侧河床基岩间高差较大，这是因为平凉城始建时，有意选择泾河南岸的坂上。[③]而庆阳城则位于马连河和柔远川汇合之处。庆阳城有南北两关，南关关门与北关北墙间的直线距离为2.5公里，城西马连河的河床在此两点间的高差为10米以上。地势陡，落差大，故河谷较深。除此两县外，其余各县城与其城侧河床间的高差皆在10米上下，甚至还有几米的。显然在始建城池之时，当地河床的基岩有的已经显露出来，有的接近于基岩了。正因为如此，唐代以后泾河的含泥沙量就逐渐减少，若非暴雨大雨之时，河旁原上山坡没有被侵蚀的土壤随水流下，则泾河中所含的泥沙就比较少些。清代中叶勘查泾渭水流时，发现泾河的含泥沙量不大，应该是符合发展的实际情况的。

但是渭河流域的情况却向另一方面发展，使渭河逐渐由清变浊。引起

---

① 嘉庆《清一统志》卷二六一《庆阳府》。
② 嘉庆《清一统志》卷二六一《庆阳府》。
③ 《元和郡县图志》卷三《原州》。

这种变迁的根本原因就在于渭河流域的森林遭到了严重的破坏。隋唐之际，都城长安所需用的材木，尚无须外求，而终南山中的森林仍受人称道。①就是偶然到外地采伐，也只是在关中西部的岐陇诸山。②可是到了唐代中叶，长安城中所需用的巨木，却要远求于吕梁山西黄河两岸。③到了北宋，岐山的森林已被摧毁无余，只剩下了一条赭色的土山。④由于岐山以西的秦（今甘肃天水市）陇（今陕西陇县）两州的山林尚相当富饶，因而也成了采伐的集中地。当时北宋与西夏交争，秦州渭河北岸皆为夏人所占据，宋夏争夺采伐材木，往往引起衅端。⑤今甘肃武山县东的洛门当时也多产巨木，宋人为了采木，甚至贿赂当地的羌人，以求假道⑥，据说每年可获大木材万株⑦。再加上官吏的私采私运⑧，竟使都城开封的良材堆积如山⑨。当然，对森林的破坏并不是到北宋就告结束，而是长期延续下去，最后终于使渭河上游的森林基本消失，渭河也就成为滚滚浊流。

这样的变迁还可以从长安附近的灞、浐两河得到证明。唐代灞、浐两河还是玄素分明。⑩当时人提到灞河，也是说它"旁连古木，远带清渍"⑪。这"旁连古木"，正说明了灞河清澈的缘故。可是到了清代初年，情况就完全不同。这时浐河里面的石子犹磊磊可数，而灞河里面的浊浪却像黄河一样，滔滔奔流⑫，细沙随处沉淀，成为西安地区近年来建筑沙料的主要产地。灞河这种巨大的变迁，正好证明森林的存毁与河流清浊的密切关系。

① 《柳河东集》卷五《终南山祠堂记》。
② 《新唐书》卷三七《地理志》，凤翔府虢县有升原渠，"运岐陇水入京城"。岐陇水当是岐陇木之误。
③ 《新唐书》卷一六七《裴延龄传》。
④ 《苏东坡集·前集》卷二《东湖》。
⑤ 《宋史》卷二五七《吴延祚传》，又卷二七〇《高防传》。
⑥ 《宋史》卷二六六《温仲舒传》。
⑦ 《续资治通鉴长编》卷三。
⑧ 《宋史》卷二五七《王仁赡传》。
⑨ 《宋史》卷二七六《张平传》。
⑩ 《全唐文》卷七四〇，李庚《西都赋》。
⑪ 《全唐文》卷三三一，王昌龄《灞桥赋》。
⑫ 《小方壶斋舆地丛钞》第七帙，王士祯《秦蜀驿程记》。

由灞、浐两河玄素的差异可以推论出渭河全流清浊的变迁。因为玄是黑色，黑色的水流都较清澈。以黑水为名的河流自然都是较清的。郦道元撰《水经注》，于《渭水注》中曾提到一些黑水的名称，如渭河在洛门以下，流过黑水峡，黑水峡南侧，有一条黑水北流入渭河。黑水峡在今甘肃武山县洛门镇东，而黑水就是三十里铺旁的乔家河。渭河的一条较大支流，现在叫作葫芦河，而那时称为瓦亭川。瓦亭川也有一条叫作黑水的支流。这条黑水河实际就是现在葫芦河的上游。现在甘肃天水市东北的清水县，是以濒于清水河而得名的。清水河今为牛头河及其支流樊河。渭河的支流还有一条名为黑河的，在今陕西周至县，直到现在仍然沿用原来的名称。这些黑水和清水陆续地注入，使渭河能够保持其一定的清澈程度。而黑水峡的名称更说明渭河自源头以下流到峡中都还是清澈的。

但是这些名称并没有沿用很久。黑水峡以后再未见诸记载。瓦亭川支流的黑水，在宋时已改名为武延川。① 据《水经注》的记载，这条黑水行将流入瓦亭川时，西侧接纳一条名叫㴽水的小河。这条㴽水现在叫作滥泥河。河以滥泥为名，当然是十分浑浊的。这个河名不知肇始于何年，不过总不会是近年才有的事。黑水与瓦亭川汇合后，南流经秦安县城西，明代称为陇河，据当时记载，陇河"水浊善溃，人以之比黄河"②。这虽与滥泥河有关，但还不仅是滥泥河影响的结果。清水县的清水河改为牛头河，也在明代后期。③ 据说是因为流经牛头山下而改名的。清水河本来就经过牛头山下，为什么明代才更改名称？真正的原因应该是清水不清了。这条黑水和清水名称的改变都在明代，正说明明代的渭河已经成了浊河。明代的康海和龚懋贤仍称渭河为清渭，显然是违背实际情况的。

渭河显得浑浊，也和它的谷地未能完全下切到前第三纪基岩有关。渭

---

① 《明一统志》卷三五《平凉府》。
② 嘉庆《清一统志》卷二七四《秦州》引《秦安县志》。清代前期秦安县未闻修志。光绪《秦州直隶州新志》卷二二《艺文·著书目录》著录秦安胡缵宗撰《秦安县志》，为明嘉靖年间撰修的。《清一统志》所引当是此书。
③ 嘉庆《清一统志》卷二七四《秦州》引《巩昌府志》。所说的《巩昌府志》为明末天启年间所修的。

河的一些河段还是砾石、沙及部分沙壤土的现代河流冲积层。就是葫芦河也是如此,而葫芦河正是浑浊得像黄河一样。当然像渭源、陇西两县的渭河上源,以及千河、清姜河、石头河、黑河等仍比较清澈,但仅有这些短促的河段和较小的支流依然改变不了渭河浑浊的基本特点。

然而促成唐代以后渭河的转浊也和当地降水量的变迁有一定的关系。泾渭两河在关中合流。关中曾经是一些王朝建都的地方,水旱天灾的记载比较详细。不过这些记载往往与泾渭两河都有关系,难于分别清晰,这里略而不论,只就两河的上游说起。有关这些地区的记载,从宋代起才稍稍详备,然亦多限于大雨暴雨。由北宋初年到清代末年,泾河上游的大雨暴雨仅有十四次,渭河上游则为三十八次。① 大雨暴雨次数多,土壤侵蚀必然严重,泥沙顺水流下,增加河水的浑浊程度。论泾渭两河的清浊,不能仅以大雨暴雨的时候为准。但经过大雨暴雨,所形成的冲沟对于平时的土壤侵蚀也有加剧的作用。

根据唐代以后这些具体情况,可以说清代中叶的勘查所得的泾河清澈而渭河浑浊的结论是正确的。但这只能说明唐代以后的具体情况,不能以之推论以前的各个时期。

根据1959—1968年在张家山和林家村分别测得泾渭两河的各自平均含沙量来看,泾渭两河的清浊还是相当明显的。这十年来在张家山测得泾河1月份平均含沙量为0.208公斤/立方米,7月份为326.4公斤/立方米,年平均为149.8公斤/立方米。在林家村测得渭河1月份平均含沙量为0.634公斤/立方米,7月份为180.9公斤/立方米,年平均为65.5公斤/立方米。显示出在枯水季节,泾河含沙量犹小于渭河,故较渭河为清。只有在洪水季节,其才较为浑浊。

综上所述,泾渭清浊的历史变迁,与当地植被的存毁与水土流失的缓

---

① 据《宋史》卷六一《五行志》,《元史》卷五〇、五一《五行志》,《明史》卷二九《五行志》,《清史稿》卷四〇《灾异志》,《古今图书集成·庶征典》卷一二九,《甘肃全省新通志》卷二《天文志附祥异》的材料,删其重复,统计出这些数字。

急有着密切的关系。各个历史时期的具体情况不同，两河的清浊也就有了显著的差异，不能一概而论。清代中叶的勘查虽取得一些成就，对于以前有关泾渭清浊的旧说，做了一点阐明，但未能因此而采取任何有效的措施，以减少泾渭两河中的泥沙，使清者愈清，浊者也能逐渐变清。

  泾渭两河的由清变浊，有自然的原因，也有人为的原因，而人为的原因实际上起着主要的作用。今后如果能够防止这样的人为作用，再减少自然的原因，则泾渭两河都是有可能趋于清澈的。

（原载《陕西师大学报》1977年第1期）

论济水和鸿沟

济水和鸿沟都是古代的水道。济水是一条自然水道，其形成在有史以前，直到汉代还是畅通无阻。鸿沟是人工开凿的水道，包括几条河流，自成一个系统，从战国时期一直流到秦汉时期。济水和鸿沟流经的地区都在华北平原。

济水在其畅流时被人们当作四渎之一，是和黄河、长江、淮河并列的大河流。为什么叫作渎呢？是因为这四条河流都是独流入海，不受其他河流的干扰。黄河、长江和淮河是符合这样的意义的，只有济水并不是如此。济水的发源地据说在今河南的济源县，是在黄河以北。可是它流经的地区却主要在当时的黄河之南。因为当时的黄河是由今河南荥阳县向东北流去，而济水却由荥阳县向东流去，经今山东济南市北，再东入于渤海。就是说它横越过黄河并和黄河相互成了交叉的状态，两相交叉的地方就在今荥阳县北。

一条河流怎么能够横越另外一条更大的河流而相互不受到干扰？古代的人们对此做了种种解释，而且有好些解释近乎神奇。甚至有人说，济水是清的，黄河是浊的。济水从黄河中流过，清水并没有受到浊水的混淆，流过黄河后依然还是清的。因而清济浊河在古代已经成为定论。在这里无须烦琐引证这样冗杂的议论，因为都是不合乎当地的自然现象的。

其实这不过是黄河北岸的一条河流，其流入黄河的地方和南岸另一条河流由黄河里分流出来的地方，相距不远，因而发生了这样的误会。古代人们称在黄河以北济水的上源为沇水，到了行将流入黄河的地方才改称济水，就可看出其中的一点消息。就"济水"这个名词来解释，也可以说明它本不是一条不受其他河流的干扰而独流入海的河流。它只是由黄河分流出来的支津。那时的黄河本来是有几条支津的。支津与支流不同，支流是流入黄河的河流，支津则是由黄河里分流出来再入于海的。流经今河南北部及山东北部的漯水就是其中的一条。不过这条支津远比漯水为巨大，而且恰巧在分流的地方以北的黄河北岸另有一条河流流入黄河，因此古代人们就把它当作一条独流入海的河流，没有把它和漯水等量齐观。

和济水最有关系的河流是鸿沟。济水是黄河的一条自然支津，鸿沟则是由黄河引出的一条人工水道。鸿沟引河是由荥阳开始[①]，实际就是济水分河的地方[②]。因为鸿沟和济水在这里所行的乃是一条河道，经过一段流程后，才正式分开。济水东流，鸿沟东南流。鸿沟这个名称可以用作某一段水道的专名[③]，其实却是由荥阳通往宋、郑、陈、蔡、曹、卫诸国的几条河流的

---

① 《史记》卷二九《河渠书》。
② 《水经·渠水注》。
③ 鸿沟由于曾经作为楚汉战争时项羽与刘邦分界的地方，所以最为人们所称道。楚汉分界在什么地方？《汉书》颜师古注引应劭说，"在荥阳东南二十里"。又引文颖说，"于荥阳下引河，东南为鸿沟，以通宋、郑、陈、蔡、曹、卫，与济、汝、淮、泗会于楚。即今官渡水也"（按："于楚"二字衍文）。《水经·渠水注》："渠水迳梁王吹台东。渠水于此有阴沟、鸿沟之称焉。项羽与汉高分王，指是水以为东西之别。"这些说法虽间有差异，但大体是正确的。《通典》卷一七七说，"荥阳有鸿沟，在县西，即楚汉分境之所"。杜佑所说的乃是汴水上游所承受的旃然水，这段鸿沟在《水经·济水注》中也有说明。《水经注》说："旃然水亦谓之鸿沟水，盖因楚汉分王，指水为断故也。《郡国志》曰，荥阳有鸿沟水是也。"《方舆纪胜》也说："鸿沟在河阴县东北，接广武山，与荥泽连。"今荥阳广武山还有一条鸿沟，在汉王城与霸王城之间，只是一条其长不过2里的小沟。《方舆纪胜》所说的其实就是这条小沟。以前济水和黄河距广武山较远，广武山尚未受到很多侵蚀，不至于塌陷，这条小沟当然较现在为长。不过总还是一条小沟，不能作为楚汉的分界处。

总名，可以称之为鸿沟系统。这个鸿沟系统还能够和济、汝、淮、泗四条河流联系起来①，鸿沟系统内诸水包括渠水、阴沟水、汳水、获水、睢水，还有其他一些分支。整个流域所涉及的地方，则有今河南东部，山东西南部，江苏西北部和安徽的北部。

济水和鸿沟，曾经灌注过整个黄河下游以南直至淮河北岸的广阔平原。故道虽已久湮，然对于现代兴修水利还有一定的参考意义，故略论其演变的踪迹，以备有关方面的采择。（附图一《济水鸿沟略图》）

一、济水和荥口、荥泽

济水和黄河分流的地方一般说来是在汉代的荥阳县境。汉代的荥阳县在今河南荥阳县的东北，其辖境包括更在其北的广武山。不过具体说来，这里面却还是很有曲折。《水经·渠水注》说，济水分河东南流是在石门。石门在敖城西北。敖城就是敖仓城。敖仓城的故址应在今荥阳县城东北，汉荥阳县城西北，今已为河水所侵蚀，湮灭无迹。据《水经注》在这里所说的一些地方对比，石门还应该在广武城的西北。以现在的地理来说，就是在汉王城的西北。其实这个石门本是东汉灵帝时建立的，是在东汉初年王景治河修渠的基础上筑成的。这是王莽时黄河决口泛滥，使济水、汴渠受到影响以后的事。因此，这个石门水口不一定就是以前济水分河的地方。

《禹贡》叙述济水，说是济水由黄河溢出后潴为荥。荥就是荥泽。② 由黄河溢出来的黄水怎样流到荥泽里面？以前有些玄奥的解释，不合乎自然的变迁，这里不必管它。只有《水经·济水注》说得最为清楚。据它所说，

---

① 本文论述古水道，必然会联系到今水道。为了加以区别，于古水道就称某水，今水道则称某河。古今水道相同，或稍有差异的，亦称某河，如泗河。就中古代睢、涡两水一般称睢水、涡水，涉及现在的睢河、涡河，则称今睢河、今涡河，或仅称睢河、涡河。

② 《水经·济水注》引《晋书地道记》，《尚书正义》。

图一 济水鸿沟略图

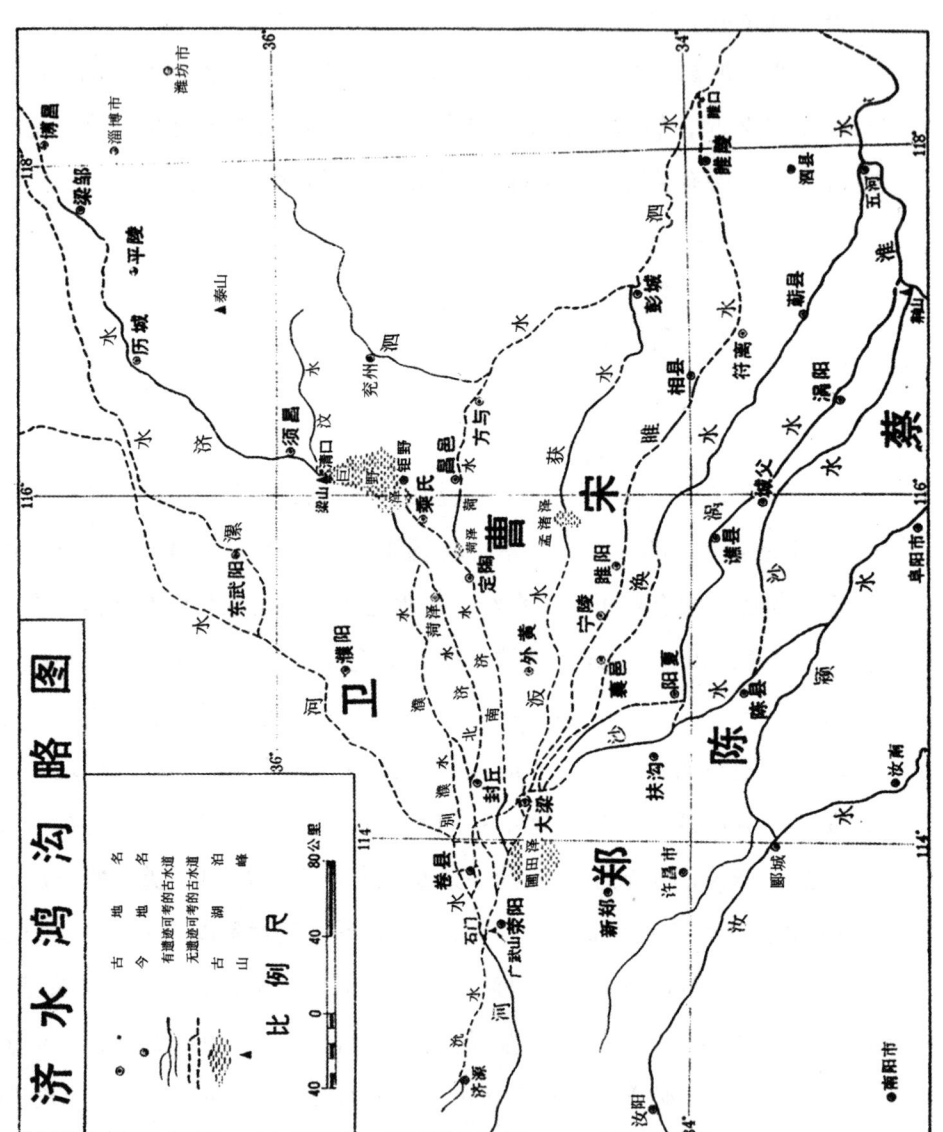

则在东汉时济水分河的石门的东北,另有一座石门,叫作荥口石门。把它的方位说得更明确一点,也就是在敖仓城所在的敖山的东北。这座石门的修建,早于前面那座石门三十多年。当然也是东汉时期的建筑。时间相隔虽不算很远,但有两点却引人注意:其一是这座石门所在地很是低下,显然是一条积年流水的故道。其二是这里叫作荥口。为什么叫作荥口?难道和荥泽没有一点关系?不仅这里叫作荥口,就是这条流水的沟渠,还是叫作荥渎。荥口和荥渎之名不会是偶然的,一定是当地故老历来传下的名称,显示它们本来是当年由黄河溢出来的黄水流到荥泽里去的水口和故渎。因此郦道元就肯定地说:"盖故荥播所导,自此始也。"① 后来由于黄河的决口泛滥,再经过东汉初年的治理和东汉末年的修筑石门,于是济水由黄河分流出来的地方就由荥口石门移到其西的石门了。

由其西的石门流来的济水,循着广武山北麓东流,这其间还容纳了由广武山上流下的柳泉和广武涧两条小水,在流过了敖山以北才和荥渎相汇合。把两座石门的关系分别清楚以后,就可以说,由荥口流来的荥渎是济水本来的故道,而由其西的石门流来的济水是东汉初年治河以后形成的新河道。

既然说到荥口和荥渎,也就应该说到荥泽的方位和大小。自来地学家说明荥泽的所在,都由荥阳和荥泽两个县城来探求,而且辗转承袭,有的甚至把方位都颠倒了。荥泽虽是春秋战国以至秦汉时期的湖泊,久已湮塞,不过由当地的地势高低还是可以略得踪迹的。广武山北是一片慢坡,直到郑州之西始渐成平地。荥阳、荥泽(荥泽县今为古荥镇)两个县城就都在这片慢坡之上。这条慢坡之上还有两条河流,在北的为枯河,在南的为索河。两条河流之外,沟壑却还不少。在这里当然不会有什么湖泊的。这片慢坡在古荥镇之东却有显著的改变。这里本来的慢坡陡降成为高崖。这道高崖由广武山下斜向东南,直到郑州附近。在古荥镇之东,高崖的高度约

---

① 《禹贡》在论述豫州时,说过"荥播既潴"的话。关于"潴"字的含义,历来有不同的解释,但大致可以说,这是指荥泽的水已经潴积起来了。

20 米，古荥镇东南索河南岸，高崖高度降到 10 米。高崖下平滩一般高程为 95 米，愈东则愈低，荥泽的旧地当在这高崖之下的平滩上求之。

《水经·济水注》叙述济水在汇合荥渎之后，东流迳荥阳县北，又东南会砾石蹊水，又东会索河。再东就是荥泽了。砾石磎水就是今索河北的枯河。根据郦道元这个说法，则荥泽应该在今索河流下高崖处的东南了。

也许有人要说：荥泽久已湮塞，郦道元是不是会把后世的水流来叙述前代的变迁？回答是：至少在这方面是不会的。荥泽虽见于《禹贡》的记载，但在春秋时期已经有人提到了。① 说明它的形成很早。不仅当时有人提到荥泽，而且在荥泽附近进行的战争和会盟也不是一事一地。就是郦道元所曾经提到的已经有数处。《左传》鲁襄公十一年，诸侯伐郑，西济于济隧。据郦道元说，这条济隧是连接黄河和荥泽之间的河流。这条河流中间还经过一个叫作衡雍城的地方，这说明荥泽和当时的黄河之间有很长一段距离。郦道元还举出一个叫作垂陇城的会盟地方。这个垂陇城今无遗址可寻，按道理推算当在索河流下前面所说的高崖那个地方以东，而且离那道高崖还不会过远。② 垂陇城是在荥泽以北。就是说荥泽的北涯不能超过垂陇城。至于荥泽的南涯，也不能超过今郑州市。郑州市在春秋时期叫作管，那时的管在一次战争中也是驻军的所在。③ 这样看来，荥泽就在春秋时期也不是很大的湖泊，南北的长度最多也不过十几里。只是撰《禹贡》的人把它写到《禹贡》里面，而《禹贡》又被儒家当成经典，于是研治《禹贡》的人们说来说去，就把它说得十分玄妙了。

春秋时期另外还有一个荥泽，是卫国和翟人的战地。④ 这个荥泽在什么地方？不能确定。当时卫国都于朝歌（今河南汲县朝歌镇）。翟人战胜卫

---

① 《左传》宣公十二年。
② 《水经·济水注》引京相璠说，荥阳东二十里有垂陇城。《禹贡锥指》卷一五说，今荥泽县（今古荥镇）西南 12 里有荥阳故城。根据这个里数推求，则垂陇城当在其东那道高崖之下不远的地方。
③ 岑仲勉《黄河变迁史》。
④ 《左传》宣公十二年："晋师救郑，……楚次于管以待之。"

国,进入卫国都城,并且追逐卫国的余众,在黄河边上(当时黄河从朝歌以东流过)又取得一次胜利。这样说来,这个荥泽可能在朝歌以北或西北。但是有的人把它和荥阳附近的荥泽扯到一起①,还有人说这个泽跨黄河南北②,更有人说当时黄河在荥泽县地面,一望无际,汪洋可观,所谓荥泽是对于河流宽广的简描③。但是今汲县朝歌镇距离古荥镇将及200里,哪里会有这样宽阔的河面?当时这个地区哪里会有这样宽阔的大湖泊?真是令人匪夷所思了。

荥泽的所在位置确定之后,接着一个问题就是它和济水的关系。济水是曾经流到荥泽里面,还是由荥泽旁边流过去?《禹贡》说济水,在说了济水由黄河溢出来成为荥后,下面就接着说,东出于陶丘之北。陶丘在今山东定陶县,和荥泽的距离十分遥远。济水是怎样流到陶丘之北的?《禹贡》并未说得清楚。后来有些人就用伏流的说法来做解释,说是荥泽的水渗入地中,由地下东流,到陶丘之北再流出地面。这是一种唯心的说法,没有地下材料的证明是不会使人相信的。不论济水是怎样由荥泽流出的,它曾经流入荥泽这一点却是可以成立的。

不过撰《水经》的人却提出另外一种说法,说是济水东出过荥泽北。显得荥泽只是济水南边一个湖泊,和济水没有什么关系。郦道元给《水经》作注,大概对此很费周折。在《济水注》中先说了一句:"济水又东迳荥泽北。"接着就说了些荥泽以北的城邑沟渠,在说到一个叫作宅阳的城时,接着就又说,"济水自泽东出,即是始矣"。并且引王隐的话作为证实。王隐的说法是"河决为荥,济水受焉"。济水如果不流到荥泽之中,哪能再从荥泽之中流出去?这就改变了《水经》原来的说法。济水和荥泽并不是没有关系,荥泽实际构成了济水河道中的一个段落。

济水由荥泽中流出的地方是在宅阳城。宅阳的东南为釐城。这些接近

---

① 《左传》闵公二年。
② 《尚书正义》引郑玄说。《水经·济水注》也有这样的记载。
③ 《尚书正义》。

后来黄河的城邑，其故址经过黄河的一再泛滥，早已湮没无迹。根据前代的记载来推算，这个宅阳城西距前面所说的那道高崖也不过 10 里上下。① 就是说济水流出荥泽的地方距它流入的地方是不会过远的，也只有 10 里上下的光景。

二、荥泽和巨野泽间的南济和北济

根据《水经·济水注》的叙述，济水在荥泽和巨野泽（在今山东梁山、郓城、巨野、嘉祥诸县境）之间是分成两条水道流向东北的，在南的一条叫作南济，在北的一条叫作北济，分别流入巨野泽中。

先说南济。南济经过的县城或故城据郦道元所说，有如下几处：阳武县故城（今河南原阳县东南 28 里②）南，封丘县（今河南封丘县）南，大梁城（今河南开封市西）北，小黄县故城（今河南开封市陈留镇东北 33 里③）北，东昏县故城（今河南兰考县东北 20 里④）北，济阳县故城（今河南兰考县仪封公社北 50 里⑤）南，冤句县故城（今河南菏泽县西南 40 里⑥）南，定陶县故城（今河南定陶县西北 4 里）南，乘氏县（今河南巨野县西南⑦）西。

根据这些曾为济水所经过的县城或故县，可以得出一个大致的轮廓。

---

① 《史记》卷七二《穰侯传·正义》引《括地志》说，宅阳故城在郑州荥阳县西南17里。按：宅阳近荥泽，不能在荥阳县的西南。这里当有误文。宅阳城在垂陇城和釐城之间，京相璠说，垂陇在荥阳东20里，釐城在荥阳东40里。当然这三个城不一定都在东西一条线上，但大致可以说宅阳城在今郑州市的东北方。
② 《太平寰宇记》卷二。
③ 《太平寰宇记》卷一。
④ 嘉庆《清一统志》卷一八七。清兰阳县今为兰考县。
⑤ 嘉庆《清一统志》卷一八七引《旧志》，济阳故城在今仪封厅北50里。清仪封厅今为兰考县东仪封公社。《读史方舆纪要》卷四七，说是在兰阳县东50里。
⑥ 《读史方舆纪要》卷三三。
⑦ 《太平寰宇记》卷一三："前乘氏县在今巨野县西南五十七里。"按：宋巨野县在今县南。

则现在河南的原阳、封丘、开封、兰考诸县市和山东的菏泽、定陶、巨野诸县市都曾经有过济水流过。

不过这只是一个粗略的轮廓，还可以在这个基础上勾画得比较具体一些。

其一是南济经过原阳县境的问题。阳武县故城在今原阳县东南28里，这本是宋人的说法。当时黄河还没有经过今原阳县南。今原阳县东南28里处，不是已到黄河中流，就是在黄河近岸，南济既是经过阳武县故城之南，则这一段南济故道可能就是现在的黄河，甚或在其以南。

其二是小黄县故城北的济水故道所在。济水在这里实际是经过小黄县北的黄亭。黄亭是春秋时期吴晋两国相会的黄池的所在地，临近济水，是一个有名的地方。① 黄池本在今封丘县南7里，其地明代曾经成为黄河河道，今黄河故道遗迹俨然犹在。是这段济水故道后来曾为黄河所占用。

其三，是今定陶县境南济故道的所在。根据《水经·济水注》所载，则济水在经过冤句县故城南之后，再东流经秦相魏冉冢南，又东流经定陶恭王陵南，然后东北经定陶县故城南，侧城东注。冤句县故城既在菏泽县西南，其南五六里就是菏泽与曹县的境界。② 魏冉冢在今安陵镇。③ 镇南离曹县界也很近。当年的南济就是在今菏泽、定陶两县西南和曹县交界处向东流去。在宋时，这里的济水故道还没有湮没，而且故道旁边还有旧堤。④ 明清时期，故道已经湮废，故堤却还存在，定陶和曹县都有遗迹可寻。⑤ 曹

---

① 王先谦《合校本水经注》引赵一清《水经注朱笺刊误》。
② 嘉庆《清一统志》卷一八二说："冤句故城，金圮于河。"按今图，菏泽市西大黄集以东有一系列村庄，村名皆带"堤"字，绵延约10里，当是故河道所在。冤句故城当在其地。其南不远就是曹县境了。
③ 这里提到定陶恭王陵和魏冉冢两座坟墓。定陶恭王陵在今定陶县西北，对于这个问题还没有很多的牵连。可是魏冉冢的所在却有两种不同的说法：一说在今定陶县西南安陵镇，一说在今定陶县东南冉堌集。两地相距很远，不加以确定，就不能判断南济故道的所在。其实在冉堌集的是孔子弟子冉仲弓的坟墓，与魏冉无关。《水经注》说得也很明白。南济先经过魏冉冢，再经过定陶县故城，而且在定陶县故城东侧就向东北流去，根本不会再流到今定陶县东南的冉堌集去。
④ 《太平寰宇记》卷一三。
⑤ 《读史方舆纪要》卷三三。

县城北35里处就是故堤经过的地方。① 现在故堤已了无遗迹，但安陵镇东南15里处有一个叫作堤上范村的村庄。这个村庄的名字本身就显示它原来就是在故堤之上。不过这个堤上范村是一个比较孤独的村庄，附近既再无以堤为名的村庄，也再无别的村庄能够和它联系起来给人以曾经设过堤岸的印象。看来这是一道古堤的旧迹。以前黄河没有经过这个地方，应该是济水故道的所在，不过现在大黄集和安陵镇以南与曹县交界处直至曹县之北，都已是一片平原，不能再寻济水的遗迹了。由今曹县正北县界至定陶县城不足20里，这里现在有一些较小的河流皆向东流去，而不是北流经过定陶县城的东侧，和济水的流向完全不同，这说明了自济水断流之后这里的地形改变是很显明的。

今定陶县城东北有一条万福河，东流到鱼台县北入于南阳湖。这条万福河大体上就是由济水分流出来的菏水，不过其中的一些具体段落还是应该再加以斟酌的，尤其是定陶县境的一段更是这样。今万福河上源可溯至定陶县城正北偏西10里的髣山之下。这段河道在清代初年曾经疏浚过，是在一条古河道的旧迹上疏浚的。这条古河道实际并没有达到髣山之下，而只是在髣山之东。这条古河道没有被当作原来的菏水故道，而是被指为汜水的故道。② 菏水本是一条人工开凿的水道，也就是春秋时期吴王夫差在商鲁之间所掘的沟。原来始凿的时候，是直指定陶故城之下，所以定陶故城在菏水凿成后能够以两水之交的位置而繁荣起来。③ 这里所说的汜水故道虽不是从髣山之下开始，但它却是东西流向，是不能直指定陶故城之下的。菏水应该在所谓汜水故道之南向东流的。今定陶县境苗古田村西南还有一条支沟流入万福河之中，论形势当和原来的菏水流向相合。至于所谓汜水故道，那是一个错误的说法。汜水是南济在定陶县境内分出的一条支津，流

---

① 《古今图书集成·职方典》卷二三九。嘉庆《清一统志》卷一八二说成是在曹州之北，那是错误的。
② 民国《山东通志》卷三一。《通志》叙述定陶县的中渠河，说是汜水故道。中渠河是由髣山之下东流，经袁堌集至孟家海与南渠河合。但引《定陶县志》说古河道起丁家口至袁姑（堌）集。今图有袁堌集，而未见丁家口，但此已可说明所谓古河道是不会远至髣山之下的。
③ 拙著《释〈史记·货殖列传〉所说的"陶为天下之中"兼论战国时代的经济都会》。

程不远又复流到南济里面。这是在南济之南的一条支津,不会出现在南济之北,所以所谓氾水故道的说法是不能成立的。不是氾水故道却是什么呢?按照《水经注》的记载,它应该是南济的故道。因为南济与菏水在定陶县分流之后,菏水东南流,而南济则是向东北流的。今定陶县北7里据说还有济水故渎,渎上有堤,称为济堤。① 这可以和袁堌集以西的故河道连在一起。当然南济只能循着这条故道流到袁堌集。袁堌集以东至孟家海那段万福河,则是清初所开凿的,那是一段新河,不是一段故道。

南济在袁堌集以下是怎样流的?它不是循着今万福河向东流,而是向东北流,北渠河就是它在这里的故道。② 北渠河下流至巨野县西南,那里就是昔年的巨野泽了。北渠河也叫作南清河,今图则称洙水河。今洙水河上源可以远溯到定陶县城之西。这和袁堌集那段故道汇集髣山附近的水流是一样道理。

论述南济之后,附带论述一下菏水的故道。这是因为《水经注》中把菏水当作济水的一条分支,也因为在后来的一些地理书中更把菏水作为济水③。根据《水经注》的记载,菏水从济水流出之后,经过乘氏县故城南,昌邑县故城(今山东巨野县南60里前昌集和后昌集)④北,金乡县故城(今

---

① 《古今图书集成·职方典》卷二一〇。《职方典》又说:"定陶县,菏水在县北二十里,氾水在县西北十里。"按:菏水和氾水的所在应根据定陶故城的位置才能决定。定陶故城既在今县城西北城外,则菏、氾二水不能远在今县城的北和西北,况济水故渎既在定陶县北7里,菏、氾二水怎么能流到南济之北?

② 杨守敬《水经注图》。按:北渠河在清代是由菏泽县双河口分支东流的。当时称为南清河,见民国《山东通志》卷三一。再按:南济与北济分流,东流入巨野泽中,由巨野泽再独流入海,不分南北。嘉庆《清一统志》卷一八一则说:"按郦注,济水至乘氏西分为二,其一水南流者,即菏水也;其一东北流入巨野泽,则济渎也。又云,迳乘氏县与济渠、濮沟合,是南济为渎,北济为渠也。二水至巨野始合。"《续山东考古录》因说,"其相会处当在今张标集以东支家屯以西",则失之穿凿附会了。

③ 《太平寰宇记》卷一四。

④ 昌邑故城今已有遗迹发现,是疏浚朋河时发现的。出土物有汉砖汉瓦等,今巨野县后昌集朋河桥西犹有故城的西城角堌堆。杨守敬《水经注疏》承《读史方舆纪要》之说,谓在金乡县西北40里,因而《水经注图》绘昌邑县故城于万福河之南,与实际情形不符。

山东嘉祥县南 40 里[1]）南，东缗县故城（今山东金乡县城[2]）北，方舆县故城（今山东鱼台县北[3]）北，而至谷庭（今山东鱼台县治所的谷亭镇）城下流入泗河[4]。则菏水流经的地方实际不出今巨野、金乡、鱼台三县境。

菏水大体说来就是现在的万福河，不过具体段落还是有所改变的。今万福河上源在定陶县境一段和济水故道纠缠在一起，这在上面已经说过了。在那一段万福河的袁堌集和苗古田村之间的河段旁边有一个赵李桥村。那里有一条支流，在定陶县东北流入万福河中，那应该是菏水的上游。在今巨野县境内，万福河流经前昌集和后昌集之南四五里处，这就和《水经注》所说的有所不同。按《水经注》的说法，菏水应该在前昌集和后昌集的北面，而不在它的南边。清代后期在前后昌集之北一个叫作合药里的地方疏浚过一条河道，说是菏水故道。[5] 那条河道东北通到嘉祥县的澹台河。和《水经注》所说的菏水故道不相符合，是不能因为它在昌邑县故城之北而叫作菏水故道的。今前后昌集和合药里那条所谓菏水故道之间还有两条无源的

---

[1] 民国《山东通志》卷三五说："金乡县故城在嘉祥县南四十里，今为阿城村。"按：阿城村今为阿城铺。阿城铺西北 2 里有名叫南武山的村庄。南武山村位于南武山南麓，有城墙由南武山上直到南武山村南。城墙南北长 2 里，东西宽一里半。城内除南武山村外，尚有一曾庙村，其余系山地。所谓金乡县故城当指这个废城。

[2] 《水经注疏》承《续山东考古录》之说。然《读史方舆纪要》卷三二则说是在金乡县东北 20 里。

[3] 关于方舆县故城的说法，有关的地理书间有违异处。《读史方舆纪要》卷三五引旧志说："鱼台城北有小城，即故方舆县治。"《古今图书集成·职方典》卷二四一则说，有古城在鱼台县东 20 里，当是方舆故址。这里所说的鱼台县都是指的清代乾隆以前的旧治，也就是今鱼台县鱼城镇东北 20 里的旧城集。这个旧城集是唐代中叶以后的鱼台县治。《太平寰宇记》卷一四说，当时的鱼台县在单州东北 90 里，宋单州故城在今单县南 1 里，由那到旧城集的里数与《寰宇记》所说的差相仿佛。距旧城集 20 里那个古城，似应在其东北，因旧城集东 20 里正是谷亭镇。今鱼台县城又由鱼城镇移至谷亭镇。

[4] 《水经·济水注》说："菏水又东过湖陆县南，东入于泗。"可是《泗水注》又说："菏水东与泗水合于湖陆西六十里谷庭城下。"按：泗水在这里是由北而南流的。湖陆（即湖陵）既在谷亭之东，则菏水流入泗水的地方当不能远到以东的湖陵。

[5] 民国《续修巨野县志》卷七上，载有清咸丰年间奚玉瑚《重修菏水故道记》的碑文，说是这条故道在合药里。合药里在巨野县城和昌邑故城之间。合药里的得名是由于葛洪在这里合过药。今图无合药里，另有葛店集，当系其地。为什么把这里的河道称为菏水？因为"合药"二字和"菏渝"二字同音，这样就断定是菏水故道。碑文里面还提到一些地名，今皆不可寻究。然其下游入于澹台河，则是碑文里面明显提到的。仅这一点就和《水经注》不相符合。

河流，一经后昌集村北东南流①，一经金山屯村东流。经后昌集那一条，今图称为朋河。经金山屯那一条，今图未标河名，在金山屯东流经群山之间。然《水经注》所载的菏水，不经昌邑县故县城下，也不经金乡山中，所以这两条河道都不能说是菏水的故道，不过菏水故道应该离此不远。万福河流到鱼台县境，现在有南北两支，北支在相里集之北，南支在清河涯之南。南支是清初康熙年间开的，当时称为新开河，河虽新开，却是在菏水的故道上疏浚的。不过在清河集以下的故道可能还逐渐偏向东南，不然是不会流经谷亭城下的。

北济流经的地方，据《水经注》所载，则是经过今河南原阳县南，封丘县北，长垣县西南，山东菏泽县吕陵店南，定陶县北，至郓城县南入于巨野泽。②

北济的故道在今河南境内的皆已湮没无存。在山东境内的则为赵王河。③赵王河据说可以上溯到长垣县接淘北河④，淘北河还可上溯到封丘县境⑤，可能和北济故道有关。今黄河由长垣、东明两县间东北流，淘北河入黄河处已在长垣县东北。现在赵王河只能上溯到菏泽县西南，而且直到菏泽县城东北双河集以下还是时令河，不常有水。赵王河由菏泽县下入郓城县，而郓城县在古代已濒于巨野泽的边缘，北济当在那里流入巨野泽中。

上文论述南济时曾涉及菏水。论述北济时，也应该说到濮水。因为濮

---

① 往岁我们到巨野县考察时，曾到过后昌集。当地的朋河就由后昌集流过。当地开水渠，水渠中曾掘出昌邑故城的础石。
② 这里基本上采用杨守敬《水经注疏》的考释。但有必要说明如下两点：其一，《水经注》说，北济流经吕都县故城南。《注疏》据《续山东考古录》说，吕都故城在菏泽县西南30里。然民国《山东通志》卷三六则说为吕陵集。按：吕陵集今为吕陵店，在菏泽县西30里。其二，《注疏》说北济入巨野泽处在郓城县南，这是根据今赵王河来说的。《水经注》说："（北济）东入乘氏县，左会濮水，与济同入巨野。"乘氏县在今巨野县西南。今郓城与巨野二县交界，可能当时乘氏县辖境北达今郓城县界。
③ 《水经注疏》卷八。
④ 《畿辅通志》卷八一引《长垣县志》。
⑤ 《畿辅通志》引《旧志》。按：淘北在长垣县南，今河畔有村叫作沟北村。

水是由北济分出来的一支,和菏水由南济分流出来的情形相仿佛。① 据《水经注》所载,濮水在封丘县由北济分出后,流经今长垣县北,濮阳县西南故县村南,东明县东北10里西台集南,菏泽县西北20里葭密寨北,至菏泽县东北复入于北济。② 唐宋时期的记载说,濮水流经南华县南5里,可作为补充说明。南华县在今菏泽县西40里李二庄。

现在这条濮水以及濮水的故道都已湮没无存,就是唐宋时期有确实道里记载的南华县南的濮水也已无迹可寻。杨守敬说东明县西境的涞河盖其故渎。③ 可是这条涞河是经过今东明县北关外流向今濮阳县的 ④,而不是流向菏泽县。这虽可以解释《水经注》所说的濮水流经离狐县故城南的话,但离唐宋时期南华县所在地的李二庄却更远了。

三、巨野泽东北至海的济水故道

南济与北济流入巨野泽后,再由巨野泽流出,东注于海。由巨野泽流出的济水,乃是单一的河道,不再分为南北两支。

---

① 按《水经·济水注》,又有别濮水,由黄河分出,东入北济,全流在酸枣县中。酸枣县故城在今延津县西北古墙村。这条别濮水到唐宋时期还存在。《元和郡县图志》卷八说:"胙城县,濮水在县南二十里。"胙城县故城在今延津县北胙城。《太平寰宇记》卷九所说略同。但作在县南1里,当有误文。

② 《水经·济水注》所载濮水经过的地方不少,然能明确指其所在的现在城池或村庄,并在今图上标绘出来的,则有蒲城、濮阳、离狐、葭密等处。蒲城为长垣县治,见嘉庆《清一统志》卷三六。濮阳故城为今濮阳县故县村。葭密故城今仍叫作葭密寨,也是不成问题的。至于离狐县故城,《水经注疏》从嘉庆《清一统志》之说,谓在东明县东南,这是需要再事商酌的。据《太平寰宇记》卷一三说,"离狐县,唐天宝元年改曰南华"。并说,"此前离狐在今县西北三十三里离狐故城"。嘉庆《清一统志》卷三六引旧志说,故城在东明县东北10里西台集,又说,在曹州西40里李二庄。今图上有西台集和李二庄。再据《太平寰宇记》,南华县在曹州西北120里。宋曹州在今曹县西北,由曹县西北至李二庄,大约就是120里。李二庄至西台集也正好是33里。由此可见,离狐县故城在东明县东北西台集,南华县故城在菏泽县李二庄。

③ 《水经注疏》卷八。

④ 《畿辅通志》卷八一。《畿辅通志》作漆河,不作涞河。

根据《水经注》的记载,济水由巨野泽流出的地方是在清口以南,而清口又在梁山的东南。所谓清口就是汶河流入济水的地方。今汶河久已改道,由南旺入泗,而巨野泽也久已干涸,不仅济水出泽之处不以复睹,就是清口也失其所在,仅梁山犹耸峙于今梁山县治的侧旁,略可推知当年湖河衔接的旧处。

这段济水是由泰山西南绕泰山西北,再经过它的北面流到海中。《水经注》记载济水两岸的古城古地很多,是推知济水故道所在的绝好根据。这些古城古地的名称沿用到现在的可惜只有几处。虽仅是这几处,还是可以看出一个轮廓的。济水故道由梁山之东向北流,经过须朐城西,济水在这里西临安民亭,安民亭北就是安民山。这个须朐城就是现在的须城,在东平县东10余里。安民山就是现在梁山县东北的安山镇。须城和安山镇之间为东平湖。济水在这里的故道就在东平湖中。济水故道再东北,经鱼山南。鱼山迄今依然耸峙于黄河西岸,北去东阿县城35里,其西阿城镇就是汉魏时期的东阿县故城,则鱼山南麓的黄河当是原来济水的故道。济水故道再经谷城县西,这谷城县故城就是现在平阴县西南45里的东阿镇。谷城县有黄山台和狼水、西流泉。今黄山就在东阿镇的东北,经过东阿镇的小水仍称狼溪,而黄山之北的另一小河仍然西流,下与狼溪会,正是西流泉的旧迹。《水经注》还说,济水经过光里,光里就是《春秋》所说的广里。并说齐人语音,广与光同。其实现在这个地方还是叫作广里,就在平阴县东北28里处。广里东北接着就是孝子堂。孝子堂现在叫作孝里铺,就在广里东北10里处。济水再东北经过历城县故城北,历城县故城就是今济南市。故城中的大明湖与城外的华不注山,迄今仍为济南市中的名胜。历城县故城西南有泺河,泺河流入济水的地方为泺口,今泺口镇仍为济南市北黄河岸上的要地。济水故道再往东,经过菅县故城南。今图上章丘县的章丘城西北50里有前后营村。这两个营村一定是菅村的讹误。菅村之南为小清河经流的地区，而小清河所行的就是济水的故道。① 由此再往东北，《水经注》虽依然记载了若干古城古地，然这些古城古地早已湮没，无迹可寻。以前的地理书中也曾做了不同的考证，由于没有具体所在的现在城池和村庄，所以就不在这里赘述了。

这一段济水在唐代仍畅流无阻，《元和郡县图志》备载济水沿流距附近各县城道里数目，较为清晰明确，可以补《水经注》的缺陷。据其所载，为济水流经的县有十三处。② 除了少数几个县由于记载简略不能考得故城遗址的所在外③，其他皆可以作为佐证。如须昌县（今山东东平县西北埠子头村为故县的东关，其西已湮没于东平湖中④），济水去县西2里；章丘县（今山东章丘县北章丘城），济水西去县17里；临济县（今山东章丘县西北前后营村），济水在县南20里；邹平县（今山东邹平县北40里孙家镇⑤），济水南去县35里；济阳县（今山东邹平县东北20里旧口镇⑥），济水在县南；长山县（今山东长山县），济水西北去县35里；高苑县（今山东高青县高苑镇），济水北去县70步；博昌县（今山东博兴县），济水北去县百步。

《元和郡县图志》这些记载，正好是《水经注》的补充说明。不过主要的补充说明乃是在今济南市以东。因为在今济南市西南，可以根据的只有一个须昌县。须昌县故城所在的埠子头和安山镇距离很近，《水经注》说的本已明确，用不着补充说明。至于今济南市以东的一段，《元和郡县图志》

---

① 营村的"营"字为"菅"字的讹误，还可取证于《元和郡县图志》。《元和郡县图志》卷一〇说："齐州临济县本汉菅县。济水在县南二十里。"又说："章丘县，济水西去县十七里。"这两县一南一北，与所说的济水故道正好相合。嘉庆《清一统志》卷一六三引《肇域志》说："故城在今章丘县西北二十五里，今名水寨。"按：今水寨村南正濒有故河道，甚至就在故河道上，与上面所说的距济水故道的里数不合，不能作为菅县故城的所在地。

② 《元和郡县图志》卷一〇、一一。《太平寰宇记》卷一九也记载了长山、邹平、高苑三个县。所记载的与《元和郡县图志》相同。

③ 这是指郓州的卢县和齐州的全节、亭山、长清、丰齐四个县。

④ 民国《东平县志》卷一五。

⑤ 嘉庆《清一统志》卷一六三。

⑥ 按《元和郡县图志》卷一一说，济阳县本汉梁邹县。民国《山东通志》卷三四说，梁邹县故城在邹平县东北20里，今旧口镇古城，其遗址也。

的道里数字所可能证明的是始于今章丘县境，也就是在今章丘城与前后营村之间，具体说来就是在今小清河南至于朱家湖。现在这里的小清河以南和朱家湖之间有一系列村庄，至迟在唐代，这一系列村庄可能是不会存在的。这里有一个问题，在章丘城和前后营村以西的情况应该是怎么样的？自清代以来，一些人主张济水故道为小清河。由大的轮廓说来，这话也有道理，不过具体说来，其中大有曲折。现在小清河的源头可以上溯到济南市与长清县之间的玉符河，这条河在《水经注》中叫作玉水。玉水东流，再汇泺水。这样说来，好像在今济南市与长清县的济水故道不是现在的黄河，而是当地的小清河了。其实不然。今济南市东这一段小清河，乃宋南渡后，刘豫导泺水东行入济水故道①，这中间还占用了其他的小水，原来都是济水的支流②，并非济水故道就在这里。至于今济南市以西那一段小清河，乃是清代后期疏凿导引的，更和济水无关。③

那么，济水故道是怎样由今济南市北的今黄河河道转到今章丘县境内的？如果《元和郡县图志》在今济南市附近那几个和济水有关的县城能够有确实的故城遗址的话，问题本来是很简单的。因为那些故城遗址未能确定，只好再回头由《水经注》来解决。济水在今济南市东北右纳巨合水。这条水到现在还是沿用这个旧名。今巨合水由章丘县境流来，到今济南市东北鸭旺口合于小清河。这里的小清河当是刘豫引泺水东行的河道。因此，巨合水在鸭旺口合于小清河，并不是流到济水之中。鸭旺口以北5里间，今也成为小清河的河道，不过应该说是小清河占巨合水的河道。在这5里以北，小清河向东北流去，另有一条水道向北再折而西，约有10里，再西就中断了。由此到其西的黄河岸边不足10里。这段中断了的水道不是由黄河中分出来的一条支津，而是巨合水原来流入济水的旧道，这样说和《水经注》的记载是相符合的。由于巨合水随小清河东流，所以原来的下游便淤塞了。

---

① 胡渭《禹贡锥指》卷一五。
② 民国《山东通志》卷二八。
③ 民国《山东通志》卷二八。

好在还有这10里长一段中断了的水道，还可借以看出原来的形势。

济水故道就在离巨合水这段中断了的水道不远的地方由今黄河分出。现在济南市东北的秦家道口和王家黎行之间有一个水口，是由黄河里分流出来的水道形成的。在这个水口的东方和东北方冲成两条故河道。东北方那一条经五股道官庄折而东行，经洛坡河村，再东和今小清河相合。五股道官庄以上大部分故河道是沙滩。由五股道官庄起成为时令河。东方这一条则宽阔的沙滩中迄今还有一股狭窄的小水。至距今黄河岸约15里的明家务，小水在沙滩中折而向南，流入今小清河中，但明家务东的沙滩还继续向东展开，直至今小清河畔，似这条故河道在这里曾有分歧（今小清河在这里是流向东北，所以分歧的故河道皆能通到小清河）。这两条故河道按理说都是今黄河溢出的水形成的。由于这里原来有过济水的故道，对于新形成的河道是会有一定的影响的。可能黄河中的溢水就是由济水故道流过的，只是因为济水故道容纳不下，才分成几条。然则这几条故河道中哪一条是济水的故道？论形势经过明家务迄今还有小水向南流的这一条可能性最大。这是因为：第一，前面根据唐代济水在这里距一些县城的里数，论证过济水的故道在今章丘县北的朱家湖及其迤北的地方，明家务向南流的这条小水，现在是流入小清河中，而它流入小清河的地方距朱家湖不过10里的远近；第二，前面还曾提到唐代一些县城虽有距济水里数的记载，由于县城的所在地现在无法确定，因而置之不论。这其中有一个全节县，这个县的故城今虽未能确定，大致是在今济南市和章丘县之间的平陵城附近。由平陵城附近至明家务40里上下，是和唐代的记载相符合的。

前引唐代记载，说是济水南去邹平县35里。唐邹平县在今邹平县北孙家镇，而孙家镇距今邹平县40里，则济水故道当在今邹平县北数里。由济水在这个地区的一些支流可以证明这样的说法是近于事实的。今章丘县东绣江河乃是《水经注》所说的百脉水。百脉水北经黄巾固东北流注于济。

黄巾固为今章丘县的章丘城。① 可是现在的绣江河却在章丘城北的回村向西北流注于小清河。回村在朱家湖之东，绣江河本是在回村向东北流的，因为这里济水故道淤塞，才折而西北流的。绣江河之东另有一条獭河。獭河乃是《水经注》所说的杨绪沟水。《水经注》叙杨绪沟水在经过章丘城后，又北经宁戚城西，北流注于济，并没有说它东北流。宁戚城据说在章丘城东北30里②，大约就在回村的东北，可是现在的獭河却在回村东北向东北流，一直流到孙家镇之东的陶唐口才流入小清河中。这显然和《水经注》所说的不同。可以看出，当年的济水正是由现在的朱家湖东流，在今回村汇合百脉水，再东汇合杨绪沟水。现在回村东北的獭水到今邹平县城附近一段就是济水的故道。

现在的獭河至陶唐口才流入小清河，为什么说仅仅由回村东北至邹平县城附近一段是济水的故道？其中一个主要理由就是上面所引的唐代邹平县城距济水的里数，另一个理由是今邹平县城东的猪龙河（今图作胜利河）的流向。猪龙河就是《水经注》所说的陇水。据《水经注》说，陇水西北流经梁邹县故城南，又北经其城西，北注济水。今猪龙河在邹平县城东10里西北流，再折而北流。和陇水的流向完全相同。就在这猪龙河由西北流转折北流的地方有一个旧口镇。这是梁邹县的故城。猪龙河在清代从旧口镇西入小清河，而不是像现在这样北入小清河。③ 陇水在经过梁邹城后并未西流，这是《水经注》中明确说过的，而且在清代在旧口镇附近还有一条旧河道④，也可以作为补充证明。参照上面所引的那条唐代的里数，则旧口镇西向北流的水道，并不是陇水在后来的改道，而是济水从今邹平城东流的故道。可能由于獭河在今邹平城西北改道，遂使原来向东流的河水转而向西流。后来这段故道淤塞，陇水才又向西北流。今猪龙河是在陶唐口流

---

① 《元和郡县图志》卷一〇。
② 《太平寰宇记》卷一九。
③ 民国《山东通志》卷二八。
④ 民国《山东通志》卷二八。

入小清河的。然据前面所引唐代记载，则济水在长山县北 35 里。唐代长山县就是现在长山县。今陶唐口距长山县约 50 里，则济水故道当然不能在陶唐口与今小清河相合，而是斜向东北，流经今高苑城西北。（附图二《历城到博昌间济水流域图》）

《元和郡县图志》叙述和济水有关的县城到博昌县为止。它在叙述博昌县时说，济水东北流入海，又说，海浦在县东北 280 里，就是济水东流入海的地方。它在叙述蒲台县（今山东滨县）时还说，海在县东 140 里，海畔有一沙阜，高 1 丈，周回 2 里，俗人叫作斗口淀，是济水入海的地方。这几段话互相联系，互相证明，说得十分明确。以之对证《水经注》，也并没有什么违异处。[①]

这样看来，济水自由巨野泽流出之后，其故道在今济南市及其以上地区大部分为今黄河所占用，济南市以下则流于今黄河以南，它和小清河一样入海，但并不是现在的小清河，只是中间几度为小清河所穿过而已。

四、清济名称的来历和南济北济的断流

济水既然是黄河的一条支津，则济水应该和黄河一样，也是浑浊的。可是远在战国时期，清济和浊河就分得很清楚[②]，仿佛两条河流并没有什么关系似的。这里面包含着一个济水挟带泥沙多少的问题。

应该说，济水中的泥沙上下游并不完全都是一样的，上游有时和黄河不同，有时却也和黄河相仿佛。

清济浊河的说法始见于战国时期，是那时齐燕等国人们的说法。至少

---

① 胡渭在《禹贡锥指》卷一五提出了济水在唐初改道的问题。这一点熊会贞在《水经注疏》卷八已经批驳过。因而这里就不再赘述了。
② 《战国策·燕策一》。燕王谓苏代，齐有清济浊河，可以为固。

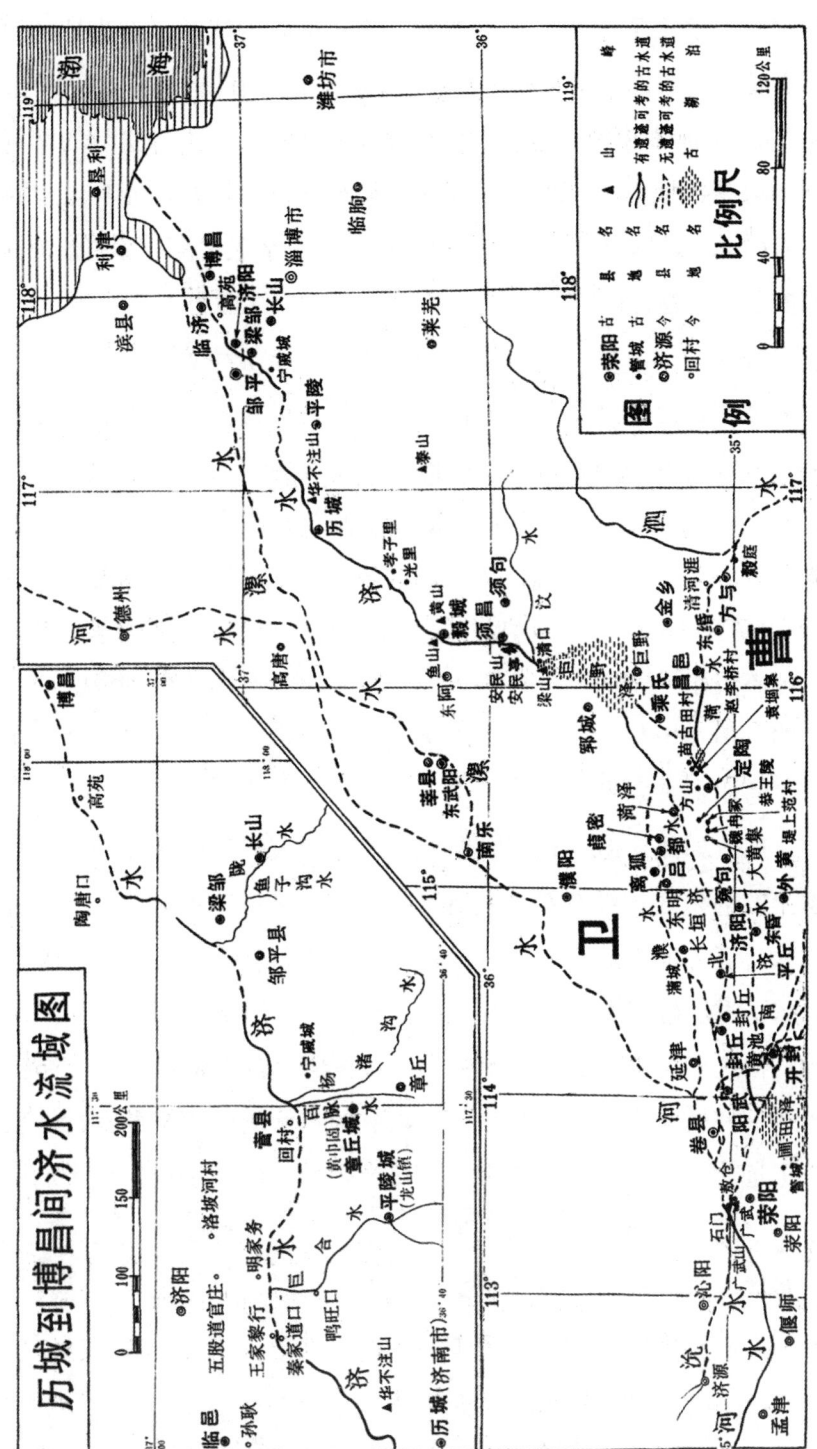

图二 历城到博昌间济水流域图

它显示出济水下游和黄河的差别。济水下游的清澈，有当地的原因，也有上游特殊的条件。《水经·济水注》说，济水在清亭以下，称为清水。[①]这是说清济的得名乃是流经清亭的缘故。这显然是不切实际的解释。清济的清如果是因地得名，那怎能和浊河相提并论呢？郦道元自己也感到这样解释有问题，随即提出了另一解释，说是由于水色清深，才有清河这个名称。其实这个问题还应该从上游说起。

济水既是由黄河分流出来的，那就不能不和黄河一样，难得清澈。郦道元就曾说过，济水与河浑涛东注。就是说，济水在由黄河分出的时候，同样是浑浊的。但是济水由黄河分流出来后，很快就流到荥泽中。黄水经过荥泽的沉淀，水中的泥沙自会有所减少，现在郑州荥阳这个地区，在古代曾有若干条小河流流入济水。这些小河流源短流促，泥沙较少，也会使济水显得不是那样浑浊。当然这些小河是来自广武山的北坡，由高地流下，不能不发生一定的侵蚀作用。现在广武山北坡的沟壑到处纵横罗列，就是证明。但在宋代，开封城中用水主要还是依靠由荥阳引来的金水河，显得金水河比黄河为清澈。

虽然如此，但在战国时期燕齐各国的人们称道齐国的清济时，据有济水上游的魏国却没有对济水清澈的称道，可见济水上游虽已不像黄河那样浑浊，还未能引起人们更多的注意。因此，济水下游清澈的原因，主要还应从下游求得解决。

在这里可能得到两个解释：一是巨野泽的沉淀作用，二是巨野泽东济水的一些支流本来就是清澈的，没有为济水增加更多的泥沙。巨野泽的广大远远超过了荥泽，济水由上游所挟带的泥沙由于通过广大的巨野泽基本上都已沉淀。至于济水的支流如汶水、洙水皆极清澈，更为显见的事实。《水经·济水注》在叙述济水和汶水汇合时，引用过曾经到过那个地方的人们的两段话：一则说，由于汶水汇合济水，所以汇合的地方叫作清口，

[①] 《水经·济水注》引京相璠说："今济北东阿东北有故清亭。"东阿县故城在今山东阳谷县阿城镇。阿城镇东北3里即为今东阿县界，则清亭当在今东阿县西南。

一则说，清水就是济水，济水和汶水汇合也就是清水和汶水汇合。虽然说的话不同，但给人们以这样的印象：就是由巨野泽流出的济水和汶水都是清的。后来巨野泽淤塞，济水上游断绝了。汶水实际成为济水的主流，于是就用大清河的名称代替了济水。今济南市的泺水本来也是流入济水的，自刘豫引泺水东流之后，因而又有了小清河的名称。这就可以想见，所谓清济的说法不是没有来由的。至于前面论证今济南市东北和章丘县北的济水故道时，曾提到那里有广阔的沙滩。那里的沙滩距离黄河不远，显然是黄河泛滥的结果，和原来的济水是没有关系的。

济水上游不像黄河那样浑浊，是和荥泽的沉淀有关。后来荥泽淤塞了，就显得有了变迁。荥泽是什么时候淤塞的？这有不同的说法。东汉末年，郑玄说过这么一句话："今塞为平地，荥阳民犹谓其处为荥泽。"胡渭根据《汉书·地理志》"轶出荥阳北地中"的记载，以为汉时荥泽还依然存在，并断定至东汉乃塞为平地。胡渭向来是主济水伏流之说的，他认为经过河水泛滥，填淤已久，空窦尽室，地中伏流不能上涌，荥泽之塞，实由于此。①岑仲勉引程大昌《禹贡山川地理图》的说法，说是河口移徙，荥泽不能受水，随着枯竭，以此来驳胡渭的伏流的说法。这是对的。但是他认为胡渭所引《汉书·地理志》的话并不能证明《汉书·地理志》确有荥泽的记载，因之提出荥泽可能在战国时期已经干涸，所以《汉书·地理志》没有记载，并不是存在至东汉初年。②其实这样说法，并不恰当。所谓在战国时期荥泽已经干涸的可能性并不是很确实的。而且直到战国后期还有人提到荥泽③，足证明它并非已经干涸。对于《汉书·地理志》那句话即令解释为不是有关荥泽的记载，也不能因为这一点而断定西汉时就没有荥泽。《水经》的作者可以联系到西汉末年的桑钦，至少在东汉这本书已经定型。其中就记

---

① 《禹贡锥指》卷一五。
② 《黄河变迁史》。
③ 《战国策·魏策三》："魏将与秦攻韩，朱己谓魏王曰：……秦有郑地，得垣雍，决荥泽而水大梁，大梁必亡矣。"

载着荥泽，而且不是当作古迹而记入的，怎么能够说荥泽不能到东汉初年？

荥泽的淤塞使济水上游失去了一个能起沉淀泥沙作用的所在，这对于济水有严重的影响，最后竟促使由黄河南岸至巨野泽之间的济水断流。巨野泽以下，由于支流众多，并没有受到很多影响。然则黄河和巨野泽之间这段济水是什么时候断流的，自来也有不同的说法。自司马彪于《续汉书·郡国志》始载王莽时大旱，济水遂枯绝的说法以后，唐代李贤[1]、杜佑[2]、李吉甫[3]皆主张河南无济。像济水这样一条大水，不会这样简单就断流了。而是经过若干次的通塞，最后才彻底断流的。清代阎若璩在这方面提出了几点论据。他也认为济水的枯涸是在王莽时，到东汉初年王景治河时，济水随着汴渠的修复也得到治理。再到三国时期，济水和黄河都有过大的泛滥，邓艾开石门使它复通。后来到西晋初年，石门复坏，傅祗又做过一次修理。[4]看来这些时期济水是断断续续通塞不常。不过这里应该指出，王莽时的旱灾虽然曾使河北的济水为之枯涸，但对于河南的济水应该不会有什么影响，因为河南的济水是由黄河分出，与河北的济水本来没有什么关系。不过济水断流仍应在王莽时，那并不是因为遇到旱灾，而是由于黄河的泛滥。东汉初年王景的治河就是针对这次的泛滥。

阎若璩关于济水的通塞问题还提到了东晋桓温的凿巨野百余里引汶水汇于济水的事。桓温诚然想利用济水运输北伐前燕的粮草，但所利用的乃是巨野泽以下的济水，和黄河巨野泽之间的这一段济水无关。其实当桓温北伐的时候，黄河和巨野泽之间的济水已经断流了。桓温在巨野泽畔开沟通运时，又派了一支队伍由谯（今安徽亳县）、梁（今河南商丘县）出发，去开石门，以通运道。由于石门没有开通，影响了和前燕的战争，失败归去。[5]如果当时济水还未断绝，就不需要再开什么石门了。后来到东晋末

---

[1] 《后汉书》卷七六《循吏·王景传·注》。
[2] 《通典》卷一七二。
[3] 《元和郡县图志》卷五。
[4] 《潜邱札记》。
[5] 《晋书》卷九八《桓温传》。

年，刘裕再次开凿石门①，石门是开通了。但当时引水主要是复通汴渠，并不是为了利用济水。②

其实，《水经注》所写的济水就已经都是些故道。在《水经注》中，济水由黄河分流除石门那一条主要的干道以外，还有荥渎、宿胥水口和济隧三条。对于荥渎和宿胥水口，郦道元明确地说过，"今无水"。对于济隧，则更进一步说，"水脉径断，故渎难寻"。至于石门的干道，刘裕虽然一度凿通，但到郦道元时，已经是"南渎通津，川涧是导"了。（南渎是对刘裕所开的故渠而言，当时刘裕在这里施工有南北两处。）和济水同出于石门的汳沟（即汴渠），由于"济渠水断"，也只好以由广武山北坡东流的㴲然水（即今索河的上源）为源头了。就是再往东流的南济与北济也是一样的。《水经注》叙述南济在行将流到巨野泽时，分为二水，南为菏水，北为济渎。这只是用了"济渎"二字，好像还不十分明显。但接着说到巨野的济水，也就是南济和北济合流以后的济水，就明显地称之为济水故渎。而且就在这里郦道元也顺便说明了他所使用的济渎和济水故渎是具有相同的含义。因为他说济水汇合洪水时，使用了济水故渎的名称，接着说到洪水流入济水时，又使用了济渎的名称。这里的济水故渎和济渎恰恰就指的是同一个地方。在《水经注》中叙述济水的地方，或称济渎，或称济水，其实都是无水之渎，不能当作郦道元时济水还在流通。③

说到这里，济水断流的时期大致可以得出一个结论。据《国都城记》说，

---

① 《水经·济水注》。
② 《资治通鉴》卷一一七。
③ 《水经注疏》说："郦氏时，济水时通时塞，所谓济水皆济渎也。但有北济、南济的分流，而无济水、济渎的异义。故于北济，多称济渎，而亦称济水，南济多称济渎，而亦称济渎，故意错综其词，使人知济水即济渎，济渎即济水。观后菏水、酸水亦称菏渎、酸渎可证。"如上文所引证，则郦道元时，济水早已阻塞不通，何来时通时塞的说法？在《水经注》中，不论是说济水，或是说济渎，都是没有水流的干河道。在这一点上，杨氏所说的无济水、济渎的异义的话，是可以说得下去的。至于杨氏所说的郦道元故意错综其词，则还应再斟酌。为什么郦道元要故意错综其词，杨氏却没有说明。其实在《水经注》中使用济渎的名称，是指实际的情况，使用济水的名称，不过是沿用习惯的称呼而已。

"自复通汴渠已来,旧济遂绝"①。《国都城记》是六朝时人的著作,但还不能肯定在什么年代。②在南北朝时期,最后一次修理汴渠是在北魏宣武帝时③,这是郦道元在世的时候。《水经注》没有提到这次施工事,可能是《水经注》已经脱稿,不及备载。不过《国都城记》所说的复通汴渠当不是指的这次施工,因为根据上面所说的,郦道元时济水早已断流。再往前推究,桓温曾经打算开通石门,却没有达到目的,直到刘裕伐后秦,才获成功。刘裕平秦以后,就是自洛入河,循汴渠归来的。所谓复通汴渠就指的是这一次。但是不是在这次复通汴渠以后旧济才断绝的?还不是。刘裕伐后秦,兵分数路,开石门自汴入河,只是其中的一路,还有一路是由巨野入黄河。南济和北济本来都是流入巨野泽的。刘裕的军队既然到达巨野,为什么不溯济水西上,却要绕道到更远的黄河?而且这样的绕道还不是多走些路的简单事情,是要在巨野泽东开掘一条水道才能继续前进。为什么刘裕舍近求远,还要兴起一项偌大的工程?这都是济水不通,不能利用的缘故。其实刘裕在巨野泽东所开掘的水道,就是桓温原来所开掘的桓公渎,刘裕只是在旧有基础上兴工的。这样就说明了由刘裕的时候上溯到桓温的时候,巨野泽以西,南济和北济的河道并没有新的变迁。桓温和刘裕前后两次出兵都不能不绕道黄河。④这就是说,济水的断流至迟也应该是在桓温伐燕以前,甚至可以上溯到两晋之间。

这里还可以再说一下石门所起的作用。顾名思义,石门的兴筑当然是限制水流的。不过《水经·河水注》把石门的作用说得更为明确,他说自

---

① 《太平寰宇记》卷一二引。
② 章宗源《隋书经籍志考证》卷六。
③ 《魏书》卷七九《成淹传》。
④ 《黄河变迁史》页三二九说,桓温"当日水师取道,大致系由南济转入北济,因河床已渐湮塞,故用人工开凿"。这是完全错误的说法。桓温所掘的河叫作桓公渎,见《水经·济水注》,在巨野泽的东边,是一条南北向的水道,与北济毫无关系。如果当时由北济进军,就可以直接由巨野泽中西行,何必多费功夫,在巨野泽东开掘一条毫无必要的长300余里的水道?岑氏在这里引用《通鉴》所说的桓温引舟师自清水入河。清水固然是济水的一段,却是在巨野泽的东北,是向东北流的,再下就可通到黄河。这里明明说的是黄河,为什么能扯到北济?

石门兴修之后，"水盛则通注，津耗则辍流"。因为石门只有十几丈宽，就是水盛通注的时候，过水也是有限的。因此，从东汉末年起，济水虽然还未断流，水量已比以前的要小得多了。

说完黄河与巨野泽之间的南济和北济断流的时期，再回过头来说它断流的原因。无论是南济或北济，距离黄河都不是很远，何况济水的来源本来就是引自黄河，所以黄河的泛滥对于济水不能说没有影响。东汉初期黄河泛滥了六十多年，对济水的影响诚然是很大的，后来到三国时期，还有一次。影响虽说是不小，次数却不是很多，而且都没有使济水最后断流。促成这一段济水的最后断流，应该和济水由黄河分流时所挟带的泥沙有关。远在东汉以前，荥泽还未淤塞，是曾经起过沉淀泥沙的作用，不仅延缓了济水的断流时期，而且使济水显得清澈。荥泽后来淤塞了，济水所挟带的泥沙得不到沉淀，自然会加速济水的断流。可是自东汉初年一直到两晋之间，这一段济水还是若断若续地在流着，后来还延续了两百多年。这其间的主要原因，可能是石门的过水量不大，所挟带的泥沙自然也相对减少的缘故。泥沙虽然减少，但总不是没有泥沙，所以后来这一段的济水还是断绝了。

五、济水故道的现状

如上所述，济水并不是以前的人们所说的那样由黄河以北发源，中流截过黄河，在黄河以南，东流入海，而只不过是黄河一条最大的支津，是黄河流经广武山北时分流出来的一条支津。

济水由黄河中分流出来之后，流入荥泽，再由荥泽流出，分为南济和北济。今广武山北，由于以后黄河的南徙，那里的济水故道已早为黄河所占用。荥泽本在今荥阳县东，由于黄河的泛滥，远在东汉时期已经干涸。

荥泽干涸后，济水仍继续由荥泽之北东流，而今也已淤为平地，无由辨别它的故道的所在。

由济水分支的南济，它的故道是由今原阳县南，开封市北，封丘县南，兰考县北，菏泽县西南，再经定陶县和曹县之间，绕定陶县城的东北，至巨野县西境流入当时的巨野泽中。

在今原阳县南和开封市北，济水故道大致就是现在的黄河。今封丘县南有一条黄河故道，现在利用这条故道筑成水库。这条故道是明代黄河流经这里的故道，其实也就是古代济水的故道。今封丘县东不远就是现在的黄河，过了黄河，为今兰考县境。这里历来是黄河泛滥最频繁的地区，迄今故道仍然纵横交错，沙碛地带时隐时现，已无由断定哪一条是济水的故道。由这里再往东北，进入菏泽县境，济水当时由今大黄集附近，流经安陵镇南。安陵镇南就是曹县和菏泽县的交界处，再东是曹县和定陶县的交界处，至曹县之北折而向定陶县流去。这些地方的故道遗迹已早湮没无存，现在安陵镇东南曹县西北有堤上范村，尚可依稀就之以推测故道的所在。今定陶县东北为万福河的上源。这是济水的故道，济水故道由这里东至袁堌集，再由袁堌集折而东北，入今北渠河，北渠河流到今巨野县境，就应该到了巨野泽的故地了。

和南济有关的是菏水，菏水由今定陶县东北分济水东南流，经今巨野县南、金乡县北，至鱼台县城下入于当时流经那里的泗水。

旧说菏水就是后来的万福河，大体上是可信的，但具体并非都是一样。今万福河正是流经定陶、巨野、金乡、鱼台几县，不过在今定陶县境的万福河上源，实际是济水故道。菏水故道则在万福河上源之南，今其地尚有一段故道，由菏泽市东北伸向赵李桥。赵李桥以下的万福河则是菏水的故道。在今巨野县境，菏水流经前后昌集二村之北，与今万福河流经其南的不同。不过前后昌集以北的故道已经湮没无迹了。今万福河流至鱼台县清河涯分成南北两支，其南支为菏水故道。就是这条南支，也并非就完全是故道的所在，因为故道经过谷亭城下，而谷亭城就是今鱼台县治。南支离今鱼台县治还远一些，当时的故道可能是在过清河涯后就更偏向东南流的。

北济和南济不同。在今河南省境内，故道已湮没无考。在今山东省境内，它的故道却是现在的赵王河。至于由北济分流出来的濮水，其故道现在都已经湮没了。

南济与北济同流入巨野泽，由巨野泽再流出时，只有一条，不再分南北。这段济水故道是从今梁山县东，经安山镇和埠子头之间进入今东平湖。今东平湖水由湖北小清河流入黄河。这个小清河的名称还可以上溯到济水，因为济水在流出巨野泽后，就已经有了清水的名称。现在小清河流入黄河，由这里起直至济南市东北的黄河都是济水的故道。在今济南市东北的秦家道口与王家梨行之间，济水故道和今黄河分离，这里有沙碛，也有断续的故河道，直连到章丘县北的朱家湖，这些都是济水故道的所在地。济水故道在今章丘县北的回村附近截过今绣江河，流入其东的獭河，再下到今邹平县北，离獭河东流。在邹平县东北，顺今猪龙河而下，到陶唐口以南，又离今猪龙河而东北流，经今高苑镇和博兴县之北，东北入于海。高苑、博兴等处也不复看到遗迹了。

六、鸿沟系统水道的形成

鸿沟是人工引用黄河水凿成的水道，是在战国时期凿成的。鸿沟由黄河里引出水来以后，随即分成几支，在当时它沟通了宋、郑、陈、蔡、曹、卫等国。这是说，像商丘、新郑、宛丘（今河南淮阳县）、下蔡（今安徽寿县北）、定陶、濮阳这些地方循着鸿沟及其支流都可以达到的。它和它的支流还分别和济、汝、淮、泗四条大川相汇合。[①] 这样就组成在黄河以南、

---

① 《史记》卷二九《河渠书》，拙著《释〈史记·货殖列传〉所说的"陶为天下之中"兼论战国时代的经济都会》。

这四条大川之间的水道网。这些分支有渠水和阴沟水,还有汳水和睢水。渠水的下游称为沙水,阴沟水下游为涡水。汳水到下游则成获水。沙水中游又分出了涣水和鲁沟水。获水、睢水入于泗水,鲁沟水入于涡水,涣水和涡水又都入于淮水。沙水也入淮水,但一支入于颍水,而颍水又和汝水相通。① 这些支流可以总名之为鸿沟系统诸水。除此以外,还应该加上通到濮阳和定陶的濮水。② 濮水是从济水分出来的,好像和鸿沟系统诸水无关。不过鸿沟的上游是和济水一块由黄河分出,因此是可以联系到一起的。(附图三《鸿沟系统水道图》)

　　鸿沟的开凿是当地劳动人民巧妙地利用济、汝、淮、泗四条大川之间的自然地形的结果。这四条大川之间是一望无垠的广漠平原,是能够尽量引水开渠的。还应该提出的是这个地区有不少的湖泊,本来还有很多的自然水道,具备了开凿鸿沟系统诸水的自然条件。譬如说,荥泽和其东的圃田泽,以及今河南虞城县的孟猪泽③;又如睢水所经过的白羊陂(今河南杞县东北)和逢洪陂(今河南商丘县南)④,沙水所经过的阳都陂(今河南鹿邑县南)⑤,都是比较大一点的湖泊。梁惠成王时劳动人民引河水入于甫田(即圃田泽),接着又开了一条大沟,由甫田中再把水引出来,这就是一宗具体的利用。⑥ 尤其像涡水这样一条水道,当时是鸿沟系统中一条重要水道,后来鸿沟断流之后,一直还是流着,现在仍然是安徽北部一条大川。如果当时不是一条自然水道,而为当时劳动人民有意引它和鸿沟联系到一起,那是不可想象的。

　　鸿沟引用黄河水流,那是十分自然的,与其说是引用黄河的水流,还不如说利用济水的水流更为明白些。因为黄河是一条大川,轻易决开黄河

---

① 《水经注》渠水、阴沟水、汳水、获水、睢水诸水注。
② 《水经·济水注》。
③ 《尚书·禹贡》,《周礼·职方氏》。
④ 《水经·睢水注》。
⑤ 《水经·渠水注》。
⑥ 《水经·渠水注》引《竹书纪年》。

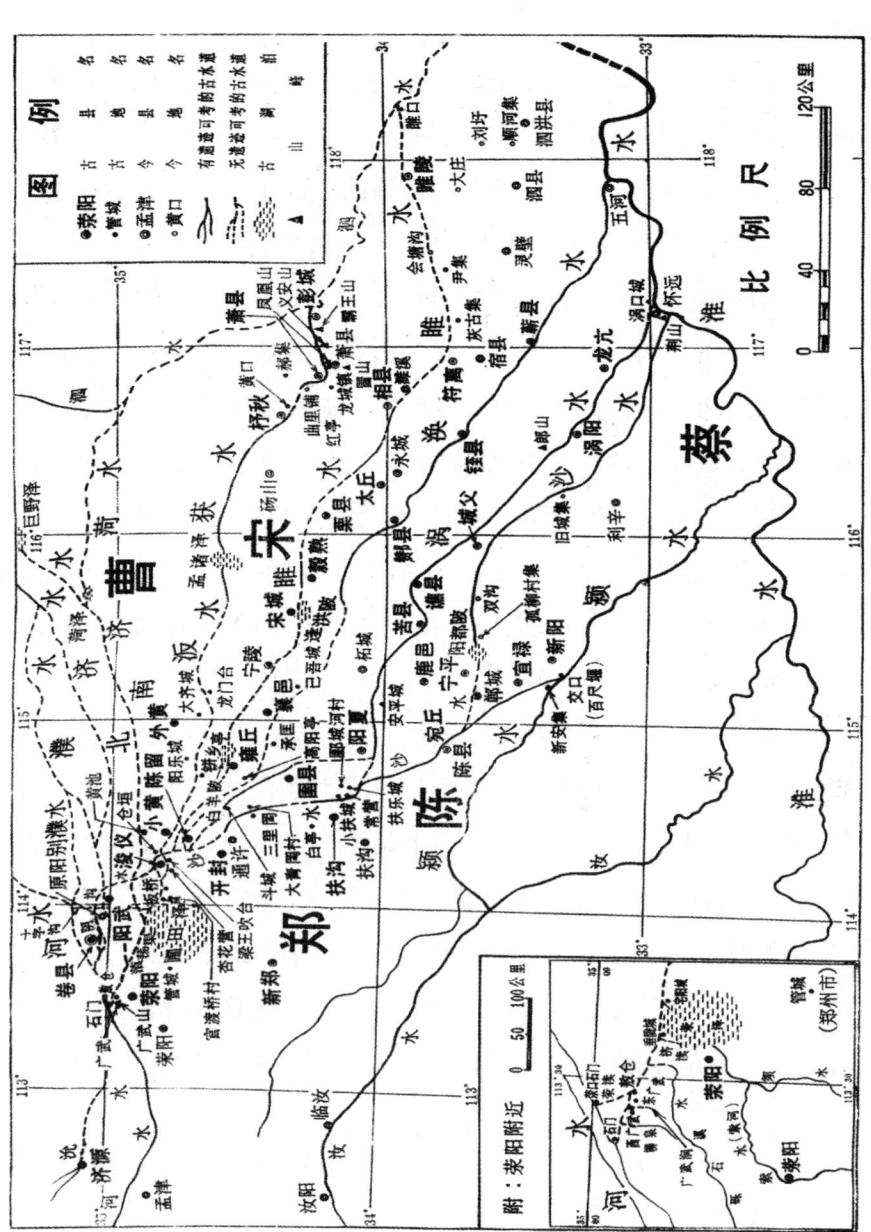

图三 鸿沟系统水道图

口岸，引出一条能够分成几支水道的巨流，那不是简单的事情。实际上，鸿沟是在今河南中牟县西北由南济分出来的，分水口距离黄河岸边还有一段路程。①

但是鸿沟也不是说就完全没有直接承受过黄河的水流。由酸枣县（今河南延津县古墙村）西南黄河崖边和濮渎（就是前面所提到的那条别濮水）一块引出的十字沟，就是南流到鸿沟里的。这条十字沟中间截过了南济和北济两条水道。②作为人工开凿的水道，这样截过其他的水道并不是不可能的。其目的显然是要增加鸿沟的水量。这样的做法还不仅是这一条十字沟，另外还有一条阴沟水。这条阴沟水是由卷县故城（今河南原阳县原武城西北圈城）之南由黄河分出，经过蒙城（今原武城西南）之北东流，在蒙城东北还曾分成左右两渎。不过不远就又合成一条，经封丘县至大梁城（今河南开封市西北）北和蒗荡渠相合，构成鸿沟的又一个上源。③当然，这段阴沟水也和十字沟一样，是要截过南济和北济的。虽然用人工的力量可以截过两条济水，但能维持多么长久的时间是会使人怀疑的，所以郦道元叙述的时候，就已称为故渎了。

既然称之为鸿沟系统诸水，则鸿沟当然是总名了。由于这个系统的水道复杂，连名称也复杂起来。鸿沟的分支主要是在今开封市的附近。则由荥阳河口到今开封市这一段应该都叫鸿沟了，其实不然，这一段也叫作蒗荡渠。④中间经过今中牟县这一小段，还有一个名称，叫作官渡水。后来曹操与袁绍作战，就是在这条官渡水旁进行的。⑤鸿沟固然有名，官渡水的名气也不小，今中牟县北五六里处有两个离得很近的官渡桥村，村北当是官渡水的故道所在。官渡桥村北20余里有个汴河堤村。这个村的得名可能是由

---

① 《史记》卷二九《河渠书》说："荥阳下引河，南为鸿沟。"《水经》说："河水又东过荥阳县北，蒗荡渠出焉。"《水经·渠水注》说："渠水自河与济乱流。"蒗荡渠和渠水实际上都指的是鸿沟。
② 《水经·渠水注》。
③ 《水经·阴沟水注》。
④ 《水经·阴沟水注》，《水经·睢水注》。
⑤ 《水经·渠水注》。

隋唐的汴河而起的。但这里的隋唐汴河是在官渡水的故道上重修的,官渡桥村东南八九里的板桥村,就是隋唐汴河岸上有名的板桥的旧址。[①]

今开封市北,到了汉代,有浚水或浚仪水的名称。是不是这里确有一条新的水道?据郦道元说,不是的。这就是鸿沟和蒗荡渠的变名。[②]是不是到今开封市以下,鸿沟支流多了起来,鸿沟的名称就为各支流的专名所代替?也不是,尤其是那条沙水更是如此。沙水本来就是渠水,而所谓渠水也应该是蒗荡渠水。沙水在今扶沟县分出涡水,但涡水的上源可以上溯到阴沟水,也就是说阴沟水在今开封市北流到蒗荡渠中,和蒗荡渠一块南流,所以这段渠水也可以叫作阴沟水。可是这条水还保持了鸿沟的本名。[③]战国时期,苏秦说魏王,说是魏国南边有鸿沟[④],指的应该是这一段渠水。一直到郦道元撰《水经注》时,这条水旁边还有鸿沟乡和鸿沟亭。所以郦道元就肯定这里是楚汉战争中项羽和汉高帝分界的地方。[⑤]这样的说法应该是对的。

七、鸿沟开凿时期的推测

前文已经说过,鸿沟系统诸水实包括了渠水和阴沟水,还有汳水和睢水,其他分支还有沙水、涡水、获水、涣水、鲁沟水等。而上承黄河的却只有渠水和阴沟水。《水经》所谓"渠出荥阳北河",就是指此而言。《渠水注》更明确指出:"渠水自河与济乱流。"就是说和济水一同分黄河而出的。《水经》论阴沟水,说是"出河南阳武县蒗荡渠"。蒗荡渠其

---

① 《天平广记》卷二八六《板桥三娘子》,冯浩《玉溪生诗笺注》卷六《板桥晓别·注》。
② 《水经·渠水注》。
③ 《水经·阴沟水注》。
④ 《战国策·魏策一》。
⑤ 《水经·渠水注》。

实就是渠水。《阴沟水注》又说，"阴沟首受大河于卷县（今河南原阳县西）"。这和济水分河不同。不过《阴沟水注》还说：阴沟水"东南至大梁会蒗蕩渠"，显示出其间的关系。《水经》说阴沟水出于蒗蕩渠，而注文却说汇于蒗蕩渠，好像其中还有一些矛盾。郦道元对此曾做过解释，说是"盖津源之变名"。其实阴沟水虽然和蒗蕩渠相合，但还各自保有它们本来的名称，所以说是出于蒗蕩渠，原无不可的。据郦道元所述，蒗蕩渠和济水共同分河后，经中牟县（今河南中牟县东）至于浚仪。浚仪就是大梁城，也就是在今开封市西北。而阴沟水由卷县也流至浚仪，浚仪以下才有更多的分支。首先在大梁城北分出汳水，接着在稍下游处先后分出睢水、涣水和鲁沟水。

鸿沟系统诸水所流经的地区是一片广漠的平原。河流流经平原，如果说有分支的话，是随处施工都可有分支的。为什么鸿沟系统诸水的分支却大都汇集于大梁城的附近？这是一个值得探讨的问题。

这些分支中大部分的河流本来都应该是自然的水道，能都连接到一起，这是人为努力的成就。在这几条分支中最堪注意的是汳水。《水经》说："汳水出阴沟于浚仪县北。"《汳水注》添了一句："亦言汳受蒗然水。"蒗然水就是索河，发源于嵩山，经荥阳县入于济水，这是见于《济水注》的记载的。《济水注》在叙述蒗然水时，还写了这么一段话："杜预曰：'蒗然水出荥阳成皋县，东入汳。'……济渠水断，汲沟惟承此始，故云'汳受蒗然'矣。亦谓之鸿沟水，盖因汉楚分王，指水为断故也。"可见汳水是源远流长，并不一定是在浚仪县分阴沟水才形成的。《济水注》在叙述济水流经广武山下时，还说过"济水于此又兼邲目。《春秋》宣公十三年，晋楚之战，楚军军于邲，即是水也。音卞。京相璠曰：在敖北"。这里所说的敖北，也就是敖山之北。敖山之北距蒗然水入济水处不远。济水在这里称为邲水，邲汳同音，邲水也就是汳水，所以蒗然水入济，杜预却说是入汳，实际上本是一样的。汳济合流只是一段，后来还是分开了。正是有此一段合流，所以司马迁作《河渠书》，就说是"荥阳下引河，东南为鸿沟"。

汳济是怎样分流的？这是一个难于解答的问题。也许是当地地势所形成的自然变化，也许还经过人为的施工。看来这两种情况都有可能。因为汳济虽曾合流，总是两条水道。而且汳水的名称早在春秋时期已经见于记载，其形成当更早于春秋时期。后来这段河道不称汳水，而称为蒗荡渠或渠水，正说明已经经过人为的施工。是怎样施工的，也难于详究。不过战国时期梁惠王曾经在这里有所作为。《水经·渠水注》曾两引《竹书纪年》：一是梁惠成王十年，入河水于甫田，又为大沟而引甫水；一是梁惠成王三十一年三月，为大沟于北郛，以行圃田之水。《渠水注》还有一条记载，说是"又有一渎，自酸枣受河，导自濮渎，历酸枣迳阳武县南出，世谓之十字沟，而属于渠"。郦道元在叙述了这条记载后，还追添了一句，说是"或谓斯渎为梁惠之年所开，而不能详也"。可见只是一个传说。不论是记载还是传说，都集中在梁惠王时，显示这并不是寻常的。上引两条《竹书纪年》的记载，都说到大沟，大沟就是鸿沟，可见梁惠王是和鸿沟脱离不开关系的。《渠水注》又引《竹书纪年》，说是"梁惠成王六年四月甲寅徙都于大梁"。惠王既以大梁为都，则在大梁附近开渠引水，也是事理之常，用不着奇怪的。苏秦说魏，曾经提到魏国南有鸿沟。《史记·苏秦传》以此事属于魏襄王时，襄王为惠王子，惠王既修大沟，故苏秦得以鸿沟相称。至少在襄王时已具有相当规模，能为游说的策士随口道出。

就是追寻当时渠道的踪迹，也是和梁惠王分不开的。如前所引文，梁惠王曾为大沟于北郛。所谓北郛，当然是就惠王都城大梁来说的。《渠水注》又说："渠水东南迳赤城北，左则故渎出焉。秦始皇二十年，王贲断故渠，引水东南出，以灌大梁，谓之梁沟。又东迳大梁城南。"这就清楚指出，原来渠水是在大梁的北郛，而不在其南鄙。《阴沟水注》也说："梁沟既开，蒗荡渠故渎实兼阴沟、浚仪之称。"因为梁沟在大梁城南，故北郛之水就蒙上阴沟的名称。至于浚仪的得名，说者不同，不过应以郦道元的解释较为合理。《渠水注》说："余谓故汳沙为阴沟矣。浚之，故曰浚。其犹《春秋》之浚洙乎？"这样的解释就是说，梁惠王所为的大沟实际上不过是疏浚原来的旧水道而已。

当然，鸿沟系统诸水的形成并非就此而止。如前所说，汳水、睢水、涣水以及鲁沟水诸水本来应该都是自然的水道。汳水源流最长，故为鸿沟最上一段河道所利用。至于睢、涣诸水就不一定都能和汳水一样。而且不能都恰恰导源于大梁城的附近。由于后来这里的平原频繁遭受黄河泛滥的灾害，泥沙堆积，当时地形早已有所改易，已难细究这几条自然水道导源所在。不过其发源地并非集中在一地，却是应该肯定的。既然如此，这几条自然水道都和鸿沟主流连在一起，肯定是人为的结果。这样的施工不一定就在梁惠王时，至少也应是魏国尚有一定国力时的事。显然可见，这样的连系促成了以大梁为中心的水道网，也促成大梁城的发展。如果魏国已灭，大梁城毁坏以后，再能兴此大功，那将是不可思议的事情。

八、鸿沟系统诸水道

鸿沟系统水道众多，这里就分别论述。

根据《水经注》的记载，先论述渠水及其下游的沙水。这条水道所经过的城池及有关的地方见之于现代舆图的，有如下的十余处：渠水和汳、睢诸水是在大梁城附近分流的，由大梁城而南，渠水（包括其下游的沙水）迳梁王吹台（今河南开封市东南）东，又迳陈留县故城（今河南开封县陈留镇）西，开封县故城（今河南开封县朱仙镇东南6里古城）东，斗城（今河南通许县东北30里斗厢集）西，三里冈（今河南通许县东5里）东，囷县故城（今河南杞县西南50里囷镇）西，白亭（今河南扶沟县东北50里白亭城）东，扶沟县故城（今河南扶沟县东北50里古城）东，陈城（今河南淮阳县）东。沙水在陈城东分为二支：一支东南流注入颍水，两水相合的地方叫作交口，当时交口有堰叫作百尺堰。百尺堰为新沟从颍水分流的地方，也叫作新阳堰。

而当时的新阳县就在其东北。① 另一支东流，经宁平县故城（今河南郸城县东北25里宁平城）南，宜禄县故城（今河南郸城县东南40里宜路店）北，新阳县北，谯县（今安徽亳县）西，城父县故城（今安徽亳县东南65里城父集）南，龙亢县故城（今安徽怀远县西北150里龙亢镇）南，而注于淮水。

当然这些古城古地离渠水及下游的沙水有的还是相当远的。譬如在今朱仙镇的开封县故城和通许县东的三里冈之东就有一条百尺陂水，再东才是沙水。不过也有相近的地方，譬如通许县的斗厢集和三里冈之间相距25里，斗厢集在三里冈的东南，如果由斗厢集向南直引一线，到三里冈正东，则东西距离只是9里，在这9里之间求沙水故道，就比较近乎事实些。再除去三里冈的百尺陂水，则沙水故道应是在靠近斗厢集的一边的。宋代在开封城南开凿过一条惠民河，也就是蔡水，大体上就是遵循着沙水故道，具体是否完全吻合，尚待推求。惠民河久已湮塞，不可详论。今开封市东南有一条惠济河，是清代凿成的。惠济河也始于梁王吹台之东，好像就如沙水的规模。不过惠济河是在陈留镇北东流，到底和经陈留镇西的沙水不同。今惠济河西还有一条水沟，叫作汇家渠，由开封市东南流至太康县西北的晏城河村之北。晏城河村之南就是涡河，但它没有在这里和涡河相合，而是相合于晏城河村东南的高贤镇。这条汇家渠流经陈留镇西10里，又流经三里冈东4里。这条汇家渠显然是经过人工在一条小河上加工修成的。有的地方为的要截弯取直不免离开原有的河道。在通许县东就更为明显。在这里称这条小河为干沟。干沟由通许县北山龙起傍汇家渠西而东南流，经三里冈之东三里，再经前后大青岗村之间，到这里干沟已变成时令河，继续循汇家渠西流往东南方向。在三里冈附近干沟之西，有一条时令河经三里冈村南流入干沟，和《水经注》所说的情况相近似。② 杨守敬《水经注图》

---

① 据1934年《申报馆新地图》，安徽太和县西北有信阳村。
② 《水经·渠水注》所说的百尺陂水是由三里冈东绕其南西流的，而现在这里的水是由三里冈南东南流的。这是水道的改变，与三里冈的位置无关。这里所说的三里冈是相对于现代的村落而言。今三里冈村的高程为62.2米，其西边地势较高，为65米。这65米的高冈，距通许县城正是3里。所谓三里冈当是相对于这65米的高冈说的。

绘这一段沙水于青冈河和燕城河，是有一定的道理的。今图已无青冈河这个名称，燕城河即晏城河。今晏城河村再南就是扶乐城，《水经注》以扶乐城为大扶城，其西别有小扶城，小扶城今已无迹可寻。沙水曾经流经扶沟城故城之东，扶沟县故城在扶乐城西北，由扶沟县故城直南和扶乐城正西的交合点的大昌算起，东至扶乐城仅15里，则小扶城当在这15里之内。今大昌以南13里处，又开始有故河道，断断续续约有20里，接连到它的东南的一条时令河，再往东南就是新蔡河。新蔡河斜向东南直指淮阳城下。新蔡河是一条新开的河道，截弯取直，成了一条直线，殊不似自然的河道。不过这条人工挖掘成的新蔡河的旁边尚有原来河道遗迹存在，曲折周转，有时横截过新蔡河。去岁我在淮阳县考察时，承县文化馆的同志见告，近年在县城北关新蔡河上建桥时，桥底挖出一个旧桥，在地面下五米深处。根据桥砖的菱形花纹判断，是汉代的桥。桥南断面发现一层层的路面，有垫路的砖、石灰、黑土等约1丈厚，共有十几层，显出不是一次垫成的。这是过河的古路。这样看来，新蔡河是在沙水的故道上兴修的。新蔡河虽截弯取直，成了一条笔直的水道，但它的旁边的故河道遗迹还是可以看见的。

今淮阳县东有一条蔡河向东南流去，今图也称这条河为新蔡河，自然是在旧河的基础上加工的。因为河道弯曲，不像淮阳县城北那条新蔡河的笔直，当是原来的沙水。淮阳县南一条小河，在离城10里处流入蔡河，这条小河是由城北绕城东转南流的。由沙水到蔡河之间，变迁是不少见的，可能这也是当年的一段故道。流向淮阳县东南这条蔡河，流经郸城县南，再经宜路店西，在沈丘县东的新安集流入颍水。这和《水经注》所说的相符合。

今郸城县和沈丘县之间，现在有几条蔡河。上面所说的流经宜路店西边那一条蔡河之西，就另有一条蔡河，下游在新安集以北和上面所说的那一条蔡河合在一起。新安集以西约15里处又有一条蔡河流入颍水。就在现在沈丘县城西还有一条蔡河。一共就是四条。另外在郸城县南还至少有四条故河道，大概都与蔡河有关。这是不奇怪的，因为北魏和唐宋时期都修治过蔡河，在入颍水处有改道情事，也是很可能的。

至于沙水在今淮阳县以东分出的另一支，却不似淮阳县东南那一支的简单了。淮阳县城东已无故河道的遗迹堪作线索。好在《水经注》在叙述这一段沙水时，提出了两点可作为依据：其一是沙水在这里流经宁平县故城南；其二是沙水在这里是流经明水之北，而明水又在宜禄县故城之北。宁平县故城今为宁平城，宜禄县故城今为宜路店。现在明水上源已湮塞，它的正游今仍叫作明水，在淮阳县东郸城县的北部。在今明水以北有两条水道，今图都未注明它们的名称，北边的一条下入黑水，南边一条下入明水。黑水下游流经宁平城之北，而不在其南，所以不能把它当作沙水的故道。[①]南边一条现在流入明水，这是和《水经注》不相符合的。不过这里水道的变迁是很明显的，因为根据《水经注》的记载，沙水和明水都东流入阳都陂。阳都陂在宁平城的东南。现在明水承受这条可能是沙水的小河的地方，还在宁平城的西南，由于湖滨地势低凹，水道向南摆动是合乎情理的。宁平城南现在为芡河和西淝河上源地带，水流多趋于东南，和《水经注》所说的沙水在这里是向东流的情况不相符合。宁平城东约35里处有村叫作高柳树集，集东有水东流，入安徽省境流经亳县南65里的双沟。这段水道今图叫作中心沟，和油河、明河合流，叫作漳河。今漳河是在城父集东北入于涡河。原来沙水是不流入涡河的。漳水既流入涡河，当然不是沙水的故道。今涡河之南，西淝水之东，有一条芡河，东南入于淮河。这条芡河不见于《水经注》所记载，而又在龙亢和怀远县的古城之南。要寻求沙水的故道，这条芡河实足以当之。如果是这样的话，则沙水的故道在中心沟合油河和明河成为漳河之后，并未随漳河东北入于涡河，而是流向东南成为今芡河。由城父集南到今芡河源头的旧城集（今属安徽利辛县），现在开了一条渠道，大概就是利用沙水故道的低凹地形开成的。

沙水是鸿沟的主要水道，鸿沟的许多分支是从大梁城东分出的，具体

[①] 杨守敬《水经注图》以黑水作沙水故道，这是不符合实际情况的。因为他把宁平县故城定在黑水之北，所以就得出那样不符合实际的结论。

说来，像睢水、涣水、鲁沟水和涡水都是由沙水分出来的。睢水和涣水偏北，水道较长，现在绝大部分都已断流，留到后面再说。鲁沟水是几条分支中最短的一条，下游又流到涡水之中，而涡水到现在都还存在，所以这里在论述沙水之后，就附带涉及鲁沟水和涡水。

根据《水经注》的记载，鲁沟水在陈留县故城西北分沙水东南流，水流短促，仅流经圉县故城北，历万人散，再历鲁沟亭，而东南至阳夏县故城西，又南入于涡水。圉县故城和阳夏故城前面已经提过，鲁沟亭今不可确定，万人散则在高阳亭[①]，而高阳亭为今河南杞县西南20里高阳集。又沙水自陈留县故城南流经斗城之西，鲁沟水由沙水分出而东南流，则应流经斗城之东。这样说来，鲁沟水流经的地方不出今开封、通许、杞县、太康四县境。

今开封县陈留镇东南有一条故河道，断断续续伸向东南，直至高阳集。这可能就是鲁沟水的故道。在高阳集之南，已经不是干沟，而成为有水流的河道，向太康县东北流去。鲁沟水是不会流到今太康县东北的，这条河道不能完全都是鲁沟水的故道。但是这条河道在流经圉镇的东北时，分出一些细流，经圉镇之东向南流去，流入现在的涡河。现在这里的涡河不是古代的涡水。古代的涡水在今涡河之南，相距并不很远。这条细流如果不为现在的涡河所阻隔，是会继续向南流的。

现在的涡河可以上溯到开封县杏花营（位于河南开封市正西陇海铁路旁）西。可是古代的涡水却没有这么样源远流长。根据《水经注》的记载，涡水上源就是阴沟水。阴沟水是在卷县（今河南原阳县原武城西北）承受黄河的水流的。由于阴沟水和蒗荡渠在今开封市西北混在一起，没有什么差别。一直到了大扶城（即扶乐城）西才由沙水分出，独自向东南流去，入于淮水。这中间经过不少的城池和乡聚。在现在地图可以指出确定的，有阳夏县故城（今河南太康县），安平县故城（今河南柘城县西南35里安平

---

① 《续汉书·郡国志·注》。

集），鹿邑县故城（今河南鹿邑县西 55 里鹿邑城），苦县故城（今河南鹿邑县东 10 里太清宫），谯县故城（今安徽亳县），城父县故城、郎山（今安徽蒙城县西北 30 里），涡阳城（今安徽蒙城县），龙亢县故城和荆山（今安徽怀远县西）。

今涡河自太康县西北晏城河村直流过太康县城北，然晏城河村却远在扶乐城北约 30 里处，与《水经注》所说的涡水流经扶乐城之南的记载不合。太康县附近的涡河曾经多次改道，现在不仅有故道，也还有时令河，更有现在还经常流水的。在太康县城南 2 里的一条时令河，可以上溯到晏城河村之南约 10 里处的赵凤，还可由此再往北上溯。赵凤也在扶乐城之北。太康县城南 6 里处还有一条，这是其西两条河流合在一起的，合流处就在县城南 6 里处。这两河中在南的一条为时令河，其上源可溯到扶乐城东南约 10 里处的洪山庙。在北的一条现在还经常有流水，其上源可溯到扶乐城西南 8 里处的常营镇。这常营镇的一条是近乎古代涡水的故道的[①]，这条故道在太康县城东南与现在的涡河相合。

在此以下，古代的涡水流经安平县、鹿邑县、谯县、城父、涡阳几个故城之北，龙亢、义成两个故城之南，都和现代的涡河是相同的。只是在行将入淮河时，小有不同。涡水入淮的地方为涡口，这个涡口在今怀远县东 15 里，所谓涡口城是也。[②] 今涡河是由怀远县城下就入淮河的，就在入淮河的地方有个名叫新河的村庄，说明这里的涡河是历年不会太久的。

鸿沟系统诸水道，除渠水及其下游沙水和由它所分出的鲁沟水和涡水外，还有汳水和获水、睢水和涣水。汳水和获水实际是一条水道的上下游，它在这几条水道中居于最北，依次而南是睢水和涣水。现在先由汳水和获水说起。

---

① 据《水经注》的记载，涡水是经阳夏县故城之西的。杨守敬《水经注图》绘涡水于太康县北，这是不合适的。这段涡水故道应当根据扶乐城的位置来确定，涡水由扶乐城东南流，是会流经太康县城西，再由城南东流的。杨氏置扶乐城于今涡河之北，是太偏于北方了。
② 《读史方舆纪要》卷二一。

《水经注》叙述汳水和获水流经的地方是比较详细的，不仅叙述了它所流经的故城，还叙述了许多乡亭坞堡。可是现在这些地方大部都已湮没圮毁，故址不可复知。现代地图上可以指出的，只有下面几处：饼乡亭（当是今河南杞县西北25里的平城）、小黄县故城（今河南开封县陈留镇北35里小黄铺）、雍丘县故城（今河南杞县）、阳乐城（今河南杞县东北35里杨城）、外黄县（今河南民权县西北40里内黄集）、大齐城（今河南民权县西10里大济岗）、龙门台（今河南民权县东25里龙门寨）、睢阳县故城（今河南商丘县南3里）、红亭（今安徽萧县西25里红庙）、龙城镇（今安徽萧县）和彭城（今江苏徐州市）。

后来在《太平寰宇记》中也记有两个县中的汴渠故道（即汳水），一在襄邑县（今河南睢县）北45里，一在宋城县（今河南商丘县南3里）北45里。[①] 可以作为寻求汳水和获水故道的佐证。

当然，像汳水和获水这样长的水道，只靠着这几个流经的地方来探求它的故道所在，是比较困难的。《水经注》说汳水由大梁城东流，经过仓垣城南，而且仓垣城就临靠汳水。这个城据说在开封市东北20里。[②] 汳水经仓垣城之后，就经小黄县故城南。小黄县故城所在地的今小黄铺，距开封市才40里。则仓垣城不能过于偏北，所以《水经注》在这里只说东经仓垣城南，而不说东北经仓垣城南。如果不是这样，汳水就不能东流经小黄铺南了。汳水再东经饼乡亭和雍丘县故城之北，就是说，进入今杞县境了。在这一段中，《水经注》说得具体一点的是阳乐城。据说城在汳水北1里。然今民权县的杨城之南已无故道了。汳水只经今民权县境，不经其南的睢县。睢县为以前的襄邑县，汳水在襄邑县北45里，按道里合计，正在民权县西大济岗附近，是汳水故道应在民权县城南了。

今睢县之东是宁陵县。汳水不经过宁陵县，但宁陵县的位置可以证明

---

① 《太平寰宇记》卷二、卷一二。
② 《元和郡县图志》卷七说：长垣城一名仓垣城，在（开封）县北20里。《太平寰宇记》卷一说：在浚仪县东北20里。

汳水故道的所在。宁陵县北45里曾为汳水所流过。按道里推算，正在今龙门寨东。而龙门寨就是《水经注》所说的由汳水分流出来的龙门水的地方。现在龙门寨东还有一条水道向南再折向东南流去，仿佛就是龙门水的故道。这个龙门寨北面就是清文宗咸丰五年（公元1855年）铜瓦厢决口以前的黄河故道。这条黄河故道由这里向东南流去，经过商丘县北。根据《太平寰宇记》的记载，汳水经过现在商丘县北，则正是这条黄河故道的所在，甚至汳水故道还较黄河故道偏北一些。这也就是说清代后期黄河在铜瓦厢改道以前，从商丘县西北起，所行的本是汳水故道。

汳水到下游改称获水，这改变名称的地方是在今商丘县的东北。它的故道仍为铜瓦厢改道前的黄河所占用。这条黄河故道东经今砀山县和萧县的黄口、郝集两镇之北，流到徐州市。但是根据《水经注》的记载，获水固然也是经砀山县故城之北，却是又经萧县之南的。这个萧县故城南对冒山，今冒山在萧县西南约10里，则萧县故城当在今萧县之西、冒山之北。这里距其北的黄河故道相当远，说明在这里的获水故道并没有被黄河故道所占用。获水故道从哪一段起才没有被黄河故道所占用？要解决这一点，关键在一个杼秋县故城。因为《水经注》说过，获水经过杼秋县故城南，才流到萧县故城之南的。杼秋县故城早已圮毁，故今图无由征实。大约在砀山与萧县之间。今黄口镇西有一条干涸的沙河蜿蜒流向东南，在曲里铺西，河中始有流水。这仿佛合于《水经注》所叙述的获水。只是这条沙河流到红庙附近仍向南流去，并未折向东流。而获水在经过萧县故城之南以后，还经过龙城，再流到彭城。龙城就是现在的萧县，可是今萧县城北凤凰山下的岱河却是流向西南，而不是东北流向徐州市的。这条岱河可能就是获水的故道。大概由于徐州市附近后来历经黄河泛滥，地势淤高，无法东流，才折向西南流的。今萧县凤凰山的东北为义安山，义安山东北为霸王山。凤凰山和义安山实际上连在一起。义安山和霸王山虽不连在一起，但中间只有四五里的间隔。霸王山东就是上面所说的黄河故道。获水由龙城向东北流，必然汇合于黄河故道。这也就是说，获水故道到这里又为后来的黄河所占用了。

其次再论述睢水。

《水经注》叙述睢水，是由陈留县西蒗荡渠分流出来的。陈留县西的蒗荡渠就是前面所说的渠水。睢水所流经的古城古地的名称故址留存到现在而为今图所标志的，计有下列各处：高阳亭（今河南杞县西南高阳集）、饼亭、雍丘县故城、襄邑县故城、宁陵县故城（今河南宁陵县南）、睢阳县故城、谷熟县故城（今河南虞城县西南30里谷熟集）、栗县故城（今河南夏邑县城）、太丘县故城（今河南永城县西北40里太丘集）、相县故城（今安徽睢溪县北12里襄王城）、符离县故城（今安徽宿县北20里老符离集①）、睢陵县故城（今江苏睢宁县治）。

《太平寰宇记》也记载了有关睢水流经的段落。据它所记，则陈留县东南五里有睢沟，襄邑县北30里，宋城县（今河南商丘县）南五里，谷熟县西南200步，符离县北20里，皆是睢水经过的地方。②

睢水虽在汳水之南，上游间相距却也不十分远。汳水曾一再受到黄河泛滥的干扰，故道多已湮塞不存，睢水也难于免除这样的影响，商丘县以西各地就更为显著。陈留镇东南的睢沟为睢水初由蒗荡渠分出东流的地方③，现在当地仍有水向东南流，然已不是睢水的规模，而是后来开凿的惠济河。惠济河由开封市流来，经陈留镇北，再经杞县北，又经睢县南向东南流去。睢水也经杞县北，过杞县后却向东流，经睢县之北，所以和惠济河有点联系的，只是陈留镇到杞县的一段。今睢县北30里已近民权县界，那里近来凿有东西向的蓼黄渠，仿佛当年的故迹。蓼黄渠再东为由民权县来的大沙河所阻断。这条大沙河显然为后来黄河决口泛滥冲开的水道，流经睢县和

---

① 嘉庆《清一统志》卷一一六以今宿县为符离县故城、以今老符离集为竹邑县故城。然《水经·睢水注》说，睢水经竹邑县故城南、符离县故城北。今睢河犹在老符离集之北。嘉庆《清一统志》所说，与《水经·睢水注》不合。
② 分别见《太平寰宇记》卷一、卷二、卷一二、卷一七。
③ 《古今图书集成·职方典》卷一七一引《开封府志》说，睢水在陈留东北40里。按：睢水由陈留镇西北分蒗荡渠东南流，不能再流至陈留东北40里处。这里所说的当是传说的讹误。

宁陵县之间，过宁陵县西仍继续向东南流去。在睢县、宁陵之间，水道和睢水相仿佛。今宁陵县在商丘的西北。今商丘县为唐代的宋城县。在唐代，睢水是自宋城西南的宁陵县界流入的①，今大沙河在宁陵县南18里处就进入商丘县界。越界的地方，自商丘县看来，正在西南方。以前的睢水如果循大沙河东南流，则由此处或再稍南处折向东流，过商丘县城下，也是可能的。

今商丘县与虞城县谷熟集之间，水皆南流，无作东南流的。谷熟集东北约2里处，有一时令小水，然上下所到的地方皆只在10里至20里间，往上推溯不能达到商丘县，往下沿流却是指向东南，而睢水所经过的栗县也就是今夏邑县，却只在谷熟集的东面，不过略偏南一点而已。谷熟集东北的时令小河，是不能达到今夏邑县城的。不过这并无碍于谷熟集东北的时令小河成为睢水故道。因为这条小河和谷熟集的距离，较之《太平寰宇记》所说的，相差并不很多。在谷熟集和夏邑县城之间，情况也大略相同。因为在许多向东南流的水道中，并无一条水道由谷熟集东流经夏邑县城之北。②或谓这里的睢水故道就是后来的巴沟河③，然巴沟河距谷熟集很远，和《太平寰宇记》的记载并不相符合。

今夏邑县东约10里处有由北向南流的虬龙河，在夏邑县东折向东行，约9里远近，再折而南流。其作东西流那一段，颇似睢水故道。然虬龙河在太丘集西10里向南流去，而睢水故道则经太丘集北。今太丘集东南8里处，有一条时令河，断断续续越过几条向南流的水道，向东南流去。可以看出这一条向东南流的时令小河是当地早已有的水道，而那几条向南流的水道显然是后来形成的。这条时令小河再往东南，就成为经常有水的河流，

---

① 《元和郡县图志》卷七。
② 《古今图书集成·职方典》卷三九一引《归德府志》说："睢水在夏邑县南二里，经永城县合白沙二水，达于宿州。"又说："睢河在县北一里许，即汉高祖败军于谷、泗及睢水之处。"这里分睢水和睢河为两条水，似以县北的睢河为古代的睢水，县南的睢水为当时的河道。所谓县北的睢河，其东就是虬龙河。然今夏邑县北并没有这样一条睢河，当是早已湮没了。至于夏邑县南的睢水，也许是讹传，并非确是睢水。嘉庆《清一统志》卷一九三说，夏邑附近的睢水已久湮了。
③ 杨守敬《水经注图》。

今图称为王引沟，下游流入巴河。巴河在今安徽睢溪县南，流入今睢河。

睢水在今睢溪县以下部分现在还未淤塞，依然有水流。今睢水经宿县老符离集北、灰古集北，再经灵璧县的尹集和浍塘沟北、泗县的大庄北、泗洪县的刘圩南和泗洪县南流入洪泽湖。新中国成立以来，又开了一条新睢河，由灵璧县浍塘沟起，经泗县城北，至泗洪县顺河集西复合于睢河。新睢河开掘为时固然不久，就是和新睢河有关的那条睢河，也是后来形成的，至早也不会早于清代中叶。这都不是《水经注》所说的古代的睢水故道。根据《水经注》的记载，睢水在这里经过取虑县故城北，睢陵城故城北。取虑县故城现在已不能指其地，而睢陵县故城就是现在的睢宁县城。这样就远在今睢河和新睢河之北了。古代睢水入于泗水，和今睢河、新睢河入于洪泽湖更是不同。睢水所入的泗水，就是今废黄河，睢水入废黄河的地方称为睢口，也称小河口，在今宿迁县南10里。直到明末清初还是如此。[①]不过到现在这一段故道也已经湮没无存了。

这里还有两个枝节问题应该一并解决。其一是睢溪县现在的睢河由睢溪县市区而北上溯到相山南麓；再一是睢宁县西另有一条睢河，由睢宁县北废黄河岸边起，南流到睢宁县南入于龙河，而龙河又直入洪泽湖。先说第一个。按《水经注》的叙述，睢水在流到今睢溪县北相县故城以前，还经石马亭等地。这些地方具体的所在虽不可知，但在相县故城的西南则是无疑的。今经由睢溪县治的睢河恰在相县故城之南，这和《水经注》显然是不相符合的；只是后来的人们看见由睢溪县北相山之下流来的水流较大，所以把睢水的名称加上去了。至于睢宁县那条南北流的睢河，实际是废黄河未淤塞以前的一条引河，只是经过睢宁县就被称为睢河，其实与古代鸿沟系统中的睢水是不相干的。

最后说到涣水。《水经注》叙涣水于《淮水注》中，好像它不属于鸿沟的系统。其实，《淮水注》就已明白地说过，涣水首受蒗荡渠于开封县，

---

① 《读史方舆纪要》卷二二。

东南流经陈留北。当时蒗荡渠在这一带分出的水道，有涣水，也有睢水。这里指出涣水分流的地方在开封县，这是说睢水在北，而涣水在南。因为那时的开封县是在今开封市西南的古城村，还在今陈留镇的西南。涣水的分水口在那时属于开封县，也是可能的。

涣水流经的古城古地见于现在地图的有如下九处：陈留、雍丘县故城、承匡城（今河南睢县东25里匡城）、襄邑县故城、己吾县故城（今河南宁陵县西南40里己吾城）、谷熟城、酂县故城（今河南永城县西酂城镇）、铚县故城（今安徽宿县西临涣城[①]）、蕲县故城（今安徽宿县南蕲县镇）。

现在陈留镇及匡城之北，杞县和睢县之南，皆已无涣水遗迹。这里虽有一条惠济河，自是后来开凿的水道，与涣水无关。然惠济河也是向东南流的，这一点和涣水是相似的。今睢县的匡城和睢县城相距25里。在这25里中，除惠济河本流而外，还有由惠济河分出的四条支津。惠济河及其支津虽也流经己吾城之西，与《水经注》所记载相近，然再往东南流，则向柘城县的西南，而《水经注》所说的涣水则由己吾城东流，与惠济河不同。《水经注》说涣水，在过己吾县故城后，又经酂城等四个故城，今皆不见舆图标志。再东就是谷熟城了。这一段就现在来说，显然成了空白。好在《元和郡县图志》也有些记载，可以作为补充。[②]据《元和郡县图志》的记载，涣水自襄邑县入宁陵县，再从宁陵县入宋城县。用现在地理说，则睢县、宁陵、商丘三县境皆为涣水流经的地区。《元和郡县图志》还说，涣水在柘城县北29里，在谷熟县南28里。不过这些地方今皆无遗迹可寻。

由今谷熟集往东，南到永城县的酂城镇，现在那里有一条浍河，经过宿县的临涣集和蕲县集，东南至五河县入于淮河。这条浍河其实就是涣水。这不仅因为酂城镇、临涣集、蕲县集，都是涣水流经的地方，而临涣集的名称更是具体的证明。临涣集本是以前的铚县，南北朝时始改置临涣县。县名临涣，足证是临近涣水的。为什么涣水又改称浍水？这在《归德府志》

[①] 《太平寰宇记》卷一七。
[②] 《元和郡县图志》卷七。

有过说明。① 它引《异闻志》说，睢、涣二水谓之浍水。睢、涣二水在下游本是有支津可通的。《归德府志》还说，武津关有浍水故道。武津关距谷熟集只有 7 里，这和唐代的涣水在谷熟县南 28 里的记载不尽相合。《归德府志》所说的可能是流入涣水的一条小水，由于上游故道尽淤，于是把这样的小水说成涣水的故道。

九、鸿沟系统诸水道的现况

　　鸿沟系统诸水形成之后，由于和济、汝、淮、泗诸大川都有联系，曾促进了中原各地交通事业的发展。不过它所涉及的地区距离黄河不远，自不免容易受到黄河泛滥的影响。由王莽时期开始的长达六十年的黄河决口，济水都受到阻塞，更不要说是和济水一块由黄河流出的鸿沟诸水了。东汉初年，王景治河，主要致力于河汴分流。所谓汴渠，也就是汳水。黄河既告安澜，汴渠也畅通无阻，东汉统治阶级的目的达到了，但汴渠以外鸿沟其他的支流，却在这个时期或者部分段落断流，或者就干脆湮没不通了。

　　就是汴渠也不是一直畅通，没有问题的。汴渠中的水流，仍然引自黄河。荥阳石门虽能限制黄河的水流，但黄河的泥沙随水而下，是无法阻止的。从战国以迄西汉，荥泽没有湮塞的时期，对于水中的泥沙还起过一定的沉淀作用。荥泽湮塞，这一点作用也没有了，所以汴渠在以后的淤塞是可以想得到的。

　　东汉末年的军阀割据，使汴渠无由加以培护而初告破坏。曹操统一中原，曾对汴渠进行了疏浚工作。但正式施工的只是汴渠的上游，也就是今商丘县以西的一段，当时就把这一段称为睢阳渠。② 三国时期，邓艾又进行

---

① 《古今图书集成·职方典》卷三九一引。
② 《三国志·魏书》卷一《武帝纪》。

过修理，全面兴工，自上游至下游都可以通行舟楫。①后来到西晋初年，王濬灭吴归来，就是率领舟师，循着汴渠回到洛阳的。②西晋是一个短期的王朝，在它的末年，由于招致了西、北两方游牧部落的反抗，中原乱离，汴渠也随着湮塞了。直到东晋末年，刘裕北伐后秦，才重开荥阳石门，汴渠又得疏浚。在这次疏浚以后，北魏迁都洛阳，为了对南朝用兵，不仅整理了汴渠，还重修了蔡渠，蔡渠就是沙水。不过这都是些权宜之计，以后疏浚的事再未见过记载。不用详说，那分明是彻底淤塞了。

由隋唐以至北宋，在中原各地又重新开凿运河，所开凿的也有汴渠和蔡渠，但不一定都是鸿沟的旧道。金元以后，黄河泛滥更加频繁，中原各地备受波及，久经淤塞的鸿沟系统各水的故道有的就和平地一样，无由确指了。

具体地说，现在开封市以西原来未经分支的鸿沟故道，是在今郑州市东北与南济分水而东流的，经过中牟县北，流到开封市城下。这里不仅距离古代各时期的黄河不远，就是现代黄河也是相距很近。现在中牟县北及东北部都是弥漫的黄沙，沙碛的堆积向东直至开封市城下。若不是中牟县北有两个官渡桥村，以及其东北的汴河堤村，当无由判定鸿沟故道遗迹的所在。

鸿沟系统诸水的最南一支是沙水。沙水由今开封市东分支东南流，经今开封县陈留镇西、通许县东、扶沟县东北、太康县西，至淮阳县东，分为两支；南支至沈丘县入于颍河，东支经郸城县宁平城南，进入安徽省境，经亳县城父集南，再经蒙城县境，又经怀远县龙亢南，怀远县南，而注入淮水。

现在开封市东南仍然有几条水道流向东南，如果说到沙河的故道，则在汇家渠附近的，可能性是要大一些。直到通许县的山龙才略能辨出它的故道，就是那条流到晏城河的干沟。沙河故道在晏城河南为现在的涡河所

---

① 《三国志·魏书》卷二八《邓艾传》，《晋书》卷一《宣帝纪》。
② 《晋书》卷四二《王濬传》。

隔断，然在涡河以南，故道仍依稀可以辨出，到了扶乐城西南和大昌以南，故道就断断续续呈现出来。到了淮阳县的西北，故道经过当前的治理，截弯取直，成为现在的新蔡河，一直流到今淮阳县城北。淮阳县城东的沙河故道就是当地现在的蔡河，流经郸城县南，到沈丘县东的新安集注入颖河。

沙水另外的一支，是由淮阳县东流的。今淮阳城东已无遗迹。但郸城县境内，明水以北，宁平城以南，有一条今图不注名称的河道，当是沙水的故道。由宁平城东孤柳树集起流经亳县城南的双沟，再东流至城父集西入漳河的中心沟，可能是沙水在这里的故道。再往南去，涡河与西淝河之间的茨河，可能是沙河故道的另一段落。沙河虽早已断流，低凹的故河道往往成为现在兴修水利开沟掘壑的地方。像城父集与茨河上源旧城集之间的渠道就是这样兴修起来的。

由沙河分流出来的鲁沟水，流经今开封县南，通许县东北，杞县西南，在今太康县西南流入涡水。今开封县陈留镇东南，鲁沟水的故道依然存在，经杞县的高阳集而南，经围镇之东，再南为今涡河所阻隔。今涡河之南，虽看不出鲁沟水故道的所在，然距涡水的故道已经不远了。

在今太康县境的涡水故道，并非现在的涡河，而是在太康县西扶乐城附近由原来流经那里的沙水分出的。其故道流经今太康县城南，至太康县东南才和现在的涡河相合。今太康县城南的涡水故道犹经常有水，太康县东南，涡水故道就是现在的涡河，只是在行将入淮的地方小有不同。今涡河在怀远城下入淮，而涡水入淮的地方则在怀远县城东15里处。

由鸿沟分流出来的还有汳水和获水、睢水和涣水。汳水和获水其实是一条水道的上下游的异名。汳水是上游的一段，它流经今开封市和开封县、杞县、民权、商丘诸县。获水接着从商丘东流，又经今虞城、砀山、萧县，而至徐州市，在那里合于曾经流过的泗水。

由于这个地区接近明清时期的黄河，受它泛滥的影响甚为严重。开封以东至商丘以西，汳水故道几无法寻求，小黄铺以南虽有东南流的水道，但皆无当于昔日的汳水。杞县境内，水道皆往南流，无往东流的。由商丘西北至砀山县东，获水故道曾为铜瓦厢改道以前的黄河所浸用。砀山县以东获水故道东南流，和东流的黄河不同。今萧县西北黄口镇西有一条沙河，在红庙以北的一段，大致仿佛获水的故道。今萧县城北的岱河，虽流向西南，然在古代黄河泛滥影响不到这一地区的时期，可能是东流的获水故道。获水故道在快要到徐州市时，还有一段曾为铜瓦厢改道前的黄河占用过。

睢水在今开封县陈留镇由原来流经那里的蒗荡渠分出之后，经今开封县、杞县、睢县、宁陵、商丘、虞城、夏邑、永城、睢溪、宿县、灵璧、睢宁、宿迁诸县境，东入于废黄河。这里的废黄河，就是古代的泗水故道。

睢水的故道可分为两段。由开封县陈留镇至睢溪县为上段，睢溪县以下为下段。上段的故道今大部已经湮没，不过陈留镇北至杞县的惠民河，睢县宁陵之间的大沙河，虞城县谷熟集北的时令小河，永城县太丘集东南的时令河及其下游的王引沟，皆仿佛当年睢水的水道。永城县东进入安徽省境一段巴河，可能就是睢水故道。至于睢溪县以下的那一段，现在有睢河，还有新睢河。但是这两条睢河皆不是鸿沟系统中的睢水的故道，因为离睢水的故道所经过的睢宁、宿迁诸县太远了。

至于涣水，它流经今开封县、杞县、睢县、宁陵、柘城、商丘、虞城、夏邑、永城、宿县、五河诸县境，下游入于淮水。

涣水也可以分为上下两段，由开封县陈留镇至虞城县谷熟集为上段，谷熟集以下为下段。今上段故道已湮塞，无遗迹可寻。下段现在依然有水，只是名称已经改称浍河了。

其他如通往濮阳（卫）的濮水，由定陶（曹）通往东南与泗水相合的菏水，则在前面论述济水时已分别提到了。

其实这只是鸿沟系统中几条主要的水道。一些水道中往往还分流出若干条支津，那就不再在这里一一论述了。

（原载《陕西师大学报》1982年第1、第2、第3期，收入《中国的运河》1988年版时有修订）

壶口杂考

壶口，山名，以其形状若壶口得名。这样的山形可能是不少的，一些文献记载也多有涉及。在今山西境内就有四处：吉县西南的壶口，见于《尚书·禹贡篇》；临汾县西南的壶口，见于《水经·汾水注》；长治市东南的壶口，见于《汉书·地理志》；黎城县东的壶口，见于《春秋左氏传》。其中，吉县的壶口和临汾县的壶口，相距较近，长治市的壶口和黎城县的壶口，亦非很远，往往易于混淆。若追溯本源，都是不容不加以辩解的。

一、论今吉县西南的壶口和今临汾县西南的壶口

吉县西南的壶口为最早见于文献记载的壶口。《尚书·禹贡篇》所谓"既载壶口，治梁及岐"，即指此而言。这是黄河流经的地方。郦道元撰《水经·河水注》，对于这里的黄河水势，曾经有所描述。据说："其中水流交冲，素气云浮，往来遥观者，常若雾露沾人，窥深悸魄，其水尚崩浪万寻，

悬流千丈，浑洪赑怒，鼓若山腾。"郦道元在这里虽没有举出壶口的名称，但所描述的情景，直到现在，还仿佛依旧，不至于有很大的变化。到过这里的人用不着解释就可明了这里之所以称为壶口的缘故。这里的河谷本已不很宽敞，中流处由于基岩冲蚀较深，水势更加集中。壶口的所在实际上乃是一个瀑布，悬崖低垂，深达数十米。行将流至瀑布的河水，既已集中成为一股，由瀑布下泻，就宛如由壶口倒出，使人感到壶口的名称，恰似情理天成，十分形象。

就是这样也还有些歧义。《汉书·地理志》河东郡北屈县下说："《禹贡》壶口山在东南。"《水经·禹贡山水泽地篇》也说"壶口山在河东北屈县东南"，与班固所说相同。北屈县在今吉县东北。《尚书全解》引曾旼说："《志》谓壶口在北屈东南，郦道元谓孟门在北屈西南，则壶口孟门之东山也。《括地志》诸书谓此在吉州西南者失之。"①吉县在吕梁山南端西侧，北屈在吉县东北，当更近于吕梁山。如班、郦诸家所说，壶口当在吕梁山下。若果如是，黄河安能由这里流过？曾旼殆不明地理，不以《地理志》和《水经注》所载为误文，乃谓"《括地志》诸书谓此在吉州西南者失之"，以不误为误，诚谬误之甚者。其实《水经》已明白指出："河水南过河东北屈县西。"郦注也说："河水南经河东北屈县故城西。"黄河不流经北屈县东，壶口如何能在北屈县东南？

《括地志》有关壶口所在的记载，见《史记·夏本纪·正义》的征引。《括地志》说："壶口山在慈州吉昌县西南五十里。"《元和郡县图志》所言与《括地志》相同。吉昌县为慈州的治所，就在今吉县。其西南50里的说法正和实际的地理一样，这就足以证明《汉书·地理志》和《水经·禹贡山水泽地篇》的乖讹。

临汾县西南的壶口，据《水经·汾水注》所说："汾水南与平水合，水出平阳县西壶口山，《尚书》所谓'壶口治梁及岐'也。"郦道元在《水

---

① 《汉书补注》卷二八《地理志》引。

经·河水注》中描述黄河流经壶口时的水势,已见前文征引,其所描述,刻画入微,若非亲临其地,目睹山川起伏瑰奇景色,耳闻涛声怒湍声音,殆不易有此跌宕壮丽的文笔。可是郦道元在这里仅说到孟门,而孟门则是龙门之上口,并未一字涉及壶口。郦道元称孟门为"河之巨厄"。迄今孟门仍矗立水际,正如《河水注》中所说的:"河中漱广,夹岸崇深,倾崖返捍,巨石临危,若坠复倚。"其矗立处远在壶口之下。其间还有一条石槽。远在唐时,这条石槽已长达1000步。① 由于壶口瀑布不断侵蚀基岩而逐渐向上游移推,其间相距更远。

郦道元论壶口,不以之置于《河水注》中,却见之于《汾水注》中,不能不说是谬误之处。这一点,胡渭在《禹贡锥指》中已经明确指出。② 郦道元既能对流经壶口的黄河水势有跌宕壮丽的描述,而以壶口的名称置于他处,这就不能说是偶然的谬误。董祐诚对此曾做过一番解释。他说:"《汉志》壶口在北屈,为《禹贡》之壶口。此注(《汾水注》)以平阳之壶口当之,《禹贡锥指》已辨其误。郦氏笃守班《志》,何以忽生异文?盖魏晋之北屈移治平阳,本非汉县,故北屈之山亦误移于此。魏收《地形志》以禽昌为二汉北屈,是北屈徙治当时罕知之者。郦氏不察,故亦有此误。《元和郡县图志》,平山一名壶口山。今平山在临汾县西南,而临汾治即白马城。以《地形志》禽昌即北屈,《寰宇记》禽昌在白马城证之,盖误以魏晋北屈县西南之山,当二汉北屈县西南之山也。《汉志》壶口山在北屈东南。《禹贡锥指》谓在西南,而斥《汉志》为非,以此注致误之由推之,则知《汉志》本作西南矣。"③

《魏书·地形志》确曾有这样的记载:"平阳郡禽昌,二汉属河东,晋属,即汉晋之北屈也。神䴥元年,世祖禽赫连昌,仍置禽昌郡。真君二年改,七年,并永安属焉。"按:《晋书·地理志》,平阳郡所属诸县中已

---

① 《元和郡县图志》卷三《慈州》。
② 《禹贡锥指》卷二。
③ 合校本《水经·汾水注》引。

有北屈县,并且沿《汉书·地理志》之例,也说壶口山在东南。《魏书·地形志》所说的"晋属"即指属平阳郡,这是魏收撰书的体例,固不仅北屈一县为然也。北屈改属平阳郡后,是否即改易治所,未见记载。然据《元和郡县图志》,其中尚有曲折。《元和郡县图志》说:"晋州洪洞县,禽昌故城,在县东南二十四里。"①唐洪洞县今仍为洪洞县,治所亦未有改易。今洪洞县治所在汾水之东,则禽昌故城西距汾水更远。汉北屈县在吕梁山南端西麓,它的辖境纵极广大,殆不能越吕梁山而至于汾水之东。《元和郡县图志》于禽昌故城条下说:"后魏太武帝禽赫连昌置,因以名焉。"这样的说法和《魏书·地形志》并非完全相同。《清一统志》说:"神䴥时置郡在北屈,真君时改县乃徙此。至太和时又徙白马城。"②白马城在今临汾市东北20里③,于禽昌故城为西南方。《清一统志》这样的说法是不错的。《水经·汾水注》就曾说过:"汾水又南经白马城西。魏刑白马而筑之,故世谓之白马城,今平阳郡治。"可知在郦道元撰《水经注》时,北屈县已经改为禽昌县,而禽昌县的治所不仅已离开北屈县,且先后又迁徙过两次,因此就不能说"北屈徙治,当时罕知之者,郦氏不察,故有此误"。

郦道元于《汾水注》中虽不应涉及《尚书》的壶口,但当地另有壶口却不能一并加以否定。《汾水注》说:"汾水又南经平阳县故城东。……应劭曰:'县在平水之阳。'……汾水南与平水合。水出平阳县西壶口山。"郦道元在这里明确指出壶口在平阳县西,平阳县又在汾水之西,这就和在今临汾市东北白马城的当时的禽昌县无关,也和在今洪洞县东南禽昌故城的原来的禽昌县无关,更和原来的北屈县无关了。

前引董祐诚的话中已经提到了《元和郡县图志》所说的平山一名壶口山。《元和郡县图志》是这样说的:"平山,一名壶口山,今名姑射山,在(临汾)

---

① 《元和郡县图志》卷一二《晋州》。
② 嘉庆重修《清一统志》卷一三八《平阳府一》。
③ 《读史方舆纪要》卷四一《山西三》。

县西八里,平水出焉。"临汾县就是北魏的平阳县,乃是隋时改称的。《元和郡县图志》所说的不仅和《水经·汾水注》相同,而且更为明确具体。这里只有平水,则所谓壶口可能不是像吉县的黄河壶口一样,而是因山势得名的。

《资治通鉴》于梁武帝大同元年载:"东魏丞相(高)欢将兵二十万,自壶口趣蒲津,使高敖曹将兵三万出河南。"① 这是北齐、北周沙苑之战前,北齐方面调动军队的举动。胡三省对于这里所说的壶口这样解释:"《班志》,壶口山在河东郡北屈县东南。北屈,后魏改为禽昌县,属平阳郡,隋改禽昌县为襄陵县。"胡三省这样的解释,显然是根据班固的说法,以为这里所说的壶口就是《尚书》所说的壶口。可是他接着说后魏改北屈为禽昌县,属平阳郡,则这个壶口和《尚书》所说的无关。高欢时,禽昌县仍治白马城,则所说的壶口应即平水所出的壶口山。壶口山就在禽昌城外,高欢由这里出兵,经过蒲津,去到沙苑,应该是正常的出兵道路。蒲津,关名,在今山西永济西南、陕西大荔东的黄河岸旁,沙苑在今大荔县南。若由吉县西南的壶口前往,那是难于有大道可以遵循的。不过胡三省在这段话后添了一句:"隋改禽昌县为襄陵县。"这对于解释壶口的所在是多余的。襄陵县本汉旧县,高齐时省,周平齐,自临汾移禽昌县于旧襄陵县,隋时改禽昌县为襄陵县。襄陵县位于临汾东南 26 里②,已和平水所出的壶口山没什么关系了。

二、论今长治市东南的壶口和今黎城县东的壶口

《汉书·地理志》上党郡属县中有壶关县。《水经·浊漳水注》:"漳水又东北,经壶关县故城西,又屈经其城北。……有壶口关,故曰壶关矣。"《元和郡县图志》更加以具体说明:"山形似壶,于此置关。"以山形似

---

① 《资治通鉴》卷一五七《梁纪十三》。
② 《元和郡县图志》卷一二《河东道一》。

壶，才有壶口的名称，这是无疑义的。是什么时期置关的？郦道元和李吉甫都没有做出解释。按之《汉书·地理志》撰述的体例，当时所设的关隘见于各郡国有关县邑之下。上党郡高都县下就载有天井关。壶关县下却未载及壶口关。《汉书·成帝纪》："阳朔二年秋，关东大水，流民欲入函谷、天井、壶口、五阮关者，勿苛留。"应劭注说："壶口在壶关。"这是说汉时壶关县曾有关隘设置，和高都的天井关一样。

《元和郡县图志》于这个壶关县外，又载有黎城县的古壶关。这座古关在黎城县东 25 里。它还指出："《春秋》齐国夏伐晋，取八邑，有盂口。盂口即壶口也，声相近，故有二名。"这段话见于《左传》哀公四年。国夏所取的晋地，为邢、任、栾、鄗、逆畤、阴人、盂、壶口。盂与壶口各为一邑。李吉甫合之为一，是错误的。不过李吉甫以这个壶口在黎城县东，却是符合春秋时的形势的。杜预注《左传》说："八邑，晋地。栾在赵国平棘县西北。鄗即高邑县也。潞县东有壶口关。"李吉甫的解释当系据杜预的话而说的。

国夏所取的八邑中，杜预于其他五邑无说。《汉书·地理志》，赵国襄国县，故邢国。广平国任县，颜师古注，本晋邑，郑皇颉奔晋为任大夫。国夏所取的邢、任二邑，当即汉时这两县地。《汉书·地理志》，太原郡有盂县，为春秋时晋大夫盂丙邑，已在太行山西，疑失之过远。逆畤、阴人二邑无考。引起这次齐国夏的攻晋，是由于晋国荀、赵二族的交恶。当时荀寅据朝歌，为赵鞅所围攻，荀寅奔邯郸，于是齐陈乞、弦施、卫宁跪救范氏，而赵鞅进降邯郸，荀寅遂奔于鲜虞。接着就是国夏的伐晋。逆畤和阴人的所在虽不可具知，大体可以说，国夏所攻取的地方，北至于今石家庄市南的元氏县，南至于漳水附近。就在国夏伐晋的第二年，赵鞅因为卫国在前一年派兵帮助范氏，遂围卫国的中牟。[①] 这是说国夏攻取晋国的土地，南不及于中牟。中牟所在，说者不一。《史记·赵世家·正义》："相州荡阴县西五十八里有牟山，盖中牟邑在此山侧也。"这样的说法较其他

---

① 《左传》哀公五年。

诸说，最为胜义。国夏所取的八邑，大体都是范氏的旧土。范氏旧土兼有太行山上的潞。潞在今山西黎城县境。潞本为赤狄之国，为晋所灭。《左传》宣公十五年六月癸卯，晋荀林父败赤狄于曲梁。辛亥，灭潞。荀林父灭潞后，其部分土地当为荀氏采邑。定公十四年，晋国荀、赵两族已经交恶，就在这一年，晋人围朝歌。其时荀寅正在朝歌，故晋人围之。因而引起鲁、齐、卫三国图谋对范氏的救援。也就在这一年，晋人败范中行氏之师于潞。可知潞也是范中行氏的采地。国夏伐晋，攻取范氏的旧土，潞也是其目标之一。潞在今黎城县境，则国夏所取的壶口，也当在今黎城县东。

《汉书·地理志》于上党郡壶关县下不载壶口关，却载有羊肠坂。羊肠坂在壶关县东南106里，坂长3里，盘曲如羊肠。[①]也是一条交通要道。张仪说秦王，谓长平战后，秦军可以西攻修武、羊肠。[②]魏如耳说成陵君，谓"昔者魏伐赵，断羊肠，拔阏与，约斩赵，赵分为二"[③]。羊肠的重要性，由此可以略见一斑。这样一条交通道路，当非战国时才形成的。战国初期，吴起对魏武侯说到桀纣，他说："夏桀之居，左河济，右泰华，伊阙在其南，羊肠在其北。"[④]可见为时已久了。如果国夏由这条道路进攻太行山上，他所攻占的壶口就应该是在壶关县，而不能是在黎城县。按之当时情势，国夏是不可能由这条道路进攻的。前面说过，赵鞅在国夏伐晋的第二年，曾经围攻卫国的中牟。中牟在荡阴县西58里牟山之下，其地应在今鹤壁市和林县之间。由羊肠坂东下太行山，是不能不经过中牟的。国夏伐晋之时，中牟尚为卫国的疆土。其时卫国也出兵帮助荀寅，和国夏出兵的目的相同。国夏当时如何还能夺取卫国的中牟，再由此西行登上太行山？

这两个同名的地方容易混淆，不易分辨。揆其致误之由，厥有数端。杜预对于《左传》国夏伐晋取八邑的注文，应是其中致误的一点。前面已

---

① 《读史方舆纪要》卷四二《山西四》。
② 《战国策》卷三《秦策一》。
③ 《史记》卷四四《魏世家》。
④ 《史记》卷六五《吴起传》。

经提到，杜预解释八邑中的壶口，说是潞县东有壶口关。刘昭注《续汉书·郡国志》引《上党记》，也说潞县东北有壶口关。到了《元和郡县图志》更具体说，古壶关在黎城县东25里。一般说来，设关置隘，自古已然。国夏所取的壶口却并未设置关隘。《左传》叙国夏所取之地八处并列，未见若何区别。杜预也总称为八邑，可见与关隘无关。至于所说的壶口关，应是涉壶关县的壶口关而致误的。《上党记》不知撰人，其成书当不会过早，可能是因袭杜预的成说，同样有了错误。即令春秋时这个壶口设有关隘，西汉时必当省并，不会再继续设立。杜预若以潞县已撤废之关做解释，亦应称之为古关或旧关，不宜直指为潞县壶口关。其实这个道理也很简单，用不着多所阐明。因为西汉时壶关县的壶口关已经设置，并因关以置县，甚至又见于王朝政府的文告。如果潞县附近确曾设立过壶口关，到这时也会被撤销，而不能在相距很近的两地同时存在。壶关县自西汉设置后，历东汉、魏、晋皆未省并，当地的壶口关亦未撤销，杜预乃以潞县尚有壶口关，这是说不下去的。《元和郡县图志》也以古壶关相称，都是应该再做斟酌的。

春秋时，黎国的灭亡和复立以及它的迁徙，也混淆了这两个壶口的所在。黎是三代时的诸侯国。《尚书》有《西伯戡黎》篇。伪《孔传》说黎在上党东北。汉上党郡治长子县。[①]汉长子县今仍为长子县，壶关和潞县皆在它的东北。这两县都有有关黎国的记载。《汉书·地理志·注》于壶关县下引应劭说："黎侯国也，今黎亭是。"《续汉书·郡国志》也说："壶关，有黎亭，故黎国。"应劭和司马彪都只说到黎国，也都没有涉及壶口或壶关。显示其间并没有什么关系。前文征引了郦道元所说的壶关。郦道元在说到壶关时，也提到了黎国。他的原话是："漳水又东北经壶关县故城西，又屈经其城北。故黎国也，有黎亭。县有壶口关，故曰壶关矣。"这只是说，壶关县有黎亭，又有壶口关，并没有说到黎亭和壶口关的关系。《上党记》说："潞，浊漳也。（潞）县城临潞。晋荀林父伐曲梁，在城西十

---

① 《水经·浊漳水注》："浊漳水又东经长子县故城南，……秦置上党郡治此。"

里，今名石梁；又东北八十里，有黎城，临壶口关。"这也只是说，潞县的黎城和壶口在一地，相距并非很远。其间的关系也只是如此而已。

汉潞县于南北朝时，曾经改易过县名，隋时定名为黎城县，迄于现在，仍因而未改。《元和郡县图志》以古壶关载于黎城县条下，于壶关县下仅说："山形似壶，于此置关，故名壶关。"这样的记载仿佛壶关只有一处，壶关县仅存其名称，关城则在黎城县。而黎国也只见于黎城县，似乎和壶关县也没有什么关系。

核实而论，黎侯国最早的所在，当如应劭所说，是在汉上党郡壶关县黎亭。现在黎城县的黎侯城乃是后来迁徙的。春秋时，赤狄潞氏强大，立国于晋的东方。汉上党郡的潞县，即因潞氏故地得名。潞氏后为晋所灭，其时在鲁宣公十五年。《春秋》于这一年记载："晋师灭赤狄潞氏，以潞子婴儿归。"《左传》更做详细的说明：这一年，"六月癸卯，晋荀林父败赤狄于曲梁；辛亥，灭潞"。就在这一年七月，《左传》还记载："晋侯治兵于稷，以略狄土，立黎侯而还。"杜预注："狄夺其地，故晋复立之。"可见黎曾为狄所灭，这时因晋之助，得以复国。晋国复立黎侯，并非就立在原来的居地。因而黎国就有了迁徙。

潞子之国于汉时为潞县。潞县故地据说在今潞城县东北40里。① 潞城县东北为浊漳水，《水经·浊漳水注》谓潞县在浊漳水南，则所谓潞县故城在今潞城县东北之说，是符合实际的。黎城县虽为汉潞县之地，其治所却在汉潞县城的东北。唐时黎城县治所西南距潞州120里。② 唐潞州为清代的潞安府，亦即现在的长治市。清潞安府东北距黎城县治110里。③ 以前丈量道路未必尺寸皆精细准确，则这里所说的120里和110里实际上应是一样的。可见黎城县治所自唐代迄今未曾迁徙过。《元和郡县图志》谓黎侯城在黎城县东18里，是晋人复立黎国时，并非立之于汉壶关县黎侯的故国，

---

① 《读史方舆纪要》卷四二《山西四》。
② 《元和郡县图志》卷一五《河东道四》。
③ 《读史方舆纪要》卷四二《山西四》。

而其新国也不是就在潞氏的旧都。

《元和郡县图志》所说的古壶关在黎城县东25里，是古壶关和黎侯城相距只有7里。前引《上党记》谓黎城临壶口关。相距只有7里，可以说是"临"了。这样的变化乃是黎侯国地址的变化，而不是壶口的变化。黎侯国由汉壶关县迁徙到汉潞县，由那里的壶口关的近旁迁徙到这里的壶口近旁。因为两处都有壶口，所以容易使人混淆，其实是互不相关的。

黎城县的壶口虽因春秋时国夏的攻晋而为世人所称道，其后就不多见于记载，尤其是壶关县的壶口设关，就益发少人问津，甚至名称也逐渐泯没。后唐潞王清泰三年，石敬瑭拒命于晋阳，潞王命张敬达往讨，为石敬瑭与契丹兵围于晋安寨。赵德钧阴蓄异志，欲因乱取中原，自请救晋安寨，唐主命自飞狐踵契丹后，抄其部落。德钧表称兵少，须合泽潞兵，乃自吴儿峪趋潞州。胡三省谓吴儿峪在潞州黎城东北，涉县西南。① 元顺帝至正十八年，察罕帖木儿分兵屯泽州，塞碗子城；屯上党，塞吾儿峪；屯并州，塞井陉口，以杜太行诸道。② 吾儿峪当即吴儿峪。以吴儿峪与碗子城、井陉口相提并论，足见其地势的重要。吴儿峪即在黎城东北，涉县西南，实际上就是壶口的所在地。顾祖禹谓吴儿峪在黎城县东28里。③ 这和《元和郡县图志》所说的古壶关在黎城县东25里相同。但由后唐到元代，只说吴儿峪或吾儿峪，却无人再提起壶口了。顾祖禹还提到吾峪关，说是就在吴儿峪口，并引马氏说，谓吾儿峪即壶口关，盖音伪也。且说，今其地至为要隘，有巡司戍守。马氏未知为何时人，亦难以确知吾峪关设置的年代。既然顾祖禹说今其地至为要陋，可知清初当地仍称吾峪关。

现在黎城县东吴儿峪却有一个东阳关。光绪《山西通志》说："泽、潞凭高设险，障蔽两河，自古形胜地也。其当东出之冲者曰东阳关，在黎城县东二十里，一名吾儿峪，古壶口关也。"东阳关是什么时期设置的，

---

① 《资治通鉴》卷二八〇《后晋纪一》，胡注。
② 《元史》卷一四一《察罕帖木儿传》。
③ 《读史方舆纪要》卷四二《山西四》。

亦未见明确的记载。《明史·地理志》潞安府黎城县东北有吾儿峪巡检司。所说和上面所征引顾祖禹的话略同，可是也没有只字提到吾峪关。如果明时这里确有一座吾峪关或东阳关，当时设官置守，为什么却只设了一个吾儿峪巡检司？《清史稿·地理志》潞安府黎城县说："清漳水自辽（州）入，经吾儿峪，古壶关焉。"也未一提到东阳关，这就不能不使人滋疑。

光绪《山西通志》说："吾儿峪巡检司，明洪武二年置，后移置东阳关，名仍旧。"[①] 吾儿峪形势险要，明代才在这里设置巡检司。如果在这里设关，当然也是因为形势险要。不论所设置的为巡检司，还是一座关，其目的都是一样的，不会为一个目的而有两重的设施。这里既以峪为名，当然只能有一条道路。一条道路而有目的相同的两重设置，那是不可思议的。应该指出：巡检司乃是官署的名称，关城乃是一座建筑。两者完全不同，是不能相互比拟的。可能是设置巡检司时，当地还无关城的建筑，关城修成之后，巡检司移驻其中。至于当时关城是否以东阳相称，那是另外一回事。

据说现在这个东阳关尚留有关城石额二方，长 4 尺，宽 2 尺，上刻"中州外翰"四个大字，落款为"大明嘉靖二十二年巡抚河南都御史秦中秦宗枢建"。[②] 仅从这个题额上看不出是为东阳关题的。这样的题款用之于吾儿峪巡检司的驻地，也应该是十分恰当的。现在这里称为东阳镇，颇疑这个所谓东阳关只是东阳镇上吾儿峪巡检司的驻地，并非就是一座关城。

有这么一个说法，以为东阳关建置很早，远在战国时期即已有之。其依据是《韩非子》的一段话。《韩非子·内储说上·七术》说："应侯谓秦王曰：'王得宛、叶、蓝田、阳夏，断河内，困梁、郑，所以未王者，赵未服也。弛上党在一而已，以临东阳，则邯郸口中虱也。王拱而朝天下，后者以兵中之，然上党之安乐，其处甚剧，臣恐弛之而不听奈何？'王曰：'必弛易之矣。'"东阳在这里乃是指太行山东广大的地区而言，并不是说在今黎城县东壶口那个地方有一个东阳关。那里的壶口固然是形胜之地，

[①] 光绪《山西通志》卷四八《关梁考》引《通志》。
[②] 谢鸿喜《是壶口关还是东阳关》（稿本）。

战国时已没有什么重要的意义，应侯论秦国向东方的发展，是不会特别提到这样的地方的。

东阳为人所称道，并不是始于战国，春秋时晋国人士就已经经常提到。晋国人士以"表里山河"自诩。① 论晋国的地势，雄踞于太行山之西。太行山南端，稍折向西南，与析城、王屋相衔接，共为晋国东南的屏障。这都确实可以显现表里山河的雄壮。晋国因此就以太行山和析城、王屋诸山之南为南阳，也以太行山东为东阳。晋文公以勤王有功，周王赐以阳、樊、温、原、欑、茅之田。这些地方在今河南济源、沁阳、孟县、温县等处，就晋国来说，乃在山南河北之间，《左传》因而就记载一笔，说是晋国始起南阳。②《左传》襄公二十三年又说："齐侯遂伐晋，取朝歌，为二队，入孟门，登太行，张武军于荧庭，戍郫邵，封少水，以报平阴之役，乃还。赵胜率东阳之师以追之。"杜预注："东阳，晋之山东，魏郡、广平以北。"杜预时，魏郡治所在今河北临漳县西南，其辖地有今河北大名、魏县，河南安阳、浚县等县市。广平郡治所在今河北鸡泽县东南，其辖境有今河北邢台、邯郸、曲周、成安等县市。《左传》昭公二十二年还说："晋之取鼓也，既献而反鼓子焉，又叛于鲜虞。六月，荀吴略东阳，使师伪籴者，负甲以息于昔阳之门外，遂袭鼓，灭之。"杜预注："晋之山东邑，魏郡、广平以北。"杜预在这里所说的东阳，更不仅以魏郡、广平为限。这里所说的鼓国，在今河北晋县西，昔阳就在鼓国的附近。根据这两条记载，晋国所谓东阳，是指太行山之东的广大地区，南起今河南的安阳、浚县，而北迄于今河北藁城、晋县。战国时，形势虽略有改变，但以东阳指太行山东的广大地区，却还是和以前一样的。《韩非子》所说的正是这样的意思。这都和东阳关无关。以此作为东阳关始建于战国时期的根据，因之也是不够充分的。

（原载《中国历史地理论丛》1989 年第 4 辑）

---

① 《左传》僖公二十八年。
② 《左传》僖公二十五年。

古代的关中

关中的名称为人们所称道,大概是战国晚期才开始的。它最初见于记载是在《战国策》中。《战国策·秦策四》里面记有楚顷襄王派遣黄歇入秦说秦昭王事。黄歇说秦,主要是希望秦国停止对楚国的进攻,并且打算说服秦国,使它和楚国联合起来对付其他国家,这样就可以转移秦国的视线,使它不至于再打楚国主意。根据黄歇的说法,秦楚合而为一,则秦国就能从容对付韩国和魏国。如果这样,"韩必为关中之侯","而魏国亦关内侯矣"。从此以后,称道关中的人们很多,"关中"二字成了大家习用的名称了。

关中的得名自然是和函谷关有关的。函谷关在现在河南灵宝县境。函谷关有所变迁,也就影响到关中范围的大小。汉武帝时函谷关向东迁徙,改置在现在河南新安县境。大致到了东汉末年,设关的地方却又改在现在陕西的潼关县。函谷关由灵宝县移到新安县,名称并没有改变。一般称在新安县的函谷关为新关,以别于原来的旧关。东汉末年,置关的地方改变了,原来的名称却未曾带来,也是从那时起才开始有了潼关的名称。名称地址虽不一样,作用还是相当的。

本来关中的名称只是表示函谷关以西的地方，但是人们却往往给它规定着一个范围。有人说它是在四关之中，有人却说它是在两关之间。所谓四关是指的东函谷、南武关、西散关、北萧关。所谓两关之间也有两种不同的说法，一种是函谷关和散关，一种是函谷关和陇关。说法虽然不同，却都和原来关中的含义不尽相合。这在拙作《关西和关中》一文中另有阐述，不再在这里赘叙。现在一般人们习惯是以汧陇以东，至于黄河西岸，秦岭以北的泾渭流域作为关中的地区的。

　　汧陇以东的关中地区平原广漠，沃野千里，确是一个肥饶的所在。在秦汉王朝统一的局面下，关中长期成为都城的所在地。不过在那时以前，人们就已经在这里辛苦经营，充分利用当地的自然环境，甚至改造自然环境，使它适于人们的需要。正由于他们的勤劳努力，秦汉王朝在这里的建树才有更好的凭借，就是直到现在也不能没有一些影响。本文撰述的目的就是想探讨秦汉以前关中的自然环境变迁的情况，以及人们利用和改造关中的自然环境所获得的成就。

一、关中地区的自然环境及其变迁

　　在人类历史发展过程中，关中地区的自然环境也是不断有所变迁的，秦汉以前可以提到的也还不少。不过变迁的幅度并不是那么大，甚而有些情形使人们都不会感受出来。关中是一个平原地区，但周围还是多山的。以前的人们往往称关中地区为四塞之国。四塞的解释各有不同，可是关中周围多山究竟是事实。终南的重峦碧嶂，陇山的岩壑高深，以及太华的岩垚，梁山的奕奕，加上泾水两岸的九嵕、嵯峨，洛水东西的黄龙、尧山，都仿佛是关中的屏蔽。这些起伏的山峦在以往的岁月中，就已经阻隔着关中与其邻近地区的交通，人们固然利用了其中的山垭低梁，作为与四方往来的通道，然西登陇坻，行人徘徊瞻顾，辄起悲思；南赴巴蜀，初越秦岭，就得开始走上千里的栈道。函谷一线，为关东关西的人们交往必经的道路，可是崤坂的险峻，一样会使人们踌躇不前。天长地久，情形都相仿佛，好像古今一致。其实山崩地裂的现象也还是有的，譬如西周末年，岐山就曾经崩坠过；泾、渭、洛三水也因沿河的山岭崩坠，而同时断流。[①] 春秋时，梁山也还有过崩坠的现象。[②] 就是现在西安城南翠华山顶的湫池，说者也谓系由于山峰崩塌，壅阏山洞所致。不过那已是后来的事情了。

关中群山之下一片平原，为当地人们主要的活动地区。历时悠久，它也是一样有若干变迁的。关中于《禹贡》属雍州。《禹贡》曾说过雍州的"原隰厎绩"。原是高平的地方，隰是下湿的地方。有原也就有隰，因为它是原下的湿地。关中山麓与河旁的高地一般都是称为原的，因此原是很多的。[③] 就渭河沿岸说，从陇山以东起，就有和尚原、石鼓原，顺渭水往东，一个原接一个原，可以说是连绵不断的。这些高出河面的原，与作东西向的渭河并列。北岸的原面积大而平坦，南岸的原为渭河的若干支流所切割，呈不连续的长条状态。泾水、洛水两岸的情形也是一样的。关中东部较西部为低下，可是在接近黄河的地方也还是有不少的原的。那里的疆梁原和商原都是很早见于记载的。就是在长安附近，原也是不少的。在渭水和灞水之间有铜人原，渭水和灞浐之间有龙首原。浐水与潏水、皂水之间有乐游原、凤栖原、鸿固原、少陵原。灞水与浐水之间有白鹿原，浐水上源有风凉原，潏水与交水之间有神禾原，交水与沣水之间有细柳原。这些原的形成大致说来也都是很早的。譬如岐山县的周原，咸阳县的毕原，都是在西周初年已为人们所称道。又如长安附近的鸿固原和细柳原，都是在西汉时已见于记载。其他各处的原见于文献虽为时略迟，但不能即说它们的形成时期就是很晚。原的广袤各有不同，却都很早就成为人们生活栖息的所

[①] 《国语·周语》上。
[②] 《春秋》成公五年。
[③] 胡渭《禹贡锥指》在"原隰厎绩"条下辑录了关中各地的原，都凡五六十处，可以参看。

在。近年关中发现新石器时代遗址很多，遗址在原的边缘的不在少数，而且也有散布到原的内部的。西周时诗人所歌咏的"周原膴膴"，正说明它与当时人们的关系。

较原低下的是隰。隰虽是下湿之地，但也不是沮洳地带，一样可以经营农业。《禹贡》雍州所说的"原隰底绩"的意义，历来解释的人们说是原隰皆已致功。怎样才算致功？据说是在田野修浚畎浍，使积水都流到附近的川里。① 这是一种排水工程。低湿之地经过排水自然可以从事耕作。《诗经》三百篇中也有不少地方提到原隰。《大雅·公刘》曾说过"度其原隰"。这还是一般的说法。《信南山》篇却说得更为明白。这篇诗一开首即说："信彼南山，维禹甸之，畇畇原隰，曾孙田之。"从现在关中地形看来，这篇诗中所说的正是实在情形。终南山之下，有原有隰，高者为原，低者为隰，高者低者都已经开垦种植。现在关中的人们早已不用隰的名字了。以前称隰的地方现在也称起原来了。这不是现代的人们对原隰的概念和古代有所不同，而是自然情况有了变迁。这种较低下的原和原来在高地的原不尽相同。人们为了分别它们，低下的原被称为头道原，再往上去，依次按数字排列相称。这种习俗的说法，和古代稍有不同，由这些名称的演变，也可以反映出地理条件的古今差异。现在关中的各个原上，不论其为头道原，抑为二、三道原，都是相仿佛的，若无水流浸灌，就显出一片干旱的景色。现在最低的原已经不是什么下隰之地，自然也更无须再有什么排水的设备。即令有畎浍，那只是为了灌溉，而不是为了排水。这种今古的差异，也正是自然环境变迁的一种表现。

原隰的差别和变迁主要是水流对于土壤的侵蚀和冲刷的结果。原与原之间经常有很深的沟，就是冲刷的具体表现。这种现象由来已早。关中属于黄土地带，黄土又是相当疏松，所以也是最容易受到侵蚀和冲刷的地方。直到现在，还未能避免。关中诸水首推泾、渭。《诗经》三百篇《邶风·谷风》

---

① 胡渭《禹贡锥指》。

篇曾经说过"泾以渭浊"。毛氏《传》解释这句话,说是:"泾渭相入而清浊异。"朱熹做了补充说明,说是:"泾浊渭清,二水会合而清浊益分。"泾水一石,其泥数斗[1],固然是十分浑浊,但是渭水却也不是什么清澈的。泾渭二水源流都比较长远,出乎关中范围以外。二水上游的水土流失情况现在还十分严重,泾水支流马连河与蒲河之间的董志原,本是一个很大的原,当地的人们甚至以它和关中平原相比较,但是现在已因不断的水土流失,而逐渐缩小。渭水上游的武山县,也是一个水土流失严重的地区。近来人们把它作为推行水土保持的重点。由于上游不断的冲刷,无数泥沙经常随水俱下,使泾渭两水成为浑浊的河流。但这并不等于说,这两条河水及其支流在关中地区就没有这些现象了。固然在平原地区,侵蚀和冲刷作用不如山区坡地的显著,不过在悠久的岁月中,破坏的程度也颇为严重。现在华县柳子镇附近的护泉村与骞家窑之间有一座古城,位于高地之上,考古学者认为它是周代的遗址。可是现在这个高地上的古城却被老洼沟由中间冲断,形成两半[2],可见平原地区一样也有侵蚀和冲刷作用。一般说来,若干原的边缘都有无数的沟壑正在向原的内部伸长它们的起点,并且也向沟壑的两旁扩张它们的宽度。久而久之,现在的原虽然仍保持它的原来的名称,实际已和古代的原有了一定的差别了。

水流的冲刷不仅侵蚀了原的地形,而且也使它自己的河床一再加深。关中的水利工程,以郑国渠为最早,而且规模也最大。郑国渠有关的问题后文当另行论及,这里只先涉及它的引水口。郑国渠是引泾水灌溉的,它的引水口在现在泾阳县西北仲山的南面。郑国渠后来湮塞不通。另外开凿的白渠,虽是出于同样的目的,但并不是郑国渠的规模,首先是引水的渠口就不在原来的位置。为什么郑国渠未能恢复,而白渠也未能因袭它的遗迹?这在宋代就已经有人做过说明。他们指出:当郑国渠初开凿时,泾河平浅,可以直入渠口,暨年代寖远,泾河也就陡深,水势渐下,离渠口悬远,

---

[1] 《汉书》卷二九《沟洫志》。
[2] 黄河水库考古队华县队《陕西华县柳子镇考古发掘简报》,载《考古》1959年第2期。

不能流入。①因此白渠不能不另选地址，开凿新的引水口。白渠后来也是一再移动它的引水口，可见泾水冲刷的剧烈。当然，这种冲刷河床的情形不仅是泾水所有的现象，而是当地河流共有的规律。关中河流两旁的原的数目一道一道地加多，就是明显的记录。

渭水下游河道的变迁却是另一种情形。渭水自宝鸡峡而下，河床虽稍宽广，两岸的原却是平行并列，相距还不甚远，河水自难在那里潆洄弯曲，显出若何变化。咸阳以东，河谷开展，两岸原间平坦豁畅，与咸阳以西已不相同。再往东去，秦岭山下诸原连绵并峙，在渭水南岸形成一线，渭水北岸却是平坦无垠，河流在此也就无所束缚，可以左右曲折，形成若干弯曲。根据西汉时人们的说法，由长安附近到黄河的渭水，竟长达900余里。如果改在河旁凿成渠道，只要300里就可达到。②这也就是说渭水的弯曲度竟有这一段距离的二倍。秦汉之际未闻渭水有若何变迁，至少战国时代渭水还是这样弯曲的。现在渭水的下游比较通直，这是经过若干变迁的结果。这些变迁应该是秦汉以后的事情了。

渭水为关中大川，支流亦多。其中一些支流也一样改移过河道。长安附近在以前原有一个水利灌溉网，渠道罗列，若干河流往往因之改变了流向。这是人为的措施，后文当另行述及。除此以外，自然的变迁也是不少的。长安八水中的浐、灞、沣、镐、潏、涝皆在渭水以南。最西为涝水。现在涝水独流入渭。可是据《水经·渭水注》所载，涝水却是西折流入甘水，甘水再流入渭水。涝水之东为沣水。现在沣水北流入渭，古代却不一定如此。《诗经·大雅·文王有声》曾经说过"沣水东注"，显然和现在的流向不合。有人怀疑古代不仅是沣水东流，而且沣西的涝水和沣东的镐、潏、灞、浐，都与沣水合流入渭。其入渭的地方当是在现在灞、浐入渭的地方。③这样虽是猜度之辞，却也有一番道理，因为《山海经》里面也曾提到涝水注

---

① 《宋史》卷九四《河渠志》。
② 《汉书》卷二九《食货志》。
③ 胡渭《禹贡锥指》。

入滈水。滈水在沣水的东面，涝水如果不合沣水，怎能够再向东流汇于滈水呢？汉代长安诸渠都是引沣、滈诸水向东北流的①，可见这样的说法也是和当地地形相符合的。沣水北流至迟在汉时就已如此。② 当时虽然北流，却又稍偏于西，和现在还是不同，现在沣水入渭的地方在咸阳县东南，但《水经·渭水注》记沣水汇渭却是在短阴山下。短阴山现称短阴原，在咸阳县的西南。③ 这正说明沣水的下游是曾经不止一次改道的。

河流改道只是关中水道变迁的一部分。古代湖泊沼泽的逐渐湮塞，也是应该提到的。《周礼·职方》记雍州的泽薮，特别提到弦蒲。弦蒲的遗迹位于现在陇县的附近，在汧水的上游。那里已在关中的最西部，近于山地。山地如何能够有沼泽？值得思索。据说这个弦蒲薮乃是汧水流经弦中谷时形成的。④ 那里的泽薮实际就是汧水的河谷。河谷而成为泽薮，可能是由于两旁高崖崩坠，壅阻水流所致。《周礼·职方》以弦蒲为雍州的大泽，与大野、圃田并列，论诸实际，恐难互相比拟。《职方》还曾提到一个称为扬纡的泽薮，不过说是在冀州，似乎和关中没有关系。《尔雅·释地》说秦有杨陓，《吕氏春秋·有始览》却说是阳华。后出的《淮南子》在它的《地形训》中却另作阳纡。看来这几个泽薮的名称应该是一地的异名。《吕氏春秋》为吕不韦门客所撰述，于关中情况当不致有若何隔阂，所以这个泽薮应该是在关中，而不在冀州，它的名称也应该从《有始览》之说以阳华为正。名称虽定，它的所在却还有问题。有的以为在现在汧阳县，甚至认为就是《职方》所说的弦蒲薮⑤。《吕氏春秋》不以弦蒲作阳华，可知是别有所指的。据说这个泽薮是在现在潼关西南。那里也和弦蒲薮一样，是在近山的河谷之中。⑥ 泾水附近的焦穫也是如此，焦穫之名始见于《诗

---

① 《水经·渭水注》。
② 《汉书》卷二八《地理志》。
③ 嘉庆《重修一统志》西安府山川。
④ 《水经·渭水注》。
⑤ 这里指《尔雅注》及《尔雅疏》对于阳陓的解释。不是对《吕氏春秋》阳华的解释。
⑥ 嘉庆《重修一统志》西安府山川。

经·小雅·六月》,继见于《尔雅·释地》,的确是关中一个泽薮。据说它就是泾水流经瓠口的一段,因为那段泾水流于山间,形如瓠状。①像这样形成的泽薮,确也是关中的特点。实际说来倒难得符合于泽薮名称的含义的。既然这些泽薮都是在河川谷地,河川若有变迁,泽薮也就随之消灭了。大的泽薮而外,渭水两岸及其支流附近也还是有若干小的湖泊的。长安城西南的滮池即见于《诗经·小雅·白华》。滮池附近的镐池,在秦始皇的末年即已腾诸记载。②这些小的湖泊周围都不过十数里,像镐池一匝也只有20余里③,还算是比较大的。大的泽薮都先后消灭了,小的湖泊也难免干涸。只是有的是由人为的摧毁,不一定都是自然条件改变的缘故。

这些泽薮湖泊未干枯时和泾、渭、洛三大川分流灌注,使关中的黄土平原更加肥沃。说起关中的黄土,自来就是适于农作物生长的良好土壤,很早就已为人们所重视。

不过关中地区的东部,在渭水以北还有一大片潟卤的土质④,使这片黄土平原逊色了。就是黄土本身也还有它的缺点。雨量适宜时黄土是可以发挥更多的效力的,遇有亢旱和阴潦也就容易成灾。因此气候的变迁同样为古代的人们所关心。泾渭流域和整个黄河流域一样,同属于大陆性的气候,一年之中的变迁也比较大些。关中地区雨旸适时的时期固然是不在少数,但亢旱与阴潦却也并不是没有发生过。不仅发生过,而且经常会造成严重的灾害。西周末年,厉、宣、幽、平诸王之时的旱灾最为突出,前后历时一百五十余年之久,其中宣王时的那一次由元年旱起,直至六年始雨,时间的亘长实为少见。⑤西周都于关中,这种情形至少是在关中发生的。不过这究竟是极端的例子。一般说来,古代关中的时令及农作物播种的节气大都还是和现在相仿佛的,说不定还稍微偏早一点。《吕氏春秋》为在关

---

① 嘉庆《重修一统志》西安府山川。
② 《史记》卷六《秦始皇帝本纪》。
③ 《三辅黄图》。
④ 《史记》卷二九《河渠书》。
⑤ 蒙文通《周秦少数民族研究》。

中撰成的书籍，其中有关时令的叙述，正反映出关中的情况，就可以作为例证。

古代黄土地区除了耕地以外，还有十分丰富的植被，处处表现出宜人的景色。帝国主义所谓学者们曾经谰言，说是黄土地区根本不能造林。这种毫无根据的信口开河在具体事实面前，自会如爝火遇见曒日一样销声匿迹。不必远举，就是西周建国前后的光景已可以使那些谰言的人们张口结舌。周人初到岐下时就已看到"周原膴膴，堇荼加饴"，而岐山坡上又是"柞棫斯拔，松柏斯兑"。在那里可以看到"其茁其翳""其灌其栵""其椐其柽""其檿其柘"。① 就是说灌、栵、椐、柽、檿、柘等林木都在芃芃高长，自生自灭。关中地区东起函谷关。人们到关中来，函谷关是必经之路。那里不仅雄险异常，而且景色也特别幽美。人们在绝岸壁立的道途中前行，其上柏林荫蔽，谷中殆不见天日②，人们甚至不称这里是函谷，而另命名为"松柏之塞"③。过了"松柏之塞"，又逢到一片桃林，苍翠绿叶，杂着灼灼花朵，会使人们感到关中真是山川林谷美，天材之利多。④ 人们过了桃林之野，又会看到华山松涛。华山无尽的松柏使人们望之竟日也是不知道困厌的。⑤ 到了长安附近，更可以眺望鄠、杜竹林，南山檀柘⑥，顺山西行，还会欣赏到磻溪附近的幽隍邃密，林障秀阻的胜概。⑦ 就是离去关中时，西登陇山，东望秦川，依然可以望到墟舍桑梓，与云霞一色，引人怀思⑧。到处的森林草地，不仅景色幽美，而且和人们的生活起居有着密切的关系。

---

① 《诗经·大雅·皇矣》。
② 《雍录》卷六《秦函关条》。
③ 《荀子·强国篇》，《元和郡县图志》卷六《函谷故城条》，《读史方舆纪要》卷四八《函谷故关条》。
④ 《荀子·强国篇》，《元和郡县图志》卷六《函谷故城条》，《读史方舆纪要》卷四八《函谷故关条》。
⑤ 《晏子春秋》。
⑥ 《汉书》卷二八《地理志》。
⑦ 《水经·渭水注》。
⑧ 《读史方舆纪要》卷五二引郭仲产《秦州记》。

古代的人们住着木材做的板屋①，用着终南条梅做的器具②。然而最重要的还是利用这些植被，从事水土保持。古代的人们也许是不能体会到这种作用的，但是当"原隰既平，泉流既清"的时候，人们是会感到慰藉的。

由上面的叙述可以知道：关中平原附近的山岭，贯穿平原的河流，河流两旁的原隰，经过悠长的历史时期是有程度不等的变迁的。总的说来这些变迁都还不算十分剧烈，尤其是黄土地区仍然是肥沃而宜于农业的经营。如果说，黄土地区的景色古今有了差异，那是林木的减少或者消失的缘故。平原不必说起，崇山峻岭也都成了濯濯的童山。当然这是人为的摧残，与自然无关。

二、石器时代关中平原的人们对自然环境的利用

关中也和祖国其他地方一样，在远古的时代里已经有了人们的活动。虽然目前考古发掘还没有发现旧石器时代的遗迹，这不等于说当时人们还没有在关中平原徜徉往来，从事生活。隔着黄河在山西各处的旧石器时代遗址已经不断被发现，不要说汾水下游的丁村人的居地，就是垣曲的匼河镇，一样是那时人们徘徊的地方。关中往北，河套人的故乡就在陕西和内蒙古毗连之处。越过秦岭和巴山又是资阳人盘桓的所在。关中周围都陆续有了最古遗迹的发现，关中平原在那个时期就不会是空无人居的，只是还有待于考古学者的继续发掘。

由旧石器时代到中石器时代，关中已经不是一个空白点。沙苑文化的发现就是充分的证明。就关中整个地区说，仅有沙苑文化仍是显着孤独，难以使人窥见当时具体的面貌。

---

① 《诗经·秦风·小戎》。
② 《诗经·秦风·终南》。

到了新石器时代，关中地区人们活动的踪迹到处都是。由于考古工作者辛勤的发掘，新石器时代的居民点已经发现不少。据1958年陕西文物的普查报告，全省古文化遗址共计一千一百八十八处，其中新石器时代遗址就有五百一十处，而且都集中在关中平原泾渭两河的侧畔。[①] 大致说来，各县或多或少都有发现。目前的考古工作与日俱新，新的发现不断增多，事隔一载，1959年考古工作者在凤翔、兴平两县调查，新石器时代遗址就发现共有四十处之多。[②] 西安以西沿渭各县合计已超过百处。[③] 整个关中当也有新添的数目。（附图一《关中石器时代文化遗址分布图》）

新石器时代的人们是怎样利用关中的自然环境的？出当时居民点的分布不难发现其中的规律。当时人们所选择的居住点殆无例外都是靠近河流的旁边，渭水和泾水那是不必说了，就是渭水的若干支流也成为当时人们良好的居住地区。西安以东由秦岭峡谷流下的各溪流的岸上，无例外皆有新石器遗址的发现[④]，西安以西由北原流下的各水流两旁也有同样的情形[⑤]。泾洛两水的下游新石器时代遗址的发现虽还未能有渭水流域的丰富，然由遗址的所在地可以看出相同的道理。当时人们居住地址所以近于河流两岸，是有它的原因的。人们的生活是不能离开水的。凿井技术还没有发明前，人们饮用所资，势须仰赖于自然的河流，所以不能离开很远。新石器时代遗址殆无远离河岸三数里者，也就是这样的道理。新石器时代的人们虽已从事农作物的种植，然还有若干采集生活，河旁溪畔可资采集的物资也较繁多，容易达到目的。尤其应该注意的是他们的生产工具及其使用的方法。当时生产工具虽已有斧、磷、凿、刀、铲等，这些原始的石制工具，自然难得锋利，各遗址中还无犁的发现，则当时的农业生产还停留在锄掘的阶段。人们聚居的河旁溪畔正是凭借这样原始的生产工具利用自然的绝好地方。

---

① 阎磊、田醒农《陕西省一九五八年的文物普查工作》，载《文物》1959年第11期。
② 陕西考古所渭水队《陕西凤翔、兴平两县考古调查简报》，载《考古》1960年第3期。
③ 考古研究所渭水调查发掘队《陕西渭水流域调查简报》，载《考古》1959年第11期。
④ 石兴邦《陕西渭水流域新石器时代的仰韶文化》，载《人文杂志》1957年第2期。
⑤ 前引《陕西渭水流域调查简报》。

图一 关中石器时代文化遗址分布图

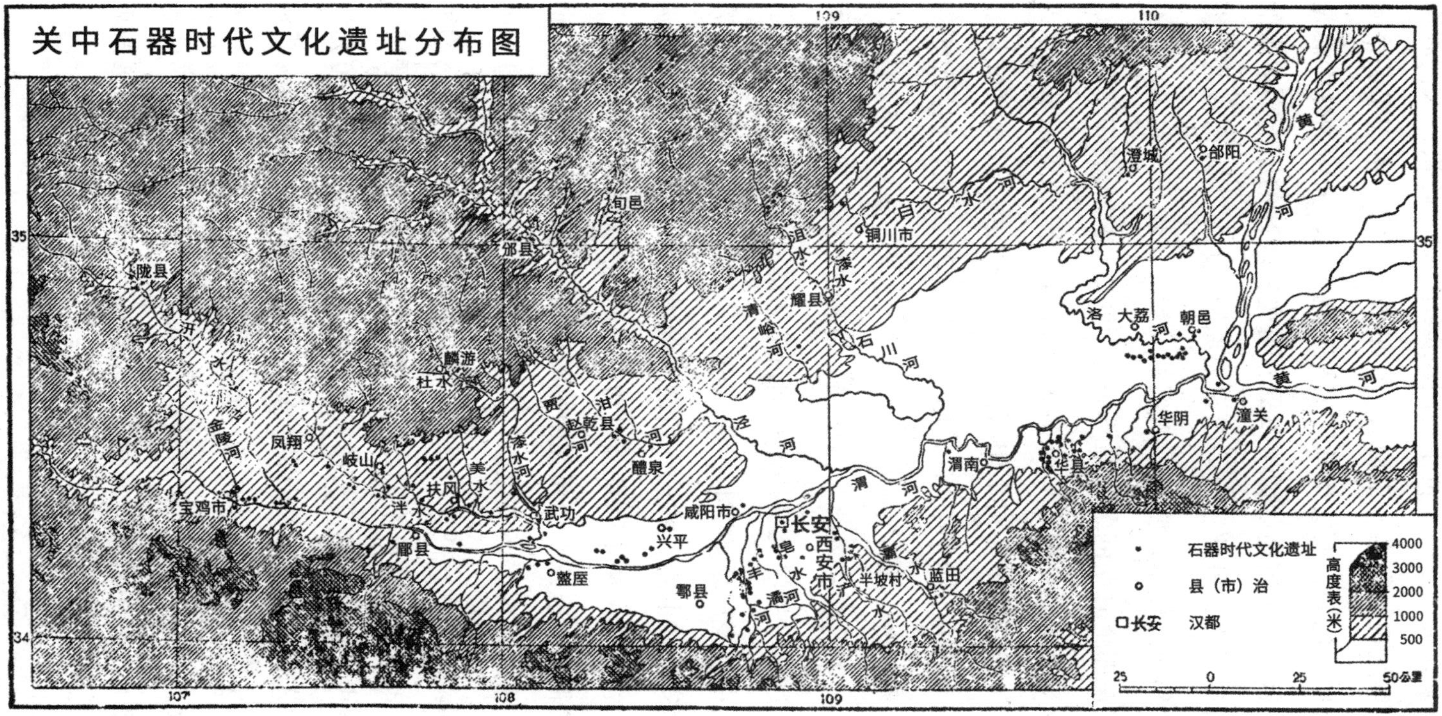

关中平原为黄土地区，黄土的团粒微细，组织疏松，人们利用原始的石制工具从事挖掘，自会省力而有较大的效果。这里引起了一个问题。既然黄土疏松易于挖掘，而关中地区又是遍地黄土，人们为什么总是留恋于河谷两旁，迟迟不向较高的原上发展？首先，较高的原上离取水的地方较远，生活诸多不便。另外还有一个重要原因，乃是当时植被普遍繁茂，原上各处仍然到处是林木，阻碍了人们的发展。在现在看起来这是不会成为问题的，但在那个时期问题却是不小。当时关中的人们如何解决这样的困难，已无从知道，不过根据后来其他地区的记载，似曾经采取了火攻的方式，人们不可能把林中的树木用石刀石斧逐一砍倒，放火焚烧却是简便易行的办法[①]，关中的人们想也是采用同一的方式，扩大他们的活动范围，增加了他们从事农业经营的土地。

从关中的新石器时代遗址的分布地区看来，人们是居住于河流的旁边的，不过却不是漫无目的地在河流旁边随处居住。一般说来，新石器时代的人们在选择居地的时候，往往舍大河的附近，而多注意于若干支流的旁边。西安北临渭水，然这一段渭水的岸上迄今却未见有当时遗址的发现，而沣水、浐水、潏水以及灞、涝各水的岸上却是不少。渭水下游发现的遗址固然很多，但几乎全是在由秦岭诸峪谷流下的溪流旁边，渭水主流的岸上却还没有发现。西安以西，渭水岸上虽散布着若干遗址，但渭水以北的雍水和漆水，两旁却显得更多。这正说明当时人们对于水的依赖是有一定的限度的。人们是离不开水的，但人们对于河流两旁的居地却不能不多一番的顾虑。河流固然可以给予人们生活以若干的便利，可是河流的泛滥也往往给人们造成难以估计的损害，甚至居住的聚落都会为泛滥的洪水所淹没和冲去。支流虽也有泛滥，其危害程度当不如主流的严重，并且泛滥的范围较小，其规律是比较容易掌握的。

对于自然环境的善为利用应是新石器时代人们的重要成就。长期的观

[①] 《孟子》卷五《滕文公上》。

察和经验，使他们在一定程度上掌握了河水涨落的规律。就现在关中各新石器时代遗址观察，它们绝大部分是在离开冲积面稍高的原上，这说明在那时这层原正是河水冲流不到的地方。自然的变迁不断在发展，人们的经验和智力也不断地丰富，选择居住点时也就有了新的判断。就关中各遗址所在地和所显示的时代看来，接近于河水冲积面那一道原上的遗址，人们在那里开始居住时往往略迟于较上的一层原，显然是当时人们掌握了河水泛滥的规律，要等到河流冲刷日深，使原来那些不能居住的地方可以安谧无患时，才逐渐由高处徙到低处，以扩大他们的活动区域。

当时人们扩大他们的活动区域，倒不一定完全着眼于较低的地方，也还想到一些较高的原上。较高的原边靠近河流的一面曾经有些遗址的发现。再向原的内部深入，新石器时代遗址一般说来是不多的。人们能在那些地方居住应该是凿井技术发明以后的事情。凿井技术的发明传说是出自伯益①，但也有认为是黄帝的②。伯益为帮助大禹治水的人，凿井技术与平治水土有关，伯益凿井当较为可信，不过其已经在新石器时代的晚期。虽然如此，仍然可以看出当时人们是企图向这些地方发展的。由原边直向原的内部深入是有一定的困难的，但溯着一些河流而上是可以达到目的的。泾渭诸大河源远流长，都出了关中的范围，它们的若干支流却大多都是从较高的原上流下来的。溯着这些支流而上，虽渐行渐高，已经绕到一些原的后面，而离水源还不甚远。关中西部的地势高于东部，陇山又为关中西部的屏蔽，新石器时代人们却会溯着汧水而上，在现在陇县郑家沟、营沟村，汧阳县望鲁台、裴鲁寺村等处建立他们的聚落。现在凤翔县北面的麟游县，位于海拔 1000 公尺以上，在渭北诸原中算是最高的地方了，麟游城之北的澄铭窑也发现了新石器时代的遗址。为什么那样高峻的地方会有古代遗址的发现？就地理条件看来这并不是什么无法解释的事情。澄铭窑位于澄水河的西岸，澄水河下游流入杜水，杜水又流入漆水，漆水却是渭水的支流。

---

① 《吕氏春秋·勿躬》《淮南子·本经训》。
② 《经典释文》卷二《井卦》引《周书》。

当时人们可能就是随着这样的河流逐步深入的。现在的乾县为泾渭两水分水的地带，也是比较高的地方，其城北不远已达到海拔 700 公尺以上。可是那里有汧河东流注入泾水，贾赵河南向注入渭水，因此在乾县附近能够发现新石器时代的遗址，也并不是难于理解的。同样情况，铜川黄堡镇、吕家崖和耀县塔坡等新石器时代遗址也是与石川河有极其密切的关系的。由于他们的辛勤努力，新石器时代的聚落才遍布关中许多地区。

就这些遗址看来，当时西安附近的聚落还是很稠密的。这说明远在西周初年建都丰镐以前，这里就已经成为人们注目的地方。目前考古发掘所得，西安附近的遗址已有三十余处，以之与关中五百一十处遗址相较，实占有相当大的比例。这些遗址正是分布于涝、沣、滈、浐、灞诸水的沿岸，其中尤以沣水两旁者为最多。在当地的每一个现代村落差不多都是建立在古代文化的遗址上面。这证明那个时代这里的人烟已是相当稠密的。为什么会有这样的情形？从地理条件方面可以得出如下的解释：渭水河床到宝鸡以下虽已远离陇山谷地，然两岸原势仍然很高，渭南各地阻于秦岭，渭北的几道原也层层高起，东西相连，由宝鸡直到咸阳，一般皆在海拔 400 公尺以上，三道原边及其以下的地方虽为当时人们所习见，然其范围究属有限，可以周旋的局面并非甚广。西安附近，面对咸阳原下，远较渭水上游为开阔，而当地渭水支流如上文所举出者，又较沿流其他各处为繁多。按新石器时代人们喜择较小的河流作为居住之地的惯例，则西安附近当时遗址的稠密，也是理所当然的事情。

考古发掘的结果充分显示出当时人们早已从事定居的生涯。聚落范围的固定，遗留下来的文化层堆积的深厚，都可以作为证明。他们所遗留下来的生产工具更可以说明当时的生产情形。那时的人们虽还从事采集生涯，农业生产实已经占有相当的比例。人们利用原始的石制刀铲挖掘疏松的黄土从事种植。新石器时代农作物的种类现在所知的还不算多，也许是仅有少数的几种。据现在所知，当时人们已经种稻，黄河流域和长江流域都已有遗迹的发现，当无疑问。关中地区在那时可能有稻，但还需再做研究，方能肯定。所可以确信无疑的乃是那时人们已经种粟。在半坡遗址中曾经发现了储存在陶罐中的粟粒，而华县泉护村遗址也有同样的发现。[①] 可知粟在当时是关中人们普遍种植的农作物。那时还没有水利灌溉可言，自不能不注意到可以耐旱的农作物，粟正是耐旱的作物的一种。《春秋公羊传》昭公元年何休的注释曾经指出，原宜粟，隰宜麦。关中在新石器时代是否已经种麦，尚无确证，而粟宜于原上，正符合关中的地理条件。当时人们既然为了防止河流的泛滥而不敢定居于原下的隰地，则在原上种粟自是对自然环境的绝好利用的方法。据说在半坡遗址中还有菜籽的发现。可以看到当时的农业经营已相当复杂，所种植的作物不是单纯的一种，只是无由看到其他的遗迹，未能肯定当时的具体情况。

关中各遗址所掘得的器物中杂有石制和陶制的纺锤，确是饶有意义的发现。这不仅显示出当时人们生活的丰富内容，而且还显示出农业经营的更多的范围。他们纺织的成品早已腐朽，无由获得，不知其所使用的原料。但出土的陶器上面可以看到绳纹或线纹的痕迹，其所用的绳或线有些是相当细的，甚至和今日缝衣所用的线相似，其所织的布也是仿佛今日麻袋那样的布。人们由这些情况推测出来，他们使用的作为纺织的原料可能是苎麻或其他植物的纤维。[②] 这种推测是有一定的道理的，本来用麻的纤维从事纺织，是古代衣着的一个重要来源。它和丝同为人们所珍视。就其使用的数量而论，应较蚕丝更多。《吕氏春秋·审时》所列的六种重要的农作物中，麻为一种。这种渊源也可能是从新石器时代开始的。

新石器时代人们在经营农业之外，还从事畜牧的活动。当然在较长时期定居之后，畜牧活动应该是以居住聚落附近为范围的。而农业的发展也使畜牧更有可能，半坡遗址中有饲养家畜的地方，就是证明。各遗址中还发现捕鱼的用具，这是居住在河流旁边的人们的生活中应该有的设备。

从这些情况，可以大致得出新石器时代关中地区自然环境和人们活动

---

① 黄河水库考古队华县队《陕西华县柳子镇考古发掘简报》，载《考古》1959年第2期。
② 石兴邦《陕西渭水流域新石器时代的仰韶文化》，载《人文杂志》1957年第2期。

的一些轮廓：那时的终南山下，泾渭诸水流域的广阔黄土地带已经由于河流的侵蚀和冲刷，形成了一道一道的原，较高的原已经比较干燥，接近河流的冲积面的显得湿润，说不定有时还受到洪水的冲淹；终南山和其他的山岭都还长着葱葱的林木，森林地带从山坡一直曼延到原上。在河流两岸的离冲积面不远的原上，尤其是在若干支流的岸上，散布着若干人们的聚落，他们由河流中汲取饮水，在聚落附近牧放家畜，种植农作物，靠着粟和麻解决他们的食粮和衣着的问题。他们的活动限于沿河流的地方，邃密的森林和饮水的困难阻碍着他们向较高的原上发展，但是他们发挥了无穷的智力，溯着若干大小河流，扩展他们的足迹，使许多地方都有了他们的聚落。

应该注意，新石器时代关中的人们并不是和其他地方相隔绝的，他们从茫茫的原野中找出了和外界相通的道路。他们既然利用若干河流扩展他们活动的范围，也更能够利用河流和关中地区以外的地方相交往。关中地区新石器时代遗址的分布以渭水沿岸为稠密，这分明是东西往来的一个交通要道。值得注意的是，西安以东的遗址大都分布在渭水的南岸，以西又是在渭水的北岸，固然其他地方还可能有些遗址，有待于继续的发现，仅以现有的遗址看来，其分布的情况和目前主要交通道路完全符合，可以说像这样的交通大道应该在新石器时代早已形成，而且为人们所利用。当前渭水流域新石器时代遗址的发现已经不限于关中地区的一段，陇山以西天水、甘谷、武山、陇西各县也相当稠密。渭水虽于潼关附近流入黄河，古代人们的足迹，却并未因此而停止，近年三门峡水库区考古发掘获得绝大成绩，潼关以东的灵宝、陕县都有多数遗址的发现，再往东去，沿河各处遗址之多也是不可胜数，显然东西各处是有联系的，而关中正在它们的中间。就各遗址所发现的陶器及其他物品也可以看到其中因袭的痕迹，若不是当时有所交往，是不可能这样的。

三、农业发展及土地利用

关中的农业在周人迁豳、迁岐之后都不断有所发展，到了西周更有显著的进步。这些时期关中原野的现象已经和新石器时代有了很大的不同。从事农业经营的地区远较以前为广大，农作物的种类也比以前有了增多。西周的诗人曾经歌颂出这样的诗句："黍稷重穋，禾麻菽麦。"① 可以看出这几种农作物在关中地区种植的普遍。而这几种农作物中，黍稷又是最为人们所称道，他们不仅对于"黍稷茂止"② 感到喜悦，而且在"丰年多黍多稌"之时③，一种欣愉之情实已溢于言表。其他的称道是更不必说了。从诗人们的笔下可以反映出黍稷两种在当时的农作物中实占据着主要的地位，为农家经常播种的嘉谷。它们见重于农家是有道理的。黍稷都是耐旱作物，对于关中缺雨的地区是有很大的适应性的。关中土壤本来相当肥沃，黍稷在这里种植自然是十分适宜的。关中也还有盐碱地带，在盐碱较轻的土地上种植黍稷也是一样能够得到丰富的收获的。人们选择这样适宜当地自然环境的农作物，并使之有广大的种植面积，自非一朝一夕的事情，而是长期积累经验的结果。关中新石器时代各遗址中迄今未发现黍稷的痕迹，似不易肯定当时人们已在种植这种农作物。然据传说，像稷这样的农作物其为人们所发现当不是过晚的事情。周人的先世始自后稷，以稷相称，不是偶然的事。这正说明稷在关中的种植是为时已久的了。

粟是关中地区最早种植的农作物的一种，新石器时代居住在半坡和柳枝的人们曾经保存过这样的品种，其遗迹直留存到今日。西周时人们当然继续在关中种植。④ 粟既是普遍种植，也就有了不同的名称。上面所举的"禾麻菽麦"的诗句中的禾就是一种。禾固然也可以当作各种谷物的总名，

---

① 《诗经·豳风·七月》。
② 《诗经·周颂·良耜》。
③ 《诗经·周颂·丰年》。
④ 《诗经·秦风·黄鸟》。

但像这样和麻菽麦等并列，不能即以之为诸谷的总名，而应为粟的别称了。人们不仅普遍种植它，还培养出优良的品种。膏粱或稻粱的粱应是其中的一种。①粱虽与粟可以相混，其中究有差别。粱与膏或稻并称，可见其为珍贵的食品，与一般人们皆可食用的粟是不同的。因此，可以设想当时人们对于培养良种是如何注意的。

除过这些耐旱的作物以外，人们还注意到稻的种植，《诗经·小雅·白华》就曾有过这样的句子："滮池北流，浸彼稻田。"滮池在现在西安的西北，正当渭水和沣、镐诸水之间，一片水田自是种稻的佳地。《诗经·豳风·七月》篇还提到"十月获稻"，则关中种稻的地方不仅限于沣、镐诸水之间，而且扩及泾水中游。和粟一样，关中的稻也有不同的品种，其中有一种是称为稌的。它是富于黏性的糯稻，也还有人把它当作粳稻的②。公刘迁都时为了准备途中的用项，于是"乃裹糇粮"。据说这样糇粮是用米做成的。③如果这样的说法不错，则关中开始种稻，应该是远在周人建国以前了。

现在关中的主要的农作物是小麦。在《诗经》三百篇中，麦也是为诗人称道的。在《七月》篇中，它曾与禾麻黍等并列，而且人们还歌颂着"麻麦幪幪"④。不过从诗中描述的情况看来，当时关中虽有麦，但似乎并不甚多，因为诗中提到麦的地方不如黍稷的频繁。为什么当时关中种麦不占主要的地位，还需要考索。有人认为古代的人们虽知种麦而不会磨面，直到汉代人们能够磨面，种麦才多起来。其实这也未必。《吕氏春秋·任时》列举了当时几种重要农作物，麦就是一种。现在看来，麦因种植的时期不同，而有宿麦、春麦两种。宿麦收获量较多，但须秋种越冬，或者当时人们对于这样种植方法尚不熟练，因而种植的面积不如黍稷的宽广。

豆类的种植也是周人农业中的重要部门。据说周人的祖先后稷时就曾

---

① 齐思和《毛诗谷名考》，载《燕京学报》1947年第32期；胡道静《我国古代农艺史上几个问题》，载《新建设》1954年12月号。
② 陈奂《诗毛氏传疏》。
③ 齐思和《毛诗谷名考》。
④ 《诗经·大雅·生民》。

经"艺之荏菽，荏菽旆旆"①，后稷是否已经种菽，难于确定。但后来种菽可能也不会很少。同样的情形，当时人们对于麻的种植也没有忽视，麻不仅是衣着的原料，而且麻子也还是可以供食用的。

当然，那个时期人们所经营的农作物是不会限于这几种的。诗人们还经常提到"播厥百谷"②，既说播厥百谷，应该不是少数的几种。这里不必详细追述它们都是些什么名称，但总可以看出农业经营在当时是多方面的，人们不断培养出新的品种，丰富了他们种植的范围。

《诗经》三百篇有关农作物的记载中，黍稷占着重要的地位。由于时代的不同，这种地位是有所变化的。至迟到战国时代，黄河流域的人们所称道的重要农作物已经不是黍稷而是菽粟了。这在《孟子》《墨子》诸书中是有明确的记载的。③他们所说的虽偏于黄河下游各处，关中也不会差得很远。《吕氏春秋》的论述以关中情形为根据，《审时》篇中所记载的六种重要农作物，禾即属于首位，而黍次之。也许《吕氏春秋》所列的各农作物的次第不是按其重要与否为先后，不过仅提到黍而没有提到稷，是会引起人们的注意的。以前曾有些人以为稷就是小米，也就是粟，好像《吕氏春秋》所说的禾黍就是黍稷了。其实《诗经》三百篇说禾也说稷，显然其间是有差别的。粟和黍稷同是耐旱作物，适于关中地区的种植，好像不应该再有什么差别，实际的种植却也略有不同。种禾对于时节土地的要求不甚苛刻，种黍在时节、水分方面还有一点限制。④也许人们就舍难就易了。菽的种植更为容易，虽遇荒年也不至落空，所以种植也很普遍。这种情形到西汉又有改变，那时关中的人们所最重视的既不是黍稷，也不完全是菽粟，而是粟麦了。这由《氾胜之书》中可以看到一点消息。《氾胜之书》也是在关中撰述的，当然同样以关中农事为主要的对象。《氾胜之书》

---

① 《诗经·大雅·生民》。
② 《诗经·周颂·噫嘻》《诗经·周颂·载芟》《诗经·周颂·良耜》等篇。
③ 《墨子·尚贤、七患》诸篇，《孟子·尽心》章。
④ 《齐民要术》卷一《种谷》、卷二《黍穄》《大豆》诸篇。

久已佚失，不过在贾思勰的《齐民要术》中还是多所征引，可以看出大致的情形。《氾胜之书》中于禾黍大豆诸农作物皆有记述，独于麦最为详细，不是没有道理的。从两汉以后，关中就一直成为产麦的重要地区而少有改变。

不论由黍稷到菽粟的变迁，或是由菽粟到粟麦的变迁，关中很早就成为重要的农业地区是可以肯定的。而且除过灾荒之年，一般说来收成都还是不差的。尤其是西周建国前后，经营农业的技术还比较原始的时期就已经如此，一些诗篇中记载着当时收获之物都相当丰饶，就是具体的说明。能够获得这样的成就，其原因应该是很多的，首先是生产工具的不断改进，使劳动有了更多的效果。西周初年的生产工具不可避免地仍有很多的石制农具，但石制农具随着木制农具的增多而逐渐落于不重要的地位。木制农具也还是简陋的工具，却已比较石制农具为犀利。

农业和土地的关系至为密切。从西周建国前后起，在农业发展的过程中大致可以看出当时人们对于土地利用的情形。远在公刘迁居豳时，就已注意到这方面。《诗经·大雅·公刘》曾有详细的记载，它说："笃公刘，既溥且长，既景乃冈，相其阴阳，观其流泉，其军三单，度其隰原，彻田为粮。"就是古公亶父迁于岐山下之时，也是先要"乃疆乃理，乃宣乃亩，自西徂东，周爰执事"①。这样规划农田看起来似乎是很简单，其实却是有一番道理的。隰原乃是关中地势最大区别处，对于农作物的栽种也构成不同的条件，人们注意到隰原的具体情形也是情理应当的。他们还特别留心农田的阴阳面，这是更进一步的土地利用了。向阳的土地日照较多，地温较高，适于土壤内细菌的繁殖，对于农作物的发育是有所帮助的，所以当地的农田应该是尽量利用向阳的土地的。直到古公亶父时还是遵循着这样的精神。他们经理农田，自西徂东，因而构成了南亩和东亩。② 南亩是指行列南向的亩，东亩是行列东向的亩，南向东向都是向阳的地方。这样的经理方法，成为周人规划农田的准则。在《诗经》三百篇中就有很多的记载，

---

① 《诗经·大雅·绵》。
② 陈奂《诗毛氏传疏》。

《小雅·信南山》中就曾说过:"我疆我理,南东其亩。"其他如《周颂·载芟》《周颂·良耜》都提到了南亩。不仅关中如此,关东各地也有许多处都是本着这样的精神规划农田的。应该指出,这是在地广人稀的情形下的一种利用土地的办法,人口增多,土地需要迫切,那就管不了是阴是阳了。

人们对于农田的经营,更进一步还注意到在农田中修理圳亩,《尚书·梓材》篇中就曾经说过,"为厥疆畎(甽)"。圳和亩不同,亩是农田经过整理后田中所起的高垄,圳是垄和垄之间凹下的小沟。①圳亩的措施是沟洫制度中的一部分。《周礼·考工记》说到匠人为沟洫,已经指出"耜广五寸,二耜为耦。一耦之伐,广尺深尺,谓之圳"。再广再深,就是沟洫。可以说圳就是沟洫的支脉,沟洫支脉所围绕的土地就是亩。圳有广深的规定,亩也应该有长阔的制度。这样的数字就不必在这里详细说明了。

《周礼·考工记》已经对圳的作用做了明白的解释。从《考工记》所说的匠人为沟洫的制度看来,其目的是排水。《考工记》的记载不尽然指的是关中地区,不过这种排水作用应该也是关中农田所有的。《吕氏春秋·任地》篇说:"不能使吾士(土)靖而圳浴士(土)乎?"土而需要浴,当是土壤含有某些成分不适于农作物的生长。关中土壤为黄壤,黄壤为上上的土壤,不至于有若干妨碍农作物生长的杂质。可是关中某些地方确实还含有盐碱,不经过水流的冲洗就难于种植,《任地》篇所说的圳浴土,是在排水作用之外,还含有改良土壤的意义。②

应该指出,圳亩的作用还不仅这些。《吕氏春秋·任地》篇中曾经说过,"上田弃亩,下田弃圳"。所说的上田是高旱的田,下田是下湿的田。可见圳亩的措施在原上和隰地都是有的。为什么要弃亩弃圳?据近人解释,乃是高旱的田,要把庄稼种在凹下之处,而不种在高出的亩上;下湿之田,要把庄稼种在高出的地方,而不种在凹下的圳里。上田弃亩,就是作凹畦

---

① 夏纬瑛《吕氏春秋上农等四篇校释》。
② 夏纬瑛《吕氏春秋上农等四篇校释》。

种地；下田弃圳，就是作高畦种地。① 这里面含有保墒排水的意义，也是符合了《任地》篇中所说的"湿者欲燥，燥者欲湿"的要求。还应该指出，沟洫制度也起了保持水土的作用，因为沟洫纵横，浅深相受，到伏秋暴雨降下、洪水奔流的时候，沟洫就可以发挥出疏泄和灌输的作用。这样河流也不至于泛滥，四野也可以无有燥土。到秋冬水消的时候，又可以挑浚沟洫中的积泥，用作肥田的肥料。

是不是圳亩的措施也便于灌溉？根据《考工记》所指出的沟洫制度，排水是主要的要求。关中地区和关东不同。古代黄河中下游流域是一个湖泊地区，农田耕作伤于多水，排水工作为人们所重视。关中地区隰地近于河旁水滨，也是有排水的需要的。高敞的原上需要排水，却更需要灌溉。就是下湿的隰地也是不能完全排除灌溉的工作的。因为关中的气候自来就是偏于干旱，隰地虽然下湿，却也难于支持长期的旱灾。在这样具体的条件和要求下，用作灌溉是可能的。不过究竟达到什么程度，还值得研究。关于西周时代水利的记载，人们一般是注意到前面所引的："滮池北流，浸彼稻田。"有的说滮池是一条河流②，有的却解释为蓄水之池③。不论为池为河，灌溉的目的是很显然的。若是作为蓄水之池，更可看出当时的水利工程已有了相当的规模。《白华》篇据毛《传》所说是周人讽刺幽王的作品，已在西周末年。西周的水利设施当不自这时才开始。《诗经·小雅·黍苗》叙述宣王命召伯为申伯经营谢邑。其诗说："原隰既平，泉流既清。"这分明是注意到农田灌溉的水利。谢在今河南南阳附近，距关中遥远，然召伯的经营当是本之关中的经验。不过滮池还在隰地。原上如何，不得而知。《诗经·大雅·公刘》曾经说到公刘迁豳后，在规划农田时要相其阴阳，观其流泉。相其阴阳的道理在上面已经提到，观其流泉应再加以说明。《公刘》篇的这一段中主要说的是与农田有关的事，所以观其流泉不应被解释

---

① 夏纬瑛《吕氏春秋上农等四篇校释》。
② 《水经·渭水注》。
③ 《说文解字》。

为取得饮水,可能是与灌溉有关。不过即令与灌溉有关,规模应不是很大,因为流泉也不会有很大的水量。总的看来,这时期关中水利不是绝对没有,只是所涉及的范围不甚普遍而已。

西周时期,人们在利用自然环境和改造自然环境方面取得了一定的成就,但由于不能够完全控制自然环境,其间的阻力依然是很多的。再加上人为的破坏,甚至会延缓改造自然的过程。厉、宣、幽、平诸王统治时期,关中旱灾的频仍,几至摧毁了前人的劳绩。在阶级社会里,统治阶级残酷的剥削,甚至使人们到了无法生活的地步,人们对于克服自然环境利用自然环境的兴趣可能因之减少或消失。除过这些以外,西周时期关中的宜农土地还未尽量利用却也是事实。其中主要的原因乃是当地人口的稀少。西周灭亡前后,关中诸侯还乘机外迁,当然也带去了若干人口。像原居于现在华县的郑国,就是在这时迁往河南的。这种人口稀少的情形直到春秋时代依然存在。现在韩城县于春秋时为梁国,是关中的东陲。当时梁国的人口就不很多。据说梁伯好筑城,城筑好后由于乏人居住,竟为秦国所灭。人口不多,劳动力缺少,当然会减少对于自然环境的利用和改造的力量。战国时期商鞅还从三晋招诱了大量的人口。他的目的是要调换秦人从事战争,不能算是正当。但是关中的富庶程度毕竟因此而有所增长。

春秋战国时代人们对于自然环境的利用较前更有收获。铁的发现和铁器的使用使各国社会都发生了剧烈的变化,关中自然也非例外。关中冶铸铁器的详细情形已不可具知,关中产铁之山之多洵足引人注目。周人最初起于岐山,岐山就有过铁矿;不过周初还不知有铁,当然无由利用。终南山屏蔽于关中的南部,自西徂东,绵亘不断,其中珍宝自非少数,当时的人们也曾经有所发现。此外蕴藏铁矿的竹山、英山和符禺之山,就都是终南山的一部分。[①] 新的金属工具自较以前的木石工具为犀利,当有助于工农业的发展,超过了以前的成就。

---

① 郝懿行《山海经笺疏》,吴任臣《山海经广注》。

在这样新的情况下，人们对于土地利用也就更为细致。商鞅在秦变法，其中有一条为废井田开阡陌。这简单几个字说明了耕种面积的扩展。当然耕地范围的增大，开阡陌只是一端，《商君书》中对开辟草莱再三致意，也可以看出这一点。所谓开辟草莱自不是滥伐滥垦，而是留有一定的山林、薮泽、溪谷、流水以及蹊道。① 后来到战国末年，吕不韦的门客撰集《吕氏春秋》时，对于土地利用的意义和措施有了进一步的说明。它的《上农》等四篇就是在这方面做了阐述。这四篇中经常提到后稷，当是吕氏门客取之于当时托名后稷所著的农书。② 可见当时注意到这方面问题的大有人在。这四篇书中对于农业和天时、土壤等的关系做了精细的叙述，对于利用地力也有所发挥。他们对于当时农田中的圳亩措施极为注意，认为可以达到排水、保墒以及洗涤土壤等目的。他们认为这样的措施虽好，在实用的时候却还有一定的限制，如果留的圳过大过宽，则亩也就相对减少，圳大亩小，他们称之为"地窃"，认为是会减少农田可耕的面积的，他们以"地窃"的害处和苗稠、草多的"苗窃""草窃"并列，认为是"三窃"。③

战国末年关中人们改造自然的最大措施还应该推郑国渠的开凿，这条渠道是由现在泾阳县西北引泾水东流，到现在蒲城县东南流入洛水，全长300多里，灌溉所及的地区包括现在的泾阳、三原、富平、高陵、临潼以及蒲城、渭南等地。郑国渠的故道久已淤塞，一些人对于它的流经地区有了不同的说法，甚至认为它是在现在白水县以北入于洛水的。白水县在海拔700公尺以上的原上，从平川引水流到原上，当时是办不到的事情。这样的说法是不明白当地的地理形势的推测。这一点在拙著《郑国渠故道的探索》一文中曾详为论列，这里不再赘述。郑国渠不仅是前所未有的大规模的农田水利工程，而且还起了改良土壤的作用。它所经过的地区本是一片盐碱土地，是不适于种植农作物的。由于郑国渠的开凿成功，盐碱土地得到渠

---

① 《商君书·算地》。
② 夏纬瑛《吕氏春秋上农等四篇校释》后记。
③ 《吕氏春秋·辩土》。

水的冲洗，过去荒芜的原野变成稼禾茂盛的沃土。战国时代秦国逐渐强盛，关中人口也日有增加，当地农业虽不断有所发展，所收获的粮食仍不能满足需要。秦惠文王时发动了对巴蜀的千里用兵，其目的就是要夺取那里的产粮地区，以解救关中的困难。[①]巴蜀是盛产粮食的地方，粮食外运本是不成问题的。不过离关中过于遥远，中间还隔着秦岭和巴山，粮食的转运是不容易的。战国末年，秦岭和巴山之上已经有了栈道[②]，运输的困难却并未完全改观。郑国渠的开凿和渭北广大地区土壤的改良，基本扭转了关中粮食不足的问题。秦国后来能够统一全国，其原因虽然很多，这一点应该也是其中的一部分。在关中的自然条件的基础上，再加上这些人为的努力，当地出现了新的面貌。人们称它为陆海和九州膏腴之地不是没有原因的。（附图二《古代关中图》）

四、都邑的建立

当然，古代人们克服自然环境和利用自然环境的办法是不一其道的，农业方面的成就只是其中一部分；前面所说过的对于居住地点的选择也是一个重要的方式。石器时代聚落的分布正是当时人们的建树。那时聚落的规模大小不一，大的一些可能是氏族联盟的所在地。由于生产力的发展，社会不断地向前推动，若干聚落逐渐扩大，形成了城市。就关中来说，古公亶父由豳迁于岐下时已在那里肇建城郭，据《诗经·大雅·绵》所述，城郭的局面似乎稍具，总还是有些草创意味，因为在建立城郭时，同时还是"柞棫拔矣，行道兑矣"，那种筚路蓝缕、以启山林的情形，跃然纸上。直到后来文王作丰、武王作镐时，气派才完全不同。

---

① 《战国策·秦策一》。
② 《战国策·秦策三》。

图二 古代关中图

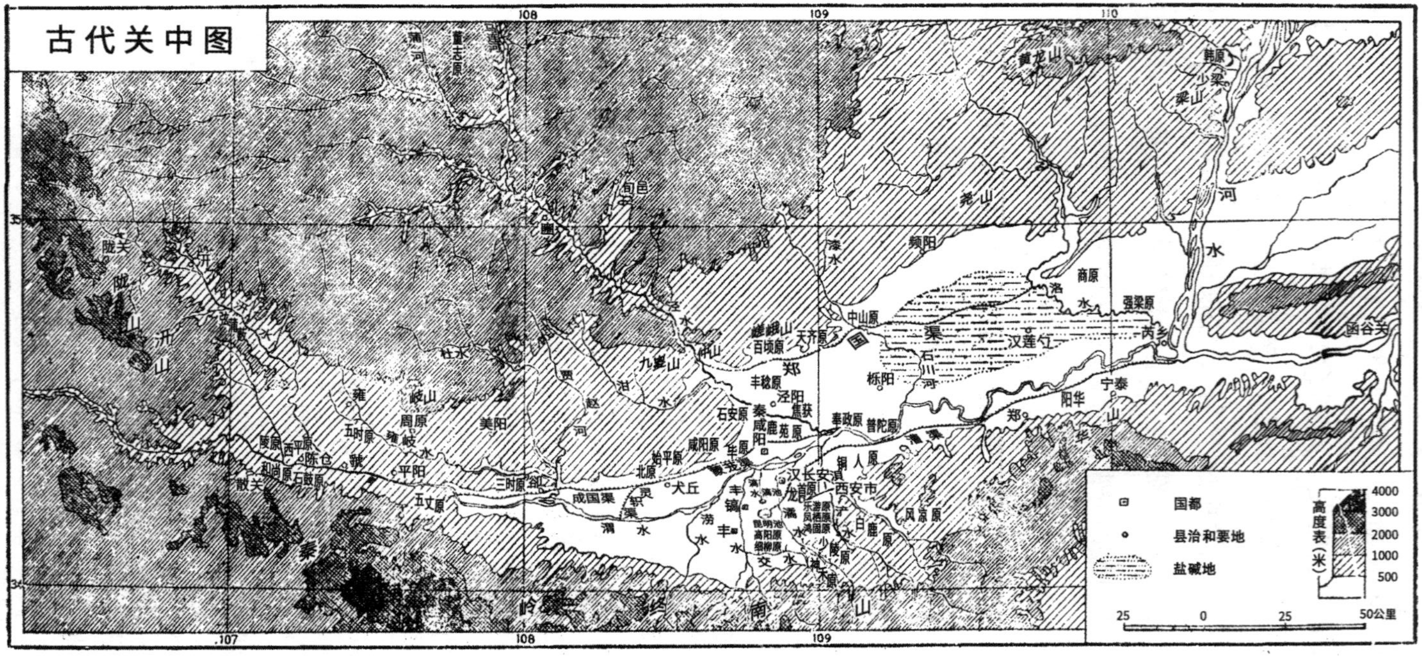

古代关中图

周人在岐下所建立的城郭，据近年考古调查，其遗址当在岐山、扶风两县间的京当、黄堆、法门诸地的附近，那里正是膴膴的周原。周人在周原定居是饶有意义的。当然当古公亶父初逾梁山而达到周原的时候，他们的努力还相当有限，不能控制更多的地区。周原之外所涉及的地方也许不是很远，因而只有周原可以成为他们选择居地的地点。《诗经·大雅·绵》对于这座岐下的城郭虽有较多的叙述，然仅限于墙垣、门户、宫室、宗庙等建筑，于城内一般情形则阙而不谈。可以设想当时的商品交换的范围不是十分广泛的，充其量也许只是达到周原及其附近的地区。

可是丰、镐的情形就和周原不尽相同。周人向沣、镐诸水间的推移，正是他们不断向东发展的过程。他们翦商的打算虽然已经很久，但是仅靠岐下的根据地却是不易达到这样的目的。因为那里距离殷人的都城究竟是太远了，显出鞭长莫及的困难。丰、镐位于关中的中部，既照顾了周人本来的疆土，又可以沿渭而下，伺商人的间隙。殷人的亡国主要是由于其内部阶级矛盾的尖锐，被压迫的奴隶时思反抗，而周人以新兴的力量抓住殷人的弱点，得以告厥成功。当然丰、镐的有利条件也使他们能顺利进行东征。

丰、镐的建置也和岐下的城郭有所不同。丰在文王未经营以前已经有了城市的基础。丰本是崇国，文王因旧迹而又加以增饰，自与新创不同。镐在丰的附近，另是一座城池，不过它们相距不远，大可以看作一个城市的分化。周人本来是有一定的手工业的，但还不能和殷人相比。所以在灭殷之后，对于来降的"诸臣百工"曾给予相当的优遇，使他们成了周王室官属中的重要部分。殷人重视青铜器的制作，周人也未能免俗，今传世西周铜器为数非鲜，其原来铸造想必更多。居于丰、镐的诸臣百工既有一定的数目，则此项青铜器的制作不能与他们无关。这正显示出丰、镐城市手工业的一斑。西周的手工业自不限于铸造业，其他还有养蚕、绩麻、织布、酿酒、做衣裳、筑宫室、搓绳索、制玉器以及各种艺术品的制作，形形色色，种类繁杂。这些手工业者虽不一定都是集中在丰、镐，但为了满足统治阶级的享受和需用，丰、镐无疑是相当多的。从事手工业者既多，所用的原料的来源也应该设法考察。周天子为天下的宗主，分封了许多诸侯。诸侯对天子有朝聘贡献之礼，礼物一般是玉帛、兽皮、珍玩以及各地的特产。这些都会成为丰、镐手工业的原料，不过当时手工业的原料主要还是取之于当地。上文说过，西周的青铜器为数不少，而玉器尤夥。青铜器是铜、锡等物铸造而成的，关中产锡之地虽无所闻，产铜之山却还有若干处，见于《山海经》的就有五处。产铜之外，还有产玉的地方。《禹贡》记雍州贡物，就曾指出璎、琳、琅、玕，这些都是玉的种类。《禹贡》雍州范围广大，这些东西的出产地不一定就在关中。不过关中产玉是可以肯定的，产地就在终南山中。西汉中叶东方朔曾经具体指出秦地之山出玉石[1]，可为明证。新石器时代半坡遗址诸物中曾有一块翠绿的玉石，与小儿骨架同时出土，当是就近山中所产。半坡濒浐水，而浐水发源于蓝田山中，蓝田产玉，《汉书·地理志》中也有明确的记载。铜玉诸物，属于矿产，产于深山，这与渭水平原无预。至于养蚕、缫丝、绩麻、织布、酿酒、搓绳等手工业的原料，显然都是渭水平原农田所生产的东西。手工业与农业虽然分离，然而手工业的原料还有若干种类唯农业是赖，这正说明在手工业与农业分工之后，新建的丰、镐仍有借于当地富庶的原野。

应该指出，粮食的生产实为丰、镐附近的特色，而为周人所重视的自然条件之一。关中农业的发展前边曾有详细论述。这里还应该指出，周原固然膴膴，为周初的人们所欣赏，不过较之丰、镐之间似还略逊一筹。就地形比较，周原为原上之地，丰、镐为原下之隰，肥沃程度本自不同。丰、镐既富产粮食，又是关中的中心，更是关中和东方交往的重要的地点，所以周人翦商之前，定都于此，作为经营东方的始基；灭殷之后，继续在此留驻，使它成为控制全国的枢纽。

这里所说的是以丰、镐并提，因为它们相距不远，不论从地理形势、城乡关系，以至于当地物产、对外发展等方面观察，丰、镐都是一样的，

---

[1] 《汉书》卷六五《东方朔传》。

所以把它们作为一地加以研究。但是丰、镐究竟不是一个地方，而且建都的时代也不一致。既然丰有许多有利的条件，为什么武王不去克绳祖武，遵循其先王的遗规，却去别创新猷？应该指出，武王虽建立了镐京，却并不是废弃丰邑。《文选·西都赋》注引《世本》和《史记·匈奴列传》就皆指出武王居丰镐，不是专言镐京，就是武王以后的诸王也是常居于丰邑的。丰，金文作蒡[①]，现存西周彝器中，不乏诸王居于蒡京的铭辞，如成王时的臣辰盉，康王时的麦尊，穆王时的逦殷、静殷、静卣、小臣静彝，懿王时的史懋壶等皆记载分明[②]，谅无讹误。蒡京依然有宫室、宗庙，甚至还有辟雍。《诗经·大雅·文王有声》备载作丰作镐的经过，却未提及作镐的原因。周代的统治者在丰镐附近甚至在渭水左右曾经兴建过若干离宫别苑，西周彝器铭辞中就有诸王在某宫的记载，镐之于丰，最初可能是出于这样的关系，后来镐京营建既多，逐渐超于丰京之上，所以诸王在镐的时候反多于在丰，镐实际代替了丰而成为西周的正式王都。除过这样的原因之外，也许是由于丰濒于沣水，容易遭受水灾，故别修镐京，以防万一。古人选择和营建聚落都邑皆往往避大川之旁而迁就于支流左近，为的是可以避免洪水的泛滥。沣水为渭水支流，其附近又极富庶肥沃，自合于作为都邑的要求。然沣水在渭水以南各水中，还是数得上的大川，也曾经有过泛滥。《诗·文王有声》在叙述文王作邑于丰时还特别提道："丰水东注，维禹之绩。"渭水距丰邑不远，而渭水诸支流除沣水以外还是不少，为什么特别提出由于大禹的治水，才使沣水东注？这正显出沣水也曾未能安澜。就是出于战国时代人士之手的《尚书·禹贡》所涉及的关中诸水，也以沣水与泾、渭、漆、沮并列，认为禹绩的所在。看起来沣水的安澜与否是人们所萦心的问题。周虽定都于丰，不能不有所顾虑，从而在丰京之外又做了镐京。

西周诸王的居地也和夏、商两代一样是经常有所迁徙的。这里不欲对此等琐事多费篇幅。不过由其迁徙的过程也可以看出丰镐的重要性。据说

---

① 郭沫若《两周金文辞大系图录考释》。
② 郭沫若《两周金文辞大系图录考释》。

在文王作丰以前，王季曾经宅程①，程亦作毕程②，而毕程就是毕郢③，也就是人们所称的毕原。毕原有二处，一在渭水之北，一在渭水之南。周初所经营的当在渭水之南。④这里正是丰、镐的附近，也是可以当作一个地区来看的。此外还有穆王以下都于西郑⑤，懿王居于犬丘的说法⑥。西郑为现在的华县，犬丘为今兴平县。懿王居于犬丘，乃是由于猃狁的压迫⑦，属于暂时避难的性质，局势平定之后，便当归来，不能即认为是在那里建立都邑。《两周金文辞大系图录考释》中所收懿王时彝器及其近似者凡十有七器，其中除未载懿王行踪或虽载行踪而无可稽考者外，言在周或宗周者计有七器，言在葬京者一器，言在吴者亦一器，言在康宫或奠者又各一器。竟无记载在犬丘者。懿王居于犬丘既是受猃狁侵扰，无暇铸做彝器也是近乎情理的。由各器所载的行踪看来，懿王并非舍去丰、镐，在外不归，因彝器所载在周者不仅一二器。懿王所在的康宫，据郭氏所释，乃井叔康宫，非周的康宫。井叔康食邑于奠，即是西奠。西奠亦即穆王所居之地。穆王居西郑，出于《汉书·地理志》注引臣瓒的说法。臣瓒所说大体本于《竹书纪年》，王国维据此，谓《纪年》于穆王、共王、懿王元年均当书王即位居西郑。⑧如所言不谬，则懿王居犬丘，当更是以后的事情。以犬丘与西郑相较，似西郑远较犬丘为重要。穆王以下诸王虽有居西郑事，西郑是否即是周的都邑却也是问题。郭沫若先生在考释懿王时所做的免卣时，引臣瓒所说穆王都西郑事，随即指出免卣所载的"王在奠"，和其他诸器所载的"王在周"者同例，认为臣瓒所言确有所本。并指出"盖自穆王以来于西郑设有离宫

---

① 《周书·大荒解》《周书·书序》。
② 《周书·史记篇》，"昔有毕程氏"。毕程当即是程。
③ 《孟子·离娄下》。
④ 陕西省博物馆《西安历史述略》。
⑤ 《汉书》卷二八《地理志》注引臣瓒说，朱右曾、王国维《古本竹书纪年校辑》。
⑥ 《太平御览》卷一五五引《世本》。
⑦ 《汉书》卷九四《匈奴传》。
⑧ 朱右曾、王国维《古本竹书纪年校辑》。

别苑，王则时往就居"①。这种说法是符合当时的情形的。穆王虽说居于西郑，实际也和懿王一样，常往来于各处。郭氏所考释的各彝器中，说穆王居菶京者即有四器，说在宗周者也有二器。可知穆王也并非即永居一地。穆王以后诸王时的彝器，有许多都提到王在周或宗周的字样，看来宗周还是都城，与西郑无涉。

由整个关中的地理形势看来，是可以分为两部分的。现代的地图具体标出，咸阳原上已在海拔500公尺以上，而咸阳和西安及其以东各地则都在500公尺以下，近于400公尺之间。东西比较，东低而西高。论地方的富庶程度也似乎东部较上一等。周人由岐下东迁丰、镐，是有向中原发展的目的的，东部隩地的富庶当也不失为其原因之一。后来秦人的东迁，所迁徙之地不尽与周人相同，论其目的似与周人同出一辙。秦自初起迄至统一全国，都邑的迁徙也极为频繁。从其迁徙的踪迹看来，殆亦有其规律存在。即由陇山以西，逐步沿渭而下，最后达到了咸阳。其中也曾有些曲折，实际与秦人本来的活动无关，只是后人的附会，遂至使人感到秦人的迁徙并非一贯向东发展。所以造成这样的错觉，是由于大骆、非子的居地引起的。《史记·秦本纪》所载，非子居犬丘，又说大骆居犬丘。上文曾论及周懿王都于犬丘，若使两者为一地，则秦人早已于西周中叶至于西安附近。然核其确地，秦人所居的犬丘，乃在陇山以西，与懿王所居的地方无涉。②通秦人都邑的迁徙，前后都凡十一处。其初期所居西垂、犬丘、秦三处，皆在陇坻之西。西周东迁，使秦人得到了发展的机会，他们越陇山而东，沿渭水而下，达到了周人最初的居地。他们在这一地区也有数度迁徙，先后居于汧渭之会、平阳和雍。后来到了战国时期，再向东发展，又先后迁于泾阳、栎阳和咸阳。由这样的迁徙，可以看出秦人的发展和周人是相仿佛的。③

---

① 郭沫若《两周金文辞大系图录考释》。
② 杨守敬《战国疆域图》，王国维《观堂集林》卷一二《秦都邑考》。
③ 杨守敬《战国疆域图》，王国维《观堂集林》卷一二《秦都邑考》。

不过秦人的发展究竟和周人不尽相同。陇山以西的一隅状态，所涉及不广，可以置之不论。陇山以东渭水中游的三次迁徙，就中居于雍的时期最为长久。雍为现在凤翔县，实际还是周原的左近。可以看出他们还是着重在农业方面，因为膴膴的周原依然是关中西部肥沃的地区。不过秦人却没有完全按照周人的办法，置其都邑于岐山之下。周人由豳迁于岐下，已经有了城市的规模，初期城市商品交换范围还不至十分广远，当时的人们似乎也未能完全意识到这一点。秦人东迁，情形已有不同，他们在农业的基础之外也注意到其他的经济方面。司马迁在《史记·货殖列传》里已经道出了这方面的消息，他指出："秦文、孝、穆居雍，隙陇、蜀之货物而多贾。"交通的便利和商业的发达，正是雍代替岐下的一个重要原因。现在的宝鸡，当时的陈仓，是在秦岭北麓，居于南通巴蜀的山口，而雍却是兼顾了陇坻、散关两条道路交会的地方。这种情况不仅秦时为然，直到陇海铁路兴修以前还是如此的。

秦国向东方发展，雍和岐下一样是显出过于悬远。秦国逐渐强盛之后，必然会迁徙都邑以适应新的形势。秦人最初东迁，是迁到泾阳。泾阳，据王国维说是在泾水之委，大体是在现在泾阳县境内。秦人为什么迁徙其都邑于泾阳？王国维也曾有所说明，他指出"厉共公以后，秦方东略，灵公之时，又拓地于东北，与三晋争霸，故自雍东徙泾阳"[①]。这样的说法是对的。秦国稍后再迁到栎阳也是迫切的措施。栎阳在现在临潼的东北，渭水的北岸。于泾阳为东方，向东方经营自是更为便利。就泾阳和栎阳的关系来说，正仿佛丰与镐，两地虽然有一些距离，就地理形势而论，其意义却相仿佛，只是在交通条件上还稍有不同，也就是说栎阳比较优越。司马迁指出栎阳的地势是"北却戎翟，东通三晋"[②]，恰道出其中的扼要处。正是由于这样的条件，秦国以栎阳为都，稍稍满足了他们向东扩展的要求，也使栎阳获得了一定繁荣。

---

① 《观堂集林》卷一二《秦都邑考》。
② 《史记》卷一二九《货殖列传》。

栎阳既在秦国向东发展的过程中有它的重要性，为什么秦国又把它的都城由栎阳迁到咸阳？咸阳古城在今咸阳县东，更在栎阳之西。秦国迁都栎阳是为了国力的发展，迁都到咸阳应该还是同样的目的。这要从当时发展的情况来了解。秦国迁都咸阳，为孝公十二年事。在这以前黄河东西的局面已经有了变化。首先是魏国的迁都，它由安邑迁往大梁，向中原扩张势力，减轻了对于河西秦国疆土的威胁。[①] 再则秦国在孝公初年的变法已经收到效果，国力日渐强盛，在和魏国的争执中还居到上风。他们不仅夺取了魏国的少梁[②]，而且还进一步渡过黄河，围攻魏国的旧都安邑[③]。由于秦国的国力较前益强，它的目的除了要在河西和魏国较量外，对于函谷关外的中原也有了更大的企图。秦国迁都咸阳以前，他们已经出兵东围过陕城（今河南陕县）。迁都以后，去到函谷关的路途还有阻力，因为当于现在华阴县的阴晋仍在魏国手中，使秦人难以安心。经过秦国的压力，魏人终于在秦国迁都咸阳十八年后割阴晋于秦国，秦国立即改阴晋为宁秦[④]，可见秦人当时喜悦的情况。

这些经过正可以说明秦国迁都于咸阳的道理。由于东方国际形势的变化，旧都栎阳显然已经不能适应当前的形势。栎阳处在渭水之北，它固然可以东越黄河，成为通往三晋的孔道的起点，可是秦国这时斗争的焦点已经转而注意到函谷关及其以东的地区，区区黄河的东西是难满足它的要求的。由栎阳往函谷关不是那么便当的，所以也就难以保持都城的地位。由栎阳迁往咸阳，当然是偏西些，不过它临渭水，越渭水往东就是通往函谷关的孔道。这里是要比栎阳为方便些。秦国是注意到函谷关及其以东各地，

---

① 关于魏国由安邑迁都大梁的年代，《史记》卷四四《魏世家》说是魏惠王三十一年事。这是错误的。论魏国事应以《竹书纪年》为正。《水经·渠水注》及《汉书·高帝纪》注引臣瓒说皆据《纪年》以为在惠王六年，然亦有作惠王九年者，如《史记·魏世家·集解》及孙奭《孟子正义》所引《纪年》。同引《纪年》，而各不同，自有一误，然不论为六年抑为九年，固皆在秦孝公徙都咸阳以前。
② 《史记》卷一五《六国表》。
③ 《史记》卷五《秦本纪》、卷一五《六国表》。
④ 《史记》卷五《秦本纪》、卷一五《六国表》。

却还未能完全忽略了河西一隅，因为魏国的上郡仍设在黄河西岸。咸阳不仅控制通往函谷关的大路，也和栎阳一样还可照应黄河的西岸。秦国正是在这样情形的要求下，进行了最后一次的迁都。它的迁都不是为了保守，而是想做更进一步的发展。

咸阳作为秦国的国都较之栎阳还应有更有利的条件。咸阳虽在渭北，却是紧濒渭水的北岸。它隔着渭水和丰、镐的遗址遥遥相对。丰、镐历经变迁早已成为废墟，不值得秦人留恋，然丰、镐及其附近的肥沃地区依旧是关中的重心所在。秦国力求发展，粮食问题自不能不使他们多所萦心。作为交通的中心，作为产粮的要地，咸阳代替栎阳的地位也是必然的结果。栎阳虽也有它的价值，在农业的发展方面却是有很不利的条件。因为它距渭水过远，实际已近于前边所说的泾水之东和渭水以北的潟卤地区。缺陷是很明显的。

秦亡之后经过了若干年的战争，西汉的统治者代替嬴秦控制了关中，也统治着全国。秦国辛勤建设的咸阳为项羽一把火烧为平地，西汉的统治者无所因承，只好另为规划。刘邦由汉中返回关中之时是暂时以栎阳为都城的。栎阳于战国时代已经失去作为都城的条件，在汉朝初年情况还是没有改变。为了长治久安，西汉统治者终于在咸阳以南渭水的南岸另建长安城，作为都城的所在。

以丰、镐和咸阳、长安联系起来看，这几个地方显然成了一个三角形，而且相距很近，实际起着共同的作用。也就是说，名称地址稍有改变，作为都城的地理条件还是一样的。这是关中地区的中心，也是交通的枢纽，更是一片肥沃富庶的土地。人们称关中为陆海，而这几个地方正是在陆海的中央，尤其是这里平原宽广，使都城的建设更能有回旋舒展的余地。在当时的条件下，统治阶级特别垂青于这一个地区还有他们的道理。统治阶级自始至终都是和人民作对的。他们虽然对人民进行残酷的剥削，却也提心吊胆恐怕人民的反抗。关中四塞之险使他们感到在人民反抗的时候，还可以负隅顽抗。但历史的教训是，在人民的反抗之下，任何的险阻也是无法解救他们的危急的。

上面所述，说明了一些王朝在关中兴建了不同的都城。这些都城各有它们的传统习惯和经济基础。它们是关中的重要城市，由于关中经济的发展，人口的增多，新的城市不断建立起来。新的城市的建立也是以当地的乡聚为基础。春秋时，秦人已在邽冀戎的故地置县，接着又在杜、郑等地设县，这是关中新建一般城市的开端。后来到孝公变法时，又并诸小乡聚成立了四十一个县。此后陆续的增添，使每一个小的地区，都有商品交换的中心。小的城市遍布各处，可以显出关中整个地区经济的发展和人们对于自然环境充分利用的情形。

五、小结

在历史的演变过程中，关中的自然环境虽然有所变迁，但变迁的程度并不是十分剧烈。泾渭诸水及其支流使平原的土地侵蚀成若干道的原，原上原下都是人们活动的处所。这种景观的形成并不是从晚近才开始，而是有其悠久的历史的。远古的一些原的名称迄到今日还为人们所习用，可见古往今来的差别并不悬殊。关中是一个适宜经营农业的区域，与农业最有关系的厥为土壤，关中的黄土地带自来就是为人们所称道的，泾渭及其支流的两旁的原隰既然没有很大的变化，这说明关中的土壤和以前还是相仿佛的，经营农业最重要的条件是雨水适宜。关中农业固然不时获得丰收，可是大陆性的气候却也会使人们感到烦苦。古代的人们在这方面曾经经历过若干的困难，在人力还不能胜天的时候，这样的灾难是会不时遇到的。人们在悠久岁月中一直和这样的天时做斗争。为了克服干旱的威胁，许多地方都兴修了水利。人们的斗争是多方面的。同一条河流和同一块的原隰，兴修水利的条件应该是一样的。实际以前凿渠的地方，到后来虽有渠口而河水却流不进来。为什么会如此？原来是河水的冲蚀使河床也向下刷深。不过这不能阻止人们的努力。

新的办法还是可以利用起来的。正是因为自然环境的变迁不甚剧烈，过去人们对于自然环境斗争的经验还是值得今后注意的。

还是在远古的时期，人们仍然使用石器从事生产的活动，自然环境固然使他们得到若干方便，却也使他们遭遇到不同的困难。当时的人们的经验不能算是十分丰富，却已经有了利用自然的才能。他们在关中平原泾渭流域的隰地和原头，选择他们的居住地点，有些到今日依然是村落所在，这正说明以前人们选择的目标恰是符合利用自然的条件。石器时代人们对于水流的依赖和斗争，显出他们另一方面的智慧。他们没有远离河岸，使他们自己饮水受困，却也没有过于靠近水边，受到洪水的冲淹。河流的来源不同，但是河滨却是便利于人们的往来，人们顺着水流之所至，使他们的足迹分布到关中的各个角落。虽然那时还在原始时代，人们已经在经营农业，但随着人们足迹的普遍扩展，油绿的农作物也已成为关中常见的景色。

关中的农业是有其悠久的历史的。周人以善于经营农业而逐渐强盛起来。周人得着膴膴周原的自然凭借获得了卓越的成就。他们在关中平原上普遍栽种着黍稷稻粱和禾麻菽麦。禾的种植为时甚早，新石器时代的人们已经对它十分熟悉。西周时代，黍稷居着农作物的首位。它们所以为人们所重视，是由于能够耐旱，对于时常少雨的关中农田是适宜的作物。可是人们也并没有放弃了灌溉的机会，关中早已有稻正是绝大的例证。现在关中主要的农作物是小麦，它成为主要的农作物还不是很古的事情。

农业的发展促使人们对于土地利用的注意。经营农业是要有耕种的土地的。古代的森林遍布于原隰各地，人们为了开垦农田，曾经进行对于森林的砍伐，由于森林众多，人力有限，还不至于造成滥伐的情况。人们对于农田的规划表现出细致的精神，他们既注意到日光的照射，也注意到积水的排除，更注意到田地的灌溉。田间沟洫倍为人们所重视，因为它不仅是讲求水利的措施，还起着改良土壤的作用。沟洫当然是农田的基本设施，不过大规模的改良土壤，还待举办大型水利工程，郑国渠的开凿使泾水以东渭水以北大片的潟卤田亩得到冲洗，变成良田。

一直到人们开始使用铁器，农业才有更多的发展。现在无由发现关中人们开始使用这种新的工具的情形,然而由文字记载中的产铁之山的繁多,可以清楚地看出人们在这方面所表现的成就。人们用着新的生产工具,讲求种植的技术,尽量开拓农田的面积,关中的农业自会蒸蒸日上。不过由于社会制度的限制,还有不少人为的阻碍,农业的发展受到若干不应有的拖延。虽然如此,那时的人们还把他们辛勤所得的知识和经验记录下来,给后人采撷和借鉴。

人们在漫长的原始社会里,注意到生产粮食,也注意到器物的制造,随着社会的发展,终于导致了农业和手工业的分工,也有了商品的交换。为了适应这种情况,人们也在聚落的基础上建立了城市。人们结合了关中的地理形势很快地在中心地区兴建了重要的城市。关中的王朝先后经过若干次的改变,不同的王朝各有其不同的都城。它们的名称虽不尽相同,所在地也略有差异,总的说来都是在西安附近。现在的西安是关中首要的城市,推溯其渊源是有悠久的历史的。千百年来关中历史的发展正是具体的说明。

(原载《河山集》初集,三联书店1963年版)

函谷关和新函谷关

一、弘农河畔的函谷关遗址

函谷关曾经是我国历史上一座著名的雄关。它的建置当在战国时期。所谓"秦东有崤函之固"①，崤自是指崤山，函就是函谷关。汉武帝时，关城东移，就以故关为弘农县。②隋时始不在这里设县③，其前后作为县治，已经七百余年。长期作为关城县治，遗址还不至于完全堙失。不过一些记载里，还不免有些小的出入。《水经·河水注》说："门水又北迳弘农县故城东。城即故函谷关校尉旧治处也。其水侧城北流而注于河。"门水就是弘农涧，也就是现在的弘农河。至于具体位置，李泰的《括地志》说，在陕州桃林县西南12里。④桃林县于唐代中叶改为灵宝县，迄至近年三门峡修水库前，

---

① 《战国策》卷三《秦策一》。贾谊《过秦论》说"秦孝公据崤函之固"，则在孝公以前当已有函谷关了。
② 《汉书》卷二八上《地理志上》。
③ 《隋书》卷三〇《地理志》。
④ 《史记》卷七《项羽本纪·正义》引，又卷六三《老庄申韩列传·正义》引。

灵宝县才移至今县所在地。在后来一些著述中，于函谷关和旧灵宝县的距离就有不同的记载。《元和郡县图志》就有两种说法，一说在县西南12里①，和《括地志》相同。一说在县南10里。②《太平寰宇记》却有三种说法。一说也是距旧灵宝县为12里。③另外两说，一是10里160步，一是20里。④这几种不同的记载，大致是相仿佛的，因为当时计算并不十分精确。只有20里的记载，可能是12里的讹误，不然，其间相差是很大了。再到后来，王应麟著《通鉴地理通释》也说是在旧灵宝县西南12里。不过他却添上一句，说是函谷故城在县南10里。这一点是和《元和郡县图志》相同的。不过清嘉庆年间所修的《大清一统志》却说在旧灵宝县西南里许⑤，那就相差很多了。

这些说法道理虽然略有差异，实际上函谷关的遗址还能看到。它位于现在灵宝县北，弘农河西岸王垛村。旧灵宝县在现在灵宝县北。在三门峡水库未修前，由旧灵宝县到现在灵宝县就有公路可通。公路由王垛村东弘农河东岸通过。由旧灵宝县到王垛村近20里，公路由弘农河东岸绕行，当较旧日记载所说的里数为多。

现在王垛村中还有几处瓦砾堆，残瓦上显出秦汉时期的花纹，应该就是当时建筑物的遗迹。据宋人记载，函谷关城当时还未全毁，其城北带河，南依山，周回5里余40步，高2丈。⑥现在这周围5里有余的关城，早已无由得见。王垛村旁，弘农河畔，尚有残存的城门洞，据说就是当时的关门。⑦再往前推溯，据唐人记载："桃林县南有洪溜涧水，即古所谓函谷也。其

---

① 《元和郡县图志》卷五《河南府新安县》。
② 《元和郡县图志》卷六《陕州灵宝县》。这是指函谷故城而言。
③ 《太平寰宇记》卷四《河南府新安县》。
④ 《太平寰宇记》卷六《陕州灵宝县》。
⑤ 嘉庆《大清一统志》卷二二一《陕州》。
⑥ 《太平寰宇记》卷六《陕州》。
⑦ 这是当地村民的传说。在此所谓城门洞以南，尚有一土洞，现有道路从洞中穿过，洞顶土层中尚有较厚的瓦砾堆积，也仿佛是以前的遗迹，以未曾发掘过，姑记所见所闻如此。

水北流入河，夹河之岸尚有旧关余迹。"① 现在王垛村东的弘农河在常水位时，仅宽50米，俨然是一条小水。但河谷的宽度却达到900米。河流本有侧蚀作用，远在唐代，甚至更前的时期，这里的河谷当较现在为窄狭。可能当时的遗迹已为河水所侧蚀掉了。现在东岸陡岸尚不甚深，岸上三十几米外，即为陡坡，而且远较王垛村这一侧更为陡峻。当地有村名沙坡。这个居民点并不较王垛为大，而建筑物皆在坡地，距河愈远愈高，亦无任何遗迹可言。前引唐宋人记载，谓函谷关与函谷故城为两处。距今旧灵宝县12里者为函谷关，距旧灵宝县10里者为函谷故城。今王垛村南约2里为孟村沟。这是和王垛相仿佛的小村。和王垛村一样，也是倚于弘农河西侧的山坡。山坡较王垛村为陡峻，又未闻这个村中有任何遗迹。深恐所谓函谷故城的说法并非确实。在孟村沟偏南处，弘农河东有一小村为高家滩，村南有一小沟，其宽约30余米，其长约5里许，颇疑这条小沟为以前由函谷关东向的往来大道的遗迹。如果所疑的不错，则函谷故城不当在这条大道遗迹的偏南处。因为正当这条大道遗迹处，还可以控制这条道路，现在偏南处，恐怕就难得起到若何作用，因为由东来的人马，于渡过弘农河后，即须稍折向北，做入关准备，实无须再折而向南，稍做不必要的逗留。（附图一《函谷关遗址形势图》）

二、函谷与函谷关

函谷关的得名是由于设在函谷之中。为什么叫作函谷？因为这条道路乃在谷中，深险如函，故以为名。② 这条道路的长短有两种解释：一说这条道路东西15里，绝岸壁立，崖上柏林荫谷中，殆不见天日。一说这条道路

---

① 《汉书》卷一上《高祖纪上·注》。
② 《元和郡县图志》卷六《陕州》引《西征记》说。

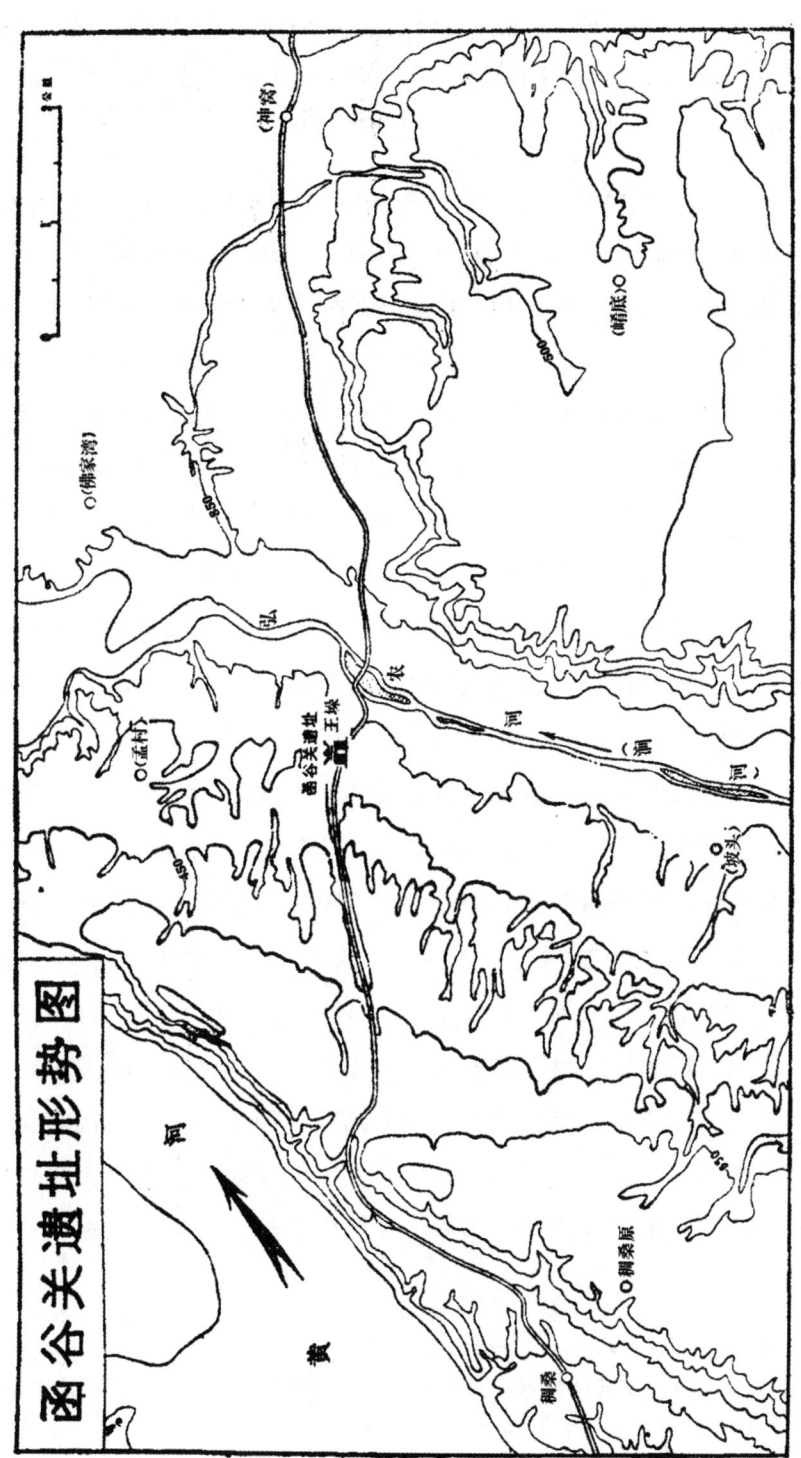

图一 函谷关遗址形势图

东自崤山,西至潼津,通名函谷,号曰天险,所谓秦得百二也。① 其实这两种说法可以合并为一,因为前一说法乃是包括于后一说之中,整条道路都是相当艰险的。

这里先说王垛村东西15里一段道路。由王垛村西行偏南,可到稠桑驿。稠桑就是春秋时的桑田。② 由王垛村东行,越过好阳涧,可到陕县。今三门峡市就是春秋时虢国的旧址。由王垛村至稠桑驿,须登上稠桑原。王垛村东弘农河畔的高程为325米,稠桑原上高程为612米,是相当高峻的。由王垛村登上稠桑原约16里。现有一条人行道,曲折上原,这显然不是原来的道路。稠桑原东西两侧各有若干条沟壑,其中在王垛村西的一条,长约6里有余。沟头的深度有17米。近弘农河处逐渐变浅,王垛村的居人即分住在沟的两侧,这条沟壑显系是在原来大路的基础上形成的。因为原来的大路就是一条深壕,年深日久,雨雪冲蚀,逐渐形成沟壑。甚至到现在已经不能再作为道路使用,只能从沟旁另行开辟一条新路。前人所说的这条路上"绝岸壁立",应该是实在的情形。

王垛村弘农河东,由南面山坡来的原大致已到了尽头。当地的原头高程犹在517米,原下已降到380米,仅较弘农河畔高出五六十米。弘农河与其东的好阳河相隔不到10里,这中间也是不会过于高峻的。前面说过,王垛村东,弘农河东侧有一条沟壑,长约4里,沟头宽约11米,沟深约19米,在行将入弘农河时犹深32米。颇疑这条沟壑也是在原来大路的基础上形成的。因为王垛村那段原来的大路都已形成沟壑,隔河相对的大路就不可能不成为沟壑。而且河东这段大路虽在原下,由现在沟壑深处比较,当时已成为一条深壕。所谓"绝岸壁立"的说法,就这段大路来说也是相当恰当的。这里顺便再对"绝岸壁立"做点解释。在黄土高原上,壁立成

---

① 这两种说法都见于《元和郡县图志》卷六《陕州》引《西征记》。《西征记》为戴延之所撰。延之为晋宋间人,曾随刘裕西征,故所撰书即名《西征记》。《太平寰宇记》亦引后一说,但作崔浩之说。

② 《元和郡县图志》卷六《陕州》。

崖的现象相当普遍，函谷关及其所在地今灵宝县也属于黄土高原，因而有这样的现象也是不足为怪。当然显著的绝岸壁立是会增加当地的险要程度的。

这里再说"东自崤山，西至潼津"这一总段。崤山在洛宁县北①，主峰为乾山，高程为1500米。由崤山东去中原有两条道路，春秋时东至成周（今河南洛阳市），战国时则东南赴韩国的宜阳。韩国的宜阳在今宜阳县西。其时宜阳为大县，人口较多，颇见重于诸侯之国②，就是由于它位于行将进入函谷的地方。由这两条道路西行，却是在这里合成一条，然后进入崤山。崤山中的道路，后世多有改易，以前则较为固定。春秋时，秦穆公遣师袭郑，蹇叔之子参与这次出征。蹇叔认为，这次出征难得胜利，其子也可能不得归来，就哭而送之。当时还嘱咐了他的儿子一段话，其中说过：晋国截击秦国的军队一定在崤山。崤山上有两座陵，南边那一座陵，乃是夏后皋的坟墓，北边那一座陵，文王曾在旁边避过风雨。杜预解释说："此道在二崤之间南谷中，谷深委曲，两山相嵌，故可以避风雨。古道由此。"③唐初李泰解释说是文王所避风雨的地方，就是东崤山。④据说："自东崤至西崤三十五里。东崤长坂数里，峻阜绝涧，车不得方轨。西崤全是石坂十二里，险绝不异东崤。"⑤东崤、西崤的坂路自是十分险峻。由李泰的解释，东崤即文王所避风雨处，当是春秋战国间通行的大路。即令春秋战国间通行的大路并非出于此途，则如杜预所解释的"谷深委曲"，确实是可当函谷之名而无愧色。

函谷的西端起于潼津。潼津自是指潼关而言。潼关的城池数经移徙，可是山川不异，尤能据以征考古事。潼关东侧有黄巷坂。一侧临原下高崖，一侧却是黄河岸边的一道高崖。虽然近河，却看不见黄河。两道高崖之间，

---

① 《元和郡县图志》卷五《河南府》："二崤山，又名嵚崟山，在（永宁）县北二十八里。"永宁县今为河南洛宁县，故城在今县北。
② 《战国策》卷四《秦策二》。
③ 《左传》僖公三十二年及杜注。
④ 《通典》卷一七七《州郡七》引《括地志》。《通典》东崤山作东垣山，误。
⑤ 《元和郡县图志》卷五《河南府》。

形成一条深巷，高崖自是黄土，称之为黄巷坂，实在是名实相符。近潼关处有一条深涧，愈形险峻。郦道元形容这条黄巷坂，说是"坂傍绝涧"①。现在黄巷坂中已通公路，路旁崖畔犹可见展宽的痕迹。虽已展宽，峻险的形势却还依然可见。郦道元更进而做了说明。他说："历北出东崤，通谓之函谷关也。邃岸天高，空谷幽深，涧道之峡，车不方轨，号曰天险。"②现在固然车已方轨，但"邃岸天高，空谷幽深"，还未稍有改易。这条黄巷坂，由潼关城东一直到灵宝县的阌底镇，其间20余里，竟然没有一点异样，现在阌底镇之东为属于灵宝县的阌乡镇。阌乡镇以前长期为阌乡县。潘岳《西征赋》："发阌乡而警策，溯黄巷以济潼。"③李吉甫说："黄巷坂，在阌乡县西北三十五里。"④今阌乡镇西距阌底镇54里，则黄巷坂当已达到阌底镇之东。其实今阌乡镇的地形正和潼关城东相仿佛。在南侧的黄土原和北山的黄河之间尚有一道高梁。梁的高处，高程为476米有余，而梁下一般都在400米以下，甚至有低到384米有余的。这当然是一条较深的巷了，因而这可以和黄巷坂相仿佛。如果说黄巷坂已经东达阌乡镇，量不为太过。

函谷的东西两端如此，中间也不乏幽深的谷道。王垛村西稠桑原侧就是。当然还可以找出更多的段落。应该说，不论从东端的崤山进入函谷，或者从西端的潼津进入函谷，都必须经过函谷关。在这几百里的谷道中，其间仅能由几处可以离开这条大路转入他途，如由陕县渡黄河而过中条山以至于河东，由灵宝越崤山而至于洛河上游。虽说有这几条岔路，但皆不适于使用较大的兵力。因此不论从东到西或从西到东，都难于绕过这个函谷关，而函谷关和其东西15里间的谷道正是不易越过的险要所在。

---

① 《水经·河水注》。
② 《水经·河水注》。
③ 《文选》卷一〇。
④ 《元和郡县图志》卷六《虢州》。

三、战国秦汉时期函谷关的作用

函谷关最早见于历史是在战国时期,应是秦国防御关东诸侯向西进攻的设施。当时秦国立国于现在陕西的中部,建都于咸阳(今陕西咸阳市东),函谷关正在它的东方。如果说它是秦国的东门,应该是当之无愧的。

本来函谷关这条道路,远在建关以前就是东西两方之间的一条通道,而且还曾发生过若干次军事行动。周武王灭纣,秦穆公袭郑[1],秦惠王伐韩国的宜阳[2],都是由这条道路出兵的。在出兵过程中却都没有发生过战争。只有秦穆公袭郑不成归来,和晋国战于崤。晋国出兵截击秦师,当是由三门峡市隔河茅津渡河的。稍后秦穆公报复晋国,却是由秦晋两国间渡河而东,再由茅津渡河而南,行至崤山封秦国死亡兵士的尸骨的。秦晋两国虽发生了崤之战,晋国取得了全胜,却没有打算由这条道路西面攻秦。

后来秦国攻晋,也没有由这条道路出兵。因为秦晋两国隔今山陕两省间的黄河东西对立,两国间的许多战争,都是在那里的黄河两侧进行的。如果取道函谷关路,那是太悬远了,也是兵家所不取的。

上面所说的这几次行军,都是由西向东,而且很少在这条路上发生过战争,所以没有设置关城的必要。到了战国时期,不仅建置了函谷关,而且在函谷关还曾经发生过几次战役。其中周慎靓王三年(公元前318年)的一次,苏秦发起合纵,约崤山以东的六国共同攻秦,楚怀王为从长,到了函谷关,秦出兵攻击,诸侯兵只好败退而去。[3]雄伟的关城就是这样显出它的重要作用。正是由于有这样的雄关屏蔽,秦国都城所在地的泾渭下游流域就称为关中或关内。秦汉两个王朝承秦国之旧,相继建都于关中,函谷关同样有重要的意义。由于关城重要,秦汉时期经常有重兵把守,一般

---

[1]《左传》僖公三十二年。
[2]《史记》卷一五《六国表》。
[3]《史记》卷四〇《楚世家》。按:《史记》卷一五《六国表》,此次攻秦,齐国并未参加。

行人出入是受到限制的。秦法，每日鸡鸣才能开关，这是由战国传下来的旧规。齐国孟尝君一宗有名的事例，正是恰当的说明。孟尝君见诱于秦国，来到咸阳，感到这样下去，相当危殆，就偷偷逃走，到了函谷关下，鸡还未鸣，恐怕后面有兵追赶，他的门下客就学着鸡鸣，引起群鸡乱唱，关门才得开起。汉法，入关的人要从关门守卫者领取一幅襦，作为出关的凭证。终军才高气扬，到长安求取功名，他想日后出关时一定可以乘高车驷马，用不着什么凭证。当关吏给他襦时，他就弃去不要。[①] 这两宗相传已久的故事，显示出当时关门防守的严密。由于有了这座雄关，又有严密的防守制度，秦汉王朝就都有恃无恐，不虑人民群众的反抗。不过雄关只是巩固封建王朝统治的一个条件，当封建统治者腐朽不堪，或者残暴压迫人民群众的时候，雄关也难于防御进攻的力量。秦末的周文、项羽，王莽时的赤眉军，难道不都是由函谷关进入关中的？

四、复原函谷关的地理形势

1972年，我曾亲自到函谷关所在地进行过考察。过了十年，1983年，我又一次到那里去。到了当地，我感到在这样的地方设关防守，是对于地理形势的善于利用。因为它可以当作建都于关中的封建王朝的屏蔽，而且事实上在一些战役中也都起过一定的作用。它的建置是符合当时的军事要求的。

函谷关后来废徙了。废徙的时候为汉武帝元鼎三年（公元前114年），到现在已经有二千多年了。关城早已隳毁，难睹原来的规模，而周围的自

[①] 《汉书》卷六四下《终军传》。按：《汉书》卷四《文帝纪》："十二年，除关无用传。"注："张晏曰：'传，信也。'师古曰：'古者或用棨，或用缯帛。棨者，刻木为合符也。'"又卷五《景帝纪》："四年，复置诸关，用传出入。"这里所谓襦，当是缯帛之类可以传信的凭证。

然环境也多有变易。当然不能用现在的形势来说明当年关城的形势。应该复原当时的旧观，才可易于明了。函谷关背倚高冈，面对弘农河。这个高冈就是稠桑原。前面已经说过，稠桑原相当高峻，现在最高处较王垛村犹高287米。由于高峻陡峭，水土流失也相当剧烈。原来那条函谷关道，已经被冲为沟壑。现在稠桑原两侧的沟壑都很繁多，弘农河一侧更为稠密，甚至1里之间多到两三条。不过都没有王垛村中那一段为长，因为那一条是在函谷关道的基础上形成的，所以独为长远。这样多的沟壑，更可显示出稠桑原侧畔的陡峻。王垛村中那条沟壑是在函谷关道废弃后才形成的，其他沟壑的形成当然更晚。这是说，在函谷关还没有废弃时，关旁左右都是陡峭的崖壁，一径才通，这自然会增加进攻者的困难。

前面已经说过，王垛村旁，弘农河在常水位时，仅宽50米，河谷却宽到900米。现在常水位时水流是这样狭窄，是由于上游山间筑有水库，水流有了限制。在没有筑水库时，河面应该更为宽阔。河畔有陡崖，其高只有5米上下，河谷不能算是太深。当建置函谷关时，可能还要更浅。由于弘农河紧倚西侧的稠桑原，所以河旁原下的道路相当窄狭。王垛村北的河岸还要陡峻些。现在这里仅有一条羊肠小道，崎岖在河岸高崖间，行人通过有些地方还须攀抓草根石棱，庶可免于危坠。这里别无其他道路遗迹，想来在以前若干年代里当也和现在相差不多。河流固然具有侧蚀作用，但在王垛村这一侧实际上不是很大的。前面说的那个城门洞，如果确是关门的话，那应是近于河滨，迄今规模尚在，其地似少为河水侵蚀。由此推论，就在函谷关建置的时候，这一段河道旁边也是不可能有什么过于宽阔的大道的。

这样的地形对于函谷关的作用应该具有重要意义。东来的军马必须在函谷关北渡过弘农河，过了弘农河之后，又须沿弘农河西岸南行，进入函谷关，才能继续西进。而且还只有这样一条道路，其他在近处做迂回进攻也是难于为力的。作为进攻一方当然会遇到困难，而且就在越过弘农河时一定会遭受阻击。古代防御战争的设施，既要有高城，也要有深池。这里的弘农河就是函谷关外的一条深池。雄关加上深池是不易被攻破的。就是越过弘农河，函谷关前又是一条濒河倚着高冈的窄道，任凭是千军万马也无由施展开来，这就给守关的一方以无比的方便。可是这样的雄关有时也难免被突破，固然是由于进攻力量的相当强大，主要的原因还是守关的一方予人以可乘之机。秦末周文进攻函谷关，到达关下时，已有车千乘，卒数十万。这固然是一个先声夺人的形势，而当时守关力量不强，恐怕是一个主要原因。周文收兵虽多，都是些乌合之众，他固然可以乘虚冲过函谷关，等到章邯以所免骊山徒人奴产子应战，周文只好狼狈退出关外。[①] 项羽入关也相仿佛。项羽入关前曾在新安（今河南新安县）坑秦降卒二十余万人。这也是要造成一番声势。其实这时秦王子婴已在轵道向沛公投降，咸阳已经易手，函谷关的防守自然就难得和以前一样。何况这时防关者是刘邦的军力，刘邦的军力当时还不是项羽的对手。[②]

函谷关附近自然环境的变化还是比较多的，因而就不能不再做说明。前面已经一再说过，函谷关成为一个雄关，正是因为东西往来只有这一条道路，舍此是无法越过的。函谷关的废徙并不是由于当地自然环境有所变化，不适宜于再在这里设关置守，而是出于社会政治的原因，这一点到后面再说。就是函谷关废徙了，当时在这里还设了一个弘农县，东西行的大路还离不开这里。隋时不再在这里设县，却在函谷关的东北弘农河入黄河处设了一个桃林县，也就是后来的灵宝县。现在灵宝县另移新址，当地成为旧灵宝县或灵宝老城。县治的改易说明地理条件的变化。为什么会有这样的变化？应与黄河河道有关。函谷关设置时，它所倚靠的稠桑原向北一直伸延到黄河岸边，黄河由原畔流过，两相连接，无有若何隙地。所以东西大道只能横过稠桑原，别无其他选择。

隋时由弘农县到桃林县的变化，和唐初潼关城的迁徙应该是相仿佛的。潼关城原来设在今潼关港口（即三门峡水库兴修以前的潼关城）南原上的

---

① 《史记》卷四八《陈涉世家》。
② 《史记》卷七《项羽本纪》。

杨家庄，其地稍南尚有一个城北村。杨家庄与城北村之间十年前犹能见到故城遗迹。潘岳《西征赋》所谓"溯黄巷以济潼"，就是指此而言。为什么潼关城要设在原上？理由很简单，因为当时黄河紧依南原底下向东流去，不可能有任何道路。后来黄河不断下切，原下河边已经有了滩地，过往行旅就可由滩地行走，不必再跋涉长途，登上南原。东西大路既已有所变化，潼关城就没有必要再设在原上，于是迁到河滨。[①] 潼关迁城是在唐代初年，稍迟于桃林县的设置。桃林县的设置虽稍早于潼关城的迁徙，同样也是由于黄河的下切，稠桑原北端近河处已有滩地露出，逐渐成为行人往来的大道，这样，桃林县就不得不向北移动，新址也就只能在稠桑原尽头处的黄河崖畔。东西往来行人再不由函谷关那一条大路走过，关城自然也就荒废不治，日久成了沟壑。李吉甫论这一段变化说：秦函谷关"即今灵宝县西南十一里故关是也。今大路在北，本非钤束之要"[②]。就是这样的道理。

　　隋时在桃林县还修了一条称为"晋王斜"的道路。据宋人记载："晋王斜路，即《汉书·地理志》函谷关路也。西接湖城县，东至此县（灵宝县）界六十一里，已废。开皇九年（公元589年），晋王自扬州回，复此路，因名晋王斜路，至今不绝。"[③] 湖城县为今灵宝县阌乡镇。这条道路到唐时再加修理。因为湖城县东的故道滨河，不能掘井汲水，马多渴死。天宝八年（公元749年），宋浑又开新路，自稠桑西由晋王斜。[④] 这两次所修的路起讫都相当明确。晋王斜路是恢复了函谷关路，可是恢复的工程并不是由函谷关开始，而是由灵宝县，亦即隋时的桃林县西61里开始，那里是桃林县和湖城县交界处，而函谷关距桃林县只有10多里，显然不能并为一处。宋浑所修的路也只是由稠桑开始，向西与晋王斜相衔接，并未涉及稠桑之东到桃林县这一段。虽然说是函谷关道，却与函谷关无关。由桃林县经稠

---

① 拙著《历史时期黄河在中游的下切》。
② 《元和郡县图志》卷二《华州》。
③ 《太平寰宇记》卷六《陕州》。
④ 《新唐书》卷三八《地理志》。

桑原下黄河岸边西到稠桑的道路，是隋时才形成的。当函谷关作为雄关时，这里没有其他的道路，所以当时的过往者只能通过函谷关，而无其他的选择。

现在王垛村北及西北各处的地形虽有高岸和低地，总的趋势是愈西愈高，直到稠桑原的顶上。这里现在虽无大路，但乡间小道还是四处可通。登上王垛村附近高处，极目远望，但见条条白道，细如丝缕，分散各地，就是前面说过的那些陡峻的原边坡地，虽说不易攀登，也还散布有如丝的小道，如果东来的千军万马越过弘农河后，不畏险阻，直登西侧的高冈，则函谷岂不等于虚设？其实这只是现代的顾虑，当时并不一定就是这样。应该指出，函谷关附近当时是一个森林茂盛的地区。函谷关这个名称是十分形象化的。前面已经说过，这条道路行于谷中，所以名为函谷。这里不妨再做详细的解释。函是盛物的，如函囊、书函，都以函相称。函的各边都相当整齐。以函谷作为道路的名称，这是说这条道路的两侧都是陡峻深邃，就像函一样。道路既然行于山谷之中，当然也不是十分宽阔的，这就使它更像函的样子。在这个名称之外，还有一个名称，称为"松柏之塞"[1]。在函谷关之西，本来有一个"桃林之塞"[2]。"桃林之塞"以当地桃树成林而得名，则"松柏之塞"也应是以松柏成林而得名。实际上也正是如此。后来到南北朝时，这里还是绝岸壁立，路旁两侧崖上，到处都是柏林，行人在谷中，仰首难得见到天日。[3]这样的描述虽出自南北朝时人的笔下，但战国时已有此种景色。所谓松柏之塞当不是函谷内外一路上两侧才有的，而是遍及其附近各处。明朝山西雁门关外自东徂西有一道长数百里的林带，其宽约50里[4]，在这样宽阔的林带中，"人鲜径行，骑不能入"[5]，当时称为"第二道樊篱"[6]。这所谓"第二道樊篱"乃是对大同以北的长城而

---

[1] 《荀子·强国篇》。
[2] 《左传》文公十三年，杜注。
[3] 《元和郡县图志》卷六《陕州》引《西征记》。
[4] 《明经世文编》卷四一六，吕坤《摘陈边计民艰疏》。
[5] 《明经世文编》卷二四七，胡松《答翟中丞边事对》。
[6] 《明经世文编》卷六三，马文升《为禁伐边山林木以资保障事疏》。

言。明代边防,曾大修长城。山西北部有两道长城,一是在大同以北的外长城,一是经过偏头、宁武、雁门三关的内长城。这一宽阔的林带居于外长城之南,所以称为第二道樊篱。可以推想,战国秦汉时期函谷关内外一片森林,除过一条东西大道外,其他地方都是不能随便逾越的。

如上所说,函谷关南依崤山,北濒黄河,山麓河滨皆无他路可行。稠桑原上到处都是森林,仅有一条函谷关路,又是相当窄狭,而关前还横着一条弘农河,就是千军万马在此确是难以得逞的。这样多的人马部队在弘农河东是不易驻扎得下的,又等闲不能渡过弘农河。即令过了弘农河,打不开关门,也只能徒唤奈何。战国时五国并力攻秦,就是这样不能不狼狈退去。当然,遇到守关一方的内部发生了问题,那就是另外一种情况。内部表现无力抵御,再险峻的地方也是不能起到应有的作用的。

五、新函谷关及其军事意义

函谷关有旧、新两个关。位于弘农河畔的为旧关,在现在河南新安县东的为新关,因为有了新安县东的新关,弘农河畔的那一个就称为旧关。这是说函谷关由弘农河畔移徙到新安县东。移徙的时间是汉武帝元鼎三年。当时有一位杨仆将军,以军功受到封赏。这位杨将军就是新安县人。新安县在函谷关外。杨仆平日以居于关外为耻辱。这时立了军功,他宁愿不要封赏,想以自己的家财迁徙函谷关,函谷关如果往东迁徙,包括新安县在内,他就会成为关内人。汉武帝本来是一位好大喜功的君王,也就答应了他的请求,于是函谷关就向东迁徙,徙到新安县东。现在新安县东门外大路两侧,还有两个极为高大的土堆,可能就是关门的遗址。

旧关和新关都控制了关中通往关东各地的大路。旧关濒弘农河。弘农河由崤山流下,北入黄河,东西往来必须越过弘农河。旧关在弘农河西岸,正好凭河防守。新关位于涧河河谷。涧河发源于陕县崤山东侧，东流入于洛河。这条东西大道基本上是行于涧河河谷之中。涧河河谷在新安县一段远比旧关附近的弘农河为宽广。在这里设关仅涧河河谷就必须费力防守。这里虽也是山地，却已不是崤山，更不如崤山险要。河谷难于防守，山地又不是十分险要，可见新关是不能和旧关相提并论的。

函谷关东迁，虽说还保持原来的关名，但军事意义已经不如从前了。好在西汉后期这里也没有什么军事行动，未能显示出它的具体作用。东汉时，国都迁到洛阳，这条大路仍不失其重要性。但是函谷关的关城，无论是旧关，还是新关，都说不上什么作用了。东汉所防御的乃是由西来的进攻，这和秦与西汉防御由东来的进攻根本不同。所以无论旧关和新关都不适用了。

函谷关虽然已经成为历史的陈迹，但它所在的这条东西大路，还是有军事意义的。自那时以后，这条道路上的军事行动，仍然是时有所闻，并且还多见于记载，探索历史的往事，也是不可轻易漠视的。（附图二《新函谷关地形图一》、图三《新函谷关地形图二》）

（原载《西北史地》1984年第3期）

图二　新函谷关地形图一

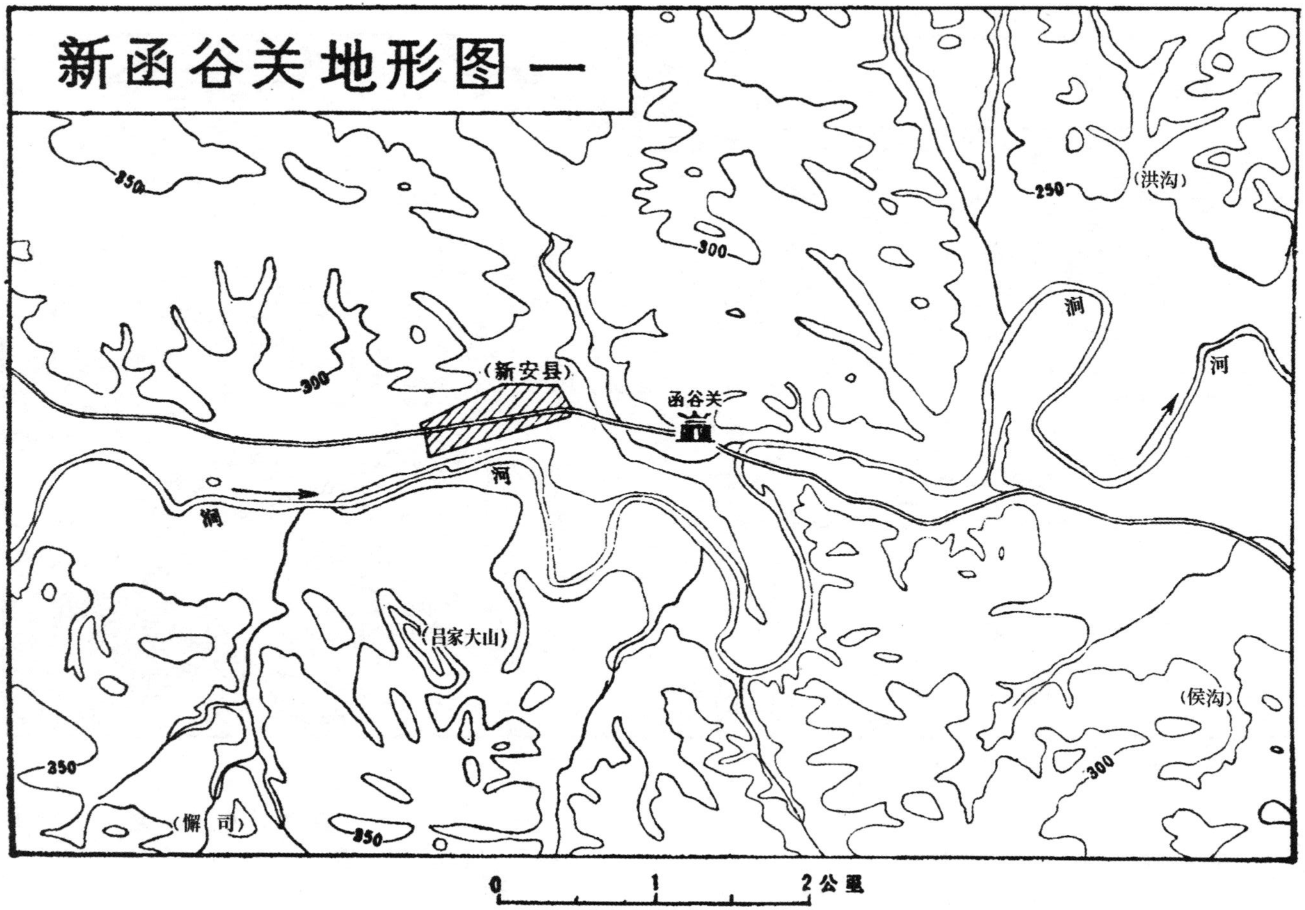
新函谷关地形图一
（新安县）
函谷关
（洪沟）
（侯沟）
（吕家大山）
（㑊　司）
涧
河
涧
河
250
300
300
300
350
350
350
0
1
2公里

图三 新函谷关地形图二

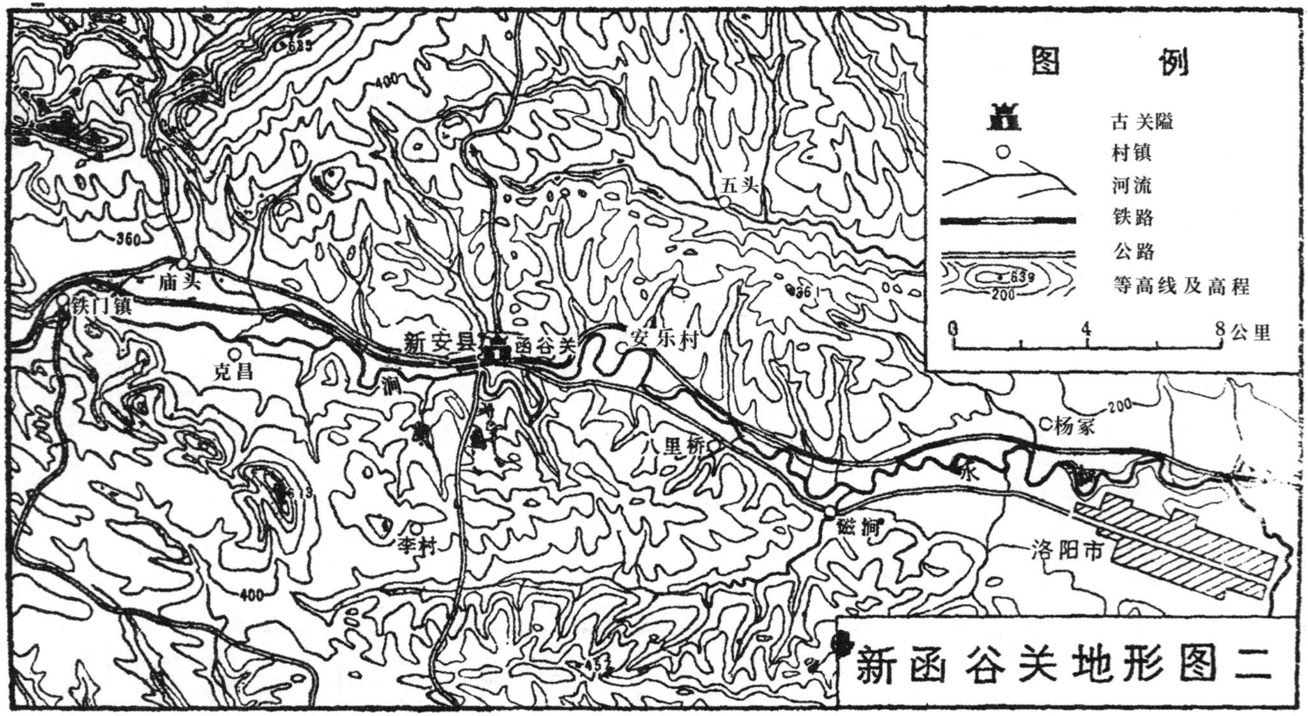

论雁门关[①]

一、雁门关的形势

雁门关是历史上一座名关，现在还不时受人称道。（附图一《雁门关形势图一》、图二《雁门关形势图二》）

雁门关在今山西代县西北20公里勾注山上。山路曲折，若以直线距离计，则距代县仅15公里。由代县循着流经县城东侧的关沟河上溯，就可直达雁门关上。再循关北另一山涧而下，就可达到新广武镇。现在公路则由代县城北趋，在关沟河西侧上山，越过山脊，再循新广武镇南的山涧回转，到达雁门关上。现在残留的雁门关城为明太祖洪武七年（公元1374年）所筑，周围1公里有奇。明世宗嘉靖年间（公元1522—1566年）增修，明神宗万历二十五年（公元1597年）复筑，其后门楼多圮，至清穆宗同治六年（公元1867年）又重新修筑[②]。前人称道这里的形势，说是"重峦叠嶂，

[①] 与曹尔琴先生合著。
[②] 光绪《代州志》卷四《建置志》。

图一 雁门关形势图一

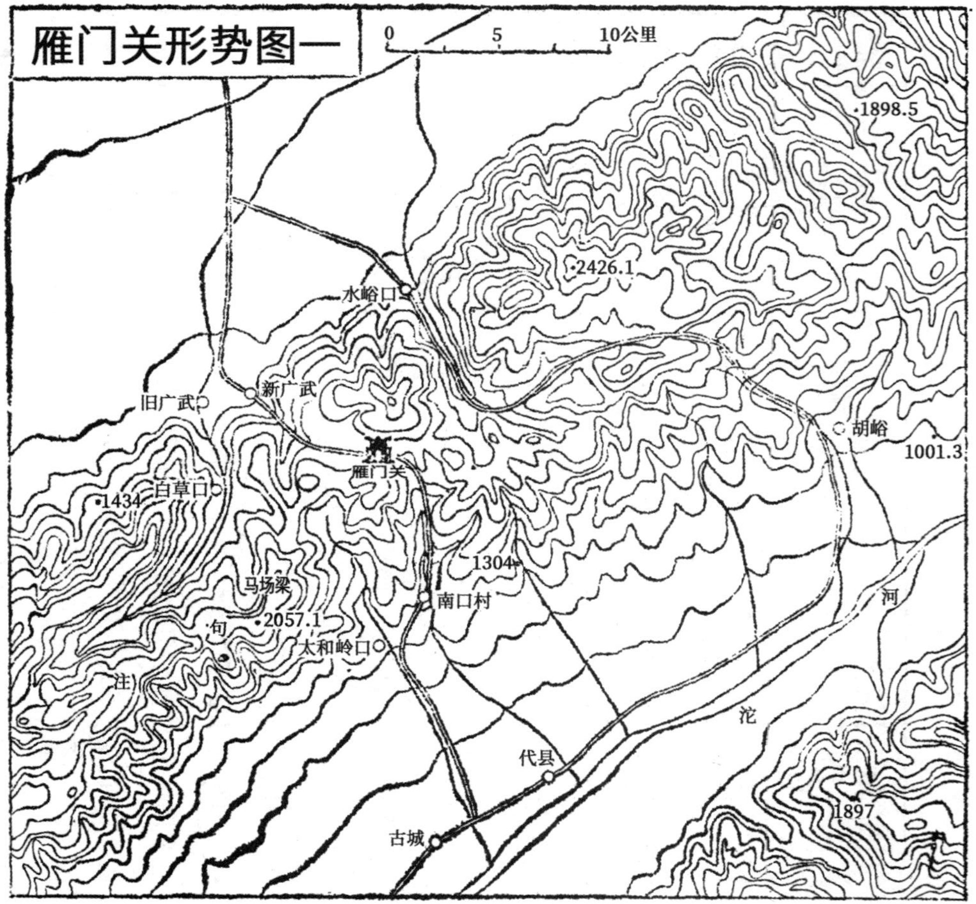

图二　雁门关形势图二

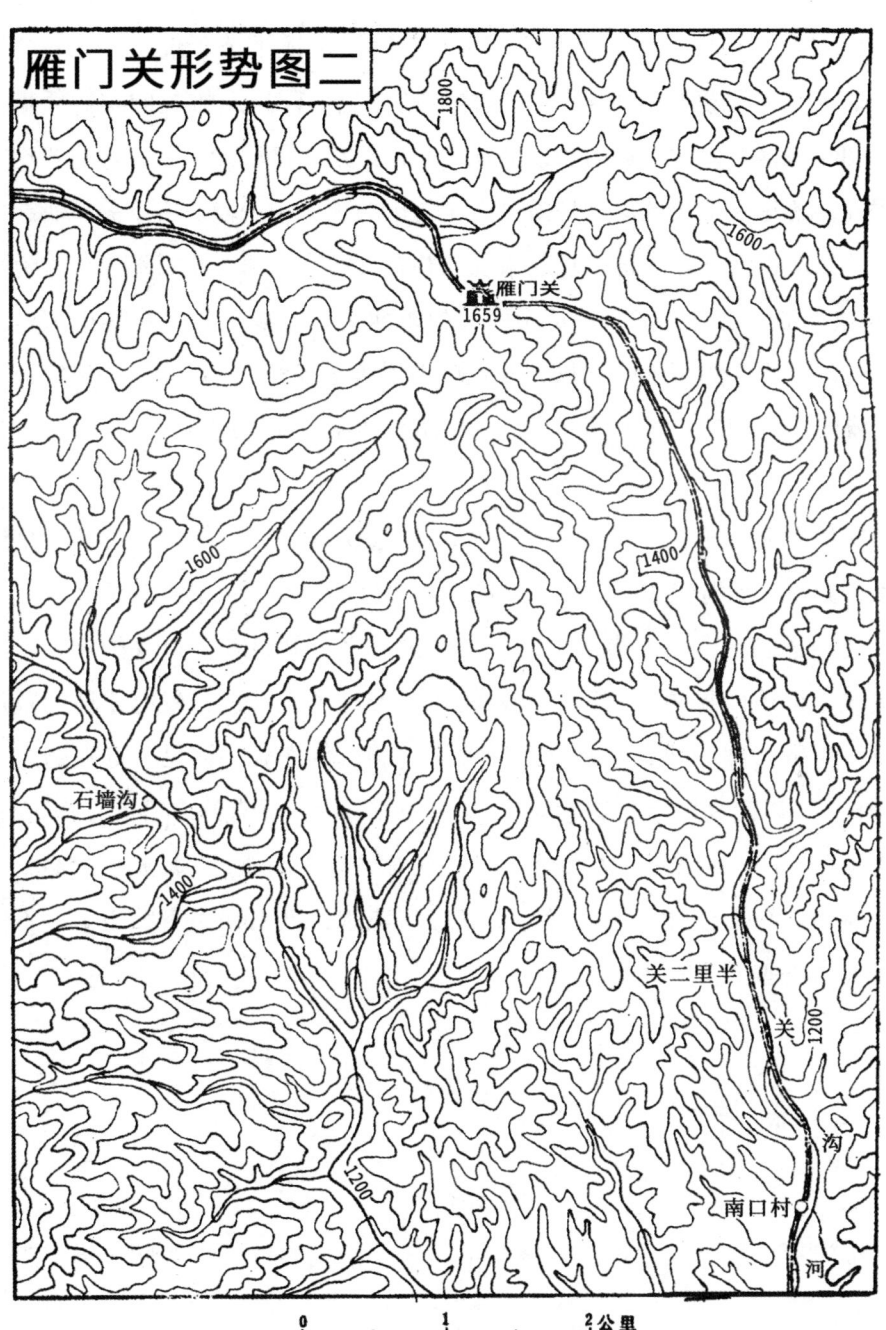

霞举云飞，两山对峙，其形如门"。而飞雁出于其间，所以称为雁门关。①雁门关的位置正当山南北两条沟涧分水处。山峦参差重叠，沟涧逶迤曲折，山坡既已陡峻壁立，沟谷又复细小狭窄，虽还不至于仅容一车一骑，然大队人马奔驰确也并非容易。这样的地势更增强这座雄关的防御凭借。洪武初年在这里修建关城时，以此地"密迩云朔，接壤沙漠"，除建置这座雄关外，还建筑了长城，这是横贯当时北边的长城的一段。由于关城所在，所筑的长城也就并非一道。总起来说，共有大石墙三道，小石墙二十五道。勾注山上隘口相当繁多，就是雁门关的东西也很不少。隘口自然也都是长城经过的地方，为了加强防御，各隘口更添筑堡寨。②这些隘口、堡寨，再加上蜿蜒于其间的长城，共同构成一个防御体系，使这座雁门关更显得雄伟险要。

明代以后，雁门关显然失去其原来的重要地位。明代对于关城自是经常维护修整，到清代才有同治年间的一次重修。再往后来，不仅无人过问，而且还迭遭破坏，七七事变后，日本帝国主义者做过较为彻底的摧毁。旧日关城上以瑰丽见称的六郎庙和八角楼，皆已了无踪迹，仅有遍地的荒烟蔓草，断碣残碑和两个不易见毁的关城门洞，供人凭吊而已。好在蜿蜒山间的长城，以山高路险，攀登不易，幸免毒荼，因而还有许多段落完好如旧。特别是在勾注山北麓的广武城和新广武城等处翘首南望，长城随山势高下，曲折蜿蜒，马面依然，雉堞犹存，其雄壮巍峨，当不在居庸关之下，不愧为受人称道的名关遗迹。

二、雁门关名称的溯源

雁门关的得名固然可以解释为关城所在地山峰壁立，双阙斗绝，飞雁

---

① 顾炎武《天下郡国利病书》卷四五《山西一》。
② 顾炎武《天下郡国利病书》卷四五《山西一》。

出于其间。甚而以现在雁门关所在地的勾注山为雁门山，使之与解释相符合。① 论当地山峰起伏形势，固然可以担当这个佳名而还不至于有什么逊色。不过若说原来的雁门山就是勾注山，或者是其中一段，却还未能中肯。渊源所在，似宜再往前代推溯。

考雁门之名最初始见于《山海经》。《北次三经》说："雁门之水出于雁门山。雁出其门，在高柳北。"② 高柳于汉时为县，隶于代郡③，在今山西阳高县④。阳高县在代县之北，距离相当悬远，阳高县的雁门山是无由移到代县的。战国时，苏厉与赵王书曾说过"反圣分、先俞于赵"⑤。这里所说的圣分，也就是陉山。陉山为勾注山异名，这是无疑义的。《尔雅·释地》以西俞、雁门当北陵。郭璞的解释，说的就是雁门山。这样的解释可能仅指雁门而言，不包括西俞在内。《释地》既以西俞和雁门并言，即使不是一地，相距当非过远。因为同是北陵，而北陵不会绵延多远。这个西俞应是苏厉所说的先俞。先俞既然和雁门山为一，或相距邻迩，则显然和陉山还有相当的距离，不能勉强合在一处。有的地图上置先俞于陉山之上。如果先俞和陉山确是一地，则何劳苏厉的叠举，赵王何以也不以之为烦琐。

见于《山海经》所载的高柳的雁门山，南北朝时郦道元在《水经·㶟水注》中曾经有过描述。据说："其山重峦叠巘，霞举云高，连山隐隐，东出辽塞。"现在阳高县北就是内蒙古丰镇县地，汉时高柳县当兼有这两县的部分地区。

这两县间有高山，为西洋河发源地。而西洋河就是《山海经》所说的雁门水。这座山现在犹高 2200 米，和其南的管涔、云中、勾注诸山相伯仲，也是一方的巨镇。郦道元的描述可说是曲尽其险阻的情势。战国和秦汉时

---

① 《元丰九域志》卷四《河东路》。
② 这里所说的"雁出其门"，或本作"雁出其间"。《续汉书·郡国志》刘昭注引文作"雁出于其门"。今雁门山之名始见于《元丰九域志》，与此不同。
③ 《汉书》卷二八《地理志》。
④ 《中国历史地图集》第二册。
⑤ 《史记》卷四三《赵世家》。

所说的雁门,应该在阳高县北西洋河上源处,和代县勾注山是没有什么关系的。

战国时不仅有一座雁门山,还有一个雁门郡。雁门郡始设于赵武灵王时,是其在北逐匈奴、林胡诸部落所得的土地上建立的。① 为什么这个新郡以雁门为名?这和雁门山不无关系。战国末年,赵王迁为秦国所逼,离邯郸而北守代,后来在高柳为秦所虏。秦国就在高柳建立代郡,并以之为郡治。② 这是战国末年形势,已和赵武灵王时有所差异。赵武灵王时高柳不应远属代国旧土,而为雁门郡所辖的县邑。因为据文献所载,雁门郡是在匈奴林胡旧地上设立的,与代国旧土无关。不宜以秦汉时的新制尚论战国时的旧规。高柳隶属雁门郡,雁门郡中有高峨的雁门山,则其得名可以不烦解释了。近人所撰《中国历史地图集》于战国时各国疆土,不标郡界。当时争战不休,名城大邑,往往朝夕易手,不标郡界自是高见。秦汉图上雁门郡的南界,乃在勾注山上,这也是未可厚非的。其中一小段却在现在雁门关之南。为什么有这样的标绘?未见文字说明,不容多事揣测。虽然如此,还是可以给人一种启示,就是雁门郡的得名应和现在的雁门关不无关系。这就难免有点牵强了。

战国秦汉时期有了雁门山,也有了雁门郡,不过还没有看到有关雁门关的记载。大概当时没有雁门关的设置,因而在文献中无由反映出来。

三、雁门郡的南移和雁门关的始见记载

雁门郡的设置始于赵武灵王时。设置肇始,人口还不很多,匈奴一时也无力南下,因而显得相当平静。秦始皇时北逐匈奴,阴山山脉以南皆隶

---

① 《史记》卷四三《赵世家》。
② 《水经·灅水注》。

于秦朝的版图，雁门郡虽在边地，却也未曾显得有若何特殊的地方。下至西汉，汉和匈奴间的争夺日益加剧。汉朝曾经有过规定，边郡人口一般不能向内地迁徙。这条规定相当严格，等闲难以得到通融，一直到东汉后期还是维持不替。敦煌张奂在和羌人的战争中立过巨大的功绩，理应获得一定封爵，可是张奂宁愿辞去封爵，只求得到允许，迁居内地。① 雁门郡也属于边郡范围，当然是要一律对待的。

东汉末年，有了新的变化。一来南匈奴早已内附，边警很少复闻，再则自董卓擅权之后，引起了各地军阀间连年不断的战争，有关边郡的规定因而逐渐放松，以至于少有人过问。边郡居人也就乘隙内徙。本来勾注山北，雁门郡之外，还有朔方、五原、定襄诸郡。由于人口稀少，在曹操当政时，就合并成为新兴郡②，这个新兴郡建置不久又复废掉③。由于匈奴侵扰、土地荒废，魏文帝遂移雁门郡南度勾注山，治于广武城。④ 这个广武城乃在今代县西15里⑤，和现在雁门关北的广武城不同。

魏文帝南移雁门郡，主要是迁徙了这个郡的治所，至少那时勾注山北还有楼烦、马邑、阴馆和繁畤等四个县。西晋末年，永嘉乱离，中原板荡。这时鲜卑族拓跋猗卢率部落南徙，自云中达到雁门，向当时的并州刺史刘琨求陉北地。由于匈奴族刘渊的势力已经相当强大，而其部落又皆散布在并州部内，这就使刘琨感到威胁。陉北诸县在曹魏时本已皆迁于陉南，遗民留恋故土，尚多未迁徙。刘琨为了抗拒匈奴族的压力，也思得到鲜卑族的助力，因而就尽徙诸县于陉南，而把陉北旧土给予拓跋猗卢。这虽然只是几县的土地，却使当地形势有了新的变化。

这里所说的陉岭实际上也就是勾注山。勾注山亦称勾注陉，所以，也以陉岭相称。勾注山横贯东西，为南北巨防。当三家分晋之初，这里就已

---

① 《后汉书》卷六五《张奂传》。
② 《三国志》卷一《魏书·太祖纪》。
③ 《晋书》卷一四《地理志上》。
④ 《太平寰宇记》卷四九《代州》。
⑤ 《读史方舆纪要》卷四〇《代州》。

成为赵国北边的厄塞,而被称为天下九塞之一。①及赵襄子破并代,赵武灵王接着北逐匈奴,勾注山已成为赵国的腹地。秦汉继之,这座名山也不属边郡范围。西汉初年,匈奴曾因韩王信的降附,引兵南逾勾注②,而汉防匈奴也以勾注为屯兵重地③。不过由于距边地稍远,只能说是第二道防线。汉魏之际,陉北荒残,勾注已成为边塞④,然北方诸强酋,如鲜卑轲比能辈,尚不敢贸然做度陉的打算⑤。拓跋猗卢既已取得陉北诸县地,就和晋朝以勾注山为界了。西晋王朝不久即告覆灭,刘琨在晋阳也未能多事苟延残喘。不过刘渊和石勒以及鲜卑慕容氏先后控制太行山东南,皆曾与拓跋氏的代国累次争战于勾注山南北。当然这样的争战论规模都不能说是过大,可是勾注山依然可以显示南北巨防的作用。

曹魏时,由于陉北各地郡县南移,人民流散,如前所说,勾注山实际上已成为边塞,而当时人也以塞相称。鲜卑步度根即曾为曹魏保太原雁门塞⑥,其后鲜卑轲比能招诱步度根北迁,并州刺史毕轨请出兵拒遏,魏王就下诏说:"慎勿越塞过勾注。"⑦边地设塞,这本是两汉以来的旧规。两汉的边塞实际上也就是长城。为什么长城又称为边塞?因为秦筑长城,引起了举国的民怨,故汉人讳言长城而改以边塞为称。东汉末年,因羌胡先后扰乱而内迁北边诸郡,诸郡诚已内迁,当时似已无力再修边塞,重现两汉盛时那样的规模。魏晋时期虽以边塞相称,殆亦难于绍述旧规。充其量也只是遥指勾注山而言,并非在那里有若何的设施。

然而就在这曾经称为边塞的所在竟然有了关隘的设置。北魏孝文帝谋求鲜卑人华化,由平城(今山西大同市东)徙都洛阳,这是一代的大政,可是他的太子拓跋恂就不愿意南迁。其党拓跋隆和拓跋超密谋留恂,因举

---

① 《吕氏春秋·有始览》。
② 《史记》卷九三《韩王信传》。
③ 《史记》卷一一〇《匈奴传》。
④ 《晋书》卷一四《地理志上》。
⑤ 《三国志》卷三〇《魏书·鲜卑传》。
⑥ 《三国志》卷三〇《魏书·鲜卑传》。
⑦ 《资治通鉴》卷七三《魏纪四》。

兵断关，规据陉北。①既然要规据陉北，则所断的关就应该位于陉岭之上，也就是说，勾注山这时已经设有关了。当时不仅有关，而且连关名也见于记载，这个关名就是雁门关。明元帝于泰常四年（公元419年）幸代，经过雁门关时，曾经在关上望祀恒岳。②大概可以说这是雁门关的名称见于记载之始。

到底是什么时候才在这里设关的，这就难于得到确切的证据。不过可以这样说，大概是在北魏以平城为都的时候。北魏既以平城为都，就得考虑到平城周围防守的问题。北魏是鲜卑族建立的政权，而鲜卑族来自更为遥远的北方，对于平城以南各地就难免不加以注意。勾注山为南北巨防，也是平城以南的大山，在山上置关设防因而就不是不可能的。这由孝文帝太子拓跋恂的断关可以得到证明。任何关城的设置都有对敌的一面。因为要防备敌人的进攻，必然更要讲究险固。拓跋恂敢于断关，规据陉北，和他的父亲对立，这就说明雁门关的设置本来是为了防南，而不是备北。

为什么设在这里的关以雁门为名？这不能说以山为名，因为当时勾注山还没有雁门山的名称。当时这里没有雁门山，却是属于雁门郡。在雁门郡设置的第一座关隘，以郡名为关名，也是合乎道理的。当地山高路险，路出谷中，两侧山势陡峻，也是可以用雁门来解释的。不过这应该是设关以后的事情了。其实最初在雁门郡设置的雁门关，并不就是现在的雁门关，而是在其西侧的西陉之上，现在的雁门关乃是后来经过迁徙的。如果用山来解释，则这两处的山势就应有相似的地方。一般说来，像这样双阙对应，一径才通的山势，并不是绝无仅有的。据宋代的记载，宪州东南60里也有一座雁门关，这座关东临汾河，西倚高山。③关在河山之间，是难得称为雁门的。宪州治所在今山西静乐县。今静乐县南60里有座石峡山，据说"石

---

① 《魏书》卷一四《武卫将军谓传》。
② 《魏书》卷一〇《礼志四之一》。
③ 《太平寰宇记》卷四一《宪州》。

峡如门"①，这倒仿佛雁门的模样。虽然山形相似，论关名可能就是由勾注山上雁门关派生出来的。

四、西陉关和东陉关

自北魏以后，一直到唐代前期，这里的雁门关再未听到有人提及。这一时期勾注山南北军事行动不是很多，也许未引人注意。不过这也并非尽然。这一时期这里并不是毫无军事行动。北周时，杨忠曾会突厥自北道伐齐，齐人守陉岭之隘，以相抗拒。杨忠攻破了齐人的防线，乘胜直抵晋阳。②唐初，突厥曾数次经勾注山南下，进攻太原。③突厥究竟是经过勾注山哪一个关隘，史文没有详细记载。稍后裴行俭讨突厥余党伏念，曾壁于代州的陉口④，那是有确实地点可以指明的。不论是陉岭之隘，还是陉口，其实是一样的。因为勾注山上当时就是这一处险阻，只是随着习俗而有不同的称谓。北魏时雁门关实际上也就是在所谓陉岭之隘。拓跋恂自认为控制住这座关隘，就可以达到规据陉北的目的。这显然是说在这里除过陉岭之隘这条道路外，再没有其他道路可以绕过这座雁门关了。

然而就在隋时，这座陉岭之隘却有了一个新的名称，称作西陉。就在炀帝初年，汉王谅举兵并州，遣其部下乔钟葵北围代州，杨义臣时为朔州（治善阳，今山西朔县）刺史，率兵往救，夜出西陉，钟葵遂为所败。⑤《隋书·地理志》于雁门郡记载有关官，而未举出置关的数目和关的名称。《新唐书·地理志》于代州雁门县（今山西代县）下则载有东陉关和西陉关，

---

① 《读史方舆纪要》卷四〇《太原府》。
② 《周书》卷五〇《异域传下·突厥传》。
③ 《旧唐书》卷一九四上《突厥传上》。
④ 《旧唐书》卷八四《裴行俭传》。
⑤ 《隋书》卷六三《杨义臣传》。

这西陉关当在杨义臣所越的西陉。《新唐书》不仅记载了西陉关，而且还添了一座东陉关。这东陉和西陉两关分明是分在东西两处，遥遥相对的。

东陉关也是有来历的。郦道元《水经注》曾说："雁门郡北对勾注，东陉其南，九塞之一也。"[①] 后来杜佑撰《通典》，就进一步说："雁门郡南三十里，有东陉关，甚险固。"[②] 杜佑这段话再后来又为乐史所引用，完全转抄在《太平寰宇记》中。[③] 然而还有更强的佐证。据说郭子仪在征讨安禄山时，由云中（今山西大同市）、马邑（今山西朔县东）经过这里，开过东陉，再引军下井陉。因此这个东陉关所在仿佛就成了定论。

按照这样的说法，则东陉关和西陉关隔着滹沱河遥遥相对。不过论形势，西陉关在代县西北，东陉关则偏于代县东南。说是东西相对，似乎还有点勉强。西陉关在陉岭上，陉岭上的关称为陉关是不成问题的。东陉关所在地虽也高峰耸起，却并不属于陉岭。陉岭所以成为南北巨防，乃是由于它绵亘东西，隔绝了南北两方。从北面来的武力一旦越过这道巨防，就可到滹沱河流域，又可由滹沱河流域进入汾河流域。这就威胁到太原城的安全。可是东陉关所在地已经位于滹沱河之南，其作用就不可能和西陉关相比拟。因为由北面来的武力已经进入滹沱河流域，则居于汾河岸旁的太原是必然会感到压力的。虽然说由滹沱河流域转来汾河流域，忻口还是一道险阻，但和勾注山的巨防相比较，显然是要稍逊一等的。如果由北面来的武力不顺着滹沱河南下，而要越过东陉关，在军事上就说不上什么意义了。因为越过东陉关就是五台山区，那里山梁错综，道路崎岖，是不利于军事活动的。如果说南向太原，是不如顺滹沱河而下为便捷，如果说东下井陉，也不是一条宜于行军的大道，是不是以前关于东陉关的所在地还有问题，这是值得探讨的。

要阐明这个问题，还得由郭子仪开东陉说起。郭子仪开东陉事，《旧唐

---

① 这是《水经注》的佚文，见《太平寰宇记》卷四九《代州》引。
② 《通典》卷一七九《州郡九》。
③ 《太平寰宇记》卷四九《代州》。

书》和《新唐书》的《郭子仪传》都有记载。《新唐书》记载郭子仪开东陉事是在收复云中、马邑之后,接着就说他引军下井陉,和李光弼合军,破史思明军数万。《旧唐书》记载此事较为清晰,据所记载,则郭子仪奉命东讨,收云中、马邑和开东陉,皆在天宝十四载(公元755年)十一月,而率军东下井陉则是次年二月事。《资治通鉴》的记载就更为明确。[①]据其所记,则郭子仪收复云中、马邑,开东陉关,为天宝十四载十二月事。次年正月,郭子仪罢云中围,还朔方发兵,做进军的准备。同时推荐李光弼为河东节度使。二月,李光弼自太原出井陉,至常山(今河北正定县)。李光弼离开太原时为这个月的丙戌,到常山为己亥,其间共用了十三天。李光弼到达常山后的十九天,郭子仪才进军于代。这里所说的代,指当时的代州,也就是现在的代县。由于李光弼与史思明相持已四十余天,粮道受到阻绝,遣使告急,郭子仪才引兵自井陉出,四月壬辰到达了常山,与李光弼合军。按,李光弼本隶郭子仪麾下,当郭子仪收复静边军(今山西右玉县)时,安禄山部将薛忠义前来争夺,李光弼曾与仆固怀恩、浑释之逆击,取得一次胜利,及其为河东节度使自是经过陉岭前去太原的。郭子仪进军于代之后,东出井陉,其行军道路当和李光弼一样,经由太原。从时间方面来说,郭子仪这次出兵东征是相当从容的。因而说他为了东出井陉,才在滹沱河以南与陉岭相对峙的山上另开东陉关是毫无意义的。

然而郭子仪开东陉一事确实是记载在《旧唐书》和《新唐书》的《郭子仪传》,也见之于《资治通鉴》,这将如何解释?其实,郭子仪开东陉一事并无讹讹,只是后来解释的人把东陉的所在搞错了,好像是和当时实际不相符合。胡三省为《资治通鉴》作注,对于郭子仪开东陉一事注说:"雁门县有东陉关,西陉关。时河东太原闭关以拒(高)秀岩(安禄山部将),子仪既破秀岩,始开关。"这本是不错的。不过胡三省接着引杜佑的话说:"代州雁门郡,郡南三十里有东陉关,甚险固。"并从而添了解释说"西

[①] 《资治通鉴》卷二一七《唐纪三五》。

陉关即勾注山"，却把问题混淆起来。当时高秀岩既据有大同，旨在南侵，河东太原就只好在陉岭上闭关自固。这不仅要保太原，首先却是要保代州。要保代州，关闭陉岭上的关自是必要的措施。为什么还要关闭在代州以南的关隘？如果真的是这样，岂不是自缚手足，而为敌方帮忙？

东陉关的关闭，本是为了防备高秀岩的南下。当郭子仪开东陉时，高秀岩的势力并没有被消灭，所以代州还有相当顾虑。这一点《旧唐书》和《新唐书》的记载都有含混处。两书《郭子仪传》都说是已收云中、马邑。如果是这样，后方就应是了无顾虑。其实不然。据《资治通鉴》所载，则郭子仪当时并没有取得云中，而是按照唐肃宗的诏令，罢云中围，回朔方发兵。发兵之后就越陉岭南下。当时西陉是主要的道路，也就是自来翻越陉岭必行的大路，自是重要设防地区。东陉的重要性次于西陉，也不如西陉的易行。由于高秀岩势力的仍旧存在，西陉设防还是不能稍懈。郭子仪南行就只好另取次要的东陉。由于东陉不是主要的通行大路，难免崎岖难行，所以郭子仪在当时就不能不"开东陉"了。

这样说来，所谓东陉不应在滹沱河南，而应该在陉岭之上。东陉是对西陉而言。西陉的所在是明确的，东陉自当在西陉之东。今代县东北20余公里处有胡峪山，山上有东津口，或以为就是东陉关①，这样的解释是恰当的。唐武元衡有《度东陉岭》诗，诗中有句"又过雁门北，不胜南客悲"②。详诗中意思，东陉当在代州之北陉岭之上，而不在其南。或谓这是诗人托兴，未可援以为据。诗人诚多托兴之作，但在车骑所至的地方是不会有若何差错的。一些人不能分析剖辩诗文中的史料价值，故为遁词，也是习用的一种手法，是不足为训的。

然则如何解释有关东陉关在代县之南的记载？确指东陉关的所在及其距代县的道里的，当以杜佑《通典》为最早，乐史继之，在《太平寰宇记》中几完全照录杜书原文。其后凡言东陉关者，殆皆未能逸出杜、乐两家的

---

① 光绪《代州志》卷三《地理志》。
② 《全唐诗》卷三一六（中华书局本）。

范畴。论杜佑的时代大致与武元衡相仿佛。武元衡能亲历其地，杜氏盖袭旧说。武元衡所历的东陉关与郭子仪出兵经过实相吻合，而依杜氏所说，则对于郭子仪开东陉事难得做出恰当的说明。论陉岭史事地理，何所遵循，这是显而易见的道理，是无待明言的。

如果推究根源，杜氏之说盖亦有所承受，应该是来自郦道元的《水经注》。乐史能移录《水经注》佚文，杜氏或者尚能见到郦亭旧本。《水经注》这段佚文，已见前引。这里不妨再度提及：这段佚文是"雁门郡北对勾注，东陉其南，天下九塞之一"。根据所说，则勾注、东陉显然两地，如何能合起来以当九塞之一？这是不待再做剖析的道理。可能原书这里有错简，是不能据以为断的。治舆地之学者当从实地考察的所得中来与前人记载相考证。不亲临其地，不核对有关史事，而徒陈陈相因，祖述勿失，这就难免永远是"剪不断，理还乱"了。

阐明了西陉关和东陉关的关系，就可以回头论述这两座关和雁门关的关系。如前所说，西陉关本是历来陉岭上南北往来必经的厄塞，雁门关的设置就应该是在西陉关的所在地。因为是南北往来必经的厄塞，而且当时只有这一条通途，所以北魏拓跋恂认为控制住这一点，就可以规摹陉北各地。东陉之成为南北通道自是后来的事。如前所说，隋时已有了西陉的名称，则那时当已经有了东陉这条道路了。不然，西陉的名称就显得过于突然。东西对称，这是一般人所乐于称道的。有了东陉，西陉也成了通用的名称。这里虽然已经有了雁门关这个名称，实际上却晦而不彰，竟为西陉关这个习俗常用的名称所代替了。

五、西陉、壶峪和雁门

其实，到了唐代后期，雁门关这个关名又不断见于记载。这里可以举出两个例证：一是在唐武宗会昌二年（公元842年）。这一年刘沔为河东节度使兼招抚回鹘使，进屯雁门关。此事见《新唐书·刘沔传》。①《新唐书》为欧阳修等撰，自是私家著述。然其所用史料大半出自唐代史官，可以说是当时官书的记载。又一是唐穆宗长庆二年（公元822年）事。据说："有石宪者，其籍隶太原，以商为业，常货于代北。长庆二年夏，出雁门关。"此事见于《宣室志》。②这可以说是民间传说。既有民间传说，可见当时使用这个名称的并非少数。

唐代末年和五代时期有关雁门关的记载还是络绎不绝。唐僖宗广明元年（公元880年），沙陀部落逾雁门关，进逼忻州（治秀容，今山西忻县），又逼太原，陷太谷。③石晋出帝开运元年（公元944年），契丹入雁门，寇代州。④这里没有明确说到雁门关，既是寇代州，则所谓雁门当是关名了。

这些记载都没有提到雁门关的位置，但看起来已和以前的雁门关不尽相同。北宋初年和契丹几次战争可以作为说明。一次是在宋太宗太平兴国五年（公元980年）。这一年杨业守代州，会契丹来寇，业从西陉出，至雁门北口，南向击之，契丹大败。⑤又一次是在宋太宗雍熙三年（公元986年）。这一年，潘美为云、应、朔等州都部署，杨业副之。杨业出雁门，潘美则出西陉。出西陉的一支和契丹相遇。⑥这两次战争都可说明在北宋初年雁门关已经不设在西陉，不然，潘美和杨业岂不是合成一路，而杨业又何能在雁门北口，南向而击契丹？雁门关不设在西陉，可是又不是设在东陉。前面曾经说过，胡峪山有东津口，当是东陉的所在地，宋代为了防辽，沿边各地都广设寨。在代州的勾注山上，就设有西陉、壶谷、雁门三寨。名为寨，实际上是和关的作用相仿佛。这里所说的壶谷，也就是现在的胡峪，壶胡

---

① 《新唐书》卷一七一，又见《资治通鉴》卷二四六《唐纪六二》。
② 《太平广记》卷四七八《石宪》引。
③ 《旧唐书》卷一九下《僖宗纪》。
④ 《新五代史》卷九《晋本纪》。
⑤ 《宋史》卷五《太宗纪》。
⑥ 《宋史》卷五《太宗纪》。

同音，其实还是一样的。壶谷为东陉所在，壶谷既另设有寨，而且与雁门相同，则雁门当自成一路，和其他两路并列。这一路就是现在雁门关所在的关沟河路。

这条道路是什么时候开通的？至迟可以上溯到南北朝末年。史载北齐武成帝河清三年（公元564年），突厥南侵后北归，返至陉岭，冻滑，铺毡以度。① 光绪《代州志》征引了这条记载，并加以解释，说是突厥当年所经过的道路，就是现在雁门关这一条。② 这条路和西陉上那一条不同，西陉那一条路干而多峻坂，现在雁门关这一条，稍显得平坦，可是却多激湍，入冬，则坚冰塞径，车马蹭蹬，甚不易行，所以突厥归到这里，不能不铺毡以防滑冻。《代州志》虽撰述于光绪年间，其实到现在也没有很多的变化。也许就因为这样，这一条道路一直在军事上没有什么地位。

虽然如此，这条道路终于成为军事上的重要道路，雁门关也由原来设在西陉的旧地，转移到这条道路上来。前面曾经征引过《资治通鉴》所载郭子仪开东陉事。胡三省为这段记载作注，仅提到东陉关和西陉关，而再未有其他涉及。可见当时勾注山上只有这东西两座关。前面还曾涉及刘沔以河东节度使进屯雁门关事。此事亦见《资治通鉴》的记载。胡三省为这段记载作注，却说雁门关就是陉岭关。当东陉尚未开通的时候，本来也无西陉的名称，一直沿用陉岭的旧称。自东陉和西陉并列皆成为南北的通道，这陉岭的旧称自宜不再存在。胡三省在这里只提陉岭，而不稍一涉及西陉，正可看出这时的陉岭已经不是西陉，而是另一条通道了。雁门关可以称为陉岭关，也显示出这时已不是置于西陉的旧关，而为地址改易后的新关。

为什么在东陉和西陉之外，另辟这一条通道，并移雁门关来此？这不是没有道理的。东陉虽与西陉并列，相距实甚悬远，山峦起伏，谷深崖高，自不便于直接呼应，而不能不由代州相联系。这样路途更为遥远。当四郊多垒之时，就可能贻误戎机，因而开辟中间一条新道，使左右都能有所控制，

---

① 《北史》卷一五《赵郡王琛传》。
② 光绪《代州志》卷四《建置志》。

也并非不是上策。这条通道和东陉、西陉并列,自是代州的较为正北的方向,而且由关沟河一道进山,也较为径直。由于这样一些条件,这中间一道显然较东西两侧为优,因而也就成了防御设施的重心。当然,这条通道也并不是没有缺点的。沟深水急,冬令易于滑冻。如上面所说北齐时突厥的经历,是会受到兵家重视的。不过严冬用兵,尤其是在这一带山间却还是少见的。突厥南侵,为时迟缓,错过节令,这应该是另外的问题。

上面曾经说过,自北魏时始见雁门关的记载后,久未再见文献有所涉及,直到刘沔之时,始重睹此名。刘沔为河东节度使在唐穆宗长庆二年,则此关的易地重建,当在长庆二年以前,至迟是不能晚于这一年的。清初顾祖禹论雁门关兴废事,说是"雁门关在代州北十五里,旧名勾注,亦曰西陉,在今关西数里,元废,后遂移置于此"①。其实这样的说法,并非恰当,且与事实亦有出入。元时有郑鼎者,于元世祖中统元年(公元1260年)为平阳太原两路万户,曾率西征等军,戍雁门关隘。②而且在元文宗天历元年(公元1328年),明令冀宁、晋宁两路所辖代州的雁门关和崞州的阳武关等关皆穿堑垒石为固,并调丁壮防守。③史事俱在,怎么能够说雁门关在元时曾经废除?

据前引光绪《代州志》所说,今雁门关城本为明太祖洪武七年(公元1374年)所筑。可是早在洪武二年(公元1369年),就曾经颁下诏令,命山西都尉于雁门关、太和岭并武朔诸山谷间,凡七十三隘,俱设戍兵。④可见洪武七年,只是兴筑关城,并非其时始移关于此。

如果再往前溯,还可看到其间本是一线相承的。前面说过宋时于雁门县设有西陉、壶峪、雁门三寨。到金时,改寨为镇,三镇的名称,除壶峪改为胡谷外,雁门、西陉则一仍本称,并未有所改变。⑤其中曲折演变是显

---

① 《读史方舆纪要》卷四〇《代州》。
② 《元史》卷一五四《郑鼎传》。
③ 《元史》卷三二《文宗纪》。
④ 《明史》卷六七《兵志》。
⑤ 《金史》卷二六《地理志》。

然可见的。

　　这样的轻重形势，自是防守者从事建置时的设想，一旦南侵者得势，自可任意出入。宋时辽兵南侵，就曾自壶谷直薄代州城下。[①]而北宋灭亡后，金人就曾劫钦宗帝后，自郑州北趋，到代州度太和岭而去。[②]太和岭在雁门山上，其实就是西陉。

　　正是由于雁门关有这样一些变迁，明初得在前代的旧迹上重建这座雄关。明代不仅重建这座雄关，而且还沿勾注山修筑长城，建立堡寨，与其西的宁武关和偏头关相呼应。这三座关当时称为山西三关，亦即所谓外三关。外三关乃是对太行山上的紫荆、倒马、居庸等内三关而言的。无论内三关和外三关都有长城相互联系。也是因为有长城联系，这内外三关就各成为一系列的防御设施。其实在这外三关之外，大同、宣化以北当时还另有长城。虽然另外有一道长城，却并不能稍稍减少这外三关的重要性，尤其是雁门关在多事之秋，还是首当其冲的。

　　这些往事随着岁月的流逝，已经成为陈迹。现在这里的长城依然蜿蜒于山头岭上，而雁门关遗迹，虽多残破，雉堞犹存，游人至此，固不仅凭吊往事，抑且徘徊流连，欣赏此前代雄伟的建筑，而不能遽相舍去。

（原载《地名知识》1983 年第 3 期）

---

① 《宋史》卷二六五《张齐贤传》。
② 李心传《建炎以来系年要录》卷五，建炎元年五月壬寅。

唐代原州的木峡关和石门关

有唐一代，原州（治所在今宁夏回族自治区固原县）设置关隘最多。见于史籍最早的当推木峡关和石门关。《周书》记宇文泰由原州进军讨侯莫陈悦事，谓军出木峡关，降水洛城，进趋略阳，以临悦军。[①]是为木峡关见于记载之始。《隋书》也说，突厥"纵兵自木硖、石门两道来寇，武威、天水、安定、金城、上郡、弘化、延安六畜咸尽"[②]。木硖当即木峡关，或谓石门此时只称道而未称关，是隋时石门尚未设关，设关之始当在唐代前期。如谓石门称道即为尚未设关之证，则木峡亦只称道而不称关，和石门相同了。《隋书》这条记载，亦见《资治通鉴》，胡三省为此事作注说："木峡、石门两关皆在弘化郡平高县界。"[③]则石门设关当不晚于唐代前期。隋弘化郡治所在今甘肃庆阳县，平高县今为固原县。据《隋书·地理志》所载，平高县为平凉郡的首县，似与弘化郡无关。然《地理志》又说："平高，后魏置太平郡，后改为平高。开皇初郡废，大业初置平凉郡。"则胡三省

---

① 《周书》卷一《太祖纪》。
② 《隋书》卷八四《突厥传》。
③ 《资治通鉴》卷一七五《陈纪九》。

所说乃是开皇年间制度,故与《地理志》所载,略有不同。

石门关所在,胡三省说:"石门水在高平县西八十里,唐于此置石门关,在原州平高县界。"① 石门水见《水经·河水注》。《河水注》说:"(石门)水有五源,……东北同为一川,混涛历峡,峡即陇山之北陲也,谓之石门口,水曰石门水,在县西北八十余里。石门之水又东北注高平川。"所谓高平县即隋唐时的平高县,高平川即唐时蔚茹水,亦即现在清水河。《河水注》所说在县西北40余里,胡三省所引盖夺一北字。

至于木峡关的具体所在,《元和郡县图志》曾有记载。据说在平高县西南40里。② 《太平寰宇记》更谓在颓沙山上。③ 颓沙山,《元和郡县图志·原州》亦有记载,谓在原州西南。蔚茹水一名葫芦河,即发源于颓沙山下。现在清水河发源于固原县开城镇东南,距六盘山麓尚有一段路程。水源处较高的地方皆以山相称。虽未见有颓沙山的名称,当亦是此类较高的地方,不能以之移于六盘山。《水经·河水注》称其地为高平县的大陇山苦水峪。并说,东汉"建武八年,世祖征隗嚣,吴汉从高平第一城苦水峪入"。高平第一城也就是现在的固原县。光武帝征隗嚣时,由萧关道来到高平第一城,再向南进军。现在固原通往平凉的公路,六盘山东的一段就和清水河平行。当地并未发现任何古道遗迹,现在的公路当是循原来道路筑成的。清水河的源头和其南泾水支流瓦亭川水相隔仅1公里,公路即复循瓦亭川水至于瓦亭。河谷两侧地势皆甚高峻,东汉时以峪相称,正与当地地形相符。

清水河的源头在距汉时萧关所倚濒的泾水支流茹水上源很近。这也就是说,木峡关和汉时萧关相距也并非很远。到了唐代,汉时萧关已经废弃,另于原州之北设置萧关县。汉时萧关的废弃,正显示出经过汉时萧关的萧关道由于侵蚀过甚,已荒芜难行,代之而起的乃是经过平凉县的平凉道。萧关道和平凉道都是东至长安的道路。木峡关的建立实际上是代替汉时萧

---

① 《资治通鉴》卷二三七《唐纪五三》。
② 《元和郡县图志》卷三《原州》。
③ 《太平寰宇记》卷三三《原州》。

关，控制经过平凉至于长安的道路。这条道路在经过六盘山下的一段，是取南北向的，因之这座木峡关乃是控制南北道路上的关隘，并非置在六盘山上，与六盘山以西的东西向道路无关，不能并为一谈。

汉时的萧关道并不是到达当时的萧关即告终止。再往北去，就是乌水河谷。乌水就是唐时的蔚茹水，也就是现在的清水河。这里是一条不必多假人工疏整的道路。乌水入黄河后，道路还可接着顺黄河再往前去，至少可以通到当时的灵武县，已在现在宁夏回族自治区银川市之北了。就是后来到了西魏周隋之际，原州以北顺着高平川水或蔚茹水而下的道路还是依然照旧通行，没有什么大的改变。木峡关和石门关就和这样的道路具有密切的关系，因而就难得分开。石门关在蔚茹水的西侧，通过石门关的道路自可更向西伸延。据《新唐书·地理志》所载，会州会宁县有会宁关，乌兰县有乌兰关，会宁县在今甘肃靖远县北，乌兰县在会宁县西黄河西岸。会宁关和乌兰关隔着黄河东西相对。《旧唐书·王忠传》，谓吐蕃曾在此处建成乌兰桥。会宁关和乌兰关不知始置于何时。按一般常规来说，应是先有路而后置关。当石门关始置之时，会宁和乌兰两关可能还未有建置，道路当已通行，则由石门关西去，道路的伸延可能已经很远。木峡关和石门关不同，已在原州之南，而且是设置在六盘山下一段南北向的大道上，说不上通过这座关隘再向西行去。由木峡关缘六盘山南行，再折而东行，经过平凉，东至于长安。然在其初折向东行处还分出一支歧路，继续向南伸延。这里的山势是陇山稍曲向西北，再北就是六盘山。由木峡关向南伸延的道路，至此或循陇山东南行，至于陇州（治所在今陕西陇县）和凤翔（今陕西凤翔县），或越山西南行，至于秦州（治所在今甘肃天水市）。这里虽伸延过山，但与西行无涉。

木峡之名又见于唐时监牧诸坊中，可以互相参证，得其实况。监牧的设置始自贞观年间，牧区分布于陇西（即渭州，治所在今甘肃陇西县）、金城（即兰州，治所在今甘肃兰州市）、平凉（即原州）和天水（即秦州）。监牧使下分立南、北、东、西使，以司其事。其下又有诸坊。据《新唐书·兵志》所载，"诸坊若泾川、亭川、阙、水洛、赤城，南使统之[①]；清泉、温泉，西使统之；乌氏，北使统之；木峡、万福，东使统之。它皆失传"。凡此诸坊，皆因地立名。如水洛城在今甘肃庄浪县，赤城在今甘肃崇信县南皆是。清泉不可考。温泉，据说有三处，分别在今甘肃静宁县南50里、县东30里和宁夏隆德县东百步。[②]隆德、静宁两县相邻，温泉坊的设置当非此二县莫属。万福坊无考，既与木峡坊同属东使，相距当非很远。东西两使之间应有分界处。今隆德县东就是六盘山，则这条界线亦当在六盘山上。唐时记载，原州刺史兼为都监牧使，北使东使皆寄治原州城内。[③]今固原县开成镇东南3里处，于明清时期尚遗存唐监牧旧基。[④]唐都监牧使既由原州刺史兼领，而北、东两使又皆寄治原州城内，则开成镇何能再有监牧旧基？这监牧旧基可能就是木峡坊的所在地。开成镇东南3里处，正是蔚茹水的发源处，也就是前面所论述的木峡关所在地。这样说来，木峡关和木峡坊本来就在一起。这木峡坊所在监牧旧基，应该也就是木峡关的遗址了。

说明石门和木峡两关的形势，就可对于前文征引的《周书》和《隋书》所载的史事做出解释。《隋书》所载的突厥的侵扰，当是溯高平川而上，分成西向和南向两路。西向一路出石门关，南向一路出木峡关。突厥这次侵扰，所涉及的地区相当广大，遍布东西各郡。东至延安（治所在今陕西延安市）、上郡（治所在今陕西富县），西至武威（治所在今甘肃武威县）。若不是分成两道侵扰，受灾的地区当不至于有这样多的郡县。如果以木峡关为东西向的关，并以之作为原州西出的重要军道，那就对于这样的史事无从做出解释了。

宇文泰征讨侯莫陈悦，其进军路线仿佛吴汉当年。只是宇文泰在行军中间，还攻克水洛城和略阳，才进而克平秦州。水洛城在今甘肃庄浪县，

[①] 中华书局标点本《新唐书》于此断句作"诸坊若泾川、亭川、阙水、洛、赤城"。按：水洛为城名，如何能断作"阙水、洛"？今不取。
[②] 嘉庆重修《大清一统志》卷二五八《平凉府一》。
[③] 《元和郡县图志》卷三《原州》。
[④] 嘉庆重修《大清一统志》卷二五九《平凉府二》。

略阳城在今甘肃秦安县东北陇城镇，都在由木峡关向南伸延的道路上。

到了唐代，木峡关被列在全国二十六座关中的中关数内，是具有相当重要的位置的。这事载于《大唐六典·刑部司门郎中》。显然可见，它是控制由原州南行至于长安的道路的。据《新唐书·地理志》所载，原州境内还有一座制胜关，就在今宁夏泾源县，正当由木峡关向南伸延的道路上。这条道路如前所说是通到凤翔。凤翔曾列为陪都，为长安以西的重要都会。凤翔如果发生了问题，长安城中是难于安枕的。以此来说，制胜关的设置也是有必要的。

木峡关在唐代既是军事要地，又列于全国重要关隘之中，故当时论边事者往往涉及。代宗大历年间，元载请求收复原州，其进言的议论中，就曾经提到石门和木峡两关。元载说："今国家西境极于潘原，吐蕃防守在摧沙堡，而原州界其间。原州当西塞之口，接陇山之固，草肥水甘，旧垒存焉。吐蕃比毁其垣墉，弃之不居。其西则监牧故地，皆有长濠巨堑，重复深固。原州虽早霜，黍稷不艺，而有平凉附其东，独耕一县，可以足食。请移京西军戍原州，乘间筑之。……移子仪大军居泾以为根本，分兵守石门、木峡、陇山之关。北抵于河，寇不可越。"① 元载的进言为人所非议，载亦寻得罪，城原州事遂再无人道及。

元载的进言以石门、木峡、陇山三关并列，仿佛南北相互应合，成为一线。石门关如前所说，乃在由原州北行大道之西，石门水畔。陇山关则在木峡关之南，陇山之上，今西兰公路经过其地。这样说来，石门、木峡、陇山三关虽南北相望，却并非都在山上，实际上也只是各自阻遏一路。木峡关因在六盘山东，所阻遏的乃是越过陇山并循山麓北上企图进入原州的吐蕃。元载进言的目的是要恢复原州，并使原州不再受到吐蕃的侵扰。根据元载的设想，这样的措施就应是"连山峻岭，寇不可越"了。

元载的进言牵涉较广，还应再做推敲。元载进言开头就说："今国家

---

① 《旧唐书》卷一一八《元载传》。

西境极于潘原，吐蕃防守在摧沙堡，而原州界其间。"潘原在今甘肃平凉县东、泾水之北，唐时为县。本来称为阴盘，天宝元年更名，后省为彰信堡，德宗贞元年间复置。① 这本是没有问题的。问题在摧沙堡。说者或以为就是蔚茹水源头的颓沙山，而颓沙山就是木峡关的所在。这就不大说得通了。摧沙堡和颓沙山，就名称来说，显然不是一样。建在颓沙山上的堡如何却以摧沙为名？这些暂置勿论。如果摧沙堡就在颓沙山上，而颓沙山又在由平凉去原州的路途中间，且是吐蕃防戍的重地，唐军怎么能够轻易经过其处，而收复原州？元载设想能在夏季乘吐蕃驻牧于青海时出兵，即令吐蕃的羽书覆至，已经逾月，唐军早已取得原州。这种设想不能说没有道理。可是也不能因此而谓位于中途的吐蕃防戍重地，就了无守御的力量。元载是熟于西州边事的大臣，这样表面的问题难道就没有考虑过？况且元载明白说过，原州是界于潘原和摧沙堡之间。如果以摧沙堡就是颓沙山，原州就不是界于潘原和摧沙堡之间，而是原州远在摧沙堡之北了。以熟谙西北边事的大臣，做出不合形势的说明，这应是最不可能的事情。

摧沙堡之始见于史籍记载，可能是在唐代宗广德二年（公元764年）。这一年，仆固怀恩自灵州（治所在今宁夏灵武县）纠集回纥、吐蕃，进攻唐朝。当时河西节度使派军袭灵州，使仆固怀恩有后顾之忧，不敢长驱南行。河西军是在攻取摧沙堡和灵武县之后，接着再攻灵州。灵武县在灵州城西北18里处。摧沙堡据胡三省所说是在原州西北。② 当时由河西节度使治所的凉州城东来，要经过会州（治所在今甘肃靖远县）的乌兰县的乌兰关和会宁县的会宁关。这两关皆在会州的西北，乌兰关在黄河之西，会宁关在黄河之东，隔河相对。过会宁关后就可直趋石门关。由石门关东行，进入蔚茹水河谷，就可转入由原州至灵州的大道上。可是河西军的东征乃是要袭取灵州，而且是先攻取灵州西北的灵武县，再向灵州进攻。这显然不是由会宁关东经石门关，再由原州北行的大道向灵州袭击，而是在过了会宁

---

① 《新唐书》卷三七《地理志》。
② 《资治通鉴》卷二二三《唐纪三九·注》。

关后，就转向东北行，直趋灵武。当时河西军是先取摧沙堡，再取灵武县的，则摧沙堡应是在这条行军道路之中。胡三省以摧沙堡在原州的西北可以征信，不过似应在原州州境之外，很可能在会州境内。原州的西北境还在今宁夏海原、西吉两县之东，距海原县城尚远。① 若摧沙堡就在原州境内，则距由原州至灵州的大道甚近，河西军急趋事功，怎么还能绕行这么远的路程？木峡关所在的颓沙山乃在原州的西南，和摧沙堡是风马牛不相及的。

摧沙堡如能确定在原州西北的会州境内，则元载进言中所提到的"分兵守石门、木峡、陇山之关，北抵于河"，这样"连山峻岭，寇不可越"的道理，就可易于了解。如前所说，由石门关西行，过会宁、乌兰两关，可以直抵凉州。元载时，凉州早已入于吐蕃，而摧沙堡就在会州东北，可能离这条道路不远，甚或就在这条道路上。扼守住石门关，就可抵御吐蕃由这条道路的进军。元载时，灵州和凉州一样，也早为吐蕃所据有，而灵州可以经过黄河以南的道路通到会宁关，而且摧沙堡就在其间。扼守住木峡关，就可抵御吐蕃由灵州的向南侵扰。根据这样的形势来推论，则会宁关和陇山关之间也应有道路可以通行。迄今就犹有乡间便道，自六盘山西隆德县东北达于海原。海原为石门关外西行道路所经过的地方。陇山关如有道路通到会宁关，可能就是由此前进。吐蕃由摧沙堡出兵，是可以取这条道路趋向陇山关的。元载之时，吐蕃威胁正甚，元载考虑到原州的收复及收复后的安全措施，这样的设想和进言确实是可取的。没有见诸实行，那就是另一回事了。

后来到了唐宪宗元和年间，沈亚之也提出防御吐蕃的策略。他说："西戎今当逾河拒北虏，……诚能因此时，……令邠宁、泾原军皆出于平凉，理弹筝。邠宁军北固崆峒，守萧关；泾原军西遮木峡关；凤翔军逾陇山，出上邽，固临洮，取凤林南关；南梁军道凤，逾黄花，因狄道会陇西。……各以轻骑入河、兰。"② 这是沈亚之在参加贤良方正直言极谏科对策时的议

---

① 谭其骧《中国历史地图集》第五册，《唐京畿道·关内道图》。
② 《全唐文》卷七三四，沈亚之《对贤良方正直言极谏策》。

论。沈亚之对策未知确在何年,但他是元和十年(公元815年)即登进士第的①,则对策至迟当在元和十年以前。沈亚之对策之时和元载进言时的形势迥然不同。元载进言时,吐蕃毁坏原州的垣墉,并未打算长期屯据。唐德宗贞元三年(公元787年),吐蕃才修复了原州城,企图永久占领。沈亚之对策时,这样的形势还没有若何改变。因而他所说的邠宁军守萧关,就不可能是原州之北的唐时萧关县,而应是旧有的汉时萧关。萧关道的东段就是德宗贞元年间郝玭所筑的临泾城(今甘肃镇原县东南)。②临泾城的筑成就是为控制萧关道。此事沈亚之最为详悉,还为之特撰了一篇《临泾城碑》。③汉时的萧关正是萧关道的入口处,故沈亚之建言能派遣邠宁军前往驻守。

沈亚之对策时,曾估计到吐蕃将于其时的明年必大入灵武,寇西城,先击监宥(按:应作盐宥,即盐州和宥州。盐州治所在今陕西定边县,宥州则在盐州之北,今内蒙古伊克昭盟境内)。原州和灵州南北相毗邻衔接,须防吐蕃由原州进军,故提出要邠宁和泾原两军分据萧关和木峡关,以资防守。明乎这样的道理,就可以明了所谓"西遮木峡关",只是要控制原州至于平凉的道路,并不是为了防御来自六盘山以西的侵犯者。这也正显示木峡关乃在平凉道上,并非在六盘山上。

沈亚之对策还是提到凤翔军和南梁军的作用。吐蕃由灵州南侵,凤翔军和南梁军就可乘机抄其后路,进而入据河州(治所在今甘肃临夏市)和兰州(治所在今甘肃兰州市)。凤翔军的进路是在越过陇山之后,由上邽(今甘肃天水市)、临洮(今仍为甘肃临洮县),取凤林南关(今甘肃临夏市西北)。南梁军则经过凤州(治所在今陕西凤县东北)、黄花(凤州治所东北),而至狄道、陇西。具体说来,在过了秦岭之后是和凤翔军进军的道路相同的。狄道、临洮军和原州很有关系。唐人著书记载原州至其邻近各州的道路,

---

① 辛文房《唐才子传》卷六《沈亚之》。
② 《旧唐书》卷一五一《郝玭传》。
③ 《全唐文》卷七三七,沈亚之《临泾城碑》。

还特别写一笔,说是正西微南至临洮军620里。[①] 原州和临洮军之间,隔着渭州(治所在今甘肃陇西县),不能说是邻近。记载原州和邻近各州的交通,提到并非邻近的临洮军,显得临洮军和原州之间的道路是相当重要的。沈亚之的对策中,提到凤翔军和南梁军,当然是期望取得更大的战果,至少在取得临洮军后,吐蕃就不可能由这条道路和原州相联系了。由原州至临洮军的620里的道路是由原州算起。如果由边关算起,那应该说是陇山关可通到临洮军,而不应先提木峡关。由木峡关固然也可以到临洮军,那还是要经过陇山关的。因为木峡关乃在陇山东侧山下大道上,并非和陇山关一样,都高踞在陇山之上。

(原载《中国历史地理论丛》1994年第4辑)

[①] 《元和郡县图志》卷三《原州》。

河西与敦煌

黄河自青海东流，至甘肃境内即斜向东北流去，故甘肃西北部历来就被称为河西。敦煌居河西的西端，与武威、张掖、酒泉并列，为赴西域的门户，在历史上具有重要的地位。数千年来亦颇有演变，今略论其递嬗之迹，谅为关心这一地区的人士所乐闻。

一、远古时期有关河西的记载及其解释

自张骞通西域后，河西始见重于当世。其实，在此以前，已经有了有关河西的记载。出之于战国时人士之手的《尚书·禹贡》篇，所论述九州中的雍州，就明确指出其西界为黑水。黑水所在，历来解经者议论纷纭，莫衷一是。既是雍州的西界，当于今甘肃西北部求之。《禹贡》的作者曾说过："道黑水至于三危，入于南海。"今甘肃西北部皆在黄河以北，作为雍州西界的黑水如何能越过黄河而入于南海？这个千载难破之谜，迄今依然不易得到适当

的解释。道黑水所至的三危，《禹贡》中曾两次提及。其中一次也在雍州，即所谓"三危既宅，三苗丕叙"。窜三苗于三危，亦见于《尚书·舜典》。伪《孔传》说：三危，西裔。确地未能实指。郑玄引《地记书》，谓三危之山在鸟鼠之西南，当岷山。则在积石之西南。孔《疏》虽谓《地记书》乃妄书，其言未必可信，却还说："要知三危之山必在河之南也。"今敦煌县城之南有三危山，逶迤蜿蜒，其势非小，说者谓即三苗所窜的三危，这是和解经者所说不尽相同的。

不过以三危在敦煌也并不是毫无来历的。《左传》襄十四年，晋范宣子数姜戎氏说："昔秦人迫逐乃祖吾离开瓜州。"又昭九年，周詹桓伯辞于晋，也曾说："允姓之奸，居于瓜州。"这都是晋惠公由秦东归，迁戎于伊雒流域近于周王都城雒邑所引起的问题。允姓为阴戎之祖，也就是后来的姜戎氏。杜预解释说："瓜州在今敦煌。"两汉魏晋时，敦煌为郡，其治所在敦煌县。敦煌县故城在今敦煌县西南。杜预在说到允姓之奸时，还特别提了一笔，说是与三苗俱放于三危。杜预这句话并不是随便说的。因为詹桓伯辞晋，在说"允姓之奸，居于瓜州"之前，先说了一句："先王居梼杌于四裔，以御魑魅。"梼杌为舜时四凶之一，四凶中包括着三苗。既云四裔，当然也涉及三苗流放之地。经杜预这样解释，三危山就由河南移到河北，而且具体确定到敦煌来。

以瓜州在敦煌，并非杜预所创始。这是东汉初年杜林的说法。《汉书·地理志》敦煌县的注文说："杜林以为古瓜州，地生美瓜。"颜师古更做补充说："即《春秋左氏传》所云'允姓之戎，居于瓜州'者也。其地今犹出大瓜，长者狐入瓜中，食之首尾不出。"

其实，瓜州之戎并非就在敦煌。这一点顾颉刚先生曾有论及。颉刚先生提出五大理由以驳斥旧说，可以成为定论。颉刚先生说：秦穆公都雍（今陕西凤翔县），去敦煌3000余里，如姜戎在敦煌，与秦何干？乃劳师远征。这是理由之一。其二，自雍至敦煌，其间戎人至多，秦安得越国长途远征？其三，如果秦国西征，戎必更向西奔，何至反东向入秦，劳晋惠公诱之？

其四，如秦地于穆公时已至敦煌，何必张骞专美于后？其五，秦始皇统一大业成就，如秦已取得敦煌，始皇何故不一言及？顾刚先生还特别指出：地出美瓜者多矣，不只敦煌，如杜林能更向西游，则瓜州将必不在敦煌。① 虽说如此，但在以前由于杜林的说法几成定论，后魏明帝时竟于敦煌设立瓜州，经过一度改名，瓜州还是成为定称。隋初重定疆域制度，曾经罢郡存州，后又罢州置郡，其在存州之时，仍用瓜州名州。唐初于敦煌设立沙州，移瓜州于晋昌县②，其地在今甘肃安西县东南。后来瓜州的名称还是沿袭下去，一直到了元代。③ 不实之词，竟然影响这样深远，就是到现在，也还有人以此为故实，而频繁地称道。

《禹贡》于黑水、三危之外，还提到弱水、猪野、合黎和流沙。《禹贡》述道水，是先说弱水而后才提到黑水。可见弱水也是一条大川。后来释经者以今张掖河相当于弱水，这大体上是可以说得通的。确定了弱水，合黎山和流沙都可有了着落。今合黎山在张掖西北，张掖河绕合黎山之西而北流，是和《禹贡》所说相符合的。张掖河下入居延海，其周围皆为沙漠，正可以之解释所谓的流沙。历来释经者以猪野为今甘肃民勤县北的白亭海，揆诸事理，也是相当的。可以说《禹贡》的作者对于雍州的西部，也就是后来的河西，虽然不能像对当时其他诸州那样了若指掌，但基本上还是相当明了的。因为这里当时可能还是从事游牧的族类所居，和内地诸侯称雄的局面不同。后来张骞的西使，正是在这样的前提条件下前往的。

二、独特的自然环境及其演变

论河西较为明确的历史，应从汉武帝建置武威、张掖、酒泉、敦煌四

---

① 《史林杂识·初编·瓜州》。
② 《元和郡县图志》卷四〇《沙州·瓜州》。
③ 《元史》卷六〇《地理志》："瓜州，宋初陷于西夏。夏亡，州废。元至正十四年复立。二十八年，徙居民于肃州，但名存而已。"

郡时肇始。四郡建置之前，汉的西北边郡为陇西郡。陇西郡治所在今甘肃临洮县。由陇西郡西北行，依次可以达到这四郡的治所，但偏向西北的角度却不尽相同。武威郡只在陇西郡稍偏西北处，张掖郡之于武威郡，酒泉郡之于张掖郡，就都更偏于西北。而敦煌郡和酒泉郡又几乎正为东西相对的局势。四郡逶迤相连，大体成为中间稍微向北突出的弧形。

《禹贡》称道河西的山，只说到三危山和合黎山。三危山能够为《禹贡》的著者所重视，并非由于其山的雄伟崇高，而是因为它为黑水流经的地方和三苗放逐的所在。它只能算是祁连山的一个小支脉，论河西诸山一般说来是数不到的。河西最大的山应为祁连山。匈奴人呼天为祁连，故亦称此山为祁连山。[①] 以祁连名山，可知其确为大山。今其主峰海拔为5924米，为邻近诸山所难于比拟的。《禹贡》所称道的还有合黎山。合黎山在今高台县北，居于张掖和酒泉间，其海拔仅2504米。不仅无祁连山之高，抑且无祁连山之长。论者称河西四郡为河西走廊，以其在祁连山和合黎山之间。祁连山自敦煌蜿蜒至于武威，堪称一方的屏障。这条走廊之北，合黎山东西固然还有龙首山、北山等山，共同起着屏障的作用。然各山之间互不相连，阙口亦复不少。汉唐诸王朝经营河西，每谓借此可以隔断羌胡，也就是说阻挠青藏高原和瀚海南北从事游牧的族类使之不能互相接近和联系。事实上，祁连山南从事游牧的族类诚然不易越山北向，而北方的匈奴、突厥、回鹘等族皆尝南向牧马，往往徜徉于合黎山南各处。这固然显示出当时国力的强弱，亦地势使然也。

河西四郡先后建置之后，内地人士对于当地的了解，远较《禹贡》作者为深入。即以河西的河流而言，亦不复以弱水为限。由东徂西，则有流经现在古浪县的松陕水，流经今武威县的谷水，流经今张掖县的羌谷水，流经今酒泉县的呼蚕水，流经今玉门市西的籍端水及冥水，还有流经今敦煌县的氐置水。这些都是内陆河流，下游或入泽，或入海。其实所谓海也

[①] 《汉书》卷五五《霍去病传》。

就是泽。松陕水是入海的，其他皆入于泽。谷水入休屠泽，弱水、羌谷水、呼蚕水皆入居延泽，籍端水和冥水入冥泽，氐置水则入于无名的泽中。[①] 谷水今为石羊河。弱水和羌谷水今为张掖河，张掖河亦称黑河。呼蚕水今为北大河。籍端水今为疏勒河。氐置水今为党河。至于松陕水和冥水今已绝流。就是松陕水所入的海，氐置水所入的泽，以及籍端水和冥水所入的冥泽，亦皆湮失。休屠泽更是往往干涸。居延泽则已分为二处：苏古诺尔和噶顺诺尔。这两个诺尔中间有了隔离地区，显示出原来的居延泽已经有所缩小了。

　　这些泽或海的缩小和消失，为时并非很久。清穆宗同治二年（公元1863年），胡林翼请邹世诒等编制的《大清一统舆图》，犹能显示出这些泽或海。松陕水所流入的海，在此图中称为白海，谷水所流入的休屠泽，则称为鱼海。此图中玉门县北有花海子、布鲁湖、青山湖。布鲁湖居中，东为花海子，西为青山湖，三湖贯通，连在一起。[②] 大体就是冥泽演变而成的。胡林翼图上已称氐置水为党河，党河流入哈拉池。哈拉池应是氐置水所入的泽，其实也不尽然。哈拉池位于敦煌县西北，更在玉门关遗址以西。氐置水则是由汉时龙勒县流向东北[③]，则其所在地应在今敦煌县北或稍偏东北处[④]。至于居延泽，胡林翼图上已经分成东、西两海了。同治二年之后又七十余年，为1934年，原来松陕水所入的海，即清时的白海，虽有残迹，已经常无水。籍端水所入的冥泽，也久已干涸，唯谷水所入的休屠泽，即

---

① 《汉书》卷二八下《地理志下》。籍端水本作南籍端水，"南"字误衍，今删去。
② 《斯坦因西域考古记》第十章《古代边境线的发现》（向达译）："库鲁克塔格斜坡南界三百呎以上的高沙丘之间，有一大片盆地，盆地中间有一连串显明的干湖床。……这些湖床证明是古代疏勒河的终点盆地，如今河流的终点是在更东十五里的大泽中了。以前相信疏勒河注入喀喇淖尔，现已证明还在更东边相差经度一度以上。"疏勒河即汉时的籍端水，喀喇淖尔应即胡林翼图上的布鲁湖和花海子、青山湖。冥泽的故地应如斯坦因所说在其北的干湖床，喀喇淖尔当是泽地向南移动所构成的新泽。
③ 《汉书》卷二八下《地理志下》；《元和郡县图志》卷四〇《沙州》："寿昌县，本汉龙勒县。"唐寿昌县在今敦煌县西南。
④ 出版于1934年的《中华民国新地图》标绘哈拉池（图上作喀拉湖）于敦煌县西北玉门关之东，则又向东移徙了。

清代的白亭海，仍见于当时所绘的图中。居延海虽分为东西，哈拉湖稍有东移，储水仍未竭涸。①

是什么原因促成这些泽和海干涸或消失的？问题可能相当复杂，气候过于干燥也许是其中一个因素。可是问题显著的形成却是在由现在上溯的一百二十五年之间，说得更严重的是在最近五十余年间。百余年来或五十余年来气候能有如此显著而剧烈的变化，殆属不可能。斯坦因在探索额济纳河（即弱水）下游居延海附近黑城子荒废的原因时，指出是由于灌溉的困难。而灌溉之所以失败，可能是由于额济纳河水量的减少，也可能是由于河流在渠头处改道，而垦地因为某种原因不能得到充足的水量。斯坦因对此没有再做结论。灌溉渠道的更动以至于河流的改道都可促使灌区的荒废，这一点到后面当再详述，这里姑且暂置不论。斯坦因虽对这两种可能性未做结论，但他却提到额济纳河中游毛目垦地荒废的原因。毛目在甘肃金塔县东北。据斯坦因所述，这里适宜于维持沟渠，但是过去为了要在春初得到适当的水量，也曾感到重大的困难，因以，以前的垦地就此荒废了。②斯坦因虽没有肯定额济纳河水量的减少，实际上却是减少了。

这样的问题在敦煌莫高窟前得到证明。莫高窟前有一条干涸的大泉河河床，河床上架有规模不算很小的公路桥。由敦煌前往莫高窟的旅游者必须过桥，才能到莫高窟下。河西各处不乏干涸的河床，故旅游者对此不至于引起注意。莫高窟的第一四八窟中有一通《唐陇西李府君修功德碑》。根据碑文可知此窟是唐代宗大历十一年（公元776年）凿建的，碑也是这一年建立的。碑文说到当时莫高窟的风景，说是"碧波映阁"。这是说窟前这一条干涸河床本来是有河水的。不仅有水，而且水量很大，足以使莫高窟的楼阁在碧波中反映出来。现在这条河道中诚然无水，但这并不能说这里就没有任何水源了。其实这条河道并非完全绝流，仅仅剩下的一条细流，被引用成为一条灌溉渠。莫高窟前绿树婆娑，绿树间栽种若干花草，

---

① 丁文江、翁文灏、曾世英《中华民国新地图》。
② 《斯坦因西域考古记》第十六章《从额济纳河到天山》。

也足以使旅游者为之流连。这样一条细小渠水，如何能够说得上"碧波映阁"？唐代宗大历年间迄今一千二百余年，前后竟如此悬殊，不能不使人惊奇！莫高窟第三二九窟中有武周圣历元年（公元 698 年）李克让《重修莫高窟佛龛碑》。据碑文所记，莫高窟始建于前秦建元二年（公元 366 年），为沙门乐僔所创始。从那时起，历代都有兴建，规模日趋宏大。大德驻锡，役徒施工，前后不绝，当地如果没有充足水流，曷克臻此。据闻敦煌研究所工作人员饮食用水，尚需运自敦煌县城，远在千百年前，如何能够有这样的设施？可知能有足以"碧波映阁"的河流，并非始自唐代大历年间，而是前秦始建莫高窟时，就已具有这样的自然环境。

　　这里的河流水量为什么减少？目前似尚不易得到答案。河流水量来源不外两途：一是地下泉水，又一空中降水。地下泉水若未遇到像剧烈的地震等引起地壳或岩石的变动，就不至于阻断泉水的来源。而近百年来尚未闻及当地曾经有过可使地壳或岩石变动的地震，亦未闻及气候有明显的剧变，使降水长期减少，以致影响河流的流量及各自下游所入的泽或海的储水量。按照一般说法，山地森林可以含蓄水分，使所得降水不至骤失，有关的河流的流量亦不至前后悬殊。因此不妨略一探索河西各处山地森林的分布。关于森林的分布，一般地理载籍中往往不乏记载。今传世的嘉庆重修《大清一统志》，成书于清宣宗道光二十二年（公元 1842 年）。其时下距胡林翼编制《大清一统舆图》仅二十年，不妨以之为论证的依据。据其所刊载，河西森林山地有如下各处：

　　1. 雪山，在张掖县南 100 里，多林木箭竿。

　　2. 临松山，在张掖县南，一名青松山。按：山以临松、青松为名，其上可能多松。

　　3. 祁连山，在张掖县西南。据所征引的《西河旧事》记载，山在张掖、酒泉二郡界上，东西 2 万余里。南北百里，有松柏五木。

　　4. 青山，在武威县东 250 里，山多松柏，冬夏常青。

　　5. 松山，在武威县东 310 里，上多古松。

6. 第五山，在武威县西 130 里，有清泉茂林，悬崖修竹。

7. 燕支山，在永昌县西，产松木。

8. 黑松林山，在古浪县东 45 里，上多松。

9. 柏林山，在古浪县东南 75 里，上多柏。

10. 棋子山，在天祝藏族自治县西南 200 里，相连者为桌子山，道险林密。

11. 大松山，在天祝藏族自治县东北 120 里，山多大松。

12. 榆木山，在高台县南 40 里，上产榆树。

13. 白城山，在高台县西南 80 里，有林泉之胜。

这样一些记载，显示出河西的森林山地似乎并不是很多的。① 值得注意的是祁连山。《大清一统志》引《西河旧事》说，山在张掖、酒泉二郡界上。这是前人的一般说法，《元和郡县图志》也是这样说的。② 其实并不应以此为限。《大清一统志》又引《行都司志》就指出永昌卫（今甘肃永昌县）南的雪山与凉州卫（今甘肃武威县）西南的姑臧南山相连，也是称作祁连山的。河西的河流不论其具体发源于何处，总起来说，都是由祁连山上流下来的。祁连山上多森林，就不能不和这些河流的流量大小有关系了。

如前所说，河流的流量来源于地下泉水和空中降水。近一百多年来，这两项在河西不易得到完全了解。只能在与含蓄水分有关的森林多事推敲。由于人为的原因，历来都有破坏森林的事例。而明代中叶以后，森林的破坏更为严重，黄河中游黄土高原最为突出，这一点我曾经有所论列。③ 应该指出，黄土高原以外的地区，也都难得幸免。上面征引《大清一统志》所记载的山地森林，有些都是根据其前代文献列举的。只不过特别提出《西河旧事》一种而已。它如张掖雪山的林木箭竿，就是出自《元和郡县图志》。

---

① 《晋书》卷八七《凉武昭王传》：" 先是，河右不生楸、槐、柏、漆，张骏之世，取于秦陇而植之，终于皆死，而酒泉宫之西有槐树生焉。" 嘉庆《大清一统志》所载有森林诸山，其西亦仅止于高台县。高台县在酒泉之东，似酒泉之西本来就没有林木，现在酒泉之西各绿洲上，树木葱茏，敦煌附近尤多。莫高窟前大泉河的上源也有不少树木。这些可能是出于人工栽培，已和《晋书》所说不同，论现在河西的森林者，对此似当多加留意。

② 《元和郡县图志》卷四〇《甘州》。

③ 拙著《历史时期黄河中游的森林》。

这样的征引至少可以说明一个问题，就是河西的森林直至清代中叶还保持当时以前长期未有多少改易的情况。如前所说，这是在同治二年以前二十年的记载，说明这些河流流入的泽或海还能保持一定的储水量不是没有理由的。同治二年以后，甚或是在公元1934年以后，这些泽或海有的干涸甚至消失，和山地森林就不能说没有关系，虽然具体破坏的过程和情况都还未能完全明了。河西许多地方近似戈壁中的绿洲，有的地方实际就已经成了绿洲。维持绿洲的生机，利用河水灌溉以前已经取得重大的作用，就在以后可以预见的岁月里，这样的作用还将是不可或缺的。如何能够保持河流常水位时正常的流量，确是一项不可稍微忽视的问题。

河西自然环境的另一特点，是具有相当广大的沙漠和戈壁地区。河西的北方和东北方就是内蒙古的沙漠地区。阿拉善右旗的巴丹吉林沙漠和阿拉善左旗的腾格里沙漠，不仅已侵到合黎山和龙首山之南，而且有的地方也已逐渐接近明长城，金塔、民勤等县的治沙工作已成为迫在眉睫的任务，是不可稍微忽视的。戈壁与沙漠不尽相同，也成为河西发展生产极大困难的地区。由河西走廊东端西行，愈往前行，所能看到的戈壁也就愈益繁多。在戈壁中有的地方还间生着杂草，有的地方竟然寸草不生，真可以说是上无飞禽，下无走兽。因为在这样地方连飞禽走兽也都不容易生存下去，遍地的石块和碎石形成另一种特殊景观。

正是由于有许多沙漠和戈壁的地区，当地人民的居住和生产就不能不受到影响。愈往西去，这样的影响就愈益显著，敦煌及其附近各地更是如此。显而易见的是居民点的分布很不均衡。西汉时，敦煌郡设有六个县，绝大部分是集中在籍端水和氐置水的下游。这固然是近水之地容易引水灌溉，也是近水地方不至于有很多沙漠和戈壁。西汉如此，唐代亦然。唐代的沙州虽是在汉代敦煌郡的基础上设立的，其实只有敦煌郡的一半，其东部另外设了一个瓜州。唐代的沙州除辖有汉代敦煌郡西部一半外，更向西扩展，其西境直达到且末城，也就是现在新疆的且末县。辖地虽然扩大了几倍，实际只设了两个县，就是敦煌和寿昌。敦煌是西汉时的旧县，寿昌则是西汉龙勒县改称的，还是没有能够远离氐置水。

全面积改造沙漠和戈壁是一项极难奏效的工作。但人总是有改造自然环境的意愿的，只要能够有机会、有可能也是不放过的。由柳园到敦煌县城的大道上有相当广大范围的戈壁，而柳园和敦煌县城则是肥沃的绿洲。戈壁和绿洲都是自然形成的，当然不能都是整整齐齐的像刀截过的一样。可是这里的戈壁和绿洲之间虽不能说像刀截过的一样，却是整整齐齐十分明确。这当然是经过人的加工的，说明当地的人对于沙漠和戈壁时时在想方设法加以治理。但自然环境也时时在演变之中，不一定就符合人的意志，甚或和人的意志背道而驰，出现相反的结果。就在敦煌县城之外有过明显的反映。现在的敦煌县城据说是清雍正三年（公元1725年）由于党河决堤，冲毁旧城，才新建起来的。旧城在党河之西，是汉敦煌郡和唐沙州的治所，一般就称为沙州老城。现在敦煌县城党河以西，虽还有些绿洲，但戈壁已是一望无垠了。汉代的龙勒县亦即唐代的寿昌县，也都成了戈壁。其间固然还有若干小块绿洲，由于范围太小了，起不到若何巨大的作用。像这些地方的戈壁，其形成的时期是不会太久的，可能是当地居民离开以后才有的。

绿洲的形成主要是有赖于水流的灌溉。一条河流在常水位时，可资灌溉的水量是一定的。绿洲人口过多，可资灌溉的水量自然难以满足。原来在下游的人往往会舍弃其田亩，改移到较上游容易引水处另行开垦新地。原来下游已种植的土地就难免荒废。[①]曾经耕锄的土壤逐渐为风吹走，虽然不至于马上成为戈壁，沙化恐怕是难于避免的。

绿洲是肥沃的土地，如何珍惜土地，保持其肥力，不使之沙化，可能是这个地区不应忽视的问题。

---

① 这是在敦煌时承敦煌研究所李正宇同志见告的。李正宇同志现正在研究唐宋时期敦煌的河渠泉泽，这应是实际调查的结果。

三、居住于河西的族类和人口数字的增损

河西夹处于祁连、合黎两山之间，又当东西交通的孔道，故来往居住于其间的族类相当繁多，而且还不时有所变化。这样的变化对于河西各方面都会发生影响，这是关心河西的人士所不应忽视的。

论述这样的问题必须从头谈起。根据《史记》和《汉书》的记载，最早出现在这里的是月氏和乌孙，接着则为匈奴人。张骞出使西域时，匈奴已驱逐月氏而据有其地。张骞的出使就是为了联络月氏和汉朝共同对付匈奴。据张骞所说：月氏始居敦煌祁连间。张守节解释说：初月氏居敦煌以东、祁连以西。又说凉、甘、肃、瓜、沙等州本月氏国之地。这五州的治所就是现在的武威、张掖、酒泉、安西和敦煌。是河西之地由东迄西本来皆是月氏的居地。张骞初次由西域归来，得知乌孙本为匈奴西边小国，拟招之益东，使居故浑邪之地。此事见于《史记·大宛传》。匈奴浑邪王故地，汉已设为张掖郡。张骞这样设想，只是为了联络乌孙，共断匈奴的右臂。可是在《汉书》中却另有新意。《西域传》说："乌孙本与大月氏共在敦煌间。"《张骞传》则说："本与大月氏俱在祁连、敦煌间，小国也。"至于谋求乌孙东迁，则是因为"蛮夷恋故地"，故"招以东居故地"。是乌孙原来所居之地不限敦煌一隅，而达于张掖郡。如果乌孙故地东至张掖郡，则如何能与月氏"共在"，也是一个问题。关于乌孙和月氏的初居地，学者间早已有所论及，日本学者也曾发表过宏论，似宜再做深入研讨，不过已非本文范围，故暂不再赘陈。①

---

① 对于月氏和乌孙的问题，日本国白鸟库吉、藤田丰八、加藤繁等皆曾有论著发表。近年松山寿男著《古代天山历史地理研究》，于乌孙的原居地定为博格达山北麓。他是根据下面这些材料得到这样的结论的：一、《太平御览》卷一六五《州郡部》引《梁氏十道志》所说的："庭州，雍州之外，流沙之西北，前汉乌孙旧地，东与匈奴接，历代为胡房所居。"二、《通典》卷一七四《州郡典》所说的："庭州（原注，今理金满县），在流沙之西北，前汉乌孙之旧壤，后汉车师王之地，历代为胡房所居。"三、《旧唐书》卷四〇《地理志》也说："金满，流沙州北（西北之误），前汉乌孙部旧地，方五千里。后汉车师后王庭，胡故庭有五城，俗号'五城之地'。"书此以备一说。

乌孙和月氏是否就是河西初民，目前未闻多所议论。《史记·大宛传》说："大月氏，行国也，随畜移徙，与匈奴同俗。"《汉书·西域传》也说："乌孙，随畜逐水草，与匈奴同俗。"显然都是以游牧为生的。游牧族类不娴于农耕，或者根本不谙于农耕，可是1985—1986年，在民乐县城北27公里发掘的东灰山文化遗址，却显示出另一种境界。在这个遗址所发现的有炭化小麦和大麦，还有高粱和粟、稷。据测定距今5000多年。① 这样多的农产品不是游牧族类所能够种植和收获的。应该说，河西曾经居住过月氏、乌孙和匈奴人，只是根据史籍的记载，但他们并不一定就是河西的初民。

西汉中叶，匈奴浑邪王杀休屠王降汉，这是河西一宗大事。浑邪王降汉后，汉设五属国以处其众。五属国分隶天水、安定诸郡。张骞说汉武帝"今单于新困于汉，而故浑邪地空无人"②，就是指此而言。但这并不等于说，河西从此就没有匈奴人了，实际上匈奴在河西的影响还是相当深远的。浑邪王降附后，汉在河西设了武威等四郡和三十五县。有些郡县名称分明是采用了外来语。当时不仅设了敦煌郡，还有敦煌县。敦煌郡治所就在敦煌县。"敦煌"二字做何解释？东汉时应劭曾经说过：敦、大也，煌、盛也。以敦作大解，见于《扬子方言》。以盛释煌，可能就始于应劭本人。这样的解释，总不如武威、张掖的确切，更不如酒泉的具体，似未能得其奥义。闻之于谭季龙教授，这"敦煌"二字可能是当时的外来语。是否为匈奴语，还有待考核。其他一些县名，匈奴语是不少的。武威郡治所的姑臧县，据王隐《晋书》说，这本是匈奴的盖臧城，语讹为姑臧。③ 武威郡还有一个休屠县，另外还有一个休屠泽。这个县名和泽名用不着多做解释。本来要和浑邪王一同降汉，后来为浑邪王所杀的休屠王，其名称正是和这个县名和泽名相同。而这个休屠县还是休屠王的都城。④ 张掖郡的觻得县和休屠县也

---

① 《新华社新闻稿》第6497期。
② 《史记》卷一二三《大宛传》。
③ 《太平寰宇记》卷一五二《凉州》引。
④ 《水经·〈禹贡〉山水泽地篇注》。

相仿佛。因为这个县本为匈奴䚄得王所居，所以就用其王名为县名。① 还有几个县名，如武威郡的揟次县、扑环县、媪围县，张掖郡的屋兰县、日勒县，敦煌郡的龙勒县，皆不能得其确解，是否为匈奴语，有待论定。谨志于此，容作质疑。其实不仅郡县名称沿用匈奴旧名，就是一些山水名称也未能例外。前面曾提到祁连山，就是沿用匈奴语。匈奴语称天为祁连。山称祁连，极言其高也。祁连山之北，有焉支山，在今山丹县南。匈奴失去祁连、焉支二山，乃歌曰："亡我祁连山，使我六畜不繁息。失我焉支山，使我妇女无颜色。"② 以焉支山与祁连山并提，则焉支山当也是匈奴的本名。匈奴失去焉支，竟使其妇女无颜色，可见山上所产之物可作为妇女装饰之用。后世以胭脂作为化妆用品，胭脂当为焉支同音语。焉支山亦名删丹山。删丹山亦当为匈奴语，删丹县的得名与此山有关。今删丹县改写成山丹县。焉支、胭脂、删丹、山丹皆用到现在。

河西诸地不仅有匈奴孑遗，而且还有葆塞蛮夷。葆塞蛮夷之名始见于《史记·文帝纪》和《匈奴传》，为降附于汉而居住塞下的族类。匈奴曾侵盗这些上郡蛮夷，明其和匈奴不同。葆塞蛮夷既居于塞下，当非上郡一郡所独有，河西诸地亦应不稍少其踪迹。《汉书·地理志》，张掖郡有骊靬县。此骊靬当即《史记·大宛传》《汉书·张骞传·西域传》记载的黎轩。黎轩为西域国名，东汉时称为大秦。骊靬为县名，当是因骊靬降人而设置的。以域外降人设县，亦见于上郡的龟兹县。其县也是因龟兹国的降人而设立的。这在汉时已是通例，无足为奇。然由此亦可以证明河西有骊靬人。

匈奴浑邪王降汉后，河西的匈奴人内徙到五属国所在地。如何来填补这样的空隙？必然是由内地徙民实边。浑邪王的降附在汉武帝元狩二年（公元前121年）。《史记·匈奴传》说：这一年"徙关东贫民处所夺河南新秦中以实之"。《平准书》则列此事于元狩三年。至于徙民的地方则添上关以西。徙民之数也确定为70万余口。《汉书·武帝纪》于元狩四年却载：

---

① 《元和郡县图志》卷四〇《甘州》。
② 《史记》卷一一〇《匈奴传》引《西河故事》。

"关东贫民徙陇西、北地、西河、上郡、会稽凡七十二万五千口。"皆似与河西无关。按：汉收河南地，置朔方、五原郡在汉武帝元朔二年（公元前 127 年）。匈奴失河南地后，亦举族远去，朔方、五原郡皆须徙民充实，不应迟至六年之后始行徙民。元狩三年，山东诚被水灾，徙民就食不能稍迟，何能迟至元狩四年冬季，始克就道，当时河西已空无人居，为什么只徙到陇西、北地，而不至于河西？颇疑所说的只是一事，史家未能详记，遂使失真。

由于内地迁来了人户，也由于当地的滋养生息，到西汉末年，河西的户口已达到相当可观的数字。据《汉书·地理志》汉平帝元始二年（公元 2 年）所载，河西四郡具体的户口数为：

武威郡所属十县，有户 17581，有口 76419；

张掖郡所属十县，有户 24352，有口 88731；

酒泉郡所属九县，有户 18137，有口 76726；

敦煌郡所属六县，有户 11200，有口 38335。

四郡合计，共有户 71270，有口 280211。在当时各边郡中，都不能算是很多的。

河西四郡在当时都还有一定的富庶因素，比起内地来总是有点不及处。河西四郡又首当汉与匈奴冲突的要地，是容易受到从事游牧族类的骚扰和侵略的。迁徙到边郡的人口如何能够长期居住下去，不能说不是一个问题。汉朝有一条明文规定，居住在边郡的人不能随便向内地迁徙。这条规定，直到东汉后期都还有效。东汉后期，敦煌张奂以功当封，悉辞不受，唯愿徙属弘农华阴。正是因为张奂功大，才破格得到听许。[①] 这样的特例只有西汉杨仆以军功请移函谷关一事差相仿佛。杨仆为新安（今河南新安县）人，新安则在函谷关外。杨仆欲作关内人，而又不愿意移家。会建立功绩，因请以家财移函谷关至新安县，并得到汉武帝的许可。[②] 杨仆移关只能说是偶然的特殊事件，和张奂破例内迁还是有所区别的。

---

① 《后汉书》卷六五《张奂传》。

② 《汉书》卷六《武帝纪·注》引应劭说。

两汉这条规定虽说是严格，却难得永久持续下去，在王权政衰，国内有了乱事时，就不易奏效。魏晋继起，再不闻有所限制。西晋末年，永嘉乱起，洛京倾覆，中州沦为战场，人士逃逸，四散离析，大部渡江南去，至于河西者亦非少数。其时张轨方为凉州刺史，由于"中州避难来者日月相继"，因分武威郡别置武兴郡以居之。① 十六国霸主迭兴，中原乱离未已，西来避难仍时有所闻。前秦苻坚还曾徙江汉之人万余户于敦煌，中州之人有田畴不辟者亦徙 7000 余户。其间武威、张掖以东之人西奔敦煌、晋昌者亦有数千户。西凉李暠以酒泉为都，皆徙之于酒泉。因分南人五千户置会稽郡，中州人 5000 户置广夏郡，其余分置武威、武兴、张掖三郡。② 显得当时河西人口有所增多。也许当时河西人口稠密度超过中原，实际上远未能赶上西汉元始二年。

后来魏收撰《魏书·地形志》，备载黄河下游各州户口，这是永嘉乱离以后始见的较为完全的记载。空谷足音，殊堪称道，唯以武定为断，致使瑕竟掩瑜。武定为东魏孝静帝年号，自公元 543 年至 550 年，就以东魏来说，已是季世。其时关西早隶西魏版图，魏收称之为沦陷诸州。其中偶然亦记户数，却据永熙馆籍。永熙为魏孝武年号，自公元 532 年至 534 年。公元 532 年至 533 年，魏室尚未分为东西，不能说到沦陷。唯已在孝明帝孝昌（公元 525—528 年）乱离之后，就难得一概而论。据说孝昌乱离之际，"恒代而北，尽为丘墟；崤潼已西，烟火断绝；齐方全赵，死如乱麻，于是生民耗减，且将大半"③。故《地形志》所记载的凉州，所统十郡二十县，仅有 3273 户，较之西汉时户数最少的敦煌郡犹有不及。

如果说到河西户口再度较为繁多的时期，应该数唐代天宝元年（公元 742 年）。这一年河西诸州的户口数为：

凉州（武威郡），所属五县，有户 22462，有口 120281；

---

① 《晋书》卷八六《张轨传》。
② 《晋书》卷八七《凉武昭王传》。
③ 《魏书》卷一〇六《地形志》。

甘州（张掖郡），所属二县，有户6284，有口22092；

肃州（酒泉郡），所属二县，有户2330，有口8476；

瓜州（晋昌郡），所属二县，有户477，有口4987；

沙州（敦煌郡），所属二县，有户4265，有口16250。①

凉、甘、肃、瓜四州共有户31553，有口155827。加上贞观年间的沙州户口，共有户35818，有口132077。就是加上贞观年间的沙州户口，也还没有西汉元始二年武威、张掖、酒泉、敦煌户口之多。

再往后说，能够有河西各地总的户口数，那就要等到清代。② 嘉庆重修《大清一统志》对于河西各处户口有如下的记载：

凉州府，属县五，有户182862，有口284131；

甘州府，属县二，有户79841，有口282496；

肃州，属县一，有户22537，有口319768；

安西州，属县二，有户6094，有口77873；

两府两州共有户291334，有口964268。③

这样的数字不仅超过了唐代的天宝元年，而且也超过了西汉的元始元年。这样的差异可能有几个原因：其一，由嘉庆往上溯，河西的承平时期较长，可以上溯到明代初年。明代嘉峪关外诸卫虽偶争执，皆未引起若何事端。唯土鲁番曾寇肃州，明廷视为一方大患，其实河西并没有受到很大

---

① 《旧唐书·地理志》。按：两唐书《地理志》皆未载天宝年间沙州户口数。《旧唐书·地理志》有旧户口数，《新唐书·地理志》以之为贞观年间户口数，天宝时，凉、甘、肃、瓜四州户口数较之贞观年间皆有增长。沙州虽无天宝年间户口数，然总不会低于贞观时，故一并录出贞观户口，以备参考。

② 《元史》卷六〇《地理志》。河西共有甘州、永昌、肃州、沙州四路，四路中仅甘州、肃州两路有户口数。甘州有户1550，有口23987。肃州路有户1262，有口8697。皆至元二十七年（公元1290年）数字。

③ 《大清一统志》于各府州户口一栏共列有：1.原额民丁；2.今滋生民丁男妇大小；3.屯丁男妇大小；4.户数四项。安西州无原额民丁，亦无屯丁男妇大小。故知今滋生民丁男妇大小一项为当时实有口数。其余两项与实有口数无关，故不取。在这些数字中，户口比例颇有悬殊，如肃州只有22537户，却有319768口，平均每户超过14人，似与实际未能完全吻合。

的骚扰。①明清易代之际，河西亦大致平静。当时河西户口当不至于有所减少。其二，到了清代，回部内属，嘉峪关再不起阻隔的作用，自有助于河西的稳定。其三，嘉庆《大清一统志》所载的"今滋生民丁男妇大小"，乃是指雍正时摊了入地，不再增收口赋，因而各地滋生的民丁男妇大小皆呈报户口，而无所畏避，遂使户口数目大为增长。河西各府州的户口显然多于前代，也是合于情理的。

  这些户口数字中是否包括居住在河西的从事游牧生活的人们或其他的族类，这就未可一概而论。两汉时没有明文规定，可能是两种情形都会有的。东汉初年，南匈奴呼韩邪单于比率众内附，居于西河美稷。"亦列置诸部王助为扞戍，使韩氏骨都侯屯北地，右贤王屯朔方，当于骨都侯屯五原，呼衍骨都侯屯云中，郎氏骨都侯屯定襄，左南将军屯雁门，栗籍骨都侯屯代郡，皆领部众，为郡县侦罗耳目。"当时八部共有四五万人。②平均计算，每部约在五六千人之间。据《续汉书·郡国志》所记载顺帝时这几郡的人口数为：西河郡，20838；北地郡，18637；朔方郡，7843；五原郡，22957；云中郡，26430；定襄郡，13571；雁门郡，249000；代郡，126188。东汉户口极盛时为汉质帝永嘉二年（公元146年）（疑为汉质帝本初元年。——编者注），而质帝即上承顺帝，亦可谓近于极盛之时。此时上距南匈奴呼韩邪单于比居于西河美稷已将近百年。百年之间，休养生息，人口应有一定的增长。可是朔方郡仅有7843口。如南匈奴右贤王部众犹在，而未有所增添，若列于当时户口簿中，则朔方郡非以游牧为生的人口的仅有一二千人。当时朔方郡所领六县，每县将只有两三百人，这是和实际情况不相符合的。不过也有例外。前面曾经提到西汉张掖郡所属的骊靬县。这个县是骊靬降人建置的，就不能说没有骊靬人，而这些骊靬人的户口也应为张掖郡的官吏所执掌。就是一般保塞蛮夷也应该是一样的。唐代前期，承周隋之后，对于各地人口采取授田办法。当时规定："丁男中男给（田）一顷，笃疾废疾给田四十亩，寡

---

① 《明史》卷三二九《西域传一·土鲁番传》。
② 《后汉书》卷八九《南匈奴传》。

妻妾三十亩，若为户者加二十亩，所授之田十分之二为世业，八为口分。"① 当时居于域内的以从事游牧为生的人们似未能共享这样的待遇。唐初于周边各地置羁縻州，以处内属的游牧部落及其他族类。这些羁縻州的贡赋版籍多不上户部，隶于凉州者就有乾封等州。② 契苾部落之居于甘、凉之间，就可以为例证。契苾部落本铁勒的别部，贞观初年，契苾何力随其母率众千余家诣沙州奉表内附，太宗置其部落于甘、凉二州。及薛延陀强盛，契苾部落皆愿从之，并执何力至延陀所。③ 这显然是游牧部落的本色，可见其居于甘、凉时并未改从农耕。契苾部落虽未见置有羁縻州的记载，其贡赋版籍当亦不隶于户部。到了清代，这样的差异显然已经泯没。清代规定：除外藩札萨克所属编审丁档掌于理藩院外，其各省诸色人户由其地长官造册送于户部，至若回、番、羌、苗、瑶、黎、夷等户皆隶于所在府厅州县④，和一般齐民相同。

事实上亦是如此。自东汉末年至于魏晋，由于中原王朝的萎靡不振，未遑兼顾域外，不仅缘边各郡人口逐渐向内迁徙，而西北两方的游牧部落也随之内迁。迄于西晋，"关中之人百余万口，率其少多，戎狄居半"⑤。关中如此，边郡可知。及（晋怀帝）永嘉丧乱，先后起伏的所谓十六国霸主，泰半皆出自游牧部落。当时祁连山北先后建有五凉政权，除前凉张氏及西凉李氏外，后凉吕光为略阳氐人，南凉秃发乌孤为河西鲜卑人，北凉沮渠蒙逊为临松卢水胡人。南凉鍮勿仑说其主秃发利鹿孤的一段话，正足以看出这些霸主的本来面目。鍮勿仑说："昔我先君肇自幽朔，被发左衽，无冠冕之仪，迁徙不常，无城邑之制，用能中分天下，威振殊境。"因之，鍮勿仑建议："宜署晋人于诸城，劝课农桑，以供军国之用，我则习战法，以诛未宾。"⑥ 而秃发傉檀征集戎夏之兵，竟至五万。⑦ 吕光主簿尉祐叛光，亦

---

① 《旧唐书》卷四八《食货志》。
② 《新唐书》卷四三下《地理志》。
③ 《旧唐书》卷一〇九《契苾何力传》。
④ 《清史稿》卷一二六《食货志一·户口》。
⑤ 《晋书》卷五六《江统传》。
⑥ 《晋书》卷一二六《秃发利鹿孤载记》。
⑦ 《晋书》卷一二六《秃发傉檀载记》。

曾煽动百姓，故夷夏多从之。[1] 而吕光自西域东归，将至武威，胡夷皆来款附。[2] 可知当时河西族类，相当繁杂，为数亦殊不少。

这些族类来到河西，是各有其渊源和造因的。当时的统治者似未多加以诱导，鸠摩罗什东至凉州，实因苻坚有意的罗致，以前秦破灭，暂时淹留。[3] 李暠虽曾并击玉门以西诸城，而广田积谷实为东伐做准备。[4] 但直至隋炀帝时，始在这方面有所作为。当时张掖已发展成为和西域交往的都会，西域诸国来者多在其地交市。裴矩以礼部侍郎主管交市事，遂因诸胡商各自言其国的山川险易，并其本国服饰仪形，丹青摹写，撰成《西域图记》三卷。据其所云，共有四十四国，可见来到河西胡商的众多。后复奉炀帝命往张掖引致，西蕃至者十余国。炀帝西巡，行次燕支山，高昌王伊吾设等及西蕃胡二十七国皆谒于道左。[5] 这些国名都不易一一稽考，仅以来朝的国数来说，也可以说是前无古人了。这些来朝的国君不会久居于河西，可是其影响所及，不会短期泯没的。由于这样的渊源，河西的胡人不仅为数众多，而且在当地的社会上已隐然成为一种力量，甚至可以左右当时的政局。唐初，受命执李轨的安兴贵、安修仁兄弟就是久居于凉州的胡人。安修仁曾经对高祖说过："臣于凉州，奕代豪望，凡厥士庶，靡不依附。"[6] 这当然不是一般流寓的商胡了。当时像安氏兄弟这样的胡人在凉州应非少数。李轨的谋主梁硕曾因凉州诸胡种落繁盛，劝说李轨防范剪除。[7]

就在李轨平灭后的十年，玄奘西行求法，途次来到凉州。这时凉州更为繁荣，玄奘在此也受到社会上的特殊礼遇。据其弟子慧立等所述，可见一斑。慧立说："凉州为河西都会，襟带西蕃，葱右诸国，商侣往来，无有停绝。时开讲日，盛有其人，皆施珍宝，稽颡赞叹，归还各向其君长称

---

[1] 《晋书》卷一二二《吕光载记》。
[2] 《晋书》卷一二二《吕光载记》。
[3] 《晋书》卷九五《艺术·鸠摩罗什传》。
[4] 《晋书》卷八七《凉武昭王传》。
[5] 《隋书》卷六七《裴矩传》。
[6] 《旧唐书》卷五五《李轨传》。
[7] 《旧唐书》卷五五《李轨传》。

叹法师之美，云欲西来求法于婆罗门国，是以西域诸城无不预发欢心，严洒而待。散会之日，珍施丰厚，金钱、银钱、口马无数，法师受一半燃灯，余外并施诸寺。"①所说的虽仅限于玄奘讲道的场所，凉州商胡人数的众多以及举动的豪华，应是其他各地所难以比拟的。

凉州胡人之多亦见于岑参《凉州馆中与诸判官夜集》一诗。诗中说："凉州七里十万家，胡人半解弹琵琶。"②由这句诗中判断不出凉州胡人有多少，但他特别提到胡人，至少可以说当地的胡人是很多的。

这里所说的胡人，只是概括的名称。王国维著《西胡考》，谓自汉世，匈奴与西域诸国之人皆有胡称。其后匈奴浸微，西域之人遂专有胡名③，故裴矩招诱西域诸国，总称之曰诸胡。这当然不包括居于北陲的突厥和回纥。不过突厥和回纥诸部也兼有胡人，即所谓九姓胡是也。河西节度使治凉州，其副使则居甘州，这是为了督察九姓部落。④可能是由于驻于甘州的河西节度副使的控制，九姓部落尚未见内徙于河西事例。然回纥、契苾、思结、浑诸部却曾杂居于凉州界中。⑤契苾即前面所提到的契苾何力的部落。唐德宗朝曾建立功勋的浑瑊，即出自浑部。⑥这四部不仅居于凉州，甘州界内也有踪迹。其南徙在武后时，由于突厥默啜方强，夺取铁勒故地，故相率迁入唐境。其后回纥以私怨杀河西陇右节度使王君㚟，梗塞安西诸国入长安道路，寻为唐军所逐，复奔于突厥。⑦

安史之乱起，唐朝西部防边之兵皆东归平定内乱，吐蕃乘间侵扰，遂尽取河西陇右诸地。吐蕃侵河西，虽有几条道路，这时出兵却是由东趋西。

---

① 慧立、彦悰《大慈恩寺三藏法师传》。
② 《全唐诗》卷一九九。
③ 王国维《观堂集林》卷一三《西胡考上、下》《西胡续考》。
④ 《吕思勉读史札记》戊帙《胡考》。所谓九姓胡为：药罗葛、胡咄葛、㗖罗勿、貊歌息讫、阿勿嘀、葛萨、斛嗢素、药勿葛、奚邪勿。
⑤ 《旧唐书》卷一〇三《王君㚟传》。
⑥ 《旧唐书》卷一三四《浑瑊传》。
⑦ 《新唐书》卷二一七上《回鹘传》。按《旧唐书》卷一九五《回纥传》，王君㚟死后，玄宗命郭知运讨逐回纥，王君㚟为河西陇右节度使，是由于郭知运死后，取代其位。王君㚟被害后，何能再有郭知运讨逐回纥事，《旧唐书》此处当有误文。

凉州的陷落在代宗广德二年（公元764年），甘州在永泰二年（公元766年），肃州在大历元年（公元766年），瓜州在大历十一年（公元776年），沙州在德宗建中二年（公元781年）。①吐蕃既据有河西，唐人遂尽沦为奴婢。②迄于文宗大中五年（公元851年），沙州首领张义潮始驱逐吐蕃守军，奉瓜、沙、伊、肃、甘等十一州地图来归。③张义潮所献诸州中，有瓜、沙、肃、甘四州而无凉州。直至僖宗咸通二年（公元861年），始由张义潮取得，奉献归国。④其后吐蕃衰弱，余部有浑末者，居于甘、肃、瓜、沙诸州间。浑末亦作嗢末，为吐蕃奴部。

吐蕃旧法，出师必发豪富。豪富隶军中，皆以奴从。这些奴仆平居则散处耕牧。及吐蕃乱离，奴无所归，相聚合数千人。不仅居于甘、肃、瓜、沙四州，河、渭、岷、廓诸州亦有之。⑤

浑末的居地不包括凉州。凉州也不是没有吐蕃的。《宋史·吐蕃传》载后汉、后周之际，"凉州郭外数十里，尚有汉民陷没者耕作，余皆吐蕃"⑥。后来到宋真宗咸平元年（公元998年），有所谓河西军左厢副使、归德将军折逋游龙钵来朝。河西军就是原来的凉州。折逋游龙钵当是吐蕃族人。据其所言，河西军旧领姑臧、神鸟、蕃禾、昌松、嘉麟五县，户25693，口128193，今有汉民300户。所谓旧领县及户口数，皆唐天宝年间凉州未陷没前旧制及数字。这时当然不能恢复到天宝年间的实况，但当地汉民确是很少的。

唐中叶后，徙居于河西者尚有回鹘。回鹘即回纥，唐初固曾一部居于甘凉间，前文已经论及。回鹘曾佐唐朝平定安史之乱，称雄一时，其后为

---

① 《元和郡县图志》卷四〇《陇右道下》，《新唐书》卷二一六上《吐蕃传》。
② 沈亚之《沈下贤文集》卷一〇《对贤良方正直言极谏策》："尝与戎降人言，自瀚海以东，神乌、敦煌、张掖、酒泉、东至于金城、会宁、东南至于上邽、清水，凡五十郡六镇十五军。皆唐人子孙，生为戎奴婢，田牧种作，或聚居城落之间，或散处野泽之中。"
③ 《新唐书》卷二一六下《吐蕃传》，又卷四〇《地理志》。
④ 《新唐书》卷二一六下《吐蕃传》。
⑤ 《新唐书》卷二一六下《吐蕃传》。
⑥ 《宋史》卷四九二《吐蕃传》。

黠戛斯所攻，内部亦有未能和谐，又为唐边将所攻，部众离散，其一部在庞特勒率领下，入居于甘州，且有碛西诸城。而另一大酋仆固俊则自北庭击吐蕃，尽取西州轮台等城。然居于甘州者已无复昔时之盛。① 五代北宋时犹时与中原通往来，今维吾尔族及回族盖其子遗也。

继回鹘之后，党项亦曾入居于河西。西夏为党项族建立的政权。西夏控制了河西，正说明河西已有党项的居处。西夏进攻凉州，早在宋真宗咸平六年（公元1003年），至景德三年（公元1006年），又有谋劫西凉，袭回鹘的消息，大概都未能如愿。② 其后于宋仁宗天圣六年（公元1028年）攻拔甘州，景祐元年（公元1034年），取瓜、沙、肃三州。而这一年元昊的版图，已包括凉州在内的河西全土。并以甘州路为右厢，驻军3万人，以备西蕃、回纥。③ 自西夏取河西土地后，各族遂未再见记载。

西夏为蒙古族所灭。迄于元朝灭亡，蒙古族之在河西，亦如在内地一样，居住往来无所阻滞。其时色目人的地位仅次于蒙古族人。色目人包括相当广泛，举凡畏吾儿、回族、钦察、唐兀、阿速、乃蛮、汪古等皆在其中。河西各处不仅多蒙古族，亦多色目人。敦煌石窟壁画中，元时所绘者，就显示出有蒙古族和色目人的图像，可以作为证明。

就是后来到了明代，蒙古族并非和河西就没有关系。明代为了防御鞑靼和瓦剌，在北陲修筑长城。长城的西端起自嘉峪关，嘉峪关在今酒泉县西。其遗迹大部尚留在地上，可供凭吊。长城之北就是内蒙古自治区。由于长城限制，其时的蒙古族人不易南下而至于河西居住。可是嘉峪关外就迥然不同。嘉峪关的建立，说明明朝的版图就止于斯处。这里有蒙古族人，也有旧受元朝控制的其他族人。虽在嘉峪关外，明朝仍加以羁縻。明初就在这里设安定、阿端、曲先、罕东、赤斤蒙古、沙州诸卫。④ 安定、曲先两

---

① 《旧唐书》卷一九五《回纥传》，《新唐书》卷二一七下《回鹘传下》。
② 《宋史》卷四九二《吐蕃传》。
③ 《宋史》卷四八五《夏国传》。
④ 《明史》卷三三〇《西域传》。

卫皆在今青海省西北，阿端卫在今新疆维吾尔自治区若羌县。唯罕东、赤斤、沙州三卫在河西。赤斤蒙古卫就在嘉峪关外，今玉门市西北有赤斤堡，就是当年卫址的所在。沙州卫在今敦煌县。这里本是古沙州，因以为名。罕东卫在赤斤卫之南，嘉峪关西南，敦煌县境内。沙州卫后废，其地建为罕东左卫。

这些族类的居地因时而有变迁。明英宗正统十一年（公元1446年），沙州卫人全部入塞，居于甘州，凡200余户，1230余人，而沙州遂空。后来罕东卫就据有其空地。① 这样的变迁在以后的年代里，仍不少见。新中国成立以来，于各族聚居之地设立自治县。迄今已成定制的有天祝藏族自治县、肃南裕固族自治县、肃北蒙古族自治县、阿克塞哈萨克族自治县。

四、农牧业和城市经济发展的基础和成效

河西由于自然条件的特殊，是一个农牧兼宜的地区。远在大月氏人和乌孙人、匈奴人的时期，这里就是一个天然的牧区。如果回顾更早的新石器时期，如前所说，由民乐县东灰山文化遗址所发现的炭化小麦、大麦、高粱和粟、稷，就可以显示这里的农业是有悠久的渊源的。

河西地区是相当广大的，可是戈壁和沙漠的范围却也是很不小的，而且愈接近北边和西陲，就愈益明显，甚至超过了农田和牧场。这种特殊情形确为内地各处所少有。就历史的发展看来，不论其为农为牧，其生产的获得都能满足当地的需要，有些时期还可受到其他地区的称道。这在当地人口相对稀少的时期是不足为奇的。就在人口较为稠密的时期也未见过分依赖其他地区的接济和扶持。当然在突出发生自然灾害和受到封建统治阶级过分剥削时期也是免不了若干艰苦，但这就不仅河西这个地区如此，就

---

① 《明史》卷三三〇《西域传》。

是其他自然条件更为优越的地区同样是未能幸免的。

在月氏、乌孙、匈奴诸族居住的时期,整个河西都属于游牧地区。游牧地区的人口一般都不是很稠密的。人口有限,游牧所得是不会过于匮乏的。月氏、乌孙、匈奴之间互相争执,这是民族之间的矛盾,与当地的生产应该没有多大关系。就是后来浑邪王杀休屠王降汉,也只能说是匈奴单于处理不当,而不能再涉及其他方面。

从事农耕的人们进入河西,首先的要务就是改变相当广大的一部分牧场为农田。这样并未能降低当地畜牧业的重要性,也许还会因此而使畜牧业有所提高和发展。就在西汉时,"凉州之畜为天下饶"[1],已成为当时社会的定论。西汉凉州有今甘肃一省之地,说到产马的地区,河西应该更为优越。为了保障边塞,各郡太守都是以兵马为务。如果不是马多马好,是不能完成任务的。

这里畜牧业的发展是基于自然的因素,并不因王朝或政权的起伏而有兴替。《魏书·食货志》曾经指出:"世宗之平统万,定秦陇,以河西水草善,乃以为牧地,畜产滋息,马至二百余万匹,橐驼将半之,牛羊则无数。"统万为赫连夏国的都城。北魏灭夏在太武帝始光四年(公元427年),灭北凉在太武帝太延五年(公元439年),其间相差仅十余年。《魏书》从平统万说起,是其时已注意这一方的畜牧业。其后更扩展到秦陇以至于河西。这里虽泛指畜产,其实更注意于戎马的繁殖。后来孝文帝就以河阳为牧场,每岁自河西徙牧于河阳。正是因此而"河西之牧弥滋矣"[2]。就是再后到了隋代,河西诸郡还是和安定、北地、上郡等郡的风俗相同,"勤于稼穑,多畜牧"[3]。这是说,农业虽已有发展,畜牧业却并未因之而萧索下去。

---

[1]《汉书》卷二八下《地理志下》。
[2]《魏书》卷一一〇《食货志》。
[3]《隋书》卷二九《地理志》。

西汉时于北边西边分置牧师诸苑三十六所，养马三十万头。[1]这些马苑分布于安定、北地等郡，河西各郡不在其中。[2]唐初为了养马曾设四十八监，养马区域跨陇右、金城、平凉、天水四郡，亦未扩展到河西诸州。[3]明代于陕右宜牧之地设监苑，跨地2000余里。其后唯存长乐、灵武二监。[4]其他各监所在地不可俱知，似亦与河西无涉。河西宜于畜牧，不列于养马之地殆因其地临边，易受边外诸部所侵夺。西汉时匈奴入侵，多虏人民畜产[5]，甚至进入养马苑，夺取马匹[6]。这样的情形也见于唐代。唐时突厥引兵内侵，有一次就掠凉州羊马。[7]这就不能不引起有关王朝或政权的注意和防范。但这并不就等于说，河西不能养马。唐代中叶，王忠嗣为河西陇右节度使，就曾由朔方、河东引得战马九千匹。[8]唐时河西、陇右本为两道，王忠嗣为节度使乃是兼领河西、陇右道。两道皆临边，所得的九千匹马，就不能不有一部分分牧于河西。明代养马地区虽未涉及河西，然其初年始定北边牧地时，就曾规定："自东胜以西至宁夏、河西、察罕脑儿，以东至大同、宣府、开平，又东南至大宁、辽东，抵鸭绿江又北千里，而南至各卫分守地，又自雁门关西抵黄河外，东历紫荆、居庸、古北抵山海卫，荒间平野，非军民屯种者，听诸王驸马以至近边军民樵采牧放，在边藩府不得自占。"[9]这条规定包括地区相当广阔，就有河西在内。到了清代，蒙古族内附，长城已不复再起作用，于是甘、凉、肃三州和西宁就各设马厂，分五群，群储牝马二百匹，牡马四十匹。这不仅是在养马，而且是以之为种马厂的。稍后甘州厂改属巴里坤，实际上还是保持河西马厂的规模的。[10]清朝崩溃

---

[1]《汉书》卷一九《百官公卿表》。
[2]《汉书》卷二八下《地理志下》。
[3]《张说之文集》卷一二《大唐开元十三年监牧颂德碑》。
[4]《明史》卷九二《兵志》。
[5]《史记》卷一一〇《匈奴传》。
[6]《汉书》卷五《景帝纪》。
[7]《资治通鉴》卷二一一《唐纪二七》。
[8]《旧唐书》卷一〇三《王忠嗣传》。
[9]《明史》卷九二《兵志》。
[10]《清史稿》卷一四七《兵志》。

后，山丹县作为种马繁殖场所，依然延续很久。迄至现在，居住在河西的蒙、藏、裕固、哈萨克各族仍然在从事游牧生活。前面曾经提到肃北、天祝、肃南、阿克塞四个自治县，就是为这些蒙、藏、裕固、哈萨克人民建置的。同时也说明了这几个县境的绝大部分土地都是牧区。当然还应该指出，河西的畜牧业并不是以这四个自治县为限的。

河西历来在农业方面的成就，可与畜牧业相埒，甚至超过了畜牧业。如果不是荒歉之年，也没有过分的人为灾难，河西还不至于出现难以克服的粮食问题。如前所说，河西各地最早的户口记载，是在西汉平帝元始二年。这一年河西四郡共有户71270，有口280211。四郡属县多寡互有不同，所有户口亦因之而异。每县平均户口自然参差不齐。张掖郡所领十县，平均每县有户2435，有口8813，这是最多的数字。敦煌郡所领六县，平均每县有户1200，有口6389，为诸郡中最低的。就当时全国各郡来说，这是属于人口最为稀疏的地区。前面还曾提到唐代天宝元年河西诸州的户口。这一年除沙州无户口数外，凉、甘、肃、瓜四州共有户31553，有口155827。凉州所领五县，平均每县有户4492.4，有口24056.2。这是最多的数字。瓜州所领二县，平均每县仅有户238.5，有口2493.5，为诸州中最少的。唐代河西诸州中独无天宝元年沙州户口数。即令以贞观年间的户口代替，五州的户口总数也不如西汉元始二年河西四郡的众多。户口总数不多，而每县平均户口最多的凉州，却超过了西汉最多的张掖郡。这是唐代河西各县面积较大，各州领县较少的缘故。西汉元始二年，河西四郡共领三十五县，武威、张掖两郡最多，各领十县，最少的敦煌郡也领有六县。唐代天宝元年，河西五州共领十三县，最多的为凉州，所领五县，其余四州皆只有二县，所以按每县平均计算户口，前后就颇有悬殊。虽然不免悬殊，却都没有发生过严重的粮食不足问题。

远在秦始皇时，蒙恬驱逐匈奴，开设九原郡，为了供应阴山上下防边驻军和新徙来移民的粮秣，曾大举运输粮食。这些漕粮最远取之于黄、腄、琅邪负海之郡。① 黄县在今山东黄县东,腄县在今山东福山县。琅邪为郡名,其治所在今山东胶南县南。总起来说,都是在今山东半岛的东部。由今山东半岛东部运粮至今内蒙古阴山之下河套附近,路途是十分悬远的。这样悬远的路途运输粮秣,自然劳民伤财,甚至有人认为这是秦亡的一个原因。② 汉武帝开拓土宇,远较秦始皇时为广大,朔方、五原两郡和河西四郡都是这时期设置的。土宇较前广大了,各处新地的粮食供应如何解决,仍然是一个重要问题。当时为了取河南地,筑朔方,"转漕甚远,自山东皆被其劳,费数十百巨万,府库并虚"。为了通西南夷道,"作者数万人,千里负担馈饷,率十余钟致一石,散币于邛僰以辑之"③。这确实都是劳民伤财的大事。稍后"徙贫民于关以西,及充朔方以南新秦中,七十余万口,衣食皆仰给于县官"④。这当然也是劳民伤财的大事。不过前后不尽相同。取河南地,筑朔方,都是军事行动,通西南夷道,也是巨大的工程,这都不属于迁徙人口从事农业生产,不能不供应所需的粮食。至于徙民实边,就和前两者异趣。前文论及这次迁徙人口事,谓所迁徙的地区应包括河西四郡在内。所以为这次迁徙人口而耗费的帑金,也应该包括河西四郡在内。诚然,这次所迁徙的人口"衣食皆仰给于县官",不宁唯是,对于这些迁徙的人户不仅要"贷与产业",还要"使者分部护,冠盖相望",其结果就难免"费以亿计,县官大空"。试一设想,当匈奴人在此游牧之时,不事营建,仅居于帐幕之中,而此帐幕又随水草盈竭而时时移徙。匈奴人被逐远去,茫茫原野,势必是毫无栖止之地。新来的迁徙人口将如晁错所说的,"营邑立城,制里割宅,通田作之道,正阡陌之界,先为筑室,家有一堂二内门户之闭,置器物焉"⑤。而新开垦的土地未必就能处处丰收,也是事理所必然的。所谓衣食之费是不能不仰给于县官的。经过几年的经营,迁徙到新地的人口,

---

① 《汉书》卷六四上《主父偃传》。
② 《汉书》卷六四上《主父偃传》。
③ 《汉书》卷二四下《食货志下》。
④ 《汉书》卷二四下《食货志下》。
⑤ 《汉书》卷四九《晁错传》。

"男女有婚，生死相恤，坟墓相从，种树畜长，室屋完安"，这就不需要县官的扶持，迁徙的人口是会"民乐其处，而有长居之心也"。

这样的效果是相当明显的。汉武帝愤胡粤之害，屡兴兵戎，于是"干戈日滋，行者赍，居者送，中外骚扰相奉"①。其时对于西域的用兵，先后也有几次，情况似略有不同。武帝停止轮台屯田诏书中曾经指出："前开陵侯击车师时，危须、尉犁、楼兰六国子弟在京师者皆先归，发畜食迎汉军。……诸国兵便罢，不能复至道上食汉军。汉军破城食至多，然士自载不足以竟师，强者尽食畜产，羸者道死数千人。朕发酒泉驴橐驼负食，出玉门迎军。吏卒起张掖，不甚远，然尚厮留甚众。"②这段诏书所言不外三事：一、汉军在西域的军糈供应，率多仰给于当地诸国；二、行军时军队自带的粮饷；三、河西的支援，最东只远到张掖郡。在这篇诏书中并未提到由内地转运漕粮，实际上也不需要从内地转运。轮台诏书颁布于李广利以军降匈奴之后。李广利之降匈奴在武帝征和三年（公元前90年）。由征和三年上溯三十二年为武帝元狩二年。这一年汉始置武威、酒泉郡。③由此可知，经过三十二年的经营，河西四郡的农业已有一定的基础，不仅满足当地人口的需要，还可能供给用兵西域所需的粮饷。

这种情形还可见于十六国时期。十六国时期是一个兵戈扰攘、社会极端混乱时期。由于各国霸主的争夺，各地人口经常有大量的迁徙，难得有较为稳定的户口数字。这里不妨举晋武帝太康元年（公元280年）的户数，以事论述。其时凉州一州统郡八，县四十六，户30700。所统的八郡中，金城郡不应列入河西诸郡数内。金城一郡领县五，有户2000。河西诸郡共领县四十一，有户28700，平均每县有户700。永嘉乱离之后，凉州较为安谧，

---

① 《汉书》卷二四下《食货志下》。
② 《汉书》卷九六下《西域传下》。
③ 《汉书》卷六《武帝纪》。按：《地理志》，武威郡置于武帝太初四年（公元前101年），酒泉郡置于太初元年（公元前104年），皆与《武帝纪》不同。《西域传》："自武帝初通西域，置校尉，屯田渠犁。是时军旅连出，师行三十二年，海内虚耗。征和中，贰师将军李广利以军降匈奴。"武威、酒泉郡始置于元狩二年，与《西域传》所言相符。故两郡建置之年，应以《武帝纪》为正。

故内地人口多趋向其地。前文引《晋书·张轨传》，谓其时"中州避难来者日月相继"。虽未悉其具体数字，由张轨为之特设武兴郡，可知是相当多的。其后苻坚、李暠时皆有徙入，已见前文，不再赘陈。苻坚和李暠所徙不下27000余户。以此数加上西晋太康元年的28700户，应有55700户，而张轨时所徙入者尚未计入。① 虽不能和西汉平帝元始二年相当，亦不能说是过为稀少。在这样分裂的乱世，凉州以东的霸主们是不会运输粮食到西方的。凉州这些人口都应是依靠当地农田的收获为生的。不仅此也，李暠据有敦煌时，为了向东略地，还曾在玉门、阳关等处广田积谷，为东伐之资。② 李暠所据有的土地于诸凉中最为狭小，稍稍广田积谷，便可维持一方政权，还可练军经武，谋向其东各处扩张。李暠的西凉如此，前凉和后凉，南凉和北凉也都是在这样情况下巩固它们的政权的。

当然这并不排除当地因自然灾害和人为设施不当而构成的一些困难。唐代初年，河西陇右的虚耗凋敝，确曾引起若干顾虑③，经过一番努力和振作还是能够有改观的。拙著《论唐代前期陇右道的东部地区》一文中曾征引陈鸿祖《东城老父传》对此做过说明。东城老父于安史之乱后回忆天宝年间富庶的景象，曾经说过，"河州敦煌道，岁屯田，实边食，余粟转输灵州，漕下黄河，入太原仓，备关中凶年"。还曾征引《明皇杂录》所说的："自安远门西尽唐境万二千里，闾阎相望，桑麻翳野，天下称富庶者无如陇右。"所谓陇右当然是包括河西在内。在那篇拙著中曾经辨明这两条记载，并非完全都是实录。天宝末年，河州敦煌道确曾运输过相当数量的粮食，漕下黄河，以备关中凶年。其实这是当时陇右河西节度使哥舒翰为了争取唐玄宗的宠信而故弄玄虚。不仅唐玄宗中了圈套，就是东城老父这样与唐玄宗有关的人也都信以为真。《明皇杂录》更扩大其词，竟说"天下

---

① 其时凉州人口亦有被徙他处的。《晋书》卷一一三《苻坚载记》，坚曾徙姑臧豪右7000余户于关中，即其一例。
② 《晋书》卷八七《凉武昭王传》。
③ 《资治通鉴》卷一九六《唐纪一二》，又卷二一三《唐纪二九》。

称富庶者无如陇右",这样不实之词原是不值一驳的。不过还应该再做推索。哥舒翰由河州敦煌道运粮至关中,固然是为了争取唐玄宗的宠信,但河州敦煌道的粮食还是运输出去了。这证明了当时河西的农业还是有相当的成就的,是可以满足当时河西人口和驻军的需要的,但不能说过分富饶。哥舒翰为了争取唐玄宗的宠信运出了粮食,只好另谋补偿的办法,借东土的漕运来供给了。《明皇杂录》所说,过分夸大,益见其为讹妄。正因为河西农业所产的粮食能够自足,是无须假借外地的资助,也未见到有关外地资助的记载。后来元稹在《西凉伎》一首诗中所说的"吾闻昔日西凉州,人烟扑地桑柘稠"①,虽系得自古老的传说,却还是近乎实录的。

在这样悠久的年代中,河西的农业是怎样取得成就的?除过当地农民的勤劳耕耘外,至少有两点是应该得到称道的:其一是开发农田水利灌溉,其二是尽可能扩大用作农田的地区。

我国先民从事农业生产,对于灌溉水利向来是重视的。为了能够灌溉,经常在可能的条件下进行渠道的开凿。这就有助于农业生产的发展。这种事例史不绝书。就在西汉中叶,曾经一度有过高潮,河西各处受益不少。《史记·河渠书》在论述汉武帝堵塞瓠子决河之后,接着就说:"用事者争言水利,朔方、西河、河西、酒泉皆引河及川谷以溉田。"这只是笼统的说法。《汉书·地理志》的记载就较为具体。据《地理志》所说,张掖郡觻得县,千金渠西至乐涫入泽中。觻得县在今张掖县西北,当时为张掖郡的治所。乐涫为酒泉郡属县,在今酒泉县东南。羌谷水出南山羌中,经觻得县西北流,再折向东北至居延入海。这就是现在的黑河,也称张掖河或弱水。千金渠当是利用羌谷水开凿渠道的。以地形度之,这条渠道可能长达200公里,自然是一条大渠。敦煌郡中的籍端水和氐置水也被引用溉田。籍端水今为疏勒河,也是一条古川,灌溉面积不会很小。《地理志》系籍端水于冥安县下。冥安县在今安西县东南。冥安县东北有渊泉县,据

---

① 《全唐诗》卷四一九,元稹《和李校书新题乐府十二首·西凉伎》。

阚骃所说,地多泉水,故以为名。渊泉县近籍端水,当也受到灌溉的利益。阚骃为晋时敦煌人,曾仕于沮渠蒙逊,以舆地之学名家,著有《十三州志》。以舆地学者言乡邦事当不会偶有舛讹。由阚骃所说,不仅可知西汉时籍端水的灌溉作用,还可知这条河流直到十六国时对农业仍然有所裨益。氐置水的灌溉区由龙勒县开始。龙勒县在今敦煌县西南。氐置水流经敦煌县,敦煌县也应列入氐置水的灌区之中。氐置水由龙勒县东北流入于泽中,如前所说,这个泽应在今敦煌县北或稍东北处。《汉书·地理志》敦煌县所领的六个县中,除这里已经提到的还有效谷和广至两县。颜师古于效谷县下注说:"本鱼泽障地。桑钦说:'孝武元封六年,济南崔不意为鱼泽尉,教力田,以勤效得谷,因立为县名。'"而广至县的昆仑障又为宜禾都尉治所。县以效谷为名,都尉又以宜禾相称,皆说明当地农业取得了相当的成就。效谷县在敦煌县东北,其西就是氐置水下游,当地农业能够有成就,应是与氐置水分不开的。广至县又在效谷县之东,也可能与效谷县同为氐置水的灌区。酒泉县治所的福禄县,在呼蚕水流域。呼蚕水今为流经肃州市的北大河。《汉书·地理志》于呼蚕水条下未言及溉民田事,然酒泉郡有灌溉渠道已见于《史记·河渠书》中。酒泉郡于呼蚕水之外别无大川,则《河渠书》中所言灌溉,除呼蚕水更无足以当之者,不能因《地理志》失载而置之不论。河西还有一条谷水,流经武威郡及其所辖的武威县的城外。《地理志》亦未一言其溉民田事。河西四郡中,张掖、酒泉、敦煌三郡治所分别为觻得、禄福、敦煌三县,这几个县能够作为郡治,应各有其具备的条件,至少也是和它们作为灌区,农业能够获得成就有关。准此而言,濒于谷水的武威县,也是应该得到谷水的灌溉的。河西四郡都有能够灌溉的条件并能充分加以利用,农业能够取得成就,那就不是意外的事情了。

欧阳修撰《新唐书·地理志》,于唐代各州农田水利皆备载无遗,独于河西的凉、甘、肃、瓜、沙五州竟未着笔一字。李吉甫撰《元和郡县图志》于河西诸州中仅详载瓜州晋昌县的冥水,并说:"自吐谷浑界流入大泽,东西二百六十里,南北六十里。丰水草,宜畜牧。"所说的冥水就是汉时的籍端水。汉时籍端水如上所云，是可以灌溉民田的。可是到了唐代，却仅仅是"丰水草，宜畜牧"，前后差别是很大的。为什么有这样的差别？可能是由于天宝以后，河西为吐蕃所据有，职方之臣未能掌握其地的情况，李吉甫已无足够的材料可供撰述，异代之后欧阳修当更不易着笔了。其实唐代前期河西各地并不是就无农田水利的设施，拙著《论唐代前期陇右道的东部地区》中就曾列举了三宗以资证明。在那篇拙著中是这样说的："武则天时陈子昂就曾说过：'甘州诸屯皆因水利，浊河灌溉，良沃不待天时。'稍后冉实也曾在凉州利沟洫，积糇粮。开元年间，张守珪为瓜州都督，更取得可观的成就。瓜州地多沙碛，本不宜于稼穑，又每年少雨，只能以雪水灌溉，其时当王君㚟败没之后，州城残破，渠堰尽毁，张守珪修复了州城，整理了渠道，为州人所称颂。"这样一些成就是会博得当时后世的称颂的。

河西的降水量一般是稀少的。当地对于农田水利灌溉渠道的兴修自来是十分重视的。如果没有其他意外的变化就可一直沿用下去。实际上若是不能得到水利灌溉，种植农作物就难保不遇到困难，甚至将颗粒无收。所以利用和保护旧渠是刻不容缓的。前面说过，西汉在取得河西之后，兴修农田水利不遗余力，因而能使农业获得显著的发展。魏晋继之，一方赓扬前功[①]，更注意修理旧渠[②]。后来到了十六国时期，戎马倥偬，农田水利自难得到修整，史籍亦未见有关记载。可是五凉霸主并未因田亩歉收而多有顾虑，这是在前面已经论述过的。唐宋时期，河西农田水利亦未多见记载，可是灌溉事业并未因此而多所废弛。其遗迹尚多完整，未尽湮塞，当是长期为后世所利用，故能保存至今。今年（公元 1988 年）秋初，中国唐史学会部分同志组团远赴敦煌、哈密、鄯善、吐鲁番等处考察，海亦偕同前往。途中得识敦煌研究所李正宇君。李君正在撰述《唐宋时期敦煌县河渠泉泽

---

① 《三国志》卷二七《魏志·徐邈传》："明帝以凉州绝远，南接蜀寇，以邈为凉州刺史，……河右少雨，常苦乏谷。邈……广开水田，募贫佃之，家家丰足，仓库盈溢。"
② 《后汉书》卷七六《循吏·任延传》："（建武中），拜武威太守。……河西旧少雨泽，乃为置水官吏，修理沟渠，皆蒙其利。"

简志》。其中所述唐宋时期敦煌县河渠泉泽及水利设施共一百零三所。文中所附《唐宋时期敦煌县诸乡位置及渠系分布示意图》,就显示出当时敦煌县十二乡及沙州城附近五十余所河渠泉泽。当时农田水利设施历历可睹。敦煌于河西地区最居西端,尚且如此,其他各处至少皆当与敦煌相同。可知历来河西各处农业能够有所发展,而且取得相当成就,并非偶然。

河西于汉武帝时始置武威、张掖、酒泉、敦煌四郡。武威郡治姑臧,其故城在明凉州卫东北 2 里。[①]明凉州卫即今武威县。张掖郡治䉼得县,其故城在宋张掖县西北 40 里。[②]宋张掖县即今张掖县。酒泉郡治禄福县,即今酒泉县城。[③]敦煌郡治敦煌县。敦煌县丁唐时为沙州治所。今敦煌县西南有沙州旧城,与今县城隔党河相望,当系汉敦煌郡的遗址。四城城址虽间有改动,最远不超过 40 里,不能说是很大。这可以说,西汉中叶人士选择城市位置的知识和能力是相当高明的。城市的形成诚然有各种不尽相同的因素,时移世异,有些因素可能已失去作用,城市却不至于有根本的变化,就足以作为证明。河西城市应是受到一些自然条件的制约,由于戈壁和沙漠掺杂于农牧地区之间,而为农为牧又各有其渊源。这四个郡城的设置显然都与当地适于耕耘,而农业都能获得成就有关。自西汉初建四郡,历经隋唐而至于明代,河西在阻隔祁连山南和合黎山北游牧民族的交往,确如有关王朝的期望,起过一定的作用。而丝绸之路的开辟和畅通,这几个城市也能缩轂其间,使往来无所阻碍。

在这四个具有一方都会的城市中,姑臧独为重要,又较为繁荣。凉州人户的稠密,于这四个都会中最居首位。历来有关河西人户的记载,皆未言及这四个都会中的具体数目,然由各郡(或各州)的人户数字按所领县数平均分配,其间分布的稠稀是明显可见的。虽是以县数平均计算,然郡治

---

① 嘉庆《大清一统志》卷二六七《凉州府》引《明统志》。
② 《太平寰宇记》卷一五二《甘州》。
③ 嘉庆《大清一统志》卷二七八《肃州》:"肃州城,明洪武二十八年因旧改筑。"又引《河西旧事》,"禄福城,隋谢艾所筑"。明时所谓旧城,当即谢艾所筑,亦即在汉禄福城址筑成的。

或州治所在之县的人户必然较其他各县为多。这是普通的道理，无待于多事阐述。这样说来，武威郡及后来凉州治所的姑臧县，人户之多应为河西诸县之冠。前文根据汉唐两代的记载，指出西汉元始二年时武威郡所领十县，共有户17581，有口76419。平均每县有户1758，有口7642，姑臧县的人户应多于这个数字。也指出唐代天宝元年，凉州所领五县，共有户22462，有口1202813。平均每县有户4492，有口24056，姑臧县的人户也应多于这个数字。前文还曾征引唐代岑参的诗句"凉州七里十万家"，这是说当时凉州繁荣的情形。实际上当时凉州的人户仅多于4492，是否就达到5000户，还未敢必，如何能够说是"十万家"？有唐一代，作为都城的长安、万年两县，皆为京兆府的属县，天宝年间，京兆府领二十三县，共有户362921，平均每县为15779户。长安、万年共治于都城之内。按平均数计算，两县共有户31558。实际上两县的户数应该超于此数，然距10万家仍尚很远。远在边地的凉州，如何能够说上有10万人家？显然是在诗人笔下过于夸大了。虽然如此，姑臧城在河西还是规模最大和最为繁荣的。姑臧城本为匈奴所筑，匈奴被逐，这座城就为汉人所沿用，似未闻有所增筑。西晋末年，张轨为凉州刺史，始大城姑臧，南北7里，东西3里。^①其周围当为20里。后来到五代时，其城依然方幅数里。^②这在河西是少见的。今武威县城为明时所筑，周11里有奇。^③明时度制与晋制略有不同，相差不应过大，今武威县城显然较小于晋时的姑臧县城。西汉时，武威郡和河西其他三郡居于同等地位，似无若何差异。唐时凉州为中都督府，瓜、沙二州皆为下都督府，甘、肃二州都皆为一般的州，且又均为下州^④。这其间就是有所区别的。唐初，玄奘西行求法，道过凉州。据其所见闻，"凉州为河西都会，襟带西蕃，葱右诸国，商侣往来，无有停绝"^⑤，繁荣的情形跃然纸上。及

---

① 《晋书》卷八六《张轨传》。
② 《宋史》卷四九二《吐蕃传》。
③ 嘉庆《大清一统志》卷二六七《凉州府》。
④ 《新唐书》卷四〇《地理志》。
⑤ 慧立、彦悰《大慈恩寺三藏法师传》。

节度使制度建立，凉州更为河西节度使驻节之所，更有利于当地繁荣的发展。前文征引元稹《西凉伎》诗中所说的"吾闻昔日西凉州，人烟扑地桑柘稠"，虽系旧时传闻，谅非虚语。直到北宋时还有人说："唐之盛时，河西三十三州，凉州最大，土沃物繁而人富乐。"①

河西次于凉州治所武威县的都会为张掖县。张掖县于隋时为张掖郡的治所，其实就是汉时张掖郡治所觻得县。觻得县于晋时改为永平县，隋开皇时改为酒泉县，大业时又改为张掖县。②隋时西域诸国多至张掖与中国交市。③张掖于此时作为与西域诸国交市的地点，当与交市监的设置有关。交市监，隋初于缘边各地设置，掌互市、参军事、出入交易。炀帝时改为互市监。④当时对于西域各国相当重视，炀帝特令裴矩主其事。裴矩时为吏部侍郎，名为称职。⑤隋制，吏部侍郎为正四品，诸缘边交市监视从八品⑥，贵贱相差甚远。炀帝令裴矩主其事，而且还兼程前往张掖，可知其重视的一斑。裴矩到张掖后，即招诱诸国，先后至者十余国。⑦这就使张掖城趋于繁荣。由于隋帝的招徕，张掖城的繁荣迄于隋季当不至于凋零。唐时河西节度使驻节凉州，其副使则驻节甘州，这对于张掖的繁荣是会有所帮助的。张掖城是繁荣了，但武威城却并未因之而衰落下去。前文曾征引《大慈恩寺三藏法师传》证明唐初凉州的繁荣。玄奘至凉州为贞观三年事，上距裴矩监张掖互市，尚不到二十年。在此期间，张掖正在繁荣时期，对于凉州似无若影响。

最能引人注意的，则是敦煌。莫高窟的开始兴建，远在前秦之时。其后陆续开凿，并未稍有止息。隋唐时期施工益为繁多。这由诸石窟的雕塑艺术和题名、石刻可以一一覆按，尤其是不少的供养人像显示其为来自西

---

① 《五代史记》卷七四《附录三·吐蕃传》。
② 《元和郡县图志》卷四〇下《陇右道下》。
③ 《隋书》卷六七《裴矩传》。
④ 《隋书》卷二八《百官志》。
⑤ 《隋书》卷二四《食货志》。
⑥ 《隋书》卷二八《百官志》。
⑦ 《隋书》卷六七《裴矩传》。

域的远客。这些远客的莅临正显示出敦煌有一定的繁荣。自张骞通西域后，西域和内地的交往，不论其出入阳关或玉门关，都必须经过敦煌。前往西域者，出阳关或玉门关前，都必须在敦煌重整行装，补充给养，以便远涉戈壁不致遭受更多的困难。其来自西域者，沿途历经奔波，甚至艰险，得至敦煌，便当稍事休整，再继续长途跋涉。一些胡商还可就地销售所携来的货物，即可端返原地，计划再度来此贸易。有此诸因，敦煌的繁荣是无待疑问的。不过有一点还须稍加解释。十六国时期，李暠建立西凉政权，即以敦煌为都。其后又迁都酒泉。这次迁都并非由于敦煌的萧条，而是李暠图谋向东扩展。李暠在迁都之前，曾大集群僚，慷慨陈词，谓"今惟蒙逊鸱跱一城，自张掖已东，晋之遗黎，虽为戎虏所制，至于向义思风，过于殷人之望西伯。大业须定，不可安寝，吾将迁都酒泉，渐逼寇穴"[①]。这段言词至为明显。李暠的迁都纯从政治与军事着眼，敦煌废不为都，只是其所在位置偏于西僻，延缓他的东向扩展，和敦煌的繁荣萧条是不相关的。

其实，以敦煌的富庶是可以支持一方的政权的。唐代中叶，吐蕃乘安史之乱，占据了河西陇右各地。安史之乱平定之后，唐以全国之力防御吐蕃东侵，防秋之兵难得解甲稍息。宣宗大中五年（公元851年），沙州人张义潮阴结英豪归唐，竟能战胜吐蕃守军，奉瓜、沙、伊、肃、甘等十一州地图归国。[②]张义潮虽能奉唐正朔，然远在西陲，实不易得到长安的助力。到了五代，曹义金仍能绍继张氏的旧勋，巍然系一方的安危。直至宋时，西夏强盛，沙州方为所并。以敦煌为中心这样的地方力量，能够继续存在，固然是张义潮、曹义金及其后继者毅力壮志的具体表现，如果不是敦煌的繁荣和沙州的富庶作为基础，恐怕也是难于支持这样悠久的年月的。

---

① 《晋书》卷八七《凉武昭王传》。
② 《新唐书》卷二一七下《吐蕃传下》。

五、经过河西的交通道路

论西域和内地的交通,自来都认为是始于张骞的凿空。张骞以前虽未见于记载,然亦非绝无此可能。张骞在大夏时,始见邛杖蜀布。此邛杖蜀布能够远至大夏,当是由今云南省西运的。这应是假借商贾之手,故史籍未见记载。唐蒙在南越获食枸酱,因而建议通夜郎道。蜀中枸酱能够输至南越,也是商贾所致力的。张骞西使以前,祁连山下可能已有商贾往来。不过这是推测之辞,是难得证实的。

然而有一问题不容不在此略为涉及。这是有关殷商时期制造器皿所用的玉出自何方的问题。我国先民喜用玉器是有悠久的渊源的。《尚书·汤誓》:"夏师败绩,汤遂从之,遂伐三朡,俘厥宝玉。"后来到了殷商,用玉更多,下至两周,用玉之风愈益普遍。制造这些玉器所用之玉究竟来自何方,殊滋疑义。近来有的同志据出土殷商的玉器,做化学测定,谓其中有一部分的素质和现在新疆和田所产的玉相同,因而确定殷商时所用的玉来自新疆。这就不能不引起若干疑问。据说所测定的玉器,仅有一部分和新疆所产的玉素质相同。如果这一部分的玉来自现在的和田,其余得自何方,就不能不成为问题。我国产玉之地也并非绝无仅有,只是有的矿源已竭,未见再行开采。是否这些产地所产的玉都已经过测定?矿源已竭的产地,无玉可采,将用何物来代替测定?若无法测定,如何能说所产的玉不含所测定的因素?就是来自现在的和田,在此悬远的距离中,究竟取什么道路?未见有所考实,仿佛就在近旁,唾手可得。按之张骞凿空前后,西域道上,小国林立,不必追溯远古,秦穆公就曾西伐戎王,益国十二。秦昭襄王时,还曾继续开拓,义渠戎国就为秦国纳入版图。① 义渠以西,尚渺茫难知。西汉中叶,始从匈奴降者得知有大月氏,复知与大月氏共居的

---

① 《史记》卷五《秦本纪》。

乌孙。阳关以西又有鄯善、若羌、且末、扜弥等七八国，然后才能达到产玉的于阗。这样弯远的路途，于阗之玉如何能够东运？当然也可以说，假借商贾的力量。可是当时用玉之多，商贾之力如何能够供应得上？十六国时期，吕光在姑臧建立凉国，史称后凉。吕光自称三河王，遣使至于阗购买六玺玉。及玉运至敦煌，李暠的西凉政权已经建立起来，这批玉货就为李暠所没收。① 殷商时的玉如果来自于阗，沿途经这许多政权和族类的辖地，是否了无阻隔，就不能不是个问题。当然这只能算是猜度，实际上当时恐难如所设想，真的能够远至于阗运玉。今传世《穆天子传》叙述穆王西游，曾远至于昆仑。昆仑山在今新疆西部，为黄河发源之地。这个昆仑山乃是汉武帝听到张骞的报告所起的名称，与穆王的游历无关。因为古图书说黄河发源于昆仑山。张骞以今塔里木河为黄河，所以昆仑山也就移到今新疆西部。②《穆天子传》，《四库全书总目》列于《小说家类》，盖以其"夸言寡实"，不能与一般史籍相提并论。据《国语》所载，穆王曾经征过犬戎，仅得四白狼四白鹿以归，自是荒服者不至。犬戎为西戎别名，居于周的西陲。周幽王时，犬戎内侵，西周为之倾覆，其相去并不很远。西周时期尚且如此，殷商之时何能远至西域，采玉购玉于昆仑山下？

张骞自西域归来，汉使多循迹前往。由于河西已入汉的版图，汉使往来，即遵循武威、张掖、酒泉、敦煌四郡一途。这条道路也是所谓丝绸之路的一段，这是论西域史事者共同认可的道路。河西夹处在祁连、合黎两山之间，若不是南越祁连山，而北绕合黎山，这里是别无其他路途的。

然而河西的东西两端，不仅有歧途，甚至不是一条，论河西史事者不容舍而无所涉及。拙著《论唐代前期陇右道的东部地区》曾经指出，由当时都城长安西行，有南北两道都可抵达河西的东部。其南道经雍县、汧源、上邽、襄武、渭源、狄道、金城诸县，出金城关，循乌逆水而上，再经广武县，而至凉州。用现在地理来说，就是经过陕西凤翔、陇县，甘肃天水、陇西、

---

① 《晋书》卷八七《凉武昭王传》。
② 《汉书》卷六一《张骞传》。

渭源、临洮、兰州诸县市，溯庄浪河而上，经永登县，就可达到原来凉州的治所姑臧县。其北道经新平、安定、平凉、平高、会宁诸县，出乌兰关，亦可至凉州。用现在地理来说，就是经过陕西彬县，甘肃泾川、平凉，宁夏固原和甘肃靖远诸县，而至凉州。在这南北两条道路之外，还有一条道路，乃是由上述的南道西行，至狄道县，渡洮河和大夏河而至于河州，出凤林关，渡黄河，再经鄯州和鄯城县，过浩亹水，越祁连山，而至于甘州。唐河州治所在今甘肃临夏县。鄯州治所在今青海乐都县。鄯城县今为青海西宁市。凤林关在今甘肃永靖县。浩亹水今为青海大通河。这条道路更在南道之南。

这三条道路只能说是唐代丝绸之路东端的几条歧途。道路的设置固然可以承袭前代的旧规，但溯其肇始却也不能一概而论。经过凤林关和越过祁连山的道路，也就是南道之南的道路，是要经过位于今永靖县的炳灵寺的。炳灵寺的建筑始于西秦乞伏炽磐建弘元年（公元420年），可以作为这条道路畅通的标志。再往前溯，东晋法显就是从这条道路西行求法的。法显的西行是在晋安帝隆安三年（公元399年），其时炳灵寺固尚未建立也。

另一求法高僧玄奘所行的却是上面所说的南道。据慧立和彦悰所记："时有秦州僧孝达在京学《涅槃经》，功毕返乡，（玄奘）遂与俱去。至秦州，停一宿，逢兰州伴，又随去兰州。一宿，遇凉州人送官马归，又随从至彼。"① 这当然不是说，这条道路至玄奘西行求法时始畅通无阻。

其实，玄奘所行这条南道乃是张骞通西域后，由长安西行的主要道路，也是唯一的道路。《史记·大宛传》论述当时的形势说："匈奴居盐泽以东，至陇西长城，南接羌，隔汉道焉。"② 汉廷为了保证进入河西道路的安全，在浑邪王降附之后，"始筑令居以西"③。令居县故城在今甘肃永登县西北，

---

① 《大慈恩寺三藏法师传》。
② 汉陇西郡西北界直抵黄河。匈奴与陇西郡接壤，其辖地也已至黄河岸边。这里特别提到陇西长城，乃是指秦始皇使蒙恬所修筑的长城。秦始皇的长城与其祖秦昭襄王的长城一样，起于临洮（今甘肃岷县），至狄道（今甘肃临洮县）后直向北行，再循黄河而下。《大宛传》所说的"至陇右长城"就足以作为证明。
③ 《汉书》卷九六上《西域传》。

位于庄浪河流域。庄浪河当时称为乌亭逆水。乌亭逆水上源近乌鞘岭，其地山岳重叠，所谓"筑令居以西"，当由其地开始。这就足以证明溯乌亭逆水，经令居县，当时为前往河西道路的所在。

唐时这条道路由长安西行，是要经过雍县、汧源两县，再至于上邽县。雍县为今凤翔县，汧源为今陇县，上邽县今为天水市。这是在前面已经说过了的。西汉时由长安往西，同样要经过这几个县的。只是唐汧源县，汉时称为汧县。这条道路在这里的路线只有这一条，别无选择。因为汧县（汧源县）以西，陇山高耸，行到这里必须越过陇山。陇山岩障高崄，不通轨辙，行旅视为畏途。陇头呜咽流水，越山远行者往往为之怅惘。虽历尽艰辛，亦无术改变途程。可知远在汉世，这条道路不仅是前往西域的主要道路，而且还可以说是唯一的道路。

唐代前往西域的北道，是要经过乌兰关的。乌兰关在乌兰县，濒于黄河。乌兰县在会州治所会宁县的西南。周武帝西巡至此置乌兰关。①乌兰置关显示这条道路的重要。道路上设置关隘当是这条道路的通行已有相当岁月，但也不是开通已久。西汉时，这里不仅未设关隘，而且也还未形成前往西域的大道。汉武帝曾经西逾陇山，由陇西北出萧关，行猎新秦中而归。②萧关在今宁夏固原县东南。由此更西北行，即可达到今会宁县，亦即唐代会州的所在地。然武帝却是由萧关北去，去到新秦中。更始时，班彪避难凉州，作《北征赋》以见志。赋中备列沿途所经过的地方。他一则说："朝发轫于长都兮，夕宿瓠谷之玄宫"；他又说："乘陵冈以登降，息郇邠之邑乡"；他接着说："登赤须之长坂，入义渠之旧城"；他还说："过泥阳而太息兮，悲祖庙之不修；释余马于彭阳兮，且弭节而自思"；然后他再说："跻高平而周览，望山谷之嵯峨"。③长都指长安而言，这是说他由长安首途。瓠谷为焦获，在今陕西泾阳县。郇为右扶风的属县，在今陕西旬邑县的东北。

---

① 《元和郡县图志》卷四《会州》。
② 《汉书》卷二四《食货志》。
③ 《文选》卷九。

郊为郇县的乡聚，亦当在今旬邑县境内。赤须坂在北地郡，义渠的旧城当在今甘肃庆阳西南。泥阳为北地郡属县，在今甘肃宁县东。彭阳为安定郡属县，在今甘肃镇原县东南。高平为安定郡治所，在今宁夏固原县。高平为班彪此行最后的目的地。他由长安一路行来，经过今陕西泾阳、淳化、旬邑，甘肃的宁县、庆阳、镇原诸县，而至于宁夏的固原县。

稍后于班彪经行这条道路的是东汉光武帝的征隗嚣。光武帝为此也曾经亲自到过高平。在高平会见了窦融及其所率的武威、张掖、酒泉、敦煌、金城五郡太守。① 窦融及五郡太守从哪一条道路去高平，未见记载。既有金城太守偕行，可能是由金城渡过黄河，再折向东行的。汉武帝曾经越过陇山，登空同，西临祖厉河而还。② 空同山在今甘肃平凉县西，亦作鸡头山。祖厉河源于今甘肃会宁县，北流至靖远县入黄河。

汉武帝由空同山西行，所临的祖厉河当在今会宁县境。秦始皇巡陇西、北地时，出鸡头山过回中。③ 汉武帝所行的空同山至祖厉河一段道路，应是陇西郡至北地郡的大路。汉武帝当时仅至于祖厉河，并未由此前往陇西。当窦融率五郡太守会光武帝于高平以前，曾派遣其弟窦友赴洛阳诣阙陈情。友至高平，会隗嚣反叛，道路阻绝，中途复还。④ 窦友由河西赴洛阳，也要经过高平，这是因为隗嚣盘踞天水，反对汉室。窦友如果要经过天水去洛阳，在当时几乎是不可能的，所以不能不绕道高平，再折而东南行。就是这样也为隗嚣所阻，未能继续前去。这就完全可以证明：汉时由长安赴西域是以越过陇山，再经天水为主要道路，是不会经过高平的。由窦友到高平一事，还可以证明当时由长安至六盘山下的道路，仍然是像班彪所走过的那样，要经过郇郊和彭阳，也就是经过现在陕西旬邑和甘肃镇原的道路，那时好像由现在甘肃平凉、泾川等县东南行的道路，还未能成为通行的大道，

---

① 《后汉书》卷一下《光武纪》。李贤注：五郡谓陇西、金城、天水、酒泉、张掖。按：窦融时为河西五郡大将军，所率领的五郡中有武威、敦煌，而无陇西、天水，李注盖误。
② 《汉书》卷六《武帝纪》。
③ 《史记》卷六《秦始皇帝本纪》。
④ 《后汉书》卷一三《窦融传》。

不然窦友越过六盘山后,不会再折向北行,到达高平,也就是现在的固原的。

唐代的乌兰县于汉时为祖厉县。祖厉县城在祖厉河的下游。汉武帝虽临祖厉河,却未到过祖厉县。史籍中亦未见有人到过祖厉县的记载,可见祖厉县并未有通行的大道,远越西域者是不会出于此途的。

前面曾经指出:由长安西行经过河西而至西域的道路中有一条是遵循南道,到今甘肃临洮县,渡洮河和大夏河,经青海乐都县和西宁市,越祁连山而至于张掖的。这是从河西中部分出的一条道路。在这条道路以西还应有一条道路,也可说是河西大道的另一条分支。这条道路是由敦煌南行,大致是通过现在的当金山口,经由柴达木盆地,更东南行,以达吐谷浑东境龙涸(今四川松潘县)而入益州。[1] 西凉李暠曾经几次派遣使臣间行奉表至建康[2],所行的就是这条道路。其时沮渠蒙逊方盘踞张掖,建立北凉,由敦煌经过酒泉东行是不可能的。由敦煌南行经过柴达木盆地的道路并非主要的大道,当时称之为间行,也不是没有道理的。其后北凉姑臧为北魏所攻破,凉王沮渠牧犍降魏。牧犍弟无讳继续与魏军相抗,辗转至高昌,仍自称凉国。这个凉国为了取得东晋的支持,不断派遣使臣东南至建康。当魏军还未占领敦煌时,赴东晋的使臣仍和西凉一样,由敦煌南行。后来这条道路阻塞,只好改道由焉耆到鄯善(今新疆若羌县),再越过阿尔金山口,进入吐谷浑境内。[3] 虽未能取道阳关或玉门关,经过敦煌,也还是可以作为丝绸之路的一条支路的。

由河西西行前往西域,西汉时有南北两道。即《汉书·西域传》所谓:"从鄯善傍南山北,波河西行,至莎东,为南道","自车师前王庭随北山,波河西行,至疏勒,为北道"。这是出玉门、阳关西行的。《三国志·魏书·乌丸鲜卑东夷传·注》引《魏略》,又增添了一道。《魏略》说:"从

---

[1] 唐长孺《北凉承平七年(公元449年)写经题记与西域通往江南的道路》,见《向达先生纪念论文集》。
[2] 《晋书》卷八七《凉武昭王传》。
[3] 唐长孺《北凉承平七年(公元449年)写经题记与西域通往江南的道路》。

敦煌玉门关入西域，前有二道，今有三道。从玉门关西出，经若羌转西，越葱岭，经悬度，入大月氏，为南道。从玉门关西出，发都护井，回三陇沙北头，经居卢仓，从沙西井转西北，过龙堆，到故楼兰，转西诣龟兹，至葱岭，为中道。从玉门关西北出，经横坑，辟三陇沙及龙堆，出五船北，到车师界戊己校尉所治高昌，转西与中道合龟兹，为新道。"西汉时的北道是经过车师前王庭的。车师前王庭治交河城，在今新疆吐鲁番西北。《魏略》所说的北道却与车师前王庭无关。《魏略》所说的新道，要经过车师界戊己校尉所治的高昌，高昌在今吐鲁番的东南，和交河城相距并非过远。这样的改变使原来北道的路程有所缩短。《魏略》所说的新道，是出五船北到高昌。五船未知确地所在，但既有意避开三陇沙及龙堆，当是出玉门关后即转向北行。其北为伊吾，即今新疆哈密市。《魏略》所说的新道未明白指出经过伊吾，恐是行文简略，未能一一涉及。伊吾本匈奴伊吾卢地。东汉明帝永平十六年（公元73年），取得此地，并于其地置宜禾都尉，从事屯田。伊吾土地膏腴，为匈奴所必争，故常驻军以资防卫。① 这样重要的地方，新道若不经过其地，那将是不可思议的。而且新道的形成也不至迟到曹魏之时，只是到《魏略》的撰著才见于记载。

魏收撰《魏书·西域传》，于玉门关外的道路，别有论述。它说："出西域本有二道，后更为四出：自玉门渡流沙西行二千里，至鄯善，为一道；自玉门渡流沙北行二千二百里，至车师，为一道；从莎车西行一百里，至葱岭，葱岭西一千三百里，至伽倍，为一道；自莎车西南五百里，葱岭西南一千三百里，至波路为一道。"《魏书》所说的虽为四道，实际上却只有两道。莎车今为新疆莎车县，正是西汉时南道经过的地方。南道逾葱岭，至大月氏、安息等地。《魏书》西行的两道，皆须逾葱岭。西域诸国因时而有兴废，故所至之国与西汉时不同，可以说，《魏书》莎车西行的两道，只是汉时南道的伸延，或者就是汉时的南道。《魏书》所说的自玉门渡流

---

① 《后汉书》卷八八《西域传》。

沙至车师的一道，既可说是《汉书·西域传》的北道，也可说《魏略》所说的新道，因为这两条道路都和车师有关。《魏书》的记载只是董琬、高明两人由西域归来后的陈说，董琬、高明曾至乌孙、破洛那等九国，故所述有限。

隋炀帝时裴矩曾数至张掖、敦煌，由于究心边事，撰成《西域图记》三卷。据其所述，由敦煌至于西海，凡有三道。北道从伊吾经蒲类海、铁勒部、突厥可汗庭，渡北流河水，至拂菻国，达于西海。中道从高昌、焉耆、龟兹、疏勒，度葱岭，又经钹汗、苏对沙那国、康国、曹国、何国、大小安国、穆国，至波斯，达于西海。南道从鄯善、于阗、朱俱波、喝槃陀，度葱岭，又经护密、吐火罗、挹怛、帆延、漕国，至北婆罗门，达于西海。① 这三条道路其发轫处和最初的路段，略同于《魏略》。其中南道自来少有改变。北道和中道与《魏略》的北道和新道所差异的，只是高昌的问题。其实这几条道路都是可以达到高昌的。山川形势如此，只是跋涉者取其方便而已。

敦煌于唐时为沙州的治所。《元和郡县图志》记沙州的"八到"："西至石城镇一千五百里，北至伊州七百里。"沙州与伊州相距700里，虽亦须经过莫贺延碛，路程究非过远，可以暂置不论。石城镇即鄯善。贾耽所记入四夷道路，于沙州西行的道路曾有具体的记载，据其所说："自沙州寿昌县西十里至阳关故城，又西至蒲昌海南岸千里，自蒲昌海南岸西经七屯城，汉伊脩城也，又西八十里至石城镇，汉楼兰国也，亦名鄯善。"② 虽所记道路里数与《元和郡县图志》不尽相合，而沿途经过却较为详备，可以征信。

《元和郡县图志》于沙州的"八到"中未涉及至西州的道路，而西州的"八到"中却有"东南至金沙州一千四百里，南至楼兰国一千二百里，并沙碛，难行"的记载。唐时无金沙州。此金沙州当系因下文的金婆岭而误衍金字。有这一条记载，即可与沙州的"八到"相互订正。《汉书》所说的车师前王庭，《魏略》所说的车师界戊己校尉所治的高昌，皆在唐西州境。

---

① 《隋书》卷六七《裴矩传》。
② 《新唐书》卷四三下《地理志》。

西州治所的前庭县，本名高昌，即取旧高昌国为名。① 这条沙州和西州间的大道，当即《敦煌石室佚书》本《西州图经》所说的大海道，亦即《太平寰宇记》征引裴矩《西域记》所说的柳中路。大海道是因柳中县东的大沙海而得名，柳中道自是因经过柳中县而得名。柳中县即今鄯善县的鲁克沁，大沙海即今噶顺戈壁。由于有《西州图经》和《西域记》的记载，这条道路就更为明确。②《汉书·西域传》记南北两道，虽是出玉门、阳关，而北道却是从车师前王庭起始。由隋唐时期的记载，可补玉门至车师前王庭间的一段。《魏书·西域传》所记较《汉书》为明确，唯道路里程与《西州图经》《西域记》皆不同。戈壁中的里程恐也难得都能一致。《旧唐书·经籍志》和《新唐书·艺文志》皆未著录裴矩《西域图记》，亦未著录《西域记》，恐二者本是一书，传写误为两书。《隋书·裴矩传》所录者为其书序文，《太平寰宇记》所征引者当为其具体条目，故详略有所不同。得《太平寰宇记》的引用，更可以征信。

不论这些道路如何分歧，都是发轫于敦煌的，也就是离不开玉门和阳关。这里应该特别提出，由河西前往西域除过由敦煌起程外，还有一条道路。这条道路是由瓜州治所晋昌县东北起，可以通到伊州。伊州治所伊吾县，汉魏以来都是有名的所在。唐贞观初年，玄奘西行求法，就是由这条道路前往的。据慧立和彦悰所记："（玄奘）遂至瓜州，……因访西路。或有报云：从此北行五十余里有瓠芦河，下广上狭，洄波甚急，深不可渡。上置玉门关，路必由之，即西境之襟喉也。关外西北又有五烽，候望者居之，各相去百里，中无水草。五烽之外即莫贺延碛，伊吾国境。"③玄奘即遵此路前往。《元和郡县图志》瓜州晋昌县东20步有玉门关。未载置关年月。《元和郡县图志》又于沙州寿昌县条下列有玉门故关，亦未载废省年月。西汉酒泉郡有玉门县，在今甘肃玉门市西北。据说，汉罢玉门关屯，徙其

---

① 《元和郡县图志》卷四〇《西州》。
② 王去非《关于大海道》，见《向达先生纪念论文集》。
③ 《大慈恩寺三藏法师传》。

人于此。① 论其方位又与唐玉门关不同。玄奘既由此玉门关西行，西行之年为贞观三年，则这里的玉门关唐初已经有了。玄奘离晋昌县时，由于逻者甚严，入夜始得启行，三更许即望见玉门关，计程20余里，《元和郡县图志》谓玉门关在晋昌县东二十步，显然是记载的讹误。玄奘离晋昌县前，闻人说玉门关在瓠芦河上。迨其将至玉门关时，发现这条河水的两岸可阔丈余，河上架木为桥。瓠芦河未见地志记载，晋昌县有冥水，瓠芦河当即冥水。谭季龙（其骧）教授撰《中国历史地图集》，于唐代《陇右道东部图》中不从今本《元和郡县图志》之说，而置玉门关于冥水之西，极是。唯距冥水稍远，与《大慈恩寺三藏法师传》未尽相合。

这条通过唐代玉门关的道路的开通，实际上是绕过了敦煌。但这条道路只是河西通往西域的一条支路，其他几条道路仍然继续畅通，还是依旧经过敦煌的。敦煌的重要地位并未因此而有显著降低和削弱。玄奘西行是在唐的初年，他所走过的道路以后照常通行，玉门关没有废止就是具体的证明，就在这时，敦煌仍然繁荣，莫高窟在唐代不断有新窟开凿成功，说明了其他几条道路继续显示出重要的作用。

此外，还有一条有关河西至西域的道路的记载，见于《隋书·高昌传》。《传》中说："从武威西北有捷路，度沙碛千余里，四面茫然，无有蹊径，欲往者寻有人畜骸骨而去，路中或闻歌哭之声，行人寻之，多致亡失，盖魑魅魍魉也，故商客往来多取伊吾路。"这段叙述中特别指出这是一条"捷路"，显示它并非一般通行的道路。再则说，它是一条不经过伊吾的道路，因为这条道路难于通行，所以商客往来才多取伊吾路。伊吾在高昌之东，武威更远在伊吾东南，由东南或东方去高昌，是一定要经过伊吾的。后来北宋王延德使高昌，就是绕道今内蒙古前往的，途中经过伊州（即伊吾）才到高昌的。由武威前往不论采取哪一条道路，也是不能不经过伊吾的。况且武威距离高昌绝远，并非只有千余里。当时通行大道是由凉州至甘州，再至肃州、

---

① 《汉书》卷二八下《地理志下·注》引阚骃说。

瓜州。据《元和郡县图志》所载,凉州至甘州500里,甘州至肃州400里,肃州至瓜州480里。仅凉州至瓜州之间已有1380里。而瓜州至高昌的里程更远过此数。所谓"捷径"应较此为近,但近至千余里是讲不通的。可能《隋书》于此有误文,这条捷路不一定始于武威。如由瓜州西行,里程差相近似。因为伊州东南取莫贺碛路至瓜州900里,西州(即高昌国故城所在地)东北至伊州730里,合计亦是千余里。这条道路是要经过伊州的,应该就是伊吾道。而《隋书》记载这条捷径明白不是伊吾道,这就不能说是这条道路的舛讹。或谓《隋书》所说的武威为敦煌之误。[1] 敦煌在伊州正南微东,由敦煌去高昌可以不必绕道伊州,而高昌所在的西州距敦煌也只有1400里,是和千余里之说相符合的。可是由敦煌去高昌的道路,自西汉以来即已通行,说不上是一条捷径。到底如何解释,只好暂置不论,留待高明。

上面所述的这几条道路,都是通过河西的西北、东南走向的大道的分支。也可以说是丝绸之路在这个地区的分支。虽说是丝绸之路的分支,也可以做其他的用项。历来有些军事活动就曾经是在这些道路上进行的。当然,通过河西的大道的分支还不仅只是这几条,只是和丝绸的运输没有多大的关系。汉时的弱水,亦即唐时的张掖河,是由甘、肃两州之间流入居延海的。这条河谷也是一条南北向的道路。而由武威城外北流的石羊河,亦即汉时的谷水和唐时的马城河,其河谷也是一条南北向的道路。在这两条道路上的军事行动就显得较多。西汉时李陵北征匈奴,即由居延北行,出遮虏障,而至于浚稽山上。[2] 居延县和遮虏障皆在今额济纳旗,正是张掖河行将入居延海处。到了唐代前期,这两条道路都是突厥不时南下必经之地,军事行动尤为繁多。

唐代后期,河西多故。吐蕃借安史之乱,据有陇右、河西。其后吐蕃衰乱,沙州张义潮以瓜、沙、甘、肃来归。寻而回鹘余部亦散居甘州等处。于是丝绸之路就逐渐失其作用。胡商使人即使有所往来,也不一定仍然遵

---

[1] 王去非《关于大海道》。
[2] 《汉书》卷五四《李陵传》。

循旧日通行的大道。五代时,党项族散居于邠宁、鄜延、灵武、河西间,而居于灵、庆诸地者尤为剽悍。这些地方约当于现在陕北、陇东和宁夏,当时的灵州治所就在今宁夏灵武县,庆州治所则在今甘肃庆阳县。这时甘州回鹘朝贡中原王朝,经过灵、庆之间,往往为当地部落所邀劫,甚而执其使者,卖之他族,以易牛马。为什么甘州回鹘舍正路而不由,而出此不安谧的道途?据说是"唐亡,天下乱。凉州以东为突厥、党项所隔"[①]。唐末五代党项逐渐强大,稍后的夏国就是这一族所建立的。它阻遏道路也是可以征信的。至于突厥,自回纥兴起后,就愈益衰微不振。《新五代史》于《四夷附录》虽为突厥列有专条,然亦说它"于时最微"。这样微散的部落,如何能够阻隔以前曾经畅通过的丝绸之路?

到了后晋时,高居诲奉使前往于阗国,也是出于此途。据其所记:"自灵州过黄河,行三十里,始涉沙入党项界,曰细腰沙、神点沙。至三公沙,宿月支都督帐。自此沙行四百余里,至黑沙堡,沙尤广,遂登沙岭。"所说的这些沙地,当即现在内蒙古自治区阿拉善左旗的腾格里沙漠。高居诲接着又记载:"渡白亭河至凉州。自凉州西行五百里至甘州。……西北五百里至肃州,渡金河,西百里出天门关,又西百里出玉门关,……经吐蕃界,……西至瓜州、沙州。……渡都乡河曰阳关。"[②]白亭河当即今石羊河,其下游入白亭海,故亦称为白亭河。金河,可能就是今酒泉县西的北大河。天门关未见史籍记载,玉门关在肃州之西,或者就是唐代的玉门关。唐代玉门关为赴伊州路上的关隘,高居诲前往瓜、沙二州,何得向西北出玉门关?不过高居诲由凉州西向出阳关,固仍行于这条旧有的大道,则是无可置疑的。

北宋初年,王延德亦曾受命使高昌,其所经行的道途,与高居诲迥异。据王延德自述:"初自夏州历玉亭镇,次历黄羊平。渡沙碛,无水,行人皆载水。凡二日至都啰啰族,次历茅女喝子族,族临黄河。"[③]夏州治所在今陕西靖

[①] 《新五代史》卷七四《四夷附录》。
[②] 《新五代史》卷七四《四夷附录》。
[③] 《宋史》卷四九〇《高昌传》。

边县白城子，由此北行，即今内蒙古自治区的鄂尔多斯高原，其间沙碛不少，故王延德云然。王延德采取这条道路，显然可见，是要绕过西夏统治的地区。当时契丹势力亦未及此，故王延德得以顺利通过这样的隙地。

王延德渡过黄河后，陆续经历茅女王子开道族、楼子山、卧梁劾特族、大虫太子族、屋地因族、达于于越王子族、拽利王子族，这些都是游牧族类驻帐之地，今已难知其确处。其中大虫太子族近契丹界，可知王延德渡黄河后还曾向北行，然后再折而西去。王延德渡黄河处仅知为茅女蝎子族居地，由于大虫太子族近契丹界，则其渡黄河处因当在今河套附近。拽利王子族居处有合罗川。或以为今黑水河为合罗川。黑水河亦即张掖河。黄河以西沙漠地区别无大川，以张掖河相当于合罗川，或可近似。王延德西行时，西夏已占有河西各地。即使合罗川果为张掖河，则其渡合罗川处当其下游，这样才可免与西夏守军遭遇。唐代后期回鹘一部已南居甘州，张掖河下游有回鹘踪迹，也并非不可能。不过以其地的旧城遗址为唐回鹘公主所居之地，似于史无征。① 唐代曾数以公主下嫁回鹘，其时回鹘方强大，牙帐在漠北，何得远至张掖河畔？王延德自拽利王子部西行，历阿墩族而至马鬃山。此山迄今仍以马鬃为名，其主峰在甘肃玉门镇北。其东距张掖河亦非过远，故王延德于渡过合罗川后即可直至马鬃山。王延德由马鬃山西行，又历格啰美源。据说这是"西方百川所会，极望无际，鸥鹭凫雁之类甚众"。这样的大湖泊唯冥水下游所入之海足以当之。冥水即今疏勒河。然其地远在马鬃山之南，王延德若至其地，似更近于西夏。由马鬃山再西，历小石州而至于伊州，也即现在新疆哈密市，已在河西的西北。由伊州至高昌，当时大道仍可通行无阻。王延德此行约略与十六国时期仍袭用北凉国号的沮渠安周之通使东晋相似。沮渠安周为沮渠无讳之弟。沮渠无讳其

---

① 《新唐书》卷二一七《回鹘传》，肃宗时，回纥可汗以可敦妹为女，妻敦煌郡王承寀，帝即封房女为毗伽公主。《旧唐书》卷一九五《回纥传》作封回鹘公主为毗伽公主。《新唐书·回鹘传》又言，咸安公主下嫁时，回纥可汗遣其妹骨咄禄毗伽公主率大菌之妻五十人逆主。是回纥可汗之女亦称公主，与唐无殊，所说的旧城仅泛言唐回鹘公主所居地，当俟再考。

时据有高昌，借敦煌一途与东晋互通往来。沮渠安周时，敦煌以东皆已为北魏所据有，沮渠安周所派遣的使人只好由现在新疆若羌越过阿尔金山口，进入吐谷浑属地，再继续向东南进行。① 沮渠安周的使人和王延德所行皆已远离河西，只是在河西大道难于通行时，使丝绸之路不至完全中断而已。

西夏占据河西，确实使丝绸之路的交通遇到一定的困难，却也不是就此阻阂不通。下迄北宋，西域使者还是往来不绝。宋真宗大中祥符二年（公元1009年），于阗使人说："昔时道路尝有剽掠，今自瓜、沙抵于阗，道路静谧，行旅如流。"② 哲宗绍圣（公元1094—1097年）中，知秦州游师雄言："于阗、大食、拂菻等国贡奉，般次踵至，有司惮于供赉，抑留边方，限二岁一进，外夷慕义，万里而至，此非所以来远人也。"北宋政府接受这样的意见，自后朝享不绝，讫于宣和（公元1119—1125年）之时。③ 但对于回鹘，却是多方限制，据《宋史》记载："回鹘使不常来，宣和中，间因入贡散而之陕西诸州，公为贸易，至留久不归。朝廷虑其习知边事，且往来皆经夏国，于播传非便，乃立法禁之。"④ 这些记载都显示出丝绸之路有些阻阂，当时的中原王朝也应有一定的责任。

这条大道在蒙古统治时期还有一段畅通时期，也为敦煌莫高窟中增加了若干色彩。可是这条道路后终于萧索下去，河西当然也受到影响，至少在经济方面显得多些。不过河西还有其他有利的因素，仍然能不断发展下去。

（原载《中国历史地理论丛》1988年第4辑、1989年第1辑）

---

① 唐长孺《北凉承平七年（公元449年）写经题记与西域通往江南的道路》。
② 《宋史》卷四九〇《于阗国传》。
③ 《宋史》卷四九〇《于阗国传》。
④ 《宋史》卷四九〇《回鹘国传》。

龙首原和隋唐长安城

隋代立国,仍以长安为都。唯具体城池却由渭水之滨迁移到龙首原上。汉初始建长安城时,即已扩展到龙首原畔,为了兴筑未央宫,就曾经疏凿龙首原,不过还只在龙首原的边沿,隋时则更趋向东南,登到原上。隋亡唐兴,因而不改。这里作为都城,前后共逾三百余载。

秦岭山下,直至渭水之滨,地势逐渐降低。这样的降低并非由高处一直伸延到低处,一扇渐低的长坡,了无曲折,也还是继续起伏,中间断断续续夹杂着平坦空旷之处,再加上由秦岭山上流下的几条河流纵贯其间,因而就形成了一些以原为名的地方,龙首原就是其中之一。

龙首原早在汉时是称为龙首山的。当时有记载说:"龙首山长六十里,头入渭水,尾达樊川,高二十丈,云昔有黑龙从南山出,饮渭水,其行道因成土山。"① 不佞在论述汉长安城未央宫时,曾征引过旧说:"因龙首山以制前殿。"可见当时尚不以原相称。就是后来隋文帝营建新都,所颁布的诏书中,也还是说:"龙首山川原秀丽。"② 虽然提到川原,山名仍然依旧。

---

① 《初学记》卷六《渭水》引《辛氏三秦记》。
② 《隋书》卷一《高祖纪》。

现在见到出土的隋时墓志，亦未见有称龙首原的，可能是到唐时才习用起来的。

龙首原东与白鹿原相接。白鹿原西尽浐水川①，则浐水川西当为龙首原。西至延兴门外，都是龙首原。②延兴门为隋唐长安城东出三门中最南的城门，在今新开门之北，可是这里也不是龙首原最西的所在。有的记载说，龙首原相当广大，"杜陵、鸿固、凤栖诸原，皆其横冈，宜春、芙蓉、曲江诸苑，皆其洼下，东界穿浐水，西界樊川，延六七十里"③。龙首原诚然东界浐水，而西界却非樊川。如此，樊川只能作为龙首原的南界，其西界当于隋唐长安城以西求之。

龙首原由浐水川向西，经过隋唐长安城，直到都城以西。和延兴门外一样，都门之西也有出土墓志，说是所葬的龙首原，就在都门之西，五里而近。④隋唐长安城西出土的葬于龙首原的墓志，以阿房宫故址为最远。⑤这是说有文字记载可征的龙首原西侧达到阿房宫故址。阿房宫前殿遗址在今西安市西郊，西起古城村，东至巨家庄，位于三桥镇的南偏西处。前殿只是阿房宫的主体，整个阿房宫的遗址应该更为广大。前殿遗址西距沣水还有一段路程。就在阿房宫前殿遗址所在地的古城村之西3公里的北田村，近年出土有唐代宗大历十一年（公元776年）的《瞿昙谟墓志》。《墓志》说葬地在长安城西渭水南原。⑥北田村西近沣水，北距渭水河道不远，称为渭水南原是名副其实的。渭水南原之名自来未见于文献记载，可能就是唐

---

① 宋敏求《长安志》卷一一《万年》。
② 唐《阿史那哲墓志》（唐玄宗开元十一年，亦即公元723年）："葬于京延兴门外五里龙首之原。"《隋唐五代墓志汇编》陕西卷第一册。
③ 雍正《陕西通志》卷九《山川二》。
④ 唐《仇文义妻王氏墓志》（唐宣宗大中四年，亦即公元850年）。仇文义薨后，厝于京兆长安县布政乡大郭里龙首原，并说其地在都门之西五里而近。
⑤ 唐《智惠墓志》（武则天大足元年，公元701年）："葬于承平乡龙首原。"毕沅校正宋敏求《长安志》，于卷二《长安》中征引张贲然撰《忠武将军茹义忠神道碑》所云"葬于京兆长安县承平乡阿房殿之墟"。这是说，承平乡在隋唐长安城之西，乡在龙首原上，阿房殿之墟相当广大，非一乡所能容纳，至少承平乡的部分应在龙首原上。
⑥ 《隋唐五代墓志汇编》陕西卷第一册。

时人的称谓。龙首原于唐时曾分出若干小原，当另行论及，渭水南原的名称也应是当时人按习俗为当地的龙首原所起的新名。渭水南原之南还有一个马邬原，位于丰邑乡中。① 丰邑乡属长安县，在县西二十里。阿房宫亦在县西20里②，可能是南北相对。长安、鄠县两县皆有沣水③，显然是以沣水为界。丰邑乡不能越水至鄠县境，则马邬原当在沣水以东。④ 马邬原以前也未见于文献记载，应该和渭水南原一样，皆为其时人对当地的龙首原的一种习称。这样说来，龙首原应是西抵沣水，位于浐、沣两水之间。

《新唐书·地理志》有这样的记载："京城前直子午谷，后枕龙首山。"这是说长安城北的龙首原相当高亢。唐时宫城东北建有含元殿。据说含元殿所在地"即龙首山之东麓"。含元殿始修之时，为了显得壮丽，阶基高出平地40余尺。含元殿在大明宫，当时记载说："此宫北据高原，南望爽垲，每天晴日朗，南望终南山如指掌。京城坊市街陌，俯视如在槛内，盖其高爽也。"⑤ 含元殿遗址在今西安火车站北。现在当地的高程为416米，为西安城北的最高处。可以证明唐时有关的记载并非虚妄。较次于含元殿遗址的为光泰门（今图作广泰门），高程412米。唐德宗时，朱泚窃据长安。李晟为了收复京城，由东渭桥进据光泰门，接着取得含光殿，长安遂告敉平。⑥ 这也是据有高地，才能逞其威力。现在这里高程在400米的等高线上，由广太门北西南行，过井上村，再由孙家湾、枣园村之南，于大白杨之西折而向南。具体说来，是远在汉长安城未央宫之南。汉时筑未央宫，曾疏凿龙首原，则400米高程的等高线不能作为龙首原的北端。未央宫遗址东南部的高程在390米以上⑦，这就可以依高程390米的等高线来衡量。这条

---

① 《全唐文补遗》第二册《大唐故中大夫使持节龙州诸军事龙州刺史郭府君（恒）墓志铭》。此志刻于唐中宗景龙二年（公元708年）。
② 宋敏求《长安志》卷一二《长安》。
③ 宋敏求《长安志》卷一二《长安》，又卷一五《鄠县》。
④ 拙著《唐长安城外龙首原上及其附近的小原》。
⑤ 宋敏求《长安志》卷六《宫内四》。
⑥ 《旧唐书》卷一三三《李晟传》。
⑦ 今未央宫遗址中有高程405米的南北长、东西窄的台地，当是未央宫前殿的遗址。

等高线由未央宫遗址向北,经讲武堂的西南,再南转东,经李上壕的东北,又折而向北,经雷家寨之南,东北向经北十里铺,达到灞水岸上。这条等高线之北,地形就都显得低下。这条高程 390 米的等高线是否就是龙首原的北端?仿佛可以这样说。不过前面提到的渭水南原和马邬原,现在高程都在 390 米以下,就难得一律了。前面曾经征引前人记载,说是龙首原头入渭水,这就更为遥远了。唐时宫城之北为禁苑,禁苑当然也在龙首原上,可是禁苑的范围却是"东接霸水,西接长安故城,南连京城,北枕渭水"①。而禁苑也是一般臣民难得入内的,更不可能有当时民间的冢墓和出土的墓志做证,因此也就难得一概而论了。

一般说来,原都是地势高起而上面显得平坦的地形。可是龙首原上却不是到处都是平坦的。由于原面广大,原上的情况就难完全一律。正因为这样,唐时龙首原上就有多少小原。这些小原大体可以分为两类:一类是泛指,如说京兆东原,通化门北原;另一类则都有具体的原名,如前面已经提到的渭水南原、马邬原。当时有具体原名的小原为数不少,竟多到三十二处,大都分布在隋唐长安城的东西两侧。城南近处也有一个称为大仵村原的小原,可能就在曲江池的近旁。这些小原在拙著《唐长安城外龙首原上及其邻近的小原》中都有具体的论述,这里就不再一一琐陈了。

隋唐长安城外到处都有小原,城内就难得独为平整的,应该说城内也有一个小原,就是乐游原。乐游原在外郭城内朱雀门街东第四街由北向南第六坊升平坊内东北隅。据说"其地居京城之最高,四望宽敞,京城之内俯视指掌"②。其地在曲江池北,也在大慈恩寺的东北,现在的高程为424—454—455 米,其最高处还超过了大雁塔的基地(432 米),全城内外殆无有能与之比眸的。

---

① 宋敏求《长安志》卷六《宫室四》。
② 宋敏求《长安志》卷八《唐京城二》。乐游原向东北伸延,直至新昌坊。新昌坊为朱雀门街东第五街由北向南第八坊。《长安志》卷九《唐京城三》说:"新昌坊南门之东青龙寺,北枕高原,南望爽垲,为登临之美。"此所谓高原,也就是乐游原。

隋代初年筹建长安城时，宇文恺实主其事。据说："宇文恺置都，以朱雀门街南北尽郭，有六条高坡，象乾卦，故于九二置宫殿，以当帝王之居，九三立百司，以应君子之数，九五贵位，不欲常人居之，故置此观（按为玄都观）及兴善寺以镇之。"① 兴善寺在今西安南郊长安中路西侧小寨路之北。玄都观更在其西，约当吉祥村的东北。这条高坡虽已逐渐削平，其故迹仍仿佛可以推求。长安中路之北，接着为草场坡。草场坡今已铲低，铲低的高程为 416—417 米，其两侧的高崖犹高 422 米，当是原来的旧貌。宇文恺以九二置宫殿，指的是宫城，宫城在今西安北郊，那里是有一道高坡的。九三立百司，指的是皇城，也就是今西安城内。今西安城已经是道路纵横，平坦无阻。不过东西大街仍显得稍稍高起，其中一些段落的高程为 414 米，与两侧的 412 米或 413 米不同。这样的高低相间，错落有致，应该说对于都城的建筑是有利于设计的构思的。宇文恺对于宫城、皇城的位置，以及有关寺观的建造，都是按照这样的地势设计的。

前面曾经提到过大明宫含元殿可以远望南山，俯观京城坊市街陌，乐游原的四望宽敞，京城之内，俯视了然，而青龙寺更为登眺之美，可见当时是尽量利用龙首原上的形势的。

隋唐长安城分为宫城、皇城和外郭城。宫城在北，其南为皇城，外郭城居南。外郭城虽在宫城和皇城之南，但其东西两侧却向北伸出，因而宫城和皇城的东西，也在外郭城范围之中。宫城东西 4 里，南北 2 里 270 步，周 13 里 180 步。② 皇城东西 5 里 110 步，南北 3 里 140 步。③ 宫城和皇城相较，东西显得短促。这是因为皇城之东为东宫，西为掖庭宫。实际上宫城和东宫、掖庭宫合起来东西之长应和其南的皇城是一样的，东宫和掖庭宫

---

① 宋敏求《长安志》卷九《唐京城九》。
② 宋敏求《长安志》卷六《宫室四》。《新唐书》卷三七《地理志》："宫城长千四百四十步，广九百六十步，周四千八百六十步。"按唐制，以360步为1里，《地理志》所载宫城之长与《长安志》相等。其广稍减30步，周长也是一样的。
③ 宋敏求《长安志》卷七《唐皇城》。《新唐书》卷三七《地理志》："皇城长千九百一十五步，广千二百步。"其长较《长安志》多5步，其广多20步。

都没有宫城那样广大。① 外郭城东西 18 里 115 步，南北 15 里 175 步，周 67 里。② 宫城东西，如前所说，其东为东宫，其西为掖庭宫。东宫与掖庭宫，其南北皆与宫城齐。宫城之北，隋时为大兴苑，唐时即称为禁苑。禁苑东西 27 里，南北 33 里，东接灞水，西接长安故城，南连京城，北枕渭水。苑西为大仓，北距中渭桥，与长安故城相接，东西 12 里，南北 13 里，实际上是和禁苑连在一起，因而也隶苑中。③ 唐时于禁苑之内别置西内苑和东内苑，与禁苑合称三苑。西内苑在宫城之北，南北 1 里，东西与宫城齐。东内苑在贞观年间所置的大明宫之东，南北 2 里，与大明宫齐，东西尽一坊之地。④

宫城之内，隋时以大兴殿为帝王朔望视朝之所。唐武德元年（公元 618 年）改为太极殿。贞观年间始置大明宫，以备太上皇（指唐高祖）的清暑。此宫在禁苑东南，南接外郭城，西接宫城的东北隅，南北 5 里，东西 3 里。龙朔二年（公元 662 年），高宗始常居此，此后遂成定例。宫中的含元殿因为大朝会之所。对太极殿而言，就有了西内和东内的名称。开元年间又有了南内的称号。南内为兴庆宫，本为外郭城内的兴庆坊，为唐玄宗封王时的居邸，后来就改称为宫。因为在东内、西内之南，就称为南内。

外郭城东西南三面各有三门。南面三门，中为明德门，东为启夏门，西为安化门。明德门经过考古工作者发掘，遗迹具在，在今西安南郊杨家村。启夏门外西南 2 里有圜丘及先农籍田二坛，今圜丘仍在，则启夏门当在翠华路南端，西与杨家村的明德门遗址相望。安化门亦应在北山门口。

---

① 徐松《唐两京城坊考》卷一《宫城》："（长安志）不载东宫东西里数，以宫城四里除皇城东西五里一百五十步，则东宫与掖庭宫皆当不足一里，惟东宫较广耳。"
② 宋敏求《长安志》卷七《唐京城》。《新唐书》卷三七《地理志》则作"其长六千六百六十五步，广五千五百七十五步，周二万四千一百二十步"。以 360 步为 1 里计，其广和周长皆与《长安志》所载相同，唯东西之长少 30 步。徐松《唐两京城坊考》卷二《西京·外郭城》说："《旧书地理志》云：'长千六百六十五步。按当作六千五百九十五步。'"按：《旧唐书·地理志》所记载东西之长，与《长安志》相同。徐松所说当接《新唐书·地理志》而言。《新唐书·地理志》所载东西之长，已较《长安志》少 35 步，若作 6595 步，则所少当更多了。
③ 宋敏求《长安志》卷六《宫室四》。
④ 宋敏求《长安志》卷六《宫室四》。

东面三门，北为通化门，中为春明门，南为延兴门。据说通化门东 7 里长乐坡上有长乐驿，下临浐水，今长乐坡具在，通化门可据以推求，应位于今东郊东窑坊附近。春明门当在今兴庆公园东南稍远处，与通化门南北相齐。今铁炉庙东南犹有村名延兴门，当是唐延兴门故址的所在。西面三门，北为开远门，中为金光门，南为延平门。开远门在今西安西郊土门之北，金光门在今石家围墙东南，延平门在今陈家庄东南，也就是丈八沟的东北。唐时外郭城北部，中间接连皇城，其两侧北邻禁苑，东侧北邻大明宫。皇城、禁苑和大明宫皆有其门，虽与外郭城相接连，这些门却皆不能算作外郭城北面的门。

皇城南面三门，正南为朱雀门，东为安上门，西为含光门。朱雀门遗址在今朱雀街东南城墙内，与含光门遗址东西并列。含光门遗址今已发掘出来，在西北大学东北城墙内。安上门遗址就是现在西安城的南门。朱雀门南与明德门相对，其间的街道称为朱雀门街，为当时长安城中最为重要的街道。东面二门，南为景风门，北为延喜门。延喜门直东就是外郭城东面的通化门。景风门在今西安城内东大街，其位置在今端履门稍东处。西面二门，南为顺义门，北为安福门。安福门与延喜门相似，延喜门东对通化门，安福门则西对开远门。顺义门亦与景风门相似，景风门在今西安市东大街，顺义门则在今西大街，只是顺义门更西，就在今西安市的西门。皇城北面不设门，另有一条东西大街，称为横街，以与其北的宫城相隔。这条横街，东出皇城的延喜门，西出皇城的安福门。因为是要隔开皇城和宫城，所以街道特宽，南北广 300 步，与皇城内其他街道不同。其他街道只宽 200 步。

宫城之内的设置较皇城为繁多，这里就不必一一道及。所可以提到的为承天门和定武门。承天门为宫城诸南门中居中的门。宫城北面三门，中为定武门。定武门和承天门之间隔着太极、两仪、甘露、延嘉、承香诸殿，南北遥遥相对。承天门则南与朱雀门以及外郭城的明德门不仅南北相对，而且有街道相连接。承天门和朱雀门之间的街道为承天门街，朱雀门和明德门之间的街道为朱雀门街。承天门街和朱雀门街之间虽隔着宫城和皇城之间的横街，实际上是连接在一起的。承天门街和朱雀门街连在一起，共同为唐长安城的中轴线。

宫城自是皇室宫殿所在地，那是用不着说明的。皇城则是王朝政府台省寺卫所在地。据说："自两汉以后，至于晋、齐、梁、陈，并有人家在宫阙之间，隋文帝以为不便于民，于是皇城之内，唯列府、寺，不使杂人居止，公私有便，风俗齐肃，实隋文新意也。"①至于外郭城则是百官庶民的居住区域。百官庶民就分别居于坊内，寺观也随坊建置。当时共设置了一百零八坊，兼有东西两市。东西两市皆有市廛，积囤货物，为特置的商业场所。外郭城分属于京兆府的万年、长安两县。两县在城内以朱雀门街为界。万年县领街东五十四坊及东市，长安县领街五十四坊及西市。两市各有两坊之地。②

外郭城广大，设置的坊很多，有关的街道也就相应增多。如上所述，由皇城南出中间的朱雀门至外郭城南出中间的明德门之间的朱雀门街，为主要的街道，当时也有称之为天街的（皇城内的承天门街亦称天街）。朱雀门街东西两侧的街道都由朱雀门街数起，朱雀门街之东由朱雀门街东第一街数起，至东第五街。朱雀门街西也是一样的，由街西第一街至第五街。朱雀门街东第一、二两街和朱雀门街西第一、二两街，皆在皇城之南，每一街皆有九坊，共为三十六坊。这三十六坊每坊皆有东西两门。皇城和宫城的东西皆较外郭城短促，其东尽东郭墙之间，也有三条街道，这三条街道和朱雀门街东第一、第二街并行，也是直抵南郭墙，称为朱雀门街东第三街、东第四街、东第五街。因在皇城之东，也称为皇城东第一街、东第二街、东第三街，因此在皇城之东尽东郭墙之间也设坊。按总的设计来说，这三条街每条街都应该有十三坊。皇城东第一街有十三坊，这是不消说的。从隋时起，皇城东第二街只有十一坊，因为东市占有两坊之地。皇城东第三街也只有十二坊，因为最南为曲江，曲江洼下，不可设坊。这三条街共

① 宋敏求《长安志》卷七《唐皇城》。
② 宋敏求《长安志》卷七《唐京城》。按：所举街东街西各五十四坊，与实际稍有出入，说见后文。

有三十六坊。下至唐时，有了一些变化。皇城东第一街，最北一坊为翊善坊，次南为永昌坊。唐时置大明宫后，开丹凤门街，因分翊善坊和永昌坊各为两坊，分翊善坊西一半为光宅坊，永昌坊的东一半为来庭坊。丹凤门街就在四坊中间，再未继续向南。因而这四坊都仍计算在皇城东第一街之内，就是说这条街上有十五坊。皇城东第二街没有什么增损，仍是十一坊。皇城东第三街最北一坊为永福坊，唐玄宗先天年间（公元712年）以后，尽一坊之地改为十六王宅。十六王宅以南，中隔两坊，为兴庆坊，其中有唐玄宗未即帝位之前与其兄弟共处的宅邸，当时称为五王宅。开元年间，改为兴庆宫，就是前面所叙述的南内，因而这条街就不是以前的十二坊了。这皇城之东的三条街，置大明宫之后，共为三十五坊，先天年间为三十四坊，开元年间就成了三十三坊。

皇城之西，尽外郭城的西郭墙，也和皇城之东一样，有三条街，就是皇城西第一街、第二街和第三街。这三条街上的坊没有什么变迁。每条街都应有十三坊，共为三十九坊，从隋时起就设置西市，西市占两坊地，实际上一直都是三十七坊。西市位于皇城西第二街由北向南数第四坊醴泉坊之南，同样的情况，东市也位于皇城东第二街由北向南第四坊胜业坊之南。

皇城东西各三条街的坊，较皇城之南朱雀门街东第一、第二街，街西第一、第二街的坊为宽广。皇城之南各街的坊，如前所述，每坊只有东西两座门。东西门之间仅有一条坊内的街道。皇城东西的六条街道的坊，每坊皆有四门，不仅有东西两门，而且有南北两门，坊内的街道就成了十字形，东西的街道之外，还有南北向的街道。与此相应的为东西两市。两市各有两坊之地，因之每市东西各有两门，南北亦各有两门。市内的街道，也就不是十字形，而成了井字形了。

既然皇城东西街道的坊各有四座坊门，则皇城东第三街的坊应该各有其东门，皇城西第三街的坊也应该有其西门。见于记载的皇城东第三街由北向南第三坊永嘉坊，东门之南有侍中张文瓘宅，第五坊道政坊，东门之北有工部尚书刘知柔宅，第十二坊敦化坊，东门之北为都亭驿。[①] 皇城西第三街各坊虽未见有关其西门的记载，既然皇城东第三街的坊有东门，则皇城西第三街就不能没有西门。

长安城的建设，以朱雀门为中轴线，东西对称，朱雀门东各街已有的规划和设施，朱雀门街西各街就不能没有。不能因为皇城西第三街各坊的西门未见记载，就以为那里的坊根本没有西门。这样说来，皇城东第三街不是贴近外郭城的东郭墙的，各坊的坊墙和东郭墙之间应有一条街道。同样皇城西第三街也不是贴外郭城的西郭墙的，各坊的坊墙和西郭墙之间也应该有一条街道。宋敏求撰《长安志》，叙述唐京城外郭城的街道，分朱雀门街街东街西两部分，每条街道皆备举街中各坊。并未明确指出所备举的各坊是在街道的哪一侧。既然具体说朱雀门街东第一街和朱雀门西第一街，显然是不把朱雀门街算在数内。不算计朱雀门街，则朱雀门街东第五街就应该在东郭墙下，朱雀门街西第五街也应该在西郭墙下。也就是说，外郭城南北向的街道，加上朱雀门街共是十一条。不过这里还应该补上一笔。如前所说，自修建大明宫以后，在宫南增辟了丹凤门街，在翊善、来庭两坊和光宅、永昌两坊之间。这条短促的街道自然不能和其他十一条街道相比眸，却也是南北向的。南北向的街道是依据各街道的坊显现的，各坊皆独自成为一个地区。东西两坊之间都有街道隔开，不相连接。南北两坊之间也有同样的情形。可是宋敏求所撰的《长安志》中，只说到南北面的街道，初未一提及东西向的街道，只是说由北向南若干坊。也许隋唐时人们的习惯就是如此。不过皇城之内的街道，既有南北街，又有东西街。皇城之内如此，外郭城恐难独为例外。

叙述外郭城的东西向街道，应先从宫城和皇城的东西两侧说起。这东西两侧由北向南各有四坊。第一坊和第二坊之间的东西向街道，只限于宫城之东至东郭墙之间和宫城之西至西郭墙之间的东西两段，因为宫城之内

[①] 宋敏求《长安志》卷九《唐京城三》。

不是一般庶民百姓都能行走通过的。由北向南第二坊和第三坊之间的街道和前者不同。宫城之西由北向南最西的第二坊的西南为开远门,宫城之东最东的第二坊的东南为通化门,宫城和皇城之间又隔着一条横街,所以第二坊和第三坊之间的街道,由西面的开远门向东行,通过宫城和皇城之间的横街,可以直达通化门。皇城西出的安福门和东出的延喜门就在宫城和皇城之间的横街。先天二年(公元713年)正月中旬于安福门做灯轮,任人观览,可见这条横街是可以由庶民百姓通行的。[①] 由北向南的第三坊和第四坊皆分列于皇城的东西。皇城东出二门中的景风门和其西出二门中的顺义门就和第三坊第四坊之间的街道相连接。就是说,这条东西向的街道,中间经过皇城,由东郭墙可以通到西郭墙。不过这条东西向街道的东端,开元年间就有了变化。最东的第四坊为兴庆坊。开元年间改兴庆坊为兴庆宫时,即取其北的永嘉坊和其西的胜兴坊的一半入于兴庆宫。永嘉坊和兴庆坊本来不相连接,永嘉坊的一半并入兴庆宫,这就使永嘉坊和兴庆宫连在一起,其间的街道也就相应不存在了。

由北向南第四坊和第五坊之间的街道,是外郭城的重要街道。这条街道在皇城南,和皇城和宫城之间,也就是由北向南第二坊和第三坊之间那条横街差相仿佛。皇城之南这条东西向街道,东达春明门,西抵金光门。这不仅是外郭城内的重要街道,而且通过春明门和金光门通往城外各处,甚至更远的州县。再南就是由北向南第五坊和第六坊之间的街道。这条街道东西两端都未能和外郭城东出和西出的门相衔接,中间还有东市和西市。东市和西市各据有两坊之地,也就是说由北向南第五坊和第六坊在那里合而为一。既然合而为一,就截断了这条东西向的街道。东市和西市之内,如前所说,市内各有其街道,市内的街道有两条东西向的和两条南北向的。彼此互相交叉呈井字形,这样原来两坊之间的道路就不复存在,因而就和市外这条东西向的街道联系不起来。这条东西向的街道,实际上被截为三

[①] 宋敏求《长安志》卷七《唐皇城》引《朝野佥载》。

段，东市之东至东郭墙为一段，西市之西至西郭墙又为一段，东西市之间的一段为最长的一段。

再向南去，各坊之间的东西向街道都是直达东郭墙和西郭墙，中间通行没有若何阻挡。只是由北向南第十二坊和第十三坊之间有些特殊处。朱雀门街西第五街，最南两坊为和平坊和永阳坊。永阳坊最南，和平坊在永阳坊之北。永阳坊内有两座寺院：一为大庄严寺，一为大总持寺。大庄严寺位于坊内的东一半地，大总持寺位于坊内的西一半地，就是这样都还感到狭隘，两寺皆向北伸入和平坊，也就平分了和平坊。因而就截断了两坊之间的东西向街道，使之不能直抵西郭墙下。这条东西向的街道向东也不能直抵东郭墙下，因为长安城的东南隅为曲江，曲江之滨还设芙蓉园，那里并未设坊。芙蓉园之北，就接着朱雀门街东第五街最南的敦化坊。敦化坊和芙蓉园之间是没有东西向的街道的。

不论这些东西向的街道中间有无断续处，虽然有的比较短促些，都算作一条街道。由宫城和皇城的东侧和西侧数起，由北向南共有十三坊，两坊之间有一条街道，合起来东西向的街道共有十四条。这当然包括最南在南郭墙下的一条，还包括最北第一坊以北的一条。南郭墙下的街道和前面论述过的东郭墙下和西郭墙下的街道的道理是一样的。最北第一坊以北的一条街道，是在宫城之北和大明宫之南。宫城之北，特别是大明宫之南，不是方便庶民百姓行动的所在，但宫城的西北为禁苑，禁苑在这里设置了几座门，看来禁苑和外郭城之间是有街道的。这样算起来，外郭城为东西向的街道共为十四条。

如上所述，外郭城内南北向街道十一条，东西向街道十四条，这样纵横交错，交通是相当便利的。还应该提到这些街道和外郭城、皇城、宫城城门的联系。

前面已经说过，朱雀门街和其北的承天门街是城内主要的街道。朱雀门街由朱雀门一直向南，达到外郭城南出三门中居中的明德门，由朱雀门街再向北，经过承天门街达到宫城的承天门。朱雀门街东第一街向北可达到皇城的安上门。朱雀门街西第一街向北可达到皇城的含光门。朱雀门街东第二街南起外郭城南出三门中居东的启夏门,向北经皇城的景风门和延喜门外,再经宫城之东,达到大明宫南出五门中最西的兴安门。朱雀门街西第二街,南起外郭城南出三门中居西的安化门,向北经皇城的顺义门和安福门外,再经宫城之西,达到其北禁苑南出三门中居东的芳林门。朱雀门街东第二街之东,为大明宫南出的丹凤门外的丹凤门街,南端仅达到永昌坊和来庭坊之间,这是在前面已经论述过的。朱雀门街东第三街,向北达到大明宫丹凤门东的望仙门。朱雀门街西第三街向北达到禁苑南出三门中居中的景曜门。朱雀门街东第四街,南北两端皆未能和城门相联系。朱雀门街西第四街,北端还达到禁苑南出三门中居西的光化门。

　　唐长安城东出三门,居中为春明门,北为通化门,南为延兴门。西出三门,居中为金光门,北为开远门,南为延平门。东西两两相对,相对的两门之间皆有街道。春明门和金光门之间的街道,就是由北向南第四坊和第五坊之间的街道。这条街道经过皇城之南,在朱雀门、安上门、含光门外,也在东市和西市之北,为当时外郭城内主要的东西向街道。通化门和开远门之间的街道,就是由北向南第二坊和第三坊之间的街道。这条街道经过宫城和皇城之间,其重要性差与春明门和金光门之间的街道相仿佛。延兴门和延平门之间的街道,也就是由北向南第八坊和第九坊之间的街道。

　　皇城之内也有纵横的街道。据说"城中南北七街,东西五街,其间并列台省寺卫"[①]。宋敏求叙述这些街道,主要是叙述东西向的街道。宫城内南北向的街道为承天门街。东西向的街道皆穿过承天门。就是说承天门街东西两侧皆有东西向的横街。承天门街东西的横街见于记载的自第二横街至第七横街,第七横街就是朱雀门、安上门、含光门内紧贴皇城的南城墙,其第一横街,当然在皇城的最北处。皇城北面无城墙,这第一横街应该就是承天门外的横街了。《长安志》所说的皇城中的东西大街,是按由北向

[①] 宋敏求《长安志》卷七《唐皇城》。

南的次序说的。实际上就是东西向的街道。其中第四横街就是景风门和顺义门之间的街道。

皇城的东西五街，是由东至西的五条街道，实际上是五条南北向的街道。这南北向的街道主要当然是承天门街了，承天门街之东为安上门街，承天门街之西为含光门街。这是以皇城南出的安上门和含光门命名的街道。安上门街之东，第二横街之北的东端为左春坊。宋敏求《长安志》在这里说："坊东有南北街，街东即皇城东面，延喜门之内。"这样的记载也见之于第三横街的詹事府和第六横街左藏外库院下，可见贴近皇城的东城墙下也有一条南北向的街道。

含光门街之西，第六横街之北的西端为骅骝马坊，宋敏求《长安志》在这里也说"坊西有南北街"，并说"街西即皇城西面顺义门之南"。宋敏求在含光门街之西、第七横街之北的西端郊社署下又说："署西署南并有街，即皇城之西南隅。"所谓最南的街道就是第七横街，署西的街道就是骅骝马坊西面的南北街，这条街道也和安上门街东那条南北街一样，是贴近皇城西城墙的街道。

皇城里面的"南北七街，东西五街"，使城内的台省寺卫，百僚廨署，连在一起，互通音问，这十二条街道显示了长安城中政治重心的所在。白居易有《登乐游园望》诗，诗中有句说"下视十二街，绿树间红尘"[①]，就突出指明了这十二街的特殊意义。乐游园在升平坊。升平坊为朱雀门街东第四街由北向南第七坊。由乐游园下望，首先应该看到外郭城的二十三街，也就是南北向的九街，东西向的十四街。可是白居易仿佛并未在意，却远望到皇城里面的十二街，显示这十二街的重要性。这可能不是白居易独有的想法，也许是唐时人士普遍的观念。

唐时皇城和外郭城内不仅街道纵横交错，而且渠道也委曲宛转。由隋代始建长安城时起，宇文恺就注意到由城外引水贯注城内。汉长安城就曾

---

① 《全唐诗》卷四二四《白居易一》。

引滻水入城，以满足城内用水的需要。隋唐长安城的规模远超过汉长安城，宇文恺不会对此稍有忽略。隋时所开凿的引水渠道，至少有龙首渠、永安渠和清明渠。都是隋文帝开皇初年开凿的，应是和创建长安城同时兴工的。龙首渠引的是浐水，一名浐水渠。由万年县龙首乡马头控引浐水西流。马头控今图作马腾空，在延兴门的东南，长乐坡之南。渠水流至长乐坡西北，分为两渠。东渠北流，经通化门外，于外郭城东北隅外，折而西流，入东内苑，注龙首池。余水由大明宫南西流，再折而北流，入于苑内。西渠由通化门南流入城内，经朱雀门街东第五街由北向南第三坊永嘉坊，注入兴庆宫内龙池，又由龙池流出，经兴庆宫西的胜业、崇业两坊西流，流入皇城，再由安上门街东北流，又由长乐门流入宫城。长乐门为宫城南出之门，就在承天门之东。流入宫城后，汇入宫城北部的东海。这在隋时就是如此。唐德宗贞元十三年（公元797年），更自永嘉坊分支，西北流到大宁坊。大宁坊为朱雀门街东第四街，由北向南第二坊。坊内有太清宫，奉祀老子。唐代皇室以李耳为远祖，庙宇辉煌，渠水流到那里可以借壮观瞻。

　　永安渠引用的是交水。引水的地方在香积寺南。今香积寺西有赤栏桥，今丈八沟西南有第五桥，第五桥东北有沈家桥，皆当时永安渠流经的地方。永安渠流入城内，是始于大安坊的西街，也就是朱雀门街西第三街。大安坊为这条街道最南的一坊，也就是由北向南第十三坊。再往北去，依次是大通、敦义、永安、延福、崇贤、延康六坊。永安渠就循着这六坊之西向北流去。延康坊在西市的东南。永安渠由延康坊流入西市，又由西市流出，再流到朱雀门街西第三街，循布政、颁政、辅兴、修德四坊之西向北流去。再北就是禁苑、禁苑南出三门，居中的为景曜门。景曜门当朱雀门街西第三街之北。景曜门之东为芳林门。芳林门附近亦称芳林园。芳林园可能西及景曜门。永安渠北流入苑，就是流到芳林园中，更北流入渭水。朱雀门街西第三街有十三坊，永安渠流经的就有十一坊。布政坊之南，延康坊之北，还有延寿、光德两坊。这两坊恰在西市之东，永安渠流经西市，离这两坊稍远。这是说永安渠进入长安城后，一直向北流去，中间只稍有一点弯曲处。更具体说来，永安渠在城内流经的地方，恰是朱雀门街和西郭墙的中间，这就使长安城西半部都能得到永安渠水的贯注。

清明渠在永安渠东，所引用的为潏水。引水处在樊川，于今为韦曲东南近杜曲处。① 由引水处西北流，再折而东流，入于长安城中。清明渠入城处，在朱雀门街西第二街最南的一坊，也就是由北向南第九坊安乐坊西。安乐坊北，由南向北，依次是昌明、丰安、宣义、怀贞、崇德、兴化、通义、太平等八坊。清明渠就是循安乐坊和其北八坊之西北流。太平坊之北就是皇城。太平坊的西北为布政坊。清明渠循布政坊之东再向北流，经流并不很远，就东折流入皇城，由含光门街北流，进入宫城。流入宫城的地方是在承天门西的永安门。② 流入宫城后，北流注为南海，又北注为西海，又北注为北海。

清明渠流经永安渠之东，也还都在朱雀门街和承天门街之西，由南到北，隋唐长安城的西一半都能沾其余惠。再加上引用浐水的龙首渠，则东西向第五横街，亦即春明门和金光门之间的街道以北，承天门街之东，也同样有可资凭借的水源。除过唐德宗贞元年间由永嘉坊引龙首渠的一支流到其西北大宁坊大清宫前外，皆系隋代初年始建长安城时，草创成就的大业，所阙的只是东西向第五横街之南，朱雀门街以东全城四分之一的地区尚待唐人有所补苴。

引入长安城东南部的为黄渠。黄渠始凿之年未详见记载，仅知其贯注到曲江。曲江地势低洼，容易储水。曲江之名，汉时即已有之。司马相如

---

① 宋敏求《长安志》卷一二《长安》："清明渠东南自万年县注入，西北流，又屈而东北流入京城。"这是不错的。徐松《唐两京城坊考》卷四《清明渠》则说："引沈水自丈八沟分支，经杜城之北，屈而东北流，入京城之南。"丈八沟在唐长安城西南隅外郭城之外，而杜城又在丈八沟的东南。如果清明渠自丈八沟引水，如何能东南流至杜城，再折而东北流入城中？且永安渠在丈八沟之东，如清明渠自丈八沟引水，又如何能越过永安渠东流？可见所说与地理形势不相符合。
② 徐松《唐两京城坊考》卷四《清明渠》，谓"清明渠北入宫城广运门"。广运门所在地，徐松在同书卷一《宫城》说："承天门西广运门。"并说："《长安志》以广运门在长乐之东，非是，今从《六典》。"按：广运门实在长乐门之东，如宋敏求《长安志》的记载，承天门之西为永安门，见辛德勇《隋唐两京丛考》四〇《宫城左藏库位置》。

赋中曾有句说"临曲江之隄洲",即已显见其踪迹。曲江虽低洼,以前却没有水源。据说是唐开元年间始疏凿为胜障。① 曲江开始疏凿只是在开元年间,则流注曲江的黄渠不应在开元年间以前即已有之。黄渠的水引自义谷,义谷今为大峪,在引镇之南。黄渠引水由少陵原西北流,流经鲍陂。鲍陂为低洼地,在汉宣帝杜陵之南,今尚有大鲍陂村和小鲍陂村,地势依然低洼。黄渠在流入鲍陂之前,已经分为两派:一派由鲍陂西北流,经今五殿坡、春临村,注入曲江;一派北流经今三兆之东,再流至黄渠头,折向西流,注入曲江。今黄渠头早已无有水流,仅黄渠头的村名,已可以证明为黄渠流经之地。黄渠水并不是流到曲江,仅储于曲江之内,而是还曾西北流,流至晋昌坊中。晋昌坊为朱雀门街东第三街由北向南第十一坊,坊内有慈恩寺,就是大雁塔所在的寺院。据说:寺南临黄渠,水竹森邃,为京都之最。晋昌坊之南为通善坊。通善坊中有杏园,也有黄渠。黄渠水不仅西北流到晋昌坊和通善坊,也曾北流到升道坊和升平坊②。升道坊为朱雀门街东第五街由北向南第九坊。升平坊就在升道坊之西,同是由北向南第九坊,只是在朱雀门街东第四街。

这里所论述的只是黄渠的主渠,长安城内东南一些坊中,都有由黄渠分出的引水小渠。这些引水小渠是未曾有过文献记载的,可是当时一些坊中的人家,都有林泉之胜。这里姑以永宁坊为例,以见一斑。永宁坊为朱雀门街东第三街由北向南第八坊。永宁坊中有永宁园,唐玄宗曾以之赐安禄山为邸,又赐永穆公主池观为游燕处。③ 坊中有杨凭宅。此宅后为白居易所得,宅中竹木池馆,有林泉之致。④ 又有汝阳公独孤公宅,宅中有通渠转池,巨石嵌嵁,喷险淙潺,回潭沉沉,殊声异状,而为形胜游衍之处者十四五。⑤ 这些林泉池馆中的水源应是就近由黄渠中引来的。其实不仅黄渠

---

① 宋敏求《长安志》卷九《唐京城三》引《剧谈录》。
② 曹尔琴《唐代黄渠考》,载《中国历史地理论丛》1990年第1辑。
③ 宋敏求《长安志》卷八《唐京城二》。
④ 毕沅校注《长安志》引《穷幽记》。
⑤ 徐松《唐两京城坊考》卷三《西京·外郭城》引张说《独孤公燕郡夫人李氏墓志》。

中的水源，其他各渠也莫不如此。前面曾经提到龙首渠在流经永嘉坊的途中曾被引到大宁坊里，就是兴庆坊改为兴庆宫后，新增添的龙池，其水源也是来自龙首渠。朱雀门街西第三街由北向南第七坊延康坊中马璘池亭，第九坊中琼山县主宅中的山池，朱雀门街西第四街最南的昭行坊中的王昕园以及西市的放生池，都是由永安渠引出的水流。而琼山县主的山池院，更是"溪磴自然，林木葱郁"，为京师所称。① 朱雀街西第一街由北向南第四坊安业坊程怀直宅的池榭，朱雀门街西第二街由北向南第三坊兴化坊的裴度池亭，都是由清明渠引出的水流。特别是兴化坊北太平坊王锷宅中的自雨亭子，"檐上分流四注，当夏处之，凛若高秋"②，更为当时人世所少有。

当时能够有这样一些山池，固然是由于渠中的水流，可以引用，也是长安城中地势高低不平，得以方便安排。其不能引水的高地，则建设寺观庙宇，有如朱雀门街东第四街由北向南第七坊升平坊，以在乐游原上，且有汉乐游庙的遗址，因置亭供游赏。朱雀街东第五街由北向南第八坊新昌坊，就因为当地高敞，因而建造青龙寺。其他如朱雀门街西第一街由北向南第五坊崇业坊中的玄都观，朱雀门街东第一街由北向南第五街靖善坊中的大兴善寺，莫不如此。这样的高低有致，各得其所，显出长安城中特色。

在这些渠道之外，还有一条漕渠，不容不加以论述。这条漕渠始开于唐玄宗天宝元年（公元742年），是由京兆尹韩朝宗引潏水凿成的。渠道由金光门引入城内，并在西市置潭储水，用以贮运来的材木。③ 其后到了唐代宗永泰二年（公元766年）京兆尹黎干为了运输南山木炭，再加培治，并由西市引渠，经光德坊东南，再经过开化坊和务本坊北流，由皇城东出的景风和延喜两门外，北流入于禁苑。④ 光德坊为朱雀门西第三街由北向南

---

① 宋敏求《长安志》卷一〇《唐京城四》。
② 宋敏求《长安志》卷九《唐京城三》。
③ 《旧唐书》卷九《玄宗纪》，《新唐书》卷三七《地理志》及卷一一八《韩朝宗传》，又宋敏求《长安志》卷一二《长安》，徐松《唐两京城坊考》卷四《漕渠》。
④ 《旧唐书》卷一一一《代宗纪》，《新唐书》卷三七《地理志》及卷一四五《黎干传》以及宋敏求、徐松的著述。

第六坊，就在西市的东南，开化坊为朱雀门街东第一街由北向南第二坊，与光德坊平列，中间只隔朱雀门街的第二街的通义坊和朱雀门街西第一街的通化坊。务本街为朱雀门街东第二街由北向南第一坊，就在开化坊的东北。

《旧唐书·代宗纪》于永泰二年有这样的记载："九月庚申，京兆尹黎干以京城薪炭不给，奏开漕渠，自南山谷口入京城，至荐福寺东街，北抵景风、延喜门入苑，阔八尺，深一丈。渠成，是日上幸安福门以观之。"景风、延喜两门为皇城东出之门，景风在南，延喜在北。安福门为皇城西出之门，与景风东西相对，皇城东西长5里有余。漕渠流经景风门外，代宗欲观漕渠，自当临幸景风门，奈何却在5里外的安福门上观览？安福门外并无水渠，就是清明渠也是由皇城内含光门街北流，距安福门并非很近。开漕渠事，《旧唐书·黎干传》未见记载。《新唐书·黎干传》记载之。《新唐书》说："京师苦樵薪乏，干度开漕渠，兴南山谷口，尾入于苑，以便运载，帝为御安福门观之，干密具舸船作倡优水嬉，冀以媚帝。久之，渠不就。"①《资治通鉴》于大历元年亦载此事，唯说："京兆尹黎干自南山引涧水，穿漕渠入长安，功竟不成。"可见这条漕渠虽经施工，亦未完成，唐代宗在安福门上观漕渠，可能是黎干故弄玄虚，以安福门内的清明渠代替漕渠，以取信于唐代宗。

（原载《中国历史地理论丛》1999年第4辑）

---

① 《新唐书》卷一四五《黎干传》。

新秦中考

一、河南地和新秦中

《史记·匈奴传》载汉武帝时,得到浑邪王的降附,陇西、北地、河西益少胡寇,乃徙关东贫民处所夺匈奴河南新秦中以实之。此事亦见《史记·平准书》。后来《汉书·匈奴传》和《食货志》也同样有了记载。这是汉与匈奴关系中的一宗重要史事,由此也可以看出新秦中在当时是一个重要地区。

新秦中名称的来源和取义,臣瓒和服虔都有过解释。臣瓒说:"秦逐匈奴,以收河南地,徙民以实之,谓之新秦。"[1] 服虔更指出:新秦之地广六七百里。[2] 所谓秦逐匈奴,乃指始皇三十二年(公元前215年)蒙恬的北征。这一年始皇使将军蒙恬发兵三十万,北击胡,略取河南地。接着又自

---

[1] 《史记》卷三〇《平准书》。
[2] 《史记》卷一一〇《匈奴传·正义》。

榆中并河以东，属之阴山，以为三十四县。① 有的记载说是当时置了四十四县。② 不论其为三十四县或四十四县，都是在这河南地之内。所谓河南地应是阴山之下黄河以南的地方。

始皇北逐匈奴以前的秦国北界是秦昭襄王以来的旧界。秦昭襄王为了遏制匈奴的向南侵扰，曾经修筑了一条长城，作为防御的设置。这条长城西南起自临洮，也就是现在甘肃的岷县，而东北至于今内蒙古准格尔旗十二连城黄河之滨。其间经过今宁夏回族自治区的固原、甘肃的环县和陕西靖边、榆林、神木等县。也就是说斜贯于今甘肃、宁夏和陕西等省区。③《史记·匈奴传》说冒顿"悉复收秦所使蒙恬所夺匈奴地者，与汉关故河南塞，至朝那、肤施"。这里所说的故河南塞就是秦昭襄王的长城，因为朝那、肤施都是这条长城经过的地方。这条长城以故河南塞相称，可知这条长城之北都应该包括在河南地的范围之内。这条长城是相当长的，这里只提朝那、肤施，正说明河南地虽在这条长城之北，但并不是说这条长城之北都是河南地。河南地只限于朝那、肤施之间以北的地方。朝那在今宁夏回族自治区固原县东南，肤施在今陕西榆林县南。肤施距这条长城东北端已非甚远，提到肤施自可包括肤施以东各地，直到这条长城的东北尽头。因为那里更接近于阴山之下的黄河。朝那以西的长城还是很长的，河南地只能止于朝那的附近，不可能涉及更远的地方。

前面曾经征引过《史记·秦始皇帝本纪》的记载，始皇于取得河南地后，自榆中并河以东，以为三十四县。榆中的所在说者不同，苏林谓在上郡④，徐广谓在金城郡⑤，服虔更谓即金城县治⑥。上郡治所就是前面所提到的肤施。金城郡治所在今甘肃兰州市西北湟水之南。金城县则在今兰州市西北。

---

① 《史记》卷六《秦始皇帝本纪》。
② 《史记》卷一一〇《匈奴传》。
③ 拙著《黄河中游战国及秦时诸长城遗迹的探索》。
④ 《汉书》卷三一《项羽传·注》引。
⑤ 《史记》卷六《秦始皇帝本纪·集解》引。
⑥ 《汉书》卷三一《项羽传·注》引。

诸说彼此不同，差距很大。

以榆中作为地名，远在战国时即已有之。下及秦汉时期，以榆中为名的地方也并非一处。赵武灵王胡服之后，就曾率骑入胡，出遗遗之门，逾九限之固，绝五径之险，至榆中，辟地千里。① 遗遗之门和九限、五径皆不易指出其确实的所在。赵武灵王的辟地则是针对林胡和楼烦，是榆中当在赵国的西北。《史记·赵世家》："赵武灵王二十年，西略胡地至榆中。"张守节《正义》以胜州北河北岸为说。唐胜州在今内蒙古准格尔旗东北，其地黄河北岸当指今内蒙古托克托县、土默特右旗等处。这些地方当时都是草原，榆柳等树易于生长，成为当地一种自然景色。故凡有榆树成林的地方都可以榆林或榆中相称。正因为这样，以榆林或榆中为名的地方并非仅限于一处。

秦时也有所谓榆溪塞，就是大规模栽种榆树而形成的。秦时榆溪塞至少有两条：其一为蒙恬所筑，是在秦始皇时的长城近旁②，其二是在秦昭襄王的长城附近③。秦始皇远征匈奴，取得河南地后，即开始修筑长城，同时也设置许多县治。当时长城正在修筑，树榆为塞的工作也刚刚开始，不应就已经在这条长城附近先有了榆中这样的地名，是榆中的具体所在当于秦昭襄王时的长城附近求之。秦昭襄王时长城附近的榆溪塞到汉时尚有残存段落。卫青于武帝元朔二年（公元前127年）北征时，由西河至高阙途中曾经探求过这条边塞。④ 郦道元于《水经·河水注》中论述过这条榆溪塞，说是在诸次之水流域。诸次之水流经榆林塞后，又届龟兹县西北。诸次之

---

① 《战国策·赵策二》。
② 《汉书》卷五二《韩安国传》。
③ 《史记》卷一一一《卫将军骠骑列传》。
④ 《史记》卷一一一《卫将军骠骑列传》。

水今为流经鄂尔多斯高原和陕北的秃尾河。① 龟兹县为汉县,其故地在今陕西榆林县北。则卫青寻求过的榆溪塞当在内蒙古伊金霍洛旗。

郦道元虽指出榆溪塞在诸次之水流域,却不以为榆中就在这里。根据郦道元的说法,以这里的榆溪塞为榆中是和《秦始皇帝本纪》的记载不相符合的。郦道元并驳斥了苏林以为榆中在上郡之说。他认为榆中应在金城东50许里。胡三省却说:"苏林之说固未为尽是,而道元所谓榆中在金城东五十许里亦非也。卫青取河南地,案榆溪旧塞,正在唐麟、胜二州界,其西则接古上郡之境。况诸次之水出上郡经榆林塞入河,则榆中在上郡之东明矣。"胡三省在这里特别举出唐麟、胜二州界,乃是因用唐人的说法。杜佑说:"新秦郡、麟州,隋以来银、胜二州地。昔汉武徙贫人于关西及充朔方以南新秦中,盖其地也。大唐天宝元年置新秦郡,或为麟州。"又说:"榆林郡胜州,秦属云中、九原二郡地,二汉为云中、五原郡地。所谓榆溪(谿)塞,今郡南界。《史记》云:秦却匈奴,树榆为塞。"② 唐新秦郡始置于玄宗天宝元年(公元742年),远在杜佑以前,可知这是唐人的旧说。麟州治所在今陕西神木县北,胜州治所在今内蒙古准格尔旗东北,皆东距黄河并非过远。榆中固然可以和榆溪旧塞相比附,然其东直至黄河之滨的地区有限,虽可设置一些新县,是不会多至三四十处的。诚如杜佑所说,榆溪塞在胜州南部。正因为有这条榆溪塞,所以胜州也称为榆林郡。麟州又在胜州之南。榆溪塞既在胜州之南,当然就在麟州之北。榆溪塞在麟州之北,则麟州就应是塞内,而新秦中乃是塞外的地名。以塞外新秦中的名称作为塞内麟州的郡名,而称为新秦郡,是唐人亦难自解其不根之咎的。

汉金城郡有榆中县,在今甘肃榆中县西北。徐广和郦道元所说的始皇

---

① 杨守敬《水经注图》以诸次之水为流经陕北佳县的葭芦川。葭芦川的上源仅至于今榆林县东明长城之内。而诸次之水所流经的龟兹县则在今榆林县北,诸次之水导源的诸次山更在其北的伊金霍洛旗境。杨守敬亦知这样的考订与实际情况不合,故于今葭芦川源头之上另以己意添绘诸次之水的河段。细审当地的地形,葭芦川上是不会有这样一段水流的。又杨图以流经佳县城下的为真乡川,而以葭芦川为真乡川的支流,亦非是。
② 《通典》卷一七三《州郡三》。

置县的榆中，就是指此而言。这里近始皇所筑的长城。可能也曾树榆为塞，因而当地能有这个以榆中为名的地名。即令这样的猜度不错，也和始皇置县没有若何关系。如前所说，始皇置县和修筑长城是同时并举的措施，既是同时，则置县时所植的榆树尚未成林，何来榆中的名称？当时在长城附近树榆为塞，并非仅此金城之东50许里的一个段落，何以舍去其他段落不言，而只举出这个地方？秦末陈余遗章邯书说："蒙恬为秦将，北逐戎人，开榆中地数千里。"① 蒙恬北征，渡过黄河至于高阙，这是指阴山之下的黄河，并非金城的黄河，则当时所说的榆中，和蒙恬自己所树榆为塞因而获得新名的榆中不同。金城的榆中县距蒙恬用兵征伐匈奴的地区过远，似不宜笼统并提。当然由于蒙恬的用兵，原来盘踞在这里的匈奴余众可能畏威远遁，其地为秦人收归版图。可是这里距秦陇西郡治所的狄道县（今甘肃临洮县）较近，当地是否设县恐怕还是一个问题。《水经·河水注》虽说过"蒙恬为秦北逐戎人，开榆中之地"，却没有说秦时曾在这里设县，只是说"金城郡之属县也"。而金城郡的设置已经迟到汉昭帝时了。

西汉初年，吴王濞企图谋反时，枚乘曾经说过："昔者秦西举胡戎之难，北备榆中之关。"② 颜师古解释这个榆中之关，谓"即今所谓榆关也"。他所说的榆关，当为唐时的榆林关。榆林关在胜州榆林县东，为今内蒙古准格尔旗东北地。这座榆林关始置于隋文帝开皇三年（公元583年）③，似非远绍嬴秦的旧规。唐胜州位于秦昭襄王时所修筑的长城的东端，这是在前面已经说过的。秦昭襄王的长城附近固曾有榆溪塞之称，然以它的东端称为榆中，以之比附秦始皇设县所由始的地方，似未能完全吻合。

话虽如此，欲确定榆中的所在，似还宜循榆溪塞探求。诸次之水上的榆溪塞只是因为卫青亲临其地才为世人所知。榆溪塞为秦昭襄王长城外的设施，自应随着这条长城由东北趋向西南，并非以诸次之水上这一段落为

---

① 《史记》卷七《项羽本纪》。
② 《汉书》卷五一《枚乘传》。
③ 《元和郡县图志》卷四《胜州》。

限。当地既曾设置过榆中之关,则以之设县的榆中,当在这榆中之关或其附近的地方。历来设置关隘,一般都是设在险要的地方,也是在重要道路经过的地方。秦人设置关隘当也不外乎这样的通例。通过朝那及其以东秦昭襄王长城的道路,除由朝那北行一条外,主要尚有两条:一是由上郡北行,一是遵循秦始皇时所修的直道。上郡治所在今陕西榆林县南。由这里北行,可能经过位于今内蒙古伊金霍洛旗,也就是卫青所探求的那段榆溪旧塞。前面已经指出,那里应不是始皇设县所由肇始的榆中所在地。始皇时所修的直道是由九原(今内蒙古包头市西)直抵云阳(今陕西淳化县北),中间经过今陕西定边县。[1] 为了修筑这条道路,曾经堑山堙谷[2],不过当时未必就是了无所因,率尔凿空的。秦昭襄王时的长城由今甘肃环县经陕西吴旗县趋向靖边县。[3] 直道正是穿过长城而形成的南北大道。由朝那北行的道路上,曾有过萧关的设置。萧关见于文字记载,始于汉文帝时[4],但这并非萧关始置的年代。萧关始置的年代虽不可具知,这条道路却是早已存在的。战国初年,秦公子连(即后来的献公)由魏国绕道入秦,取道焉氏塞。[5] 焉氏塞在汉安定郡,即乌氏县。汉乌氏县在今宁夏回族自治区固原县东南。焉氏塞的设置是为了防狄,也就是后来的萧关的所在地。可见由朝那北行早已是一条重要的道路。欲得榆中之关和榆中县的所在地,当于直道和秦昭襄王时的长城交叉处附近地区以及朝那塞以北的地区求之。这两个地区位于朝那东北部和北部,也符合《史记·匈奴传》所说的:匈奴"与汉关故河南塞至朝那、肤施"一段话。这两个地区距其西、其北的黄河虽都嫌稍远,却还是位于流经阴山之下的黄河的上游。当时都可以由这里并河而东设置新县,与《秦始皇帝本纪》的记载差相符合。如果以这两个地区相比较,则朝那之北似应较胜一等。因为这条道路较之直道所因循的旧道更

---

[1] 拙著《秦始皇直道遗迹的探索》,载《文物》1975年第10期。
[2] 《史记》卷八八《蒙恬传》。
[3] 拙著《黄河中游战国及秦时诸长城遗迹的探索》。
[4] 《史记》卷一一〇《匈奴传》。
[5] 《吕氏春秋·当赏》。

为重要,由秦公子连的入秦也可以显示它更为古老。如果始皇时由这里开始设县,更符合于并河而东的说法。当然这都是根据文字记载的考证,还应该获得实地考古的证实。

始皇当时不仅在河南地设置了三四十个县城,而且还城河上为塞。能够城河上为塞,就更可以显示出河南地的轮廓。这说明河南地的西侧是直到黄河岸旁的。河上塞自应是循着黄河修筑的。其实这只是概括的说法,具体的情况可能是会有一些出入的。《水经·河水注》于记载高平川水时说:"川水又北经廉城东。按《地理志》曰:'北地有廉县。'阚骃言在富平北。自昔匈奴侵汉,新秦之土率为狄场,故城旧壁,尽从胡目。地理沦丧,不可复识,当是世人误证也。"高平川为今宁夏回族自治区的清水河,由固原县流至中宁县西入于黄河。据《河水注》下文所说,则汉时廉县在今宁夏银川市北,并不是在高平川旁。① 这里并非要斤斤计较廉县故城的所在,而是率为狄场的新秦之土。廉县不一定就是秦时所置,而当地为新秦之土则是可以肯定的。这里为富庶的地区,秦逐匈奴当不会诿此于游牧族类之手,使它可以随时由这里渡河东侵。既已收入版图,则修筑河上之塞时,就不应视为化外。这里西为贺兰山,山势高峻,可以作为一方的屏障。这里的河上之塞就可能稍一向西曲折,经过贺兰山,然后再循着黄河岸旁修筑。

由上面的论述可以得出如下的结论:秦时的河南地应是在阴山之下的黄河以南,其南直抵秦昭襄王的长城。涉及这条长城的主要是朝那和肤施间的一段。也就是说朝那之西不能超越得过多。至于东西两侧大体以黄河为限,只是在其西侧,今宁夏和内蒙古两自治区接壤处的南北,还是要越过黄河的。

可是杨守敬的《前汉地理图》及谭季龙(其骧)先生主编的《中国历史地图集》第二册《西汉并州、朔方刺史部图》却皆以新秦中就在朔方郡,

---

① 廉县故城,嘉庆重修《大清一统志》卷二六四《宁夏府》谓在宁夏县西北。盖用阚骃之说。杨守敬《水经注疏》亦同此说。近得黄立均同志来书,谓"目前宁夏考古史学界一般认为汉廉县城在今平罗县城西南,与贺兰县交界处,属平罗县下庙乡暖泉村境内,遗址尚在"。按:《大清一统志》卷二五九《平凉府》又谓:"废廉县在固原州东北。"盖仍因用郦道元所已驳斥的旧说,而未说明理由,当更是误证。

这显然是和实际不相符合的。朔方郡以南的大片土地，杨图则称之为塞外，以示其不隶汉朝的版图。但在清代的鄂尔多斯右翼中旗，亦即现在的鄂托克旗的东南方复标出"河南、新秦中"字样，似杨氏亦自认为他以新秦中即在朔方郡之说并非定论。谭图（《东汉并州刺史部图》同）于朔方郡之南，则用浅绿色和白色两种粗宽的线条交递标出。图上朔方刺史部所属诸郡皆用浅绿色表示，匈奴辖地则用白色表示。这样两种颜色交递标出，意义云何，未见图例说明，不便揣测。但这一大片土地和其周围的朔方、西河、上郡、北地之间皆用政权部族界标出界线，这样的界线和朔方、五原、云中、雁门等郡与匈奴之间的界线相同，显示出朔方郡南这一大片土地应属于匈奴统辖的地区。这一大片土地的范围，杨图是由所绘的朔方郡金连盐泽、青盐泽（清代的锡喇布里多泊）西南起，过清代鄂尔多斯右翼中旗（今内蒙古鄂托克旗）之东，经清代的鄂尔多斯右翼前旗（今内蒙古乌审旗）和右翼前末旗（今内蒙古伊金霍洛旗）之间，过西拉乌苏河（今无定河上游红柳河），又经今陕西靖边县之东，又过洛河上源之南，再经今陕西定边县之东，西北经宁夏平罗县南，绘出一条界线，这条界线之外是所谓的塞外，亦即匈奴的辖地。谭图是师杨图之意，不过所谓的界线，小有差异。谭图这条界线是由今杭锦旗东的朔方郡界起，南行过乌审旗西，又南经靖边县西，洛河源头，再西北经宁夏盐池县北，陶乐县东，过黄河西去，达到宁夏回族自治区的西北隅，并进入内蒙古自治区境内。

关于这一大片土地的问题，后文将要详细论及，暂且按下不说。不过这里还应对其他有关问题略做补充说明。胡三省为《资治通鉴》作注，解释到河南地时，曾经引用过颜师古这样一段话："河南地当北地之北，黄河之南。"[①] 这是颜师古为《汉书》作的注文。这样的注文至少见于两处：其一是在《文帝纪》"三年五月，匈奴入居北地河南为寇"之下（文帝三年为公元前177年），另一处是在《卫青霍去病传》"走白羊楼烦王，遂

---

① 《资治通鉴》卷七《秦纪二》。

取河南地为朔方郡"之下。这样的解释应非颜师古的私见,也不是班固前无所因的记载。《史记·文帝纪》:"三年五月,匈奴入北地,居河南为寇。"又《卫将军传》:"走白羊楼烦王,遂以河南地为朔方郡。"《匈奴传》也说:"汉遂取河南地,筑朔方。……匈奴怨汉夺之河南地而筑朔方,数为寇,盗边、入河南,侵扰朔方。"显然可见,班固的记载是因袭《史记》而来的。可见以为河南地就仅限于朔方一郡,司马迁时就已有这样的说法。不过这样的说法和司马迁自己撰写的《匈奴传》的匈奴"与汉关故河南塞,至朝那、肤施"的记载不合。故河南塞远在朔方郡之南。如果河南地仅限于朔方一郡,则故河南塞的名称就无所附丽了。《史记·匈奴传》这段记载也为《汉书·匈奴传》所因用,可见班固也不以为它有讹误。衡量这样矛盾的记载,故河南塞一段于义为长。因为这是汉朝初年和匈奴之间边界的所在,那时汉朝的力量不可越此而北,这不是后来的朔方郡所能完全辖治得了的。而且河南地的郡县建置也并不是只限于朔方一郡。朔方始置于武帝元朔二年,紧接着于元朔四年(公元前125年)又建置了西河郡。[①]西河郡所辖的三十六县固然并非都在河南地,但它的置郡却在收复了河南地之后,而且是在收复了河南地后才有西河郡这样的名称的。不仅西河郡,就是上郡和北地郡的辖境也因之而有若干变迁。这些后文还要再做说明,这里就暂时略而不论。正是有这样一些原因,已可以证明朔方郡并非占有整个的河南地。应该说,朔方郡之南直至朝那、肤施一线的秦昭襄王长城之北都包括在河南地之内,这是不容怀疑的。治史者似不宜仅拈取《文帝纪》和《卫将军传》的片段记载,就缩小河南地的范围,使它仅限于朔方一郡的地方。

前文开篇时曾征引过《史记》和《汉书》的《匈奴传》。在这两篇传中,皆以河南地和新秦中并言。根据上面的论述,则河南地和新秦中应为同义语。而和新秦中相对应的河南地实不应仅限于朔方一郡之地。上面征引的郦道元之说,所谓"新秦之土率为狄场",就包括廉城在内。廉城就是汉

[①] 《汉书》卷二八下《地理志下》。

北地郡的廉县，不仅与朔方郡无涉，且相距还相当遥远。而武帝元狩四年（公元前119年）的大举徙民，《史记·平准书》和《汉书·食货志》皆明白指出"朔方以南新秦中"，亦可作为明证。这里还应顺便指出，称河南地为新秦中，当是出于汉朝人士的口吻。以河南地的富庶是可以和关中相媲美。关中可以称为秦中，则河南地亦可称为新秦中。然秦究竟还是王朝的称号。蒙恬取得河南地，归入版图，这对于秦王朝来说，只是一隅之地。一隅之地怎么能以王朝的名称来命名？臣瓒和服虔都以秦逐匈奴，收复河南地后，就称为新秦。以汉朝人的口吻来做解释，似还未达一间。

按照汉朝人士的口吻来说，这河南地和新秦中还不完全就是同义语。实际上其间还有一定的差距。就在始皇三十三年（公元前214年）于河南地设置三四十个县的同时，又使蒙恬渡河取高阙，据阳山、北假中[1]，并起临洮至辽东万余里之间修筑了长城[2]。蒙恬所修筑的长城当然包括河上塞在内。战国时，燕赵两国为了防御匈奴，亦皆筑有长城，即所谓燕北长城和赵北长城是也。而赵国的北长城且西至于阴山上的高阙。[3]蒙恬所修筑的长城，高阙以东当多因于燕赵的故绩。由于长城的修筑，秦国的北界就不再以阴山之下的黄河为限，而是越过黄河达到阴山之上。这里应该引起注意的是蒙恬所取得的北假。北假有膏腴地土，可以种植五谷[4]，是肥沃的地方。用现在的地理说，北假就是内蒙古五原、临河诸县所在地的后套。这里到现在还是富庶的地区，可见当时的记载是不错的。当时的黄河分成南北二派，北假在南河之北，是不属于河南地的范围的。秦始皇当时迁徙人民充实新地，南河之北的北假也在其中。因而说到新秦中，就不可能不涉及这个稍后所取得的地区。这里既不属于河南地，则新秦中也就不以河南地为限了。

---

[1] 《史记》卷一一〇《匈奴传》。阳山，《秦始皇帝本纪》作陶山。
[2] 《史记》卷八八《蒙恬传》。
[3] 《史记》卷一一〇《匈奴传》。
[4] 《汉书》卷九九《王莽传》。

不过对于新秦中的解释还有别的说法，不容在这里不一涉及。

《汉书·食货志》注引应劭说："秦始皇遣蒙恬攘却匈奴，得其河南造阳之北千里，甚好，于是为筑城郭，徙民充之，名曰新秦。"应劭所说和前面论述的不同处，乃是增添了"造阳之北千里"。造阳之地，《史记》和《汉书》的《匈奴传》皆有所涉及。一则说："燕筑长城自造阳至襄平。"韦昭和颜师古的解释都说在上谷。秦汉皆有上谷郡，治所为沮阳，在今河北省怀来县。再则说："汉遂取河南地，筑朔方，复缮故秦时蒙恬所为塞，因河为固。汉亦弃上谷之什辟县造阳地以予胡。"这也说造阳在上谷，与韦昭、颜师古所说相同。班固于《汉书·匈奴传·赞》还说："当孝武时，……虽开河南之野，建朔方之郡，亦弃造阳之北九百余里。"造阳原属上谷郡，既已为匈奴夺去，则其地当在上谷之北，以今地度之，当在内蒙古太仆寺旗、正蓝旗等处及其以北各地。《晋太康地志》说："自北地郡北行九百里，得五原塞，又北出九百里，得造阳。"《通典》引用这样的说法，并以之置于新秦郡下，作为这个郡得名的佐证。① 唐新秦郡即麟州，其治所在今陕西神木县北。汉五原郡治所在今内蒙古包头市西。包头市北不远处即是阴山。五原北出900里当远在阴山之北。杜佑虽引用《晋太康地志》的记载，而系之于新秦郡之下，显系不以为它远在阴山之北。杜佑这样的解释似亦无助于廓清应劭的注文。即使以造阳为河南地的一个地方，然造阳之北千里之地，却远远迤出河南地的范围。近人有以应劭、《晋太康地志》和《通典》之说为根据，对此问题提出一种说法，据说："秦塞自五原塞至造阳九百里，而在河南造阳之北千里，其间谓之新秦。盖秦长城与赵长城之间，如五原之河目县、稒阳县、云中郡之武泉县、阳寿县、陶林县，定襄郡之武要县，雁门郡之沃阳县、强阴县，皆在赵长城之外，为蒙恬攘匈奴所得之地，故曰新秦。"② 这里涉及五原、云中、定襄、雁门四郡。定襄郡为汉高帝所置。这个郡夹处在云中、雁门两郡之间，当为析这两郡所置。秦时

---

① 《通典》卷一七三《州郡三》。
② 黄麟书《秦皇长城考》。

尚无此郡，可以置而不论。五原郡本为秦时的九原郡，而九原郡为赵武灵王所置，赵武灵王且由此南袭秦庭。①云中、雁门两郡亦赵国旧郡②，赵亡即入于秦国，初无待于蒙恬之由匈奴夺得。蒙恬夺取于匈奴的，只是高阙以南的阳山、北假中，及更南的河南地，与五原、云中、定襄、雁门四郡皆无关系，不得并为一谈。这四郡本为赵国的旧土，当时无新秦中的名称，后来也无以新秦中之名相称者。如前所言，新秦中的名称见于《史记》的《平准书》和《匈奴传》以及《汉书》的《食货志》和《匈奴传》，皆因武帝元狩四年的迁徙关东贫民到这个地区而见于记载。这一年的迁徙人口也见于《汉书·武帝纪》。《武帝纪》的记载非常具体。除会稽一郡可能是误文外，北地、西河、上郡三郡皆与河南地的新秦中有关，其余陇西一郡也和新秦中相距不十分远。这次大举迁徙人口，是以新秦中为主，初未涉及五原、云中、定襄、雁门四郡，可知这四郡不在新秦中的范围之内。这四郡之东就是上谷郡，也就是造阳原来所隶属的郡。正如前面所说的，当汉朝复得河南地时，造阳也为匈奴所取去。秦时尚无新秦中的名称，这时虽已经有了新秦中的名称，无奈造阳已经失去，也无人会以失去的地方称为新秦中的。所以称为新秦中，乃是形容当地的富庶。造阳这个地方即令如班固在《匈奴传·赞》中所说的有900里，初未闻这900里土地的富庶有如关中，因而也难于获得像新秦中这样富有诱人注意的名称。应劭所说即令属实，亦当指河南地的地方而言，似不能比附没有若何关系的地方。

二、元朔二年后新秦中皆在汉朝版图之内，与匈奴无涉

秦始皇所取得的河南地，由于秦王朝的崩溃，又为匈奴所夺去。经过

---

① 《史记》卷四三《赵世家》。
② 《史记》卷一一〇《匈奴传》。

汉初双方对峙的阶段,到武帝元朔二年,卫青复出云中(郡治在今内蒙古托克托县东北)。横略河南地,西至高阙。① 由这时起,汉朝才取得了对于河南地的统治权。

前面说过,秦始皇取得河南地后,曾城河上为塞,而且还在阴山之上筑亭设障。汉武帝再取得河南地后,自当循始皇的旧绩,复加修整。卫青这次北征,就曾复缮故秦时蒙恬所为塞,因河为固。② 卫青的出师,据说曾经"绝梓岭,梁北河"③。梓岭所在不可考,北河则在阴山之下。当时黄河在临戎县(今内蒙古磴口县北)北分为南河和北河两派,北河流经临河县(今内蒙古临河县东北)北,正在阴山南麓。④ 既在北河上架设桥梁,则所修复的蒙恬故塞,当在阴山之上。后来霍去病迎浑邪王的归降,武帝称道他的功绩,说是"爰及河塞"⑤。颜师古对此做了解释,谓为"北河沙塞之表"⑥。浑邪王的故地后来设为张掖郡⑦,霍去病西征不应北出北河。就在迎浑邪王之前的一次过居延远征,乃是由北地出兵。⑧ 颇疑这迎浑邪王的大军也是由北地济河的,是霍去病所能保障的河塞,当系秦始皇所修筑的河上之塞。这河上之塞至少有一部分与河南地有关。这就可以说明,汉朝所收复的河南地,其西部也和秦时一样,包括黄河在内。这里的黄河以东,是不会再有匈奴的土地的。

汉朝也和秦时一样,对于边塞的设置和维护是相当重视的。后来开拓河西四郡,始筑令居(今甘肃永登县)以西,而酒泉列亭障至玉门。⑨ 这是汉朝在秦时长城以外新修的边塞。当然秦始皇的长城基本上也为汉朝继续

---

① 《史记》卷一一一《卫将军骠骑列传》。
② 《史记》卷一一〇《匈奴传》。
③ 《史记》卷一一一《卫将军骠骑列传》。
④ 《水经·河水注》。
⑤ 《史记》卷一一一《卫将军骠骑列传》。
⑥ 《汉书》卷五五《卫青霍去病传·注》。
⑦ 《汉书》卷二八下《地理志下》。
⑧ 《史记》卷一一一《卫将军骠骑列传》。
⑨ 《史记》卷一二三《大宛传》。

维修并加以局部的调整，在防御匈奴的侵扰时，仍起到相当的作用，所以赵充国说："窃见北边，自敦煌至辽东，万一千五百里，乘塞列隧。"① 就是后来呼韩邪单于上书时也说："愿保塞上谷以西至敦煌。"② 这当然包括新秦中附近的边塞在内。这里有边塞就可以说明边塞之内都应是汉朝的版图。如果新秦中有些地方不属于汉朝的版图，甚至还有若干部分为匈奴所据有，这里的边塞，也就是所谓河上之塞不仅难起到若何的作用，而且根本就没有修筑的可能。

这样的问题还可以由《汉书·地理志》有关水道的记载得到证明。《汉书·地理志》对于当时的重要水道都能记其原委，兼及其经过的地方。汉朝版图内的水道，记载比较单纯，由域外流入和流出域外的水道，就要有较为详细的记载。在这些方面，《汉书·地理志》一般都是记载有关水道是出于塞外或徼外，甚至更为具体，如出于南羌或西羌。尤其值得注意的，是辽西郡的渝水。《汉书·地理志》在这一郡的临渝县下，记载着"渝水首受白狼，东入塞外"；交黎县下又记载着"渝水首受塞外，南入海"。渝水为今辽宁省的大凌河，在全国说来，并不算是一条大水。对于这样流程较为短促的水道还能有这样详细具体的记载，可知是相当慎重的，也是相当确实的。黄河是一条大川，当然也在记载之列。《汉书·地理志》于金城郡河关县下说："积石山在西南羌中，河水行塞外，东北入塞内，至章武入海，过郡十六，行九千四百里。"虽然它所说的过郡十六稍有讹误③，但它并没有说流入塞内之后，再行塞外。或者有人要说，河水流经北地郡后，并非直接流到朔方郡，而是经过一段塞外的地方，再流到朔方郡的。

---

① 《汉书》卷六九《赵充国传》。
② 《汉书》卷九四下《匈奴传下》。
③ 王鸣盛《十七史商榷》卷二〇《汉书十四》："河所过郡，据郑康成《尚书注》，当为金城、天水、武威、安定、北地、朔方、五原、云中、定襄、雁门、西河、上郡、河东、冯翊、河南、河内、魏郡、钜鹿、东郡、清河、平原、信都、勃海，凡二十三郡。此言十六，疑有阙漏。"按：《地理志》所说的十六郡城有讹误处，王鸣盛之说亦未为尽是。因为上郡和信都两郡并非河所过之郡，河所过之郡应尚有弘农和陈留。钱坫《新斠注地理志集释》、吴卓信《汉书地理志补注》于此皆各有所说，不一一备举。

如果有这样的情况，而且是黄河这样的大川，为什么《地理志》竟无一语涉及？郦道元论述河水支流高平川时，对于曾经沦为狄场的土地还不惮烦地指出，河水主流如果有这样的变化，为什么便一语带过，而不稍一道其崖略？武帝元朔二年，卫青征匈奴，自西河至于高阙。杜佑论述此事，曾经说过："河自今灵武郡之西南便北流，千余里过九原郡，乃东流。时帝都在秦，所谓西河，疑是此处。其高阙当在河之西地。"① 唐灵武郡治所在今宁夏灵武县，九原郡治所在今内蒙古五原县南，其所说的正是这一段黄河。郦道元论述这段黄河，虽没有涉及卫青渡西河事，却说得相当清楚明了。上面曾经提到那时的黄河在临戎县北分为南河和北河两派事，郦道元特别指出南河在临戎县上承西河②，可见这个西河的名称已有很久的来历了③。杜佑大概是没有注意到郦道元这样的说法，故于指出这段河水在汉代称为西河时，仿佛还稍有疑义，实际上杜佑的说法是不错的，是和郦道元的意见相符合的。只有张守节有些不同的解释。张守节解释卫青所渡的西河，谓为云中郡的西河，并说就是胜州的东河。④ 唐胜州就在云中郡治所故城之西，故张守节云然。其实当时黄河流经云中郡时，是由西北趋向东南，这样的河水是不应称为西河的。汉时的西河郡远在云中郡之南，中间还隔定襄和五原两郡。黄河流经这两郡后才流到西河郡，是汉时亦不以流经云中郡的黄河为西河。

春秋战国之际，黄河的一些河段和有关的地方都曾以西河命名。孔子答卫灵公问时说到蒲的"妇人有保西河之志"⑤。《尚书·禹贡》也曾说过："黑水西河惟雍州。"战国时魏国已置有西河郡，吴起就曾经做过西河守。⑥ 卫国的蒲于汉时属陈留郡，在今河南省，与新秦中无关。《禹贡》所说的

---

① 《通典》卷一七三《州郡三》。
② 《水经·河水注》。
③ 上面曾经提到西汉的廉县。王莽改此县为西河亭。王莽更改西汉郡县名称至为繁多，皆并非毫无取义。以廉县为西河亭，当是这里的黄河已有了西河的称谓。
④ 《史记》卷一一一《卫将军骠骑列传·正义》。
⑤ 《史记》卷四七《孔子世家》。
⑥ 《战国策·魏策三》。

西河在今山陕两省之间。魏国的西河郡则在今山西南部和陕西关中之间。《禹贡》所说的都城在冀州，今山陕两省间的黄河在冀州之西，自然会被称为西河。魏国都城在安邑，就是现在山西夏县。今山西南部和陕西关中之间的黄河在安邑之西，亦得以西河相称。汉时西河郡诚然包括今山陕两省间黄河的大部分，其南端仅及于今陕西宜川县，和魏国的西河无涉。汉西河郡的命名可能和《禹贡》的西河有关。《禹贡》所提到的地名很多，汉时设郡为什么偏偏只因袭了这个西河的郡名？汉有河东郡，是沿用秦时的旧名。秦都咸阳，由咸阳东行，河东郡自是在黄河之东。汉都长安，与咸阳相去咫尺，故亦得以河东为郡名。河东郡尚且如此，奈何独以长安东北而位于今山陕两省间的黄河为一郡的名称，并且还称之为西河？这是于情于理皆相背悖的。汉西河郡的设置乃在武帝的元朔四年，是在卫青收复河南地之后，可见西河郡的得名与流经今山陕两省间的黄河无关。核实而论，当时西河郡的得名当因流经今灵武、五原间的黄河恰在其西侧，自长安视之，这正是西河，故以之作为郡名。这正说明杜佑的解释是合乎情理的。按照这样的解释，则黄河自河关县流入塞内之后，再未复经塞外。具体地说，就是没有流经匈奴所统治的地方。黄河既与匈奴无关，则今灵武、五原间的黄河以东的新秦中就应该是汉朝的疆土，匈奴是不能涉足其间的。杨守敬所绘制的《前汉地理图》以西河郡的西疆在今内蒙古鄂托克旗之东，去其西的黄河尚远。《中国历史地图集》第二册《西汉并州、朔方刺史部图》和《东汉并州刺史部图》皆亦作如此画法。这不仅使西河郡的命名取义无所着落，抑且使解释新秦中时多一番周折。

汉朝于取得河南地后，即设立了朔方郡。朔方郡共辖十个县。其中窳浑和三封两县分别在今内蒙古杭锦后旗西南和磴口县西北，都在黄河以西。临河县则在今临河县东北。其余七县皆在黄河以南，而修都县且到了杭锦旗的附近。[①] 朔方郡治所的朔方县也是设在黄河之南[②]，应该说这个郡除过

---

① 《中国历史地图集》第二册。以下各郡所辖的县的今地所在同此。
② 《水经·河水注》。

窳浑、三封和临河三县外，绝大部分都是河南地。窳浑、三封两县为汉时新置，其地秦时是否隶于版图，尚未能骤为确定。临河虽亦为汉时所置县，其地却在北假中，那就也应该属于新秦中的范围之内。

这虽是理所当然的解释，但是汉代却是另有说法。前面提到的《史记·平准书》和《汉书·食货志》就是其中的例证，就在浑邪王降汉后的第二年，汉朝曾经向那里迁徙过大批的人口。①《史记·匈奴传》记此事说："徙关东贫民处所夺匈奴河南新秦中以实之。"《集解》引如淳注，《正义》引服虔注，都说是在长安以北，朔方以南。《平准书》就干脆说："徙贫民于关以西及充朔方以南新秦中。"《汉书·匈奴传》和《史记·匈奴传》一样，《汉书·食货志》也就和《史记·平准书》一样。因而好像新秦中这时只限于朔方郡以南，并不能包括所有的河南地。

上面所说这次大批迁徙人口，是在武帝元狩四年。《汉书·武帝纪》说：这一年，关东贫民徙陇西、北地、西河、上郡、会稽，凡72万口。这是在前面已经提到过的。这次迁徙人口是由关东迁徙的。陇西、北地、西河、上郡四郡都在关西，独会稽郡远在江南，可能是记载有所讹误。其他四个郡除陇西外，都与新秦中有关。北地、西河、上郡各有其统辖的地区，而且都相当广大，远超过新秦中范围之外。《史记》里的《匈奴传》和《平准书》，《汉书》里的《匈奴传》和《食货志》记载此事都只说到新秦中，而未涉及三郡的名称，可知人口迁徙的地区并非三郡的所有地区，而只是这几郡中与新秦中有关的部分。《汉书·武帝纪》不提到新秦中，只具体指出三郡的名称，可知新秦中这时已经分别划到三郡里面，各自有所统辖，并非还是一个独特的地区。

这次迁徙人口诚然没有包括朔方郡在内，这可能是因为元朔二年已向朔方郡迁徙过10万人口②，用不着再过多地迁徙。因为没有再向朔方郡迁徙，所以《平准书》和《食货志》就都说是朔方以南新秦中。这不是说新秦中

---

① 《汉书》卷六《武帝纪》。
② 《汉书》卷六《武帝纪》。

不包括朔方郡，而是徙民的地区在朔方郡之南。

北地、西河、上郡三郡之间如何分划河南地南部也就是新秦中南部这个地区，却是不易解决的问题。《汉书·地理志》虽备载各郡国所辖的县数，其中难免有些县今已不易考究其故址的所在。《汉书·地理志》北地郡十九县，其中就有除道等三县未能确知其今地的所在。西河郡三十六县，其中就有驺虞等十八县未能确知其今地的所在。上郡二十三县，其中也有木禾等七县未能确知其今地的所在。当然这不是说，这些未能确知其所在今地的县都是在新秦中。不过这个地区迄至郦道元为《水经》作注时，犹有一些古城遗址散处于荒烟蔓草间，未能知其本来的名称。① 因此就不能断言当地从未有过县城的设置；也不能因为没有设置过县城，就得出其不属于有关郡的统辖的论点。

《史记·平准书》说：武帝"北出萧关，从数万骑猎新秦中，以勒边兵而归。新秦中或千里无亭徼，于是诛北地太守以下，而令民得畜牧边县"。这事在元封四年（公元前 107 年）。《汉书·武帝纪》记载此行的详细过程说：这一年"冬十月，行幸雍，祠五畤，通回中道，遂北出萧关，历独鹿、鸣泽，自代而还，幸河东"。这段行程中一些地名与本题无关，可以不必细论。这里首先应该提到萧关，萧关在今宁夏固原县东南，当时是在安定郡内。② 安定郡治所高平就是现在的固原县。高平居乌水上源，乌水为今清水河，萧关以北的大道就是遵循乌水河谷而行的。武帝当年出萧关北行，当是走这条道路。由乌水河谷到黄河岸边，再向东北就进入北地郡境。北地郡所属的富平、灵州、廉县各县就在这一带。这几个县分别为今宁夏吴忠、灵武、银川诸县市，这些地方都在新秦中范围之内。武帝要狩猎于新秦中，就不必再迂道东南行，去北地郡治所的马领县。因马领县在今甘肃庆阳环县之间，已在新秦中之南。武帝此行是由代而归。代郡治所在代县，于今为河北省蔚县。由北地郡的西北部富平、灵州等县至代郡，可能的道路不

---

① 《水经·河水注》。
② 按：《汉书·地理志》，安定郡始置于元鼎三年，是武帝此行，安定设郡尚未甚久。

外三条，即经过西河郡、五原郡或云中郡。西河郡治所平定县，在今内蒙古准格尔旗西南，五原郡治所九原县，在今内蒙古包头市西，云中郡治所云中县，在今内蒙古托克托县东北。不论其出于何途，皆须横贯或斜穿新秦中。据武帝所见，新秦中或千里无亭徼。这里连亭徼都未能有所设置，更不要说是设县了。这里虽然没有设县，甚至没有亭徼，但应该都是汉朝的版图，可以说这里的土域丝毫和匈奴无关。在武帝此行中，匈奴不能不匿迹塞外，毫无任何置喙的余地！由于新秦中千里无亭徼，武帝一怒而诛北地太守以下若干官吏，这可以证明这里应是属于北地郡统辖的区域，至少新秦中的西南部是应该如此的。因而北地郡的辖境就不应止于灵武（今宁夏银川市与石嘴山市）、昫衍（今宁夏盐池县）一线，而应该更向北扩展。

　　北地郡的北部虽说不应限于灵武、昫衍一线，但和其北的朔方郡之间还应有一段距离，而不是彼此就可以接壤的。这中间的一段应属于西河郡的辖境。西河郡是一个大郡，其东南境直至今陕西宜川县和山西石楼县。如前所说，这个郡共有三十六县，其中就有十八县未知确实所在。这些未知确地的县是否都荟萃于这个郡的东南部，还是个问题。这个郡始设于元朔四年①，是在取得河南地的元朔二年之后的两年。这时设郡就不能不对新秦中土地的划分和隶属有所考虑。不过见于《水经·河水注》的仅有美稷和富昌两县，这是因为河水的支流流经其地而见于记载的。西河郡治平定县，还有平定附近几个县，都还能确定地址。这些县都在今内蒙古准格尔旗境内，具体说来，是在秦昭襄王所修筑的长城之内或其附近的地区。在此以西有些县虽为后来一些记载提到过，但由于说法比较渺茫，难于征信。大致可以确定的只有增山、大成、虎猛几个县。而这几个县又大致都被认为在新秦中的中部，今内蒙古杭锦旗治所以西竟无一个县，这似与当时的情况未能完全符合。

　　西河郡在汉代缘边诸郡中具有相当重要的地位。武帝伐大宛之后，威

---

① 《汉书》卷二八下《地理志下》，《水经·河水注》。

震绝域，遂于太初四年（公元前101年）颁布诏书，大举伐胡。此后几次，都曾由西河郡出兵。《匈奴传》就有如下的记载：天汉二年（公元前99年）因杅将军出西河，与强弩都尉会涿邪山。这一年中，在这次出师以前，贰师将军就曾经由酒泉出兵，在这以后，骑都尉李陵又由居延出兵。征和三年（公元前90年）贰师将军李广利出五原，御史大夫商丘成出西河，重合侯莽通出酒泉，至浚稽山。后来到宣帝本始二年（公元前72年），又大举出师，御史大夫田广明为祁连将军出西河，度辽将军范明友出张掖，前将军韩增出云中，后将军赵充国为蒲类将军出酒泉，云中太守田顺出五原。这次出兵的目的地可能非一，祁连将军还曾到过鸡秩山。涿邪山和浚稽山都在居延的西北方，鸡秩山未知确地，可能也偏于西北。由于战场在西北，由西河郡出兵也是理所应当的。可是问题在于西河郡已知的所有属县都被认为在新秦中的中部和东部，也就是说西河郡的辖境最西未能超过今内蒙古杭锦旗的治所所在地。西河郡治所在平定县，其地在今准格尔旗西南。由这里出兵而欲达到居延西北的浚稽山、涿邪山等处，似应由此趋向朔方郡，出高阙再向西北行。如果遵循这样的路程，则当时记载就必然是出朔方而不是出西河了。

　　《汉书·地理志》西河郡增山县下有这么一条记载：有道西出眩雷塞。这个眩雷塞亦见《史》《汉》两书的《匈奴传》。武帝时曾"北益广田至眩雷为塞"。《匈奴传》以此事与当时东拔濊貊朝鲜以为郡，西置酒泉郡以隔绝羌胡交通之路，以及西通月氏大夏，妻乌孙王以翁主诸事相提并论，可知它的地位的重要性。眩雷塞的所在，服虔说在乌孙之北。汉朝边地屯田不当远在乌孙之北，更说不上那里会有汉朝的边塞，此说显然失之过远。或谓当在今内蒙古杭锦旗之东，与所说的在今伊金霍洛旗之北的增山县相距不远。核诸情理，则又失之过近。据说现在的杭锦旗的治所所在地，于汉时隶属于朔方郡，且为朔方郡的南缘。眩雷塞既在今杭锦旗之东，则其北就应紧接朔方郡界。朔方郡始置于武帝元朔二年，较之增山县所隶属的西河郡的建置还早两年。《匈奴传》以屯田眩雷塞事置于武帝巡边亲至朔方之后。武帝此次巡边在元封元年（公元前110年），更在朔方置郡之后的十七年。如果眩雷塞在今内蒙古杭锦旗东，是不符合《匈奴传》所说的"北益广田"的。因为其北的朔方郡早已建置，若是真的"北益广田"，就是屯田到朔方郡的境内，那就只能说是屯田于朔方郡，而不是在眩雷塞了。《匈奴传》在记载这一事后，紧接着又说了一句："匈奴终不敢以为言。"前面已经论述过：河南地的西侧是直到黄河岸边的。如果眩雷塞在今杭锦旗东，则距其西侧的黄河已远，与匈奴无若何关系，匈奴用不着以为言，更说不上"终不敢以为言"。就是眩雷塞的屯田伸入朔方郡，情况也是一样的。因为朔方郡的南部北去边境依然不是很近的。

《汉书·地理志》记载缘边郡县的道路，固不仅增山县的眩雷塞一处，在朔方郡窳浑县下也记载着"有道西北出鸡鹿塞"。五原郡稒阳县下还记载着"北出石门障，得光禄城，又西北得支就城，又西北得头曼城，又西北得虖河城，又西得宿虏城"。窳浑县在今内蒙古磴口市西北，稒阳县在今内蒙古包头市东，在当时皆属边县。这显示出通往域外的道路皆由边县出发。《汉书·地理志》记载窳浑县的鸡鹿塞和增山县的眩雷塞的体例完全相同，正可以据窳浑县和鸡鹿塞论证增山县和眩雷塞。窳浑县如前所说是在今内蒙古磴口市西北，这是经过近年实地考察和发掘得到证实的。鸡鹿塞的遗址也被发现，是在窳浑县故城西北20公里的哈隆格乃峡谷的入口处。[①] 鸡鹿塞既在窳浑县近旁，则眩雷塞亦当去增山县不会过远。所不同者乃是窳浑县的故城遗址已经发现，而增山县的所在地还须从文字记载中仔细考证。由于增山县的所在地尚有待于确定，这里只能先探求眩雷塞的所在。

欲得眩雷塞的所在当于河南地西侧黄河之西求之。这样说来，至少有如下的理由。当秦始皇取得河南地后，即城河上为塞。河南地西侧黄河岸旁当为这条河上之塞经过的地方。眩雷塞也当与这条河上之塞有关，而且还应筑于黄河之西。因为黄河之东本来就是汉朝的版图，其北就是朔方郡。

---

① 侯仁之《历史地理学的理论与实践·乌兰布和沙漠的考古发现和地理环境的变迁》。

汉朝在这里的屯田是不会引起匈奴的顾虑的。这样的理由前边曾经说过。黄河西侧已在河上之塞之外，汉朝能否在这里屯田？由朔方郡的窳浑和三封两县相比照，这完全是可能的。窳浑县已见前文，三封县亦在磴口市西北，又在窳浑县的西南，皆在当时黄河之西。① 秦始皇时，蒙恬从匈奴所夺取的仅为河南地，初未一语及于黄河之西。其时还特别提到高阙，接着就说"筑亭障以逐戎人"②，这说明阴山之上的秦长城和赵国的旧规一样，以高阙为起点。高阙远在窳浑和三封两县的东北，如果秦时已取得窳浑和三封两县地，是难以受到这样的长城的庇护的。

前面已经指出，朔方郡始置于武帝元朔二年。由于是一个新郡，所属十个县并非置于同时。三封县就置于元狩三年（公元前120年），已在置郡后的七年。窳浑县未载建置的年代，然其东的沃野县也是置于元狩三年。窳浑县虽不一定也置于元狩三年，却也难得过早。沃野县在黄河东侧，于朔方郡近于腹内，窳浑县为边县，是不能早于沃野县的。鸡鹿塞亦见于《汉书·宣帝纪》，宣帝时始见于记载。由窳浑和三封的建置年代推测，它的修筑也不能过早。鸡鹿塞的修筑，显示出它和高阙之间这时已经有了边塞。

由窳浑、三封两县和鸡鹿塞的建置和修筑的年代，可以更易了解《匈奴传》所说"又北益广田至眩雷为塞，而匈奴终不敢以为言"的含意。《匈奴传》系此事于武帝巡边亲至朔方之后。武帝此次巡边在元封元年。前面已经说过，《匈奴传》记载此事与汉东拔濊貊朝鲜以为郡，西置酒泉郡以隔绝羌胡，西通月氏、大夏，以翁主妻乌孙诸事并列。乐浪置郡在元封三年（公元前108年）③，与乌孙联姻在元封中④，皆元封元年以后事。这两宗事并列于武帝巡边之后，自是顺理成章。至于酒泉置郡却在元狩二年（公

---

① 侯仁之《历史地理学的理论与实践·乌兰布和沙漠北部的汉代垦区》。
② 《史记》卷六《秦始皇帝本纪》。
③ 《汉书》卷二八下《地理志下》。
④ 《汉书》卷九六下《西域传下》。

元前121年)①，可见这四宗事并非都在元封元年以后。"又北益广田至眩雷为塞"可能更早，至迟应早于元狩三年。

缘边屯田在汉代本为习见之事。西域的轮台、渠犁皆有田卒数百人，置使者校尉领护②，在当时都是规模巨大的屯田，并未引起匈奴的顾虑。为什么眩雷塞的屯田却使匈奴企图干涉而不敢为言？这从汉与匈奴两国对峙争战中可以略觇消息。自元朔二年收复河南地始建朔方郡后，汉仍连年兴师北征，出兵的道路以发自朔方、五原为多，在河南地西侧黄河之西屯田，则输送北征将士的军粮，自较河南地少过一道黄河。这应是匈奴所焦心而未能释怀的一个问题。这些年中，匈奴仍不断南向侵扰，可是却未能牧马于朔方、西河诸郡。《匈奴传》所谓"匈奴终不敢以为言"者，正显示出它的力量的不足。

何以眩雷筑塞屯田当在元狩三年以前？元狩三年以前，窳浑、三封两县及鸡鹿塞皆尚未建置。汉朝当时于河南地西侧黄河之西向北屯田，不断发展，还在当地修筑边塞，宜其会引起匈奴的不安。这种向北发展的屯田，取得更大的成就，可能为窳浑、三封两县的建置奠定基础。由于这两县已在朔方郡之西，故设县之后即隶于朔方郡。如果以眩雷塞在内蒙古杭锦旗之东，则对于这样一些情况和变化是难以得出若何的解释的。

由现在地图上可以明显看出，内蒙古磴口县和乌海市之西，沙漠弥漫，渺无人烟，这是有名的乌兰布和沙漠。在这样的沙漠地区中，汉代如何能够修建一个眩雷塞，而且还要在当地屯田？按汉代实际情况，并非就是这样。前面曾经提到的窳浑和三封两县的故城遗址就是被掩埋在沙层之下。三封县东南，今磴口县东北的汉代临戎县城，也有同样的遭遇。窳浑县于西汉时为朔方郡的西部都尉治，而临戎县还曾做过朔方郡治。③虽然对这后

---

① 《汉书》卷六《武帝纪》：元狩二年，匈奴昆邪王杀休屠王来降，以其地为武威、酒泉郡。《地理志》作太初元年（公元前104年）开，疑非是。
② 《汉书》卷九六上《西域传上》。
③ 《水经·河水注》："河水又北经临戎县西，元朔五年立，旧朔方郡治。"

一点学者间还曾有过争论：有的认为临戎县做郡治是在西汉时①，有的则认为西汉朔方郡治应是朔方县②。即使西汉时临戎县非朔方郡治，作为东汉的朔方郡治③，则是确凿无疑的。这里在当时能够设立三个县治，而且都还居于相当重要的地位，形成这样的局面，与当地的农业发展有关。汉宣帝时曾一次送给匈奴呼韩邪单于三万四千斛粮食，据说就是窳浑、临戎与三封一带的出产。④窳浑县到东汉时废省了。⑤临戎县却成了郡治。姑不论西汉时临戎县成为郡治与否，就是东汉时这里始成为郡治，也更能说明这个地区的重要性，并未因窳浑县的废省而有所减低。这些都可说明这个地区原来并非沙漠。根据在三封废墟附近采集的大约属于新石器时期的遗物，设想在汉代开垦以前，这个地区原是一片一望无际的大草原。⑥如上论述，眩雷塞当在这几个县之南，这几个县在当时还不是沙漠，而是农业发展的垦区，眩雷塞附近能够屯田，而且有相当的规模足以引起匈奴的重视，则当地也应该不是沙漠。前面还曾论述到，自西河郡建置之后，汉代几次北伐匈奴，都是由西河郡出兵的。西河郡之北是朔方和五原两郡。既然是说由西河郡出兵，则出西河郡后即到塞外。按照《史记》和《汉书》记载域外用兵的体例，由西河郡出兵是不会再经过朔方郡或五原郡的。如果经过朔方郡或五原郡，那就是出朔方郡或出五原郡，是不会再记载出西河郡的。大军由西河郡渡黄河西行，则黄河之西是不会有广大的沙漠的。若是当地果真有一望无际的沙漠，汉军奈何一定要由此道出兵，而自讨误延军期的罪责呢！

  这里不必琐琐推测这里形成沙漠的时期，然有一条记载可以略一提出，作为这里黄河之西当时尚无沙漠的佐证。清康熙帝远征噶尔丹时，高士奇实从行役，据其所述，则宁夏磴口之间，大军可以通行无阻。⑦清初还是如

---

① 《合校本水经注·河水注》引董祐诚说。
② 阎若璩《潜邱札记》。
③ 《续汉书·郡国志》。
④ 侯仁之《历史地理学的理论与实践·乌兰布和沙漠的考古发现和地理环境的变迁》。
⑤ 《续汉书·郡国志》。
⑥ 侯仁之《历史地理学的理论与实践·乌兰布和沙漠的考古发现和地理环境的变迁》。
⑦ 高士奇《扈从记程》，见《小方壶斋舆地丛钞》第一帙。

此，则汉时可以在当时筑塞屯田是无足引以为奇的。

杨守敬《前汉地理图》于西河郡增山县下加了一条注文："眩雷塞，应劭曰：在乌孙北，太远。"这虽怀疑应劭所说的不当，却未能确定眩雷塞的所在，故附带注了这一笔。《中国历史地图集》第二册《西汉并州朔方刺史部图》则置眩雷塞于今内蒙古自治区杭锦旗东，并以增山县在伊金霍洛旗之北。这样是可以符合《汉书·地理志》的增山县有道西出眩雷塞的记载，对于其他有关的问题却难以都能得具体的说明。

论述了眩雷塞后，当再探索与眩雷塞有关的增山县。增山县的所在有的说在明代榆林镇东北[①]，有的说在鄂尔多斯旗内之南，与榆林接界[②]。这种说法何所依据，已难于稽考。鄂尔多斯草原为宜于游牧的地区，故城遗址多掩映于荒烟蔓草中，颇难得来历。其南就是明代的榆林镇，也就是清代的榆林府。清代学者论这一地区的舆地者，率多就榆林镇或榆林府立论。草原既辽阔，道路又悬远，虽有成说，却不易得到证实。这里所征引的两说殆亦同于此类。杨守敬《前汉地理图》以之置于内蒙古鄂尔多斯左翼中旗的西北，当是就上两说立论而更为具体。鄂尔多斯左翼中旗今为伊金霍洛旗。这样的论证显然与汉时的实际情况不相符合。增山县既有道出眩雷塞，则增山县的所在地当与眩雷塞有联系，而不能相距过远。眩雷塞既在黄河之西，增山县如何能远在伊金霍洛旗？《汉书·地理志》对于有关塞外道路的记载是有一定的成规的。前面征引窳浑县的鸡鹿塞和稠阳县的石门障就是具体的例证。根据这样的例证，可以看出这些通往塞外的道路，其出发地点都是这一郡的最缘边的县。西河郡为当时的边郡，其西边渡过黄河不远处就是塞外，而眩雷塞就在其间，以窳浑和稠阳两县为例，这个增山县的所在应该近于其西侧的黄河，而不当在今伊金霍洛旗的北部。

西河郡的诸属县中有一个虎猛县亦可以作为证明。虎猛县为西部都尉治，则应在这个郡的西部。可是《清一统志》却谓这个县在鄂尔多斯左翼前

[①] 《读史方舆纪要》卷六一《榆林镇》。
[②] 嘉庆《大清一统志》卷五四三《鄂尔多斯》。

旗，直榆林北。① 鄂尔多斯左翼前旗今为准格尔旗。虎猛县若在今准格尔旗，则西河郡的西界亦当在今准格尔旗西不远处。王莽天凤元年（公元14年），匈奴云当遣人到西河虎猛制虏塞下，告塞吏说，欲见和亲侯。和亲侯为王昭君兄子王歙。中部都尉随即向王莽做了报告。颜师古解释说：制虏塞在虎猛县界。② 如果虎猛县在今准格尔旗，西河郡的西界在今准格尔旗西不远处，制虏塞就不能在更西远处。这样说来，这个塞就应该在朔方郡东南的南方。匈奴使者从北方来，要到制虏塞下，就要绕道朔方郡西南，再向东行，方能达到。制虏塞并非当时唯一延见匈奴使者的地方。既是这样，为什么匈奴不就近在朔方郡的边塞和当地的塞吏接洽，而要绕行这许多的道路？按照这样的情况，制虏塞就不宜在今准格尔旗。杨守敬以之置于鄂尔多斯左翼中旗乌兰木伦河源头。③ 鄂尔多斯左翼中旗为今伊金霍洛旗，乌兰木伦河为今窟野河的上源。这样的说法虽较准格尔旗之说稍胜一筹，亦与当时情势未能吻合。核实而论，虎猛县应在河南地西侧的黄河岸旁。当时的边塞就在这里的黄河附近。虎猛塞自当是边塞的一部分，甚或距眩雷塞也不至过远。而虎猛县也应在其附近，大致是在这里的黄河以东。故匈奴使者来到，驻于虎猛县的西部都尉即受理此事，并向长安报告。至于今伊金霍洛旗窟野河上源处，汉朝并未设置过边塞，而且边塞也修筑不到这样的内地。今伊金霍洛旗之南本有秦昭襄王所筑的故塞，距杨守敬所说的虎猛县尚有一段距离，不宜强为比附。如果所说的就是秦昭襄王时的故塞，故塞自无塞吏防守。王莽时更无人道及这里的故塞，匈奴的使臣是不会远道轻易叩问这样的故塞的。

东汉光武帝建武二十三年（公元47年），匈奴右薁鞬日逐王比率部曲遣使诣西河太守求内附。④ 西汉时，西河太守本治平定，在今内蒙古准格尔

---

① 嘉庆《大清一统志》卷五四三《鄂尔多斯》。
② 《汉书》卷九四下《匈奴传下》颜注。
③ 杨守敬《前汉地理图》。
④ 《后汉书》卷一下《光武帝纪下》，又卷一一九《南匈奴传》。

旗西南。东汉时，改治离石，在今山西离石县，何时由平定改治离石，未见记载。此时匈奴遣使诣西河太守求内附，则西河太守仍当治于平定，尚未迁至离石。东汉时，郡国区划略有更动，西河郡辖境亦与前稍有不同。匈奴使者既能诣西河太守求内附，则西河郡仍当为边郡之一，匈奴使者能够到达西河郡，当是由西河郡之西渡黄河东来，而不是经过朔方郡或五原郡南来。建武二十四年（公元48年），右薁鞬日逐王比立为呼韩邪单于后，款五原塞，愿永为藩蔽，捍御北虏。① 先后来往道路不同，可见前一年遣使诣西河太守，并不是经过五原郡的。西河郡既仍为边郡，则郡的西界就不应该在今伊金霍洛旗之西，也就是说不应该在新秦中的中部。

后来到和帝永元六年（公元94年），又发生了南单于安国从子逢侯率叛胡亡出塞事。② 这事本起于南匈奴的内讧。逢侯既叛，将军重向朔方，欲度漠北。汉遣行车骑将军邓鸿与诸将进讨。邓鸿等至美稷，逢侯乃乘水渡隘向满夷谷。美稷在今内蒙古准格尔旗西北。满夷谷虽未知所在，要当在美稷附近。邓鸿及南单于等遂追击逢侯于大成塞。其后逢侯复与汉兵战于满夷谷，遂率众出塞。③ 逢侯最后所出之塞，究系何名，未见记载，可能就是邓鸿追击的大成塞。逢侯由此奔北，可能就是想出大成塞。大成塞战后，逢侯还曾反扑。反扑不胜，还是由原路逃去，也是可能的。如果仅就大成塞而论，其间的曲折也是相当清晰的。大成于西汉时为西河郡属县，东汉改隶朔方郡，改称大城县。《清一统志》谓这个县在鄂尔多斯左翼前旗界内④，则与虎猛县相近，也被安排在新秦中的中部。如前面所说的，汉时未在新秦中中部兴修过边塞，大成县有塞，这个县也不应设在新秦中的中部。东汉初年，以匈奴扰边，曾大筑亭障，修烽火。⑤ 其时卢芳所盘踞的朔方、

---

① 《后汉书》卷一一九《南匈奴传》。
② 《后汉书》卷四《和帝纪》。
③ 《后汉书》卷一一九《南匈奴传》。
④ 嘉庆《大清一统志》卷五四三《鄂尔多斯》。
⑤ 《后汉书》卷一一九《南匈奴传》。

云中诸郡方降附于汉,其势力亦逐渐瓦解。[1] 当时虽大筑亭障,也不会筑到新秦中的中部。所以大成县也应该和虎猛县一样,设在西河郡的近黄河处。大成县于东汉时划归朔方郡,这不会影响这个县治所的所在。这里所提到的增山、虎猛、大成诸县设置的具体方位,尚有待详细论证和考古发掘。

东汉初年对于边郡所属的县曾大加裁并[2],虎猛、增山诸县皆在裁并之列。县虽裁并,土地固然存在。大城县改划归朔方郡,虎猛、增山诸县的旧地,仍当为西河郡的辖境,西河郡辖境没有太大的改变,所以它仍然是当时的一个边郡。

三、浑怀等四障的解释

话虽如此,但是一些记载却容易启人疑窦。《汉书·地理志》:北地郡浑怀都尉治塞外浑怀障,上郡匈归都尉治塞外匈归障,西河郡南部都尉治塞外翁龙、埤是。据颜师古的解释,翁龙和埤是两个障的名称,应该与浑怀和匈归相同。浑怀障在今宁夏陶乐县境,匈归障在今内蒙古乌审旗西南城川附近,翁龙、埤是两障则在今内蒙古杭锦旗东南。[3] 都应该在新秦中这个地区之中。新秦中的亭障而被称为塞外,则当地就可能不属于汉朝的版图。这样怀疑应该说是合乎道理的。

障也是边防的一种设施,《史记·大宛传》所谓"酒泉列亭障至玉门",就是具体的说明。障的设施一般都与边塞有关,也就是和长城有关。李陵北征匈奴,所出的遮虏障就在张掖居延[4],而由五原郡北至光禄城,就得出

---

[1] 《后汉书》卷四二《卢芳传》。
[2] 《后汉书》卷三三《郡国志五》。
[3] 《中国历史地图集》第二册。
[4] 《汉书》卷五四《李广传附李陵传》。

稒阳县石门障①。居延县在今内蒙古额济纳旗，稒阳县在今内蒙古包头市东，皆当时边塞所经过的地方。这样的障也有离边塞很远的。光禄徐自为在五原塞外筑城障列亭，远者竟达千里，而至于卢朐河上。②

浑怀、匈归、翁龙、埤是诸障当然也应该和当时的长城或边塞有关。匈归、翁龙、埤是三障，分别在今乌审旗和杭锦旗境内，也就是在新秦中的内部，秦始皇所修筑的长城以至后来汉朝的边塞，都未涉及新秦中的内部，和这几个障都不会有什么关系。和这几个障有关的当推溯到秦昭襄王所修筑的长城。据唐代的记载，夏州宁朔县北约 10 里处和德静县西约 2 里处皆有长城③，当是秦昭襄王所修筑的长城的遗迹。唐夏州故址在今陕西靖边县北白城子。宁朔县在今靖边县东杨桥畔。德静县故城不可具知，可能在今靖边县白城子东北约 42 公里处。匈归障既在今乌审旗西南城川，则和位于今靖边县的秦昭襄王所修筑的长城就不是很远了。前面曾经提到卫青北征时所按行的榆溪旧塞，这是在秦昭襄王所修筑的长城的外面遍植榆树而得名的地方。这种树榆为塞的方法到汉武帝时还有所推广，就是所谓"广长榆"④。这个榆溪旧塞在诸次之水上。诸次之水为今秃尾河，它的上源远在伊金霍洛旗西北。其地距位于今杭锦旗东南的翁龙、埤是两障也并非过远，对秦昭襄王所筑的长城来说，这些都应该说是塞外了。

至于北地郡浑怀都尉所治的浑怀障，距秦昭襄王所修筑的长城似乎是较远了些。因为浑怀障所在地在今宁夏陶乐县，距这里最近的秦昭襄王所修筑的长城应是上面所说经过今陕西靖边县的一段。这中间还有相当遥远的路程，显示它与秦昭襄王所修筑的长城无关。据说浑怀障为蒙恬所筑⑤，则应在秦始皇河上之塞的附近了⑥。浑怀障于汉时属北地郡富平县。当时富

---

① 《汉书》卷二八下《地理志下》。
② 《汉书》卷九四上《匈奴传上》。
③ 《元和郡县图志》卷四《夏州》。
④ 《汉书》卷四五《伍被传》。
⑤ 《元和郡县图志》卷四《灵州》。
⑥ 拙著《黄河中游战国及秦时诸长城遗迹的探索》以秦始皇所修筑的长城在贺兰山北黄河之西。而浑怀障乃在黄河之东，又被称为塞外，则这条长城过了贺兰山，又折回黄河之东了。

平县还有一个神泉障,为北地郡北部都尉的治所①,其地在今宁夏灵武县东。浑怀障被称为塞外,神泉障却没有这样的称呼。这样的差别显示着秦始皇河上之塞是修筑在这两障之间。因为浑怀障在河上之塞外,所以就被称为塞外。

应该指出,这四个障都是汉朝都尉的治所。都尉掌佐守,典武职甲卒②,为当时各郡国中仅次于太守和相的官吏。一郡之中的都尉可能不止一员,但由于地位的重要,绝不能设置于郡外。仅由这一点而论,这几个障虽都被称为塞外,都还应分别是有关各郡的辖境之内,更不能说明当地已经不隶属于汉朝的版图。

这样说来,所谓塞外云者,只是因为它们分别在秦昭襄王和秦始皇所修筑的长城之外。由于汉朝初年匈奴势力的强大,复取去河南地,和汉朝以故塞为界,这样的情况,前后延续了数十年,因而成了惯例,甚而见诸文字的记载。

这四个障皆见于《汉书·地理志》的记载。《汉书·地理志》以平帝元始二年(公元2年)为断。元始二年已在西汉的末叶。是否西汉末叶这四个障已为匈奴所有?实际上并非如此。《汉书·地理志》只是按照当时已成的惯例做此记载,不能因此就说这时新秦中的一部分就已为匈奴所据有。

按照《史记》和《汉书》《匈奴传》的记载,汉朝自武帝元朔二年取得河南地后,和匈奴之间的兵争迄未断绝。至元狩四年,卫青和霍去病大举绝漠远征,漠南遂无王庭。汉渡河,自朔方以西至令居,往往通渠置田官,地接匈奴以北。此后匈奴虽亦曾侵扰过五原、朔方,终非大举。呼韩邪单于降汉之后,北边益少纠纷。元帝竟宁元年(公元33年),呼韩邪单于上书,"愿保塞上谷以西至敦煌,传之无穷"。就在平帝时,乌珠留单于还一再申言:"孝宣孝元皇帝哀怜,为作约束;自长城以南,天子有之;长城以北,

---

① 《汉书》卷二八下《地理志下》。
② 《汉书》卷一九《百官公卿表》。

单于有之。"在这样情况之下,整个北边都没有大的变化,新秦中居于阴山之南,当然更不会有什么变化。《汉书·地理志》记载这四个障,虽说都在塞外,并不能因此而说这些地方已经不在汉朝版图之内。《汉书·地理志》的一些记载多有讹误之处,如百三郡国建置的沿革等,学人之间已多有论证,固不仅这几个所谓塞外的边障为然也。

这里不妨再以《汉书·地理志》所记载的若干水道做证。汉朝版图中有不少水道是从域外流入的,《汉书·地理志》记载这些水道是"出塞外",这应该是很合乎实际情况的。可是有些水道全流都在域内,也说是"出塞外"。也许这并不是错简,而是原来出于塞外,汉时疆土有所变更,仍因原来的记载,故显得和实际不相符合。这里姑举数例,以做证明。

《汉书·地理志》记载有两条有关的水道,皆在定襄郡境内:一为武进县的白渠水,一为武皋县的荒干水,皆说是"出塞外"。这两条水道《水经·河水注》也有记载,仍然都说是出塞外,可能就是根据《汉书·地理志》立说的。《河水注》记荒干水说:"水出塞外,南迳锺山,山即阴山。故郎中侯应言于汉曰:'阴山东西千余里,单于之苑囿也。自孝武出师,攘之于漠北,匈奴失阴山,过之未尝不哭。'谓此山也。其水西南迳武皋县。"依此来说,以荒干水出塞外,只能是在武帝取阴山以前,自匈奴失阴山之后,就不应再说出塞外了。当然,这样的说法还不免有些推论之词。白渠水就更为明白些。白渠水所由出的武进县,在今内蒙古的和林格尔和凉城两县之间。在武进县之北,还有这个郡所属的定襄、安陶和武要三个县,不能就说是塞外。不仅此也,武进县之东为雁门郡辖境,雁门郡所属的沃阳县就在武进县的东南。沃阳有盐泽,就在县东。盐泽今为岱海,在凉城县之东。盐泽东南为雁门郡的强阴县。强阴县有诸闻泽,在这个县的东北。诸闻泽今为黄旗海,更远在岱海的东北。这几个地方都在武进县的东方和东北方。也都是在当时雁门郡境内,同样不能当作塞外。如果不是这些和白渠水源头有关的地方的位置有错误,则白渠水出塞外的说法就不能算是正确的。

按：武帝元光二年（公元前133年）匈奴曾入武州塞。① 武州在今山西左云县。或谓武州塞为秦人所筑②，这种说法未必确实，可能是赵武灵王的旧绩③。白渠水所经过的武进县就在武州塞的西北，所谓白渠水出塞外，当指武州塞而言。阴山之南和武州塞之间，赵国可能还有长城的建筑。也许武进县或其附近就有塞垣，故白渠水得以流经其间。不论如何解释，白渠水所出的塞外，乃是指汉代以前的旧事而言，不仅非汉时的实况，也和平帝元始年间的地理无关。

这样的情况还可以代郡的于延水来证明。《汉书·地理志》：代郡且如县，于延水出塞外。且如县故城在今河北省尚义县西南。于延水为今东洋河，且如县于代郡所属诸县中位于最北，然距代郡的北界尚有一段并非过短的路程，也非汉时边塞经过的地方。可是《地理志》却说于延水出塞外，显然所根据的也非平帝元始年间的地理记载。代郡诸属县中有马城县，为东部都尉的治所。马城县今为河北省怀安县，正为东洋河流经的地方。马城县有塞，塞城就在马城县之北。东汉安帝元初时，鲜卑曾寇马城塞④，顺帝阳嘉年间，鲜卑还曾穿塞进入马城⑤。西汉未曾在马城筑塞，东汉更谈不到在此筑塞事。这里的塞垣当是战国时的遗迹。战国时这里是燕赵两国的疆土，两国在这里的疆界如何划分，书阙有间，难以具知。这里塞垣的建筑，总不外这两国的功力。由战国历秦及西汉，直至东汉中叶尚为时人所称道，则《汉书·地理志》以之作为塞外，并非没有根据。

像这样的例证还可以再举几条。不过这已可以证明：新秦中被称为位于塞外的浑怀、匈归、翁龙、堠是四障，并非在武帝重新取得河南地之后仍不隶属于汉朝的版图，更不能以这被称为塞外的边障，即为匈奴仍据有河南地的一部分土地的证明。就是平帝元始年间也是如此。不可能再有别

---

① 《史记》卷一一〇《匈奴传》。
② 《元和郡县图志》卷一四《朔州》。
③ 《史记》卷一一〇《匈奴传·正义》引《括地志》。
④ 《后汉书》卷一二〇《鲜卑传》。
⑤ 《后汉书》卷一二〇《鲜卑传》。

的解释。

四、居住于新秦中的一些族类

《汉书·地理志》还有一些有关的疑窦，这里也应做出解释。它在北地郡归德县下说："洛水出北蛮夷中。"又在郁郅县下说："泥水出北蛮夷中。"洛水流经现在陕西省北部而在今大荔县入于渭河。泥水为今马连河，在今甘肃宁县南入于泾河。归德县故址迄今未能确定，大致是在今陕西吴旗县附近。郁郅县则在今甘肃庆阳县。洛水和泥水的源头怎么能够说是在蛮夷中？这样一些蛮夷对于新秦中又有什么关系和影响？

其实，《汉书·地理志》所载出于蛮夷中的水道并不仅只有洛水和泥水两条。丹阳郡黟县下说："渐江水出南蛮夷中。"黟县今仍为黟县，在安徽省南部。渐江水则为今钱塘江。渔阳郡白檀县下说："洫水出北蛮夷。"白檀县故地在今河北滦平县。洫水，《水经·濡水注》引此作濡水，当以濡水为正。濡水就是现在的滦河。渐江水发源地的黟县处在东南内地，与域外无关。濡水的源头在白檀县。白檀县于渔阳郡内的方位虽非最北，距北界却并非很远。今滦河由沽源县东南发源，北流，在内蒙古正蓝旗附近折而东流再折向东南流，入于渤海。今正蓝旗附近及其迤北为秦汉时的造阳，即武帝元朔取得河南地时，弃上谷之斗辟县的造阳地。[①] 造阳地失去之后，濡水就不能不流出塞外，而又由塞外流入内地。可是《汉书·地理志》叙濡水，并未像它叙渝水那样，先述其流出塞外，再述其由塞外流入。可知它所记载也不是平帝元始时的地理。不论造阳地丧失与否，濡水源出都非塞外之地。非塞外之地而有蛮夷存在，则此蛮夷当和其北的匈奴或东胡有所不同。至于渐江水源头的蛮夷，应另有它所隶属的族类。汉魏之际，

---

① 《史记》卷一一〇《匈奴传》。

丹阳、会稽诸郡山越势力日渐强大，孙氏君臣为之奔命不置。浙江水源头的蛮夷或当是初见于记载的山越。这样的山越不与一般黎民相同，故称之为蛮夷，不过还在版图之内，也并不一定隶属于中央王朝的统治。濡水源头的蛮夷当亦如此。洛水和泥水源头的蛮夷不以之称为匈奴人，可能就和匈奴无关，它们的地位大致也应和浙江水源头的蛮夷相仿佛。

至迟在汉朝初年，北边各郡就有保塞蛮夷的记载。文帝三年（公元前177年），匈奴右贤王入居河南地为寇。文帝为此特下诏书，谴责右贤王"往来入塞，捕杀吏卒，驱侵上郡保塞蛮夷，令不得居其故"①。什么是保塞蛮夷？据颜师古的解释，乃是本来属汉而居边塞自保守的人。②保塞蛮夷而为匈奴所驱侵，至少可以说明他们与匈奴不同。洛水、泥水源头和濡水源头的蛮夷大致都是属于这一类别，分别是北地郡和渔阳郡的保塞蛮夷。

这些保塞蛮夷怎样居住在这些郡的边塞之下，已经不易追溯其渊源。不过在上郡北部的龟兹县就有由外处迁到的降附人口。龟兹县在今陕西榆林县北。龟兹本为西域的一个国名，它的都城就在现在新疆维吾尔自治区的库车县。为什么以西域的一个国名来做这里的一个县名？据颜师古的解释，乃是"龟兹国人来降附者处之于此，故以为名"③。龟兹国人什么时候来降附的，未见记载，不易确定，似不至于过晚。因为龟兹县当时为上郡属国都尉治所，而属国都尉的设置为武帝时事。④

《史记·卫将军骠骑列传》说：元狩二年，浑邪王谋降汉，乃令骠骑将军将兵往迎之，尽将其众渡河，降者数万。居顷之，乃分徙降者边郡故塞外，而皆在河南，因其故俗为属国。《汉书·武帝纪》于元狩二年，亦记载此事说：匈奴昆（浑）邪王四万余人来降，置五属国以处之。为什么以属国命名？据说是来降之民各依本俗，而属于汉的缘故。⑤这五属国的所

---

① 《汉书》卷九四上《匈奴传上》。
② 《汉书》卷九四上《匈奴传上》颜注。
③ 《汉书》卷二八下《地理志下·注》。
④ 《汉书》卷一九上《百官公卿表上》。
⑤ 《史记》卷一一一《卫将军骠骑列传·正义》。

在地，说者不同。《汉书·地理志》所说较为具体，天水郡的属国都尉治于勇士县的满福，安定郡的治于三水，上郡的治于龟兹，西河郡的治于美稷，五原郡的治于蒲泽。其他有的则去西河郡而增加张掖郡[①]，有的则以上郡和陇西、北地、朔方、云中四郡当之[②]。《史记·卫将军骠骑列传》已经指出这五郡皆在河南，则云中和张掖两郡当不在数内。天水、安定两郡皆置于元鼎三年（公元前114年），则五属国设立的时候，还没有建置这两个郡。天水郡当为分陇西郡所置[③]；安定郡当为分北地郡所置[④]，以五属国的设立有陇西、北地两郡而无天水、安定两郡乃是合乎事理的。五原郡的属国都尉治所所在的蒲泽县，其故地不可确知，当在黄河之南。朔方郡在黄河之南也有一些属县，蒲泽县可能在两郡之间，故说者也有以之作为朔方郡的属县。不论如何解释，五属国之中有三处皆在河南地，则是无疑义的。当时随浑邪王来降的有四万余人。五属国平均分配，每属国皆当在八九千人之间。《汉书·地理志》于每郡国皆记载平帝元始二年的户口数字和所属的县数。根据其中的记载，涉及新秦中的各郡各县中的人口多寡不尽相同。人口最多者为上郡，每县平均有28900多人，次多的为西河郡，每县平均有19400多人，最少者为北地郡，每县平均有11000多人，较北地郡略多的为朔方郡，每县平均有13600多人。当时随浑邪王来降的，每属国平均八九千人，几乎能够和北地郡的属县人口相仿佛。因此这应该是一次重要的人口迁徙。当然各属国当时并不是完全没有居人的。龟兹属国已经有由龟兹国迁来的降附之人，就是一个例证。

这样说来，新秦中的人口是相当复杂的，有保塞蛮夷，有龟兹和匈奴的降附之人，也有由内地迁来的人口，当然也应该算上居住于洛水和泥水源头的蛮夷。虽然相当复杂，同居的各族都可各依其本国之俗，而统属于

---

① 《资治通鉴》卷一九《汉纪十一·胡注》。
② 《史记》卷一一一《卫将军骠骑列传·正义》。
③ 《元和郡县图志》卷三九《秦州》。
④ 《元和郡县图志》卷三《泾州》。

汉王朝。因而新秦中地区只有汉王朝的统治，与匈奴单于无关，匈奴单于是无权过问的。

五、小结

秦始皇三十二年使蒙恬北击匈奴，悉收河南地，建置郡县。秦社倾覆，河南地复为匈奴夺去。直至汉武帝元朔二年，卫青北征，始恢复秦朝旧日的疆土，迄于东汉，再未有大的变动。

河南地是阴山之下黄河以南的地方，其南直抵秦昭襄王所修筑的长城之下。这条长城很长，与河南地有关系的只是朝那、肤施间一段，也就是现在宁夏固原县至陕西榆林县间的一段。肤施东北，这条长城就到了尽头，其地在今内蒙古准格尔旗。说到朝那、肤施一段，应该把这东北尽头处的长城包括在内。

这样说来，河南地的范围是北起阴山之下的黄河以南，南至朝那、肤施之间的秦昭襄王所修筑的长城，东西两侧都达到了黄河。

由于这个地区的土地在当时是相当肥沃的，其肥沃的程度几乎可以和渭河下游相媲美。渭河下游当时为都城所在地，称为秦中。这个地区既然仿佛秦中，所以也就称为新秦中。新秦中可以说是河南地的同义语，不过实际上还是稍有出入的。河南地既以位于黄河以南得名，则阴山之下的北假就不应包括在内。北假的土地也相当肥沃，说到新秦中是不能排除这块土地的。无论是河南地还是新秦中，都要涉及朔方郡和北地郡。这两郡属县都兼有黄河以西的地方，按照河南地的含义来说，是不应包括这些河西的地方在内。可是《水经注》说到北地郡的廉县，就明白指出这是新秦之地。当然这些具体的些小出入，是无妨于河南地和新秦中作为同义语的。就在汉时，也有不以河南地和新秦中居于相同地区的说法。有的以为河南地的南部乃在北地郡之北，有的以为新秦中不一定包括朔方郡，甚至还不涉及北地郡的北部。说法虽不尽相同，实际上都是不周延的。

秦始皇三十二年驱逐匈奴后，这里就隶属于秦朝的版图。汉武帝元朔二年后，这里又是汉朝的疆土。匈奴虽不断侵扰边陲，却未能稍稍改变这里的疆界。如果以为这里还有一部分土地仍然属于匈奴，那是完全错误的，也是不符合历史事实的。

形成这种错误的原因，大致有两个方面：一是上郡的匈归障和北地的浑怀障，还有西河郡的翁龙、埤是两障。这四个障《汉书·地理志》都说在塞外。既然是在塞外，就应是匈奴的领土，这是以为新秦中有匈奴领土的最大根据。其实所谓塞外是对秦昭襄王和秦始皇所修筑的长城而言，《汉书·地理志》可能根据旧有材料，没有分辨清楚，就记了一笔，因而引起后来的迷惘。其二是洛水和泥水源头的蛮夷地，这样的记载在《汉书·地理志》中还有浙江水。这些所谓蛮夷并非就是匈奴，也并非不属于汉朝的管辖，不能因此认为洛水和泥水的源头都已是匈奴的疆土，也不能因此而认为虽非匈奴的疆土，却亦不当在汉朝的版图之内。

秦始皇取得河南地后，设了三四十个县。汉代再取得河南地，也设了许多县。这些县的故地有的已难于考核，未能确实指出今地的所在，仿佛这个地区原来并没有多少县。既没有设置多少县，这就可能被认为大都是匈奴的疆土。汉代的县未能确知其今地所在的并非少数，其他地区也不是少见的，并非仅是新秦中独有的现象。就是一些已知故地所在的县，也不是就没有问题的。因为这些县的故地虽已有人指出，但由于与有关的文献记载未能符合，还应再做探索。在没有得到最后定论之前，仍不免造成若干错觉。西河郡的增山、虎猛、大成诸县就是如此。由于这几县一直被认为是在内蒙古杭锦旗以东各处，仿佛其西的地方就不隶于汉朝的版图。其实这几个县应该更西在近于黄河的地方，这由与这几个县有关的眩雷塞、制虏塞和大成塞可以得到证明。汉代无在新秦中内部修塞事，这几个塞应在河南地西侧的黄河附近，不应移至新秦中的内部，如以增山、虎猛、大成诸县在内蒙古杭锦旗以东，是和当时情势未能相符合的。

新秦中这个地区涉及汉代的朔方、西河、北地、上郡诸郡。新秦中既然都在汉朝的版图之内，这几个郡之间有所毗连的地方就更会多一点。西河郡的得名既与河南地西侧的黄河有关，增山、虎猛、大成诸县又近于这里的黄河，则西河郡的西界就不应止于今杭锦旗以东，而应西移到这里的黄河以西。这里的黄河以西，北有朔方郡的窳浑和三封两县，南有北地郡的灵武和廉县两县。西河郡的西界和朔方、北地两郡的两界等齐，也是合乎常理的。赵充国所说的"窃见北边自敦煌至辽东万一千五百余里，乘塞列隧"的话，也能够有所着落。就是北地郡的北界也不宜限于灵州、昫衍一线。汉武帝由于看到新秦中千里无亭徼，才斩北地郡太守及其以下的官员。如果北地郡的北界仅止于灵州、昫衍一线，则和汉武帝亲自看到的情形是不相符合的。北地郡的北界向北推移，可以和西河郡接壤。

新秦中在秦汉王朝的版图中只是一隅之地。但在秦汉王朝和匈奴的关系中却具有相当重要的地位，厘清其间有关的问题和具体的区划，是有一定的意义的。各家诠释互有出入，而以《前汉地理图》和《中国历史地图集》第二册的《西汉并州、朔方刺史部图》《东汉并州刺史部图》所标绘的最为明确具体。然按诸两汉史事，率多不合，或有抵牾难通之处，这是不能不再做商榷的。（附图一《新秦中图》）

（原载《中国历史地理论丛》1987年第1辑）

图一 新秦中图

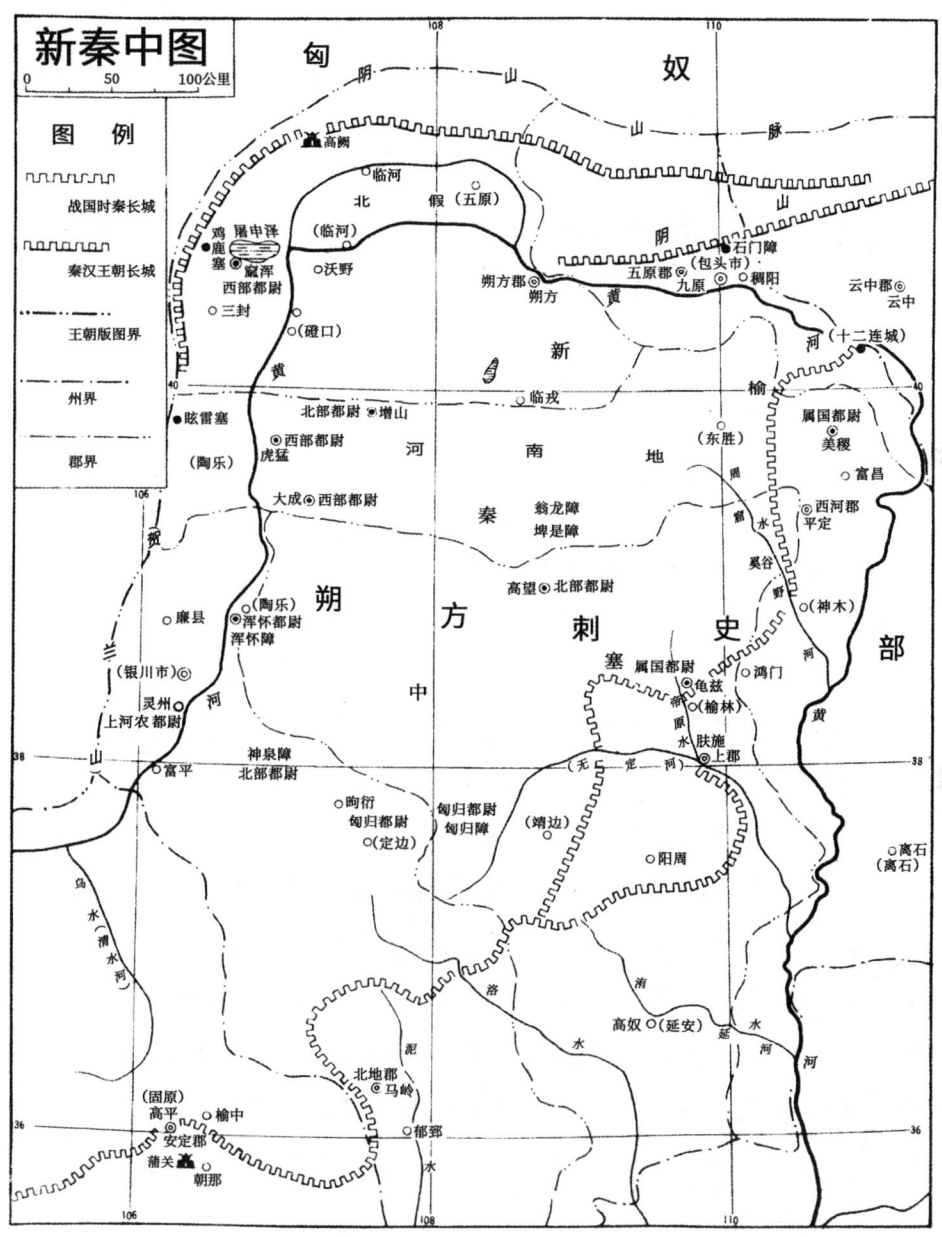

西安地区地形的历史演变[①]

一、蜿蜒西安之南的秦岭

西安南倚秦岭。秦岭巍峨迢峣，横出天际，险峻幽深，曲折叠翠，在自然环境中添一胜概，是其他各处所难于比拟的。

秦岭的名称始见于东汉班固所撰的《西都赋》。这篇赋中说："睎秦岭，睋北阜。"以秦岭和北阜并言，显示南北的对峙。在以前，人们也以秦岭和北阜对言，称为南山和北山。至迟在西周、春秋时期就已如此。《诗经》的《小雅·南山有台》篇，就以南山和北山对言。据说这篇诗作于周宣王时，现在的西安在那时至多还是普通居民点，所谓南山不可能是指着这样的普通的居民点来说的。周人本来建都于周原，后来迁都于丰镐。周原在今扶风、岐山两县之间，丰在今户县东北，隔着沣河和镐京相望。则南山应在周原和丰镐之南，也就是秦岭了。秦岭的得名与秦国有关。周宣王时，秦国还

[①] 本文为拙著《西安历史地理》的第二章。

是很不见重于世的小诸侯，受封于陇山之西，南山怎么就能以秦岭来命名？《诗经》的《秦风》里有一篇以《终南》为题的诗作，据说这篇诗是赞美秦襄公在西周破灭之后，能从游牧民族手里夺回周人的土地，并且劝诫他更要修德，不可倦怠。这里所说的终南，显然是指南山而言。南山可能还是泛称，终南却已转为专名了。以南山称为终南，可见那时还没有秦岭的名称。终南的名称是怎样起来的？西汉时毛苌为《诗经》作注，说是"终南，周之名山中南也"。其实，春秋以中南相称，似更为习见。《左传》昭公四年就有记载说："中南，九州之险也。"毛苌的注文大概就是根据这句话说的。南山是怎样改称终南或中南的？也有些不同说法，莫衷一是。西晋时，潘岳在所撰的《关中记》中说：所以称为终南、中南者，"言在天下之中，居都之南也"①。这是按照西周时的局面做的解释，可是西周时人只称南山，并未见到有关终南或者中南的记载。说来说去，好像终南山应该有具体的所在。汉时人说，在武功县东②，唐时人说在万年县南③，又说在鄠县东南④，还在盩厔县修建终南山祠堂⑤。汉武功县在今眉县，已在今西安市西。唐万年县治所在今西安城南。鄠县今为户县，盩厔县今为周至县，皆在今西安市辖区之内。这些地方是不是就已经说清楚了终南山或中南山，看来还是未必。

撰著于战国时期的《尚书·禹贡篇》说到雍州的山，曾经指出："终南，惇物，至于鸟鼠。"为什么特别提到这三座山？据说是三山可以相互望见。惇物也在汉时武功县⑥，和所说的终南山相离不远，是可以相望的。鸟鼠山为渭水的发源地，在今甘肃渭源县，相距很远，怎么可以望见？不免引人怀疑。只是做相望的解释有些勉强，没有把其间的关系说清楚。《禹贡篇》

---

① 《雍录》卷五《南山》引。
② 《汉书》卷二八《地理志》。
③ 《史记》卷二《夏本纪·正义》引《括地志》。
④ 《元和郡县图志》卷二《京兆府》。
⑤ 《全唐文》卷五八七，柳宗元《终南山祠堂碑序》。
⑥ 《汉书》卷二八《地理志》，《水经注禹贡山水泽地篇》。

接着说导山。说导山是说明山脉的来踪去迹的系统。其中一条山脉是"西倾、朱圉、鸟鼠，至于太华"。汉时人说，西倾在临洮县西南。汉时临洮县在今甘肃岷县，在当时已是极边之县，现在舆图上还标志着西倾山，在青海同仁县南，也可以说在岷县的西南方。朱圉山在东汉汉阳郡南，汉阳郡的治所在今甘肃甘谷县，那里的山到现在还称为朱圉山。太华山就是现在的华山的主峰。这条山脉中没有提到终南山。其实在所说的雍州大山中，就已经提到"终南，惇物，至于鸟鼠"。那是由东向西说的，导山则是由西向东说的。由西倾、朱圉、鸟鼠东行，至于太华，必然是要经过终南的。到了唐代，柳宗元说得更为具体，他在所撰的《终南山祠堂碑》中就明确地说："终南据天之中，在都之南，西至于褒斜，又西至于陇首，以临于戎；东至于商颜，又东至于太华，以距于关。"柳宗元这样的称道，实际上是承袭了《禹贡篇》的旧说。柳宗元仅说"以临于戎"，而未提到西倾。那时吐蕃势力强大，西倾已为所控制，故只能说是"以临于戎"。唐时，以前的函谷关已经发挥不出什么作用，代之而起的为潼关，也就是今潼关县的旧潼关城。潼关就在太华山下，这是柳宗元所说的终南山最东所至的地方。南宋时，程大昌撰《雍录》，也根据柳宗元所说的立说。他说："终南山横亘关中南面，西起秦陇，东彻蓝田；凡雍、岐、郿、鄠、长安、万年，相去且八百里，而连绵峙据其南者，皆此一山也。"所说的大体相同，只是仅限于关中的800里，显得有点局促。

自《禹贡篇》以下，包括柳宗元、程大昌诸人在内的说法是不错的。早已为现代地理学所证实。不过现在以秦岭山脉相称。现在终南山的名称虽仍继续使用，只是作为狭义秦岭的称呼，作为秦岭主峰之一，其位置就在西安市南。至于秦岭山脉则西起甘青两省的边境，和西倾山的方位是相符合的。循渭河之南东行，直到河南省的中部，其间包括西倾山、岷山、叠山、朱圉山、终南山、华山、嵩山、伏牛山，乃是洮水、渭水、洛水和岷江、嘉陵江、汉江的分水岭。现代地理学的结论，足以证实两千多年以来，地理学的成就是不平凡的。虽然那些时期没有把华山以东的嵩山和伏牛山都包括在终南山之内,仅就西倾山以东至华山的一段落来说,就已完全确实而了无诬妄之处。

说到终南山和秦岭之称为南山,就应该联系到北山。班固在《西都赋》中所提到的"睎秦岭,䁖北山",就是这样的意思。南山紧接着西安市,就是西安市所属的长安、周至、户县和蓝田诸县也都倚靠着南山,其密切的程度是用不着多说的。北山就不是这样的了。现在西安市及所辖的大部分县境都在渭水以南,和北山皆无牵连。所属的高陵县、阎良区和临潼县的小部分都延伸到渭水以北,也是一片平原,离北山还很远,这是现在的情形,说到以前,却是另一种局面。西安曾长期作为都城所在地,因而渭水以北就不能没有关系。作为都城,南山是一道屏障,北山也是一道屏障。有了分列南北的两道屏障,关中才更具有特色。如前所说,远从周人肇兴之时,就以北山和南山并称,所谓北山也和南山一样,蜿蜒于渭水以北的东西,由陇山以东直到黄河岸边,隔着渭水和南山相辉映。这里面包括岍山、岐山、梁山、嵯峨山、九嵕山、频山诸山。北山虽能和南山相辉映,却和南山有差别。南山东西相连,中间并无间隔,因而就成一条山脉。北山各自成峰,彼此并无联系。《禹贡篇》说导山,曾经提到导岍及岐至于荆山。班固就以此为所导的是北条,并且在《汉书·地理志》中特别注明《禹贡》北条荆山在左冯翊怀德县之南。这样说来,荆山应该是一座大山了。怀德县为西汉时县城。东汉已经省并,以后再未重设过。由于历年久远,故城所在也有不同的说法。有的说,在今大荔县故朝邑城的西南。[①] 也有说在故朝邑县城之西的高城镇。[②] 也有说在今富平县西南的。富平县西南之说,是由荆山所在地推演出来的,因为有的记载中明白指出,荆山在富平县西南[③],这样怀德县故城就不能不相随也就列入富平县境。可是现在富平县西南并无任何山岭,只有海拔500米高的原。至于今故朝邑县城之南之西也

---

① 《水经·渭水注》,《史记》卷五七《绛侯周勃世家·正义》引《括地志》。
② 嘉庆重修《大清一统志》卷二四四《同州府二》。
③ 《隋书》卷二九《地理志》,《元和郡县图志》卷一《京兆府》。

都是一片平川，同样是没有任何山岭。看来以前人的说法，在这一点上大概是说错了。故朝邑县城距离西安尚远，可以存而不论。今富平县南就是临潼县。临潼县分有渭水南北两部分，渭水以南部分山地不少，渭水以北部分包括阎良区在内，和富平县毗邻，也都是没有山的。

秦岭巍峨富饶，横出天际，是相当高耸的。除青藏高原、云贵高原和新疆维吾尔自治区的一些高山外，最为高峻的山峰，应该数到秦岭山脉的太白山，其高程为3767米。太白山位于周至县和太白县交界处，为西安市辖区最西的地方。西安市有一句流传很久的民谣："太白积雪六月天"，这是其南其东的山岭所难见到的胜景。以前人们经常提到五岳。五岳有不同的具体山名，明清迄今，以泰山、华山、衡山、恒山和嵩山为五岳。五岳皆为名山，却都不是很高的。其中以衡山为最低，仅有1290米。最高的要推华山，也只是2083米。华山也是秦岭一个山峰，虽列为五岳之一，还是不能和太白山相比高的。现在西安市所辖诸县中的一段秦岭，其高峰除过太白山外，就应该数到位于户县之南的静峪脑，其高为3015米。其次为周至县东南大岔沟源头之南的一个尚无具体名称的山峰，其高为2897米。再其次为长安县西南的麦秸磊，高程为2887米。接着为周至县西南的光头山，2833米。周至县和户县交界处的秦岭梁，2822米。长安县的牛背梁，2802米。长安县西南西万公路以秦岭为名的山隘附近尚无具体名称的山峰，2672米。这里所说的静峪脑，可能就是唐代李吉甫在其所著的《元和郡县图志》中所说的位于鄠县东南50里的终南山。

李吉甫《元和郡县图志》中还提到一处终南山，是在万年县南50里。唐万年县治在长安城中，现在应在西安城南。如果按照所说的里数算计，最多也只能数到南五台或翠华山，还不能达到秦岭的顶上。现在舆图上以终南山置于长安县涝水的支流小峪河源头之南，其高程为2604米。仅就西安市辖区这一段秦岭来说，这样的高程才居到第八位。其他的山峰就都难与之相比高。如果再往低处说，还可以提到户县东南的邢家岭，高程为2574米，长安、蓝田两县交界处一个无名山峰，高程为2247米。在此以下就都不到2000米了。

至于北山，最为高昂的当推岍山。岍山在西汉时称为吴山，位于宝鸡县西北，又称吴家沟岭。附近犹有吴山岳庙，高程在2000米以上。或说岍山在今陇县西60里①，已难确指其地。今陇县有一座关山，其高程亦只有2428米。岍山之东为岐山，也是一座名山，高程为1651米。再东的梁山，1048米；嵯峨山，1423米；九嵕山，1077米。这些都只能和西安市辖区内秦岭的一般山峰相比。班固《西都赋》称北山为北阜，不是没有道理的。

南山这样悠长，不仅横亘于西安城南，而且绵延于市区所辖的渭水以南各县。既然是蜿蜒不绝，也就峰峦并列。这许多的峰峦随处各有其名称。甚至本为整个山脉的总名终南山，也成为具体峰峦的名称，也许因为这个总名太重要了，因而作为峰峦的具体名称，也就不限于一处。直到现在还是如此。这在上面已经陈述过了。如前所说，这段山脉以太白山为最高，有了一定的高程，位置不会多所改易，不过山名也还有异称，有的就称为太乙山，并且说这就是终南山。②这座山距西安较其他诸峰为最远，可是西安人谈论起来，仿佛就在近旁。以前西安人说当地的八景，就把"太白积雪"列到八景之中。

距西安较近而得名最早的应该数到临潼县南的骊山。早在春秋时即已见于记载。那时还是骊戎立国的地方。③秦始皇陵就在骊山之下，这就使骊山更为当时后世所熟知。骊山在南山之北，算不上南山的主峰，只能作为蓝田山的北阜。④蓝田山在蓝田县东，山出美玉⑤，因而也称为玉山⑥。蓝田县南还有峣山和蒉山。为一方险要的峣关，就建在峣山之上。刘邦入关灭秦，在峣关受阻，就绕蒉山，击秦兵于蓝田南。⑦峣关一名蓝田关，在今蓝

---

① 《元和郡县图志》卷二《陇州》。
② 《汉书》卷二八《地理志》。
③ 《左传》庄公二十八年。
④ 嘉庆重修《大清一统志》卷二二七《西安府》引《括地志》。
⑤ 《初学记》卷二七《玉第四》引《京兆记》。
⑥ 《汉书》卷二八《地理志》。
⑦ 《汉书》卷一《高帝纪》。

田县和商县交界处灞水的源头。有人认为峣关近在蓝田县城南约 10 里外。那里确曾有过峣关，乃是北周时徙置的，为时不久又复徙至原来的地方，与刘邦所攻的无关。[①] 蕢山今已不易考究其所在，不过峣关西侧，尚可见有突出的高峰，可能就是原来的蕢山。如果移峣关于蓝田县城近处，就没有可以作为蕢山的山峰了。

西安城南，长安县境内的一段秦岭，还有一个被称为终南山的高峰，这是在前面已经提到过的。就在这个终南山的西北不远处，还有南五台和翠华山。这两座山直到现在还为西安人盛加称道，作为旅游胜地。南五台在石砭峪东，留村（今亦称五台）之南，高程为 1688 米。其上有奇峰五，因而称为五台。翠华山在太乙宫之南，其上有甘湫池和水湫池，高程为 1515 米，较南五台略低。在长安县西、户县的东南，也有两座为时人所经常称道的山峰，为圭峰和紫阁峰。圭峰的形状如圭，直立耸起，与其他峰峦不同。紫阁峰在圭峰之西，其附近还有白阁峰和黄阁峰，三峰相距不远，可以显示其命名的本意，紫阁峰向北与户县城旁的渼陂遥遥相对，杜甫诗有句说："紫阁峰阴入渼陂。"[②]

像这样的峰峦还可举出很多，如长安县的万华山和大兴山，前者高 1988 米，后者亦高 2320 米；蓝田县的紫云山和王顺山，前者高 2197 米，后者高 2311 米，户县的凤凰山和牛头山，前者高 1694 米，后者高 900 余米；周至县的东老君岭和首阳山，前者高 2557 米，后者高 2720 米。可以说是重峦叠嶂，层出不穷。它们相互连接，高耸于西安城南，宛如锦绣屏障，为他处所少见。

峰峦叠起，其间自然有谷。南山的谷至为繁多，清人毛凤枝还特撰了一部《陕西南山谷口考》，做了详细的考核。仅就嘉庆重修的《大清一统志》所记载的也有二十余处，随文涉及的还不在数内。有些谷由于风物雅丽，久已为世人所称道。蓝田县南的辋谷，其形如车辋环辏，景物宜人，唐代

---

① 《太平寰宇记》卷二六《雍州》。
② 《全唐诗》卷二三〇，杜甫《秋兴八首》。

诗人王维的庄园就在当地。户县的东南的高冠谷，也是一处有名的风景区，谷中不仅有深潭，且有瀑布，唐代另一位诗人岑参，在当地置有庄园。也有的谷深邃幽深，由山下随着曲折的山势上溯，直到近山顶处，山南的那一侧也有由山下上溯到近山顶处的谷，两相联系沟通，遂成南北通行的大道。长安县南的子午谷就最为有名。刘邦灭秦后，为项羽封作汉王，就是由这条道路南去汉中的。当时尚无子午的名称，只是称为蚀中。到王莽时才以子午相称。这是说北口为子，南口为午，南北相对，故曰子午。现在南山之下有子午镇，当系早年进山之处。其实由子午镇南行，进山不久，翻越一道山梁，就进入沣峪，南山北坡的道路就溯沣峪而上，直登山巅。蓝田县东南灞水上源的倒回谷①，也称为蓝田谷②，就是由西安东南去商洛，再东南至荆襄的大道，至迟春秋时期已见于记载，秦楚两国就不止一次在这条道路交兵过。周至县西南的骆谷，也是一条可通大道的谷。由这条大道可与山南的傥谷相衔接，因而就称为傥骆道。三国时，魏国曹爽伐蜀，就曾由骆谷出兵。唐代再度修复，又成为南北大道，可是后来到明代中叶，还是荒芜阻塞。子午谷道和蓝田谷道现在都已修成公路，经过骆谷的傥骆道，由于阻塞日久，现在还不可能修筑公路。这三条大的谷道，隋唐时期，由于都位于都城的南侧，为了保障长安的安谧，皆在谷口附近置关。子午关位于沣峪口进山不远处，就是现在的石羊关。蓝田谷道上置有蓝田关，也就是前面所说的峣关改称的。③骆谷关则在周至县的西南。当时在南山所设的关还有一座库谷关。④库谷关设于库谷入口处，当时属于蓝田县⑤，而今则改隶长安县。当时在这里设关，正说明由库峪入山是有一条道路的，这是通往金州的道路。金州治所在今陕西安康市。库谷关西相距不远，有大峪。大峪之北又有小峪。说者谓大峪为唐代的义谷，小峪为唐代的锡

---

① 宋敏求《长安志》卷一六《蓝田》。
② 《水经·渭水注》。
③ 《元和郡县图志》卷一《京兆府》。
④ 《新唐书》卷三七《地理志》。
⑤ 宋敏求《长安志》卷一一《蓝田》。

谷。①唐宋时期，义谷有路向南越山可通金州和汉中。锡谷亦有路南行至山上与义谷路合。②库峪、大峪、小峪由东向西，三条道路并排南行，越过秦岭顶上，三路次第相合，成为一条道路。库峪在隋唐时期虽亦曾设关，和子午关、蓝田关相仿佛，其重要性似难与子午关、蓝田关相比拟，就是到现在，这三条路都还是一般人行道路，尚未修成公路。

除过这几条曾设置有关隘的道路外，一般利用山峪作为道路还是不少的。西安正南，由长安县南行，就有道路由石砭峪进山，可以通到其南的柞水县。由蓝田县西南的汤峪，其南的辋峪、东采峪，东南的流峪，户县南的涝峪，东南的太平峪，周至县东南的耿峪、田峪，县南的甘峪，西南的前峪进山，有的可以达到秦岭顶上，有的还可远至山南。长安县的库峪和大峪，蓝田县的东采峪，户县的涝峪、太平峪，周至县的耿峪、前峪，已皆有公路修筑到峪内，而蓝田县经过流峪的公路，已可通至其南的商县。周至县通过甘峪的公路，也可通至其南的佛坪县。显然可见，秦岭的峪已多为人们所利用，顺峪修成道路。秦岭虽高耸入云，交通还是相当便利的。

秦岭不仅迢峣峻秀，物产也相当富饶。《诗经·秦风》就曾经歌咏过："终南何有？有条有梅。"这是说山上林木的茂盛。后来到西汉时，东方朔说到南山，还特别指出，山中出玉石、金、银、铜、铁，尤其是豫章、檀、柘、异类之物，不可胜数。③物产富饶，自然会有不少的人家。山谷既多，有些谷道更为南北往来通途，人家也不会很少。而且还有帝王的宫殿。当年秦始皇所营造的阿房宫，乃是在渭水南岸汉长安城外，可是"离宫别馆，弥山跨谷"，还表南山之巅以为阙。④后来唐高祖所营建的太和宫就在终南山上。宫以太和为名，是以位于太和谷口之内。唐太宗重新修葺，改为翠微宫。这座宫殿规模很大，据说是"笼山为苑"，而且还有所谓视朝殿⑤，显然是

---

① 《陕西南山谷口考》。
② 宋敏求《长安志》卷一一《蓝田》。
③ 《汉书》卷六五《东方朔传》。
④ 《三辅黄图》卷一《秦宫》。
⑤ 宋敏求《长安志》卷一一《万年》、卷一二《长安》。

在这里处理政务，和在都城长安一样。宫殿之外就是寺观了。唐代沙门以玄奘最为著名，玄奘自天竺归来，就曾在翠微宫内译经，所居处称为弘法院。① 就是翠微宫，到唐宪宗元和年间也改称翠微寺。当时佐玄奘译经的道宣，就居于沣峪内的丰德寺。② 其他则长安县炭谷内有灵应台并下院，石鳖谷内有罗汉寺③，蓝田县辋谷有清源寺④，悟真谷有悟真寺⑤。至于人家、住宅、庄园应该是很多的。唐时岑参有庄园在高冠谷，王维有庄园在辋谷，这是在前面已经提到过的。杜甫亦有友人家在豹林谷的东蒙峰。⑥ 由于南山距离唐代都城长安很近，有些人就特意住在终南山内，培育名誉，以待王朝的宠召，因而当时就有"终南捷径"的说法。⑦ 到了宋代，种放也隐居于豹林谷的东明峰。⑧ 东明峰当即东蒙峰。宋时都城远在开封，同样在终南山隐居，就不能再以捷径相讥讽了。

二、原的分布及其切割破坏

秦岭是东西走向的古老褶皱断层山脉，北侧断层陷落，山势陡峻，山下就是平原旷野，与其南侧悠长的漫坡迥异。这里可以户县东南的圭峰作为说明。圭峰矗立，其形如圭，山崖几乎都是十分挺拔，高程为655米。其南约20公里处的高峰高2524米，再西南约25公里处就是这一段秦岭的最高的静峪脑，高达3015米。由静峪脑至圭峰的约四五十公里的山坡显然

---

① 慧立、彦悰《大慈恩寺三藏法师传》。
② 慧立、彦悰《大慈恩寺三藏法师传》。
③ 宋敏求《长安志》卷一一《万年》。
④ 宋敏求《长安志》卷一六《蓝田》。
⑤ 嘉庆重修《大清一统志》卷二二七《西安府》。宋敏求《长安志》卷一六《蓝田》谓在蓝田县东南的王顺山。
⑥ 《全唐诗》卷二一六，杜甫《玄都坛歌寄元逸人》。
⑦ 《新唐书》卷一二三《卢藏用传》。
⑧ 《宋史》卷四五七《种放传》。

是相当陡峻的。降至山根，圭峰犹突起如圭。圭峰之下就是循山麓东西往来的公路，高程仅 500 米。其间的差距是很显然的。

秦岭之下，就是关中平原。由秦岭山麓至于渭水之滨，虽是平原却是由东南趋向西北的倾斜形。西安市南北两方面就不尽相同。西安的高程为 412 米。西安正南为长安县治所的韦曲。韦曲的高程为 432 米。长安县南为石砭峪口，高程为 700 米。西安市正北为草滩镇。草滩镇濒渭水。这里渭水岸边的高程为 366 米。以草滩镇和石砭峪口相比较，高低之差，竟有 300 余米，不能说是很小。这种南高北低的现象不仅西安南北为然，就是西安以西和以东也都是如此。

这样南高北低的现象，并不是显示由南面的秦岭山麓直到北面渭水岸边都是逐渐由高到低，形成一面漫坡的形势。也就是说这里的平原并非一平如砥，而是随处也有高低不平处。就是西安城内和近郊处也是一样的。上面所说西安的高程为 412 米，是就较多的街巷来说的，并非全城都是相同的，城的中心处钟楼底下就是 413 米。南门所在地的高程仍为 412 米，北门所在地却只有 404 米。隋唐时期以长安为都城，其规模的巨大远超于今西安城。都城共为三部分，北为宫城，中为皇城，南为外郭城，三城南北连为一体。宫城北门玄武门最居北面，其遗址在今自强路中段之北。宫城南门承天门遗址在今莲湖公园。外郭城南面三门，中间为明德门，其遗址在今南郊杨家村。今西安城仅得其皇城，唯东部稍稍逸出皇城之外。当时皇城南面三门，中间为朱雀门，遗址在今西安南门稍偏西处。朱雀门外为朱雀街，直抵明德门。北隔皇城，与宫城南门承天门和北门玄武门遥遥相对。据说，隋初创建此都城时，宇文恺实主持其事。宇文恺"以朱雀街南北尽郭，有六条高坡，象乾卦，故于九二置宫殿，以当帝王之居，九三立百司，以应君子之数，九五贵位，不欲常人居之，故置此观（玄都观）及兴善寺以镇之"[①]。以六爻解释六条高坡，自是具有迷信色彩。六条高坡

[①] 宋敏求《长安志》卷九《唐京城》。

确是实际的地形，迄今这六条高坡仍然具在，并未消泯无迹。现在看来，这第一条高坡即所谓九二，在环城北路之北，也在北门之北，其高程为400米上下，这是经过当时宫城的高坡。第二条高坡即所谓九三，在北城墙内，莲湖公园附近，高程为403米。这是经过当时皇城的高坡，因而立百司，以应君子之数。第三条高坡即所谓九四，在今东西大街之南和兴庆公园附近。按《乾卦》所说"九四，或跃在渊，无咎"，也是君子之数，因而这条高坡也包括在皇城之内，和九三那条并列。第四条高坡即所谓九五，由兴善寺街斜过友谊东路，并经过交通大学，其实就在草场坡上，高程已有420米上下。第五条高坡即所谓上九，在今乐游原上，高程在430米上下。第六条高坡即所谓用九，在今大雁塔附近，高程在440米上下。这六条高坡中，草场坡、乐游原、大雁塔三处尤其明显。

西安城内外尚是这样高低不平，其他各处也都差相仿佛，这样的具体情况还是在说明，西安周围的关中平原，并非一平如砥，也不是由南向北的一面漫坡。虽然如此，在较小的范围中，还是有不少平整的地方，只是这样平整的地方，周围却显得有些低下。这样平整的地方就称为原。具体说来，原是高起而其上面较为平坦的地方。秦岭之下至于渭水，也就是西安周围，原是相当多的，构成了明显的地形。

原的形成固然与当地的地形有关，也是由于侵蚀引起的。这里的侵蚀主要是水力侵蚀。黄土组织疏松，容易受到侵蚀。侵蚀一般都是由地表径流开始。地表径流容易冲成很浅的沟形，愈冲愈深，成为沟壑。沟壑不仅沟头向上延伸，而且也向两旁侧蚀，促成原面的切割破碎，就不免有新原的出现。沟壑里的水流是由于较大的降水汇集起来的。降水并非经常所能发生，因而切割也就是断断续续，逐渐显示出来。沟壑中如果有流水，再进而成为河流，侧蚀也就更为显著。这些现象都可促成原面在缩小，原数在增加。秦岭山下和渭水之间的原的分布，也是这样的道理。

秦岭山下和渭水之间，现在的原是相当繁多的。如上所说，这样繁多的原是逐渐切割形成的，远古时期并非就和现在一样。最早见于记载的原当推白鹿原。此说出于《辛氏三秦记》。据说"白鹿原，周平王时有白鹿出"①。《辛氏三秦记》出于汉时人的手笔。②《辛氏三秦记》并谓白鹿原在新丰县西。汉时新丰县在今临潼县新丰镇。《关中图》说，新丰县南有新丰原，白鹿在霸陵。③霸陵则在灞水以西了。《关中图》未知其作者，可能是在《辛氏三秦记》的作者之后。《水经·渭水注》说"霸水历白鹿原东"，和《关中图》相同，当是其时已有了新丰原，白鹿原的东侧就显得较前有所缩小。《水经·渭水注》对于白鹿原，说得较为详赡。据说："霸水又北，长水注之，水出杜县白鹿原。其水西北流，谓之荆溪。又西北，左合狗枷川水。……（狗枷川水）乱流北迳宣帝许后陵东，北去杜陵十里，斯川于是有狗枷之名。川东亦曰白鹿原也。"这里所说的狗枷川水，就是现在的浐水。④寻郦道元的本意，狗枷川水之西也应属于白鹿原，故"川东亦曰白鹿原"。或者有人要说，今浐水之西为少陵原地，不当以之为白鹿原。核实来说，少陵原以汉宣帝许后陵得名，得名较晚，至少在郦道元时还没有这样的名称。许后的崩逝早于汉宣帝。汉宣帝元康元年（公元前65年），以杜东原上为初陵，更名杜县为杜陵。此事见于《汉书·宣帝纪》。《水经·渭水注》全文引用，并未有所改正和解说，可见汉时尚无少陵原的名称，就是到郦道元时也还没有这样的名称。《渭水注》已载长安周围的原名多至六七处，其中无少陵原。以郦道元的博雅，如当时已有少陵原，是不会不加征引的。

《汉书》所记载的杜东原，只是说杜县东面的原，并不是当地的原称为杜东原，这样的称道在后来隋唐时代的墓志铭中实为习见，已成常式，无足多怪。这里的原如郦道元所说，也是白鹿原。由于白鹿原相当广大，汉宣帝时始建陵寝，置陵所在似乎不应泛指白鹿原，因而只说是杜县东面

---

① 《后汉书》卷一〇九《郡国志》刘昭注引。
② 王谟《汉唐地理书钞》所辑《辛氏三秦记》后的按语。
③ 《后汉书》卷一〇九《郡国志》刘昭注引。
④ 杨守敬《水经注图》。

的一部分，故以杜东原相称。

郦道元以杜县也在白鹿原，并非随意所指。要说明这其间的道理，还是由《辛氏三秦记》所记载的说起。《辛氏三秦记》说白鹿原，上溯到周平王时，因为周平王时这里有白鹿出。白鹿原的得名诚然和白鹿有关，但以作为周平王时，却与实际不相符合。周平王时，犬戎肆虐，丰镐两京都被侵占，还能说到白鹿原。这里的白鹿虽与周平王无关，西周时这里的白鹿却是很多的。《诗经》里就不止一次提到过。《大雅·柔桑》："瞻彼中林，牲牲其鹿。"这是说中林里面有很多的鹿，相偕偶行，仿佛很要好的友朋模样。《小雅·鹿鸣》："呦呦鹿鸣，食野之苹""呦呦鹿鸣，食野之蒿""呦呦鹿鸣，食野之芩"。这是说群鹿在食苹、食蒿、食芩的时候是那样和谐。《大雅·灵台》："麀鹿濯濯，白鸟翯翯。"鹿群不仅散游野外，而且驯养在苑囿里，可见当时鹿群之多，人们都已习以为常了。

当时有这样繁多的鹿徜徉于原野之中，以白鹿名原是可以理解的。当时不以丰镐近处作白鹿原，却以白鹿原远在浐灞之间，如后世记载所说的，这就会引人滋疑。浐水为西安周围的一条大川，远在西汉之时，就与沣、镐诸水并列，成为荡荡的八川之一[①]，实际的流量似不能与灞水相提并论，以至于博雅如郦道元者也把它错当作狗枷川水[②]。现在看来，浐水的河谷确是不如灞水的宽广深邃。就是流经汉宣帝杜陵的附近，还是比较狭窄的。现在的狭窄还是经过三千多年来不断侧蚀形成的结果，三千年前当更为狭窄，这是一点。周时的原都是相当广大的。周人肇兴于周原。当时的周原竟有今凤翔、岐山、扶风、武功四县的大部分，兼有宝鸡、眉县、乾县、永寿四县的小部分。[③]周宣王北伐严允时所至的大原[④]，其故地尚难确指。

[①]《史记》卷一一七《司马相如传》。
[②]《水经·渭水注》。
[③] 拙著《周原的变迁》。
[④]《诗经·小雅·六月》。

不过既以大原相称，也许和周原相仿佛。以这两个原相比照，白鹿原就不应过为狭小。《辛氏三秦记》以白鹿原在汉时新丰县之西，不是没有道理的。现在浐水以西，原名不少，那都是以后形成的，与周人无关。周时这里别无新名。为什么没有新名？自是新原尚未切割形成。没有切割形成新原，而又别无新名，周人空过此地，却远以浐水之东称为白鹿原，殆非常理可以解释。所以浐水以西也应包括在白鹿原内，如郦道元在《水经·渭水注》所说的，而且还应该一直向西，至于周人都城丰镐的近旁。

这样的说法可以由戴延之《述征记》中得到证明。东晋末年，刘裕北征后秦，戴延之曾从军远行。当时北征之军大获克捷，直抵长安，俘得秦主。延之凭此机缘，亦得历览秦汉旧规。《述征记》所记即其沿途的见闻。其中曾经说过："长安东则骊山，西则白鹿原，北望云阳，悉见山阜之形，而恒若云雾之中。"① 延之这条记载，当系目睹，不然就不会这样真切。这是说白鹿原一直达到长安城西。周人都城丰镐就在汉长安城的西南，相距仅三数十里。汉长安城西就是白鹿原，则白鹿原亦当近于丰镐，也就是说丰镐都城就建在白鹿原上。

戴延之生当东晋刘宋两代之间，早于北魏后期的郦道元。戴延之所目睹的山川形胜，至郦道元时似尚多有存留，这就不免显示在《水经注》中。《渭水注》记载在长安附近的诸原，渭水之南，除白鹿原外，只列举了高阳原和凤凉原，还有新丰原和阴槃原。渭水以北，也只列举了姜原和藕原。这样看来，当时的原只有这几处。如果还有其他的原，以郦道元的博雅不能稍加略漏的。何况这里的原大都和河流水道有关。如果当时确是已经形成的原，郦道元是不能不悉为罗列并举的。

《水经·渭水注》所列举的诸原，和白鹿原最有关系的为高阳原和凤凉原。高阳原在沇水（即潏水）和交水故渠相汇合的地方。其地在下杜城的西北，而下杜城则在今长安县的西北，郭杜镇的东北。凤凉原在狗枷川

---

① 宋敏求《长安志》卷一五《临潼》引。

水的上源处。狗枷川水为现在的沪水。狗枷川水有东西两源。西源为斫盘谷水，即现在的柘坡谷水，也称为甘河①，在长安县东南杨庄之西。这条水北流合苦谷水，也就是现在的库谷河。东源为现在流经焦岱镇的岱峪河。东西二源相汇合后，流经汉宣帝许后陵东，现在为长安县鸣犊镇东南。两源之间就是所谓的风凉原。高阳原和风凉原分别和上面所说的白鹿原相毗连，可能都是从白鹿原分出来的。这两原虽和白鹿原同见于《水经·渭水注》，但论其形成的时代应该远在白鹿原之后。风凉原还曾见于《关中图》的记载，却都未见《辛氏三秦记》的道及，就是有力的证明。这样说来，《关中图》的成书年代应该晚于《辛氏三秦记》。

这里顺便可以对于高阳原和风凉原的具体位置再做说明，风凉原在今甘河和岱峪河之间，这是明确的，而且在上面已经论述过了。还应该再做补充说，南接石门山。②原上迄今未闻有前人墓志出土，无由一一指出所在。高阳原则有出土墓志足以相证。唐玄宗开元十二年（公元724年）《宋运墓志》，谓其妻葬于京城西南高阳原三会寺舍利塔之南③，三会寺在清长安县（今陕西西安市）西南25里昆明池边④。近年出土于西安市南丈八沟的唐宪宗元和九年（公元814年）《李潮墓志》，谓葬于长安县高阳原胡赵村。胡赵村不可考，当即南丈八沟或其附近。出土于长安县郭杜镇郭北之西的唐宣宗大中四年（公元850年）的《宋伯康墓志》，谓葬于长安县义阳乡，其村曰邓，其原曰高阳。⑤今仍有邓村，郭杜镇郭北之西，正在邓村之南，与《墓志》之说相符。长安县文管所藏有宋哲宗元符元年（公元1098年）《杨庭墓志》，谓葬于长安县义阳乡郭杜村高阳原。郭杜村今为郭杜镇，其时不仅村名未改，就是乡名也仍因唐时旧制。这些出土墓志虽皆未能指出高阳原的四边所至的地方，其方位已经是相当明确的。

---

① 民国《咸宁长安两县续志》卷四《地理志》。
② 宋敏求《长安志》卷一六《蓝田》。
③ 端方《陶斋藏石记》卷二二《右金吾翊卫宋运墓志》。
④ 嘉庆重修《大清一统志》卷二三〇《西安府》。
⑤ 1982年3月20日《西安晚报》所揭载的《长安新出土——唐代墓志》。

《水经·渭水注》述新丰和阴槃二原时，明确指出冷水流经二原之间。冷水就是现在临潼县东的零水。这是说，新丰原在冷水之西，阴槃原在冷水之东，以河流为原的界线，相当明确。可是在说冷水之后，接着说其东的酋水，却说酋水历新丰原东而北迳（秦）步高宫西，北流入渭。可能是阴槃原南，冷水中上游还是新丰原，故新丰原得在阴槃原的东西两侧，阴槃原的范围并不是很大，新丰和阴槃两原都以所在县得名。新丰为西汉时的县，始设于汉高祖初年。① 阴槃县则置于东汉灵帝末年。② 设县不早，原的得名亦迟。以前白鹿原东至新丰县，有了新丰原，则白鹿原必然向西退缩，一直退缩到灞水之西。

白鹿原范围的缩小，与高阳原、风凉原以至新丰原的形成有关。后来白鹿原近旁还不断有新原形成，对白鹿原都有影响。大致到唐宋时期，才逐渐趋于稳定。唐时记载，谓白鹿原在万年县东20里。③ 唐万年县治所在今西安市南偏东处。到了北宋，记载就更为具体。据说在万年县东南20里，"自蓝田县界至浐水川，尽东西一十五里，南接终南，北至霸川，尽南北20里"④。近年出土的唐宣宗大中七年（公元853年）的王怡政夫人刘氏墓志，谓葬于万年县白鹿原浐川乡上傅村，是在西安市东郊郭家滩，已近于灞浐合流处⑤，可以为宋时记载的佐证。唐宋时的记载显示白鹿原夹处在浐灞两水之间，已成定型。

上面论述白鹿原曾经达到过汉长安城西。也许有人要说，丰镐附近已经有了一个毕原，为周文王、武王以及周公墓地的所在。说文王墓地在毕，始于东汉马融。⑥ 毕于汉时隶属何县，马融无说。曹魏时刘劭、王象撰《皇览》，不再以毕为说，而以文武周公墓地皆在京兆长安镐聚东社中⑦，也就

---

① 《汉书》卷二八《地理志》。
② 《太平寰宇记》卷二七《雍州》。
③ 《元和郡县图志》卷一《京兆府》。
④ 宋敏求《长安志》卷一一《万年》。
⑤ 《隋唐五代墓志汇编·陕西卷》第二册。
⑥ 《史记》卷四《周本纪·集解》。
⑦ 《史记》卷四《周本纪·集解》引。

是在周的镐京附近。唐初李泰撰《括地志》，则说"武王墓在雍州万年县西南二十八里毕原上"①。马融说毕，未以原相称，刘劭和王象只说镐聚东社中，也与毕原无关，可见汉魏之时，这里还根本无毕原的说法，直至唐初李泰才做了肯定的论证。可能当时有这样的说法，李泰就以之写入《括地志》中。因为是后起之说，所以《水经·渭水注》中未曾涉及。出土的唐人墓志间有提到毕原。唐玄宗天宝二年（公元743年）《韦元倩墓志》②，唐代宗大历十年（公元755年）《如愿律师墓志》③，皆谓葬于长安毕原。由于未悉出土所在，不易确定其具体地址，可能就在周代丰镐遗址附近。其后唐宣宗大中十一年（公元857年）《刘蜕母墓志》，则谓在长安城南④，唐宪宗元和十五年（公元820年）《韦端玄墓志》则谓在万年县洪固乡⑤。洪固乡在万年县南15里。⑥ 这些墓志因未悉其出土地点，仅能据以稍知其方位的所在。近年出土于长安县东北1.5里兵器工业部206研究所建设工地的唐玄宗开元二十八年（公元735年）《韦君夫人胡氏墓志》，谓葬于洪固乡毕原⑦。出土于长安县东北1里青砖厂的唐玄宗天宝十三载（公元754年）的《辩惠禅师墓志》，谓迁厝于城南毕原⑧，出土于西安市南郊三爻村新安建材厂的唐宪宗元和六年（公元811年）《崔纮墓志》，谓归葬万年毕原⑨。出土于韦曲镇（即长安县治所）北面原上的唐文宗太和元年（公元827年）《柏元封墓志》，则谓葬于万年县洪固乡毕陌原。原的名称虽小差异，应该还是毕原。因为如上所述，其南其北出土的葬于毕原的墓志已非一处。柏元封墓夹于其间，不应别有异称。由这些墓志的出土，毕原一隅就可明确无疑。

---

① 《史记》卷四《周本纪·正义》引。
② 民国《咸宁长安两县续志》卷一三《金石考》。
③ 嘉庆《长安县志》卷一三《山川志》。
④ 民国《咸宁长安两县续志》卷一三《金石考》。
⑤ 民国《咸宁长安两县续志》卷一二《金石考》。
⑥ 宋敏求《长安志》卷一一《万年》。
⑦ 《西安南郊唐韦君夫人等墓葬清理简报》，载《考古与文物》1989年第5期。
⑧ 此志现藏长安县文管所。
⑨ 《隋唐五代墓志汇编·陕西卷》第四册。

毕原方位如果由周代丰镐遗址和昆明池旧迹算起，至于三爻和韦曲附近，原面还不算是狭窄。不过不能上溯到周代，和白鹿原相提并论。

由上面的论述，可知在《水经注》成书的时候，西安附近的原还不是很多的。特别是潏水之西还未形成新原，因而汉宣帝的杜陵所在地，只能是杜县的东原。可是到了宋代却出现了鸿固原的名称。此说见于《太平寰宇记》。据说："少陵原即汉鸿固原地，宣帝许后葬于此。"[1] 如果有这个原的话，其名称也应是后起的。

鸿固原的名称未见宋以前的人的称道。晚于《太平寰宇记》成书的《长安志》，有洪固乡而无鸿固原。洪固乡在长安城南15里，这是在前面已经一再说过的。唐时已有洪固乡，毕沅校正《长安志》，曾提出佐证，说路岩所撰《浑侃神道碑》及欧阳詹所撰《马实墓志》，皆提到万年县洪固乡的名称，《马实墓志》更清楚地说："葬于京兆府万年洪固乡延信里司马邨之少陵原。"路岩和欧阳詹皆为唐后期人，既见于墓志，则所说当无讹误。这样说来，洪固乡乃在少陵原上，并非鸿固原。前面征引《水经注》的记载，汉宣帝杜陵在杜县东原，这并非郦道元的杜撰，而是见于汉廷的诏令。如果汉时已有鸿固原的名称，皇朝诏令何以未予使用？这样羌无故实的说法，可能是民间的传言，难得有若何根据。

少陵原的名称，始见于北周武帝保定二年（公元562年）。[2] 已出土的唐初墓志，如唐高宗显庆三年（公元658年）《杜延基妻墓志》，显庆四年《豆卢逊墓志》，显庆六年《路诠墓志》，皆明确说葬于少陵原。[3] 自此以后，已出土而有这样记载的墓志更为繁多，不胜枚举。不过这里顺便提到有所谓杜陵原的。唐高宗显庆三年《马处士墓志》称，葬京城南杜陵原之岗。[4] 杜陵原应是少陵原的异称。杜甫居于少陵原，曾自称杜陵野老，可以为证。

---

[1] 《太平寰宇记》卷二五《雍州》。
[2] 《周书》卷五《武帝纪》。
[3] 民国《咸宁长安两县续志》卷一二《金石考》。
[4] 民国《续陕西通志稿》卷一四三《金石》。

少陵原绝大部分是在唐宋时期的万年县境内。据说：在万年"县南四十里，南接终南，北至浐水，西屈曲六十里入长安县界"①，而且是西入长安县界5里②。这样的记载虽很是明确，但万年和长安两县接界处，还须再考核。据宋敏求《长安志》所载，万年县境，西有皇子陂、华严寺会圣院真如塔，所辖还有洪固乡。皇子陂和华严寺今皆在长安县治所韦曲镇东，距韦曲很近。唐时说洪固乡者甚多，毕沅校注《长安志》，曾引用路岩所撰《浑侃神道碑》及欧阳詹所撰《马实墓志》，皆提到万年县洪固乡的名称。而唐宣宗大中八年（公元854年）《裴君妻时夫人墓志》，更说葬于万年县洪固乡李永村。③此墓志近年发现于西安城南三爻村，则三爻村当为李永村的故地。三爻村在今西安市和长安县的中间，位于唐时长安外郭城明德门的东南方。唐时制度，万年、长安两县皆治长安城中，以朱雀门街为界。朱雀门街南抵明德门。由明德门南行即可抵达韦曲。这条道路势必经过今三爻村，由三爻村向西5里，为今塔坡村。《长安志》说：少陵原西入长安县境5里。以塔坡为少陵原西部所止的地方，和当地的地形是相符合的。少陵原在塔坡之东，由高变低，高低相差在30米以上。由于塔坡较低，隋唐时期引滳水凿渠北行，就经过其地。

《长安志》说少陵原南接终南，可能是较早的说法。具体说来，至迟是在其南的神禾原尚未形成以前的旧说。神禾原形成之后，少陵原要和终南山相连接，只能限于滳水源头和浐水之间的狭窄地方，那是不能以之说明少陵原的南界的。后来形成的神禾原和少陵原之间，隔着滳水，滳水西南为御宿川水，神禾原就在滳水和御宿川水之间。御宿川水今为滈水，其下游在香积寺西南与滳水相汇合，因称交水。是什么时候才有神禾原的？有人说，晋天福六年（公元941年），这里的原上所产的禾，一茎六穗，

---

① 宋敏求《长安志》卷一一《万年》。
② 宋敏求《长安志》卷一二《长安》。
③ 《隋唐五代墓志汇编·陕西卷》第四册。

重6斤,故以神禾为原名。① 这是不符合史实的说法。唐高祖武德六年(公元623年),欧阳询所撰的《苏玉华墓志》就已经说过:葬于京兆之神和原。② 唐武后长安三年(公元703年)《赵智偘墓志》③ 和唐睿宗景云三年(公元711年)《萧思亮墓志》皆谓葬于长安县神禾原④,同年《蒋义忠及妻李氏合祔墓志》,谓迁窆于神和原⑤。唐宣宗大中四年(公元850年)《裴氏小娘子墓志》,谓归葬于长安里御宿川神禾原⑥。神和原当即神禾原,明确如此,如何能曲于解释,以晋天福年间充数?

这里顺便提到御宿川西原。这个原名见于唐高宗永隆二年(公元681年)《成几妻孙氏合祔墓志》⑦。御宿川今为潏水,潏水由南山石砭峪流下,北流至王曲之北皇甫村折向西流,其北就是上面提到的神禾原。这御宿川西原不仅是在御宿川之西,还应该包括御宿川之南,也就是说,神禾原之南为御宿川西原。《成几妻孙氏合祔墓志》不仅确定御宿川西原的所在,也可以借此说明神禾原的形成不会迟到晋天福年间。

少陵原东濒浐水,不像《长安志》所说的北至浐水。浐水西侧还未另外形成的新原,可以说少陵原东部相当稳定,不至于有若何变迁。但在西部却并非都是一样的。前面曾经提到洪固原。这里还应该提到凤栖原。凤栖原见于文献记载也并非过早。有人说,始见于《长安志》,然宋敏求书中实无这样的说法。其实,这是宋人张礼游长安城南时,登上少陵原所说的话。他曾经说过:"凤栖、少陵其实一本,因地异名耳。"而且还说:"汉总谓之洪固原。"⑧ 汉时本无洪固原,已见前说。至于凤栖原和少陵原的关系,前人也有不同的意见。康熙《陕西通志》就说过凤栖原在少陵原

---

① 嘉庆重修《大清一统志》卷二二七《西安府》引《咸宁县志》。
② 民国《续陕西通志稿》卷一四一《金石》。
③ 民国《续陕西通志稿》卷一四四《金石》。
④ 民国《续陕西通志稿》卷一四九《金石》。
⑤ 《隋唐五代墓志汇编·陕西卷》第三册。
⑥ 《隋唐五代墓志汇编·陕西卷》第二册。
⑦ 《隋唐五代墓志汇编·陕西卷》第三册。
⑧ 张礼《游城南记》。

北。① 此说可得唐文宗大和六年（公元832年）《王夫人陇西李氏墓志》为之佐证。据《墓志》所载，其葬地就在龙首乡义凤里凤栖原。② 龙首乡在宋万年县东15里，管村三十五个，其中有神鹿里。③ 唐时当亦如此。神鹿里今为神鹿坊，在浐水东岸。由神鹿里的所在可以确定龙首乡的方位，龙首乡所辖各村，应有在浐水以西的。凤栖原亦见于唐高宗麟德二年（公元665年）《张楚贤妻王氏墓志》。《墓志》说："迁厝于京城南万年县洪固乡凤栖原。"④ 近年在西安城南三爻村新安建材厂出土唐时墓志，可为佐证。这里出土的有唐高宗龙朔元年（公元661年）《张楚贤墓志》和麟德元年（公元664年）《张春夫人王氏墓志》。《张楚贤墓志》谓"厝于万年县洪固乡凤栖之原"，《张春夫人王氏墓志》说"迁厝于城南万年县洪固乡凤栖之原"⑤。在今三爻村东北，曲江池遗址南岸羊头镇出土的唐高宗总章元年（公元668年）《李爽墓志》，谓葬于明堂县凤栖原。⑥ 明堂县就是万年县，唐高宗时曾一度改称这样的名称。曲江池遗址南岸的羊头镇位于神鹿坊的西南，其间联系的踪迹显然可见。毕沅校注《长安志》，曾征引权德舆所撰《右仆射姚南仲神道碑》，谓"与夫人之殡合祔于少陵原黄渠里"，毕沅谓黄渠里为少陵乡的里名。黄渠里不知其确处，然只能在黄渠的北段，甚或就在曲江池的附近。近年在大兆司马村南发现的唐文宗开成五年（公元840年）《杜惊长女墓志》，谓葬于万年县少陵原洪原乡⑦，在兴教寺北庞留村发现的唐肃宗至德二年（公元757年）《唐寿王第六女赠清源县主墓志》，亦谓窆于咸宁县洪原乡少陵原。⑧ 司马村和庞留村皆在黄渠南段

---

① 雍正《陕西通志》卷九《山川》引。
② 民国《续陕西通志稿》卷一五一《金石》。
③ 宋敏求《长安志》卷一一《万年》。
④ 《隋唐五代墓志汇编·陕西卷》第三册。
⑤ 《西安南郊三爻村发现四座唐墓》，载《考古与文物》1983年第3期。
⑥ 《隋唐五代墓志汇编·陕西卷》第一册。《李爽墓志》出土于西安东郊红庆村。
⑦ 《全唐文补遗》第一辑；李域铮《长安县出土唐工部尚书杜公长女墓志》，载《考古与文物》1988年第4期。
⑧ 《隋唐五代墓志汇编·陕西卷》第一册。

侧畔。虽同在少陵原上，却并非一乡。黄渠里如果在曲江池附近，则少陵原和凤栖原在当地呈现相互交错状态。

其实这种相互交错状态，并非黄渠北段附近为然，出土唐时墓志较多的城南三爻村，更具有典型意义。如前所说，这里本是少陵原的一隅，后来成了洪固原。可是这里还发现唐《崔纮墓志》和《张楚贤墓志》，还有《时夫人墓志》。《崔纮墓志》谓葬于毕原，《张楚贤墓志》谓葬于凤栖原，这些墓志皆发现于一处，则三爻一地竟成为洪固原、毕原、凤栖原相互交错的地方，宁非奇事。近年平整土地，发展交通，营建房屋，原来地形已多变迁。殊不易考核其间相互交错的痕迹。

这里还应该顺便提及凤栖原北的乐游原。乐游原亦始见于《长安志》的记载。其地在曲江池北，汉宣帝时曾在其地设乐游苑，并建乐游庙。迄今犹显得高耸，与其附近的平地不同。

由韦曲之北位于唐宋时期洪固乡的洪固原数起，经凤栖原而至乐游原，共为三道原。如果由北数起，如前所说，乐游原实际就是隋唐时人所说的六爻中的所谓"上九"的高坡，也就是第五道高坡。其南的第六道高冈即所谓"用九"的高坡，前文已指出在今大雁塔。大雁塔的高地之南，就是曲江池南的凤栖原。以六爻为六道高坡，这是隋唐时人对于长安城六道高坡的解释，长安城外的高坡也就置之不论了。如果兼言城内城外，则由韦曲之北少陵原南边说起，直至渭水之滨的一面漫坡之中，一共有八道高坡。在城里的称为高坡，在城外的称为原。其实这只是一般的说法，在城里的也有以原相称。杜牧就曾有过以《登乐游原》和《将赴吴兴登乐游原一绝》为题的诗。后一首中有句说："欲把一麾江海去，乐游原上望昭陵。"[①]

少陵原北的大原为龙首原。龙首原本为龙首山。据汉时的记载：龙首山"长六十余里，头临渭水，尾达樊川，头高二十丈，尾渐下，高五六丈，土色赤而坚，高出长安城"[②]。后来隋文帝移建长安城时所颁布的诏书，也

---

① 《全唐诗》卷五二一。
② 《初学记》卷六《渭水》引《辛氏三秦记》。

说到"龙首山川原秀丽"①。就是唐人所撰的地理书,也都提到龙首山。②隋时所建新都是在龙首山,其实汉时长安城也和龙首山有关。因为都城所在,建筑宫殿房舍,多所刊平。据说直到元代,汉长安城南门中间的安门(亦称鼎路门)之西,南北附城尚有可二三百步的土岭,俗名土蛇岭,就是龙首山在当地的余土。城南有关各处,大都已经堙平无迹,就是唐长安城也是如此。仅大安宫城及内苑后墙至含元殿一带尚在山上。③含元殿以东,地已渐平,不见垠崿,其南可与白鹿原相映。④龙首山虽说其尾南达樊川,然浐水以西,以前还是白鹿原,唐时已改为少陵原,实际上显不出龙首山的模样。只是有这样的成说,仍以之作为龙躯的一部分。所以少陵原北,含元殿遗址之南,也就以原相称,由山成原,其名称还可因循沿袭,因而龙首原也就通用下来。

如前引所说,龙首山南止于樊川,其脉络所经,当在浐水之西。以龙首山为龙首原,亦当在唐长安城东,因长安城东至浐水尚有一段距离,当地出土的唐人墓志即多称其葬地即在龙首原。这样的墓志相当繁多,无烦在这里倍加征引。其实唐长安城也就是建在龙首原。这是隋文帝在建筑都城诏书中明确指出的,不过诏书中所说的是龙首山。既然山和原相当,道理还是清晰的。不仅唐长安城在龙首原上,就是城西一些地方也在龙首原上。出土的唐人墓志就是具体的说明。唐高宗显庆四年(公元659年)《董君夫人戴氏墓志》、唐高宗永隆二年(公元681年)《王文义墓志》、唐中宗景龙三年(公元709年)《许公夫人杨氏墓志》、唐德宗贞元八年(公元792年)《张公大夫人墓志》,皆称葬于城西龙首原。唐武后垂拱二年(公元686年)《王行威墓志》则称葬于京兆西南龙首之原。唐玄宗天宝八载(公元749年)《薛义墓志》又称葬于国门之西龙首原。天宝十四载(公

---

① 《隋书》卷一《高祖纪》。
② 《元和郡县图志》卷一《京兆府》。
③ 《长安志图》卷中《图志杂说》。
④ 《长安志图》毕沅校正语。

元755年)《张登山墓志》和天宝十五载《刘智墓志》说得更为具体,前者说葬于开远门西三里龙首原,后者说葬于长安县国城西七里龙首原。还有提到城西龙首原所在的乡名,天宝十载(公元751年)《杨忠冯夫人墓志》,作葬于长安龙首乡龙首原。当时以龙首为乡名有东西两处,故唐德宗贞元四年(公元788年)《张府君夫人墓志》则作葬于万年县龙首乡原。当时具体的乡名除龙首乡外,还有承平乡。唐懿宗咸通八年(公元867年)《李君夫人宇文氏墓志》就说葬于长安县承平乡龙首原。参照唐宪宗元和十三年(公元818年)《西门珍墓志》所说的"葬于长安县承平乡之阿城",和未悉具体年代的《茹义忠神道碑》所说的"葬于长安县永平乡阿房殿之墟",则龙首原当包括秦阿房宫的遗址在内。这里所说的永平乡和承平乡微有差异,其实本是承平乡,"承""永"二字形近,因而致误。唐宪宗元和十四年(公元819年)《邵才志墓志》,唐懿宗咸通八年《李君夫人宇文氏墓志》皆称承平乡,不作永平乡。[1]

当时乡下有里、有村,承平乡在阿房宫遗址之南,尚属有何里何村,皆不得而知。以现在地理说来,阿房宫遗址之东大致可以直通西安市西的大庆路和市内的莲湖路。前面已经说过隋唐时以六爻定城内的高坡,其九四、九五即由北向南的第三、第四两道,在今市内东西大街之南和南郊兴善寺,这里不似第五道高坡另有乐游原的名称,而又和莲湖路有相当距离,是否亦在龙首原上,就难得确定。只好留待来哲,再细究从头。

在少陵原和龙首原的西面,分别有细柳原和短阴原。细柳原的名称始见于唐时的记载,谓其在长安县西南33里。[2] 今长安县西有地名细柳,位于西安市西南,与唐时记载相符合。这里到现在还以细柳原相称。这里西濒沣水,南濒交水。沣交两水当是这个原的西界和南界。其北距阿房宫遗址不远,那里已是龙首原了。渭水之北还有一个称为细柳的地方,在今咸

---

[1] 这里所征引的墓志皆见民国《续陕西通志稿》卷一四三——一五二《金石》。
[2] 《元和郡县图志》卷一《京兆府》。

阳市西南。① 那里并不是原，不能和渭水以南的细柳原相混淆。

短阴原本来为短阴山，位于沣水和渭水汇合的地方。后来沣水入渭水的地方向西移徙，原形依然仍旧。这并不是什么高山，只是一些原阜石澂。②其称为原是在唐时。③ 这和龙首原相仿佛。龙首原不甚高峻，故以原相称。短阴原较之龙首山更为低矮，称原亦未为不可。据说原的周围只有二三里，土山无石。④ 以原相称，也是一处小原。

在灞水和沣水之间，隋唐长安城的东西，隋唐人墓志中曾经提到很多较小的原，这些小原和白鹿原、少陵原、龙首原等间或有连带关系，可能就是从一大原里切割形成的。甚至还有所在的村庄名原的。唐武宗会昌五年（公元845年）《张渐墓志》，谓"葬于长安城东南十五里上傅原"⑤。上傅原其实为上傅村之原。唐宣宗大中七年（公元853年），崔愿所撰《刘氏墓志》，谓"葬于万年县白原鹿浐川乡上傅村"⑥，可资证明。像这样的小原是相当多的，无烦在这里——列举。⑦

上面所论述的只是秦岭山下，沣灞两水之间的原。这里还应该约略提到灞水以东和渭水以北的一些原。至于沣水以西由于没有与史事有较多关系的原，也就相应稍事省略了。

越过灞水就是铜人原。以铜人名原，其来历可以溯到曹魏之时的旧事。那时魏明帝欲徙秦始皇所铸的铜人于洛阳，载至霸城，重不可致，因而委弃。此事见于潘岳所撰的《关中记》。潘岳生于西晋初年，上去曹魏不远，且曾到过关中，所言当非虚妄。《关中记》并未以原相称，可知其时尚无铜人原之名。《水经注》亦曾征引《关中记》，也没有提到铜人原的名称，可知当时尚无这样的原。明人李应祥于其所撰的《雍胜略》中记载这个原名，

---

① 《元和郡县图志》卷一《京兆府》。
② 《水经·渭水注》。
③ 《元和郡县图志》卷一《京兆府》。
④ 嘉庆重修《大清一统志》卷二二七《西安府》引《（咸阳）县志》。
⑤ 《隋唐五代墓志汇编》第二册。
⑥ 《隋唐五代墓志汇编》第二册。
⑦ 这些小原以限于篇幅，暂从省略，容异日就隋唐墓志中所提到的原，另行撰文，再做补充。

则其时已成通称了。再东还有凤凰原。凤凰原在临潼县东 15 里骊山之下，唐中宗时，韦嗣立尝于骊山构营别业，唐中宗因为之改凤凰为清虚原。① 东汉时，凤凰曾集新丰，据说所集之地就是这个原。② 凤凰原的名称当然与此有关，不过东汉时不会就以此作为原名的。凤凰原之东还可提到阴槃原和新丰原。这两原隔冷水对立，阴槃原在西，新丰原在东。③ 现在临潼县东的新丰镇，魏晋时期为阴槃县治所，故有阴槃原的称谓。

汉长安城隔着渭水与秦咸阳相对。咸阳之北也有一道原。咸阳本来在这道原下，秦始皇时向北扩张，一些宫殿就建筑在原上，当时称为咸阳北阪。这道原南北数十里，东西二三百里，原上无山川陂池。这道原称为毕原④，秦时谓之池阳原。汉时称为长平坂，又名石安原⑤，也有称为咸阳原的⑥，还有称为洪渎原的⑦。名目虽有不同，其实还是一道原。这道原止于泾水岸旁，其东南另有一道鹿苑原。鹿苑原东西长 15 里，南北阔 1 里⑧，原近水侧，故相当狭窄。泾水之东别为奉政原。奉政原东西长 30 里，南北阔 3 里⑨，较大于鹿苑原，奉政原下为唐时东渭桥所在地，由东南来的漕舟，皆泊于桥东。奉政原得名由来不可具知，鹿苑原于汉时其上有安陵的果园，名为鹿苑。⑩ 后来遂以之作为原名。

西安周围的原大致如斯。上面对于这些原逐一做了论述，现在不妨再略事综说。原的形成应该是很早的，至迟在周人所赋的诗篇就曾经一再提

---

① 《旧唐书》卷八八《韦思谦传附韦嗣立传》。
② 《太平寰宇记》卷二七《雍州》。
③ 《水经·渭水注》。
④ 《元和郡县图志》卷一《京兆府》。
⑤ 《太平寰宇记》卷二六《雍州》。
⑥ 何景明《雍大记》。
⑦ 嘉庆重修《大清一统志》卷二二七《西安府》。
⑧ 宋敏求《长安志》卷一七《高陵》。
⑨ 宋敏求《长安志》卷一七《高陵》。
⑩ 《三辅黄图》卷六《陵墓》。

到。有的说"原隰既平"①，有的说"原隰裒矣"②。隰是原下的低地，可见原上原下是相当分明的。这不是西安附近仅有的现象。黄河下游稍后也有相同的记载，出于战国人士之手的《尚书·禹贡篇》于论述兖州时就曾说过当地的"原隰底绩"。原隰虽分别得十分清楚，具体的原却还没有确定的名称。这不仅是周时如此，就是到西汉时依然是相仿佛的。前面曾提到汉宣帝始置初陵于杜东原，这是说杜县城东的原，算不得正式的原名。见之记载的还可说到白鹿原和新丰原。这是出自《辛氏三秦记》和《关中记》的记载。这两书的作者据说是汉时人，最多亦只能说是东汉时人。有些原溯说得名的缘由，大都推到汉时，甚至还推到周时，譬如白鹿原，是因为周平王东迁之后，有白鹿游此原，以是得名。③周平王东迁之后，其旧都丰镐皆为犬戎所据有，什么人有此雅兴，在此地欣赏白鹿出游，并赐以佳名？其他一些原的得名上溯汉代，也都是取其佳名而已，并非就是汉代始有这些原的。

据这些原名始见于记载的时期，汉以后原名才逐渐增多，至于唐时几乎大备。这应是人事日繁，因而也就随地立名，增加了许多新原。譬如乐游原，并非大原，但突兀高起，究竟和周边的平地不同，好在汉宣帝曾在此立过乐游庙，因而就以庙名作为原名。又如龙首原也是由于隋文帝在此营建都城，才以龙首山称为龙首原。这样的随地立名，并不是其地在立名时才切割成原的。

随地立名并不是随意立名，而是根据已经具有的原的形态，才能获得相应的名称。白鹿原在灞浐两水之间，神禾原在滈水和潏水之间，风凉原在沣水上源库谷河和岱峪河之间，都是十分明显的。少陵原东濒浐水，南临潏水河谷。潏水河谷在此较为高峻，甚至形同壁立。乐游原南侧也是和壁立相仿佛，这也都可以说是明显的。有些虽不像这里所说的那样显著，

---

① 《诗经·小雅·黍苗》。
② 《诗经·小雅·常棣》。
③ 《太平寰宇记》卷二四《雍州》引《辛氏三秦记》。

其间仍是有分别的。不过在悠久的时期,地形不免有所变化,前面曾经提到西安市南郊的三爻村发现的墓志,其中有葬于凤栖原的墓志,也有葬于毕原的墓志。这里本是少陵原的西北端,其间有凤栖原的墓志是不足为奇的,因为凤栖原形成较晚,是由少陵原分出来的,就在少陵原边或凤栖原上还有毕原的墓志,却不能说不是问题。三爻村南高北低。村北高程为441米,村南高程为469米,村西南为塔坡,塔坡的高程亦为469米。由塔坡东北行,过三爻,再至羊头镇,高程步步增长,羊头镇更高至519米。这一道高冈作为凤栖原自是于理可通。三爻村北的高程较低,其西北更为低下,这其间是怎么形成原的,颇费琢磨。这里是西安城南北往来大道所经之地,可能经过人为的作用,地形有所变化,也说不定。近年这里经过人为作用的变化就很不少,更难于细究若干年前的往事了。

虽然有这么多的原,其间还不免有自然的演变和人为的演变,但总的说来,西安及周围还应该说是广大的平原。就在这样的广大平原中,孕育形成西安这样的城市,而且还能在相当悠久的时期中,成为全国的都城所在地,并为其他各地所少见,是应该加以深刻探究的。

(原载《中国历史地理论丛》1995年第4辑)

史念海 著

中国的河山

ZHONG GUO DE
HE SHAN

下

陕西师范大学出版总社

目录

- 389　春秋以前的交通道路
- 418　春秋时代的交通道路
- 432　战国时期的交通道路
- 466　秦汉时期国内之交通路线
- 521　略论秦直道
- 527　唐代通西域道路的渊源及其途中的都会
- 551　隋唐时期的交通与都会
- 601　隋唐时期运河和长江的水上交通及其沿岸的都会
- 634　汉中历史地理
- 670　关中的历史军事地理
- 756　秦岭巴山间在历史上的军事活动及其战地

- 831　编后记

春秋以前的交通道路

一、由新石器时期的遗址分布推测交通的起源和当时道路的雏形

我国交通的形成和发展，远古之时即已肇其端倪。追溯其渊源所在，当始于原始社会。石器时期文化遗址的分布及其间相互的联系，就可以作为说明。

我国原始社会文化遗址，近年迭有发现。其分布的地区极为广泛，东起黑水白山之间，西迄塔里木河上源，北自阴山之北，南至海南岛的南端，莫不有其踪迹，而黄河流域和东海之滨，更显得稠密。其间新石器时期文化遗址又远较旧石器时期为繁多，显示出人口的增加和社会的发展。

当前，原始社会文化遗址的探索工作，正在方兴未艾之际，新的发现仍时有所闻。不过就现有的基础，已可略事论述。旧石器时期的人以采集为生，随遇而安，也可能有一定的居处，却难以说就不再在外彷徨游荡。

新石器时期的人显然有所进步，虽不免还有赖于采集，实际上已经能够从事生产。既能从事生产，就可能形成定居生涯。这就对于居住地址有所选择。从现在已经发现的其时遗址分布情况，可以显示出当时的人对于地理环境的适应和善于利用的情况。人的生活是离不开水的。当时尚未知掘井，故居住地址就多近于水边泽畔。除过近水之外，尚有其他必备的条件和注意的事项。正是由于能够充分利用地理环境，故其居住地的使用时期也比较长久。

新石器时期的人不仅能从事生产，而且也有了交换。甘肃洮河流域一些新石器时期遗址和墓葬中曾经发现过玉片和玉瑗。[1]洮河流域并非产玉的地方，这些玉片和玉瑗显然是从他处运来的。不论其来自何方，殆都是经过长途跋涉，辗转负贩才能运来。可见当时不仅有了交通，而且路程也许相当悬远。一些遗址的所在地就已经显示当时的人对于交通的条件也有所注意。当时的人选择居住地址，如前所说，是离不开水的。这除过生活饮用之外，便利的交通也应是其中不能不加以考虑的因素。一苇之航远较翻山越岭为容易。河流沿岸遗址较为繁多，就是具体的说明。这里不妨先以渭水流域为证。渭水流经陇山东西。陇山以东，沿流平原广袤，尚无若何阻遏，陇山以西，由于地处高原，间杂有山岳，艰于往来，故遗址的分布多沿渭水。渭水发源于渭源县，渭源以东为陇西和武山两县[2]，再东为甘谷和天水两县[3]，其间遗址络绎不绝。天水以东，即为陇山，越陇山而下，由宝鸡市直至渭水入黄河处，遗址陆续相望，未稍减色。[4]毋庸多做解释，远在新石器时期，沿渭水上下的东西交通大道，已经初步形成。

正是由于了解到交通的重要性，新石器时期的人对于居住地址也往往

---

[1] 安特生《甘肃考古记》。
[2] 甘肃省文物管理委员会《甘肃渭河上游渭源陇西武山三县考古调查》，载《考古通讯》1958年第7期。
[3] 甘肃省文物管理委员会《渭河上游天水甘谷两县考古调查简报》，载《考古通讯》1958年第5期。
[4] 石兴邦《陕西渭水流域新石器时期的仰韶文化》所附《陕西渭水流域仰韶文化遗址分布图》，载《人文杂志》1957年第2期。

迁就于交通的条件。如前所说,那时的人多喜居住于河流附近,就是这样的道理。还更有甚者,乃是居住于两条河流交汇的地方。甘肃永靖县莲花台新石器时期的遗址,正在大夏河和黄河交汇之处①,而河南南召县新石器时期的遗址也在黄鸭河和白河交汇之处②。就是在现在,两河交汇的地方仍然是交通便利的所在。这其间的规律远在新石器时期已为人所发现了。

然而河谷水泽之畔,可资作为居住地址还是有一定的限度的。人口逐渐繁殖增多,河谷水泽之畔就不能容纳得下。河南浚县大赉店、枋头村等濒于淇水沿岸的地方,现在共有十五个村落,却已发现了十一处新石器时期的遗址③,其稠密的程度几与现代相埒。而河南安阳洹河侧畔一个15里长的地段里,竟已发现了十九处新石器时期遗址。④遗址与遗址之间的距离尚不足1里,就是在现在也不是所有的地方都能如此。那时已经有了农业,却还不知道施肥,无由克服地力渐减的自然规律,因而也难于在一地长期居住下去,必须选择新地另行迁居。因而虽非河谷水泽之畔也就有了更多的居住地区。现在已经发现的新石器时期的遗址,遍布全国各处,不仅平原地区遗址相当繁多,丘陵山地也不乏其踪迹,就是出于这样的缘故。

居住地区既已扩大,交换的范围就相应广泛,交通道路也就难免随之延长,而且逐渐趋于形成较为主要的交通道路。黄河流域以仰韶文化和龙山文化分布的地区最为广泛。主要交通道路也较为明显可见。前面曾经说过,渭水沿流由于新石器时期遗址的络绎不绝,显示出其地交通的发达,这里所说的遗址主要就是仰韶文化的遗址。后来龙山文化向西发展,由渭水入黄河处直至陇山之下,皆有分布,几乎原来仰韶文化的旧地都成了龙山文化的新居。这就说明了这条东西大道并不因居人文化的不同而有所兴废。还应该指出,就在这段道路上,东部和西部却不相同。东段在渭水之南,

---

① 《文物参考资料》1956年第10期《文物工作报导·甘肃省临夏永靖文物普查情况》条。
② 《文物参考资料》1955年第3期《文物工作报导·河南南召县史庄乡发现古代遗址》条。
③ 周到《河南浚县的新石器时期遗址》,载《考古通讯》1957年第1期。
④ 梁思永《龙山文化——中国文明史前期之一》,载《考古学报》1954年第7期。

西段在渭水之北。这显示东段和西段地形的差异。直到现在陇海铁路也还因着这样的成规。可见远在新石器时期，人们已经掌握这里的自然演变的规律。

这条沿渭水的道路并不仅以渭水为限。渭水入于黄河，黄河东流，这条道路也因之而向东发展，经过现在的洛阳而至于郑州附近。现在郑州以东，遗址少有发现。这不能说当时这里就无居人，而是后来黄河不断泛滥，地面堆积日厚，遗址被埋愈深，尚未为人所发现。郑州以东本为济水流经的地区。济水是一条古水道，新石器时期当和黄河、渭水同时存在。济水下游直至东海之滨乃是龙山文化最为发达的地区，由今东阿、平阴等处，经济南、淄博各地，而至于东海之滨，可以显示曾经有过一条主要的交通道路。① 也可以说，由东海之滨可以西至渭水源头。渭水发源于鸟鼠山，这条道路却并非就止于鸟鼠山。鸟鼠山西为洮河流域，再西为湟水流域。这里是齐家文化和马家窑文化发达的地区。马家窑文化和齐家文化不仅向西发展，就是渭水上游也时有其踪迹，特别是齐家文化更东至秦安、天水等处。因而这样一条东西大道是会由渭水沿流向西通到湟水流域的。

根据这样道理，在黄河中下游，还可能有三条主要的交通道路。而这三条道路既富有仰韶文化遗址，龙山文化遗址也非少数。遗址络绎不绝，宛然如线，不能谓非道路所经过。太行山东，今京广铁路沿线各地，如石家庄、邢台、邯郸、安阳、新乡诸市及永年、磁县、汤阴、淇县，就兼有仰韶和龙山文化遗址，而其北的曲阳亦有仰韶文化遗址，其南的汲县又有龙山文化遗址。若与今北京市西南其他古文化遗址相联系，谓非一条南北交通道路，恐难说得下去。

太行山西的汾水流域亦是如此。今太原市为山西省会，乃一方交通枢纽，其地就曾发现过仰韶文化和龙山文化的遗址。沿汾水而下，临汾市和洪洞、襄汾诸县也皆有发现。论其稠密程度似不如太行山东邢台、邯郸诸

---

① 这条道路所经过的各地遗址，皆据有关的考古刊物和文献，由于篇幅有限，恕不一一注明出处。下文有关的遗址亦同。

市间，然汾水并非细流，较之太行山东平原旷野，当更易利用从事交通运输。所可异者，汾水下游之南为涑水流域，涑水沿流的遗址似较汾水中下游为更多。以现在交通来说，这都是同蒲铁路南段经过的地方。若非当时也是一条主要交通道路，如何能这样古今巧合？

经过现在陕西延安、黄陵等县市的道路，可能在当时也是一条南北通行的大道。因为在宜君、洛川、富县、甘泉，以及延安之北的安塞、子长、延川、清涧、绥德、米脂以至于榆林、府谷等县皆有遗址的发现，这和现在的道路也是吻合的。黄陵、宜君以南，山岭重叠，使由西安至延安的铁路也不得不改道由其东绕行，然铜川和耀县新石器时期遗址的发现，却可以证明当时的道路是曾经越过这样的山地的。

这样的情况也见于长江和淮水流域，而淮水沿流较之长江更为明显。也许长江过于浩渺，不如淮水较易于利用。就在黄河和长江之间也并非没有交通可言。长江的支流以汉水为最大。汉水也和其他河流一样，新石器时期的人也不是不设法利用的。汉水支流的白河和黄河支流的伊水，相距最近，而这两条支流侧畔的遗址也都有相当的数目，只要越过其间的山地，两方面的交通也还是有可能的。

值得注意的乃是长江流域和珠江流域的交通。珠江虽不如长江浩渺，却也源远流长。其西江远来自云贵高原，那里的山峦起伏，迄今犹感交通困难，何况数千年前的新石器时期？不过在南岭的两侧，尚可依稀略见其间的关系。长江支流的湘江和赣江皆自南岭流下，而西江支流的漓水和北江的一些支流也皆发源于南岭山下。这些河流的近旁都有相当数目的新石器时期的遗址。其上源有的相距并不很远，舍舟越岭还是有一定的条件的。

这里所说的只是由现在已发现的新石器时期的遗址推测当时的交通道路。主要的依据是其间络绎不绝的遗址。既然络绎不绝就易于扩大交换的关系，因而形成交通道路。可能当时的交通道路不只是这几条，只是都不是有相当远的距离，就不必一一论述了。

二、夏、商、周三代的都邑及其间的交通道路

在有关远古的文献中,也有若干交通道路的记载。《史记·五帝本纪》说黄帝,"披山通道,未常宁居。东至于海,登丸山,及岱宗。西至于空桐,登鸡头。南至于江,登熊、湘。北至荤粥,合符釜山,而邑于涿鹿之阿"。据《三家注》的解释,则丸山当在今山东昌乐县西南。岱宗即泰山,在今山东泰安县北。空桐山,一说当在今甘肃肃州市东南,一说即鸡头山,当在今宁夏回族自治区固原县西。熊山当在今陕西商县西。湘山当在今湖南益阳市。釜山当在今河北怀来县。涿鹿当在今河北涿鹿县。根据这样的解释,黄帝的行踪殆将遍于全国。唯所至之地相距皆甚悬远,不审果遵何途而后能够到达。其后虞舜也曾远巡,据说"南巡狩,崩于苍梧之野,葬于江南九疑,是为零陵"。汉时于今广东、广西两省区间置苍梧郡,于今湘南、广西两省区间置零陵郡,而九疑山即在零陵郡的东南。郡虽置于汉时,郡名当有所承受,可能与虞舜所至之地有关。如果虞舜果曾出巡,而且到过这些地方,则其渡江之后,当出于湘水一途。这和传说中所说的湘山上娥皇、女英二妃故事相符合,或不致有若何参差。然取何道南渡长江?自来史家皆无所说,恐终难得其真相。后来到夏禹,据《史记·夏本纪》所载,禹居外治水,十三年,过家门不敢入,遂得"开九州,通九道,陂九泽,度九山"。其所取得的成就应该说是相当巨大的。所通的九道何在?《夏本纪》于此下辑录了《尚书·禹贡》的全文,可见九道就在其中。《禹贡》一篇诚备载各州的贡道,其详密程度,超迈前世。然这一篇文字实出于战国人士之手,只是托名夏禹,其实与其并无若何关系。这种见解已为现代多数学者所公认,无烦在此多事赘述。然禹之治水确是得到世人称道,并非史家妄说。"丰水东注,维禹之绩",是禹之治水曾经到过沣水流域。《尚书》言禹娶涂

山①，《左传》言禹会诸侯于涂山②，《夏本纪》言禹东巡狩至于会稽，皆可以说是一代盛事。但禹果由何途而至于这些地方，仍是难解之谜。旧说涂山在今安徽寿县，会稽在今浙江绍兴市，皆距中原绝远。近人或有对涂山和会稽所在，不以旧说为是③，其间的道路更是难说了。

交通道路也可由历来的战争过程中得知若干梗概。历史上曾经发生过无数次的战争，争战双方进师退军都需要有一定的道路，才不至于贻误戎机。古史质朴，往往未能备载。即令有所记载，其确地亦难于实指。黄帝曾与炎帝战于阪泉之野，也与蚩尤战于涿鹿之野。黄帝曾邑于涿鹿，而阪泉乃在涿鹿的附近。是炎帝、蚩尤皆远来寻衅，致起干戈。据《帝王世纪》所说，则炎帝"初都于陈，后徙鲁"。《皇览》多记先代冢墓，据其所说，则蚩尤冢当在今山东东平县。古人冢墓多近于所居之地。如所言果确，则蚩尤亦当和炎帝相仿佛，其所居地皆距涿鹿、阪泉远甚，行军道路出自何途，似尚难于确定。

在远古许多战争中，汤之放巢应为一次大战。商汤与夏桀战于鸣条之野。夏师败绩，汤遂从之，又战于三朡，而后放之于南巢。这是见于《尚书·汤誓》和《仲虺之诰》的记载。在鸣条战前，汤军升自陑。据《伪孔传》的解释，陑在河曲之南，而桀都于安邑，是汤军渡河北征。鸣条在安邑之西，桀既都于安邑，故其战地得在安邑附近。三朡在今山东定陶。南巢，《伪孔传》仅说是地名，而未有确处。后人以春秋地名解释，谓在今安徽巢县。如所说果确，则这次战争实为奇迹。汤时居亳。亳地所在说者不一，要以在今山东曹县南者为是。即令此说尚有未审，总是在大河之南，自安邑视之，更当在其东南。汤伐桀是由亳西北行，渡过黄河，战于安邑的鸣条。桀军既败，反向东逃，逃至距亳不远的三朡，由三朡再至南巢，又须经过亳的附近。这样的争战过程，殆有戾于常理。当时太行尚非通途，不审夏桀何能

---

① 《尚书·皋陶谟》。
② 《左传》哀公七年。
③ 钱穆《西周地理考》，载《燕京学报》第10期。

越此东逃？或谓鸣条在今河南长垣县西南。其地距亳与三㚇皆非甚远，似较安邑之说为长，然由三㚇至南巢的道路，却还有待于稽考。

夏、商、周三代皆曾频繁迁都。迁都大计自非轻而易举，往来道路当在审议之中。这样的道路似较帝王游幸巡狩和战争进程易于探寻。这里就从夏都说起。夏的建立始于禹。据说，禹受禅，都平阳，或都安邑，或都晋阳。① 也有说在阳城②和阳翟③的。平阳在今山西临汾市西南。安邑在今山西夏县西北。晋阳可能就在今山西旧虞乡县西。④ 或以在今山西太原市西，那是不可能的。因为直到春秋时，晋国才驱逐所谓戎狄等游牧族类，取得汾水中游的土地，夏禹之时如何能以其地为都？其后，启居于黄台之丘，在现在河南郑州市和密县之间。⑤ 此事见于《穆天子传》。《穆天子传》虽近于小说家言，然亦不能谓其毫无故实。春秋时人谓夏启有钧台之享。钧台在阳翟，阳翟本为禹都，亦黄台之丘的近郊，不能以出自《穆天子传》而见绌也。太康和最后的桀居于斟寻⑥，在今河南巩县西南。或谓桀曾都于安邑⑦，然西周时人谓"伊洛竭而夏亡"⑧，安邑固与伊洛二水无涉。战国时，吴起对魏武侯论夏桀之居，谓"羊肠在其北"⑨。羊肠在今山西晋城县，若桀居在安邑，就不能用羊肠说夏都。其后相居帝丘⑩，又居斟灌⑪。帝丘在今河南濮阳县西南。⑫ 又其后，帝杼居原，又迁居于老丘。⑬ 原在今

---

① 《诗经·唐风·郑谱疏》。
② 《汉书》卷二八《地理志·注》臣瓒引《世本》及《汲郡故文》。
③ 《汉书》卷二八《地理志》："颍川郡，阳翟，夏禹国。"
④ 《史记》卷四四《魏世家·正义》引《括地志》："晋阳故城今名晋城，在蒲州虞乡县西三十五里。"
⑤ 丁山《由三代都邑论其民族文化》，载《历史语言研究所集刊》第五本第一分册。
⑥ 《水经·巨洋水注》及《汉书·地理志·注》引《竹书纪年》。
⑦ 《尚书·汤誓·伪孔传》。
⑧ 《国语·周语》伯阳父所说。
⑨ 《史记》卷六五《吴起传》。
⑩ 《左传》僖公三十一年。
⑪ 《水经·巨洋水注》引《竹书纪年》。
⑫ 《汉书》卷二八《地理志》。
⑬ 《太平御览》卷八二《皇王部》引《纪年》。

河南济源县西北，老丘则在今河南旧陈留县。再后，胤甲则居于西河，当在今山西省西南部黄河侧畔。据说，崤山有帝皋的陵墓。①古人陵墓与居处相距不远，崤山正近于山西省西南部的黄河。胤甲后两传为帝皋。帝皋及其父孔甲未见迁都事，当因胤甲之旧，以西河为都。或以西河在今河南濮阳县西。上古黄河曾流经今濮阳县西。春秋战国时东土之人多称那里的黄河为西河。然战国时亦有人称山西西南部的黄河为西河。②夏人以西河相称，仅见于胤甲的都城。如上所说，帝相居帝丘，帝丘即在今濮阳县。如帝相时说西河，当指当地的西河而言。胤甲迁都是在帝杼居原、居老丘之后，这已远离今濮阳县西的西河，如何还能称那里的黄河为西河？夏人累次迁都，除帝相而外，皆在帝丘之西。以帝相一时的都城，即肯定夏代前后皆以相当今濮阳县西的黄河为西河，还是难与当时的实际相符合的。

商代也曾频繁迁都。从商的先王契至汤就已经迁徙过八次。所迁的都城有蕃、砥石、商、商丘、相土的东都和邺，而汤的都城则在亳。③蕃在今山东滕县境。砥石据说在今河北宁晋、隆尧两县间。④商与商丘当是一地，前后不止一次迁此，故名称亦少有差异。其地当在今河南商丘县。相土的东都据说是在泰山之下，邺则在今河南汤阴县南。泰山之下相当广阔，相土的东都究在何处，殊不易确定。以砥石置于宁晋、隆尧之间，亦只是根据文献考证的结果，因而有人就不以为然。古史渺茫，也只能暂作悬案。

自汤之后，至于盘庚的迁殷，其间尚有五次迁徙。所迁之地为嚣、相、耿、庇、奄。⑤嚣或作敖，在今河南荥阳县东北。相在今河南内黄县南。庇

---

① 《左传》僖公三十二年。
② 《太平御览》卷八二《皇王部》引《纪年》。
③ 王国维《观堂集林》卷一二《说自契至于成汤八迁》。
④ 丁山《由三代都邑论其民族文化》。
⑤ 《尚书·盘庚篇》："不常厥邑，于今五邦。"《释文》引马融说："五邦，谓商丘、亳、嚣、相、耿也。"《疏》引郑玄说："汤自商徙亳，数商、亳、嚣、相、耿为五。"按：盘庚所迁，不当计入。《太平御览》卷八三《皇王部》引《纪年》："仲丁自亳迁于嚣。河亶甲自嚣迁于相，帝开甲居庇，盘庚更自庇迁于奄。"其于祖乙，仅引《纪年》说"祖乙胜即位，是为中宗"，而未及其迁都事。按：《书序传》，"祖乙圮于耿"。是祖乙亦曾迁都。合计为五。其说较诸家为胜。

在今山东旧鱼台县。奄则在今山东曲阜县。这四处所在今地，学者间尚无若何争论。耿之所在似略存歧义。旧说耿在汉时河东皮氏县耿乡，皮氏县为今山西河津县。此说不实，已成定论。①耿或作邢，因而别有两说。其一谓在晋广平郡襄国县，也就是现在河北邢台市。这是据《左传》僖公二十四年的邢、茅、胙、祭为说。其一谓在晋河内平皋县，也就是现在河南温县东北。这是据《左传》宣公六年的邢丘为说。邢丘距当时黄河甚近，故有"圯于耿"之说。至于邢国，则距黄河较远，黄河虽泛滥成灾，实不易使邢国的城池圯毁。祖乙所都当不能远在其地。

　　周人也曾一再迁都。周人的历史可以远溯到后稷。这也和商的远祖为契一样，是相当悠久的。后稷居于邰。②邰在今陕西武功县。其后周人辗转于所谓戎狄之间。至公刘始居于豳。③豳的故地约有数处，在今陕西旬邑和彬县。这显示其居地仍在动荡不安之中。接着又相继迁于周原④、程⑤和丰、镐。再后又曾一度迁于犬丘。⑥幽王于骊山覆败之后，平王更东迁于雒邑，是为东周。周原在今陕西扶风、岐山两县间。程在今陕西咸阳市东北。丰在今陕西户县东。镐在今西安市西南。犬丘在今陕西兴平县东南。雒邑则在今河南洛阳市。

　　关于夏、商、周三代都城的所在地，学者间尚有不同的意见。这里所提到的也只是根据文献的记载。近年考古发掘，成就甚为卓著。河南偃师县二里头和高城，其最著者。旧说夏桀所都的斟寻，在今河南巩县西南，巩县与偃师为邻县，县界可能时有改易，则所谓斟寻当即二里头。近人谓二里头为夏都遗址，是有道理的。偃师商城规模宏大，当是汤灭夏后，即于其旧都附近另建新都，以绥抚夏人的孑遗，使其永服于新朝。三代都城

---

① 《观堂集林》卷一二《说耿》。
② 《史记》卷四《周本纪》。
③ 《诗经·大雅·公刘》毛《传》。
④ 《诗经·大雅·緜》篇。
⑤ 《周书·大匡解》。
⑥ 《汉书》卷二八《地理志》。

的考古发掘,虽颇有成就,所阙尚多。今略就文献的记载和考古发掘的成就,说明这一时期交通的轮廓。可以说,各王朝的都城之间都应有交通道路以相联系,不然所谓迁都也将是不可能的。

夏人在今山西西南部的都城,有平阳、晋阳和安邑三地。这是由涑水流域北至汾水中游的一条道路。前文论彩陶文化时就曾经提到过这条道路,可见它是有由来的。胤甲居西河,其后帝皋亦因故居,未曾迁徙。此西河如前所说,当在今山西西部,山陕两省间再北为龙门山地,夏人都城不会舍平原而趋于丘陵之间。夏后皋之墓在崤山,则西河与崤山是有道路可以相通的。这样的道路不是由山陕两省间渡过黄河,并沿河东下,就是越中条山南行。尤其是越中条山一道,夏初当早已形成。如前所说,太康与桀皆曾都于斟寻,而斟寻就在洛水下游。周人亦称自洛汭延于伊汭,为有夏之居。①周人且称唐叔所封地②和虞仲所封地皆为夏墟③。唐叔所封在汾水下游,虞仲所封在今山西平陆县④。这几处夏人故墟迄至周初尚为人所称道,可知其当年的盛况。其间能有交通道路是毋庸置疑的。

夏人的建国固以这几处夏墟为基础,然夏人却是向东发展的。帝相的东迁帝丘和斟灌,正是具体的表现。在此以前,帝启就曾居于黄台之丘。由伊洛二水间东行,经黄台之丘而达于帝丘和斟灌,正显示当时黄河以南交通大道的所在。后来东进受挫,帝杼迁都于原,犹不忘情于东土。其后再迁于老丘,而老丘正在由黄台之丘东去帝丘的途中。当时的形势是显然可见的。

商人的建都不离黄河下游,或在河南,或在河北。其间交通道路也是相当具体和清晰的。汤始居亳,亳在今山东曹县南,这当是汤未灭桀以前的旧居。相土之东都在泰山之下,这是商人都城东迁最远之地。其实在相

---

① 《史记》卷四《周本纪》。
② 《左传》定公四年。
③ 《史记》卷三一《吴太伯世家》。
④ 《汉书》卷二八《地理志》。

土以前，契就曾经迁都到蕃。^①蕃在今山东滕县境，乃在泰山之南。由亳至泰山之下，如要经过蕃，是不免稍稍绕道的。然其先王已创的基业总比新修道路为容易。汤以后，商人又在庇、奄两地相继建都，而这两地又皆在由亳经过蕃而至于泰山之下的大道上。可知这条道路不仅已经形成，而且沿用了相当长久的时期。

亳在济水之南，汤时夏人虽已不再东进，然在东土却仍有相当基础。所谓韦、顾、昆吾就都是夏人的与国。《诗经·商颂·长发》："韦、顾既伐，昆吾、夏桀。"即指此而言。韦在今滑县东南，顾在今山东鄄城东北。昆吾也就是原来的帝丘。韦就在夏时由伊洛之间至帝丘的道路上。顾于斟灌偏于东南，盖由昆吾直东可以至顾。由亳至顾，越过济水即可达到。相距并非很远，却可使黄河以南的东西道和济水以南的东西道路相联系。

契之后，昭明曾迁于砥石。^②如前所说，砥石在今河北宁晋、隆尧间。如所说果确，则其地应在大陆泽之北。昭明是由蕃迁往砥石的。蕃与砥石之间应有一条道路。道路何在，已难实指。然砥石之南，溯黄河而上，交通还不是不可能的。就在汤始居亳之前，相土曾居于邺。盘庚迁殷之前，河亶甲又居于相。邺、相两地分峙于当时黄河的两侧，距河滨又皆甚近，对于水上交通的利用并非不可能的。祖乙圮于耿，为商代的巨变。河患的剧烈使商人不能不为之迁都。可是商人的迁都却还未能远离黄河，黄河水上的交通应是其中的一个诱因。史称商纣之时，"厚赋敛以实鹿台之钱，而盈巨桥之粟，益收狗马奇物，充仞宫室。益广沙丘苑台，多取野兽飞鸟置其中。"^③又说："纣时稍大其邑，南距朝歌，北据邯郸及沙丘，皆为离宫别馆。"^④鹿台在朝歌。朝歌在今河南淇县东北。沙丘在今河北平乡县东

---

① 《水经·渭水注》："渭水又东经峦都城北。故蕃邑，殷契之所居。《世本》曰：'契居蕃。'阚骃曰：'蕃在郑西。'然则今峦城是矣。"按：商人建都无在崤山以西者，郑西之峦城，必非契都。王国维《说契自至于成汤八迁》以《汉志》鲁国蕃县当之，诚是。
② 《尚书·正义》引《世本》。
③ 《史记》卷三《殷本纪》。
④ 《史记》卷三《殷本纪·正义》引《竹书纪年》。

北。邯郸当即今河北邯郸市。这些地方都是黄河流经的地区。巨桥为仓名，在巨鹿水上，距沙丘当不甚远。据说当地有漕粟。①漕运是怎么来的？这无疑是要假道黄河了。

周人的兴起及其向东发展，使当时的交通显得系统化，也显得网络化。周人始建都于岐下，和殷人争衡，实施翦商大业。其都城也步步东进，由周原东至程，更至于丰镐。丰镐虽建为都城，周人并未忘情于周原。周原与丰镐间的大道，实为周人本土的主要道路。周武王东征，由盟津渡过黄河，直抵朝歌，与殷纣战于牧野。盟津即孟津，在今河南洛阳市北。武王灭殷归来，营周居于雒邑，纵马于华山之阳，放牛于桃林之墟。②雒邑即今洛阳市，华山在今陕西华阴县南，桃林在今河南灵宝县。这条道路从那时起，直到现在还继续沿用，其间虽不免有若干变化，总的趋向仍然没有根本的改变。

作为周人统治地区的东西交通干线，由周原经丰镐至于雒邑的道路只是其间的一段。由雒邑往东，还继续伸延。雒邑即建，则偃师商城和二里头略偏于北，不当其时东行大道，也就萧索下去。③周公于殷人既灭之后，东向践奄。奄为殷人与国，为周人东方次于殷人的大敌，不能不用兵征讨。奄既被践，周人因以其地建立鲁国。与鲁国并建的为齐国。齐、鲁两国拱卫东土，使殷人余孽不能再事反抗。当时的东西交通干线，最东就通到齐鲁两国。这条道路和商人以亳为中心的东向交通路线不尽相同。春秋初年，周王使凡伯聘于鲁，戎伐凡伯于楚丘。④楚丘在今山东城武县西南。凡伯聘鲁，为戎所伐，正显示这条道路是要经过楚丘的。楚丘近汤所居之亳，是周时的道路仍有个别段落是因殷人之旧的。

由雒邑经盟津至朝歌是武王灭纣的旧路。纣灭之后，其故土为卫国的

---

① 《史记》卷三《殷本纪·集解》引许慎说。
② 《史记》卷四《周本纪》。
③ 今河南郑州市考古工作者发掘出另一商城，其规模也甚宏大。作为商代建都之所，当有具体的名称。可是考古工作者似尚未有定论。或谓即《史记·殷本纪》帝中丁所迁的隞。据以前学人的考证，隞似偏于其北，因而亦有不同的说法，一时尚难成为定论。虽尚无定论，其为当时东西大道所经之地，则应是无疑的。
④ 《左传》隐公七年。

封地。卫国之北，尚有邢国。邢国和凡、蒋等国皆为周公之胤[1]，也是一个重要的封国。邢国故地在今河北邢台市。邢国在朝歌至邯郸这一地区之北，似已出于殷纣的京畿之外。如以砥石在今宁晋、隆尧之间，则邢国所封还未出于商人迁都的地区之外。何况殷纣的沙丘又在邢国故地的东北。这条道路似仍因殷人之旧。邢国以北未闻有所建置，这条道路可能暂止于邢国。

对于夏人的故土，尤其是唐叔所封的夏墟也未少有疏忽。唐叔所封在汾水下游，汾涑之间。与唐叔同封尚有其他封国，其最北的封国当为霍国。霍国与管、蔡、鲁、卫等国同为文王之子所封。[2]其地在今山西霍县，亦即在霍太山之南。周初循汾涑北行的道路可能即止于此。或谓唐叔所封乃在今太原市。唐叔所封实不能远至今太原市，其证甚多，无须在此一一缕述。唐叔既封于夏墟，夏墟何能亦远在今太原市？这条道路的南端，如前所说，一由河曲渡河，一越中条山，渡河南行。然自周人建制，则由丰镐东北行，渡河之处已移至渭水入黄河处之北。春秋时，秦晋两国曾经频繁战争，其渡河的地方就在这里。晋侯使吕相绝秦，所说的"入我河曲，伐我涑川，俘我王官，翦我羁马，我是以有河曲之战，东道之不通，则是康公绝我好也"[3]，就指这条道路而言。王官在今山西临猗县南，羁马在今山西永济县南，涑川即涑水，固皆在这条道路上。

殷商之时，曾经对于"居国南乡"的荆楚进行过征讨。《诗经·商颂·殷武》所说的"挞彼殷武，奋伐荆楚，深入其阻，裒荆之旅"，即指此而言。郑玄释殷人南征，乃是逾方城之隘。方城之隘在今河南方城县，曾长期为南北交通大道经行之地。殷人南征为高宗时事。其时殷人已久居于相当于今河南安阳之殷，由其都城南征可能要经过方城，唯不见史册记载，殆近于想当然之词。周人克殷之后，对于各方皆大加经营。雒邑的营建为一时少有的重大设施，对于南方各地也具有一定的控制作用。不过这在文献记

---

[1] 《左传》僖公二十四年。
[2] 《左传》僖公二十四年。
[3] 《左传》成公十三年。

载上似尚未能见到具体的证明。直至东周初年才略显出一些端倪。骊山之役，幽王为犬戎所诛杀，诸侯乃即申侯而共立故幽王太子宜臼，是为平王。①申侯应即宣王时受封的申伯。申伯所封在谢，并因谢人为之建城修庙。其地在今河南南阳。《诗经·大雅·崧高》一篇就是专咏申伯受封之诗。诗中一则说："亹亹申伯，王缵之事，于邑于谢，南国是式。"再则说："往近王舅，南土是保。"而且还说："申伯番番，既入于谢，徒御啴啴。周邦咸喜，戎有良翰。"这显然是要申伯担负控制南国的任务，所谓"南国是式"，"南土是保"，就是这样的意思。申国地位既是如此重要，当然就具有一定的国力，它可以为平王立国的支柱。申国位于雒邑的南方，相距又不很远，其间往来无须假借他途。只是途中崇山峻岭，互相隔绝，仅方城一途可以通过。这就可以证明这是当时由雒邑通往南服的道路。

其实远在申伯封谢以前，周人对江汉之间就已有所经营。《诗经·国风》以周召二南开篇。《诗序》解释南的意义，谓"言王化自北而南"。郑笺说："从北而南，谓其化从岐周被江汉之域。"按之《汉广》篇所说："汉之广矣，不可永思，江之永也，不可方思。"《汝坟》篇所说："遵彼汝坟，伐其条枚。"不仅提到江汉，而且涉及汝水，《江有汜》篇更说到江之有汜、有渚、有沱，就显示出对于江汉的情况有更多的了解，其间的交往也较为频繁。周人灭商之后，汉阳诸姬的受封，更是具体的设施。周人对于江汉地区也曾使用过兵力。昭王南征不复，直至春秋之时，齐桓公还以之作为对楚国问罪之词。②宣王也曾丧南国之师。③昭王为何不复？楚人的答词是"君其问诸水滨！"杜预解释说："昭王时，汉非楚境，故不受罪。"楚人虽不承担此事责任，昭王曾经达到过汉水之滨，却是可以肯定的。宣王时的南国，韦昭以"江汉之间"来解释，并引《诗经》所说的"滔滔江汉，南国之纪"做证。这都是无可非议的。这里的问题乃是昭

---

① 《史记》卷四《周本纪》。
② 《左传》僖公四年。
③ 《国语·周语上》。

王和宣王究竟是取哪条道路南征的。周初封国，楚国也是其中之一。楚国封于丹阳，丹阳所在说者不一，然以在丹水之阳最具胜义。丹水发源于汉时上雒县。①上雒县即今陕西商县。越过秦岭就距丰镐不远。这应是周初由丰镐通往东南的道路所经过的地方。就在西周一代，楚人并未离丹阳南迁。楚人答齐桓公的责难，诿昭王的丧亡非其力之能及，其实楚人徙都于郢，迟至楚文王元年，其时为鲁庄公五年，周庄王八年。②杜预欲为之摆脱，是不可能的。周昭王、宣王时，楚都既尚在丹阳，则丹水一途还应是畅通的。前面曾举出《崧高》之诗，诗中说到申伯受封赴国的过程："申伯信迈，王饯于郿。"郿在今陕西眉县，距周原不远。当是其时宣王方有事于周原，故得在其附近为申伯饯行。申国固然与雒邑相近，然申伯赴国当不会舍丹水之途而绕道于雒邑方城。以申国所在地而论，实可控制丹水和方城两条道路，有一定的重要意义，故申伯赴国之后，"周邦咸喜"。

就在西周初年，由于平定所谓淮夷，东南的交通也是有所开发。淮夷居地当在淮水下游，因淮水上游周初已有若干诸侯封国，淮夷不能远至其地。周人之所以征讨淮夷，是由于淮夷助管、蔡、武庚反周。战事结束后，周人封康叔于卫，封微子于宋。

微子封于宋，是为了奉殷祀。③卫本殷人故土，若为了奉殷祀，是无过于卫了。揆诸当时情势，周人是不会以卫归诸殷人的。宋在商丘。商丘因为商人旧都，然商人旧都甚多，又非汤所居邑，何以微子必封于此，自必唯周人之命是从，不敢再有所反侧。而周人欲通往东南，宋国也是必经之地。淮夷虽经用兵征讨，对于周人却不是就此恭顺下去。宣王时，还曾再次出师。《诗经·大雅》的《江汉》和《常武》两篇都是歌颂宣王在这方面的武功。《江汉》篇中固然明确指出："既出我东，既设我旟，匪安匪舒，淮夷来铺。"可是以江汉名篇，篇中又屡提到江汉，似与淮夷的具体所在无关。《常武》

---

① 《汉书》卷二八《地理志》。
② 《史记》卷一四《十二诸侯年表》。
③ 《史记》卷三三《鲁周公世家》。

篇中则显得更为明确。它一则说:"率彼淮浦,省此徐土。"再则说:"濯征徐国。"而后又说:"王犹允塞,徐方既来。"这里所说的淮夷,实际就是徐国。徐为东方之国。后来战国时人托名大禹所撰的《禹贡》,犹以淮海之间为徐州,可见徐国是有相当力量和影响的。宣王时东征之师,就可能经过宋国,而与江汉无涉。这里还应该提到周人灭商以前太伯和仲雍奔吴的往事。太伯为了让位于季历,与其弟仲雍相偕奔吴,为吴国的初祖。①吴更在淮夷的东南。后来吴国季札北使,还曾到过徐国,是徐国实为东南大道必经之地。②至于太伯、仲雍东奔,是否到过徐国,则书阙有间,难以具知了。

这里所说的道路都是以丰镐为中心向外辐射的道路。这是当时主要的道路。在此以外,还有其他的道路,不过难以和这几条主要的道路相提并论。《诗经·周颂·般》篇就是歌颂周王的巡守和祀岳河海的诗篇。诗中说:"于皇时周,陟其高山,嶞山乔岳,允犹翕河。"这是说,周王巡守四方时,登上高山,从事祭祀。就是那些小山高岳,也按山川之图,循序祭之。又合九河为一,以大小次序为之祭祀。这样巡守所经的道路,在当时来说,也是相当重要的。不过似不易和那几条主要道路相提并论,因为那几条道路正是周王由中枢控制四方的大道。

夏、商两代对于交通道路的修整,由于史文简略,已不易稽考。周人在这方面却是相当重视的。《诗经·小雅·大车》:"周道如砥,其直如矢。君子所履,小人所视。"这是说周道像砥石那样平整,像箭那样端直。这样的道路只供统治阶级所使用,一般平民只好在旁边看看而已。《诗经·小雅·四牡》还说:"周道倭迟。"周道当然是相当长远的。这都显示当时修治道路的功力。周人对于修治道路有种种规定。如"雨毕而除道,水涸而成梁",又如"列树以表道,立鄙食以守路",直到春秋时期,还为诸侯封国所遵循。陈国以道路为草莽所塞,艰于行走,还曾受到单襄公的批

---

① 《史记》卷三一《吴太伯世家》。
② 《史记》卷三一《吴太伯世家》。

评①，即此可见一斑。

三、春秋时期横贯南北和纵通东西的交通道路

平王迁都雒邑，是为东周，不久即入于春秋时期。由于都城的迁徙，雒邑代替了丰镐。也就是说，以前是以丰镐为中心，向外辐射出若干交通道路。这时应以雒邑为中心，向外辐射交通道路。论东周的国力远不能和西周相比拟。不过雒邑在当时是居于"天下之中"②，地理条件使它在一定程度上保存住这样的交通中心。由于有些诸侯封国的强大，地区间的交通有所发展，以雒邑为交通中心的旧规逐渐失去其优势，分散到各个地区，从而出现了若干地区中的一些较小的交通中心。不过诸侯封国往往以尊王为号召，使雒邑交通中心的地位还能够暂时得以保存。

雒邑在西周时本是东西交通大道经过的地方。丰镐倾覆，这条道路的西段不免失去其重要的作用。秦国继起，雍代替了丰镐，而雍还在周原之西，这是说这条道路的西段不仅得到恢复，而且还能有所发展。由于齐鲁两国继续在诸侯封国中居有重要的地位，这条东西大道的东段，仍然具有一定的优越条件。

以雒邑为中心的南北交通大道也有若干变化。黄河以北，西周之时本是可以通到太行山东的邢国的。自邢为狄人所攻，迁于相当于今山东聊城西南的夷仪之后③，这北道就不能不为之缩短。黄河以南，方城仍是南北大道上必经的地方。齐桓公召陵之盟前，就是设想由方城攻楚的。齐侯这次兴师本是侵蔡。蔡未被攻而先溃，故转而伐楚，师次于陉，遂与楚人有召

---

① 《国语·周语中》。
② 《史记》卷四《周本纪》。
③ 《左传》僖公元年。

陵之盟。①蔡国为今河南上蔡县，召陵在今河南漯河市东北，陉则在召陵之南。召陵和陉实皆在蔡国之北。齐师于蔡国既溃之后，若欲伐楚，自可挥鞭乘胜南驱，奈何又返旆北行，次之于陉？盖蔡国于方城稍偏东南，距南行大道稍远，不能不稍稍回师。当时楚国屈完面告齐桓公，谓楚国方城以为城，汉水以为池，齐国也就适可而止，不再南下。后来晋楚湛阪之役，晋国本来是取方城一路向南进攻的。②湛阪在今河南叶县，正在方城之北。方城为楚国的扼塞，是难于攻取的，当时的军事行动因之也就不能不谋取他途。晋楚绕角之战，晋军的目的也是方城。因绕角在今河南鲁山县东，正在方城之外。楚军既退之后，晋军却转而侵蔡，为楚军御于桑隧。③其时蔡尚未迁国，仍在今河南上蔡县。桑隧却在今河南确山县，已远在蔡国之南。当时晋军慑于楚军之强，虽中途退还，其本来企图还是显然可见的。因为接着又再次侵蔡，遂侵楚。④桑隧南距冥塞、直辕、大隧并非很远，冥塞、直辕、大隧皆在今河南信阳和湖北应山中间山上，为楚国北向通中原另一大道必经之地。楚国扩充土域于淮水上游，就是通过这条道路的。

西周时通过方城的道路，是由雒邑肇始的，春秋时，方城的道路仍未失其重要性，却不必再以雒邑为枢纽。齐桓公召陵之役，由何途出兵，史文简略，未有明确记载。及其班师归去，陈国辕涛涂深恐路由陈郑之间。⑤召陵在陈国之西，其北为许国，再北就是郑国的东鄙。这是近于现在的京广铁路而且大致平行的道路。在当时也是另一条南北大道的一段。晋楚绕角之战后，晋师改而侵蔡，为楚国御于桑隧。桑隧在蔡国之南，也在召陵之南。由桑隧往南就是冥塞、直辕、大隧。这都是在前面已提到的。这是构成这条南北大道的另一段，仍然是和现在京广铁路大致平行的。

当时的南北大道可能还不仅如此而已。召陵盟后，陈国辕涛涂深恐齐

---

① 《左传》僖公四年。
② 《左传》襄公十六年。
③ 《左传》成公六年。
④ 《左传》成公八年。
⑤ 《左传》僖公四年。

国及诸侯之师出于陈郑之间。他提出了另一条出于东方的道路。据说是可以观兵于东夷，循海而归。杜预以郯、莒、徐夷来解释这里所说的东夷。郯在今山东郯城县，莒在今山东莒县，徐夷如前所说，在淮水下游。汉时临淮郡有徐县，唐时泗州有徐城县，皆在今江苏泗洪县，可能是徐夷的中心地点。如果这是一条南北大道，则由莒国北行就可达到齐国都城临淄。临淄在今山东淄博市东。用现在地理来说，由临淄旧址过穆陵关即可达到莒县。不过这条道路距召陵是太远了，由召陵到这条道路，中间似乎还有其他各种的困难，故齐桓公未能采用，而辕涛涂也因此而获罪。话虽如此，这条途经所谓东夷的道路在春秋时确是另一条南北交通大道，只是因为僻在东方，未能和上述两条道路相提并论。晋国为了削弱楚国力量，扶持吴国，曾派申公巫臣使吴。申公巫臣本楚国的逃臣，为了扶持吴国以削弱楚，他就不能由中原前往，以免招致楚国的注意。因此之故，他假道于莒国。[①]莒国在鲁国正东。鲁莒之间雄峙着蒙山。交通是有一定的困难的。申公巫臣假道于莒，就必须先假道于齐。申公巫臣所走的这条道路正是辕涛涂向齐桓公所建议的循海道路。齐桓公如果走这条道路，那是由南趋北，申公巫臣却是反其道而行之。等到申公巫臣走到徐时，就可再循吴季札出使中原的道路，一直走到吴国。

这样南北的道路还应该一提经过丹阳和上雒一途。周人东迁，丰镐成了废墟，对于这条道路的通塞曾有过影响。及秦人继起，这条道路就成为秦楚两国间往来的大道。吴师入郢之役，秦军救楚，就由这条道路东南行。秦师至楚，先军于稷，后败吴师于军祥，遂顺道灭唐。[②]稷在今河南桐柏县东，军祥在今湖北随州市，唐则在随州市西北。这些地方都在郢的东北。秦军出此途，当系采取抄吴师后路的策略。其后吴师虽取胜于雍澨，也不能不狼狈退走。稷于郢为东北，却在申国的东南。申国在今河南南阳市，其时已入楚为县。秦军能够到达此地，舍上雒一道，殆无由也。后来楚军

---

① 《左传》成公八年。
② 《左传》定公五年。

也由这条道北上，以扩展土宇。其袭取蛮氏之役，即由丰析北出，以临上雒，左师军于菟和，右师军于仓野，还威胁晋国的阴地大夫，说是"将通于少习以听命"①。菟和、仓野皆在上雒。杜预释少习，谓在商县武关。并说，楚国将大开武关道以伐晋。由于晋国完全满足楚国的要求，楚国未必就在这里修筑道路，但这条道路早已能够行军，那是无可置疑的。

这几条南北道路都在黄河以南，黄河以北，由于有关诸侯封国版图的扩张，道路也因之向北伸延。溯汾水北行的道路，以前仅至于霍太山。自魏绛推行和戎的策略②，晋国的疆土逐渐向北推广，远到了魏榆③、晋阳④，甚至达到霍人⑤。魏榆在今山西榆次市，晋阳在今山西太原市西南汾水之西，霍人在今山西繁峙县。而晋阳实为晋卿赵氏极为重要的采地。它和晋国都城绛之间自有道路，以通往来。春秋末叶，赵鞅叛晋，反因韩魏之请，归于晋阳，复由晋阳入于绛，与晋侯盟于公宫⑥，就是遵行这条道路。

这条道路的南段，一自河曲渡河，一越中条山，再南渡过黄河。这两条分歧道路，春秋时依然畅通。晋文公自秦返国，济河之后，围令狐入桑泉。⑦秦伯送公子雍入晋时，为晋人败于令狐，至于刳首。⑧令狐在今山西临猗县西，桑泉更在令狐之西。刳首亦在令狐的西南。这几处都离河曲较远，似渡河的地方已移至河曲之北。其后秦晋为成时，本来预定就在令狐会盟，可是临时有了变化，秦伯不肯渡河，到了王城就地驻马，于是使史颗盟晋侯于河东，晋郤犨盟秦伯于河西。⑨王城在今陕西大荔县东，这就明白显示累次令狐之役，仍然都是由河曲渡过黄河的。秦穆公为了报晋国殽之役，

---

① 《左传》哀公四年。
② 《左传》襄公四年。
③ 《左传》昭公八年。
④ 《左传》定公十三年。
⑤ 《左传》襄公十年。
⑥ 《左传》定公十三年。
⑦ 《左传》僖公二十四年。
⑧ 《左传》定公七年。
⑨ 《左传》成公十一年。

济河伐晋，取王官及郊，自茅津渡河，封殽尸而还。① 王官在今山西旧虞乡县南，也是由河曲渡河的。茅津在今山西平陆县南，盖越过中条山，为黄河的津渡处。

在这两条歧路之外，还有另外两条分歧处。其一是由汾河经黄河以北龙门山南渡过黄河的。晋国的望山为梁山。梁山崩，晋君为之惴惴不安，举行大礼以祀禳。② 梁山旧说在今陕西韩城县北，其实应在黄河东岸。晋人祀梁山，虽及河而上，然由晋国都城绛至梁山，还是要经过龙门的。秦晋曾有彭衙之役。③ 此役之后，晋人接着夺取彭衙及汪④，晋人这样累次西征，都是由龙门渡河的。彭衙在今陕西白水县，澄城在今陕西澄城县，行军道路是由龙门渡河后，再向南行的。

另外一条歧出之路，是由晋都绛东南行，而达到南阳。周襄王避太叔带之难，出居于郑国的氾。晋文公为了勤王，乃行赂于草中之戎和丽土之戎，以启东道。⑤ 草中之戎和丽土之戎在王屋山和析城山间。由绛东南行，经过这些山间，可以直到阳、樊等地，也就是今河南济源县。这里位于太行山南，故谓之南阳。这条道路较之绕道于茅津，再往东行，是捷近多了。

循汾涑而行的南北大道之东的另一条南北大道，乃是在太行山东。如前所说，远在殷商之世，这里是当时畿内之地。沙丘、巨桥皆在殷都之北。至迟到春秋末叶，这条道路已经向更北发展。春秋末叶，晋国荀赵两家交恶，赵鞅率师伐荀寅所据的朝歌，荀寅奔邯郸，赵鞅因围邯郸，荀寅遂奔鲜虞。齐国国夏为了营救荀寅，率师伐晋，取邢、任、栾、鄗、逆畤、盂、壶口等八邑，会鲜虞，纳荀寅于柏人。⑥ 朝歌在今河南淇县。邯郸今为河北邯郸市。鲜虞在今河北定县。邢在今河北邢台市。任在今河北邢台市东北。栾在

---

① 《左传》文公三年。
② 《左传》成公五年。
③ 《左传》文公二年。
④ 《左传》文公二年。
⑤ 《国语·晋语四》。
⑥ 《左传》哀公四年。

今河北元氏县东，鄗在今河北元氏县东南。逆畤或谓在今河北保定市西南，疑其太远。盂的所在无考。壶口在今山西黎城县东北。这八邑本为荀氏采地，故国夏一并夺取。这些战地，除逆畤、盂、壶口外，都应在由朝歌经殷墟北行的大道上。可以说，这条大道已经伸延到鲜虞了。

在这条道路之东，应该还有一条南北大道。齐桓公曾北伐山戎①，葵丘会后，周宰孔说："齐侯不务德而勤远略，故北伐山戎，南伐楚。"②可知山戎距齐较远。稍后，齐侯又与许男伐北戎。杜注谓北戎即山戎。据说这是山戎病燕的缘故。杜预以山戎即无终。③《管子》也曾经一再提到山戎，多与孤竹、令支并举。④西汉时，右北平郡有无终县，班固以为即故无终子国。辽西郡令支县，班固又谓其地有孤竹城。⑤汉无终县今为河北蓟县，汉令支县在今河北迁安县，皆在燕国之东，齐桓公如果举兵北伐，似嫌过远。杜预所注，以山戎即无终，盖因晋中行穆子败无终及群狄于太原立说。太原在汾水中游。如果无终之国在今河北蓟县，何能远至汾水中游为晋人所败北？这一族当系从事游牧生涯，故其所涉及的地区相当广泛，而燕国适当其东西的冲要，因而就为其所骚扰。《史记·燕召公世家》说："山戎来侵我，齐桓公救燕，遂北伐山戎而还。燕君送齐桓公出境，桓公因割燕所至地予燕。"《正义》引《括地志》，谓沧州长芦县东北17里有燕留故城，即齐桓公分沟割燕君所至之地所筑之城，如果这样的说法确实无讹，则这条大道是沟通燕齐两国，中间经过燕留故城。唐沧州长芦县在今河北沧州市，就是到现在，这里也是南北交通大道的枢纽。

这里论述春秋时期南北交通诸道路既竟，还须再略论当时东西交通诸道路。前文曾经论及通过周都雒邑的东西道路，这是当时东西道路主干道。在这条主干道的南北两侧，也还有几条道路，这里就逐一做出说明。

---

① 《春秋》庄公三十年。
② 《左传》僖公九年。
③ 《左传》昭公元年·注。
④ 《管子·大小匡·轻重甲》诸篇。
⑤ 《汉书》卷二八《地理志》。

由于太行山呈南北走向，隔绝了东西，因而这一地区的东西道路就难免横越太行山，太行山虽高耸峻陡，晋国经营东阳，并未过分受阻。当时晋齐两国并为大国，亦不时以兵戎相向，可知其间越太行山的道路还是畅通的。《国语·齐语》说：齐桓公"西征攘白狄之地，至于西河，方舟设泭，乘桴济河，至于石枕；悬车束马，逾太行，与辟耳之溪拘夏，西服流沙西吴"。《史记·齐太公世家》也说：齐桓公"西伐大夏，涉流沙，束马悬车，登太行，至卑耳山而还"。郑公孙侨谓大夏为实沈所封国，晋国的封疆也在大夏的故地①，与晋国同封的虞国也在夏墟②，其地当在今山西西南部。《史记正义》以晋阳释之，殊为不辞。卑耳即辟耳，小司马谓在汉河东郡太阳县③，以今地来说，乃在山西平陆县。平陆为古虞国所在，也就是所谓的夏墟。封于虞国的虞仲为周章之弟，周章为太伯之后，已受封为吴侯。虞仲实因与吴国的关系而封于虞。故虞国得称为西吴。虞国和卑耳西距西河亦非甚远。齐桓公若方舟设泭，乘桴济河，当在卑耳之西。白狄为从事游牧的族类，来往飘忽，靡有定所。晋文公曾与狄君田于渭滨。④此所谓狄君，即指白狄而言。文公与狄君所田的渭滨，近于西河，故齐桓公得以乘此行加以征攘。《国语》所说"西服流沙西吴"，似流沙距西吴不远。然《史记》说涉流沙，却在登太行之前。两说虽难遽定，总在太行山的东西，或以雍州的流沙释之⑤，似属过远。这些地方的今地所在辨明之后，齐桓公究竟从何处横越太行山，却还有待斟酌。桓公西伐以卫为主。卫本都朝歌，齐桓公时，卫为狄所逼，桓公为之徙于楚丘。⑥桓公西行，究在何年，未能确指。然楚丘与朝歌，东西相望，都在由齐国西行的道路上，宜桓公西伐以卫为主。其后齐庄公伐晋，就是由朝歌入孟门，登太行，封少水。⑦孟门在今河南辉县西，

---

① 《左传》昭公元年。
② 《史记》卷三一《吴太伯世家》。
③ 《史记》卷二八《封禅书》。
④ 《左传》僖公二十四年。
⑤ 《国语·齐语》韦昭注。
⑥ 《左传》僖公二年。
⑦ 《左传》襄公二十三年。

少水为今沁水，沁水之西就近于晋都的新田。

越过太行山的道路，还有经过壶口一途。前面已经指出，壶口在今山西黎城县，入春秋以前，这是黎侯的疆土。赤狄潞氏强大，灭掉黎侯，壶口当为潞氏所控制。潞氏之国在今山西潞城县北，其后为晋荀林父所灭。灭潞氏之时，曾相战于曲梁。① 曲梁在今河北永年县。由潞氏之国至曲梁是要经过壶口的。潞氏灭后，其故地即成为荀氏的采邑。前文曾提到，齐国国夏为了解救荀氏的危难，曾出兵伐晋，取邢、任、栾、鄗、逆畤、盂、壶口等八邑。这八邑皆荀氏采邑，荀氏为赵鞅所逼，失去本封，故国夏为荀氏复取之。壶口为太行山的隘道，潞氏当年即借这条隘道，控制太行山东西其所统辖的地区，潞氏既灭，荀氏也未能轻易放弃。晋国经营东阳，当是利用这条隘道。因为由晋国都城东行，经过这条隘道还是比较便捷的。由壶口西行，再经过位于现在山西沁县东南的断道②，就可以达到晋都新田。登上太行山的两条道路，壶口一途似较易行，故往来经过的亦较多。郑成公如晋，为晋人执于铜鞮③，就是走的这条道路。铜鞮在今山西沁县南，距断道很近。断道和铜鞮皆远在新田的东北，中间隔着沁水。当是沁水上游多山地，其时须绕过沁水源头，始易于成行。

由壶口东行，就是邯郸。邯郸在曲梁的西南。远在潞氏未灭之前，这里就已是交通的枢纽。邯郸东南有地名乾侯，在今河北成安县东南。鲁昭公朝晋，就曾到过乾侯。④ 乾侯东北为冠氏。冠氏在今河北馆陶县。齐国曾为卫国举兵伐晋，进攻过冠氏，反为晋国所败⑤，可见这里是晋国防齐的要地。晋国也曾经几次进攻过齐国，其中就有从这一路出兵的。鞍之战，晋师从齐师于莘，战于鞍，入于丘舆。⑥ 莘在今山东莘县北，而莘县就在馆陶

---

① 《左传》宣公十五年。
② 《左传》宣公十七年。
③ 《左传》成公九年。
④ 《左传》哀公十五年。
⑤ 《左传》昭公二十八年。
⑥ 《左传》成公二年。

的东南。鞍在今山东济南市西北。丘舆在今山东益都县界，距临淄已是很近了。其后晋中行偃伐齐之役，由于有鲁卫两国参与，可能由濮阳一途出师。齐侯御之于平阴，晋军攻下邿及京兹，遂长驱至于临淄。① 平阴在今山东平阴县东，邿在今山东东阿县东南。京兹在今平阴县东南。盖平阴既克，临淄之途再无可守的险阻了。这样的行军道路，其实就是循着当时的交通大道的。

当时黄河之南也有东西大道。前面说过，齐桓公召陵盟后，陈国辕涛涂曾经建议桓公观兵于东夷，循海而归。辕涛涂这样的建议，是因为恐怕齐兵北归时，出于陈郑之间，资粮难于负担。因而这条道路可能在陈国之南。齐桓公这次南征，起因是为了伐蔡。蔡国自应负荷所需的军糈。陈国在今河南淮阳县。蔡国在今河南上蔡县，位于陈国的西南。如果有这样一条道路，可能是通过蔡国再循淮水之北东行的。由于郑国申侯的建议，齐桓公还是由陈蔡之间北归。申侯认为东行的道路可能有些敌人，齐师已老，难于取胜。沿途的资粮也可能感到不足，而艰于行军。② 实际上，辕涛涂所说的这条道路愈向东行，更多大泽，是难于成为大道的。③ 辕涛涂所谓东夷，据杜预的解释，是郯、莒、徐夷。何休则谓乃指吴国而言。徐夷虽经周初对之用兵，并未大杀其威风，春秋时尚时时见称于诸侯间。吴国于春秋后期始得跻身大国之列，齐桓公时似尚未多见齿及。桓公即使欲观兵东夷，恐亦不肯道及吴人。当时徐夷仍据有淮水下游，所谓东夷当如杜预所说，以徐夷为主，则这条东西道路当是由蔡国之南东行，至于淮水的下游。

另外一条东西的道路，乃在长江以北。当时南方的大国，楚国之外还数得上吴国。楚吴两国虽分据长江的中游和下游，由于九江附近江水的浩渺，水上交通几乎难以利用。这两国的往来只好舍舟就陆，这就构成了又一条东西的道路。楚吴两国间发生的战争及其行军路线，就是具体的说明。

---

① 《左传》襄公十八年。
② 《左传》僖公四年。
③ 《公羊传》僖公四年。

楚子重伐吴之役，曾克鸠兹，至于衡山。①鸠兹在今安徽芜湖市东南，衡山在今浙江湖州市，皆已深入吴国境内。鸠兹近江，楚师是否沿江而下，或取其他道路，史文简略，已难知其究竟。其后楚国邀秦国共同起兵侵吴，到达雩娄，听说吴国有备，半途折返。②雩娄在今河南商城县东。其地距长江已远，楚军不得乘舟沿江而下。再后又有鸡父之役，这次战役起因于吴国伐州来。楚国为了救援州来，与吴国战于钟离，楚军败北，吴军追及鸡父，遂大败楚师。③州来在今安徽凤台县，钟离在今安徽凤阳县东，皆近于淮水。鸡父在今河南固始县东南。这几处地方皆距长江过远，楚军自是由陆路东行。后来柏举之役，楚师大败，吴军因得入郢。④柏举在今湖北麻城县东北，已是深入楚境了。就在柏举之战以前，楚吴两国还有一次交兵，显示出其间行军的道路。这次争战是楚子以诸侯及东夷伐吴。楚师一部前进至夏汭，另一部为吴师败于鹊岸。夏汭在今安徽寿县附近淮水岸边，鹊岸在今安徽舒城县。这次战役由于吴师有备，楚国无功而还，留军待命于巢和雩娄以备吴。⑤雩娄已见前文，巢则在今安徽巢县。在这些战役中，有些战地由于争取有利形势，可能稍稍离开当时交通大道。如果除去这样一些因素，这条东西道路，可能由吴国的国都出发，经过鸠兹，渡过长江，再经过巢、雩娄、柏举等地，而西至于楚国都城郢。

像长江这样的水上交通，吴楚两国都不易加以利用，说明尚有困难难以克服。长江是当时最大的河流，江水浩渺，舟行不易，也确实是事实。其他河流的水上交通，还是时有所闻的。秦晋两国分据黄河的东西，两国之间的交通就曾经利用过黄河，不仅利用黄河，还曾利用过渭水和汾水。秦穆公时，晋国荐饥，乞籴于秦。秦国输粟，自雍及绛相继，称为"泛舟

---

① 《左传》襄公三年。
② 《左传》襄公二十六年。
③ 《左传》昭公二十二年。
④ 《左传》定公四年。
⑤ 《左传》昭公五年。

之役"①。雍为秦都,在今陕西凤翔县南。绛为晋都,在今山西翼城县南。雍在渭水之北。绛在汾水支流浍水旁。这次泛舟之役是由今陕西宝鸡县浮渭东行,至今潼关县,再溯黄河而上,入于汾水。浍水流量不大,可能不利于行舟。然粮船得达今山西侯马市,距绛已经很近。今侯马市为晋国的新田,晋国的都城后来就由绛迁于新田。

就是黄河下游也有舟楫之利。《诗经·邶风·新台·序》说:"新台,刺卫宣公也。纳伋之妻,作新台于河上而要之。"《正义》解释说:"此诗伋妻盖自齐始来,未至于卫,而公闻其美,恐不从己,故使人于河上为新台,待其至于河,而因台所以要之耳。"这虽是一宗丑事,却由此可以看到卫齐两国间的黄河在交通方面的作用。齐国西境至于河,这是齐人曾经自诩的盛事。②卫宣公时,卫国尚都于朝歌。则由朝歌乘舟起碇,就可以抵达齐境了。

由于水道交通的便利,春秋时人不仅利用自然河流,还进一步开凿运河,谋求交通有更多的发展。最早开凿运河的是楚国。楚庄王时,孙叔敖就已经在云梦泽畔激沮水作云梦大泽之池。③楚灵王也在郢都附近开渠通漕。④后来伍子胥也在云梦泽畔开渠,就是所谓子胥渎。⑤伍子胥不仅在云梦泽畔开渠,还开渠于吴国的境内。⑥吴国地处三江五湖之间,和云梦泽畔相仿佛,都是便于开渠引水的。不过这些渠道都很短促,虽有一定的作用,却都不十分显著。吴王夫差所开凿的邗沟,其影响就不是那些小渠道所可比拟的。邗沟是由邗城修起,沟通江淮之间。⑦邗城在今江苏扬州市。这条运河中间经过射阳湖,至末口入淮。⑧末口在今江苏淮安县北。邗沟的开凿使长江和

---

① 《左传》僖公十三年。
② 《左传》僖公四年。
③ 《史记》卷一一九《循吏·叔孙通传》引《皇览》。
④ 《水经·沔水注》。
⑤ 《水经·沔水注》。
⑥ 胡渭《禹贡锥指》引韩邦宪《广通坝考》。
⑦ 《左传》哀公九年。
⑧ 《左传》哀公九年杜注。

淮水两大水系都能够得到开通，这是值得称道的大事。吴王夫差为了争霸中原，开凿邗沟还未能实现他的雄心壮志，他进而又开凿菏水，这是当时所谓商鲁之间的深沟。① 所谓商鲁之间，其实就是宋国和鲁国之间。这条菏水是由陶引济水东流，合于沂水，沂水也就是泗水。济水本是和黄河有关的，可以说是从黄河分流出来的。泗水为淮水支流，下游入于淮水。由于邗沟的开凿，江淮二水有所联系。菏水的开凿，不仅联系了济水和淮水，实际上是使当时所谓四渎，即江、淮、河、济，都能够联系在一起，其意义自是十分重大的，也应该是交通道路的历史上的一个新纪元。

（原载《中国历史地理论丛》1990 年第 3 期）

---

① 《国语·吴语》。

春秋时代的交通道路

春秋时代的交通相当发达。这种情形由列国之间会盟的频繁和战争的不时发生就可以看到一斑。当时列国之间的交涉最注重会盟。既为会盟，当然参加的不只是一两个国家，会盟的地方也一定要经过选择，确定最适当的处所，注意到交通的条件。即以齐桓公来说，桓公霸诸侯，据说曾举行兵车之属六，乘车之会三。其所聚会的地方有的在济水以北，也有的在淮水中游①，所涉及的地区相当广大。齐桓公本人在会盟之外，还曾经亲自南伐过楚国，他渡过汝水，越过方城。方城为楚北的厄塞，这是说他已经快要到楚地了。他还北伐过山戎，征过令支和孤竹。这些都是燕国邻近的部落，曾经不断骚扰过燕国。他还为了征伐白狄，到过西河，也还曾经越过太行、

---

① 《国语·齐语》：齐桓公"兵车之属六，乘车之会三"。注：兵车之会谓鲁庄公十三年会于北杏，十四年会于鄄，十五年复会于鄄，鲁僖公元年会于柽，十三年会于咸，十六年会于淮。乘车之会谓僖公三年会于阳谷，五年会于首止，九年会于葵丘。北杏，齐地，在山东旧东阿境。鄄，卫地，在山东旧濮县东。柽，今河南淮阳县东南。咸，在河南濮阳县东南。淮，《左传》杜《注》谓在临淮郡左右，当在淮水中游。阳谷，在今山东旧阳谷县东北，今属寿张县。首止，在今河南睢县东南。葵丘，在今河南兰考县东南。其中北杏、鄄、阳谷及咸皆在济水以北。

辟耳诸山，到过流沙、西吴。①他所到的地方离齐已经不算是很近。再以当时另一个霸主晋文公的行踪来说，也可得到相同的证明。晋文公享国日短，虽仅举行过数次会盟②，不过当他逃亡的时候，却在晋国之外绕了一个大圈子。他初出亡时系由蒲入狄，后由狄至齐，由狄至齐途中，路过卫国的五鹿。离齐之后，适曹，过宋、去郑、至楚，又到了秦国，然后由秦归晋。③列国中几个重要的国家，他都是去过的。晋文公以后，晋国的霸业还维持了很久的年月，以晋国为主的会盟还有数十次之多，其会盟的地方几遍于中原各国。当然这只是列国中会盟的一部分。仅这一部分的记载，已经可以看到国际间的往来是怎样频繁，更可以看到当时的交通已相当地发达了。

西周末年，郑国东迁到虢郐之间，经过一段开辟草莱的阶段才能够定居下来。到了春秋，因为位置正在中原，成为各国往来必经的地方。齐桓公伐楚的时候，南征之师就由陈郑两国间进兵。④由晋文公时候起，晋楚在中原争霸，两国间的冲突以城濮之战，邲之战和鄢陵之战最为重要。⑤城濮之战由晋伐曹卫两国引起，城濮也是卫国的地方。邲之战和鄢陵之战却是晋楚两国因为争取郑国所引起的。邲和鄢陵也都是郑国的地方。郑国在当时成为晋楚两国冲突的焦点，也就是它的地位适当于冲要的缘故。

城濮之战将爆发的时候，楚子入居于申⑥，鄢陵之战时，楚军北上也经过申⑦。是申为楚国经略中原必经的路途。申为今南阳，由申往北，即为方城、叶县。齐桓公伐楚，屈完就对桓公说过："楚方城以为城，汉水以为

---

① 《国语·齐语》及《史记·齐太公世家》。西吴即虞国，见《左传》僖公五年《注》及桓公十年《疏》。
② 《春秋》：僖公二十八年，盟于践土，其冬复会于温。明年又盟于翟泉。践土，据《史记·周本纪·正义》引《括地志》，在今河南旧荥泽县西北。翟泉，据杜《注》在洛阳城内。
③ 《史记·晋世家》。
④ 《左传》僖公四年。
⑤ 城濮之战在鲁僖公二十八年（公元前632年）。城濮，卫地，杨守敬《春秋地理图》定为在濮阳县东南。邲之战在鲁宣公十二年（公元前597年）。邲，《水经·济水注》说在敖北，当现在河南荥阳县的东北。鄢陵之战在鲁成公十六年（公元前575年）。鄢陵为今河南鄢陵县。
⑥ 《左传》僖公二十八年。
⑦ 《左传》成公十六年。

池，虽众无所用之。"①这条道路不仅为必经之地，而且关系又极重要。由郢北上，汉水中游两岸各地皆是平原无阻，一直达到了申。从现在的地图来看，南阳西北为伏牛山脉，南阳东南为桐柏山脉，这两条山脉东西相对，方城附近就形成一条隘道。所以楚国向北发展，通过这条隘道，最为方便，它为了防止诸夏封国的攻击，也是在这里设防。申和方城固为楚国北上最重要的道路，但并非唯一的道路。鄢陵战后，楚师南归曾到过瑕。瑕的地方说者不一，大要以在今湖北随县附近的为是。②这时楚师既中途过瑕，自然不是走的申和方城一路。由鄢陵直南，越桐柏山脉就达于随县附近的瑕。桐柏山脉虽不如方城附近容易通行，但它的上面有大隧、直辕、冥阨诸地，为汉水以东通往北方的隘道。③以现在地理来说，正是河南信阳以南湖北应山、广水以北的大胜、武胜、平靖三关。④楚师南归当由冥阨诸塞。不过这条道路在当时是不如方城一道为便利的。

晋国有事于中原各地，其出兵当是由它们的都城绛越太行山而至当时的南阳。这个南阳为太行山以南黄河以北的地方，本为周人故土，周襄王时始以赐晋。在此以前，齐国的兵队曾经越过太行山而西至于汾水流域。太行山绵亘广远，然齐桓公所越过的当在太行山的南端。现在地图上的析城、王屋之间，殆为齐师行经的地方。因为齐桓公不仅越太行山，而且还到过卑耳。卑耳山正在太行山西南黄河以北。这一条道路在以前大概不是经常通行的。所以齐桓公越过的时候还要"束车悬马"，想见当时的艰难了。⑤这条道路的不易通行是有原因的。这里不仅是太行山区，而且为戎狄

---

① 《左传》僖公四年。
② 江永《春秋地理考实》。
③ 《左传》定公四年。
④ 王应麟《通鉴地理通释·义阳三关》条说："《左传》大隧即黄岘，直辕、冥阨乃武阳平靖也。"顾祖禹《读史方舆纪要》河南省《黾阨》条却说："三关者：一曰平靖关，即《左传》之冥阨也。其山因山为障，不营濠湟，故以平靖为名。一曰武阳关，亦名沣山关，即《左传》之大隧也。地名大塞岭，薛氏曰，三关之险，大塞岭为平易是也。一曰黄岘关，亦名百雁关，又谓之九里关，即《左传》之直辕也。"
⑤ 《国语·齐语》及《史记·封禅书、齐太公世家》。卑耳即辟耳。《封禅书·索隐》"卑耳，山名，在河东大阳"。大阳为今山西平陆县。

杂居的地方。山地不易行车，这一带的戎狄又习于使用步兵，当然是不会好好整理道路的。晋文公平周王室太叔带的乱事，用贿赂的方式获得这里戎狄的允许，进而开通道路。①这条道路开通后，晋兵才能直下太行，伐卫，伐曹，又和楚人战于城濮。城濮之战，晋国固然获得齐宋秦诸国的赞助，增加若干胜利的信心。然太行南阳一途的开通，出兵便利，在战争上也容易获得优势。后来晋兵一再耀武中原，也都是由这条道路出师的。

郑国既是弱国，又因为地居中原，不仅晋楚两国把它作为争夺的对象，就是秦国看起来也不免眼红。城濮战后不久，秦国就曾帮助过晋国围郑。②稍后，秦国又打算乘着郑人的不防备，东向侵略。秦国这种企图引起晋国的不满，两国间因此发生了殽之战。③本来由渭水流域往东，顺着黄河南岸，越殽函的险隘，以至于中原，原是一条古老的道路。武王伐纣时是由这条路上进兵的，东周都雒也是由这条路上迁徙的。春秋时代这条道路的往来当更为频繁了。秦国助晋围郑的时候，郑人想离间秦晋的关系，就以秦人的东道主自任。不过作为军事行动来说，由于晋人的阻隔，秦国是不容易向这方面发展的。

其实秦晋两国主要往来的地方，并不是在河南殽函的附近。秦国都雍，在渭水中游。晋国都绛，在汾水支流浍水流域。循浍汾而下可以入于黄河。鲁僖公十三年（公元前647年），秦输晋粟，自雍及绛相继于道路，所谓泛舟之役，就是利用这一段水道。④这条道路虽可利用汾渭诸水和黄河供运输，但迂回曲折究竟是绕了许多的路途。因此秦晋两国在战争中所涉及的地方，乃是在渭水以北及涑水流域的一个区域之内。在当时使用车战的时候，黄河弯曲处两岸附近的平原地带，对于这种战争工具的运用也是适合的。就是在平时这一地区也还是为秦晋两国间往来所经由的道路。殽之战

---

① 《国语·晋语》。
② 《左传》僖公三十年。
③ 在鲁僖公三十三年（公元前619年）。见《左传》这一年的记载。
④ 《左传》僖公十三年。

后，晋襄公听从文嬴的请求释放秦百里孟明视等三帅，又因为先轸的反对，使阳处父往追。阳处父追到河岸，秦国三帅已在舟中。① 他们渡河的地方虽不可知，但并非沿汾水而下是可以确定的。

如果就东夏诸国来说，齐鲁对于中原的郑国是没有若何威胁的。但是由东夏诸国到中原，郑国依然是一个交通的枢纽。齐鲁两国和周王室的关系是比较亲密的，他们和周王室间的来往，自然是要经过这条道路的。春秋初年，周王室的凡伯奉使往鲁国，归途为戎人在楚丘劫掠。② 楚丘在今山东曹县东南。以当时的情形来说，这个地方恰是处于鲁国和郑国的中间，正为往来必经的地方。

但是齐国和晋国的往来道路却还要在北边。这可以由齐晋两国鞍之战中看出来。这一次战争发生在鲁成公二年（公元前589年）。据《左传》这一年的记载，晋师的东行是首先经过卫国。这分明是由南阳一道出师的。由卫国入齐境，最先到莘。莘在今山东西北（在范县和冠县境）。以当时情形来说，已在大河以东。由莘东行，再到靡笄之下。靡笄，山名，在今山东长清县。③ 由靡笄之下再东，两军遂战于鞍。在战争中，晋师逐齐师，三绕华不注。华不注在今济南城北，则两军相战的鞍地也应该离那里不远，靡笄之下与鞍皆在济水以南，晋师由卫东行，显然是循泰山之北和济水之南向齐都临淄进发的。

还应该注意的乃是丹水汉水流域的道路。远在西周时代，周人向东南发展，就已经在这方面做过努力。楚人由丹阳南徙后，这里还有一些小国。丹、析二水之间的鄀国就是其中的一个。鲁僖公时候，鄀国受到秦晋两国的攻击，楚国为了援助鄀国，曾经出动了申、息的兵力④，显示出这次争执并非普通的事情。为什么如此？正由于丹水、汉水流域为秦楚两国间的要

---

① 《左传》僖公三十三年。
② 《左传》隐公七年。
③ 江永《春秋地理考实》。
④ 《左传》僖公二十五年。

路，秦国如果控制了这条道路，无疑会增加对楚国的威胁。事实上秦国在当时企图向东方发展，受到晋国的阻隔，不能达到目的。攻击鄀国，就是改弦更张的一种措施。秦国这种打算，后来在鲁文公时候得到实现。因为鄀国的地方到底为秦人获得了。① 秦人既得到鄀国的故地，也就是秦楚两国从此接壤。春秋末年，吴人入郢，秦师就是由这条道路前往援助楚国的。② 这条道路由秦国南行是要越过秦岭。秦岭相当险峻。秦晋两国伐鄀的时候，详情已难备知。秦师援楚攻吴的时候，出车数目达到五百乘，就数量来说仅是稍少于城濮之战时晋国的兵力。③ 这样多的兵车通过险峻的秦岭，正说明春秋末年这条道路的规模已经有相当的样子了。

春秋末年，长江下游兴起了一个吴国。晋国为了牵制楚国，对于吴国极力拉拢。当时为晋国联络吴国的使人，乃是由楚国逃亡出来的申公巫臣。巫臣由晋国往吴国，曾假道于莒国。④ 莒国在沭水上游，当鲁国之东。巫臣为什么要绕道这样远的地方，已经不十分明白。可能是恐怕受到楚国的劫持。因为巫臣不仅是由楚国逃亡出来，而且此去的使命是有害于楚国的。这时楚国的疆域已达到淮水中游，如果巫臣有这样的顾虑也是近于情理的。就以当时的情况说，巫臣过莒的第二年，楚人就曾经出兵伐莒，而且攻入莒都。⑤ 如果巫臣迟来一步，也许就受到楚人的阻挠。话虽如此，但由中原至吴国，绕道莒国究竟不算正途，鲁襄公时，吴季札历聘中原诸国，往来都由徐国。⑥ 徐国在现在安徽泗县附近，这正是东南一隅和中原往来的孔道。徐国虽在淮北，却是受楚国的威胁，巫臣没有取道这里，不是没有理由的。

吴国受了晋国的提携和拉拢，不久就发挥出牵制楚国的作用。从那时起吴楚两国就不断发生战争，但是一般的战争区域乃是在淮水流域。鲁襄

---

① 《左传》文公五年。
② 《左传》定公五年。
③ 《左传》成公二年。城濮之战时晋国出兵车七百乘。
④ 《左传》成公八年。
⑤ 《左传》成公九年。
⑥ 《史记·吴太伯世家》。

公三年（公元前570年），楚军深入吴地，攻克鸠兹并且达到衡山。鸠兹、衡山俱在今安徽芜湖县附近①，濒长江南岸。楚师从哪条道路达到这里，已无从确知。不过这次战役的尾声，吴人乘楚师归去，又取得楚国的驾。驾在江北。②好像楚师的东侵，并非沿江而下。其后鲁襄公二十六年（公元前547年），楚君亲自征吴，到零娄后，听说吴人有了防备，就半路班师回来。零娄在今安徽霍丘县，固当淮水上游的南岸。更可以作为证明的，乃是鲁昭公五年（公元前537年）的一次战役。这一年楚君又复伐吴，其臣薳射帅师会于夏汭。夏汭当为夏水入江的处所，还在楚国的内地。越大夫常寿过会楚君于琐。琐乃在今安徽霍丘县东。③越人在楚的东南，以师会楚，不在长江沿岸，而待于淮水中游，分明楚师不是由长江东下的。据《左传》所载，楚君由琐而东，济罗汭，次莱山南怀，及汝清，观兵于抵箕之山。这一系列地名都很难考出确实地址。总应该在琐以东。楚君观兵的抵箕之山，据说乃在巢县南④，距为吴所取的驾已不甚远。可能鲁襄公时，楚国攻克鸠兹一役也是由淮水前往的。楚人东下是如此，吴兵西上也不是例外。鲁定公四年（公元前506年），吴人伐楚，舍舟于淮汭，淮汭在光、颍境内。⑤再西即自豫章与楚师夹汉而陈。这个豫章就名称来说，容易和汉以后江南的豫章相混同，实则乃是汉东江北的地名⑥，和后来江南的豫章无关。楚师

---

① 《左传》襄公三年杜《注》说，鸠兹在丹阳芜湖县东。衡山在吴兴乌程县南。然乌程去芜湖县远，且在吴国南僻，楚人是不可能深入那里去的。江永引《春秋传说汇纂》说，当涂县东北60里有横山，可能是楚师所到的地方。今从其说。
② 杨守敬《春秋地理图》绘驾于安徽无为县西。
③ 江永《春秋地理考实》。
④ 《太平寰宇记》卢州巢县《踟蹰山》条。
⑤ 沈钦韩《春秋左氏传地名补正》。光今河南潢川县，颍今安徽阜阳县。皆在淮水上游。
⑥ 《左传》定公四年杜《注》。

与吴师，战于大别、小别、柏举等处。①吴师节节获胜，因而长驱入郢。这些具体事实都说明了吴楚两国的交通主要是在淮水流域，并非是沿长江上下进行的。

为什么吴楚的战争不在长江沿岸进行，而移转到淮水流域争衡？有人说，吴楚共长江之险，而吴居楚的下流，仰攻不能胜，故吴用兵常从淮右北道。②但是楚人也由淮右进兵，和吴人所走的路相同，这样道理就不能解释了。其实这不是仰攻或俯攻的问题，而是吴楚之间的长江能不能在交通方面为当时人充分利用的问题。《禹贡》说："江汉朝宗于海，九江孔殷。"九江的解释甚多。《伪孔传》说："江于此州分为九道。"孔颖达《正义》加以引申说："江是此水大名，谓大江分而为九，犹大河分为九河。"郑玄说："九江从山溪所出，谓各自别源，非大江也。下流合于大江。"这是两种不同的说法。后来有许多人都在替九江找名称，定地位，闹出不少麻烦。这主要是由于过去的人们都认为九江的"九"字乃是一个固定的数字，因而从九江的本流分脉来说，要找出九条分流的名称；从入江的小水说，更要找出九条小水的名称。朱熹曾对这两方面的说法，都提出了批评。他批评前一种说法，说是："若曰派别为九，则江流上下洲渚不一，今所计以为九者，若必首尾长短均布若一，则横断一节，纵别为九，一水之间，当有一洲。九江之间，沙水相间，乃有十有七道，于地将无所容。若曰参差取之，不必齐一，则又不知断自何许，而数其九也。"他又批评后一种说法，说是："若曰旁计横入小江之数，则自岷山以东入于海处，不知其当为几

---

① 《左传》定公四年杜《注》引《禹贡》。汉水至大别南入江的话来解释大别的所在，并说此二别在江夏。《水经·江水篇》："江水又东过邾县南。"《注》说："江北岸烽火洲，即举洲也，北对举口。《春秋》定公四年，吴楚陈于柏举。京相璠曰：汉东地矣。"《读史方舆纪要》黄州府麻城县《龟峰山》条说："麻城县东北三十里有柏子山，吴楚陈于柏举，盖合柏山举水而名。"按《左传》记载当时战争情况说："楚将子常济汉而陈，自小别至于大别，三战。子常知不可，欲奔。十一月庚午，二师陈于柏举。"这是说吴师先与楚师战于大别，次战于小别，又战于柏举。大别当为今湖北麻城东北的大别山上。小别又在大别以南。

② 《春秋大事表·吴楚交兵表》。

十百江矣。"①朱熹这些批评是很对的。他还说"经文（《禹贡》）所言九江孔殷，正以见其吐吞壮盛，浩无津涯之势"，这种解释也是不错的。不过他也还受了九江"九"字的束缚，就定洞庭为九江，因为洞庭是浩无津涯，而且为其周围九水所汇聚的地方。就《禹贡》来说，这种解释是相当勉强的。洞庭在《禹贡》中是称为云梦的。云梦泽相当广大，横于江的附近。春秋时代人还有称江以北为云，江以南为梦的。②可见以九江为云梦的说法是不恰当的。

朱熹以洞庭来解释九江是不与《禹贡》相合的，但说九江是吐吞壮盛，浩无津涯之势，正指出九江一带在古代是不大适于交通的地方。九江所在，固不可以九水来忖度，但在吴楚之间则是应当毫无疑义的。江水在今湖北江西之间和江西安徽之间，两岸湖泊分布甚多，显示出是古代江流浩渺的遗迹。这一区域已不是云梦范围之中，以之为九江所在或者还不为过分。江流到这里可能分派甚多，所以称为九江。也许和黄河下流的九河相仿佛。这种自然环境的不利正予吴楚之间的交通以不少的困难。

另外，春秋时代商业的发达也显示出交通比以前更加便利，由于商业的发达，商人在社会上已经有了一定的力量。郑国的东迁就曾得到商人的帮助。因之商人和郑国的国君定有盟誓，商人不叛郑君，郑君也不能恃势强购。商人有什么宝货，郑君也不必过问。这种盟誓，一直遵守到春秋的末叶还没有破坏。③郑国处于中原，所以和其他各国往来均极便利，商业发达乃是一种自然的情势。有名的弦高犒师的故事，就是出自郑国的商人。④弦高的故事不仅显示出郑国商业的发达，而且也显示由郑国都城至于雒邑之间道路的畅通。晋楚邲之战，知罃为楚所俘，郑国的商人就想设法把他藏于衣褚中逃出楚境。这种计划没有实行，楚国已放知罃回晋，后来那位

---

① 《朱文公文集·九江彭蠡辨》。
② 《左传》定公四年及宣公五年、昭公三年。
③ 《左传》昭公十六年。
④ 《左传》僖公三十三年。

郑国的商人到了晋国，知罃想报答他。他不肯居功，拒绝受酬，就转到齐国去了。① 这个故事更说明郑国商人足迹所涉及的地方是如广泛。其实春秋时代商业的兴盛，不仅郑国为然，其他各国也都是如此。尤其是齐卫两国的商人更得到他们政府的奖励。② 就是晋楚两国互相对立的时候，商业往来也并没有绝迹，楚国的杞梓皮革依然可以贩卖到晋国去，因而有了"楚材晋用"的传说。③ 商业发达，各国也就设关征税了。④ 当时商人往来各国的道路，虽无从得知，但可以相信这种通商的道路，在各国之间是普遍存在的。

春秋时代一般陆上的交通工具为车辆。车辆能够普遍使用，而且大规模用于战争，则行车的道路必有相当的修整。周定王时（公元前606—586年），单襄公奉使自宋赴楚，路过陈国，见陈国道路不修，馆舍不整，即断定陈国有亡国的征兆。⑤ 鲁襄公时，郑国子产至晋国，因为晋国待诸侯的使节过薄，也不经常修理道路和馆舍，就责备晋国不能继续文公的政绩⑥，这些情形都说明当时人们对于道路的重视。甚而一些战胜的国家，还强迫敌国根据他们的要求，来改变道路的方式。齐晋鞍之战后，齐国失败，晋国所要求的条件中就有"齐之封内，尽东其亩"一条。⑦ 就是说齐国应该把境内的农田都改成东西行。如果齐国按照晋国的要求改变农田的方式，晋国以后若再向齐国用兵，兵车往来当然也就更方便了。自然晋国这种要求对于农业生产是有很大的妨害的。齐国就根据农田播种应该从其土地的方便，他国不应该有过分要求的道理拒绝了晋国。

车辆一般只是用于平地，或不甚险峻的坡地。春秋时代车辆的使用已相当普遍，但一些非华族的部落，由于居住在山谷间，还谈不到这一点。他们在作战的时候往往采取徒步方式。步卒作战，较为灵活，可以取得胜

---

① 《左传》成公三年。
② 《左传》闵公二年，《史记·货殖列传》。
③ 《左传》襄公二十六年。
④ 《左传》昭公二十年。
⑤ 《国语·周语》。
⑥ 《左传》襄公三十一年。
⑦ 《左传》成公二年。

利。春秋初年，郑国抵抗"狄人"的侵略，即感到"被徒我车"，不能防备他们的侵轶。①后来到晋文公时候，为了抵抗"狄人"，曾改变军队的编制，采取三行的办法，才获得了效果。②到鲁昭公时，晋中行穆子败"群狄"于太原，还是"毁车崇卒"的缘故③。在对于非华族的战争中，诸夏之国不仅被迫改变了作战的技术，另外还学得骑马的方法。④《左传》载鲁昭公时，"左师展将以公乘马而归"⑤，就是骑马的证明⑥。

至于水上的交通工具当然是船舶了。中原诸夏封国是注意到水上交通的，南方的吴楚更是没有放松这一环节。当时不仅对于内河想方法加以利用，海上交通也有了确实的记载了。春秋末年，齐国有了内乱，吴徐承就曾率领舟师由海道进攻过齐国。⑦后来越王勾践与吴起衅，也曾命范蠡、后庸率师沿海、溯淮，断绝吴王夫差由中原南返的道路。⑧吴越两国本是海滨的国家，在海上航行，应该是平日习惯的事情，但像这样大规模的军事行动全赖船舶运输，还是以前所没有的。

春秋末年，交通方面有了突飞猛进的发展，运河的开凿就是划时代的壮举。最早开凿运河的为楚吴两国，而楚国较吴国更早。⑨不过最初所开凿的运河还是较小的规模，因此所发生的影响也不十分巨大。比较有关系的，乃是吴王夫差在江淮之间和淮水以北的两次兴工。吴国在江淮之间所开凿的运河乃是鲁哀公九年（公元前486年）的事情。这一年吴人始修筑邗城，接着就在邗城下凿沟东北通到射阳湖，又由射阳湖西北通到末口入淮。邗

---

① 《左传》隐公十年。
② 《左传》僖公二十八年。
③ 《左传》昭公元年。
④ 顾炎武《日知录·骑》条。
⑤ 《左传》昭公二十五年。
⑥ 顾炎武《日知录·骑》条说，"《诗》云：古公亶父，来朝走马。古者马以驾车，不可言走。曰走者，单骑之称。古公之国邻于戎翟，其习尚有相同者"。古公骑马虽早，然为社会所习用当仍为春秋时代事。
⑦ 《左传》哀公九年。
⑧ 《国语·吴语》。
⑨ 拙著《中国的运河》。

城在今江苏扬州，射阳湖在今江苏淮安县东南。末口则在淮阴县境。[①] 至鲁哀公十三年（公元前482年），吴晋两国打算在黄池会盟[②]，又引起新的运河的开凿。黄池在今河南封丘县，当时正在济水的沿岸。吴王夫差为了要乘舟达到黄池，就在商鲁之间又开了一条运河。根据《水经注》的说法，这条运河就是出于小黄县的黄沟。小黄县在今河南旧陈留县北，也在济水的沿岸。比黄池稍东一点。黄沟由这里分济水东流后流经外黄县故城南，再东流经定陶县南，又东经山阳郡成武县的楚丘亭北，又北经郜城北和成武县故城南，又东经平乐县故城南，又东经沛县故城南，东注于泗水。[③] 外黄在今河南杞县东北。定陶县今已并入菏泽和成武二县。成武为今山东成武县。郜城在今成武县东南。平乐在今山东单县东。沛县在今江苏沛县东。就是说，这条运河沟通了济水和泗水，流经现在河南、山东、江苏三省间。这条运河诚然是沟通济水和泗水，但并不是像郦道元所说的流过那样一些地方。这条运河实际就是《禹贡》所说的菏水，为战国时代江淮流域和河济流域一条重要交通道路，这样的道理在拙著《中国的运河》中曾有较详的说明，这里就不再赘述了。这条运河既然注入泗水，泗水下游注入淮水，越淮水又可与邗沟相接，是由吴国境内可以乘舟直达于中原了。根据《国语》的记载，吴国所施工的水道，不仅西属之济，而且还北属之沂。现在山东境内有两条沂水。一条出于沂源县，一出于曲阜县东南尼山。这两条沂水古时下游都是入于泗水。不过吴国所开的运河应该是和曲阜的沂水相联系，也就是所说的商鲁之间。至于东面的沂水，不仅偏东，而且和吴国黄池之会的目的相差太远了。

吴国这两条运河的开凿，充分说明了当时人民对于地理环境的善于利用。就江淮之间邗沟所通过的区域说，这里的地势中间低洼，所以自古以来就成为湖泊罗列的地方，而且古时的湖泊可能比较现在更多更大。邗沟

---

① 拙著《中国的运河》。
② 《国语·吴语》。
③ 《水经·泗水注》。

在中途是通过射阳湖的。射阳湖当于今淮安、宝应、盐城三县之间,古时它的面积相当广大,据说萦回到300多里。① 由于逐渐淤积,到现在只能依稀看到一点痕迹。当然射阳湖是这里湖泊中比较大的一个,其他也还是不少。过去一些地理书中,如《水经注》《太平寰宇记》等都记载了若干有关湖泊的名称,其中有的到现在已经不再存在,分明是逐渐湮没了。虽然如此,现在这个区域中湖泊的数目仍是不少。由现在的情形推想古代,就可以得出一个大致的轮廓。吴国的邗沟可能是利用这些湖泊,使它们能够互相联系起来。因为运河是这样开凿的,所以工程进行相当迅速。关于这条运河的开凿,《左传》记载在哀公九年的记事中,可能就是在这一年中开凿成功的。因为《国语·吴语》里面又记载说:"吴王夫差既杀申胥,不稔于岁,乃起师北征,阙为深沟,通于商鲁之间。"夫差杀子胥为鲁哀公十年事。子胥死后,吴国就又开始开凿商鲁之间的运河。如果邗沟没有开凿成功,第二个工程就不会动工起来。

邗沟的开凿是这样的,商鲁之间的运河也应该相同。就开凿的时间说,新运河同样是迅速的。新运河工程的进行,乃在子胥被杀之后。它的开凿的目的是黄池会盟。黄池会盟在公元前482年,也就是在鲁哀公十三年。这当中只有二年的时间,它在这二年中已经由开凿而到使用,不能说是不迅速了。就地理情势来说,商鲁之间也是一个湖泊区域,在古代那里也星罗棋布着许多大大小小的湖泊。但由于后来黄河不时决口,使原来的湖泊陆续淤塞,甚或已失去原来的痕迹。吴国在这里所开凿的运河同样是利用当地的湖泊。虽然如此,这两条运河的成功也是具体表现了当时人民的智慧的。

从上面的论证中可以看到春秋时代交通已经有了相当的规模。当然这样的规模是在西周的基础上继续发展而来的。西周时若干较大的河流都已有舟楫之利,而道路的修整也经常为人们所注意。"周道如砥,其直如矢",

---

① 《太平寰宇记》卷一二四。

早就为诗人所歌颂。这固然不是普遍的情形，但能够如此，也不是容易的。

《国语·周语》中还记载着西周时道路的制度，据说，当时在国郊及野的道路两旁通常栽植树木以指示道路的所在。沿路：十里有庐，备有饮食；三十里有宿，筑有路室；五十里有市，设有候馆。这些都是为了供给各国的使人过客享用的，甚至在边境上还安置有候望的人随时招待。这可能是一种理想的说法。即令是实际的情形，也只是若干小的部分，不一定就是一般的状况。如前所说，春秋时代交通工具既已普遍使用车辆，而会盟战争又极频繁，道路修整的工作也就不能不被重视起来。甚至战胜的诸侯也以修整道路来要挟战败的国家。当时的情形虽不能就像《国语》中所记载的那种理想的情况，一般说来，平坦的大道是已经逐渐增多了。

春秋时代的人们不仅在平原上驰骋他们的车辆，他们所修筑的道路，也往往翻过崇高的山岭，太行秦岭以至伏牛大别诸山中都已有了通途大道，这对于生产的发展，应该起了促进的作用。运河的开凿是这一时期的重大建树，它说明人们征服自然获得了新的成就。虽然春秋时代人们在利用水道方面还没有克服像长江中游九江那样的困难，但由于他们的努力，到了战国时代，这一段水道上也照样有风帆上下了。

（原载《人文杂志》1960 年第 3 期）

战国时期的交通道路

一、战国时期以各国都城为中心向外辐射的交通道路

战国时期的交通道路是在春秋时期的基础上发展起来的。关于春秋以前的交通道路，我已另有专文论述。① 由春秋以前的交通道路发展情况，可以约略看出：每一时期交通道路的布局虽皆不尽相同，但都城所在地总是重点的所在。一些主要的道路大都是由都城向外辐射，也可以说都城是一些道路交会的所在。雒邑就是如此。雒邑曾经被称为"天下之中"。以"天下之中"来称道雒邑，除去它本来所具有的自然环境之外，当然是因为它是周王朝的都会。战国时期，这样的情况有了明显的变化。由于周王朝的衰弱，雒邑已逐渐失去"天下之中"的地位。称雄的诸侯各有相当广大的土宇，因而各自的都城也都可以自成交通的中心，向外辐射道路。这就使交通有新的发展，道路也有了新的布局。这种情形在春秋后期就已经约略

---

① 《春秋以前的交通道路》。下文提到这篇拙著时，皆简称为"前文"或"前篇"。

存在，到了这一时期就更为明显。战国时期，各国的经济都会先后兴起，与政治都会参差并立，也使有关的道路另成一种体系。正是出于这些原因，战国时期的交通道路就和以前不尽相同，甚至有了明显的变化。这里先行论述以各国都城为中心向外辐射的道路。至于与经济都会有关的道路，则请详诸后文。

雒邑虽已不成为"天下之中"，然由于自然环境的因素没有显著的变化，仍可作为一些道路经过和交会的地方。尤其是在秦国既强之后，更是如此。雒邑位于函谷关外，崤山之东。秦国向东发展，崤函山地使它受到一定的阻遏。及其出了函谷关，越过崤山险阻，雒邑就在眉睫之间。秦国虽尚不能早日据有雒邑，这条东西的道路对它来说仍是有利的。由雒邑西行，这条大道有了两条分支，可以说是南北两道。北支经过渑池，南支经过宜阳。渑池在今河南渑池县东，宜阳在今河南宜阳县西。秦赵渑池之会①，显示北支的重要意义。宜阳直至战国后期，还仅仅是一个县。可是这个县竟然大得和郡一样②，若不是地居冲要，这样的发展实际上是不可能的。这两条分支再往西去，还是合成一条大道。函谷关的设置，显示出这条大道是一条极为重要的大道。函谷关应为秦国设置的关隘，是秦国东方的门户。秦惠文王后七年，韩、赵、魏、楚、燕五国攻秦③，秦昭襄王十一年（公元前296年），齐、韩、魏、赵、宋五国又攻秦④，皆逡巡于函谷关下，不能前进。可见这条道路是函谷关以东各地西行的主要道路，非其他道路所能轻易代替的。由函谷关西行，已入秦境，可至秦国的泾阳、栎阳和咸阳先后几个都城，当然还可以继续西行，前往秦国的旧都雍。

由雒邑东行，经过魏国都城大梁，折向东北行，再循济水而下，经过平阴，又可直达齐国都城临淄。大梁今为河南开封市。临淄在今山东淄

---

① 《史记》卷八一《蔺相如传》。
② 《战国策·秦策二》。
③ 《史记》卷一五《六国表》。
④ 《史记》卷五《秦本纪》。

博市东。平阴在今山东平阴县东,为入齐国的要道。前文曾经提到晋国中行偃邀鲁卫两国伐齐,齐侯就御之于平阴。入战国后,赵成侯侵齐至长城。①齐长城西至济水,东至于海,其西端就在平阴。②赵国侵齐所至的长城只能是在西端平阴。可知平阴实为当时入齐大道所经过的地方,长城肇始于其地,是有一定的意义的。关于这条道路所经过的地方,下文将再做说明。

这条东西大道中间也有分歧。分歧的地方就在大梁。由大梁至齐已稍稍偏向东北。如趋向东南,却另有道路,今河南商丘县为宋都睢阳,宋国后来见逼于魏,东徙彭城。③彭城为今江苏徐州市。宋国虽东徙,然大梁、睢阳、彭城三地实构成东西一线。宋灭之后,彭城隶于楚国,为东楚的要地。④彭城能够见重于当世,自与这条东西大道有关。

由雒邑东北行,可以到达太行山东各地。如前所说,太行山东的南北大道已经通到鲜虞,也就是现在河北定县。由于经济都会的到处兴起,这条大道也因之而得到发展。雒邑黄河之北,兴起了温、轵两地。⑤温在今河南温县西,轵则在今河南济源县南。自雒邑视之,温在其东北,轵则稍稍偏于西北。其间道路似略有分歧。这里应该顺便提到野王。野王在今河南沁阳县,距温、轵两地皆稍嫌远。野王为世所称道,乃是在卫元君徙居之后,其时秦始皇已统一六国⑥,似失之过晚。然其地就在太行山下,扼羊肠道口,为北登太行,远趋上党必经之地,故不同于其他寻常县邑。由雒邑北行的道路,虽有温、轵的分歧,经过野王,还是合为一途。由此东北行,卫国旧都的朝歌和赵国新都的邯郸,皆是必经的要地。这里应该顺便一提及赵国的南长城。这段长城始筑于赵肃侯时。⑦其经过的地方虽难以

---

① 《史记》卷四三《赵世家》。
② 《水经·济水注》引京相璠说。
③ 钱穆《先秦诸子系年考辨》卷三《战国时宋都彭城证》。
④ 《史记》卷一二九《货殖列传》。
⑤ 《史记》卷一二九《货殖列传》。
⑥ 《史记》卷三七《卫康叔世家》。
⑦ 《史记》卷四三《赵世家》。

细征,大要在漳水之北。苏秦说赵肃侯,秦甲渡河逾漳,就可会于邯郸之下。①因邯郸之南,只有漳水可以据守。长城修于其地,也是为了能控制这条南北大道。战国时,鲜虞已改称中山。中山虽地薄人众,却也成为一个经济都会。②南北大道就不容不通过这个地方。中山东北为燕国。燕国都于蓟,即今北京市。春秋之时,燕国崎岖于边僻之地,不为当世诸侯所重视,迄于战国初年,尚未改观。稍后遂跻身七雄之列,其都城亦成为勃碣之间的都会,与其西南的涿并称。③所以这条南北大道,并非止于中山,而是向北通到燕、涿。这条道路在入燕境之时,亦须经过燕长城,即所谓易水长城。④这条长城濒于易水,故以易水长城相称。长城有门,谓之汾门,亦曰汾水门,又谓之梁门⑤,在今河北易县之南。当是这条道路所经过的地方,较今京广铁路略偏西矣。

这几条道路,或由雒邑经过,或发轫于雒邑,这虽是自然形势所决定的,也可以说是以雒邑为中心向外辐射的道路。前已言之,战国之时,周王室日趋衰弱,难与称雄的诸侯相提并论。称雄诸侯各以其都城为中心,向外辐射有关的道路。这在下文将逐一陈述。

兹请先言秦国。秦在春秋时久都于雍。入战国后,肃灵公始居泾阳。⑥泾阳在泾水之委,为今陕西泾阳县。⑦献公徙治栎阳⑧,栎阳在今陕西西安市阎良区南渭水之北。孝公时始都咸阳⑨,在今陕西咸阳市东。战国初年,秦国内有忧患,为诸侯所卑视,至献公时镇抚边境,孝公时益臻强大。故论秦都当以咸阳为主,稍及于栎阳,至于泾阳,大可委而不论。

---

① 《史记》卷六九《苏秦传》。
② 《史记》卷一二九《货殖列传》。
③ 《史记》卷一二九《货殖列传》。
④ 《史记》卷二〇《张仪传》。
⑤ 《水经·易水注》。
⑥ 《史记》卷六《秦始皇帝本纪》。
⑦ 王国维《观堂集林》卷一二《秦都邑考》。
⑧ 《史记》卷五《秦本纪》。
⑨ 《史记》卷五《秦本纪》。

以咸阳为中心向外辐射的道路,约有七条:

由咸阳渡渭水东行,出函谷关,过雒邑至于中原各处,这是秦国东向经略各国的主要道路。这是在前文已经陈述过的。由咸阳循渭水东行,经过栎阳和大荔王城。大荔王城在今陕西大荔县东,即旧朝邑县。其地近黄河。秦昭王末年曾在这里的黄河做河桥,就是后来的蒲津桥。① 黄河以东,本为魏境。这时秦已取蒲坂,而魏国又献安邑。② 蒲坂在今山西永济县西,安邑在今山西夏县西北,是这条道路已经伸入魏境。其后,北定太原,设太原郡,这条道路更溯汾水北上,抵达太原郡。这一路段不仅有魏国旧都安邑、韩国旧都平阳和赵国旧都晋阳,而且还有新兴起的经济都会。平阳就是一个经济都会,另外还有一个杨。③ 平阳在今山西临汾市西南,杨在今山西洪洞县东南。由咸阳东南行,经过商於和丹阳,可以达到宛、穰。宛在今河南南阳市,穰在今河南邓县。西周和春秋时的申、谢两国就在宛的附近。这条道路上战国时新修筑了一座武关,和函谷关一样,也控制着这条由秦国通向东南的道路。这座武关在今陕西商南县南,当陕、豫、鄂三省交界之处。这三条道路都是春秋时久已通行的道路,战国时由于秦国向外不断开拓,这三条道路都具有新的重要意义。

秦国于称雄诸侯中独僻居于西北,其外与匈奴接壤。由于长期受到匈奴的侵扰,多方经营,因而也形成几条道路。由咸阳北行,经上郡治所肤施,就是其中的一条。肤施在今陕西榆林县南,已在这条道路的北段。肤施本为赵国的土地,其入于秦国乃在秦昭襄王时。以肤施作为上郡治所,为秦昭襄王三年(公元前304年)事④,则肤施的入秦当在郡治移置之前。在肤施入秦以前,这条道路的南段已经通行。然最初只在上郡塞之南。上郡塞在今陕西富县南。⑤ 自上郡治所北移,这条道路始随之向北伸延,而抵

---

① 《史记》卷五《秦本纪》及《正义》。
② 《史记》卷五《秦本纪》。
③ 《史记》卷一二九《货殖列传》。
④ 《水经·河水注》。
⑤ 拙著《黄河中游战国及秦时诸长城遗迹的探索》。

达于河上。赵武灵王①和秦昭襄王②都曾经走过这条道路的全程。和这条道路差相并行的，为通过萧关到达黄河岸旁的道路。萧关在今宁夏回族自治区固原县东南，秦昭襄王所修筑的长城在这里就经过萧关。应该说，萧关为长城在这个地区的关口，秦惠文王游至北河，就是走这条道路的。③萧关和其北的北河，战国秦时都属北地郡。按《史记·匈奴传》所说的：秦昭王伐残义渠，于是秦有北地郡，遂筑长城以拒胡。昭王为惠文王之子，若昭王时始伐残义渠，设北地郡，惠文王何能经过义渠前往北河？其实《史记·秦本纪》已于惠文王十一年（公元前288年）载有县义渠，义渠君为臣事。张守节《正义》引《地理志》说："北地郡义渠道，秦县也。"又引《括地志》说："宁、原、庆三州，秦北地郡，战国及春秋时为义渠戎国之地。"如两家所说，则北河仍非秦地。义渠本秦西北的强大部落，其辖地当不致如此地狭小。且疆场之事，一此一彼，并非了无变化。义渠之君曾乘韩魏等五国击秦的机会，大破秦人于李帛之下④，为时未久，秦侵义渠，得二十五城⑤，就是具体证明。虽然如此，自惠文王走过之后，这条道路终于成为秦国通向西北的大道。和北地郡同时设郡的还有陇西郡。陇西郡治所为狄道县，就是现在甘肃的临洮县。陇西郡和咸阳间的道路未见史籍记载。陇西郡西防羌人而北御匈奴，为边防要地，为此设置郡县，自是当世大事，何能和咸阳了无交通可言？秦之先世就曾处于陇山之西，其后辗转东徙，其间交通并未断绝。若循渭水再行西上，渭源距狄道仅是一山之隔，往来还是相当便利的。

秦国还有一条可资称道的道路，就是通往西南巴蜀的大道。参与周武王伐纣的八种部落中就有蜀人，可知其地和中原早有来往。其后蜀王奄有

---

① 《史记》卷四三《赵世家》。
② 《史记》卷五《秦本纪》。
③ 《史记》卷五《秦本纪》。北河，《集解》引徐广说："戎地，在河上。"《正义》："王游观北河，至灵、夏州之黄河也。"按：唐夏州距黄河过远，当以灵州为是。夏州在今陕西靖边县北白城子。灵州在今宁夏回族自治区灵武县。
④ 《战国策·秦策二》。
⑤ 《史记》卷一五《六国表》。

褒汉之地①，与秦王相遇于褒谷②。褒谷与斜谷隔秦岭遥遥相望。秦王能与蜀王遇于褒谷，当是由斜谷南行。褒斜道为后来越秦岭的有名谷道，其创始之功当与秦人有关。褒谷南段也称为石牛道，据说是秦惠文王以石牛能粪金，诱蜀人开凿的道路。所开凿的地方就在褒水岸侧的石门。张仪司马错的灭蜀就是从这条道路进军的。③今陕西勉县至四川剑门关的道路称为金牛道。④金牛道和石牛道的得名具有同样渊源，都是经过战国时蜀人开凿的。据说当时蜀人入秦使者曾经到过梓潼。⑤张仪司马错伐蜀时，蜀王曾在葭萌抵抗过秦军，其后败奔，曾遁至武阳。⑥梓潼今为四川梓潼县。葭萌在今四川广元县南。武阳在今四川彭山县。梓潼和葭萌皆在今川陕公路上，可知这条道路使用的长久。由秦国至蜀的这条道路，当时就已在一些路段上修成栈道，蔡泽所谓"栈道千里于蜀汉"⑦，即指此而言。张仪灭蜀之后，接着又灭巴，司马错且自巴涪水取楚商于地，为黔中郡。⑧涪水今仍为涪水，流经绵阳、遂宁等市县，至合川合于嘉陵江，至重庆市东入于长江。重庆市即巴国所都的江州。黔中郡治所在今湖南沅陵县。这条本是由咸阳西南行至于蜀国的道路，又自成都东南至于湘西。

秦国之东为韩国。韩国先后有三个都城，就是平阳、新郑和阳翟。平阳在今山西临汾市西南。新郑在今河南新郑市。阳翟在今河南禹州市。平阳远在黄河以北，新郑和阳翟相距并非很远。这后两者都可视为韩国后期的交通中心，共同向其周围辐射道路。

韩国最初本是都于平阳的。如前所说，平阳是位于汾水沿岸，循汾水上下的南北道路正是通过平阳的。这是说，韩国以平阳为交通中心，向南

---

① 《华阳国志》卷三《蜀志》。
② 《太平寰宇记》卷一三三《梁州》引《十三州志》。
③ 《水经·沔水注》，《舆地广记》卷三二《利州路》。
④ 《读史方舆纪要》卷五六《汉中府》。
⑤ 《华阳国志》卷三《蜀志》。
⑥ 《华阳国志》卷三《蜀志》。
⑦ 《战国策·秦策三》。
⑧ 《华阳国志》卷一《巴志》。

可以通到晋国的旧都新田和魏国的都城安邑，向北可以通到赵国的晋阳。韩国的疆土，平阳以东有上党。春秋之世，由晋国都城新田通行太行山，就须经过位于今山西沁县之南的铜鞮县，和位于今山西黎城县的壶口。这是横穿上党的道路，中间就经过平阳，韩国正是利用晋国的旧绩来统治上党的。

韩国的疆土有原来晋国的南阳和上党，还有黄河以南汉朝时颍川郡的一部分；灭郑之后，更据有郑国的版图。晋国的南阳在太行山之南，战国时此地分属韩、赵、魏三国，韩国有少曲[①]、邢[②]、轵[③]等地。汉时颍川郡在今河南颍水上游，郑国原来的版图在今河南洧水上游。这样，韩国的疆土就兼有黄河南北的一些地方。

韩国的疆土既兼有黄河的南北，就是说它围绕着东周的土地。以雒邑为中心的交通道路就都须通过韩国的疆土，而为韩国所控制和利用。特别是通过雒邑的东西大道，也成为韩国的东西大道。这条道路的形成远在韩国建国以前。春秋之世，这条道路本是经过郑国的。战国时有些段落有所改变，魏国东长城的修筑就是具体的说明。魏国东长城由卷经阳武到密。[④]卷在今河南原阳县西，阳武在今原阳县东，密在今河南密县东。魏国东长城的修筑，是为了控制其西方的道路，阻止由这条道路来的进攻力量。这就具体说明，这条道路已经不再经过郑，而是由雒邑直东至于大梁。应该注意到，魏国修筑东长城，是为了防御秦国。秦国攻魏是不必先绕道到郑的。虽然如此，韩国以郑为都后，仍和春秋时原来的郑国一样，依然就近控制这条道路，其和由郑辐射出来的道路具有同等的作用。这条道路的存在和发展，增加了韩国在当时诸侯封国中的地位。

然而韩国上下所重视的道路，却是如何联系黄河南北的疆土，特别

[①] 《战国策·燕策二》。苏代约燕王时，曾说到"秦正告韩曰：'我起乎少曲，一日而断太行。'"。
[②] 《战国策·秦策二》。或谓应侯说："秦尝攻韩邢，困上党。"
[③] 《战国策·韩策二》。聂政为韩轵深井里人。
[④] 《续汉书·郡国志》。

是在韩国迁都到新郑和阳翟以后。新郑和阳翟相距很近，作为交通中心，向外辐射道路，正可视为一体。实际上也是如此。韩国的土地既围绕着东周，则沟通黄河南北的道路至少就有东西两条。这两条道路无论是新郑和阳翟都是便于应用的。这两条道路中在西的一条要通过宜阳，在东的一条要经过成皋。宜阳不仅是东西大道所经过的地方，也是通往上党、南阳道路的发轫之所。①如果宜阳有失，则韩国的上地就要断绝。②南阳在上党之南，宜阳隔着黄河更在南阳的西南。这渡河的地方就在武遂。武遂在今山西垣曲县东南黄河岸边。武遂曾为秦国所据有，韩国为了再得武遂，不断遣使入秦，后来还是归还武遂于韩。③韩国由武遂不仅可以到上党，还可经由晋国旧都新田而至于平阳。在东的一条道路所经的成皋，在今河南荥阳汜水镇。成皋之北为邢。邢为韩国的土地，也曾受到秦国的攻击。④其地在今河南温县东。邢与成皋隔河对峙，成皋尤为重要。张仪说韩王，谓"塞成皋，绝上地，则王之国分矣"⑤。范雎说秦王，谓"举兵而攻荥阳，则成皋之路不通；北斩太行之道，则上党之兵不下，一举而攻荥阳，则其国断而为三"⑥。范雎此言大可以显示成皋的重要性。所谓太行之道，指的是羊肠之险。蔡泽所说的"决羊肠之险，塞太行之口"⑦，正说明其地位的重要。张仪说秦王，也称道秦兵之逾羊肠，降代、上党。⑧代在上党之北，用现在的地理来说，乃在山西的东北部，是由上党可以直通到代了。

　　韩国灭郑之后，迁居于郑的都城，也取得了郑国全部的土地，据苏秦所说，韩国的疆土南有陉山。⑨陉山在今河南漯河市东，其地距召陵不远，

---

① 《战国策·秦策二》："宜阳，大县也，上党、南阳积之久矣。"
② 《战国策·韩策一》："秦下甲据宜阳，断绝韩之上地。"
③ 《战国策·韩策一》。
④ 《战国策·秦策三》。
⑤ 《战国策·秦策一》。
⑥ 《战国策·秦策三》。
⑦ 《战国策·秦策三》。
⑧ 《战国策·秦策一》。
⑨ 《战国策·韩策一》。

春秋时，齐桓公南征，曾兵临其地。齐桓公伐楚时，还着眼于方城一途。其实由陉山南行，可至楚国的冥阨，也应是当时南行的道路。其后韩国又由新郑迁都于阳翟。阳翟正在方城之外。方城为由中原南通楚国的道路，也是楚国北上的途径。楚国北上，韩国就首当其冲。史惕所谓楚发兵临方城，则韩国就难免败北[1]，正说明其间的道路。

和韩国相邻的是魏国。魏国和韩国相似，国土也分跨黄河南北。魏国的土地有河东、河内和河外，应该说还有西河。魏国称流经河东之西的黄河为西河。黄河以西的魏国土地也称西河。吴起就曾为魏国的西河守。[2] 当时的西河也只是洛河水下游和黄河之间的地方。越过黄河就是河东，再越过王屋、析城诸山，就是河内。河内在太行山之南，就是春秋时晋国的南阳。东南行，渡过黄河，就是河外。魏国本都于安邑，在今山西夏县西北，当时属于河东。惠王迁都于大梁，在今河南开封市，当时属于河外。魏国的土地虽跨有黄河南北，却大致是东西成为一线，不过其间略有弯曲而已。

安邑和大梁都处在交通大道上。安邑位于西河通往汾水中游的大道上，向北通到赵国的晋阳。晋阳在今山西太原市西南。大梁位于经过东周的雒邑和韩国的荥阳通往东方的大道上，再向东去就是宋国的睢阳和彭城，也就是现在的商丘市和徐州市。这两条大道可以上溯到春秋时期，甚至到西周初年。这诚然是两条重要的大道，但在魏国更为重要的却是新旧两都间的道路，也就是由河东经过河内通向河外的道路。尤其是河东和河内间的道路在较早的时期就更为重要。梁惠王就曾经说过："河内凶，则移其民于河东，移其粟于河内；河东凶亦然。"[3] 这条河东河内间的道路当是由安邑，经过晋国旧都绛，再东南行达到河内。由河内东南行，前往大梁，是要渡过黄河的。渡河之处当在卷。卷在今河南原阳县西，当时正濒于黄河。魏国东长城，如前所说，正是起于卷，卷之西为荥阳，已非魏国土地。魏

---

[1] 《战国策·韩策二》。
[2] 《战国策·魏策一》，《史记》卷六五《吴起传》。
[3] 《孟子·梁惠王上》。

国北疆有酸枣。① 酸枣在今河南延津县西南。当时黄河由卷流向东北，酸枣距黄河已远，这条道路是不会绕行其地的。

魏国既西有河西地，则河西与安邑之间亦应有道路。其实远在春秋之世，秦晋两国交往和兵争已经频繁出入于其间，无容再事陈述。魏国迁都大梁之后，除西与韩国往来，东与齐宋通使，皆有旧日大道可资利用。唯和赵国的邯郸和卫国的濮阳之间的道路似属新辟。张仪说魏王，谓"秦下兵攻河外，拔卷、衍、燕、酸枣，劫卫取晋阳，则赵不南；赵不南，则魏不北；魏不北，则从道绝"②。这是说，魏赵之间的交通是要经过卫国的。卫国都城濮阳北濒黄河，是黄河的有名渡口。春秋时，晋文公伐曹，最初就是想从濮阳渡河的。魏、赵两国间的交通道路由濮阳渡河，这就显得卫国的重要。濮阳之西有白马津，亦称围津或坥津，在今河南滑县东北，这是赵国的河外。③ 由魏赴赵，不若稍稍绕道濮阳，从白马津渡河，当更为捷近。

魏国与秦、韩两国不同，和赵国也有差异。秦、韩和赵国的交通，很少利用自然水道。春秋时，秦晋泛舟之役，秦输晋粟，自雍至绛相继不绝。这是利用渭水、黄河和汾水的水道。入战国后，秦国不以雍为都，晋国亦为三家所分有，河上运输不讲久矣。魏国有济水流贯国中，且距黄河亦非甚远，故能利用水道，从事交通运输。鸿沟的开凿更使水上交通大为发展。这将在后文再行论述。

韩、魏及赵国皆承三晋余绪。赵国处韩、魏之北，虽无黄河贯穿国中，却伸延及太行山东西两侧。赵国都城先在晋阳，后迁中牟，最后定居邯郸。晋阳在今山西太原市西南，乃在太行山之西。中牟所在，旧说互有参差，大要以在今河南鹤壁市西为是。邯郸则在今河北邯郸市。中牟、邯郸皆在太行山东，与晋阳不同。晋阳在沿汾水南北行的道路上，中牟与邯郸皆在

---

① 《战国策·魏策二》。苏秦说魏，谓魏国北有河外、卷、衍、燕、酸枣。衍在今郑州市北，位于魏东长城之外，非黄河渡口。燕在今延津县东北，距黄河更远。
② 《战国策·魏策一》。
③ 《战国策·秦策一》。张仪说秦王，曾道及赵国的东阳河外。杨守敬《战国疆域图》以河外置于白马口之南。

循太行山东麓的南北行道路上，各有其便利之处。中牟与邯郸之间仅隔着洹水、漳水，近在咫尺。邯郸与晋阳各居太行山一侧，其间交通堪值研讨。按之史籍，由晋阳至邯郸盖有两途：一出壶口，一出井陉。壶口在今山西黎城县东北，战国时属于上党。一般论者皆以为上党为韩国辖境，其实并非完全如此。阏与①、羊肠②就皆为赵国所属。苏秦说赵，谓"秦以三军攻王之上党而危其北，则勾注之西，非王之有也"③。赵武灵王也说"（吾国）自常山以至代上党"，又说"昔者简主不塞晋阳以及上党"。④ 是其地犬牙相错，各有所属，未可一概而论。前文论春秋晋国交通事，曾道及壶口。并谓晋国经营东阳，就是这条隘道。由壶口东出太行山，就是邯郸，故晋国荀赵两家相争时，荀寅于失去朝歌之后，就奔于邯郸⑤，盖欲控制这条道路，使之不能轻易落于赵氏之手。战国时，晋阳、邯郸先后成为赵国的都城，这条道路当仍继续为所利用。至于井陉道路之见于记载，当始于赵武灵王之时。武灵王自将攻中山时，使赵希并将胡、代、赵，与之陉。张守节释此陉为陉山，并谓在并州（井）陉县东南。⑥ 所说就是指井陉而言。其后秦国大兴兵攻赵时，王翦就将上地之军，下井陉。⑦ 可知这条道路已成通途。

赵国与韩、魏两国有不尽相同处，其北境与从事畜牧业的族类相毗邻，故得一再向北略土。赵襄子曾北登夏屋，邀请代王，遂击杀代王，兴兵平代地。⑧ 夏屋山在今山西代县东北，与勾注山相连。代国当在夏屋、勾注之北。是由晋阳北至代国，当越过夏屋、勾注山。其后赵武灵王更攘地北至燕、代，西至云中、九原。⑨ 云中在今内蒙古自治区托克托县东北，九原则在今

---

① 《战国策·赵策三》："秦令卫胡易伐赵，攻阏与，赵奢将救之。"
② 《战国策·秦策一》。张仪说秦王时，曾道及秦军西攻赵修武，逾羊肠事。
③ 《战国策·赵策一》。
④ 《战国策·赵策二》。
⑤ 《左传》哀公四年。
⑥ 《史记》卷四三《赵世家》。
⑦ 《史记》卷六《秦始皇帝本纪》。
⑧ 《史记》卷四三《赵世家》。
⑨ 《史记》卷四三《赵世家》。

内蒙古自治区包头市西。这两地大致东西成为一线。由云中可以西至九原。赵武灵王西略地之前，还曾破原阳以为骑邑。① 原阳之地在今内蒙古自治区呼和浩特市东南②，则前往云中、九原的道路当是越勾注山，经原阳而至其地。这里还应该提到的，乃是赵武灵王曾从云中、九原扮作使者南下入秦，所行的道路后来就是秦国控制北疆的主要道路，是经过上郡治所肤施达到咸阳的道路。

赵国和齐国交往亦相当频繁，也曾经有过几次兵争。据《史记·赵世家》所载。成侯七年（公元前366年），侵齐，至长城。肃侯六年（公元前344年），攻齐，拔高唐。齐长城西端始自平阴。赵国侵齐所至的长城，当在平阴。平阴在今山东平阴县东北。高唐则在今山东高唐县东。长城固为险要处，高唐也是阨塞，齐以盼子守于高唐，赵人就不敢东渔于河。③ 按张仪说齐王时，曾经说过"秦悉赵攻河关，指博关、临淄、即墨非王有也"④，是这两个关当为赵齐两国间的要地，与高唐相若，当在高唐之西。或谓河关在今河北馆陶县，博关在今茌平县北。⑤ 似稍失之偏南。河关、博关、高唐一途，当为齐赵两国间大道。平阴一途，战国后期似少见记载，恐其重要性亦当有所减低也。

齐国是东海之国，它和秦国分居东西两方。当时通过雒邑的主要东西道路，向西通到秦国的咸阳，向东就通到齐国的临淄。关于这条道路，前面曾不止一次地提到，其实只说魏国都城大梁。大梁以东，这条道路有了分歧，通到齐国的是其中的一支，另一支则通到宋国的睢阳和彭城。通到齐国的一支应该经过陶，这不仅是地势使然，也是陶已发展成为具有"天下之中"地位的经济都会。陶位于由济水分出菏水的地方，有水道可以利用的。这在后文行将提到。这里只说有关的陆道。由陶东北行，就是大野泽。

---

① 《战国策·赵策二》。
② 谭季龙《中国历史地图集》第二册。
③ 《史记》卷四六《田敬仲完世家》。
④ 《战国策·齐策一》。
⑤ 杨守敬《战国疆域图》。

这对道路的布局是有影响的。经过这里的道路，就不免再有分歧。正如苏秦所说的，秦军若要进攻齐国，就要过卫阳晋之道，经亢父之险。① 阳晋在今山东郓城县西，正在大野泽之北，亢父在今山东金乡县东北，却在大野泽之南。亢父东北距鲁国都城不远，当然可以通到鲁国，但往齐国却不必绕道曲阜。亢父之险是车不得方轨，马不得并行。鲁国北部汶水两侧，山地较多，虽不能说是险阻，却是不如平原旷野的易于通行。因而经由亢父这一分支，当是绕过大野泽再与阳晋那一分支相混合，然后由平阴入齐长城，而至于临淄。这条道路乃是由魏国东北斜行趋向齐国的，和由邯郸东行至于临淄不完全相同。

齐之北与燕国为邻，两国亦间有兵争，可由此知当时的交通道路。田齐桓公时曾袭燕国取其桑丘。② 这是一次较大的战役，魏、赵两国并来救燕，与齐战于桑丘。③ 桑丘在唐遂城县。④ 唐遂城县在今河北徐水县西，其地已近于燕下都。燕军进攻盖循燕齐间的道路而行军的。燕齐间再次较大的战争，为燕国与秦楚三晋共攻齐，入临淄，后田单破燕军，燕将犹保守聊城。⑤ 聊城在今山东聊城县西北。则聊城正当燕齐两国间的道路上。

前文论春秋时最东的一条南北道路，是经过莒、郯等国的。战国初期，越王无强兴师伐齐，曾告齐王："愿齐之试兵南阳、莒地，以聚常、郯之境。"据说南阳在齐之南界，莒之西。⑥ 在此之前，勾践已平吴，与齐、晋诸侯会于徐州。⑦ 这都是发生在这条道路上的大事，可见这条道路在战国时仍然通行。

南方的楚国，春秋时已为大国，与齐晋抗衡。入战国后，更东灭越国，伸展其国力于东海；又东北灭鲁，疆土开拓于泗上。苏秦所谓楚地北

---

① 《战国策·齐策一》。
② 《史记》卷四六《田敬仲完世家》。
③ 《史记》卷四三《赵世家》，又卷四四《魏世家》。
④ 《史记》卷四六《田敬仲完世家·正义》引《括地志》。
⑤ 《战国策·齐策六》。
⑥ 《史记》卷四一《越王勾践世家》。
⑦ 《史记》卷四一《越王勾践世家》。

有汾陉。①汾陉在今河南临颍县,盖已深入于中原了。楚国的土地诚极扩张,和其北诸侯封国间的往来,仍不外以前旧有的几条道路。通过方城、黾塞的大道,依旧为南北的通途。西北与秦国的交往,还是以经过武关一路为便捷。楚国此时又以郇阳为塞。郇阳在今陕西旬阳县。盖西北一路在未入武关之前,即可溯汉水而上,以至秦岭以南各处。楚既灭越,其东地遂不时为齐所觊觎。②东地或称东国,其地当近于齐国。③虽近于齐国,却非指鲁国而言。因孟尝君之父田婴所受封的薛邑,固仍在鲁国之南,故所谓东地或东国,当为泗水中游及其以北沂、沭二水所流经之地,或以之置之泗水中游以南④,似稍失之。这里既为齐楚两国争执的所在,则其间的南北道路尚不至有所断绝,至于彭城之南的道路,虽少见于记载,当亦不至于绝断难通。尤其是春申君受封之后,江东与中原的联系,恐不易竟至默默无闻也。

不过也有两条东西道路难免于荒芜。其一是由原来陈国附近通向东方的道路。这本是辕涛涂向齐桓公推荐的道路,期望齐桓公召陵会盟后,由这条道路回齐国去。还在春秋时,楚已灭陈,夷为诸县。由于其地当楚夏之交,能通鱼盐之货⑤,已发展成为经济都会。不过既在楚夏之交,应是具有南北的作用。至于东西交往,似少见于记载。另外一条道路,是在江北淮南,就是春秋时吴楚交兵经常往来的道路。楚越亦尝交兵,似未遵循这条道路。⑥后来楚为秦所逼,自郢迁都于陈,又复迁于钜阳,最后迁于寿春。钜阳在今安徽阜阳市北。寿春在今安徽寿县。郢既不为都,则由故吴

---

① 《战国策·楚策一》。
② 《战国策·楚策二》。
③ 《战国策·西周策》。
④ 杨守敬《战国疆域图》。
⑤ 《史记》卷一二九《货殖列传》。
⑥ 《史记》卷四一《越王勾践世家》说:越王无强时,越兴师北伐齐,西伐楚。齐威王遣使说越王,请其专致力于楚。因说:"复雠、庞、长沙,楚之粟也;竟陵泽,楚之材也。越窥兵通无假之关,此四邑不上贡事于郢矣。"雠、庞所在无考。竟陵在郢东,长沙则在江南。《正义》谓无假之关当在江南长沙之西北。越若听从齐王之说,转而伐楚,其出兵之途当在江南而不在江北。

地西行，去郢者当不会很多。战国末叶，黄歇以楚相之尊获封为春申君。春申君以吴国故墟为己封邑。稍后就封于吴而行相事。①这就使春申君封邑与楚国新都寿春之间的交通有了新的发展。不过所行的道路仍应是当年吴楚间的道路的东段，而不是另外的新建。可是如《鄂君启节》所说的，鄂君之时，楚已迁都于寿春，这个新都仍以郢相称。鄂君赴郢，并非越过黾塞，而是溯汉水上行，出方城之外，然后东南行至郢。②若非鄂君还有他故，须要绕道，当是黾塞险峻，艰于跋涉。

楚国在这几条道路外，也曾经开辟过新路，庄蹻王滇池就是由新开辟的新路前往的。滇池在今云南昆明市南，为当时徼外地。庄蹻西南之行，《史记·西南夷传》说是"将兵循江上，略巴、蜀、黔中以西"。这里的"蜀"字是衍文③，《汉书·西南夷传》引用这句话，也只说是"略巴、黔中以西"。滇池诚在巴的西南，庄蹻此行却并非就经过巴地。巴楚并立，虽历有年所，其间难免了无交恶。楚曾于江上设扞关，其地在今四川奉节县。④这座关隘的设置虽说是拒蜀，实则巴也在被拒之列。庄蹻何能越巴而远至于滇池？按黔中为楚国所设的新郡。《史记·楚世家》所谓"秦复拔我巫、黔中郡"是也。秦因楚旧，仍置此郡⑤，秦郡治所在今湖南沅陵县西⑥，当系因楚国的旧制。不论庄蹻西南行道出何途，皆不能既经巴而又经黔中。巴非楚土，若不能取道其国，则显然是由黔中前往的。黔中郡治所若在沅陵，乃是濒于沅水。是庄蹻西南行并非循长江而上，而是循沅水而行。按《鄂君启节》所载，鄂君曾循水道到过资、沅、澧诸水，是今湘西诸水皆已通航，庄蹻由沅水西南行，并不是不可能的。由于庄蹻归途受阻，因复返而王滇国，这条道路所经过的地方就难以备知了。

---

① 《史记》卷七八《春申君传》。
② 谭季龙《长水集·鄂君启节铭文释地》。
③ 王念孙《读书杂志·史记第六·巴蜀》。
④ 《史记》卷四〇《楚世家》。
⑤ 《史记》卷五《秦本纪》。
⑥ 《元和郡县图志》卷三〇《黔州》："秦黔中郡治所即在今辰州西二十里黔中故城。"唐辰州在今湖南沅陵县。

根据《鄂君启节》所示，楚人对于江南水道，多已利用通航。前文曾说到鄂君赴郢，是溯汉水而上，再出于方城之外。鄂君还远溯资、沅、澧诸水。按洞庭之南，以湘水最为大川，鄂君亦曾溯湘水而上，至于郴阳。郴阳据说在今广西全州东北，盖已近于湘水源头。然而最值得注意的，则是由鄂东下，对于长江水道交通的开发。吴头楚尾之间，江水浩瀚，自来是难于泛舟通航的。春秋时，吴楚构兵多在淮水流域，正是这样的缘故。鄂君所居的鄂正是现在湖北鄂城县。鄂君曾沿江而下，到过彭彇和松阳。彭彇据说在今安徽望江县，松阳在今安徽枞阳县，皆在长江的沿岸。[1] 如所说果确，已可证明当时足以克服吴头楚尾艰于通行的水道。

关于水道交通的开发和利用，固不仅楚人得有成效，就是秦国也多所致力，尤其是对于楚国的用兵，更是多费心机。自春秋以来，秦楚交兵，率取武关一途。至于战国，诸侯封国间的情形时有变化，于是旧道之外，也增添了新途。其中就有对于两国水道交通的运用。苏秦说楚王，曾经指出："秦必起两军：一军出武关，一军下黔中。若此，则鄢郢动矣。"如前所说，黔中乃在沅江流域，为湖南西北部。[2] 秦军如何下黔中，苏秦没有说清楚。张仪说楚王时，就说得十分具体。张仪说："秦西有巴蜀，方船积粟起于汶山[3]，循江而下，至郢三千里。舫船载卒，一舫载五十人，与三月之粮，下水而浮，一日行三百余里，里数虽多，不费马汗之劳，不至十日而距扞关，扞关惊，则从竟陵以东尽城守矣。黔中、巫郡非王之有已。秦举甲出之武关，南面而攻，则北地绝。"[4] 出巴蜀一途虽较武关为悬远，但很易达到扞关，所以对楚国的威胁也最大。这是秦取巴蜀以后的新变化，也是战国初期秦楚两国都所未能料想得到的。

战国时，称雄的诸侯封国中，燕国僻处于东北一隅，初未为其他强国

---

[1] 谭季龙《长水集·鄂君启节铭文释地》。
[2] 《战国策·楚策一》。
[3] 《元和郡县图志》卷三〇《黔州》："今辰、锦、叙、奖、溪、澧、朗、施等州，实秦汉黔中之地。"这些州分布在今湖北西北部等处。
[4] 《战国策·楚策一》。

所重视，其后逐渐有声于世。其间道路亦为当时交通网所不可缺少的。燕国南邻齐赵两国。它和齐赵两国的道路，前文已有陈说，这里就不再赘述。另外还有两条道路，不容不略一涉及。苏秦说燕文侯，就已经指出："秦之攻燕也，逾云中、九原，过代、上谷，弥地踵道数千里，虽得燕城，秦计固不能守也。"① 后来秦国攻燕，并未由这条道路出军。秦国虽未由这条道路出军，这条道路却是早已存在的。云中、九原本为赵国的疆土，赵武灵王就曾经在当地驰驱过。上谷、代郡为燕赵边郡，两国皆须防御匈奴，其间就不能没有道路。这是燕国西北的一条道路。另一条却是趋向东北。燕将秦开驱逐东胡，于边地置渔阳、右北平、辽西、辽东诸郡。② 这几郡依次趋向东北。其治所皆未见于记载。后来秦灭燕，仍因燕旧，置此四郡。秦时渔阳郡治渔阳，在今北京密云县西南。右北平郡治无终，在今河北蓟县。辽西郡治阳乐，在今辽宁义县西南。辽东郡治襄平，在今辽宁辽阳市。由燕国都城所在的蓟东北行，或经渔阳郡治所的阳乐，或经右北平郡治所的无终，都可由今大凌河河谷而至于辽西郡治所的阳乐，再东渡辽水而至于辽东郡治所的襄平。

二、经济都会的兴起及其有关的交通道路

上面所论述的，乃是以战国时称雄诸侯的都城为中心向外辐射形成的道路。称雄诸侯的都城都是政治都会。称雄的诸侯统治土宇和交往邻国都必须以其政治都会为中心，凭借有关的道路以达到其目的。由于社会经济的发达，在政治都会外，又形成了一些经济都会。这样的经济都会都成为一方的经济中心，甚至超出一方而成为较为广大地区的经济中心。而相当

---

① 《战国策·燕策一》。
② 《史记》卷一一〇《匈奴传》。

于现在山东定陶县的陶,竟成为"天下之中"。所谓"天下之中",是包括当时诸侯之国在内的经济中心。既然成为一方的、一个地区的,甚至兼包各诸侯之国的经济都会,自必有从各自的中心向外辐射的道路。由于各地情形不尽相同,有的政治都会就兼具经济都会的性质,因而也就利用原来旧有的道路。有的经济都会由于位于原来已有的道路上,促成了它的经济发达,因而能够成为受人称道的经济都会。当然也有成为经济都会之后,原来的道路不敷应用,因而另开辟了新的道路。新辟的道路,便利了货物的运输,使经济都会更趋于繁荣。

这些经济都会都见于《史记·货殖列传》。据其所述,则秦国的经济都会有栎邑和雍。栎邑在今陕西西安市阎良区南、渭水之北,雍在今陕西凤翔县南。栎邑"北却戎翟,东通三晋"。栎邑位于雍和咸阳之东,本来就是处于秦国通往三晋的道路上。同时也是在秦国通向北陲的道路上。秦国北陲居住着一些从事游牧的族类,所谓"北却戎翟",就是指和这些从事游牧族类的交往。雍可以通陇蜀的货物。也就是西连陇山以西,而南通巴蜀。越陇山西行,是秦国经营西陲的大路,而褒斜道更控制着南向与巴蜀交往的要道。

太行山西、汾水流域的经济都会为杨和平阳。杨在今山西洪洞县东南,平阳在今山西临汾市西南。杨和平阳都在汾水侧畔的南北道路上。《货殖列传》说:这两地"西贾秦翟,北贾种代",就指出这条南北道路的作用。这条道路不仅南向通到魏都安邑,还折而西行,通到栎邑和咸阳。栎邑和咸阳先后都做过秦国都城,而栎邑能够成为经济都会,就是东通三晋的缘故。平阳本来就是韩国的都城,而其北的晋阳也曾经做过赵国的都城。前面论述这条道路,就只是说到晋阳。司马迁说"北贾种代",还解释说:"种代,石北也。"张守节《正义》说:"种在恒州石邑县北,盖蔚州也。代,今代州。"徐广也说:"石邑,县也,在常山。"两家所说石邑,文字稍有差异,其实本是一地,在今河北石家庄市西南。唐时属恒州,汉时隶常山郡,故所说略有不同。唐蔚州治所在今河北蔚县,代州在今山西代县。代本为国，战国初年为赵所灭，改置代郡，其地即唐时蔚州。唐代州为隋肆州的改称①，似难上溯到战国时的代国。小司马以种和代合为一地，谓在石邑之北，当与《货殖列传》本意相符。以石邑为汉唐的石邑县，显示出由晋阳东行经井陉关的道路，然由石邑县北行至相当于今河北蔚县的种代，又须再次翻越太行山，与一般道路的常规不尽相合。颇疑由杨、平阳北行，经过晋阳，越勾注、夏屋，就可至于代国旧地。当年赵国灭代，就是出于此途。商贾往来何须两越太行山？只是石邑确地未能多事考核，难以道出具体的路线。太史公在这里特别提到杨、平阳西贾所至的翟。三晋诚然西接翟土，翟人主要的活动地区这时当已转至黄河以西。这和栎邑北却戎翟的翟应是相同的。由杨、平阳西行，可能有两条道路。其南途当是西越黄河，而至于定阳。定阳在今陕西延安市东南，曾为魏国所围攻②，当为黄河以西的重要地方。魏军西出围攻定阳，不一定就要经过杨或平阳。但由杨、平阳西行，经过壶口附近，还是可以渡河西行的。战国时人对于壶口是不会陌生的。其偏北一途，乃是由蔺、离石西行，渡河至于河西。离石，今仍为山西离石县。蔺即在离石之西。秦赵两国曾战于蔺、离石③，可知这里曾为军事通道。赵灭中山，迁其王于肤施。④肤施在今陕西榆林县南。赵国与肤施间的交通，当也是取诸蔺、离石一途。

太行山东的经济都会，有温、轵、邯郸、中山，还应该数上燕国的蓟和卫国的濮阳。温在今河南温县西。轵在今河南济源县南。邯郸为赵国的都城，即今河北邯郸市。中山曾以顾为都城，其地在今河北定县。蓟为今北京市。濮阳在今河南濮阳县南。这几个经济都会，除濮阳外，均在太行山东由雒邑北至燕国的道路上。温、轵北贾赵、中山，当是循这条大道北行的。这里应该注意到：温、轵还北贾上党。由温、轵北行到上党，是要

---

① 《元和郡县图志》卷一四《代州》。
② 《战国策·齐策五》。
③ 《战国策·西周策》，又《赵策三》，《史记》卷四三《赵世家》。
④ 《史记》卷四三《赵世家》。

越过太行山的。前面曾举出蔡泽所说的"决羊肠之险，塞太行之口"，正显示出温、轵北贾上党的道路。赵国的邯郸"北通燕、涿，南有郑、卫"。燕都于蓟，涿在蓟的西南，也就是现在河北涿县。和蓟一样，涿也在这条南北道路上。郑于战国时为韩国的都城，在今河南新郑市。卫国则都于濮阳。邯郸固可南通郑、卫，却是两条不同的道路。由邯郸去郑，是向南行的；去濮阳，是要略偏向东南，其南行一途，渡河之处当在荥口附近。荥口在今河南荥阳县东北。荥口已近于魏国的东长城。赵、韩两国间的交通道路，似不易越过这条长城而互相往来也。濮阳除北通邯郸外，更近于梁、鲁。梁即魏国，都城在大梁，丁今为河南开封市。鲁都曲阜，即今山东曲阜县。既属邻迩，往来当甚便捷。燕国的蓟为渤海、碣石间的经济都会。它可以南通齐、赵。赵都邯郸已见前文。齐都临淄，则在今山东淄博市东。燕齐之间，战国时亦数有兵争，前文也曾有所论述。商贾往来非同军旅，当求其最为便捷途径。两国均濒渤海，又分在黄河南北。黄河下游津渡以平原津最为著名。平原津在今山东平原县南，当是其时燕齐之间往来渡河处。渡河北行，其间路程当不能距离渤海更远。燕国由于地处北陲，由上谷以至辽东，确是相当悬远。诚如司马迁所说，它"东绾秽貉、朝鲜、真番之利"。这些地方在今朝鲜等处，由辽东郡治所的襄平前往是可以达到的。燕国还北邻乌桓、夫余。乌桓在今内蒙古东部。夫余则在今吉林省。由燕国都城前往乌桓，当取道于右北平和辽西郡。前往夫余，则当取道于辽东郡。正是由于和这样一些边远的地区交通，蓟就易趋于繁荣了。

地处中原的洛阳，本是周人的雒邑。雒邑的交通相当发达，道路也有多条，故可"东贾齐、鲁，南贾梁、楚"。所谓梁、楚，乃是指魏国的都城大梁和楚国的彭城。这都是位于由雒邑东南行的道路上的经济都会。这里还应该添上宋国都城睢阳。司马迁未着重提到大梁，这是因为秦灭魏时，曾引河水以灌大梁，使之成为废墟。大梁既成为废墟，睢阳就更趋于繁荣，取代了大梁的地位。再往东去的经济都会就要数到临淄了。临淄为齐国的都城所在，交通一直是发达的。

南方的楚国,地域最广,经济都会亦最多。楚国都城在郢,其后迁于陈,又迁于寿春。这几处既是楚国的都城,也是名著一时的经济都会。郢"西通巫、巴,东有云梦之饶"。巫,今四川巫山县。巴,今四川重庆市。皆循江而上,可以达到。云梦为泽地,物产富饶,自可有助于郢的繁荣。"陈在楚夏之交",也能繁荣起来。所谓"夏",乃指夏都阳城而言。[①]陈为楚都,当有楚称。这里以楚与夏并称,分在陈的南北。陈虽为楚都,不如寿春时期为长久,然陈在寿春的西北,故言楚夏之交,就该数到陈了。阳城在今河南登封县东南。寿春在今安徽寿县。阳城位于颍水流域,寿春距颍水入淮处不远,其间的交通,特别是颍水下游,当是利用颍水的水道。至于寿春,司马迁仅谓其"亦一都会",而未道及其获致繁荣的缘由。寿春濒淮水,水上交通是会使寿春得到方便的。司马迁于论述寿春之后,接着又说:"合肥受南北潮,皮革、鲍、木输会也。"合肥近在寿春南辟,两者当能息息相关。张守节释南北潮,谓江淮之潮,南北俱至。合肥虽在江淮之间,仍各有相当距离,江淮之潮如何能到合肥?按:合肥南北皆有湖泊,南为巢湖,北为芍陂,南北肥水各自分流入湖,合肥正处于南北肥水之间,是会有舟楫之利的。所谓南北之潮当指这些湖水而言。这个"潮"字似为"湖"字的讹误。

楚国尚有两个经济都会,不容不略一述及。这两个经济都会就是西方的宛和东方的吴。宛在今河南南阳市。吴在今江苏苏州市。宛"西通武关、郧关,东南受汉、江、淮",故能成为经济都会。武关在丹江流域,正当今豫、鄂、陕三省之交。郧关当为郇关,盖因字形相似而致讹误。郇关在洵水之上,在今陕西旬阳县。这是利用汉水的交通。宛虽不紧濒汉、江、淮,然相距皆不甚远,因而均能有所利用。吴有三江五湖之利,江东水国,舟楫固无所不通。司马迁还曾提到番禺。番禺在今广东广州市。番禺之为经济都会,恐是秦汉时事。战国时楚国土宇虽广,似未一涉及五岭以南也。

---

① 《史记》卷一二九《货殖列传》。

在这些经济都会中，最为繁荣的当推陶。陶在今山东定陶县。陶的繁荣远始于春秋战国之际。范蠡佐越破吴归来，治产居积，与时逐利，以陶为天下之中，诸侯四通，货物所交易也，因徙居于陶。① 按当时的地理形势，这"天下之中"的称道，并非过誉之词。陶的交通也确是四通八达，故能为诸侯封国间货物交易的场所。

由于陶为"天下之中"的经济都会，引起各国的重视，虽已有四通八达的交通道路，却还有人为它开辟新的道路。陶于春秋时为曹国都城，战国时灭于宋，其后入于秦，秦以之为穰侯魏冉封邑。由秦至陶，是由咸阳东行，过雒邑和大梁。这应是黄河以南，东西通行的大道。可是魏冉受封之后，就极力开辟黄河以北的大道，这条新道乃是取路于魏国的安邑，即所谓为陶开的两道。② 由秦国至安邑，当时已有通行的道路。由安邑东行，可循晋文公始辟南阳时所行的道路。再东，当是由汲渡河东行，直至其地。汲在今河南卫辉市，当时正濒黄河。春秋时，城濮之战前，晋侯将伐曹，曾假道于卫。卫人弗许，还自河南济。据杜预的解释，是从汲郡而东，出卫南而东。③ 既然晋侯曾假道于卫，则由卫国也可抵达于陶。战国时，陶卫并称，相距也并非很远，且有濮渠水流经其间④，交通道路是无所阻隔的。这些道路，都是春秋时的旧道，只是分属各国，不全为秦国所能支配，故魏冉须再加开辟。

其实，促进陶的繁荣的交通道路，不仅有陆上的，更有水上的。尤其值得称道的，乃是人工所开凿的运河，也就是前文所说的菏水。菏水的开凿使当时所称的四渎，即江、淮、河、济，得以互相联系起来，陶正处于菏水和济水汇合的地方，故能很快繁荣起来，成为"天下之中"的经济都会。

春秋战国时期，运河的开凿蔚然成风，前后相继。司马迁撰《史

---

① 《史记》卷一二九《货殖列传》。
② 《史记》卷七二《穰侯传》。
③ 《左传》僖公二十八年。
④ 《水经·济水注》。

记·河渠书》，对此曾有论述。他说："荥阳下引河，东南为鸿沟，以通宋、郑、陈、蔡、曹、卫，与济、汝、淮、泗会。于楚，西方则通渠汉水、云梦之野，东方则通沟江淮之间。于吴，则通渠三江、五湖。于齐，则通淄、济之间。于蜀，蜀守冰凿离碓，辟沫水之害，穿二江成都之中。此渠皆可行舟，有余则用灌溉，百姓享其利。"这样多的人工开凿的运河，对于当时的交通确实大有裨益。

所谓"通渠于云梦、汉水之野""通沟江淮之间""通渠三江、五湖"，都是春秋时的往事，前文都已经有所涉及。这里就不再赘述。济水流经齐国的北境，淄水近在临淄城下。济水和淄水相距虽不很远，却是分流入海。由于相距不远，就容易开凿新的河道。据汉时记载，淄水至博昌入济，并不是入海。[①]既是至博昌入济，当是由于开凿了运河，改变了淄水的流向。博昌在今山东博兴县东南，于临淄为西北。这条运河当是由临淄城北，斜向西北，使淄水和济水相联系。济水本来是可通航的。齐国通过这条淄济之间的支河，更可和济水流域的地方互相往来。

蜀守冰是指秦国蜀守李冰。李冰凿离碓，是疏通水道。他于成都所穿的二江，就是由大江引出的郫江和流江。[②]《水经·江水注》以之为郫江和捡江。这捡江当即流江。或以郫江和大江并列[③]，然大江所流经距成都尚远，似不能并为一谈。这两条江水流经成都，自有利于交通的发展。只是由于农田灌溉之利更大，行舟之事反来不多受人重视。

在这些运河中，鸿沟的规模最大，其作用也最为显著。鸿沟主要流经魏国境内，也是魏国所开凿的。[④]鸿沟所沟通的诸侯封国，有宋、郑、陈、蔡、曹、卫，所汇合的自然河道有济、汝、淮、泗诸水，这就是说鸿沟并不是单一的人工开凿的水道，而是由几条运河共同组成的，鸿沟应是这样一组运河

---

① 《汉书》卷二八《地理志》。
② 《史记》卷二九《河渠书·正义》引杜预《益州记》。
③ 《史记》卷二九《河渠书·正义》引。
④ 拙著《中国的运河》，陕西人民出版社1988年4月修订版。

的总名。不过其中的一条还可以作为鸿沟的主要水道，单独承受鸿沟的名称。鸿沟是由荥阳引河水东行的。荥阳在今河南荥阳县东北。东行的河水流经魏国都城大梁之北，再折而东南行，经陈国之东，南流入于颍水。陈国都城在今河南淮阳县。由大梁南流的水道，称为渠水，也称为蒗荡渠，这是鸿沟的主要水道。由荥阳引河处起，直至渠水入于颍水，一般就以鸿沟相称。渠水虽不流经郑国的都城，却经过郑国的东部，这就使郑国也受到它的好处。渠水入于颍水，颍水下入淮水，蔡国所都的下蔡，也就是现在安徽凤台县，正濒于淮水。由大梁东南行，是可以乘舟直达于下蔡的。不过这里还有一个问题值得注意。《河渠书》说鸿沟所联系的诸水中有一条汝水。汝水在颍水之西，而蒗荡渠则流经颍水之东，其下游也只是入于颍水，似与汝水无关。其实这还是有脉络可寻的。汝水中游有一座奇颓城，在今河南郾城县。汝水在奇颓城分流出一条濆水，也称大㶒水。东流至今河南周口市入于颍水。①濆水入颍水处在蒗荡渠入颍水处的上游，由蒗荡渠转入汝水，还须利用一段颍水。虽然如此，已可证明，鸿沟是能够和汝水相汇的。

　　鸿沟在大梁附近开始有了分支。最北的一条为汳水，汳水流到今河南兰考县和商丘县之间，称为甾获渠。②再往东流，就改称获水，再东至彭城北入于泗水。③彭城在今江苏徐州市。汳水和获水之南的一支为睢水。睢水与蒗荡渠分水处在大梁的东南，东流经宋国都城睢阳之南，再东流至今江苏睢宁县东入于泗水。④睢阳在今河南商丘县。睢水今已大部断流，睢阳和睢宁却都是因睢水得名的。那时的泗水是由今江苏沛县、徐州市、宿迁县南流入淮水的，所以获水和睢水都可以流入泗水。这是鸿沟汇于泗水的两条支流。

　　鸿沟支流汇于淮水的为涣水和阴沟水。涣水亦称浍水，分蒗荡渠于大梁

---

① 《水经·汝水注》。
② 《水经·汳水注》。
③ 《水经·获水注》。
④ 《水经·睢水注》。

之南，东南流至今安徽五河县入于淮水。① 阴沟水本是由黄河分出的另一条支流，它和鸿沟交错在一起，因而也成为鸿沟的支流。它分黄河之处在今河南原阳县西。那时的黄河是由今河南荥阳县东北经原阳县西面东北流的，所以阴沟水能在那里由黄河分流出来。阴沟水分河之后，至大梁合于蒗荡渠，至今河南扶沟县又由蒗荡渠分出，分出之后就别称为涡水，至安徽怀远县入于淮水。② 这里还应该提到鲁沟水，这是在大梁之南由蒗荡渠分流出来，东南流到今河南太康县西入于涡水。③

这几条鸿沟系统中的分支，通到宋、郑、陈、蔡诸地，也和汝、泗、淮诸水相汇合。这里面没有说到曹、卫两地，也没有说到济水。这里所说的曹就是陶，陶本是曹的都城，曹国灭后，陶成了闻名的经济都会。卫都濮阳，是和陶并称的经济都会。鸿沟没有通到陶，但鸿沟和济水都是从河水分流出来的，因而鸿沟也是和济水沟通的。鸿沟分支的获水和睢水都和泗水相汇合。泗水上承菏水，菏水就在陶和济水相汇合。这是说，鸿沟不仅和济水相汇，而且通到了曹。济水在今河南封丘县分出一条濮水。④ 濮水流经濮阳之南。濮阳之名，正说明它和濮水的关系。濮水在今山东鄄城县和羊里水合。羊里水是濮阳附近的瓠子由黄河分流出来的，也称为瓠子河。这条和濮水相汇合的羊里水流到今山东郓城县入于大野泽中。⑤ 濮水已近于濮阳，瓠子河就更近在濮阳城旁，对于濮阳的繁荣自有很大的助力的。

如前所述，大梁附近交通已经相当发达，由于鸿沟的沟通，更使这一地区的交通如锦上添花，愈臻便利。前面说过，陶之所以能成为"天下之中"的经济都会，是由于吴王夫差掘沟于商鲁之间，也就是说开凿了沟通济水和泗水的菏水。鸿沟的开凿，其分支虽不包括菏水，但通过济水和泗水，就使陶更趋于繁荣。不仅陶的发达，就是和鸿沟有关的其他经济都会，

---

① 《水经·淮水注》。
② 《水经·阴沟水注》。
③ 《水经·阴沟水注》。
④ 《水经·济水注》。
⑤ 《水经·瓠子河注》。

也都程度不同地繁荣起来。

由于陶的繁荣，其成为"天下之中"，就不免引起称雄诸侯间的觊觎和争夺，这就使陶在经济都会之外，又成为军事要地，因而显示出交通方面独异的特色。苏秦以合从说赵王，集六国之力以畔秦，谓秦国如果进攻齐国，"则楚绝其后，韩守成皋，魏塞午道，赵涉河、漳、博关，燕出锐师以佐之"①。张仪以连横恐吓赵王，谓秦发三将军，一军塞午道，告齐，使兴师渡清河，军于邯郸之东，一军军于成皋，驱韩魏而军于河外，一军军于渑池，约曰"四国为一以攻赵，破赵而四分其地"②。楚人有以弋射说顷襄王，谓"若王之于弋诚好而不厌，则出宝弓，碆新缴，射噣鸟于东海，还盖长城以为防，朝射东莒，夕发坝丘，夜加即墨，顾据午道，则长城以东收而太山之北举矣"③。这几位说士都提到午道，而且使赵楚诸王都有动于心，这就不是一条普通的道路了。午道何在？值得考核。苏秦所说的"魏塞午道"，《史记·苏秦传》引作"魏塞其道"。小司马说："其道即河内之道。"苏秦说赵时，魏国正当襄王在位，魏虽已迁都大梁，安邑尚未失守，魏国就是要援助齐国，固守安邑，即可阻秦军东出，何劳塞河内之道？司马贞之说未为审慎。可是《史记·张仪传·索隐》又说："此午道当在赵之东，齐之西。"若在赵国之东，则秦军攻赵何能即遣军先塞午道？《史记·楚世家·索隐》却说："午道当在齐西界。"如果和苏秦所说的相联系，则齐西界之说似具胜义。司马贞于释《张仪传》所说的午道时，曾引郑玄之说，谓"一纵一横为午，谓交道也"。以纵横交错的形势说午道，应得其间的真谛。

按之游士的说辞，午道乃在魏东、齐西和赵国之南，其具体所在当为陶。陶作为经济都会之后，交通益为发达，道路亦有所增多。它可以西至雒邑，东至曲阜，南至睢阳，北至濮阳，东北至临淄，东南至彭城。可以说是纵横交错，无所不至。

---

① 《战国策·赵策二》。
② 《战国策·赵策二》。
③ 《史记》卷四〇《楚世家》。

由于陶为"天下之中"的经济都会，浸假成为称雄的诸侯封国争夺的要地，能够控制这个地方，就会具有先声夺人的形势。因而当时的游士往往以此恫喝诸侯，以求得其所欲。正因为陶为午道的所在，诸侯封国对之争夺并未稍止。陶本为春秋时曹国的都城，其后入宋。宋灭之后，为魏所据①，最后竟为秦国所有②。此中曲折，史籍虽未详加记载，由其隶属的频繁更迭，亦可见其间争夺的激烈。

三、建立水上交通道路网的设想

上面所说的交通道路，都是当时较为重要的交通道路，也是由当时的政治都会或经济都会辐射出来的交通道路，而且都能见诸记载，有史可证。这样一些交通道路，在当时都可以各自成为系统，构成有关的交通网，分布到许多地区。

战国时，另有一个交通道路网，和上面所说的不完全相同。这样的交通道路网具见于《尚书·禹贡篇》。这是战国时魏国的人士托名大禹的著作，因而就以《禹贡》名篇。这是撰著这篇《禹贡》的人士设想在当时诸侯称雄的局面统一之后所提出的治理国家的方案。这是一个雄伟周密的方案，不与寻常相等，故托名大禹，企望能够得到实际的施行。这篇《禹贡》以地理为经，分当时天下为九州，这是撰著者理想中的政治区划。此外兼载山脉、河流、土壤、田地、物产、道路，以及各地的部落，无不详加论列。

《禹贡》所说的九州，为冀、兖、青、徐、扬、荆、豫、梁、雍。当时的黄河上游和现在大致相同，到今河南荥阳县以下却流向东北，入于渤海。这东西两河之间就是冀州。以现在的地理来说，冀州相当于今山西省

---

① 《史记》卷四四《魏世家》。
② 《史记》卷七二《穰侯传》。

和河北省的西部和北部，还有太行山南的河南省一部分土地。兖州是在济、河之间。就兖州来说，黄河以北就是冀州。它是以黄河与冀州分界的。这里所说的济为济水，这是一条久已堙塞的古河道。它是由今河南荥阳县东北从黄河分出，流经今河南封丘，山东定陶、济南等县市，东北流入渤海的河流。这济、河所维的兖州，相当于今河北省东南部、山东省西北部和河南省的东北部。《禹贡》说："海岱维青州。"这是说，青州是东至海而西至泰山。也就是现在山东的东部。徐州是在海岱和淮水之间，相当于今山东省东南部和江苏省的北部。扬州则在淮、海之间，就是北起淮水，东南到海滨。用现在地理来说，是江苏和安徽两省淮水以南，兼有浙江、江西两省的土地。《禹贡》以荆及衡阳维荆州。荆山在今湖北南漳县。衡山在今湖南省。这是说，荆州兼包括今湖北、湖南两省，由荆山之下直到衡山之南。豫州在荆、河之间，主要是今河南省的大部，兼有山东省的西部和安徽省的北部。梁州在华阳、黑水之间，这是说梁州是由华山之阳数起，直到黑水。黑水何在，自来都没有恰当的解释。《禹贡》梁州，曾说到"蔡蒙旅平"。这是两座山名。蔡山，据说在汉蜀郡青衣县。蒙山在唐雅州严道县。汉青衣县在今四川名山县北。唐严道县今为四川雅安县北。按照这样说法，梁州应包括今陕西南部和四川省，或者还包括四川省以南的一些地方。九州中还有一个雍州。雍州在西河、黑水之间。今陕西和山西两省的黄河，当时称为西河，则黑水当在雍州西部。雍州西部的黑水不一定就是梁州南部的黑水，但确地也不易实指。雍州的山水有鸟鼠、三危，也有弱水、都野，皆在今甘肃省境内。雍州境内还有昆仑、析支等部落。据说，昆仑在汉临羌县西，析支在汉河关县西。汉临羌县在今青海省湟源县东南。汉河关县在今青海省同仁县。按照这些山水部落的分布，则雍州当在今陕西省的北部和中部，甘肃省的大部和青海省的东部。

《禹贡》所提出的交通道路网，就分布在这九州之中。明确了九州的具体区划和相当于今地的具体所在，就可以进一步探索其交通道路网的分布和作用。《禹贡》的撰述者既以这篇书作为统一之后，治理全国设想的基础，按当时情形说，是先有一个拟议中的帝都，而这样的帝都是在冀州的西南部。战国时的交通道路是以各政治都会为中心向四方伸延的，可是《禹贡》的撰述者却一反常规，交通道路网的形成并不是以帝都为中心向外伸延，而是作为各州向帝都送交贡赋的道路汇集到帝都的。据《禹贡》所载，这样的交通道路是：

冀州：夹右碣石入于河；

兖州：浮于济、漯，通于河；

青州：浮于汶，通于济；

徐州：浮于淮、泗，通于河；

扬州：沿于江海，达于淮泗①；

荆州：浮于江、沱、潜、汉，逾于雒，至于南河；

豫州：浮于雒，达于河；

梁州：浮于潜，逾于沔，入于渭，乱于河；

雍州：浮于积石，至于龙门西河，会于渭汭。

这样的交通道路网和前面所论述不完全相同，这是以水上交通为主的道路网，只有在没有河流的地方，才利用一段陆路。荆州的江、沱、潜、汉都是水道，可是这些水道竟然没有一条可以直达冀州西南的帝都，因而不能不利用陆路。所说的逾于洛，就是由汉到洛没有其他水道联系，只好改就陆路了。现在看来，汉洛之间正是隔着伏牛山，是难于直达的。梁州的贡道也是如此。在梁州境内，固然可以浮于潜，但潜、沔之间隔着巴山，就是沔、渭之间也还隔着秦岭，这就不能不一逾再逾了。

《禹贡》记载这些水道，除冀州的"夹右碣石入于河"和扬州的"沿于江海，达于淮泗"外，其余七州的贡道都用"浮"来显示其间的作用。"浮"字是什么意义？《伪孔传》说："顺流曰浮。"这七州的贡道并非

---

① 《史记》卷四《夏本纪》引作"均江海，通淮泗"。《汉书》卷二八《地理志》同。《夏本纪·正义》引郑玄说："均，读曰沿。沿，顺水行也。"《汉书·注》："均，平地。通淮泗而入江海，故云平。"

都是顺流而下，这样的说法显然是不符合实际的。胡渭解释说："当时粟米取之于甸服，无仰给四方之事，所运者唯贡物，故轻舟可载，山溪可浮，逾于洛，逾于沔。"①胡渭这样的解释是有一定的道理的。《禹贡》所说的贡道，包括当时全国的大川，兼有其他较小的水道，就无不可以通行舟楫了。甚至远至黄河上源的积石，也成了航行的起点，水上交通的发达，可谓是相当迅速和普遍的。也是少见于文字的记载的。就以黄河来说，前文所举的秦晋泛舟之役，可谓是当时一宗大事。这次所涉及的水道，黄河之外，兼有渭、汾两河，所使用的黄河水道，其实只有由汾水入河处至渭水入河处之间的一小段。所谓泛舟之役，主要是用来运输粟粮的，和"浮"字的含义就不尽相同。前文还曾举出卫宣公所筑新台事。新台的修筑说明齐卫两国间对于黄河水道的利用。战国时，赵武灵王也曾说过："今吾国东有河、薄洛之水，与齐、中山同之，而无舟楫之用。……故寡人且聚舟楫之用，求水居之民，以守河、薄洛之水。"②薄洛之水指的是漳水。漳水出太行山后流向东北，由赵国下及中山。这是说所谓舟楫之用，乃是沿流上下的通航，并非隔岸摆渡。赵国与齐国分据黄河东西，和它与中山的关系不同。然以薄洛之水通行舟楫相例证，亦当不是隔岸的摆渡。因此可以说，黄河中下游由秦晋之间至齐赵之间，都应该是可以通行航运的。如果说，某些段落尚无舟楫之利，那只像赵武灵王所说，是没有尽到人为的力量的。积石远在黄河上游边僻之地，素未见诸记载。《禹贡》不仅说到导河积石，而且当地部落的贡赋，可以浮河而下，至于帝都，这应是战国事物新的发展，不尽属于子虚。

但是《禹贡》所说亦有未能使人尽信之处。《禹贡》两处提到潜水。一是荆州之潜，再一是梁州之潜。荆州之潜早已湮没，或谓在今湖北钟祥、潜江两县境。③这两县皆濒汉水，唯津渠交错，未审潜的确实所在。这条潜

---

① 胡渭《禹贡锥指·略例》。
② 《战国策·赵策二》。
③ 胡渭《禹贡锥指》卷七。

水诚能通于江汉，只有汉水可以逾于洛，可以存而不论。梁州的潜水，关系綦大，不能不一追溯究竟。这条潜水的所在，学人间自来多有论证，以胡渭所说较为具体。①其实这条潜水就是现在的嘉陵江，由于流经今四川广元县南北，穿过一些冈穴，所以称为潜水。运输贡赋的船只势难从这些冈穴中穿过，所谓"舍舟从陆而北"，恐只是后来解说者的设想，当时未必就能如此周到。战国末叶，秦国曾以栈道千里，通以蜀汉，蔡泽以此为应侯范雎佐秦的一大功。②若潜水能够恃以运输，秦国何必兴此大工，开凿千里的栈道？

话虽如此，《禹贡》的撰述者能够有这样宏伟的设计，其对于当时的天下形势是相当了解的，对于当时的地理山川也是较为熟悉的。其中固然有些抵牾失真之处，也是时代使然，未能苛责于撰述者。即如作为潜水的嘉陵江的上源，绩学之士历来已多感难于探究。郦道元就曾经说过"川流隐述，卒难详照，地理潜闷，变通无方"③，亦可以见其不易措手了。由于《禹贡》的撰述者的了解形势和熟悉地理，其所设计的道路网，还可显示当时交通的规模。由于所设想的帝都在冀州，而冀州三面环河，各州以黄河的交通为主。黄河的水上交通，上起积石，下迄碣石，就是说整条黄河都可从事利用。黄河的支流，以汾、渭、洛三水为最大，汾在冀州之中，用不着再说明。渭水和洛水分别贯穿于雍、豫二州，所以就成为这二州的贡道。黄河下游无支流，济水、漯水分别由黄河分出，都应是黄河的支津。以前人说，济水发源于王屋山下，东南流入黄河，再由黄河分出，所以称之为济水。按诸自然规律，这是不可能的。济水只能是由黄河分出的支津，其分河之处在今河南荥阳县北。④漯水分河于汉东武阳县，东北流至千乘县

---

① 胡渭《禹贡锥指》卷九：" 郦道元云：自西汉溯流而至晋寿，阻漾枝津，南枝津即郭璞所云，水从沔阳县南流至汉寿；《寰宇记》所谓，三泉故县南大寒水西流者也。历冈穴迤逦而接汉冈。穴即郭璞所谓峒山；《括地志》所谓龙门山大石穴者也。以今舆地言之，浮嘉陵江至广元县北龙门第三洞口，舍舟从陆，越冈峦而北，至第一洞口，出谷乘舟至沔县南，经所谓浮潜而逾沔也。"
② 《战国策·秦策三》。
③ 《水经·漾水注》。
④ 《水经·济水注》。

入海。① 汉东武阳县在今山东莘县南。千乘县在今山东高青县东。这两条水都流贯兖州，所以就成为兖州的贡道。兖、豫、雍三州都和冀州接壤，又都是黄河流经的地区，利用黄河支流或支津作为贡道，也是很自然的。青、徐、荆、梁四州分别和兖、豫、雍三州相邻，就只能利用有关的水道，分别通过这三州，再入于黄河，而达于帝都。其实就是这四州也各有不同，可以分为两个不同的类型。青、徐两州位于东方，东方平原广袤，河流亦多，水道交通不必再假他途。荆、梁山多，水道有所不通，只好在一些地区借助陆路。青州的河流以汶水为大。汶水出汉莱芜县，至寿张县入于济。② 汉莱芜县在今山东莱芜县东北，寿张县在今山东东平县西南。青州许多河流都是流入海中，只有汶水是入济的，所以汶水就成了青州的贡道。徐州的贡道是"浮于淮泗达于河"。淮、泗两水诚为徐州的大水，而且泗水流入淮水。两水相通，自然是会便于交通的。但是泗水南流，淮水东流，都不与黄河相联系，如何能够"达于河"？其实所谓"达于河"的"河"字，乃是错简，应为"菏"字的误文。菏水是连接泗水和济水之间的人工水道，淮泗两水通过菏水和济水相连，由济水再通到黄河。这是在前面已经提到过的，菏水就是吴王夫差在商鲁之间所掘的沟。以前的学人都以为《禹贡》出于大禹之手。大禹之时何能有菏水？大禹如何能以菏水置于《禹贡》之中？其为误说是毫无疑义的。荆、梁二州的河流本来也都是不少的，但以大江为主流，大江东去，其他支流也随之东去，因而就绝无北流之水和黄河的支流相联系。这样的自然形势使《禹贡》撰述者所主张的以水道构成的交通道路网，不易完密无间。在水尽途穷之时，只好假道于陆运了。荆州的"逾于洛"，梁州的"逾于沔"，都是因此而起的。这是自然形势的限制，也是无可奈何的事情。

九州中只有扬州和冀州之间相隔的州最多，它的贡道是要通过徐州和豫州才能达到冀州。它由淮泗两水通到徐州，再通过菏水和济水才能进入

---

① 《水经·河水注》。
② 《水经·汶水注》。

黄河，抵达帝都。这在《禹贡》的撰述者来说，都还算是正常的。如何把这一州的贡物都能运到淮水和泗水，却还是问题。《禹贡》撰述者特别指出，沿于江海，才能达于淮泗。扬州濒海，且有大江流贯其间，由大江入海，沿海岸北上，是能够转入淮水的。这样运用海上运输，也是其他各州所未有的。这时越已灭吴，勾践且由海上迁都琅邪，海上运输已经不是什么难事。就在吴国未被灭亡之前，吴王夫差已经开凿邗沟，使淮水和大江可以互相联系，这事在开凿菏水之前。《禹贡》的撰述者把菏水列入他的交通道路网中，却没有把邗沟一并列入，倒是耐人寻味的。按说海上多风涛，总不如邗沟中易于行驶舟船。既然有了邗沟，自应胜过多风涛的海上。当然，邗沟是人工开凿的，航道狭窄，而且还要绕道到射阳湖中，是不如海上的便捷。但作为一个时期的交通道路网，邗沟终究是不能置之度外的。

这样的交通道路网有许多地方很少用史事来证明。不能因此而说：没有史事证明，就不能成为交通道路。交通道路的形成有的固然是有计划的开辟和创建，有的就可能是经过一般行道者的实践而后受到注意修葺筑成的。水上交通就更易于利用，一苇之航只要不遭沉没，就会受到效法，逐渐伸延到更远的所在，这种利用自然的表现，是不必都有待于史事的证明的。《禹贡》所设想的交通道路网，不能说就没有这样的路程，不应因为没有史事的证明，而认为是不可能的。

综上所述，可见自夏、商、周三代以前，在原始社会的基础上，继续有所建树，历经春秋、战国之世，交通逐渐趋于发达，道路也相应臻于稠密。战国时，政治都会随着称雄诸侯国势的扩张而有所增加，经济都会也由于贸易畅通而趋于繁荣。以政治都会为中心，再加上围绕经济都会的发展，交通道路的布局，就显得日新月异。这就为后来秦始皇扫灭六雄后，在全国各地大兴驰道，无所不臻的业绩，奠定了基础。

（原载《中国历史地理论丛》1991年第1辑）

秦汉时期国内之交通路线

一、绪言

西汉建国，历年四百，瓜瓞绵延，无与伦比。其提封所及，东起辽海，西迄流沙，南逾五岭，北际朔漠，疆域之广，规模之宏，不唯为后世人士所乐道，抑且为吾民族活动之基础。此伟大之帝国所以能历久而不隳者，固赖其政治之优良与夫制度之精密，然其时交通之发达亦其一因也。盖交通发达，则名都大邑，边郡僻县，相互联系，不虑阻隔，羽书之传递，政情之广布，若网之在纲，如臂之使指，故其土宇虽极辽阔，亦无害于治理也。

矧两汉之时，对于交通素所注意。乡亭邮置，无远弗届。初通西域，而敦煌、盐泽之间即往往起亭[①]；欲达夜郎，因发巴、蜀之民治道[②]。荒漠之地，徒有使者经过，犹且如此，其他亦可知矣。至如郡国县邑各有驿骑，消息传达颇称灵活，而地方长吏且有斥廉置驿以求迅速者。史言王温舒为

---

① 《汉书》卷九六《西域传》。敦煌县在今甘肃敦煌县西。盐泽即今新疆维吾尔自治区罗布泊。
② 《史记》卷一一七《司马相如传》。夜郎在今贵州省。

河内太守，自具私马，往来长安，故其奏事得报，不过二日。① 此虽为特殊之情形，要可觇其一斑。

汉制：刺史纠察长吏，须遍历郡国，而守相行春劝农，亦宜屡至诸县。是知郡国之间，县邑之际，道路建置，所在多有。况地方上计之吏，乡隅廉孝之士，每届岁暮必至京师；而绣衣之使，清诏之掾，亦往往分至各地，考风问俗。设非交通发达，亭传修整，则其往来当不至若是之易易也。至于郡县守令，虽责在治民，而施政之余，犹须修葺桥梁，整饰邮亭，不使有所缺废，觇吏绩者亦辄以此决其能否。② 是其时交通之发达，良有以也。

自汉之兴，商业已臻繁盛，千金之家富埒王侯，居处瑰丽，号为素封。高帝虽加限制，不令衣丝乘车，重其税租以困辱之，然未能稍杀其势也。此辈转徙贸迁，不计远近，利之所在，千里必至。通都巨埠固为其聚会之处所，即穷乡僻壤亦皆有其踪迹。国内各地固无论矣，域外异国莫不皆然。故张骞远适大夏，得见蜀布、邛杖③；唐蒙奉使南粤，获食巴蜀枸酱④。而汉之驿使且远至于己程不国。⑤ 商贾行于前，吏人继其后，驿路之开通率由于此。

虽然，交通之发达尚有二大原因，吾人不能不注意及之。此原因为何？战争与巡幸是也。盖两军相攻固宜先据险地，而将士调遣，漕米运输，尤须灵活便利以趋事功，故其所经多遵通衢，遗迹故址尚可推求。至如帝王之巡幸，

---

① 《史记》卷一一二《酷吏传》。河内郡治怀县，今河南武陟县西南。
② 《汉书》卷七一《薛宣传》："始（宣子）惠为彭城令，宣从临淮迁至陈留，过其县，桥梁邮亭不修，宣心知惠不能。"即其一例。
③ 《史记》卷一二三《大宛传》。大夏在今阿富汗国北部。
④ 《史记》卷一一六《西南夷传》。
⑤ 《汉书》卷二八《地理志·后序》。己程不国位于今印度国东海岸。

类皆先期治道，平夷整齐，必求完美。迨车骑既去，而人民亦得蒙其利矣。①

吾人探讨两汉交通，于嬴秦旧事实不能舍之不论。嬴秦传国虽仅二世，然其统一宇内则开两汉之先路，而典章制度又多为刘氏所遵循。故秦汉二代似若各为起讫，第一考其帝国之素质，固仍先后一贯而不可强事区分者也，且嬴秦之治理道路为功至巨，汉室继起多承其制。是上论秦时之建置，亦即足以觇汉代之规模也。

且也，交通路线多遵地势，山川阻塞必为曲折，此自然之现象往往可助吾人了解当时之情况。盖古史疏略，容有失载，陵谷起伏，古今变异不多，因是推求，或少穿凿。兹篇所述仅其关系之巨大者，若夫微末细枝则皆略而不及。

二、秦时之驰道及始皇巡狩之路线

吾人首宜研讨者，当为秦时之驰道。驰道之遗迹今已不可复睹，然吾人尚可由贾山之《至言》略得想象其伟业。山之言曰："（秦）为驰道于天下，东穷燕齐，南及吴楚，江湖之上，濒海之观毕至。道广五十步，三丈而树，厚筑其外，隐以金椎，树以青松，为驰道之丽至于此。"②贾山与汉文帝同时，犹可及见秦之制度，所言当非虚语。是驰道计划之周密，施工之艰巨，较其同时建筑之长城或犹过之。特长城历经后世之修葺，尚可略觇其丰功伟绩，而驰道则埋没已久，虽欲推其故迹亦不易得，其他可勿论矣。（附图一《秦代交通道路图》）

---

① 按：汉代驰道禁人行走，虽以太子公主之尊，亦在禁中。《汉书》卷四五《江充传》："充出，逢馆陶长公主行驰道中。充呵问之。公主曰，有太后诏。充曰，独公主得行，车骑皆不得。尽劾没入官。后充从上甘泉，逢太子家使乘车马行驰道中，充以属吏。太子闻之，使人谢充曰，非爱车马，诚不欲令上闻之，以教敕亡素者，唯江君宽之。充不听，遂白奏。"又《翟方进传》："迁为丞相司直，从上甘泉，行驰道中，司隶校尉陈庆劾奏方进，没入车马。"然此皆在畿辅之地，殆因车驾频出，故禁止吏民穿行。若其他各地则不闻有此，是吏民亦可行其上矣。

② 《汉书》卷五一《贾山传》。

图一 秦代交通道路图

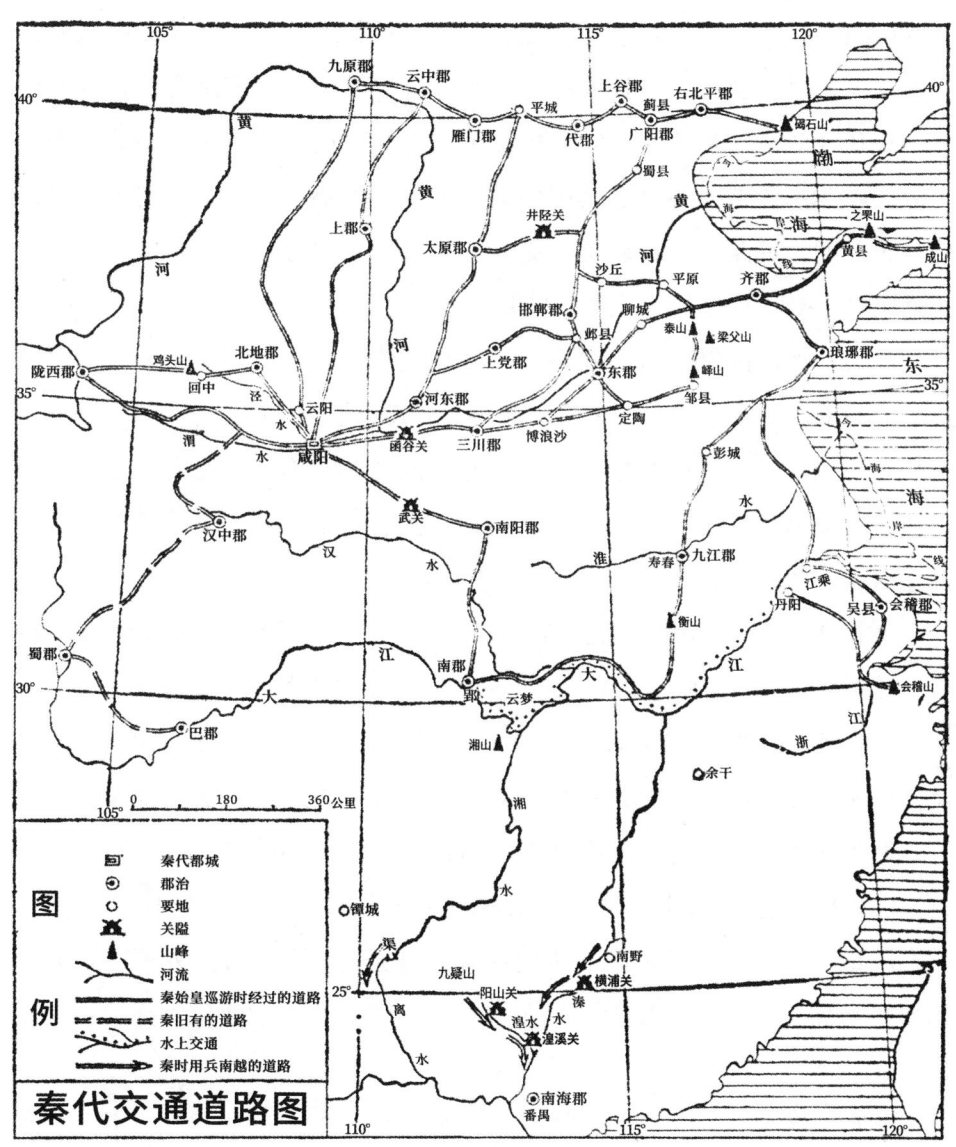

驰道之建置亦与长城相仿佛。长城虽名为秦皇修筑，实则秦皇仅缮治之而已。战国季世，烽火频繁，各国皆于边陲之地修筑城塞以防外患。及嬴秦统一，国内平定，而匈奴崛起漠北，大为边患，故秦皇缀葺调整燕赵旧业以阻胡马。吾人今日所艳称之长城，不过如此。在昔春秋战国之时，列国并立，争锋会盟之事日有所闻。因环境之所需，则道路之建置当不容缓，观其时军旅之进退，一夕百里之情形，可以知矣。[①]此期之道路，因各国分立，其主要干线各自以其国都为中心，向外辐射。及秦皇削平诸雄，此分裂时期之道路，实有调整之必要，务期其帝国之发号施令便利迅速。驰道之修筑殆即此种调整道路之结果也。

吾人由驰道修筑之时期观察，亦可知此伟大之建设实多承袭战国之旧迹。考驰道之修筑乃始皇二十七年时事[②]，其明年始皇即已东行郡县[③]，其间相差不及一载。虽始皇极端暴虐，遍征间左，亦不能如此之迅速，何况尚须"三丈而树，厚筑其外，隐以金椎，树以青松"。是盖始皇仅就各国旧途而加以修葺者也。

或谓战国时期各国之道路广狭互有不同，趋向亦难免各异，若不加以调整，殆不便于应用。此言亦有至理。按：《史记·秦始皇本纪》："二十六年，一法度衡石丈尺，车同轨，书同文字。"是各国之车轨各自不同，故其道路之广狭当亦互异，设不预为补苴修葺，其坎坷难行实在意中。始皇始出巡狩，先登陇坂[④]，必待驰道竣功乃出关东行，明见秦之道路与各国不同也。

然始皇所治之道，非仅徒修葺调整旧迹而已也。《秦始皇本纪》："三十五年，除道，道九原，抵云阳，堑山堙谷，直通之。"此直达九原之道路，即始皇所新开凿者。是役由蒙恬董其事，故《史记·蒙恬传》亦言："始

---

① 《战国策·魏策一》："从郑至梁不过百里，从陈至梁二百余里，马驰人趋，不待倦而至。"又《楚策一》："蒲反、平阳相去百里，秦人一夜而袭之，安邑不知；新城、上梁相去五百里，秦人一夜而袭之，上梁亦不知也。"皆可见其一斑。
② 《史记》卷六《秦始皇帝本纪》。
③ 《史记》卷六《秦始皇帝本纪》。
④ 《史记》卷六《秦始皇帝本纪》。

皇欲游天下，道九原，直抵甘泉。乃使蒙恬通道，自九原抵甘泉，堑山堙谷，千八百里。"其功力之艰巨，已显于字里行间。《传》言抵甘泉与《本纪》不同，盖甘泉乃宫名，建于云阳，故《纪》《传》详略不一。九原在今内蒙古包头市西，而云阳则在今陕西淳化县北，即以今日之舆图视之，二地固南北遥遥相望，直道之意实在于斯。九原为新建之郡，此直道之兴筑，与其谓始皇为谋游幸之便利，毋宁谓为巩固边陲之为愈也。

驰道故迹虽已不可复睹，然由旧史所载始皇之游踪尚可能推其概略。考始皇之始出游为二十七年事。史言是年"始皇巡陇西、北地，出鸡头山，过回中"①。张氏《正义》谓："始皇欲西巡陇西之北，从咸阳向西北，出宁州，西南行，至成州，出鸡头山，东还，过岐州回中宫。"②张氏之所以如此云者，殆因《括地志》之说，以鸡头山在成州上禄县，而以回中宫在雍（岐）州也。上禄僻居山坳，始皇无由远至其处。《后汉书·隗嚣传》："王孟塞鸡头。"章怀《注》："鸡头，山道也。鸡或作笄，一名崆峒山，在今原州西。"③王孟守此，所以防汉军之西登陇坂，是其地本属要隘，军所必经，且横当陇西、北地之间，秦皇所出或即在此。回中之地有二，《汉书·武帝纪》如淳《注》引《三辅黄图》云，回中宫在汧；然应劭则谓在安定高平，与如淳之说异。④此二回中，地虽不同，相距则迩。高平之回中适在鸡头山下，而汧县之回中又居于陇山之口，俱为交通要地，似皆为始皇此行所必经。始皇西巡之路，吾人之意适与张氏相反，始皇殆始至陇西，过鸡头而至北地，然后历回中以归也。

始皇自陇上归来之明年，乃出关东巡。《纪》言："始皇东行郡县，上邹峄山，……遂上泰山，……禅梁父。……于是乃并勃海以东，过黄、腄，

---

① 《史记》卷六《秦始皇帝本纪》。秦陇西郡治狄道县，今甘肃临洮县。北地郡治义渠县，今甘肃庆阳县西南。
② 唐宁州治定安县，今甘肃宁县。成州治上禄县，今甘肃西和县西北。岐州治雍县，今陕西凤翔县南。
③ 唐原州治高平县，今宁夏回族自治区固原县。
④ 详见后文。汉汧县在今陕西陇县。汉安定郡治高平县，今宁夏回族自治区固原县。

穷成山，登之罘；……南登琅邪，大乐之，留三月。……还过彭城；……乃西南渡淮水，之衡山，南郡。浮江，至湘山祠，逢大风，几不得渡。……自南郡，由武关归。"是役之出，盖由函谷，东过洛阳，成皋而至定陶。① 定陶于战国末年即已属秦，其地与关中交通本极发达，穰侯东归至陶，随行辎车千有余乘②，则其为康庄大道可以知矣。峄山位于定陶之东，故始皇东游必遵此道。峄山、泰山、梁父三山，相距不远，又适在旧齐国都城临淄之西南。③ 临淄北近渤海，《纪》言并渤海以东而过黄、腄者，其途宜出于临淄。黄、腄滨海之邑，成山、之罘、琅邪相互为三角之形，亦皆滨大海，始皇于此所行，当沿海岸而去。④ 彭城为东楚重地⑤，始皇于琅邪倦游之后，即南至此；更由其地西南渡淮，而至衡山。衡山，《正义》引《括地志》之说，谓在衡州湘潭县。⑥ 若然，则在今日之湖南。按：《纪》言渡淮，不云涉江，是衡山不当远在大江以南。汉初有衡山国，英布所封，中叶而后谓之六安国。⑦ 其地居淮以南，秦皇所至，宜在此处。衡山、南郡之间，南有湖泊，北枕崇山，疑《纪》文所言之"浮江"，乃由衡山直南浮江而上也。至自南郡以入武关，则其间必经襄阳与南阳，此为当时之通衢，必由之道路也。⑧

始皇南游归来之后，其明年复东出。《纪》言："始皇东游至阳武博浪沙中，为盗所惊。……登之罘，刻石。……旋，遂之琅邪，道上党入。"⑨ 此次东出，直至琅邪，率遵二十八年之旧路。唯琅邪而后则稍不同。琅邪直西可达定陶，西南则至彭城。琅邪、定陶之间，山峦峻起，当时、后世皆不闻有康庄大道，或始皇由琅邪归来，又复取道彭城乎？彭城至东郡，中界睢阳，亦往

---

① 函谷关在今河南灵宝县东北弘农河畔。成皋在今河南荥阳县西。定陶今仍为山东定陶县。
② 《史记》卷七二《穰侯传》。陶即定陶。
③ 峄山在今山东邹县东。梁父山在今山东泰安县东南。临淄在今山东淄博市东北。
④ 黄在今山东黄县东。腄在今山东福山县。成山在今山东荣成县东北。之罘在今山东烟台市西北。琅邪，秦郡，治琅邪县，今山东胶南县南。
⑤ 彭城，今江苏徐州市。
⑥ 唐衡州治衡阳县，今湖南衡阳市。唐湘潭县在今湖南湘潭市东北。
⑦ 六安国治六县，今安徽六安市。
⑧ 秦汉时武关在今陕西和河南两省交界处丹江之北。
⑨ 阳武在今河南原阳县东南。博浪沙在阳武之西南。秦上党郡治长子县，今山西长子县。

来之要道①，始皇既由上党而入，则宜自彭城西北行，而至东郡渡河。东郡有白马、围津②，为北渡要地。渡河西北行，即至上党东境。上党之东有上党、石研、天井、壶口诸关，皆雄峙于太行山上。③而天井关独在其南端，当是始皇之所自入。抵上党后，复西南行，过河东，即至咸阳矣。

始皇之三十二年（公元前215年），再东巡狩，史文简略，仅知此行尝至碣石，巡历北边，归由上郡而已。碣石之地始见《禹贡》，所谓"夹右碣石入于海"是也。《汉书·地理志》右北平郡，骊成，大揭石山在县西南。④大揭石山或即碣石山之误文，故《水经·禹贡山水泽地所在篇》言："碣石山在辽西临渝县南水中。"⑤盖山濒大海，始皇东游登此，亦若前数年之登之罘，临成山也。大河之北，邺与易县皆有驰道⑥，始皇此行，当出函谷东至洛阳，渡河北驱，自邺经易，而抵碣石。太行之东，恒山之侧，关隘通路虽有数处，若上党之上党、壶口、石研、天井，代郡之五原、常山，上谷之居庸诸关⑦，皆为往来必经之处。上党四关偏于过南，疑非始皇兹役

---

① 秦东郡治濮阳县，在今河南濮阳县南。睢阳在今河南商丘县。
② 白马津见《史记》卷五一《荆燕世家》。围津见《史记》卷五四《曹相国世家》，盖白马之围津也。白马县在今河南滑县东。围津在白马之北。
③ 《汉书》卷二八《地理志》。《地理志》于上党郡下虽举此四关之名，而属县中仅于高都县云，有天井关。《水经·浊漳水注》：壶关县以有壶口关，故名。嘉庆《大清一统志》卷一四二《潞安府》谓上党关在屯留县境。然又谓石研关即井陉关，疑远。上党及壶口二关皆在太行山西，而石研关又远在其北，颇疑始皇此次归来，当从天井关西行。高都县今为山西晋城县。壶关县今仍为山西壶关县。
④ 汉骊成县无考。所说的大揭石山当在今河北昌黎县北。
⑤ 临渝县在今河北秦皇岛市西。据报载，其地近曾发现秦故宫遗迹。
⑥ 《史记》卷一二六《滑稽列传》："西门豹为邺令，发民凿十二渠，引（漳）河水灌民田。……民人以给足富。十二渠经绝驰道。到汉之立，而长吏以为十二渠桥绝驰道，相比近，不可，欲合渠水，且至驰道，合三渠为一桥。邺民人父老不肯听长吏，以为西门君所为也。……长吏终听置之。"按：邺县在今河北临漳县西南。又卷五七《绛侯周勃世家》："以将军从高帝，击反者燕王臧荼，破之易下，所将卒当驰道为多。"此驰道之义，师古注《汉书》，于《周勃传·注》中言："当高帝所行之前。"《勃传》言勃之道驰道，易下而外，其后战平城下时，亦曾有之。然勃之初起，即从汉祖西定关内，南入汉中，皆亲护左右，何不云当驰道耶？是师古之说未见的确。小司马《索隐》云："或以驰道为秦之驰道。"其义较师古之说为长。况贾山曾言秦为驰道，东穷燕齐，则燕地固有始皇之驰道在焉。汉易县在今河北雄县西北。
⑦ 《汉书》卷二八《地理志》。五原关在今河北易县西。常山关在今河北唐县西北。居庸关今仍旧名。

所经。代郡、上谷之关，战国末叶未闻开通之说，然平城、楼烦之间已有驰道①，而平城距上谷居庸关又较近，颇疑始皇此行由居庸归来。昔赵武灵王尝由云中、九原南观秦国，至于咸阳②，《纪》云始皇巡历北边，则其归来殆遵武灵王之故途欤？

始皇最后出游为其三十七年时事。《纪》载是年"十月，癸丑，始皇出游。……十一月，行至云梦，望祀虞舜于九疑山。浮江下，观籍柯，渡海渚，过丹阳，至钱唐，临浙江。水波恶，乃西百二十里从狭中渡，上会稽，祭大禹。……还过吴，从江乘渡，并海上，北到琅邪。……自琅邪北至荣成山，……至之罘，……遂并海西。至平原津而病。……七月，丙寅，始皇崩于沙丘平台。"此次出游，其规模虽较历次为巨，然其所行率遵旧途。自咸阳至云梦③，浮江东下，又自琅邪过之罘西行，皆二十八年东巡之故道，唯登会稽暨至沙丘则少不同。丹阳在今安徽宣城县，江乘在今江苏句容县，皆临大江。江乘渡江，北即广陵④，广陵为邗沟所由始，可循之北越淮水，以达彭城。古时海滨尚未淤积，广陵、彭城之东距海较今为近，史文所言并海北行者，亦犹二十八年东行之时并渤海以至成山、之罘也。平原濒河水，沙丘属巨鹿，其间平坦，当有驰道。⑤其后韩信自赵伐齐，亦由此途。史言始皇崩后其群臣奉其寝宫，入井陉，抵九原，从直道以至咸阳。⑥直道之筑为功至巨，始皇竟未亲执辔驰驱，仅灵榇一过其处，何不幸也！

始皇崩后，二世继立，亦尝遵述旧绩，东行郡县，上会稽，游辽东。然其所行，率为故道，无足称者。

---

① 平城、楼烦旧有驰道，见《史记》卷五七《绛侯周勃世家》。
② 《史记》卷四三《赵世家》。赵云中郡治所当在今内蒙古自治区托克托县东北，九原郡治所当在今内蒙古自治区包头市西。
③ 云梦泽在今湖北省中部。
④ 广陵今为江苏扬州市。
⑤ 平原在今山东平原县南。巨鹿郡治巨鹿县，在今河北平乡县西。
⑥ 井陉在今河北获鹿县西。

三、秦汉之际刘项兵争之路线

亡秦之役，兴兵擅土者不可胜数，而其声势之雄壮则以刘、项为最甚。初陈胜首难，沛公亦起于闾里，击定下县。及项梁渡江，乃共扶立楚怀王孙心于盱台①，而合军破秦将章邯于东阿，再战于定陶②。其后项梁败死，沛公因受命西征。是时楚王已自盱眙徙都彭城，故沛公西行自彭城始。沛公发彭城，过砀郡，经城阳、杠里，北攻昌邑。③昌邑未下，乃西袭陈留，进攻开封，与秦将杨熊会战于白马。④沛公此行，当系遵秦皇二十九年东游琅邪归来所行之驰道。（附图二《秦汉之际刘项兵争行军路线图》）

沛公既下白马，因与秦将战于洛阳东，军不利，遂移兵而南，又与秦人争宛城。⑤其赴宛之途，虽非秦皇所尝行，然陈留、颍川、南阳之间，固中原之地而韩魏之旧壤，在昔战国季世当已有通行道路，故沛公被阻于洛阳即回辕南征。⑥沛公既下宛，乃西降丹水，进攻析、郦，遂入武关，更破峣关，再战蓝田，因降秦王子婴于轵道而进屯于咸阳。⑦按其所经由，则秦皇二十八年北归及三十七年南游之途也。

初，沛公西征，项羽亦受怀王命，副宋义北救赵。军至安阳⑧，羽杀宋义而将其军，引兵渡漳，与秦将王离战巨鹿下，大破之，解赵危。复还军漳南，受秦将章邯之降于洹水南殷墟上。⑨羽既破降秦军，遂谋西行，经新安而入

---

① 盱台在今江苏盱眙县东北。
② 东阿在今山东阳谷县东北。
③ 秦砀郡治睢阳，今河南商丘县。昌邑在今山东巨野县南。
④ 陈留在今河南开封市东南。开封在今河南开封市南。
⑤ 宛在今河南南阳市，为秦汉南阳郡治所。
⑥ 颍川，秦郡，治阳翟县，今河南禹县。
⑦ 丹水在今河南淅川县西南。析在今河南西峡县。郦在今河南南阳市北。峣关在今陕西蓝田县东南。蓝田在今陕西蓝田县西。轵道在今陕西西安市东北。
⑧ 安阳在今河南安阳市。
⑨ 洹水在今安阳市北，今图作安阳河。

图二 秦汉之际刘项兵争行军路线图

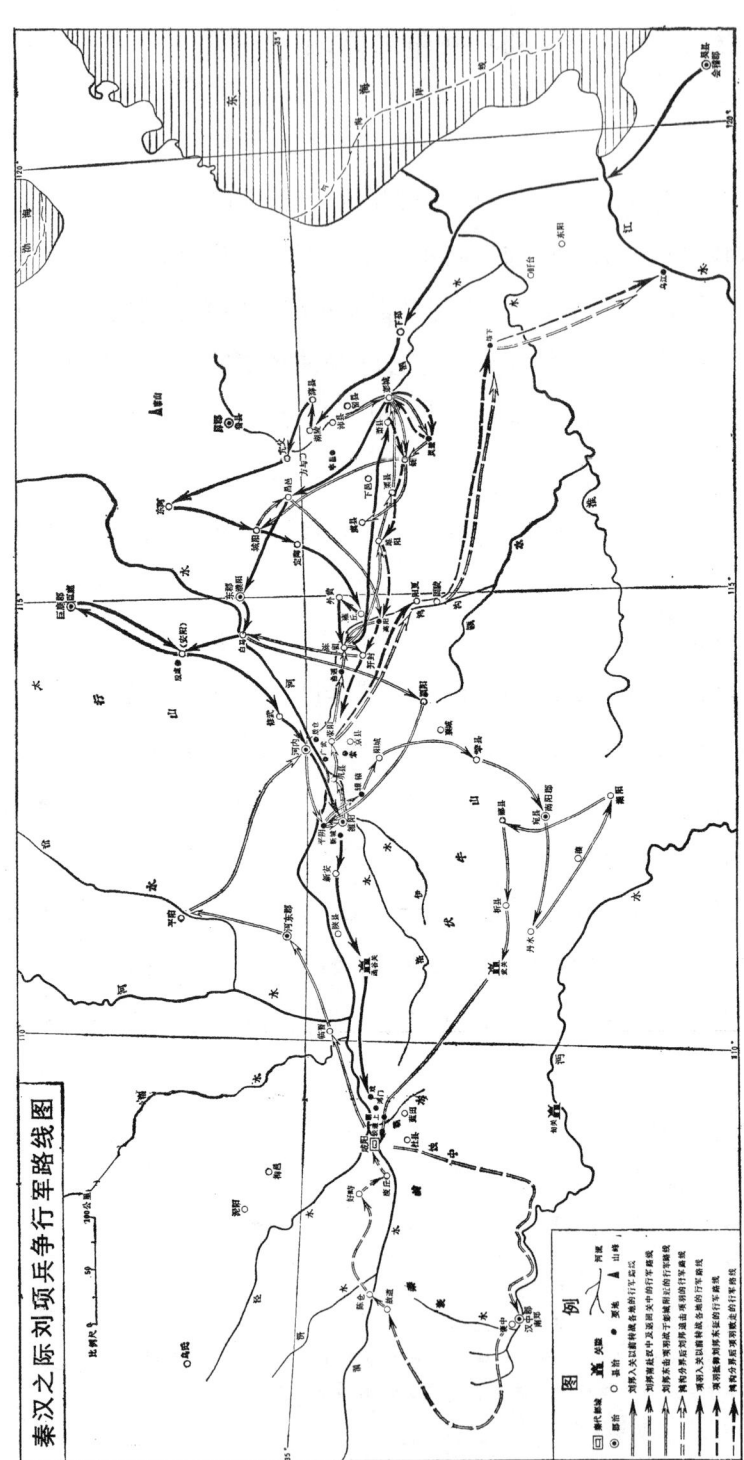

函谷①，亦至咸阳。羽之此行，史仅言其与宋义军于安阳，然遵何途以至此，则文籍疏略，未能详知。唯怀王都于彭城，是羽等北征，当与沛公取相同之道路。沛公自白马转折而南，羽等则北渡大河以至安阳。观其抵安阳之前，军行无阻，益审其与沛公同出一途。至其北救巨鹿，西入函谷，则亦由秦皇之驰道也。

项羽既入咸阳，封沛公于汉中，号为汉王。②羽东归彭城，汉王亦就国南郑。史言："汉王之国，项王使卒三万人从，楚与诸侯之慕从者数万人，从杜南，入蚀中，去辄烧绝栈道，以备诸侯盗兵袭之，亦示项羽无东意。"③蚀中，如淳曰，蚀入汉中道川谷名。《雍录》云，以地望求之，此蚀中非子午即骆谷。杜县于长安为西南，由杜南行，则其所入之蚀中，盖子午谷也。《司隶校尉杨孟文颂》："高帝受命，兴于汉中，道由子午，出散入秦。"④此颂刻于东汉明帝时，上距西京，为时无多，所言自是实录。考王莽执政时，曾"通子午道，子午道从杜陵直绝南山，径汉中"⑤。即因高帝所经之道而重修之，疑高帝烧绝栈道之后未再葺补，直至莽时始复通之。然《史书·留侯世家》言："汉王之国，良送至褒中。"褒中位于南郑之西北，非子午道所经，似汉王南行别有他途。按之《汉书·高帝纪》，则为"张良辞归韩，汉王送至褒中"。是汉王、留侯相别，乃至南郑以后之事。以常理度之，褒中、南郑相距不及百里，留侯既远送汉王就国，断不至将及目的之地而遽言归。故褒中之别，乃汉王送留侯，非留侯送汉王也。

汉王之求王汉中，固由其时情势无王关中之望，亦因其入关之前，已有别军先定南郑。《史记·郦商传》："从（沛公）攻下宛、穰，定十七县；别将攻旬关，定汉中。"⑥旬关当旬、沔二水汇合之处。商盖由南阳之

---

① 新安在今河南新安县西。
② 汉中郡治南郑县，今陕西汉中市。
③ 《史记》卷八《高祖本纪》。杜县在今陕西长安县西南。
④ 洪适《隶释》卷四。
⑤ 《汉书》卷九九上《王莽传》。
⑥ 穰县今为河南邓县。旬关在今陕西旬阳县。

西，溯汉水而上。此途于战国季世或已开通，然如郦商之引大军由此而入，则前史尚无所闻也。

汉王至南郑未久，即还兵复入关中。此时杜南之道已毁圮不通。史云："汉王用韩信之计，从故道，还袭雍王章邯，邯迎击汉陈仓，雍兵败，还走，止战好畤，又复败，走废丘。汉王遂定雍地，东至咸阳。"①其言与《杨孟文颂》之"出散入秦"相合。散关位于故道、陈仓之间，当秦岭之上，诚往来必经之路也。

汉王"出散入秦"之时，遣军别定陇西、北地。《史记·郦商传》："以将军为陇西都尉，别定北地、上郡，破雍将军焉氏，周类军枸邑，苏驵军于泥阳。"②商既未从汉王转战于陈仓好畤间，或于"出散"之后即已率军西行。疑其西征之役仍循秦道，观其由陇西而北地，固始皇二十七年西巡之旧路，且焉氏、泥阳、枸邑诸地亦皆在驰道之左右也。

汉二年，汉王始东伐楚。时项羽所置之翟王、塞王及河南王皆已属汉，汉王因入河东，降魏王豹；下河内，虏殷王卬；遂南渡平阴津，至洛阳。③汉王此行，即循始皇二十九年东游琅邪归来之道路。唯始皇入上党之后，史即不复详其历程，得汉王伐魏事，当可使吾人明了此处之路线。汉王伐魏，率兵渡临晋，临晋东对蒲坂，为河上要津，即韩信北征，初亦耀兵于此，是其处为秦晋间之通路可知。④是时魏王豹都平阳而殷王卬都朝歌⑤，平阳朝歌之间必经上党，故知秦之驰道当横贯朝歌、长子、平阳、临晋诸地也。

---

① 《史记》卷八《高祖本纪》。故道在今陕西凤县东北。陈仓在今陕西宝鸡市东。好畤在今陕西乾县东。废丘在今陕西兴平县南。
② 上郡治肤施，今陕西榆林县南。焉氏，今宁夏回族自治区固原县东南。枸邑在今陕西旬邑县东北。泥阳在今甘肃宁县东南。
③ 河东郡治安邑县，今山西夏县西北。河内郡治怀县，今河南武陟县。
④ 《史记》卷九二《淮阴侯传》："信为左丞相，击魏。魏王盛兵蒲坂，塞临晋。信乃益为疑兵，陈船欲渡临晋，而伏兵从夏阳以木罂缻渡军，袭安邑。"言虽由夏阳渡，然以文义观之，夏阳盖一便道，非要津也。蒲坂在今山西永济县西南。临晋在今陕西大荔县东。夏阳在今陕西韩城县南。
⑤ 平阳在今山西临汾市西南。朝歌在今河南淇县。

汉王出关之后，与项羽往来争战于荥阳、京、索①间，皆沿驰道以为进退。唯汉王之四年，项羽划鸿沟自守，率兵东归，则不由驰道。观汉王之追击羽军于阳夏，大战于固陵，而樊哙且尝围羽于陈②，似羽之初意欲循鸿沟以至寿春，及固陵战后，寿春已入于汉③，南行不得，遂由阵地折而东行，以归于彭城也④。

项羽垓下败后，引军南行，吾人于此当可知彭城与江东之间尚有另一交通之路线。按：始皇三十年由会稽归来，循邗沟以至彭城。其后诸侯亡秦，召平为陈涉徇广陵，更由广陵渡江以至吴下；及项梁之北征，路过东阳，进屯下邳，亦皆沿秦皇驰道之左右⑤，唯项羽南行则由西道。故其由垓下突围而出，南过阴陵、东城以至乌江。乌江彼岸距丹阳不远，乃始皇东巡舍舟登陆之处。⑥其时，灌婴受命追羽，及羽死，婴由历阳渡江，定会稽诸郡。⑦历阳距乌江不远，亦一沿江之要津。吾人就羽所行研考，知道出东城、历阳之途，仅为彭城与江东间之一捷径。其形成之原因，实对岸丹阳以南之驰道使然。此捷径初非通衢，盖羽南行之时曾一度失道，而乌江渡处亦未有大量船只也。

---

① 荥阳在今河南荥阳县东北。京在今河南荥阳县。索在今河南荥阳县东南。
② 《史记》卷九五《樊哙传》。阳夏在今河南太康县。固陵在今太康县南。陈郡治陈县，今河南淮阳县。
③ 《史记》卷五一《荆燕世家》："汉五年，汉王追项籍至固陵，使刘贾南渡淮，围寿春。"盖先羽而至矣。寿春在今安徽寿县。
④ 按：陈为驰道所经之要地，交通之枢纽，不唯居鸿沟之中游，且为东西往来必由之途径。《史记》卷八《高祖纪》："令将军薛欧、王吸出武关，因王陵兵南阳，以迎太公吕后于沛。楚闻之，发兵距之阳夏，不得前。令故吴令郑昌为韩王，距汉兵。"阳夏位于陈之北境，而韩王则都于阳翟。然观羽之布置，似阳夏之兵较韩地为重，是知南阳与彭城之间须由陈也。又卷五六《陈丞相世家》："汉六年，人有上书告楚王韩信反。……帝曰：'奈何？'平曰：'古之天子巡狩，会诸侯，南方有云梦，陛下第出，伪游云梦，会诸侯于陈。陈，楚之西界，信闻天子以好出游，其势必无事而郊迎谒，谒而陛下因禽之，此特一力士之事耳。'高帝以为然。乃发使告诸侯会陈，吾将南游云梦。上因随以行。行未至陈，楚王信果迎道中。"是时韩信都彭城，是彭城至陈固有道可通也。
⑤ 《史记》卷七《项羽本纪》。吴在今江苏苏州市。东阳在今安徽盱眙县东。下邳在今江苏邳县南。垓下，在今安徽灵璧县南。
⑥ 阴陵在今安徽定远县西北。东城在今定远县东南。乌江，今安徽和县东北。
⑦ 历阳在今安徽和县。会稽，秦郡，治吴县，今江苏苏州市。

楚汉之争，其主力之战多在中原，然韩信北伐之役则在河北。考信初受命伐魏，兵渡夏阳，定河东，破代兵于阏与，禽代相夏说，北进兵于晋阳。①按：阏与为上党属县，而夏说以代相之尊，乃远备兵于其南鄙，殊滋人疑。晋阳、安邑之间，本可通行，然由秦汉间之兵事观之，似秦皇于此二地间尚未修筑驰道，故大军往来须绕道上党。韩信伐赵、代因出是途，即高帝征韩王信亦由此路。《史记·韩王信传》谓信反之后，高帝自往击之，破信军于铜鞮，北至晋阳，遂达平城。铜鞮亦上党县，距阏与不远。其迂回如此，是吾人所疑容非诬罔。至高帝末年，北征陈豨，则未涉此路而道邯郸②，或已以此路曲折辗转，恐误军机欤？

韩信既破代，东下井陉以击赵兵；既而转趋平原，袭齐之历下军，进破齐王于临淄，龙且于潍水上，其所历之途亦秦时之驰道也。③

四、吴楚七国构兵时行军之路线

自高帝破灭项羽之后，越四十年而有吴楚七国之乱。所谓七国者：吴楚而外，尚有胶西、胶东、济南、菑川、赵国。④唯其兵力皆甚薄弱，蔓延所及仅其本土，故吾人于此但述吴、楚二国而已。（附图三《吴楚七国构兵时行军路线图》）

吴都广陵而楚都彭城，吴王起兵，乃北向而趋，道过彭城，因并发楚兵，以西击梁国。梁都于睢阳，当西行之大道，梁国不破，吴、楚不能

---

① 《史记》卷九二《淮阴侯传》。阏与在今山西和顺县。晋阳在今山西太原市西南汾水西侧。
② 《史记》卷九三《韩王信卢绾传》。铜鞮在今山西沁县西南。平城在今山西大同市东北。邯郸，秦时为郡，郡治邯郸县，今河北邯郸市。
③ 《史记》卷九二《淮阴侯传》。潍水在今山东潍坊市东。
④ 吴国都广陵，今江苏扬州市。楚国都彭城，今江苏徐州市。胶西国后更为高密国，高密国治高密县，今山东高密县西。胶东国治即墨，今山东即墨县西北。济南国后更为济南郡，郡治东平陵，今山东济南市东北。菑川国治剧，今山东昌乐县西。赵国治邯郸，今河北邯郸市。

图三 吴楚七国构兵时行军路线图

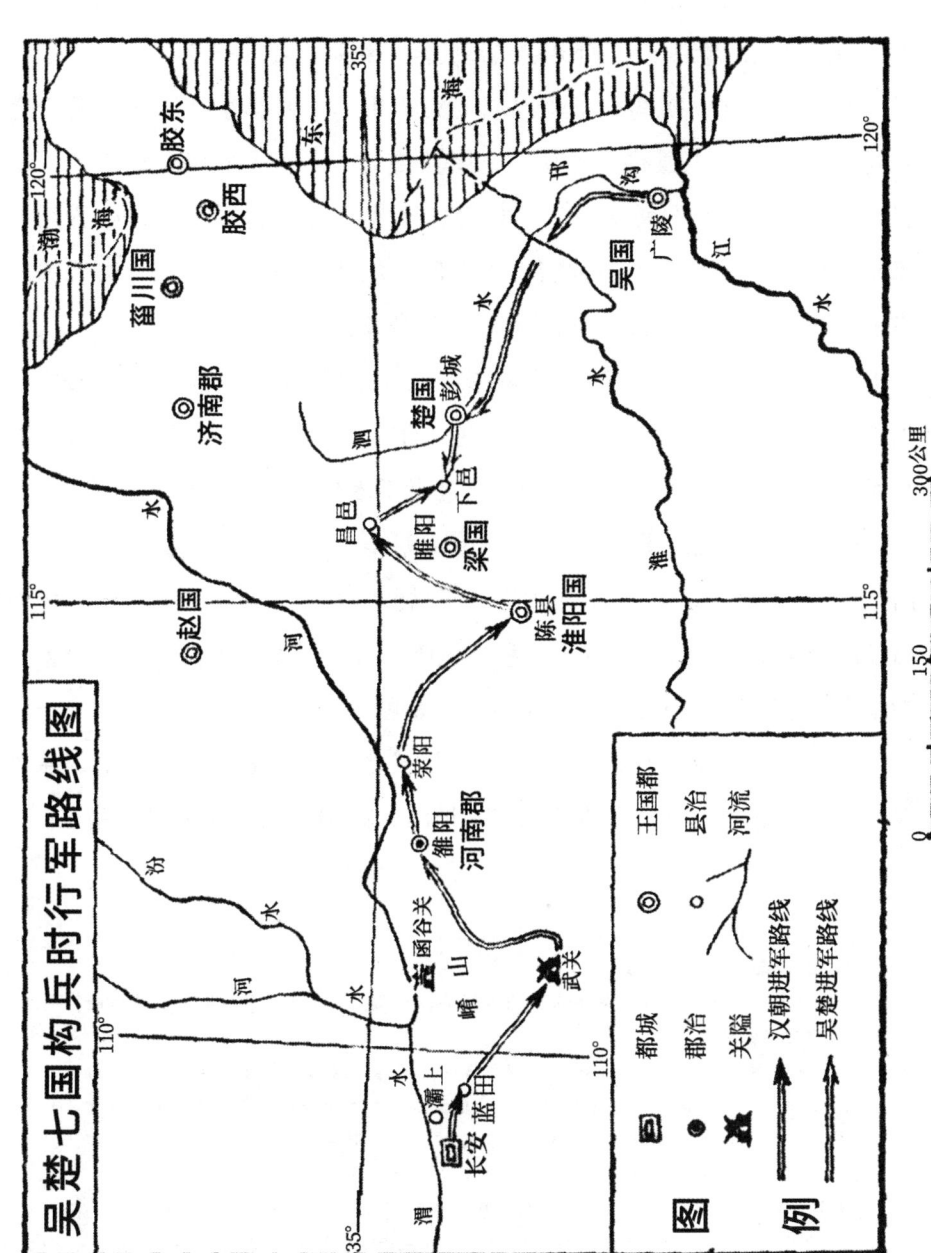

越之而西也。吴王出兵遵循此路之目的，固在合楚国之兵以壮其声势，然利用水路运输之轻易要亦其一因。广陵之北，本有邗沟，通于射阳湖，更由射阳湖而入淮，淮泗相连，运道可以直达，较为便利。其时周亚夫为汉将，即以轻兵断淮泗口，而吴之粮道受阻，终以此致败。①

当吴、楚反书初闻，汉廷以周亚夫为将军，率军东征。亚夫所行之途略同楚汉间用兵之道路。《汉书·周勃传》："亚夫既发，至霸上，赵涉遮说亚夫曰：……吴王素富，怀辑死士久矣。此知将军且行，必置间人于郩渑厄狭之间。且兵事上神密，将军何不从此右去，走蓝田，出武关，抵洛阳？间不过差一二日。直入武库，击鸣鼓，诸侯闻之，以为将军从天而下也。太尉如其计至洛阳。"②依赵涉之言，则绕武关以至洛阳，较之直出函谷，相差不过数日。疑其所行之道，于出武关之后斜趋而东北行，循洛水而达洛阳。特此间道，亚夫而后行之者不多耳。

亚夫至洛阳之后即进军荥阳，更由荥阳移屯淮阳，又由淮阳而东北至昌邑。③淮阳即陈，于荥阳为东南，于昌邑为西南，承平之时，由荥阳而至昌邑固不必绕道至此。④亚夫之移军过陈，或有其军事上之理由，吾人自不能细为推求，然淮阳为一交通之枢纽，要可必也。

由吴楚之叛乱，当可知自广陵至彭城之驰道，是时尤为重要，盖吴王濞进军之路线固始皇由会稽归来时之道路，亦项羽渡江北征之道路也。

---

① 《史记》卷五七《绛侯周勃世家》。
② 史传无此文。霸上在陕西西安市东，灞水侧畔。崤山，在今河南灵宝县三门峡市南。渑池山在今河南渑池县东北。
③ 淮阳，《汉书》卷三五《吴王濞传》则作洛阳。殿本《汉书》于此有注："宋祁曰：'洛阳，浙本作淮阳，前已有洛阳，此当作淮阳。'夏公谓刘固善疑，顾未见景文所见浙本尔。然而雌黄可妄下乎？"念海按：淮阳是也。邓尉谓亚夫曰，莫若引兵东北壁昌邑，昌邑正在淮阳东北，若为洛阳，则邓尉当不能如此云云。《史记》卷一〇六《吴王濞传》正作淮阳。
④ 《汉书》卷六三《武五子传》："昭帝崩，无嗣。大将军霍光征王贺典丧。……夜漏未尽一刻，以火发书。其日中贺发，脯时至定陶，行百三十五里。侍从者马死相望于道。……贺到济阳，求长鸣鸡；道买积竹杖。过弘农，使大奴善以衣车载女子。至湖，……到霸上。……且至广明东都门。"其经行历历可按。

五、汉武帝巡狩之路线

　　自秦皇缮治驰道，而后国内道路之系统终得略备。汉兴，诸帝亦时巡狩，如高帝之南游云梦，文帝之北返代宫，然皆限于暂出，不能与始皇相比拟。及武帝即位，国力日富，社会又安，神仙方士之说又接踵而起，于是封禅巡狩之事亦日繁矣。是时郡国各除道，缮治宫观名山神祠，所以望幸。① 是国内之交通又必经一度之整理，当可知矣。（附图四《西汉武帝及其以后时期国内交通路线图》）

　　武帝之巡幸，其初意盖为祀神以求福，故其所至之地以雍、汾阴、嵩山、泰山诸处最为频繁。游雍所以祠五畤②，游汾阴所以祠后土③，幸嵩山所以候仙人④，幸泰山所以事封禅⑤。雍县属右扶风，汾阴隶河东郡，或为畿辅近地，或渡河即至，往来至易。其幸缑氏，《汉书·武帝纪》于元封之行不载其所历之程，而于元鼎六年东征之役则谓："行东，将幸缑氏，至左邑桐乡，闻南越破，以为闻喜县。春，至汲新中乡，得吕嘉首，以为获嘉县。"⑥《地志》，闻喜属河东，而获嘉则隶河内。按：缑氏居嵩山之麓，当洛阳之东南，由长安东游无须绕道河东河内。意者此行亦将致祭后土，故循秦旧驰道而东欤？至其东封泰山，或由长安东行，出函谷，过洛阳，而直至奉高，元封二年祠泰山归来之时，尝临瓠子，塞决河，所行即由此路。至如元封元年之由海上归来，二年之由东莱西行，五年之由琅邪返旆，

---

① 《史记》卷二八《封禅书》。
② 《汉书》卷六《武帝纪》载其幸雍共八次，元狩元年、二年，元鼎四年、五年，元封二年、四年，又太始四年及征和二年。雍县在今陕西凤翔县南。
③ 《纪》载其幸汾阴五次，元鼎四年，元封四年、六年，太初二年，天汉元年。汾阴县在今山西万荣县西南。
④ 《纪》载其幸缑氏（缑氏在嵩山下，今偃师县南）三次，元鼎六年，元封元年、二年。
⑤ 《纪》载其幸泰山共八次，元封元年、二年、五年，太初元年、三年，天汉三年，太始四年，征和四年。
⑥ 缑氏在今河南偃师县东南。左邑县在今山西闻喜县。桐乡在今闻喜县东北。汲县在今河南汲县西南。获嘉县在今河南获嘉县东北。

图四 西汉武帝及其以后时期国内交通路线图

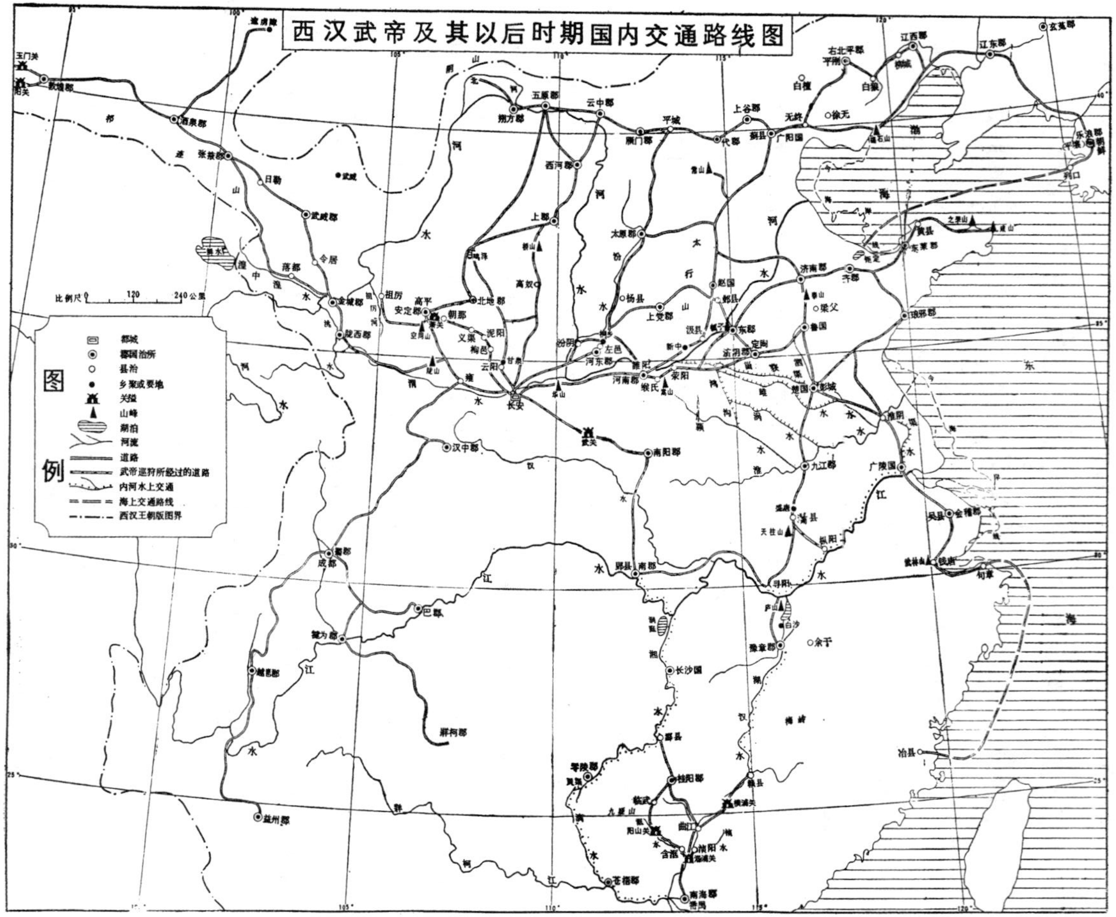

以及征和四年之由巨定入关，亦皆登临泰山①，当于后文论之。

《汉书·武帝纪》："元鼎五年，冬，十月，行幸雍，祠五畤；遂逾陇，登空同，西临祖厉河而还。"是为武帝远游之始。《地理志》，安定有祖厉县，祖厉河水自其县北流，注于大河②，即武帝旋斾之处。空同居雍县祖厉之间，当驰道之冲，故武帝得以西巡之便而登临之也。③

武帝自祖厉归来之后，寻又北巡朔方。史言："元封元年，……行自云阳，北历上郡、西河、五原，出长城，北登单于台，至朔方，临北河。……还祠黄帝于桥山，乃归甘泉。"④观其所历，除一段直道外，率遵循秦时之驰道。或谓武帝由塞上归来，路经桥山，尝祭黄帝，今桥山乃在黄陵县城外，其上有黄帝冢，则武帝南旋似当经今之黄陵，不复归于直道。此盖惑于桥山而致误。不知汉时之桥山固尚在今桥山之北，且邻近于驰道，故武帝得以往祠之也。⑤

武帝之初封泰山，其事在元封元年。《武纪》云："元封元年，

---

① 奉高县在今山东泰安县。瓠子在今河南濮阳县南。东莱郡治掖县，今山东掖县。巨定在今山东广饶县北。
② 《水经·河水注》。祖厉县在今甘肃靖远县东南。
③ 按：空同之地有三。一在今甘肃酒泉县，《史记》卷一《五帝本纪·正义》引《括地志》所谓"空桐山在肃州福禄县东南六十里"者是也；一在今甘肃岷县，《新唐书》卷四〇《地理志》所谓岷州溢乐县西有崆峒山者是也；一在今甘肃平凉县，《史记》卷一《五帝本纪·正义》所谓崆峒山在原州平高县西百里者是也。然武帝西游至祖厉河即还，无由得至今酒泉、岷县，故当以在今甘肃平凉者为是。又按《史记》卷一一《武帝纪·索隐》，空同之山亦名鸡头，是武帝此行实循秦皇之驰道也。
④ 《汉书》卷六《武帝纪》。朔方郡治朔方县，在今内蒙古杭锦旗北。上郡见前。西河郡治平定县，在今内蒙古自治区准格尔旗和陕西神木县之间。五原郡治九原县，在今内蒙古自治区包头市西。
⑤ 按：《汉书》卷二八《地理志》云：上郡阳周，桥山在南，有黄帝冢。隋唐之后，别有桥山，与此颇异。《史记》卷一《五帝本纪·正义》引《括地志》："黄帝陵在宁州罗川县东八十里子午山上。"后人因亦谓桥山即在罗川县。又《太平寰宇记》卷三五《坊州》云，"桥山……在（坊）州西二里。"罗川县今为正宁县。坊州今为黄陵县。元魏于今正宁县地置阳周县，魏王泰殆因此致误。今黄陵县距汉阳周县亦远，未足以当之。《水经·河水注》："奢延水又东，走马水注之。水出西南长城北阳周县故城南桥山。昔二世赐蒙恬死于此。王莽更名上陵畤，山上有黄帝冢故也。"奢延水今为无定河。走马水，嘉庆《大清一统志》卷二三三《延安府》以安定县之怀临河（按即淮宁河）当之，是也。黄陵县距无定河过远，乃出于后人附会，不足据也。

春，正月，行幸缑氏。……遂东巡海上。夏，四月，癸卯，上还，登封泰山。……行自泰山，复东巡海上，至碣石。自辽西历北边九原，归于甘泉。"此为历年游幸之最远者。是役又见于《史记·封禅书》，其言曰："东幸缑氏，礼登中岳太室。……东上泰山，泰山之草木叶未生，乃令人上石，立之泰山巅。上遂东巡海上。……还至奉高。"盖由缑氏直东至泰山下，又去而至东莱海上，始返封于泰山也。按其所巡幸，泰半仍循秦皇驰道。唯自辽西归来，当过上谷、代郡①，与秦道稍异。封禅之役，太史公实佐成其事，迁尝述其游程所及，曰："余尝西至空峒，北过涿鹿，东渐于海，南浮江淮。"②所谓北过涿鹿，即在是时。涿鹿属上谷郡，当居庸关外。③汉之初兴，周勃尝转战于云中、雁门、代郡、上谷间④，是此地固有大道可以通行，武帝即循之而西返也。

《武帝纪》："元封四年，冬，十月，行幸雍，祠五畤，通回中道。遂北出萧关，历独鹿、鸣泽，自代而还，幸河东。"是为自关中抵北陲之另一道路。⑤萧关之途，汉初即已开通，文帝十四年，匈奴单于十四万骑入雍之后，欲北出萧关，而回中厄于其间，故须预通其道始能成行。前已言之，回中之地有二：一在扶风汧县，一在鸡头山麓。在汧县者乃秦时故宫，此所谓通道回中者，自在鸡头山下。应劭曰：回中在安定高平，有险阻，萧关在其北，是也。⑥唯仲远又谓通道至长安，则非是。武帝由雍县北行，

---

① 上谷郡治沮阳县，今河北怀来县东南。代郡治代县，今河北蔚县东北。
② 《史记》卷一《五帝本纪》。
③ 《汉书》卷二八《地理志》。涿鹿县在今河北涿鹿县东南。
④ 《史记》卷五七《绛侯周勃世家》。云中郡治云中县，今内蒙古自治区托克托县东北。雁门郡治善无县，今山西左云县西。
⑤ 按《史记》卷三〇《平准书》云："天子……行西逾陇，陇西守以行往卒，天子从官不得食，陇西守自杀。于是上北出萧关，从数万骑，猎新秦中，以勒边兵而归。"似武帝北出萧关之途不自元封四年始。然《平准书》列此事于南粤反叛之前，南粤反叛为元鼎五年事，是《平准书》所言武帝北出萧关，当指元鼎五年西登陇坂之役。考《汉书》卷六《武帝纪》，是役仅至于祖厉河，固未出萧关一步。又按：《武帝纪》，帝初巡北边，乃在元封元年。是役勒兵北河，威震匈奴，与《平准书》所言略相当。唯元年北行，实自云阳，遵直道，转历上郡，抵北河，亦未尝一出萧关。疑《平准书》之言即指元封四年之役，特文简错乱，故《纪》《书》不合。
⑥ 孟康曰，回中在北地，有山险。北地、安定本为一郡，孟说或溯其原而言，未为非也。

则回中之道不能直通长安。① 此路既为新辟，故其建置率甚草略。汉人本注意于道路之邮置，然新秦中竟千里无亭徼②，其相差之悬殊实可惊人。或谓武帝此次远行且曾至于涿郡，此盖惑于服虔之言，不可不辨。服氏之言曰：独鹿，山名也；鸣泽，泽名也。皆在涿郡遒县北界。然《纪》文明言先历独鹿、鸣泽，而后自代返，则独鹿、鸣泽不能远在代郡之东。独鹿之地，今已无考，而鸣泽则在洛水上源③，其地正在新秦中。武帝自代归来，行幸河东，再祠后土。其返旆南行，当过太原，又西南直至汾阳。代郡、太原旧有驰道相通。由太原南下之途，此际当已修筑。观《武帝纪》载其祠后土后下诏赦汾阴、夏阳、中都死罪以下，并赐三县及杨氏皆无出租赋，是由太原南行，历中都、汾阴、夏阳三县渡河而归也。④ 秦汉之际，由河东西行率自蒲坂渡河，夏阳虽亦津渡之一，而往来不盛。今武帝归来，不由蒲坂而渡自夏阳，此殆以由渭北斜趋，较蒲坂为便捷也。⑤

　　武帝之始南游为元封五年事。《纪》言："行南巡狩，至于盛唐，望祀虞舜于九嶷，登灊天柱山，自寻阳浮江，亲射蛟江中，获之，舳舻千里，

---

① 沈钦韩《汉书疏证》曰："《元和志》，秦回中宫在凤翔府天兴县西。按：《后汉书》，来歙与祭遵袭略阳，伐山开道，从番须回中径至略阳。是时，祭遵屯汧，与雍相连，是回中道与回中宫初非异处，宫以道得名耳。《郡国志》县有回城，名回中。刘昭云，来歙开道处。汉武由此道北至安定萧关。《寰宇记》，萧关故城在原州平高县东南30里。《明志》，陇州西北有回城，亦曰回中，又西北有回中宫，又有番须口，即陇山口。而原州平高乃固原州，萧关在其东，安得云北通萧关乎？"（手头无沈书，由王先谦《汉书补注》转引。）沈氏以回中之宫与回中之道合为一地，所言未审。按鸡头山之下自有回中，未可合而为一。《元和郡县图志》卷三《原州》曰："蔚如水在（萧关）县西，一名葫芦河。牛僧孺曰，吐蕃若养马蔚如川，上平凉坂，万骑缀回中，不三日至咸阳。"即其明证。
② 《史记》卷三〇《平准书》。
③ 沈钦韩曰："《水经注》，洛水上承鸣泽渚，渚方十五里。汉武帝元封四年行幸鸣泽者也。"（由《汉书补注》转引）今本《水经注》无此文。
④ 按：师古曰，"杨氏，河东聚邑名"。其言是也。然王先谦则曰："杨氏，巨鹿县，今赵州宁晋县治。河东郡有杨县，又有皮氏、端氏、猗氏等县，故师古疑为河东聚邑名。"武帝赦汾阴等三县及杨氏无出今年田租者，以车驾经道，曲予恩宥也。若巨鹿之杨氏，远在东夏，何为亦沾此特典，一若武帝此行曾莅其地者？其为虚妄，不言可知。汾阴、夏阳已见前文，中都县则在今山西平遥县南。
⑤ 按：渭北之道路，文帝时曾一行之。《史记》卷一〇《文帝纪》："乃令宋昌骖乘、张武等六人乘六乘传，诣长安，至高陵止。……代王进至渭桥，群臣拜谒称臣。"其渡河处亦必为夏阳也。

薄枞阳而出，作盛唐枞阳之歌。"盛唐、灊县、寻阳、枞阳皆属庐江，同在一郡，相距甚迩。^①武帝南游之路程，史文所见仅此而已。然依事理推求，其发轫之始，当自武关南行，过南阳而至南郡，观其归至泰山，下诏施恩，有"朕巡荆、扬，辑江惟物，会大海气，以合泰山"^②之语，则其尝至宛县、江陵，不言可喻。唯由南郡而东，果趋何途？以史文简略，尚待研求。就江汉间地势而言，则由西趋东宜有三道：沿江而下，其南道也；随阳右壤，其北道也；由江陵而东，穿云梦之泽，直指江夏，其中道也。然武帝浮江始自寻阳，似未尝循南道而行。随阳右壤，战国秦初尚为荒山丛林，鲜绝人迹，汉兴之后，行旅小稀，若谓武帝曾越此险阻，似非情理之宜。循是而言，武帝或尝徘徊于云梦泽中而徜徉于江汉之间欤？且武帝之时，文士骚客多盛称云梦之富庶，武帝由此而行，或亦欲一亲觇其究竟也。至自枞阳舍舟登陆以后，《纪》言其北至琅邪，并海至泰山，又由泰山而返甘泉，其间历程，前文已备论之矣。

自元封元年封禅之后，频岁屡出，登泰山，临东海，其往来所行率经中原诸郡。唯天汉三年幸泰山之后，迁道祠常山；征和四年，临大海归来，亲耕于巨定，稍异诸役。常山即恒山，位于上曲阳之西北。^③巨定为齐国之属县，其地有巨淀，濒于渤海。此山此淀皆邻近驰道，故武帝得以枉驾而过之也。

---

① 盛唐不见于《地理志》。文颖曰："疑当在庐江左右。县名也。"韦昭曰："在南郡。"师古曰："韦说是也。"按：《地理志》，南郡无此县，吴时有作唐，韦氏所指，或即是此。《通鉴》胡《注》："《唐地理志》，寿州有盛唐县，盖以古地名名县。宋白曰：寿州六安县，楚之灊也，在汉为盛唐县，西十五里有盛唐山。"全祖望曰："盛唐在枞阳，故下文帝作盛唐枞阳之歌。枞阳，今之桐城。《太平寰宇记》于桐城县引《水经注》曰：'大雷水东南流迳盛唐戍。'今本《水经注》失去江水第四篇，故无其文，不应小颜生唐初亦不见也。然则文颖之说是矣。"(《鲒埼亭集外编·经史问答》九)盛唐为武帝南游最远之处，不宜近在南郡，胡、全二氏置之庐江，当是。灊县在今安徽霍山县东北。寻阳县在今湖北广济县东北。枞阳县今仍为安徽枞阳县。
② 《汉书》卷六《武帝纪》。
③ 《汉书》卷六《武帝纪》言："幸北地，祠常山。"齐召南曰："按此北地非郡名，犹言北边耳。"说是。恒山亦见《地理志》。上曲阳县今为河北曲阳县。

武帝自太初元年之后数幸安定。① 太始、征和二役皆绕道雍县，此前数年北出萧关之故道，唯后元之役则由甘泉而往。自长安直西北行，其道实较雍县为便捷。东都始建，班彪避乱凉州，曾为《北征赋》以纪其游踪，犹仿佛遵循武帝之旧途。其言有曰："朝发轫于长都兮，夕宿瓠谷之玄宫；历云门而返顾，望通天之崇崇。乘陵岗以登降，息郇邠之邑乡。……登赤须之长坂，入义渠之旧城。……过泥阳而太息兮，悲祖庙之不修。释余马于彭城兮，且驰节而自思。……闵獯鬻之猾夏兮，吊尉邛于朝那。……陟高平而周览，望山谷之嵯峨。"按其所述，则经冯翊之云阳，过扶风之栒邑，历北地之义渠、泥阳，入安定之彭阳、朝那，而至于高平。② 高平者，安定郡之所治也。此西北之通道，最为捷径，故后世多遵循之。

六、秦汉两代对于闽越之用兵及岭南之交通路线

秦皇、汉武之巡狩游幸虽极频繁，而其所至之地实不外陇上塞下与夫东海之滨，若江南五岭则鲜有其足迹。秦皇尚一登临会稽，而汉武仅望祀虞舜于江浒，其南则弗及矣。江南开发本稍迟缓，故其间交通亦较中原为艰难。汉武讨伐东越，淮南王安曾上书谏诤，书中历叙岭峤之险阻，行军之不易，虽其时已至有汉中叶，所言仅及东越一隅，然视为古代江南之写照亦无不可。安之言曰："臣闻越非有城郭邑里也，处溪谷之间，篁竹之中，习于水斗，便于用舟，地深昧而多水险。中国之人不知其势阻而入其地，虽百不当其一。得其地不可郡县也，攻之不可暴取也，以地图察其山川要塞，相去不过寸数而间独数百千里，阻险林丛，弗能尽著，视之若易，行之甚难。"③

---

① 《汉书》卷六《武帝纪》载其幸安定者四次，太初元年，太始四年，征和三年，后元元年。
② 彭阳县在今甘肃镇原县东南。朝那县在今宁夏回族自治区固原县东南。高平县即今固原县。
③ 《汉书》卷六四《严助传》。

江南文物所以逊于中原者，盖以此故。唯春秋战国之时，吴楚迭霸，固尝注意于交通，虽崇山峻岭依然如故，而平原川泽，舟车率已交错于其间矣。下迄嬴秦，统一宇内，遣军越岭，远征南海，谪吏罪人群戍其间，建置郡县同于内地，而珠玑玳瑁之珍亦流布于中土。逮汉之兴，吴芮食国长沙①，灌婴安定豫章②，设官置吏，遂与他郡无殊。高后孝文之时，又数通使尉佗，辎车往还不乏记载，而武帝踵继前轨，徙瓯越之民于江淮，夷岭南为郡县。其间设施多有关乎交通者，请申论之。

《史记·始皇纪》："三十三年，发诸尝逋亡人、赘婿、贾人，略取陆梁地，为桂林、象郡、南海，以适遣戍。"是为秦征岭南之始。史迁语焉不详，始皇军役之调发，出师之道路，皆莫可考知。③武帝时，淮南王安上书曾云："臣闻长老言，秦之时，尝使尉屠睢击越，又使监禄凿渠通道，越人逃入深山林丛，不可得攻，留军屯守空地，旷日持久，士卒劳倦，越人乃出击之，秦兵大破，乃发适戍以备之。"④其时有严安者，亦上书言事⑤，所云与刘安相若，似皆得之于长老传闻，是知史迁有所未尽。《淮南子·人间训》亦载此事，备述其时进军之路，独为详备。其言曰："（秦皇）利越之犀角、象齿、翡翠、珠玑，乃使尉屠睢发卒五十万，为五军：一军塞镡城之岭，一军守九疑之塞，一军处番禺之都，一军守南野之界，一军结余干之水。"⑥刘安封国于淮南，地近荆楚，上书著述皆及此事，想见其地传闻之盛。或谓始皇伐南越，

---

① 《汉书》卷三四《吴芮传》。长沙国治临湘县，今湖南长沙市。
② 《史记》卷九五《灌婴传》："渡江，破吴郡守吴下，遂定吴、豫章、会稽郡。"而豫章诸城且多筑于婴屯兵其地之时，其说见于《元和郡县图志》《太平寰宇记》诸书。豫章郡治南昌县，今江西南昌市。
③ 《史记》卷六《始皇纪·集解》引徐广曰："五十万人守五岭。"是以始皇遣军南出，专为屯戍也。《正义》释五岭，因引《广州记》云："五岭者，大庾、始安、临贺、揭阳、桂阳。"又引《舆地志》云："一曰台岭，亦名塞上，今名大庾，二曰骑田，三曰都庞，四曰萌渚，五曰越岭。"姑不论此五岭之名称如何，然始皇既略取陆梁地，为桂林、象郡、南海三郡，而此三郡又皆在五岭之南，断无置郡于岭南而屯守于岭上之理。徐氏之言既未审，张氏又穿凿而为之解，疏矣。
④ 《汉书》卷六四《严助传》。
⑤ 《汉书》卷一一二《主父偃传》，《汉书》卷六四《严安传》。
⑥ 镡城之岭在今湖南靖县。南野县在今江西南康县南。余干之水今为江西信江。

其规模决不至如是之大。①古人于行军数字容有虚增,而其所载出师之道路,历历如绘,当非尽诬。镡城当沅水之上源,其地有康谷水入南海,又有潭谷水入郁水。二水皆可下至番禺,秦军塞镡城之岭,所以防越卒由此而上也。②九疑之山濒湘水南岸,而湘水上源又与漓水衔接,亦通南越之大道。南野居湖汉水别源彭水之上③,越岭即南海之地。故始皇皆屯军而守之。至如余干之水乃在豫章之东,始皇所以结军于此者,或以备东越之乘间窃出也。南征五军,四军为守,独直抵番禺之军乃为攻耳。番禺北有洭水,此南攻之军当越骑田岭沿洭水而下。④《史记·南越尉佗传》:"南海尉任嚣病且死,召龙川令赵佗语曰:闻陈胜等作乱,秦为无道,天下苦之。项羽、刘季、陈胜、吴广等州郡各共兴军聚众,虎争天下,中国扰乱未知所安。豪杰畔秦相立,南海僻远,吾恐盗兵侵地至此,吾欲兴兵绝新道,自备,待诸侯变。……嚣死,佗即移檄告横浦、阳山、湟溪关曰:盗兵且至,急绝道。"横浦关位于南野之南⑤,阳山、湟溪二关并濒洭水沿岸⑥,正为始皇番禺、南野二军所经之道。《汉书·地理志》别有离水关,居离水之上,当九疑之南,其时赵佗之势未张,故闭关之令不及此地。至余干之水,本非入越之途,而镡城之岭又远在西方,佗之不加注意,亦有因也。

岭峤径路虽非仅此诸途,而始皇五军南征,所行大抵皆为要道。其后南越相吕嘉谋反,武帝遣军攻讨,亦率遵秦皇故绩。⑦《汉书·武帝纪》载此役进军之情形曰:"伏波将军路博德出桂阳,下湟水;楼船将军杨仆出

---

① 吕思勉《燕石札记·秦平南越条》所云如此。
② 康谷水今为罗蒙江,下流为浔江,又下流入于柳江。潭谷水今为古州江,下流为柳江,又下流入于郁江,即所说之郁水。此二水本皆小水,唯秦汉时人士皆谓此为入海为郁二大川,故始皇屯兵以备之。班固述《汉书·地理志》,亦因而著之,知其观念尚如此。镡城在今湖南靖县西南。
③ 湖汉水今为赣江,彭水今为桃江。
④ 此道为汉以后中原与南海间主要交通道路,详见后文。番禺今为广州市。洭水今为连江。
⑤ 《索隐》引《南康记》云:"南野大庾岭三十里至横浦,有秦时关,其下谓之塞上。"
⑥ 《索隐》:姚氏按,《地理志》云:桂阳有阳山县,今此县上流百余里有骑田岭,当是阳山关。按:洭水即湟水,故其关亦曰湟溪。说文,洭水出桂阳县庐聚,出洭浦关,是湟溪又作洭浦矣。
⑦ 《史记》卷一一三《南越尉佗传》:"高后遣将军隆虑侯灶往击之,会暑湿,士卒大疫,兵不能逾岭。岁余,高后崩,即罢兵。"《索隐》,即阳山岭。盖亦由桂阳南行也。

豫章，下浈水；归义越侯严为戈船将军，出零陵，下离水；甲为下濑将军，下苍梧；皆将罪人，江淮以南楼船十万人；越驰义侯遣别将巴蜀罪人，发夜郎兵，下牂柯江，咸会番禺。"①桂阳、豫章、零陵三军所行皆秦时故道。苍梧之军突出离水，本与戈船将军同出一途，未知当时何由而分之为二。至牂柯之军，虽有此议，以南越平定，故止军不出。此道虽僻在南服，然实交、益二州间之捷径，未可以其崎岖于荒江嶂岭间而忽视之也。始武帝时，番阳令唐蒙奉使使南越，南越食蒙蜀枸酱，蒙因问所自来，乃知道西北牂柯。牂柯有大江，逶迤出番禺城下。蒙归，遂上书说武帝求开此道，以为伐越之准备。唐蒙所通之道，自僰道指牂柯江上。迄南北朝时犹屹然未毁，且更伸长至建宁，为南中交通之要道。郦道元注《水经》，记其事曰："武帝感相如之言，使县令南通僰道，费功无成，唐蒙南入斩之，乃凿石开阁，以通南中，迄于建宁二千余里，山道广丈余，深三四丈，其錾凿之迹犹在。"郦亭所述，微有失误②，然其功力之巨亦足以不朽矣。

秦汉数度南征，师行所及皆沿水道，以水道便而运输易也。然岭峤阻隔，则须舍舟登陆，山路崎岖，费功至巨，故始皇之时曾有运河之开凿，为岭上交通别开生面。《淮南子·人间训》所谓："使监禄转饷，又以卒凿渠而通粮道。"③唯诸书皆不言监禄所凿何渠？渠在何地？仅高诱注《淮南子》乃谓凿通湘水、离水之渠，然亦不知其所本。按：诸五岭地势，始安岭峤最为平夷，而湘漓之源又出一地，其间凿河通渠亦非不可能之事也。

湘漓水运诚较便易，然不如阳山、湟溪之尤为近捷，故汉世赋贡率多由此。《后汉书·和帝纪》："旧南海献龙眼、荔枝，十里一置，五里一候，

---

① 《史记》卷一一三《南越尉佗传》作伏波将军出桂阳，下汇水；楼船将军出豫章，下横浦。汇水即湟水之伪，亦即湟水异名。横浦临浈水，《史》《汉》所言实一道也。桂阳郡治郴县，今湖南郴州市。零陵郡治零陵县，今广西壮族自治区全州县。苍梧郡治广信县，今广西梧州市。浈水今为浈江。牂柯江当今南盘江。
② 《水经·江水注》。按：唐蒙通道不至建宁，盖后人继其迹而施工者。僰道在今四川宜宾市。建宁郡治味县，今云南曲靖县。
③ 《史记》卷一一二《主父偃传》，《汉书》卷六四《严安传·严助传》所言略同。

奔腾阻险，死者继路。时临武长汝南唐羌县接南海，乃上书陈状。"①临武正当阳山之北，为北出要道，观其候置之多，可知其设备之完善。其后又改从秦水而上，则较阳山更为便捷，以其上源越岭即可接耒水也。②《后汉书·循吏·卫飒传》："先是含洭、浈阳、曲江三县，越之故地，武帝平之，内属桂阳。③民居深山，滨溪谷，习其风土，不出田租。去郡远者或且千里，吏事往来辄发民乘船，名曰传役。每一吏出，徭及数家，百姓苦之。飒乃凿山通道五百余里，列亭传，置邮驿，于是役省劳息，奸吏杜绝，流民稍还，渐成聚邑，使输租赋，同之平民。"及章帝建初之时，郑弘为大司农，再事开凿，此道遂为通衢。④

自秦汉经营南越之后，岭南各地遂得跻身郡县之列，东越之地理环境与南越相若，其交通之开辟亦复略同。东越于秦时已置郡县，唯秦祚短促，其间道路已莫可征考。今所言者，仅限于汉世。高帝初定关下，以故闽越王无诸佐汉有功，使王其故地。至惠帝时，复分其北疆，立故闽君摇为东海王。东海王都东瓯，故又谓之东瓯王。⑤其后闽越、东瓯数相攻击，东瓯不能胜，武帝因使严助将兵，自会稽浮海救之。未至，而闽越引去，遂罢兵。⑥助之浮海，固取海道运输之便易，而东越山地交通之困难，未始非其一因。及建元之末，汉复出师征讨。是役，大行王恢出豫章，而大农韩安国出会稽，亦未至其地而东越已服。安国出会稽殆亦效严助浮海之师，王恢出豫章则循秦时余干之故道。至元鼎六年，东越复反，入白沙、

---

① 临武县今仍为湖南临武县。
② 秦水今为武水。
③ 含洭县，今广东英德县西北。浈阳县今为英德县。曲江县在今广东曲江县南。
④ 《后汉书》卷六三《郑弘传》云："旧交趾七郡贡献转运，皆从东冶，泛海而至，风波艰阻，沉溺相系。弘奏开零陵、桂阳峤道，于是夷通，至今遂为常路。"《隶释》四载熹平三年《桂阳太守周憬功勋碑》云："郡又与南海接比，商旅所臻，自瀑亭至于曲江，壹由此水源也。……府君乃命良吏顺导其经脉，由是小溪平直，大道允通利，抱布贸丝，交易而至。"凡此皆可觇桂阳峤道交通之盛况。
⑤ 《史记》卷一一四《东越传》。闽越王都东冶，东海王都东瓯。东冶即治县，在今福建福州市。东瓯，在今浙江温州市。
⑥ 《汉书》卷六四《严助传》。

武林、梅岭，杀汉三校尉，汉亦使横海将军韩说出句章，浮海从东往；楼船将军杨仆出武林；中尉王温舒出梅岭；越侯为戈船下濑将军出若邪、白沙；四道伐之，浮海之途，已见前文。而若邪、白沙亦秦时余干旧途。① 是役之新道，仅武林与梅岭。武林在钱塘江上。② 梅岭在豫章东南。③ 疑此二军当分由今仙霞、杉关二道以入闽也。

汉自定东越，先后徙其民于江淮之间，其后余民虽稍稍复出，然已稀矣。且以其地山险，物产不丰，故自武帝用兵之后，道路复渐趋荒芜圮毁，仅沿海巨舶犹时时寄淀于东冶而已。

秦汉之际，海上交通当已发达，故严助、韩安国、韩说之征东越皆泛海而往。虽其间风涛险阻，时虞漂没，然转输便易，实胜陆路。东汉初年，海运已极繁盛④，而行旅之人亦多改由此路。献帝之时，王朗避孙策之逼，南至东冶，且欲进适交州⑤，许靖且绕道交广以入于蜀⑥，皆其例也。至南海、交趾之间则更唯海道是尚。《后汉书·马援传》："南击交趾，军至合浦，……遂缘海而进，随山刊道千余里。……援将楼船大小二千余艘，战士二万余人，击九真贼征则余党都羊等，自无功至居风，斩获五千余人，峤南悉平。"⑦ 援虽尝修治山道，然亦仅就海滨稍平夷处为之，非深入其内地也。

---

① 《史记》卷一一四《东越传·索隐》云："今豫章北二百里接鄱阳界，地名白沙，有小水入湖，名曰白沙。"其地与余干邻近。句章县在今浙江余姚县东南。
② 按：《索隐》云："白沙东南八十里有武田亭，亭东南三十里地名武林。"其说非是。白沙武林相距百里，汉兵何以须分为二道？且东越发兵拒险，使徇北将军北守武林，明武林乃东越之北。《汉书·地理志》会稽钱塘江有武林山、武林水，则武林之地当在会稽而不在豫章也。
③ 《史记》卷一一四《东越传·正义》引《括地志》云："梅岭在虔化县东北百二十八里。"虔化今为江西宁都县。
④ 《后汉书》卷六三《郑弘传》。
⑤ 《三国志》卷一三《魏书·王朗传》，又卷五七《吴书·虞翻传》。按：《续汉书·郡国志》刘昭注引王范《交广春秋》："交州治蠃娄县。元封五年移治苍梧广信县，建安十五年治番禺县。"蠃娄县在今越南河内。广信县在今广西壮族自治区梧州市。番禺县已见前文。
⑥ 《三国志》卷三八《蜀书·许靖传》。
⑦ 无功在今越南南定南。居风在今越南清化北。

七、两汉时河西之交通路线

自嬴秦至于汉初，西北国土仅限于陇西、北地一隅，虽已逾陇坂而未渡黄河，故始皇西游止于鸡头，武帝巡狩还自祖厉，其西则为匈奴游牧之地，不为职方之臣所司矣。

若河西之交通，则起始于张骞。骞以武帝初年应募西使月氏，是时月氏远处于匈奴之西，由汉地前往，自须道匈奴中。骞之始行，与其从者俱出陇西，循祁连山北麓西进，即后日经武威、张掖以出玉门、阳关之大道。① 此直出玉门、阳关之大道，固为汉与西域之主要通路，然其南尚有一间道可达，张骞自西域归来即拟由此间道东行。唯其发轫之处既乏记载，且其中途之后又复见厄于匈奴，故其全程已不可备悉，仅知其原有并南山东行之计划而已。南山，即祁连山也。其后，汉已开通河西，昔日绝域遂成坦途，故此祁连山南麓之间道不复再为人所注意。

河西之地本属于匈奴昆邪、休屠二王。自张骞归来之后，汉人乃知西域之广大而欲以全力经营，故谋获此河西之通道以求往来之便利。元狩二年，匈奴昆邪王杀休屠王率其众来降，汉因收其地为郡县，徙民屯居以充实之。《汉书·西域传》所谓"张骞始开西域之迹，其后骠骑将军击破匈奴右地，降浑邪、休屠王，遂空其地，始筑令居以西，初置酒泉郡，后稍发徙民充实之，分置武威、张掖、敦煌，列四郡，据两关"，即谓此也。②

此河西大路之开通，其目的固在经营西域，然于隔绝羌胡之交通实有相当之价值。盖汉人之经营西域虽可断匈奴之右臂，而羌胡交通亦可使西陲不安，故汉人于此尤为注意。河西诸郡南依祁连，北有长城，似可阻隔间人之往来，但通谷要地亦难于尽防。赵充国之征西羌，深恐匈奴南下与

---

① 武威郡治姑臧县，今甘肃武威县。张掖郡治觻得县，今甘肃张掖县。玉门关在今甘肃敦煌县西北，阳关在今敦煌县西南。
② 酒泉郡治禄福县，今甘肃酒泉县。敦煌郡治敦煌县，今甘肃敦煌县西。令居县在今甘肃永登县西北。

羌人相合，即上书宣帝，谓："武威县、张掖日勒皆当北塞，有通谷水草，为胡人南下要路，宜设防守以备不虞。"征羌之役，酒泉太守辛武贤欲发郡兵以助戎事，拟由张掖、酒泉越祁连山南下，期至于鲜水之上，与湟中之师会合①，则祁连山上固有道路可以通行。是知羌胡交通非由一途，而汉吏之防守亦不限于一处也。

自武帝开河西诸郡之后，西陲用兵，其出师道路率皆由此，若贰师将军之伐大宛，出自玉门关②，李陵之征匈奴，发于遮虏障③，皆其著者。贰师纵横于西域，李陵转战于胡中，其进退趋合虽皆可纪，然非本文范围所及，兹略不述。唯宣帝时赵充国西征羌人，王莽时经营西海皆与河西之交通有关，故附及焉。

羌人居西徼外，其强者先零、罕开则散处鲜水、湟水之间。赵充国之征西也，发自金城，沿湟水西行，越落都而至湟中，因屯田其地，迄羌人宾服而后返。④其后王莽之经营西海郡，亦循充国之旧道。王莽尝于西海筑亭燧，至于鲜水之上⑤，未几，莽即破灭，而西海之亭燧因亦废弃。光武而后，西羌坐大，内侵郡县，湟水道路遂塞绝不复通矣。

八、两汉时东北诸郡及朝鲜之交通路线

我国疆域之扩张，东北一隅远较西北为早。全燕之时，军力所及已达辽左；嬴秦继之，建郡置县无异内地。下至武帝，又收朝鲜真番，增建乐浪、

---

① 《汉书》卷六九《赵充国辛庆忌传》。日勒县在今甘肃永昌县西北。鲜水今为青海湖。湟中，今青海省湟水流域。
② 《汉书》卷六一《李广利传》。
③ 《汉书》卷五四《李广传附李陵传》。遮虏障在今内蒙古自治区额济纳旗。
④ 《汉书》卷六九《赵充国传》。落都在今青海乐都县。金城郡治允吾县，今甘肃兰州市西北。
⑤ 《后汉书》卷八七《西羌传》。

玄菟诸郡，东北疆土于兹最盛。① 其间之交通亦因郡县之建置而益形便利，由内地前往盖有四途，兹分论之。

东北诸郡濒海之处，地势平衍，修筑道路易于施工，故东出之途此为最便。始皇、二世以及武帝皆尝游于碣石，碣石临大海，为东北诸郡之门户，且有驰道可达，自碣石循海东行，以至辽西、辽东二郡。② 再由辽东斜趋而东南行，渡浿水即抵朝鲜。③ 武帝之时，左将军荀彘佐杨仆东征朝鲜，其出师之途即遵此路。

至于右北平郡，其地较辽西、辽东为西，若由海滨前往，反失之过远。④ 别有道路，或出无终，或向卢龙，较为便捷。⑤ 自建武而后，右北平郡内移⑥，卢龙之途遂渐阻塞，仅无终一道尚为往来于塞内外者所必经。汉末，曹操北征乌丸，以无终路阻，改趋卢龙，得至柳城。⑦《三国志·魏志·田畴传》备载此役之经过，其言曰："建安十二年，太祖北征乌丸，……军次无终，时方夏水雨，而滨海洿下，泞滞不通。虏亦遮守蹊要，军不得进。太祖患之，以问畴。畴曰：此道夏秋每常有水，浅不通车马，深不载舟船，为难久矣。旧北平郡治在平刚，道出卢龙，达于柳城，自建武以来，陷坏断绝垂二百载，而尚有微径可从。今虏将以大军当由无终，不得进而退，懈弛无备。若嘿回军，从卢龙口越白檀之险，出空虚之地，路近而便，掩其不备，蹋顿之首可不战而禽也。……太祖令畴将其众为乡道，上徐无山，出卢龙，历平冈，登白狼堆，去柳城二百余里，虏乃惊觉。单于身自临阵，太祖与交战，遂大斩获，追奔逐北，至柳城。"观魏武所行，则卢龙之道

---

① 《史记》卷一一五《朝鲜传》，《汉书》卷九五《朝鲜传》。乐浪郡治朝鲜县，今朝鲜平壤。玄菟郡治高句丽县，今辽宁新宾县西南。
② 辽西郡治阳乐县，今辽宁义县西。辽东郡治襄平县，今辽宁辽阳市。
③ 浿水即今朝鲜清川江。
④ 右北平郡治平刚县，今辽宁凌源县西南。
⑤ 无终县在今为河北蓟县。卢龙，塞名，在今河北喜峰口附近一带。
⑥ 东汉右北平郡治土垠县，今河北丰润县东南。
⑦ 柳城在今辽宁朝阳市南。

捷近而险阻，无终之路迂远而平夷，此殆二道一通一塞之原因也。①

自内地至辽东诸郡，尚有海道可以通行。海上交通先秦时本已发达，至于秦汉更臻繁盛。燕齐与辽东诸郡，一水相隔，浮舸往还本至便利，初不必再假道于碣石无终。每中原有变，东土人避乱渡海者为数甚多。汉初琅邪王仲避济北王兴居之祸，逃于乐浪山中，遂著土籍②，其较著者也。汉末邴原、管宁、王烈、太史慈等皆先后渡海避难③，虽去留不一，然其来往频繁，初不以一海相隔而稍阻阂，则可知矣。至若大军远出，浮海征讨，则从武帝之时用兵于朝鲜一役为最著。武帝之征朝鲜，水陆并进，左将军荀彘出辽东，而楼船将军杨仆则自齐浮渤海。水道便捷迅速而陆路迂回钝迟，故荀彘之军后至而杨仆之师先登。唯海上多风波之险，故后世用兵于辽左者率舍水而从陆，毋丘俭之征高句丽，司马懿之伐公孙渊，即其例也。

九、太史公之游踪

秦汉时期我国之旅行家以张骞、班超诸人为最著，其事既瑰异而其游踪又独远，允为一代之奇迹。然其涉足之地率在域外，非本文范围所及。若漫游国内，舟车所至，无远弗届，则司马子长实为巨擘。迁尝自言其行迹，

---

① 《水经·濡水注》亦载卢龙之道，其言历历，足资辩证。注云："濡水又东南迳卢龙塞。塞道自无终县东出，渡濡水向林兰陉，东至清陉。卢龙之险，峻坂萦折，故有九绊之名矣。燕景昭元玺二年，遣将军步浑治卢龙塞道，焚山刊石，命通双轨，刻石岭上。以记事功，其铭尚存。而庾杲之注《扬都赋》，言卢龙山在平冈城北，殊为孟浪，远失事实。余按卢龙东越清陉，至凡城二百里许，自凡城东北出趣平冈故城可百八十里，向黄龙则五百余里，故陈寿《魏志》，田畴引军出卢龙塞，堑山埋谷五百余里，径白檀，历平冈，登白狼，望柳城。平冈在卢龙东北，远矣，而仲初言在南，非也。"是魏武仅一经越卢龙，于其道路则未多加修整，故慕容氏又重施工也。
② 《后汉书》卷七六《循吏·王景传》。
③ 并见《三国志》卷一一《魏书·邴原、管宁、王烈传》，又卷四九《吴书·太史慈传》。

谓"西至空同，北过涿鹿，东渐于海，南浮江淮"，盖于其时封疆之内无所不至矣。（附图五《太史公游踪图》）

太史公之远游，实起始于其弱冠之时。其自序曰："二十而南游江淮，上会稽，探禹穴，窥九疑，浮于沅、湘，北涉汶、泗，讲业齐、鲁之都，观孔子之遗风，乡射邹、峄，厄困鄱、薛、彭城，过梁、楚以归。"[①]此行遍历江淮之间，尽穷东南之胜，实为壮游。唯自序所云，不尽以游览之先后为次第，盖九疑、沅、湘居会稽之西，而彭城、汶、泗则在会稽之北，若以自序所言次第为先后，则先抵会稽，折而西行，复返趋于东北。此行虽属游学，然亦不至迂回曲折若是之甚。观其过梁楚以归，则其首途当自长安南行，先浮沅、湘，再登会稽，然后北至齐、鲁。自序所云，殆行文所至，率笔而书，初非以先后次第为言也。

太史公自序所云，仅记其大略，尚未尽其行踪，纪传之中颇有言及此行之见闻者。《屈原贾生传》："适长沙，观屈原所自沉渊。"则其适长沙当在浮沅湘之先后，因路途之近便，故一临吊屈子、贾生。《河渠书》又云："余南登庐山，观禹疏九江，遂至于会稽太湟；上姑苏，望五湖。"登庐山，则在上会稽之前，盖顺江而下也。上姑苏乃在探禹穴之后，已在北归之途中矣。《春申君传》云："吾适楚，观春申君故城宫室，盛矣哉。"春申君之封因于吴之故墟，居姑苏台旁，所谓适楚者，乃概论言之，非指寿春郢城也。《淮阴侯传》云："吾如淮阴。"[②]则史公自姑苏北归，必循邗沟故道，故得至于淮阴。由淮阴再行，遂抵邹、鲁。邹、鲁为孔孟故乡，其游学之最后目的地或在于此，观其于邹、鲁流连之情形当可略知。《孔子世家》云："余读孔氏书，想见其为人；适鲁，观仲尼庙堂，车服礼器，诸生以时习礼其家，余低回留之，不能去云。"故于汶泗之间，所游独多。太史公自邹鲁归来，过彭城、梁、楚西返，又复绕道于丰、沛，《樊郦滕灌传》所谓"吾适丰沛，问其遗老，观故萧、曹、樊哙、滕公之家"是也。至如《魏

---

① 邹县在今山东邹县南。峄为峄山，在今邹县东南。鄱即蕃，蕃县在今山东滕县。薛县在今滕县南。
② 淮阴在今江苏淮阴市西南。

图五　太史公游踪图

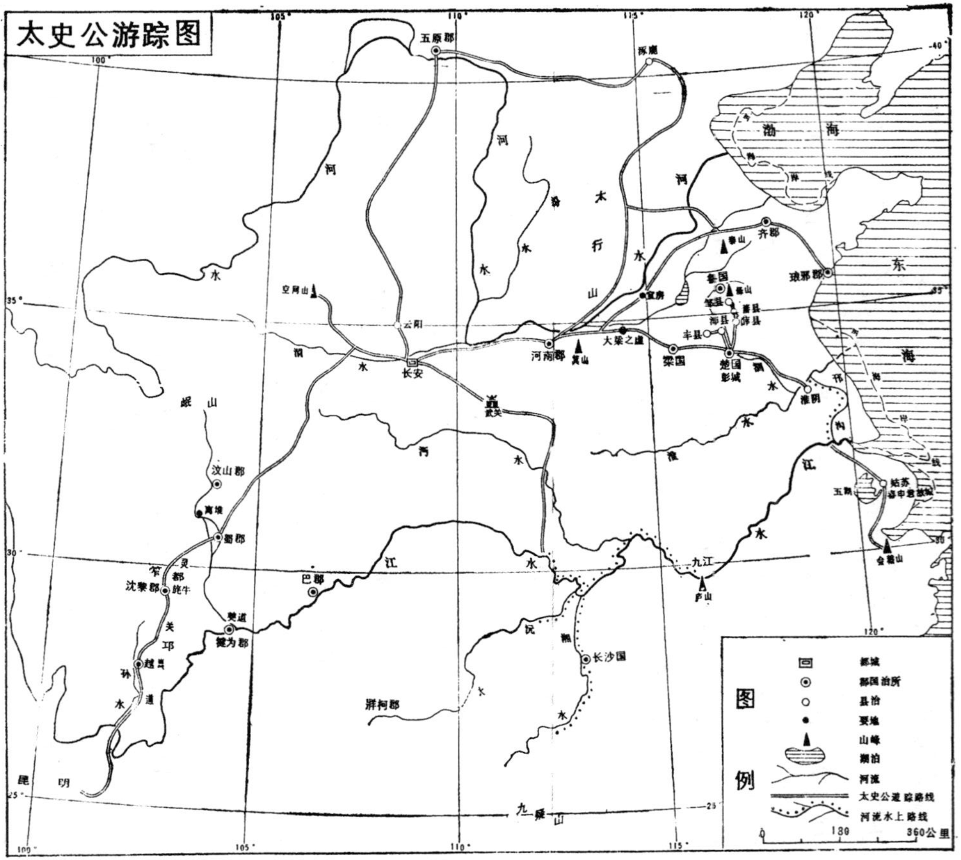
太史公游踪图
五原郡
长安
云阳
河南郡
大梁之墟
梁国
楚国
彭城
淮阴
齐郡
琅邪郡
泰山
鲁国
邹县
薛县
丰县
沛县
姑苏
五湖
会稽山
九江
庐山
长沙国
巴郡
蜀郡
汶山郡
沈黎郡
犍为郡
牂柯郡
崆峒山
武关
岷山
太行山
渤海
东海
江
水
河
淮
昆明
九疑山
图例
都城
郡国治所
县治
要地
山峰
湖泊
河流
太史公游踪路线
河流水上路线
360公里

世家》之"吾适故大梁之墟"①。及《伯夷传》之"余登箕山"②，殆皆由梁楚归来时途中之事也。

太史公由东南壮游归来之后，又曾奉使远赴巴蜀。其自序云："迁仕为郎中，奉使西征巴蜀以南，南略邛、笮、昆明。还报命。是岁，天子始建汉家之封。"所谓始建汉家之封者，乃指武帝之封禅泰山，其事在元封元年，是太史公西南之行当在元鼎之末。考西南诸新郡建置之时，犍为最早，在建元六年；越巂、牂柯次之，皆在元鼎六年；益州置郡，则迟至元封二年。而越巂、牂柯置郡之时，兼置沈黎、文山二郡。③太史公西南之行，既在元鼎季年，殆为受命以宣抚此诸新郡也。

赴此诸新郡之途，盖有两道：一由僰道至牂柯，唐蒙所开之道也；一自灵关以通邛都，司马相如始开之道。据《史记·相如本传》所言，则自"灵关道，桥孙水，以通邛都"。以今地言之，由成都西南行，越大相岭，渡大渡河，再逾小相岭，沿安宁河而至于西昌。西昌即汉时越巂郡之故治。太史公此行既为宣抚此诸新郡，"略邛、笮、昆明"，则其所行当循司马相如所治之道。邛、笮诸族皆在越巂郡，昆明在益州郡，故由灵关南行，最为便捷。司马相如所治之道仅止于邛都，其南则不闻有治道之事，然太史公既往来于昆明，则邛都以南亦当有通道。至如《河渠书》中所云之"西瞻蜀之岷山及离碓"，亦皆是役途中之事也。④

---

① 亦见《史记》卷七七《信陵君传》。
② 箕山有多处，史公所登当在今河南登封县东南。
③ 《汉书》卷六《武帝纪》。犍为郡治僰道县，今四川宜宾市。越巂郡治邛都县，今四川西昌市。牂柯郡治故且兰县，当在今贵州黄平、贵定诸县间。益州郡治滇池县，在今云南晋宁县东。沈黎郡治所当在今四川汉源县。汶山郡治所当在今四川茂汶羌族自治县。邛在今四川安宁河流域，汉邛都县当是因邛而设立的。笮当在今四川大渡河下游。昆明则在今云南大理县附近。
④ 按：灵关道大约在今四川大渡河下游，为自蜀郡西南行之大道。自司马相如开通之后，至东汉中叶曾为旄牛夷人所阻，绝不复通，迨蜀汉之时，始再开通旧道。《三国志》卷四三《蜀书·张嶷传》云："（越巂）郡有旧道，经旄牛中至成都，既平且近。自旄牛道绝，已百余年，更由安上，既险且远。嶷遣左右，赍货币赐（旄牛族率）路，重令路姑喻意，路乃率兄弟妻子悉诣嶷。嶷与盟誓，开通旧道，千里肃清，复古亭驿。"此路复开，实为重要，盖益州永昌诸郡悉假此路以至巴蜀也。

太史公自奉使西南归来之后，适值武帝封禅，遂扈从车驾，往返各地，《封禅书》所谓"余从巡祭天地诸神名山川而封禅"是也。《齐太公世家》云："吾适齐，自泰山属之琅邪，北被于海，膏壤二千里。"《五帝本纪》云："北过涿鹿。"《蒙恬传》云："吾适北边，自直道归，行观蒙恬所为秦筑长城亭障，堑山堙谷，通直道，固轻百姓力矣。"皆元封元年扈从封禅时事。若《河渠书》之"余从负薪，塞宣房"①及《五帝本纪》之"西至空同"二事，以《汉书·武帝纪》证之，则塞宣房之役为元封二年事，西登空同则元鼎五年事，亦皆扈从于武帝之左右也。

依太史公足迹所至之地而言，则于当时郡国游历殆遍，所未至者仅沿边诸新郡而已。

十、东汉初年光武戡乱之路线

两汉之际，群雄割据，及光武崛起，乃克平祸乱。光武起兵虽始自南阳，然其奠立成功之基础则在河北。更始元年，光武受命渡河，初至邯郸，复北经真定而抵蓟县。是时割据者尚少，故光武得以直行而北，未遇阻隔。至蓟之后，冀中已响应王郎，遂复仓促南行。此际真定大道不可复通，光武归来殆由蓟县直驱而南。②《后汉书·光武纪》谓其离蓟之后，"晨夜不敢入城邑，舍食道旁，至饶阳"③；而《冯异传》亦谓"光武自蓟东南驰，晨夜草舍，至饶阳无蒌亭"。又《王霸传》："光武即南驰至下曲阳，传闻王郎兵在后，从者皆恐，及滹沱河，候吏还白河水流澌，无船不可济。

---

① 按：《史记》卷二九《河渠书》，武帝塞瓠子决河，筑宫其上，名曰宣房。其地在今河南濮阳县南。
② 真定县在今河北正定县南。蓟县今为北京市。
③ 饶阳县在今河北饶阳县北。

官属大惧。"①《任光传》又谓"世祖自蓟还，狼狈不知所向，传闻信都独为汉拒邯郸，即驰赴之"②。是蓟县信都之间旧日当有道路，此道且可南至邺县，与驰道相合。更始二年，光武东征铜马之时，即循此而行。《光武纪》："击铜马于鄡，吴汉将突骑来会清阳，……追至馆陶，大破之。"③鄡为巨鹿郡县，在信都之西北，而清阳则为清河郡治，是由鄡经信都有道可抵清河。馆陶为魏郡县，适处清阳与邺之中，殆清河、魏郡间道路必经之地。设吾人所悬拟不误，则由蓟县南行之道，经饶阳，下曲阳、鄡县、信都、清阳、馆陶而至邺城，与故驰道相合，特以其偏僻荒凉，不为世人所注意耳。（附图六《东汉时期国内交通路线图》）

《光武纪》载其自蓟县南归至信都之后，复"北降下曲阳，……击中山，拔卢奴，南击新市、真定、元氏、防（房）子皆下之，因入赵界"④。是由信都西北行，过下曲阳，至中山，复折而南，过新市、元氏等县而至邯郸。又《吴汉传》云："与上谷诸将并军而南，所至击斩王郎将帅，及光武于广阿。"⑤是广阿亦此大道所经之地。及王郎灭后，光武又复率兵北征。《光武纪》言："北击尤来、大抢、五幡于元氏，追至右北平，连破之，又战于顺水北，乘胜轻进，反为所败。"⑥《耿弇传》亦云："追尤来、大抢、五幡于元氏，……乘胜战慎（顺）水上，房危急，殊死战，时军士疲弊，遂大败奔还，壁范阳，数日乃振，贼亦退去。从追至容城、小广阳、安次，连战破之，光武还蓟。"⑦此次征讨皆沿此大道，所可知者，元氏与蓟县之间亦应道过容城、小广阳

---

① 下曲阳县在今河北晋县西。
② 信都国治信都县，今河北冀县。
③ 鄡在今河北束鹿县东南。清阳县在今河北清河县东南。馆陶县为今河北馆陶县。
④ 中山国治卢奴县，今河北定县。赵国治邯郸县，今河北邯郸县。新市县在今河北新乐县南。元氏县在今河北元氏县西北。房子县在今河北高邑县西南。
⑤ 上谷郡治沮阳县，今河北怀来县东南。广阿县在今河北隆尧县东。
⑥ 《后汉书》卷一上《光武纪上》李贤《注》："《东观记》《续汉书》并无'右'字。此加'右'误也。营州西南别有右北平郡故城，非此也。"又云："北平属中山国，今易州永乐县是也。"北平县在今河北满城县北。顺水即今方顺河，见《读史方舆纪要》卷一二《保定府》。
⑦ 《后汉书》卷一九《耿弇传》李贤《注》："广阳国有广阳县，故曰小广阳。"其地在今北京西南。范阳县在今河北定兴县南。容城县在今河北容城县北。安次县在今河北廊坊市。

图六 东汉时期国内交通路线图

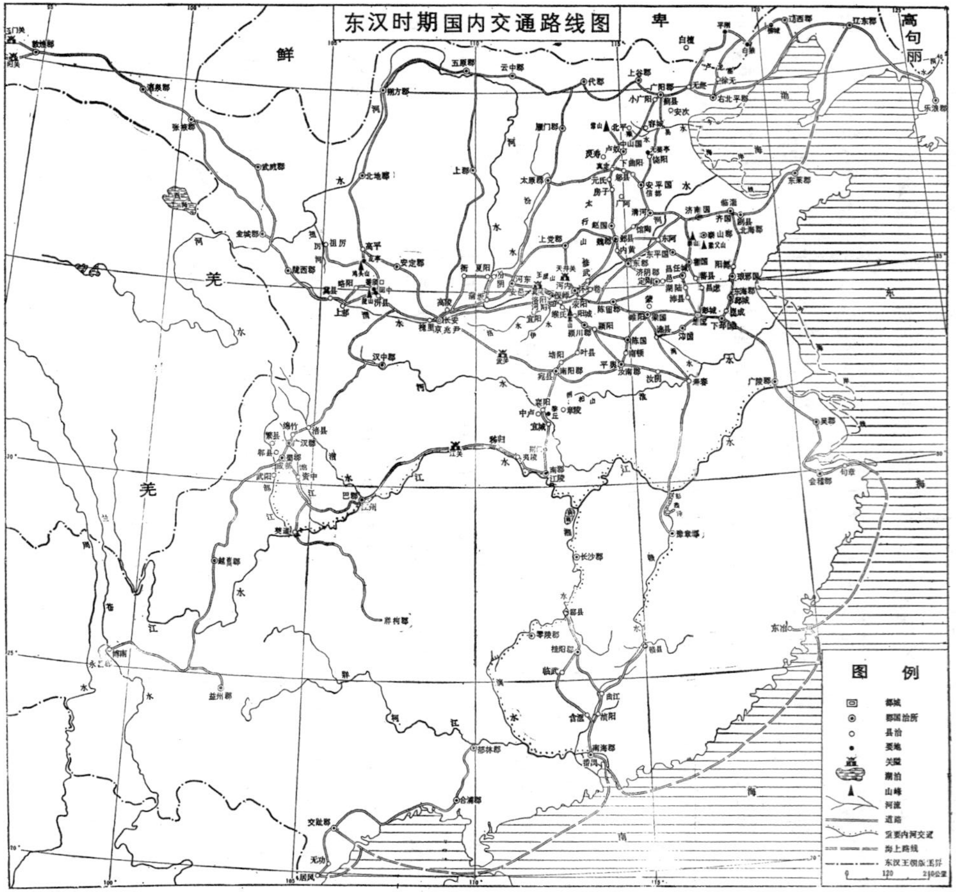

诸地也。

光武在河北之时，尝遣邓禹由间道而征关中。其事在建武元年。是时洛阳尚为更始守，故禹之西行乃由王屋。《后汉书·禹本传》言："禹自箕关将入河东，河东都尉守关不开，禹攻十日，破之。……进围安邑，……渡汾阴河，入夏阳。更始中郎将左辅都尉公乘歙，引其众十万与左冯翊兵，共拒禹于衙，禹复破走之。"①箕关位于王屋山上，当河东、河内之间，唯秦汉以来之用兵者尚未闻出于此道。由夏阳至长安，衙县实为冲要，故公孙歙等御禹于此。顾禹未直至长安，转军别徇北地、安定诸郡耳。

青、徐诸地为庞明、董宪等所据。建武五年，光武方东巡狩，乃督诸将讨之。《光武纪》言："庞萌、苏茂围桃城，帝时幸蒙，因自将征之。先理兵任城，乃进救桃城，大破萌等。秋，七月，丁丑，幸沛，……进幸湖陵，征董宪；又幸蕃，遂攻董宪于昌虑，大破之。八月，己酉，进幸郯。留吴汉攻刘纡、董宪等，车驾转徇彭城、下邳。"②《郡国志》，任城有桃聚。刘昭《注》，光武破庞萌于桃乡。任城、蒙县之间，昌邑适当道上。湖陵居昌邑沛郡之中，亦二郡往来必经之途。其时董宪屯于昌虑，昌虑乃在沛郡之东北，唯以彭城、下邳之道不通，遂由湖陵、蕃县而前。是由蕃县经昌虑可至东海郡治之郯城也。光武徇彭城、下邳之后，《纪》言其幸鲁，幸临淄，再幸剧县，斩苏茂，降张步，所行皆旧日之大道也。③

建武八年，光武大举西征隗嚣，车驾亲行。是役会窦融等于高平，又进驻于上邽。④按光武此行当由长安直出西北，越鸡头而至陇西，循秦皇及汉武之故道。然当时此事之足引吾人注意者，实非光武之亲征，而为来歙之辟道及隗嚣之防守。《后汉书·来歙传》："歙与征虏将军祭遵袭略阳，遵道病还，分精兵随歙，合二千余人，伐山开道，从番须回中径至略阳，

---

① 衙县在今陕西白水县北。
② 任城国治任城县，今山东济宁市东南。沛县即今江苏沛县。湖陵县在今山东鱼台县东南。昌虑县在今山东枣庄市西北。蕃县今为山东滕县。郯县今为山东郯城县。
③ 剧县在今山东昌乐县西。
④ 高平县今为宁夏回族自治区固原县。上邽县今为甘肃天水市。

斩嚣守将金梁,因保其城。嚣大惊曰,何其神也!"略阳于今当秦安县之东北,自回中视之适为正面,歙所开道当在其处。又《隗嚣传》:"来歙从山道袭得略阳城,嚣出不意,惧更有大兵,乃使王元拒陇坻,行巡守番须口,王孟塞鸡头道,牛邯军瓦亭,嚣自悉其大众围来歙。"①陇坻在汧县之西,番须至回中不远②,鸡头直高平之南,瓦亭亦邻近鸡头③,是关中与陇上之交通不外此数途,故隗嚣于此诸处严加防守也。至汉军登陇之后,其相争之处不离汉阳冀县左近④,无足论矣。

汉之征公孙述也,大军由荆州而上,水陆并进。《后汉书·臧宫传》:"(建武)十一年,将兵至中庐,屯骆越。是时公孙述将田戎、任满与征南大将军岑彭相拒于荆门,……宫与岑彭等破荆门,别至垂鹊山通道,出秭归至江州。"⑤《吴汉传》亦云:"率征南大将军岑彭等伐公孙述,及彭破荆门,长驱入江关,汉留夷陵,装露桡船,将南阳兵及弛刑募士三万人溯江而上。"⑥宫等乃沿江北陆道而进,汉则乘舟西上。是时述所设防之处为江州、广汉、资中、黄石诸地。⑦江州绾毂大江,为冲要之地,广汉濒涪,资中濒沱,黄石濒江,由此三水,皆可以至成都。吴汉等至江州后,即分兵西行,汉及岑彭等溯江,臧宫入涪。《宫传》言:"岑彭下巴郡,使宫将降卒五万,从涪水上平曲,……军至平阳乡,蜀将王元举众降,进拔绵竹,破涪城,……

---

① 番须口在今陕西陇县西北。瓦亭在今宁夏回族自治区泾源县北,六盘山下。
② 汧县今为陕西陇县。
③ 鸡头山在今宁夏回族自治区泾源县西。
④ 东汉改西汉天水郡为汉阳郡,郡治冀县在今甘肃甘谷县。
⑤ 《后汉书》卷一八《臧宫传》李贤《注》:"中庐,县名,属南郡,故城在今襄州襄阳县南,盖骆越之人徙于此,因以为名。"中庐县,今仍在湖北襄阳县南。又卷一三《公孙述传》李贤《注》:"荆门,山名也,在今峡州宜都县西北,今犹有故城基址在山上。"唐宜都县今仍为湖北宜都县。秭归县今仍为湖北秭归县。江州县在今四川重庆市。
⑥ 《后汉书》卷一七《岑彭传》李贤《注》:"《华阳国志》曰:'巴楚相攻,故置江关。'旧在赤甲城,后移在江南岸,对白帝城,故基在今夔州鱼复县南。"唐鱼复县在今四川奉节县东。夷陵县在今湖北宜昌市。
⑦ 《后汉书》卷一七《岑彭传》。广汉,郡名,治所在雒县,今四川广汉县。资中县,今为四川资阳县。此二县分别在今涪江、沱江沿岸,江州县在今四川重庆市。黄石,无考。以《岑彭传》所述战绩度之,当在武阳县下游20余里处岷江沿岸。武阳县今为四川彭山县。

复攻拔繁、郫，……历成都城下。"①《岑彭传》亦言："（述）遣将侯丹率二万余人拒黄石，彭乃……溯都江而上，袭击侯丹，大破之。因晨夜倍道兼行二千余里，径拔武阳，使精骑驰广都，去成都数十里，势若风雨，所至皆奔散。"②其后彭为间人所刺，而吴汉、臧宫等终灭公孙氏云。

十一、东汉初年诸帝巡狩之路线

东汉光武、明、章诸帝游幸巡狩最为频繁，而光武尤为特甚。是时国都建于洛阳，故其游幸路线皆以洛阳为中心，而与秦皇、汉武时之异矣。

《后汉书·光武纪》记其游幸之处有怀③、修武④、内黄⑤、宜阳⑥、堵阳⑦、章陵⑧、卢奴⑨、寿春⑩、黎丘⑪、魏郡⑫、长安⑬、颍川⑭、缑氏⑮、汧

---

① 巴郡治所即江州县。绵竹县在今四川绵竹县东南。涪城，在今四川绵阳市。繁县，在今四川彭县西北。郫县今仍为四川郫县。
② 都江，李贤《注》谓即成都江。广都县在今四川成都市南。
③ 《纪》言幸怀四次，在建武元年、三年、四年及八年。怀县在今河南武陟县西南。
④ 建武二年。修武县，今为河南获嘉县。
⑤ 建武二年。内黄县在今河南内黄县西北。
⑥ 建武三年。宜阳县在今河南宜阳县西。
⑦ 建武三年。堵阳县在今河南方城县东。
⑧ 《纪》言，建武三年，幸舂陵，祠园庙，因置酒旧宅，大会故人父老。又，六年，改舂陵乡为章陵县。十一年，幸南阳，还幸章陵。十七年，四月，幸颍川，进幸叶、章陵。又，十月，幸章陵。十八年，幸宜城，还祠章陵。章陵县在今湖北枣阳县南。宜城县在今湖北宜城县南。叶县在今河南叶县西南。南阳郡治宛县，今河南南阳市。颍川郡治阳翟，今河南禹县。
⑨ 《纪》，建武四年，幸邺，进幸临平，进幸元氏。进幸卢奴。邺县在今河北临漳县西南。临平县在今河北晋县东南。元氏县在今河北元氏县西北。卢奴在今河北定县。
⑩ 《纪》，建武四年，幸谯，进幸寿春。谯县在今安徽亳县。寿春在今安徽寿县。
⑪ 《纪》，建武四年，幸宛，进幸黎丘。宛县在今河南南阳市。黎丘在今湖北宜城县北。
⑫ 建武五年。魏郡治邺县。
⑬ 《纪》言，幸长安者五次，建武六年、十一年、十八年、二十二年，及中元元年。
⑭ 建武八年。
⑮ 建武九年。缑氏县在今河南偃师县东南。

县①、蒲坂②、河内③、沛县④、济南⑤、鲁国⑥及泰山⑦诸地，而其征伐幽、冀、青、徐、陇坻时所至之处尚不与焉。吾人若归纳其游幸之处，则其所经行之线亦不外数道而已。怀、修武、宜阳、长安、缑氏、汧县、蒲坂、河内皆近在三辅三河，而魏郡⑧、颍川又与洛阳邻近，往来皆甚便捷，可置而勿论。章陵为光武祖考园陵所在，故光武、明、章诸帝皆常往游幸。按之《光武纪》所言，则建武十一年游幸之时并幸南阳；十八年游幸之时并幸宜城⑨。而十七年夏之游幸，复道出颍川叶县，是由洛阳至章陵，所经当为颍川、叶县⑩、宛县、襄阳。盖洛阳南阻嵩山而章陵北屏桐柏，故宜绕道而行。宜城近襄阳，建武十八年幸章陵兼幸宜城者，以其密迩故也。至堵阳、黎丘皆在此路侧近，建武三年、四年之游幸当亦出于斯途。若建武十九年之南巡狩与二十年之东巡狩，虽所出之道不同而皆至于沛县。《光武纪》："建武十九年，秋，九月，南巡狩。壬申，幸南阳，进幸汝南、南顿，……进幸淮阳、梁、沛。"又："建武二十年，冬，十月，东巡狩。甲午，幸鲁，进幸东海、楚、沛国。"洛阳至南阳为东汉祀祠章陵园庙之大道，洛阳至鲁为秦汉封禅泰山之大道，鲁至东海，东海至彭城，则光武征董宪时曾往来于其地，而梁楚之间亦有秦皇之故驰道，是光武两次幸沛，所行多

---

① 建武十年。汧县在今陕西陇县。
② 《纪》，建武十八年，西巡狩，幸长安，遂有事十一陵，历冯翊界，进幸蒲坂，祠后土。左冯翊，治高陵县，今陕西高陵县。蒲坂县在今山西永济县西南。
③ 建武十八年。河内郡治怀县。
④ 《纪》，建武十九年，南巡狩，幸南阳，进幸汝南南顿，进幸淮阳、梁、沛。二十年，东巡狩，幸鲁，进幸东海、楚、沛国。南阳郡治宛县，今河南南阳市。汝南郡治平舆县，今河南汝南县东北。南顿县在今河南项城县西。淮阳国治陈县，今河南淮阳县（淮阳国后更名为陈国）。梁国治睢阳县，今河南商丘县。沛国治相县，今安徽濉溪县西北。鲁国治曲阜县，今山东曲阜县。东海郡治郯县，今山东郯城县。楚国治彭城县，今江苏徐州市（楚国后改为彭城国）。
⑤ 《纪》，建武三十年，东巡狩，幸鲁，进幸济南。济南国治东平陵县，今山东章丘县西南。
⑥ 建武三十年。
⑦ 《纪》中元元年，东巡狩，幸鲁，进幸泰山。
⑧ 内黄即魏郡属县。
⑨ 宜城县在今湖北宜城县南。
⑩ 叶县在今河南叶县西南。

为旧途,仅由南阳至梁国,其间道路尚未见诸记载。梁、陈两国疆界毗连,其间自有道路,南顿僻居汝南,虽非名都,然以光武皇考尝为令于其地,故明、章诸帝亦间往游幸。汝颍之间固平原之区,其道路之修筑当易为力。自经诸帝巡狩之后,而南阳、汝南、梁、陈诸地交通遂益臻发达。建武四年,光武由谯进幸寿春,谯濒涡水,寿春濒淮水,亦皆在此平原之地。至如光武之北幸卢奴,则即位以前旧游之处,而封禅泰山、梁父,往来于济南、鲁国之间,似遵循武帝时之道路也。

明、章诸帝之巡幸不如光武之频繁,车驾之莅止亦多循光武之旧轨。《后汉书·明帝纪》"永平二年,西巡狩,幸长安,……进幸河东";又"永平三年,车驾从皇太后幸章陵,观旧庐";又"永平五年,行幸邺"。按其所行,即建武十八年、三年及五年幸长安,幸舂陵,幸魏郡之路也。《纪》又云"永平六年,行幸鲁,……还幸阳城,遣使者祠中岳",则遵建武三十年之故事。归途虽绕道于阳城,而阳城乃在偃师之附近,驰道之旁也。①《纪》云:"永平十年,南巡狩,幸南阳,祠章陵;……还幸南顿,……征淮阳王延会平舆,征沛王辅会睢阳。"睢阳,梁国所治。是役即遵建武十九年光武南游折至沛县之路。唯明帝尝至平舆,似与光武小异,第核实言之,固无不同。平舆为汝南郡治,位于南顿之西南,由南阳东行,此地允为要冲,特《光武纪》之言简略,未及之耳。《纪》又云:"永平十三年,行幸荥阳,巡行河渠,……因遂渡河,登太行,进幸上党。"此途虽为光武所未经行,然亦秦时之故驰道。《纪》复言:"永平十五年,春,二月,庚子,东巡狩,辛丑,幸偃师;征沛王辅会睢阳,进幸彭城。癸亥,帝耕于下邳。三月,征琅邪王京会良成,征东平王苍会阳都,又征广陵侯及其三弟会鲁;……又幸东平②。辛卯,进幸大梁,至定陶,祠定陶恭王陵。"是役记载其所幸之地甚详,然实逆建武二十年光武东巡幸沛之路而行,仅由鲁国还都之间稍有异耳。由鲁西归,过定陶、大梁即至,明帝此行,又绕道于东平。《纪》于叙幸大梁之后又

---

① 阳城县在今河南登封县东南。
② 良成县在今江苏邳县东。阳都县在今山东沂南县南。东平国治无盐县,今山东东平县东南。

至定陶，按定陶乃在大梁之东，岂《纪》文于此有错简欤？

　　章帝游幸，前后八次。《纪》言："建初七年，九月，甲戌，幸偃师，东涉卷津，至河内，……己酉，进幸邺。……十月，癸丑，西巡狩，幸长安，……进幸槐里，……又幸长平，……东至高陵，造舟于泾而还。"① 又云："元和元年，幸章陵，……进幸江陵，……还幸宛。"② 又云："元和三年，幸安邑，观盐池。"③ 凡此四次游幸，其所行之道路皆略同于光武、明帝。唯光武、明帝仅至于襄阳、章陵，未抵江陵。然襄阳、江陵之间旧有驰道，吾人于前文已论及之矣。《章帝纪》又云："建初八年，东巡狩，幸陈留、梁国、淮阳、颍阳。"颍阳属颍川郡，在阳翟、淮阳之间④，章帝盖由陈国经颍川而归也。《纪》又云："元和二年，东巡狩，……耕于定陶，……幸太山，……进幸奉高，……进幸济南，……进幸鲁，……进幸东平，……幸东阿，北登太行山，至天井关。"⑤ 其至济南、鲁国与建武三十年光武东封之途相同。至其由东阿北登太行，殆沿河西上，渡荥阳之津，而趣于河外。《纪》于元和三年云："北巡狩，……耕于怀，……进幸中山，遣使者祠北岳，出长城，……还幸元氏，……进幸赵，……祠房山于灵寿。"⑥ 此行乃光武平定河北之道路，吾人已数论之矣。章帝最后之出游为章和元年事。是役历经梁、沛、彭城、寿春、汝阴⑦ 而归，似由寿春溯颍水，过颍川而返于洛阳也。

　　自明、章而后，诸帝之巡幸愈简，所行亦仅长安、章陵诸地，祠陵寝，祀园庙而已，不足述矣。

---

① 卷津在今河南原阳县西，即卷县之河津。槐里县在今陕西兴平县东南。长平，坂名，在今陕西咸阳市东北。高陵今为陕西高陵县。
② 江陵县今仍为湖北江陵县，汉时为南郡治所。
③ 盐池在今山西运城县南。
④ 颍阳县在今河南许昌市西南。
⑤ 天井关在今山西晋城县南。
⑥ 灵寿县在今河北灵寿县西北。房山更在灵寿县故城西北。
⑦ 汝阴县在今安徽阜阳市。

十二、秦汉时期国内经济都会之分布及其交通之路线

太史公著《货殖传》，班孟坚撰《地理志》，历载秦汉时期。国内之通都大邑，长安、洛阳而外，若河东之杨、平阳①，河内之温、轵②，赵国之邯郸，广阳之蓟，涿郡之涿③，齐国之临淄，济阴之定陶④，梁国之睢阳，南郡之江陵，淮阳之陈，会稽之吴，九江之寿春、合肥⑤，颍川之阳翟，南阳之宛，蜀郡之成都，楚国之彭城，以及南海之番禺，或以物产丰饶，或以势居冲要、故皆为一方之都会。其间虽亦各有兴衰，然以地理环境之关系，其所处之地位率多历久而不变。秦汉之际，洛阳、邯郸、临淄、宛、成都最为繁盛。及王莽之世，犹列此诸地为五都。仅此一端，亦可以觇其时国内都会之状况矣。

此诸都会之构成，原因诚多，而交通之发达实为必不可缺少之条件。吾人试就此诸都会所居之地位加以推求，当可知其时各地交通之发达当非偶然。且可以见秦汉时期对于道路之修筑莫不因于自然之地理环境，每随山川之形势以为转移，仅秦皇贯通云阳、九原之直道路为例外耳。

关中为秦汉都城所在，"四方辐辏，并至而会"⑥，又以地居天水、陇西、北地、上郡之东南，巴、蜀之北，为往来者所必经，故其间之交通亦至为发达，综其至各地之道路，约有十途。⑦（附图七《秦汉时期经济都会及有关的交通道路图》）

1.循渭水南岸，东出函谷，以至关东诸地。

---

① 杨县在今山西洪洞县南。平阳县在今山西临汾市西南。
② 温县在今河南温县西北。轵县在今河南济源县南。
③ 涿郡治涿县，今河北涿县。
④ 济阴郡治定陶县，今山东定陶县。
⑤ 合肥县今为安徽合肥市。
⑥ 《史记》卷一二九《货殖列传》。
⑦ 此下所述之道路未加说明者，皆已见诸上文。

图七 秦汉时期经济都会及有关的交通道路图

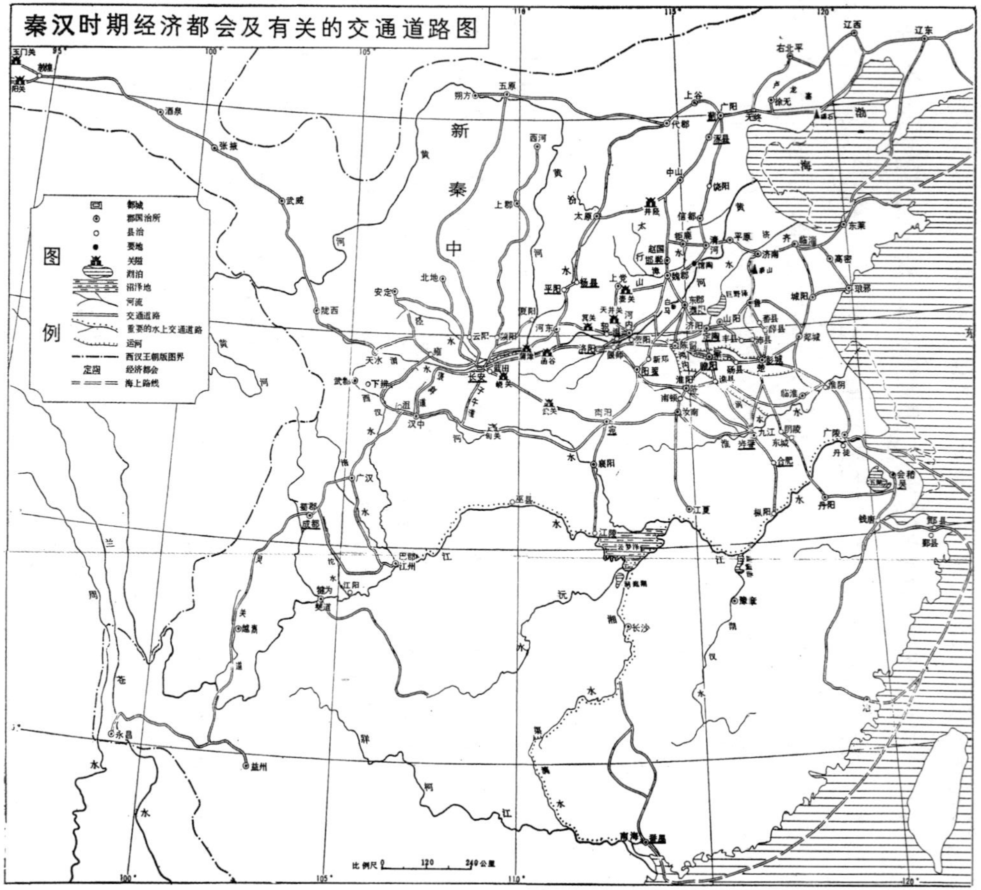

2. 循渭水北岸，东渡蒲津（或夏阳）①，以至河东、太原诸地。

3. 经频阳北行，以至上郡、西河诸地。②

4. 经云阳甘泉北行，以至五原、朔方诸地。③

5. 经栒邑西北行，一历安定以达河西诸地，一历北地以至新秦中。

6. 经雍县西行，以至天水、陇西、河西诸地；别有间道北行，可达安定。

7. 经陈仓南行，出散关，以至汉中、巴、蜀诸地；别有间道溯西汉水而上，可达武都。④

8. 经褒、斜南行，以至汉中、巴、蜀诸地。⑤

9. 经子午谷南行，亦可至汉中、巴、蜀诸地。

10. 经蓝田东南行，出峣关、武关，以至南阳、南郡诸地。

十道之外，别由渭水乘舟以入于河，此为秦汉漕运之道路。⑥

洛阳居河、洛之间，当崤函之东，为东西往来之要道，《货殖列传》谓其"东贾齐、鲁，南贾梁、楚"，盖纪实也。自东汉移都于此，益趋繁荣。唯南阻熊耳，北隔大河，其交通遂不如长安之发达。究其至各地之道路，仅有六途：

1. 出崤函西行，以至关中诸地；中途有间路，自弘农郡迤东渡河，北行可至河东。

---

① 蒲津在今山西永济县西南黄河岸旁。夏阳县在今陕西韩城市南。
② 《汉书》卷八三《薛宣传》："频阳县北当上郡、西河，为数郡凑。"频阳县在今陕西富平县东北。西河郡治平定县，今陕西神木县东北与内蒙古自治区准格尔旗交界处。
③ 故秦始皇直道。云阳县在今陕西淳化县西北，甘泉宫即在其地。
④ 《后汉书》卷五八《虞诩传》："迁武都太守。……先是运道艰险，舟车不通，驴马负载，僦五致一。诩乃自将吏士，案行川谷，由沮至下辨，数十里中，皆烧石翦木，开漕船道，以人僦直，雇借佣者，于是水运通利，岁省四千余万。"武都郡治武都道，在今甘肃西和县西南。
⑤ 《史记》卷二九《河渠书》："（武帝时）人有上书欲通褒斜道及漕事，下御史大夫张汤。汤问其事，因言：'抵蜀从故道，故道多阪，回远。今穿褒斜道，少阪，近四百里；而褒水通沔，斜水通渭，皆可以行船漕。漕从南阳上沔入褒，褒之绝水至斜，间百余里，以车转，从斜下，下渭。如此，汉中之谷可致，山东从沔无限，便于砥柱之漕，且褒斜材木竹箭之饶，拟于巴蜀。'天子以为然，拜汤子卬为汉中守，发数万人作褒斜道五百余里，道果近便，而水湍石，不可漕。"
⑥ 《史记》卷二九《河渠书》："郑当时为大农，言曰：'异时关东漕粟，从渭中上，度六月而罢，而漕水道九百余里，时有难处。引渭穿渠，起长安，并南山下，至河，三百余里，径，易漕，度可令三月罢。'……天子以为然。令齐人水工徐伯表，悉发卒数万人，穿漕渠，三岁而通，通，以漕，大便利。"

2. 溯河西上，入于渭水，亦可至关中。

3. 经偃师、陈留东行，一历睢阳以达彭城，一历定陶，可至齐鲁诸地。

4. 沿河东下，入于鸿沟、蒗荡诸渠，以至梁、楚诸地。①

5. 北渡大河，以至河内。

6. 南经颍川，可达南阳。

太史公于太原河东间之都会，盛称杨及平阳，谓其"西贾翟、秦，北贾种、代"②。然此两地历两汉之时反日趋萧条，终至默默无闻于世。太史公所云，或战国末叶，嬴秦、汉初之情形也。考其所以萧条者，交通之不发达殆其主要之原因。所谓"西贾翟、秦，北贾种、代"，仅沿汾河南北上下之唯一通道而已。此通道之南端既有河东郡所治之安邑，其北端又有太原郡所治之晋阳。安邑东出箕关可至河内③，晋阳东出井陉，可至燕、赵。其地位皆较杨及平阳为优越，故此二地之渐趋萧条盖有因也。

温、轵虽处河内一隅，然实为河北燕赵诸地西至长安、洛阳之要津，且居太行、王屋之麓，绾毂天井、箕关之口，故商旅频繁，各为当世之一都会。由其处至各地之道路，约有四途：

1. 渡河南行至洛阳，又由洛阳西至长安。

2. 西出箕关，可至河东。

3. 北出天井关，可达上党。

4. 东北经魏郡，以至赵、中山。

---

① 《史记》卷二九《河渠书》："荥阳下引河，东南为鸿沟，以通宋、郑、陈、蔡、曹、卫，与济、汝、淮、泗会。"鸿沟为当时人工开凿之运河，由荥阳引河水东流，至今河南开封市附近分为蒗荡渠及汳水、睢水等支流。汳水下游别称获水，蒗荡渠下游亦分出阴沟水。其详细流程已见前文《论济水和鸿沟》，兹不赘述。

② "西贾翟、秦"的秦，自是关中及其附近秦国的故土。《正义》："翟，隰、石等州部落稽也。延、绥、银三州皆白翟所居。"唐时，隰州治隰川县，今山西隰县；石州治离石县，今山西离石县；延州治肤施县，今陕西延安市；绥州治上县，今陕西绥德县；银州治儒林县，今陕西横山县东。《正义》释"北贾种、代"，谓："种在恒州石邑县北，盖蔚州也。代，今代州。"唐恒州治真定县，今河北正定县。石邑县在今河北石家庄市西南。蔚州治灵丘县，今山西灵丘县。代州治雁门县，今山西代县。

③ 箕关在今河南济源县西王屋山南。

邯郸为漳、河间之一都会，秦汉之时，颇称繁荣，唯其间之交通仅有南北二途，即《货殖列传》所谓"北通燕、涿，南有郑、卫"是也。①其西虽可入井陉而至太原，然迂回曲折，较为弯远。邯郸之南别有邺县，其地濒于漳水右岸，与邯郸相距至近，而交通则较为便利。东汉季年，邺县渐取邯郸之地位而代之，殆以此故。邺县至各地之道路，约有七途：

1. 经河内怀、温，渡河西南行，以至洛阳。

2. 经河内汲县②，渡河南行，以至颖川。

3. 经东郡白马，渡河南行，以至陈留。③

4. 经馆陶东北行，以至清河、信都诸地。④

5. 经邯郸北行，以至燕、涿诸地。

6. 经壶关西行，以至上党。

7. 浮漳东下，以至沿水诸地。

广阳之蓟，旧为燕都，其地处勃碣之间，当北塞之下，轮轨交错，北国之名都也。其南有涿郡，亦一时之巨镇。二地邻迩，其交通系统亦复相同。由广阳至各地之道路约有七途：

1. 经涿郡西南行，以至中山⑤、邯郸诸地。

2. 经饶阳南行，以至信都、魏郡诸地。

3. 经渤海东南行，过平原、济南⑥，东至临淄，西至定陶。

4. 濒海东行，过碣石，以至辽东、辽西、朝鲜、真番诸地。⑦

---

① 燕即汉广阳国治所之蓟县，本为燕国旧都。郑国之都在新郑，汉时属河南郡，今为河南新郑县。卫都濮阳，在今河南濮阳县南。
② 汲县在今河南汲县西南。
③ 陈留郡治陈留县，今河南开封市东南。
④ 清河郡治清阳县，今河北清河县东南。东汉改清河郡为清河国，国都亦移至甘陵县，今山东临清县东北。信都国都为信都县，今河北省冀县。东汉改信都国为安平国，都城仍为信都县。
⑤ 中山国都卢奴县，今河北定县。
⑥ 平原郡治平原县，今山东平原县南。济南郡治东平陵县，今山东章丘县西。
⑦ 《史记》卷一一五《朝鲜传》：汉武帝时，"遂定朝鲜为四郡"。《注》："真番、临屯、乐浪、玄菟也。"真番、临屯二郡未久即复省去。乐浪郡治朝鲜县，今朝鲜国平壤。真番郡在乐浪郡南西海岸，临屯则在东海岸。

5. 出卢龙塞东北行，以至右北平。

6. 出无终塞东北行，亦可至右北平。①

7. 经上谷、代郡沿塞下西行，以至五原、朔方诸地。

齐地素称富庶，而临淄居其中央，故临淄遂为海岱间之一都会。由其处至各地之道路，亦有六途：

1. 经济南、平原北行，以至燕、涿诸地。

2. 经济南、平原西北行，以至巨鹿，更西北入井陉，可至太原。

3. 经济南西南行，以至定陶。

4. 经高密、城阳南行，以至东海、彭城诸地。②

5. 自东莱浮海北行，以至辽东、辽西诸地。

6. 自东莱浮海东行，以至乐浪、玄菟诸地。③

定陶、睢阳二地相距至近，济水、鸿沟诸渠交错于其间，水陆交通皆甚便利，而定陶遂有"天下之中"之称，睢阳亦得为梁地之巨都。定陶至各地之道路，约有六途：

1. 经陈留西行，以至洛阳、长安诸地。

2. 经济南东行，以至临淄。

3. 经山阳、鲁国东行，以至东海。④

4. 经丰、沛东南行，以至彭城。⑤

5. 其南以至睢阳。

6. 其北又可至濮阳。

自睢阳至各地之道路，约有六途：

1. 经陈留西行，以至洛阳、长安诸地。

2. 经淮阳西南行，以至汝阳、南阳诸地。

---

① 无终县在今河北蓟县。无终塞当在县北燕山山脉上。
② 高密国都高密，今山东高密县西南。城阳国都莒县，今山东莒县。
③ 玄菟郡治高句丽县，今辽宁新宾县西。
④ 山阳郡治昌邑县，今山东巨野县南。
⑤ 丰县今为江苏丰县，沛县今亦为江苏沛县。

3. 经谯县南行，以至寿春。①

4. 经砀县东行，以至彭城。②

5. 经蒙县东北行，以至昌邑。③

6. 其北可至定陶。

凡此十二途，皆定陶、睢阳至各地之陆路，而其沿诸渠水道之交通尚不与焉。

江陵居江汉之间，为荆楚巨都，太史公论其地交通，仅谓"西通巫、巴，东有云梦之饶"④。然江陵实当南北通衢之中心，盖北出襄阳，可至南阳以通中原各地，而南浮洞庭，溯沅、湘而上，亦可至牂牁、岭南诸郡，故江陵之繁荣实地势使然也。

淮阳之陈，濒于鸿沟，居中原之地，其交通最为发达，太史公所谓"在楚夏之交，通鱼盐之货"⑤。似尚未能尽之也。计其至各地之道路，约有九途：

1. 西北溯颍水而上，经颍川以至洛阳。

2. 经荥阳西北行，亦可至洛阳。

3. 经汝南、南顿西南行，以至南阳。

4. 经汝南南行，以至江夏。⑥

5. 浮颍水而下，以至九江、寿春。

---

① 谯为今安徽亳县。
② 砀县在今安徽砀山县南。
③ 蒙县在今河南商丘市北。
④ 巫在今四川巫山县。巴郡治江州，今重庆市。
⑤ 《史记》卷一二九《货殖列传》一则曰："颍川、南阳，夏人之居也。"再则曰："自淮北沛、陈、汝南、南郡，此西楚也；……彭城以东，东海、吴、广陵，此东楚也；……衡山、九江、江南、豫章、长沙，是南楚也。"故张守节《正义》释"楚夏之交"，为"言陈南则楚，西及北则夏"。
⑥ 《史记》卷五六《陈丞相世家》："汉六年，人有上书告楚王韩信反。……上曰，为之奈何？平曰，古者天子巡狩，会诸侯。南方有云梦，陛下第出伪游云梦，会诸侯于陈。陈，楚之西界，信闻天子以好出游，其势必无事，而郊迎谒，谒而陛下因禽之，此特一力士之事耳。高帝以为然。乃发使令诸侯会陈，吾将南游云梦。上因以随行。"云梦在江夏之西，高帝游云梦而道出于陈，是由陈可至江夏也。江夏郡治西陵，今湖北新洲县西。

6. 浮涡水而下，以至临淮诸地。①

7. 直东以至彭城。

8. 经睢阳东北行，以至定陶。

9. 直北以至陈留。②

会稽之吴，为江东巨都，其地有三江五湖之利，故水道之交通至为便利。由其处至各地之道路，约有四途：

1. 经江乘渡江北行，以至中原诸地。

2. 经钱唐武林溯渐江水南行，以至闽越。③

3. 循渐江水入海，折南，亦可至冶县、南海诸地。

4. 经鄮、鄞入海，折南，亦可至冶县、南海诸地。④

九江之寿春，居江淮之间，当水陆之冲，故亦为一都会。其南有合肥，更为水道之中心，北可入于淮而南可入于江，其繁荣之情形当不在寿春之下。论其交通则合肥可附诸寿春，以其密迩，无容别述。由寿春至各地之道路，约有六途：

1. 溯颍水而上，经淮阳、颍川以至洛阳。

2. 溯淮水而上，经汝南以至南阳。

3. 经合肥南行，至枞阳入江，西可至南郡、江夏，南可至豫章。

4. 经六安南行，浮江亦可至南郡、豫章诸地。

5. 浮淮水而下，以至临淮诸地。

6. 东北行以至彭城、东海诸地。

颍川之阳翟，居颍水之上游，当洛阳之东南，亦往来之通衢也。由其处至各地之道路，约有五途：

1. 西北行，以至洛阳。

---

① 临淮郡治徐县，在今江苏泗洪县南。
② 《史记》卷九七《郦食其传》："陈留，天下之冲，四通五达之郊。"淮阳正当陈留之南，则由其地可至于陈也。
③ 渐江水即今浙江。
④ 鄮县在今浙江镇海县南。鄞县在今浙江宁波市东南。

2. 西南行，以至南阳。

3. 东南行，以至淮阳。

4. 东北行，以至陈留。

5. 北行渡河，以至魏郡、邯郸诸地。

南阳之宛县，地居武关之外，为关中至东南各地之要道，其地位仅次于函谷关外之洛阳。《史记·货殖列传》云："南阳西通武关、郧关，东南受汉、江、淮，宛亦一都会也。"今按太史公所言，则南阳至各地之道路，当有如下之六途：

1. 西北入武关以至长安。

2. 西沿汉水入郧关，以至汉中。①

3. 南经襄阳，以至南郡、江陵。

4. 东经汝南，沿汝、淮二水而下，以至寿春。

5. 东北经汝南、南顿，以至淮阳。

6. 北经颍川，以至洛阳。

成都为富庶之区，民康物阜，实西南之重镇。其地当巴蜀诸郡北至关中之冲要，且居江水之上游，往来交通亦至便利。由其处至各地之道路，约有六途：

1. 经广汉东北行，越巴山、终南，以至关中。

2. 经广汉浮涪水而下，至江州入江，可至江陵诸地。

3. 浮沱水而下至江阳入江，亦可至江陵诸地。

4. 浮江而下，亦可至江陵诸地。

5. 经僰道南行，以至牂牁江上，更浮牂牁江而下，以至南海。

6. 经灵关道，沿孙水南行，以至益州郡；

---

① 王应麟《困学纪闻》卷一〇："《史记·货殖传》，南阳西通武关、郧关。《正义》云，《地理志》，宛西通武关，而无郧关。郧，当作洵。洵水上有关，在金州洵阳县。愚按：《汉志》，汉中郡长利县有郧关。长利，今商州上津县。武关在商洛县。正义失之。"念海按：二说皆可通。洵水上之关曰洵关，亦见《史》《汉·郦商传》。商略地汉中，即由此关而入也。唐洵阳县今为陕西旬阳县。

别途自越巂西南行，以至永昌郡。①

彭城居淮泗之间，当东南诸郡北至中原大道之枢纽，故其地遂为东楚之都会。由其处至各地之道路，约有八途：

1. 经睢阳而行，以至洛阳、长安诸地。
2. 经山阳西北行，以至定陶。
3. 经蕃、薛北行，以至鲁国、济南诸地。
4. 经东海东北行，以至琅邪。
5. 经淮阴循邗沟南行以至广陵，渡江至会稽。
6. 经阴陵、东城南行，自丹阳渡江，以全江东诸郡。
7. 西南行，渡淮，以至九江、寿春。
8. 西行可至陈国、睢阳。

南海之番禺，当大海之北，五岭之南，多珠玑犀玳瑁果布之珍，故亦为一都会。至其交通之情形，已见上文，兹略而不论。

（原载《文史杂志》1944年第3卷第1、第2期）

---

① 由成都西南通永昌郡之道路，秦汉之时似不见诸记载；然此途实为西南诸郡至国外贸易之大道，未可以蛮荒而忽视之也。《三国志》卷三〇《魏书·乌丸鲜卑东夷传·注》引《魏略》云："大秦道既从海北陆通，又循海而南，与交趾七郡外夷北，又有水道通益州永昌，故永昌出异物。"（《魏略》原文疑有夺误。）永昌既出异物，则来往贸易者必繁多，且西南诸郡除蜀郡、巴郡、广汉而外，类皆山峦重叠，同为蛮荒，然《续汉志》所载之户口，则蜀郡属国及越巂、永昌二郡较之犍为、益州、牂柯诸郡为稠密，盖蜀郡属国及越巂、永昌二郡适当此西南国外贸易之大道，故其人口自易稠密也。

略论秦直道[1]

秦直道，即南起云阳（今陕西淳化县）北抵九原（今内蒙古自治区包头市西）的交通大道，是秦始皇在统一六国后为北防匈奴贵族势力的南侵而从事的一项规模宏大的军事工程。这条道路的完成，对巩固秦帝国的北边国防、维护安定统一的政治局面、促进华夏民族与周边少数民族的经济文化交流均具有极其重要的意义。

据《史记·秦始皇本纪》和《六国年表》，秦直道始修于秦始皇三十五年（公元前212年），工程主持人为秦始皇三十二年（公元前215年）率兵三十万人北击匈奴并夺取河南地的戍边大将蒙恬。由于这是一条新开的道路，主要干线又选在森林葱郁的子午岭巅，工程十分艰巨，"堑山堙谷"，颇耗劳力，所以直到秦始皇三十七年（公元前210年）夏始皇病逝沙丘、秦二世矫诏囚禁蒙恬时只完成了一期工程，虽可使用，但仍然"道未就"[2]。秦二世即位后，法令益刻，横征暴敛、乱兴戍徭更甚于始皇，"又作阿房

---

[1] 与吴宏岐先生合著。
[2] 《史记》卷八八《蒙恬列传》。

之宫,治直(道)、驰道"①,直道的修筑才完全竣工。由此可见,直道工程从秦始皇三十五年至秦二世三年(公元前207年),一共持续进行了六年,肇于始皇而成于二世,工程主持人先为将军蒙恬,后来则是裨将王离或继任护军的李斯的一个舍人。②

关于秦直道的起讫地点,《史记》记载得十分明确,《秦始皇本纪》说是"道九原,抵云阳"(《匈奴列传》"自九原至云阳"),而《蒙恬列传》则谓"道九原,直抵甘泉"(《六国年表》"道九原,通甘泉")。秦云阳县北有甘泉山,山高气爽,是避暑胜地。山上形势险要,秦时建有林光宫(汉改称甘泉宫),在今陕西淳化县北40里梁武帝村。故此两种说法是一致的,即直道的南端在云阳甘泉山(林光宫),北面终点在九原郡九原县。根据司马迁的实地测量,秦直道全长"千八百里"(约合今1400余里),是当时由咸阳至九原郡最为捷近的道路。

司马迁虽然明确地记载了秦直道的起讫地和里程,但遍检《史记》全书,亦无法发现云阳和九原之间任何其他的具体经由地点,这为后世留下了一桩千古疑案。有些同志认为秦直道通过上郡(治肤施,在今陕西榆林县南),并将经由上郡的驰道与秦直道混为一谈。这种说法并无任何史料可资佐证,也与当时的形势极不符合,因而是不正确的。其实关于秦直道,从唐代开始已有了一些具体的记载。据唐代初年的记载,庆州华池县(今甘肃华池县东华池镇)西45里子午山有秦时的故道(《史记·匈奴列传·正义》引《括地志》)。李吉甫《元和郡县图志》卷三《宁州》襄乐县条下也说:"秦故道,在县东八十里子午山。始皇三十年(按:应为三十五年),向九原抵云阳,即此道也。"《括地志》和《元和郡县图志》均是中国古代地理名著,对于地名沿革的记述和考证素称详瞻,而李吉甫本人更是精通军事之学,熟知天下山川形势利害,他们的记述怎可轻易置之不顾?

1980年中科院地理研究所编制的百万分之一O.N.C(Operational

---

① 《史记》卷八七《李斯列传》。
② 《史记》卷八八《蒙恬列传》、卷八七《李斯列传》。

Navigation Chart)片上,显示子午岭山脊上确有古道路存在,这应是《括地志》和《元和郡县图志》所说的子午山上的"秦故道",亦即秦直道。经近几年实地调查,秦直道的具体走向已基本清楚。秦直道由林光宫开始,就进到甘泉山。甘泉山为子午岭南端的一个支岭,也就是说,直道离林光宫后就进到子午岭。循岭北行,经今陕西旬邑县东的石门关,北行过凤子梁,再经今甘肃正宁县刘家庙子林场、黑马湾、野狐崾岘、南店梁,而至今陕西旬邑县雕岭关。从雕岭关开始,直道循子午岭主脊,大致呈西北走向,过陕西黄陵县艾蒿店、甘肃襄乐县五里墩,到达兴隆关,再经甘肃合水县的黄草崾岘到青龙山,沿合水、华池两县分水岭向西北延伸,到华池县的麻芝崾岘,然后纵穿华池县境,经大红庄、墩梁、老爷岭、新庄畔、羊沟畔、黄蒿池畔、深崾岘、高崾岘、墩儿山,过打扮梁的雷崾幌、五里湾、张新庄、田掌,进入陕甘两省交界的丁崾岘、墩梁,直达营崾岘。营崾岘是直道与长城重合之处,也是一处交叉的十字路口。直道沿长城内侧向西北延伸,经营盘梁、南湾、箱子湾的白硷出长城,入陕西定边县的马崾岘,重合之处长约20公里。从定边县南境起,直道折向东北。经内蒙古乌审旗、红庆河,再转向北行,过东胜市西的二顷半、南子湾、城梁,直达黄河南岸昭君坟附近。在此北渡黄河,就是今包头市西的秦九原郡治所在地。

直道是一项国防工程,意在从云阳直抵九原,所以未经过上郡。上郡本属赵地,秦昭王十一年(公元前296年)以后为秦夺取。秦昭王二十年(公元前287年),"王……之上郡北河",表明此时秦国的北部边界已扩展至黄河南岸,与黄河之北的赵云中郡(治今内蒙古自治区托克托县东北)隔河相接。为了巩固边防,秦昭王曾在秦国北陲修筑过长城,由临洮(今甘肃岷县)东北行经过上郡之北,又东北蜿蜒至于今内蒙古准格尔旗十二连城。在秦之前,赵武灵王已开通了从云中南下上郡的道路。从云中西去赵九原郡也有道路可通。赵武灵王以后,国势渐弱,赵将李牧的防线东退至云中,赵武灵王新开的九原郡为匈奴攻占。至秦始皇三十二年(公元前215年),秦将蒙恬又从匈奴手中将九原郡夺回。

在此之前，秦国着力于吞并六国的战争，对匈奴采取守势，不可能西北出秦昭王长城进攻九原，所以由上郡北出仍是经由云中。秦始皇二十七年（公元前220年）大治驰道，过上郡至云中的旧路也得以整治，构成全国驰道网中的重要一环。三十二年，"始皇巡北边，从上郡入"[1]，就是从碣石西经云中，再南下上郡，而回到咸阳的。就在这一年，燕人卢生使人奏录图书，言"亡秦者胡也"。为消除匈奴的威胁，秦发兵三十万北击匈奴，尽取河南地，设为四十四县，重置九原郡。次年，又使蒙恬渡河取高阙、阴山、北假，阴山以南皆为秦土。版图既已扩展，旧日的长城随着失去了本来的作用。这时匈奴的气焰还没有完全低落，于是秦又新筑长城，西段沿用昭王旧城，中段则因赵、燕长城的故迹加以修葺，首自临洮，循贺兰山、阴山，东至辽东，东西绵延万余里，创造了世界奇迹。为便于控制新取的河南地，直接沟通咸阳与阴山长城、高阙要塞及河套中心城市九原的联系，秦始皇三十五年才使蒙恬修筑直道。新修的道路，不必再迂回经上郡和云中，是由云阳北出直达九原，取名直道，可谓名副其实。蒙恬修筑直道时，选择子午岭主脊，既省人力、物力，又便于行旅。如果下子午岭取道陕北的上郡旧路，则要经过许多纵横交错的大小沟壑，必然会给南北交通带来很大困难，无法达到迅速调兵北上的目的。

子午岭主脊上的秦直道，宽度在5米左右，二三辆大车可并行其间。从定边到十二连城的直道北段，地势较为平坦，路面宽度则在22米左右，更非一般道路所及，史载秦修驰道时"厚筑其外，隐以金椎"[2]，对于道路质量是很讲究的。从实地踏勘来看，蒙恬筑修直道时也采取了同样的方法，并且"堑山堙谷"，工程之艰巨、复杂，由此可见一斑。这充分说明，秦直道选线的科学合理、工程的艰巨、规模的宏伟、筑路技术的高超，是同时期世界其他国家难望其项背的，在中外交通史上占据非同寻常的地位。

秦始皇三十七年直道一期工程完成后，始皇的灵柩车即取此道南返咸

---

[1] 《史记》卷六《秦始皇帝本纪》。
[2] 《汉书》卷五一《贾山传》。

阳。当时秦二世是矫诏擅立，虽然遣使者赐死太子扶苏，又囚禁了将军蒙恬，但戍边将士仍然拥戴蒙恬①，所以不敢由云中南下上郡，而由九原取新辟的直道返回。秦亡以后，直道仍然发挥着重要作用。

西汉初年，匈奴贵族势力曾两度试图进犯关中，一次在上郡，一次大入萧关，经过彭阳，候骑到了雍县和甘泉。进入上郡的一次，只是缘边骚扰性质。至于大入萧关，直抵雍县和甘泉，就已是严重的进攻。既然匈奴奴隶主有意窥伺甘泉，为什么不从九原直接南下，却远远绕到六盘山下？在子午岭东西，是洛河河谷和马莲河河谷。游牧民族南下进犯，一般都取路于河谷。而当时洛河河谷和马莲河河谷都没有受到骚扰，这又是什么原因？推究实际，这正是子午岭添了一条直道，使匈奴贵族不能不有所顾虑。他们虽暂时控制了河南地，也不敢长期盘踞。那时候匈奴右贤王曾一度占据阴山、河套，但不久又复撤走，就是这个缘故。②元封元年（公元前110年），汉武帝"自泰山复东至海上，至碣石，自辽西历北边九原，归于甘泉"③，所走的正是直道。这次巡幸，司马迁曾经随行，故而对直道的起讫地点能够明确记载下来。西汉对直道的建设也曾有所着力，《汉书·地理志》中记载的北地郡新增的直路县和除道县，正分别位于子午岭段直道的南北两端。

唐朝都于长安，强大的突厥族雄峙漠北，频繁南侵关中。唐太宗时期，突厥一次进犯，十万铁骑直达渭河岸边，兵锋威逼长安。后来唐王朝转守为攻，再夺河南地，设东、中、西三受降城控扼阴山防线，直道联系北边诸军事要镇的作用仍显而易见。据乾隆《正宁县志》："此路一往康庄，修整之则可通车辙。明时以其直抵银、夏，故商贾经行。今则塘汛废弛，通衢化为榛莽。"另外，正宁刘家店子林区工人见告，听前辈老人说，这条道路直向西北通到定边，平常驴驮马载，络绎不绝。旬邑石门关当地人

---

① 《史记》卷八八《蒙恬列传》。
② 《史记》卷一一〇《匈奴列传》。
③ 《汉书》卷六《武帝纪》。

回忆说，距今数十年前，由石门关至马栏河一段子午岭的主脉凤子梁，正是关中棉花向北运输的道路。每当运花季节，梁上路旁的灌木枝上，粘花带絮，一路皆白。解放战争前，石门关是陕甘宁边区后部分，为储粮仓库所在地，凤子梁更成为转运粮草的大路。这些事实都说明，自唐代以后，随着政治中心的转移，交通格局发生了巨变，但直道仍在沟通陕、甘、宁诸省区的经济交流方面发挥着作用。历代断断续续加以开发利用，这也正是秦直道遗迹得以保留的主要原因。

总之，公元前212年至前207年修筑秦直道，是中国历史上乃至世界历史上的一次壮举。这条道路的筑成，不仅对维护诞生伊始的秦帝国的宏伟大厦和统一安定的政治局面具有极其重要的战略意义，而且在此后相当长时间内，在促进直道辐射地区的经济、文化繁荣发展以及增进汉民族与北方少数民族之间的融合、交流方面也发挥着积极的作用。千百年来，朝代更替，沧海桑田，昔日高筑于子午岭峰巅的宽路通衢已化作历史的陈迹而隐没在茫茫丛林之中，像一条满身伤痕、正在呻吟呼唤的巨龙，期待着后人的珍惜和保护，期待着我们的开发和利用，以复原其本来的面目，重放昔日的光辉。

（原载《秦文化论丛》第五辑，西北大学出版社1997年版）

唐代通西域道路的渊源及其途中的都会

西域之名昉自西汉中叶。自张骞凿空之后，始有这样的称呼。当时玉门关外皆谓之西域，班固撰《汉书·西域传》，所述即远至安息和康居。然汉廷所置的西域都护府，乌孙、大宛之西就少加过问。西汉以后，西域交通时有通塞，西域诸国亦起伏不一。迄至唐初，版图所及，仅至瓜（治所在今甘肃安西县东南）、沙（治所在今甘肃敦煌县西）二州。稍后伊吾归附，高昌夷灭，始置伊（治所在今新疆哈密市）、西（治所在今新疆吐鲁番市东南）二州。玄奘自天竺归来，撰《大唐西域记》，即由阿耆尼国开始着笔，不复道及高昌。稍后建置安西都护府，阿耆尼国就成为焉耆都督府。与龟兹、毗沙、疏勒并列，为安西都护府所统的四镇。在玄奘书中，龟兹为屈支国，毗沙为瞿萨旦那国，疏勒为佉沙国，与阿耆尼国相仿佛。安西都护府所辖别有月支都督府等，总称为西域十六都督州府。所置在于阗以西，波斯以东，是西域之名又移于葱岭之西了。安史之乱后，陇右道各州相继陷落，北庭、安西两都护府亦相继不守，可是德宗贞元年间，贾耽所记从边州入四夷的道路中，仍列有安西入西域道。这是说，安西都护府治所不在西域范围之中。

如贾耽所列，安西以西别有道路系统，故兹篇论述，亦仅止于安西。安西虽不被列于西域，安西以东的道路仍为赴安西以西各国所必经之地，故仍以通西域道路为题。

一、唐代通西域的道路及其渊源

唐时为了易于统治全国，故特别重视交通，于道路设施多加讲究。当时是以都城长安为中枢，向周围各处辐射的道路，无远弗届。长安既为都城所在，就须设关置守，以期永保安全。所设关隘就在向外辐射的道路上。西域在长安之西。长安之西所设关隘就有三处：为陇州（治所在今陕西陇县）的大震关（今陇县的西北）、原州（治所在今宁夏固原县）的陇山关（今固原县西南西兰公路经过的六盘山上）[①]和会州（治所在今甘肃靖远县）的会宁关（当在会州治所西北黄河岸边）。会州又有乌兰关，设在黄河西岸乌兰县，当与会宁关隔河相对。[②] 原州还有一座木峡关（设在原州西南蔚如水源头的颓沙山上）。[③] 按当时规定：大震关和陇山关为上关，会宁关和木峡关为中关。上关位于都城长安的四面，并且都有驿道，中关则是余关有驿道及虽位于都城的四面却无驿道的关。[④] 大震关和陇山关都是上关，自然是有驿道的。会宁关距都城长安过远，似不能列入四面关中，不能作为

---

① 《册府元龟》卷一一三《帝王部·巡幸》："贞观二十年八月，幸灵州，……逾陇山关，次西瓦亭。"西瓦亭当是对六盘山东的瓦亭而言。瓦亭在今固原县南，西兰公路登上六盘山处之东，西瓦亭当在今宁夏隆德县东北瓦亭川水的源头，则陇山关当设在西兰公路越过的六盘山上。《太平寰宇记》卷三三《原州》：平高"县南一百一十里陇山上有陇山关"。平高县今为固原县，里数疑有误。
② 《元和郡县图志》卷四《会州》。关于会宁关和乌兰关的旧址所在，唐以后的记载多有差异。论唐时事当据唐人的记载，故这里从《元和郡县图志》之说。
③ 《元和郡县图志》卷三《原州》，《太平寰宇记》卷三三《原州》。
④ 《大唐六典》卷六《刑部尚书·司门郎中》。

四面关，而能列入中关之中，应该是有驿道的。木峡关和陇山关相距甚近，和陇山关一样，自应都属于四面关。四面关而列于中关，似乎是没有驿道的，木峡关本是通往灵州（治所在今宁夏灵武县）道路上的关，可是由都城长安去到会宁关，也是要经过木峡关的。会宁关既有驿道，则木峡关也应该有驿道。通过这四座关的道路各不相同，由于都位于都城的西面，一直向前行去，皆可通到西域，只是经过会宁关的道路，须先经过木峡关。这样说来，就是四关三条道路了。

这里先说经过大震关的道路。大震关位于陇山之上。大震关始筑于北周之时①，道路却远自秦汉以来，就已是关中和陇上往来必经之途。陇头流水，鸣声呜咽，早就成为行人悲思的象征。当年张骞初通西域，出陇西（汉郡治所在今甘肃临洮县）西行②，汉武帝始建河西四郡，则祁连山北由令居（今甘肃永登县西北）以西至于玉门关（今甘肃敦煌县西北）和阳关（今敦煌县西南）的道路遂畅通无阻。由玉门、阳关再往西行，分为两道，南道由鄯善（王城在今新疆若羌县）至莎车（王城在今新疆莎车县）。北道由车师前王庭（今新疆吐鲁番市西）至疏勒（王城在今新疆喀什市）③。汉时的陇西郡治所于唐为狄道县，金城郡为唐兰州，河西四郡分别为唐凉、甘、肃、沙四州（治所依次在今甘肃武威、张掖、酒泉、敦煌）。鄯善、莎车诸国皆早已灭亡，别有于阗，为汉时旧国（王城在今新疆和田县），唐时以其地置于阗镇，为安西都护府所属四镇之一。车师前王庭于唐为高昌国，高昌灭后，改置西州。疏勒于唐时仍为疏勒国，其地后为疏勒镇，亦安西都护府所属四镇之一。经过这些州县和王国的道路，唐时大体仍旧通行。其间也不免偶有违异处，于整体轮廓似还不至于多所更张。

唐时这条道路其和前代的最多违异处，可由玉门关的改置略见端倪。唐时玉门关已向东移，移至瓜州城（今甘肃安西县东南）北瓠𬳽河上。由

---

① 《元和郡县图志》卷二《陇州》。
② 《史记》卷一二三《大宛传》。
③ 《汉书》卷六九《赵充国传》。

这里西北行，可直至伊州和西州（治所分别在今新疆哈密市和吐鲁番市东南）。①由东移的玉门关至伊州和西州的道路须取道于莫贺延碛②，因而就称为莫贺延碛道。亦有称之为第五道的③，可能是途中经过有称为第五驿的地方的缘故。玉门关虽已东移，由玉门废关北行的道路却并未因此断塞。

隋时裴矩经营西域，曾撰《西域图记》。此书早已佚失，未能细觇其所论述。唯所说的"发自敦煌，至于西海"的三条道路，具见于其书的序文之中。其所说的北道，乃是从伊吾北行，经蒲类海（今为新疆巴里坤湖），更西北达于西海。其中道从高昌、焉耆（今新疆焉耆回族自治县）、龟兹（今新疆库车县）、疏勒，度葱岭，再西至于西海。其南道则从鄯善、于阗度葱岭而至于西海。④其中、南两道大抵即汉时的北、南两道，北道则伊吾以南可能亦已开通。⑤

至于唐时瓜州的玉门关，早在隋时已见于记载，而且由此可以直达高昌⑥，则途中自须经过伊吾。就是伊吾路的名称，在隋以前也已经有了⑦，可知也是一条旧路。

由唐瓜州玉门关赴伊吾、高昌的道路，对原来由武威至敦煌的道路来说，应该是一条后起的歧路。这样的歧路其实不止这一条，由鄯州（治所在今青海乐都县）前行的也是一条。前面提到汉时赵充国经营河湟，由金城前往，汉金城郡就是唐的兰州。隋时炀帝西征，也经过西平郡。西平郡就是唐的鄯州。炀帝所经行的与赵充国不同，乃是出临津关，渡黄河，再至西平。⑧临津关在今青海循化撒拉族自治县东黄河南岸。临津关南有炳灵寺。寺建

---

① 慧立、彦悰《大慈恩寺三藏法师传》谓玉门关在瓜州（治所即在晋昌县）北50余里瓠芦河畔。《元和郡县图志》卷四〇《瓜州》：玉门关在（晋昌）县东20步（里）。当是后来有所迁徙。
② 《元和郡县图志》卷四〇《伊州》。
③ 《沙州都督府图经》（罗振玉《鸣沙石室佚书》本）。
④ 《隋书》卷六七《裴矩传》。
⑤ 《三国志》卷三〇《魏书·乌丸鲜卑东夷传·注》引《魏略》。
⑥ 《隋书》卷八四《西突厥传》。
⑦ 《周书》卷五四《高昌传》，《北史》卷九七《高昌传》。
⑧ 《隋书》卷三《炀帝纪》。

于隋代以前，亦与敦煌莫高窟相仿佛，为往来行旅祈福之所。则出临津关之途，当于临洮军（甘肃临洮县）与上述的西行道路分歧。炀帝由西平再往西行，曾在浩亹水架桥，经大斗拔谷而至张掖。[①] 浩亹水今为大通河。大斗拔谷在祁连山上。张掖郡于唐为甘州。这条道路可能远在西汉后期就已经有了。当赵充国经营河湟时，辛武贤曾请求分兵并出张掖、酒泉以击西羌[②]，虽未见施行，道路当已形成。其后至西晋时，法显亦由此路西行[③]，固不待隋炀帝始着先鞭也。还应该指出，祁连山南北翻越高峻坡梁的道路不止大斗拔谷一条，因非通往西域的大道，故皆略而不论。

根据这样的论述，则唐时经过大震关通往西域的道路，乃是出都城长安西行，经凤翔、陇州，越陇山，经秦、渭二州（二州治所分别为今甘肃天水市和陇西县），由兰州渡过黄河，再经凉、甘、肃、瓜、沙诸州，出玉门故关，再分途由伊州、西州转赴安西都护府。这中间两条歧路，一由临洮军经鄯州至甘州，一由瓜州至伊、西两州，再至安西都护府。如前所述，大震关为都城长安四面关中的上关，经过上关的道路沿途设驿，称为驿道。近年严耕望先生撰《唐代交通图考》于当时所置的各驿多加考核，通过大震关道路所置的驿亦在考核之中，颇有裨益对于这条道路具体走向的确定。

这里接着再论述通过会宁关的道路。这条道路是由都城长安西北行，以邠州（治所在今陕西彬县）和泾州（治所在今甘肃泾川县），再由六盘山下北行，过木峡关，经原州和会州，出会宁关后，到了甘州，就与出大震关的道路相合。这是和出大震关的道路并趋的道路，具有几乎相同的作用。迄至中唐以后，诗人张籍在其所撰的《泾州塞》的诗篇中，还感慨地说："道边古双堠，犹记向安西。"[④]

论起历史的渊源，这条道路似不易和出大震关的道路相媲美。远在秦

---

① 《隋书》卷三《炀帝纪》。
② 《汉书》卷六九《赵充国传》。
③ 《高僧传》。
④ 《全唐诗》卷三八六。

汉之时，位于今宁夏固原县南的萧关，就曾被称道为关中四关之一。萧关与木峡关相距并非很远。唐时这里的萧关不复为人称道，正是木峡关代替了萧关的作用，木峡关代替了萧关，显示其间道路的改易。西汉时，匈奴曾入朝那、萧关，遂至彭阳，大为汉边患。① 这些曾是现在马连河支流茹河沿岸的地方，乃在木峡关和泾州之北，为另外一条道路，东汉时，班彪作《北征赋》，还特地记述了那条道路沿途所经过的城镇。魏晋以后，由于侵蚀严重，沟壑增多，因为近于边地而荒疏不通。后来郦道元撰《水经注》，记弹筝峡事说："泾水迳都卢山。山路之内，常有如弹筝之声，行者闻之，歌舞而去。"② 是弹筝峡已为当时大道所经过，故郦道元特著此一笔。弹筝峡在六盘山下，距其东麓不远，由木峡关东行，乃是必经之地。北魏末年，宇文泰据有原州，其讨侯莫陈悦时，曾进驻平凉（今甘肃平凉县），并以寇洛为泾州刺史③，稍后，为了和高欢对垒，就令寇洛由泾州东下④，可知当时原州南经平凉、泾州，至于长安的道路，已成一方的大道。会宁关未悉置于何时，其西隔河相向的乌兰镇，则为北周武帝西巡时所置。⑤ 北周武帝西巡，可能即由原州前往，因除了这条道路外，别无其他道路可以直通乌兰县。北周武帝始置乌兰关，是会宁早已设关，故北周武帝在其西侧再行设关。隋初，突厥纵兵自木峡、石门两道来寇，武威等郡咸被其祸，六畜皆尽⑥。石门道在原州之北⑦，当地有石门关，可能为唐时所设置的⑧。突厥能西扰武威，当是由石门道前去，此事在北周武帝西巡之后，是其时已早成为通途，故突厥顺之西侵。也许是由于西通西域的重要作用，唐人因之设置石门关。石门关设置较晚，不能和会宁关一样，列于开元以前的中

---

① 《史记》卷一一〇《匈奴传》。
② 《太平寰宇记》卷三三《原州》引《水经注》佚文。
③ 《周书》卷一五《寇洛传》。
④ 《周书》卷一《文帝纪》。
⑤ 《元和郡县图志》卷四《会州》。
⑥ 《隋书》卷八四《突厥传》。
⑦ 《水经·河水注》。
⑧ 《新唐书》卷三七《地理志》。

关之中。

再其次当论述通过陇山关的道路。陇山关在今固原县西南六盘山上，山下就是由都城长安西行通过木峡关至会宁关的道路。关虽不同，道路却只是一条。六盘山西却不甚清晰，汉武帝曾越过陇山，登上空同，西至祖厉河。① 空同山为陇山的支阜，据说在今宁夏隆德县东。似近于这里所说的陇山关，而稍有不同。东汉初年，隗嚣据天水冀县（在今甘肃甘谷县）与光武相抗衡，曾塞鸡头道并屯军瓦亭。鸡头山就是空同山②，则空同山上确有道路，不仅西通祖厉，而且西南还可通到天水。瓦亭在今六盘山下，不与鸡头山道同在一处。因而通过陇山关的道路和鸡头道也应不是一条道路。陇山关于唐时列为上关，有关的记载却不是很多，可以考见的殆只有两条：其一是唐太宗幸灵州时，在过了泾州之后，逾陇山关，次西瓦亭。③ 据说至西瓦亭是为了观马牧。④ 西瓦亭在今隆德县东北瓦亭川上，以西相称，当是对瓦亭而言。其地距陇山关并非很远。再一是原州正西微南至临洮军620里。⑤ 临洮军驻地就在今甘肃临洮县。⑥ 这里虽没有说要经过陇山关，总是要经过陇山关的。陇山关于唐代后期改为六盘关。⑦ 宣宗大中年间，吐蕃以秦、原、安乐三州及石门等七关归于有司，其中就有六盘关⑧，自此以后，六盘关殆更少见于记载。

陇山关以西地为唐时监牧所在地。据唐人记载："贞观中自京师东赤

---

① 《汉书》卷六《武帝纪》。
② 《后汉书》卷一三《隗嚣传》。
③ 《册府元龟》卷一一三《帝王部·巡幸二》。
④ 《新唐书》卷二《太宗纪》。
⑤ 《元和郡县图志》卷三《原州》。
⑥ 《旧唐书》卷三八《地理志》："陇右节度使，以备羌戎，统临洮等十军。临洮军在鄯州城内。"《新唐书》卷四〇《地理志》："临州狄道郡，有临洮军，久视元年置，宝应元年没吐蕃。"《新唐书》所载，当是临洮军始置之时，及陇右节度使建置，临洮军就移至鄯州城内。《新唐书》未记载这一段改移，而又著宝应元年失守事于其下，显得有所不足，据《元和郡县图志》所载，鄯州东至兰州400里，兰州至会州380里，原州更在会州东南，则原州至临洮军620里，应是指久视元年所设的临洮军而言，与鄯州无关。临州狄道郡治所在今甘肃临洮县。
⑦ 《新唐书》卷三七《地理志》。
⑧ 《旧唐书》卷一八《宣宗纪》。

岸泽移马牧于秦、渭二州之北，会州之南，兰州狄道县之西，置监牧以掌其事，仍以原州刺史为都监牧使，以管四使。南使在原州西南一百八十里，西使在临洮军西二百二十里。"① 可能陇山关以西的驿道都与监牧地区有关。唐代初年最重马政，上面引证唐太宗亲至西瓦亭就是为了视察马牧，帝王所至的地方，自然是有驿道的。西瓦亭有驿道经过，监牧地区其他处所也应是少不了驿道的。这样的驿道不与通西域道路相关，因而来往的旅人就不是很多的。唐中叶以后，吐蕃据有陇右，监牧地区更难说到牧马。宣宗大中年间虽告收复，唐朝已无力再在其地经营监牧，驿道就更无从闻问了。现在看来，由六盘山直趋临洮，是要通过华家岭的，那里如果没有驿道，也不是容易往来的。

这里之所以不惮烦地缕溯这些道路的渊源，只是借以说明远在唐代以前的悠久年月里，这些道路不仅早已有人往来，而且千百年来还不至于有太大的变化。这显示着山川虽有曲折，自然环境也不尽相同，陆续不断的旅人都已经适应和运用，道路既在畅通，沿途就会出现若干城市和都会，仿佛碧绿枝头，结出累累硕果，人口聚居，经济发达，文化交流，都可从中显示出来。唐人在这方面的成就是丰硕的，也还应该说是在前代的基础上，才能有这样丰硕的收获和成就。

二、凉州和鄯州

在这几条道路中间，唐时最为重要的都会应推凉州和鄯州。凉州于十六国时期曾经作为前凉和后凉的都城。就是稍后的南凉和北凉也曾建都于此。当时是称为武威县的。其中南凉还曾在乐都建过都。乐都于唐时就是鄯州

---

① 《元和郡县图志》卷三《原州》。

治所的所在。

唐玄宗开元年间始设十节度使时，河西节度使治于凉州，陇右节度使治于鄯州。节度使为军事设置，统辖边兵，以御外侮。河西和陇右两节度使各管兵七万余人，仅次于设于幽州（治所在今北京市）的范阳节度使。河西节度使所统有赤水等八军，赤水军就驻在凉州城内，管兵三万余人。陇右节度使所统有监洮等十军，临洮军就驻在鄯州城内，管兵一万五千人。[1] 这样多的驻军增加了凉、鄯两州的实际人口数目。

河西节度使所统八军，除赤水军就驻于凉州城内，宁寇军驻地较远外，其余六军皆分驻于凉州东西的通西域道路上，自会州西北蔓延至于沙州。另外还有节度使所属的交城守捉。[2] 河西节度使的任务是"断隔羌胡"。这些驻军的驻所显系按照这样的任务分配的，其实也是保障这条通西域道路的安全。陇右节度使所统十军，却只有威戎军驻于浩亹水上（在今门源县），镇西军驻河州城内（在今甘肃临夏县）。陇右节度使的任务是"以备羌戎"，也就是防御吐蕃。只要吐蕃不来侵犯，经过鄯州的通西域道路就不会受到阻遏。

由当时驻军的所在，可以看到凉州和鄯州的其他道路。凉州和鄯州隔着姑臧南山（今祁连山东段）南北相望，其间应有道路相通。凉州所辖的昌松县，就位于凉州城南，昌松县南更有隶于凉州节度使的张掖守捉，张掖守捉就在姑臧南山之下，或谓此张掖守捉应在甘州，因甘州亦称张掖郡，然唐代地理书所记张掖守捉距凉州道里皆至为明确，不当因其与甘州郡名相同，而使其所在地西移。玄宗开元年间，崔希逸以河西节度使镇守凉州，曾大破吐蕃于青海之上，出兵之途当系取此张掖守捉一路。[3] 唐人道宣《释迦方志》记唐初使臣出西域三道以由张掖守捉出凉州为其中道[4]，以之与由

---

[1] 《旧唐书》卷三八《地理志》。
[2] 《中国历史地图集》第五册《陇右道东部图》。
[3] 《旧唐书》卷一九六上《吐蕃传上》。
[4] 手头无此书，由严耕望《唐代交通图考》转引。

会州会宁关西行道路和出于浩亹水上道路合计，中道之说是有道理的。这条道路作为唐初通西域的中道，当有助于凉州和鄯州的繁荣。

河西节度使所统辖的尚有白亭守捉，驻于白亭海旁。白亭海在今甘肃民勤县东北。当时在此设守捉，自是为了防御突厥的入侵，似和凉州的繁荣无若何关系。

陇右节度使所统辖的军和守捉也不少，大都分驻在吐蕃的边界和去吐蕃的道路上。唐与吐蕃交往的道路不只一条，由鄯州出发的主要道路，应是出赤岭一途，赤岭为今日月山，位于青海的东南。这条道路由赤岭经今青海玛多、玉树等县，西南行，再经西藏安多、那曲等县而至拉萨。[1] 拉萨即唐时的逻些，为吐蕃的都城所在。这在当时是唐蕃之间最为重要的道路，不仅两国使臣先后皆出此途，就是文成、金城两公主也是由此下嫁的。

早在唐代初年，凉州就已"为河西都会，襟带西蕃，葱右诸国，商旅往来，无有停绝"[2]。凉州于唐初有户八千有余，天宝年间又增至二万二千余户[3]，不仅于河西诸州中最居首位，就是在陇右道中亦仅次于秦州。由于位居通西域的道路上，就杂有相当多的胡人。唐初助唐灭掉李轨的安兴贵兄弟，就是居于凉州的胡人。兴贵对着李渊自诩说："臣于凉州，奕代豪望，凡厥士庶，靡不依附。"隋末李轨执隋在凉州的官吏，就是借安兴贵之弟安修仁及诸胡之力，后来为唐执李轨的，还是安修仁及诸胡之力。[4] 天宝年间，岑参前往安西，路过凉州，曾有诗说："凉州七里十万家，胡人半解弹琵琶。"[5] 天宝年间，凉州的户数如上所说，仅有二万二千余户，凉州城中当更少于此数。就是加上河西节度使所统的驻军，也还不及十万，岑参生当其时，且曾亲至其地，何得如此夸张。唐代诗人称道一些州郡的富庶，动辄皆以十万户相称，这是一时的风气，不能以此责怪于岑参。不过由岑

---

[1] 谭其骧主编《中国历史地图集·隋唐五代时期》的《吐蕃图》。
[2] 慧立、彦悰《大慈恩寺三藏法师传》。
[3] 《旧唐书》卷四〇《地理志》。
[4] 《旧唐书》卷五五《李轨传》。
[5] 《全唐诗》卷一九九，岑参《凉州馆中与诸判官夜集》。

参诗中，亦可略见凉州繁荣的程度，岑参亲身所见应该是确实的记载。后来元稹也有诗说："吾闻昔日西凉州，人烟扑地桑柘稠。葡萄酒熟恣行乐，红艳青旗朱粉楼。"①虽系早年的传闻，还是可与岑参的诗句相互印证的。唐代后期，陇右道已没于吐蕃，而论开元年间的富庶者，犹盛称"当时西有甘、凉六府之饶，东有两河之赋"②。六府是古代掌管府库的官职，各种税收都由其司管，说到甘、凉，至少胡商的税收应包括在里面。而甘、凉六府之税竟能和东有两河之赋相提并论，甚至关系到开元的升平盛世，这当然是要超过唐初的情况了。

由岑参的诗中，又可显现天宝时期寓居于凉州的西域各处旅人的众多。旅人众多，其中文化就不免有独特之处，而音乐尤具特色。远在唐代建国以前，隋时庙堂之上所奏的九部乐中就已列有西凉乐。③这里所说的西凉包括河西各地，远至龟兹、疏勒等处，不一定就限于凉州一州。但至代宗大历年间，在长安城中作胡腾舞的就有生长于凉州的伎人。④凉州本是宜于畜牧的地区，也适于农业经营，这些都是凉州富庶的基础，有助于凉州的繁荣。其实河西各州都是如此，不仅凉州一州为然也。⑤

鄯州有通西域的道路，也有通吐蕃的道路，可是鄯州的繁荣似不易和凉州相比拟。鄯州于唐初旧有户还不足两千，天宝年间增至五千有余。当然这与其属县的多寡有关系，不过大体说来，和凉州的差距还是不小的。

鄯州作为陇右节度使的驻节之地，为军事重镇，军糈民食自是至关重要。河湟之间本是赵充国筹边的故地，时移世易，山川却是依旧。唐人在此也多所致力，黑齿常之在河源军（驻地在今青海西宁市）开辟营田⑥，哥舒翰在积石军（驻地在今青海贵德县）剪除"吐蕃麦庄"⑦，娄师德的经营，更

---

① 《全唐诗》卷四一九，元稹《西凉伎》。
② 《全唐文》卷七三四，沈亚之《对贤良方正直言极谏策》。
③ 《隋书》卷一五《音乐志》。
④ 《全唐诗》卷二八四，李端《胡腾儿》。
⑤ 《隋书》卷二九《地理志》。
⑥ 《旧唐书》卷一〇九《黑齿常之传》。
⑦ 《旧唐书》卷一〇四《哥舒翰传》。

远及于鄯州的周围各军、州①。这些成就皆彪炳史册，使鄯州内外不虞匮乏，都是堪予称道的。

作为通西域大道上的都会，商旅云集，经济繁荣，应该是当然的景象，所惜有关记载不多，不易知其具体情况。1956年，在西宁市内发现盛贮金属货币的陶罐，其中银币据说约在百枚以上，后来搜集到七十六枚，经审定都是波斯萨珊王朝卑路斯在位时（公元459—484年）所铸②，显示其时已有波斯商旅往来此地。这样的往来可能历久不息，直至唐时，还应陆续不绝。鄯州的建置为时较后，携带银币的波斯商人的遗留财物于今西宁市内，而不在今乐都城中，也是有其缘由的。当鄯州建置之后，往来商旅是会转到今乐都城的。

鄯州有路通到吐蕃，而且是两国间主要的大道，可是鄯州的繁荣似未多见吐蕃的影响。这中间也不是没有道理的。早在隋时就曾设立互市处与吐谷浑相贸易，到了唐时，仍沿隋时旧规，继续设立互市，先后和吐谷浑、吐蕃相贸易。隋时与吐谷浑的互市处设在承风戍③，唐初仍因而未改④。承风戍所在，唐宋舆地著述所记略有差异，核实而论，当在今湟中县之西⑤，其西南正是赤岭（今日月山），为往来大道所经过的地方。其后吐蕃继起，互市之处移于赤岭。⑥赤岭曾为唐蕃两国交界之处，作为互市之处是合适的。承风戍和赤岭都和鄯州有较为遥远的距离，两方贸易虽甚频繁，对于鄯州的繁荣似不易多所促进。

近年在青海都兰县发掘了二十余座吐蕃墓葬。这些墓葬虽曾经被盗，也还出土了较多的金银饰物和丝织品等。⑦鄯州及其以西各地皆不事蚕桑，

---

① 《旧唐书》卷九三《娄师德传》。
② 夏鼐《青海西宁出土的波斯萨珊朝银币》，载《考古学报》1958年第1期；王玉考《青海西宁波斯萨珊朝银币出土情况》，载《考古》1962年第9期。
③ 道宣《释迦方志》上。
④ 《册府元龟》卷九九九《外臣部·互市》。
⑤ 严耕望《唐交通图考》。
⑥ 《资治通鉴》卷二一三《唐纪二九》。
⑦ 文物编辑委员会《文物考古工作十年·青海近十年考古工作的收获》。

这些丝织品自是由中原各处运去的。鄯州不是当时与吐蕃互市的场所，这些丝织品仍是先运到鄯州，再向赤岭输送的。

三、甘州和敦煌

甘州位于凉州之西，敦煌则为沙州治所的所在。甘州毗邻凉州。甘州和敦煌之间还隔着肃州和瓜州。甘州为由凉州西行的道路和由鄯州西北行的道路交会的地方。由甘州西行的道路在瓜州有了分歧，经过敦煌的道路似乎还没有出当时玉门关的道路重要。

由甘州西北行，顺张掖河（今弱水）而下，可至居延海（今苏古诺尔）畔的同城守捉（今内蒙古额济纳旗南）。武则天时，曾于其地设安北都护府。设府之际，突厥降帐已有数千。在碛北丧乱之后，降人皆须救济，有关北陲的安危。[①] 这虽为一时的举措，亦可略见这条道路为河西通往突厥的要道，较之凉州北通白亭海的道路当更为重要。自玉门关改移位置之后，赴高昌、伊吾者，可以不必再经敦煌。然敦煌的道路并未因此遂不为人所重视。就在唐时，由敦煌西行，至少还有四条道路，分出阳关和玉门故关。出阳关的道路虽已间为沙漠所壅塞，然七里屯、弩支城、石城镇的名称仍见于《新唐书·地理志》的记载。石城镇今为新疆若羌县，七里屯在今若羌县东，弩支城则在今若羌县西。此路虽为流沙壅塞，然玄奘由印度归来，固仍取此路而行，唐太宗且曾令鄯善于沮沫（今新疆且末县）迎接，沙州官司于流沙迎接[②]，就是后来贾耽所撰集的边州入四夷的道路也还列有自沙州至于阗的道路[③]。就在吐蕃残破，沙州归唐之后，当地和于阗仍间有往来，

---

① 《全唐文》卷二一一，陈子昂《上西蕃边州安危事》。
② 慧立、彦悰《大慈恩寺三藏法师传》卷一。
③ 《新唐书》卷四三下《地理志》。

下迄五代之时，世有沙州的曹氏，且与于阗王室通婚姻。石晋还派遣使臣前往于阗。所遣使臣虽由灵州渡河至于凉州，再至沙州，然由沙州出阳关，所行的当仍为多年以来的旧道。①

此外尚有至伊州的稍竿馆道，至西州的大海道，至安西之东的铁门关（今新疆库尔勒）的大碛道。稍竿馆路途中经稍竿馆，因以为名。伊州治所伊吾县的所属诸戍中有名稍竿的，则所谓稍竿馆当在稍竿戍中。这条稍竿馆路虽说不能算是由内地通往西域的最为重要的道路，却是和莫贺延碛道或第五道互为调剂补充。这也就是说在莫贺延碛道或第五道因故受到阻遏时，稍竿馆道就可代替通行，就是莫贺延碛道或第五道畅通时，沙州和伊州之间的往来，稍竿馆道仍有其一定的作用。②至于大海道和大碛道，分别是汉世的新道和北道。

甘州为汉时的张掖郡，也是十六国时期北凉的都城所在。其地于河西诸州最为富庶。武则天时，郭元振镇守凉州，曾使人屯田甘州，尽水陆之利，所积军粮可支数十年。③不仅凉州仰给于甘州，就是瓜、肃诸州也唯甘州是赖，陈子昂曾远游其地，他称道说："观其冲要，视其山川，信是河西扼喉之地。"④十六国时期北凉以张掖为都，虽是一隅之地，别无选择，这里的富庶究竟不失其为定都的一个因素。

由于甘州土地富沃，农业具有一定的基础，又由于其地位于通西域道路的交叉路口，由西域远来的商旅在此分途，或往凉州，或往鄯州，而由内地前往西域的商旅，则在这里汇成一途，再行前进，故甘州的繁荣也为当世所称道。早在隋时，"西域诸蕃，多至张掖，与中国交易"，甚至还往来相继，隋朝还特为设置官吏，掌管相互贸易各事。裴矩能够撰成《西域图志》，就是由这些在张掖交市的西域各国人得知其各自所在国的风俗

---

① 《新五代史》卷七四《四夷附录》。
② 严耕望《唐代交通图考》篇一二《凉州西通安西驿道》。
③ 《旧唐书》卷九七《郭元振传》。
④ 《全唐文》卷二一一，陈子昂《上西蕃边州安危事》。

险易。①炀帝借征吐谷浑之役，由西平至于张掖，先期诱使高昌、伊吾等西番二十七国胡人，"佩金玉，被锦罽，焚香奏乐，迎候道左"，还传布命令着"武威、张掖士女，盛饰纵观"②。炀帝此举固然是要借此夸耀中国的盛世，然张掖城中能够容纳如此众多的胡人，亦可以略觇其地繁荣的基础。炀帝此行，虽以征讨吐谷浑为借口，实是专程巡视张掖，以便向西域夸耀。当时不至武威，正显示武威不如张掖的繁荣。不过到了天宝年间，甘州才有六千余户，远不及凉州之多，这可能是唐时河西军政重心已由甘州移于凉州，有以致之。

位于河西最西端的沙州，本为两汉时敦煌郡的故地，也是十六国时期西凉的都城所在，故沙州治所仍在敦煌县。两汉时，敦煌为通西域的要道，玉门关和阳关即因此而见重于当世。唐时玉门关东移，西域道路仍出玉门关，已在瓜州之北。道路不再经过敦煌，沙州也许就不会再度繁荣起来，其实也并非就是如此。如前所说，由沙州西行，仍有通伊州、西州和铁门关的道路，就是出阳关的道路也还是通行无阻。由于这几条道路仍然可以通行，商旅往来不绝，沙州就可以保持其繁荣的旧观，甚至较以前还更为繁荣。莫高窟内容的继续增益和多所充实，就是具体的显现。莫高窟的始凿远在唐代以前，唐代所增益和充实的殊非少数。莫高窟迄今仍为著名的石窟，中外学人多所钻研，于唐代所致力的新猷，殆已备举无遗，堪为佐证。若非沙州在其时仍相当繁荣，殊不易获得如许成就。北宋乐史撰《太平寰宇记》说：沙州"地当乾位，华夷所交，实一都会之府也"③。乐史叙此事，列于唐宣宗大中年间张义潮归国之后，周世宗显德年间曹元忠遣使进方物之间，至少在唐代后期吐蕃残破之后，沙州还可以都会相称，在吐蕃占据河西以前，沙州的繁荣或当更为超过。

---

① 《隋书》卷二四《食货志》，又卷六七《裴矩传》。
② 《隋书》卷三《炀帝纪》，又卷六七《裴矩传》。
③ 《太平寰宇记》卷一五三《沙州》。

四、安西和北庭两都护府

唐初始置安西都护府时,其驻地乃在西州。西州远于北魏时即已建为高昌国。唐初攻取其地,始置州县,同于内地。西州与内地的交通,有来自伊州的莫贺延碛道和来自沙州的稍竿馆道、大海道。西北行又可以至北庭及其后移置于龟兹的安西两都护府。西州作为故国的都城是有相当规模的。今吐鲁番东南犹存有高昌故城的遗址。虽已皆为断垣残壁,其大街小巷仍井然可观。当时如果没有一定的富庶基础,是难以有如此的成就的。《新唐书》谓王都在交河城。①《旧唐书》则谓王都在高昌,"其交河城,(车师)前王庭也"②。交河城的遗址在今吐鲁番市西,亦保存相当完好。两城相距甚近,皆如此完好,足征当地的富力。高昌"厥土良沃,谷麦岁再熟,有葡萄酒,宜五果,有草名白叠,国人采其花,织以为布"③。白叠就是后世的棉花。这些物产迄今仍然繁多。高昌由于当西域道路,诸国的朝贡使人道经其国,咸见壅掠,这是招致唐朝讨伐的一个原因。既是交通要道,就是不壅掠贡使,商旅贸易也是容易促成当地的富庶的。后来到北宋时,曾派遣王延德出使高昌,据其所见,高昌城中有佛寺五十余区,皆唐朝所赐额④,则这些佛寺至迟皆当建于唐时。唐时佛教盛行于西域。一城之中能有如许佛寺,也是少有的。王延德西使乃是由夏州(治所在今陕西靖边县北白城子)出发,至伊州始与唐时的道路相合,与石晋时所遣赴于阗使臣由灵州出发的道路也不是一途。

西州之北为庭州,即北庭都护府的治所。唐初征高昌时,西突厥屯兵于可汗浮图城,与高昌相互影响。及平高昌,西突厥来降,因以其地为庭

---

① 《新唐书》卷二二一《西域传》。
② 《旧唐书》卷一九八《西戎传》。
③ 《旧唐书》卷一九八《西戎传》。
④ 《宋史》卷四九〇《外国传》。

州，稍后遂置北庭都护府。①这应是建立于游牧地区的都会。

伊州和西州都有道路可达庭州。由庭州出发，西南行可至焉耆，再西就到了安西都护府治所的龟兹镇，另道西行可至碎叶城（今吉尔吉斯斯坦北部托克马克附近）。还可北向通到坚昆衙帐，东北向通到回鹘衙帐。②通到龟兹镇和碎叶城的道路也都可以包括在通西域道路之内。由龟兹镇东行至河西的甘州和凉州，是不大可能绕道北去庭州的。能通过庭州的就只有来自碎叶城的道路了。就当地形势而论，这里设置州城，并以之为北庭都护府的治所，军事意义也许是最为重要的了。

以龟兹镇为治所的安西都护府，为贾耽所说从边州入四夷道中的安西入西域道的起点，同时又是边防的重镇，自与一般州县不同。据贾耽所说，由安西西行，经拨换城（亦即姑墨州，今新疆阿克苏市），再西度岭，循热海（今伊塞克湖）之南，至碎叶，由碎叶城东南行，至疏勒镇（今新疆喀什市）。由拨换城南行，渡赤河（今塔里木河），可至于阗镇（今新疆和田市）。由于阗镇西北行，亦可至疏勒镇。由疏勒镇西南行，登葱岭，上有葱岭守捉，为故羯盘陀国，为安西都护府极边的戍所。由于阗镇东行，过且末县，再东就回到沙州。③据其所述，这些道路大部都在今新疆西南部和南部，中间向西突出，至于伊塞克湖之西。除过于阗一路可以东至沙州外，由其余各处东行，就须经过安西，这是安西能够成为一方都会的重要原因。

安西都护府所治的龟兹城，在玄奘所撰的《大唐西域记》中作屈支国，这是音译的差异。据玄奘所记，屈支国大都城周十七八里，宜穈麦，有粳稻，出葡萄、石榴，多梨、奈、桃、杏，土产黄金、铜、铁、铝、锡，也是一个富庶的地区。唐朝取得龟兹，设安西都护府，使其地成为军事重镇，至于当地的经济，仍然会继续发展，较前更为繁荣昌盛。

---

① 《通典》卷一七四《州郡四》。
② 《元和郡县图志》卷四〇《庭州》。
③ 《新唐书》卷四三《地理志》。

五、原州和邠州

上面所述的为凉州和鄯州以西通西域道上的都会，凉州和鄯州以东的通西域道还相当绵长，其间也不乏都会。这里就先论述会宁关以东的原州和邠州。

原州周围设关最多，列于京城四面关中的就有上关陇山关和中关木峡关。这是在前面曾经提到过的。前面还曾提到石门关，此外还有驿藏、制胜、石峡、木崝和六盘等关，另外还有瓦亭故关。① 其实六盘关就是陇山关。制胜关在今宁夏泾源县。石峡关在今固原县西，驿藏、木崝两关又在石峡关南。② 设置关隘多，通过关隘的道路也相应增多，这充分说明了原州在当时是一个军事要地。唐代初年，太宗曾经路过这里去到灵州，接见回纥诸部落。这些部落请求在回纥、突厥部内修建"参天至尊道"③。安史之乱时，肃宗即位于灵武，也是经过原州前去的。④ 唐代后期，原州为吐蕃所据有，唐的西境仅至于潘原（在今甘肃平凉县东）。邠宁（驻邠州，治所在今陕西彬县）和泾原（驻泾州，治所在今甘肃泾川县）两节度使，辄为之惶惶不安。

在这些道路中促成原州的繁荣的，还应该数到经过当地的通往西域的道路。北宋时人称道原州，说是"地接陇山，节气常晚，仲夏花木始开，不产丝蚕，维与西戎博易为利，多牛马，宜畜牧"⑤。由于节气晚，常有早霜，因而连黍稷都不易种植，依靠其东的平凉来供给⑥，所多的只是牛马，显出半牧半农地区的特色。幸而能为通西域大道所经过，才能"与西戎博易为利"。显然可见，原州能够成为一方的都会，军事形胜而外，就是再加上对外贸易了。

---

① 《新唐书》卷三七《地理志》。
② 《读史方舆纪要》卷五八《平凉府》，《纪要》误以唐原州治所在镇原县，因而也误以原州诸关列于镇原县下，这是应该更正的。
③ 《新唐书》卷二一七《回鹘传》。
④ 《旧唐书》卷一〇《肃宗纪》。
⑤ 嘉庆重修《大清一统志》卷二五八《平凉府》引《寰宇记》。
⑥ 《旧唐书》卷一一八《元载传》。

还应该指出，原州须弥山上的石窟，显示唐时通往西域道上来往商旅的众多。须弥山位于原州之北，其下就是石门关的所在地。[①] 原州附近能有这样的石窟，足以考见原州繁荣的程度。近人以须弥山石窟与敦煌莫高窟、洛阳龙门石窟并列，以八大石窟相称。须弥山石窟虽有相当的规模，似难与莫高窟、龙门等石窟相媲美。又以久不为人所重视，渐就剥蚀。不过作为唐代通西域道上的文物遗迹，仍具有重要的意义，不宜任其残破而不易收拾。

邠州位于原州的东南，濒泾水南岸。这里没有像须弥山那样的石窟，却有庆寿寺的大佛像，亦足以显示邠州在通西域道上的重要地位。庆寿寺为唐时建筑，寺中石岩下刻有高十余丈的坐佛像，故寺亦称大佛寺。这样巨大的佛像在通西域的道路上也并非多见，宜其为人所称道。

邠州东南距都城长安仅 300 里[②]，与京兆府实相毗邻。由长安去邠州，或取道泾水之北，过泾阳（今泾阳县）、云阳（今泾阳县北）两县，或取道泾水之南，过醴泉（今礼泉县）、奉天（今乾县）、永寿（今永寿县）三县。由于相距非远，故来往商旅，不多在当地稍事淹留，推销所携带的珍宝，因而邠州在经济方面不易有所发展，难得繁荣起来。

应该说，邠州在唐时，能够作为都会，其间军事的作用实际重于经济意义。由于与长安近在邻迩，实当屏藩的重寄。它不仅防范由原州来犯的敌军，更需要警备来自庆州（治所在今甘肃庆阳县）和盐州（治所在今陕西定边县）的觊觎者。因为邠州城西不远就是马岭水（今马连河）汇合泾水的地方。马岭水河谷也是一条南北的通道，和由原州南行的道路相平行，溯马岭水而上，可以直达庆州，越过子午岭，就是盐州，因而也易为来犯者所利用，故邠州防务最为重要，不能稍事疏忽。还在唐朝创业之初，这样的形势就已经显示出来。那时薛举起兵陇上，由折墌城（在今甘肃泾川县东北）进图关中，邠州便感到威胁。直至薛氏灭亡，才渡过危机。[③] 稍后，

---

① 嘉庆重修《大清一统志》卷二五八《平凉府》。
② 《元和郡县图志》卷三《邠州》。
③ 《旧唐书》卷五五《薛举传》。

突厥南袭长安，进至武功（今陕西武功县北）、高陵和泾阳（皆为今县），与唐约和于渭水之上。唐军本已在邠州设伏，如和约不成，突厥亦难得轻易归去。① 突厥未能多逞其欲，内侵渐少，唐朝却依然重视邠州防务，未尝稍掉以轻心，这就使这条通西域的道路平安无虞，商旅才能陆续不绝于途。其实按当时制度规定，邠州只是列为上州，未尝设置都督府，似尚不如其北的庆州和原州。这不是说邠州地位不重要，而是另有原因。邠州和京兆府相毗邻，同属于畿辅之地，列于京畿道中。畿辅之地另有驻军，不与其他地方相等。这不仅邠州如此，就是同州（治所在今陕西大荔县）、华州（治所在今陕西华县）亦莫不皆然。唐代中叶以后，普设节度使，邠州亦为邠宁节度使驻节之所，那是后来的事情。

安史之乱时，陇右、河西驻军先后东下平乱，吐蕃乘机内侵，浸假原州亦告失守，泾源和邠宁两节度使相继设立，邠州虽位于泾州之东，也是边防要地。当时名将马璘②、郭子仪③、李光颜④、毕諴⑤皆曾屯驻其地。而毕諴还在当地募士置屯田，供应驻军的粮饷，为时人所称道。在吐蕃据有原州时，两军不时在泾州对垒相持，争战不休。就在这样情况下，这条通西域的道路，还不时有商旅的往来，并未完全绝迹。

六、秦州和凤翔府

经过大震关至于鄯州的通西域道路上的都会，要数到秦州和凤翔府，这一州一府分列陇山的西东，都相当繁荣，却也各有其独特之处。

---

① 《旧唐书》卷一九四《突厥传》。
② 《旧唐书》卷一五二《马璘传》。
③ 《旧唐书》卷一二〇《郭子仪传》。
④ 《旧唐书》卷一六一《李光颜传》。
⑤ 《旧唐书》卷一七七《毕諴》传。

秦州为西汉的天水郡故地，从那时起就是通西域道路上的重要都会，自后历经改朝换代，这条道路并未多有间断。秦州东南的麦积山间镌石成佛，万龛千室，瑰丽巨观，为一方所少有。北周庾信曾称道说："陇坻之名山，河西之灵岳。"①就是到现代，时人犹以之与敦煌莫高窟相比拟，谓为今世全国八大石窟之一。这显然是其地当通西域道路的冲要，往来商旅建此灵迹，以祈求旅途中的平安多福。据说这座名山的雕刻，远始于北魏宣帝景明年间，以后迭有增补，显示这条道路的历年久远。

秦州为由长安西行，越过陇坻的第一州。越过陇坻，道路自然开廓，经过秦州的道路就不止通往西域的一条。据唐时记载，秦州东北至陇州，西北至渭州，这就是通往西域的道路。秦州西南还可至成州（治所在今甘肃礼县西南），而东北则能达到原州。②秦州至成州的道路，远自东汉末年，即已为魏蜀之间鏖战的场所。安史之乱时，杜甫南入蜀中，也是先至秦州，再至同谷（今甘肃成县）③，中间所经过的盐井和龙门镇④就都在秦州至成州的途中，这条道路和通往西域道路的关系还不算十分密切。较为有关系的当数前往原州的道路。前面论述原州的道路时，曾提到原州为当时都监牧使的驻地，其所属四使中的南使驻地在原州西南180里，其确地则不可具知。杜甫《秦州杂诗二十首》中有句说"南使宜天马，由来万匹强"⑤，则南使当在秦州境内。在征战的年月里，马匹需要殷繁，故杜甫特加称道，亦可见当时的马政也促成秦州的繁荣。

由秦州西北行尚另有道路，未见舆地诸书记载，乃是逾成纪、武川，抵河广武梁，经过兰州和龙支城，再西至于鄯州。唐穆宗长庆年间，刘元鼎就由这条道路前往吐蕃逻娑（今拉萨）⑥。成纪在现在甘肃秦安县西北，

---

① 庾信《庾子山集》卷一二《秦州天水郡麦积崖佛龛铭序》。
② 《元和郡县图志》卷三九《秦州》。
③ 《全唐诗》卷二一八，杜甫《发秦州》，原注："乾元二年，自秦州赴同谷县纪行。"
④ 《全唐诗》卷二一八，杜甫《盐井》，原注："盐井在成州长道县，有盐官故城。"又《龙门镇》，原注："龙门镇在成县东，后改府城镇。"
⑤ 《全唐诗》卷二二五。
⑥ 《新唐书》卷二一六《吐蕃传下》。

当时为秦州属县。秦州治上邽，为今天水市。刘元鼎不由上邽西行，知其所行的并非由大震关至鄯州旧有的通行道路，而是另取新径。武山之地不可确知。广武梁应在其初到黄河岸边的近旁，不能远在兰州之西。龙支城乃在青海民和县东南，故得由此西抵鄯州。今由天水过秦安，又经通渭、定西等县至于兰州修有公路，也许是就原来的旧迹修成的。

秦州于玄宗天宝年间有户两万四千有余，不仅超过了凉州，更远非鄯州所可攀比，应该是陇右道中的第一座大州。安史之乱时，杜甫曾侨寓此地，其诗中有句话："此邦俯要冲，实恐人事稠。"①这样的顾虑并非没有道理。杜甫在其所赋的《秦州杂诗》中还有句说："降虏兼千帐，居人有万家。"②这是称道秦州人口的众多。秦州虽紧倚陇山，其实也应列入边郡。唐时于边郡往往置有羁縻州，以处内附的民族，秦州所隶就有七十三个党项州，还有一府一县，另有开元年间所置的马邑州。据说皆散布在秦、成二州山谷间，肃宗宝应年间徙于成州的盐井故城。③杜甫所说的"降虏兼千帐"，当指此而言。至于"居人有万家"似就秦州城中来说。前面曾举出，秦州有两万四千万余户。秦州所属六县，平均每县才有四千户。作为州城可能是要多些。看来杜甫所说的不至于和实际情况相差过远。能有这样多的人户，秦州还是有繁荣的基础的。正是能有这样多的人户，所以杜甫就接着说："马骄珠汗落，胡舞白蹄斜。年少临洮子，西来亦自夸。"西域风气如此弥漫，自是繁荣的景象。

凤翔府本来称作岐州。唐肃宗至德年间改置凤翔府，号为西京，与成都、京兆、河南、太原同列，共作五京。其后不到五年，即复罢去京名。④然以做过陪都，究与他处不尽相同。就是凤翔府这样的名称，也从此保留下来。凤翔位居秦岭之下，又距陇山东麓不远，地当冲要，绾毂交通大道。南出

---

① 《全唐诗》卷二一八，杜甫《发秦州》，原注："乾元二年，自秦州赴同谷县纪行。"
② 《全唐诗》卷二二五。
③ 《新唐书》卷四三下《地理志》。
④ 《旧唐书》卷三八《地理志》。

散关，就是陈仓道，可达梁州，更远及于益州，也就是成都府。西出大震关，就是通西域的道路。

凤翔和长安都处于关中，原田肥美，农业素称发达，同为富庶的农耕地区。唐时凤翔府所负担的赋，只有麻、布两项①，凤翔所产的贷于全国列为第六等②，却未见提到丝织品。丝织虽未列入全国的等第，当时的王朝还是在岐州以丝征税，可见还是有一定的基础的。

就是这样富庶的都会，在一定程度上还是得益于通西域的道路。在吐蕃未据有陇西之前，这条道路早已畅通，西域宝货不断远来。就在吐蕃扩张土地之后，此道仍未断绝。宪宗元和年间，吐蕃还曾款陇州塞，请求互市，也就得到允许。③吐蕃的互市必然还杂有许多西域的货物。就在收复陇西之后，在唐宣宗所颁布的诏令中还特别提到秦州至陇州的道路，并明白宣示："商旅往来，兴贩货物，任择利润，一切听从，关镇不得邀诘。"④为什么这样的关照？就是因为这是通西域道路的一段。陇州之东就是凤翔，得到这样利益的应该是凤翔，不一定是陇州，凤翔的繁荣富庶，诚然和通西域的道路有关，核实来说，南出散关的陈仓道也起到一定的作用。如前所见，陈仓道向南通到梁州，与其南的有关道路相衔接，更可以通到成都府，甚至还再向南伸延。这样绵长的道路运来各地的货物，同样也可促进凤翔的繁荣和富庶。如果说到美玉名马，奇瑰异宝，则陈仓道似应稍让一筹的。

通西域道路的畅通无阻，是在唐代前期。安史之乱发生后，河西戍卒仓促东归，参与收复两京的战役，吐蕃乘虚取去河西、陇右，也就阻遏了这条道路。虽其间仍间有商旅往来，已不可能与天宝以前相比拟。唐文宗开成年间，曾遣使至西域，见甘、凉、瓜、沙等州城邑如故，当年繁荣富

---

① 《元和郡县图志》卷二《凤翔府》。
② 《大唐六典》卷二〇《太府卿》。
③ 《资治通鉴》卷二三九《唐纪五五》。
④ 《全唐文》卷七九，唐宣宗《收复河湟制》。

庶的盛况已不堪闻问。宣宗大中年间收复陇西，其后沙州张义潮归国，似可略事恢复旧日声势，然唐室积弱已甚，更无力兼顾了。

（原载《中国历史地理论丛》1995年第1辑）

隋唐时期的交通与都会[①]

隋唐两代，前后相继，版图开廓，可以上迈秦汉。秦时西北才逾黄河，隋时竟置郡于且末（治所在今新疆且末县）。汉时于西域置都护，兼护南北两道。然三十六国仍各自有其王侯。唐时陇右道的安西和北庭两都护府，辖地且远至葱岭之西。在此广土众民的帝国中，欲妥为治理，就必须整治往来道路，使政令不至壅塞。交通发达，都会亦相继兴起，前后两朝皆蔚为大国，交通和都会也可略见其间的梗概。

一、隋唐时期交通的体制及其治理

（一）隋唐时期交通的体制

隋唐时期的交通道路皆是以都城长安为中心，向外辐射，至于全国各

[①] 本文系不佞为白寿彝教授主编的《中国通史·隋唐卷》所撰写的一章。虽已是第三稿，犹感未妥，谨先发表于此，敬祈方家多予指正，俾能及时修改。

地，甚至还可以通到域外有关的国家和部落。这本是以前历代的旧规，隋唐皇朝相继踵行沿袭，愈趋周详。就是地方州郡也各自成为一方交通道路的中心，四周伸延，至于邻封所在。这样层层围绕，相辅相成，使远近成为一体。

当时交通的发达，还有赖于两代中枢的重视，设置机构，因时治理，使其不至隳毁。隋时于尚书省中设有六部，其兵部尚书属下有驾部侍郎，度支尚书属下有度支侍郎，都官尚书属于有司门侍郎①，史文简略，未载其具体职掌，唐承隋制，殆仍因其旧规。唐时驾部所掌就有传驿，凡三十里一驿，天下共有一千六百三十有九所：二百六十所水驿，一千二百九十七所陆驿，八十六所水陆相兼。若地势险阻及须依水草，不必三十里，亦可置驿。每驿皆置驿长，量驿的闲要以定马数和船数②。度支所掌乃是转运、征敛、送纳，这都是离不开道路的。度支因天下舟车，水陆载运，皆具为脚直，使轻重贵贱，平易险涩，各得其所。③司门所掌乃是天下之门及关，所辖有二十六关，分为上、中、下三等，不在其中的关尚非少数。有道路才能设关，设关自是与军事防守有关了。④这样的职掌设置，具体入微，故当时交通能够发达，无往不至。不过兹篇论述，仅举其通衢大道，自难涉及所有的关隘。

（二）隋唐时期运河的开凿和水道的疏通

隋唐时期重视交通，还重视交通建设。在这方面隋文帝首先创始，隋炀帝继之，接着取得辉煌的成就。他们所致力的就是开凿运河。隋文帝所开凿的是由大兴城（即长安城）西北引渭水东流至于潼关入黄河的广通渠。⑤这条渠道开凿成功后，关中和渠旁人民都能受益，因而也称为富民渠。⑥后

---

① 《隋书》卷二八《百官志》。
② 《大唐六典》卷五《兵部尚书·驾部郎中》。
③ 《大唐六典》卷三《户部尚书·度支郎中》。
④ 《大唐六典》卷三《刑部尚书·司门郎中》。
⑤ 《隋书》卷二四《食货志》，卷六一《郭衍传》，卷六八《宇文恺传》。
⑥ 《隋书》卷六一《郭衍传》。

来为了避隋炀帝的名讳，又改称为永通渠。隋文帝为了伐陈，还开凿过山阳渎。① 山阳渎由今江苏淮安县东，向南直达长江，大体是循着东晋南北朝以来不断修整的邗沟的故道。

隋炀帝开凿的运河共有四条，就是通济渠、永济渠、邗沟和江南河。通济渠发轫于洛阳，由洛阳西苑引谷、洛水入于黄河，入河之后，又由板渚（今河南荥阳县西北，旧汜水县东北黄河南岸）分河东南行，逶迤入于淮水。② 通济渠在唐代称为汴渠③或汴河④。永济渠是于今河南武陟县引沁水东北流，循淇水而北，至今河北静海县独流镇，折而西北行，再西北达于涿郡（治所在今北京市）⑤。邗沟的工程自是循文帝的旧绩而为整体的贯通。唐代称这段河道或为漕渠，或为官河。⑥ 江南河则是自京口（今江苏镇江市）绕太湖之东，直至浙江之滨的余杭（今浙江杭州市）。唐武则天时，也曾开凿过湛渠，由汴州（治所在今河南开封市）引汴河水入于白沟，直达巨野泽，以通曹（治所在今山东定陶县）、兖（治所在今山东兖州市）的租赋。⑦ 此外还有些较小的渠道，如兖州的丰兖渠⑧，岐州（治所在今陕西凤翔县）的升源渠等⑨。虽都可便利一地的交通，其功效都是有限的。

至于水道的疏通，使其便于舟楫，则更多有成就。唐宪宗元和年间，严砺在兴州（治所在今陕西略阳县）长举县（今甘肃徽县东南）疏嘉陵江，通漕以馈成州（治所在今甘肃礼县东南）戍兵⑩。路旻在歙州（治所在今安徽歙县）祈门（今安徽祁门县）疏阊门滩，以免覆舟。⑪ 唐懿宗咸通年间，

---

① 《隋书》卷一《高祖纪上》。
② 《隋书》卷三《炀帝纪》，又卷二四《食货志》。
③ 《元和郡县图志》卷五《河南府》。
④ 《全唐诗》卷一五九，孟浩然《适越留别谯县张主簿申屠少府》。
⑤ 黄盛璋《永济渠考》，载《新东方》创刊号。
⑥ 《新唐书》卷三八《地理志》。
⑦ 《新唐书》卷三八《地理志》。
⑧ 《隋书》卷五六《薛胄传》。
⑨ 《新唐书》卷三七《地理志》。
⑩ 《新唐书》卷四〇《地理志》。
⑪ 《新唐书》卷四一《地理志》。

高骈亦曾疏浚由安南（治所在今越南河内）至广州（今广东广州市）的江漕险路①，也都方便一方的交通。

（三）隋唐时期对于陆路的修筑和治理

隋唐时期更注意于陆路的修筑和治理，这里首先提到还是隋炀帝。炀帝不仅开凿了几条运河，而且兴修了几条陆路，其中有由东都洛阳经太行山达于并州（治所在今山西太原市西南）的驰道②，有由榆林（郡治在今内蒙古自治区准格尔旗）北境东达于蓟（今北京市）的御道③，还有济源（今河南县）附近太行山上的直道④。唐时在道路方面致力更多，举其著者，则有玄宗开元年间洪州（治所在今江西南昌市）都督张九龄所开的大庾岭新路（在今广东始兴）⑤，德宗贞元年间商州刺史李西华所开的自蓝田（今陕西蓝田县）至内乡（今仍为县）的新道⑥，敬宗宝历年间兴元节度使裴度所修的斜谷路⑦，文宗开成年间昭义请开的通太原（治所在今山西太原西南）、晋州（治所在今山西临汾市）的夷仪山路⑧，山南西道节度使归融所修的自散关至剑门间的道路⑨，宣宗大中年间山南西道节度使郑涯所修的文川谷路⑩，懿宗咸通年间静海节度使高骈在安南凿石通道，名其道为"天威"⑪。其他较小的修治就不必一一枚举。仅就这几处而论，已可显示无间南北，都有兴功之处，足见当时对于交通道路的重视。

---

① 《新唐书》卷二二四《高骈传》。
② 《隋书》卷三《炀帝纪》。
③ 《资治通鉴》卷一八〇《隋纪四》。
④ 《隋书》卷三《炀帝纪》。
⑤ 《旧唐书》卷九九《张九龄传》，《新唐书》卷四三上《地理志七上》。
⑥ 《新唐书》卷三七《地理志》。
⑦ 《旧唐书》卷一七上《敬宗纪》。
⑧ 《旧唐书》卷一七下《文宗纪》。
⑨ 《全唐文》卷六〇六，刘禹锡《山南西道新修驿路记》。
⑩ 《旧唐书》卷一八下《宣宗纪》；《全唐文》卷七九四，孙樵《兴元新路记》。
⑪ 《新唐书》卷二二四下《高骈传》。

道路修整，交通无阻，自必促使沿途都会的繁荣，而繁荣的都会又会促使交通的发展，彼此互为影响，相得益彰。兹篇因合并论述，以觇其时的盛况。隋唐两代皆以长安为都城，都城为中枢的所在，专绾全国各地，由都城辐射出来的道路亦至为繁多。都城为政治中心，另有经济中心，以之与都城相呼应。隋唐两代的经济中心，厥唯扬州。扬州于今仍为江苏扬州市。隋炀帝时曾一度改称江都郡。兹篇首先论述都城及与都城并列的陪都的交通，接着论述经济中心的扬州，然后依次论述其他都会。隋唐两代地方区划曾一再改易，州郡名称亦时有更动，兹篇所列以唐代前期为主，以归一律。至于以一般州郡为中心向其邻近各地伸延的道路，则已备见《元和郡县图志》所列的"八到"，毋庸在此赘陈。

二、隋唐两代都城长安及其辐射出来的道路

（一）长安及其周围的十二座关城

隋唐两代皆都于长安。长安位于泾渭下游，土壤肥沃，兼有灌溉之利，是一个富饶的地区，人口也相当稠密。隋时隶属于京兆郡，唐时改郡为府。隋京兆郡领县二十二，有户308499。[①] 唐玄宗天宝年间，京兆府领县二十三，有户362921，口1967188。[②] 平均每县皆超过万户。长安与万年（隋大兴县）两县同治，自不能与诸县同列，故户口最为繁多，在全国各都会中，也应是最高的。

长安居于四塞之中，为了保障都城的安全，在四塞的山上或其间的要地大都建关。唐时制度：全国二十六座关中，六座上关和六座中关皆设在

---

① 《隋书》卷二九《地理志》。以下所征引隋时各郡户数，皆见此志，不再备注。
② 《旧唐书》卷三八《地理志》。以下所征引唐时各府州户数，皆见此志，亦不再备注。

长安周围。

这六座上关为：

京兆府蓝田关（在今陕西蓝田县东南）；

华州潼关（华州治所在今陕西华县，潼关在今潼关县东北）；

同州蒲津关（同州治所在陕西大荔县，蒲津关在今废朝邑县东）；

岐州散关（岐州治所在今陕西凤翔县，散关在今宝鸡市南）；

陇州大震关（陇州治所在陕西陇县，大震关在今陇县西北）；

原州陇山关（原州治所在今宁夏固原县，陇山关在今固原县西南西兰公路经过的六盘山上[①]）。

这六座中关为：

京兆府子午关（在今陕西长安县西南）；

骆谷关（在今陕西周至县西南）；

库谷关（在今长安县东南）；

同州龙门关（在今陕西韩城市东北）；

会州会宁关（会州治所在今甘肃靖远，会宁关当在会州治所西北黄河岸旁。会州又有乌兰关，设在黄河西岸乌兰县，当与会宁关隔河相对[②]）；

原州木峡关（设在原州西南蔚茹水源头颓沙山上[③]）。

这上、中两级的十二座关具体指出以长安为中心，向外辐射出去的十二条道路。虽然唐时规定京城四面关有驿道的为上关，余关有驿道及四面关无驿道的为中关。[④] 不论其有无驿道，作为具体的道路应该是一样的。

[①]《册府元龟》卷一一三《帝王部·巡幸》："贞观二十年八月，幸灵州，……逾陇山关，次西瓦亭。"西瓦亭当是对六盘山东的瓦亭而言。瓦亭在今固原县南，西兰公路登上六盘山处之东。西瓦亭应在今宁夏隆德县东北，瓦亭水的源头，则陇山关当设在西兰公路越过的六盘山上。《太平寰宇记》卷三三《原州》：平高"县南一百一十里陇山上有陇山关"。平高县今为固原县，里数疑有误。

[②]《元和郡县图志》卷四《会州》。关于会宁关和乌兰关的旧址所在，唐以后的记载多有差异，论唐时事当据唐人记载，故这里从《元和郡县图志》之说。

[③]《元和郡县图志》卷三《原州》，《太平寰宇记》卷三三《原州》。

[④]《大唐六典》卷六《刑部尚书·司门郎中》。

这十二座关中，库谷关未知其始置之年，其他各关皆置于隋唐时期之前，则通过关城的道路也是早已就形成的。

（二）出蓝田关和潼关的道路

这十二座关中，蓝田关居于首位。由蓝田关东南行，过商州（治所在今陕西商县），经内乡县（今河南西峡县），而至于邓州（治所在今河南邓县）。再往南去，就是襄州（治所在今湖北襄樊市）和荆州（治所在今湖北沙市西北）。这段道路，早在春秋战国时期已为秦楚两国间的通途。荆州濒长江，可以循溯江水至其上下游各处。由荆州循江水而下，转入湘水，经潭州（治所在今湖南长沙市）而至于岭南的广州。这条道路为由长安南行主要的道路，公私行旅多出斯途。张九龄北上长安及奉使南行，往返皆遵此路。① 韩愈为阳山（今广东阳山县）令和被贬至潮州（治所在今广东潮州市），也都是经过商山前往的。②

东出潼关的道路也就是以前经过函谷关的道路。出关东行，就可直抵洛阳。隋唐两代皆以洛阳为东都，曾被称为帝王的东西两宅，故其间的道路，过往者最为频繁。经过洛阳再东可至齐鲁各处。由洛阳东行，过郑州（治所在今河南郑州市）至于汴州。由汴州东行，经曹州和兖州，而至齐（治所在今山东济南市）、青（治所在今山东益都市）等州。由汴州东南行，经宋州（治所在今河南商丘市）而至于徐州（治所在今江苏徐州市）。由洛阳东行的道路如果不经郑州，则稍北经濮州（治所在今河南滑县西南）亦可至齐、青各州，再东还可至于登州（治所在今山东蓬莱市）。汴州正在洛阳之东，本应为东行的道路经过的地方，然唐高宗封禅泰山，却道出

---

① 《全唐诗》卷四九，张九龄《奉使自蓝田玉山南行》："峣武经陈迹，衡湘指故园。"峣武两关、衡湘两州皆在这条道路上。唐潭州，南朝旧置湘州，张九龄为韶州人。韶州在今广东韶州市，也为这条道路所经过的州，故诗中称故园。
② 《韩昌黎集》中多载有其南行途中所赋诸诗，此不备举。

濮州，而其归来时，却取道宋州，三条道路南北横列，可知广漠平原，途径相当方便。可是这样还犹未尽，由洛阳渡河东北行，循太行山东麓北行，还可直达幽州（治所在今北京市），更远至于辽东，唐太宗征伐高丽，就是由这条道路出兵的。

（三）出蒲津关和龙门关的道路

出蒲津关东行，隔河就是蒲州（治所在今山西永济县西南蒲州城），东北经过绛州（治所在今山西新绛县），溯汾水而上，可至并州。又从并州东行，取井陉路（隋唐井陉县在今县东）至恒州治所真定县（今河北正定县）和太行山东的南北向大道相合。唐高祖由太原起兵，即由这条道路南行，行至绛州，即西趋龙门（今山西河津县），由龙门再南至蒲州，渡河西入蒲津关。当时未由绛州直趋西南，径至蒲州。这是因为屈突通尚为隋坚守河东（隋郡，即唐蒲州），为了早日能够西渡黄河，进入关中，因而就改道西趋龙门（今山西河津县），渡河就是龙门关。龙门关在蒲津关之北，论其形势和道路的平直，似皆不如蒲津关，是以唐时以之列于中关之中，以示不与蒲津关相侔。当时唐军是由龙门渡过黄河的。可是稍后还是取得了河东，由龙门循河南行，直抵蒲州。

由并州东行经井陉的道路，也有悠久的历史渊源。秦始皇东巡崩于沙丘，其灵车就由井陉路西归咸阳。西汉初年，韩信伐赵，也从井陉路越过太行山。唐穆宗长庆年间，裴度将兵讨王庭凑，出承天军故关。[1]所谓故关就是这条路上的娘子关。[2]

---

[1] 《资治通鉴》卷二四二《唐纪五八》。
[2] 《读史方舆纪要》卷一四《真定府》。

（四）出散关和秦岭诸关的道路

散关踞秦岭之上，越过秦岭南下，就可达到梁州（治所在今陕西汉中市），再西南行，又可达到益州（治所在今四川成都市）。这条道路也有悠久的历史，当年汉王刘邦由南郑北归关中，就是走的这条道路，那时称为故道。故道本是出散关后，循嘉陵江而下。唐时凤州（治所在今陕西凤县东北）的嘉陵江仍以故道水为名。① 由这条道路南行，若至梁州，则自兴州东行，过西县（在今陕西勉县西）即可达到。若南去益州，则由兴州南下，还须经过利州（治所在今四川广元市）。由梁州去益州，则经西县百牢关至金牛县（在今陕西宁强县东北）故关城（在金牛县西），与由兴州南下的道路相会合。唐玄宗为安禄山所逼，南至蜀中，即由散关起行，过河池（郡即凤州）而去。后来唐僖宗为黄巢所逐，再至成都，则是经过兴元（梁州后来的改称）的。

出散关的道路之东，还有出骆谷关的道路和出子午关的道路，皆能通到梁州。出骆谷关的道路就是以前的傥骆道。其南口为傥谷，北口为骆谷，因以为名。这条道路南至洋州（治所在今陕西洋县）。唐德宗为李怀光所逼，就由这条道路经过城固（今仍为县）前往梁州的。子午道是出子午关南行的道路。当年刘邦前往南郑被封为汉王，就是由此前行的。这条道路本来直南至汉水之滨，再折向西行。水滨多有灾患，后改行干路，直至洋州附近，与出骆谷关路相合。唐初玄奘入蜀求经，即由此道。②

由长安前往梁州的道路，前代尚有褒斜道。褒水南入汉水，斜水北入渭水，循这两水南行的道路就称为褒斜道。隋唐时期，这条道路似不甚为人所重视，因而斜水行将入渭水处的斜谷关亦未列于全国二十六座关中。唐时甚至称由梁州至凤州的道路为斜谷路。由梁州北至凤州固须经过褒谷，然距斜谷尚远，以斜谷路相称，实是代替了褒斜道。不过原来的褒斜道并未完全废掉，前面曾经提到唐敬宗宝历年间裴度奏修的斜谷路及馆

---

① 《元和郡县图志》卷二二《凤州》。
② 慧立、彦悰《大慈恩寺三藏法师传》。

驿，就可作为证明。当时所置的驿有郿县（今陕西眉县）北的过蜀驿。①由散关东至长安的道路在当时不会经过郿县，则这过蜀驿自是为修原来的褒斜道而设置的。前面还曾提到文川谷路。这条道路北起扶风（今仍为县），南经郿县，就在原来褒斜道的近旁。又南至城固县西北的文川驿，再南即至梁州。②这条道路好像未能通行许久，故不多为人所称道。

库谷关位于子午关东，故库谷路邻近子午道，相去并非过远。这是南至金州（治所在今陕西安康市）的，出库谷关，越秦岭，其地今为柞水县。柞水县有乾佑河，下入洵水。洵水于洵阳县（今旬阳县）入于汉水。这条道路盖循汉水而上，再至金州。

（五）出大震关和陇山关的道路

出大震关的道路为由长安西行，经过岐州，登上陇坻的道路，更远可通到西域各处。出大震关，过陇山，经秦州、渭州、临洮军和河州（治所依次在今甘肃天水市、陇西县、临洮县和临夏县），出凤林关（在今甘肃临夏县西北黄河南岸），而至鄯州（治所在今青海乐都县），更循浩亹水（今大通河）而上，越祁连山，而至甘州（治所在今甘肃张掖市）。隋炀帝西征吐谷浑时，就循这条道路西行，更远至于张掖（即甘州），接见在当地的西域胡人。再往西行，经瓜州（治所在今甘肃安西县东南）出当时的玉门关（在今安西县东），经伊、西两州（治所在今新疆哈密市和吐鲁番市东南），更西至安西都护府所治的龟兹镇（今新疆库车县）。如由当时的玉门关西行，可至沙州（治所在今甘肃敦煌县）。沙州为两汉时的敦煌郡，旧有阳关和玉门关，为当时西行道路经过的关隘。隋唐时期，由阳关西行，可至且末和于阗（今新疆且末县和和田市），玉门关已隳毁，由其故道仍可至伊州和西州。出大震关通西域的道路，在临洮军还分出一条歧路。歧

---

① 《元和郡县图志》卷二二《兴元府》。
② 《唐会要》卷六一《馆驿》。

路北过兰州、凉州（治所分别在今甘肃兰州市和武威市），至甘州与前一条道路相会合。唐初玄奘远赴天竺求法，即由长安启行，过秦、兰、凉诸州，出当时的玉门关，至高昌和屈支，再向西行去。高昌即后来的西州，而屈支亦即龟兹。其归来时，则由于阗、沮沫（即且末），至于沙州。①

陇山关在原州。由长安至原州，是西北行经过邠州（治所在今陕西彬县）和泾州（治所在今甘肃泾川县），还要经过弹筝峡。弹筝峡就在六盘山下，登上六盘山，就是陇山关。

出陇山关的道路可能是西至渭州，再西至于临洮军。陇山关以西为唐时的监牧所在地。唐时于监牧最为重视，以原州刺史为都监牧使，所辖地区在秦、渭二州之北，会州之南，兰州狄道县（今甘肃临洮县）之西。所管有东、西、南、北四使，西使在临洮军西220里。临洮军即置在狄道县②，由于当时对监牧的重视，故唐太宗在赴灵州（治所在今宁夏灵武县）途中，路过原州之前，得逾陇山关，次西瓦亭，观牧马。③西瓦亭在今宁夏隆德县西北，与六盘山东的瓦亭东西相对照。西使驻地和原州之间亦应有道路，这条道路是由原州正西微南前往的。从当地形势看来，这条道路是通过陇山关，偏向西南，经渭州到达临洮军的。中间经过今甘肃静宁、通渭、陇西诸县，迄今尚有小路可以相往来。

（六）出木峡关和会宁关的道路

木峡关如前所说，是在原州西南蔚茹水的源头，和陇山关相距不远。陇山关是在今六盘山上，为西行道路所经过。木峡关在六盘山下，为北出道路所经过。因为相距不远，故由长安前往，实是一条道路，至六盘山下再行分途。

---

① 慧立、彦悰《大慈恩寺三藏法师传》。
② 《册府元龟》卷一一三《帝王部·巡幸》，《资治通鉴》卷一九八《唐纪一六》。
③ 《元和郡县图志》卷三《原州》。

木峡关也是通往西域的道路必经之地。就在泾州城外道路之旁，当时还曾设立堠堡，显示这是通向安西的道路。通往安西的道路是由木峡关北行，在原州之北，折向西行，出石门关（今宁夏固原县西北，未列入二十六座关中），再出会宁关，亦可至河西凉州，与由出大震关经过兰州和凉州的道路相会合，再向西通到安西都护府以及西域各地。唐代中叶以后，吐蕃占据陇右，出大震关和出会宁关的道路都阻塞不通，张籍所赋的《泾州塞》诗中说"道边古双堠，犹记向安西"①，可以想见当年的盛况。

（七）出芦子关的道路

在京城四面关中，可能是以原州木峡关和会州会宁关做北面关。以前也曾有人说过，关中北有萧关②，萧关就在原州的东南。唐时这座萧关已经废去，不再设防。木峡关和会宁关都距这座废萧关不远，作用仿佛相似。木峡关和会宁关都在长安的西北，不能就当得起北面关的名称。长安北面并非就没有关，延州（治所在今陕西延安市）之北就有一座芦子关③，杜甫的《塞芦子》诗就是称道这座关的重要性的④，只是未列于全国二十六座关中，易为人所疏忽。延州之南，中隔鄜州（治所在今陕西富县）为坊州（治所在今陕西黄陵县），所属的宜君县（今仍为县）北有玉华宫，为唐太宗不时巡幸之所。⑤从长安北行，过泾阳，可以直达其地。唐初，梁师都据有夏州（治所在今陕西靖边县白城子），经常劝诱突厥由这条道路南侵，其间野猪岭之战，就相遇于甘泉县（今仍为县）北。⑥其后柴绍灭梁师都，也

---

① 《全唐诗》卷三八六，张籍《泾州塞》。
② 两汉萧关隋唐时虽已隳毁，道路却仍可通行。据《资治通鉴》卷二一八《唐纪三四》所载，唐肃宗北赴灵武时，就是由奉天（今陕西乾县）、新平（即邠州）、安定（即泾州）、彭原（即宁州，治所在今甘肃宁县），至平凉（即原州）。由宁州至原州，自须经过故萧关。
③ 《元和郡县图志》卷三《延州》。
④ 《全唐诗》卷二一七。
⑤ 《元和郡县图志》卷三《坊州》。
⑥ 《旧唐书》卷五六《梁师都传》。

应是由这条道路北上的。① 唐时，夏州为北方重镇，丰州（治所在内蒙古五原县南）更在其西北。夏州距丰州 700 里②，应是经过鄂尔多斯高原直达的。由延州东北行，还有一条道路可以通到胜州（治所在今年内蒙古准格尔旗东北十二连城）。延州丰林县（今陕西延安市东北）有合岭关，绥州（治所在今陕西绥德县）城平县（今陕西清涧县西）有魏平关③，通过这两座关更东北行，就可达到胜州。由胜州渡黄河东行，还可通到单于都护府（在今内蒙古和林格尔县）。当时安北都护府（治所在今内蒙古包头市西）位于丰州和胜州之间，与中受降城同治一地。由丰、胜两州前往，皆可以达到。

（八）由长安城下东行的水路

上面所说的由长安向各地辐射的道路共有十四条，都是陆路。由渭水及其侧畔的广通渠东行，则是水路。广通渠东入渭水，渭水东至潼关入于黄河，循河而下，进入洛水，就可抵达洛阳。由洛阳循通济渠、淮水和邗沟，可以通到长江沿岸的扬州；循永济渠亦可以通到幽州。这几条渠道是隋炀帝开凿的，隋炀帝就曾由之去到江都和涿郡。这几条渠道中，通济渠最为重要。通济渠唐时称为汴渠。唐时记载，谓自汴渠修成后，"自扬、益、湘南至交、广、闽中等州，公家运漕，私行商旅，舳舻相继"④。从现在的地理来说，就是借着这条渠，由长安可以通到江苏、四川、湖南、福建、广东和越南等处。

长安周围本是四塞之地，再有这上、中两级和其他关隘的设置，对巩固都城的安全是能起到相当大的作用的。但通过这些关隘的道路和其他有关的途径却能使都城和全国各地有密切的关系。这对皇朝的统治更能发挥

---

① 《旧唐书》卷五八《柴绍传》。
② 《元和郡县图志》卷四《夏州、丰州》。
③ 《新唐书》卷三七《地理志》。
④ 《元和郡县图志》卷五《河南府》。

出巨大的作用。长安城中的经济、文化等方面也都能因此而显现辉煌的成就。这是国内其他都会难于比拟的，也是当时世界上少有的。

三、隋唐两代的陪都及与其有关的道路

（一）隋唐两代的陪都

前代皇朝往往于都城之外，建置陪都，隋唐两代亦复如此。隋时本以长安为都城，炀帝又以洛阳为东都。唐高宗显庆年间，因隋旧规，再事设置。其后陆续建立的陪都，计有太原（本并州，改称太原府）、河中（本蒲州，改称河中府）、蜀郡（本益州，改称蜀郡，又改称成都府）、凤翔（本岐州，改称凤翔府）、江陵（本荆州，改称江陵府），加上洛阳共五处。这六处陪都建置的时期不一，作为陪都的年代亦长短不同，和长安合称的最多也只有五都。就是五都的称号前后也不尽相同。唐肃宗至德二年（公元757年）以长安为中京，凤翔为西京，蜀郡为南京，加上原来的洛阳为东京，太原为北京，共为五都。[①] 上元元年（公元760年）省去了蜀郡的南京，另以江陵为南都，仍为五都。[②] 上元二年罢去京兆、河南、太原、凤翔四京及江陵南都之号，实际上仅留下长安一处。[③] 到了宝应元年（公元762年），复以京兆府为上都，河南府为东都，凤翔府为西都，江陵府为南都，太原府为北都[④]，依然是五都并立。这里就分别加以论述。

---

① 《旧唐书》卷一〇《肃宗纪》。
② 《旧唐书》卷一〇《肃宗纪》。
③ 《资治通鉴》卷二二二《唐纪三八》。
④ 《资治通鉴》卷二二二《唐纪三八》。

（二）洛阳及其交通道路

洛阳位于伊洛流域，当黄河中游和下游之间，所谓得天下之中，形势甲于各处，土地亦复肥沃，故以前一些皇朝就以洛阳为定鼎之地。隋唐两代虽皆以长安为都城，洛阳却均成为当时的陪都。隋炀帝即位之初，首先经营东都。唐高宗及其皇后武则天，亦皆久居洛阳，不做归计。洛阳虽为陪都，并不稍逊于长安，就是其中宫殿街道的建设，也和长安有相仿佛的规模，只是户口比较少些。隋河南郡领县十八，有户202230；唐天宝年间，河南府领县二十六，有户194746，有口1183093，皆较长安为少。洛阳附近多山地，是不能和长安都一样的。隋时每县平均还超过万户，唐时每县却仅有7000余户。唐时河南府之西，另设陕州（治所在今河南三门峡市西）。天宝年间，陕州领县七，有户30950，有口170238。隋时未设陕郡，其地皆隶于河南郡。河南郡辖地既广，领县不多，故户数显得稍多。唐时如以陕州户口合于河南府，则还稍多于隋河南郡。唐天宝年间，河南府各县人户平均不到1万，山地人口稀少，不能与平原相提并论。应该说，当时洛阳城中户口还是较多的，只是具体数目尚未能确知而已。

洛阳地属中州，交通便利，由长安东向的交通道路，出潼关后即达到洛阳，再由洛阳分歧，转往东方各处，车骑相接，固已相当发达。隋炀帝开凿通济渠更以洛阳为起点，凡由通济渠前往长安的就不能不通过洛阳，故洛阳在其盛时，相当富庶。洛阳人自来擅长经商贸易，在这样条件下更能发挥其所特长。

洛阳固然绾毂着长安东向出潼关的道路，作为重要的陪都，也有由当地向外辐射出去的道路。由洛阳渡过黄河登上太行山的道路，就是其中的一条。这条道路经过怀州（治所在今河南沁阳县）、潞州（治所在今山西长治市）而至并州。这就是隋炀帝所修筑的驰道。这条道路修成之后，炀帝即行北巡。炀帝这次北巡，不仅到了并州，更北还到过榆林（治所在今内蒙古准格尔旗东北）和五原（治所在今内蒙古包头市西）①。炀帝还曾由榆林到过云内。②云内即云中，其故地在今内蒙古托克托县。由并州前往，中间还要经过代州（治所在今山西代县）和朔州（治所在今山西朔州市）。

由洛阳南行，也有相应的道路，这是经过汝州（治所在今河南临汝县）到邓州。到了邓州就可和由长安东南行出蓝田关的道路相合了。据当时记载，邓州东北至东都640里③，其间往来也是方便的。

这里还应该提到由庐州（治所在今安徽合肥市）至长安、洛阳的二京路。这条道路虽由庐州起行，却也是东南自会稽、朱方、宣城、扬州，陆行抵京师的道路。会稽为越州（治所在今浙江绍兴市）。朱方为润州（治所在今江苏镇江市）。宣城为宣州（治所在今安徽宣城市）。这三州和扬州，都在长江下游。长江下游去长安和洛阳，自应取道官河和汴渠，如果舍舟登陆，改取捷径，就要由这条道路前行。由这条道路到洛阳，要经过蔡（治所在今河南汝南县）、汝两州。两州皆濒汝水，其东南的寿春（今安徽寿县）、合肥（今安徽合肥市）也是有水道可以利用的。由汝州北去洛阳，就只有陆路了。洛阳以西，自有去长安的道路，那是要经过崤函山地的。④

（三）太原及其交通道路

论述长安和洛阳东西两京既竟，请顺便一道及太原。太原和洛阳同为陪都，其地位又次于洛阳。太原作为陪都，始于武后的天授元年（公元690年）⑤，其后具体称号虽间改易，陪都的地位并未有所更动。太原处于太行山和黄河之间，又位于河东道的中部，也成为这一地区间的交通枢纽。前

---

① 《隋书》卷三《炀帝纪》。
② 《隋书》卷八四《突厥传》。
③ 《元和郡县图志》卷二一《邓州》。
④ 《全唐文》卷六一二，陈鸿《庐州同食馆记》。
⑤ 《元和郡县图志》卷一三《太原府》和《旧唐书》卷三九《地理志》。《旧唐书》卷六《则天皇后纪》、《新唐书》卷四《则天皇后纪》则均作长寿元年以并州为北都，稍有不同。

面已经说过，太原和长安、洛阳之间都各有道路，由长安北来的道路，至太原后延伸向东，出娘子关，达到太行山东的恒州。由洛阳北来的道路，至太原后又延伸向西北，至于榆林和五原，也就是唐时的胜州和中受降城的附近。在太行山东，由恒州北行，可以直抵幽州。其实由太原前往幽州，还可直向北行，折向东北。这要越过勾注山（今山西代县北），经过蔚州治所的灵丘县（今仍为县）和易州（治所在今河北易县）。唐代后期在这条道路上曾有过不少的军事行动。德宗建中年间，朱泚据长安，李晟时驻军定州（治所在今河北定州市），闻都城有难，乃自易、定引军西还，出飞狐道，至代州。① 代州已在勾注山南。这里称为飞狐道，是因为途中经过飞狐口。② 飞狐口在今河北蔚县东南。由飞狐口东经易州，就可抵达幽州。唐穆宗长庆年间，据有幽州的朱克融，纵兵掠易州，寇蔚州。③ 其时蔚州治所已移至今河北蔚县④，就是至这新州治所，也须经过飞狐口。蔚州治所移向东北，正说明那里也是一条重要道路。唐昭宗乾宁年间，据有太原的李克用进军征讨幽州的刘仁恭，就是经过代州进至蔚州，在蔚州和妫州（治所在今河北怀来县东南）之间的安塞军，为燕军所败⑤，则这条道路当由妫州东南入居庸关而至幽州。

　　太原之北，代州在交通上应具有重要地位。由太原至榆林、五原和至幽州的道路，就在这里分路。由太原北至云州（治所在今山西大同市）的道路，也是由这里向北行。云州本为北魏的平城，帝都所在，自与其南的太原多所交往。就在太原至代州这条道路的西侧还有一条南北通道，这条道路是由太原溯汾水之西北上，汾水源头有汾阳宫，为隋时所筑，就在今山西宁武县西南管涔山上。今宁武县东北有其时的楼烦关。隋炀帝北巡归

---

① 《旧唐书》卷一三三《李晟传》。
② 《元和郡县图志》卷一四《蔚州》。
③ 《新唐书》卷二一二《藩镇卢龙朱克融传》。
④ 《旧唐书》卷三九《地理志》。
⑤ 《旧五代史》卷二六《唐书·武皇纪》。

来，就经过楼烦关，而至太原。① 其后刘武周亦曾袭破楼烦郡（治所在今山西静乐县），进取汾阳宫②，也是由这条道路深入的。

（四）河中及其交通道路

河中本为隋的河东郡，唐代前期的蒲州，玄宗开元年间置中都时始改称河中府。河中府于开元和元和年间两次置为陪都，前后只有三四年光景。河中府于隋时就为大郡，所领十县，有户157070，天宝年间所领八县，有户70800，也是雄州，而且还是河东采访使的治所。不过作为陪都，也许是因为处于长安和洛阳之间，故能获得中都的称号。后来凤翔成为西京，与洛阳分居长安的东西，这里中都的名称就难以存在了。

河中位于蒲津关外，有道路直通并州。渡河南行，就是潼关，经过潼关的东西道路，也使河中能够得到若干方便。

（五）凤翔及其交通道路

凤翔本为隋扶风郡，唐代前期的岐州，肃宗至德年间改称凤翔府，未几即置为西京，为时也是相当短暂的。隋扶风郡领县九，有户92223，为当时的大郡。天宝年间仍领九县，却只有户58486，有口380463，较之隋时减了许多。不过由于其位于由长安通往西域的道路和通往梁州、益州的道路交会之处，形势是相当重要的。由凤翔向北行还有两条道路，可以在这里提及。其一，经过陇州通到原州的西北。唐德宗贞元年间，李晟由凤翔袭击吐蕃于摧沙堡。③ 摧沙堡在原州西北。④ 这条道路主要段落应是西汉时

---

① 《隋书》卷三《炀帝纪》。
② 《旧唐书》卷五五《刘武周传》。
③ 《资治通鉴》卷二三二《唐纪四八》。
④ 《资治通鉴》卷二二三《唐纪三九》。

的回中道。汉时匈奴向南侵扰，进入萧关，由回中道进扰雍县。汉雍县就是唐凤翔府治所的天兴县。其二，经过其北的泾州、宁州、庆州（治所依次在今甘肃泾川县、宁县、庆阳县），到达灵州。唐肃宗即位于灵武之后，就由这条道路回到凤翔①。

（六）江陵及其交通道路

江陵本为隋时的南郡，唐代前期的荆州。肃宗上元年间，始置南都时，以荆州为江陵府。隋南郡领县十，有户58836，已不能和河东、扶风两郡相比拟。唐荆州于天宝年间仅领县七，有户30192，有口148149，较隋时又颇为减少。据说，"自至德后，中原多故，襄、邓百姓，两京衣冠，尽投江、湘，故荆南井邑，十倍其初"②。江陵位于由长安东南行，出蓝田关，通往岭南广州的道路上，地当冲要。又濒于长江岸上，溯江而上，可至益州，循江而下，可至扬州，交通如此便利，户口不应如此稀少，又不必待邓、襄两京百姓衣冠南迁，始得有所增益。其实江陵的道路还应增添。江陵之南为澧州（治所在今湖南澧县东南）和朗州（治所在今湖南常德市）。澧州濒澧水，朗州近沅水入洞庭湖处。以前人说到这里的交通，多谓浮沅湘。这是说可由洞庭湖中溯沅水而上，至其沿流各地。东汉初年，刘尚击武陵蛮，就是溯沅水行军的。如果由江陵渡江南行，也相当便捷。唐宪宗元和年间，刘禹锡被贬为朗州司马，就是由江陵南行的。禹锡有诗《松滋渡望峡中》。③松滋在今湖北松滋县西北，盖其渡江处也。沅水是一条大水，沿流多可通船只。由朗州可以通到辰州（治所在今湖南沅陵县）。由辰州西南行，水路可以通到锦州（治所在今湖南麻阳县西南），南行水路可以通到叙州。④

---

① 《资治通鉴》卷二一八《唐纪三四》、卷二一九《唐纪三五》。
② 《旧唐书》卷三九《地理志》。
③ 《全唐诗》卷三五九，刘禹锡《松滋渡望峡中》。
④ 《元和郡县图志》卷三〇《辰州》。

叙州治所为龙标县，在今湖南黔阳县西南。唐时诗人王昌龄被贬为龙标尉，就是此地。昌龄南去龙标，当溯沅水而上。①

唐代陪都尚有蜀郡。蜀郡本隋时旧称，唐代改称益州。其置都在肃宗至德年间，其时又称蜀郡，故以蜀郡相称。不过置都之年已改蜀郡为成都府。置都未久，即复罢去。益州本为剑南道采访使的治所，也是重要的经济都会，将于下节再行论述。

四、以"扬一益二"见称的经济都会的交通道路

（一）经济都会

"扬一益二"是说扬州位于第一，益州居于第二。这是唐代后期社会上对于扬、益二州繁荣的称道。② 扬、益二州的繁荣显现在经济方面，这和长安、洛阳不同。长安、洛阳作为都会具有政治因素，乃是政治都会。扬、益二州却是经济都会。再具体说来，长安是当时的政治中心，扬州则是经济中心，其间是迥然不同的。"扬一益二"虽是唐代后期流行于社会上的说法，但二州作为经济都会，渊源很早。隋炀帝即位之初，即已向往扬州，其所开凿的通济渠、邗沟、江南河和长江配合起来，就更增加扬州的繁荣。扬州位于邗沟入长江之处，隔江就是江南河的起点。地理形势促成当地的繁荣昌盛。长江航运可以直溯到益州治所的成都③，扬、益两州更可互相交往呼应，相得益彰。

---

① 《全唐诗》卷一四〇，王昌龄《留别武陵袁丞》："从此武陵溪，孤舟二千里。"
② 《资治通鉴》卷二五九《唐纪七五》，《容斋随笔》卷九《论唐扬之盛》。
③ 《全唐诗》卷五二二，杜牧《扬州三首》"蜀船红锦重"，蜀锦出自成都。《全唐诗》卷二二八，杜甫《绝句四首》写成都风物，其中有句说："窗含西岭千秋雪，门泊东吴万里船。"

（二）以扬州为中枢所形成的交通网络

前面论述长安的水上交通时，曾征引过唐人对于汴渠也就是通济渠的记载说："自扬、益、湘南至交、广、闽中等州，公家运漕，私行商旅，舳舻相继。"这段记载也可作为对扬州的称道。可以说自通济渠修凿成功后，扬州遂成为当时全国重要水路交通的中心。长江及其以南各地的商旅和运漕都是集中到扬州，再向西北运到长安和洛阳，甚而通过永济渠，还可运到清河（贝州治所，在今河北清河县）和幽州。①

唐代记载所说的湘南至交、广州和扬州间的交通自然是由水路往来。发源于南岭上的水道大都南北分流，无由沟通，可是湘、漓二水间的灵渠，自秦代史禄开凿以来，却是另辟蹊径。灵渠中间也曾有过湮废，唐代迭经修理，还能通行巨舟。②这是难得的盛事，使五岭南北的船舶得以往来无阻。由漓水下行，经过桂州（治所在今广西壮族自治区桂林市），下入郁水，即可至于广州。由广州溯郁水，可至邕州（治所在今广西南宁市）。由邕州有路可通安南都护府，也就是交州。③

南岭虽阻隔南北，其间也是有陆路可以往来的。前面说到由长安出蓝田关至广州的道路，在韶州（治所在今广东韶关市）之北越过南岭。韩愈被贬至潮州（治所在今广东潮州市），就由此过岭。④由韶州北行，还可越大庾岭至于赣州（治所在今江西赣州市），循赣水而下，过洪州，进入长江，转至扬州。前面所说的张九龄所开的大庾新路，就在这条道上。

由扬州至闽中，自是另外一条道路。这是由扬州渡江，到了润州（治所在今江苏镇江市），循江南河南行，至于杭州（治所在今浙江杭州市）。这是江南河的终点。由杭州溯浙江水而上，经睦州（治所在今浙江建德县东）

---

① 《全唐文》卷五一四，殷亮《颜鲁公行状》："国家旧制，江淮郡租布贮于清河，以备北军需要，为日久矣。"所谓北军，至少要包括幽州驻军在内的。
② 《新唐书》卷四三上《地理志》。
③ 《元和郡县图志》卷三八《邕州》："西南至安南一千里。"
④ 《全唐诗》卷三四四，韩愈《将至韶州先寄张端公使君借图经》。

和衢州（治所在今浙江衢州市），就可到建州（治所在今福建建瓯县）和福州（治所在今福建福州市）。建州和福州都是闽中。唐末，黄巢南攻宣州不克，引兵入浙东，开山路700里，攻福、建诸州。① 由宣州至浙东未悉出于何途，婺州及衢州皆浙东属县，黄巢至少是到过这两州的。所开的山道，据说就在衢州之南的仙霞岭上。② 仙霞岭上的道路，后来一直通行，当是南北的大道。应该指出，黄巢所开的山路只是对道路的修整，原来还是有道路的。唐宪宗元和年间的记载，明确指出"衢州南至建州七百里"③，就是证明。

扬州近海，沿海各处就可借海道相往来。前面曾经说过：唐时江淮等处供应幽州北军的给养，是由汴渠和永济渠运去的。也许由于物资繁多，还须假道于海运。这样的情景杜甫诗中曾有所道及，一则说："渔阳豪侠地，击鼓吹笙竽。云帆转辽海，粳稻来东吴，越罗与楚练，照耀舆台躯。"④ 再则说："幽燕盛用武，供应亦劳哉。吴门转粟帛，泛海陵蓬莱。"⑤ 杜诗中虽然提到越罗、楚练，并说到吴门，实际上都应是由扬州起运的。

当时沿海有几处海舶停泊处，其中没有列上扬州。⑥ 前些年间，扬州城南施桥曾发现一艘唐代沉船，就其残迹看来，应是一艘海舶，而不是江船。可见当时扬州的海上交通是相当发达的。唐肃宗上元年间，田神功入扬州，商胡、波斯人被杀害者就有数千人⑦，扬州的商胡、波斯人是很多的，《太平广记》中曾有不少篇章记载扬州商胡、波斯人的逸闻琐事，则有关田神功的记载当非虚枉。这些商胡、波斯人能够聚居于扬州，其所由的途径不只一条，有些是由西域经过长安前来的，由海上莅临的也应不少。有这么多的域外商贾的旅居，更显出扬州的繁荣。

---

① 《资治通鉴》卷二五三《唐纪六九》。
② 《读史方舆纪要》卷八九《浙江》。
③ 《元和郡县图志》卷二八《衢州》。
④ 《全唐诗》卷二一八，杜甫《后出塞》。
⑤ 《全唐诗》卷二二二，杜甫《昔游》。
⑥ 《新唐书》卷四三下《地理志》。
⑦ 《旧唐书》卷一二四《田神功传》。

由于交通的便利，南来北往的旅人也就不计远近，而绕道经过扬州。唐宪宗元和年间，李翱前往岭南，不取道出蓝田关，过襄州、江陵，再溯湘水而上，却由汴渠东南行，绕道扬州，更南行，经过衢州、洪州前往。[①]就是由长安西往西蜀的人，有的也不直接越过秦岭和巴山，历栈道的危险，而由汴渠经过扬州前往。唐末，韦庄入蜀就是绕道这几条运河的。其所著《秦妇吟》一诗，描述乱离之时，秦中一位妇人前往巴蜀，一路上颠沛流离的苦状。虽然颠沛流离，还没有中途改道[②]，除非这条道路因战乱受到阻遏，才不能不另取他途。唐穆宗长庆年间，汴州军乱，汴路阻遏不通。其时白居易受命为杭州刺史，就只好出蓝田关东南行，由襄州路前往。白居易在途中曾有诗说："东道既不通，改辕遂南指。"[③]后来到了杭州，在谢上任表中还说："属汴路未通，取襄阳路赴任。"[④]其不得已的心情溢于言表。就是由蜀中到河东，也有不经过梁州和长安而绕道扬州的。[⑤]船舶平稳是要胜过鞍马的劳顿。

　　由上面的叙述可以看到，扬州作为当时全国最大的经济都会和各地的交通是相当便利的，也是无所不至的。实际上已形成以这个经济都会为中心的全国交通道路网。这个交通道路网的稠密程度，甚至不下于都城所在地的长安。一个是政治中心，一个是经济中心，两相辉映，两相联系，使当时交通的发展，超过前代。

（三）扬州的富庶

　　扬州位于长江三角洲上。长江三角洲本是富饶的地区，唐代中叶以后，

---

① 李翱《李文公集》卷一八《来南录》。
② 《韦庄集·浣花集补遗》。
③ 《白氏长庆集》卷八《长庆二年七月，自中书舍人出守杭州，路自蓝溪作》。
④ 《白氏长庆集》卷六一《杭州刺史谢上表》。
⑤ 《全唐诗》卷二七三，戴叔伦《广陵送赵主簿自蜀归绛州宁觐》："将归汾水上，远省锦城来。已泛西江近，仍随北雁回。"

中原乱离，人口大量南迁，更促进长江三角洲经济的发展，扬州的繁荣因之就蒸蒸日上，如日之中天。安史之乱时，黄河中下游地区备受摧残，原来富庶的农业地区殆难以复振，皇朝的"军国费用"，只好"取给江淮"①。当时人说："今天下以江淮为国命。"②扬州就是江淮的中心。江淮是继黄河中下游地区之后形成的富庶农业地区，当地上供的漕粮是皇朝都城不可须臾稍离的。这些漕粮大都集中到扬州才上运至长安，就是从长江以南远逾五岭运往长安的漕粮也都要经过扬州城下，从而更增加由扬州运出漕粮的数量。扬州周围不仅富产粮食，而且大量产盐，遍于濒海各县。唐代盐税是皇朝重要的收入。据说代宗大历之末，"天下之赋，盐利居半"③。唐代最重要的理财官员盐铁使就驻在扬州。刘晏为盐铁使时，于扬州周围产盐之地设四场十监以相治理，据说每岁所得的钱财，可"当百余州之赋"④。扬州重要的物产还有锦和铜器，扬州的镜最为有名，镜就是以铜制成的。天宝年间，韦坚主持漕运，以东南各地的船舶载着运到长安的奇物宝货。其第一船就是广陵郡的，船上所载的是广陵郡出产的锦、镜、铜器、海味。⑤扬州当时称为广陵郡。韦坚所征集的还有别郡的船舶，所载的奇物宝货似都不如扬州的珍贵。就是这样便利的交通和富饶的物产，促成扬州成为当时的经济中心。唐人赵嘏称道扬州的诗中有句说："十万人家如洞天。"⑥十万人家似乎说得多些，至于洞天的说法，则充分道出当时扬州人的心情。

（四）益州的交通和富庶

益州自来被称为天府之国，兼有岷江灌溉之利，不仅土地肥沃，物产

---

① 《全唐文》卷六三《宪宗元和十四年七月二十三日上尊号赦》。
② 《全唐文》卷六六〇，杜牧《上宰相求杭州启》。
③ 《新唐书》卷五四《食货志》。
④ 《新唐书》卷五四《食货志》。
⑤ 《旧唐书》卷一〇五《韦坚传》。
⑥ 《全唐诗》卷五四九，赵嘏《送沈单作尉江东》。

更是富饶。益州能够成为经济都会，交通便利也应是其重要的条件。正是这样才能"水陆所凑，货殖所萃"①。论益州的交通，长江应居于首位。万里长江，益州最居上游，沿江各处皆能达到，就是位于尾闾附近的东吴，也有船舶经常来到成都。益州曾被列为唐代的陪都。陪都和都城之间的交通，更是受到时人的重视。由成都经绵州（治所在今四川绵阳市）至剑州（治所在今四川剑阁县）就进入金牛道，迤逦至于梁州。由梁州至长安，则有子午、傥骆、褒斜、陈仓诸谷道。这都是在前面已经论述过了的。

益州之东还有通往梓州（治所在今四川三台县）的道路。梓、益两州相距并非过远，唐代中叶以后，梓、益两州并列，分别成为剑南东川和剑南西川节度使的治所。由梓州东北可以至巴州（治所在今四川巴中县），就进入去梁州的米仓道了。由成都东南行，经简州（治所在今四川简阳县）而至泸州（治所在今四川泸州市）。简州濒中江水，可以循水道直至泸州。这也是以前兵家进攻退守的老路。

益州西北有茂州（治所在今四川茂汶羌族自治县）。州境有故桃关。关以"故"称，可能当时已不再在其地设防。虽不再设防，其地的重要性却未因此而有所降低。据唐时人的记载，这座关"远通西域，公私经过，唯此一路"②。这本是南朝通芮芮、河南的旧路③，故有一定的重要意义。不过唐代茂州附近及其以北，多设羁縻州，不能和南朝时相提并论。

由益州南行，可以远至南诏。南诏建都于羊苴咩城，在今云南大理市。由益州至羊苴咩城有南北两道：南道由黎州（治所在今四川汉源县北）清溪关出邛都（今四川越西县）和会州（治所在今四川会理县）；北道则从石门关外出鲁望（今云南鲁甸县）和昆州（今云南昆明市）④。由成都至黎州，当过邛州（治所在今四川邛崃县）和雅州（治所在今四川雅安市）。清溪

---

① 《隋书》卷二九《地理志》。
② 《元和郡县图志》卷三二《茂州》。
③ 《南齐书》卷一五《州郡志》。
④ 樊绰《蛮书》卷一《云南界内途径》。按《新唐书》卷四二《地理志》姚州下也说到有关的路程，可以做《蛮书》的补正。

关就在黎州之南。北路的石门关在戎州（治所在今四川宜宾市）开远县（今云南盐泽县北）。所谓出石门关当由戎州起程。由益州循当时的长江而下就可直达戎州。

益州的富饶也得力于当地的农业发达和丝织品的良好。天府之国的称道，粮食产量的丰富应为主要的因素。丝织品以蜀锦最为有名。成都早有锦城之称[1]，就是以当地产好锦的缘故。益州的物产还有麻、茶和纸。益州的麻虽不如蜀锦的有名，也列在贡品之中。唐肃宗时，第五琦请以吴盐、蜀麻、铜冶皆有税。[2]蜀麻能与吴盐、铜冶并列，可见所产的不仅质量高，而且数量也是很多的。蜀茶产地不少，皆在益州的周围。[3]益州所产的大小黄白麻纸也有名当世。[4]当时官府文书和朝廷诏敕规定要用益州所贡的纸张书写，唐玄宗时还规定甲、乙、丙、丁四部书皆以益州麻纸写成，以便于收藏。[5]

促进益州经济繁荣的还应该有来自南诏的异物。远在汉魏之时，就有"永昌多异物"的记载。[6]永昌郡的治所在今云南保山县，位于南诏都城羊苴咩西南。那里能够多异物，除当地所产外，更来自西南诸国。这些异物特产又皆可通过南诏与内地交往的道路运到成都，助长当地的繁荣。

五、开元十五道采访使的治所

隋代疆域区划以州为主，其后改州为郡，实际上并无所更张。亦曾设

---

[1] 《元和郡县图志》卷三一《成都府》。
[2] 《新唐书》卷五一《食货志》。
[3] 陆羽《茶经》。
[4] 《大唐六典》卷二〇《太府寺》。
[5] 《旧唐书》卷四七《经籍志》。
[6] 《三国志》卷三〇《魏书·乌丸鲜卑东夷传·注》引《魏略》。

司隶刺史，分部巡察，似无具体建置。唐太宗贞观年间，始因山河形便，分为关内、河南、河东、河北、山南、陇右、淮南、江南、剑南、岭南等十道。玄宗开元年间再加分析，遂成十五道。每道皆置采访使，以检察非法。采访使各有治所，因而成为各道的都会。这十五道为京畿、都畿、关内、河南、河东、河北、陇右、山南东、山南西、剑南、淮南、江南东、江南西、黔中、岭南。京畿、都畿的治所分别在京师和东都城内，关内以京官遥领。河南以下各道治所，依次为汴州、蒲州、魏州、鄯州、襄州、梁州、益州、扬州、苏州、洪州、黔州和广州。蒲州和益州皆为陪都，扬州又为最大的经济都会，以上与东西两都皆已曾道及，这里接着论述其他九道采访使的治所。

（一）汴渠岸上的汴州

汴州能够成为一方的都会，是由于当地位于水陆的要津，四通八达，所涉及的地区相当广泛。由长安和洛阳通向东方的道路就是经过汴州。汴州和其东北的魏州（治所在今河北大名县），一河之隔，中间虽夹着滑州（治所在今河南滑县东南），也还不算很远，就是和河北各处都可以通过魏州相互往来。汴州之南同样也可以达到相当遥远的地方。汴州之南为许州（治所在今河南许昌市）和陈州（治所在今河南淮阳县），再南为蔡州。唐中叶后，据有蔡州的藩镇，先后叛乱数十年，其间也尝争夺过汴州，军事往来，往往取道许州，当是许州一途较为便捷。[①]就在唐军进讨吴元济时，鄂岳（驻鄂州，治所在今湖北武汉市）的军队也尝由安州（治所在今湖北安陆县）进讨。[②]通过这样一些军事活动，可知由汴州南行，经过蔡州和安州，还能达到鄂州。

汴州虽有这样一些陆路，主要交通还是凭借汴渠。就是其他水道也还有助于交通。汴州之南，原来有一条蔡水，可以通到陈州。蔡水下游流入

---

① 《白氏长庆集》卷四三《许昌县令新厅壁记》。
② 《旧唐书》卷一六五《柳公绰传》。

颍水，在这中间还分出一条涡水，因而和颍水、涡水两流域都能有所交往。唐德宗初年，淄青李正己控制徐州，在埇桥（今安徽宿州市）阻遏汴渠运道，漕舟就由涡口（位于今安徽怀远县）进入涡水，达到汴州。①

唐人对这样的都会也有相应的评论。据说："大梁当天下之要，总舟车之繁，控河朔之咽喉，通淮湖之漕运。"既然是"当四会五达之通庄"，也就"杂燕赵悲歌之人，迩吴楚剽轻之俗"②。所说的倒也符合汴州具体的形势。正是这样，才使"汴州成为四战之地"，特别是在唐代中叶以后，汴州更成为"危邦"，而且这样的"危邦"，还是"积年"都不易有所改变的。③

汴州成为"危邦"固然是与四战之地有关，实际上却是汴渠促成的。汴渠为漕运要道，而汴渠流经汴州城下。唐中叶以后的跋扈藩镇，有的就争夺汴州，甚而据有汴州，企图控制漕运道路。如果所谋得逞，就能使长安城中的皇朝难于维持下去。唐德宗时，李希烈进攻汴州，江淮路绝，朝贡粮米就不能不改道西运。及汴州失陷，皇朝也就不能不以全力相争夺。④李希烈虽然未得所逞，这种局面并未稍有改变。后来朱温据有汴州，就是以汴州的兵力倾覆唐朝的。五代时，石敬瑭以"汴州水陆要冲，山河形势，乃万庾千箱之地，是四通八达之郊"，因而就把后晋的都城，从洛阳迁到汴州，并改置开封府。⑤中经后汉、后周两朝，到了宋代，竟然成了定制。

（二）永济渠南段的魏州

魏州虽非位于永济渠的南口，却可控制永济渠的全流。循永济渠而下，就能直达永济渠终点的幽州。只是位置稍偏东些，因而不能位于太行山东麓的南北道路上，好在相隔并非很远，还可互相调剂。魏州之西，就是相州（治

---

① 《旧唐书》卷一五二《张万福传》。
② 《全唐文》卷七四○，刘宽夫《汴州纠曹壁记》。
③ 《全唐文》卷六○五，刘禹锡《唐故相国司空令狐公集序》。
④ 《资治通鉴》卷二二九《唐纪四五》。
⑤ 《旧五代史》卷七七《晋书三·高祖纪三》。

所在今河南安阳市），西南为卫州（治所在今河南卫辉市），西北为洺州（治所在今河北永年县东南）。相、卫、洺三州都是太行山东麓南北道路经过的地方。魏州就可借此三州与这条道路相联系。

太行山东麓的南北道路诚为重要的交通道路，若仅就河北道来说，则显然偏西，而魏州和幽州之间也应该有道路可以互相往来。这条道路中间经过贝州（治所在今河北清河县）和瀛州（治所在今河北河间县）。唐德宗兴元年间，朱泚僭号于长安。朱滔在幽州就纠合回纥杂虏，由这条道路南攻贝、魏两州，以图西入关中。

安史之乱后，唐始置魏博节度使，即以魏州和博州（治所在今山东聊城市）为名，而魏州为其驻节之地。魏博两州相邻，其间自有道路相通。博州之南隔着黄河为郓州（治所在今山东东平县西北），博州之东隔着黄河为齐州，魏州之南和汴州之间也只隔着滑州，其间当然都是有道路的。这样说来，在太行山东平原的南部，魏州应该是一个水陆交凑的中心。

不过促使魏州繁荣的还是由于永济渠的开凿成功。永济渠可以通江淮之货[1]，江淮之货运到河北道先要到魏州。河北道是当时盛产丝织品的地区，幽州以南几乎无州不产[2]，向外运输大都要借永济渠，运到中原去的，更须经过魏州，魏州的繁荣是离不开永济渠的。

（三）陇西的鄯州

鄯州位于黄河支流湟水的沿岸。由长安西行，出大震关，经秦、渭两州，再经临洮军和河州，通往西域的道路，就经过鄯州。出大震关西行，还有一条道路，是逾成纪、武川，抵河广武梁，经过兰州（治所在今甘肃兰州市）和龙支城，也可达到鄯州。唐穆宗长庆年间，刘元鼎就是由这条道路经过

---

[1]《新唐书》卷三九《地理志》。
[2]《通典》卷六《食货·赋税》。

鄯州前往吐蕃的。① 成纪在现在甘肃秦安县西北，当时为秦州属县。秦州治上邽，为今天水市。刘元鼎不由上邽西行，知其所行的并非由大震关至鄯州旧有的大道，而是另取新路。武川之地不可确知。广武梁应在其初到黄河岸边的近旁，不能远至兰州之西。龙支城乃在今青海民和县东南，故得由此西抵鄯州。今由天水过秦安，又经通渭、定西等县至于兰州修有公路，也许是就原来的旧迹修成的。

鄯州之北，越过姑臧南山为凉州。鄯州和凉州之间亦有道路可以通往来。姑臧南山下设有隶属于凉州都督府的张掖守捉②，山下设守捉，当是已有道路。唐玄宗开元年间，崔希逸为河西节度使，镇凉州，曾大破吐蕃于青海之上③，其出兵之途当系这条道路。

鄯州西北通西域，西南又可通吐蕃。通吐蕃的道路乃是出赤岭。赤岭今为日月山，在青海湖东南。由赤岭经今青海多玛，渡过黄河。黄河以南的驿程可考知的有众龙驿，在今青海称多县北。过牦牛河和截支川，即今长江上源通天河和澜沧江上源札曲，再过悉诺罗驿、野马驿、阁川驿、农歌驿。逻些城即在农歌驿的东南。悉诺罗驿和野马驿在今西藏安多县北。阁川驿则在那曲县。其中有些段落，并不与现在公路相合，不容相互混淆。④

鄯州于隋时为西平郡。西平郡领县二，有户3118；唐天宝年间，领县三，有户5389，有口27019，较隋时为多，然皆不能和内地各都会相比拟。鄯州作为通西域道路的都会，商旅云集，经济繁荣，应该是正常的现象。惜记载不多，不易知其具体情况。近年在西宁市内发现波斯萨珊王朝的货币⑤，今西宁市距鄯州治所稍远，已有如此发现，则当时鄯州城中可能有一番交易盛况。

---

① 《新唐书》卷二一六下《吐蕃传下》。
② 《新唐书》卷四〇《地理志》。
③ 《旧唐书》卷一九六上《吐蕃传上》。
④ 《新唐书》卷四〇《地理志》，谭其骧《中国历史地图集》第五册《吐蕃图》。
⑤ 夏鼐《青海西宁出土的波斯萨珊朝银币》，载《考古学报》1958年第1期；王丕考《青海西宁波斯萨珊朝银币出土情况》，载《考古》1962年第9期。

（四）秦岭巴山之间的梁州

梁州虽处于秦岭巴山之间，却地当南北孔道，经过此地可以南去益州。由长安至梁州，就有子午、傥骆、褒斜、陈仓几条谷道；由梁州至益州，又有直达剑州的金牛道和直达巴州的米仓道。这都是前面已经论述过的。

梁州居于汉水的源头，沿着汉水可以通到山南东道的襄州。汉水下游入于长江，为长江重要支流。每当中原乱离，汴渠难于通航时，江淮漕粮就须由长江转入汉水，运至梁州；有时还须由梁州运至关中西部。

由襄州西北行至梁州，固然可由汉水上溯，却还另有条陆路。这条陆路是由襄州西北的均州（治所在今湖北丹江口）向南通到房州（治所在今湖北房县），再经房州所属的竹山（今仍为县）、上庸（今竹山县西南），又西北至于金州。这均、房之间700里，直到宋时还有人称道。① 而上庸以西700里，早在曹魏之时就已经疏通治理过。② 由金州继续西行，经磝头（今陕西石泉县东南汉水东岸）、黄金（今陕西洋县东北），再西即达梁州。③

由梁州西行，循经过兴州北上出散关前往长安的道路，至凤州河池县（在今甘肃徽县），再经成州，就可至于秦州。这是三国时期魏蜀两国不时交兵的旧路。安史之乱波及关中时，杜甫就曾由这条道路辗转入蜀。④

梁州之地虽说是地沃而川险⑤，物产却并不富饶。据说"梁、汉之间，刀耕火耨，民以采稆为事，虽节察十五郡，而赋额不敌中原三数县"⑥。唐德宗在梁州避乱时，当地号称"供亿无缺"⑦，这显然是过分的褒词。唐德宗到达梁州之时，江淮租布不能再借汴渠运输，改道由汉水西上。猝然改道，

---

① 《舆地纪胜》卷一八九《金州》引王次翁《和大观鲁太傅弼诗》。
② 《三国志》卷九《魏书·诸夏侯传》。
③ 《宋书》卷七八《萧思话传》。
④ 《全唐诗》卷二一八，杜甫《发秦州》，原注："乾元二年，自秦州赴同谷县纪行。"同谷县在今甘肃成县，在河池县西南。
⑤ 欧阳忞《舆地广记》卷三二《利州路》。
⑥ 《旧唐书》卷一一七《严震传》。
⑦ 《旧唐书》卷一一七《严震传》。

自然就难于计时运到。时已入夏，唐德宗自己还穿着冬服，随来的军士也就更说不上春衣，当时甚至有人提出，不如南去益州为佳。① 当江淮租布运到之时，供应自然好转。及德宗离去，梁州还是恢复了旧时的风光。

（五）汉水中游的襄州

襄州位于由长安东南行，出蓝田关，经过邓州，至于荆州，更南至于广州的道路上，地位相当重要。襄州见重于当世，还在所濒的汉水。每当汴渠漕运受阻，或长安因事不守时，江淮租布就得转道由汉水西运，经过襄州，运到梁州。

由襄州至长安和梁州，除过这两条道路外，还有两条歧路：其一为由襄州西北行，经过房州，至于金州，再往西行，达到梁州。这是在上面已经论述过的。还有一条就是所谓上津路，上津为唐时商州属县，在今湖北郧西县西北。县属商州，南距汉水并非很远。这条道路就是在上津县离汉水北行，过丰阳县（今陕西山阳县）而至商州。当邓州的道路受阻时，江淮漕运就由此绕道输送至长安。② 现在这条道路仍然通行，陕鄂之间有漫川关，道路就通过漫川关，这是应无疑义的。可是当安禄山入据长安时，"江淮奏请贡献之蜀之灵武者，皆自襄阳取上津路抵扶风，道路无壅"③。长安既已失守，江淮漕运如何还能经过商州运到扶风？其实这里所说的上津路只能当作经过上津的道路，不能即作为一条道路的名称。当时是经过上津县，由汉水继续西运，至于梁州，再由梁州陆运，越过秦岭运到扶风。这是上津与漕运有关见于记载之始，并非这时就有上津路的路名。唐德宗建中年间，始因李希烈据有邓州，诏治上津山路，置邮驿④，才有这条道路。当时由上

---

① 《资治通鉴》卷二三〇《唐纪四六》。
② 《资治通鉴》卷二二八《唐纪四四》、卷二二九《唐纪四五》。
③ 《资治通鉴》卷二一八《唐纪三四》。
④ 《资治通鉴》卷二二八《唐纪四四》。

津溯汉水西上的道路也称金商道①,是指金州和商州之间的道路,也就是由上津至金州的道路,可见由上津溯汉水西上的道路,并非就称为上津路。

襄州之北赴长安和赴梁州的道路有歧路,就是由襄州前往东南各处也有歧路,不必都过荆州。由于汉水可以航行,则由襄州东南行,就不必绕道江陵。白居易被贬于江州(治所在今江西九江市),其赴任时,到了襄州,就由汉水而下,因而途中可以路过郢州。②郢州治所在今湖北京山县,已在江陵之东了。韩愈由袁州(治所在今江西宜春市)北归长安,先到江州。③由江州、溯江而上,转至安陆(今仍为县)④,又过随州(治所在今湖北随州市)⑤,再由随州至襄州⑥。安陆、随州皆离汉水稍远,可知汉水近旁别有一条由沔州至襄州的道路。

(六)太湖之滨的苏州

苏州的治所就是现在江苏苏州市,它位于江南河畔。论苏州的主要交通道路,就是这条河流。还可以说苏州由太湖通到其西南的湖州(治所在今浙江湖州市)。由于地处长江下游三角洲太湖流域,它和周围各州都不时在经济上获得发展,尤其是在安史之乱以后,发展更为迅速。论苏州的户数,在隋时远不如其附近丹阳(扬州)、会稽(越州)、毗陵(常州,治所在今江苏常州市)之多。就在唐玄宗天宝年间,也在常、润、湖、越诸州之下,可是到唐宪宗元和年间,就超于诸州之上。⑦ 天宝年间,这里的十万户州,仅有常、润二州,苏州尚难望其项背。可是到了元和年间,这里的十万户州,就只有苏州一州了。元和年间,苏州人户的增加是由于北方人口的大量南

---

① 《新唐书》卷二二五《逆臣朱泚传》。
② 《白氏长庆集》卷一五《登郢州白雪楼》。
③ 《韩昌黎集》卷六《除官赴阙至江州寄鄂岳李大夫》。
④ 《韩昌黎集》卷一五《自袁州还京行次安陆,先寄随州周员外》。
⑤ 《韩昌黎集》卷一五《题广昌馆》,原注:"馆在随州枣阳县南。"
⑥ 《韩昌黎集》卷一五《酒中留上襄阳李相公》。
⑦ 元和年间的户数,均据《元和郡县图志》。

避。据说"当上元之际,中夏多难,衣冠南迁,寓于兹土,参编户之一"[①]。这样的说法大致是符合事实的。天宝年间,苏州有户 76421。元和年间增到 100808,增加了三分之一。人户增加促进经济的发展,经济的发展也促进都会的繁荣。当时人说:"三吴者,国用半在焉。"[②]所谓三吴是指吴郡、吴兴、丹阳而言。[③]吴郡就是苏州,吴兴为湖州,丹阳为润州。三郡都在太湖周围,俱是富庶地区,故为当时国用所恃依。论湖州的人户,无论天宝年间或元和年间,都不及苏州的繁多。润州人户,天宝年间虽超过了苏州,可是到了元和年间就远不相及了。这是说,三吴虽负担半数的国用,苏州的负担当为更多。可以想见苏州的繁荣超过其附近各州,居于最前列。

(七)赣水下游的洪州

洪州位于赣水下游,也是一方交通的中枢所在。溯赣水而上,越过大庾岭可以达到广州;顺赣水而下,转入长江,上行可到都城长安,下行可以直达扬州;由洪州东行,经过衢州,可以到杭州和苏州。这都是前面已经论述过了的。由洪州西行,还可到袁州。韩愈由潮州归来,即由赣水而下,转至袁州,又由袁州到了洪州。[④]由袁州西行更可达到潭州。由洪州和袁州到潭州的里程,当时都有明确的记载。[⑤]

唐初人士对洪州民间的勤于耕稼和纺织颇加称道。[⑥]其所产的绫绢虽非上乘[⑦],可是洪州的财赋依然是皇朝的"国用所系"[⑧]。还应该指出,天宝

---

① 《全唐文》卷五一九,梁肃《吴县令厅壁记》。
② 《全唐文》卷七五六,杜牧《唐故银青光禄大夫检校礼部尚书御史大夫充浙江西道都团练观察处置使上柱国清河郡开国公食邑二千户赠吏部尚书崔公行状》。
③ 《元和郡县图志》卷二五《苏州》。
④ 《全唐诗》卷三四四,韩愈《从潮州量移袁州,张韶州端公以诗相贺,因酬之》《次石头驿寄江西王十中丞阁老》,原注:"仲舒也,时为江南西道观察使,愈自袁还朝作寄。"
⑤ 《元和郡县图志》卷二八《洪州、袁州》。
⑥ 《隋书》卷三一《地理志》。
⑦ 《大唐六典》卷二〇《太府卿》。
⑧ 《全唐文》卷六六一,白居易《除裴堪江西观察使制》。

年间，洪州有户五万余，有口三十三万余，并非很少。元和年间，有户将近十万，已和苏州相差无几，当地财赋孔殷也不是没有来由的。

（八）黔中道的黔州

黔州治彭水县，迄今仍为四川彭水县。地处涪陵江水下游，涪陵江水就是现在的乌江。涪陵江水流贯全道，唯谷深水急，险滩相接，迄今犹不利于航行。好在中下游还可稍通舟楫。由黔州溯流而上，水路可至思州（治所在今贵州沿河县），更上还可到费州（治所在今贵州思南县）。顺涪陵江水而下，可到涪州（治所在今四川涪陵县）。涪州已在长江岸上，由涪州溯江而上，可至成都，若顺江而下，可至江陵。由黔州北去都城长安，有两条道路可行：其一是取江陵府路，再一是北取万、开州路。万州治所在今四川万县，开州治所在今四川开县。万州和江陵府都在长江岸上，就可顺江而下。黔州之北为忠州（治所在今四川忠县），忠州就在万州之西。由黔州至忠州，再至万州，道路显得近些，唯多为山路①，不如涪州的便捷。开州在万州之北。由开州取道通州（治所在今四川达县），越过巴山，可以达到洋州。由洋州循子午谷路，可以直到长安。②天宝年间，唐玄宗为杨贵妃由涪州取鲜荔枝，所行的正是这条道路。③黔州正在涪州之南，亦可由之去到长安。

黔州交通虽较为困难，仍可远通南诏。南诏与唐的往来，其间道路不少，有一条乃是出牂牁，从黔府入。④牂牁之名为前代旧称，隋时尚设有牂牁郡，其治所在今贵州瓮安县东北。唐时所置的羁縻州中，亦有牂州，当系隋牂牁郡的故地。牂州东北为充州。充州之北就是费州。费州有路可至充州和群州⑤，唯已不是涪陵江的水路。由黔州西南入南诏，当是由牂州前往的。

---

① 《元和郡县图志》卷三〇《黔州》。
② 《太平寰宇记》卷一三七《开州》。
③ 《舆地纪胜》卷一八三《兴元府》，又一九〇《洋州》。
④ 《蛮书》卷一〇《南蛮疆界接连诸蕃夷国名录》。
⑤ 《元和郡县图志》卷三〇《费州》。

黔州于隋时为黔安郡，郡领二县，仅有户1460。唐天宝年间，黔州领县六，亦仅有户4270。一州的户数尚不如内地一普通县邑，应该说算不上一都之会。不过既作为一道的治所，而所属又有许多羁縻州，且能与南诏通往来，在政治上似还有一定的作用。

岭南道的广州也是当时所谓边州通域外道路的起点，容在后文另行论述。

六、十万户郡或州的治所

《隋书·地理志》于各郡之下皆记载有户若干，两《唐书》的《地理志》亦皆兼记户不过已知郡或州的人户数字，就可以稍事推究。各郡或州皆有属县，从而可知每县的平均户数。郡治或州治的人户应较其他属县为多，至少不低于所得的平均数字。其户数较多的郡治或州治可能就是一方的都会。其时各郡或州，人户较多的都在十万以上，这里就据以论述各地的都会。

（一）隋时十万户郡的治所

隋时统一南北，稍得承平，户口就能岁有增益。当时职方所辖的一百九十郡中，京兆郡为都城所在，独有三十余万户。十万户以上郡还有三十三郡。这三十三郡绝大部分都在黄河中下游地区，而且都在由都城通往各地的道路上。这显示出黄河中下游地区经济的发达，也显示出这些郡的治所能够成为一方的都会，都与交通有关。正是由于交通的便利，使它们能够成为一方的都会。

由都城长安东行，首先达到河南郡。河南郡为东都，人户超过二十万。河南郡以东，十万户以上的郡依次为荥阳、济阴和鲁郡。荥阳郡于唐为郑州。唐时郑州之东为汴州，为沿汴渠的重要都会。隋炀帝大业年间废汴州为浚仪县，以之属荥阳郡，可能是通济渠初凿，汴州的重要性还未显示出来的缘故。也是因为汴州被废，遂使荥阳郡的户数有所增加。济阴郡于唐为曹州（治所在今山东定陶县），鲁郡于唐为兖州。唐武则天时，曾由汴州修凿湛渠，以通曹、兖之漕。当是其间本有道路，再开渠道使其更便于运输。

由洛阳于黄河南侧东北行，这条道路上的十万户以上的郡为东郡（唐滑州）、济北（唐济州，治所在今山东茌平县西南）、齐郡（唐齐州）和北海（唐青州）。唐高宗东封泰山，曾循着这条道路达到齐州，自是隋时已有的旧道。

太行山东的十万户以上郡最居多数，分布在南北向的两条道路和永济渠旁。在太行山东麓的南北道路上的为汲郡（唐卫州，治所在今河南卫辉市）、魏郡（唐相州，治所在今河南安阳市）、武安（唐洺州，治所在今河北永年县东南）、赵郡（唐赵州，治所在今河北赵县）、襄国（唐邢州，治所在今河北邢台市）、恒山（唐恒州，治所在今河北正定县）、博陵（唐定州，治所在今河北定州市）七郡。隋炀帝致祭恒山，就是由这条道路北上的。这条道路上远自秦汉以来，沿途就先后兴起若干经济都会，隋时较前更为繁多。在这条道路的东侧，还有一条南北向的道路，就是由唐时魏州向北通到幽州的。隋时在这条道路上的十万户以上的郡就有武阳、信都和河间三郡。武阳郡就是唐时的魏州。信都为唐时的冀州（治所在今河北冀县）。河间郡为唐时的瀛州（治所在今河北河间县）。永济渠在这两条道路之东。永济渠是隋炀帝开凿的，隋炀帝就由这条渠道前去讨伐高丽。这条渠道旁也有三个十万户以上的郡，为武阳、清河和平原。武阳郡固然可由陆道前往幽州，由水道也可以前往，虽稍为迂远，却较为便捷。永济渠可以直达涿郡。涿郡就是唐时的幽州。武阳郡有这样水陆交通的条件，其治所应该较为繁荣。这一郡的人户二十一万有余，还超过了东都洛阳。永济渠旁最为繁荣的都会，应该数到清河郡（唐时贝州）。清河郡有人户三十余万，几乎和都城所在的京兆郡相差无几了。永济渠也经过平原郡，平原郡为唐时德州，治所在今山东陵县，距永济渠稍远。平原郡有人户十三万有余，还应该是较多的。可是平原郡治所就没有清河郡那样的繁荣。永济渠还经过渤海郡。渤海郡为唐时沧州,治所在今山东阳信县西南。渤海郡治所距永济渠较平原郡治所还远,繁荣的程度当然也就更不如了。《隋书·地理志》于信都、清河、河间、博陵、恒山、赵郡、武安、襄国诸郡颇加称道,谓其人务在农桑,并非过誉。其他各郡未见这样的褒词,揆诸实际,可能是稍稍弱些。

由洛阳往北,经过河内郡(唐怀州),越太行山,经上党郡(唐潞州)而至太原郡(唐并州太原府),由太原郡西南行,经过河东郡(唐蒲州)而至长安,这是当时的两条重要道路。这几郡都有十万户以上的人家。而以上党郡的人户较少,仅十二万余户。《隋书·地理志》虽亦称道上党人多重农业,这应是确实的评价。不过上党地高气寒,难于和太行山南的河内郡、汾水流域的太原郡、黄河沿岸的河东郡相比拟。

经过洛阳东南行,也有三条道路。这三条道路上也各有十万户以上的郡,就是通济渠侧畔的梁郡(唐宋州),蔡水行将入颍水处的淮阳郡(唐陈州),还有东南至庐江郡(唐庐州)的道路上的襄城(唐汝州)、颍川(唐许州)、汝南(唐蔡州)三郡。这条道路唐时庐州人称之为二京路,这是在前面已经论述过的。《隋书·地理志》称道这几郡,谓其好尚稼穑,与荥阳、济阴两郡相似。同在富庶的农耕地区之中,应该都相仿佛。淮阳濒于蔡水,在通济渠未开凿前,蔡水本为通往东南的水道,虽其时已显得湮塞,行人似未绝迹,所以淮阳郡能依旧繁荣。

这里所提到的都会都是分布在黄河中下游地区。应该指出,长江流域也有两郡,就是江都和蜀郡,也就是扬州和益州。扬州有户115524,所领却有十六县,平均每县只有7220户。益州有户105586,所领十三县,平均每县也只有8122户。这样说来,扬、益二州的治所就不应该作为都会。可是这两州,特别是扬州,当时不仅是一都之会,而且是相当繁荣的。它的繁荣甚至引起隋炀帝的喜爱,还为之开凿了通济渠,前去巡幸,乐而忘返。这样说来,扬州治所的人户不宜以所属各县的平均数计算,应该是超出许多。

（二）天宝年间十万户州的治所

经过隋末的乱离，人口普遍减少，唐初休养生息，始得逐渐恢复，至玄宗开元年间，才能与隋世相仿佛。可能各地情况不尽相同，前后也难免稍有差异。以天宝年间人口计算，十万户以上的州就较隋时为少。这些州大体仍为隋时的旧郡，故仍分布在黄河中下游地区的各条重要道路上。由长安东行，到了洛阳。洛阳属河南府，也就是以前的洛州。洛阳仍为唐的东都，有人户十九万余，依然是次于长安所在的京兆府，而为其他各州所不及。由洛阳东去的道路上，十万户以上的州，为汴州和曹州。曹州为隋济阴郡。汴州却是新兴起的都会。这是由于通济渠船舶畅通而兴起的，也取代了隋荥阳郡的繁荣地位。由汴州顺通济渠而下就到了宋州。这是隋时的梁郡，唐时依然繁荣。

太行山东十万户以上的州，唐时仅有相、魏、冀、贝、沧五州。相州在太行山东麓的南北道路上，魏、冀两州则在更东的南北道路上。魏州又和贝、沧两州在永济渠畔。这几州中，贝州以储供给北军的用品及漕粮而被称为天下北库，最有名于开元天宝年间。太行山西的十万户以上的州，这时就只有一个并州。并州被设置为唐的北都。

唐时黄河中下游的十万户以上的州是减少了，长江流域却有增加。这显示出长江流域的经济已经有所发展。长江流域最为繁荣的州城，是扬州和益州，即所谓"扬一益二"。这已在前面论述过了。可是就在玄宗天宝年间，益州有户十六万余，扬州才有七万余户。扬州所领七县，平均每县也还有万户。就把各县的户数都计算到扬州城内，也还不到十万户。可能外来的旅人和商贾相当众多，熙熙攘攘，显出一派繁荣的景象。

长江流域其他十万户以上的州，为襄州、宣州、润州、常州（治所在今江苏常州市）、苏州和婺州（治所在今浙江金华市）。襄州为山南西道采访使的治所，就在由长安出蓝田关东南行的道路上。宣州在今安徽南部，濒于长江南岸，只是州城稍稍偏南些，依然是借着长江的交通得到更多的发展。润、常、苏三州都在江南河畔，自然得到交通便利的有利条件。特别是润州,其位于江南河和长江交汇的地方,条件更为有利。润州和扬州隔江相对,润州却要让扬州一筹。扬州当长江和官河也就是邗沟交汇的地方,长江流域及其以南各处运往长安的漕粮,都必须经过扬州,而润州却只能绾毂江南河一路,所以不能和扬州相提并论。至于其南的婺州,则是位于由润、常、苏等州南行,前往福州、建州以及洪州的道路上。

(三) 元和年间的十万户府州的治所

元和年间,李吉甫以当朝宰相撰著《元和郡县图志》,志中所列十万户以上的府州,仅有京兆和太原两府,襄州和苏州两州,较之天宝年间,减少甚多。李吉甫在撰著此书之前,曾奏上所撰的《元和国计簿》,据说:"总计天下方镇凡四十八,管州府二百九十五,县一千四百五十三,户二百四十四万二百五十四,其凤翔、鄜坊、邠宁、振武、泾原、银夏、灵盐、河东、易定、魏博、镇冀、范阳、沧景、淮西、淄青十五道,凡七十一州,不申户口。"① 不申户口就难以确知当地的具体户数。其实就是申报户口,也难得都有十万户以上的州,因为经过安史之乱,黄河流域人口大量减少,不易恢复天宝年间的盛况。不仅黄河流域如此,长江流域也受到影响。天宝年间,十万户以上的宣、润、常、婺等州的人户都有所减少,失去原来的繁荣,这就更不必再说黄河流域了。所不可知的乃是扬州的情况。今本《元和郡县图志》淮南道部分早已佚遗,缪荃孙所补辑的阙卷逸文,也未能补出扬州的元和户数,无从核对。当时以"扬一益二"并称,益州的户数也大量减少,扬州就是有所增加,也是不会很多的。

(四) 江南河上的杭州和西域道中的凉州

唐人很重视十万户州。对一些人户还没有十万的州也以十万户州相称,

---

① 《旧唐书》卷一四《宪宗纪上》。

显示出这些被称为"十万户州"的是相当繁荣的。前面曾征引过诗人赵嘏对于扬州的称道:"十万人家如洞天。"天宝年间,扬州一州才有七万余户,扬州城内如何就能有十万人家?但说到扬州城内的"笙歌夜上木兰船",确是道出扬州繁荣的盛况。杜牧称道湖州,也说:"十万户州,天下根本之地。"① 湖州就是现在浙江湖州市,位于太湖之滨,富庶的所在可以承受"天下根本之地"的称道。可是元和年间,湖州才有人户四万有余,还不到十万户州的一半。像这样的称道还可举出一些,这里就特别论述杭州和凉州。

以杭州为十万户州,也出自杜牧的称道。② 其实杭州也只有五万余户,比湖州稍多一点。杜牧以"天下根本之地"称道湖州。湖州固然能承担起这样的称道,太湖周围各州如苏州、常州也都一样可以承担得起,就是杭州也可以包括在内。杜牧称道杭州,还特别指出当地的交通,说是可以远来闽禺瓯越之货,增多商税的收入。作为江南河南端的终点,这是他处所不及的。

以凉州作为十万户州,始见于诗人岑参的篇章,诗中说:"凉州七里十万家,胡人半解弹琵琶。"③ 岑参是在天宝年间到过凉州的。天宝年间,凉州才有二万多户,和十万家差得更多。凉州的繁荣虽有其历史的渊源,但在隋时,其西的甘州却较凉州尤为繁荣。西域道上城镇的繁荣,有赖于所谓胡人来往贸易。隋时,西域胡人多聚集在甘州,朝廷还特设置官吏处理有关事务。④ 唐时,凉州设置河西节度使,鄯州设置陇右节度使,凉、鄯两州并称大镇,这就有助于凉州的发展。不过就在唐代初年,凉州已"为河西都会,襟带西蕃、葱右诸国,商侣往来,无有停绝"⑤,殆已超过了甘州。其繁荣的情景甚为当代所重视,安史之乱后,凉州没于吐蕃,人们对于凉

---

① 《全唐文》卷七五三,杜牧《上宰相求湖州第一启》。
② 《全唐文》卷七五三,杜牧《上宰相求杭州启》。
③ 《全唐诗》卷一九九,岑参《凉州馆中与诸判官夜集》。
④ 《隋书》卷六七《裴矩传》,又卷二四《食货志》。
⑤ 慧立、彦悰《大唐慈恩寺三藏法师传》。

州的盛况，还是深切地怀念，元稹在其所作的《西凉伎》诗中就曾经说过："吾闻昔日西凉州，人烟扑地桑柘稠。葡萄酒熟恣行乐，红艳青旗朱粉楼。"①这样的怀念显示凉州的繁荣固然由于商胡的众多，当地的物产也是相当富饶的。

七、边州赴域外的道路及沿边沿海的都会

唐德宗贞元年间，贾耽曾考核方域的道里，兼记载从边州入"四夷"的路途。据其所记，最为重要的道路共有七条：一为营州入安东道，二为登州海行入高丽渤海道，三为夏州塞外通大同云中道，四为中受降城入回鹘道，五为安西入西域道，六为安南通天竺道，七为广州通"海夷"道。②可以说是相当广泛的。

（一）营州入安东道

营州在今辽宁朝阳市。濒白狼水。白狼水今为大凌河。白狼水河谷为内地通往东北各地的主要道路，远在东汉末年，曹操征乌丸就是由这条道路进兵的。③下至隋唐时期，由沿海东行，道出渝关，已为通行的道路，但营州的重要位置并未稍有改易，后来竟成为平卢节度使的治所。

由营州渡辽水东行，首先经过的是安东都护府。安东都护府数经迁徙，这里所说的安东都护府为汉襄平城的故地，也就是现在辽宁辽阳市，这个位于辽水之东的都护府因之成为东北地区的交通中心，东南行可至平壤城，

---

① 《全唐诗》卷四一九。
② 《新唐书》卷四三《地理志》。
③ 《三国志》卷一《魏志·太祖纪》。

也就是安东都护府最初设置的地方。在这条道路的中途，还可至鸭绿江北的泊汋城。由故襄平城西南行，可至都里海口，都里在今大连市西南海滨。由故襄平城东北行，经盖牟城（今辽宁抚顺市）和渤海长岭府（今吉林桦甸县东南），至于渤海王城，也就是现在黑龙江宁安县，再北还可通到南黑水靺鞨，大致是今松花江下游及其以北各地。

贾耽所记仅是营州向东的道路。营州所属的只有柳城一县，西北接奚，北接契丹①，而与契丹交界极近。西北至契丹界才70里，东北至契丹界也只90里，就是距契丹牙帐也不过400里。②相距如此之近，不能说没有交往。开元年间，营州都督宋庆礼就曾招集胡商，为立店肆③，而安禄山也以能解六蕃语，得为互市牙郎④。在当时的交易中，蕃马实为大宗。当时规定，每值蕃马出货，选其少壮的，都由官家收购⑤，这自然有助于营州的繁荣，成为一方的都会。

（二）登州海行入高丽渤海道

登州为河南道最东的一州。由登州渡海，过大谢岛等岛，经乌湖海，也就是现在的庙岛列岛及渤海海峡，至于都里镇，再循海岸曲折东南行，可至新罗王城（今韩国庆州带）。如由鸭绿江舟行上溯，直至渤海神州（今吉林浑江市东南），再陆行至于渤海王都。

登州虽在海滨，然西南行，经青、齐诸州，再西可至洛阳和长安，中间由齐州渡河，亦可至魏、贝诸州。登州亦可南通扬州，如由海上往来，则扬州的船舶亦可在登州所属的文登县（今山东属县）的乳山、赤山等处

---

① 《新唐书》卷三九《地理志》。
② 《太平寰宇记》卷七一《营州》。
③ 《旧唐书》卷一八五下《良吏宋庆礼传》。
④ 《旧唐书》卷二〇〇上《安禄山传》。
⑤ 《大唐六典》卷二二《军器监、诸互市监》。

登陆，转赴登州。①

登州既是浮海东行的启碇处，州城内就设有新罗馆和渤海馆，可见两国使节商旅来往的频繁。②当然，唐朝人士出海东行的亦须经由此地。青、齐各处是素称富庶的农业地区，其东濒海各州亦非例外，这都有助于登州的繁荣。天宝以后，地方显得凋敝，似亦未能使登州海上行旅有所减色，唯尔灾荒饥岁，就不免略受影响。③

（三）夏州塞外通大同云中道

夏州治所在今陕西靖边县无定河北白城子。夏州北至黄河和阴山尚远，似不应以之作为边郡。这条道路由夏州北行，过今内蒙古伊克昭盟，渡黄河至当时的大同城。大同城即古永济栅，其地在今内蒙古乌拉特前旗之北。再东北行至诺真水汊。诺真水为今文不盖河，诺真水汊在今内蒙古达尔罕茂明安联合旗。这是这条道路所能达到最北处。由此东南行，至古云中城，则在今内蒙古托克托县东。可以说是并未超出关内道的地区。贾耽说"皆灵、夏以北蕃落所居"，这和他所说的边州入"四夷"的道路，还是相符合的。

夏州位于阴山山脉之南，为唐代北陲的重镇，有屏蔽都城长安的作用。从唐初起，就在夏州设置中都督府，显示当地的重要位置。作为和其北游牧部落往来道路的起点，贸易交往也应该是发达的。不过并未因之而减轻其军事重镇的本色。

（四）中受降城入回鹘道

当时通到更远的北方的还有中受降城入回鹘的道路。中受降城在今内

---

① 圆仁《入唐求法巡礼行记》卷二。
② 圆仁《入唐求法巡礼行记》卷二。
③ 圆仁《入唐求法巡礼行记》卷二。

蒙古包头市西南，其南隔着黄河今为达拉特旗。回鹘牙帐在嗢昆水上游之西。嗢昆水今为外蒙古鄂尔浑河。回鹘牙帐其实也就是其先的突厥牙帐。这条道路在突厥盛时即已畅通，并不一定至回鹘时才开辟出来。由回鹘牙帐更往北行，过仙娥河（今色楞格河），可至骨利干。骨利干在今贝加尔湖旁。再西又可至都播和坚昆部落。都播在今叶尼塞河上源处。由叶尼塞河稍往下行，就是坚昆部落。今叶尼塞河就是唐时的剑河。由回鹘牙帐渡仙娥河，东北行可至室韦。室韦分布于今黑龙江的南北。室韦和骨利干、都播诸部之北，还有些部落，更往北行，也是可以达到的。

中受降城与东西两受降城东西并列，相去各400余里。这是当时最北的一道防御设施。自筑成之后，突厥不得度山放牧，朔方无复寇掠。[①]这样的形势后来到回鹘雄踞漠北之时，犹未稍减。中受降城正是北陲的重镇，和夏州有相似的作用，其重要还应超过夏州。交通要道亦多有商旅往来，然军力防守，巩固边圉，仍当居于首位。

唐时在边郡设有互市监，掌管与诸国交易事务；特别互市马驼驴牛等，还须报送皇朝。夏州和中受降城既是边州入"四夷"的两条道路的起点，而且所去的部落都是游牧地区，似应一例设置。[②]如上面所说的营州，管理蕃马出货，选其少壮，都由官家收购。夏州和中受降城可能都是如此。即此一端，也是可以促进当地的繁荣的。

（五）安西入西域道

安西都护府始设于西州，后乃西迁至龟兹镇。西州治所在今新疆维吾尔自治区吐鲁番市东南，本高昌国故地。龟兹镇在今新疆库车县，已在当时的铁门关（在今新疆焉耆县西南）之西。贾耽所说的安西为徙至龟兹镇的新址。据贾耽所说，由安西西行，经拨换城，亦即姑墨州，今为阿克苏市。

---

① 《元和郡县图志》卷四《中受降城》。
② 《大唐六典》卷二二《军器监、诸互市临》。

再西度岭，循热海之南，至于碎叶。热海为今伊塞克湖，碎叶则在今吉尔吉斯斯坦托克马克附近。由碎叶城东南行，至疏勒镇。疏勒镇今为新疆喀什市。由拨换城南行，渡今塔里木河，亦即当时的赤河，可至于阗镇，即今新疆和田市。由于阗镇西北行，亦可至疏勒镇。由疏勒镇西南行，登葱岭，上有葱岭守捉，为故羯盘陀国，为安西极边之戍。由于阗镇东行，过且末县，再东就回到沙州。[①] 据其所述，这些道路大部在今新疆西南部和南部，中间向西突出，至于伊塞克湖之西。除过于阗一路可以东至沙州外，由其余各处东行，就须经过安西，这是安西能够成为一方都会的重要原因。

安西都护府所治的龟兹城，在玄奘所撰的《大唐西域记》中则作屈支国，这是音译的差异。据玄奘所记，屈支国大都城周十七八里，宜糜麦，有粳稻，出葡萄、石榴，多梨、柰、桃、杏，土产黄金、铜、铁、铅、锡，也是一个富庶的地区。

（六）安南通天竺道

安南通天竺道和广州通"海夷"道则皆在南服。安南都护府治所在今越南河内。天竺就是现在的印度和孟加拉国，皆远在安南之西，中间隔着南诏，由安南去南诏，须溯西道江（今为红河）而上，入剑南道，经柘东城（今云南昆明市），西至南诏所都的羊苴咩城。由羊苴咩城再西行，经永昌郡故城（今云南保山县），再经诸葛亮城（在今云南腾冲县东南），更西南行至于骠国（今缅甸国，其都城室利差咀罗为今卑谬城）。又西北行，至东天竺迦摩波国（今印度阿萨姆邦西部高哈蒂及其附近一带）和奔那伐檀那国（今孟加拉国 Rajshahi 及 Bogra 一带）再往前行，就可至摩羯陀国（今印度比哈尔邦巴特那和加雅地方）。由诸葛亮城西行，经大秦婆罗门国（今印度曼尼普尔一带或今阿萨姆北部以西至于恒河流域），亦可至奔那伐檀

---

① 《新唐书》卷四三《地理志》。

那国和摩羯陀国。

安南不仅可西通天竺，南行至驩州（治所在今越南荣市），再东南行，亦可至环王国城（今越南越轿）。由驩州西南行，还可达到文单国（今老挝万象），更南又可至罗越国（今马来西亚桑佛附近）。

（七）广州通"海夷"道

由广州南行可至质。质或称海峡，即今马六甲海峡。其北岸即罗越国，南岸则佛逝国（在今印度尼西亚苏门答腊）。过质西行，至师子国（今斯里兰卡国），绕行今印度南端，至波斯湾的乌剌国（在今伊拉克幼发拉底河口巴士拉），由此换小船至末罗国（在今巴士拉之西），即可至茂门王都缚达城（今伊拉克巴格达城）。

（八）广州和安南

广州于隋时为南海郡，安南为交趾郡，户数皆不甚多，似未能和黄河中下游诸大郡等量齐观。唐时广州始为岭南道采访使的治所。开元年间，初于边境置节度经略使时，广州又为岭南五府经略使的治所。在此稍前，安南亦设都护府，皆为一方重镇。

所谓岭南五府，为广州和桂管（治所即在桂州）、邕管（治所即在邕州），还有容管（容州治所在今广西北流县）和安南。桂州濒漓水，漓水下入郁水。邕州即在郁水上游岸旁。郁水下游即现在的西江，流经广州入于南海，故桂、邕两州和广州间的往来颇称便利。容州不濒郁水，濒郁水的为其东北的藤州（治所在今广西藤县）。容州距藤州才200余里[①]，可以经由藤州前往广州。广州和安南皆近在海滨，可借海舶以通往来。邕州南去广州1000里，则其

---

① 《元和郡县图志》卷三八《安南都护府》。

广州和安南在隋时虽户数不多，不能和黄河中下游的大郡相提并论，可是当地却是相当繁荣的。《隋书·地理志》就曾指出过："南海、交趾，各一都会也。并所处近海，多犀象、玳瑁、珠玑，奇异珍玮，故商贾至者，多取富焉。"唐天宝年间，户数虽稍有增加，所增的也非很多。广州才有四万余户，安南更少，才两万余户。户数增加不多，繁荣都未曾减色，依然是两处贸易港口。广州还设有市舶司，以检查出入海港的船舶。据说，每海舶至，市舶使籍其名物，纳舶脚，禁珍异。①所谓纳舶脚，就是征收税款。至于禁珍异，则是控制海舶运来珠宝货物，由皇朝及当地大吏购买后，才允许一般交易。安南虽未设市舶司，每岁也都有海舶往来。往来的海舶以广州为独多，杂有婆罗门、波斯、昆仑等处的船舶，有时竟多至不知其数。②婆罗门指的就是印度，昆仑则是唐时对于南洋黑人的称谓。这样说来，有船舶来到广州的海外诸国为数不少。随船舶运来的货物也应相当繁多。王建诗中描述广州的富庶，有句说："戍头龙脑铺，关口象牙堆。白氎家家织，红蕉处处开。"③刘禹锡诗中描述广州的海外，也有句说："连天浪静长鲸息，映日帆多宝舶来。"④这都应是实录。

（九）贾耽所未提到的明州

明州治所在今浙江宁波市南，和登州同位于海滨。虽亦可泛海去到日本，但没有登州那么重要，因而不为贾耽所道及。登州在天宝年间，所领四县，有户二万余，明州亦领四县，却有户四万余，显得不尽相同。唐德

---

① 李肇《唐国史补》卷下。
② 真人元开《唐大和上东征传》。
③ 《全唐诗》卷二九九，王建《送郑权尚书南海》。
④ 《全唐诗》卷三六一，刘禹锡《南海马大夫远示著述，兼酬拙诗，辄著微诚，再有长句，时蔡戎未弭，故见于篇末》。

宗贞元年间，日僧空海由长安返回日本，就是由明州起碇的。①其后宣宗大中初年，日僧圆仁东归日本，也曾打算由明州归去，由于泊在明州的日本船舶已经离去，才又改道经由登州归去。②圆仁虽未能如愿，明州港口还是不时有日本船舶停泊的。

唐时和域外的交通如上所说是相当发达的，有关撰述亦复不少，玄奘《大唐西域记》、义净《南海寄归法师传》、杜环《经行记》皆其著者。其中所列诸国间有未为贾耽所涉及。这可能是因为贾耽所记仅限于边州入"四夷"的道路，而此所谓"四夷"，又仅限于通于鸿胪寺者。体例不同，难于并论。虽然如此，由贾耽所记亦可略见当时的声势，也由于所及甚远，商旅往来繁多，各条道路所由肇始的州城或军镇，因而也相应显得繁荣和昌盛。

隋唐两代历年三百余载，疆域广大，州郡繁多。一都之会为数非少。本篇所列，都城长安和各陪都之外，仅略述扬益二州和开元十五道采访使的治所，兼及十万户州和边州赴域外道路的起点。至德之后，方镇递增，迄至元和年间，已多至四十八道，各道的节度、观察自各有其治所。地域不同，就难得一律。浙东的越州，浙西的润州，并为观察使治所，前者有户二万，后者有户五万，虽皆不及苏州，也是东南的大郡。就是润州所属的上元县（今江苏南京市），在隋时已"市廛列肆，埒于二京"，为一方的都会。剑南的梓州（治所在今四川三台县）和益州分为东西两川节度使的治所，然梓州仅有户六千，和益州的四万户相差甚多，仍为剑南的上州。可是关中的邠州和鄜州，就很不相同。邠州为邠宁节度使治所，鄜州为鄜坊观察使治所。论其地位和浙东、浙西、东川、西川相仿佛。可是邠州所领四县，才有户二千有余，鄜州所领五县，户数更少，仅得七百五十。这怎么能够相提并论。就是通在西域道上，也自有其特色。由于商胡往来，

---

① 宫绮忍胜《空海の入唐どその前后》（《空海入唐》第四章）。
② 圆仁《入唐求法巡礼行记》卷四。

各州都有受益，这就不仅是鄯州和凉州了。即如沙州（治所在今甘肃敦煌县），虽远在凉州以西，却也和通往西域道路有关。前面说到通西域的道路，仅提到由凉州和甘州经瓜州出玉门关通往西州的道路，其实由瓜州西南行，经沙州向西还是两汉以来的老路。沙州西有阳关和汉时玉门关。出玉门故关西北行，仍可去到西州。出阳关西行，亦可到达于阗（今新疆和田市）。唐初玄奘取经归来，所行的就是这条道路。沙州所领二县，旧有户四千有余，算不得大州，可是莫高窟中隋唐时人所建立的部分，仍可显示当时沙州的盛况。就是在吐蕃据有陇右之后，张义潮举州归来，沙州还能支持相当悠长的年代，可见当时富庶的梗概。像这样一些情况，都难得一概而论了。

（原载《唐史论丛》第六辑，陕西人民出版社 1995 年版）

隋唐时期运河和长江的水上交通及其沿岸的都会

隋唐时期交通相当发达，运河和长江的水上交通尤为当时后世所称道。运河有不同的渠道，渠道相互连缀，可以通到许多地方。长江亦多支流，支流之大者船舶亦皆畅通无阻。水上交通既已发达，其沿岸也就相应出现一些都会。这些都会亦各自为中心，向外辐射出若干条道路，共同助长其繁荣。综合论述，或许有助于隋唐史事的研究和探讨。[①]

上篇　运河的畅通及其沿岸的都会

一、运河的开凿和连缀

当隋朝社稷始建之时，隋文帝即已着手开凿运河，以通漕运。当时所

[①] 隋唐两代，州郡名称迭有改变，颇多繁杂，兹篇所论以两《唐书·地理志》所载的州名为主，不再多所涉及。

开凿的为广通渠,由大兴城引渭水,东至潼关入于黄河。大兴就是唐时的万年县,与长安同治于一城之中。这条渠后来避隋炀帝讳,改称永通渠,唐时则称漕渠。炀帝接着大举开凿,所凿的有通济渠、邗沟、江南河和永济渠。通济渠由洛阳西苑引谷、洛水入黄河,又由板渚(今河南荥阳县西北广武山北)分河东南行,经唐时汴(治所在今河南开封市)、宋(治所在今河南商丘市)诸州,逶迤至泗州(治所在今江苏盱眙县西北)入于淮水。邗沟本为春秋时吴王夫差的旧迹,中间屡经疏浚,河道也有所移动。隋文帝伐陈,所疏浚的山阳渎,就是指此而言的。可能疏浚得不彻底,有待炀帝的再度兴工。炀帝所凿的邗沟,北起山阳(今江苏淮安市),南至扬子(今江苏仪征市东南),较之吴王夫差的遗迹又要偏西一些。至于江南河则自京口(今江苏镇江市)绕太湖之东,直至余杭(郡治在今浙江杭州市),与钱塘江相合。这几条河道和其间的黄河、淮水河段相接合,从长安就可一直达到东南近海之地。其中通济渠和邗沟,直到唐朝还应是重要的漕运水道。

永济渠在黄河之北,另成体系,是利用黄河支流沁水下游,引沁水东合淇水。淇水东北流入海,永济渠就循着淇水东北行,到了今河北静海县夕流镇折而西北行,于今永清县北合桑乾水(今永定河),再西北达于当时的涿郡,也就是唐时的幽州(治所在今北京市)。

唐时称通济渠为汴渠或汴河,邗沟为官河或漕渠,江南河和永济渠则仍故名,未见新称。隋时所开凿和疏浚的运河,并非仅此诸条,其他皆较为短促。唐时也曾经有过一些新的设施,虽也可供运输之用,但成效都非很大,沿流中间也无若何重要都会,这里就不再赘陈了。①

---

① 有关这几条运河的记载,参见拙著《中国的运河》第五章《隋代运河的开凿及其影响》。

二、邗沟与长江汇合处的扬州

各条运河沿岸的都会不少,最为著名的应推邗沟南端的扬州(治所在今江苏扬州市)。邗沟在扬州之南和长江相汇合,扬州实为居于水上交通枢纽的都会。扬州在隋以前即有声于当世,隋炀帝开凿通济渠和疏浚邗沟,其最初动机就与扬州的繁荣有关。运河开凿疏浚成功,更促进了扬州的繁荣。到了唐代,其繁荣程度为全国所少有,超过了长江上游的益州(治所在今四川成都市)。当时俗谚就以扬州和益州相提并论,称之为"扬一益二"。

"扬一益二"是说扬州位于第一,益州居于第二位。这是唐代后期社会上对于扬、益二州繁荣的称道。扬、益二州的繁荣显现在经济方面,这和长安、洛阳不同。长安、洛阳作为都会具有政治因素,为政治都会,扬、益二州都是经济都会。再具体说来,长安是当时的政治中心,扬州则是经济中心,两者是迥然不同的。

扬州能够不断繁荣,实是得力于通过通济渠和邗沟,也就是汴渠和官河的漕运道路,和都城长安交通往来。唐人论述汴渠的作用说:"自扬、益、湘南至交、广、闽中等州,公家运漕,私行商旅,舳舻相继。"① 应该说,这许多地方的运漕和商旅,都是经过扬州才能去到长安。其中绝大部分都要经过扬州以上的长江。当时长江最上游的通航可以远至益州,扬州市上的红锦,就是蜀船由成都运来的。② 至于湘南、交、广等地的船舶则由湘水转入长江,再行下运。唐玄宗天宝初年,韦坚主持漕运,聚集各地到长安的船舶,聚于广运潭内,其中就有南海郡船和始安郡船。③ 南海郡即广州(治所在今广东广州市),始安郡即桂州(治所在今广西桂林市)。桂州濒漓水,漓水上游与湘水经过灵渠可以互相沟通,所以始安郡的船舶可以经过扬州

---

① 《元和郡县图志》卷五《河南府》。
② 《全唐诗》卷五二二,杜牧《扬州三首》:"蜀船红锦重。"红锦出自成都。
③ 《旧唐书》卷一○五《韦坚传》。

一直达到长安。南海郡本可溯浈水（今北江）而上，经过韶州（治所在广东韶关市），越南岭，或至郴州（治所在今湖南郴州市）沿湘水而下，或至虔州（治所在今江西赣州市），沿赣水而下，转入长江，皆可达到扬州。可是当时却用南海郡船舶去到长安，这就不能取韶州一路了。南海郡的船舶须由郁水（即西江水）上行，进入漓水，和始安郡的船舶一样，经灵渠再循湘水而下。韦坚所聚集的船舶中，未见交趾郡的船舶。交趾郡即交州，也就是安南都护府（治所在今越南河内）。岭南五府包括安南都护府在内，彼此之间的交通都相当便利。安南北距邕州(治所在今广西南宁市)1000里。①邕州濒郁水，北上就更为方便。当时还有豫章郡船。豫章郡即洪州（治所在今江西南昌市），濒赣水，当然沿赣水而下，转入长江。湘水和赣水为长江南侧两大支流，这时就都纳入扬州的交通系统中了。当时还有宣城郡的船舶。宣城郡就是宣州（治所在今安徽宣州市）。宣州辖境直到长江岸边，州内还有一条青弋水（今青弋江），船舶的航行也是相当方便的。当时又有丹阳郡和晋陵郡的船舶。丹阳郡就是润州，晋陵郡则为常州（治所在今江苏常州市），都在扬州的近处，是用不着多说的。

应该再做说明的，是会稽郡和闽中。会稽郡为越州（治所在今浙江绍兴市），位于杭州（治所今仍为浙江杭州市）之东，中间只隔着浙江。杭州为江南河的终点，越州治所山阴县北有新河，西北又有运道塘②，皆为人工开凿的小规模运河，而运道塘的名称更显出其实际上的作用，越州的船舶自然会航行到扬州的。按当时的疆域区划，杭州还算是浙西，越州就是浙东了。由扬州到闽中，应是由杭州南行，过婺州（治所在今浙江金华市）和衢州（治所在今浙江衢州市），就可到建州（治所在今福建建瓯县）和福州（治所在今福建福州市）。唐末，黄巢南攻宣州不克，引兵入浙东，开山路700里，攻福、建诸州。③由宣州至浙东未悉出于何途，婺州

---

① 《元和郡县图志》卷三八《邕州》。
② 《新唐书》卷四一《地理志》。
③ 《资治通鉴》卷二五三《唐纪六九》。

及衢州皆浙东属县，黄巢至少是到过这两州的。所开的山道，据说就在衢州之南的仙霞岭上。①仙霞岭上的道路，后来一直通行，当是南北的大道。应该指出，黄巢所开的山路只是对道路的修整，原来还是有道路的。唐宪宗元和年间的记载，即明确指出"衢州南至建州七百里"②，就是证明。

根据这些论述，可以具体指出，经过扬州向北运输的货物，是来自长江沿岸各地，最远可以包括益州在内。长江以南所涉及的地区更为广泛，南到广州和安南，也就是说利尽南海了。至于东海之滨的越州和其南的闽中，更应该包括在内。这样广大的地区都和扬州有关，扬州经济能够繁荣发展，居于当时全国的首位，是理所当然的。

由于交通的便利，南来北往的旅人也就不计远近，而绕道扬州。元和年间，李翱前往岭南，不取道出蓝田关，过襄州、江陵，再溯湘水而上，却由汴渠东南行，绕道扬州。③就是由长安西往西蜀的人，也不直接越过秦岭和巴山，历栈道的危险，而是由汴渠入官河，经过扬州前往的。唐末，韦庄入蜀就是绕道这几条运河，其所著《秦妇吟》一诗，即描述乱离之时，秦中一位妇人前往巴蜀，一路上颠沛流离的苦状。虽然颠沛流离，还没有中途改道。④除非这条道路因战乱受到阻遏，才不能不别取他途。穆宗长庆年间，汴州军乱，汴路阻遏不通。其时白居易受命为杭州刺史，就只好出蓝田关东南行，由襄汉路前往。白居易在途中曾有诗说："东道既不通，改辕遂南指。"⑤后来到了杭州，在谢上任表中还一再说："属汴路未通，取襄阳路赴任。"⑥其不得已的心情溢于言表。就是由蜀中到河东，也有不经过梁州和长安而绕道扬州的。⑦毕竟船舶平稳是要胜过鞍马劳顿的。

---

① 《读史方舆纪要》卷八九《浙江》。
② 《元和郡县图志》卷二八《衢州》。
③ 李翱《李文公集》卷一八《来南录》。
④ 《韦庄集·浣花集补遗》。
⑤ 《白氏长庆集》卷八《长庆二年七月，自中书舍人出守杭州，路自蓝溪作》。
⑥ 《白氏长庆集》卷六一《杭州刺史谢上表》。
⑦ 《全唐诗》卷二七三，戴叔伦《广陵送赵主簿自蜀归绛州宁觐》："将归汾水上，远省锦城来，已泛西江尽，仍随北雁回。"

还应该指出，这个各路船舶会集的都会，也还有国外船舶的来往。当时沿海有几处海舶停泊处，其中没有列上扬州。[①] 前些年间，扬州城南施桥曾发现一艘唐代沉船，就其残迹看来，应该是一艘海舶，而不是江船。[②] 唐肃宗上元年间，田神功入扬州，商胡、波斯被杀害者就有数千人。[③] 扬州的商胡、波斯是很多的，《太平广记》中曾有不少篇章记载扬州商胡、波斯的逸闻，则有关田神功的记载当非虚枉。有这样多的域外商人寓居，更显示出当地经济的繁荣。

扬州的繁荣也得力于当地物产的富饶。扬州富饶的物产主要是粮食和盐。安史之乱时，黄河中下游备受摧残，富庶的农业地区殆难以复振，"军国费用"，只好"取资江淮"[④]。当时人说："今天下以江淮为国命。"[⑤] 扬州就是江淮地区的中心。当然从长江以南迄于五岭运往长安的漕粮都要经过扬州城下，更增加由扬州运出粮食的数目。[⑥] 唐代盐税是王朝重要的收入。据说唐代宗大历之末，"天下之赋，盐利居半"[⑦]。唐代产盐之地相当繁多，江淮之间濒海各县所产更富。刘晏为盐铁使时，曾在这里设四院十监以相管理。[⑧] 盐铁使为唐代最重要理财官员，就驻在扬州，其间的意义是极为清楚明白的。

扬州的物产还应该提到锦和铜器。前面提到天宝年间，韦坚主持漕运，以东南各地的船舶运到长安的奇物宝货，其第一船就标明是广陵郡的船。扬州在当时称为广陵郡。船上所运的是广陵郡出产的锦、镜、铜器、海味。镜以铜制成，广陵铜镜的制作最为有名，故船上特别陈列出来。韦坚当时还特别训练一些人歌唱，其中有句说"扬州铜器多"，这也应该不是偶然的。

---

① 《新唐书》卷四三《地理志》。
② 拙著《论唐代扬州和长江下游的经济地区》。
③ 《旧唐书》卷一二四《田神功传》。
④ 《全唐文》卷六三《宪宗元和十四年七月二十三日上尊号敕》。
⑤ 《全唐文》卷六六〇，杜牧《上宰相求杭州启》。
⑥ 拙著《隋唐时期长江下游农业的发展》。
⑦ 《新唐书》卷五四《食货志》。
⑧ 《新唐书》卷五四《食货志》。

其实广陵的锦、镜、铜器、海味都已列为贡品①，用不着韦坚再特别称道。既然列为贡品，在扬州市上也应是畅销的货物。就是这样便利的交通和富饶的物产，促成了扬州成为当时的经济中心。唐人赵嘏称道扬州的诗中有句说："十万人家如洞天。"② 十万人家似乎说得多些，至于洞天的说法，则充分道出当时人的心情。

三、汴渠及其沿岸的汴、宋两州

汴渠为隋时的通济渠。自通济渠开凿成功后，就成为都城长安与扬州之间的交通要道。尤其是东南各地的漕粮大都须经由汴渠运到洛阳和长安，更显得它具有重要的意义和作用。由于运输频繁，就相应兴起了一些都会，而最受人称道的则为汴、宋两州。

汴州不仅水道交通便利，陆路也纵横交错，使之成为一个地区的交通中心。汴州位于洛阳之东，四通八达，东面可以通到青（治所在今山东益都县）、齐（治所在今山东济南市）、徐（治所在今江苏徐州市）、海（治所在今江苏连云港市海州）。不过当年唐高宗和玄宗祖孙二人相继封禅泰山，东行时却都没有经过汴州。但这并不等于说汴州和青、齐各处就没有交通。唐代中叶以后，各地通设节度使，汴州设宣武军节度使，郓州（治所在今山东东平县）设天平军节度使，青州亦设平卢军节度使。后来郓、青两处合为淄青节度使，即以郓州为治所。汴州和郓州之间仅隔着曹州（治所在今山东菏泽县南），相距并非很远，本来就有道路。③ 藩镇跋扈时，两镇亦时有应和，可知其间交通的便捷。

---

① 《新唐书》卷四四《地理志》。
② 《全唐诗》卷五四九，赵嘏《送沈单作尉江东》。
③ 《元和郡县图志》卷一一《曹州》。

当年唐高宗和玄宗祖孙二人封禅泰山时，虽未取道汴州东行，归来时却还是要经过汴州。汴州不仅可以通到青、齐各处，就是往东趋向徐、海各州，其重要并不稍次于循黄河之南东行的一途。

汴州和其北的魏州（治所在今河北大名县），一河之隔，中间虽还夹有滑州（治所在今河南滑县东），也还不算很远。就是和河北各处也都可以通过魏州互相往来。汴州之南为许州（治所在今河南许昌市）和陈州（治所在今河南淮阳县）。再南为蔡州（治所在今河南汝南县）。唐中叶后，据有蔡州的藩镇，先后叛乱数十年，其间也尝争夺过汴州，军事往来，往往取道许州，当是许州一途较为便捷。① 就在唐军进讨吴元济时，鄂岳（驻鄂州，治所在今湖北武汉市）驻军亦尝出兵由安州（治所在今湖北安陆县）进讨。② 通过这样一些军事活动，可知由汴州南行，经过蔡州，还能达到鄂州。

汴州虽有这样一些陆路，主要交通还是凭借汴渠。就是其他水道也还有助于交通：汴州之南，原来有一条蔡水，可以通到陈州；蔡水下游流入颍水，在这中间还分出一条涡水，因而其和颍水、涡水两流域都能有所交往。唐德宗初年，淄青李正己控制徐州，在埇桥（在今安徽省宿州市）阻遏汴渠运道，漕舟就由涡口（在今安徽怀远县）进入涡水，运到汴州。③

唐人对这样的都会曾经有过相应的评论。据说，"大梁当天下之要，总舟车之繁，控河朔之咽喉，通淮湖之漕运"。既然是"当四会五达之通庄"，也就"杂燕赵悲歌之人，迩吴楚剽轻之俗"④，所说的倒也符合汴州具体的形势。正是这样，才使"汴州成为四战之地"，特别是在唐代中叶以后，汴州更成为"危邦"，而且这样的"危邦"，还是"积年"都不易有所改变的。⑤

汴州成为"危邦"固然是与四战之地有关，实际上却是汴渠促成的。

---

① 《白氏长庆集》卷四三《许昌县令新厅壁记》。
② 《旧唐书》卷一六五《柳公绰传》。
③ 《旧唐书》卷一五二《张万福传》。
④ 《全唐文》卷七四〇，刘宽夫《汴州纠曹厅壁记》。
⑤ 《全唐文》卷六〇五，刘禹锡《唐故相国赠司空令狐公集序》。

汴渠为漕运要道，而汴渠却流经汴州城下。唐中叶以后的跋扈藩镇，如果据有汴州，就可以控制漕运要道，进而就能使长安城中的唐王朝难于维持下去。唐德宗时，李希烈进攻汴州，江淮路绝，朝贡粮米就不能不改道西运。及汴州失陷，唐王朝也就不能不以全力相争夺。① 李希烈虽然未得所逞，这种局面并未稍有改变。后来朱温据有汴州，就是以汴州的兵力倾覆唐王朝的。五代时，石敬瑭以汴州水陆要冲，山河形势，乃"万庾千箱之地，是四通八达之郊"，因而就把后晋的都城，从洛阳迁到汴州，并改置为开封府。② 中经后汉、后周两朝，到了宋代，竟然成了定制。

汴州之东为宋州。宋州亦濒汴渠，与汴州相距仅300里③，唇齿互依，相当密切，故论当地形势，辄梁、宋并举。陆贽就曾经陈述过："梁、宋之间，地当要害，镇压齐鲁，控引江淮。"④ 安史之乱时，张巡能够守住睢阳，江淮富庶的地区就幸免波及。睢阳就是宋州治所的所在地。其实还应不仅是江淮富庶地区，王朝的漕运更是不可须臾疏忽的。后来唐德宗在所颁布的诏书中还特别指出："梁、宋之地，水陆冲要，运路咽喉，王室屏藩。"⑤ 德宗这篇诏书，并非专指宋州而言，是说到汴州，因而也就涉及宋州。就是这样，依然能够显示出宋州和汴州的形势都是十分重要的。

宋州不仅形势重要，而且也相当富庶。杜甫就曾经有过专咏宋州的诗篇，诗中说："昔我游宋中，唯梁孝王都。名今亚陈留，剧则贝魏俱。邑中九万家，高楼照通衢。舟车半天下，主客多欢娱。"⑥ 这也是当时国内所少有的。

宋州能够成为一方的都会，固然是由于濒着汴渠，其他方面的交通，特别是通往徐、兖（治所在今山东兖州市）、曹、亳（治所在今安徽亳州市）诸州的道路，也都能起到一定的作用。前面曾经提到唐高宗封禅泰山事，

---

① 《资治通鉴》卷二二九《唐纪四五》。
② 《旧五代史》卷七七《晋书三·高祖纪三》。
③ 《元和郡县图志》卷七《宋州》。
④ 陆贽《陆宣公翰苑集》卷二〇《议汴州逐刘士宁状》。
⑤ 《白氏长庆集》卷四〇《与韩弘诏》。
⑥ 《全唐诗》卷二二二，杜甫《遣怀》。

其归来时，由兖州到达亳州，这中间自然须经过宋州。由亳州南行，就是颍州（治所在今安徽阜阳市），由庐州（治所在今安徽合肥市）去到长安和洛阳的二京路就是经过颍州的。①

宋州作为一方的都会，也是由于当地有其特殊的物产。宋州以产绢的质量优异而著名。唐代产绢之地甚多，几遍于全国的绝大部分地区。列为第一等的就只有宋、亳两州。②宋州的丝织品有名于世，渊源甚早。秦汉之世，睢阳的缯就运贩到他处。③距睢阳不远的襄邑同样以织锦出名④，直到魏晋之间，盛名犹未稍息⑤。汉时且在襄邑设立织室，纺织皇室服装的用品。⑥唐时睢阳、襄邑仍为宋州属县，种桑养蚕依然是当地农家的要务。唐时所定的全国绢的质量等第，亳州与宋州同列，亳州不濒汴渠，所产的绢当能更增添宋州市上的繁荣。

不过应该指出，汴州也是产绢地区。不仅汴州产绢，其西的郑州（治所在今河南郑州市），其东的曹州也都产绢，和宋、亳两州一样，只是所产的绢质量稍差，在全国产绢地区的质量等第中，列为第二等⑦，这就难与宋、亳两州相比拟了。虽然如此，对于汴州的繁荣也会有所助益。

四、徐州和楚州

宋州之东为徐州。宋州和徐州之间的距离较宋州和汴州之间稍长些许。徐州不濒汴渠。不过就在唐时对此也有不同的记载，李吉甫所撰的《元和

---

① 《全唐文》卷六一二，陈鸿《庐州同食馆记》。
② 《大唐六典》卷二〇《太府寺》。
③ 《汉书》卷四一《灌婴传》。
④ 《说文》。
⑤ 《昭明文选》卷六，左思《魏都赋》。
⑥ 《汉书》卷二八《地理志》。
⑦ 《大唐六典》卷二〇《太府寺》。

郡县图志》于《河南府》中就说过："（隋炀帝）从大梁之东引汴水入于泗，达于淮。"泗水流经徐州城下①，汴水若入于泗，也是要经过徐州城下的。在这以前，张建封为徐州刺史，韩愈为赋《汴泗交流赠张仆射》诗，诗中首句就说"汴泗交流郡城角"②。韩愈曾入张建封幕，到过徐州，故说得这样明确。这可能是东汉迄于南北朝的汴水遗迹尚未完全湮没，仍有积水，故所云如此。唐时汴渠是不会流经徐州城下的。李翱《来南录》中按日记载其南行的路程说：遂泛汴流，通河于淮。及河阴，次汴州，宿陈留，宿雍丘，次宋州，至永城，至埇口，次泗州，下汴渠入淮。这显然和徐州无关。既然如此，当时记载，却又说张建封为徐州刺史，是因为徐州为"咽喉要地，据江淮运路，朝廷思择重臣以镇之"，故以张建封当其任。③

既然徐州不濒汴渠，为什么又说它"据江淮运路"，成为"咽喉要地"？前面曾经提到李希烈进攻汴州，企图阻遏汴渠运路。就在李希烈进攻汴州以前，淄青节度使李正己就已经企图在埇桥（今安徽宿州市）阻遏汴渠运路，甚至还企图堵塞涡口，使漕舟不能由涡口入涡水，再上溯到汴州。④李吉甫曾经指出："自隋氏凿汴以来，彭城南控埇桥，以扼汴路。"⑤这段话也有道理，因为埇桥在符离县境，隋时符离县正是属于徐州。⑥可是在唐时还不完全如此，淄青节度使原来并不兼辖徐州，是在李正己企图阻遏埇桥运道的前五年，亦即唐代宗大历十一年（公元776年），淄青节度使才增领徐州的。直至唐宪宗元和四年（公元809年），才以埇桥另置宿州。⑦可是宿州仍归徐州管辖⑧，至于涡口所在的濠州也划归徐州管辖。元和年间，李吉甫就讥

---

① 按：《元和郡县图志》卷九《徐州》于徐州治所彭城县，只提到泗水在县东，初无一语涉及汴渠，是其时徐州无汴渠。
② 《韩昌黎集》卷三《古诗》。
③ 《旧唐书》卷一四〇《张建封传》。
④ 《旧唐书》卷一五二《张万福传》。
⑤ 《元和郡县图志》卷九《徐州》。
⑥ 《隋书》卷三一《地理志》。
⑦ 《元和郡县图志》卷九《宿州》。
⑧ 《新唐书》卷六五《方镇表》。

讽当时处理此事的宰相"不学无术，昧了疆理"，肇致了这样的祸根。①

唐代初年，有人对于徐州曾做过一番估计，认为"徐兖同俗，故其余诸郡，皆得齐鲁之所尚，莫不贱商贾，务稼穑"。②所说也是实情，因为当地除农作物外，殆无其他行销于市上的商品。③虽也还向王朝贡绢④，但质量是比较差的，不能和宋、亳等州相提并论。

淮南的楚州（治所在今江苏淮安市），与扬州分处于邗沟也就是官河的南北两端。扬州位于官河和长江交汇处，楚州则处于官河和淮水交汇处。据说，当楚州"全盛时，北客所经从，一道自南渡门绝淮，则之齐、鲁、山东，一道自淮阴放洪泽闸达淮，则入汴入洛"⑤。这虽是后来的记载，大致与唐时实际相符合。楚州与扬州南北对峙，却远不如扬州繁荣。当时的漕船主要由南向北运输，扬州是长江上下漕船集中的地方，楚州只是过路站，也就难得相比拟。楚州南距扬州虽非甚远，可是蚕桑事业却难得说起。楚州的贡物只是贳布和纻布。楚州所属各县，绝大部分都有农田水利的设施。⑥当时诗人还称道楚州的农田，说是"万顷水田连郭秀，四时烟月应淮清"⑦，足见农业有一定的基础。可是天宝年间，韦坚在长安广运潭所纠集的由汴渠上溯的船只中，竟无楚州或淮阴郡的船只⑧，可见楚州在物产方面还不易和丹阳、晋陵诸郡相比拟。其实楚州也不是没有什么可以称道的地方。当时盐铁使虽置在扬州，产盐的地区可能楚州还要超过扬州。当时所产的盐以吴、越、扬、楚为最多，而扬、楚两州并列。当时为督促产盐，全国共设四场十监。四场中无扬州的属县，却有楚州的涟水县（今仍为县），

---

① 《元和郡县图志》卷九《濠州》。
② 《隋书》卷三一《地理志》。
③ 《大唐六典》卷二〇《太府寺》：徐州产大麻，于全国质量等第中列为第三等。
④ 《元和郡县图志》卷九《徐州》。
⑤ 王象之《舆地纪胜》卷三九《楚州》。
⑥ 《新唐书》卷四一《地理志》。
⑦ 《全唐诗》卷三五九，刘禹锡《送李中丞赴楚州》。
⑧ 《旧唐书》卷一〇五《韦坚传》。

十监中有扬州的海陵县（今江苏泰州市），也有楚州的盐城县（今仍为县）。①县以盐城为名，显示与其他县邑不同。据说唐时盐课四十五万石，而盐城每岁煮盐就已有四十五万石。②驻在扬州的盐铁使，可能还必须倚靠楚州所产才能完成他的盐课税收。

五、江南河畔的润、常、苏、杭诸州

位于江南河北口的润州，是和扬州隔着长江相对的。由于只有一江之隔，凡是由扬州前往所能达到的地方，由润州前往同样也是可以达到的。润州虽是和扬州隔江相对，由于长江上下游进入邗沟也就是官河的船舶较多，也由于官河南行的船舶并非都再进入江南河，所以润州就显得不如扬州。话虽如此，润州也仍然自有其相当重要的地位。当时有诗人称道润州，说是"水国逾千里，风帆过万艘"③。这样的称道并非过分。

润州的治所在南北朝时称为京口，因为有水道可以东通吴会④，故易于繁荣。江南河的开通，不仅恢复了原来的水道，而且规模更大。唐初撰《隋书》，追溯既往，还说："京口东连吴会，南接江湖，西连都邑，亦一都会也。"⑤这里所说的都邑，自是指建康而言。就唐代来说，常州（治所在今江苏常州市）距润州最近，对于润州的繁荣更能有所助力。天宝年间，韦坚集江南船舶于长安广运潭中，广陵郡（即扬州）船之后，接着就是丹阳郡（即润州）和晋陵郡（即常州）的船舶。丹阳郡船上载的是京口

---

① 《新唐书》卷五四《食货志》。
② 《舆地纪胜》卷三九《楚州》引《元和郡县图志》佚文。
③ 《舆地纪胜》卷七《镇江府》引李德裕《游北固》。
④ 《南齐书》卷一四《州郡志》。
⑤ 《隋书》卷三一《地理志》。

绫衫缎，晋陵郡船上载的是折造官端绫绣。① 可见两郡的绫绣是有名的，就是绫的种类也不少，有的就列为贡品。还应该指出，润州和常州的布也有精品，润州的火麻布在全国同类物产中列为第一等，常州的纻也列为第二等，两州都是产粮之地，农田水利工程不少，所以粮产是丰富的。②

润、常二州的东南就是苏州。苏州的治所就是现在江苏苏州市。上面所说的"京口东连吴会"，就是指苏州而言。江南人户于唐代中叶以后较前皆有增加，宪宗元和年间较多于玄宗开元年间。可是润、常两州元和年间的户数皆未超过十万，超过十万的只有苏州。③ 据说："当上元之际，中夏多难，衣冠南避，寓于兹土，参编户之一。"④ 人俗舛杂，也许难于治理，可是对于当地经济和文化的发展，必然会有很大的助力。中夏多难固然促使衣冠南迁，也促使中原残破。中原经济衰敝，王朝租赋就多取于江淮各地。韩愈就曾经说过"赋出天下而江南居十九"⑤，甚至唐宪宗颁布的敕书也说"军国费用，取资江淮"⑥。江淮地区广大，州县繁多，这里所说的只是泛举。杜牧引用当时浙江观察使崔郾的话，说得更具体："三吴者国用半在焉。"⑦ 所谓三吴，是指吴郡、吴兴、丹阳而言。⑧ 吴郡就是苏州，吴兴为湖州（治所在今浙江湖州市），丹阳就是上面所说的润州。三郡都在太湖周围，太湖周围适于农耕，为唐代中叶以后全国最为富庶的地区。唐初人于论京口的习俗后，还曾经说过"宣城、毗陵、吴郡、会稽、余杭、东阳，其俗亦同。

---

① 《旧唐书》卷一○五《韦坚传》。
② 《新唐书》卷四一《地理志》。
③ 《全唐诗》卷六八七，吴融《风雨吟》："姑苏碧瓦十万户，中有楼台与歌舞。"苏州一州的户数才超过十万，姑苏城内如何就能有"碧瓦十万户"？看来这所说的"碧瓦十万户"只是诗人描述的惯语，与实际的情况未能尽相符合。
④ 《全唐文》卷五一九，梁肃《吴县令厅壁记》。
⑤ 《韩昌黎集》卷一九《送陆歙州诗序》。
⑥ 《全唐文》卷六三《宪宗元和十四年七月二十三日上尊号敕》。
⑦ 《全唐文》卷七五六，杜牧《唐故银青光禄大夫检校礼部尚书御史大夫充浙江西道都团练观察处置等使上柱国清河郡开国公食邑二千户赠吏部尚书崔公行状》。
⑧ 《元和郡县图志》卷二五《苏州》。

然数郡山川沃衍，有海陆之饶，珍异所聚，故商贾并凑"①。这是说这些州郡的富庶都是值得称道的。宣城、毗陵、吴郡、会稽、余杭、东阳诸郡于唐分别为宣、常、苏、越、杭、婺（治所在今浙江金华市）诸州。这几州大都在太湖的周围，就是不濒太湖，相距亦并非过远，实际上都是江南最富庶的地区，为其他各处所不及。

这几州中，杭州和润、常、苏三州一样，是江南河经过的地方，而且是江南河的终点。具体来说，还应是上面所说的最富庶地区的中心。江南河虽止于杭州，杭州却也是浙江入海之处。由杭州循浙江上溯，不仅可以达到婺州，而且还可至其南各处。这是说，杭州这个江南河的终点所在，可以汇集其南各州的租赋和货物，再向北转输到扬州。

杭州于唐宪宗元和年间有五万余户，其北的湖州尚不足五万户，较之苏州，相差殊多。可是当时人对于杭州却是另眼相看。杜牧说杭州，谓杭州户十万。②说湖州，更谓"十万户州，天下根本之地"③。为什么要这样说？杜牧对于湖州似无更多的评论，于杭州就明白指出"今天下以江淮为国命"，而杭州一州的税钱就有五十万。杜牧这样说法，未免自乱其辞了。杭州也有盐利，所辖只有一处盐场，而商税却不是很少，据说"南派巨流，走闽禺瓯越之宾货，而盐鱼大贾所来交会，每岁官入三十六万千计。近岁淮河之间，颇闻其费"④。因为其税收数多，所以就列为上州。虽然如此，杭州仍是难于和苏州相比，杜牧还曾说过："钱塘于江南，繁大亚吴郡。"⑤当然这样都是从经济着眼，如果再加上其他条件，所差也就更大了。唐代中叶以后，江南东道再分东西，浙西观察使治润州，浙东观察使治越州，而不是治于杭州。这时的浙西和浙东不包括福建和宣歙（歙州治所在今安徽歙县），也许只以浙江为线来划分。杭州比不上苏州，大概也难与越州相比。

---

① 《隋书》卷三一《地理志》。
② 《全唐文》卷七五三，杜牧《上宰相求杭州启》。
③ 《全唐文》卷七五三，杜牧《上宰相求湖州第一启》。
④ 《全唐文》卷七三六，沈亚之《杭州场壁记》。
⑤ 《全唐文》卷七五三，杜牧《杭州新造南亭小记》。

不过作为江南河的终点,其重要性似不应以其非观察使的治所,而有所降低。

六、永济渠沿岸的魏、贝、幽三州

永济渠南段的魏州,虽非位于永济渠的南口,却可控制永济渠的全流。循永济渠而下,就能直达永济渠终点的幽州,只是位置稍偏东些,因而不能位于太行山东麓的南北大道上。好在两处相隔并非很远,还可互相调剂。魏州之西,就是相州(治所在今河南安阳市),西南为卫州(治所在今河南卫辉市),西北为洺州(治所在今河北永年县东南)。相、卫、洺三州都是太行山东麓南北大道经过的地方。魏州就可借此三州与这条大道相联系。

太行山东麓的南北大道诚为重要的交通道路,若仅就河北道来说,则显然偏西,而魏州和幽州之间也应该有道路可以互相往来。这样的道路中间经过贝州(治所在今河北清河县)和瀛州(治所在今河北河间县)。唐德宗兴元年间,朱泚僭号于长安,朱滔在幽州就纠合回纥杂虏,由这条道路南攻贝、魏,以图西入关中。

安史之乱后,唐始置魏博节度使,即以魏州和博州(治所在今山东聊城市)为名。博州在魏州东北,都在淄青节度使所治的郓州之北。博郓两州间只隔着黄河,往来是相当方便的。由博州渡过黄河,东去青、齐各处,也有道路可通。魏州之南和汴州之间也只隔着滑州,仿佛是近在咫尺之间。就太行山东平原的南部来说,魏州应该是一个水陆交凑的中心所在。

不过促使魏州繁荣的还是由于永济渠的开凿成功。魏州的兴起代替其西的魏晋以来以繁荣见称的邺(今河北临漳县西南)。邺的繁荣得力于漳水和白沟,永济渠实际上就是代替了白沟。据当时的记载,魏州的永济渠就是为了通江淮之货①，仅这一点就可说明它的作用。

当然永济渠也要输出河北道的物产。唐代河北道盛产丝织品，就是最北的幽州，土贡也以绫、绵绢为主。幽州以南各州殆无不贡丝织品的，其名目自都相当繁多，就是魏州的土贡也离不开花绸、绵绸、平绸和绝、绢。②这些丝织品及其他各种物产向外运输，就借永济渠一条水路，向南运输就都要经过魏州。江淮之货运到河北道的更是要先运到魏州。魏州的繁荣是离不开永济渠的。唐代中叶以后，魏博与卢龙、成德三镇为王室肘腋之患。固然是由于其士马的精良，永济渠便利的交通和沿岸各地的财富，不能说就没有什么关系。

位于永济渠中途的贝州，也是相当重要的都会，至少是在安史之乱以前是这样的。贝州于天宝年间称为清河郡。安史之乱初起时，清河李萼说颜鲁公说："国家旧制，江淮郡租布贮于清河，以备北军费用，为日久矣。相传为天下北库。今所贮者有江东布三百余万疋，河北租调绢七十余万，当郡彩绫十余万，累年税钱三十余万，仓粮三十万。时讨默啜，甲杖藏于库内五十余万，编户七十万，见丁十余万。计其实，足以三平原之富，料其卒，足以二平原之强。"③有这样多的积储，而且是国家旧制，号为天下北库，可说是名副其实。所贮的有河北租调绢，而江东租布实为大宗，这是他处所难得有的。天宝以后，河北道不复为唐朝政令所及，清河北库也难得复存，和以前完全不同了。

清河这个天下北库所贮的物资是用以赡北军的。幽州是北陲的重镇，也是北军的重要驻地，清河所贮还是要经由永济渠运到幽州的。清河所贮虽多，有时还须假道海上，以相补充。杜甫诗中就曾道及，一则说"渔阳豪侠地，击鼓吹笙竽。云帆转辽海，粳稻来东吴。越罗与楚练，照耀

---

① 《新唐书》卷三九《地理志》。
② 《新唐书》卷三九《地理志》。
③ 《全唐文》卷五一四，殷亮《颜鲁公行状》。

舆台躯"①；再则说"幽燕盛用武，供应亦劳哉。吴门转粟帛，泛海陵蓬莱"②。海上行舟多风险，然而还须多所仰仗，可能因为物资更多，超过了永济渠运输所能负荷的数量。

运输到幽州的货物有的就近来自太行山东各州。当时河北道所产的丝织品，定州（治所在今河北定州市）尤为有名。③幽州北军所服，可能就有定州所产的丝织品，这当是由太行山东麓的南北大道运来的。幽州为边陲重镇，这越罗吴绫和定州的绫绢就不只照耀舆台躯，可能更要输往域外。幽州东北的营州（治所在今辽宁朝阳市）为入安东道的起点④，其间本来也是有道路的。输往域外的货物即可出之运出，而域外的货物也一定汇集到幽州，再向南运到内地。这也促使幽州繁荣起来。安史之乱起于幽州，幽州的富庶助长了安史的气焰。其后河北三镇的卢龙镇也以此为基地，与成德、魏博两镇共同反抗唐朝。

下篇　长江的航运及其沿岸的都会

一、长江的源头及其较大的支流

长江的发源地，今古的说法有所不同。《尚书·禹贡》曾经明确写出："岷山导江。"这是说，长江发源于岷山。此后千百年间未有新义。隋唐时期也是墨守成规，说是发源于松州甘松岭。⑤松州治所嘉诚县，在今四川

---

① 《全唐诗》卷二一八，杜甫《后出塞》。
② 《全唐诗》卷二二二，杜甫《昔游》。
③ 《太平广记》卷二四三，《何名远》引《朝野佥载》。
④ 《新唐书》卷四三下《地理志》。
⑤ 《大唐六典》卷三《户部尚书》。

松潘县，甘松岭就在嘉诚县西南15里①，应为岷山的支峰。由这里流下的江水，就是现在的岷江，可是那时候就都以为是长江。当时的长江至戎州（治所在今四川宜宾市）与今长江相汇合。今长江在这里称为金沙江，当时则称为朱提江。②

唐时的江水流至茂州（治所在今四川茂汶羌族自治县），尚仅广200步③，迨至成都时，虽分为二江，却已皆可行船④。此下不断汇纳众流，益见浩渺。西晋初年谋伐吴国，王浚时为益州刺史，乃大做楼船，顺江而下。⑤王浚做船地址不可确知。当时益州东界至于巴东（郡治在今四川奉节县），可知三峡以上，已是江阔水深了。

下至唐时，长江的水上交通更为发达，船舶也有特为广大的。唐人李肇所撰《唐国史补》记载大历、贞元间的俞大娘航船，堪作例证。据说当时江湖传言，水不载万。这是说江上大船所载最多亦不过八九千石。而俞大娘的航船上，竟然开巷为圃，操驾的船工就有数百。南至江西，北至淮南，岁一往来，其利甚溥。洪（治所在今江西南昌市）、鄂（治所在今湖北武汉市武昌区）诸州，也多有大船，虽不一定都能和俞大娘的航船相媲美，却也都有柂楼。仅此一例亦可略知长江航运的发达。

长江源远流长，支流相当繁多。支流之大者，不仅可以通航，而且还可以航行大船巨舶。上面提到的洪州，乃是濒于赣水，距长江尚远，而赣江的船舶竟与濒于长江的鄂州相提并论，应非偶然的对比。赣水源头可以上溯到大庾岭下，越岭有水下入浈水，浈水下合郁水至广州入海。大庾岭高敞，开元年间，开大庾岭新路，南北交通大为便利。⑥赣水之西，湘水亦北入长江。湘水出阳朔山下，与漓水相连，中有灵渠，两水中的船舶可以

---

① 《元和郡县图志》卷三二《松州》。
② 樊绰《蛮书》卷二《山川江源第二》。
③ 《元和郡县图志》卷三二《茂州》。
④ 《元和郡县图志》卷三一《成都府》。
⑤ 《晋书》卷四二《王浚传》。
⑥ 《新唐书》卷四三《地理志》。

通过灵渠互相往来。湘、赣二水皆在长江之南,江北别有汉水,其源远在秦岭之南嶓冢山下,东南流至鄂州入于长江。这些支流,船舶都可畅通。前面论述汴渠时,曾征引唐人话说:湘南交广的漕粮和商旅,都可进入汴渠。所取的水上道路就是湘赣两水。汉水在唐中叶以后,也曾经做过漕运道路。正是这样的缘故,沿岸也形成了一些都会。

二、与扬州相伯仲的益州

前面说过,唐时以益州和扬州并称,因而有了"扬一益二"的俗谚。益州自来被称为天府之国,兼有岷江灌溉之利,不仅土地肥沃,物产更是富饶。这都促使益州能够成为重要的经济都会。然而作为经济都会,交通发达,道路畅通,也是不可或缺的条件。有了便利的交通,才能"水陆所凑,货殖所萃"[①]。论益州的交通道路,长江应该属于首位。万里长江,益州最居上游,沿江各处皆能达到,就是位于尾闾的东吴,也有船舶经常来到成都。杜甫旅居成都时,其诗篇中曾对当地风物有所描述,诗中有句说"窗含西岭千秋雪,门泊东吴万里船"[②],江上运输的景色俨然如画。

益州位于长安的西南,东北去长安须翻越巴山和秦岭。这中间有许多段落的栈道,行者辄视为畏途。由成都经绵州(治所在今四川绵阳市),至剑州(治所在今四川剑阁县),就进入金牛道,迤逦至于梁州(治所在今陕西汉中市)。由梁州至长安,则有子午、傥骆、褒斜、陈仓等谷道。这些是翻越秦岭的谷道,同样是险峻的。栈道虽然险峻,商贾载货,旅人往返,依然络绎于途,前后不绝。就是唐朝帝王在艰难的岁月中,也还是远道莅临,暂图苟安的。

---

① 《隋书》卷二九《地理志》。
② 《全唐诗》卷二二八,杜甫《绝句四首》。

益州之东还有通往梓州（治所在今四川三台县）的道路。梓州和益州相距并非很远，唐代中叶以后，梓州却与益州并列，分别成为剑南东川和剑南西川节度使的治所。由梓州东北可至巴州（治所在今四川巴中县），就进入去梁州的米仓道了。由成都东南行，经简州（治所在今四川简阳县）而至泸州（治所在今四川泸州市），简州濒中江，可以循水道至于泸州。

益州西北有茂州，州境有故桃关。关以"故"称，可能当时已不再在其地设防。虽不再设防，其地在交通方面的重要性却未因此而有所减低。据唐时的记载，这座关"远通西域，公私经过，唯此一路"①。这样的记载不是没有根据的。因为南朝的记载就已经说过，益州"西通芮芮，河南，亦如汉武威、张掖，为西域之道也"②。则这条道路当溯江水而上，达于松州（治所在今四川松潘县），越过岷山，经今甘肃、青海，而至于西域各地。唐时由这条道路前往西域的可能已无多人，然松州附近及其以北的羁縻州的商旅仍会由此来到益州。

由益州南行，可以远至南诏。南诏建都于羊苴咩城，在今云南大理市。由益州至羊苴咩城，有南北两道：南道由黎州（治所在今四川汉源县北）清溪关出邛部（今四川越西县）和会川（今四川会理县）；北道则从石门关外出鲁望（在今云南鲁甸县）和昆州（今云南昆明市）。③ 由成都至黎州，当过邛州（治所在今四川邛崃县）、雅州（治所在今四川雅安市）。北路的石门关在戎州（治所在今四川宜宾市）开边县（今云南盐泽县北）。所谓出石门关当是由戎州起程。由益州至戎州，则是循当时的长江而下。

益州的富饶也是得力于当地农业的发达和丝织品的良好。天府之国的称道，粮食产量的丰富应为主要的因素。前面曾经一再提到唐朝的漕粮，

---

① 《元和郡县图志》卷三二《茂州》。
② 《南齐书》卷一五《州郡志》。
③ 樊绰《蛮书》卷一《云南界内途径》。按：《新唐书》卷四二《地理志》姚州下说"自巂州南至西泸，经阳蓬、鹿合、菁口、会川四百五十里至泸州，乃南渡泸水，经褒州、巂州三百十里至姚州。州西距羊苴咩城三百里"。姚州治所在今云南姚安县，巂州治所在今四川西昌市，阳蓬等四地皆在今安宁河畔。泸水为今金沙江，泸州当在会川西南近泸水处，与位于今泸州市的泸州不同。所言历历，可以为《蛮书》的补正。

这是立国于长安的王朝不可或缺的军糈民食。益州远处西蜀，漕粮却源源顺江水而下，至于扬州转入运河，再行西上。丝织品以蜀锦最为有名。成都早有锦城之称①，就是当地产锦的缘故。当地的土贡，锦就列在首位。②仅就这两项而论，一般普通府州，是不易与之相比拟的。唐德宗为朱泚所逼，迁至梁州，当时漕粮须改道由汉水上运，以路途遥远，未能早日运至。时已四月，军士未授春衣，盛夏犹衣裘褐。就连德宗自己，也未能更换。③在此以前，安禄山倡乱之时，唐玄宗仓促逃至蜀中，还不至于落到这样的地步。就是以后黄巢占据长安，唐僖宗再至成都，也还不至于窘到这个样子。

论益州的物产还应该提到麻和茶。益州的麻虽不如蜀锦有名，但也列在当时的贡品中。唐肃宗时，第五琦请以吴盐、蜀麻、铜冶皆有税。④吴盐和铜冶皆系扬州著名的特产，而盐铁有税，为唐朝王室最大宗的收入。蜀麻能与吴盐和铜冶并列，可见所产的不仅质量高，而且数量也是很多的。据当时记载，雅州严道县（今为四川雅安市）蒙山所产的茶，为全蜀之最⑤，列于贡品。其他各州，所产尤多。据当时记载，彭（治所在今四川彭县）、绵、眉（治所在今四川眉山县）、邛、雅、蜀（治所在今四川崇庆县）、汉（治所在今四川广汉县）诸州皆产茶。⑥这些州就都在益州的周围。

这里还应该提到益州的纸的生产。唐朝政府规定，益州贡大小黄白麻纸。⑦因为益州纸好，不仅官府文书和朝廷诏敕使用益州所贡的纸张，而且还用于誊写书籍。玄宗时，曾经规定甲、乙、丙、丁四部书皆以益州麻纸写成，以便于收藏。⑧

---

① 《元和郡县图志》卷三一《成都府》。
② 《新唐书》卷四二《地理志》与《元和郡县图志》所列不尽相同。
③ 《资治通鉴》卷二三〇《唐纪四六》。
④ 《新唐书》卷五一《食货志》。
⑤ 《元和郡县图志》卷三二《雅州》。
⑥ 陆羽《茶经》。
⑦ 《大唐六典》卷二〇《太府寺》。
⑧ 《旧唐书》卷四七《经籍志》。

促进益州经济繁荣的还应该有来自南诏的异物。所谓异物就是出自今伊洛瓦底江及其他各处的域外特产。远在汉魏之时，就已有"永昌出异物"的记载。[1]永昌郡治所在今云南保山县，位于南诏都城羊苴咩的西南。南诏西南所与交易的诸国中骠国较为邻近，其国以江猪、白氎及玻璃等为贸易。[2]骠国即今之缅甸。其他诸国尚多，各有其特产，皆可借今伊洛瓦底江与南诏相贸易。而这些异物特产又皆可通过南诏与内地交往的道路运到成都。

这些交通道路和物产显示益州经济的繁荣和发展。和扬州相比较，益州似稍差一等，因而就有了"扬一益二"的说法。经济方面如此，在政治方面却各居有相应的地位。唐代前期设都督府时，扬州和益州都曾经设过大都督府。扬州还曾做过东南道行台，而益州也做过西南道行台。中叶以后，扬州置淮南节度使，益州也置剑南西川节度使。[3]东西对比，仿佛相等。唯益州西接吐蕃，西南邻南诏，时有兵戎，而当地武臣也间有跋扈行为，这就会使唐王朝执政者为之旰食。当时武臣的跋扈就是扬州也难尽免，不过较之益州究竟显得少些。

三、长江沿岸的都会

长江源远流长，沿岸自应兴起若干都会。不过夔门之上似乎稍有逊色。益州而下，沿岸设州不少，殆皆难望益州的项背。前面曾经说到，益州的繁荣与通往南诏的道路有关。通往南诏的路途有南北两道，而雅州和戎州皆首当其冲，分别为道途的所经，应该获得相当的繁荣的。实际上却并非

---

[1] 《三国志》卷三《魏书·乌丸鲜卑东夷传·注》引《魏略》。
[2] 樊绰《蛮书》卷一〇《南蛮疆界接连诸蕃夷国名》。
[3] 《旧唐书》卷四〇、卷四一《地理志》。

如此，充其量只是作为去成都的中途站，促成益州的发展。去南诏的道路，前后也有变革处。唐德宗贞元年间的记载，就未再数到途经黎州的南道，而增添了道出群舸，从黔府（治所在今四川涪陵市）入的一路和道出夷僚，从安南（治所在今越南河内）入的一路。①而黔府治所则在长江支流涪陵江（今乌江）畔。黔府就是黔州。黔州置有下都督府，故称黔府，也是黔中道的治所。不过作为都会，不仅难于和益州比肩，也和夔门以下的都会不甚相侔。

应该顺便指出，天宝年间，益州以下至于夔州（治所在今四川奉节县），沿江各州的户口，以戎州和黔州为最少。戎州有4359户，16375口。黔州有4270户，24204口。天宝以前还有旧户口的记载，戎州旧有31670户，61026口，其中户数超过在其上流的嘉州（治所在四川乐山市）。嘉州在成都平原，本来不是戎州所可比拟的。只是黔州还显得少些，仅有5913户，27433口。②核实来说，都较天宝年间为多。为什么天宝年间这两州的户口有这样大幅度的减少？这应和当时与南诏轻起边衅有关。南诏后来也有与唐和好之时，但时有间断，收效也不是很大。户口也难得增多，这就不易以都会相称了。

循着长江而下，出了夔门，其下的重要都会就要数到荆州，也就是后来的江陵府（治所在今湖北江陵县）。江陵和成都都曾做过唐朝的陪都，江陵府就是因陪都所在而改称的。不过江陵作为陪都只有几年，是难作为定制的。③不论作为陪都与否，江陵的位置都是相当重要的。江陵位于长江的中游，可以控制长江中游的航运。江陵又是由长安南下，直至湘中、交、广等处必经的途径。唐时人所说的"西尽巴蜀，东包吴会，南极百越，北际周韩"④，正是这样的意思。唐代中叶，于此置荆南节度使，正是为了控制这个交通枢纽的地区。唐末五代初年，高季兴据有荆州，诸道入贡过其

---

① 樊绰《蛮书》卷一〇《南蛮疆界接诸蕃夷国名》。
② 《旧唐书》卷四一《地理志》。
③ 《新唐书》卷四〇《地理志》。
④ 《舆地纪胜》卷六四《江陵府》引《元和郡县图志》佚文。

境者，多掠其货币。至季兴之子从诲时，由于北方商旅不至，境内遂告贫乏，显然可见，这四通八达的道路和荆州的繁荣是分不开的。

长江由荆州流至鄂州。鄂州与沔州（治所在今湖北武汉市汉阳）隔江相对。鄂州却胜过沔州。鄂州于唐中叶置鄂岳观察使，沔州则历经省置，最后还是并入鄂州。① 远在孙吴之时，鄂州即以夏口之名著称于世，并为吴国的要塞，直至东晋末年，犹以"控接湘川，边带汉沔"，居于形要，为人所称道。② 唐时以之作为鄂岳观察使的驻地，也应是取其在军事上的重要性。论当地的物产，鄂州和沔州都说不上是富饶的。而沔州则更显得贫瘠。沔州于开元年间的贡赋，只是白纻布一端，到了元和年间，改成麻贳布，也还是一端。鄂州的土货也不是很多的，开元年间为银、碌和纻布三种，较之沔州是要稍多些。③

鄂州的交通主要是一条长江。由鄂州西北行固可以达到襄州（治所在今湖北襄樊市），然与襄州至江陵的大道相比较，似稍逊一筹。由鄂州北上，安州之北就是前代有名的义阳三关。义阳三关为黄岘、武阳、平靖关，唐时以百雁关与之并列，合为四关，而皆以故关相称④，仿佛已不为大道所经。可是到了唐代中叶，淮西抗拒王朝，恒以中州当沔北诸军⑤，所凭借的就是义阳诸关。是唐代不复置关，当地险阻仍足为割据抗命者所恃，通过诸关的道路，并未遏塞，仍是畅通无阻。

位于鄂州下游的江州（治所在今江西九江市），与鄂州又复不同。江州不仅濒江，且当彭蠡湖（今鄱阳湖）水入江之处，故其间交通较鄂州尤为便捷。早在晋时就已有人说过：这里"陆通五岭，北导长江，远行岷汉，亦一都会"⑥。这样的情景唐时依然没有很多改变。不过所说的少却江北方

---

① 《新唐书》卷四一《地理志》。
② 《元和郡县图志》卷二七《鄂州》。
③ 《元和郡县图志》卷二七《鄂州·沔州》。
④ 《新唐书》卷四一《地理志》。
⑤ 《读史方舆纪要》卷五〇《信阳州》。
⑥ 《舆地纪胜》卷三〇《江州》引《晋地道记》。

面，也还不算周详。江州北过舒州（治所在今安徽潜山县）为庐州。庐州治所合肥县，就是现在的合肥市。秦汉时人说，合肥受南北潮。[1] 这句话有不同的解释，可能涉及唐时江州这样的地方，唐时由庐州去到洛阳和长安有所谓的二京路，而庐州和江州之间，只隔着一个舒州，相距并非过远。

江州的物产不算富饶，当时列入贡品的就只有葛、纸、碌、生石斛。[2] 江州也产纻，不过在全国说来，只能列入第六等。[3] 难得和其他各处相比拟，所可以称道的大概就是粮食了。江州物产虽不富饶，却是附近一些州县物产的集散地。白居易在《琵琶行》中所提到去浮梁（在今江西景德镇市北）买茶的商人，就是一例。

这里所论述的只是位于长江中游的荆、鄂、江三州。三州各有特点，不尽相同，其间户口多少，亦有差异。玄宗天宝年间，荆州所领七县，有30192户，148149口。鄂州所领五县，有19190户，84563口。江州所领四县，有29025户，155744口。显然是江州超过了荆州，而鄂州最为稀少。这样多寡不同，可能各有其原因，未可一概而论，但交通的因素或许也有一定的作用。荆州地当由长安东南行的大道枢纽，是有其与他州不同之处的。然三州皆濒长江，仍当于水上运输探索其中的梗概。三州之中江州最居下游，江水自当更为浩渺，运输能量也应更为宏大。上面曾经提到俞大娘的航船，往来于江西淮南之间，荆、鄂两州殆皆不易见到，此中消息是可以多加玩味的。不过后来由于政局的变化，荆州反而显得突出，超过了江州和鄂州。安史之乱起，中原就多兵燹，时久未能平复，"襄、邓（治所在今河南邓县）百姓，两京衣冠，尽投江湘，故荆南井邑，十倍其初"。荆南节度使的建置和南都的创设，都应与此有关。[4] 这样人为的作用，和长江的交通是没有很多关系的。

---

[1] 《史记》卷一二九《货殖列传》。
[2] 《新唐书》卷四一《地理志》。
[3] 《大唐六典》卷二〇《太府卿》。
[4] 《旧唐书》卷三九《地理志》。

四、涪水岸旁的梓州

长江支流繁多，其大者也是舟舶畅通，沿岸间有都会兴起。唐代东西两川相对称，中叶以后各设节度使。益州就是西川节度使驻节之所，东川节度使则驻节于梓州，梓州治所在郪县，今为四川三台县。益、梓两州相距并非很远，西州人辄视梓州为益州东门的草市①，盖谓其繁荣程度不容和益州相比肩。核实来说，此言殊属过当。梓州治所左带涪水，右扶中江，居水陆之冲要②，中江于此合涪水，涪水下入嘉陵江，嘉陵江为长江的大支流，其上源可上溯至秦岭南坡，交通便利是无可置疑的。《隋书·地理志》论述其地风俗物产，谓"人多工巧，绫锦雕镂之妙，殆侔于上国"。唐时梓州土贡就有红绫和丝布，和益州所差无几。益州所贡的也只是锦、单丝罗、高杼布，别无其他增益。③杜甫曾经到过梓州，留下好些诗篇，诗中有句说"山连越嶲蟠三蜀，水散巴渝下五涪"④。由梓州浮涪水而下，经过遂州（治所在今四川遂宁县）、合州（治所在今四川合川县），入嘉陵江，再下就是渝州（治所在今重庆市）。渝州濒长江，为嘉陵江汇合长江的地方。从梓州溯涪水而上，可以达到绵州（治所在今四川绵阳市）。如前所说，梓州与益州在唐时分别为东西两川节度使的治所。两州相距本不甚远，其间往来是相当便利的。梓州东北与阆州相邻。阆州治所在今四川阆中县。由阆州北行可以达到兴元府。兴元府就是以前的梁州（治所在今陕西汉中市）。唐宪宗元和元年（公元806年）高崇文南征刘闢，即由兴元府南至阆州，由阆州趋梓州，败闢于德阳（今四川德阳县），经汉州（治所在今四川广汉县），入成都。⑤虽说如此，梓州总还稍逊益州一筹。按唐玄宗天宝初

---

① 孙光宪《北梦琐言》。
② 《通典》卷一七六《州郡六》。
③ 《新唐书》卷四三《地理志》。
④ 《全唐诗》卷二二七《野望》。
⑤ 《资治通鉴》卷二三七《唐纪五三》。

年的户口来说，益州所属十县，有户160950，口928199。梓州所属九县，才有户61824，口246652。①梓州所少的只是一县，户口相差就有许多，州城也就难于相互比俦了。

宋时范成大曾到过成都，所著《吴船录》记蜀谚说："益、梓、利、夔最下，忠、涪、恭、万尤卑。"这是说，当时川中四路，利州路仅次于成都府路和梓州路，而居于第三位。利州路治所今为四川广元县，濒嘉陵江中游，自来位于关中至成都的要冲。可是《隋书·地理志》仅谓其地的人务于农业，工习骑射，而不及其他。当地的户口也较为稀少，不能上比梓州，和益州相差尤多②，似难以都会称之。宋时以路治所在，故为人所称，与隋唐时不尽相同。

五、湘、赣两水及洪州和潭州

在鄂州和江州之南的为濒湘水的潭州（治所在今湖南长沙市）和濒赣水的洪州。两州皆属于江南西道，而采访使却驻于洪州。唐中叶后，潭州为湖南观察使驻地，洪州为江西观察使驻地，地位差相一致。湘水和赣水皆源自南岭，东西并流，皆北注入长江，故均为通岭南的大道。湘水由衡州（治所在今湖南衡阳市）上溯，可通往桂州及其南的容州（治所在今广西北流县）、邕州（治所在今广西南宁市）和安南府。至于南去广州，则由衡州经柳州，越过南岭，还须再经韶州，由赣水上溯，可直登大庾岭上，再西南行，就是韶州。开元年间，还开凿大庾岭新路，以利行人。由长安南去广州和桂州等处，当然是遵循湘水一路，由广州北去扬州，也当然是顺赣水而下了。

---

① 《新唐书》卷四二《地理志》。
② 《新唐书》卷四二《地理志》。

唐初人士对于洪州曾经盛加称道，据说："豫章之俗，颇同吴中，其君子善居室，小人勤耕稼。"还说："一年蚕四五熟，勤于纺绩，亦有夜浣纱而旦成布者，俗呼为鸡鸣布。"①豫章就是洪州的别称。能勤耕稼，所以洪州的农业就多受称道。当地养蚕风盛，可是洪州的绫绢却皆排不上全国的等第。在全国的等第中，洪州只有纻列第五等。②土贡也仅有葛和丝布。③就是这样，洪州财赋依然是为中央王朝的"国用所系"④。还应该指出，洪州及其附近各州，天宝年间的户口皆相当繁多，而洪州尤夥。洪州一州有户五万余，有口三十三万余⑤，仅稍次于太湖周围各州，当地财富孔殷也不是没有来由的。

至于潭州，天宝年间的户口则不如洪州的繁多，就是其附近各州也差相仿佛。不过潭州的物产都能多受称道。潭州所产的火麻在全国等第中，列到第四等⑥，超过了洪州。

六、汉水及其沿岸的梁州和襄州

梁州和襄州分别濒汉水的上游和中游。汉水穿行于秦岭巴山间，山高水急，虽亦有风帆上下，似不如湘、赣二水的船舶争流。安史之乱起，中原板荡，其后藩镇跋扈，各霸一方，往往截阻汴州漕粮运道，江淮租布就得改由汉水西运，经过襄州至于梁州。就是都城长安因事不守，当时帝王到梁州，更需要江水转运漕粮。由于漕粮不可或缺，梁州和襄州的地位就

---

① 《隋书》卷三一《地理志》。
② 《大唐六典》卷二〇《太府卿》。
③ 《新唐书》卷四一《地理志》。
④ 《全唐文》卷六六一，白居易《除裴堪江西观察使制》。
⑤ 《新唐书》卷四一《地理志》。
⑥ 《大唐六典》卷二〇《太府寺》。

益为重要。唐代中叶于梁州置山南西道节度使,于襄州置山南东道节度使,其起因虽不尽相同,保护这条堪作航运的水道,也是势所难免的。

梁州和襄州分居东西。由襄州西行至梁州,固然可由汉水上溯,却还另有陆路。这条陆路是由襄州西北的均州(治所在今湖北旧均县)向南通到房州(治所在今湖北房县),再经房州所属的竹山(今仍为县)、上庸(今湖北竹山县西南),又西北至于金州(治所在今陕西安康市)。这均、房之间700里,直到宋时还有人称道。①而上庸以西700里,早在曹魏之时就已经疏通治理过。②由金州继续西行,经礛头(今陕西石泉县东南汉水东岸)、黄金(今陕西洋县东北),再西即达梁州。③

梁州和襄州作为一方都会,固然可以说凭借一条汉水,由于其所居的形势皆属冲要,因而也得到其他的助力,这些都显现在陆上的交通道路方面。梁州与都城长安之间隔着秦岭。秦岭虽险峻,往来道路却有数条。由长安南行,出子午关(在今陕西长安县南),循子午谷而行,再折而向西,就可到达梁州。子午关之西有骆谷关(在今陕西周至县西南),出关循傥骆道南行,亦可至梁州。再西有斜峪关(在今陕西眉县),出关循褒斜道而行,亦可至梁州。还可出散关(在今陕西宝鸡市南),循陈仓道而至梁州。这是说,梁州和都城长安之间,至少有这四条主要道路可以互通往来。这里不仅是绾毂这几条道路的要地,也是扼陇蜀山川的天汉之邦。④

由梁州西南行,别有金牛道,可以通到益州。又有米仓道,向南又可以通到巴山之南的巴州(治所在今四川巴中县)和阆州(治所在今四川阆中县)。由梁州西行,还可以通到成州(治所在今甘肃成县)和秦州(治所在今甘肃天水市)。真是四通八达,无所不至了。

襄州也是位于由都城长安向外辐射的道路上。由长安出蓝田关(在今

---

① 《舆地纪胜》卷一八九《金州》引王次翁《和大观曾太傅弼诗》:"均房七百里,山蓄岭崎富。"
② 《三国志》卷九《魏书·诸夏侯传》。
③ 《宋书》卷七八《萧思话传》。
④ 《全唐文》卷六〇六,刘禹锡《山南西道节度使厅壁记》。

陕西蓝田县东南）东南行，前往荆州和更南的广州的道路就是要经过襄州的。经过梁州趋向南的大道别无歧路，通过襄州东南行的大道，却可以不必经过荆州，改循汉水而下，就是汉水侧畔的陆路也可加以利用。白居易在赴江州司马任时，即由汉水而下，因而经过郢州（治所在今湖北京山县），已在江陵之东了。① 韩愈由袁州（治所在今江西宜春市）北归时，则是先至洪州②，再到江州③。又由江州而上，转至安陆（今湖北安陆县）④、随州（治所在今湖北随州市）⑤，再至襄阳⑥，襄阳即襄州所治的县。

襄州位于汉沔中游，农业相当发达。早在南北朝时，就被人称道，说是"襄阳左右，田土肥良，桑梓野泽，处处而有"⑦。到了隋唐时期，尚未见到有若何改变。正因为如此，襄州在天宝年间，户口显得众多，计有47780户，252001口⑧，较之同时期的荆州还要超过。

梁州之地虽说是地沃而川险⑨，物产并不富饶。据说"梁、汉之间，刀耕火耨，民以采稆为事，虽节察十五郡，而赋额不敌中原三数县"⑩。就是当地的户口也并非很多，天宝年间仅有37470户，153717口。显然较襄州为少。⑪唐德宗在梁州避乱时，当地号称"供亿无缺"⑫，这显然是过分的褒词。唐德宗到达梁州之时，江淮租布不能再借汴渠运输，改道由汉水西上，猝然改道，自然就难于计时运到。时已入夏，唐德宗自己还穿着冬服，随来的军士也就更说不上春衣，当时甚至有人提出，不如南去益州为

---

① 《白氏长庆集》卷一五《登郢州白雪楼》。
② 《韩昌黎集》卷一〇《次石头驿寄江西王十中丞阁老》。石头驿在豫章郡，豫章郡即洪州。
③ 《韩昌黎集》卷六《除官赴阙至江州寄鄂岳李大夫》。
④ 《韩昌黎集》卷一五《自袁州还京行至安陆先寄随州周员外》。
⑤ 《韩昌黎集》卷一五《题广昌馆》，原注"馆在随州枣阳县南"。
⑥ 《韩昌黎集》卷一五《酒中留上襄阳李相公》。
⑦ 《南齐书》卷一四《州郡志》。
⑧ 《旧唐书》卷三九《地理志》。
⑨ 欧阳忞《舆地广记》卷三二《利州路》。
⑩ 《旧唐书》卷一一七《严震传》。
⑪ 《旧唐书》卷三九《地理志》。
⑫ 《旧唐书》卷一一七《严震传》。

佳。当江淮租布运到之时,供应自然好转。及德宗离去,梁州还是恢复了旧时的风光。

七、六朝故都遗址所在地的升州

长江流至下游,愈益浩渺广阔,船舶航行更为便捷,沿岸都会也就相应易于繁荣昌盛。官河南端的扬州、江南河北口的润州,南北并峙,实际上皆濒于江岸,隔江对立。就是润州近旁的升州同样都能得到发展。

升州治所上元,本名江宁,就是东晋南朝都城的建康。这个州于唐时几经建置、废省和改称,仿佛和其他各州不同。隋初平陈,因为它是南朝故都,下诏拆毁,并平荡耕种,仅于石头城置蒋州。可是到了炀帝时,仍因陈时旧名,称之为丹阳郡。虽经废毁改称,自然环境却并未因之而有所变化,很快又恢复起来。唐初人说:"丹阳旧京所在,人物本盛,小人率多商贩,君子资于官禄,市廛列肆,埒于二京。"①这里所说的二京,是指长安和洛阳而言。一个经过废毁的故都,竟然能与二京并埒,这应不是偶然的现象。升州北濒长江,后来人说,这样就可以"西引蜀、汉,南下交、广,东会沧海,北达淮、泗"②。升州能够很快重新繁荣起来,正是由于它具有涉及范围极为广泛的交通便利的条件。升州东邻润州,润州相当繁荣,似仅次于扬、益二州。润州能够繁荣,其中一个原因就是邻近升州,受了它的影响。升州在以前的朝代里,素以龙盘虎踞见称,军事形势为累代所重。唐代前期虽曾废不为州,及安禄山乱起,唐肃宗就以金陵自古雄踞之地,时遭艰难,不可以县统之,固置升州,仍加节制,实资镇抚。及乱事平定,

---

① 《隋书》卷三〇《地理志》。
② 《太平寰宇记》卷九〇《升州》。

仍依旧废州。[①] 所谓"仍加节制",就是还在当地设置了浙西节度使。稍后浙西节度使虽又复置,治所却改在润州,升州成了属郡。这样改来改去,可能只有一个道理,就是不使这个龙盘虎踞的雄州,为他人所利用,以与中央王朝相对抗。永王璘的起兵,就是明显的例证。不过后来到唐代末年,还是复置为升州。再后来到了五代,升州就成为南唐的都城。

数千里的长江,流贯几道之中,沿岸州县无不受其影响。这里所陈述的只是其间荦荦大者,然亦可以略见其一斑。

隋唐两朝对于交通的道路皆曾竭力经营,故其所至,遍于域内,无远弗届。细觇其规模,殆皆以都城为中心,向外辐射,分布于各处。而州郡间的道路,亦相辅而行,交通网络,于焉齐备。陆路如此,水道亦间有配合。隋时所开诸运河,就是始自长安。运河先后凿成,虽各有起讫,然相互联系,溯其本末,还是以都城为主。不过山川形势,难得尽如人意。长江为国内大川,却是由西迄东,迤逦入海,仿佛与都城无关。由于通济渠和邗沟陆续开通,长江船舶就可借此直抵长安城下,也是前代未有的盛事。长江贯通东西,其支流遍布于终南、桐柏和都庞、大庾诸山岭之间,其所涉及的地区几占当时十道之半。其间固然也有其他陆道和长安相联系,若说到漕粮,其中相当巨大部分还须借助于长江。正因为有长江的运输力量,汴渠才能起到更大的作用,相辅相成,实未可稍有偏颇。世之治隋唐交通史事者,或当不以耳食见责也。

（原载《中国历史地理论丛》1994年第4辑）

---

① 《太平寰宇记》卷九〇《升州》。

汉中历史地理

一、褒城与南郑

汉中也和祖国其他地区一样，很早以前就已经是先民活动的所在。当地已有石器时期文化遗址的发现①，就是具体的证明。不过征之文献的记载，汉中地区为人们所知晓，还要在以后的时期。

汉中地区各县建置较早的是要数到褒城。据说，褒城在早先是夏后氏苗裔褒君所统治的地区，褒城的得名就是由此而起。②这当然是传说之辞，难得确证。西周末年，幽王的皇后褒姒就是生于褒城。③这是明确见于记载的，当非诬妄。周褒联姻，说明了关中与汉水上游关系的发展。尤其值得注意的是，周幽王纳褒姒时曾经用过一番兵力，褒君战败才送女请和的。④

---

① 陕西省社会科学院考古研究所汉水队《陕西省汉中专区考古调查报告》，载《考古》1962年第6期。
② 《史记》卷四《周本纪·索隐》。
③ 《史记》卷四《周本纪》。
④ 《史记》卷四《周本纪·正义》。

既然大兴干戈，正显示出秦岭上的道路已并非都是羊肠小径，这对两方文化的交流是很有裨益的。

接着而来的是郑人南迁。郑国本在现在陕西华县①，周幽王为犬戎破灭时，郑人被逼东迁于现在河南新郑县。②剩下一些没有迁走的，在关中也站立不住，他们越过秦岭，向南逃避。③也许是由于西周和褒国的姻戚关系，他们就向褒国附近地方迁去。他们虽然迁到新地，却还不忘本源，就以南郑为名。经过一再迁徙，人口稀少，力量微弱，只好屈就，成为褒国的附庸之国。④

褒国和南郑在当时都是小国，不为其他诸侯所重视。实际说来，只不过是两个大的聚落。话虽如此，这两个大的聚落的位置所在，却是饶有意义的。它们虽说是居于汉水上游北岸的肥沃的冲积地区，却也是位于褒水流入汉水的谷口。川泽沃衍，自是富庶的所在。而缘谷上溯，逶迤达于秦岭，正显示出当地和关中关系的密切。也由于这两个聚落位置的适当，从秦汉时期置县以来，名称虽有改易，建置却依然如故。

但这并不是说，当褒城和南郑最初成为重要的聚落之时，汉水上游其他各地就再没有可以称道的地方了。远在周武王伐纣的时候，即曾纠集了庸、蜀、羌、髳、微、卢、彭、濮八个部落共同出兵。⑤当时周人势力还并非很大，这八个部落既与周人共同出兵，相距当不至于过远。后来一些学者探索他们的所在，往往失之穿凿。据近人研究，他们最初皆与汉水有关，故能协同周人伐纣。⑥如果此说不虚，则汉水流域在当初并非只有深沟嵌岩，流水夕岚，而应是处处炊烟，掩映于晨曦落照之中的。从这一点说来，褒国和南郑立国于汉水北岸和褒水谷口，固然是因为当地的川泽沃衍，物产富饶，却

---

① 《汉书》卷二八《地理志》。
② 《汉书》卷二八《地理志》。
③ 《水经·沔水注》。
④ 《水经·沔水注》。
⑤ 《尚书·牧誓》。
⑥ 顾颉刚《史林杂识初编·牧誓八国》。

也是由于其他各处还有别的部落，他们的活动范围只好以这一隅为限了。

这中间的道理虽不能就以西周初年八个部落相论证，但战国时期秦国越终南山向南发展，曾经不时与蜀人发生纠纷，也还可以透露出其中一点消息。当然，战国时期蜀人的根据地自是在成都平原，不过蜀人势力达到汉水上游，应该不是从战国时期才开始的。① 世俗相传有五丁开山的故事。有的说是在褒水石门②，有的说是在五丁山下③，还有的说是在梓潼道中④。既是传说，就难得确求其地的所在。而这种传说并不能说明蜀人势力达到汉水上游为时不早。因为这种传说指的是秦惠文王行将伐蜀的时候，可是在秦惠文王伐蜀以前七十年，就已经有蜀人取南郑的记载。⑤ 这说明了他们在汉水上游早已有了一定的基础。不过这样的基础到秦惠文王南伐时就完全被摧毁了。

就在这以后不多几年，秦国就以南郑县为治所，设立了一个汉中郡。⑥ 汉中郡建置起来了，汉水上游却再没有设立许多县治。有人说，秦时还曾设立了一个城固县⑦，这是后人忖度之词，并没有确实的证据。看样子，秦国当时只是以南郑县为基地，控制汉水各处和向南通到巴蜀等地的通道，作为它的南方的屏障。

二、汉中得名的由来

秦国所设的汉中郡既以南郑县为治所，而南郑县又在汉水的上游。在

---

① 常璩《华阳国志》卷三《蜀志》。
② 《水经·沔水注》。
③ 嘉庆重修《大清一统志》卷二三七《汉中府》。
④ 《华阳国志》卷三《蜀志》。
⑤ 《史记》卷一五《六国表》。
⑥ 《史记》卷六《秦本纪》，《水经·沔水注》。
⑦ 嘉庆重修《大清一统志》卷二三七《汉中府》。

汉水的上游设的郡以汉中为名，似乎名实不相符合。

按照一般习惯，城池或者地方的命名，是有成规可寻的。通常靠山临水的所在，总是依据着山水命名的。譬如陕西省的泾阳县是在泾水的北岸，华阴县是在华山的北麓，河南省的济源县是由于济水发源而得名，甘肃的渭源县也同样因渭水而获称。汉中的名称自然是和汉水有关了。汉中城的位置离汉水发源的地方不远，它不称为汉源倒也罢了，为什么却称起汉中？如果说汉中的意义指的是汉水中游，那么，这座汉中城离汉水中游是太远了。好像秦国设郡命名的时候并没有考虑到这一点。

其实，汉中名称的来源正是由于地处汉水中游而起的。不过最初的汉中郡却不是现在的南郑县，那里也不是秦国的地方。《史记·秦本纪》说过：秦惠文王后十三年攻楚汉中，取地600里，始置汉中郡。这宗事情也见于《史记·楚世家》。而且《楚世家》还特别提到那里本来是楚国的汉中郡。这样，事情就很明白了。汉中郡原来是楚国的土地，秦国夺取过来，仍然沿袭着楚国本来的名称，没有再行改变。

楚国的汉中郡是名副其实的地方。秦惠文王时秦楚两国的战争是在"丹水之阳"打起来的，那次战争过后，秦国就取得楚国的汉中郡，可见楚国的汉中郡是包括丹水之阳的。丹水之阳大致就在现在湖北省丹江口水库以西，正是汉水中游以北的地方。在那次战争以前，著名的苏秦曾经对楚王说过，楚国的地方最远达到郇阳。[①] 郇阳就是现在安康县东面的旬阳县，它正在汉水的北岸，距现在的南郑县还有很远一段道路。也就是在那一次战争以后，秦国为了要引诱楚国和它重新和好，曾经打算再分给楚国原来汉中郡一半的土地。这一半的土地具体说来是包括上庸在内的六个县。[②] 上庸在现在丹江口西南，也就是湖北省的西北部。这样看来，楚国的汉中郡西起现在的旬阳县，东至丹江口附近，正是汉水中游的地方。楚国设郡用了汉中这个名称，是再恰当不过的了。

① 《战国策》卷一四《楚策一·苏秦为赵合从说楚威王章》。
② 《史记》卷七〇《张仪传》。

也有些记载说，楚国的版图曾经达到现在南郑和褒城两县的附近，因而秦所取的楚国汉中郡600里的土地，是要把南郑附近也要包括在内。① 这是说楚国的汉中郡本来达到了汉水的上游，汉中的名称在楚国说来，也是不恰当的。核实来说，这还不能说汉中这个名称有问题，而是这样的记载本身并不能靠得住。在秦楚丹阳之战之前的四年，秦国才灭掉了蜀国，从而重新取得南郑及其附近的地方。② 如果说是楚国的势力曾经达到汉水的上游，那么秦国怎能越过楚国的土地而向更远的蜀国去用兵？何况那几年中秦楚的关系一直不很和谐，秦国为了取得楚国和它自己联合，还打算把商於地方600里的土地送给楚国。商於地方是在汉水中游一带，就在楚国汉中郡的附近。秦国在这样的情势下，怎能够在另一方面打楚国的主意？显然，这样的记载是没有搞清楚当时的形势，因为秦楚两国先后都有过汉中郡的名称，后来秦国的汉中郡一直设在南郑县而穿凿附会的。

秦国既然因袭着楚国的旧规，为什么却把汉中郡设到南郑县来？原来秦岭以南秦国的土地只有汉水上游郇阳以西包括南郑在内的一部分。既然得到楚国的土地，上游中游合到一块也是必要的。秦国的汉中郡究竟有多么大的范围，已经不大知道。好在汉朝的一些制度规模，都是沿袭秦国之旧的。汉朝的汉中郡从汉水上游起，一直管辖到上庸、房陵诸县。③ 房陵和上庸毗邻，也在现在湖北省的西北部，依然兼有楚国汉中郡的规模，这分明是没有更改秦国原有的区划。就是说，秦汉中郡是合并秦国原来在汉水上游的土地和楚国的汉中郡而设立的。事实上秦国也是取得楚汉中郡之后才设立自己的汉中郡的。两处合到一块以后，新的汉中郡的首府安置在南郑县也是适合于秦国的国情的。因为秦国不仅要对付楚国，还要统治相当于现在四川省的巴蜀，南郑县这个地方就可以兼顾着两方面。南郑县成为汉中郡的首府，人们说起南郑，就经常会用汉中这个名称来代替它。汉中郡是个

---

① 《元和郡县图志》卷二二《兴元府》。
② 《史记》卷五《秦本纪》。
③ 《汉书》卷二八《地理志》。

较大的建置，后来范围虽然不断缩小，可是这个郡名还被不少的王朝所沿用。就在这些时期，南郑县依然是保持着首府的地位。当汉中郡的建置被取消之后，作为汉中郡首府的南郑在一般人们的口中却还保留着汉中的名称。究竟是汉中郡的名称用得久了，人们也习惯了，直到明清两个王朝又以这里作为汉中府。就是到了现在，还在南郑县旧城的基础上建立了汉中市，而南郑县及其附近各县也划成了汉中专区。初看起来，名称与事实好像不符，实际却是有它的渊源的。（附图一《楚汉中郡、秦汉中郡和汉汉中郡图》）

三、栈道的修筑

秦国取得了汉水上游各地，又进一步取得巴、蜀，这对于它自己国力的发展是有很大的帮助的。不必说起政治方面的影响，就是经济方面的利益，也已经使得秦国朝野上下为之欢欣鼓舞了。巴、蜀是有名的天府之国，地方富庶那是不用说的。汉中同样也盛产粮食。虽说不能和巴蜀相比拟，对于渭水流域的秦国也有不少的裨益。何况秦国南取汉中、巴、蜀，本来就抱有解决粮食问题的目的。

但这只是问题的一个开端。秦国为了达到它的目的，还需要更多的努力。因为汉中和渭水流域中间隔着一条秦岭，而南往巴、蜀更要翻越巴山。这秦岭和巴山如屏如障，阻隔着南北。而山路险厄，转输维艰，使秦人遇到了极大的困难。当然，这不是说在这以前秦岭、巴山之上就没有道路。就按前边所说的，褒姒不是由褒水下游来到西周的镐京？郑人避难不也是越过秦岭安居在汉水之滨？不过当时的道路狭窄，是难以满足后人的需要的。

为了克服这样的困难，秦人开始在这些高耸入云的山上修筑栈道。所

图一 楚汉中郡、秦汉中郡和汉汉中郡图

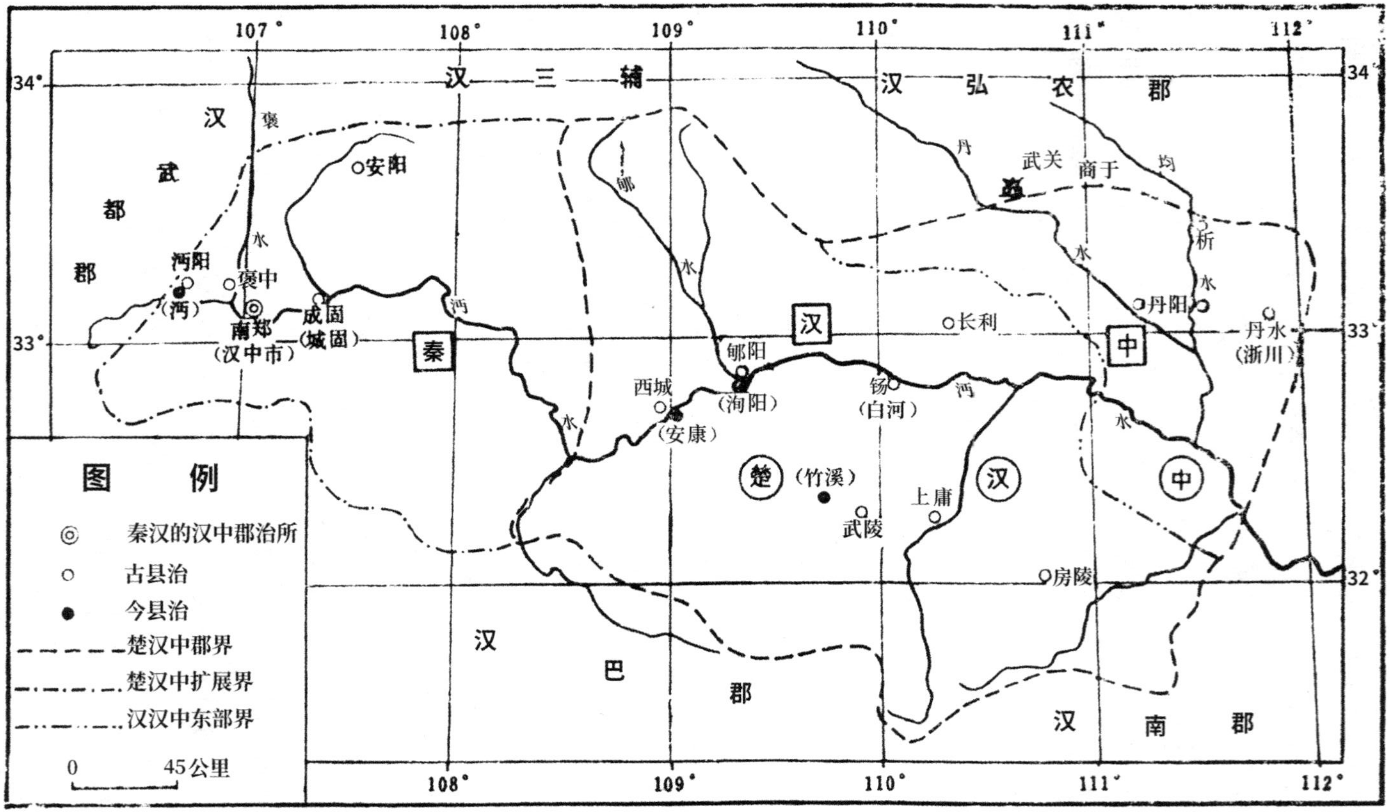

谓栈道，就是遇到断崖绝壁，道路无由通过时，只好在崖壁凿孔，贯上木椽，架上厚板，行人从板上行走。这样木椽，一端插入崖孔，一端往往悬在空际。有时凿崖不成，就要在山涧旁支起木架。这样筑成的道路自然很不稳当，行人走过，不免晕眩。虽然如此，在当时却也是难得的建筑。就是后来千百年间也一直遵循成法，显示出人们克服困难的决心。

秦国修筑栈道，大致是在取得巴蜀以后不久的时候。秦昭襄王末年已有"栈道千里通于蜀汉"①的说法，这时上距秦人取得巴蜀不过四五十年的光景。当然这不是说直至这时千里栈道才完全竣工的。秦国在秦岭上修筑的栈道，至少有两条。刘邦破秦之后，受项羽封号，称汉王，王南郑各地。汉王之国，是由杜县南行。杜县在现在长安县境。这分明是后来所称的子午道。后来由南郑北归，却是别由故道。②故道是秦汉时的县名，故址在现在凤县附近。县名以故道相称，分明是以前的旧路。由这条路北行，就到了秦岭之阴的陈仓。陈仓就是现在宝鸡市。至于巴山之上，秦人所施工的就是由沔县西南行，过剑阁而至于成都的那一条。后来那一条就称为金牛道③，还是应用秦时五丁凿山的传说而得名的。

秦岭、巴山上的栈道，并不只是这几条。秦岭上的褒斜道和傥骆道，巴山上的米仓道都是人们所常称道的，这些都是后来陆续兴修的。褒斜道兴修于西汉的中叶，兴修这条新道是想利用褒水和斜水的水道来转输由汉水下游运集到南郑附近的漕粮的。褒水在褒城南入汉水，斜水在眉县北入渭水，两水源头相距不远，只有百里上下，是可以施工陆运的。水道经过开凿，一直没有通船的可能，但是循着水流而修成的栈道，较之陈仓那一条路却要近便些。④以后很长一段时期，成为南北往来的大路。傥骆道则是利用傥水和骆谷水的川道而修筑的。傥水在洋县流入汉水，骆谷水在周至

---

① 《战国策》卷五《秦策三·蔡泽见逐于赵章》。
② 《史记》卷八《高祖纪》。
③ 顾祖禹《读史方舆纪要》卷五六《汉中府》。
④ 《汉书》卷二九《沟洫志》。

县流入渭水。傥骆道的情形略同于褒斜道，不过更为便捷一些。这条道路不知修筑于什么时期，大致到汉魏之际已经开凿成功。因为魏蜀两国兵争，都曾经利用过这条道路。[①] 这条道路虽较便捷，但山阪峻陡，屈曲艰辛，反而不若陈仓那一条路经常为人们所通行。至于米仓道则是由于经过巴山山脉中的米仓山而得名的。米仓山在南郑县西南，过山为四川的巴中和阆中诸县，再循嘉陵江而下，可以达到长江岸上的重庆市。重庆市就是古代的巴国都城。这条道路也不知是在什么时候修成。东汉末年，张鲁为曹操所逼，就从这条道路南奔巴中，是当时早已为人们通行的大路了。[②] 这几条栈道，有的是时兴时废，也有的中间某些段落经过后人的改变，前后未能一致，但险峻的情形却一直未能完全改观。

栈道虽然险峻不易通行，但对于汉中经济文化的发展却起了不少的促进作用。汉中本是一个较为富庶的地区，这样的富庶由于和其他地区的相互交往而更有重要的意义。栈道既是北通关中，南达巴蜀，汉中居于其间，成为往来必经的要地和南北的通衢。栈道的路线在悠长的岁月中不时有所改易，这些改易却都是以汉中为中心，并没有减轻它的重要地位。不仅这样，栈道和汉水配合起来，它的作用还会更大一些。早在秦国取得汉中之后，它就威胁楚国，说是秦国的兵力在夏秋水涨之时，浮汉水而下，四天就可到楚国的都城附近。[③] 到了汉朝，人们还曾打算改变关东漕运的道路，由汉水而上，再转输到关中的长安。[④] 就在以后的年代里，汉水在交通方面的作用也从未中断过。东汉末年，曹操因为讨伐张鲁，亲自到过汉中，他看到这个地区夹处在群山之中，阻塞殊甚，因而称它为"天狱"。[⑤] 但他没

[①] 《三国志》卷九《魏书·曹真传附曹爽传》，又卷二八《魏书·钟会传》，又卷四四《蜀书·姜维传》。

[②] 《三国志》卷八《魏书·张鲁传》。

[③] 《战国策》卷三〇《燕策二·秦召燕王章》。

[④] 拙著《中国的运河》第三章《秦汉时期对于漕运网的整理》的《褒斜道的试凿和失败》及《南阳附近的运河》两节。

[⑤] 《舆地纪胜》卷一八三《兴元府》："孙资曰：昔武帝征南郑，取张鲁，阳平之役危而后济。又自往拔出夏侯渊军。数言南郑直为天狱，中斜谷道为五百里石穴，言其深险，喜出渊军之辞也。"

有想到，由于栈道的修整，再加上汉水的配合，汉中不仅不是"天狱"，而是一方交通的枢纽，和其他各地的关系依然是十分密切的。（附图二《栈道图》）

四、山河堰及其他水利设施的修建

汉水上游虽穿行于秦岭、巴山之间，沿流各地却是"平川夹势，水丰壤沃"，人们称之为"利方三蜀"①，不是没有道理的。汉水深广，用之于灌溉，在古代还是有困难的。好在由南北山上流下的小河溪涧仍能使人们得到充分利用的机会。灌溉渠道不断得到修筑和展延，当地的农业也就获得更有利的发展。

根据传说，在汉水上游兴修农田水利的创始，大致远在西汉的初年。历来为人们称道的山河堰，据说就是随刘邦入汉中的萧何所创修的。②这虽然属于传说，倒也还可以取信于人。因为萧何曾经到过汉中，而且当楚汉战争期间，一直是替刘邦筹备军队的给养。为了满足军事的需要，还从巴蜀转输过粮食。汉水上游既然有方便的条件，他在这里开渠引水，发展当地的农业，解决军中的给养问题，也不是没有可能的。不过人们的传说往往言过其实，也是有的。据说，山河堰的修筑萧何只有创始之功，实际落成的却是曹参。③这就说得远了。固然曹参也曾经到过汉中，他在这里只停了三四个月。三四个月的短暂的时间怎能还赓续和他一块前来而又比他晚走的人的未竟之业？这显然是萧规曹随的故事的扩大化了。入汉的大水，

---

① 《水经·沔水注》。
② 王象之《舆地纪胜》卷一八三《兴元府》："山河水，即褒水也，源出太白山。或谓此堰萧何所创，其初必相传为萧何堰，后世语讹，乃转为山河堰。欧阳文忠公作《许景山行状》云：'山河堰，世传汉萧何所为'，是也。"
③ 嘉庆《汉南续修府志》卷二〇《水利》。

图二 栈道图

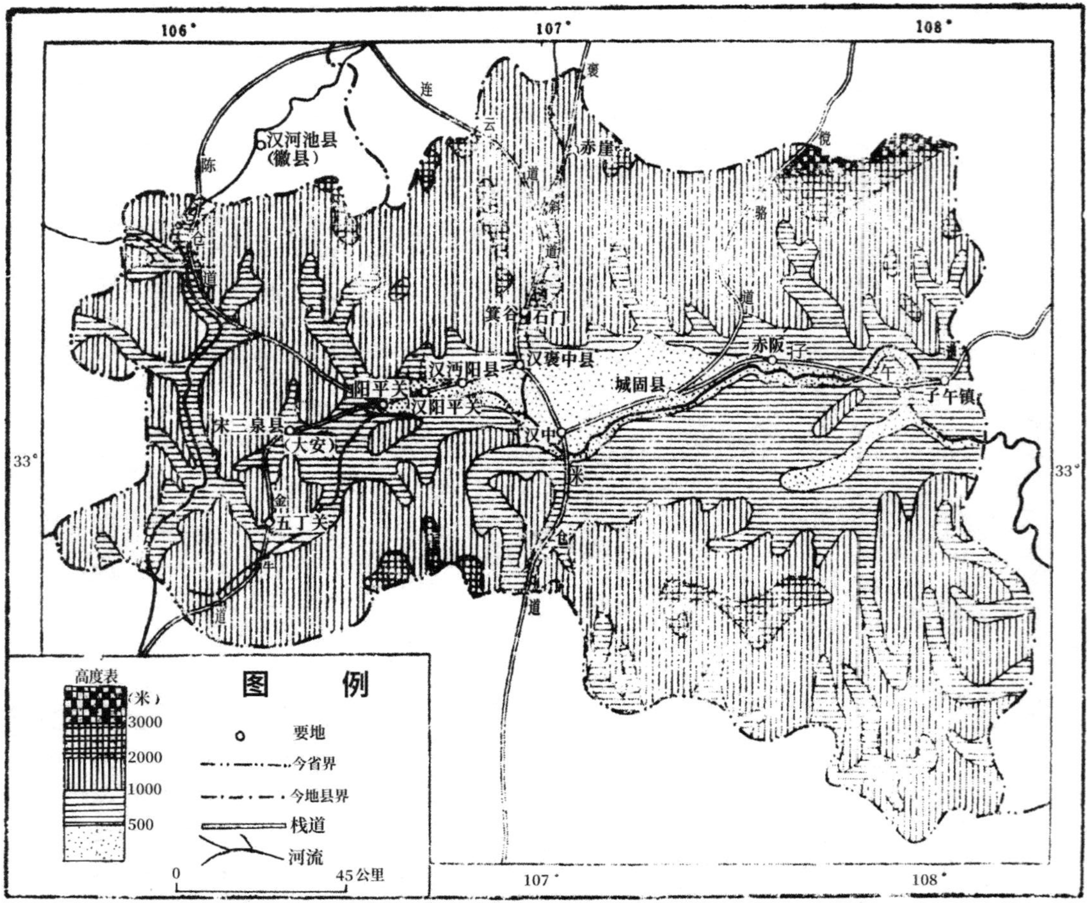

褒水之外，要数到城固的壻水。壻水下游也有一条张良渠，见于《水经注》的记载。①这应该是张良所修的了。刘邦到汉中就国，张良曾经送他一段路程，随即分别归去。怎能也在这里修渠灌溉？自然也是无稽之谈了。开渠的事情虽然杂有无稽的传说，渠水的通流却是事实。归根究底，能够有这些设施，完全是当地人民的功绩。以前一些人不知道人民的力量。把人民辛勤取得的成果轻轻地写到统治阶级某些人的名下，那不能说是公道的。

山河堰是修筑在褒水下游行将出谷口的地方。一共有三个堰，第一堰年久失修，故址亦无从考核。其余二堰则灌溉汉水北岸褒城、南郑两县的农田，也是汉水流域规模最大的水利工程。受益农田的面积，由于记载的缺略，已经无从详细探索。不过南宋初期的规模还可略见一斑。据说当时共溉田23万3000亩有奇②，这个数字见于政府的文告，当非虚语。南宋初期，汉中各地经过女真的骚扰，显得残破，水利设施也未能保全。这23万多亩是修葺后的灌溉成果，据说这样的数字大致和北宋时相仿佛③，看来这样规模是有长久的历史的。不过也不能以此上推，说是自来都是如此。欧阳修撰《新唐书》，对于农田水利多所注意。其《地理志》中于各地渠道皆历历备载。独汉中附近各州县竟付阙如，若不是渠道久湮，未及修复，也应是灌田不多，不值得一提。其实不仅唐朝如此，就是后来到了清朝中叶，这一个频经人们称道的水利工程，灌溉面积也只有3万5000多亩，仅及宋时畸零之数。这只是人力的不臧，并非所引用的河水有所消长。也是这种人为的缘故，汉中的富庶繁荣多少受到了影响。

壻水附近的张良渠，虽不一定和留侯有若何关系，但它的修成还是应该很早的。既然《水经注》已经有所记载，则至迟在南北朝初期可能就有了，不然，博雅如郦道元者也不大明了它的开凿经过，而只根据传说，就

---

① 《水经·沔水注》："壻水又东迳七女冢，…水北有七女池，池东有明月池，状如偃月，皆相通注，谓之张良渠. 盖良所开也。"
② 阎苍舒《重修山河堰记》（见嘉庆《汉南续修府志》卷二五《艺文上》）。
③ 杨绛《重修山河堰记》（见嘉庆《汉南续修府志》卷二五《艺文上》）。

认为它是张良创修的。汉水南侧的廉水，不如褒水和壻水的源远流长，可是当地的水利也很早就有了，因为《水经注》中也同样记载着它"夹溉诸田"①，当时引水的规模可能已相当可观了。据后来明朝的记载，仅廉水上的流珠堰，就引渠水60里，不能说是过于短促的。

在以前的年代里，汉中诸水中的湑水是曾经受到一些人的注意的。据说，湑水的川道附近，没有繁霜蛟虎的祸患。为什么会如此？这是由于"仙人"唐公房在这里学道成仙，白日升天，其婿以远行未归，不得随之上升。唐公房为了安慰他的子婿，才布置了这样一个环境。据说湑水的得名就是由此而起的②，这自然是子虚乌有的事情。这样事情虽然不实在，却反映出湑水河谷适于农业的经营。在这样情况下，湑水附近兴修水利，是会更引起人们的重视的。湑水沿岸有五门、百丈、杨填、五郎、二郎诸堰。其中杨填一堰，灌溉面积较广。③堰渠不少，足征湑水附近水利的发展。可是人们又把杨填堰上推为曹参兴修的，不用说，这仍是羌无故实的说法。

核实地说来，汉中附近各县从秦岭、巴山流下的水流，以前的人们多多少少都兴修过水利，堰渠的遗迹应该是不少的。这些繁杂的名称在这里难以一一备举。不过这些堰渠的兴修都不会很早：第一，熟悉水道变迁的郦道元，在《水经注》中对它们都没有提到过；第二，重视农田水利建设的欧阳修，在《新唐书·地理志》中也没有任何的记载；第三，在一些传说中，也未尝听到追溯过这些堰渠的渊源。可是也不会过迟到什么时候，因为在明清的记载中都已经见到过这些堰渠的名称。由此可见，愈到后来，人们是更会利用自然和改造自然。当然，在人民自己当家做主的时代里，汉中地区的农田水利建设是会远远超过以前的世世代代的。

---

① 《水经·沔水注》。
② 《水经·沔水注》。
③ 雍正《陕西通志》卷四〇《水利二》。

五、梁州、兴元府和山南西道

汉中曾经有过一段相当长的时期称为梁州，后来又改作兴元府，也还曾经做过山南西道的治所。叙述这些掌故，对于了解汉中的变迁也是有裨益的。

梁州的名称本来是很早就有的。战国时期托名于大禹所撰著的《禹贡》，就以梁州作为九州之一而加以叙述。根据《禹贡》的说法，梁州在华阳、黑水之间。黑水所在，历来解释的人们提出的说法很多，迄今还难有定论。华阳则指华山之阳，这是很明确的。华阳应该包括汉中，也是无疑问的。这里所说的梁州，主要是指现在的四川省，汉中仅为其中的一部分而已。不过《禹贡》作者所说的只是一种理想，并非实际的制度。虽然不是实际的制度，对于以后还是有一定的影响的。

正式使用梁州作为区划的名称的是在三国末年。那时魏已灭蜀，汉中和成都等处都归入魏国的版图。也许是蜀汉的土地较大些，不便于治理，所以魏国就把蜀汉的益州析为二州，除过保存益州旧建置外，就沿用《禹贡》的说法，另外建立了梁州。这个梁州的范围很广，从秦岭以南，经过今四川省东部，今贵州省东北部，一直到武陵山下。这样一个大州，它的治所最初却是设在沔阳县，也就是现在的勉县东面不远的地方。过了不久，到了西晋初年，才又从沔阳县移治到南郑县。① 相差不算很多。（附图三《西晋梁州所属汉水上游地区图》）

梁州的治所不论是在沔阳，或者是在南郑，从全州范围看来，都是偏在一边。为什么有这样畸形的建置？这和秦国的汉中郡以南郑为治所的用

---

① 《宋书》卷三七《州郡志》："梁州刺史，魏元帝景光四年平蜀，复立梁州，治汉中南郑。"《舆地纪胜》卷一八三《兴元府》："钟会克蜀又置梁州。"《注》引王隐《晋书》云："魏咸熙元年克蜀，分广汉、巴、涪陵以北七郡为梁州。"又引《通鉴》："魏景元四年分益州置梁州。"又引《图经》："初治沔阳，太康中，移治南郑。"

图三 西晋梁州所属汉水上游地区图

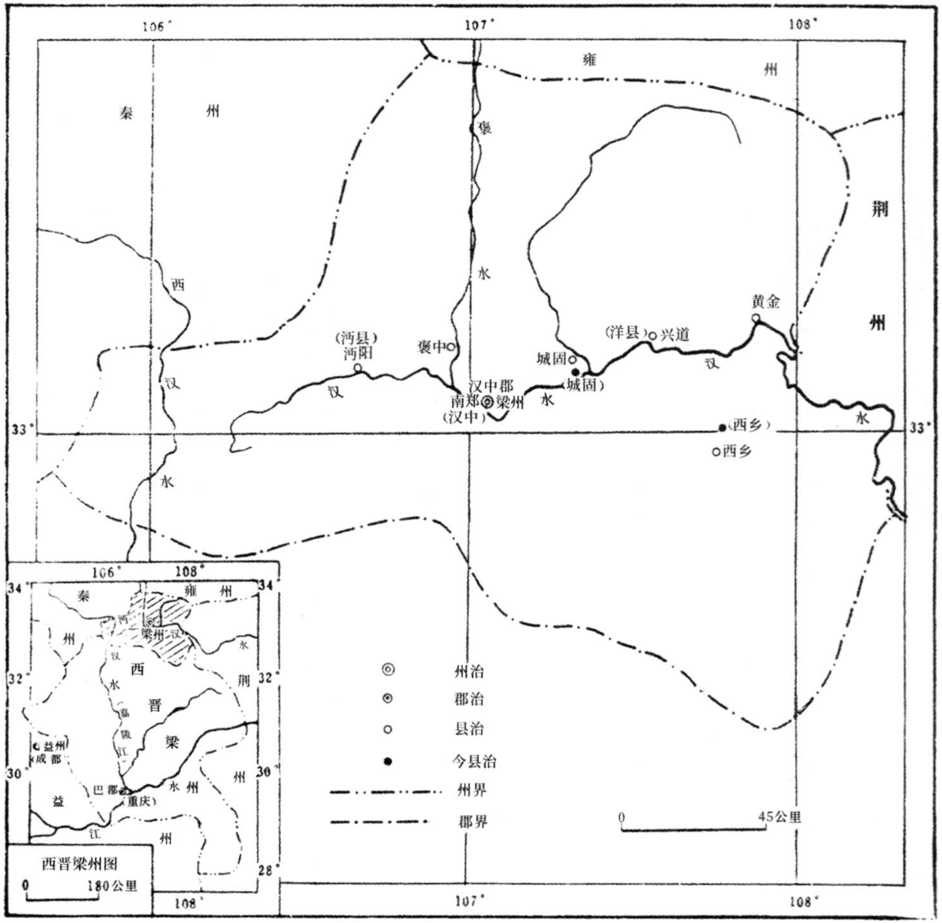

意是相仿佛的。梁州是蜀汉的故土,在魏国看来,是需要加强控制的地方。由中原到梁州去,如果不由汉中这一路,就要由长江的三峡西上了。比较说来,还是汉中这一路要便捷些。再说,由汉中到梁州其他地方去,顺着嘉陵江前往,水快船急,万一当地有了反抗的事情发生,也会很快地发兵扑灭,不至于延误时机。从统治阶级的利益着眼,沔阳和南郑都是最妥当的所在。沔阳和南郑比较起来,南郑的基础是要好些,所以南郑就长期做了梁州的治所。

梁州的变迁,这还不过是一个开端。东晋南北朝时期是疆域区划变迁最为频繁的时期,汉中处在南北疆场之间,当然更非例外。第一是梁州治所继续不断地迁徙。东晋末年,梁州曾治魏兴,后治褒中,再后又回治南郑。[①] 魏兴为今安康,褒中就是现在的褒城,相距虽然不远,在军事行动频繁的时候,这样的迁徙也就难以避免了。第二是梁州的名称移离了本土。东晋时这个州曾经一度设在现在湖北襄阳县,那已经侨治在别处了。[②] 第三是在梁州治所中兼设了秦州。秦州本来设在今甘肃天水,东晋末年却移到南郑,和梁州同治了。[③] 到了萧梁时还又如法炮制了一次。第四是梁州的名称有了约略的改变,这也是在萧梁的时期。那时,梁州本是萧梁的土地,中间为北魏夺去,萧梁于是在现在四川剑阁县另外设立了一个梁州。过了几年,萧梁又取到汉中,按理说,它应该把剑阁那个梁州迁回故地。可是当时并没有这样做,而是把剑阁那个梁州称为南梁州,于是汉中这个梁州只好称为北梁州了,虽说没有多长时期依然复旧,却使梁州的变迁无端复杂了些。[④] 第五是梁州的范围逐渐缩小。当南北战争不断赓续的时期,疆场的变迁是经常会发生的,这就使梁州不能一直保持它的固有的范围。而且在当时不论南朝或北朝都在缩小它们的州郡区划,于是梁州的辖地逐渐也缩小到汉

---

① 《宋书》卷三七《州郡志》。
② 《宋书》卷三七《州郡志》。
③ 《宋书》卷三七《州郡志》。
④ 洪齮孙《补梁疆域志》卷四《北梁州、南梁州》,徐文范《东晋南北朝舆地表·年表》卷六至八,又《州郡表》卷三《梁州》。

水上游的一个小区域了。

上面所说的这些变迁都发生在东晋南北朝时期。在这个战争频仍、兵荒马乱的期间，有这样一些变迁也是难以避免的。不过到了南北朝以后，梁州的变迁也还是有的。其中的一宗，是梁州曾经改称为褒州，这是发生在唐朝开元的时候。据说，梁州和河西的凉州，读音相近，为了避免混乱，才有这一次更名。但是为时未久，却又改回来，依然称为梁州。① 这大概是因为人们已经成了习惯，多此一举，反来不胜麻烦。另外一宗是梁州改称兴元府。② 这是唐朝兴元年间的事情。本来地方称府，在明清诸王朝是很普通的，在唐朝却不是这样简单。唐朝只有京城或者陪都所在地才能以府相称，显示出和一般地方的不同。梁州在唐朝既不是京城，也不是陪都，为什么也要用个府的名号？原来在那个时候，唐德宗为一些叛将所逼，仓皇逃到汉中。他很想兴复一下，就把年号改称兴元，接着又把梁州改称兴元府。无非告诉人们，他要力图振作，重整唐朝的江山。③ 他的目的暂时是实现了，这个兴元府的名称也就保存下来。说也奇怪，这个纪念唐朝的一个地名，却经过五代到宋、元两朝都一直沿用着，直到明朝初年，才推本溯源，改称为汉中府。④

这些变迁的过程中还得补上一个插曲。上面说过，自东晋南北朝以来，梁州的范围一直在缩小，最后缩小到只有汉水上游几个县。其实不仅梁州如此，其他各地的州也都是一样的。这样的变迁固然符合了统治阶级一些目的，但也增加了统治阶级一些新的麻烦。这许多范围狭小的州统治起来

---

① 《新唐书》卷四〇《地理志》："梁州汉川郡，开元十三年以'梁''凉'声相近，更名褒州，二十年复曰梁州。"然《元和郡县图志》卷二二《兴元府》："武德元年，又改为褒州，二十年又改为梁州。"按：《旧唐书》卷三九《地理志》：梁州西县，武德二年，置褒州，八年，废褒州，以县属梁州。是唐初无改梁州为褒州事。《元和郡县图志》所说应有夺文，当如《新唐书》所记，以改褒州为开元十三年事。武德元年只是改隋汉川郡为梁州，与更州名无关。
② 《新唐书》卷四〇《地理志》。
③ 《旧唐书》卷一二《德宗纪》："兴元元年，六月，诏以梁州为兴元府，南郑县为赤畿，官名品制视京兆、河南。"
④ 《明史》卷四二《地理志》。

也有许多的不便。唐朝初年，把全国的州归并到十个道之中，梁州被划到山南道之中。所谓山南道指的是终南山以南各地。实际的范围却不只限于终南山的南麓，它包括汉水流域的绝大部分，就是说现在的陕西南部、河南西南部和湖北西部都包括在内，另外还有现在四川的东北部和湖南的西北部，这样的轮廓是不小的。也许唐朝统治者又感到这样广大的范围也不好统治，所以在开元年间又把它分为东西两道。汉水支流任河以西为西道，任河以东为东道，在这样新的情况下，汉中和湖北襄阳就分别成为山南西道和山南东道的治所。① （附图四《唐山南西道所属汉水上游地区图》）

当然，山南西道也不是最后一个较大的地方区划。以后在宋时也还有些改变。汉水上游和现在四川省内嘉陵江的上游在那时称为利州路。② （附图五《宋利州路所属汉水上游地区图》）区划虽有改变，汉中仍然是一方的首府。直至元时，建置了陕西行省，汉中及其附近各县才正式成为新的省境之内的一部分。③

六、关隘围绕的冲要地区

汉中及其附近各县受到汉水和它的支流的浸灌，成为肥沃富庶的地区。秦岭和巴山的围绕，却也使它的地势显得十分险要。尤其是每当分裂时期，汉水上游处在南北之间，往往成为兵家争夺的对象。山峦阻隔，往来道路已经是难于通行，可是人们还要在险要的去处修建若干关隘，使它更易于

---

① 《旧唐书》卷三五《地理志》，《新唐书》卷四二《地理志》。
② 《舆地纪胜》卷一八三《利州路》："国朝平蜀，地归版图，分为益、梓、利、夔四路，兴元府为利州路，利路帅治兴元。"本注："（分路事，）《国朝会要》在咸平四年。"
③ 《元史》卷六〇《地理志》："元中统三年，立陕西四川行省，治京兆。……二十三年，四川置行省，改此省为陕西等处行中书省。"按：陕西行省属路中有兴元路。《地理志》："兴元路，唐为梁州，又改汉中郡，又为兴元府。宋仍旧名。元立兴元路总管府，久之，以兴、金、洋三州隶焉。"

图四 唐山南西道所属汉水上游地区图

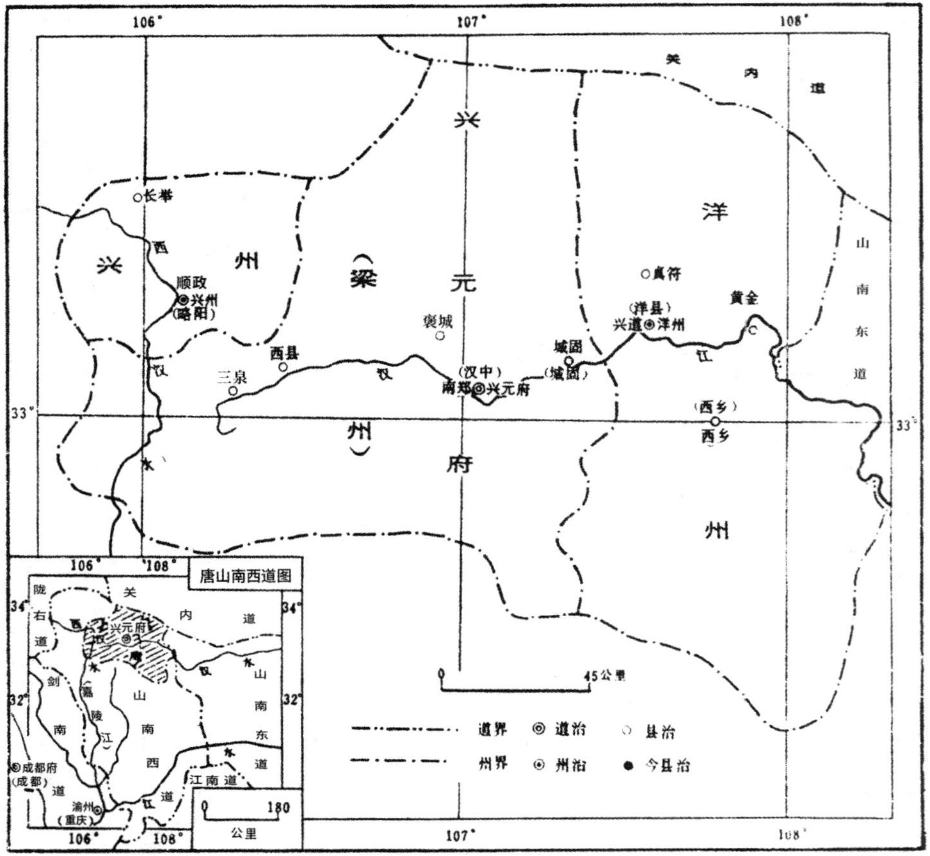

图五 宋利州路所属汉水上游地区图

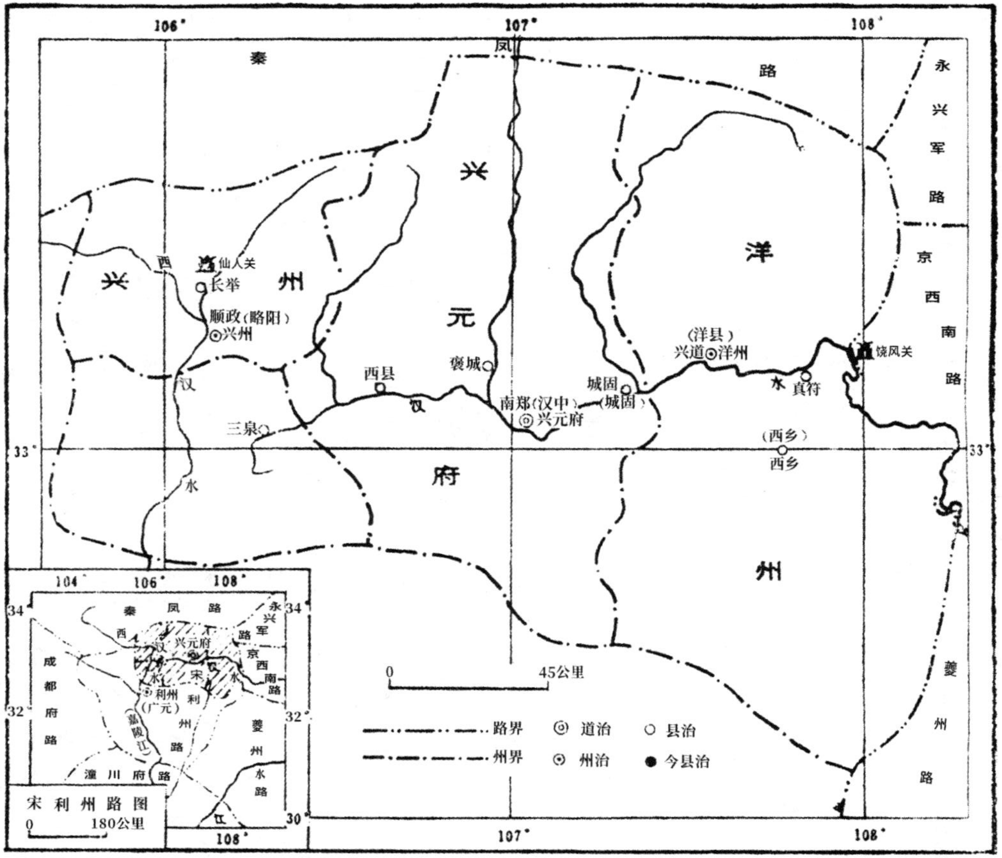

防守。时迁世移，前代的关隘并不能都为后世所利用，因而旧址多遭废弃。不过由各种记载及各处遗迹来探索，数目还是不少的，约略统计，已经超过了百数。这就不能不引起人们的注意了。当然沿着那几条通衢要路，关隘的设置更是显得分外地众多。譬如褒城县北，褒水流域就有鸡头、十里、马道、武曲、虎头、飞仙[1]、甘亭[2]、武休[3]、柴关、画眉[4]、陈仓道口[5]等关隘，而勉县、宁强一路则有阳平[6]、大安、石顶[7]、牢固[8]、百牢[9]、火

---

[1] 嘉庆重修《大清一统志》卷二三八《汉中府》："鸡头关，在褒城县北十里，关口有大石，状如鸡头，因名。自此入连云栈，最为险要。明初置巡司，今裁。又十里关，在县北六十里。以距青桥十里，故名。马道关，在县北九十里，羊肠一线沿乌龙江上，亦为险要。虎头关，在县北一百四十里。武曲关，在县北一百五里武曲山上。"《读史方舆纪要》卷五六《汉中府》："虎头关在（褒城）县北二百里，今为虎头关栈。"里数与《一统志》差异。《方舆纪要》又说："（虎头关）北为飞仙关，今为武曲关栈。"按：当为武曲关北栈阁。

[2] 《通典》卷一七五《州郡五》："褒城县有甘亭关，隋置之。"《新唐书》卷四〇《地理志》："褒城，有牛头山，北有甘宁关。"《太平寰宇记》卷一三三《兴元府》："甘亭关在（褒城）县北，入斜谷二十里。"甘宁可能是甘亭讹文。

[3] 嘉庆重修《大清一统志》卷二三八《汉中府》："武休关在留坝厅南四十五里。《九域志》，梁泉县有武休镇。宋绍兴三年，金将萨里罕（按即撒离喝）入兴元，由斜谷北去，刘子羽谋邀之于武休，即此。《方舆胜览》，褒斜谷旁连武休关，又极东为饶风关。倚饶风以控商虢，由武休以达长安，为蜀之咽喉。"清留坝厅今为留坝县。宋梁泉县今为凤县凤州镇。

[4] 嘉庆重修《大清一统志》卷二三八《汉中府》："柴关在留坝厅北五十里。画眉关在留坝厅南十里，石磴盘折，为栈道要路。"

[5] 嘉庆《汉南续修府志》卷三《关隘》："陈仓道口，（留坝）厅北九十里。相传为淮阴侯袭废邱关故道。口内即赴黑河路。"

[6] 嘉庆重修《大清一统志》卷二三八《汉中府》："阳平关在宁羌州西北一百里。关城东西径二里，南倚鸡公山，北傍嘉陵江。……按：古阳平关即白马城，在沔县界。今关乃古阳安关地。三国汉景耀六年，姜维闻钟会治兵关中，表请遣张翼、廖化等督军分护阳安关口。后魏时谓之关城，……《水经注》，西汉水南流迳关城北。《元和志》，关城俗名张鲁城，在金牛县西三十八里，皆即此。近代改置阳平关，仍汉旧名耳。《明统志》以为即古阳平关，误。"清宁羌州今为宁强县。唐金牛县在今宁强县东北。

[7] 《读史方舆纪要》卷五六《汉中府》："大安关即故三泉县也。以宋兼置大安军而名。又石顶关置于石顶原。二关皆为控扼要地。"按：宋三泉县即今大安镇。

[8] 嘉庆《汉南续修府志》卷三《关隘》："牢固关，（宁羌）州南十里。"

[9] 《元和郡县图志》卷二二《兴元府》："百牢关在（西）县西南三十步。隋置白马关，后以黎阳有白马关，改名百牢关。自京师趣剑南，达淮左，皆由此。"《太平寰宇记》卷一三三《兴元府》："百牢关在（西）县西南，隋开皇中置，以蜀路险，号曰百牢关。一云置在百牢谷。"按：唐宋西县在今勉县西。

炉①、铁锁②、五丁等关隘，皆是一时的险要去处。又如洋县境内就有关隘二十余处，西乡县境也有近二十处的关隘。南郑较其他诸县略为适中，同样有青石、大坝等关隘七八处。③如果这些关隘能够同时并存，真可以说是层层设防，不易攻破了。

每一处关隘都曾经有过它的攻守的历史，也许其间在某一时期所遭遇的战况还是相当激烈的。这里不打算一一缕述这些经过，只是就某一些关隘说明它们在过去所显示的意义。当然，在战争中地理形势曾经有过一定的作用，但它们能够起到作用却是有一定的条件的。一个被称为险峻难攻的关隘，在某些战争中诚然是没有被攻开过，可是在另外一些战争中却没有防守得住。这些情况在历史的记载中都曾经得到具体的证明。

这里不妨先由秦汉之际刘邦称王汉中说起。刘邦南入汉中，固然是受命于项羽，但他的部下郦商却先期攻破旬水上的旬关④，替他在这方面奠定了基础。后来他由故道北行，却是先出散关而后达到陈仓城下。⑤从他的行军看来，仿佛势如破竹，这些雄关都没有阻挡住他的车骑。其实郦商西行之时，秦人已无斗志，而汉军再入关中之际，项羽早已东归，三秦诸王皆非敌手，名城只好不守，雄关也会拱手让人的。

后来到了汉末三国时期，魏蜀两国长期在汉中附近角逐。以曹操的英武，从汉中退去的时候，只好以汉中为无味的鸡肋强做解嘲⑥，而钟会伐蜀却得之不费唾手之力⑦。因为曹操对于他所称为500里石穴的中斜谷道和"天狱"

---

① 嘉庆《汉南续修府志》卷三《关隘》："火炉关在（留坝）厅西北六十里，明以王刚之乱建。"然同书于西乡县下又说："县东南二百里，明以王刚之乱建。"这分明是一个关了。西乡县在留坝县东南，中间且隔有汉中、城固等市县，显然不在一地。这个关他书未见记载，书此存疑。
② 嘉庆重修《大清一统志》卷二三八《汉中府》："铁锁关在宁羌州东六十里。"
③ 嘉庆《汉南续修府志》卷三《关隘》："南郑县青石关，县南七十里，为川省通江、南江、巴州、绥定各邑要冲，两面高山，中通一线，鸟道羊肠，极为崎岖。……大坝关在县南一百七十里，交四川南江县界。"
④ 《史记》卷九五《郦商传》。
⑤ 《史记》卷八《高祖纪》。
⑥ 《三国志》卷一《魏书·武帝纪·注》引《九州春秋》。
⑦ 《三国志》卷二八《魏书·钟会传》。

的南郑早已感到气馁,所以没有打算在那里久留。蜀人控制汉中,本是驻兵于周围关隘,以防敌人的来攻,及姜维秉政,却说固守关隘,不能歼敌,不若敛兵聚谷,退就汉中、乐城(今城固县附近)二城,待敌深入,聚而歼之为有利。① 后来钟会长驱深入,汉中、乐城二城竟未发挥作用,而临时加强阳安关(即阳平关)也感到措手不及。② 其实蜀汉末年的国势早已不振,即令固守诸关,也难得克奏肤功。

南宋初年,金人打算自关中入蜀,这里却又是一番紧张。当时金人南下之兵为吴玠阻于和尚原(今宝鸡县境)③,就转而设法由汉水西上,直抵饶风关下。饶风关在西乡县东北汉江北岸饶风岭上,现在那里附近还有小镇称为饶风街。金人既已叩关进攻,吴玠自仙人关(在今甘肃徽县东南)日夜驱驰,得到关上,并以黄柑遗敌,金人大惊,攻势受到遏止。④ 其后金人由间道西进,吴玠待于仙人关上,遂大破金人,使他们不敢再蓄意南窥。⑤ 吴玠的军力不如金人的强悍,但是吴玠和他的部下都明白,汉中的人们也都明白,如果让金人得手,不仅汉中当地会遭到严重的摧残,就是成都平原也难免不被冲入,所以必须死战。因为有必死之心,才会更充分地利用这样险要的雄关。

事情十分明显:同样险要的雄关,在正义的战争中是能发挥出很大的作用的,侵略的战争却会在它的前面遇到不易克服的阻碍。那些不能深得人心的政权,他们虽然暂时据守着一些关隘,但在强敌压境的时候,守关的将士仍会望风而遁,难得固守下去,汉中附近大大小小百十来个关隘的建立和摧毁,就是历史演变的见证。可是自来的统治阶级就不明了这一点,仍然对这些关隘寄予无限的重视,结果却都出于他们意料之外,他们的政权并没有凭借这些关隘险阻而巩固下去。

---

① 《三国志》卷四四《蜀书·姜维传》。
② 《三国志》卷二八《魏书·钟会传》。
③ 《宋史》卷三六六《吴玠传》。
④ 《宋史》卷三六六《吴玠传》。
⑤ 《宋史》卷三六六《吴玠传》。

七、诸葛亮和汉中

说到汉中地势的险要，人们自然会想到诸葛亮。这一位三国时期蜀汉的军事家，对于汉中附近的地势曾做过一番恰当的运用，在和曹魏的战争中，常常能够取得主动的地位，就是他的敌手司马懿也为之惊叹不置。

为了对魏国作战，诸葛亮有很长的时期都亲自驻在汉中，这自然是为了就近指挥的方便。当时曹魏建都于洛阳，关中的长安是它的西方重镇。关中与汉中之间，只是一山之隔，按之常理，诸葛亮既然要夺取中原，就应该跨过秦岭，直捣长安。可是他所部署的军事行动，却并不皆是由这里前进。他几次出师，大都是向着陇上发展，徘徊于嘉陵江的源头和渭水的上游。他偶然也出过散关，达到了陈仓城下，不过没有得志，只好铩羽归来。最后一次，他由褒斜道北上，进据眉县附近的五丈原，方欲和司马懿一较雌雄，不料积劳过甚，竟然"出师未捷身先死"了。①

当年刘邦和项羽战争的时候，就是由汉中直向北进，和项羽所封的三秦诸王战于渭水侧畔。为什么诸葛亮和曹魏相争，却不直截了当地按着刘邦的旧办法行事，反来迂回西上，在陇上各地绕圈子？显然可见，山川形势虽没有改变，当前人事已和从前不尽相同。刘邦那时，项羽急于东归，三秦诸王都没有很多实力，是难抵挡刘邦的突击的。曹魏这时，以全力防蜀，自然会在关中屯驻重兵，以逸待劳。正因为山川形势没有改变，诸葛亮多了一番顾虑。大军远征，粮秣的供应万不能有所短缺。栈道的艰险增加了这方面的困难。如果前阻强敌，军糈不继，那是不堪设想的。诸葛亮曾经率兵由散关下至渭水河谷，就是这样的缘故，不能不中途退归。再说栈道也是会常出问题的。一旦出了事故，修复就很不容易。有一次赵子龙由褒斜道退军，烧毁了赤崖（在褒水岸上）以北的栈道，就长期难获复原，

---

① 《三国志》卷三五《诸葛亮传》。

引得诸葛亮萦心悬系,还为此特意写了一封信,告诉了他远在东吴的兄长。①

那时秦岭上的道路,褒斜道是一条主要干线,它的北端的斜峪口,也是魏军防守的要点。当然还有几条较次的道路。有人建议,可以从子午道北上,直取长安。这似乎是一个出奇制胜的计策,只是对方敌情没有很大的改变,虽然是出奇,却不一定能制胜。谨慎如诸葛亮者,他是不会接受这样的建议的。②

具体说来,诸葛亮在这方面所采的策略,不是主动的进攻,而是偏重于防守。但是问题不只是单纯的防守即可了事。诸葛亮还是有他的雄心的。他在这方面按兵不动,而把大部分精力用在陇上。在那里一可以因地就粮,省去转输的艰难;二可以利用当地的马匹,增强军队的力量;三可以号召更多人们参加作战,而且也确实得到一定的效果。如果这些都能够得心应手,就可以迂回到关中的侧面,使魏国难以防备。③

是不是在诸葛亮西向经营的时候,魏国会乘虚而入,由秦岭南下进攻汉中呢?当然不是没有这样的可能,不过这样的可能在当时确实是不大的。褒斜道在几条栈道中还算是比较平稳的,曹操已经认为是行军最困难的地区,这样的印象对于魏国的影响是十分深刻的。后来重要将领夏侯渊殒命于汉水南岸的定军山下,更使魏国的人们有了戒心。④诸葛亮正是利用这样的心理,凭借着重垒险峻的山势,安排着一定的防守力量,才大举向西经营的。

魏国对于关中的防务是十分注意的。他们也明了诸葛亮经营陇上的意图,而极力想阻止他的发展。为了解除陇上所受的压力,魏国也考虑到进军威胁汉中。司马懿和曹真等就分别由斜谷和子午谷南下,诸葛亮却从容在现在洋县以东的赤坂待敌。根据他的布置,魏国军队此来一定会陷入重围。

---

① 《水经·沔水注》:"褒水西北出衙岭山,东南迳大石门,历故栈道下谷,俗谓千梁无柱也。诸葛亮与兄瑾书云:'前赵子龙退军,烧坏赤崖以北阁道。缘谷百余里,其阁梁一头入山腹,其一头立柱于水中。今水大而急,不得安柱,此其穷极不可强也。'又云:'顷大水暴出,赤崖以南,桥梁悉坏。时赵子龙与邓伯苗,一戍赤崖屯田,一戍赤崖口,但得与伯苗相闻而已。'"

② 《三国志》卷四〇《魏延传》。

③ 拙著《论诸葛亮的攻守策略》。

④ 《三国志》卷九《夏侯渊传》。

虽然有此布置，却并没有达到目的，因为秋雨连绵，栈道冲毁，魏国的军队已经中途撤退回去了。诸葛亮正是以这样以逸待劳的方式，使敌军受到地势的阻遏的。①

虽然如此，诸葛亮到后来还是由褒斜道北上，直接进攻关中。为什么他一反初衷，不再迂回陇上？他几次在陇上用兵，人力物力方面诚然有显著收获。姜维的倾心归降而且在以后缵绪他的未竟之业，就是他的收获之一。就是整个军事力量也比从前加强了。不过由于魏国的坚强抗拒，他迂回关中的打算并没有实现，只好改弦另张，再次考虑直出秦川。这次和前次至少在军力部署方面有了不同，只是栈道的困难依然如旧。陇上的几次战争，使他了解到因地就食是解决粮秣运输困难的重要方法。他认为如果在渭水之滨能有一块立足的地方，他的军队且耕且战，是会取得胜利的。②他用这种办法基本克服地势的阻碍，不过在他死后，缵承遗绪的姜维并没有在这方面继承他的遗志，使他的最后计划宛如昙花一现很快就消失了。

八、汉中的山川和陆游恢复关陕的抱负

诸葛亮生当三国鼎立的时期，所以他常驻汉中，经营中原。后来，南宋与金对峙，一样是分裂的局面，汉中又成为沿边的重镇。当时已在两河沦陷，汴京倾覆之后，人们对于亡国的惨痛，记忆犹新。如何恢复旧日的河山，是有心的人士所难于忘怀的事情。汉中可以北出关陕，正是一个前

---

① 《资治通鉴》卷七一《魏纪三》："大司马曹真以汉人数入寇，请由斜谷伐之，诸将数道并进，可以大克。诏大将军司马懿溯汉水，由西城入，与真会汉中。……汉丞相诸葛亮闻魏兵至，决于城固赤坂以待之。"《注》："赤坂在今洋州东二十里龙亭山。坂色正赤。魏兵溯汉水及从子午道入者，故会于城固，故于此待之。"

② 《三国志》卷三五《诸葛亮传》："（建兴）十二年，亮悉以大众由斜谷出，以流马运，据武功五丈原。与司马宣王对于渭南。亮每患粮不继，使已志不伸。于是分兵屯田，为久住之基。耕者杂于渭滨居民之间，而百姓安堵，军无私焉。"

进的基地。张浚赵开都主张在这里治兵经武,俟机进取[1];吴玠吴璘更在这里歼灭金人的重兵,使他们再不敢轻易南下侵略。[2]后来绍兴和议成立,形成南宋偏安的局面,这些奇谋善策都仿佛过眼烟云,无济于事。虽然如此,人们对于汉中的形势,还是十分重视,总想设法利用。陆游在沔上漫游,就是怀有这样的抱负。

陆游是擅名一时的诗人,也是受人称道的爱国志士。诗人往往寄情于山水之间,陆游在汉中附近也写了不少的诗篇,描画当地的锦绣江山。他曾经歌颂过这里的壮丽形势,也曾经夸耀过这里的峥嵘峰峦。[3]春天碧绿的沮水,使他为之流连;拂晓苍翠的蟠山,也引得他不时眺望。[4]就是水旁的断桥烟雨,掩映着几朵梅花,山下的绝涧风霜,夹杂着数丛槲叶,都会招致他的低吟高歌,欣赏赞叹。[5]他虽然远从风光幽丽的山阴道上来到这兴元郊外,但是汉水岸上和秦岭山麓的景色,同样使他爱好,不忍遽去。

应该指出,对于这样的佳山水,在陆游看来,倒没有很多的闲情逸致,往返登临,而是想凭借形胜的地势,筹划恢复的大计。陆游壮年的时候,秦桧已经死去,内奸得告清除,北取中原不是根本没有希望的。不过长期压抑之下,人心显得麻木不振,还得下一番鼓吹的工夫。经过了一些人事的曲折,陆游终于亲自来到接近前方的汉中。这时,他的心情是十分激动的,多年的愿望也许能够稍稍得到满足。他初到汉中就写出这样的诗句:"我行山南已三日,如绳大路东西出。平川沃野望不尽,麦陇青青桑郁郁。地近函秦气俗豪,秋千蹴鞠分朋曹。苜蓿连云马蹄健,杨柳夹道车声高。"对于一个陌生的地方,在三天之中,已经注意到它的形势、物产、人情、

---

[1]《宋史》卷三六一《张浚传》。
[2]《宋史》卷三六六《吴玠、吴璘传》。
[3] 陆游《剑南诗稿》卷三《南郑马上作》:"南郑春残信马行,通都气象尚峥嵘。迷空游絮凭陵去,曳线飞鸢跋扈鸣。落日断云唐阙废,淡烟芳草汉坛平。犹嫌未豁胸中气,目断南山天际横。"
[4]《剑南诗稿》卷三《晓发金牛》:"客枕何时稳,匆匆又束装。快晴生马影,新暖拆花房。沮水春流绿,蟠山晓色苍……"
[5]《剑南诗稿》卷三《长木晚兴》:"沮水蟠山名古今,聊将行役当登临。断桥烟雨梅花瘦,绝涧风霜槲叶深……"

车马各方面的情况。为什么注意到这些方面？他说得明白："国家四纪失中原，师出江淮未易吞；会看金鼓从天下，却用关中作本根。"①汉中正是有充足的条件，可以作为鸣金击鼓，兴师动众的好地方。

陆游对于汉中山川形势的估价是很高的，他曾经指出："地连秦雍川原壮，水下荆扬日夜流。"②这是说，这里不仅可以越过终南山，经营秦雍关陕，而且还可以顺水东下，和荆扬临安，呼应往还。汉中平原的南北，对列着秦岭和巴山，重重险阻，只有一线栈道，蜿蜒其间。这正是用兵的要地。根据陆游自己的描述，这山间的险途，有好些地方是"一蹋缘绝壁，万仞俯洪流"③，也还有些地方是"栈危萦峭壁，桥回跨奔流"④。这样惊心动魄的所在，他却时时往来其间，他自己也说："堪笑书生轻性命，每逢险处更徘徊。"⑤也许有人要指责说，他是贪恋栈道的景色。如果细细体会他的心情，安知不是他在那里亲身考察，为日后恢复关陕的军事行动做出具体的安排？

当然，这样的打算并不是一蹴可就的。但是，他激动的心情却经常无法按捺下去。汉中和关中之间，还隔着一道高峻的秦岭，他对于故国河山的怀念，却并不因此稍显得淡漠。他有时慷慨悲歌，很想登高远望长安城南的杜陵，在尘雾迷漫之中，他还想细数那里历历的烟树。他知道金人在那里盘踞多年，恢复起来是要费一番工夫的，自然需要更多的准备。他也

---

① 《剑南诗稿》卷三《山南行》。
② 《剑南诗稿》卷三《归次汉中境上》："云栈屏山阅月游，马蹄初喜蹋梁州。地连秦雍川原壮，水下荆扬日夜流。遗虏屡屡宁远略，孤臣耿耿独私忧。良时恐作他年恨，大散关头又一秋。"
③ 《剑南诗稿》卷三《再过龙洞阁》："天险龙门道，霜清客子游。一蹋缘绝壁，万仞俯洪流。著脚初疑梦，回头始欲愁。危身无补国，忠孝两堪羞。"
④ 《剑南诗稿》卷三《壬辰十月十三日自阆中还兴元游三泉龙门，十一月二日自兴元适成都，复携儿曹往游，赋诗》："胜地昔轻别，短筇成后游。门呀一境异，木落四山秋。野鹘翔深窦，蟠蛟擅古湫。栈危萦峭壁，桥回跨奔流。白雨穿林至，腥风卷地浮……"
⑤ 《剑南诗稿》卷三《嘉川铺遇小雨景物尤奇》："一春客路厌风埃，小雨山行亦乐哉。危栈巧依青嶂出，飞花并下绿岩来。面前云气翔孤凤，脚底江声转疾雷。堪笑书生轻性命，每逢险处更徘徊。"

这样要求自己。他在汉中的几年，经常是"铁衣卧枕戈，睡觉身满霜"①，并且还是"夜栖高冢占星象，昼上巢车望虏尘"②。仿佛大敌已在当前，要马上操戈参加战斗一样。陆游的足迹是没有到过褒水的源头的，但他对于秦岭山上的大散关却是怀念不休。他曾经看到过一幅大散关图，就兴奋地写着："大散陈仓间，山川郁盘纡，劲气钟义士，可与共壮图。"③像这样的热情期望，在他说来，也是理所当然的。

他曾经把他的恢复大计向当时负责方面的大员建议过，而且指出：要经略中原，必先自长安始；要取长安，必自陇右始。进一步还指出，在进行经略之前，应该先积粟练兵，等着寻找敌人的可乘的机会，机会未到，不妨固守疆场。看样子，他的战略和诸葛亮是相仿佛的。诸葛亮虽未成功，还是累次出兵，予敌人以必要的打击。陆游的遭遇却远不如诸葛亮。陆游的抱负是宏伟的，面对当前的敌人也不是没有可乘的机会的。所不幸的是，这时南宋的统治集团已经满足于这样偏安的小朝廷的局面，只想妥协，不思进取。陆游虽提出他的恢复大计，却得不到任何的支持和采纳，只好眼看着宋朝的统治集团每年向人民搜括大量的财物，送与金人，求得暂时的和平。

陆游自己曾经谦逊地说过："人误许，诗情将略，一时才气超然。"④其实他这样的恢复大计也并不是凭空虚构的，如果能够得到施行，也并不是没有成功的可能的。他自己很有把握地说："灞桥烟柳，曲江池馆，应待人来。"⑤但这样的壮志雄图竟然没有得到实现，使他十分悲哀。他感慨地写着："许国虽坚鬓已斑，山南经岁望南山！"他更愤懑地指出："三秦父老应惆怅，不见王师出散关！"⑥

---

① 《剑南诗稿》卷一《鹅湖夜坐书怀》。
② 《剑南诗稿》卷三六《忆昔》。
③ 《剑南诗稿》卷四《观大散关图有感》。
④ 《全宋词》卷二二四《汉宫春·初自南郑来成都作》。
⑤ 《放翁词》卷一《秋波媚·七月十六日晚登高兴亭望长安南山》。
⑥ 《剑南诗稿》卷一《观长安城图》。

九、富饶的物产

汉中附近的土地肥沃,物产富饶,很久以来就是被人们称道的好地方。

最值得称道的是当地粮食的生产。汉中种稻最为普遍,而且很早就见于史册的记载。远在西汉中叶,人们就在秦岭山上开凿褒斜道。其目的之一就是转输汉中附近所产的稻米。①在此以后,汉中附近的农田水利建设日渐增多,这对于水稻的生产自然有极大的助力。当然,在稻以外,也还有麦类及其他杂粮。粮食产量增加,就可能向外运输,供应邻近地区的需要。

在棉花未传入以前,衣着原料主要是丝麻两种。汉中附近固然产麻,而且也产丝。丝的纺织较麻类为繁难,可是汉中附近的丝织业却是很早就已经发达,而且丝织品也显得精美。唐宋以前记载缺略,不可备知。唐时兴元府所织的縠就曾列为贡品。②宋时洋州(今洋县)的贡物中还特列有隔织一种。③宋人始创缂丝,其织法精妙,一时殆无匹敌。洋州所贡的隔织如果就是缂丝,则当地的丝织技术,已经不同于凡响。隔织的方法后来想已失传,只有城固的绢还约略为人们所提及。④据说略阳出绵绸⑤,宁强出縑绸⑥,大致更是等而下之了。至于麻织品,则汉中各地有较为普遍的出产,而洋州的火麻布在唐朝也和縠一样,列于贡品的数中。⑦后来棉花的种植方法传入,在汉中各地也得到推广。棉的纺织遂成为农村妇女一种副业,而

---

① 《汉书》卷二九《沟洫志》。
② 《元和郡县图志》卷二二《山南道》,兴元府赋绵绢,洋州亦赋绵绢。《新唐书》卷四〇《地理志》,兴元府土贡縠。洋州治所在今洋县。
③ 《元丰九域志》卷八《利州路》,洋州土贡隔织八匹。
④ 嘉庆《汉南续修府志》卷二二《物产》,绢出城固马畅。
⑤ 嘉庆重修《大清一统志》卷二三八《汉中府》。
⑥ 嘉庆《汉南续修府志》卷二二《物产》。
⑦ 《元和郡县图志》卷二二《山南道》。

南郑、沔县①、略阳等处所产的布类更显得突出②。

应该指出,汉中各地的茶在宋时已经有了较多的种植。国人饮茶的风气虽然起源很早,可是唐朝中叶始征茶税。这固然说明了统治阶级对人民剥削的无孔不入,却也显得茶树的栽培已经日形增多。唐朝植茶地区已由沿江诸道,溯着汉水而上,扩大到汉中附近各地了。③宋朝更有显著的发展,南郑及城固两县在当时皆由政府设置茶场④,主持征收茶课及采购种茶人手中的余茶诸事。到了明朝,西乡县也成了产茶的地方。⑤而清人的记载更显示出汉水上游的茶地还曾扩大到留坝山区⑥,这自然都是前人试验推广的结果。前人已经取得的成绩现在应该得到更多的发扬。

当然,汉中地区有经济效益的出产还不仅是这一些。当地山谷往往种植漆树,山旁也经常栽培棕榈。漆的出产为当地输出的大宗,远在唐朝就已列为贡品⑦,供统治阶级宫廷中的使用。棕可制绳,也是一种特产,洋县的白交棕,和漆一样在唐朝曾为统治阶级所垂青。⑧至于当地所产的红花、胭脂、姜黄、蓝叶、紫草等,或可以做化妆用品,或可以做丝麻染料,更是统治阶级所喜爱的东西,经常向当地人民征索。⑨而蜜、蜡、纸张等物也一样输往其他各地。

汉中地区周围各处冈峦重叠,虽为交通的阻碍,而山间岭上却同样有富饶的物产。远在两汉时期,当地的材木竹箭就已受到人们的称道⑩,中间

---

① 嘉庆重修《大清一统志》卷二三八《汉中府》。
② 嘉庆《汉南续修府志》卷二二《物产》。
③ 《新唐书》卷四〇《地理志》,兴元府贡茶。
④ 《元丰九域志》卷八《利州路》。
⑤ 《明史》卷八〇《食货志》:"洪武四年,户部言:'陕西汉中、金州、石泉、汉阴、平利、西乡诸县,茶园四十五顷,茶八十六万余株。'……定税额,陕西二万六千斤有奇。"
⑥ 嘉庆重修《大清一统志》卷二三八《汉中府》:"茶出留坝厅归仁山。"
⑦ 《新唐书》卷四〇《地理志》,兴州土贡漆。兴州治所在今略阳县。
⑧ 《元和郡县图志》卷二二《兴元府》和《新唐书》卷四〇《地理志》,洋州土贡皆有白交棕。
⑨ 《大唐六典》卷三《尚书户部》,梁州贡燕支、红花。《新唐书》卷四〇《地理志》,兴元府贡红蓝、燕脂。嘉庆《汉南续修府志》卷二二《物产》,汉中府产紫草、姜黄,而城固所产较他邑为胜。
⑩ 《汉书》卷二九《沟洫志》。

经过采伐，而葱葱郁郁依然为当地增加不少的风光。培养抚育，经营采取，使它充分得到利用，实为当前的急务。

高山峻岭，多蕴藏有矿物，汉中诸县自非例外。沔县（今陕西勉县）的铁矿最为有名，远在汉朝就曾在那里设有铁官，专司开采，历唐宋明清皆不稍替。[1] 城固县的铁矿也有相当规模，开采时期也相当长久。[2] 其他如略阳、南郑诸县，以前的人们都曾经有所采掘。铁矿而外，金、银、铜、锡、丹砂、水银、青绿诸矿也皆有所发现。南郑、西乡诸县有金[3]，南郑又产银[4]，勉县产锡[5]，略阳有铜[6]。丹砂[7]、水银、青绿皆产自略阳，宁强境内也有水银、青绿[8]。以前的人们对于矿产的开采，只是小型的规模，产量当然不会很多。富源的蕴藏还有待于继续开发，如果能够追踪前人的遗迹，而佐以科学的方法，则诸山矿产当能更多为人们所知晓，进一步从事采掘，它的成绩自当不是前人旧规所可限制的。

---

[1] 《汉书》卷二八《地理志》，汉中郡沔阳有铁官。沔阳在今勉县东南。《新唐书》卷四〇《地理志》，兴元府西县，凤州梁泉县、兴州顺政县皆有铁。西县在今勉县西、梁泉县在今凤县东北，顺政县在今略阳县。《宋史》卷一八五《食货志下七》，产铁设务之州二十，凤州就在其中。《元史》卷九四《食货志》，产铁之所，在陕西省曰兴元。《明史》卷四三《地理志》，汉中府沔县，北有铁山。沔县今为勉县。

[2] 嘉庆重修《大清一统志》卷二三八《汉中府》。

[3] 《魏书》卷一一〇《食货志》："汉中旧金户千余家，常于汉水沙淘金。"嘉庆重修《大清一统志》卷二三八《汉中府》："旧志，西乡出金。"

[4] 《宋史》卷一八五《食货志下七》："银产凤、建、桂三州，兴元和秦、陇三州设务。"按：《新唐书》卷四〇《地理志》：凤州梁泉县有银。

[5] 《新唐书》卷四〇《地理志》："兴元府西县有锡。"《宋史》卷八九《地理志》："兴元府西县，有锡冶一务。"

[6] 《元丰九域志》卷八《利州路》："兴州顺政县，青阳一铜场。"《宋史》卷一八五《食货志下七》："至道二年，有司言：'凤州山铜矿复出，……请置官署掌其事。'……不许。"

[7] 《元和郡县图志》卷二二《山南道》，兴州贡朱砂。《新唐书》卷四〇《地理志》，兴州土贡丹砂。

[8] 《续文献通考》："明洪武中水银场有陕西宁羌、略阳等处，皆产水银、青绿。"

十、人口的增减

汉中附近的土地是肥沃的，物产是丰富的，但是肥沃的土地和丰富的物产却需要人们付出一定劳动，才可以得到收获。在这里居人的数目和其他各地一样，是不时有所变动的。探讨这种变动的幅度，对于了解当地富庶的情况是会有所帮助的。

根据以前文献的记载，汉中附近人口数目变动的幅度是相当悬殊的。其中以清朝中叶为最多，其次是东汉、宋、西汉、明、唐、西晋诸代，而以元朝为最少。清朝中叶的汉中府辖有十一个州县，共有人1541634[①]，平均每县为140148口。东汉的汉中郡辖有九县，有人267402[②]，平均每县为29711口。宋朝的兴元府、洋州和沔州（今陕西勉县）共辖有九县，有人241780口[③]，平均每县为26804口。西汉的汉中郡辖有十二县，共有人300614[④]，平均每县为25051口。明朝的汉中府共有十四个州县，有人190166，平均每县为13583口。唐朝的兴元府、洋州和兴州（今陕西略阳县），共辖有十一县，有人253090[⑤]，平均每县为13008口。西晋的汉中郡辖有八县，有户15000。如每户以5人计，应有人75000。平均每县应有人9375。元朝的兴元路共辖有七个州县，有人19378[⑥]，平均每县为2768口。应该指出，各个时期的行政区划都不完全相同，幅员的广狭也非先后一致。这里只就各个时期每县平均的人口数目做一个大致的比较。

清朝中叶汉中附近的人口最多，平均每县人口竟超过东汉三倍有余，和其他各时期的差别自是更为巨大。当然可以说，清朝中叶在整个清朝时

---

① 嘉庆重修《大清一统志》卷二三七《汉中府》。
② 《续汉书·郡国志》。
③ 《宋史》卷八九《地理志》。
④ 《汉书》卷二八《地理志》。
⑤ 《新唐书》卷四〇《地理志》。
⑥ 《元史》卷六〇《地理志》。

期各方面都显得富庶繁荣，汉中地区能够得到发展也是很可能的。不过因此要说这个时期的汉中人口就能和其他各时期相差到数倍之多，却也和事实不尽符合。因为清朝初期曾经宣布过盛世滋生人口永不加赋，而且还把人丁之税加到田粮之中，也就是把多少时期以来人丁口赋征收的方式改变了。人口既然无赋，则人们就可以较为翔实地去呈报户口。这是清朝人口超过以前各时期的一个重要原因。虽然如此，清朝中叶汉中地区经济有所发展，也是应该肯定的，至少较之元明两朝显得富庶。清朝中叶以后，变动还是有的，不过记载缺略，也就难以具知了。

居于清朝中叶之次，汉中附近人口较多的时期为东汉。东汉平均每县人口数目还要越过了西汉。如果真的是这样，东汉时的汉中应该在某些方面较之西汉有所发展。实际却不是这样。汉中郡的幅员在两汉时期没有很大的变迁。西汉时汉中郡共有十二个县，东汉时是少了三个县。这所少的三县并不是划到其他的地区去，而是就近并入汉中郡其他各县之中，就整个区划来说，西汉的人口还是超过了东汉。

由两汉到唐朝，中间还经历几个不同的时期。人口的数目肯定有很大的变动。三国时期，汉中成为魏蜀两国争夺的地区，每次发生战争，汉中总是首当其冲。东晋刘宋时，中原乱离，汉中亦为北方流人聚居之所，故人口能稍有增加。① 隋时的汉川郡（治所在南郑县）辖有八县，共有11910户②。平均每县只有1439户。如果以每户有人5口计，每县才有7000多口，还是远不能和两汉、西晋时期相比拟。显然长时期的分裂局面，对于这个

---

① 《宋书》卷三七《州郡志》，梁州刺史所属的汉中太守，辖四县，有口10334。平均每县2584口，似尚较元朝为少。东晋刘宋之时，中原乱离，北方人口纷纷南迁，汉水流域亦多有流人。《宋书·州郡志》于梁州之后，列有秦州。并谓东晋安帝时侨置于汉中，领郡十二，县四十二，有户8732，有口40888。平均每县有974口。诸郡中有冯翊太守和西扶风太守。《志》于冯翊太守下说："三辅流民出汉中，文帝元嘉二年立，领县五，户一千四百九，口六千八百五十四。"平均每县有1371口。《志》于西扶风太守下说："晋末三辅流民出汉中侨立，领县二，户百四十四。"以每户5人计，共有720口，平均每县有360口。其他各侨郡无详细记载，故未计入。据此而论，当时汉中人口是不会少于元代的。

② 《隋书》卷二九《地理志》。

位于南北交错的地区是有严重的影响的。

唐宋时期，汉中地区虽也间或受到当时其他地区军事骚动的影响，大体说来平静的年月总是多数，所以人口数目不断上升。北宋以后就不是这样的了。南宋处在金人的压力之下，汉中附近成为金人南侵四川必经的道路，南宋为了确保西陲的安全，也是死力进行抵抗。后来元人灭金侵宋，这里又不断经过涂炭，人口的减少显然可见。到元朝每县只有2000多人，其萧条的情况令人酸鼻。直到明朝每县平均还不到15000人。这个数字不是很多，比起元朝来已经增加了五六倍，也是难能可贵的。

上面所说的只是就各县的平均人口做了一点比较。其实汉中地区各县的条件并不完全相同，人口的数目也会相应而彼此各异。唐宋时期，这个地区各有一府二州，由这一府二州的人口数目很可以看到其间的差异。唐朝的兴元府，辖有五县，共有人153717，平均每县为30743口。到了宋朝，这个府的辖县数少了一个，人口降为123540口，平均每县为30885口。唐朝的洋州辖有四县，共有人88327，平均每县为22082口。到了宋朝，洋州辖县也少了一个，人口略升为98567口，平均每县为32856口。唐朝兴州和宋朝沔州的所在，不完全一样，不过都是在西部多山的地区。唐朝兴州的平均每县人口为5523口，宋朝沔州的平均每县人口为9836口。这一府二州的前后相差并不十分显著，但彼此之间却分明不同。兴元府和洋州的平原较广，人口自然显得稠密，略阳和勉县附近山岭重叠，难怪人口并不十分繁多。

还应该指出，这里所提到的人口数字，只是每个时期封建王朝版籍的记载，并非是当地居民的确数。上面已经说过，封建王朝统治时期人口有赋税的负担，而且这种负担还是十分繁重的。有许多人经受不起这种压力，只好设法逃避，不向政府呈报户口。这是封建王朝一个普遍现象，汉中地区自非例外。清朝中叶人口数字是增加了，但并不是说那时就没有逃户，清朝官吏对于汉中附近深山老林内隐藏的人口时时设法招诱，就是明确的例证。因为丁赋虽已免除，其他苛杂还是不少的。这些逃户时时恐怕封建王朝清查稽考，自难安心生产。至于登载在封建王朝版籍上的人口，也并不是就了无顾虑。因为统治阶级的剥削，层层都是异常严重的。在这样压力之下，人们生产情绪能够提高到什么程度，还是问题。汉中地区的土地诚然肥沃，物产也诚然丰富，由于劳动人民在过去难于充分发挥出他们的劳动热情，还是没有完全加以利用的。现在压在人民身上的大山已经被推翻，在党和政府的领导下，人民当家做主，积极开发自然的资源，汉中附近和全国其他地区一样，已经显出一片富庶康乐的景象。

（原载《科学研究论文选辑》，陕西师范大学，1964年）

关中的历史军事地理

一、群山环绕的关中平原

（一）关中名称的起源及其意义和范围

关中的名称起源很早，战国秦汉时期已经有了。由于不是正式的地方行政区划，所以就有了各种解释。司马迁撰《史记·货殖列传》，曾说过"关中自汧、雍以东至河、华"。汧谓汧水，雍谓雍山。汧水发源于今陇县，雍山在今凤翔县。河谓黄河，华谓华山。这是说关中是在今宝鸡和潼关之间。就在汉时，也还有别的说法。刘邦和项羽灭秦时，曾经有过约言："先入关中者王之。"后来项羽负约，说巴、蜀也是关中地，故立刘邦为汉王，王巴蜀汉中。项羽还曾三分关中，立章邯为雍王，司马欣为塞王，董翳为翟王。这位翟王都于高奴，就是现在的延安市。这是说，现在的陕北当时也在关中的范围之内。[①] 后来还有些不同的说法，大抵都是就关立论的：一说是它在函谷关、大散关、武关和萧关之间[②]，一说是它在函谷关和陇关的中间[③]，一说是它在函谷关和散关的中间[④]，还有说它"西有陇关，东有函谷关，南有武关，北有临晋关，西南有散关"[⑤]的。战国秦汉时期的人们还经常说到四塞，具体的名称虽和四关不完全一样，意义却是相仿佛的。就关立论的说法虽说是后来才有的，却相当符合当时的情况。

正式使用关中的名称作为地方行政区划的是迟到民国初年。不过这里应先提到唐代的关内道。关内是和关外相对而言的，指的是函谷关或潼关的内外。它和关中的意义不尽相同，但大致是相当的。唐代的关内道，东至黄河沿岸，西至祖厉河畔（流经今甘肃会宁、靖远两县境内），北达阴山山脉，其南境，长安以西，抵于秦岭，长安以东，则包括今商洛地区在内（今商洛地区，唐为商州辖境。唐商州属县中的乾元县，在今柞水县南，而上津县在今湖北郧西县西北，其地今有上津镇，位于金钱河东。唐商州一般记载都说是属于关内道，但也有说属于山南西道的）。也就是说东有潼关，西有大散关，北有萧关，南有武关。古代所谓关中四关都包括在内（唐关内道不包括函谷关，但潼关实际和函谷关所起的作用是相同的），这可以说是关中的最广的实际的区划。民国初年，在陕西省中部，设立了关中道，较之唐代的关内道是要狭小得多了。民国的关中道，北面包括韩城、合阳、澄城、白水、同官（今陕西铜川市）、栒邑（今陕西旬邑县）等市县，西南以秦岭为界，东南包括商洛地区，这是兼有陇关、大散关和武关。函谷关和萧关由于不在陕西省，所以都没包括在内。

现在一般所说的关中是指陕西中部秦岭以北，子午岭、黄龙山以南，陇山以东，潼关以西的地区。不仅函谷关和萧关不包括在这个地区内，就

---

① 《史记》卷七《项羽本纪》。
② 《史记》卷七《项羽本纪·集解》引徐广说。
③ 《读史方舆纪要》卷五二《陕西》引潘岳《关中记》。
④ 《读史方舆纪要》卷五二《陕西》引《三辅旧事》。
⑤ 《资治通鉴》卷八《汉纪三》胡注。

是武关也划在外面。好在潼关代替了函谷关，它和大散关东西相对。这样的关中实际是位于潼关和大散关的中间。

关中的得名是由于四面都有关隘，而这些关隘又大都设在山峦险要的所在，便于防守。萧关、函谷关和武关虽已不包括在后来的关中地区之内，然远在战国秦汉时期，就已在陇山之上设立了陇关，秦岭北坡设立了峣关（亦称蓝田关，在今陕西蓝田县东南），秦岭和崤山之间设立了潼关，其他各处设关置卡，也不在少数。这样的层层设防，充分利用地形的险要去处，正说明了这一地区的军事价值。（附图一《关中形势图》）

（二）关中平原和环绕的群山

现在的关中地区是周围的群山环绕着的广漠平原。秦岭为关中主要山脉，横峙于关中地区之南。最高的山峰为眉县南的太白山，海拔3767米；其次则为长安县南的终南山，海拔2604米；太白、终南的东西，则有蓝田县东南的玉山，海拔2285米；华县南的草链岭，海拔2645米；宝鸡市南的鸡峰山，海拔2041米；著名的华山亦为秦岭的一支，海拔亦在1997米。秦岭北坡陡峻，山麓就是关中平原。而南坡迂缓，所涉及的范围相当广泛，后文将做较详细的论述。

秦岭西端隔渭水和陇山相望。陇山就是陇坂，也称陇坻，或称陇首。据古时的记载，说是陇山东西有180里[①]，又说是陇坂有九个大弯曲，不知究竟有多高[②]。这些记载都显示出古代对于陇山的重视。今陇山主峰为陇县固关镇西南的关山，高达2428米，其南的喇嘛山，海拔2240米。

由陇山越汧水而东为汧山。自此以东皆为关中北部的群山。汧山最高处为箭括岭，在岐山县东北，海拔1663米，而位于岐山县西北的岐山，海拔也有1352米。岐山西北的杜阳山，海拔1800米。泾水以西位于礼泉县

---

① 《太平寰宇记》卷三二《陇州》引《辛氏三秦记》。
② 《读史方舆纪要》卷五二《陇坻》引郭仲产《秦州记》。

图一　关中形势图

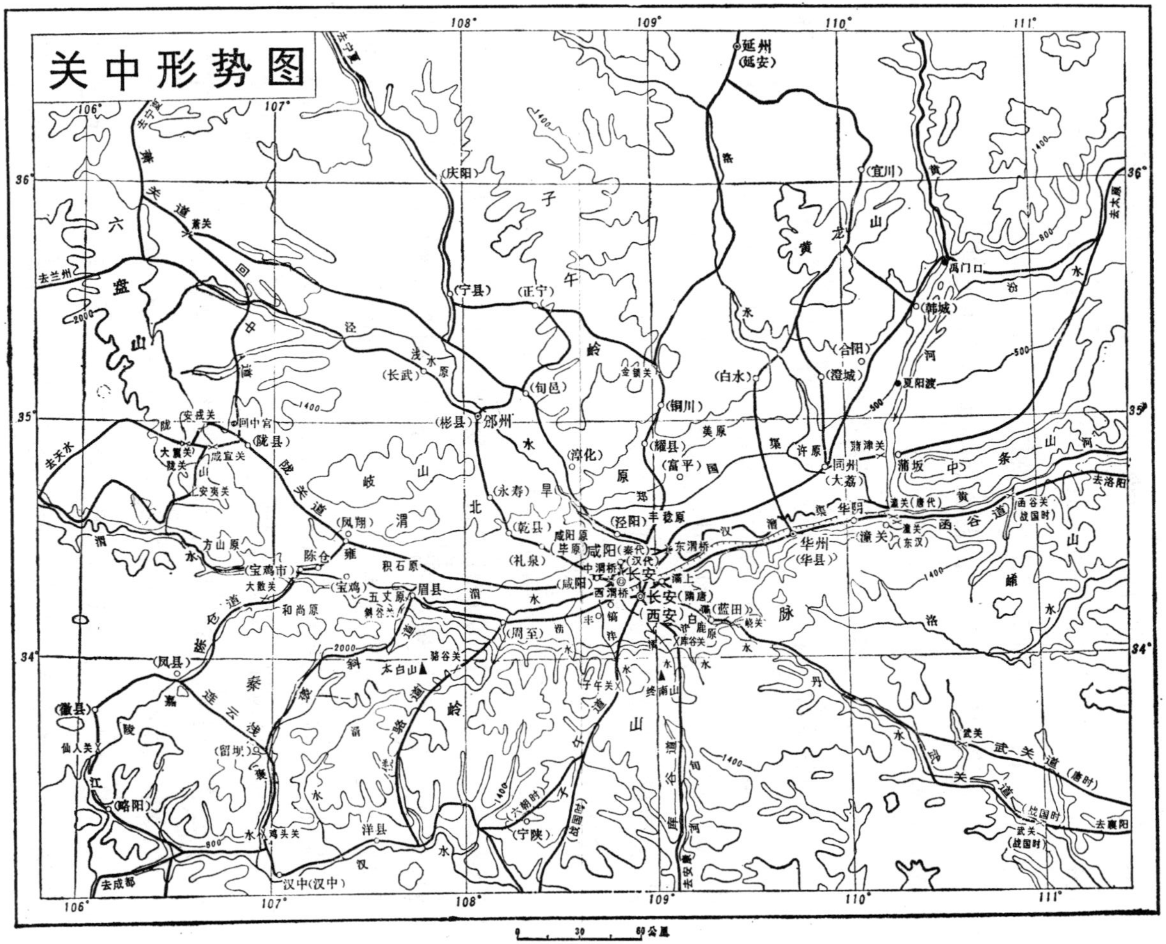
关中形势图
延州
(延安)
(庆阳)
(宜川)
(宁县)
(正宁)
(旬邑)
(长武)
(彬县)
邠州
(铜川)
(白水)
(合阳)
(澄城)
(韩城)
禹门口
夏阳渡
蒲坂
同州
(大荔)
华阴
华州
(华县)
潼关
(淳化)
(富平)
(永寿)
(乾县)
(礼泉)
(泾阳)
咸阳
长安
(西安)
(蓝田)
(周至)
眉县
(凤翔)
(宝鸡)
(宝鸡市)
陈仓
(陇县)
(凤县)
(徽县)
(略阳)
(留坝)
洋县
(宁陕)
汉中(汉中)
太白山
终南山
子午关
萧关
回中宫
大散关
仙人关
武关
去兰州
去天水
去成都
去洛阳
去襄阳
秦岭
六盘山
黄龙山
子午岭
中条山
渭水
泾水
洛水
汉水
丹水
106°
107°
108°
109°
110°
111°
34°
35°
36°
0
30
60公里

东北的九嵕山，海拔1187米。泾水以东位于泾阳县西北的仲山，海拔1599米。由仲山往北，位于旬邑县东的石门山，海拔1855米。由石门山往东北，位于铜川市金锁关之北的庙山，海拔1734米。再往东南，富平县东北的频山、碑子山，海拔分别为1332米和1371米。蒲城县北的尧山，海拔1032米。再东北，合阳县西北的武帝庙山，海拔1543米。韩城西北的牡丹山，海拔1431米。而古代所谓的梁山，也就指的是合阳、韩城诸县市以北的群山。

韩城就在黄河岸上，由此南至潼关，其间虽再无山峦，但黄河一样阻隔着东西。

这样群山环绕的关中地区，东西约长400公里，南北约宽八九十公里，面积26400平方公里。眉县附近往东的渭水两岸和泾、洛两水的下游，皆为海拔400公尺的平原，面积10040平方公里。在这平原周围的海拔400米至700米之间为流水侵蚀成的高阶地（就是一般所说的原）。其中渭北旱原面积13430平方公里，渭南台原面积2920平方公里。海拔800公尺以上就是山麓和山区了。

关中平原周围海拔400米至700米之间的原是相当多的。原的大小虽各有不同，但都较平川为高昂，是易于防守的地方。西安和咸阳的附近就有不少的原，其中西安东南的白鹿原和咸阳西北的毕原（亦称咸阳原）都曾经有过较多的军事行动。白鹿原横亘灞水中游，毕原正当渭水之北，分别是灞、渭两水的屏障，而灞渭两水又都是长安城最近处的防线，其重要意义就显而易见了。那些距离长安较远的原，有的由于原高路陡，有的由于靠近军事通道，都有其一定的重要性。如南北朝后期高欢进军关中时屯兵的许原（在今陕西大荔县西北）、唐初李世民与薛仁杲交战的浅水原（在今陕西长武县北）、唐代中叶郭子仪进攻回纥、吐蕃联军时屯兵的丰稔原（在今陕西泾阳县北）、五代时梁朝的刘知俊与李继徽交战的美原（在今富平县东北）都经常为人们所提到。至于三国时期诸葛亮和司马懿对峙的五丈原和积石原则在今岐山县境的渭水南北。

（三）关中的河流及其变迁

关中地区的主要河流为渭水、泾水和洛水。渭水发源于甘肃渭源县，东流至宝鸡市入于关中地区，又东至潼关县北入黄河。泾水发源于宁夏回族自治区泾源县，东流经甘肃平凉、泾川两县，至长武、彬县间入于关中地区，又东南至高陵县南流入渭水。洛水由陕北横山山脉西侧定边县境流来，至大荔县东南流入渭水。

这三条河流之中，渭水支流最多。这是由于渭水傍秦岭北麓东流，秦岭北坡流下的小水都流入渭水。较为重要的有宝鸡市南的清姜河、眉县西南的石头河（古代为斜水，亦为武功水[①]）、周至县西的骆谷河、县东的黑水（古代为芒水[②]）、户县西的涝水、长安县西的沣水和县南的潏水、西安市东的浐水和灞水、临潼县东的戏水。渭北诸山流下的支流有流经陇县、汧阳县境的汧水，流经凤翔、岐山、扶风、武功诸县境的雍水，雍水在武功县东与武亭川合，而武亭川也有支流，就是乾县西的沐浴河（古代为漠谷水[③]）。在泾渭合流处以东，渭水还有一条较大的支流，就是耀县东西的漆、沮两水在县南合流的石川河。石川河在流入渭水之前，曾汇合由耀县西流来的清峪水，而清峪水在三原县西又汇合由淳化县流来的冶峪水。清峪水和冶峪水都发源于石门山东。

泾水的支流较为重要的有汧山北麓流下的达溪河，达溪河之北，又有由六盘山东南麓流下的黑水。这两条河流都流经甘肃灵台县境，至长武东南相合流入泾水。由子午岭山脉东南麓流下的马栏河，经过旬邑县，于彬县东南流入泾水。

渭水和泾水都流经长安附近。长安附近渭水支流较多，古代人们很早就称道过八水绕长安。这八水指的是泾、渭、灞、浐、沣、镐、潦、潏。[④] 潦水就

[①] 《水经·渭水注》。
[②] 《水经·渭水注》。
[③] 《水经·渭水注》。
[④] 《史记》卷一一七《司马相如传》。

是涝水。镐水上承镐池。镐池在昆明池北，北流注入渭水。今镐水、镐池和昆明池皆已湮没。镐池和昆明池故址在今西安市西南，镐水故道也在西安市西。这样，泾、渭两水在北，灞、浐两水在东，沣、涝两水在西，镐、潏两水在中间穿过，而潏水上源更绕过长安的南部，于是就形成了八水绕长安的形势。

古代的人们称道这八水，至少有三方面的意义：一是农田灌溉，二是交通运输，三是防御作用。

远在战国时期，秦国就已经开凿郑国渠，由仲山附近（今陕西泾阳县西）引泾水东流，通到洛水，灌溉渭水以北的农田四万余顷[1]，灌区约有今泾阳、三原、高陵、临潼、渭南、蒲城诸县市。秦国能够解决粮食问题，很快富强起来，这是一个重要的因素。其后一些王朝也曾陆续开凿新渠。西汉时期的白渠和六辅渠就是在郑国渠的基础上开凿起来的。[2] 郑国渠和白渠都是现在泾惠渠的前身。西汉时期还曾开凿过成国渠、灵轵渠、蒙茏渠，这些都是专用来灌溉农田的。[3] 另外还有一条漕渠，主要用在交通方面，但也可以灌溉。[4] 成国渠由郿县（在今陕西眉县东北）引渭水东行，至咸阳东复入于渭。灵轵渠和蒙茏渠都在周至县北。漕渠则是由长安西北引渭水，傍南山东流，入于黄河。[5] 后来到三国时期，曹魏还把成国渠首向上延伸，改引

---

[1] 《史记》卷二九《河渠书》。
[2] 《汉书》卷二九《沟洫志》。
[3] 《汉书》卷二八《地理志》。
[4] 《史记》卷二九《河渠书》。
[5] 《史记》卷二九《河渠书》记载穿凿漕渠的经过说："引渭穿渠，起长安并南山下至河，三百余里。"《汉书》卷二九《沟洫志》同。按：《旧唐书》卷一七二《李石传》："石又奏咸阳令韩辽请开兴成渠。旧漕在咸阳县四十八里，东达永丰仓。自秦汉以来疏凿，其后埋废。"《读史方舆纪要》卷五三《西安府》谓唐咸阳故城在清咸阳县东二十里。清咸阳县即今咸阳市。则兴成渠引渭水处当在今咸阳市南微偏东处。《水经·渭水注》："（渭水）又东北迳新丰县，右合漕渠。汉大司农郑当时所开也。以渭难漕，命齐水工徐伯发卒，穿渠引渭，其渠自昆明池，南傍山原，东至于河，且田且漕，大以为便，今无水。"或据此谓漕渠乃引用昆明池水。然郦道元已经明确指出"穿渠引渭"，则所引用的并非仅是昆明池水。或谓其引渭处在汉长安城之北。汉长安城北虽濒渭水，然南岸陡立，是无由引水的。漕渠下游，《史》《汉》两书皆明言入河，则其入河处当在今潼关吊桥附近，而不得西在华阴之东。

汧水东流。① 这条渠道到唐代又重加修浚，改名升原渠。② 升原渠的渠口原来也在宝鸡东，引用汧水，唐末又改引当地的渭水③，这大概是汧水水量不足的缘故。成国渠和升原渠都是现在渭惠渠的前身。唐代也曾在韩城引黄河水，在朝邑（今陕西大荔县东）引洛水，在郑县（今陕西华县）引南山谷水，用来灌溉农田④，不过规模都较为狭小。

长安北濒渭水，渭水本来可用于交通运输。春秋时期有名的泛舟之役，就是秦国由渭水运输粮食救济晋国的旱灾。那时秦国的都城在雍（今陕西凤翔县南），运输的起点就在今宝鸡市附近。⑤ 由于渭水多沙，有时会影响船只的航行，西汉和隋唐都曾经在长安附近开渠引渭水，傍着秦岭山麓通到华阴以东，入于黄河。西汉所开的渠叫作漕渠⑥，隋代的渠先名广通渠，后改为永通渠，到唐代也叫作漕渠⑦。西汉和隋唐的漕渠皆由长安城西北引用渭水，西汉时还兼引用了长安城西南的昆明池水。因为渠道都位于渭水以南，大致是相仿佛的。

然而长安城外的八水在防御的作用方面更显得有意义。八水围绕长安，形成都城最近的天然防线。其中渭水和灞水尤其重要。渭水可以阻挠由西、北两方面而来的进攻，灞水则可以阻挠由东方和东南方面来的进攻。秦汉时期，咸阳、长安之间的渭水上曾修建过中、东、西三座渭桥。至唐时犹存。中渭桥在今西安市西北25里，秦时渭水上只有这一座桥，所以就称为渭桥。

---

① 《晋书》卷二六《食货志》："（魏明帝）青龙元年，开成国渠，自陈仓至槐里，筑临晋陂，引汧洛溉舄卤之地三千余顷，国以充实焉。"
② 《新唐书》卷三七《地理志一》："凤翔府虢县，西北有升原渠，引汧水至咸阳，垂拱初，运岐陇水入京城。"
③ 《新唐书》卷三七《地理志一》："凤翔府宝鸡，东有渠，引渭水入升原渠，通长安故城，咸通三年开。"
④ 《新唐书》卷三七《地理志一》。
⑤ 《左传》僖公十五年。
⑥ 《史记》卷二九《河渠书》。
⑦ 拙著《中国的运河》。

西汉时也称渭桥或横桥。① 桥在秦咸阳城之南，正对着汉长安城的横门（横门是汉长安城北面三门中的西头第一个城门）。东渭桥在今西安市东北50里耿镇东，当灞水入渭以下的地方。西汉时曾称为阳陵渭桥。② 西渭桥在今西安市西北50里，西汉时称为便桥，亦称便门桥，正对着汉长安城的便门（汉长安城西面三门中的南头第一个城门）。③ 唐时又称其为咸阳桥。④ 这三座渭桥和灞水东岸的灞上在战争中的得失会立刻影响到长安城的安危。

---

① 《水经》："渭水又东过长安县北。"《注》："渭水东分为二水。……此渎东北流，迳魏雍州刺史郭淮碑南，又东南合一水，迳两石人北。秦始皇造桥，铁锁重不胜，故刻石作力士孟贲等像以祭之，锁乃可移动也。……此水又东注渭水，水上有梁，谓之渭桥，秦制也，亦曰便门桥。秦始皇作离宫于渭水南北，以象天宫。故《三辅黄图》曰：'渭水贯都以象天汉。横桥南渡以法牵牛。'南有长乐宫，北有咸宫，欲通二宫之间，故造此桥，广六丈，南北三百八十步。"郦道元这段记载，正说明秦时咸阳渭水上只有一座。可是《三辅黄图》却将横桥和渭桥分成两座桥。《三辅黄图》说："横桥，《三辅旧事》云：秦造横桥，汉承秦制，广六丈三百八十步，置都水令以掌之，号为石柱桥。"又说："渭桥，秦始属造。渭桥重不能胜，乃刻石作力士孟贲等像祭之，乃可动，今石人在。"这是把一座桥分成两座。如《水经注》所载，则横桥在东，两石人在西。两石人所在地就是《三辅黄图》所说的渭桥。《史记》卷一〇《文帝纪》："（代王）乃命宋昌参乘，张武等六人乘传诣长安，至高陵休止，而使宋昌先驰之长安观变。昌至渭桥，丞相以下皆迎，宋昌还报，代王驰至渭桥。"代王由代经高陵至长安，何以竟不先至横桥，而直至所谓渭桥，这是于情于理皆不可通的。《史记集解》于此引苏林说，谓此渭桥在长安北三里。《索隐》引《三辅故事》，谓咸阳宫在渭北，长乐宫在渭南，秦昭王通两宫之间，作渭桥长三百八十步。这都说明所谓渭桥正是横桥，不应分而为二。《太平寰宇记》卷二五《雍州》，于万年县引《三辅旧事》列有横桥，于长安县引《水经注》列有渭桥，殆亦因郦道元所说的孟贲等力士像而致误。郦道元虽记载了秦时所刻的两石人，却并没有确定两石人所在地即是当年造桥的遗址。按：横桥的得名当与汉长安城的横门有关。《三辅黄图》："长安城北出西头第一门曰横门。门外有桥曰横桥。"秦时长安尚未建城，如何却先命桥曰横桥？这座桥当时本名渭桥，由于有了横门，才有横桥这个名称。不应因桥名前后不同，而强分之为二。又按：汉时另有便门桥。郦道元以渭桥为便门桥，亦误。《元和郡县图志》卷一《京兆府》："中渭桥在（咸阳）县东南二十二里，本名横桥。……贞观十年移于今所。"

② 《史记》卷一一《景帝纪》："五年三月作阳陵渭桥。"《三辅黄图》："景帝阳陵在长安城东北四十五里。"其地当在今高陵县境。这座桥也就是唐代的东渭桥。这座桥址现在已经发现，就在西安市耿镇东北。由于渭水向北摆动，桥址距现在渭水已相当遥远。

③ 《汉书》卷六《武帝纪》："建元三年，初作便门桥。"《元和郡县图志》卷一《京北府》："便桥，在咸阳县西南十里，驾渭水上。……长安城西门曰便门，此桥与门相对，因号便桥。"

④ 《全唐诗》卷二一六，杜甫《兵车行》。其实唐代仍习用便桥的名称。武德末年，唐太宗曾与突厥颉利可汗盟于便桥，见《旧唐书》卷一九四上《突厥传》；安禄山乱起，肃宗本从玄宗西幸，稍后复返，而便桥已断，见《旧唐书》卷一〇《肃宗纪》；代宗永泰初，吐蕃内侵，郝廷玉屯于便桥，见《新唐书》卷二一六上《突厥传》；德宗建中末年，朱泚作乱，韩游瑰引军屯便桥，见《新唐书》卷一五六《韩游瑰传》，皆其例证。

关中东部地势平衍，河身不免有所变迁。黄河、渭水和洛水这三条大川都比较显著。战国时期设立的临晋关本来就紧靠着黄河。南北朝后期，东魏的高欢曾在这里黄河上搭造过三座浮桥。西魏改用船上铺板的方法，修好桥梁。[1] 隋唐两代相继修建，桥身相当稳固。河桥的修建显得河身尚无变化。[2] 公元1929年，始在大庆关（临晋关）设立平民县。这是当地河道连年东徙，涨出很多田地的缘故。设县之后，河道又复西徙，这个县竟然成了河东的一个县了。后来河道再徙，这个县才又回到河西来。自三门峡水库修成，这里的黄河较前更为宽阔了。

渭水自西安以东迄至流入黄河一段，河身弯曲很多。远在秦汉时期，这段河道就有900里，而陆路只有300里上下，这就可以看出它的弯曲程度。[3] 这些弯曲的地方可能由于河身的摆动而有所改变。据宋人记载，唐时的漕渠在渭南县北1里。[4] 而现在渭南市东北方面的渭水流向是由西北趋向东南。今渭南市与赤水镇之间的渭水，大体已在渭南市的东面。如果唐代是这样的情况，则当地的漕渠将无由存在。据唐代记载，渭南城北的渭水，距城只有4里[5]，而现在则远不止4里，其间的变迁是很显明的。据清代记载，华州（治所在今华县）北王立渡之南旧有一座莱公桥。据说是北宋寇準修葺的，所以叫作莱公桥。这座桥本是架在渭水之上，因为渭水北流，失去作用，因而圮毁。[6] 然而最明显的变迁，则为秦咸阳故城南的一段渭水。秦咸阳故城在今咸阳市东20里处的长陵车站一带。原来的城址是在渭水北岸，直到北原之上。近来考古发掘证明，靠近渭水的部分，已大部分为水所冲塌。显然渭水已向北改易了。

---

[1] 《周书》卷二《文帝纪下》。
[2] 《大唐六典》卷七《工部尚书水部郎中》。
[3] 《史记》卷二九《河渠书》。
[4] 《太平寰宇记》卷二九《华州》。
[5] 《元和郡县图志》卷一《京兆府》。
[6] 嘉庆《大清一统志》卷二四四《同州府》。

洛水下游的变迁也是不小的。据汉代的记载，洛水本是流入渭水的。[①]到了明代成化年间（公元1465—1487年）洛水却由旧朝邑县南的赵渡镇向东流入黄河。[②]光绪二年（公元1876年）入渭。大致在光绪二十五年至三十二年间（公元1899—1906年）复归于黄河。1933年，黄河重又东移，洛水经过一段入渭入河不定的时期后，自公元1947年，又南入于渭水。

（四）以长安为中心向外辐射的军事通道

长安城位于关中的中心，由这里辐射出十余条军事通道，控制着关中的河谷和山原。这些军事通道经过这些河谷和山原与更远的地方相联系。

关中的北部并列着子午岭和黄龙山两条山脉。洛水穿过两山之间，它的河谷形成了一条南北通道。通道的北端是延安，延安古称延州，可以叫作延州道。延州道恰在长安的正北，显得非常重要。铜川市北的金锁关修筑在神水峡中，控制着这条通道的南段。由子午岭和黄龙山过来的还有一些次要的通道，分别在延州道的两旁，加强了延州道的重要性。由子午岭过来的有：1.由吴旗县白豹川经葫芦河河谷至富县的通道；2.由甘肃庆阳东行，也经葫芦河河谷至富县的通道；3.由甘肃庆阳经沮源关至黄陵县的通道；4.由甘肃宁县、正宁等县经雕岭关至铜川的通道；5.由甘肃宁县、正宁等县经马栏镇至三原县的通道。由黄龙山过来的有：1.由圪针滩黄河渡口经宜川县的云岩、临真至延安的通道；2.由圪针滩渡口经宜川县至洛川县的通道。

子午岭西南和岐山遥遥相对，其间就是泾水河谷。一般说来，山间谷地易于通行，所以这里很早就已经成为军事通道。但又由于泾水中游以下穿行

---

① 《汉书》卷二八《地理志》："左冯翊，怀德：洛水东南入渭。"又说："北地郡，归德：洛水出北蛮夷中，入河。"二说不同，释者亦多异论。故谓《禹贡锥指》卷一〇，谓《汉志》所说，"盖杂采古记，故有不同。其曰'入河'者，以二水合流，渭亦可称洛耳"。王念孙《读书杂志》力诋其说，而谓"'入河'二字，后人妄加之也"。其实这样一些解释，都可作为说明，因各有所据。不过《汉志》的记载，前后时代往往不尽相同。可能就在汉代，洛水有时入河，有时入渭，孰先孰后，却是不易稽考的了。

② 嘉庆《大清一统志》卷二四三《同州府》。

于黄土高原，河谷陵峻狭窄，反不便于往来，军事通道因而改到两旁的原上。在泾水以北的是由长安经旬邑到彬县。在泾水之南的是由长安经咸阳、礼泉、永寿而至于彬县，再由彬县达到六盘山下。战国秦汉时期，由长安西北行，多取经过旬邑的道路。① 其后则多由咸阳至邠州（治所在今彬县）的道路。②

泾渭两水都经由甘肃流入陕西。陕甘之间渭水的河谷狭窄陡峻，不如泾水的易于通行。因之这里自来并无军事要道。东西的往来只好取道于陇山，就是所谓的陇道。那里固然有汧水河谷可资利用，然陇山的高险行旅早被视为畏途。③自西汉于山上建立陇关之后④，关址虽曾经有所迁徙，关名也有所变更⑤，但要塞的形势却依然如故。

由陇关东下就是陇县，陇县之北则是西汉的回中宫所在地。这虽是封建王朝的离宫别苑，可是在当时，人们就已经把经过这座宫殿向西北行直

---

① 汉代班彪的《北征赋》可作为一例。班彪于《北征赋》中叙述其由长安至高平（今宁夏固原县）的经过。沿途所有如云门、郁郅、泥阳、彭阳、朝那等地。云门即云阳，在今淳化县西北。郁郅，《汉书·地理志》右扶风栒邑县有郁乡。栒邑在今旬邑县北。泥阳在今甘肃宁县东。彭阳在今甘肃镇原县东南。朝那在今宁夏固原县东南。这条道路基本上都在泾水北侧。

② 北魏末叶，宇文泰由平凉东下关中，就是先令寇洛率马步万余自泾州东引。见《周书》卷一《太祖纪》。泾州治所在甘肃泾川县，乃是在泾水南侧。唐玄宗天宝末年，长安行将失守时，肃宗时为太子，前往灵武，沿途经行奉天和永寿两县及新平、安定、平凉诸郡。奉天今乾县。永寿今仍为永寿县。新平郡治所在今彬县。安定郡治所在今甘肃泾川县。平凉郡治所在今宁夏固原县。这条道路在泾水流域都是在水南通行的。

③ 《太平寰宇记》卷三二《陇州》："《说文》：'陇山，天水大坂也。'《辛氏三秦记》引俗歌云：'陇头流水，鸣声幽咽，遥望秦川，肝肠断绝！……山顶有泉，清水四注，东望秦川，如四五（百）里，人上陇者，想还故乡，悲思而歌，有绝死者。'"

④ 前引潘岳《关中记》所说的关中乃在函谷关和陇关之间，则陇关的建置已相当悠久。《太平寰宇记》卷三二《陇州》引《晋地道记》："汉置陇关，西当戎翟。"《通典》卷一七三《州郡三》："陇山，一曰陇坻，汉陇关。王莽命右关将王福曰：'汧陇之阻，西当戎翟。'今名大震关，在（汧源）县西。"

⑤ 《元和郡县图志》卷二《陇州》："大震关，在州西六十一里，后周置。汉武至此遇雷震，因名。"《太平寰宇记》卷三二《陇州》所言略同，仅增"今为陇山关"，盖宋时又改关名。按《通典》已经指出：汉陇关今名大震关。则其始置当不能迟至后周时。《通典》还曾说过："陇州南由县、隋故安夷关，在今县西。"《元和郡县图志》卷二《陇州》也说"安夷关在（南由）县西一百四十六里"，而未涉及始置的时期。《新唐书》卷三七《地理志一》："安戎关在陇山，本大震关，大中六年，防御使薛遵徙筑，更名。"《读史方舆纪要》卷三二引《里道记》："陇山有新故两关：故关，大震关也；新关，安夷关也。"并谓安夷关在陇州西40里。然《元和郡县图志》卷二《陇州》未涉及安夷关始置之时，当非薛遵所筑。顾氏盖误安戎关为安夷关。

到六盘山下的通道称为回中道。① 回中道与萧关道相衔接，秦汉时期，就已是匈奴向关中进攻的一条通道。②

关中南部紧紧倚靠秦岭。秦岭古称终南③，也谓之南山④。终南亦称中南。春秋时有人称道"中南九州之险"⑤，秦汉时还有人说"南山，天下之阻也"⑥。它显然起着隔绝南北，屏蔽长安的作用。秦岭南北坡都有许多深谷。有人统计，从宝鸡到潼关，秦岭北坡共有一百五十多个谷口，有名的七十二处。⑦ 其中最重要的六条，由西往东，就是散谷、斜谷、骆谷、子午谷、库谷和蓝田谷。每条谷中都形成一条军事通道，依次是陈仓道⑧、褒斜道⑨、傥骆道⑩、子午道⑪、库谷道⑫ 和武关道⑬。

陈仓道是由宝鸡市南行，过秦岭，经凤县，再经甘肃徽县，沿嘉陵江而下，由略阳东南行通到汉中的军事通道。这条通道的北端是宝鸡，宝鸡

---

① 《汉书》卷六《武帝纪》："元封四年，行幸雍，祠五畤，通回中道，遂北出萧关。"
② 《史记》卷一一〇《匈奴传》。
③ 《尚书·禹贡》："终南惇物。"《诗经·秦风·终南》："终南何有？有条有梅。"胡渭《禹贡锥指》卷一〇："古终南止于盩厔，自秦襄公取周地为诸侯，徙都于汧，国人作诗以美之，以终南起兴。终南远接岍岐，盖自此始。说者遂以终南蔽南山，谓西起秦陇，东彻蓝田，横亘八百里，皆终南关。"
④ 《诗经·小雅·南山有台》，又《诗经·小雅·节南山》。
⑤ 《左传》昭公四年。
⑥ 《汉书》卷六五《东方朔传》。
⑦ 毛凤枝《陕西南山谷口考》。
⑧ 陈仓道也就是故道。这显示出其间经过废置。故道所经过的故道县（今宝鸡市西南）也因此而得名。这条道路也经过陈仓县（今宝鸡市东），故也称为陈仓道。刘邦自汉中北归，用韩信计，从故道还袭雍王章邯。见《史记》卷八《高祖纪》。
⑨ 褒斜道的开通在汉武帝时，《史记》卷二九《河渠书》："人有上书欲通褒斜道，……天子以为然，……发万人作褒斜道五百余里，道果便近。"
⑩ 傥骆道即骆谷道。三国魏齐王芳正始五年（公元244年）曹爽伐蜀即由此道，见《三国志》卷九《魏书·曹爽传》。其后至魏常道乡公奂景元四年（公元263年），钟会伐蜀，也由此道出兵。见《三国志》卷二八《魏书·钟会传》。这本是汉魏以来的旧道，其后废塞，唐高祖武德七年（公元624年）复开，见《长安志》卷一八《盩厔》。
⑪ 《汉书》卷九九上《王莽传上》："元始五年，通子午道，从杜陵直绝南山，径汉中。"
⑫ 《大唐六典》卷六《司门郎中》："天下凡关二十有六，京兆府上关为蓝田关，中关为子午、骆谷、库谷。蓝田、子午、骆谷诸关皆为重要军事通道，库谷设关，也是因为其地正当军事通道。"
⑬ 《左传》："哀四年，楚人谋北方，司马起丰析以临上雒，使谓阴地之命大夫士蔑曰：'将通少习以听命。'"按：少习即武关，则这条道路的开通也是相当早的。

在古代称作陈仓，所以就叫作陈仓道。由宝鸡再往北，在凤翔和陇道相衔接，再循陇道东至长安。秦岭之上的大散关（即散关）[①]和南坡的仙人关（在今甘肃徽县东南）[②]控制着这条通道的两端。

褒斜道是由眉县溯斜峪河（古代称为斜水）而上，越过秦岭，再沿褒水而下，通到汉中的通道，由它的北端眉县经凤翔县东行就可达到长安。因为它连接褒斜二谷，所以称作褒斜道。斜峪关（在今眉县西南）和鸡头关（在今汉中市西北）分别控制着它的南北两端。

傥骆道是由周至县南行，过秦岭，通到洋县，再西通到汉中的通道。因为这条通道的南口为傥谷，北口为骆谷，所以名为傥骆道。这条道路北端在周至县，由周至县循渭水南岸东行，就可达到长安。周至县西南的骆谷关和洋县北的华阳关，控制着这条通道的南北两口。

子午道是由长安南行，过秦岭，经过洋县通到汉中的通道。古时以北方为子，南方为午。这条通道贯通着南北两方，所以叫作子午道。它在越过秦岭顶端后，本由宁陕县境洵阳坝附近，循直水南行，再溯汉水西上。[③]南北朝后期，才改由洵阳坝附近西南行[④]，经今宁陕，再到洋县。这条通道

[①] 《水经·渭水注》："渭水又东，汧汙二水入焉。……渭水东入散关。……渭水又东迳西武功北，俗以为散关城，非也。……渭水又与杆水合。水出周道谷，北迳武都故道县之故城西。……其水又东北历大散关而入渭水也。"《漾水注》："两当水出陈仓县之大散岭，西南流入故道川，谓之故道水，西南迳故道城东。"《太平寰宇记》卷一三四《凤州》："黄花川，《水经》云：'大散水流入黄花川。'大散水出梁泉县东界大散岭。"汉陈仓县在今宝鸡县东，故道县在今凤县东北，近宝鸡县界。宋梁泉县在今凤县。这是说大散关在大散岭上，而大散岭则为秦岭的一峰。《元和郡县图志》卷二《凤翔府》"散关，在宝鸡县西南五十二里"，即指此而言。

[②] 仙人关在今甘肃徽县东南，其地当宝成铁路白水江车站之北嘉陵江畔。我于1973年在当地考察时，曾发现过安丙神道碑，乃系修宝成铁路时，由土中掘出的。安丙久驻军于此，故有此碑。《读史方舆纪要》卷五六《陕西》，谓仙人关在凤县南百二十里，近略阳县界。杨守敬《宋史地理志图》，遂据以置于秦岭上，殊误。

[③] 《水经·沔水注》："汉水东合直水。水北出子午谷岩岭下，又南枝分东注旬水，又南迳蓰阁下。山上有成，置于崇阜之上，下临深渊，张子房烧绝栈阁，示无还也。"子午道虽开于王莽之时，当系据旧道开凿的。所谓旧道即刘邦分王汉中时，从杜南入蚀中的旧道。刘邦南行时，辄烧绝栈道，《沔水注》所说的，当是其中的一段。

[④] 《读史方舆纪要》卷五六《汉中府》："颜师古曰：'旧道在金州安康县界。'萧梁时，将军王神念以缘山避水，桥梁百数，多有毁坏，乃别开乾路，即今道也。"

的主要关隘是子午关（在今长安县西南）和腰岭关（在今宁陕县北）。

库谷道是由长安东南行，进入库谷，越秦岭，循乾祐河南下，进入旬水河谷，再溯汉水而上，西南通到安康的道路。库谷关就在库谷北口。

武关道是由长安东南行，经蓝田谷的峣关，越过秦岭，通到商洛地区，再东南达到南阳和襄阳的通道。在秦岭北坡，是溯着灞河而上的，过了秦岭，又沿丹水而下。自春秋战国以来，由这条通道南行，到现在陕、豫、鄂交界处附近，才离开丹江河谷，东至南阳。所以武关就设在现在荆紫关附近。① 唐代中叶，开凿了由蓝田至内乡（今河南内乡县）约700里的新道②，也就是迄至现在的道路，因之武关也移到现在丹凤县之南了。

通过秦岭的这条谷道形成三个不同的方向。武关道和库关道是分向东南和南方。陈仓、褒斜、傥骆和子午四条谷道都是通向汉中盆地。这后四条通道既然都通往汉中，其间的远近难易就不能没有差别。

由长安至汉中的里数，据唐代记载，取骆谷路625里，斜谷路933里，驿路1223里。③所谓驿路当指陈仓道而言。④这里没有提到子午谷道。子午谷道须经过洋州（治所在今洋县），洋州北至京兆府621里，西至汉中郡220里，合共841里。⑤其中骆谷道谷长420里，褒斜道谷长470里，子午道谷

---

① 《水经·丹水注》："丹水自商县东南流注，历少习，出武关。……汉祖下析郦，攻武关。文颖曰：'武关在析县西百七十里。'"汉析县在今河南西峡县。以里程推之，则其时的武关当在豫、陕、鄂三省交界处荆紫关附近。
② 《新唐书》卷三七《地理志一》。
③ 《通典》卷一七五《州郡五》。《太平寰宇记》卷一三三《兴元府》所记略同，唯于驿路则作1213里。
④ 《通典》卷一七五《州郡五》记兴元府北至扶风郡670里。扶风郡即岐州，亦即后来的凤翔府，其治所在今凤翔县。《太平寰宇记》卷一三三《兴元府》记兴元府北至（取）太白山路至凤翔府670里，与《通典》相同。又记兴元府西北取斜谷桥阁路至凤州380里。《太平寰宇记》卷三〇《凤翔府》记凤翔府西南至凤州240里，则由凤翔府至兴元府为620里。而由凤翔府至长安为310里（《元和郡县图志》卷二《凤翔府》）。不论其为取太白山路或斜谷桥阁路，皆非所谓驿路。所谓驿路自应是指陈仓道而言。
⑤ 《通典》卷一七五《州郡五》。《元和郡县图志》卷二二《洋州》则作"东北至上都六百四十里，西至兴元府一百二十里"。《太平寰宇记》卷一三八《洋州》又作"东北至长安六百四十里，西至兴元府二百二十里"。

长660里。① 这四条谷道以褒斜道和傥骆道最为捷近，但由于褒斜道中间要越过褒水若干支流的分水岭，崎岖险阻，转输困难，所以后来就不经常使用。子午道虽在长安的正南方，但800多里的路途中，山路就有600余里，因而使用的时期也不是很长的。陈仓道的路程最远，却比较平夷，使用的时间也就比较长久些。

至于关中的东部，由于有黄河流过，却是另一种局面。黄河由禹门口出山南流，至潼关为秦岭所阻，折而东去。禹门口至潼关港口之间，黄河长132.5公里，重要的渡口有禹门、夏阳、蒲津、老潼关城（老潼关城是唐代以来的潼关城，对面为风陵渡）诸处。潼关以东秦岭、崤山和黄河之间，就是有名的函谷。函谷关就设在函谷之中，而潼关也在函谷的西端。潼关是在函谷关东移之后，代之而起的一个重要关隘。

由长安循渭水以南向东经过函谷关通到中原的道路，自古以来就是一条重要的军事通道。由潼关渡过黄河，经风陵渡北上，沿着汾水河谷，直达太原，也是一条重要的军事要道。由长安东北的渭桥渡过渭水，循渭水以北向东，经过蒲津关，东渡黄河，在蒲州城与潼关通往太原的道路相衔接。由通往蒲津关的通道上的大荔县往北，经过禹门口，渡黄河向东，在曲沃与由潼关通往太原的道路相衔接。通过禹门口与蒲津关的道路皆在黄龙山之南，由黄龙山经过宜川县南下通道，经过澄城县，在大荔县与蒲津关的道路相衔接。其另一分支，则经过蒲城县，更南渡过渭水，在华县与由长安通往潼关和函谷关的通道相衔接，由黄龙山东南经过神道岭的道路，也在韩城县与通往禹门口的道路相衔接。

由上面的叙述可以看到，关中有广阔的平原，肥沃的土地，富饶的物产，不仅经济文化得借以发展，就是在战时，对于军糈民食也都能有所供应。尤其重要的是外有崇山峻岭的周围环绕，内有原头、河流的纵横散布，再加上许多通道的分别贯穿，互相联系。这些有利的地形条件，使关中成为

---

① 《读史方舆纪要》卷五六《汉中府》。

进可攻退可守的军事要地。

二、函谷关和潼关及其南北各关与关中的防卫

（一）函谷关和潼关的变迁

函谷关和潼关都是关中东面的屏障。虽不在一个地方，作用却是相同的。

函谷关的设置远在战国初期[①]，故址在今河南灵宝县东北弘农河畔的王垛村。它控制着穿行崤山北麓的东西向军事通道。这里的山路狭窄，路旁也是陡峭的高崖。当时高崖上到处都是松柏树林，遮盖着道路，行路的人们在谷中往往看不见天日，人们管它叫作函谷。[②]关设在这里，也就叫作函谷关。

到了西汉中叶，函谷关向东迁徙了300里，改设在新安县（在今河南渑池县东）东。为什么要迁徙？由于一个叫杨仆的将军的请求和汉武帝的

[①] 《史记》卷一五《六国表》，"（惠文王后）七年，五国共击秦，不胜而还"，而未载其战绩。《秦本纪》："七年，韩、赵、魏、燕、齐帅匈奴共攻秦，秦使庶长疾与战修鱼，虏其将申差，败赵公子渴、韩太子奂，斩首八万二千。"《楚世家》："（怀王）十一年，苏秦约从山东六国共攻秦、楚怀王为从长，至函谷关，秦出兵击六国，六国兵皆引而归。"则修鱼之战，当是战于函谷关外。这是函谷关见于记载之始。然贾谊《过秦论》（《史记》卷六《秦始皇帝本纪》）已言："秦孝公据崤函之国，拥雍州之地。"如贾谊所说不是以当时之地论古事，则秦孝公时已有函谷关了。秦孝公元年就已决定向东发展，与三晋争霸，当不会先做防守的准备，而建筑函谷关的。不过欲论函谷建关事，当一先探究函谷关的所在地入秦的时期。函谷关的所在地本为古桃林塞，《左传》："文十三年，晋侯使詹嘉处瑕，以守桃林之塞。"则是晋国版图的所在。《左传》："哀四年，楚人谋北方，司马起丰析以临上雒，左师军于菟和，右师军于仓野，使谓阴地之命大夫士蔑曰：'将通于少习以听命。'"杜注：菟和在上雒东，仓野在上雒县，而上雒即晋时上雒郡，也就是现在商县及其附近各地。阴地虽为河南山北之间，然晋人管辖上雒，桃林塞为其必经之地。秦人似尚未能稍加染指。《秦本纪》载孝公即位之初所颁布的命令中曾说过："会往者厉、躁、简公、出子之不宁，国家内忧，未遑外事，三晋攻夺我先君河西地。"故土尚未能确保，如何还能开扩。至孝公之父献公，曾与晋战于石门，斩首六万，又与魏晋战于少梁，虏其将共孙痤。战争获得胜利，疆土也会随之扩展。函谷关的建立，可能就在献公之时。其时正当战国的初期。

[②] 《水经·河水注》。

同意。杨仆就是新安县的人，这个封建王朝的将军感到住在函谷关外，离皇帝太远，很不光彩。他立下一次军功，宁愿不要任何的赏赐，只想做关内人。汉武帝为了照顾他，特地把这座关迁到新安县东①，于原来的关址另置弘农县。从此就有了新关、古关的名称。隋代初年，文帝废去弘农县，另置桃林县，把古关附近的道路向北改移了10多里②，因而古关和军事通道的关系也不如以前密切了③。（附图二《函谷关潼关形势图》）

函谷关虽向东迁徙了，新关还是属于崤山山脉的范围，只是已经到了最东端。崤山的北麓紧接着就是黄河，有名的三门峡就在陕县之东，这意味着这里的黄河是不易航行的。隔河就是中条山。中条山和太行山相距本已不远，中间还耸峙着王屋山和析城山。也就是说，由中原各地绕道黄河以北前去关中是比较困难的。崤山之南是洛水河谷，再南就是熊耳、外方诸山，崤山和熊耳、外方都是秦岭向东伸延的支脉，要通过山路也是不容易的。这样的重山叠嶂正说明函谷关和通过函谷关的通道还是东西往来的捷近易行的道路。

潼关是继函谷关而起并且用来代替函谷关的，它的设置大致在东汉末年。④由于设置了潼关，函谷关就逐渐废弃了。⑤潼关的得名是由于它的西侧紧靠着潼水。也有人说，黄河自北而南，流到这里"潼激关山"，所以就叫作潼关⑥，或者叫作冲关⑦，也有叫作云潼关的⑧。它位于陕、豫、晋三省交界处，南倚华山，北对黄河，河山之间宽不过15公里。南原沟深坡陡，原下河边道路狭窄，形成天然的险阻。最初的潼关城在今老潼关城东南的

---

① 《汉书》卷六《武帝纪》及颜注引应劭说。
② 《元和郡县图志》卷五《陕州》："灵宝县，本汉弘农县，自汉至后魏不改。隋开皇十六年，于今县置桃林县，属陕州。天宝元年，……改为灵宝县。函谷故城，在县南十里。"
③ 《元和郡县图志》卷二《华州》："秦函谷关在汉弘农县，即今灵宝县西南十一里故关是也。今大路在北，本非钤束之要。"
④ 《三国志》卷一《魏书·武帝纪》："建安十六年，马超等屯潼关。"此为潼关见于记载之始。潼关的设立当为东汉后期事。
⑤ 《通典》卷一七七《州郡七》："今按此关（魏齐王芳）正始元年废也。"
⑥ 《水经·河水注》。
⑦ 《通典》卷一七三《州郡三》。
⑧ 《读史方舆纪要》卷五二《陕西一》。

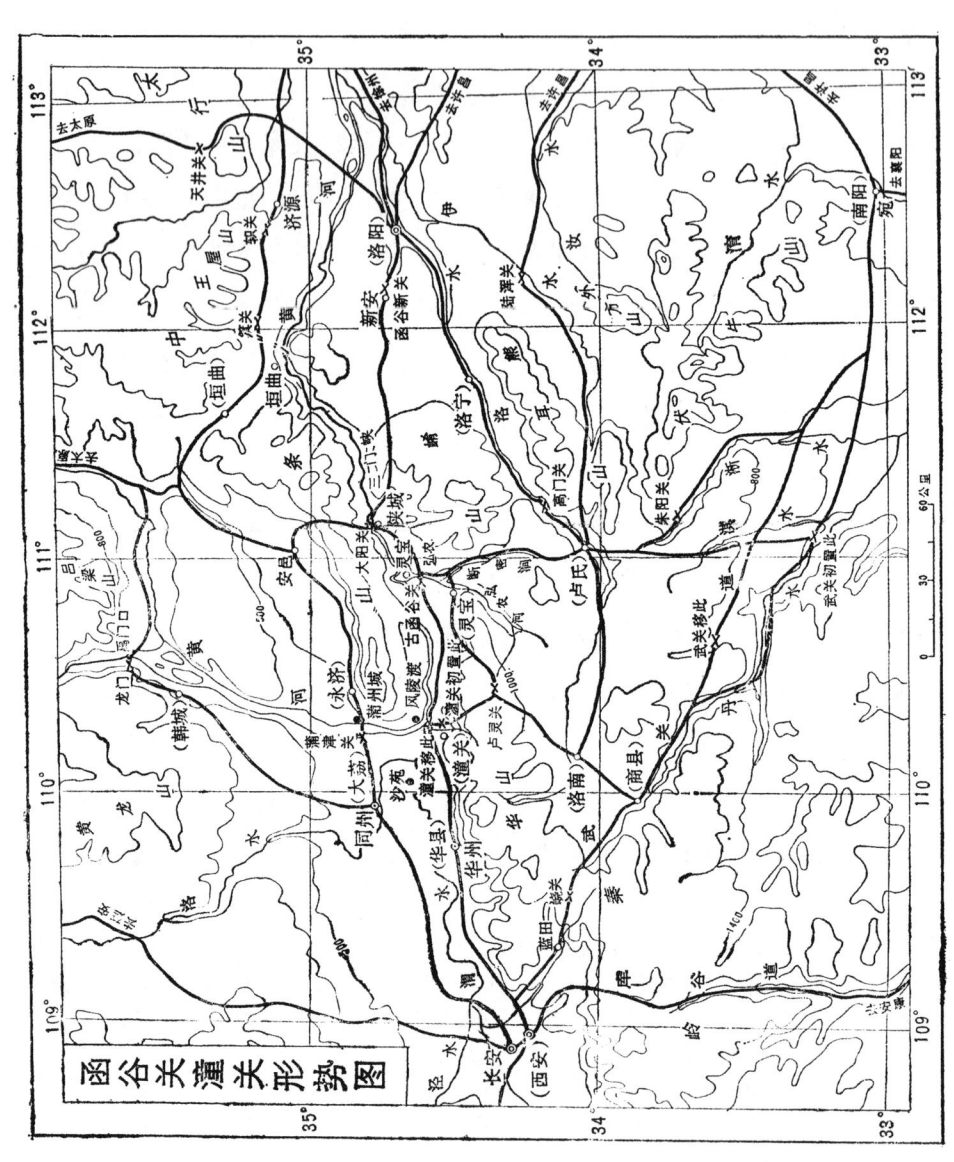

图二 函谷关潼关形势图

原上。① 那时的黄河紧靠原下流过，今老潼关城东西还没有道路可通。唐初在河边开了道路，才把潼关城由原上移到河边。②

潼关也在函谷中，只不过是在函谷的西端。潼关城东的黄巷坂就是进关以前的险要去处。这里的道路在深谷之中，两旁并列着10丈高的陡崖，中间只能通行一辆车子，没有回旋余地。当潼关城还在原上的时候，这接近关城外的道路，还傍着绝涧，更是艰险。③ 东晋时期后秦曾在这里筑城，据险防守，当作潼关的外围。④ 后秦所筑的城圮毁后，这里又设了一座金陡关⑤，还仿佛当年的形势。潼关紧靠着潼水，潼水之东有一条支流，叫作禁沟。禁沟深陡，还超过了潼水。唐初移潼关城于原下河边，旧路就禁止往来通行，这沟是旧路必经之地，所以就取名禁沟。⑥ 禁沟由南山流下，俨然一道天然防线。禁沟的上下东西各方面包括金陡关在内还有潼峪、麻峪等几座关。⑦ 置关的年代已不可确知。但由南山之麓直到黄河岸边，层层设置，拱卫着潼关，显得潼关分外险要。

（二）位于函谷关和潼关南北的关隘

函谷古、新两座关和潼关所在的军事通道的南北两侧，山岭连绵，峰峦重叠，历来也因地制宜，设关置隘。函谷关之北，隔河就是中条山和王屋山。王屋山的北坡和南坡有箕关（在今山西垣曲县东北）⑧ 和轵关（在今

---

① 《水经·河水注》："河水自潼关东北流，水侧有长坂，谓之黄巷坂。坂旁绝涧，陟此坂以升潼关。"这是说最初的潼关乃在原上。
② 拙著《历史时期黄河在中游的下切》。
③ 《水经·河水注》曾经说到这条绝涧，就是现在的远望沟。
④ 《水经·河水注》引《西征记》："沿路逶迤，入函道六里有旧城，城周百余步，北临大河，南对南山，姚氏置关以守峡。"
⑤ 金陡关未悉置关年月，现已摧毁为平地。1972年，我在当地考察时，犹见附近乡民于旧关址下掘出若干当年的础石。
⑥ 《旧唐书》卷二〇〇下《黄巢传》，《资治通鉴》卷二五四《唐纪七〇》。
⑦ 嘉庆《大清一统志》卷二四四《同州府》："潼峪关在潼关厅南三十里，相近有麻峪关、上关。"
⑧ 《水经·河水注》："河水又会瀍水。水出垣县王屋山西瀍溪，夹山东南流，迳故城东，即瀍关也。汉光武建武二年，遣司空王梁北守瀍关、天井关，击赤眉别校皆降。献帝自陕北渡安邑，东出瀍关，即是关也。"瀍关即箕关。

河南济源县西北)①。由中原到关中,如果不由函谷关一路,那就要由太行山南经轵关和箕关,绕中条山背后,经蒲津关渡过黄河,至潼关之西。就是到了古函谷关附近,而要绕过这座雄关,那就要在河南旧陕县过黄河,向北翻越中条山,再由蒲津关渡河而西。旧陕县城北黄河岸上的太阳关②,就是为了控制这条道路。通过函谷关古、新两关和潼关的通道之南,洛水中游有高门关(在今河南洛宁县西)③;洛水之南,熊耳山支脉陆浑山上有陆浑关(在今河嵩县北)④。洛水流经洛阳城下,而洛阳正在函谷新关之东。高门关的设置显然是控制循洛水西上绕过函谷新关的道路。陆浑关在伊水之北,而伊水和汝水在这里相距最近。由汝水下游去关中,就可以不经洛阳,而由伊水上游西进。陆浑关的设置就是为了控制这条道路。经高门关和陆浑关的道路都可在卢氏县转而北行,循着断密涧直抵古函谷关。古函谷关濒弘农河,而断密涧就是弘农河的支流。由断密涧经卢氏南下,越熊耳山西端,再沿淇河或淅水而下。淇河、淅水皆为丹水支流。由丹水往东就可到南阳和襄阳。朱阳关(在今河南卢氏县南)⑤就在这条道路上。

潼关南北也是如此。潼关以南,洛水(指流经陕西、河南间的洛水)两岸和丹水流域也都是群山重叠。潼关以北至禹门口之间,黄河南流直下,绕潼关之北东去。这里南有武关和卢灵关(在今洛南县东)⑥,北有龙门关(在今韩城市东北)⑦和蒲津关,成为潼关的左右两翼,对潼关的防守

---

① 《水经·河水注》:"瀍水西屈迳(瀍)关城南,历轵关南,……又东流注于河。"《读史方舆纪要》卷四九《河南四》:"轵关在(济源)县西北十五里,关当轵道之险,因曰轵关。"
② 《元和郡县图志》卷六《河南道二》:"太阳故关,在(陕)县西北四里,后周大象元年置,即茅津也。春秋时秦伯伐晋,自茅津济,封殽尸而还。"
③ 《水经·洛水注》:"洛水又东翼合三川,并出(卢氏)县之南山,东北注洛。……又有葛蔓谷水,自南山流注洛水。洛水又东,迳高门城南,即《宋书》所谓后军外兵庞季明入卢氏,进达高门木城者也。"
④ 《汉书》卷二八上《地理志上》,弘农郡陆浑县,有关。
⑤ 嘉庆《大清一统志》卷二二一《陕州》。
⑥ 嘉庆《大清一统志》卷二四六《商州》。
⑦ 《元和郡县图志》卷二《同州》:"龙门戍,在(韩城)县东北,极险峻。后周于此置龙门关,今废。"

起着一定的作用。通过武关、龙门关和蒲津关都有军事通道，由长安分别通到河南南阳和山西太原。如果由东向西，这几条军事通道都可迂回到潼关的后方。卢灵关位于弘农河的上源，由古函谷关溯弘农河而上，经过卢灵关就可到洛南、商县，和武关道相会合。也可在卢灵关转向北行，越秦岭蒿岔峪，沿禁沟而下到潼关。潼关之北隔着黄河就是风陵渡（原来也叫风陵关）。由潼关经风陵渡至太原的通道在蒲坂（在今山西永济县西）与通过蒲津关的通道相会合，北上通到太原。这条通往太原的通道也是重要的军事通道，不过一般由河东或者太原方向向关中的进军在到蒲坂后，就西渡黄河，而不南趋潼关。像西晋末年匈奴族刘曜由风陵渡渡过黄河进攻潼关等[①]，只是很少的例证。这是因为蒲坂城南已是中条山的最西端，再西就是黄河。河山之间形成一条狭长的甬道。在狭长的甬道行军，本来就容易发生问题。何况向南不远就是风陵渡的黄河岸边，而隔河就是潼关。这样的形势是不利于进攻的。刘曜能在这里向潼关进攻，也只是因为在关中的西晋政权已经衰弱不堪，无力阻挡而已。

（三）函谷关和潼关城下的攻坚战

历史上函谷关和潼关的战争是相当频繁的。函谷关附近重要的战争就有十三次，潼关附近的更多到四十五次。战争既多，情况也就复杂。统治阶级最害怕的是人民群众的反抗，而历来的农民起义军就多次在这里打败统治阶级，并进而推翻他们的王朝。此外统治阶级各派力量也多次在这里进行过较量，函谷关未废除时虽曾有游牧民族部队经过，还没有什么作战的记载。至于潼关，则东晋南北朝时期转战于黄河流域的各游牧民族以及后来的女真、蒙古和满族都曾经向这里进攻过。

为了防守函谷关和潼关，关中的王朝或者控制这个地区的地方武力在

[①] 《晋书》卷一〇三《刘曜载记》。

这里都经常驻有重兵。由于史料缺乏，详情难以确知。大致说来，王莽末年，防御绿林进攻，函谷道中就有数万军队。① 东汉末年，马超为了反对曹操，曾在潼关聚兵十万。② 后秦防御刘裕进攻，潼关驻兵五万。③ 唐朝防御安禄山，潼关有兵二十万。④

从战国时期起，函谷关的战争就逐渐增多。那时秦国已经强大，关东各国曾经先后两次大规模并力攻秦，前一次是韩、赵、魏、燕、楚五个大国。⑤ 后一次是齐、韩、魏、赵、宋五国。这一次攻到函谷关，取得些小胜利，却未能攻进关去。⑥ 前一次也攻到函谷关，却为秦国所击败，攻关的部

---

① 《汉书》卷九九下《王莽传下》。
② 《三国志》卷三六《蜀书·马超传·注》引《典略》。
③ 《晋书》卷一一七《姚兴载记》。
④ 《旧唐书》卷一○四《哥舒翰传》。
⑤ 《史记》卷一五《六国表》。此事未见《燕世家》。《韩世家》作"秦败我修鱼，虏得韩将鲠、申差于浊泽"。《赵世家》作"韩击秦不胜而去"。唯《魏世家》作"五国共攻秦，不胜而去"。《楚世家》更为具体："苏秦约从，山东六国共攻秦，楚怀王为从长，至函谷关，秦出兵击六国，六国兵皆引而归，齐独后。"这里提到齐国，《齐世家》却未见记载。《秦本纪》："韩、赵、魏、燕、齐帅匈奴共攻秦，秦使庶长疾与战修鱼，虏其将申差，败赵公子渴、韩太子奂，斩首八万二千。"与诸篇《世家》相对勘，似这次战争的参与者仅韩、赵两国。魏、楚两国似未涉足疆场。《秦本纪》提到匈奴。当时与秦国有关的主要是义渠，然义渠在西方，不得辄至于函谷关下。《秦始皇帝本纪》附载贾谊《过秦论》，却另是一种记载："并韩、魏、燕、楚、齐、赵、宋、卫、中山之众，于是六国之士，有宁越、徐尚、苏秦、杜赫之属为之谋，齐明、周最、陈轸、昭滑、楼缓、翟景、苏厉、乐毅之徒通其意，吴起、孙膑、带佗、倪良、王廖、田忌、廉颇、赵奢之朋制其兵，常以十倍之地，百万之众，叩关而攻秦，秦人开关延敌，九国之师逡巡遁逃而不敢进。"清人林春溥《开卷偶得》卷九，曾论及此事。据说："贾谊《过秦论》论六国合从攻秦事，多与《史记》不合。"对于这次战争也举出不合的两点："《楚世家》谓苏秦约从六国攻秦，楚为从长。《年表》、各《世家》、《国策》并云五国，齐不与。《秦纪》又作韩、赵、魏、燕、齐帅匈奴共攻秦。《通鉴》从《表》，《大事记》从《楚世家》。而《论》又以为韩、魏、燕、楚、齐、赵、宋、卫、中山为九国。"这是不合的一点。另一点是："平原、春申、信陵、乐毅、吴起、孙膑、田忌、廉颇、赵奢诸人，与苏秦前后不同。"其实贾谊文士，是不可以与之论史的。
⑥ 《史记》卷五《秦本纪》："昭襄王十一年，齐、韩、魏、赵、宋、中山五国共攻秦，至盐氏而还，秦与韩、魏河北及封陵以和。"《正义》："中山此时属赵，故云五国。"据《秦本纪》之说，似五国之兵未抵函谷关下。《魏世家》："与齐韩共败秦军函谷。秦复予我河外及封陵为和。"《韩世家》："与齐魏王共击秦，至函谷而军焉。秦与我河外及武遂。"《齐世家》："齐与韩魏共攻秦，至函谷军焉。秦与韩河外以和，兵罢。"据诸《世家》所载，攻秦的部队是曾经攻到函谷关下的。

队被斩首的就有八万二千人。这固然是由于这几国不能团结所招致的失败，也说明函谷关的难攻和秦国力量的不容轻视。但是到了秦代末年，周文和项羽却都轻易攻破关城。周文是农民起义军领袖陈涉所派遣的将领，沿途扩充军队，到函谷关下时已经有了十万兵力，又值守关的军队不多，就乘胜入关，前锋直到了戏（今临潼县东）。①项羽攻破函谷关，那是更容易了。当时刘邦已占据关中，其兵力总共不过十万，函谷关的驻兵更是不多，而且那时的刘邦还并不是一定要和项羽决战的，所以项羽部下的当阳君仅带有少数的先锋人马就把关攻开了。②

由东向西进攻潼关的比较多些。较为重要的有东晋时的苻健，东魏的高欢和窦泰，唐代的安禄山，明代的徐达和李自成，还有清朝的多铎。苻健当时拥众十余万。③高欢对西魏用兵，沙苑之战大举兴师，才纠集了二十多万人马，进攻潼关是不会超过这个数目的。④安禄山由范阳（今北京市）起兵时，实有十五万人。⑤黄巢西攻潼关时，部队已扩大到六十万人。⑥徐达由金陵（今江苏南京市）北定中原时，统率二十五万人。⑦由于守关的队伍有时兵力单薄和没有准备，或者战略错误，遂使进攻者往往能够攻破关城。

在这些进攻者中间，窦泰、安禄山和李自成都较为重要。窦泰曾经乘着西魏不备，取得了潼关，由于西魏宇文泰采取了积极的防御策略，窦泰完全失败，自己也临阵被杀。⑧因为当时东魏是三路进攻，这里面的原因到后面再说。窦泰失败了，安禄山却战胜了哥舒翰，李自成也战胜了孙传庭。安禄山和李自成都有强大的攻击力量，哥舒翰和孙传庭也各有其致败的原因。哥舒翰和孙传庭都是防守潼关，可是都离开潼关的天险进行决战，使

---

① 《史记》卷四八《陈涉世家》。
② 《史记》卷七《项羽本纪》。
③ 《晋书》卷一一二《苻健载记》。
④ 《北齐书》卷二《神武纪下》。
⑤ 《旧唐书》卷二〇〇上《安禄山传》，《新唐书》卷二二五上《安禄山传》。
⑥ 《旧唐书》卷二〇〇下《黄巢传》，《新唐书》卷二二五下《黄巢传》。
⑦ 《明史》卷一二五《徐达传》。
⑧ 《北齐书》卷一五《窦泰传》。

潼关本身在战争中失去意义。哥舒翰没等到安禄山攻关，就对已被安禄山占据的陕州（治所在今河南三门峡市西）发动反击。按哥舒翰的本意，是要坚守潼关，等到安禄山进攻时，凭险据守，迎头还击。可是远居于长安的唐玄宗却一再催促哥舒翰出兵作战。唐军本是新败之后，士气军力都还有所不足，仓促出击，不免被动。灵宝（今河南灵宝县东北灵宝故城）西原一战失败，二十万人马只剩下八千。士气消失，潼关也就无法坚守了。①孙传庭也是一样的。由于明朝政府一再促战，他只好远离潼关，率了十多万部队到汝州（治所在今河南临汝县）和李自成作战。这一战明兵死者四万。孙传庭狼狈归来，李自成随后追至，胜败之局就大致确定了。②

在这三个较为重要的进攻者中，安禄山和李自成都攻破了潼关，而窦泰却全部为守关的宇文泰所歼灭。这说明潼关虽是一座险峻的雄关，在具体作战时，还要善于利用。如果积极防御就可凭借险阻，歼敌有生力量。若是放弃防御，雄关还是难免被攻破的。

（四）函谷关和潼关南北的迂回战

然而函谷关和潼关究竟都是险要的雄关，进攻是要费气力的。一些进攻者为了避免顿兵坚城之下，往往采取迂回战略，绕过函谷关或潼关。东汉末年的曹操、唐末的黄巢和明末的李自成是近处迂回。秦末的刘邦、东汉初年的赤眉、北魏的长孙稚、金国的娄室则是远处迂回。

曹操是为了进攻在关中起兵的马超，黄巢和李自成则分别是为了推翻唐和明两个王朝。他们虽都是近处迂回向潼关进攻，却也有所区别。曹操是由潼关城北渡过黄河迂回的，黄巢和李自成却是由潼关城南越沟缘山绕道的。

曹操和马超在潼关城下进行决战时，曹仁已经和马超在当地相持了五

---

① 《旧唐书》卷一〇四《哥舒翰传》，《新唐书》卷一三五《哥舒翰传》。
② 《明史》卷二六二《孙传庭传》。

个月。虽说曹仁当时主要的任务是阻止马超使之不能东进,但潼关坚城难攻却也是事实。曹操到潼关后,仍未能即时顺利攻取,于是就改弦更张,迂回前进。那时潼关城在南原上,现在港口岸边还没有道路,所以曹操的迂回就要渡过黄河到北岸,再由蒲津到河西,由河西渡过渭水到潼关背后。马超没有阻止得住,因而失去潼关天险,腹背受敌。当时由潼关城旁渡过黄河,确实是一个险着。曹操在过渡时,马超就来截击,情况十分危险。曹操为什么不由城南山下迂回,而偏要经历这番危险?因为潼关当时城南就是山地和深沟,不易在那里进行迂回。而曹操在进攻潼关之前,还曾派遣徐晃、朱灵等率步骑四千,由蒲坂渡过黄河,在河西获得立足点。曹操北渡黄河迂回进攻,是有徐晃这路人马接应的。①(附图三《曹操与马超潼关之战图》)

黄巢进攻潼关以前,曾经转战各地,直到五岭以南的广州、桂林。北归时,由采石(在今安徽当涂县北)渡过长江,直趋洛阳,接着就向潼关进攻。这样的声势,早已使守潼关的唐军受到威胁。当时潼关城已移到今港口。唐军却未在南原上布防。据说唐军恃着那里有一条禁沟。禁沟深陡,况且唐王朝曾发布过命令禁止通行,所以唐军就不再设防,可是黄巢就由禁沟绕道关后,两方夹击,歼灭了守军。唐军疏忽对禁沟的防守,是给黄巢的很大方便。②就当时潼关城的形势说,要想仿照曹操那样渡过黄河迂回西进的策略,就显得相当困难。因为潼关城已经迁到河边,渡河迂回是容易受到截击的。(附图四《唐末黄巢起义军攻取长安之战图》)

李自成自从汝州之战击败孙传庭后,追踪来到潼关城下。明军新败之余,经不起这样的攻击,何况李自成还进行了迂回作战。他命令一部分军队正面攻击,自己亲率大军沿南山山麓,绕到关后,两面夹击,攻破潼关。③李自成的迂回进攻既没有采取曹操的旧办法,也没有重走黄巢的老路。因为

---

① 《三国志》卷一《魏书·武帝纪》。
② 《旧唐书》卷二〇〇下《黄巢传》,《新唐书》卷二二五下《黄巢传》。
③ 《明史》卷二六二《孙传庭传》,《明史》卷三〇九《李自成传》。

图三 曹操与马超潼关之战图

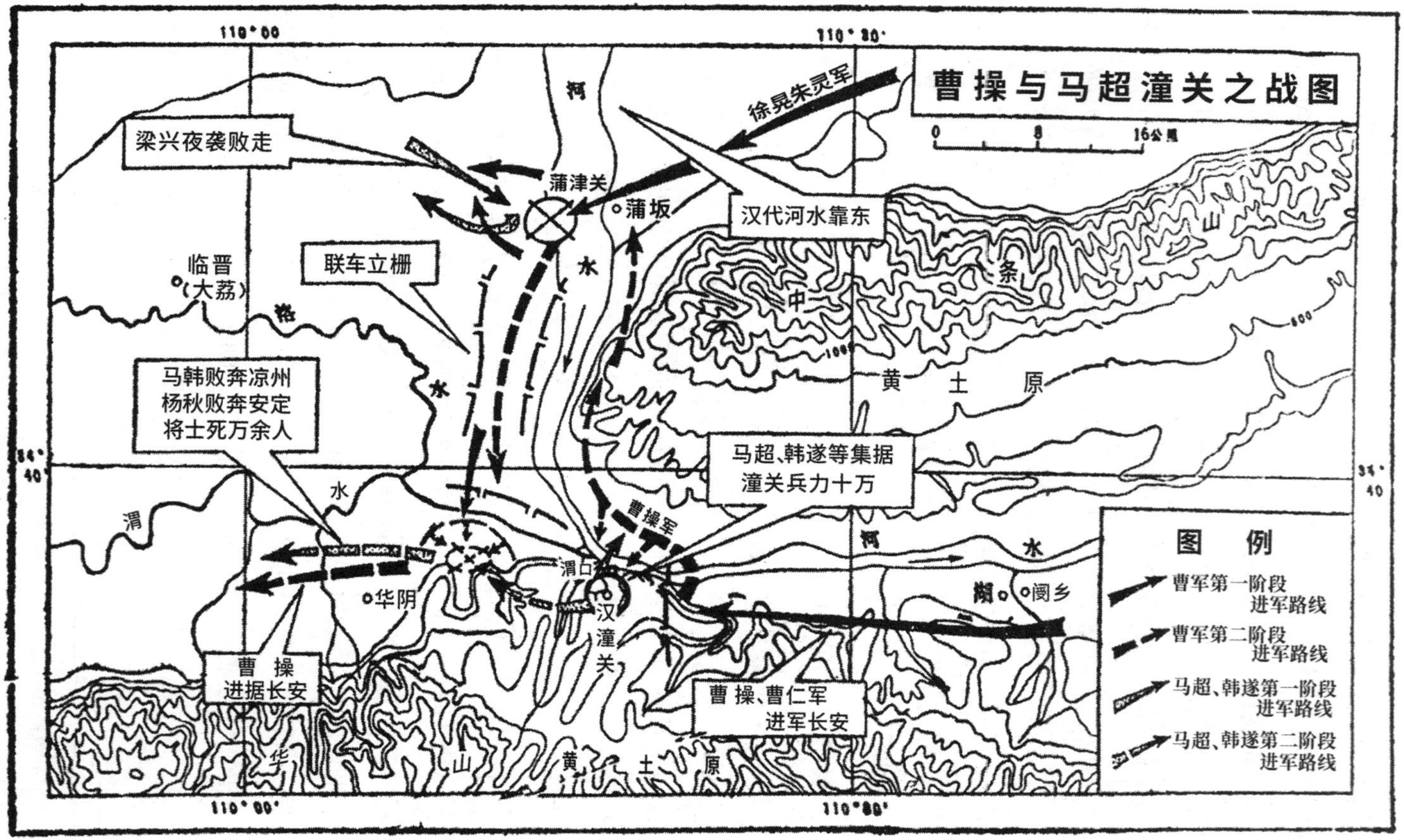

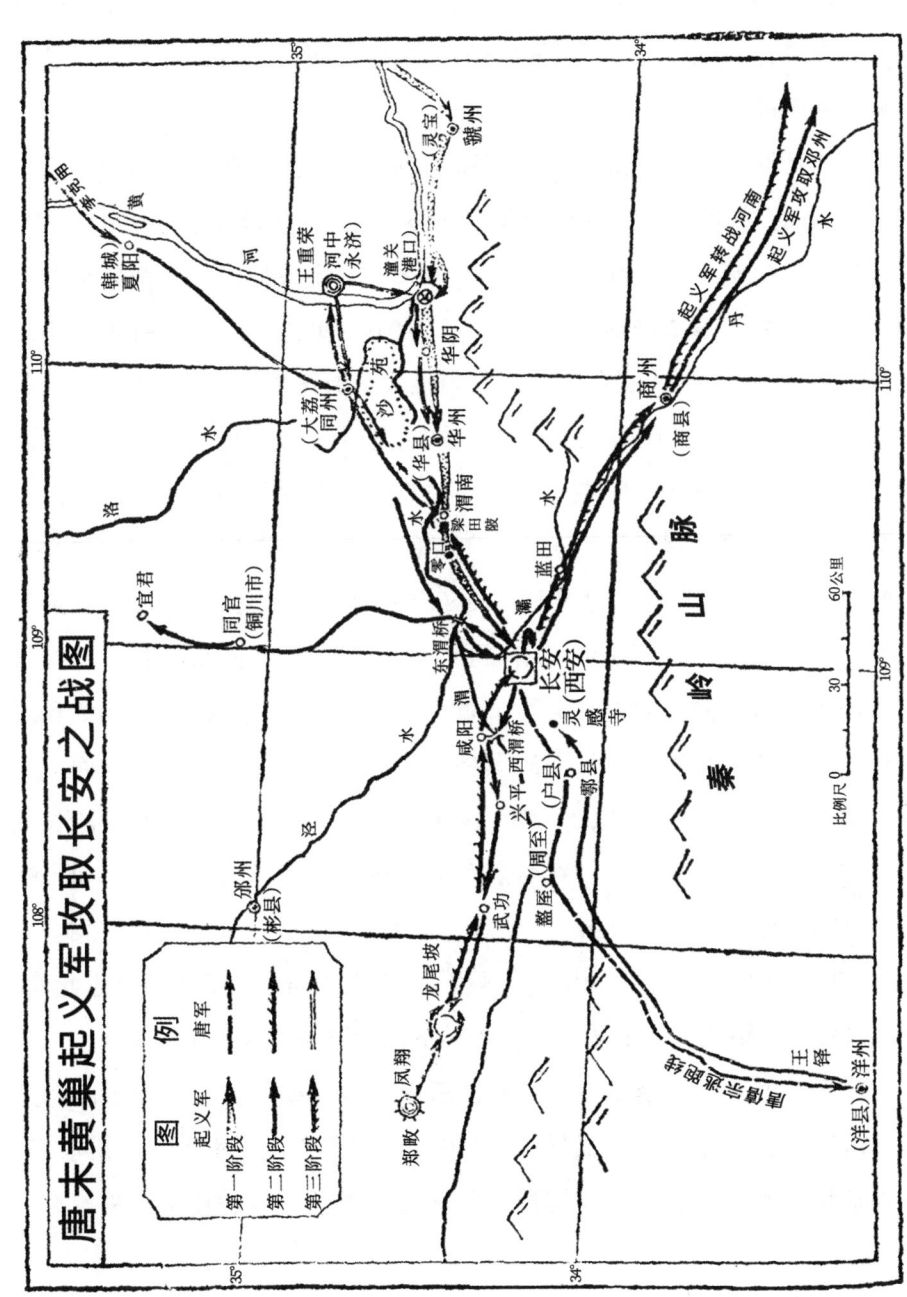

图四 唐末黄巢起义军攻取长安之战图

禁沟这条路距潼关并不是很远。唐代沿途荒芜是由于唐王朝的禁令，唐军不去设防是由于疏忽大意。明末禁沟虽不是东西大道，却还算是潼关城外一条重要道路，明军是不会不设防的。这样就使得李自成不能不改从南山山麓迂回前进。

远道迂回的进攻，具体的行军路线也各有不同。刘邦和赤眉由通过函谷的通道的南侧前进，长孙稚和娄室则都是绕道黄河北岸。

刘邦由彭城（在今江苏徐州市）出兵，沿途转战，到了洛阳城东。洛阳为函谷关东的重要城池。洛阳城未能攻下，更为艰险的函谷关也不一定就能得手。何况当时秦王朝兵势还相当强大，函谷关是不会不严密设防的。这就使刘邦从事远道迂回，改由武关进攻。他沿途攻下宛（今河南南阳市）、郦（今河南内乡县北）等城，但在武关却没有遇到很大抵抗，也许是由于秦兵防守函谷关，这里显得空虚。刘邦乘虚而入，再越秦岭进攻峣关（在今蓝田县东南）。这样绕过了函谷关，离秦国的咸阳也更近了。① 赤眉军西进时，行至颍川（治所在今河南禹县）、长社（今河南长葛县），打算向洛阳进攻。据有关中的刘玄，为了防止赤眉的进攻，已在函谷新关和洛阳附近集中军队，布置防线。赤眉军决定要避免攻坚，于是改道迂回。当时兵分两路：一路入陆浑关，一路入武关。入武关的一路并没有直趋长安，而是在武关附近折而北上，在弘农（治所在今河南灵宝县东北）和入陆浑关的一路会合。② 这样恰恰绕过了刘玄所布置的防线。赤眉军两路相会合的弘农，其实就是古函谷关，由于关城移去，无兵防守，赤眉军正可由此西行，夺取长安。（附图五《赤眉与新市平林下江诸路军进攻关中图》）

赤眉军由武关北趋弘农的道路，后来到南北朝的初年，刘宋的柳元景也曾由这里进攻过。③ 柳元景的出兵并不是迂回进军，因为道路相同，就顺便在这里提到。赤眉军是要绕过函谷新关，柳元景却是直叩潼关。为什么

---

① 《史记》卷八《高祖本纪》。
② 《后汉书》卷一一《刘盆子传》。
③ 《宋书》卷七七《柳元景传》。

图五 赤眉与新市平林下江诸路军进攻关中图

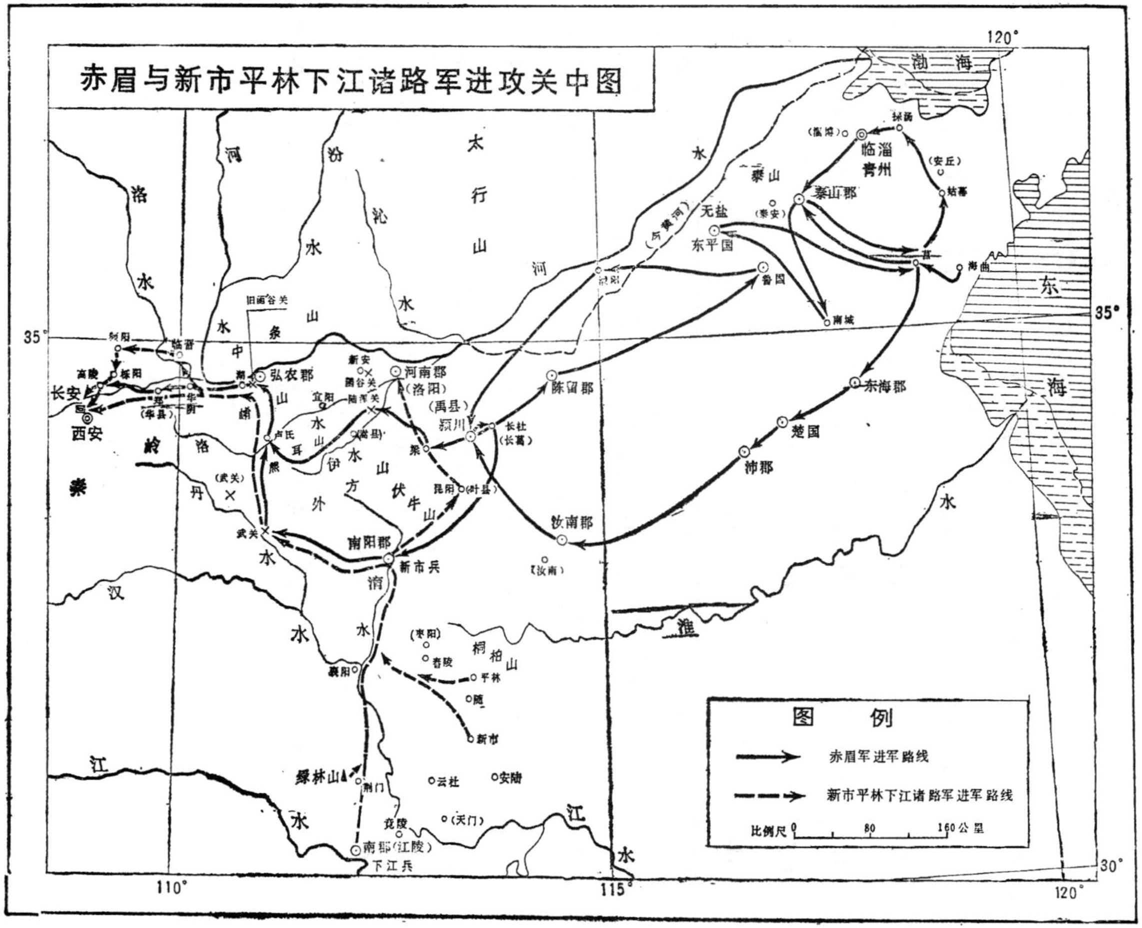

柳元景不溯丹水而上，直取长安，却由这里直插到潼关的前面？因为这时刘宋大举进攻北魏，主力部队在王玄谟的率领下由彭城向北进攻碻磝城（今山东茌平县西南）。①柳元景这路队伍配合着王玄谟，具有牵制北魏军力的作用。所以他到弘农之后，先向东进攻陕城（今河南三门峡市西），再折回来西攻潼关。虽是正面仰攻，由于柳元景事先联络潼关以西的各族人民，形成夹攻的形势，北魏的潼关守将只好弃关退走。

武关的设置，本是用以防御由汉水下游向关中的进攻。秦国和楚国就曾经在这里进行过几次规模较大的战争。②由于这是一条重要的军事通道，由东南向关中的进兵也都由此前进，刘邦和赤眉的进攻不是来自东南方向，这说明了武关和中原各地的关系。

由函谷关以北向西迂回的长孙稚是为了进攻割据关中的萧宝夤，娄室则是要消灭宋朝在关中的抗金力量。北魏当时都于洛阳，长孙稚就由洛阳出兵。娄室则在占领太行山西各地后，由河阳（今河南孟县西南）渡过黄河，占领洛阳附近各地，再向西进攻。长孙稚和娄室都没有正面进攻潼关，而是由陕州（治所在今河南三门峡市西）渡过黄河，越中条山，迂回进攻的。长孙稚由蒲津关再渡黄河至河西，以解华州之围（当时华州设在大荔县，不是在今华县）。这就绕出潼关之后，解除了华州之围，切断了潼关后路，因而轻易取得关城。③娄室则乘黄河封冻季节，由韩城踏冰过河，攻下了同州（治所在今大荔县）和华州（治所在今华县），同样就使

---

① 《宋书》卷七六《王玄谟传》。
② 《史记》卷五《秦本纪》："昭襄王十五年，攻楚，取宛。十六年，左更错取邓。"又卷四〇《楚世家》："顷襄王元年，秦要怀王不可得地，楚立王以应秦。秦昭王怒，发兵出武关，攻楚，大败楚军，斩首五万，取析十五城而去。"宛在今河南南阳市，邓在今湖北襄樊市，析在今河南西峡县，皆在武关之外。
③ 《魏书》卷二五《长孙稚传》。

潼关孤立，无由固守。①（附图六《金娄室进攻陕西图》）

长孙稚和娄室的迂回进军，都是有意避开潼关这座坚城。长孙稚更是有意采用曹操的战略，但长孙稚的迂回进军和曹操还有所不同。曹操迂回进军时，他的部下徐晃已经驻军蒲坂，而且在河西也取得了阵地。曹操能在潼关附近渡过黄河，渡河之后，就到了他自己控制的地区，这样就一定能够取胜。长孙稚时，不仅华州还受到萧宝夤的围攻，就是蒲坂也为薛修义所围困，而薛修义又是和萧宝夤有联络的。②这样由潼关城下渡河显然是不适宜的，因而改由陕州北渡。后来的娄室恰是走长孙稚的旧路。时期虽然不同，形势却仍然是相仿佛的。

由黄河以北向西迂回，蒲津关是重要的关隘。这里是潼关的侧翼，也是由河东或太原方向向关中进攻的重要途径。这样的形势和潼关以南的武关相仿佛。所以一些进攻，虽不是迂回绕道，也顺便在这里提及。西晋末年匈奴族的刘聪、南宋后期蒙古的木华黎和窝阔台都是直接向蒲津关进攻的。刘聪的汉国建都的地方就在平阳（今山西临汾县西），他向西进攻关中，就要经过蒲津关。③木华黎本来已自葭州（治所在今陕西佳县）进入陕西境内，并南进至坊州（治所在今陕西黄陵县），由于金兵在隰州（治所在今山西隰县）结集，又复渡黄河向东，这时就由汾水下游经蒲津关向关中进攻。④过了八年，蒙古窝阔台由大都（今北京市）经过太原，进攻陕西，由平阳府

---

① 《金史》卷七二《娄室传》："宗翰往洛阳，使娄室取陕西，败宋将范致虚军，下同、华二州，克京兆府。"《建炎以来系年要录》卷一一："建炎元年十二月，洛索渡河拔韩城县。初，洛索遂自慈、隰引兵而南，……至河中府。官军扼蒲津西岸，洛索患之，夜潜由上流龙门清水曲履冰渡河，……出龙门山，并河而南，距韩城四十里。……洛索犯同州。……同州既陷，河东经制使王燮之军溃乱不能整，……乃留（张昱）治陕，而率众由金商西入蜀。"
② 《魏书》卷五九《萧宝夤传》。
③ 《晋书》卷一〇二《刘聪载记》："遣其平西赵染、安平刘雅率骑二万攻南阳王模于长安，粲、曜率大军继之，染败王师于潼关。"按：刘聪建都于平阳，西侵之师当由蒲津关出兵。
④ 《元史》卷一一九《木华黎传》。

图六 金娄室进攻陕西图

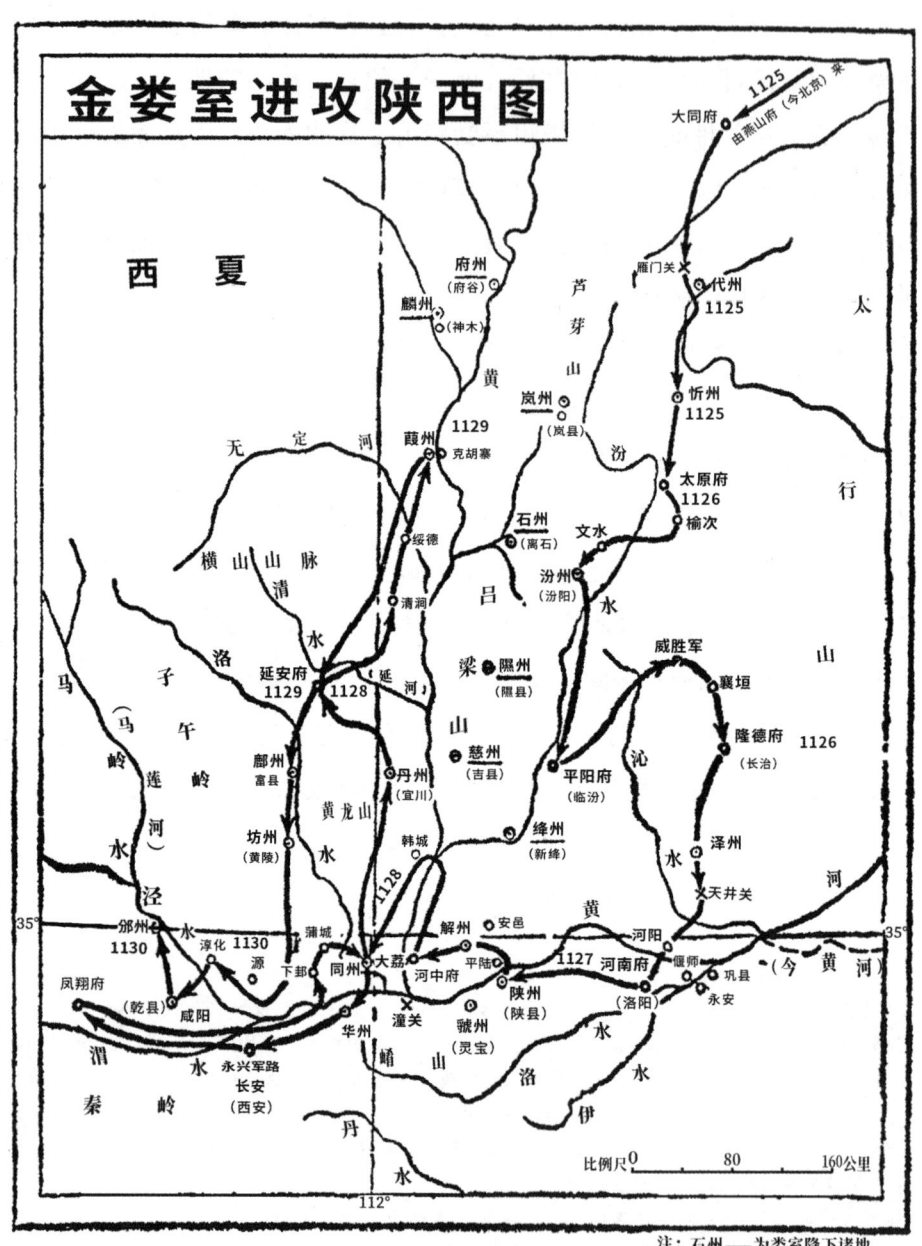

（治所在今山西临汾县）趋向西南①，走的就是木华黎的旧路。

蒲津关之北为龙门关。蒲津关为潼关的侧翼，而龙门关也就成了蒲津关的侧翼。隋末李渊由太原起兵，西攻关中，就是由龙门关渡过黄河的。②李渊为什么要从龙门关渡河呢？这又是对蒲津关和潼关的一次迂回。由于隋将屈突通扼守着蒲坂，这不仅阻隔着蒲津关，也阻隔着潼关，因而龙门关成为唯一可通过的捷径。其实李渊部队由龙门关渡河之后，李渊自己还是由蒲津关渡过黄河的。因为渡河的唐军在河西已经取得立足点，而留在河东的唐军又围住蒲坂城，屈突通困在城里，李渊就乘机而渡了。③

蒲津关和龙门关之间再没有设置关隘了。但这一段黄河岸低水缓，是较易渡过的。夏阳就是一个较好的渡口。夏阳这个渡口本因夏阳县而得名。以前曾经有过两个夏阳县，汉夏阳县在今韩城市南，唐夏阳县在今合阳县东，并非一处。④这里所说的乃是指汉夏阳县而言，远在春秋战国时期，晋

---

① 《元史》卷二《太宗纪》："二年，秋七月，帝自将南伐，皇弟拖雷、皇侄蒙哥率师从，拔天成等堡，遂渡河攻凤翔。冬十一月，师攻潼关、蓝关，不克。"又卷一一五《睿宗传》亦言："太宗伐金，命拖雷帅师以从，破天成堡，拔蒲城县，闻金平章合达，参政蒲阿守西边，遂渡河，攻凤翔。"皆未言当时渡河之处。《金史》卷一一四《白华传》："（正大）八年，大军自去岁入陕西，朝翔京兆、同、华之间，破南山寨栅六十余所。已而攻凤翔。"则元兵的渡河，当取蒲津关一路。然《元史·太宗纪》却于二月记载："克凤翔，攻洛阳、河中诸城，下之。"《睿宗传》也有相同的记载。如河中尚未攻下，何能轻言在蒲津渡河？按：河中府自木华黎西征时，即已为元人所有。木华黎且命石天应为河东南北路陕右关西行台以守之，见《元史》卷一一九《木华黎传》。《木华黎传》附其子《塔思传》："庚寅（即太宗二年），十一月，帝攻凤翔，命塔思守潼关以备金兵。河中自石天应死，复为金有。辛卯，帝亲攻拔之。"元兵能在蒲津关顺利渡河，正是在石天应未死之际。《元史》卷二《太宗纪》又说："二年十二月，拔天胜寨及韩城、蒲州。"蒲津关之北，固然还夏阳渡可以渡河，不过其时韩城未拔，是不能在那里渡河的。
② 《旧唐书》卷一《高祖纪》，《新唐书》卷一《高祖纪》。
③ 《旧唐书》卷五九《屈突通传》，《新唐书》卷八九《屈突通传》。
④ 夏阳，汉县，故城遗址位于今韩城市南10公里处，其地属芝川乡瓦头村、吕庄村和堡安村之间，城墙遗迹尚多残存地面（呼林贵《陕西韩城秦汉夏阳故城遗址勘查记》，载《考古与文物》1987年第6期）。后废。唐时于今合阳县东置县，仍以夏阳为名，见《元和郡县图志》卷二《同州》。《元丰九域志》卷三《陕西路》："熙宁三年，省夏阳县为镇入合阳。"嘉庆《大清一统志》卷二四四："唐夏阳故县在（合阳）县东南四十里，又名河西城。"

国和后来的魏国曾经一再由这里向西进攻过。①东汉初年的邓禹和南宋初年金国的娄室都是在这里渡过黄河的。邓禹的向西进攻，正和赤眉的进攻函谷关同时。因为东汉光武帝估计赤眉可以攻进关中，但不能就此控制下去。邓禹西进的目的就是要乘赤眉立足未稳的时机取得关中。当时光武帝所据有的地方，仅太行山东南至黄河一隅。邓禹的出兵先由河内（治所在今河南沁阳县）西入箕关，进至河东，再由河东的汾阴（今山西万荣县荣河镇），向夏阳进军，攻入关中。②金国的娄室是乘天寒黄河封冻，踏过冰河的。其渡河的地点在今韩城境内，距夏阳也不会很远。娄室这样进军，是由于南宋固守同州（治所在今大荔县），无由攻取蒲津关，才采取这样的险着③，像这样的地方，历来都不设关置守，大概是因为蒲津关离此不远，就近可以控制，而且大荔城也控制着由夏阳南行的道路。但是邓禹渡过黄河之后，就西攻衙县（今白水县东北），避开了大荔县（当时称为临晋县）这条路。而娄室渡过黄河，就直趋同州。大荔城失去了黄河的屏障，也是难于守得住的。

（五）关中东部诸关的攻守战争

在由东面向关中的许多进攻之中，东晋末年的刘裕和东魏的高欢较为特殊。刘裕进攻关中的后秦，高欢则进攻关中的西魏。这样，潼关都是首当其冲的。他们的进军皆不是单纯使用一路兵力直指潼关，而是分途进兵，因而所涉及的范围比较广大。刘裕一举攻下了潼关，灭掉了后秦。高欢则

---

① 《春秋》："文二年，晋侯及秦师战于彭衙，秦师败绩。"《左传》："文四年，晋侯伐秦，围刓、新城。"又，"文十年，晋人伐秦，取少梁"。彭衙在今白水县北。刓在今澄城县东南。新城在今澄城县东北。少梁在今韩城市南。《史记》卷四四《魏世家》："文侯十三年，使子击围繁庞。十七年，西攻秦，至郑而还，筑雒阴、合阳。"繁庞在今韩城市东南，郑为今华县。雒阴在今大荔县西南。合阳在今合阳县东南。伐郑之役归来途中筑雒阴、合阳。则其出师之途，当非由蒲坂一道。
② 《后汉书》卷四六《邓禹传》。
③ 《建炎以来系年要录》卷一一。

屡得屡失，最后受到歼灭性的打击，狼狈归去。

刘裕进攻后秦，八路出兵。王镇恶、檀道济由寿阳（今安徽寿县）指向许昌和洛阳；朱超石、胡藩由新野（今河南新野县）趋阳城（今河南登封县东南）；沈田子、傅弘之由顺阳（今河南淅川县南）入武关；沈林子、刘遵考由汴水经石门（今河南荥阳县东北）入黄河（汴水为黄河引出的一条古运河，自石门东南流，至徐州东入泗水。徐州以东的泗水就是现在的运河）；王仲德由兖州（治所在今山东滋阳县）开巨野泽东的桓公沟进入黄河（巨野泽为古代大湖，在今山东西南部，即后世所说的梁山泊。桓公沟连接泗水和济水。济水在今山东长清县西南，当时的四渎口和黄河相通）；姚珍由魏兴（郡治在今安康县）入子午谷；窦霸由梁州（治所在今汉中市）入骆谷；刘裕自己则从建康（今江苏南京市）出发，率领水军经彭城（今江苏徐州市），由泗水入清水（即济水，故道在今山东梁山县东北），再转入黄河（因为当时黄河在碻磝城附近和济水相通，碻磝城在今山东茌平县西南），溯河西上。①

刘裕这八路兵力实际分成三个方面。入武关的为一个方面，入子午谷和骆谷的为一个方面，其他五路都在荥阳附近会为一路，然后循黄河以南，经洛阳西上，从正面向潼关进攻。所以这次出兵，潼关是一个重心。入武关的一路，在上雒（郡治在今河南商县）和蓝田（今陕西蓝田县西）之间可以越过秦岭，直抵长安城下。实际起到断绝潼关后路的作用。至于子午谷和骆谷两路只是为了牵制后秦的兵力，使它不能专力注意潼关的防守。②

后秦针对着刘裕的进攻，也做了相应的防御措施。刘裕的八路队伍中，有五路在荥阳会齐，实际成为一路，不过随着各路进程不同，陆续向前推进。

---

① 《宋书》卷二《武帝纪中》，《晋书》卷一一九《姚泓载记》，《资治通鉴》卷一一七《晋纪三九》、卷一一八《晋纪四〇》。

② 《晋书》卷一一九《姚泓载记》："刘裕使沈田子及傅弘之率众马余人入上洛，所在多委城镇奔长安。田子进及青泥。……时裕别将姚珍入自子午，窦霸入自骆谷，众合数千人，泓遣姚万距霸、姚强距珍。"《元和郡县图志》卷一《京兆府》："蓝田县理城，即岘柳城也。俗亦谓之青泥城。"沈田子及傅弘之已至青泥，是已越过秦岭。姚泓此时已势尽力穷，犹遣姚万、姚强距窦霸、姚珍，是子午、骆谷两路也已发挥了作用。

后秦于是就以洛阳为前线，以重兵屯于潼关和蒲坂，相互成为掎角之势，防御刘裕军队从河北迂回袭击潼关。后秦统治者姚泓还留部分军队于长安，以防沈田子和傅弘之由武关北上的进攻。为了防御刘裕军队由子午谷和骆谷的攻击，后秦也对两处分配数千兵力拒守。后秦和东晋国力对比，处于劣势，就在这时，内部还发生了两次叛乱，使防御的力量大为降低。①

刘裕前锋王镇恶、檀道济进入秦境后，不断取得胜利，后秦置重兵于洛阳，檀道济一战获胜，督军继续西进。就在这时，后秦守蒲坂的姚懿和守安定（郡治在今甘肃泾川县北）的姚恢却相继率军趋向长安，取夺王位，这就分散了后秦的兵力。尤其是蒲坂的撤守，使潼关显得孤立。王镇恶等就乘势西攻潼关。在将到潼关时，东晋军队又采取了钳形攻势：王镇恶引兵径前，直抵潼关城下；檀道济与另一路的沈林子合兵由陕州渡河，进攻蒲坂，以便由此夹攻潼关。蒲坂的后秦军队虽经过姚懿的一度骚动，这时已另做了布置。檀道济攻取不下，只得引兵渡河而南，与潼关城下的王镇恶相会合。檀道济此行虽没有成功，却还是小有收获，因为取得了河曲。河曲就是黄河的弯曲处，约相当于现在的风陵渡。这样就在河北有了一个立足点。②

后秦为了守住潼关这个关中东面的门户，把主力军队都集中到这里来。东晋军队云集于关城之下，一时竟难以攻破。刘裕军队远来，军粮运输倍感困难，利在速战。攻坚战既一时未能得手，因而就采取了迂回策略，设法绕过潼关城的南北。潼关城南倚秦岭，北濒黄河。迂回进军就是要北渡黄河，或南缘秦岭北麓西行。北渡黄河的迂回进军本是曹操的旧办法，何况这时檀道济已取得了河曲，有了桥头堡。但具体情况究竟和曹操时不同。因为增兵迂回，还是无法突破蒲坂这个坚固的据点。当刘裕出兵时，沈田子和傅弘之另引一军趋向武关。这时已由武关进到青泥（今陕西蓝田县），为后秦所阻。刘裕派遣这支军队，本是以之与攻潼关的主力军相呼应，以

---

① 《晋书》卷一一九《姚泓载记》。
② 《宋书》卷四三《檀道济传》，又卷四五《王镇恶传》。

隔断潼关后秦守军的后路。后秦自然也明了这方面的意义，姚泓就亲自率军前来抵抗。就在东晋军队攻潼关的紧要关头，刘裕还派出沈林子领万余人，由秦岭上越山开道，前往青泥，支援沈田子。[①]这自然也是为了攻下潼关而派遣的迂回军队。不过这次迂回由于路线较长，多费时日，因而缓不济急。

  刘裕之所以能够攻下潼关，实际是使用了水军。这是以前所没有的战略措施。刘裕是由长江下游向西北进军的，随同有江南所习用的水军。于是就出奇制胜，用水军由黄河冲过潼关北面的防线。水军乘的是一种艨艟小舰，行船者皆在船内，船上装备有覆盖物，可以避免矢石的攻击。后秦军队不习水战，也未见过这样的装备，都不知所措。这支水军一直冲到渭桥，进抵长安城下。[②]潼关及黄河北岸的蒲坂守军自然受到影响。那时由武关北上的沈田子一路，已在青泥战胜后秦军队，越过秦岭。长安的后秦守军自顾不暇，更说不上援救潼关。潼关就轻易为刘裕所攻克。潼关本来坚险，后秦又布置了重兵，还加蒲坂犄角形势，但却没有料到东晋的水军能溯河而上。后秦国力本来就不如东晋。由于内部的叛乱，力量已经削弱。姚泓在形势危急的时候，还打算击退沈田子在青泥的进攻，再援救潼关。不意青泥失败之后，东晋水军已到了长安城下，只好率众出降。（附图七《东晋刘裕与后秦姚泓潼关长安之战图》）

  高欢及其部下曾经三次向潼关进攻。最初是高欢自己由洛阳直攻潼关。那时北魏的孝武帝为高欢所逼，自洛阳奔向关中，潼关方面说不上有什么防御措施，因此就为高欢攻下。高欢还曾亲自进到华阴长城（长城在华阴县西，就是战国时期魏国所修的长城）。[③]稍后，西魏宇文泰复取潼关，并杀死高欢的守将。[④]第二年，高欢又派司马子如、窦泰进攻潼关[⑤]，西魏宇文泰屯军灞上（今灞水岸旁），做了防御准备，司马子如也未能得

[①]《资治通鉴》卷一一八《晋纪四〇》。
[②]《资治通鉴》卷一一八《晋纪四〇》。
[③]《北齐书》卷二《神武纪下》。
[④]《周书》卷一《文帝纪上》。
[⑤]《北齐书》卷二《神武纪下》。

图七 东晋刘裕与后秦姚泓潼关长安之战图

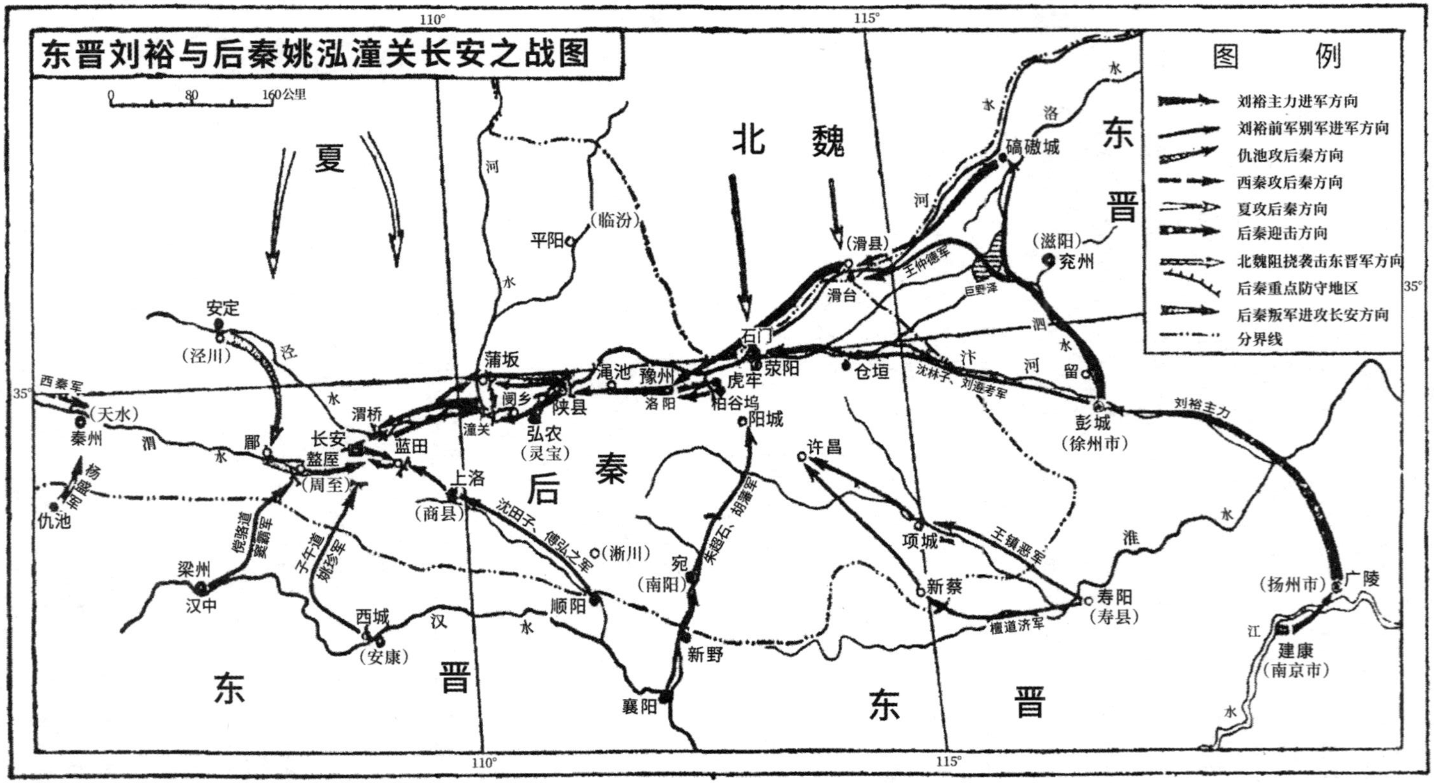

手①。这两次战争说明东魏的高欢和西魏的宇文泰势均力敌，不相上下。接着又过了一年，高欢再次大举向西进攻。这一次，高欢分三路进军，中间一路由窦泰率领直扑潼关，北路由高欢亲自指挥，在蒲坂城西黄河上架设浮桥，扬言要渡河西攻。南路由高敖曹率领，向上洛（郡治在今商县）进攻。②其中窦泰是主力，高欢和高敖曹在两边策应。高欢不自己统率主力部队，是为了麻痹西魏，诱使西魏把防御重点转到蒲津关这一方面。窦泰取得了潼关，但不久又复失去，窦泰自己也死在战场上。窦泰能够取得潼关，显然是和第一次一样，乘着西魏没有防备，但这样却增长了窦泰骄傲轻敌的态度。那时西魏的宇文泰驻军广阳（今陕西临潼县东北），他认为东魏虽三路进攻，窦泰一路关系最大，应该先对付窦泰。破了窦泰，另外两路自然都会立脚不住，撤兵回去。为了进攻窦泰，宇文泰就故意造成声势，麻痹东魏军心。他扬言要退到陇右，暂图保守，并由广阳回到长安。就在这时，他潜军东出，两天里赶到潼关城北的小关。窦泰本是乘着西魏不备取得潼关的，这时自己却无准备，而且渡过黄河去到对岸的风陵渡，听见西魏军到，才仓促渡河归来应战。这一战，宇文泰以六千的劣势兵力，完全歼灭了东魏的有生力量。③窦泰失败了，其他两路也就不得不随着都撤回去。④（附图八《南北朝后期高欢进攻关中图》）

由上面的论述可以看到：函谷关和潼关都是关中东面的屏障，控制着由中原西入关中的要道。频繁的战争也显示出函谷关和潼关的坚险形势。由于函谷关和潼关坚险难攻，所以有些进攻者就采取迂回战略，绕道进攻。这样，函谷关和潼关南北各关以及有关的通道就都有其重要性，而武关和蒲津关更是潼关的左右两翼，这是攻守两方都不能忽视的。

---

① 《周书》卷二《文帝纪下》。
② 《北齐书》卷一《神武纪下》。
③ 《北齐书》卷一五《窦泰传》。
④ 《北齐书》卷二《神武纪下》。

图八 南北朝后期高欢进攻关中图

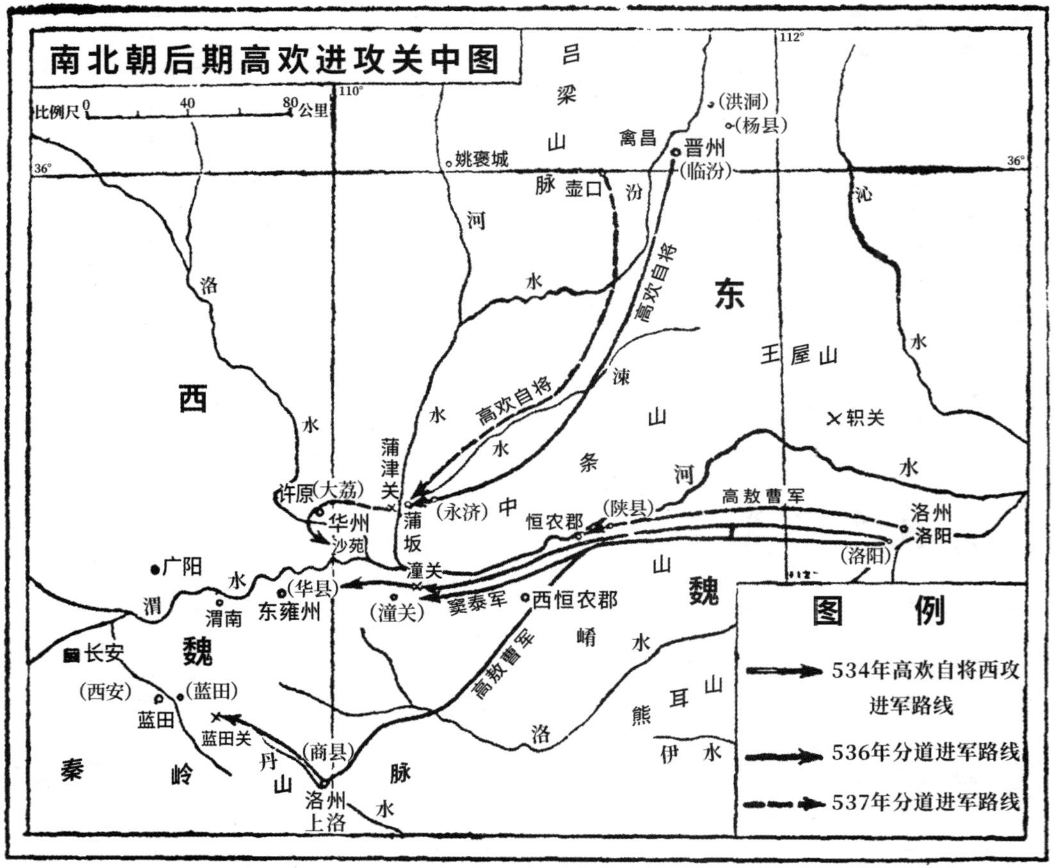

三、关中西北的门户：长武彬县地区和陇县千阳地区

（一）关中西北门户的形势

关中西部横峙着陇山和岍山，两山之间为汧水河谷。岍山东北隔着泾水河谷就是子午岭。这两条河谷为由西北方面到关中的军事通道所必经之地，而泾水河谷的长武彬县地区和汧水河谷的陇县、千阳地区就首当其冲。所以这两个地区无疑是关中西北的两座门户。

子午岭诚然高峻，陇山也巍然矗立。陇山亦称陇坻。古人曾经说过，"陇坻之隘，隔阂华戎"①。华戎指农业民族和游牧民族。这句话就形容出陇山的高耸险阻，有战略上的重要意义。岍山虽不如子午岭和陇山的高深，然对凤翔、岐山、扶风、麟游诸县也起了屏障的作用。

泾水流经长武、彬县地区，泾水发源于宁夏泾源县境，其支流颉河则自六盘山上流下，在甘肃平凉县西合于泾水。由六盘山下至泾川县的泾水沿岸，地势平坦，正适宜作为军事通道。长武县位于浅水原上，其北更有黄菩等原。泾水绕此诸原东北两方面流过。原高坡陡，泾水河谷在此切割很深，两岸形成悬崖峭壁，往来大道，不能不改行浅水原上，长武以东由亭口至彬县城一段固然还可再濒泾水岸边通行，可是由彬县城再往东去，仍不能不通过原上。原旁就是山地，再无他道。泾水支流马莲河在长武东北汇于泾水，马莲河河谷的通道至长武、彬县地区与由邠州通往长安的通道相衔接。长武、彬县地区实际控制着两条军事通道，成为关中西北的一个门户。

汧水河谷经过的陇县、千阳地区，正在陇山之下。由于陇山之南宝鸡峡的渭水河谷在古代不能通行，所以陇山虽然高险，行人还必须攀越。汧水河谷比较宽平，就被用作西逾陇山的大道。陇县、千阳地区与长武、彬

---

① 《文选》卷二，张平子《二京赋》。

县地区相似，为陇关道和回中道相会合的地方，同样成为关中西方的一个门户。

关中西北方面这两个门户，由于岍山横峙其间，形势就更为明显。由西北方面向关中的进攻，其进攻的方向就要在这两个门户中任选其一，也可能两路同时并进。

长武彬县地区和陇县千阳地区距离并不很远，其间还是有道路可以联系的，有的道路也曾经有过军事行动。由于这两个地区之间横着岍山山脉，这些道路有的在岍山之南，有的则在岍山之北，还有一些却从山上越过。

陇县千阳地区以东，紧挨着就是凤翔。由凤翔到彬县有两条道路，其一经过凤翔东北的杜阳山而到麟游，另一条则经过龙尾坡（在今岐山县东），东北行也到了麟游，在麟游会合后东北就到彬县。在前一条道路上，唐初的柴绍曾击败突厥由邠州（治所在今彬县）方面来的进攻。[1] 在后一条道路上，东晋时期，后秦的姚弼曾阻挡住夏国赫连勃勃由新平（郡治在今彬县）方面来的进攻。[2]

岍山以北，这两个地区之间联系的道路也不止一条，都是沿着由西向东的河谷。这里有泾水的三道支流：一为汭水，源出甘肃华亭县西，流经华亭、崇信两县城，至泾川县入于泾水；一为黑水，源出华亭县南，流经灵台县西北的梁原（亦名良原）；一为达溪河（古时称为细川水），流经百里城及灵台县城。黑水与达溪河在长武东南汇合后入于泾水。

通过黑水和达溪河的道路还可以通到陇县千阳地区东面的凤翔。达溪河因流经岍山北麓，由岍山流下诸水，都流到达溪河中，其中较重要的有麻夫川和两亭河。麻夫川发源于凤翔县北的千岭头，流经麟游县麻夫镇，至百里城西，入于达溪河。两亭河在麻夫川之东，北流至灵台县城亦入于达溪河。这两条河谷都有南北通行的道路。麻夫川旁的麻夫镇东有古城，

---

[1]《旧唐书》卷五八《柴绍传》，《新唐书》卷九〇《柴绍传》。
[2]《晋书》卷一一八《姚兴载记》。

为隋唐时期普润县的旧址。① 唐代中叶曾于普润县置陇右军②，还曾派遣部分神策军驻在这里，控制这条道路③。明初于麻夫镇西设石窑关④，用意也是一样的。两亭河畔的十八岭（在凤翔、麟游两县交界处），旧设阳峪关（今图讹为羊引关）⑤，设关年代已无可考见，但设关的地方两峰相对如门，是控制两亭河河谷的要地。

在这些道路中，岍山以北的三条道路较为重要。这是因为：一、由西方来的进攻力量在进入大震关后，如果认为陇县千阳地区防守严密，不能轻易攻破，就往往转而从这三条道路进攻长武、彬县地区。唐代的吐蕃由秦州（治所在今甘肃天水市）进攻长武、彬县地区，大都经由这几条道路。⑥ 二、由大震关经汭水河谷或达溪河河谷转入麻夫川或两亭河河谷，可以迂回进攻凤翔。五代时期前蜀进攻在凤翔割据的李茂贞时就采用过这样的策略。前蜀军队在进入故关（即大震关）之后，就东攻黑水河谷的良原。⑦ 虽然前蜀军队至此再未前进，但其出兵的目的显然是想循麻夫川或两亭河进攻凤翔的。三、由麻夫川和两亭河河谷北经百里城，越过达溪河和黑水，可通到泾川县。东晋时期，后秦和赫连勃勃的夏国就曾在这条道路上往返

---

① 嘉庆《大清一统志》卷二三六《凤翔府》："普润故城在（麟游）县西百二十里，颓基犹存。"
② 《新唐书》卷三七《地理志一》。
③ 《新唐书》卷六四《方镇表四》："贞元三年，复置（保义）节度，兼右神策军行营节度使。初，陇右节度兵入屯秦州，寻徙岐州，及吐蕃陷陇右，德宗置行秦州，以刺史兼陇右经略使，治普润。"
④ 嘉庆《大清一统志》卷二三六《凤翔府》。
⑤ 《续修陕西省通志稿》卷五五《交通·关隘》。
⑥ 《资治通鉴》卷二二五《唐纪四一》："（代宗）大历十年，吐蕃寇陇州及普润。凤翔节度使李抱玉奏破吐蕃于义宁。吐蕃寇泾州，泾原节度使马璘破之于百里城。"胡注："陇州华亭县，大历八年置义宁军。"《资治通鉴》卷二三三《唐纪四九》："吐蕃帅羌浑之众寇陇州，连营数十里，京城震恐。遣决胜军使唐良臣戍百里。吐蕃大掠汧阳、吴山、华亭。"《旧唐书》卷一四四《李元谅传》："良原古城多摧圮，陇东要地，虏入寇常牧马休兵于此。元谅远斥烽堠，培成补堞，……又进筑新城，以据便地。虏每寇掠，辄击却之，泾陇由是义安。"
⑦ 《资治通鉴》卷二七一《后梁纪六》："梁贞明六年，蜀主以兼侍中王宗俦为山南节度命，……将兵伐岐，出故关，壁于咸宜，入良原。……蜀兵食尽引还。"

。^①四、由平凉经由汭水旁的华亭,由汭水上游可以南下天水。唐初的突厥就是由这条道路进攻秦州的。^②

如果再扩大范围,则长武、彬县地区和陇县、千阳地区的联系可涉及六盘山下。东汉初年,隗嚣在天水割据,他除过由陇关进攻关中外,还派遣军队由鸡头道(在今宁夏固原县东南)向东进攻,攻到漆县(今陕西彬县)和栒邑(今陕西旬邑县东)^③,也就是经过长武彬县地区,向关中深入了。东汉光武帝为了进攻隗嚣,也曾亲自到高平第一城(今宁夏固原县境内)指挥作战,而汉军随即由六盘山西进攻到天水。^④

长武、彬县地区和陇县、千阳地区都有通道通到长安,而岍山山脉及六盘山下的道路又使这两个地区的联系更为密切,增加了作为关中西北门户的重要意义。(附图九《长武彬县地区和陇县汧阳地区形势图》)

(二)构成弧形防御的关中西北各关隘

长武、彬县地区和陇县、千阳地区是关中西北的门户,配合这样的门户,循着山川形势,历代自然要设置关隘,加强防御。在陇县、千阳地区有安夷关(今陇县西南店子上)^⑤、陇关(今陇县陇县固关镇西南陇山上)、安

---

① 《资治通鉴》卷一一七《晋纪三九》:"夏王赫连勃勃帅骑四万袭上邽,……因毁其城,进攻阴密。……以其子昌为雍州刺史镇阴密。秦东平公绍及征房将军尹昭等击之,勃勃退趋安定,胡俨……复以安定降秦,绍进击勃勃于马鞍阪,破之,追至朝那,不及而还。"上邽今为甘肃天水市。阴密在今甘肃灵台县西。安定为今甘肃泾川县。马鞍阪在泾川县西百里。朝那在今宁夏固原县东南。
② 《新唐书》卷二一五上《突厥传上》:"(武德)九年,寇西会州,围乌城,翔徉陇渭间。平道将军破之于秦州。"西会州今为甘肃靖远县。陇州治所今为陇县。渭州治所今为甘肃陇西县。秦州治所在今甘肃秦安县西北。
③ 《后汉书》卷一三《隗嚣传》。
④ 《后汉书》卷一《光武纪》。
⑤ 《元和郡县图志》卷二《陇州》。我在店子上考察时,当地人犹称其地为安夷关。

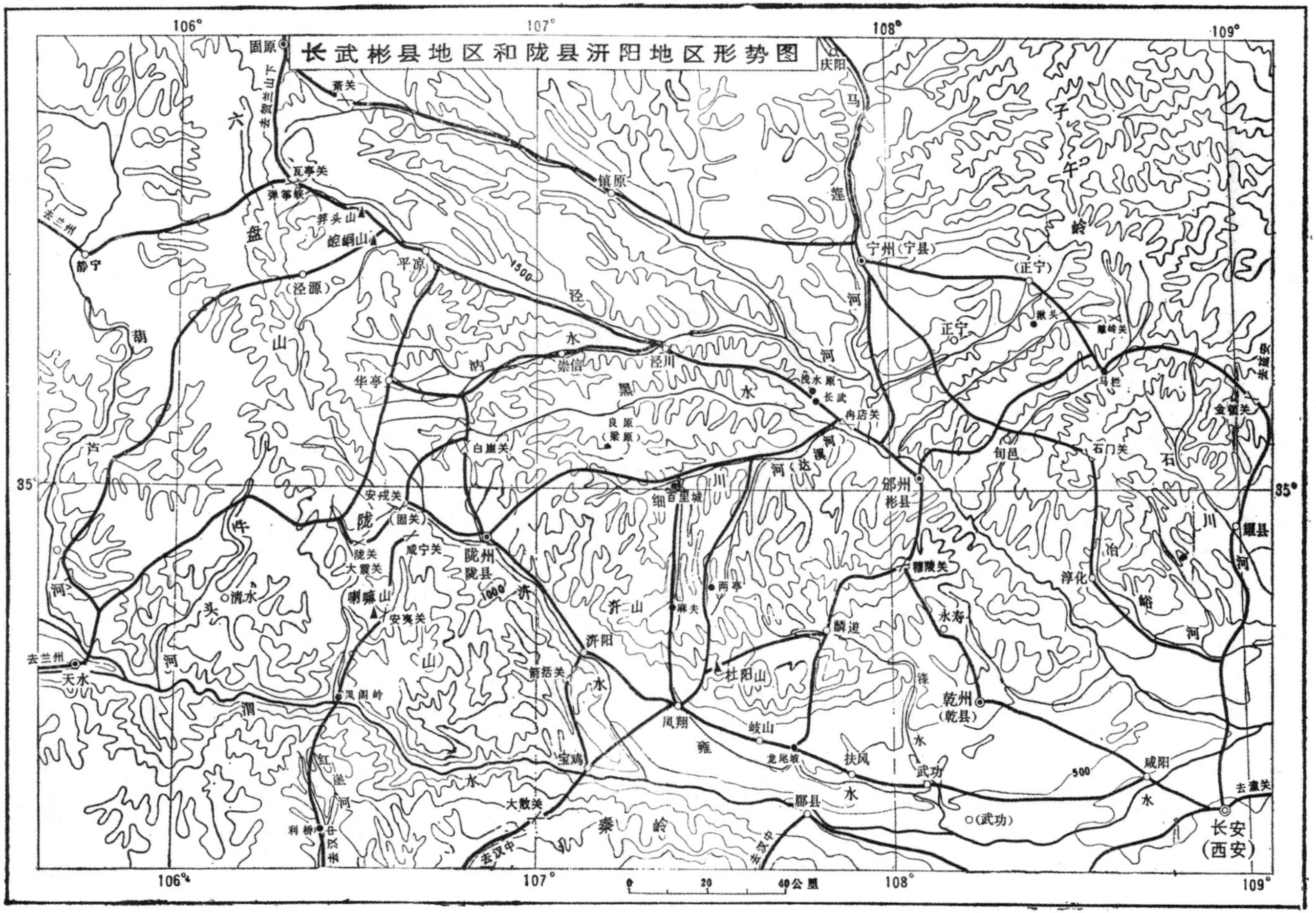

图九 长武彬县地区和陇县汧阳地区形势图

戎关（今陇县西南固关镇）①、成宜关（今陇县西）②、白岩关（在今陇县西北白崖子）③、箭括关（今千阳县南）④。在长武、彬县地区有冉店关（亦名阴灵关，今陕西长武县东冉店）⑤和穆陵关（今陕西永寿县蒿店）⑥，这个地区的东北还有石门关（今陕西旬邑县东南）⑦和雕岭关（今旬邑县东北子午岭上）⑧。岍山之北的华亭、良原和百里城，虽没有关隘的名称，但也曾经是防守的要地，起着关隘的作用。就如良原设县，本在隋代，当时只是一个普通县城。唐代中叶以后，由于吐蕃的进攻，才又重筑良原城，屯驻相当的兵力。⑨就在岍山以南，也设有石窟关和阳峪关。如果把这些关隘连系起来，从西南至东北，就形成了一条弧形的防御线，屏蔽着长武、彬

---

① 嘉庆《大清一统志》卷二三六《凤翔府》："大震关在陇州西南陇山下，即陇关也。"按：《唐会要》卷八六《关市》载宣宗大中六年，陇州防御使薛逵奉诏移筑故关时，曾上言："汧源西境切在故关。昔有堤防，殊无制置，僻在重冈之上，务务高深；今移要会之口，实堪控扼。旧绝井泉，远汲河流；今则临水挟山，当川限谷。危墙深堑，克扬营垒之势，乞改为定（安）戎关。"据薛逵所说，则旧关实在高山之上，而新关乃在山下河谷之间。而《大清一统志》却以陇关在陇山之下，是以安戎关为陇关，误矣。《读史方舆纪要》卷五二《陇坻》，谓安戎关今日安夷，亦误。今《陕西省地图集》则以安戎关为固关镇。陇关遗址附近，却有地名鬼门关。
② 嘉庆《大清一统志》卷二三六《凤翔府》："咸宜关在陇州西四十里。《通鉴》：'五代梁贞明六年，蜀将王宗俦伐岐，出故关，壁于咸宜'，即此。《州志》：'明正统中，因关山路阻，改建咸宜关，而废故关为镇。'"按：《通鉴》所说的故关当为陇关，亦即大震关。王宗俦既出故关，壁于咸宜，则咸宜非故关明矣。《通鉴》胡注："咸宜当在陇州汧源县界。"汧源县即今陇县。其地当在故关之东。今《陕西省地图集》犹绘有咸宜关，其地在关山沟河畔，曹家湾之西。《州志》所说的废故关为镇，也非实录。今故关已了无遗迹，而原来作为新关的安戎关，却称为固关镇。
③ 嘉庆《大清一统志》卷二三六《凤翔府》："白岩关在（陇）州西北四十里青阳山之下，路通固原、宁夏。"
④ 《读史方舆纪要》卷五五《凤翔府》："箭括岭在（汧阳）县南十里，旧有箭括关。'括'亦作'筈'。"
⑤ 嘉庆《大清一统志》卷二四八《邠州》："冉店关，在长武县东二十里，有关城，其地道路四达，深沟巨壑，中道仅容一车。"
⑥ 《读史方舆纪要》卷五四《乾州》："穆陵关在（永寿）县南四里，宋置。"按：穆陵关应在蒿店，蒿店在永寿县南15里。
⑦ 即石门山，见《太平寰宇记》卷三四《邠州》。
⑧ 《读史方舆纪要》卷五七《宁州》："雕岭，（真宁）县东五十里，绵延高耸，亦即子午山之别阜也，……今有雕岭巡司，在县东百里。"此虽未言置关，其关当在巡司所在地。《陕西省地图集》，此关即在正宁、旬邑两县交界处。
⑨ 《旧唐书》卷一四四《李元谅传》，《新唐书》卷一五六《李元谅传》。

县地区和陇县、千阳地区，也拱卫着关中和长安。

这些关隘都相应地控制着有关的军事通道。冉店、穆陵两关都在由邠州（治所在今陕西彬县）至长安的通道上，石门关则在由旬邑至长安的通道上，雕岭关在由甘肃宁县、正宁县至铜川、耀县的通道上。良原和百里城、华亭依次位于汭水、黑水和达溪河的通道上。就是石窑关和阳峪关也分别控制着经过麻夫川和两亭河的两条道路。

陇关、安戎关和咸宜关的问题比较复杂。其实这后两个关只是陇关的移徙和改名。陇关的设置远在西汉时期，它设在陇山之上，就是用来控制通过陇山东西的陇关道。因为关在陇山上面，所以叫作陇关，也叫作陇山关。相传汉武帝登陇山时经过这个关隘，遇到雷震，所以又叫大震关。但这个名称到隋唐时期才普遍应用，汉代的记载却没有见过。北周时一度改称大宁关。唐代后期因为关址在陇山顶上，离陇州（治所在今陕西陇县）较远，而且从山沟取水也相当困难，就移到今陇县西北的固关镇，改称安戎关。取名安戎关的意义可能与防御吐蕃的进攻有联系。由此大震关为故关，安戎关为新关。后来到明代，关址又移到今陇县西，别称咸宜关。经过这次移徙，就又把安戎关称为故关，把咸宜关称为新关。现在固关镇的名称就是由此来的。因为关址一再改移，经过关城的通道也就相应地有所变移。

陇关南面的安夷关，也是唐时设立的。它位于今陇县西南。现在有公路由陇关西麓绕安夷关所在地的店子上东北通到陇县。按照当地的山川形势，在陇关和安戎关设置的时候，这里就已经有过道路，不过不是大路，为了巩固陇关和安戎关侧翼的防御，在这条道路上再设一个关是有必要的。虽然如此，这个关对于附近的渭水上下也是有一定的防御作用的。由这里循通关河而下，再溯着渭水而上，经清水县可到天水。宝鸡峡附近的渭水两岸，本无道路。凤阁岭以上，河谷稍阔，可以通行，却也并非大道。凤阁岭斜对着甘肃天水县所属的三岔，由三岔南行沿嘉陵江支流红崖河可到凤县和甘肃的两当县。这虽不是大道，然南宋时已在红崖河畔利桥镇屯兵，以防御金兵由陇州南下。至于陇关以东的箭括关，自然是在陇关道上，以加强对这条通道的控制。

现在由陇县到平凉的公路,经过华亭县的安口窑。但古代的回中道却经过华亭县城。东晋时赫连勃勃进攻陇右,由白崖堡趋清水,就是由回中道转入陇关道的。① 今陇县西北白崖子旧为白岩关,当是赫连勃勃所攻破的白崖堡。今白崖子北华亭县有上关镇和下关镇。关的名称和设关的年代皆不可具知,当是回中道上的关隘。上关镇与下关镇东西并列,可能是回中道也曾有过改变。

这些关隘中,陇关最为重要。陇关在陇山之上,陇山阻隔着关中和陇山以西各地,陇关控制着陇关道,自然非等闲的设置。从西汉始置陇关起,唐代和明代都有过改置,关址虽一再迁徙,却没有裁减废置,正说明了它的重要意义。

这些关隘的设置迟早不一。陇关设置最早。就如石窑关则迟至明代始行设置。穆陵关稍早一点,也只是在宋代。远在战国秦汉时期,在陇县千阳地区,只有一个陇关。其作用仅能控制陇关道,与回中道无关。当时西北方面防御的重点在萧关,萧关作为关中西北部的重要关隘是有其意义的。但仅恃此一关,也不是无隙可袭的。西汉初年,匈奴进入萧关,前锋直抵雍县(今陕西凤翔县南)②,就突出地说明了问题。东汉初年,萧关的地位依然重要,光武帝为了进攻隗嚣,曾亲自到了高平第一城,这个城就在萧关附近。③ 虽然如此,东汉还屯重兵于漆县和汧县(今陕西彬县和陇县)④,以之作为第二道防线。漆县和汧县没有关隘的名称,实际是发挥了一般关隘应有的作用。这样的形势在此后相当长久的时期内并无多大改变。唐代初年,由于薛仁杲和突厥相继进攻,长武、彬县地区显得更为重要。浅水原和邠州城

---

① 《资治通鉴》卷一一五《晋纪三七》。胡注释白崖堡,引《元丰九域志》为证。《元丰九域志》说:"清水县在秦州东九十里,有白沙镇,县西又有白石堡。"按:勃勃此行是先趋白崖堡,再趋清水,最后达到略阳郡。略阳郡治所在清水县西南、渭水之滨。而白石堡乃在清水之西,与勃勃所行的路程不合。胡氏当是误证。
② 《史记》卷一一〇《匈奴传》。
③ 《后汉书》卷一下《光武帝纪下》,《续汉书·郡国志》凉州安定郡高平县有第一城。
④ 《后汉书》卷二〇《祭遵传》。

（今陕西彬县）成了这个地区的两道防线。①泾水绕浅水原以北流过，这里的泾水河谷是没有道路的，东西通道只能够通过浅水原。浅水原地势高昂，原上却相当平坦。控制通道，屯兵据守，这里都有条件。②邠州城虽然在泾水河谷，城南却紧靠邠山，山麓的五龙坂就是可资用兵的战地。③唐太宗在浅水原歼灭了薛仁杲的有生力量，还计划在邠州附近埋伏，以打击突厥的侵略军力④，都是利用这里的地理形势。从整个长武原来说，浅水原只是其中的一部分。浅水原诚然是有利于屯兵防守的地方，但距由西面泾水河谷上原的地方还嫌稍远，比那里的地势也嫌稍低，所以唐代中叶后就恢复了长武城（今甘肃泾川县窑店北。窑店镇就在长武、泾川两县交界处）。⑤长武城高居原头，下临泾水，俯瞰通道，更易于控制东西大路。因而成了唐与吐蕃长期争夺的地方。⑥陇县城在汧水河谷，河谷比较平坦，与长武城不同。然陇县城北就是横列的山峦，山高路险，也是宜于设防的所在。汧水河谷到了千阳附近非常狭窄，正是一个适宜埋伏的地方。唐德宗贞元二年（公元786年），吐蕃大举进击泾、陇、邠、宁诸州时发生的汧阳之战，守凤翔的唐军就在这里进行伏击，使吐蕃进攻陇州的一路，受到很大的损失。⑦

长武和邠州，陇县和千阳这几座城池的建立使这两个地区的弧形防御线更加周密和完整。

---

① 《旧唐书》卷五五《薛举传附薛仁杲传》，又卷一九四上《突厥传上》；《新唐书》卷八六《薛举传附薛仁杲传》，又卷二一五上《突厥传上》。
② 《元和郡县图志》卷三《邠州》。嘉庆《大清一统志》卷二四八《邠州》引《县志》："县治北有集贤冈，回谿巨壑，盘旋险峻，或称四鳌山，又名五凤巢，盖即浅水原也。"
③ 《元和郡县图志》卷三《邠州》作五龙原，当即五龙坂所在。
④ 《旧唐书》卷五五《薛举传附薛仁杲传》，又卷一九四上《突厥传》；《新唐书》卷八六《薛举传附薛仁杲传》，又卷二一五上《突厥传》。
⑤ 《元和郡县图志》卷三《邠州》："长武城，在（宜禄）县西五十里。隋开皇中筑，在泾河南岸，武德元年废，大历初，郭子仪置兵以备西戎。"
⑥ 《旧唐书》卷一三四《浑瑊传》："大历七年，吐蕃大寇边，瑊与泾原节度使马璘会兵，大破蕃贼于黄菩原。自是每年常戍于长武城，临盛秋。"《资治通鉴》卷三三三《唐纪四九》："德宗贞元三年，吐蕃复寇长武城，又城故原州而屯之。"《旧唐书》卷一五一《高崇文传》："贞元十四年，为长武城使，积粟练兵，军声大振。……崇文在长武城，练卒五千，常若寇至。"
⑦ 《旧唐书》卷一四六下《吐蕃传下》，《新唐书》卷二一六下《吐蕃传下》。

（三）关中西北两座门户间的战略联系

长武、彬县地区和陇县、千阳地区中间虽隔着岍山山脉，相距却并非遥远，由于其间还有一些有关的河谷和道路，使这两个地区的联系较为密切。进攻者既可以直指一个地区，也可以兼趋两个地区；在进攻的过程中，既可以由此一地区牵涉到彼一地区，也可以由彼一地区扩展到此一地区，因此防守的一方面对着复杂的情况与任务。

这两座关中西北的门户遭受的进攻大体是来自五个地区：一是贺兰山下，二是泾水上游，三是六盘山西，四是陇山西侧，五是陕南的西部。这里先论述前面四个地区，陕南西部方面当另行研讨。

贺兰山下本是游牧民族活动的场所，也是游牧民族向南进攻的重要道路。秦汉时期的匈奴，唐代的突厥和回纥，以及南宋初年的西夏都曾经由这里向南进攻过。匈奴是指向陇县、千阳地区，回纥和西夏指向长武、彬县地区，突厥则两个地区都进攻过。

匈奴的进攻是由萧关道南下，经过回中道，攻到雍县（今陕西凤翔县南）的。本来由萧关道南下，距长武、彬县地区和陇县、千阳地区都不算过远。匈奴是由北向南进攻的，论形势取长武、彬县一路当更为捷近。可是匈奴却舍近求远，向陇县、千阳地区进攻。根据当时形势来探讨，这是一次迂回的进攻。由秦及于西汉中叶，云阳（今陕西淳化县北）的甘泉山下几乎成了长安以外的另一个政治中心。那里有封建皇室的离宫别苑，皇帝经常前往居住。云阳为由漆县（今陕西彬县）、栒邑（今陕西旬邑县东北）通至长安的通道经过的地方，紧邻长武、彬县地区。既然是一个近乎政治中心的所在地，防御设施自会有相当基础，难以仓促攻破。匈奴是掠夺性的进攻，所以它就绕道迂回。

回纥和西夏的进攻虽都指向长武、彬县地区，可是皆没有在这个地区发生过重大的战争。回纥是在突厥灭亡后统治阴山山脉以北的游牧民族，曾协助唐朝平定过安禄山的乱事，其间的关系素称和好。中间虽与吐蕃联合进攻过长武、彬县地区，因为它是配合吐蕃的进攻，并没有起过多么大的作用，甚至中途还与唐军约和，同击吐蕃。①至于西夏，虽曾与北宋进行过长期的战争，却并未深入关中。北宋以后，金国统治了黄河流域，西夏仍继续向南进攻，攻到邠、泾（治所在今彬县和泾川县北）各州，这是以前所没有的。不过这时金国的力量较之当年的北宋为强大，西夏虽向南进攻，还是未能深入关中。②

比较严重的是突厥。突厥对唐朝的进攻是相当频繁的，所涉及的范围也是相当广泛的。其中对于关中的进攻则大体上是三个方向：西路出贺兰山东，中路趋夏州，东路指向雁门关（今山西代县北）。三个方向中，东西两路最为重要，构成了对关中的钳形攻势。从唐高祖武德四年（公元621年）至武德九年之间，每年都发动进攻，每次都是东西两路并进。武德五年那一次，规模最为巨大，突厥骑兵十五万，由雁门关南下，进围并州（治所在今山西太原市西南）。自介休至晋州（治所在今山西临汾县）几百里间都聚集着突厥的进攻队伍。进攻陇县、千阳地区的一路，是由原州（治所在今宁夏固原县）南下，直入大震关。唐朝的防御也是两个方面，东面在蒲州（治所在今山西永济县西南），西面在邠州（治所在今彬县）。突厥在关中西北部这一侧翼，长武、彬县地区是主攻，而陇县、千阳地区为助攻，所以唐朝的防御重点在邠州。突厥由原州南攻大震关，与唐军在邠州布防有关，显然是不取正面进攻的方式，而采取侧面迂回的策略。虽然如此，唐朝并没有因此改变邠州防御的重点。突厥在陇县、千阳地区既未得手，就采取重兵攻坚的策略，全力赴向邠州。它在进攻陇县、千阳地区之后的两三年中，曾两次大举进攻过关中。前一次，在邠州与唐军会盟约和，次年又以十余万的主力由泾州（治所在今甘肃泾川县北），经武功、泾阳、高陵，而至于渭水便桥（在今陕西咸阳市南）。突厥这次进攻对长安威胁很大，曾使唐朝考虑到迁都的问题。其实突厥这一次也是

---

① 《旧唐书》卷一九五《回纥传》，《新唐书》卷二一七上《回鹘传上》。
② 《宋史》卷四八六《夏国传》。

冒险深入，因为唐军曾打算在邠州埋伏，等候它归去时乘机掩击。由于两方的和议成功，突厥才能全军归去。①（附图十《唐初突厥进攻关中图》）

由匈奴和突厥的进攻看来，它们的进攻方向分明是随着两个地区的防御情形而有所改变的。

由泾水上游向东南进攻的，在东晋十六国时期为赫连勃勃而唐初为薛仁杲，还有南北朝后期的胡琛和万俟丑奴。前两人是地方的割据势力，后两人是当地各族人民起义军的首脑。泾水上游正在六盘山下萧关以南。这里本是由贺兰山下和六盘山西通往关中的军事通道的必经之地，而且紧邻着长武、彬县地区。长武、彬县地区为关中西北的门户，而泾水上游就近在门外，由这里向关中进攻自是最捷近的地方。赫连勃勃和胡琛、万俟丑奴都出身于游牧民族，东晋十六国及其以后的南北朝时期，泾水上游还是游牧民族聚居的地方，所以都能够在这里起兵并发动进攻。赫连勃勃的根据地本在统万城（今陕西靖边县北白城子），关中的后秦势力还强盛时，其就已不时向南进攻，并且夺得了后秦的杏城（今陕西黄陵县南），接着由杏城越子午岭向西，再由泾水上游向东南进攻。本来由统万城向南进攻关中，杏城是一个重要据点。赫连勃勃既然取得杏城，就应该继续向下，向长安进攻，为何却要越子午岭西行，转往泾水上游？这是因为这时后秦在关中还有相当力量，赫连勃勃一时不能取胜，子午岭以西、泾水上游，各族杂居，不似关中以羌族占优势，赫连勃勃在这里正好利用当地杂居各族的力量，以与后秦的羌族相角逐。赫连勃勃由六盘山下进攻后秦的平凉（今甘肃平凉县西），接着就沿泾水而下，直指长武、彬县地区，进攻新平（今陕西彬县），又由上邽（今甘肃天水市）进攻雍县。他进攻雍县（今陕西凤翔县）时，并未由陇关东南行，而是在取得阴密（在今甘肃灵台县西）后，再由阴密越岍山山脉南下的。在此稍前一点，还由新平派出一支军队，取道龙尾坡向雍县进攻。这样的攻势以前是少见的。赫连勃勃不由长武、

---

① 《旧唐书》卷一九四上《突厥传上》，《新唐书》卷二一五上《突厥传上》。

图十　唐初突厥进攻关中图

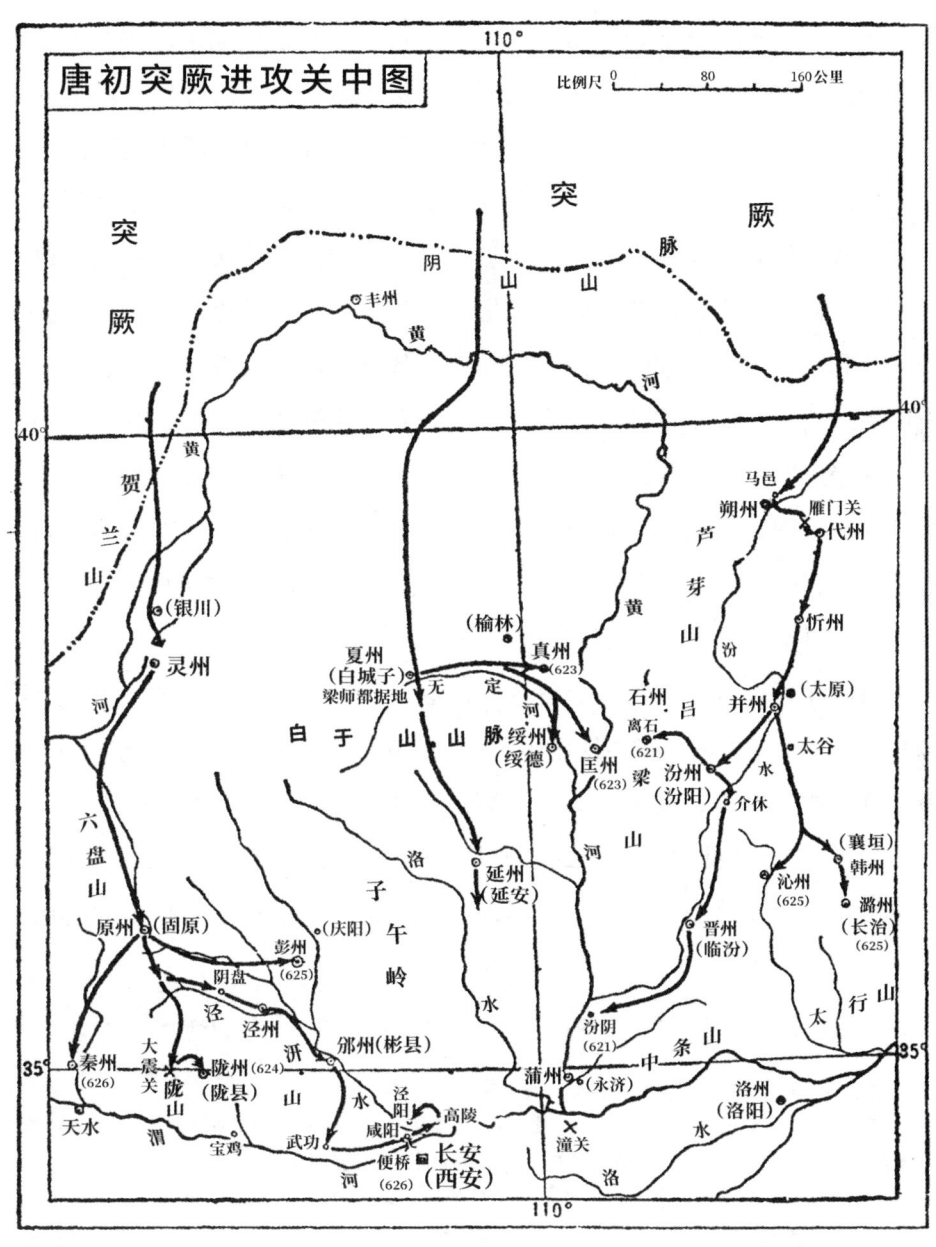

彬县地区直攻长安，也是由于后秦力量还是强大，因而他就只能在关中西部削弱后秦的实力。① （附图十一《东晋时期赫连勃勃进攻后秦图》）

薛仁杲在陇上割据是承袭其父薛举的遗业。薛举始割据金城（今甘肃兰州市），不久就迁到秦州。薛举死，仁杲移其根据地于折撼城（在今甘肃泾川县东北），已经近在长武、彬县地区这道大门之外了。薛举和薛仁杲父子向关中进攻，虽也采取长武、彬县地区和陇县、千阳地区两个方向，其间却稍有差别。他们是先向陇县、千阳地区进攻，受到了挫折，才转向长武、彬县地区的。浅水原之战，一年之中前后两次。前一次，唐军由于轻敌而招致失败。薛仁杲移根据地于折墌城，就是因为取得了这次初步的胜利。但再一次战争，由于唐军改变战略，薛军大败，接着折墌城也为唐军所攻下。薛军作战时，本有兵十万，后来降唐时，却只剩下精兵万余人。当薛军初转向长武、彬县地区时，仍派游军袭击陇县、千阳地区，并且夺取了陇州，这分明是牵制唐朝的兵力。但唐朝的主力军依然防守浅水原，没有因此而改变战略部署，薛仁杲也就未能避免覆灭的命运。② （附图十二《唐初薛举薛仁杲父子进攻关中图》）

胡琛和万俟丑奴所领导的各族人民起义军的根据地在高平（今宁夏固原县）。高平距长武、彬县地区也不很远。胡琛初起时，主攻方向是邠（治所在今甘肃宁县）、夏（治所在今靖边县北）二州，并且还乘胜攻得北华州（治所在今黄陵县）。③ 长武、彬县地区在当时就是邠州的辖境。胡琛由这里出兵，兼攻北华州，当是分军向长武、彬县地区进行包抄。同时还以

---

① 《晋书》卷一三〇《赫连勃勃载记》，《资治通鉴》卷一一四《晋纪三六》至卷一一七《晋纪三九》。
② 《旧唐书》卷五五《薛仁杲传》，《新唐书》卷八六《薛仁杲传》。
③ 《资治通鉴》卷一五〇《梁纪六》。这是梁武帝普通五年亦即北魏孝明帝正光五年十月辛巳事。也就是这一年十月甲辰，魏朔方胡反，围夏州刺史源子雍。似胡琛所攻不能远至夏州。《魏书》卷二一上《北海王详传附元颢传》："贼帅宿勤明达、叱干骐麟等寇乱邠、华诸州，……以本将军加使持节假征西将军都督华、邠、东秦诸军事，兼左仆射西道行台，以讨明达，颢转战而前，频破贼众，解邠、华之围。"据此而言，则胡琛所攻，不包括夏州在内。《资治通鉴》卷一五〇《梁纪六》还记载梁普通六年胡琛攻泾州事。

图十一　东晋时期赫连勃勃进攻后秦图

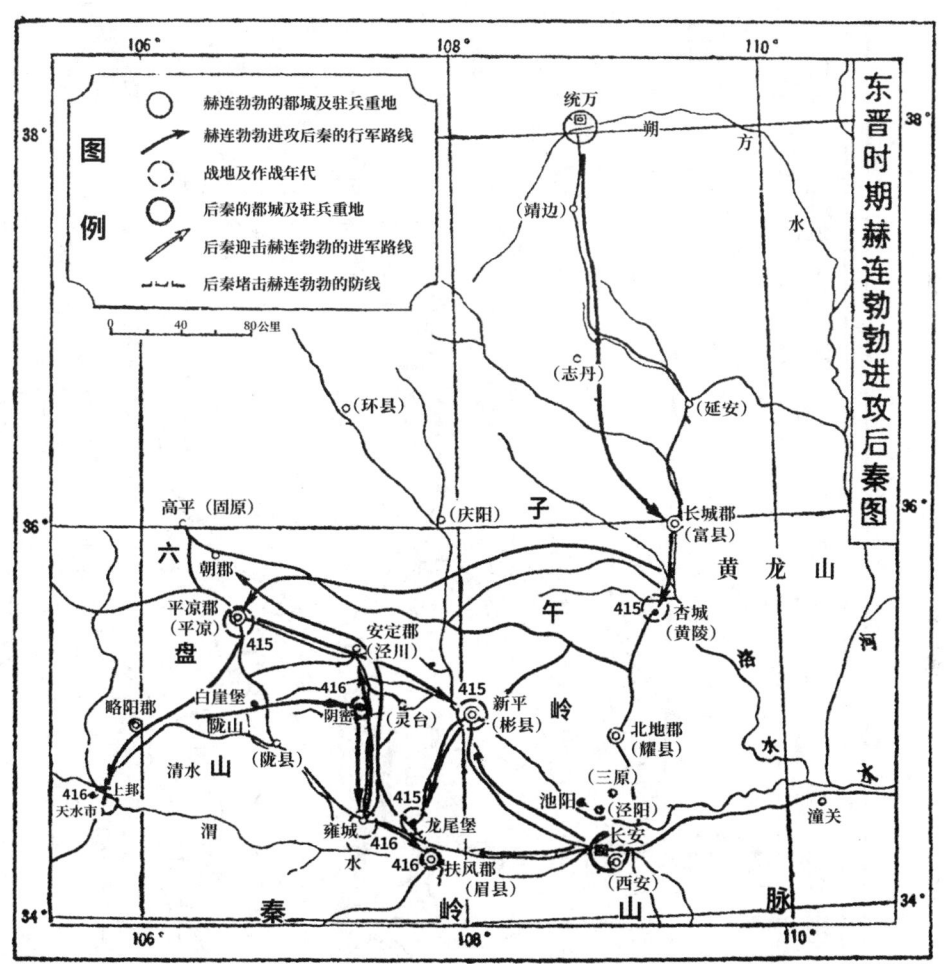

图十二 唐初薛举薛仁杲父子进攻关中图

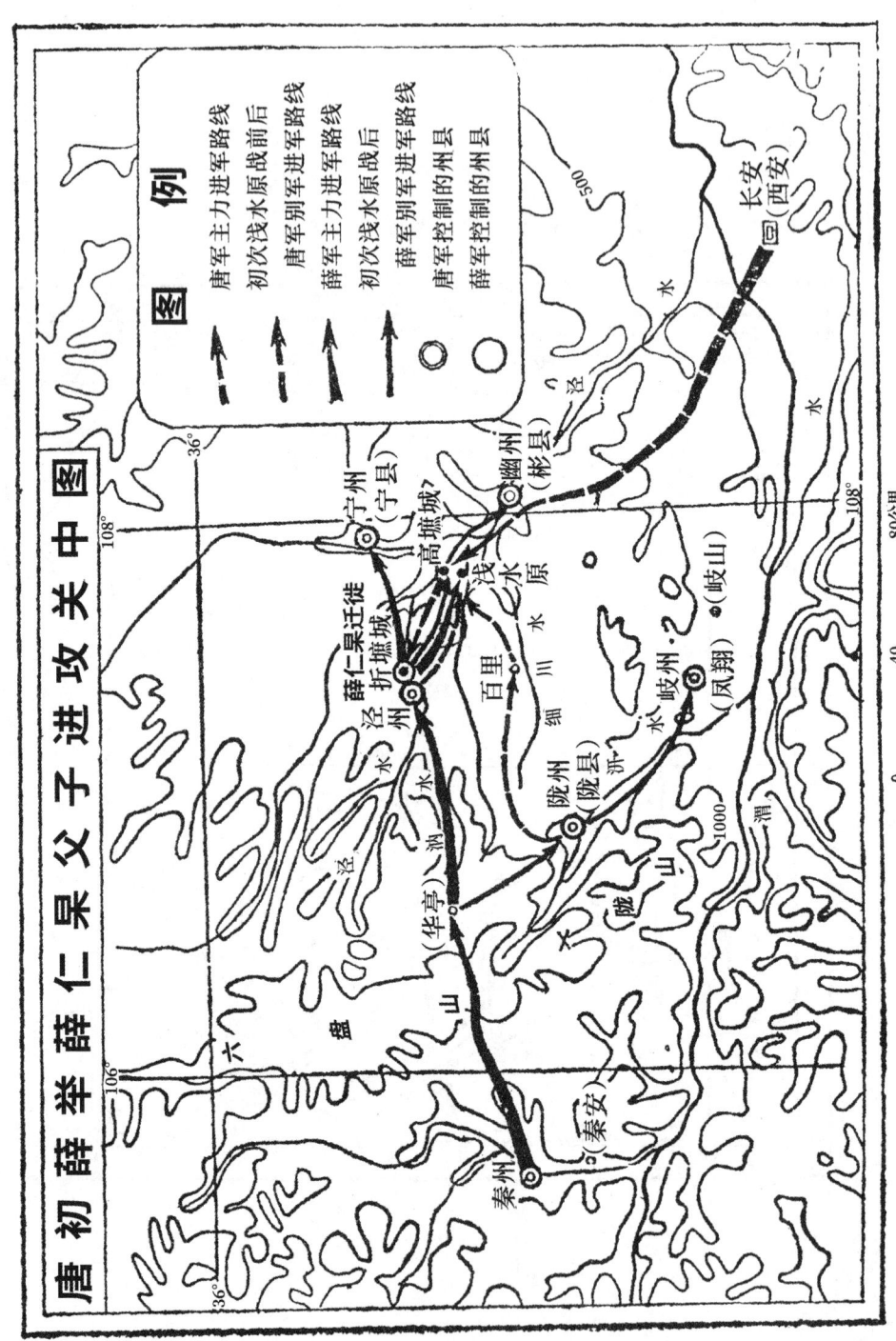

向陇县、千阳地区进攻作为牵制。这时北魏派遣萧宝夤由关中向西反攻，企图镇压各族人民起义军。萧宝夤在关中战胜了在莫折念生领导下的另一支各族人民起义军，移兵到安定（在今甘肃泾川县北）向胡琛反攻，萧宝夤虽战胜了莫折念生，却为胡琛所败。这使胡琛有了向东发展的机会。胡琛死后，万俟丑奴领导这支起义军，乘着北魏在陇县、千阳地区军力的不振，转移主攻方向，先攻下东秦州（治所在今陕西陇县），接着又围攻岐州（治所在今陕西凤翔县），但北魏增强了关中的防御军力以后，万俟丑奴也未能达到目的。①

无论是赫连勃勃和薛仁杲，还是胡琛和万俟丑奴，长武、彬县地区距离他们的根据地都比较捷近，可是他们的主攻方向往往舍去长武、彬县地区而远取之于陇县、千阳地区。这样的取舍分明是视关中方面防御力量的强弱为转移。赫连勃勃在进攻陇县、千阳地区东面的雍县时，虽有意避免后秦在这个地区的防御力量，但到底没有成功。薛仁杲也有意避免向陇县、千阳地区的进攻，由于未能估计到唐军的防御措施，反倒招致彻底的覆灭。

由六盘山西向关中进攻的有东汉的羌人和唐代的吐蕃。薛举最初的割据地就是在金城，只是他后来一迁于秦州，再迁于折墌城，实际没有在这方面出兵。② 辛亥革命时，驻在兰州的清朝军队为了镇压陕西的起义力量，则曾越六盘山向东进攻过。

东汉的羌人本来游牧于青海等处，由于不断向东迁徙，逐渐分布到今甘肃和陕北各地。在六盘山以东直至陕北的称为东羌，在六盘山西南各处的称为西羌。所以他们的进攻可说是随地而起，来往飘忽。当时羌人曾经烧毁过陇关，三次断绝过陇道。东汉政府甚至下令修筑由扶风（郡治在今陕西兴平县东南）至汉阳（郡治在今甘肃甘谷县东）的陇道坞三百所，可见情况是相

---

① 《魏书》卷五九《萧宝夤传》，卷七五《尔朱天光传》，卷八〇《贺拔岳传》。《资治通鉴》卷一五〇《梁纪六》至卷一五四《梁纪一〇》。
② 《旧唐书》卷五五《薛举传》，《新唐书》卷八六《薛举传》。

当严重的。^①如前所说，羌人散居在陇上各地，天水等处也不在少数。断绝陇道固然阻碍了通向西北的要道，然在羌人不过是就近骚扰，并非较大的战争。

吐蕃本来是青藏高原的游牧民族，经过唐初的不断向东发展，到了唐代中叶，不仅囊括了青海各地，而且占据了河西、陇西，达到渭州（治所在今甘肃陇西县）、秦州（治所在甘肃天水市）和成州（治所在今甘肃成县）。唐德宗建中四年（公元783年），唐与吐蕃在清水（今甘肃清水县）会盟，划定了的疆界是在弹筝峡（在今宁夏固原县东南三关口）到清水一线。吐蕃对长武、彬县地区和陇县、千阳地区的进攻就更为捷近了。

在清水会盟以前，吐蕃已占据了秦州，但还未完全控制住六盘山东。这时吐蕃的向东进攻，主力就是由秦州出发的。清水会盟以后，吐蕃东界到了弹筝峡，它完全控制了六盘山。又过了十多年，吐蕃修复了故原州城（今宁夏固原县），更使它向东进攻有了基地，于是长武、彬县地区受攻击的次数也就增多起来。长武、彬县地区的多事也由于唐朝的防御重点在凤翔。吐蕃在进入大震关后就往往由岍山之北东进。唐代宗广德元年（公元763年），吐蕃纠合吐谷浑等游牧民族二十万人向东进攻。由秦州入大震关，再攻泾州、邠州、奉天（今陕西乾县）、武功，然后渡过渭水，由盩厔攻入长安，唐代宗也因之逃到陕州（治所在今河南三门峡市西）。这次吐蕃进攻绕了两个大弯。

它由大震关东北向泾州进攻，是绕过了凤翔。由奉天向武功、盩厔进攻，又绕过了咸阳。这是因为凤翔和咸阳都是长安西面的重镇，吐蕃恐怕受到阻力。吐蕃占据长安十五个月后，撤兵西归，路过凤翔，围城数日，竟不能攻下。唐朝对于凤翔的防守是始终不敢稍懈的。而凤翔就在陇县、千阳地区之东。防守凤翔也就是说更加重视陇县、千阳地区。唐德宗贞元二年（公元786年），汧阳之战就显示出其中的意义。这一战是吐蕃大举进攻泾、陇、邠、宁诸州时发生的。当时吐蕃游骑进到好畤（今乾县东），唐朝皇帝几乎又要逃离长安。吐蕃进攻陇州的一路，是由其大相尚结赞亲

---

① 《后汉书》卷八七《西羌传》。

自率领。当时守凤翔的是李晟,他命令他的部下王佖率兵三千,埋伏在汧阳附近,乘机出击。汧阳附近狭窄的汧水河谷正是适于伏击的好地方。由于唐军作战英勇,几乎俘获了尚结赞,余下的吐蕃军队虽还冲到凤翔城下,但强弩之末已经没有什么力量,所以次日就自行退去了。

唐朝不仅以凤翔为防御的重点,也不时增强岍山以北泾水诸支流的防御力量,以防备吐蕃由大震关转而趋向长武、彬县地区。于是双方对泾水诸支流所经过的华亭、良原和百里城的争夺也显得激烈。唐朝为了堵塞吐蕃由这些地方进攻长武、彬县地区,曾重修良原诚,和百里城一同设防驻兵。但在一次华亭的围城战中,由于陇州的救兵不至,唐朝终于失掉了这座重要的城池。

为了巩固长武、彬县地区,长武原以西、泾水河谷就显得重要。当时这里的连云堡是一座关系綦重的堡寨,连云堡的失陷,更使吐蕃容易由六盘山下向东进攻。连云堡在泾州的西界,三面都是峭壁,北面又倚据高岗。不仅是一个易守难攻的要塞,而且也是泾州瞭望敌军的斥候所在。此地一失,从六盘山下直到泾州城外,皆为吐蕃所控制。在战争频繁的年代,泾州和邠州的西门都轻易不敢开启,而黄菩原、长武城、宜禄城(即今长武县城)都成了著名的战地。[①]

吐蕃进攻关中,也尝和回纥联系,互相呼应。唐代宗永泰元年(公元765年)的战争,虽出自唐朝的叛臣仆固怀恩的策划,而吐蕃实为其主力。这次战争参加者除吐蕃外还有回纥、吐谷浑、党项、奴剌等部数十万人。吐蕃和回纥由北道趣奉天,也就是说经过长武、彬县地区;吐谷浑和奴剌作为西道,自六盘山南,经陇县、千阳地区趋盩厔(今陕西周至县),党项由陕北夏州自东道趣同州。这比突厥的钳形攻势对长安的威胁更大。由于回纥在进至泾阳时和唐朝约和,才扭转危局。回纥在这次联合进攻中有举足轻重之势。吐蕃知道回纥的变卦,急速退军。回纥帮助唐军追击,在

---

① 《旧唐书》卷一九六《吐蕃传》,《新唐书》卷二一六《吐蕃传》。

灵台西原和泾川以东大破吐蕃军。其东西两军随着也相继败退。①（附图十三《唐代吐蕃进攻关中及长安图》）

到了辛亥革命时，陕西的革命军揭竿而起。清朝的封建政权为了镇压革命力量，就由兰州派军东下。清军越六盘山后，在平凉分兵两路，主力向长武、彬县地区进攻，别军则攻陇县、千阳地区。革命军虽扼守冉店关，却未能抵挡得住。长武、彬县一路的清军曾进到乾县、礼泉，围攻咸阳；陇县、千阳一路清军也曾进到凤翔，攻陷岐山。后以清廷和民军达成和议，战争才告结束。

六盘山西距离关中已显得稍远，向关中进攻，只要越过六盘山，就比较容易得手。吐蕃的进攻，对长武、彬县地区和陇县、千阳地区频繁出击，使唐朝为之疲敝不堪。辛亥革命时由兰州东下的清军，进攻规模自较吐蕃为狭小，然在越过六盘山后，也分兵两路，兼攻这两个地区，这就容易牵制防守的一方，使之处于被动的地位。

由陇山西侧向关中进攻的有东汉初年的隗嚣和南北朝后期的莫折太提。前者是地方割据势力，后者为各族人民起义军的首脑。唐初，薛举为了能够顺利地向关中进攻，曾由金城移其根据地于秦州。

隗嚣割据的区域约有今甘肃的中部和东部。他以冀县（今甘肃甘谷县，当时为天水郡治所）为根据地。冀县在陇山之西，由冀县向东进攻，陇县、千阳地区自是最捷近的道路。薛举自金城迁居于秦州，也是一样的企图。隗嚣初起时曾击败东汉派遣的耿弇等七将军所率领的军队由陇道而来的进攻②，薛举也曾袭夺在扶风郡（今陕西凤翔县）起义的唐弼部队十万人③。但这条道路也是关中方面所坚守的，隗嚣和薛举一时的胜利到底不能扭转整个的局面，于是他们就都转而向长武、彬县地区进攻。

---

① 《旧唐书》卷一四五《回纥传》，卷七一《仆固怀恩传》，卷七〇《郭子仪传》；《新唐书》卷二一七上《回鹘传》，卷六二《郭子仪传》，卷一四九上《仆固怀恩传》。
② 《后汉书》卷一三《隗嚣传》。
③ 《旧唐书》卷五五《薛举传》，《新唐书》卷八六《薛举传》。

图十三 唐代吐蕃进攻关中及长安图

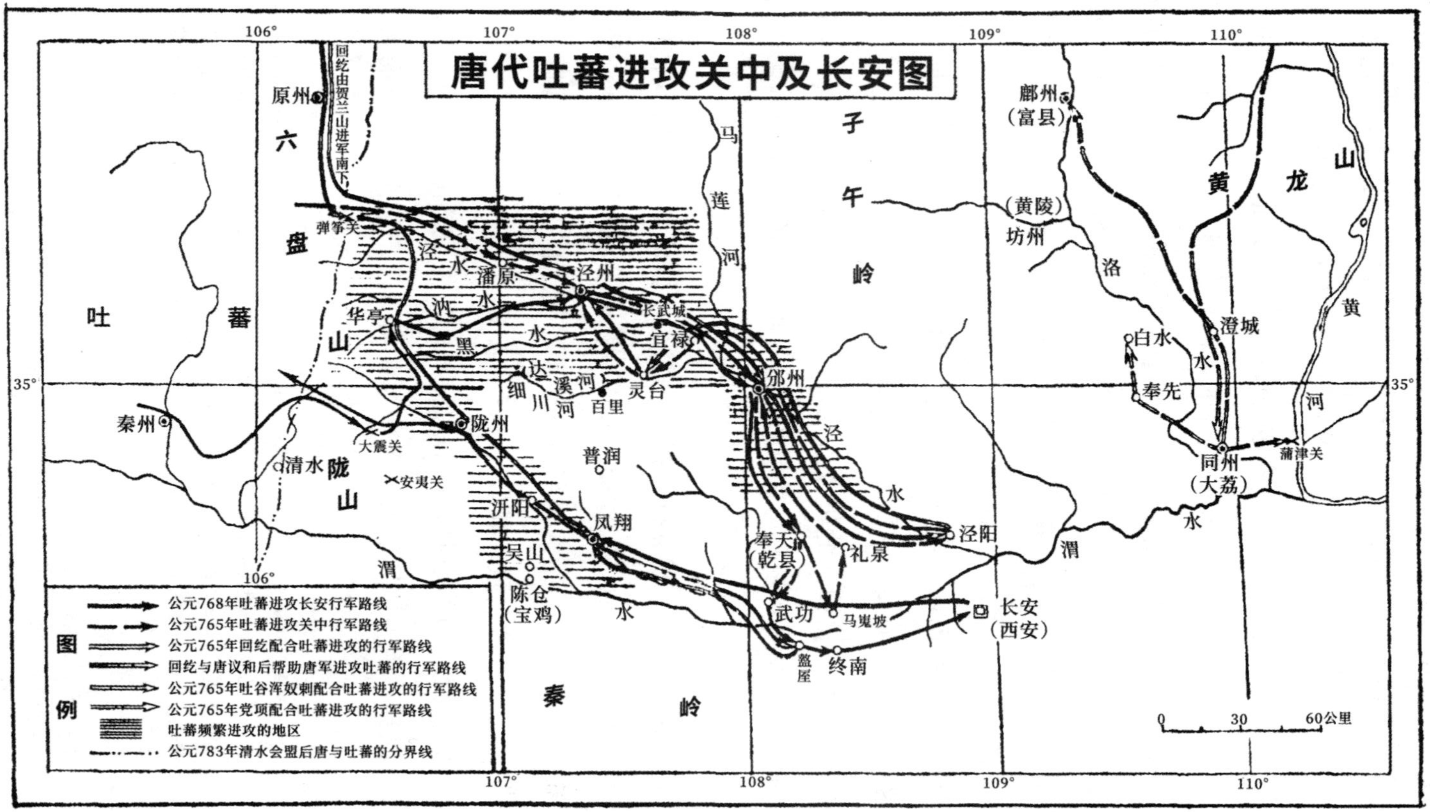

隗嚣转向长武、彬县地区的进攻,在初期相当顺手。他曾进攻安定(郡治在今宁夏固原县)、阴槃(今陕西长武县西北),更进至栒邑(今陕西旬邑县东)①。隗嚣早先曾派军屯于乌氏(今宁夏固原县东南)、泾阳(今甘肃平凉县西北)间。②此次向安定进攻,当是由冀北行,越六盘山东下,再由此向东,到达了长武、彬县地区的。栒邑在彬县东北,有通道可通至长安。隗嚣这样的行军,显然是做了一个大的迂回进攻,不仅绕过陇山,而且可由石门山(今陕西旬邑县东南)直下长安了。为了配合这次迂回进攻,他还派兵进攻汧县(今陕西陇县)。不过两路进攻都被阻回。③因为对关中西部门户的防守,东汉也是不能稍为忽略的。

　　莫折太提的根据地在秦州,和隗嚣、薛举相仿佛,也是接近于陇县、千阳地区。因此,他的主攻方向也就在这个地区。莫折太提死后,其子莫折念生继统其众,也曾向北进攻过泾州,显然是兼及两个方面。莫折念生东攻关中时,在武功县南黑水河旁为魏军所败,一蹶不振,没有多少时候,就告覆灭了。④

　　不论是隗嚣、薛举和莫折太提,他们的根据地都在陇县、千阳地区的西边,论形势向这个地区进攻最为方便。然由于对方防守力强,使他们不得转而进攻长武、彬县地区。莫折念生不忘情于陇县、千阳地区,而且还进至关中中部,一战失败,就难于支持下去了。

　　由上面所叙述的关中西北部的形势和所发生过的战争看来,长武、彬县地区和陇县、千阳地区确实是关中西北两座门户,由西北方面来的进攻

---

① 《后汉书》卷一七《冯异传》:"(光武)乃诏异军栒邑。未及至,隗嚣乘胜使其将王元、行巡将二万余人下陇,因分遣巡取栒邑。异即驰兵欲先据之。诸将皆曰:'虏兵盛而新乘胜,不可与争,宜止军便地,徐思方略。'异曰:'虏兵临境,忸忕小利,遂欲深入,若得栒邑,三辅动摇,是吾忧也。'……潜往闭城,偃旗鼓。行巡不知,驰赴之。异乘其不意,卒击鼓建旗而出。巡军惊乱奔走,追击数十里,大破之。"
② 《后汉书》卷一三《隗嚣传》。
③ 《后汉书》卷一三《隗嚣传》。
④ 《魏书》卷一四《河间公齐传附元志传》,卷五九《萧宝夤传》,卷七一《裴叔业传附裴芬之传》;《资治通鉴》卷一五〇《梁纪六》。

必然会取道于这两个地区。而且往往经过这些地区冲进关中平原,所以关中方面就必须把好这两座门户。要把好这两座门户,还应该注意到岍山以北的泾水的三条支流:汭水、黑水和达溪河,因为这三条河流在这两个地区之间起着互相联系的作用,进攻者可能利用它们加强进攻的力量。

四、关中平原的防卫战

(一)关中平原东西的两个三角地带

关中四面多山,层峦起伏,道路险阻,易于设防。泾、渭两水流域多属平原地区,平原设防自较困难,然原头、水际、城旁、壕畔,仍可因势运用,从事防卫的战争。东面的华县、大荔、渭南,与西面的凤翔、陇县、宝鸡所分别形成的两个三角地带,在关中平原的防卫战中,就曾起过重要的作用。

华县古为郑县[1],其后长期为华州治所[2]。它位于潼关之西,实际是潼关的后卫。

大荔古为临晋县[3],曾做过冯翊郡治所[4],后来长期成为同州的治所[5]。它位于蒲津关之西,为潼关的一个侧翼。渭南自苻秦时期设县后,一直没

---

[1] 《史记》卷五《秦本纪》:"武公十一年,初县杜、郑。"
[2] 《元和郡县图志》卷二《华州》:"后魏废帝改(东雍)为华州。"其后隋时曾一度改为华山郡,唐时亦曾一度改为华阴郡,其后长期皆为华州,亦皆以郑县为治所。元时始省郑县入华州。
[3] 《汉书》卷二八上《地理志上》。
[4] 《续汉书·郡国志》。
[5] 《魏书》卷一〇六《地形志》:"太和十一年分秦州之华山、澄城、白水置。"又卷一九下《安定王燮传》:"世祖初,除华州刺史,表曰:'州治李润堡,居冈饮涧,井谷移杂,未若冯翊面华渭,包原隰,井浅地平,樵牧饶广。'遂诏听移。"《周书》卷二《文帝纪下》:"魏废帝三年,改华州为同州。"其后隋唐两代皆曾一度改为冯翊郡。《元和郡县图志》卷二《同州》:"晋武帝改临晋为大荔县,后魏改为华阴县,后以名重,改为武乡,隋大业三年改为冯翊县。"县名虽屡改,皆为同州治所。元时省冯翊县入同州,清时又复设大荔县。

有改变。① 这个县正如它的名称所显示的是在渭水以南，地当东西的通道。由潼关过华县西至长安，渭南是必经的地方。由蒲津关过大荔西至长安，也可以经过渭南。这样，华县、大荔和渭南就构成了一个三角地带，而渭南就是这个三角形的顶点。

　　凤翔古为雍县②，自唐迄宋，曾改为天兴县③，曾长期为凤翔府治所④。它位于五畤北的雍水源头。陇县古为汧县⑤，曾长期为陇州治所⑥。宝鸡古为陈仓县，唐代改陈仓为宝鸡⑦，以后再没有改变。陇县西面为陇关，陇关的关址曾经有过迁徙，却都没有离开陇山。陇县县城虽也有过移动，也没有出过10里之外。⑧ 陇县不仅是陇关的后卫，控制着陇关道，同时也控制着回中道。而宝鸡却控制着陈仓道。由陇关道和陈仓道东至长安，都必须经过凤翔。凤翔就这样控制着陇关道和陈仓道。因为控制着陇关道，也就控制着回中道。在这由凤翔、陇县和宝鸡所构成的三角地带中，凤翔的地位就更显得重要了。

　　关中平原东面的三角地带由于位于函谷关和潼关之西，自来就是一个战争频繁的所在，而华县尤为突出。远在战国时期，华县（当时为郑县）附近就已成为秦魏两国交界的地方，魏国为了防秦，曾由这里到北面的洛水沿岸修筑过一条长城。⑨ 这说明了华县曾经是秦国东方的防守据点，魏国无力夺取这个地方，反来要修筑长城来抵挡秦国的向东进攻。函谷关和潼

---

① 《元和郡县图志》卷一《京兆府》。
② 《汉书》卷二八上《地理志上》。
③ 《元和郡县图志》卷二《凤翔府》。宋时仍为天兴县，见《宋史》卷四〇《地理志三》。《元史》卷一二《地理志三》已有凤翔县，当是已改的县名。
④ 《元和郡县图志》卷二《凤翔府》："至德元年改（岐州）为凤翔郡，乾元元年改为凤翔府。"其后各朝皆因而未改，亦皆以天兴县或凤翔县为治所。
⑤ 《汉书》卷二八上《地理志上》。隋时改为汧源县，见《隋书》卷二九《地理志上》。汧源县于元时省入陇州，见《元史》卷二六《仁宗纪》。
⑥ 《元和郡县图志》卷二《陇州》："武德二年，改（陇东郡）为陇州。"此后各朝皆因而未改。元仁宗延祐以前亦皆以汧源县为治所。
⑦ 《元和郡县图志》卷二《凤翔府》。
⑧ 嘉庆《大清一统志》卷二三六《凤翔府》。
⑨ 《史纪》卷五《秦本纪》，拙著《黄河中游战国及秦时诸长城遗迹的探索》。

关相继设立之后，作为关城后卫的华县，地位依然重要。因为当地南倚华山，北濒渭水，仍不失为险要的去处。如果函谷关和潼关有失，就可据华县以阻击东来的进攻。东晋末年，刘裕进攻关中的后秦，潼关战后，后秦的姚赞就一退于定城（今陕西华阴县东），再退于郑城，企图节节据守。① 郑城不守，长安就立时感到危殆。明末农民起义军领袖李自成攻下了潼关，明朝的督师孙传庭战死，已不可能退到华州背城坚守。② 至于像和曹操在潼关相拒的马超，渭口战败之后，即引兵奔还凉州③；和安禄山在潼关相拒的哥舒翰，灵宝西原一战失败，即俯首降敌④，都没有利用这样有利的地理条件。就是这样的地理条件，也曾使一些进攻者望而却步。南北朝后期，北魏孝武帝为高欢所逼，自洛阳奔往关中，高欢随后追赶，破潼关，进至华阴长城，就退却回去。⑤ 华阴长城就是战国时期魏国所修筑以防秦国的。高欢进了潼关还要撤兵回去，若不是由于宇文泰在长安还有相当实力，便是由于华县在当时防守坚固，等闲不易攻克。

大荔作为潼关的侧翼，不如华县重要。可是它又为蒲津关的后卫，也非普通城池可以比拟。西晋末年的刘聪⑥，南北朝时期的长孙稚⑦，南宋时期的木华黎⑧，明初的徐达⑨，由河东渡过黄河，都是先取得大荔，作为立足之地。由蒲津关过河，大荔成为必争之地。取蒲津关而不能据有大荔，蒲津关也难于控制得住。南北朝后期，高欢与宇文泰曾大战于沙苑。⑩ 沙苑就在大荔之南。战前，高欢就是由蒲津关渡过黄河的。渡河之后，首先就是进攻大荔（当时是华州治所。此华州与华县的华州不同）。当时守将是

---

① 《晋书》卷一一九《姚泓载记》。
② 《明史》卷二六二《孙传庭传》，又卷三〇九《李自成传》。
③ 《三国志》卷一《魏书·武帝纪》，又卷三六《蜀书·马超传》。
④ 《旧唐书》卷一〇四《哥舒翰传》，《新唐书》卷一三五《哥舒翰传》。
⑤ 《北齐书》卷二《神武纪下》。
⑥ 《晋书》卷一〇二《刘聪传》。
⑦ 《魏书》卷二五《长孙道生传附长孙稚传》。
⑧ 《元史》卷一一九《木华黎传》。
⑨ 《明史》卷一二五《徐达传》。
⑩ 《北齐书》卷二《神武纪下》，《北周书》卷二《文帝纪下》。

西魏的王罴，王罴坚守不下。① 高欢攻不破城池，就引军西行，渡过洛水，驻扎在许原之西。高欢未能再由许原之西向西进攻，主要的原因是他当时要寻找宇文泰的主力一举加以歼灭，而宇文泰这时已由弘农郡（治所在今河南陕县西）西撤，正在潼关以西渭水之南，向西进行。另一原因则是王罴固守的大荔正在他的后路，使他不能不有所顾虑。就在那时，宇文泰方面也在考虑要发动王罴的兵力邀截高欢的退路。

高欢、宇文泰沙苑之战正是发生在这个三角地带之中。这一战是遭遇战。高欢要寻找宇文泰的主力而歼灭之，宇文泰也是想乘高欢的不意，中途邀击。沙苑这个战场并非有意的选择。只是宇文泰在将战之时先占据渭曲，略得地利。② 虽然如此，沙苑究竟是一个重要的战场，在高欢、宇文泰之后，还陆续发生过三次重要的战争。唐德宗兴元元年（公元784年），李怀光与唐军的战争③，唐僖宗中和三年（公元883年），唐军与黄巢的战争④，唐僖宗光启元年（公元885年），唐朱玫与李克用、王重荣的战争⑤，就都发生在沙苑。这些战争虽彼此不同，但都是由河中府（治所在今山西永济县西南）向同州（治所在今陕西大荔县）进攻的。为什么都选择沙苑作为战场？这与沙苑的位置和地形有关。沙苑东西40公里，南北15公里。北边多流沙沙丘，南边为濒河滩地，中间起伏不平，间有沼泽，杂生林木，有的地方还可耕种。这是宜于防守的所在。沙苑距大荔只有10多里，守军往往纠集于此，攻者跟踪追击，所以就在这里发生战争。李怀光等人的战争，记载简略，不易知其行军过程。由高欢和宇文泰的战争观察，则

---

① 《周书》卷一八《王罴传》："镇华州。……尝修州城，未毕，梯在外，齐神武遣韩轨、司马子如从河东宵济袭罴，罴不之觉。比晓，轨众已乘梯入城。……罴大呼而出，敌见之惊。逐至东门，左右稍集，合战破之，轨众遂投城遁走。"
② 《周书》卷二《文帝纪下》："（文帝）至沙苑，距齐神武军六十余里。齐神武闻太祖至，引军来会。……太祖召诸将谋之。李弼曰：'彼众我寡，不可平地置阵。此东北十里有渭曲，可先据以待之。'遂进军渭曲，背水东西为阵。……命将士皆偃戈于葭芦中，闻鼓声而起。齐神武至，望太祖军少，竞驰而进，不为行列。……兵将交，太祖鸣鼓，士皆奋起。……神武夜遁。"
③ 《资治通鉴》卷二三一《唐纪四七》。
④ 《旧唐书》卷二〇〇下《黄巢传》，《新唐书》卷二二五下《黄巢传》。
⑤ 《资治通鉴》卷三五六《唐纪七二》。

沙苑之战与通过浦津关的通道和通过函谷关的通道都有关系，对两路都能起到影响。因为沙苑正位于这两条通道的中间，而且相距都不很远。

通过浦津关的通道与通过函谷关的通道会合于渭南。渭南为这个三角地区的顶点。以一城而当正东与东北两方面的压力。黄巢在关中失败撤兵东归，渭南之战实为其东归前最后的战争。当时李克用与河中等军分道自夏阳和浦津渡过黄河向西进攻，兼破黄巢部将所占据的华州（治所在今陕西华县），两路军力集中于渭南。黄巢军迎击于梁田陂（在今渭南市西南），一日三战皆未能取胜。中间虽还曾复夺取华州，由于渭南失利，华州得而复失。继战于灵口（今陕西临潼县东），堵截不住，连长安一并失去。[1] 后来李自成在攻破潼关之后，西取西安的途中，连破华阴、渭南的明朝军队，西安遂不战而下。[2]

在关中平原东面的三角地带进行战争，主要是争夺这个三角地带的控制权，也是说要控制住关中平原的东部。同样的道理，为争夺关中平原西面的三角地带控制权而进行的战争，也是要控制住关中平原的西部。凤翔、陇县和宝鸡这个三角地带的战争虽不如华县、大荔和渭南那个三角地带的频繁，其影响也是很不小的。周朝的祖先曾居住岐下（今陕西岐山县）[3]，秦国的先世也长期居雍（在今陕西凤翔县南）[4]，都是在此积蓄力量，等着向东发展的机会。后来周秦两个王朝，先后迁到丰、镐和咸阳，都不仅控制了关中平原，而且统治了当时的整个中国。

由于这个西部三角地带的重要，所以后来的统治者为了确保长安的安全，就不能不在这方面多所用力。特别是其中的凤翔，更是一方重镇。由于凤翔控制着回中道、陇关道和陈仓道，这三条通道的行军，都关系到凤翔城的安危。而凤翔防御的坚固与否，也影响到这三条通道的军事行动。

---

[1] 《旧唐书》卷二〇〇下《黄巢传》，《新唐书》卷二二五下《黄巢传》。
[2] 《明史》卷三〇九《李自成传》。
[3] 《史记》卷四《周本纪》。
[4] 《史记》卷五《秦本纪》。

凤翔和回中道的关系，西汉初年匈奴的进攻就是一个具体的说明。当时匈奴进入萧关，循回中道向南，前锋达到雍县①，就再未前进。为什么没有前进？主要是没有攻下雍县县城。不过由当时整个战局来判断，匈奴也难于由雍县再往东进攻。这次匈奴的进攻力量有骑兵十四万。西汉也在长安城附近集合了十万骑兵，准备迎战。还有一些军队已经向匈奴的后路调动，从事拦阻。②两方旗鼓大致相当，所以匈奴就未能扩大其进攻范围，而撤回塞外。凤翔和陇关道的关系，东汉初年隗嚣派遣军队越陇山东下也是一个具体说明。隗嚣在天水称王称霸，要与东汉王朝一决胜负。如果东汉王朝不是先已控制了这个地区，隗嚣早就由陇山下来，夺取关中。南北朝后期，莫折念生继其父莫折太提在秦州领导当地各族人民起义军，曾两次由陇关道向东攻破岐州（治所在今陕西凤翔县南），当北魏守军还未败退时，北魏方面就有人担心，说如果这里防守不住，关中也就难保，那么他们国家的右臂就要折坏。③用右臂来作比方，可见形势的重要。至于凤翔和陈仓道的关系，则楚汉战争时刘邦由汉中袭取关中的战争，就是出兵陈仓道，占领雍县的。雍王章邯大败于陈仓城下，狼狈退却，未能在雍县固守，结果把他的都城所在地的废丘（今陕西兴平县东南）也失去了。④但到了汉魏之际，诸葛亮累次企图在秦岭以北获得立脚之地，都未能如愿，就是因为魏军据有雍县，扼守着陈仓道口。⑤唐末李茂贞在凤翔割据称雄，东面对付河南的朱温，南面对付四川的王建。朱温本已控制着关中的东部，为了进攻李茂贞，亲自率兵西行，在虢县（今陕西宝鸡县）战胜了岐兵；又复分兵略地，占据陇州（治所在今陕西陇县）和宝鸡。这样三面包围，

---

① 《史记》卷一一〇《匈奴传》。
② 《史记》卷一一〇《匈奴传》。
③ 《资治通鉴》卷一五〇《梁纪六》："普通五年八月，魏员外散骑常侍李苗上书：'如今陇东不守，汧军败散，则两秦遥强（胡《注》：两秦谓莫折念生及张长命等），三辅危弱，国之右臂于是废矣。'"
④ 《史记》卷八《高祖记》。
⑤ 《三国志》卷三五《蜀书·诸葛亮传》。

使凤翔成了孤城，李茂贞只好向朱温求和。①前蜀的王衍要吞并李茂贞，用兵行军，与朱温小异。朱温是三面包围，王衍则是钳形攻势。前蜀的军队不仅从陈仓道北上，而且还由天水进攻陇关。蜀军虽占宝鸡，却不能占据陇州，就难于攻下凤翔。②这些事实都说明凤翔形势的重要。这个控制三条军事通道的城池如果为进攻者所突破，则整个关中是会感到不安的。

（二）渭水渡口的控制与争夺

渭水自宝鸡流入陕西省，至潼关入于黄河，横贯关中平原，东西约400公里。这样绵长的河流，在战争中就往往用为防守的凭借。为了阻遏进攻，有关桥梁渡口就都应该控制，而进攻者为了渡河进攻，必然要先占渡口。所以，历史上对渭河渡口的争夺，也相当频繁。

长安城位于渭水之南，渭水在这里实为长安城最近的屏障。远在秦汉时期，在这段渭水上曾架有三座桥梁，中间的叫中渭桥，东西两头的叫作东渭桥和西渭桥。这三座桥梁本是在渭水的三个渡口附近架立的。平常为交通大路必经之地，战时就是屯兵的所在，争夺的场所。

西渭桥西通咸阳，更西则分别通往陇关和邠州。由西北来的进攻，必须是要经过这座桥的。唐初突厥颉利可汗进攻长安，由邠州、武功绕道泾

---

① 《资治通鉴》卷二六三《唐纪七九》："天复二年六月，朱全忠军于虢县。全忠遣其将孔勍出散关，攻凤州，拔之。"既言出散关，则当时的宝鸡县已为朱全忠所控制。《资治通鉴》接着又说："七月，孔勍取成、陇二州。"
② 《旧五代史》卷一三六《王建传》："及茂贞垂翅，天子迁洛阳，建复攻茂贞之秦、陇等州，茂贞削弱不能守。或劝建因取凤翔，建曰：'此言失策，吾所得已多，不俟复增岐下。茂贞虽常才，然名望宿素，与朱公力争不足，守境有余。韩生所谓入为扦蔽，出为席借是也。适宜援而固之，为吾盾卤耳。'"可是到了后梁均王贞明六年，王衍却向岐进攻。《资治通鉴》卷二七一《后梁纪六》载此事说：蜀主使王宗俦等将兵伐岐，出故关，壁于咸宜，入良原；王宗俦攻陇州，岐王自将万五千人屯汧阳；蜀将陈彦威出散关，败岐兵于箭筈岭，蜀兵食尽引还。王宗俦一路既入良原，当然不是直趋凤翔，只有陈彦威是进攻凤翔的。攻陇州的一路来自天水，攻宝鸡一路却是循陈仓道北上的。

阳，直薄渭水岸边，李世民就是在这座桥上与颉利定盟，使之退军的。① 西渭桥距长安城只有50里。唐太宗亲自到桥上与突厥约和，这就使突厥难以窥知长安城中的虚实，也不敢贸然进攻，因而和议才得成立。到了唐代中叶，吐蕃进攻长安时，却另是一种情形。吐蕃的进攻是由邠州向东南绕道武功而来。吐蕃要冲入长安，也必然要经过这座西渭桥。当时郭子仪正扼守咸阳原，吐蕃不敢贸然前进，于是再向南绕道盩厔。可是唐代宗闻警，就仓促逃往陕州（治所在今河南三门峡市西）。皇帝既然逃走，长安城中接着就混乱起来。咸阳原上的郭子仪也不能不撤兵退归。西渭桥前无屏障，后无守兵，已不起什么作用，于是吐蕃就冲过这座桥，进入长安。②

东渭桥为三渭桥最东的一座。由渭水下游西上，这里是一个重要去处。在关中的战争使用水军的只有东晋末年刘裕进攻后秦的一次。刘裕的水军由黄河入渭水，溯流直上，到了东渭桥下，大破后秦的守桥军队。并由此登岸，攻入长安。③ 唐代中叶，朱泚据长安反唐，唐德宗仓促逃往奉天（今陕西乾县）。李晟由河中（治所在今山西永济县西南）率军西攻，先据东渭桥。这时朱泚屯军于禁苑（在唐长安城北）之中。东渭桥距禁苑的光泰门（今西安市东北光泰庙）甚近，行军较为方便。李晟就由这里进军，直逼光泰门，一举攻下长安城。④

中渭桥在长安城北。秦汉时期创修这座桥梁的目的，只是便利咸阳、长安之间渭水南北两岸的往来，不像西渭桥与东渭桥那样与军事通道有密切关系，但是中渭桥对于围攻长安城还是有作用的。唐代中叶，朱泚据长安反唐，驻守河东（治所在今山西太原市西南）的马燧派兵入援，就是先据中渭桥⑤，其后李克用进攻黄巢时，也是先控制中渭桥⑥，这都是为进一

---

① 《旧唐书》卷一九四上《突厥传》，又卷二《太宗纪》。《新唐书》卷二一五上《突厥传上》，又卷二《太宗纪》。
② 《资治通鉴》卷二二三《唐纪三九》。
③ 《宋书》卷四五《王镇恶传》。
④ 《旧唐书》卷一三三《李晟传》，《新唐书》卷一五四《李晟传》。
⑤ 《旧唐书》卷一三四《马燧传》，《新唐书》卷一五五《马燧传》。
⑥ 《新唐书》卷二二五下《黄巢传》，《资治通鉴》卷二五五《唐纪七一》。

步围攻长安做准备。在这两次军事行动以前,当安禄山占据长安城,并派遣军队西攻凤翔时,唐朝的崔光远游弋于渭北泾阳各处,因乘机派兵由中渭桥进攻长安,杀守桥的安禄山军千余人,并攻入禁苑之中。① 这次进攻虽未取得长安,但安禄山西攻的行动却受到牵制而告中止。

长安三渭桥之外,武功、宝鸡、岐山诸县南的渭水渡口以及渭水入黄河的渭口也曾经有过争夺的战斗。

武功县南的渭水渡口曾经是由陇关道和通过彬县的通道东下迂回进攻长安的要道。规模较大的军事行动约有三次,一次是北魏后期陇上各族人民起义军在莫折念生的领导下进攻长安。莫折念生于攻下岐州(治所在今陕西凤翔县南)后,从这里经过,进军直至黑水(在今陕西周至县东南)的西岸,后为北魏萧宝夤和崔延伯所破,返回陇上。② 莫折念生失败后,陇上各族人民起义军又在万俟丑奴领导下向东进攻。万俟丑奴于攻下岐州后,遣尉迟菩萨率步骑两万从这里渡渭,就在半渡的当儿,为北魏尔朱天光和贺拔岳所破,万俟丑奴亦弃岐州退去。③ 通过这里到达长安的是唐代中叶的吐蕃。吐蕃是经过邠州、奉天,取道武功、盩厔攻进长安的。为什么这些进攻者选择这条道路进军?这有如下的原因:第一,长安西北的咸阳原是屏障长安的要地,这些进攻者为了避免在那里受阻,所以就采取迂回进攻的策略,这是在前面已经说过了的。第二,武功县境的漆水河由麟游流来,南入渭水。漆水河河谷深陡,顺此河岸直达渭旁,来往较易。由陇关道东来,或由通过邠州的通道折而南下,都可集于此地。第三,这里渭水较浅,往往可以徒涉。第四,渡过渭水,东去长安,一路平坦,是较咸阳原殊多便利的地方。

长安以西,秦岭山上有三条重要的谷道,就是陈仓道、褒斜道和傥骆道。褒斜道和傥骆道出山之后,都可循渭水南岸直达长安。陈仓道出山之后,

---

① 《旧唐书》卷一一一《崔光远传》。
② 《魏书》卷五九《萧宝夤传》,又卷七三《崔延伯传》。
③ 《魏书》卷八○《贺拔胜传附贺拔岳传》,又卷七五《尔朱天光传》。

则因渭河南岸以前尚无大道，故必须经宝鸡取道凤翔才能折而东行。这样就要渡过渭水，而对渡口的争夺也就频繁发生。五代时期，凤翔驻军反抗开封的后汉王朝，为汉兵所围，割据在成都的后蜀孟昶派遣安思谦前往援救。安思谦出了陈仓道北口，汉军已占领宝鸡。安思谦为了要渡过渭水，乃遣别将在模壁寨（在今陕宝鸡县西南）附近竹林埋伏，诱汉军前来攻击，乘间夺取宝鸡。① 南宋初年，金人屡次由凤翔、宝鸡向陈仓道和大散关进攻。其中一次，金人又以五千骑兵由凤翔出大散关进攻黄牛堡。宋将吴璘收复大散关，并派军至宝鸡渭水河畔，乘夜攻破桥头寨，不仅占了宝鸡，还乘胜收复了陇州。②

岐山县南的渭水渡口是由褒斜道北端至渭北所经过的地方。渭水入黄河的渭口则是由蒲津关循黄河南行至潼关所经过的地方。三国时期，诸葛亮最后一次越秦岭至五丈原后，曾渡过渭水，与魏军交锋。东汉末年，曹操与马超在潼关进行战争时，曾绕道蒲津关渡过渭口，迂回到潼关背后。岐山县南积石原和五丈原隔渭水遥遥相对，而积石原距渭水更近。诸葛亮要在这里渡过渭水，就必须紧接着夺得积石原。不然虽渡过渭水也立脚不住。司马懿却扼守着积石原，诸葛亮始终未能达到目的。③（附图十四《魏蜀五丈原之战图》）

渭水入黄河的渭口，北面是一望无际的平原，而南面距南原尚远（曹操渡渭的地方当在今三河口附近），马超无由据南原以控制渭口，又加以疏于防范，曹操遂能轻易渡过渭水，战胜了马超。④

（三）咸阳原与灞水

咸阳原在今咸阳市北，南北数十里，东西二三百里，绵亘于武功、高

---

① 《资治通鉴》卷二八八《后汉纪三》。
② 《建炎以来系年要录》卷一九二，绍兴三十一年八月。
③ 《三国志》卷三五《蜀书·诸葛亮传》，《晋书》卷一《宣帝纪》。
④ 《三国志》卷一《魏书·武帝纪》。

图十四 魏蜀五丈原之战图

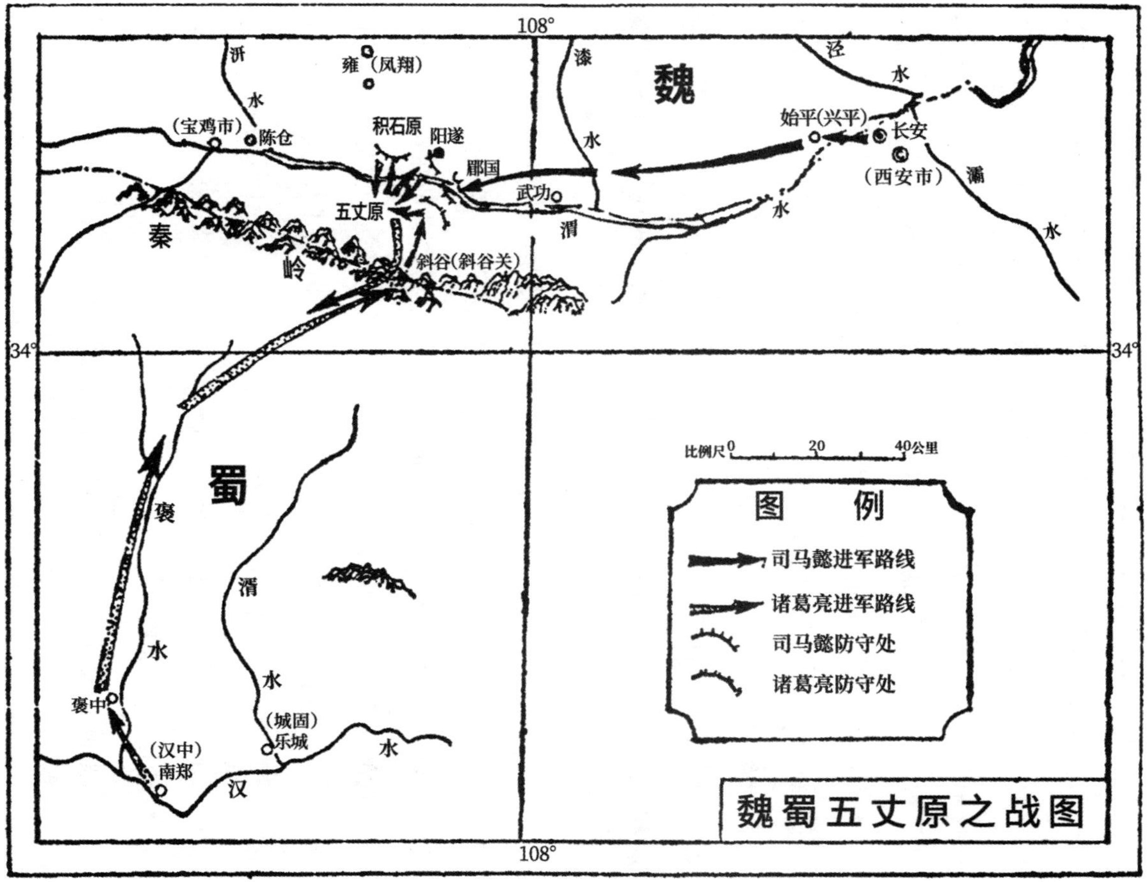

陵之间。最高处约 6 米余，低处也有 2 米多，原上无陂湖，井深有达六七米者。咸阳原异名很多，有毕原、毕陌、池阳原、长平坂、咸阳北坂、渭城北坂、石安原等名称。①

灞水出蓝田县南山谷中，北流经蓝田县西，历白鹿原，又北合浐水入渭。灞水本名滋水。春秋时秦穆公改名灞水，以夸耀霸功。②灞水的重要性与白鹿原有关。白鹿原东起蓝田县，西至浐水，在灞浐之间，东西 7 公里余；南接秦岭，北至灞川，南北 20 公里。灞浐合流处及灞桥附近，已是平川。然浐水西岸，还在长乐坡下。登上长乐坡，始至长安城。

咸阳原控制着陇关道和由邠州至长安的通道，泾水以北的经旬邑至长安的通道在行近长安时，亦可涉泾水达于咸阳原上。灞水是通过潼关的通道和通过武关的通道至长安必经的地方，而通过蒲津关的通道所经过的东渭桥也在灞水下游之东。这样交错的道路，再加上当地的地势，所以咸阳原和灞水就成为长安附近的重要防线，进攻长安的战争到了这里也就愈显得激烈。

咸阳原上的战略形势，唐代的一些战争就是具体的说明。前面说到的突厥向长安进攻时曾经直薄渭水岸边和唐代中期吐蕃向长安进攻时曾经迂回到盩厔，都和咸阳有关。唐初防御突厥，主要力量是在长武、彬县地区。浅水原本是李世民战胜薛仁杲的旧战场，邠州又是一个重要的城池，突厥突破了这个地区，就会奔腾于武功、高陵、泾阳之间。又由泾阳南至渭水便桥（西渭桥）。辗转周折都在咸阳原上。③后来郭子仪防御吐蕃，正是控制住咸阳原。郭子仪当时的兵力虽然不多，吐蕃也不能不有所顾虑，因而采取迂回绕道的策略。④

灞水流经白鹿原下，灞水的战略形势是和白鹿原分不开的。秦末，刘

---

① 《读史方舆纪要》卷五三《西安府》。
② 《水经·渭水注》。
③ 《旧唐书》卷一九四上《突厥传上》，《新唐书》卷二一五上《突厥传上》。
④ 《旧唐书》卷一二〇《郭子仪传》，《新唐书》卷一三七《郭子仪传》。

邦率兵自武关西北行，绕过峣关，在蓝田县的南北，又一再攻破秦军，接着疾行进军，连破芷阳（今西安市灞桥东北），占据灞上，由于刘邦进军的迅速，已经越过白鹿原，使秦军无由利用设防。秦王子婴力穷势蹙，只好在轵道迎降（轵道在汉长安城东13里）。

东晋时期，桓温自江陵（今湖北江陵县）入武关，越秦岭，与关中的前秦转战于蓝田南北，遂登上白鹿原，进屯灞上。白鹿原本是一个高亢的地方，可以扼守。前秦原来企图在此做最后防御，没有料到为桓温所击败。桓温得到这个地方后，却没有及时西攻长安，后来前秦发动反攻，桓温败下阵来，收复长安的计划因而落空。①（附图十五《东晋时期桓温与前秦白鹿原之战图》）

前秦这次虽然能凭借着灞水和白鹿原抵挡住桓温的进攻，但到了它的末年，慕容冲由华阴攻向长安时，前秦以三万军力布防于灞上，结果却为慕容冲所战败。慕容冲乘胜直至长安城下，屯军于阿房城（即秦汉时阿房宫城，今西安市西南）。②灞上在今灞桥附近，这里已在白鹿原之北，不能再凭借白鹿原了。但是到清代后期，西捻军在十里铺歼灭清军时，却恰当地利用了这里的地理形势。当时西捻军本是由河南取道潼关西攻关中的。西捻军入关之后，西安方面的清朝驻军立即出来迎战。西捻军采取"以走制敌"的战略，在华阴、渭南、蓝田之间绕了两个大圈，引诱清军随后追赶。当清军疲敝不堪的时候，西捻军就从灞桥西进，做直扑西安模样，在十里铺埋伏。清军陷入伏中，两万多人全部被歼。十里铺在灞桥之西，长乐坡之北。白鹿原至此虽已到了尽头。可是十里铺却相当高峻，依然可据以防守。西捻军正是利用这样的地形，反客为主，使从后来追赶的清军攻此高地，取得全胜的。③（附图十六《清代后期西捻军与清军西安十里铺之战图》）

关中平原和长安周围的险要地势诚然很多，可以恃为设防的凭借，但

---

① 《晋书》卷九八《桓温传》，又卷一一二《苻健载记》。
② 《晋书》卷一一四《苻坚载记》。
③ 易孔昭等《平定关陇纪略》，余澍畴《秦陇回务纪略》卷八。

图十五　东晋时期桓温与前秦白鹿原之战图

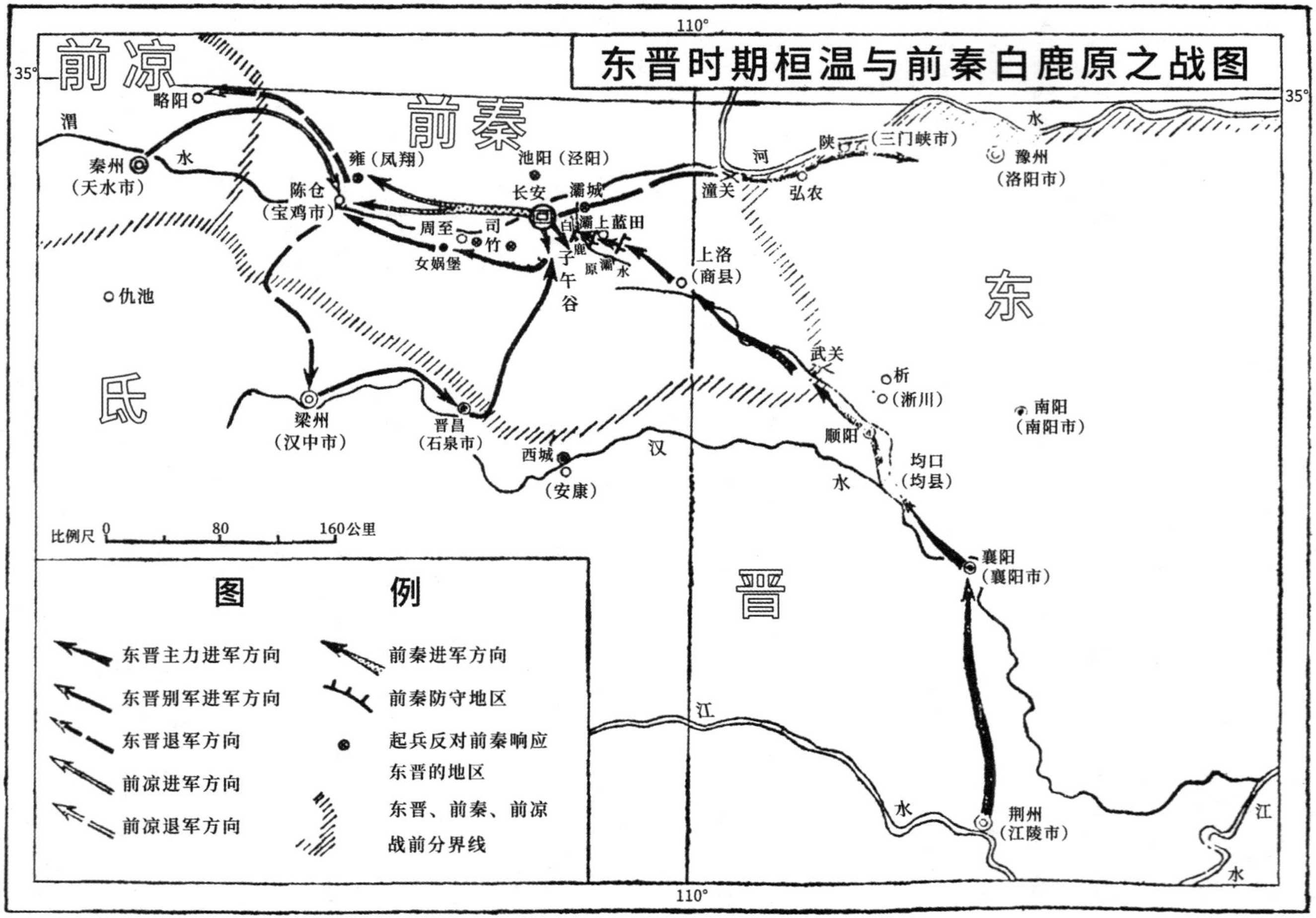

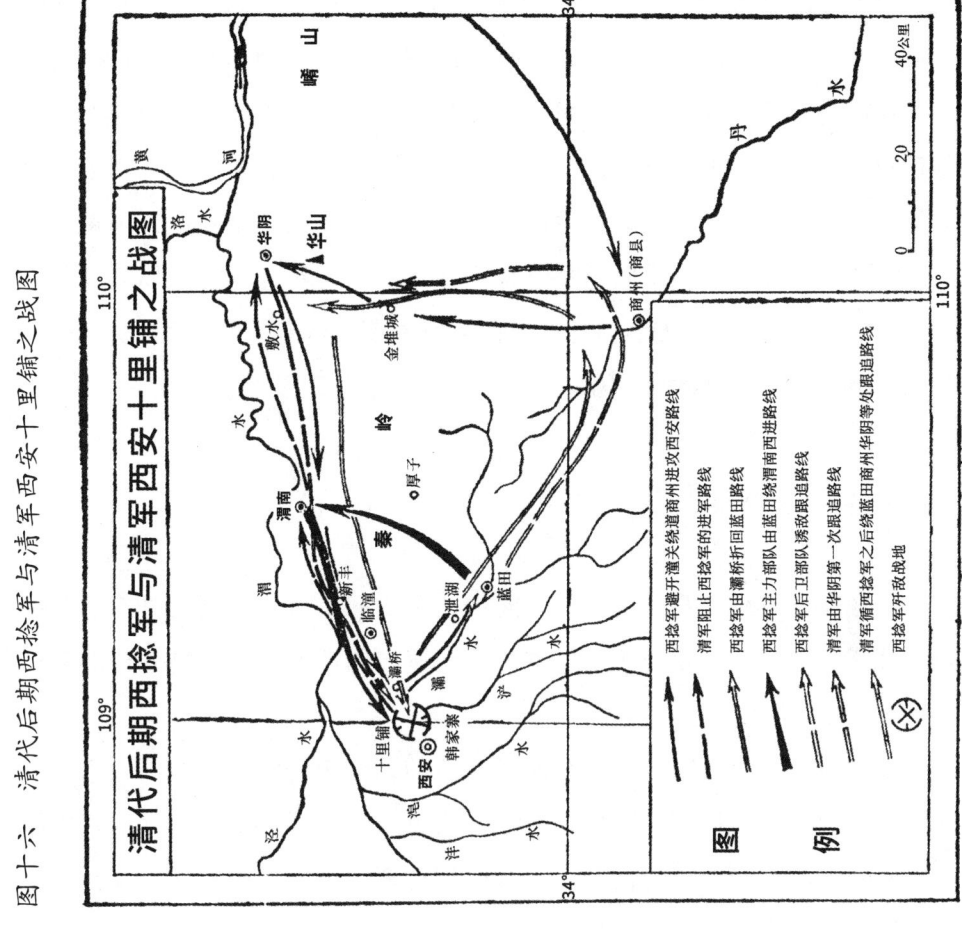

图十六 清代后期西捻军与清军西安十里铺之战图

不能因此就认为这广大的地区中处处是宜于作战的场所，而轻易随地动起干戈，招致失败。南宋初年，张浚以号称四十万的大军，在富平城东北美原下的军寨附近和金国进行决战，五路军力一时崩溃，不仅长安的关中完全失守，而且严重影响到与金国战争的整个局势。

张浚进行这次战争，其目的是乘机反攻，以减轻金军对于江南的威胁。宋军五路在富平结集时，金国才准备调兵应战，可是张浚却没有在金兵还未到达之际，早日向前进攻，而在进向同州和蒲津关的半路上停顿下来。富平附近的地势，一片平原旷野，以步兵为主的宋军无险可守，却有利于金兵冲锋陷阵。附近虽有较高的地方，可是宋军并未能迅速移军高处，以防备金国骑兵的冲击。当时宋军阵前有一片长满芦苇的沼泽地，宋军就认为这是有利的凭借。当金兵填平这片沼泽地时，宋军连这一点凭借都化为乌有。结果狼狈溃退，全盘皆输。①张浚的失败正是不善于利用地势，选择有利于作战的战场的必然下场。（附图十七《宋金富平之战图》）

（四）长安城的争夺与防卫

保卫长安城，主要是利用周围的群山和山间的雄关，其次是控制关中的两个三角地带。就是战争的转移越过咸阳原与灞水，长安城郊依然有便于防守的有利地形。

长安的故城有两座，一座是西汉建筑的，一座是隋代建筑的（今西安城为其一部分）。从现在西安城看来，汉城在其西北的 6 公里处。实则汉城东南隅和隋城西北隅相距很近，其间城门遥遥相对。隋城北有禁苑。禁苑北抵渭水岸上，其西垣已达到汉城的西半部。汉城濒渭水，隋城向东南移至龙首原下。龙首原就是现在西安北门外龙首村及其附近。隋时另筑新城，是因为汉城卑下，城内井水苦涩不适于食用②，实际隋城较汉城也高昂不了

---

① 《建炎以来系年要录》卷三七，建炎四年九月癸丑。
② 《隋书》卷七八《庾子才传》。

图十七　宋金富平之战图

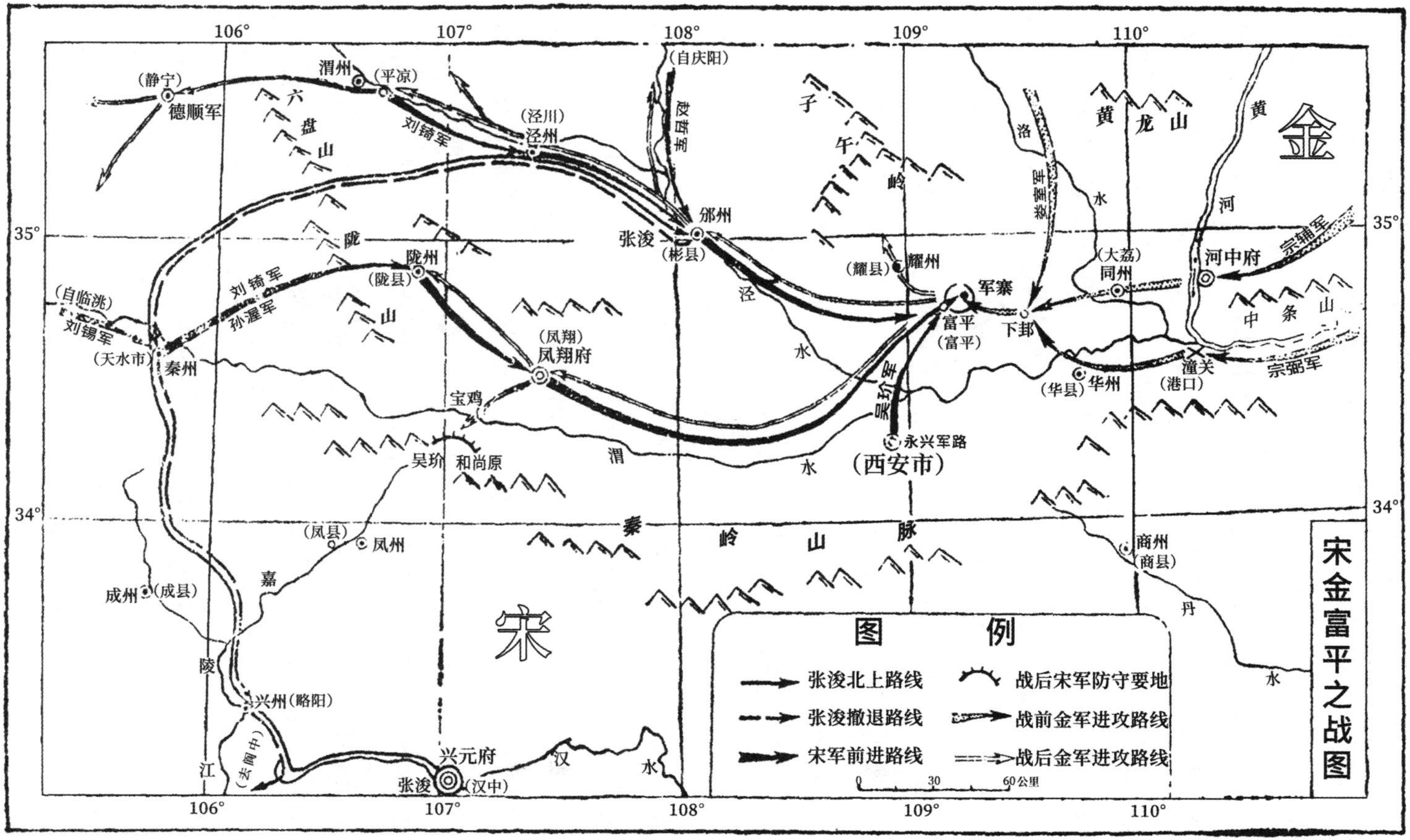
宋金富平之战图
金
宋
黄龙山
黄河
中条山
河中府
宗辅军
宗弼军
潼关
(港口)
同州
(大荔)
华州
(华县)
下邽
娄室军
洛水
子午岭
富平
(富平)
军寨
耀州
(耀县)
永兴军路
(西安市)
吴玠军
泾水
邠州
(彬县)
张浚
赵哲军
(自庆阳)
泾州
(泾川)
刘锜军
渭州
(平凉)
德顺军
(静宁)
六盘山
陇山
陇州
(陇县)
刘锜军
孙渥军
刘锡军
(自临洮)
秦州
(天水市)
凤翔府
(凤翔)
宝鸡
和尚原
吴玠
渭水
秦岭山脉
凤州
(凤县)
成州
(成县)
嘉陵江
兴州(略阳)
(去阆中)
兴元府
(汉中)
张浚
汉水
商州
(商县)
丹水
图例
张浚北上路线
张浚撤退路线
宋军前进路线
战后宋军防守要地
战前金军进攻路线
战后金军进攻路线
0 30 60公里
106°
107°
108°
109°
110°
35°
34°

许多。从附近平原看来,相差无几。(附图十八《长安附近形势图》)

无论是汉城和隋城,其间的战争是相当多的,城郊的每一方面的战争也都是不鲜见的。东晋时期,前秦苻坚据有长安时,西燕慕容冲是由长安城西南的阿房城进攻的。唐代中叶,安禄山据有长安时,郭子仪是由长安城南的香积寺(在今陕西西安市南)向北进攻的。香积寺之战二十余年后,朱泚再据长安,李晟则是由东渭桥向西南的光泰门进攻的。至于唐初李渊进攻长安,则是经过外围各地的战争后,再从东西两面向长安进攻。

慕容冲反对苻坚时,是在华阴集结所部向西进攻的。这支军队在郑(今陕西华县)西和灞上连破前秦的防军,进据阿房城。阿房城本是秦始皇的阿房宫,由于墙壁高而且厚,习俗也叫作阿房城。这在当时是长安城外的一个重要据点。慕容冲占据了这样的据点,就进可以攻退可以守了。慕容冲在西行的途中,接连取得胜利,苻坚却还相当强大,长安附近也还有不少堡壁支持苻坚。慕容冲占阿房城,只是以之作为立足之地,一方面围攻长安,一方面剪除支持苻坚的力量。经过将近一年的战斗,苻坚终于被迫撤出长安。[1]郭子仪进攻长安城在同一年中先后两次,一次在四月,一次在九月。四月的一次是在清渠(在今陕西西安市西南)作战,九月的一次则战于香积寺。清渠之战,郭子仪是由西渭桥进军,屯于沣水西,安禄山方面则拒守于清渠。这一带一片平原,郭子仪在这里并没有取得地形上的有利条件。[2]香积寺之战时,郭子仪惩前次的失败,就由武功渡渭而南,循南山东行。长安城郊的地势,是东南高而西北低。长安城南,沣水以东,潏水两岸更都是较高的原野。郭子仪选择香积寺北作为决战的场所,也正是鉴于清渠之战的失败,要据有有利的地形。这一战,安禄山军十万,为郭子仪斩首的就有六万,死于沟堑的尚不算在数内。还没等郭子仪攻城,安军就乘夜弃城逃去。[3](附图十九《唐代郭子仪军与安禄山军香积寺之战图》)

---

[1] 《晋书》卷一一四《苻坚载记下》。
[2] 《资治通鉴》卷二一九《唐纪三五》。
[3] 《资治通鉴》卷二二〇《唐纪三六》。

图十八 长安附近形势图

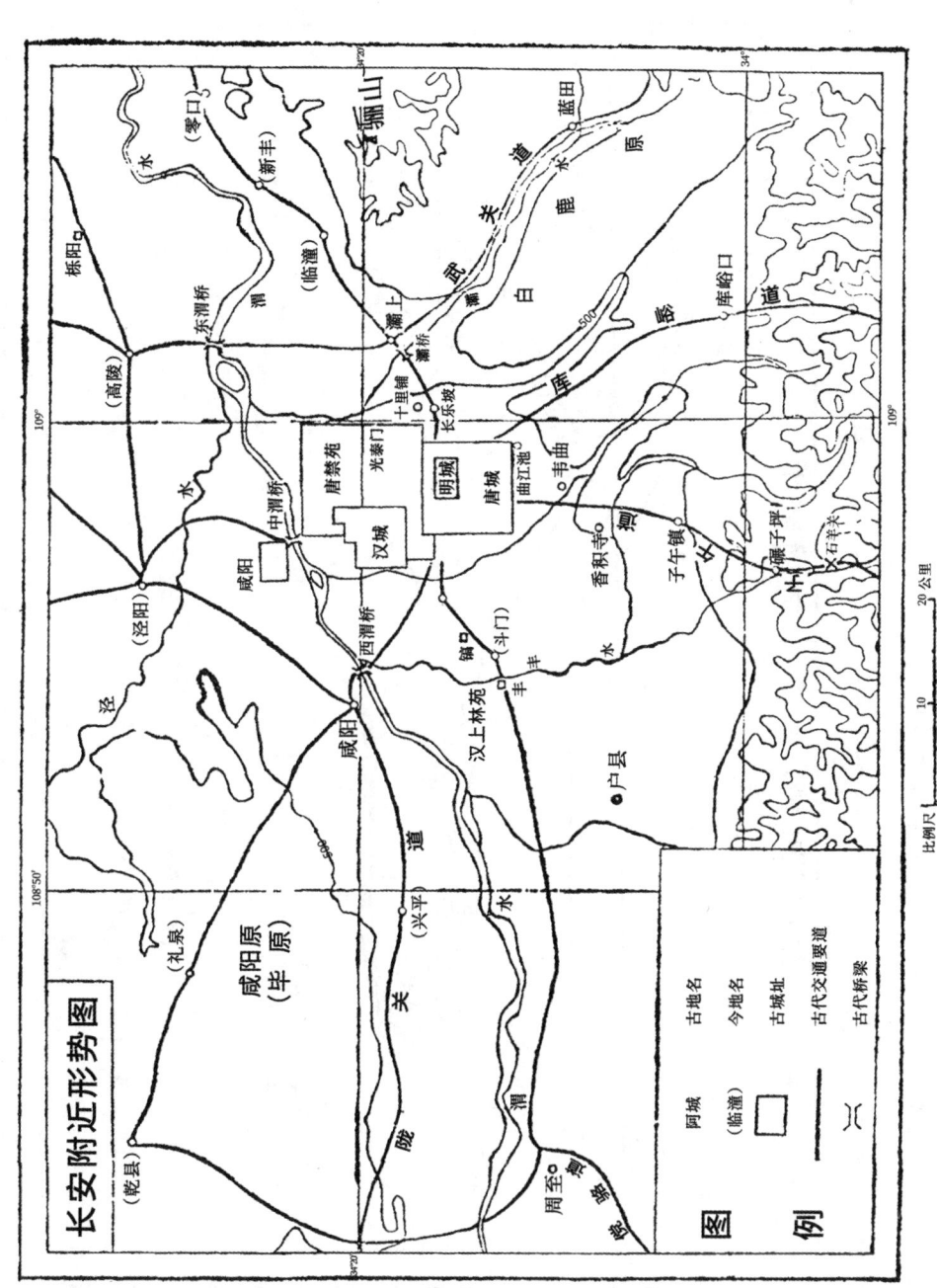

图十九 唐代郭子仪军与安禄山军香积寺之战图

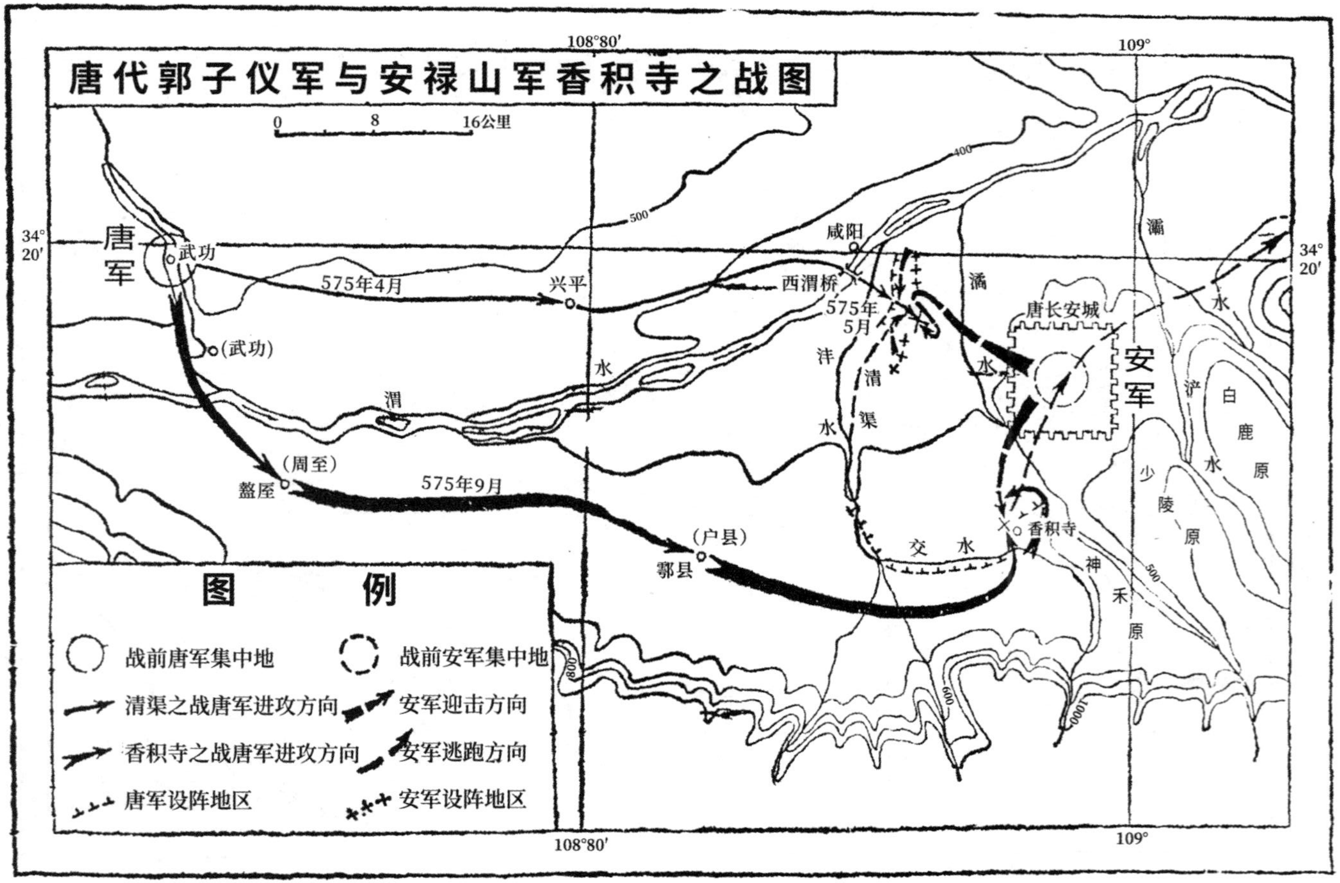

李晟和朱泚的战争是在光泰门进行的。光泰门是唐朝禁苑东面两门中南头的一座。门外就是灞水，而灞水在这里的崖岸还是相当高峻的。按说这样的地形是比较难攻的。但禁苑是唐朝统治者游乐的地方，只有一些殿宇，没有民居，进攻时阻力较小，所以李晟由东渭桥前进，就选择这里为突破点，一举获得成功。①

这几次进攻都是突破一面，取得整个城池。至于隋末李渊进攻长安，则是采取迂回包围的策略，使长安城与外隔绝，无山固守。在李渊进兵以前，他的从弟李神通、女儿平阳公主、女婿段纶等就已分别起兵于今户县、蓝田，攻下鄠县（今户县）、司竹园（在今周至县境）、盩厔（今周至县）、始平（今兴平县）、武功（在今武功县西北）等地。②这实际已对长安城做好包围的准备。李渊由太原西进渡过黄河，驻军朝邑（在今大荔县东）长春宫，分兵两路，李建成一路东攻潼关，以防东面隋军西救长安，俟潼关攻下后再行西进。李世民一路由渭北平原西进，直迫长安。李世民和平阳公主等取得联系，驻军汉长安故城。这时隋长安城中的守军就已无能为力。迨李渊、李建成等相继西进，对长安完成包围形势，隋军只好开门投降。③

但是在长安的围城战中，也有由于城中坚守，一直没有被攻破的。公元1926年，河南军阀刘镇华以十万之众围攻西安达八个月之久，卒未能攻破城池。当时西安的国民军设防于光泰门、十里铺、高桥（在白鹿原上）一线，隔灞水与敌对峙。刘镇华突破了这道防线，攻占了城东的十里铺、韩森寨，城北的含元殿、龙首村、大白杨，城南的大雁塔、三秦公学（今西北大学），后又攻占城西的三桥，并绕城掘了60余里的断绝沟。城内守军则凭借坚城和城边村落建筑物固守，并以攻为守，主动出击。其后国民军冯玉祥援陕部队由甘肃东下，由咸阳绕斗门、韦曲、三兆，在十里铺战

---

① 《旧唐书》卷一三三《李晟传》，《新唐书》卷一五四《李晟传》。
② 《旧唐书》卷五八《柴绍传附平阳公主传》，《新唐书》卷八三《诸公主传》，《资治通鉴》卷一八四《隋纪八》。
③ 《旧唐书》卷一《高祖纪》，《新唐书》卷一《高祖纪》，《资治通鉴》卷一八四《隋纪八》。

胜刘镇华，西安城围始行解除。（附图二十《1926年西安围城之战图》）

历史事实证明：关中虽是一个平原地区，由于渭水贯注，群原遍布，就在长安城旁也还有灞、浐等八水环绕，依然是有利于防守的所在。关中东部的华县、大荔、渭南与西南的凤翔、陇县、宝鸡的两个三角地带，从函谷关、潼关和陇关、散关看来，固然可作为它们的后卫。如从保卫关中和长安着眼，则又起着屏蔽的作用。如果战争再深入发展，咸阳原和渭水以及白鹿原和灞水就都能形成重要的防线。就以长安城郊而论，广漠的原野也是一片舒展裕如的战地。历史上虽不乏攻破长安城的事例，然坚守孤战，扫却强敌的战争也并非绝无的。充分利用地形，是可以得到它的助力的。

（《文史集林》第二辑，三秦出版社1987年版）

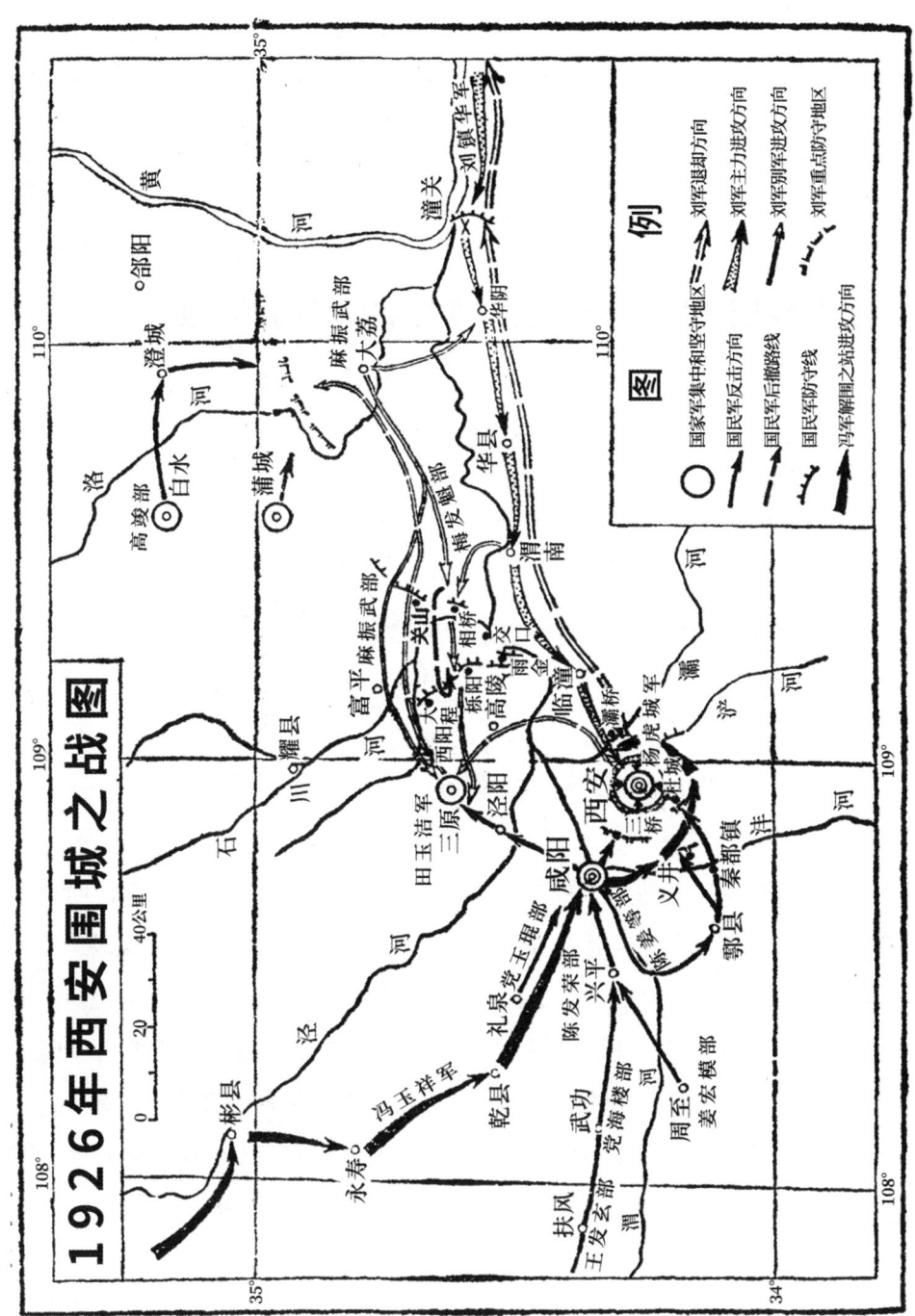

图二十　1926年西安围城之战图

秦岭巴山间在历史上的军事活动及其战地

一、秦巴山地和秦岭巴山间诸盆地

（一）秦巴山地和汉水上游的形势

陕西的秦巴山地是夹处在秦岭和巴山之间的地区。秦岭作自西至东走向，巴山则作西北至东南走向，因而这个地区的东部较西部为宽绰。

秦岭的名称起源很早，至迟在汉代已经有了。[①] 由于这里本是秦国的地方，而这条山脉又是秦国的主要山脉，所以就叫作秦岭。它西起千陇，东尽商洛，横蟠在关中和陕南之间。有人说，秦岭在商州西[②]；也有人说，在蓝田县东南[③]。都是以一隅代替全局，未见得确实。秦岭的异名很多，有南

---

① 《文选》卷一，班固《两都赋》："睎秦岭。"《注》："秦岭，南山也。《汉书》曰：'秦地有南山。'"
② 《通鉴地理通释》卷五《十道山川考》。
③ 《大明一统志》。

山①、中南②、终南③、太白、太乙④等。南山、中南或终南三个名称，实际只是一个意思，这是说它在"天下之中，都城之南"。⑤所谓都城，自是指长安而言。所谓"天下之中"，是用建都于长安时期的地理概念来说明这条山脉的位置。因为它的一些峰顶冬夏积雪，山头皆白，所以叫太白山。⑥又因为汉武帝曾经在山上祀过太乙神，所以又叫太乙山。⑦也还有人说，这些都是秦岭的部分名称，不能作为总名，总的名称还应该是秦岭。现在的地图上，终南山在长安县南，海拔2604米，太乙山在终南山西北，海拔1680米，太白山则在眉县南，海拔3767米。

秦岭西接甘南山岭，东连河南的崤山、熊山、外方和伏牛山。在陕西境内的东西长约400公里，南北宽约100公里至180公里。山形中间狭窄，两端有分歧。较高的山峰，西端有大散岭（陕西宝鸡县南），海拔2597米；凤岭（陕西凤县及甘肃徽县之南），海拔2133米；紫柏山（凤岭东南），海拔2538米。东端有蟒岭（陕西洛南、丹凤两县间），海拔1744米；流岭（商县、丹凤两县之南），海拔1678米；新开岭（陕西丹凤、商南两县之南），海拔1441米。其他还有兴隆岭（陕西洋县之北与太白县交界处），海拔3071米；静峪脑（陕西宁陕县之北与户县交界处），海拔3015米；秦岭（指陕西宁陕、长

---

① 《诗经·小雅》的《南山有台》及《节南山》诸篇所咏的南山，皆指此而言。
② 《左传》昭公四年："中南，九州之险也。"杜《注》："在始平武功县南。"晋始平郡治所在今陕西兴平县。
③ 《尚书·禹贡》："雍州，终南惇物。"《诗经·秦风·终南》："终南何有？有条有梅。"
④ 《水经·渭水注》："渭水又迳武功县故城北。《地理志》曰：'县有太一山，古文以为终南。'杜预以为中南也。亦曰太白山，在武功县南，去长安二百里。"《元和郡县图志》卷一《京兆府》："终南山，在（万年）县南五十里。按经传所说，终南山一名太一，亦曰中南。据张衡《西京赋》云：'终南、太一，隆崛崔崒。'潘岳《西征赋》云：'九嵕、嶷薛、太一、龙挺，面终南而背云阳，跨平原而连嶓冢。'然则终南、太一，非一山也。"
⑤ 《柳河东集》卷五《终南山祠堂碑》："据天之中，在都之南。西至于褒斜，又西至于陇首，以临于戎；东至于商颜，又东至于太华，以距于关。"
⑥ 《柳河东集》卷五《太白山祠堂碑》："雍州西南界于梁。其山曰太白，其地恒寒，冰雪之积未尝已也。"
⑦ 《雍大记》："五台山太乙谷中有太乙元君湫池，汉武帝元封二年祀太乙，于此建太乙宫。"以太乙名山，可能与汉武帝祀山有关。

安两县间西万公路经过的山梁），海拔 2887 米。西部一般海拔 2000 至 3000 米，东部则在 2000 米以下。整个山脉盘旋在三十个县境内（其中十三个是全县，十七个是县的一部分），面积约 50000 平方公里。南坡迂缓绵长，北坡陡峻短促。

巴山亦称大巴山，巴山的得名和巴族有关。巴族为古代居住在巴山周围的部落。远在商代，巴族就曾建立过"巴方"[①]。"巴方"就是巴国。巴国一直存在到战国时期。

巴山西起嘉陵江谷，向东直至湖北西北部，耸立于陕南与四川、湖北之间，东西绵亘 600 余公里。在陕西境内的约 300 公里。海拔 2000 至 2500 米。它的北坡主要延伸在陕西境内，面积约 20600 平方公里。盘旋在由宁强至白河等十个县的全部或部分地区。较高的山峰有伏龙山（镇坪县西北与平利县交界处），海拔 2917 米，摩天岭（岚皋县东南与平利县交界处），海拔 2621 米，九龙山（镇平县西南与四川交界处），海拔 2603 米，巴山（狭义的巴山，亦称巴岭，镇巴县西北），海拔 2533 米，其南的光头山，海拔 2465 米，石马山（南郑县西南），海拔 2213 米。而南郑县正南，海拔 2231 米的龙头山，据说就是仙台山，或称玉女山，也就是狭义的米仓山。今地图上则将任河（紫阳县西南）以西的巴山统称为米仓山。

汉水是这里的主要河流，发源于宁强县嶓冢山，东流复折向东南至白河县进入湖北省境，全长约 1532 公里，在陕西省境内的为 783 公里。秦岭南坡与巴山北坡诸水除嘉陵江及其支流外，皆流入汉水。秦岭南坡汉水支流较大的有褒水、沣水、金水河、子午河、池水、旬水、金钱河和丹水。巴山北坡汉水支流则有泾洋河和任河。其中丹水最大。丹水源出商县西北，东流经河南省西南隅至湖北省入于汉水。

秦岭巴山之间，主要是汉中、安康低山丘陵盆地地区，东西长约 860 公里，南北宽度由 10 公里至 60 公里。其中除阳平关附近低山丘陵地区、汉北低山区和汉南丘陵区外，由于汉水在洋县、石泉两县间穿行峡谷中，峡谷

[①] 顾颉刚先生及章巽的《中国历史地图集》的《商代图》，巴方注于汉水北洋县附近；童书业《中国古代地理考证论文集·古巴国辨》。

陡深，遂使其上下两方形成了汉中盆地和安康盆地。汉中盆地西起勉县武侯镇，东至洋县龙亭铺，长约100公里，宽度一般在5公里至20公里之间，汉中附近较宽，约达25公里至30公里，呈东西狭长，南北曲窄的槽形地带。安康盆地则包括石泉、马池、汉阴、恒口、安康五个小盆地。东西总长约100公里。南北宽度不尽相同，安康附近较为宽阔，亦只有8公里。

秦岭东部南坡，距汉水主流较远，而为其支流丹水所经过。这里是商洛地区。属于低山区丘陵盆地掺杂的地区。商丹盆地就在其间。这个盆地随着丹水的流向也成为由西北至东南的方向。长约50公里，最宽处却只有五六公里。较之汉中、安康两盆地为狭小。

陕南的地理形势较陕北、关中为复杂曲折。这样的地形对于战争却是一个有利的条件，尤其是从防守方面看来，更是如此。（附图一《秦巴山区形势图》）

（二）越过秦岭巴山的军事通道

陕南山间各盆地，位于秦岭巴山之间。秦岭险峻，巴山高昂，堪作其间的屏障。汉中、安康两盆地由于紧贴着秦岭和巴山，这屏障的作用就更为明显。商洛地区的南部距巴山较远，然秦岭东端呈掌状分支的各条山岭，纵横参错，也同样有屏障的作用。很早以来，人们为了要越过这两座高山，曾经探索出若干条道路，而这些道路后来由于有军事行动而成为军事通道。

越过秦岭的通道，最重要的有六条，就是陈仓道、褒斜道、傥骆道、子午道、库谷道和武关道。这些通道主要是利用秦岭的峡谷和河流。陈仓道是由秦岭北坡的清姜河（古代称汧水）而上，再由南坡的嘉陵江（古代称故道水）南下。褒斜道是遵循着褒水和斜水的河谷。傥骆道是沿着傥谷水和骆谷水的河谷，子午道则是越过秦岭后，由宁陕县境旬阳坝循池水南行的。池水于石泉县东南马池街的老街流入汉水。老街于南北朝曾设过直

图一　秦巴山区形势图

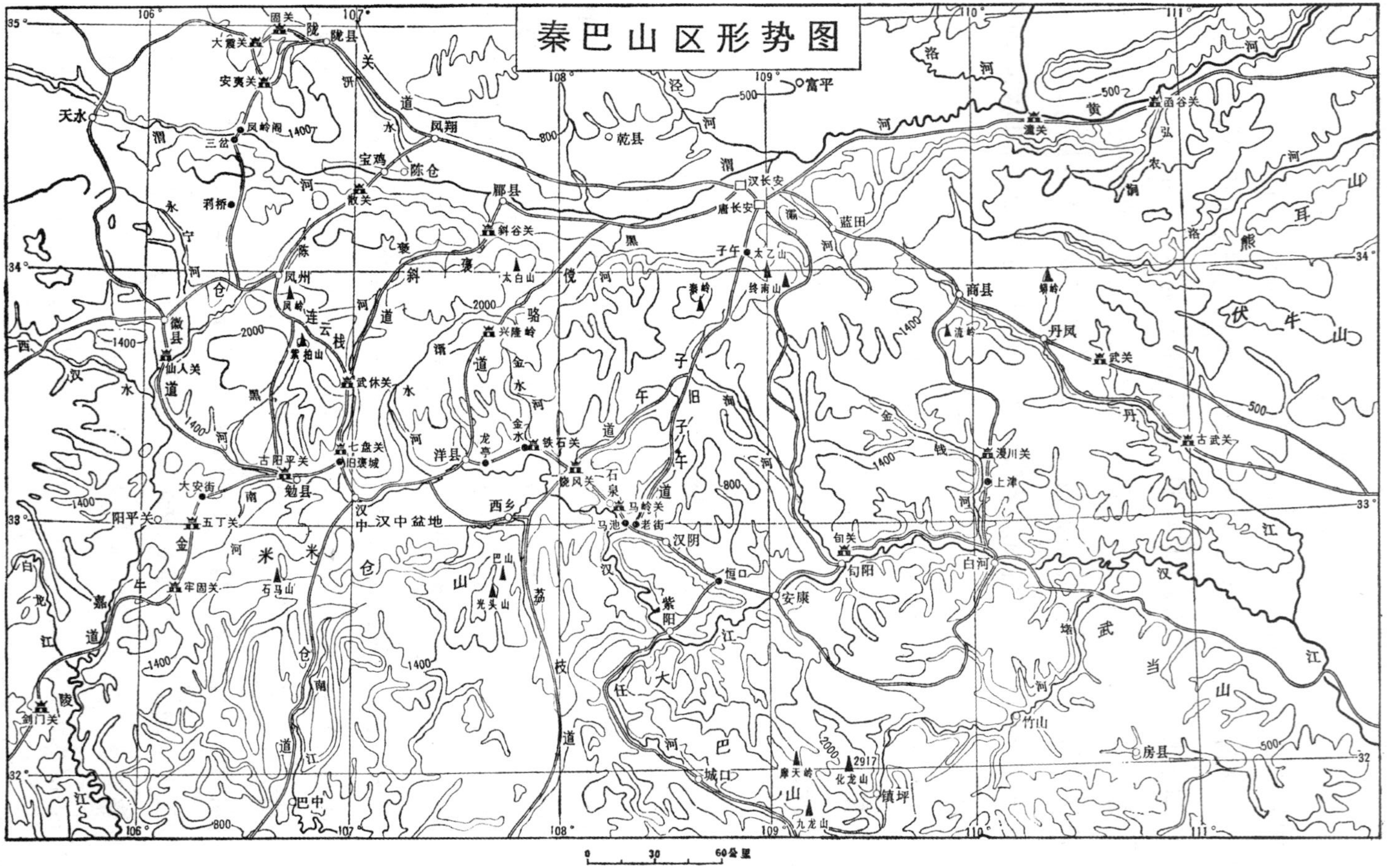
秦巴山区形势图
天水
陇县
凤翔
宝鸡
陈仓
散关
郿县
斜谷关
乾县
富平
汉长安
唐长安
蓝田
商县
丹凤
武关
古武关
潼关
函谷关
太白山
终南山
太乙山
子午
兴隆岭
武休关
七盘关
旧褒城
洋县
铁石关
饶风关
马岭关
马池
老街
汉阴
西乡
汉中盆地
勉县
古阳平关
阳平关
五丁关
牢固关
大安街
石马山
光头山
巴山
恒口
安康
旬阳
旬关
白河
漫川关
上津
紫阳
城口
镇坪
化龙山
九龙山
房县
竹山
武当山
伏牛山
熊耳山
秦岭
剑门关
巴中
徽县
凤州
凤岭
紫柏山
仙人关
三岔
凤岭阁
利桥
安夷关
大震关
固关
流岭
蟒岭
0 30 60公里

城县，先后隶属于东梁州和直州。① 陈仓道、褒斜道、傥骆道和子午道皆是由长安通往汉中的通道，库谷道由库谷登上秦岭，循乾祐河（古称柞水）而南。乾祐河为旬水支流。这条通道循旬水达于旬阳，再到安康。武关道则是由灞水河谷转到丹水河谷，经过商洛，通往河南南阳和湖北襄阳。

在这六条军事通道中，陈仓道、褒斜道、子午道和武关道都曾有过较为重要的改动，而且这些改动处都在秦岭的南坡。陈仓道和褒斜道之间的连云栈，就是截取褒斜道由褒城至武休关间一段，再由武休关北，转向西北行经留坝至凤县凤州镇与陈仓道相衔接的路程。② 由于这条新路的增修，不仅改变了褒斜道的作用，也改变了陈仓道的作用。南北之间的往来，就可由褒斜道入

---

① 《水经·沔水注》："汉水又东合直水。水北出子午谷岩岭下，又南枝分，东注旬水。又南迳蓰阁下。山上有成，置于崇阜之上，下临深渊，张子房烧绝栈阁，示无还也。又东南历直谷，迳直城西而南流注汉。"直城，北魏所置县，见《魏书》卷一〇六《地形志》，在今陕西汉阴县西，见嘉庆《大清一统志》卷二四二《兴安府》。直水今为池河，在陕西石泉县东南入汉水。子午谷道当是循池河而下，再沿汉水东行。《元和郡县图志》卷二二《兴元府》："故铁城在（黄金）县西北八十里。……驿即子午道也。旧道在今金州安康县界，梁将军王神念以旧子午道缘山避水，桥梁百数，多有毁坏，乃别开干路，更名子午道，即此路是也。"王神念，《梁书》有传，《传》中未记修子午道事。《水经·沔水注》："汉水又东历敖头，旧立ოც之所，傍山通道，水陆险凑，魏兴安康县治。"其地正在直水入沔处之上。当在今汉阴县西、石泉县南。萧詧曾于其地置直州，见《隋书·地理志》，唐时属金州。州名虽异，安康县治固未尝有所改易。李吉甫所说的别开干路乃在故铁城，而故铁城又在黄金县西，黄金县在今陕西洋县东，距安康旧路已远。梁时固不必循子午道北上，然直城附近的旧子午道亦为汉水流域东西大道的必经之地，不能因王神念的别开干路稍有废弃。李吉甫所说亦未为尽是。

② 《舆地纪胜》卷一八三《兴元府》："斜谷路，在府西北，入斜谷路至凤州界一百五十里，有栈阁二千九百八十九间，板阁二千八百九十三间。"《读史方舆纪要》卷五六《汉中府》引《汉中志》："褒斜谷中，宋时有栈阁二千九百八十九间，元时有板阁二千八百九十二间，历代制作增损不定。明因故址修造，约为栈阁二千二百七十五间，统名之曰连云栈。"这里所说的是褒斜谷中，只是褒斜道的最南段的褒河谷中。顾氏又引《舆程记》："陕西栈道长四百二十里，自凤县北草凉楼驿为入栈道之始，……自（褒城）县南五十里，为黄沙驿，至此路始平，又为出栈之始矣。"连云栈自应包括凤县草凉楼驿一段。这一段虽有宋时的栈阁，然其始用当不是肇自宋时。《资治通鉴》卷二八八《后汉纪》："乾祐元年，十月，蜀主遣山南西道节度使安思谦将兵救凤翔。……思谦进屯渭水。汉益兵五千人戍宝鸡。思谦畏之，谓众曰：'粮少敌强，宜更为后图。'辛丑，退屯凤州，寻归兴元。……十二月，（凤翔）王景崇累表告急于蜀，蜀主命安思谦再出兵救之。壬午，思谦自兴元引兵屯凤州。……戊子，思谦进屯散关。"按：思谦引兵北上，自是出于连云栈一途。当然，这条道路的开通，还应在此以前。《新唐书》卷五《玄宗纪》，记玄宗入蜀，由陈仓、经河池郡，至普安郡。陈仓即今陕西宝鸡市，正当陈仓道口。河池郡为凤州，普安郡为剑州。未提及汉中郡，当系出于兴州一途，与连云栈无涉。《资治通鉴》卷二五六《唐纪七二》记光启二年僖宗南行事，说："田令孜奉上发宝鸡，留禁兵守石鼻为后拒，置义军于兴、凤二州，以杨晟为节度使守散关。……山南西道监军冯翊严遵美迎上于西县。丙申，车驾至兴元。"则所行的是出于兴州。当时是事出仓促，途中多厄，以早到兴元为安全之道，乃不由凤州东南行，取褒河谷一道，而反西南行，绕道于兴州、西县，可知其时如果已有连云栈，亦非通行的大道。虽非通行大道，然兵家奇着并不是不可行军的。元魏时，元英由斜谷退至下辨，所行的即这条道路。其详俱见后文。

陈仓道，而褒斜道的北段和陈仓道的南段，作用就逐渐减少，成为较狭小的地区间的道路。这条通道在南北朝时期已经有过军事行动，唐宋时期不断有过修理，至元代为南北往来的要道，明清两代沿而不改。现在由宝鸡到汉中的公路也是循着这条通道兴行的。子午岭的改道则在南北朝后期。当时由今宁陕县旬阳坝西南行，循堰坪河而下。堰坪河和蒲河等水汇合为子午河。子午河畔有子午镇，当是子午道改道后所经过的地方。河水和居民点都是用"子午"二字来命名的。至于武关道的改道则在唐代中叶。当时所修的新道是在现在丹凤县离开丹水河谷而转向东南方向的。

陈仓道、褒斜道、傥骆道和子午道既然皆由长安通往汉中，而各条通道彼此之间虽都有一定的距离，加以山路曲折盘旋，远近不一，大体上却是四条平行的通道。库谷道是由长安通到安康的一条捷近的通道。但子午道在南北朝后期未改道之前，本是循池水南行，在池水行将入汉水处，如果折而东行，就离安康不远。就安康来说，这子午道的旧道和库谷道也大致可以说是平行的，只有武关道一路，由长安越秦岭，直指向东南，那就另是一种情形。

陈仓道与武关道分居于越过秦岭的六条通道的东西两面，因而这两条通道和邻近地区的一些道路有联系，扩大了它们所涉及的范围。这样联系的道路在陈仓道方面有六条。第一，由凤县附近循红崖河北行，经天水东南利桥营至渭水岸边的三岔，过渭水为宝鸡西陲的凤阁岭，再北可至陇县西南的关山，而关山则为安夷关的所在地，这样就可以与陇关道相衔接了。第二，是由徽县通往天水的道路。在那里也可和陇关道相衔接了。天水为陇山以西的重要城池，古代的秦州就设在那里。①现在由天水至徽县的

---

① 《晋书》卷一四《地理志上》："泰始五年，……置秦州，镇冀城。太康三年，罢秦州，并雍州；七年，复立，镇上邽。"冀县，今甘肃甘谷县。上邽，今甘肃天水市西。《新唐书》卷四〇《地理志四》："秦州，本治上邽。开元二十二年，以地震徙治成纪之敬亲川，天宝元年，还治上邽。大中三年，复治成纪。"《读史方舆纪要》卷五九《秦州》："成纪废县，今州治。"则成纪县即今天水市。《读史方舆纪要》还曾说："元仍为秦州，寻以州治成纪县省入。"检《元史》卷六〇《地理志》无此记载。《明史》卷四二《地理志》却说："洪武二年，省州治成纪县入州。"顾氏所说实误。或以为成纪县在今甘肃秦安县西北，亦误。秦州于元明以后未再见徙治事。若成纪县在今秦安县西北，成纪县省入州后，则秦州的治所仍当在秦安县西北，那是与实际不相符合的。

公路，大体还和旧日的通道相仿佛。第三，由徽县经过成县，再由成县可至西和县。三国时期著名的战地祁山就在西和县东北，而东晋南北朝的仇池国又在西和县西南。第四，由徽县经成县也可以通到武都。第五，今成县城南有青泥河，东南流至略阳西北入嘉陵江，青泥河古时为浊水。① 略阳、成县之间，亦可循这条河道往来。第六，由略阳经白马关（今甘肃康县东）可至武都。据说，陈仓道经过勉县，是由勉县西北的略阳来的，再东达于汉中。今勉县正北传说有陈仓道故地，经茅坝（今勉县北与凤县交界处）、铁炉川②等处，至柴关岭（今留坝县西北接凤县界）西北与连云栈相衔接，而距衔接处不远则有地名陈仓沟。陈仓沟附近有陈仓山，其西北的留凤关，亦名废丘关。③ 陈仓山在宝鸡，废丘在今兴平，与这一带无关。所谓勉县正北的陈仓道当是以讹传讹了。虽然如此，通过铁炉川、茅坝的通道还是不宜忽视的。民国初年，北洋军阀吴新田和陈树藩内讧，吴新田就是由这条路向守汉中的陈树藩进攻的。

和武关道联系的道路有两条：其一是通过漫川关（今陕西山阳县东南）的上津道。上津是隋唐以来一个旧县，在今湖北郧西县西北。现在当地还有一个上津镇，濒金钱河。这条通道就是循金钱河而上，越鹘岭，经山阳县，再越流岭，至商县和武关道相衔接。鹘岭与流岭皆是秦岭的支脉。金钱河入于汉水，其入汉水处正在白河县的西北。其二是由商县东北行，经芦灵关至弘农河上古函谷关的道。这在论述《陕西省在我国历史上的战略地位》一文中，已经论述过了。

越过巴山的军事通道重要的有三条，西为金牛道，中为米仓道，东为荔枝道。

金牛道为自勉县西南至四川剑阁县剑门关的通道。这是自汉中至成都必由的道路。金牛道也称石牛道，它的行经路线也曾经有过改变。这些在

---

① 《水经·漾水注》。
② 嘉庆《大清一统志》卷二三八《汉中府二》："铁炉川营在凤县东南一百七十五里。"
③ 嘉庆《大清一统志》卷二三八《汉中府二》："废邱关在凤县南六十里，亦名费邱关。"

《陕西省在我国历史上的战略地位》一文中都已经提及。它在剑门关以南一段，一般是经过绵阳、广汉到达成都的。但由于广元直南经过阆中，折而西行经过三台，也可达到成都。经过阆中、三台的路较为迂远，行者大多是取剑门关那一路。现在川陕公路大体就是循着这条通道修的。由于山路险阻难行，宝成铁路就绕过宁强、剑阁等处。

米仓道是经过汉中西南米仓山的通道。它由汉中通到四川的巴中，由巴中西行，可以通到阆中，再西就是成都了。

荔枝道是由子午道南端子午镇向南的延伸线。它经今西乡、镇巴至四川万源，再南通到达县，更南通到长江南岸的涪陵。据说，唐代中叶，唐玄宗因杨贵妃喜吃荔枝，就命从荔枝产地的涪陵开设驿道，经过达州（治所在今四川达县）、西乡，入子午谷，达于长安。这样就有了荔枝道这个名称。[①] 后来涪陵并不是南北大道必经的地方，而达州却成为这条通道的枢纽。现在西万公路的北段遵循着子午道，南段就是遵循荔枝道，所不同的是西万公路绕道石泉，荔枝道则由子午镇直至西乡。

西乡位于汉中、安康之间，距安康较远。安康与西乡、万源三地恰成一三角形。由安康越过巴山，则是循汉水西上，再循汉水的支流任河南行。任河上源达于四川城口，所以城口也成为重要所在。任河流经川陕交界处时距万源很近，所以现在的襄渝铁路就由万源东北行，循任河至于安康。

金牛、米仓、荔枝三条通道的南端各有所至，不能尽同，但在巴山的一段却是呈现着平行的状态。这和陈仓、褒斜、傥骆、子午四条通道的情形相仿佛。由于这些通道的开通，更显得陕南的重要。

这里需要附带说明秦岭巴山之间循汉水上下，贯穿整个汉水中上游的通道。它由汉中经过安康通往襄阳，再由襄阳到达长江中游各处，它在洋

---

① 《舆地纪胜》卷一八三《兴元府》："子午谷，生荔枝自涪陵入达州，由子午谷路至长安，凡三日。"杜甫诗："百马死山谷，至今耆旧悲。"杜牧诗："一骑红尘妃子笑，无人知是荔枝来。"亦为咏此事而作。《舆地纪胜》卷一九〇《洋州》又引《洋州志》云："杨妃嗜生荔枝，诏驿自涪陵，由达州，取西乡，入子午谷，至长安，才三日，香色俱未变。"吴曾《能改斋漫录》卷一《方物》亦载此道。

县以东会合傥骆道和子午道。具体地说,由汉中至石泉以东池水口一段就是子午道出秦岭山谷后,西至汉中的道路。这条通道至安康后,分出一条支路,由安康经平利县入湖北竹谿,经竹山、房县而至于襄阳。至于由安康以东的旬阳县往东经过湖北郧县,通往河南的南阳,则是所谓的旬关道。①

(三)汉中、安康两盆地和商洛地区的战略地位

汉中、安康两盆地和商洛地区位于陕南,情形却各有不同,其战略地位也彼此差异。这里先论述汉中、安康两盆地,接着再论述商洛地区。

汉中盆地和安康盆地的战略地位在分裂割据时期显得最为突出。战国时期,蜀国曾据有过南郑(今陕西汉中市)②,而楚国也向汉水上游图谋发展③。三国时期,汉中属蜀,而魏兴(郡治在今陕西安康市)属魏。④东晋十六国时期,前秦曾奄有今陕西、四川各地,汉中亦为所据有。⑤成汉⑥与

---

① 《史记》卷九五《郦商传》:"从攻下宛、穰,定十七县。别将攻旬关,定汉中。"由宛、穰至旬关是有一条军事通道的。这条通道不仅是军事通道,也有经济的意义。《史记》卷一二九《货殖列传》:"南阳西通武关、郧关。"张守节《正义》:"郧当为绚,绚水上有关,在金州洵阳县。……绚亦作郇,与郧相似也。"
② 《华阳国志》卷三《蜀志》:"周显王之世,蜀王有褒汉之地。"《史记》卷五《秦本纪》:"出子十三年,伐蜀取南郑。"
③ 《华阳国志》卷二《汉中志》:"六国时,楚强盛,略有其地(汉中),后为秦恒成争地。"《史记》卷五《秦本纪》:"惠文王后十三年,攻楚,取汉中地六百里,置汉中郡。"
④ 《晋书》卷一五《地理志下》。
⑤ 《晋书》卷一一三《苻坚载记上》:"晋梁州刺史杨亮遣子广袭仇池,与坚将杨安战,广败绩。晋沮水诸戍皆委城奔溃,亮惧而退守磐险,安遂进寇汉川。"按:《晋书》卷九《孝武帝纪》:"宁康元年,九月,苻坚将杨安寇成都。"杨安取汉川后即南下侵蜀,则其取汉川,亦当在宁康元年。《资治通鉴》卷一〇六《晋纪二八》:"晋孝武帝太元九年,秦梁州刺史潘猛弃汉中奔长安。"自是汉中复归于晋。
⑥ 《晋书》卷一二一《李雄载记》:"(雄)遣李国、李云等率众二万寇汉中,梁州刺史张殷奔于长安,国等陷南郑。"《资治通鉴》卷八九《晋纪一一》:"愍帝建兴二年,杨虎掠汉中吏民以奔成。梁州人张咸等起兵逐杨难敌。难敌去,咸以其地归成。"按:晋穆帝永和三年桓温灭蜀,其地复归于晋。

后秦①亦皆一度据有汉中,其余年代均为东晋疆土②。南北朝时期,北魏与宋、齐、梁诸王朝在此两地区时出时入,靡有一定。③五代时期,前蜀据有两个盆地,而后蜀仅有汉中。④到了南宋则坚守着秦岭一线。总的说来,在分裂割据时期中,南方和西南的政权多半能够控制汉水上游各地,至少也能够据有汉中一隅。

分裂割据时期,一般地说,南方和西南的政权大部分较为弱小。因此,它们就必须争取据有汉中和安康两盆地,以巴山为屏障,控制蜀口,才能保持巴蜀的安全。而且还要更进一步向北进攻,争取秦岭一线。这样就可以秦岭掩蔽汉中和安康两盆地,而巩固巴蜀的前卫。如果汉中有失,则以巴蜀为根据地的政权就容易遭到覆灭的命运,就是根据地远在巴蜀以外的,也不能不受到严重的影响。战国时期,秦国的灭蜀,三国时期,魏国灭蜀汉,五代时期,后唐的灭前蜀,北宋初年的灭后蜀,都是先取汉中,再向南进军的。后唐和北宋在取得汉中后,获得当地的刍秣粮草,更助长了进军的声势。⑤蒙古在大安(军治在今陕西宁强县北)战胜了南宋守将曹友闻(时为宋理宗端平三年,公元1236年),不到一个月,就直薄成

---

① 《晋书》卷一一七《姚兴载记上》:"遣其将敛俱寇汉中。……敛俱陷城固,徙汉中流人郭陶等三千余家于关中。"又卷一一八《姚兴载记下》:"晋义熙二年,平北将军梁州督护符宣入汉中,兴梁州别驾吕营、汉中徐逸、席难起兵应宣。"准是而言,后秦也曾据有过汉中。

② 按:这一时期,汉中还曾为氐人杨难敌和谯纵据有过,不过为时都相当短促。《资治通鉴》卷八八《晋纪一〇》:"晋愍帝建兴元年,杨虎、杨难敌急攻梁州,胡子序弃城走,难敌自称刺史。"又卷八九《晋纪一一》:"建兴二年,梁州人张咸等起兵逐杨难敌,咸以其地归成。"《晋书》卷一〇〇《谯纵传》:"(安帝)义熙元年,纵乃自号梁秦二州刺史。……九年,刘裕讨纵。……纵自缢。"

③ 《梁书》卷二《武帝纪中》:"天监三年,二月,魏陷梁州。"又卷三《武帝纪下》:"大同元年,十一月,北梁州刺史兰钦攻汉中,克之。魏梁州刺史元罗降。"《周书》卷二一《尉迟迥传》:"(太祖,即宇文泰)令迥……伐蜀,以魏废帝二年春,自散关由固道,出白马,趣晋寿,开平林旧道。"尉迟迥此次伐蜀,虽未在汉中作战,其地亦当为魏人所据有。此后遂再未复入于南朝。

④ 《新五代史》卷六〇《职方志》。

⑤ 《资治通鉴》卷二七三《后唐纪二》:"同光三年十月,(蜀武兴节度使)王承捷以凤、兴、文、扶四州印节迎降,得兵八千,粮四十万斛,(郭)崇韬曰:'平蜀必矣。'"《续资治通鉴长编》卷五:"乾德二年十二月,蜀招讨使(山南节度使)韩保正闻兴州破,遂弃山南,退保两县,马军都使史延德……追擒保正及其副李进,获粮三十余万斛。"

都城下。①

汉中一隅的得失，往往影响到其他各处，尤其是南北对立时的都城。战国时期，楚国先曾据有汉水上游，后来秦国取得汉中，接着又灭掉了巴、蜀，就进一步威胁楚国，说什么秦军由大江而下，不十天就可到扞关（今湖北省宜昌市西）。②那时候楚国的都城在郢（今湖北江陵县北）。秦国恐吓楚国，说是这样情势，郢都守不到三个月。南宋时期，都城虽远在临安（今浙江杭州市），对于汉中的得失，也是息息相关的。当其初年时，张浚经营关陕（陕西和关中），就考虑到金国如果入陕取蜀，则东南各地就难于保持。③持这样的想法的在南宋不止张浚一人，整个形势正是如此。宋人在关中败亡之余，只得出死力来保持秦岭。双方累次在和尚原与大散关（皆在今陕西宝鸡市西南）作战，金人始终未能占得若何便宜。④金人也曾绕道进攻过饶风关（今陕西石泉县西）⑤，还企图冲过仙人关（今甘肃徽县东南）⑥，一样没有达到目的。南宋拼命来争秦岭一线的疆界，就是为了保持汉中和安康。保持汉中和安康就是保持巴蜀，而最后的目的也就是保持临安。当然，秦国灭楚国，并没有从巴蜀派军东下；金国也先于南宋灭亡，它虽曾突入过汉中，却并未站得住脚步。不过像秦国的威胁楚国和南宋的顾虑都不是没有来由的。三国末年，魏国灭掉蜀汉，两晋在这样的基础上，在益州（治所在今四川成都市）大治船舰，后来在灭吴时（吴都建康，就是古时的金陵，今为南京市），从益州东下的水军，就直抵金陵城下。⑦

然而对汉中、安康两盆地持续最久的争夺，当数到东晋南北朝时期。在这个长期分裂时期中，东晋面对的是起伏不常的几个政权，如前赵、后赵、前秦、后秦等。而南朝的宋、齐、梁、陈诸政权不断更迭，北朝的北魏却

---

① 《元史》卷二《太宗纪》。
② 《战国策》卷一四《楚策一·张仪为秦破从连横说楚章》。
③ 《宋史》卷三六一《张浚传》。
④ 《宋史》卷三六六《吴玠、吴璘传》。
⑤ 《宋史》卷三六六《吴玠传》。
⑥ 《宋史》卷三六六《吴玠、吴璘传》。
⑦ 《晋书》卷四二《王濬传》。

历时最久。北魏后来分为东西,对于这一地区的争执却已近于尾声。南北两方面政权的变更虽很频繁,但夺取这个地区并以之为基地向前进攻的战略却始终无所改变。自南方来说,东晋时桓温、刘裕先后都曾进攻过关中,它们的主力分别从襄阳(郡治在今湖北襄樊市)和徐州(治所在今江苏徐州市)出兵,却也得到这一地区的助力。①自北方来说,前秦和西魏都先后取得汉中、安康,并由此取得巴、蜀。②前秦在此后没有几年便崩毁,未能发挥出若何影响,西魏取巴蜀后,南朝疆土大为缩小,这对于后来隋朝的统一全国,也曾有过一定的作用。

商洛地区的战略地位和汉中、安康两盆地不同。商洛地区的范围不算很小,战略上的运用却主要是一条武关道。这是由关中的长安指向东南的南阳和襄阳的军事通道。关中和长江中游两方的互相进攻,这是必经的捷近的道路。战国时期,秦楚两国发生在这条通道上的战争,就是具体的说明。③秦都咸阳,正是关中的中心;楚国都郢,也恰是长江的中游。东晋时期,桓温进攻前秦,这里就是主要进军的道路。④后来刘裕进攻后秦,别军也是由此前进的。⑤就是到元代末年,李武、崔德所领导的农民军由襄阳进攻关中时,走的也是这一条道路。⑥当然由长安向东南的进攻也是不少的。东晋十六国时期,前秦进攻襄阳⑦,南北朝后期,西魏的进攻江陵⑧,都是由这里出兵的。(附图二《东晋时期前秦进攻魏兴襄阳图》)元代中叶,统治阶段内部爆发了争权夺位的战争,燕帖木儿迎立怀王(即元文宗)于江陵,驻守陕西的帖木哥即率军由武关道东下。⑨这都说明由长江中游可以直捣关

---

① 《晋书》卷一二二《符健载记》,又卷一一九《姚泓载记》。
② 《晋书》卷一一三《符坚载记上》;《周书》卷一九《达奚武传》,又卷二一《尉迟迥传》。
③ 《史记》卷五《秦本纪》,又卷四〇《楚世家》。
④ 《晋书》卷九八《桓温传》。
⑤ 《资治通鉴》卷一一七《晋纪三九》。
⑥ 《元史》卷一八三《王思诚传》。
⑦ 《晋书》卷一一三《符坚载记上》。
⑧ 《周书》卷一一《宇文护传》,又卷一五《于谨传》,又卷一九《杨忠传》。
⑨ 《元史》卷三二《文宗纪一》,又卷一三八《燕帖木儿传》。

图二　东晋时期前秦进攻魏兴襄阳图

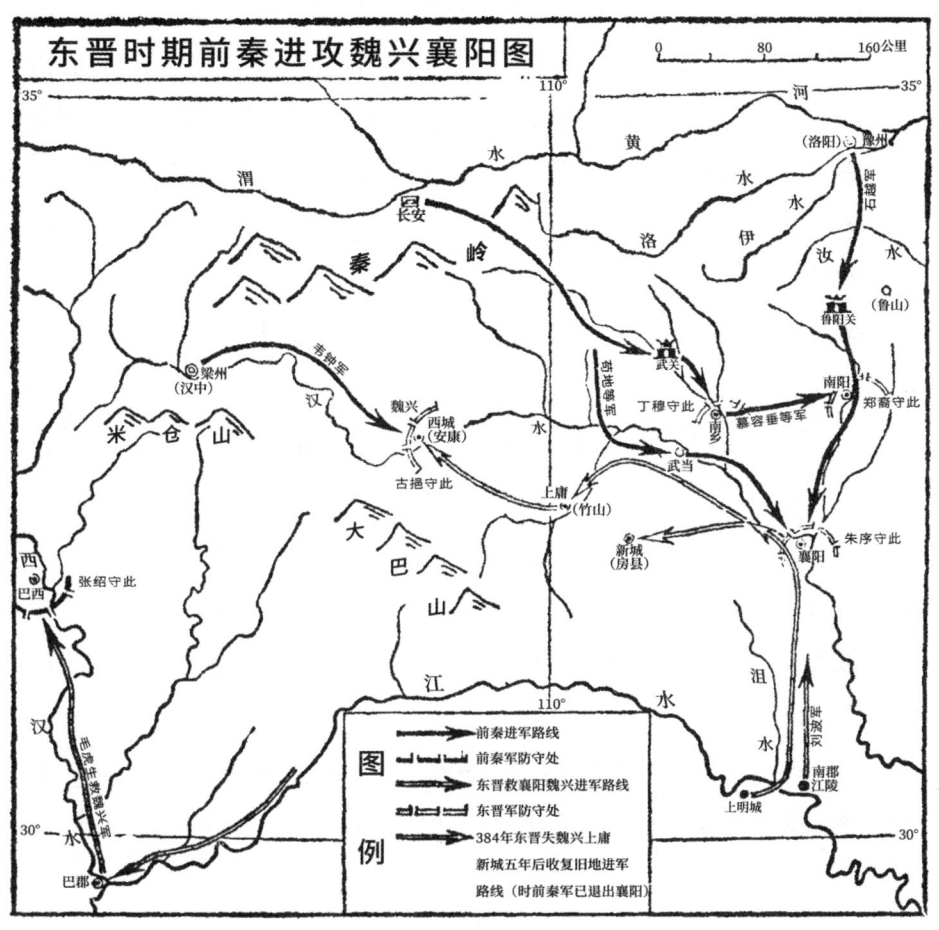

中，而由关中也可出袭襄樊、江陵等处。

武关道及控制这条通道的武关，由于位于函谷关和潼关之南，因而成为函谷和潼关的侧翼。由中原各地进攻函谷关和潼关时，这里就往往被利用为迂回进军的道路，这一点已另有文论述，这里就不再赘叙了。

然而商洛地区的战略地位还不仅只此而已，这个地区西南毗连安康盆地，而东与虢州（治所在今河南灵宝县）接壤。这里的军事行动必然会影响到相邻的地区，也就是说由这里西南可以进攻安康，而东向可以进攻虢州。南宋时期，金国由关中迂回进攻汉中，就是绕道商洛，由上津道西攻金州（治所在今陕西安康市）的[①]，而与宋将邵隆同屯守的董先也是由商州经洛南向东进攻虢州的[②]。邵隆商州之战规模还小，而金国的迂回进攻，却引起了有名的饶风关之战。从这点看来，商洛地区是有其重要性的。

（四）控制秦岭巴山两组平行军事通道的汉中城

汉中城位于汉水的上游，正当汉中盆地中间较为宽绰的地方。这座城池在历史上一直具有重要的战略意义。它之所以这样重要，首先是它控制着通过秦岭四条军事通道和通过巴山的两条军事通道，成为关中和四川之间交通的枢纽。

越过秦岭的平行的军事通道就是陈仓道、褒斜道、傥骆道和子午道。其中褒斜道南端由褒水河谷出山，出山之处就是旧褒城县，东南距汉中城只有15

[①] 《宋史》卷三六六《吴玠传》。
[②] 《建炎以来系年要录》卷四五："绍兴元年六月，知虢州邵兴以余兵屯卢氏县，为河南镇抚司统制官董先所败。兴不胜，率兵走兴元，投制置使王庶。张浚以其姓名与年号偶同，乃易其名为隆，先遂取商虢二州。"注："先取商州在七月，取虢州在八月，今并书。"按：邵兴本为陕州都统制军马，于建炎三年正月败金人于潼关，乘势攻虢州，又下之。陕州安抚使李彦仙即以兴知虢州。见《建炎以来系年要录》卷一九。建炎四年正月，陕州既陷之后，邵兴即退屯卢氏县。见《建炎以来系年要录》卷三一。董先为河南镇抚使翟兴部下的都统制，见《建炎以来系年要录》卷四三，绍兴元年四月。其时盖与邵兴同驻军于卢氏县，故得以互相残杀。卢氏县当为由商州至虢州所必经之地，由商州至卢氏县，又须经过洛南县。

公里。大体地说，这条通道正对着汉中城。褒斜道之西为陈仓道，陈仓道由宝鸡越秦岭山后，随嘉陵江直至略阳。在略阳折而向东，与褒斜路会合于褒城，再达到汉中。如果由连云栈南下，那就在武休关与褒斜道会合了。傥骆道与子午道皆在褒斜道之东，其南端在今洋县附近会合后，同样可以直抵汉中城。

越过巴山的金牛道、米仓道和荔枝道也是三条平行的通道。金牛道和米仓道都是直通到汉中城的。至于荔枝道本是唐代为了运送荔枝而利用子午道向南和延伸线，仿佛与汉中无关。荔枝道是经过今西乡县的，西乡县在荔枝道初开通时，还是洋州的治所，洋州为山南两道所属的一个州，而且又是由汉中往东的第一个州，其间道路的畅通自是理所当然的。这样说来，荔枝道和汉中城的关系还是密切的。

这样，由秦岭南下的四条军事通道和由巴山北上的三条军事通道都会合到汉中城，当然会增强汉中城的战略地位。一般说来，无论从秦岭以北向南进攻，或者从巴蜀向北进攻，都是先夺取汉中，并以之为基地，再继续前进的。因为如果越过汉中城而贸然前进，则不仅失去这样的基地，而且会招致汉中城的驻军截断后路的。

但是，由秦岭南下的军事通道有些借较小的道路与由巴山北上的军事通道相衔接，因而两方往来就不一定要绕道汉中城。陈仓道由略阳向东南，而金牛道经过大安向东北，虽都通到汉中城，可是这两条通道会合处在勉县，而勉县距汉中城还有45公里。本来略阳、勉县和大安三地区互相形成一个三角形地带，在这三角形地带中，白云山和钟山并峙其间，就在这里由略阳南下还有道路在大安与金牛道相衔接。① 在这样情况下，由陈仓道南下既可以在略阳以南通过这个三角形地带转入金牛道，也可以在勉县转入金牛道。在汉中以东，子午道和荔枝道之间本来就是相互衔接的，在平时这些道路都可以直接通行。如在宋代，甚至还把由略阳往南直至大安

---

① 白云山在大安驿西北，钟山则在大安驿东北，相距甚近。按：《读史方舆纪要》卷五六《汉中府》："飞仙岭在（略阳）县东南四十里，上有阁道百余间，即入蜀大路也。"

一段作为驿路。①这样，一些行军进攻，往往就经过这些捷径，而不必绕道汉中城。当然，汉中城的问题还是不能不有所顾虑的。五代时期，后唐的郭崇韬灭前蜀，就是由兴州（治所在今陕西略阳县）直趋三泉（今陕西宁强县西北），而不经过汉中的。②郭崇韬这样作战策略是预计到两方的军力强弱悬殊，而且前蜀人心崩离，无有固志。后唐方面从开始进攻威武城（今陕西凤县凤州东北）起，一天后，降凤州，四天后，降兴州，八天后就攻到三泉。可以说得上是势如破竹。三泉破后，前蜀三个节度使就以所辖地十五州来降，其中就有山南节度使及其所辖的梁州。③山南节度使和梁州的治所都在汉中城。郭崇韬之所以不攻取汉中城，正是估计到汉中城的前蜀守兵不会起到什么作用。北宋初年，王全斌灭后蜀，在取得兴州后，则绕道西县（今陕西勉县西）④，虽较郭崇韬稍远，然也没有达到汉中城。这是因为后蜀在汉中城的守军听到兴州失陷的消息，恐怕归路断绝，已先弃掉陕南（即汉中城），退保西县，宋军自无再攻汉中城的必要。（附图三《宋初王全斌灭后蜀图》）

清代中叶，兰大顺所率领的农民起义军，由四川东部，经万源、西乡等县，进攻到洋县，又由洋县越秦岭进攻盩厔（今陕西周至县），也是没有绕道汉中城。因为这时太平军陈德才部正在围攻汉中，而且取得胜利。兰大顺在这时越秦岭北攻，自然不必再顾虑清军从后路截击。⑤

就汉中城来说，这座城虽然控制着秦岭山上的四条通道和巴山山脉的三条通道，由于这些通道之间有相互联系的小道，在战时就有迂回绕道的可能性，因而不能稍事忽视的。

总的说来，陕南的汉中、安康和商洛三个地区夹处在秦岭、巴山之间，

---

① 《元丰九域志》卷八《利州路》："兴州，东南至本州界五十里，自界首至三泉县九十五里。"按：三泉县即宋至道二年所置的大安军改为县的。绍兴三年复为大安军，元时改为大安州，后降为县，明初县废。
② 《旧五代史》卷五七《郭崇韬传》。
③ 《资治通鉴》卷二七三《后唐纪二》。
④ 《续资治通鉴长编》卷五，太祖乾德二年十二月。
⑤ 曾毓瑜《征西纪略》卷一《陕甘靖寇记上》，《续陕西通志》卷一七〇《纪事四》。

图三 宋初王全斌灭后蜀图

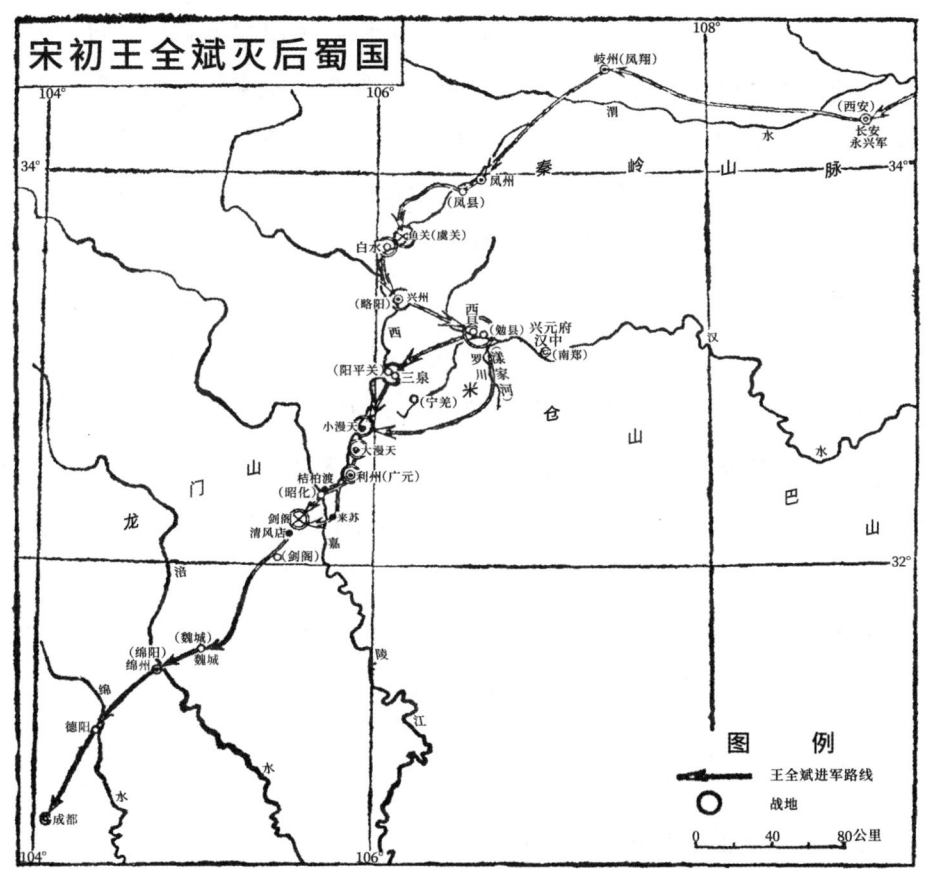

秦岭和巴山就分别成为这些地区南北的屏障。不过虽有山峦阻隔，然由于军事通道的纵横交错，经过邻近各处向这里的进攻，还是相当频繁的，而由这里向周围的反攻也是不少见的。

陕南地区虽位于秦岭巴山之间，却往往关系到其他地区，和长江下游各地也是息息相关的。因为它北邻关中，南界巴山，地处要冲。由关中向南，经过这里可以夺取巴蜀，由巴蜀向北经过这里也可以夺取关中。每当分裂割据时期，这样的形势就特为显著。陕南为汉水的发源地，而隔着巴山，距长江也不是过远。则由陕南沿江汉两水向东迂回绕道进攻，所威胁的地区自然更加广泛。自来建立于长江下游的政权，对于陕南和江汉上游的局势总是不能漠然置之，其原因就在于此。

在陕南地区中，汉中城的位置相当重要。它不仅据汉水的上游，而且控制着通过秦岭的四条平行通道和通过巴山的三条平行通道，无论从关中进攻巴蜀，或由巴蜀进攻关中，都是不能不经过此地的。其间虽不乏小道可以迂回，然如果忽视汉中城的重要性，迂回绕道也是难以有所成就的。汉中城居于汉中盆地的中央，汉中盆地的富庶也使汉中可以作为基地向邻近地区进行攻击。

二、汉水上游的富庶和粮秣的供应

（一）汉水上游的农田和水利

汉水上游的汉中盆地和安康盆地是两个富庶的地区，而汉中盆地尤为人们所称道。这里的土壤肥沃，气候温暖湿润，稻麦兼宜，而汉水及其支流，如勉县的浕水河、堰河、漾家河、黄沙河，汉中的褒水，南郑的廉水河，城固的湑水河，洋县的溢水河、傥水河，西乡的泾洋河，以及石泉的池水，汉阴的月河，安康的恒河、黄洋河，皆可引水灌溉，其他小支流可以利用者亦殊不少，这对于当地粮食产量的增加都是很有裨益的。

这样富庶的地区很早已为人们所熟知。远在战国时期，秦国在称霸六国的期间，就已经向西南发展，取得以成都为都城的蜀国。出兵的原因是看上了当地的富庶。秦国得到蜀国后，粮食充足，就更加强盛，从此把六国诸侯都不看在眼里[①]，这里所说的蜀国实际包括了汉中，因为那时汉中是属于蜀国的。正是这样的缘故，所以当时的人们在称道秦国的时候，把汉中和巴蜀比在一起，说是够得上称作天府。[②] 天府就是指物产富庶的地方，这里面当然包括了粮食的生产。

此后到了西汉中叶，由于褒斜道的开凿，更说明汉中是一个产粮的地方。褒斜道为秦岭六条重要谷道之一。这条通道本来是以前旧有的。这时重新开凿有三个原因：一是这条道路比较陈仓道为捷近，二是打算利用褒水和斜水（今斜峪河）从事水运，三是为了运输汉中、巴蜀和函谷关以东中原各地的粮食。函谷关以东中原各地运到关中的粮食，以前都是由黄河向西运输的，由于三门峡的峡窄水急，运输艰难，所以要改变运道，利用褒斜道的水运。后来因为褒水的水流湍急，礁石又多，不能行船，作为罢论。[③]

褒水和斜水的运道虽没有开凿成功，但由此可以看出两个事实。第一，汉水上游盛产粮食是可以肯定的。第二，汉水上游还是一些邻近地区的粮食运往关中过路站。自从秦国取得巴蜀以后，巴蜀的粮食就供应着关中的需要。秦汉和隋唐等建都于关中的王朝，由于都是统一的王朝，都城的粮食主要靠着中原和江南各地的供给。但遇到函谷关和潼关以东发生问题的时候，仍然是要靠巴蜀的。由巴蜀运到关中的粮食，当然要经过汉中。不仅巴蜀，长江下游的粮食也可以运到这里来。上面所说的西汉中叶开凿褒斜道运输中原的粮食的事情，由于褒斜道水运不通，没有成为事实。唐代中叶以后由于安禄山的乱事及跋扈藩镇的割据，主要的运道运河被阻，江

---

① 《战国策》卷三《秦策一·司马错与张仪争论于秦惠王前章》。
② 《战国策》卷三《秦策一·苏秦始将连横说秦章》。
③ 《史记》卷二九《河渠书》。

南各地运往长安的粮食有时就打算改走上津道。^①上津在今山阳县漫川关南、湖北郧县的西北。上津濒金钱河,而金钱河下通汉水。当时就是由这样的水道,向长安运输的。过漫川关后,水运不通,当然就要起旱了。这里的路途是比较艰难的,由于是暂时应急的措施,也就顾不得许多了。

汉水上游地区能够盛产粮食,自然是由于土壤肥沃,气候温和。而农田水利的发展也是一个重要的条件。前面说过,汉中盆地和安康盆地汉水的支流可资灌溉者为数不少。较大的农田水利当推山河堰。山河堰故址在旧褒城县南,引褒水(亦名黑龙江水)灌溉汉中境内农田[②],其中一部分就是现在褒惠渠的前身。山河堰的创始时期很早,据说出自西汉初年萧何的经营。[③]萧何诚然到过汉中,不过来去匆匆,如何能完成偌大的工程?这和城固湑水河旁有张良渠,殆属同一道理。这自然是劳动人民辛勤的结果,年久失传,不知其所始,遂使这些统治阶级享其美名。按之历史记载,在南北朝后期,已经有了张良渠这样名称的记载[④],其起源也是相当早的。

三国时期,汉水上游的农田水利也相当发达。诸葛亮就曾在黄沙河旁兴修过水利。黄沙河为汉水支流,在今勉县东。据说诸葛亮在水畔开黄沙屯。那时水旁人迹稀少,黄沙屯当是屯兵垦田的地方。[⑤]今汉阴与安康两县的月河河谷的农田水利颇受人称道,溯其渊源,也可上推至三国时期。当时驻守在那里的孟达,在写给诸葛亮的信中,曾提到当地的黄壤沃衍,水田缭绕,到处种桑植麻,说是这条川道里的土地十分肥美。

汉江上游农田水利的兴修,南宋时期用功较多,而成就也较大。吴

---

① 《资治通鉴》卷二一八《唐纪三四》:"至德元载,(安禄山)兵力所及者,南不出武关,北不过云阳,西不过武功,江淮奏请贡献之蜀、之灵武者,皆自襄阳取上津路抵扶风,道路无壅。"又卷二二七《唐纪四四》:"(李)希烈使其将封有麟据邓州,南路遂绝贡献,商旅皆不通。诏治上津山路,置邮驿。"按:上津县,唐时属商州。
② 《舆地纪胜》卷一八三《兴元府》。
③ 《宋史》卷九五《河渠志五》,又卷一七三《食货志上一》。
④ 《水经·沔水注》:"湑水又东迳七女冢,水北有七女池,池东有明月池,状如偃月,皆相通注,谓之张良渠,盖良所开也。"
⑤ 《水经·沔水注》。

玠、吴璘驻守其地时，曾修复褒水的山河堰，灌溉农田数千顷①，杨政继续修治②，使灌区的盐碱地复成膏腴的农田。过了几年，南宋政府又派遣吴拱来此继续修理，山河堰六堰都发挥了作用，并疏浚大小渠道六十五条，灌溉褒城、南郑的农田二十三万三千亩。③吴玠的部将杨从义还兴修了洋州（治所在今陕西洋县）的农田水利。洋州的湑水河和其他河流本来就设有八堰引水灌溉，由于年久失修，废弃不用。杨从义修复之后，灌溉农田五千多亩。④这几次水利工程都是值得称道的，也是历时最久的。

汉中盆地和安康盆地的土壤本来就很肥沃，加上这些农田水利，必然会促进粮食产量的增高，这在战时对于军糈的供应是能够有所帮助的。（附图四《汉水上游农田水利图》）

（二）富庶的汉水上游战时对粮秣的供应

汉水上游既有富庶的粮食，则在这一地区的军事行动就能够有很好的凭借，为取得胜利具备有利的条件。

远在秦汉之间，刘邦和项羽连年作战，粮秣得以无缺者，就是依靠汉中和巴蜀的粮食。当战争初起时，刘邦是以汉中为根据地的。刘邦出兵关中，留萧何在汉中，筹划运输和供应粮草。后来取得关中，又到关东和项羽继续进行战争。当时关中残破之余，所产粮食还不敷当地的应用，怎么能供给前方战场上的需要？这必然仍仰赖于汉中和巴蜀。由于萧何的悉心筹划，前方军食才能不虑匮乏，所以刘邦在平定项羽之后，论功行赏，萧何的功劳占第一位。⑤如果汉中、巴蜀没有这样的富庶粮，萧何也是难为无米之炊的。

后来到东汉末年，军阀混战，割据称雄。那时张鲁也据有汉中。汉中

---

① 《宋史》卷三六六《吴玠、吴璘传》。
② 《宋史》卷三六七《杨政传》。
③ 《宋史》卷九五《河渠志五》。
④ 民国《洋县志》卷六《艺文·开国公杨公墓志铭》。
⑤ 《华阳国志》卷三《蜀志》，《史记》卷五三《萧相国世家》。

图四 汉水上游农田水利图

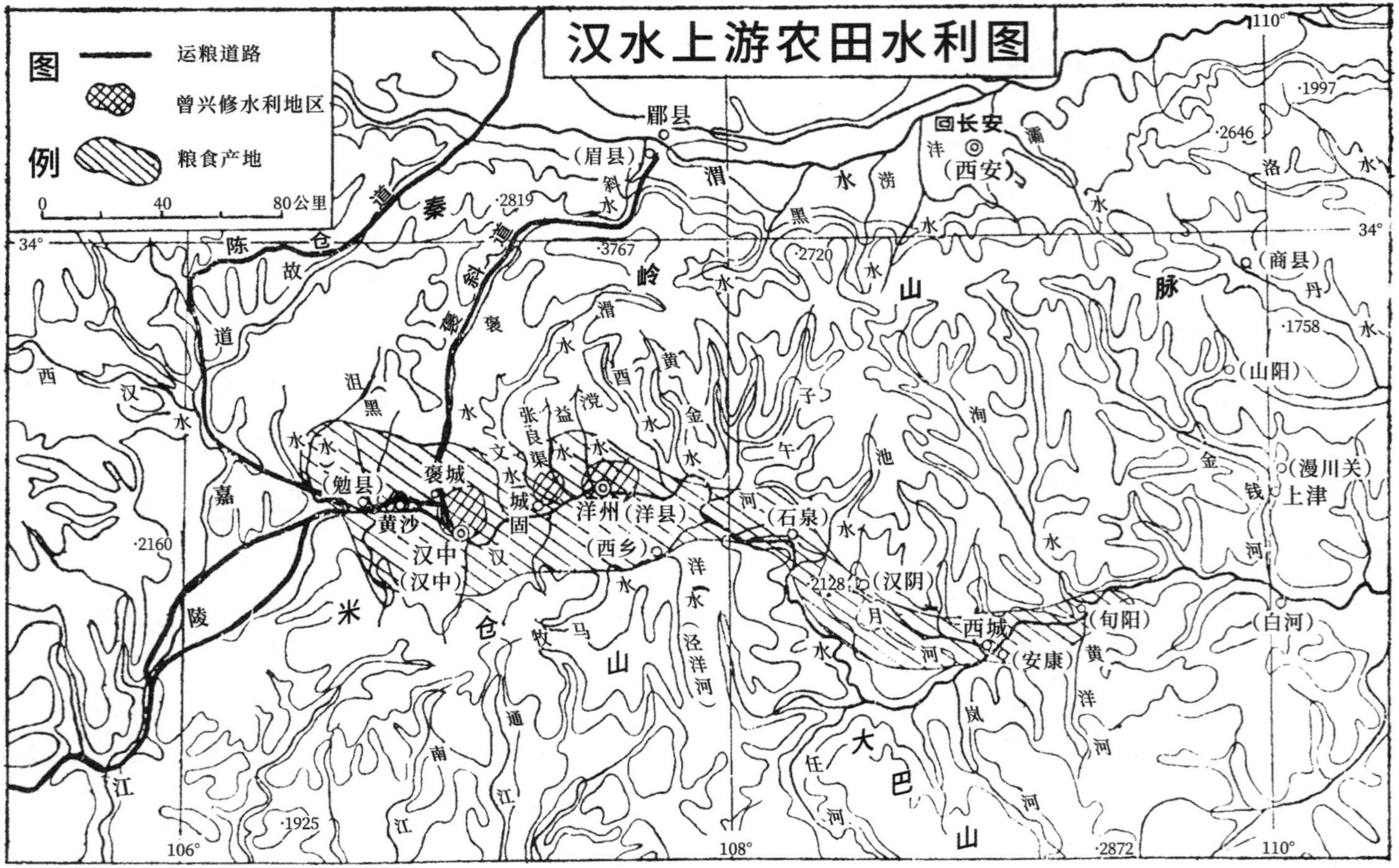

有民户十万，财富土沃，加上四面险固，所以张鲁就在当地恃险自守。①张鲁后为曹操所破，据有四川的刘备就起兵和曹操争汉中。刘备的谋士法正判断这次出兵一定能够成功，他要求刘备取得汉中后，"广农积谷，观衅伺隙"。就是说应该积聚粮食，等待时机。他说这样最好能够进取中原各地，其次也可以蚕食雍州（今陕关中和甘肃黄河以南，治所在今西安市）和凉州（今甘肃河西，治所在今甘肃武威县），就是最无成就，也可以固守要害，为持久的打算。②其实诸葛亮后来经营汉中，就是按照法正的规划行事的。

诸葛亮经营汉中，首先是劝农讲武，当时的部署已不可具知。从他在沔阳（今陕西勉县）的黄沙河旁开屯垦田、引水灌溉一事来观察，当时蜀汉的军士在战争的间歇期间，是曾经进行过屯田的。诸葛亮在汉中劝农积谷是费了一些力量的，可是屡次出兵，大都是由于前方军粮不继，撤退回来。③军粮不继的主要原因还在于运输的困难。诸葛亮初次出祁山时，为了迷惑魏人，扬言从斜谷出兵，最后五丈原之战，就确实是由斜谷前进的。这先后两次，都在事前运米于斜谷口，才随后进兵的。在再次出祁山时，李严在后方负责督运粮饷，时值霖雨，粮运不继，李严就借故招亮退军。④虽说这是一宗特殊的事例，也足以说明前方军粮困难的原因。

由于汉水上游是一个产粮的地区，由汉中进攻或经过汉中的军队，都能就地解决或部分解决军粮的供应问题。五代时，后唐派遣郭崇韬经过汉中进攻割据在四川的前蜀。后唐为了供应这支军队，把积蓄在凤翔的粮食都拿出来，还不见得充裕。于是郭崇韬就把解决军粮的问题寄托在汉中方面。用攻破敌人的据地，食敌人的粮食的办法，逐步前进。他先在凤州（治所在今陕西凤县凤州镇）得粮40万斛（古代以10斗为斛），接着在三泉（今宁强县西北）得粮15万斛。由是军食充足，就能进而灭掉前蜀。⑤北宋灭

---

① 《三国志》卷八《魏书·张鲁传》。
② 《三国志》卷三七《蜀书·法正传》。
③ 《三国志》卷三五《蜀书·诸葛亮传》。
④ 《三国志》卷四〇《蜀书·李严传》。
⑤ 《资治通鉴》卷二七三《后唐纪二》。

后蜀也是这样。王全斌进军时，在攻克兴州（治所在今陕西略阳县）时获粮40万斛，攻克三泉时又获粮30万斛，也能够顺利灭掉后蜀。①

汉水上游地区在分裂割据时期是经常发生战争的。其间战争规模最大而又历时最久的，则在南宋时期。南宋先后与金国、蒙古对垒，长达一百多年。还在南宋初年的时候，张浚就在兴元府（治所在今陕西汉中市）治军，以为收复中原的基础。他指出汉中的形势，说是"前控六路之师（即永兴军、秦凤、鄜延、环庆、泾源、熙河等六路，在今陕西秦岭以北及甘肃黄河以南），后据两川（今四川省）之粟，左通荆襄（今湖北省）之财，右出秦陇（今甘肃省）之马"，因而在汉中积聚粮食财物，准备大举。② 接着与金国战于富平（今陕西富平县），狼狈溃退，运到前方的军粮器械，完全损失。③ 不久又有饶风关④和潭毒山⑤之战，金兵攻入安康、汉中，宋兵用焚烧积聚、坚壁清野的办法来对付。金兵虽然退去，张浚历年的积聚，却多数丧失。后来吴玠、吴璘总绾汉中防务，鉴于军粮运输困难，就在汉水上游兴修农田水利，屯田耕种⑥，而屯田的地区还东及于金州（治所在今陕西安康县）⑦。这就解决了部分的军粮供应，使其长期与金国相峙的局面能够支持下去。

（三）接济汉水上游军粮的地区和转运军粮的道路

汉水上游诚然是产粮的地区，但在战时驻屯军队稍多，粮饷就感到不足，需要邻近地区的接济。南宋时期，利州东西路经常驻军十多万人，转运供应就成了当务之急的大事。南宋的利州东西路辖地甚广，南至于阆州和巴州（治所在今四川阆中县和巴中县），已在巴山的南麓，西至于西和

---

① 《续资治通鉴长编》卷五，乾德二年十二月。
② 《舆地纪胜》卷一八三《兴元府》引《言行录》所载建炎二年张魏公浚奏。
③ 《宋史》卷三六一《张浚传》。
④ 《宋史》卷三六六《吴玠传》。
⑤ 《宋史》卷三七〇《刘子羽传》。
⑥ 《宋史》卷三六六《吴玠、吴璘传》，又卷一七六《食货志上四》。
⑦ 《建炎以来朝野杂记》甲集卷一六《关外营田》条，又《宋史》卷三六七《郭浩传》。

州与阶州（治所在今甘肃西和县与武都县），又在西汉水和白龙江流域，皆远离汉水上游。若除去这些州郡的驻兵，则汉水上游屯军的数字，当不及十万人。可以推知当地所供应的军粮与实际需要的差额还是很不小的。

接济汉水上游军粮的地区主要是其南的巴蜀。嘉陵江以西的西汉水上游及其附近各地和长江中下游也都有所供应，但在供应的时期和数量方面，都远不能和巴蜀相比拟。

巴蜀自古就是天府之国，为盛产粮食的地区。每当分裂割据时期汉水上游都不免沦为战场。西南方面的割据势力控制了汉水上游，前方所需的军粮除取之于当地外，自然就依靠巴蜀的供应。由三国时期起，历东晋南北朝和五代时期，以至南宋一代都是如此。

巴蜀与汉水上游隔着巴山，嘉陵江穿巴山南流，由巴蜀运粮北上，有陆路，也有水道。西汉中叶，通褒斜道的目的是想利用褒水和斜水从事漕运。褒水和斜水水浅石多，尚欲加以利用，则嘉陵江及其旁各河流也会很早就用来从事运输的。不过记载疏略已无由知其详情了。

诸葛亮出祁山时曾以木牛运粮，出斜谷时又以流马运粮。[①] 有人解释，木牛是人力独轮车，流马是人力四轮车，看来都是用来从事陆路运输的。据唐代的记载，利州景谷县西南有木马山，诸葛亮曾在其地制作过木牛流马。[②] 景谷县在今四川广元县西南，则此木马山就在金牛道的南端。金牛道傍嘉陵江，而木马山恰离嘉陵江不远。如果唐代记载并非向壁虚构，则三国时期，巴蜀粮食北运还间有从陆路的。

南宋时期，巴蜀粮食北运主要是由嘉陵江来运输。仙人关东北的鱼关（亦作虞关）为嘉陵江航运的终点[③]，也是由巴蜀运来的军需物资的集中和分散的地方。巴蜀产粮的地区以成都平原为主，那里土壤既肥沃又有岷江

---

① 《三国志》卷三五《蜀书·诸葛亮传》。
② 《元和郡县图志》卷二二《利州》。
③ 《宋史》卷三六六《吴玠传》：“时朝廷恃和忘战，欲废仙人关。于是（胡）世将抗奏谓：'仙人关未宜遽废，鱼关仓亦宜积粮。'”

的灌溉，产粮之多，为他处所不及。这个时期的主要运道并不由成都平原北上，可能是陆运比较困难的缘故。崔与之为成都府路安抚使时，曾由成都平原运粮三十万石到沔州（治所在今陕西略阳县），以备不时之需。①成都一路虽不是主要运道，所产的粮食仍然是运往汉中的。

嘉陵江以西的西汉水上游及其附近各地所产的粮食数量当然远不能和巴蜀的成都平原相比。不过由于邻近汉水上游，战时还是可以从这里调剂军粮的。诸葛亮再出祁山之时就曾乘势收获祁山附近及上邽（今甘肃天水市）的麦子，以补助军前的食用。②南宋时期，郑刚中在阶、成二州（治所在今甘肃武都县与成县）以至秦州（治所在今甘肃天水市）的边界营田五千多顷，岁收十八万斛，也是不小的数目（当时秦州属于金国，营田直到秦州的边界，说明了当时营田的规模）。③

后来到了清代初年，还曾由这一地区运粮。当时明朝的永历帝还在云南、贵州等省抵抗清军。所谓运粮乃是为了供应由四川向云南进攻明永历帝的军队。这只是经过西汉水上游地区，由嘉陵江南运而已。当时征集粮食的州县包括秦、徽、成三州（治所分别在今甘肃天水市、徽县和成县），西至礼县、西和两县，北至伏羌（今甘肃甘谷县）、秦安、清水诸县，则已不限于西汉水上游，而是北至渭水以北了。

由长江中下游循汉水而上运输粮食的，则见于唐代的中叶。那时唐王朝的皇帝因为关中有了战争，仓皇逃到汉中，长江中下游的漕粮也随着向这里运输。④当然这是暂时的事情，关中平定后，皇帝回到长安，西运的漕粮也就停止了。不过南宋时期由嘉陵江上运的粮食，运输的路线直到长江

---

① 《宋史》卷四○六《崔与之传》。
② 《三国志》卷三五《蜀书·诸葛亮传》。
③ 《宋史》卷三七〇《郑刚中传》。
④ 《资治通鉴》卷二三一《唐纪四七》："兴元元年，盐铁判官万年王绍以江淮缯帛来至，上命先给将士，然后御衫。韩滉欲遣使献绫罗四十担诣行在。"是时德宗为李怀光所迫，南至梁州，梁州即汉中，则王绍、韩滉所献的缯帛绫罗，当是由长江中下游循汉水上运的。

的三峡,可能是长江中下游的粮食当时也曾运到汉水上游[①],只是运输路线是由长江和嘉陵江而上,并未再循汉水西行了。

综上所述,汉中、安康地区的土壤气候都适于种植稻麦,再加上水利灌溉,就能够获得更好的收成,这对于战时的军粮供应是有所裨益的。

不过汉水上游用于农耕的土地有限,当地所产的粮食供应较多的军队,往往感到不足,而要依靠邻近地区的接济。主要的供应地区是巴蜀,嘉陵江上游以西的西汉水上游及其附近长江的中上下游也都曾经有过帮助,而嘉陵江则为主要的运道。

三、秦巴山地的防守

(一)秦岭山上的防守

汉中盆地和安康盆地四面多山。山高路险,是易于防守的地区。由于这个地区正处于关中和四川之间,就成为南北分裂时期南北两方势所必争的所在。除北方的威胁来自秦岭各谷道,南方的威胁来自巴山各谷道外,嘉陵江西岸和汉水中游也易遭到分别来自陇东、陇南和湖北襄樊的攻击。所以这个易于防守的地区,战争却未见得稀少。

汉中盆地和安康盆地周围的群山,论其重要性,北面的秦岭自当居于首位。这是因为每当分裂割据的时期,占有中原而居于优势的力量总是企

[①]《宋史》卷三七〇《胡世将传》:"宣抚吴玠以军无粮,奏请踵至。世将既被命入境,约玠会议,蜀之饷运,溯嘉陵江千余里,半年始达。"又卷一七五《食货志上三》:"绍兴四年,川、陕宣抚吴玠调两川夫运米十五万斛至利州,……蜀人病之。漕臣赵开听民以粟输内郡,募挽舟之,人以为便。总领所遣官就籴于沿流诸郡,复就兴、利、阆州置场,听商人入中。"宋兴州治所在今陕西略阳县,利州治所在今四川广元县,阆州治所在今四川阆中县。皆在嘉陵江岸上,以嘉陵江为主要运道。兴州在汉中西,亦在今陕南。吴玠当时既运两川米,则长江亦当在运道之列,可以直至三峡了。

图取得西南各地，以完成其统一的事业，这样汉中就首当其冲，而秦岭也就成为行军进攻必经的道路。至于据有西南各地的力量，为了抵挡住中原方面的进攻，就要固守秦岭一线。如果这一线发生问题，汉中、蜀口就往往陷于苦战。所以无论从北从南来说，秦岭的得失都是关系綦重，而不能轻易置之的。秦岭盘旋曲折，横峙于关中、陕南之间，其余脉西延，及于陇南天水等处。天水有通道达于徽县之南，与陈仓道相衔接。这是陇东、陇南南入汉中和四川的大道。因其为秦岭余脉分布的地方，应该和秦岭一起讨论。而且在若干军事行动方面，其间也本是相互呼应的。

秦岭六条主要谷道，武关道是由关中直趋南阳、襄樊的，库谷道并无很多的军事行动，这里就不必提起。其余的陈仓道、褒斜道、傥骆道和子午道，相距都不是过远。所以由关中向南的进攻，有的就诸道俱出。三国时期，魏国的曹真和钟会的行军就是这样的。曹真分四路进攻蜀汉，一路是由宛（今河南南阳市），溯汉水再由西城（今陕西安康县西北）而上，一路是由武威而入。其余两路就是秦岭的斜谷和子午谷。①（附图五《三国时期魏国曹真进攻蜀汉图》）钟会进攻蜀汉，也分由斜谷、骆谷、子午谷以趣汉中。②（附图六《三国时期魏国钟会邓艾灭蜀图》）曹真中途遇雨班师，然诸葛亮已驻军赤坂（今陕西洋县东）等待。③因为赤坂可以遏制子午道和溯汉水而上的道路。钟会越过秦岭进军，一路无阻。这固然是由于当时进攻蜀汉，钟会之外还有邓艾、诸葛绪两路，邓艾由狄道（今甘肃临洮县）趣甘松（今四川松潘县西北）、沓中（今四川松潘县东北，甘川两省交界

---

① 《三国志》卷九《魏书·曹真传》，《资治通鉴》卷七一《魏纪三》。按：胡三省曰："武威恐当作武都，否则建威也。"武都在今甘肃成县西北，建威在今甘肃西和县北。又按：曹真此次出师，陈群曾提出异议。《三国志》卷二二《魏书·陈群传》："太和中，曹真表欲数道伐蜀，从斜谷入。群以为太祖昔到阳平，攻张鲁，多收豆麦以益军粮。鲁未下而食犹乏。今既无所因，且斜谷阻险，难以进退，转运必见钞截，多留兵守要，则损战士，不可不熟虑也。帝从群议。真复表从子午道，群又陈其不便，并言军事用度之计。诏以群议下真，真据之遂行。"曹真此行果未成功，可见陈群所言并非泛论。
② 《三国志》卷二八《魏书·钟会传》。
③ 《三国志》卷三三《蜀书·后主传》。

图五 三国时期魏国曹真进攻蜀汉图

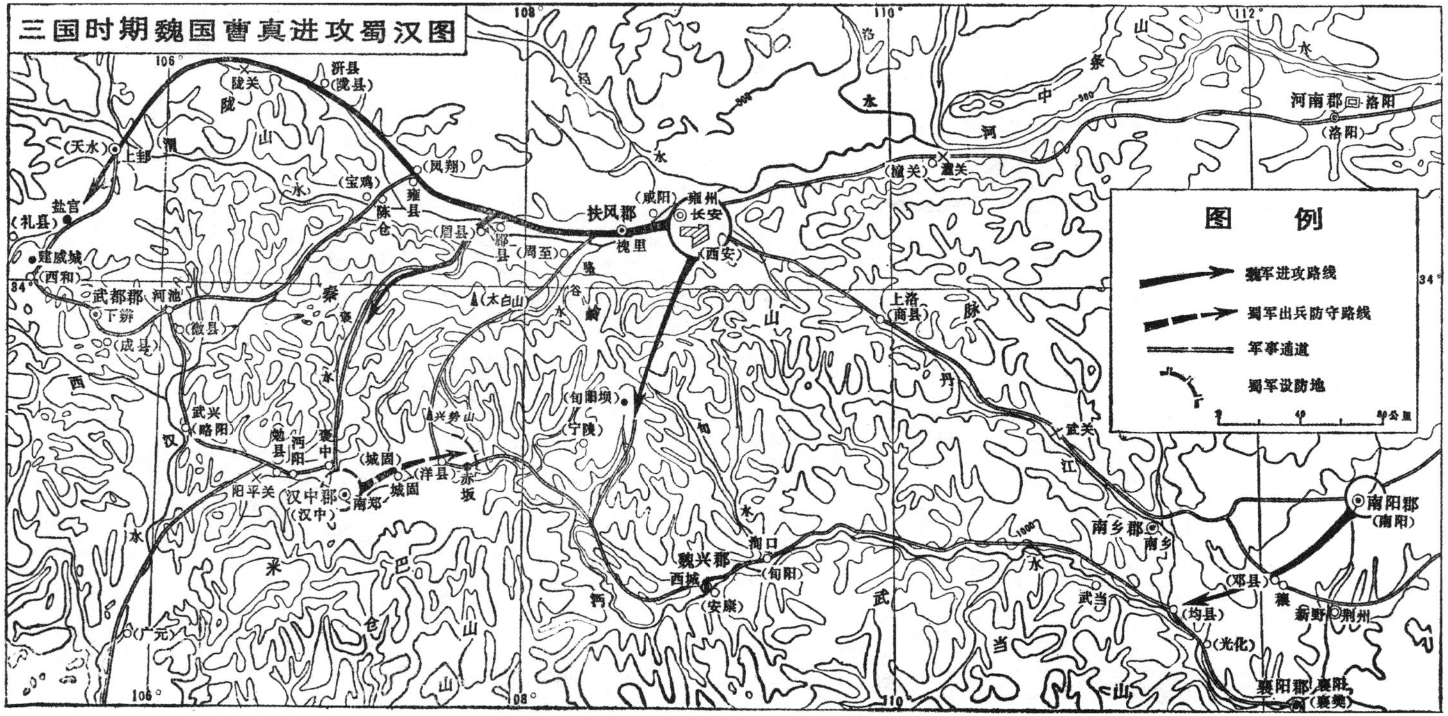

图六 三国时期魏国钟会邓艾灭蜀图

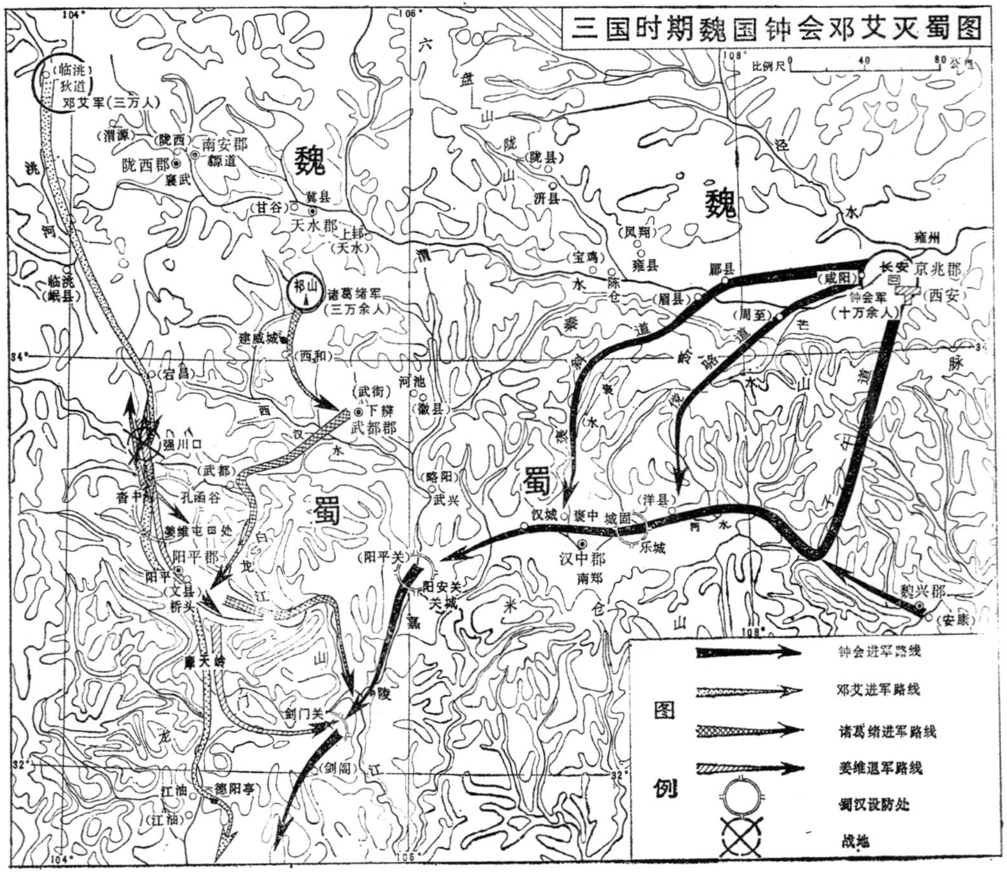

处），诸葛绪由祁山（今甘肃礼县东）趋武街（今甘肃成县西北）、桥头（今甘肃文县南），都是为了阻挠分散姜维的注意，减少钟会前进的阻力①；也是由于姜维原来规划汉中方面防御不尽适宜，尽撤秦岭谷道诸关隘的驻军，而守汉城（今陕西勉县东南）和乐城（今陕西城固县东）②，所以钟会得以长驱而前。

像这样的分道并进的行军，在唐代中叶还有一次。那时刘辟据西川反唐，唐朝派高崇文等前去进攻。崇文出斜谷，李元奕出骆谷。③刘辟的力量并非强大，而又限于西川一隅，距离秦岭和汉中都很遥远，这两路进军，不过取其方便而已。

至于其他的进军，则以陈仓道最为频繁，这一点到后面再说。

陈仓道的东面为褒斜道。据说远在战国时期，秦惠王攻蜀就走的是这条道路。④古史记载疏略，行军的情况已经不能具知。后来到了东汉末年，曹操因为刘备在定军山战胜了魏军，杀死了守将夏侯渊，就亲自率军由褒斜道南下驰援。由于刘备的战略是据险坚守、疲劳曹军，曹操求战不得，久驻无粮，只好引军北归。⑤三国末年，魏国遣钟会攻蜀，却又对钟会放心不下，因派贾充率兵由斜谷南行以防万一。⑥钟会后来果然想在四川另创局面，但一发动就遭到失败⑦，所以贾充这路进军并未显出若何的作用。同样还有一次，那是东晋时期，当时北方的前秦势力强大，四川汉中都在它的控制之下，东晋想收复这些土地，就派军队进入四川，已攻到涪城（今四川绵阳县南），前秦也派军由斜谷前往应援。晋人听说前秦出兵，恐怕众

---

① 《三国志》卷二八《魏书·邓艾传》，《资治通鉴》卷七八《魏纪一〇》。
② 《三国志》卷四四《蜀书·姜维传》。
③ 《旧唐书》卷一四《宪宗纪上》，又《资治通鉴》卷二三七《唐纪五三》。
④ 阚骃《十三州志》（王谟《汉唐地理书钞》辑本）。
⑤ 《三国志》卷一《魏书·武帝纪》，又卷三二《蜀书·先主传》。
⑥ 《晋书》卷四〇《贾充传》，《资治通鉴》卷七八《魏纪一〇》。
⑦ 《三国志》卷二八《魏书·钟会传》。

寡不敌，率军退去。① 虽然有这几次的出兵，由于都没有实际作战，显得只是通过这里的行军而已。

如果说褒斜道向南的军事行动不多，则傥骆道就要更少些。这条通道诚然是长安、汉中之间几条通道中较为近捷的一条，可是也是较为险峻的一条。如果中途为敌所阻，就容易覆没。三国时，魏国曹爽因要树立自己的威名，发起向蜀国的进攻，所走的就是这条通道。当时魏国出军十万余人，转输粮草已经很是吃力。② 蜀汉的主力驻在涪县（今四川绵阳县），汉中附近不满三万人，分守兴势山（今洋县北）和黄金谷（今陕西洋县东金水），扼住傥骆道的南口。③ 魏军冲不过去，只好撤兵。这时蜀汉涪县援兵已到，在三岭（今洋县东北）截击，魏军争险苦战，伤亡甚重，仅乃得过。④

子午道的南口是几条通道中距离汉中最远的一处。刘邦由关中到汉中，就是由这条通道前进的。⑤ 汉中在当时是作为刘邦的辖地，所以他走这条路时并不是为了作战。三国时魏曹真攻蜀，也由此出兵，还没有到达目的地，就被迫撤兵而归。⑥ 此后向汉中进兵的，一般都不走这条通道。但并不能因此而说这里再无军事行动了。子午岭在秦岭南坡本是沿池水而下，南北朝后期才向西移，略同于现在的西万公路。在未改道以前，其南端距安康较为近些。就是说改道之后，旧路也未见得再不通行了。这样由关中向安康进军，这条通道还算比较合适的。西魏时王雄为了取得魏兴（郡治在今陕

---

① 《资治通鉴》卷一〇五《晋纪二七》："太元八年，桓冲帅众十万伐秦，攻襄阳，遣前将军刘波等攻沔北诸城，辅国将军杨亮攻蜀，拔五城，进攻涪城。……秦王坚遣……后将军张蚝、步兵校尉姚苌救涪城，……张蚝出斜谷，杨亮引兵还。"
② 《三国志》卷九《魏书·曹爽传》。
③ 《三国志》卷四三《蜀书·王平传》。
④ 《三国志》卷九《魏书·曹爽传·注》引《汉晋春秋》："（夏侯）玄惧，言于爽，引军退，费祎进兵据三岭以截爽。爽争险苦战，仅乃得过。"《资治通鉴》卷七四《魏纪六·注》："自骆谷出扶风，隔以中南山，其间有三岭：一曰沈岭，近芒水；一曰衙岭；一曰分水岭。"这三岭分别在今陕西周至、眉县、武功三县境，当时皆属魏地，且与战争形势不合。其实，所谓三岭只是一个地名，在今陕西洋县东北，故费祎能在其地截断曹爽归路。
⑤ 《史记》卷八《高祖本纪》。
⑥ 《三国志》卷九《曹真传》。

西安康县西北）和镇压当地人民起义，曾两次由子午谷进军。第一次进军是由子午谷折向上津（今湖北郧西县西北），这到后面再说。其后一次就是由这条池水故道。① 这次进军的第二年，西魏为了同一目的还派李迁哲再次由子午道南攻。当地人民听说李迁哲行将来到，就烧绝直谷（即池水河谷）栈道，阻其前进。② 虽然没有抵挡得住，但已说明池水河谷也是相当险要，足以就地防守的。

（二）陈仓道及其东西衔接的通道的军事行动

一般说来，由关中方面向秦岭以南的进军，大多是由陈仓道一路。这是因为陈仓道较其他谷道为平夷，平时南北来往大道也是多由这里通行。由于军事行动较多，所以大散关、凤县、略阳以及勉县的古阳平关都成了防守的要地。大散关本是关中方面为了防御来自秦岭以南的进攻而设置的。从汉中方面说，要以此作为防御来自关中方面向南的进军，形势就不尽相同了。南宋初年，为了防御金人从关中向南的进攻，不能不守住大散关。要守住大散关，就不能不凭借和尚原。因为和尚原就在大散关旁，论形势比大散关更为险要。和尚原周围陡峭，顶上宽平，又有水泉，在原上屯军，就可控制大散关。如果和尚原不失，大散关就不能轻易被突破。金国既要向汉中进攻，就必须攻下这个要地。宋高宗绍兴元年（公元1131年）一年之中，金国曾三

---

① 《周书》卷二《文帝纪下》："魏废帝元年，东梁州民叛，率众围州城，太祖复遣王雄讨之。"《纪》未详载王雄出兵道路。按：王雄此次出兵为其南征的第二次。《文帝纪》载其前一年，出子午，伐上津、魏兴。又载王雄平上津、魏兴后，以其地置东梁州。两次出兵的任务基本相同，当皆由子午道前往。第二次不必先去上津，就可由子午道直下，由池水故道直指魏兴。
② 《周书》卷四四《李迁哲传》："魏恭帝初，直州人乐炽……连结为乱，太祖遣雁门公田弘出梁汉，开府贺若敦趣直谷。炽闻官军至，乃烧绝栈道，据守直谷，众不得前。太祖以迁哲信著山南，乃令与敦同往经略。"

次向和尚原进攻。①其第三次发动兵将十余万人,由其元帅兀术亲自率领。由于吴玠、吴璘死守阵地,经过激烈战斗,俘虏金国一万多人,金军狼狈退去,被迫暂时放弃攻夺此地和从陈仓道向南进兵的企图。②后来吴玠于绍兴三年(公元1133年)在金军已经攻下金州(治所在今陕西安康县)西迫汉中,不得不亲率主力由河池(今甘肃徽县)驰援饶风关时,考虑到和尚原距汉中过远,粮秣运输不便,而河池系根本重地,守御力量急需加强,才放弃和尚原,退守河池和仙人关(今徽县东南嘉陵江岸上)。③

大散关之南是凤州(治所在今陕西凤县东北凤州镇)。凤州不仅是陈仓道上的重要城池,而且也是联系陈仓道和褒斜道的连云栈的起点。两条通道由此分岔,其重要性可想而知。陈仓道由大散关往南,山路狭窄,至凤州后,始较为开阔。北来的军队多乘机在此修整,而汉中方面也正好在此阻止北军的前进。

凤州附近的陈仓道是沿着故道川(今图为嘉陵江上源)的。故道川在今凤县治东与小沟河相合。这小沟河大致与故道川平行,因而可作较短距

---

① 《宋史》卷三六六《吴玠传》:"绍兴元年,金将没立自凤翔,别将乌鲁、折合自阶、成出散关,约日会和尚原。乌鲁、折合先期至,阵北山索战,玠命诸将坚阵待之,更战迭休。山谷路狭多石,马不能行,金人舍马步战,大败,移寨黄牛,会大风雨雹,遂遁去。没立方攻箭筈关,玠复遣将击退之,两军终不得合。"按:《宋史》这段记载当取材于《建炎以来系年要录》,而小有违异。《建炎以来系年要录》说:"吴玠及金人乌鲁、珠赫战于和尚原之北,败之。时金主晟之从姪摩哩与乌鲁、珠赫以数万骑分两道入犯,珠赫自凤翔,二将由阶、成,约日会和尚原。"《注》:"熊克《小历》云:'乌鲁、珠赫自阶、成、凤出散关',盖据王纶、王曒撰玠、璘碑所云也。然阶、成在散关后,不应云出散关,当云自阶、成还趣散关,会于和尚原乃可。纶、曒皆江东人,不知蜀口地理,克父因之耳。"李氏此言甚是,当从之。又按:摩哩即没立,乌鲁、珠赫即乌鲁、折合。《要录》谓"赫珠自凤翔,二将由阶、成",亦误。《要录》下文也曾提到摩哩自犯箭筈关事。箭筈关当在箭筈山下,而箭筈山在今岐山县东北(见嘉庆《大清一统志》卷二三五《凤翔府》),其地距凤翔近,自当由摩哩进犯,不是出自珠赫。《要录》又谓"二将由阶、成",熊克《小历》亦谓"乌鲁、珠赫自阶、成、凤出散关",则乌鲁、珠赫应为二人。今中华书局标点本《宋史》卷三六六《吴玠传》作乌鲁折合,为一人,与《要录》及《小历》皆不合。
② 《建炎以来系年要录》卷四八,绍兴元年十月;《宋史》卷三六六《吴玠、吴璘传》。
③ 《宋史》卷三六六《吴玠、吴璘传》:"(绍兴)四年二月,敌复大入,攻仙人关。先是,璘在和尚原,饷馈不继;玠又谓其地去蜀远,命璘弃之,经营仙人关右杀金坪,创筑一垒,移原兵守之。"然《建炎以来系年要录》卷七三,绍兴四年二月则谓:"先是金既得和尚原,利州路制置使吴玠度敌必深入,乃预治垒于(仙人)关侧,号杀金坪,严兵以待。"

离的迂回之用。五代时期，后周进攻后蜀，已越散关取得黄牛（今陕西凤县东北），后蜀援凤州的军队近在马岭寨（今陕西凤县西，接甘肃两当县界）。这支援军分兵向北出唐仓（今陕西凤县北唐仓镇，濒小沟河），打算在黄花谷（今陕西凤县东北草凉驿附近）断后周的粮道。就在这时，后周也在小沟河附近迂回进兵，截断后蜀军队的归路。后蜀军溃，只得退守到青泥岭（今甘肃徽县南）。[①]

陈仓道沿嘉陵江南行，凤州以南，嘉陵江河谷狭窄，陈仓道遂向西经今两当、徽县，直南至仙人关。关在嘉陵江北岸，即吴玠所经营的要塞。仙人关以前不见记载，由于吴玠的经营，南宋一代屹立于江头，为一方的重镇。仙人关正位于嘉陵江峡口，两岸绝壁千仞，仅有一路上通青泥岭。而青泥岭也以险要称。由天水南至汉中的通道，与陈仓道在徽县相合后，再向南行。这样仙人关就兼控制着两条通道。而仙人关东北10余里的虞关（也称鱼关），为嘉陵江航运终点，四川的物资溯嘉陵江而上，军需接济都可由此得到供给，所以仙人关是一个利于防守的要地。金国为了进攻陕南和四川，曾出全力与吴玠争夺仙人关，结果金兵攻关不克，大败而归[②]，从此再也不敢对陕南和四川发动大规模的进攻。而吴玠则乘机收复被金兵占去的凤州城及和尚原、大散关等地，重新巩固秦岭一线。（附图七《南宋与金仙人关之战图》）

略阳在仙人关之南，陈仓道到这里已经进入汉中地区，可以说是汉中西北的门户。和仙人关一样，它不仅是陈仓道上的要地，也控制由天水至汉中的道路。在仙人关未建置之前，武兴、兴州（由三国时起，略阳称为武兴，西魏隋唐时为兴州）虽先后名称不同，都是一方重镇。仙人关建置之后，沔州（南宋改兴州为沔州）依然有其重要性。唐朝末年，宦官田令孜专权，朱玫在邠州起兵，以诛田令孜为名。田令孜挟僖宗逃往兴元（府治在今汉中市），朱玫派部将王行瑜随后追赶，追过凤州，前攻兴州。唐军李铤、李茂贞等拒战于大唐峰（今陕西略阳县东南），战胜王行瑜，复

---

① 《资治通鉴》卷二九二《后周纪三》。
② 《宋史》卷三六六《吴玠、吴璘传》。

图七　南宋与金仙人关之战图

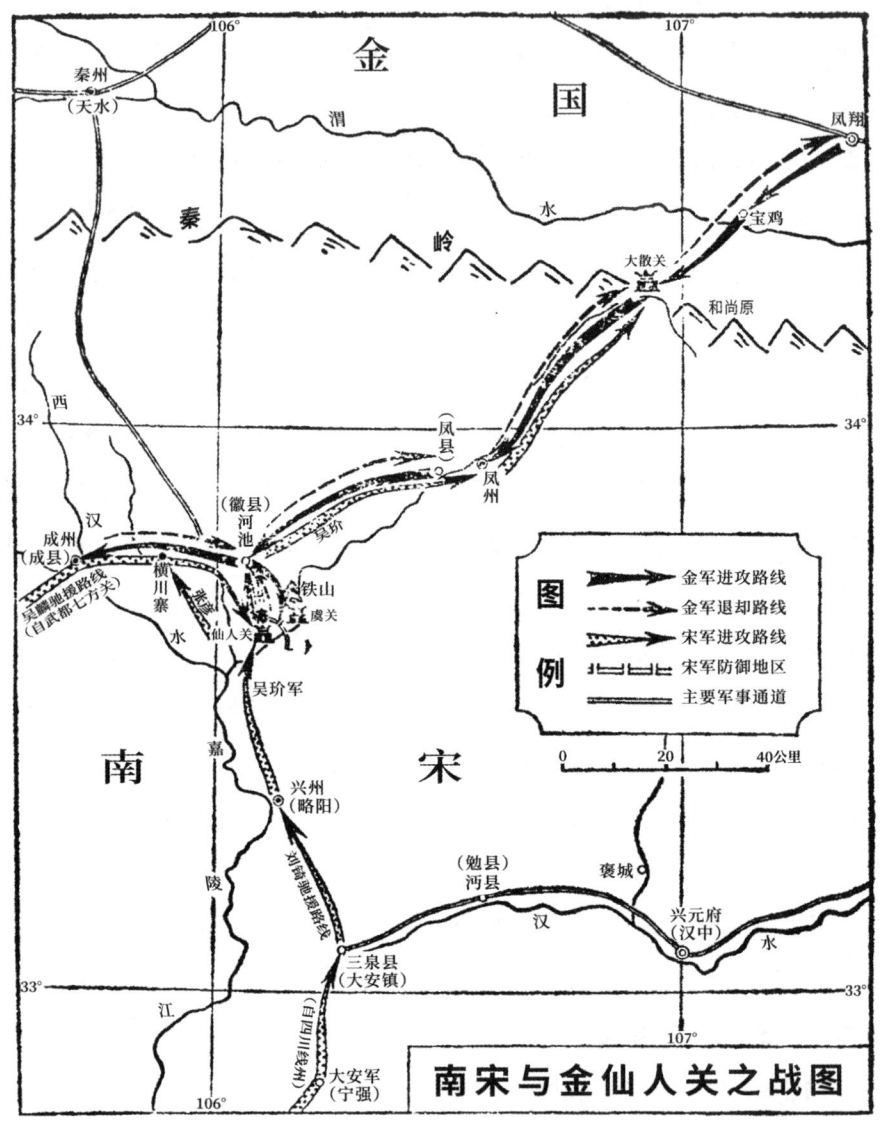

取兴州。① 稍后一些时候，李茂贞在凤翔割据，向南进攻汉中的杨守亮，在相继攻克凤、兴二州之后，杨守亮也只好向南逃往阆州去。② 南宋后期，蒙古为了迂回灭金，曾绕道宋的兴元、洋州（治所在今陕西洋县），东出饶风关（今陕西石泉县西），以攻河南。这次蒙古军由陈仓道南行，到凤州后，分兵两路，东路趋饶风关，西路就直下沔州，取大安军（军治在今陕西宁强县大安镇），一直攻到阆州的南部县（今四川南部县）。由略阳经大安往南，自是威胁着四川。③ 作为汉中的西北门户，略阳失去，就只有依靠阳平关（指在勉县武侯镇的古阳平关）做最后一道关隘。东汉末年，曹操进攻汉中的张鲁，取得阳平关后，张鲁就只好逃到南山入巴中。④ 因为略阳到阳平关，还是崎岖险峻山路。而阳平关就是控制着这条山路的南口，阳平关实际已在汉中盆地的边缘，过此而东，就无险可守了。

略阳之所以重要，除过它控制着陈仓道之外，还因为它可以西北通到天水。通往天水的道路是要经过徽县的，由徽县往西可以通到成县，由成县可以西北通到西和，西南可以通到武都。这几条道路纵横交错，都可由之向汉中进攻。早在东汉末年，刘备以蜀中为根据地，与魏争夺汉中，在定军山之战时，为了防备魏军由武都（治下辨县，在今甘肃成县西北）一路来抄后路，就预先派部将吴兰进屯下辨。吴兰这支军队后来败没，但刘备正利用这一时机，取得定军山之战的胜利。⑤（附图八《刘备夏侯渊定军山之战图》）

---

① 《资治通鉴》卷二五六《唐纪七二》。
② 《新唐书》卷一八七《杨守亮传》。
③ 《元史》卷一一五《睿宗传》："拖雷总右军自凤翔渡渭水，过宝鸡，入小潼关，涉宋人之境，沿汉水而下。……乃分兵攻宋诸城堡，长驱入汉中，进袭四川，陷阆州，过南部而还。"按：是时为宋理宗绍定四年。《宋史》卷四一《理宗纪一》："绍定四年，大元兵破武休，入兴元，攻仙人关。"按：武休关在今陕西留坝县南，仙人关在今甘肃徽县东南。两关相距较远，且不同道。去武休关，须由凤州东南行。去仙人关，须由凤州西南行。沔州即在仙人关南，拖雷是时南袭四川，自应是由仙人关南下，过沔州进入四川的。
④ 《三国志》卷八《魏书·张鲁传》。
⑤ 《三国志》卷一《魏书·武帝纪》，又卷三二《蜀书·先主传》。

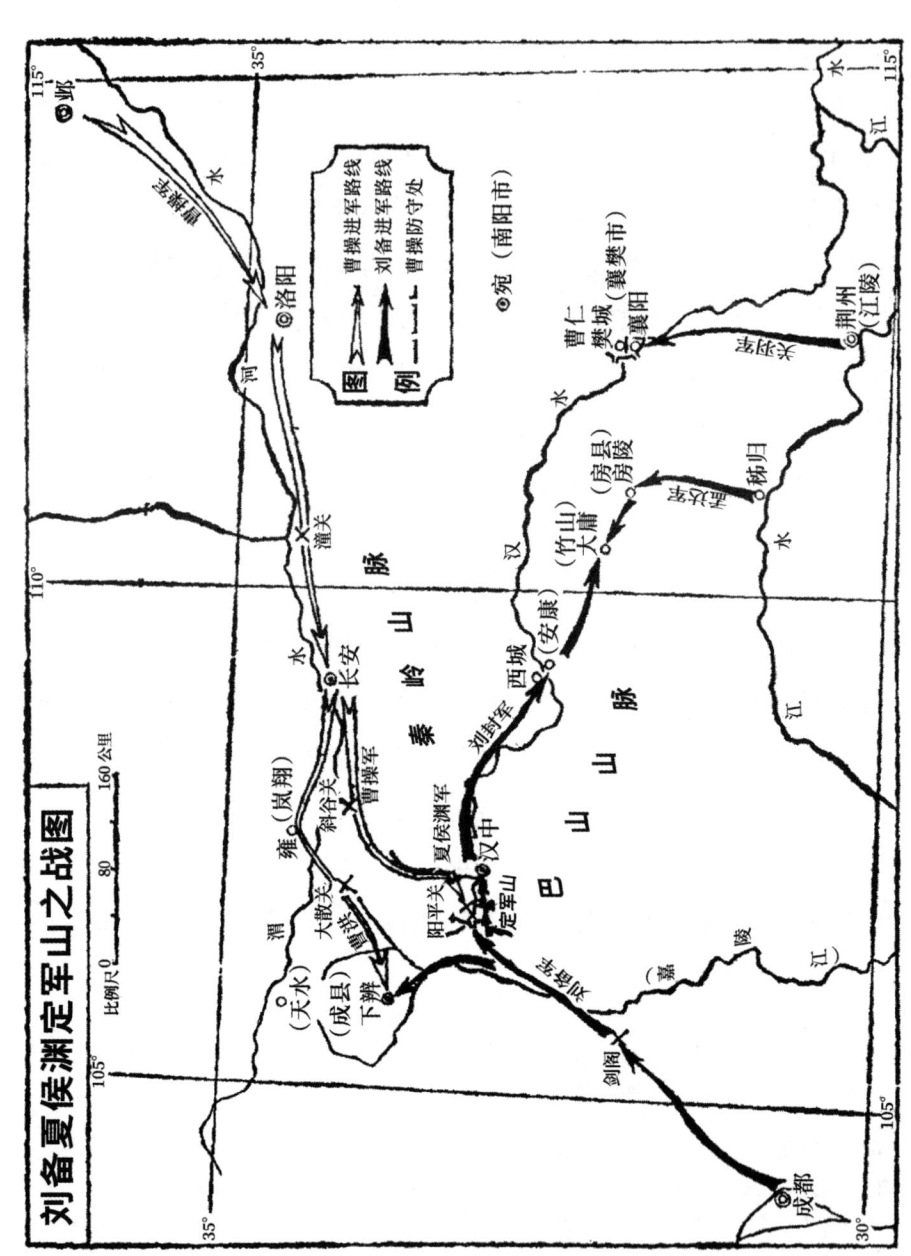

图八 刘备夏侯渊定军山之战图

最早从略阳以西向汉中进攻的是氐族的杨茂搜及其子孙。这支氐族武装的根据地在仇池（在今甘肃西和西南接礼县界，西汉水之东），从西晋末一直到南北朝后期，都称雄一方。他们向汉中进攻，略阳自是必经之路，他们甚至在较长一段时期，占据着武兴（郡治在今陕西略阳县）。这样就可随时威胁汉中。①南朝梁时，汉中太守夏侯道迁据城降魏，白马戍主（白马戍在今勉县武侯镇）尹天宝率兵围南郑，武兴氐王杨绍先的叔父杨集朗引兵救夏侯道迁，由后路跟踪兜击，杀死尹天宝。汉中就这样为北魏取去了。②但氐族过分恃靠略阳的险阻，却也未免受困。杨集朗解救夏侯道迁之后，北魏取得汉中及其周围各地并南下入蜀，取得了剑阁，进围涪城（今四川绵阳县）。③就在这时，杨集朗的两个兄长杨集起和杨集义，却起来反对魏国。他们也和上次迫死尹天宝一样，进兵围魏关城（即古阳平关），在魏人强大的势力下，氐族不仅没有攻开关城，反被北魏攻下武兴，氐族的政权从此就告毁灭了。④

仇池氐人进攻略阳，是要经过成县的。氐人衰微后，这条道路也就不闻于世了。五代时期，岐李茂贞与前蜀构衅，李茂贞的部将刘知俊由秦州（治所在今甘肃天水市）向前蜀进攻，则取道阶成道。⑤南宋初年，富平之战后，张浚退守兴州（治所在今陕西略阳县），金兵欲由陈仓道南下，而吴玠扼守和尚原，不能越过。⑥金人遂由秦州，南破福津（今甘肃武都县东南）再蹂同谷（今甘肃成县），进逼兴州。张浚由兴州退守阆州（治所在今四川

---

① 《魏书》卷一〇一《氐杨难敌传》。
② 《魏书》卷七一《夏侯道迁传》，又卷一〇一《氐杨难敌传》。
③ 《资治通鉴》卷一四六《梁纪二》。
④ 《魏书》卷一〇一《氐杨难敌传》。
⑤ 《旧五代史》卷一三《刘知俊传》："（李）茂贞悦，署为泾州节度使。复命率众攻兴元，进围西县。"按今本《旧五代史》下附有考证，引《九国志·王宗鐬传》："岐将刘知俊等领大军分路来攻，由阶、成路夺固镇粮，王宗侃、唐袭等御之，至青泥岭，为知俊所败，退保西县。"
⑥ 《宋史》卷三六一《张浚传》。《建炎以来系年要录》卷三九："建炎四年十一月，秦凤路马步军副总管吴玠自凤翔走保大散关之东和尚原。……或谓吴玠：'宜移屯汉中以保巴蜀。'玠曰：'敌不破我，讵敢轻进！吾坚壁重兵，下瞰雍甸，敌惧吾乘虚其后，此保蜀良策也。'诸将乃服。"

阆中县），金兵却也没有攻破兴州，稍后才离开成州（治所在今甘肃成县），由陈仓道北去。① 金人这次进军，同样也取路于阶成道。（附图九《南宋初年金国取道福津进攻兴州图》）就是到了南宋后期，蒙古也是由天水、西和、福津、同谷一路向沔州（治所在今略阳县）进攻的。为了控制这条道路，七方关（在今甘肃武都县及成县间）成了防守的要地②，而吴玠还曾在天水西南和成县北边，利用当地河流，在通道附近大修渠道，称为地纲，目的是在遇到敌军进攻时，决水淹没通道，阻碍敌人的进攻。③

本来由天水到略阳经过徽县，是一条最捷近的道路。为什么这些进攻者却迂回绕道到武都、成县？这与陈仓道上的铁山栈道和青泥岭的险峻难行有关。铁山栈道在今徽县东南。这是蜀口的一个险要去处。④ 青泥岭在今徽县南，和铁山相距不远。青泥岭的得名就是当地悬崖万仞，上多云雨，泥淖难行的缘故⑤，这些都是易守难攻的地方。阶成道虽然迂远，却可避开这样的险道。明初傅友德由秦州进攻汉中，史文简略，只载其出秦州夺略阳关⑥，是否即由秦州直南经徽县，已不可详知了。然其次年伐蜀，就是由西安声言出金牛，而潜引兵趋陈仓，攀缘岩谷，昼夜行抵阶州（治所在今甘肃武都县）⑦的。由陈仓道转趋阶州，自是经过阶成道的。不过可能不再绕道略阳了。

由略阳通往天水等处的道路是在陈仓道以西。陈仓道以东与陈仓道

---

① 《建炎以来系年要录》卷三九："建炎四年十一月，宣抚处置使张浚自秦州退军兴州。……金人至渭州，得我实情，乃入德顺军。浚闻敌入德顺，遂移司兴州。"又卷四三："绍兴元年三月，敌骑已破福津，蹂同谷，迫武兴，浚遂退保阆州。金人自阶州引兵犯文州，而江涨不得渡，遂还，因弃成州去。"按：德顺军今为宁夏隆德县。由德顺军南下至同谷，是必须经过秦州的。
② 《宋史》卷四四九《忠义·高稼·曹友闻传》。
③ 赵彦卫《云麓漫钞》，祝穆《方舆胜览》卷六五《凤州·仙人关条》，《元一统志》（辑本）卷四《成州》，《文献通考》卷三二一《舆地考七·凤州》，《读史方舆纪要》卷五九《秦州》。
④ 《读史方舆纪要》卷五九《徽州》："铁山，在州东南四十里，悬崖万仞，石色如铁，宋刘子羽曰：'蜀口有铁山栈道之险'，盖谓此也。"徽州今为甘肃徽县。
⑤ 《元和郡县图志》卷二二《兴州》："青泥岭，在（顺政）县西北五十三里接溪山东，即今通路山。悬崖万仞，山多云雨，行者屡逢泥淖，故号青泥岭。"
⑥ 《明史》卷一二九《傅友德传》。
⑦ 《明史》卷一二九《傅友德传》。

图九 南宋初年金国取道福津进攻兴州图

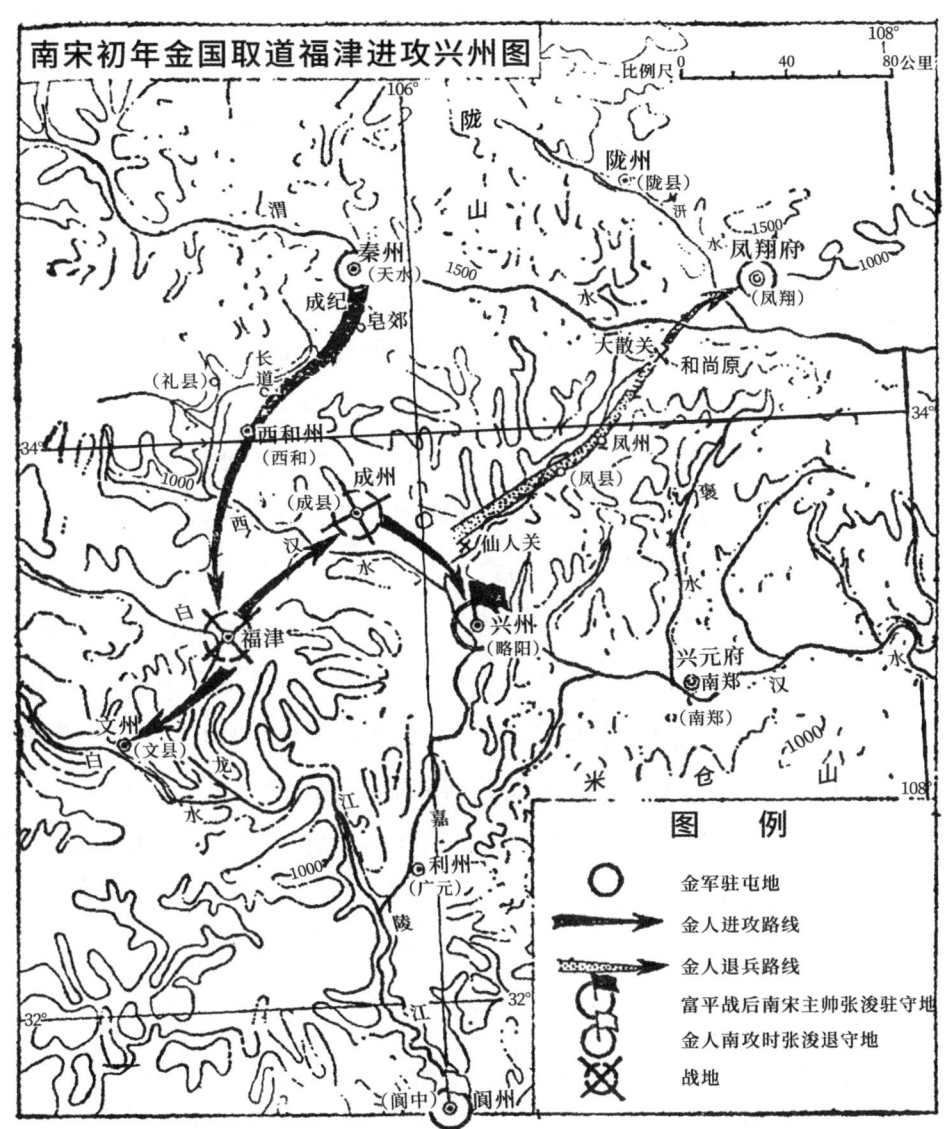

相联系的则是连云栈,由凤州东南行,进入褒水河谷。这条道路通行的时期也是较早的。南北朝中叶,北魏的元英进攻汉中,退军时就由这条道路折回。元英当时是以梁州刺史的名义驻守仇池。由仇池进攻汉中,自是经过略阳。但退军却由斜谷(即褒谷)转到下辨(今甘肃成县西北)。①元英取这条道路退军,显然是由于谷道狭窄,易于防止敌军追击。(附图十《南北朝时期北魏元英进攻汉中图》)元英以后,一些军事行动还是在陈仓道上。这是连云栈的险阻并不下于陈仓道的缘故。这条通道经过褒水河谷的一段,本来就是褒斜道的南段。远在东汉末年,曹操由褒斜道进攻汉中时,就曾经说过沿途所经过的是500里石穴②,后来北魏李冲也说"西道险厄,单径千里"③,可见这条通道确实是崎岖难行的。就是武休关以北连云栈一段,凤岭(陕西凤县凤州南)和柴关岭(陕西留坝西北接凤县境)④,也都是相当高峻的。但是这条通道的南口不远就是汉中,较由陈仓道绕行略阳为捷近,而且它和陈仓道的略阳那一段还可以互相呼应。正是这样的缘故,南宋时期,金人和蒙古先后都由这条通道向南进攻过。宋宁宗嘉定十二年(公元1219年),金人由凤州南攻兴元府(治所在今陕西汉中市),就是经过武休关、七盘岭(今旧褒城县北)、鸡冠关(七盘岭南),直趋汉中的。金人至兴元府后,还曾东攻洋州,西攻大安军(治所在今陕西宁强县大安镇),在大安受到宋军的阻击才从原路退了回去。⑤后来蒙古攻宋也曾由这条路上出兵,经武休关以进攻大安军。大安之战以后,接着就攻进四川了。⑥

---

① 《资治通鉴》卷一四〇《齐纪六》。
② 《三国志》卷一四《魏书·刘放传附孙资传·注》引《孙资别传》。
③ 《资治通鉴》卷一四〇《齐纪六》:"魏主诏雍、泾、岐三州,发兵六千人戍南郑,俟城克则遣之。侍中兼左仆射李冲表谏曰:'西道险厄,单径千里。'"胡注:"谓褒斜之道也。"
④ 嘉庆《大清一统志》卷二三七《汉中府》:"柴关岭,形势峻险。"
⑤ 《宋史》卷四〇《宁宗纪四》,又卷四〇三《张威传》。按:七盘岭,《金史》卷一一三《白撒传》作七盘子。
⑥ 《宋史》卷四四九《忠义·曹友闻传》。

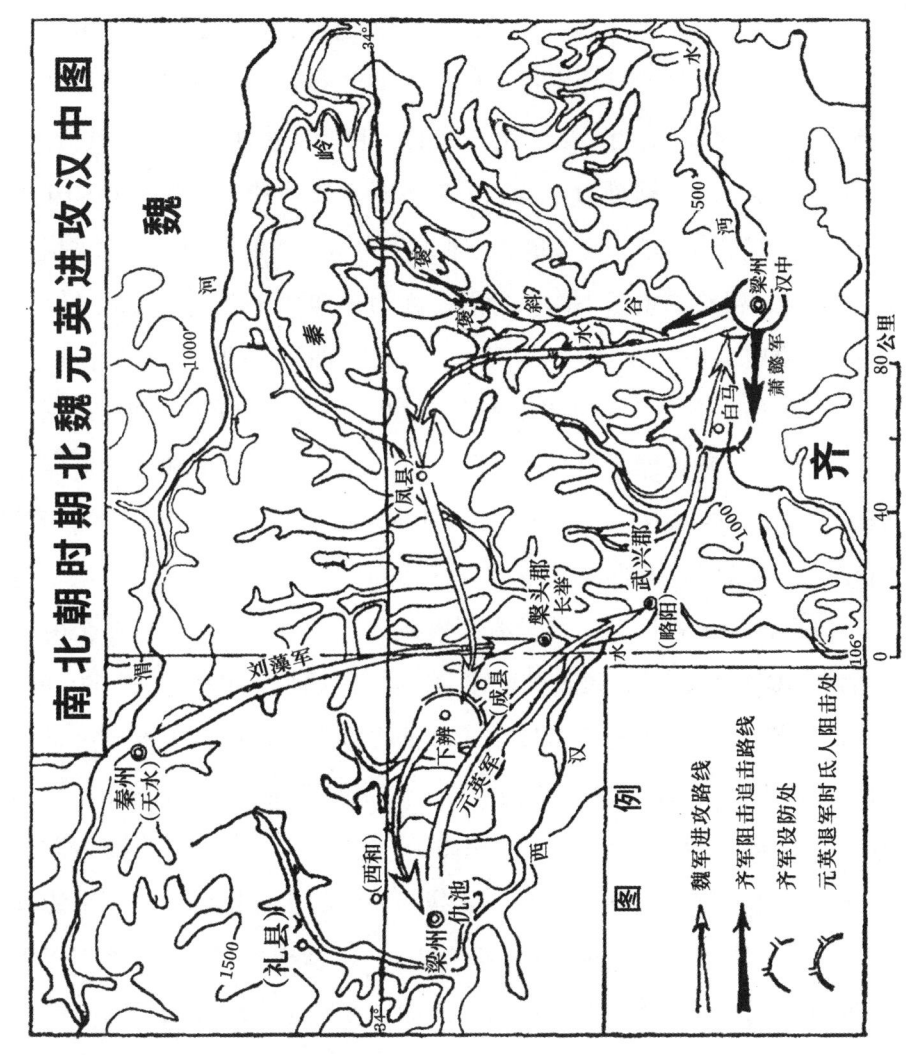

图十 南北朝时期北魏元英进攻汉中图

（三）巴山的屏障及汉水中游的豁口

巴山位于汉中盆地和安康盆地之南，与秦岭同为陕南的屏障。不过巴山诸通道的战争却不如秦岭为繁多，而通过巴山向汉中、安康的进攻更是比较少见。这是因为：（1）每当分裂割据时期行将形成之际，由于秦岭的阻隔，北方的力量一时无由控制山南，南方的势力往往能够守得汉水上游各地，这样巴山就成为后方。东晋南北朝和南宋时期就都是如此。（2）四川方面能够出现割据势力，是由于它本身有较强的力量，而中原方面鞭长莫及，难以控制。这时四川方面的割据势力就要控制汉中，进而染指关中。东汉末年，曹操平定汉中的张鲁后，无力再向西川进兵，仅留夏侯渊的少数兵力，保守汉中，这时刘备就北上争夺。两军决战于定军山，结果曹操失败，退回关中①，五代时期，前蜀王建、后蜀孟知祥皆能在四川割据，并能控制汉中。王建能取得汉中，是割据于凤翔的李茂贞和后梁朱温连年作战，无暇兼顾的缘故。②后蜀孟知祥能取得汉中，则由于中原的后唐王室的内讧，给他以可利用的时机。③在这样的情况下，巴山就无须再起若何的作用。但是这并不是说巴山就没有军事行动了。清初，吴三桂在云南反清，他的部将王屏藩在川北和清军对峙，数次派出偏师断绝栈道，劫略阳的粮船，使清军饷运不继，不能不由保宁（府治在今四川阆中县）退至广元。清朝派莫洛及王辅臣前往抵挡，行至宁羌（今陕西宁强县），王辅臣杀死莫洛，响应吴三桂。④王辅臣本来驻在平凉，于是甘肃的黄河以南各地及陕西延安以北皆为所控制。吴三桂也派王屏藩等北上与王辅臣联合。后来清军攻入平凉，王屏藩等才退了回去。⑤（附图十一《清初吴三桂与清军在巴山南北战争图》）到了清代后期，在太平天国的影响下，起义于云南昭通的李永

---

① 《三国志》卷九《魏书·夏侯渊传》，又卷三二《蜀书·先主传》。
② 《旧五代史》卷一三六《僭伪·王建传》。
③ 《新五代史》卷六四《孟知祥传》。
④ 《清史稿》卷二五九《莫洛传》。
⑤ 《清史稿》卷四八〇《吴三桂传》。

图十一 清初吴三桂与清军在巴山南北战争图

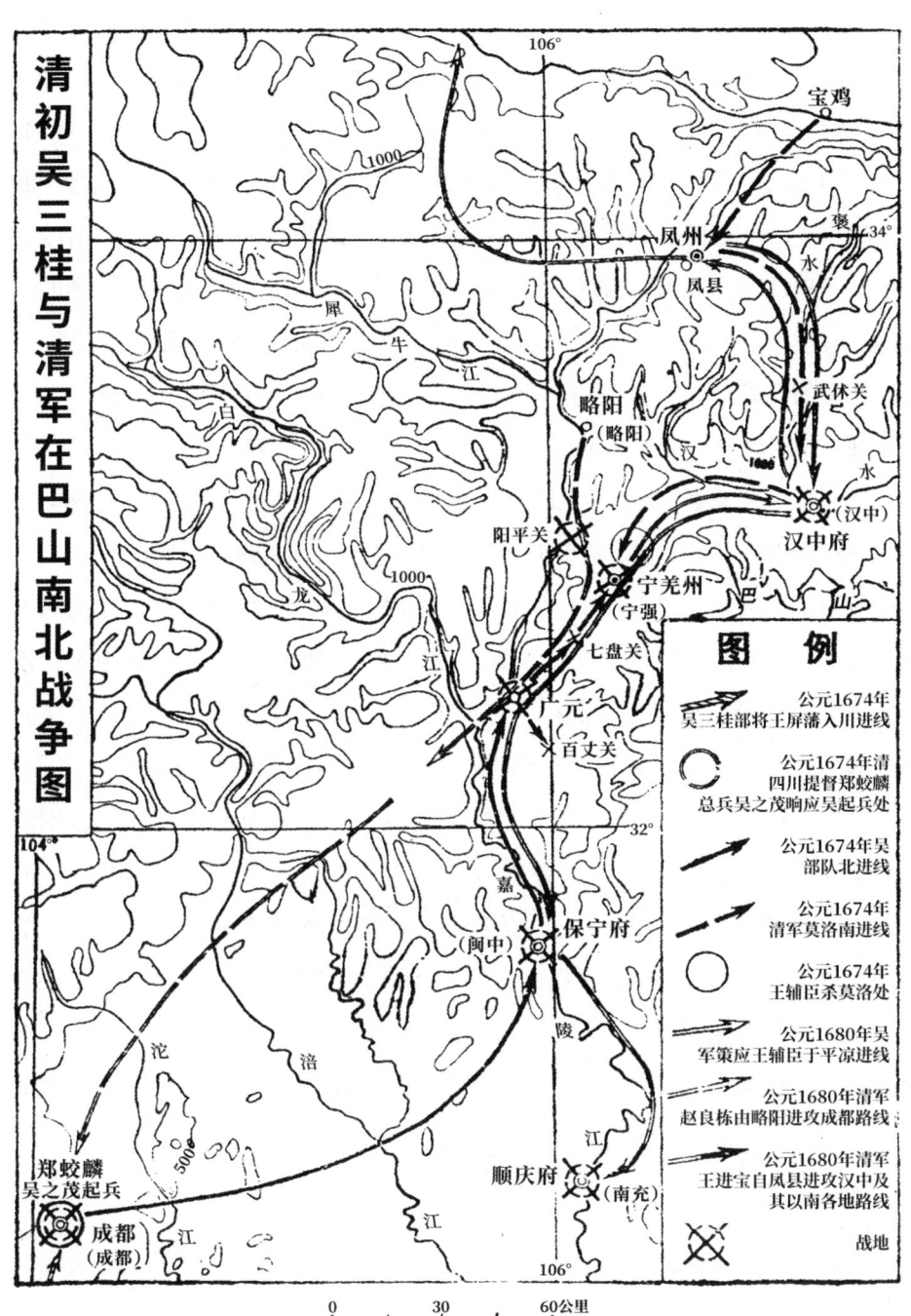

与蓝朝鼎的余部,经过在四川的转战后,分路进入陕南。其中邓天王和蓝二顺两部先后由彰明、江油等县,转入山林,进到陕南。邓天王部由阳平关东进,蓝二顺由汉中以南的汉山指向定远(今陕西镇巴县),两部会合于南郑的桑国铺。① 他们进军的道路正是在金牛道的东西,而且延伸到米仓山的北端。他们并没有遵循川陕两省间的大路,因而甩开了清军由金牛道和米仓道的追击。其中蓝大顺和曹灿章两部则都是由川东经过万源进抵西乡和石泉的②,而这里正是荔枝道中的一段。另外一路为郭刀刀。这一路由四川大宁县转向西北,至城口厅(治所在今四川城口县)的修溪坝进到平利的八仙街,转战于陕鄂两省之间。③ 这几路起义军进入陕南的道路虽不一定就是川陕之间的几条重要军事通道,但与有关的通道相距并不甚远,而其中一路还通过荔枝道的一段。这说明了这几条军事通道仍然有其重要的意义。

这一地区的东部,巴山北麓和汉水两岸,其间的军事行动是不亚于巴山各条军事通道的。最初,见于记载的是秦末刘邦的部将郦商。刘邦由宛(今河南南阳市)进攻武关,指向关中。郦商则由宛西行,进攻旬水(今洵河)旁的旬关(今陕西旬阳县北)。④ 到三国时期,曹真向蜀进攻,其中一路由司马懿率领。司马懿当时驻在宛,因而就由宛向西,再溯汉水西上。⑤ 曹真这次出兵,实际只是虚张一番声势,司马懿也就中途折回。

汉中以南经过房县的通道,远较经过旬关的通道为平夷。每当分裂割据的时期,据有江汉之间的力量都以这里作为进攻汉中、安康的基地,而由襄阳及江陵等地向西北进攻,也多是由这条通道进军的。东汉末年,刘备虽已取得汉中,然上庸、新城二郡(治所在今湖北竹山县及房县)仍为曹操所据有,刘备就始终放心不下,于是他就命令驻守宜都(郡治在今湖北宜都县)的孟达北取二郡。孟达由秭归(今湖北秭归县)北进,顺次取

---

① 《续陕西省通志稿》卷一六九《纪事三》。
② 《续陕西省通志稿》卷一六九《纪事三》。
③ 《续陕西省通志稿》卷一六九《纪事三》。
④ 《史记》卷九五《郦商传》。
⑤ 《三国志》卷九《曹真传》。

得了新城和上庸。当孟达北进时，刘备又派遣刘封顺汉水东下，与孟达相呼应。后来孟达就驻在上庸，而刘封驻在西城（今陕西安康县西北）。孟达与刘封不相和谐，北降魏国，与魏兵共攻取西城。①上庸和西城邻迩，这当然是由今平利县一路进兵的。

东晋南北朝时期，这里仍是南北争执的一个重点。东晋时，前秦占去魏兴（郡治在今安康县西北），接着又占去上庸、新城，这自然影响到襄阳的安全，就是整个长江中游也都感到威胁。东晋后来失掉襄阳，是由于前秦从南阳等处出兵进攻的。②虽然如此，东晋对于来自魏兴方面的威胁，到底放心不下，于是在淝水战后，乘机出兵，收复了魏兴。③到了南北朝刘宋时，萧思话的西入汉中，是一次较大的进军，而所遇到的阻碍也较多。萧思话本是被派到梁州代替当地的刺史甄法护的。在萧思话尚未到任的当儿，氐族首领杨难当就由仇池东下，攻破白马戍（即古阳平关，在今陕西勉县西），兼破葭萌（今四川广元县南），遂尽有汉中之地，并派兵防守黄金山（今陕西洋县东金水镇），以阻挡萧思话。这时萧思话已由襄阳进抵磝头（今石泉县东池水入汉水处），并攻拔铁城戍（今陕西洋县金水镇东，中隔金水河），又战于酉水、洋川（今陕西西乡县泾洋河），氐人皆不能抵挡，萧思话遂乘胜西入汉中。④（附图十二《刘宋时期萧思话与杨难当汉中之战图》）到了梁时，北魏据有汉中，而梁朝的版图西边仅到魏兴。可是梁朝还想由这里进攻，西取汉中。梁兵由上庸、魏兴西上，魏军也由汉中东下防御。魏军进据直城（今陕西石泉县东马池老街），梁军则据有直口（今陕西池水口），虽然绕到魏军的后路，但由于魏军死战，梁军还是败归。⑤

前面说过，安康、襄阳之间的军事通道有经过房县的通道和经过旬关的通道。而由南阳西上，也可循汉水达到安康。然鄂西北山峦重叠，峰回

---

① 《三国志》卷四〇《蜀书·刘封传》。
② 《资治通鉴》卷一〇四《晋纪二六》。
③ 《晋书》卷七四《桓冲传》。
④ 《宋书》卷七八《萧思话传》。
⑤ 《魏书》卷七〇《傅竖眼传》。

图十二 刘宋时期萧思话与杨难当汉中之战图

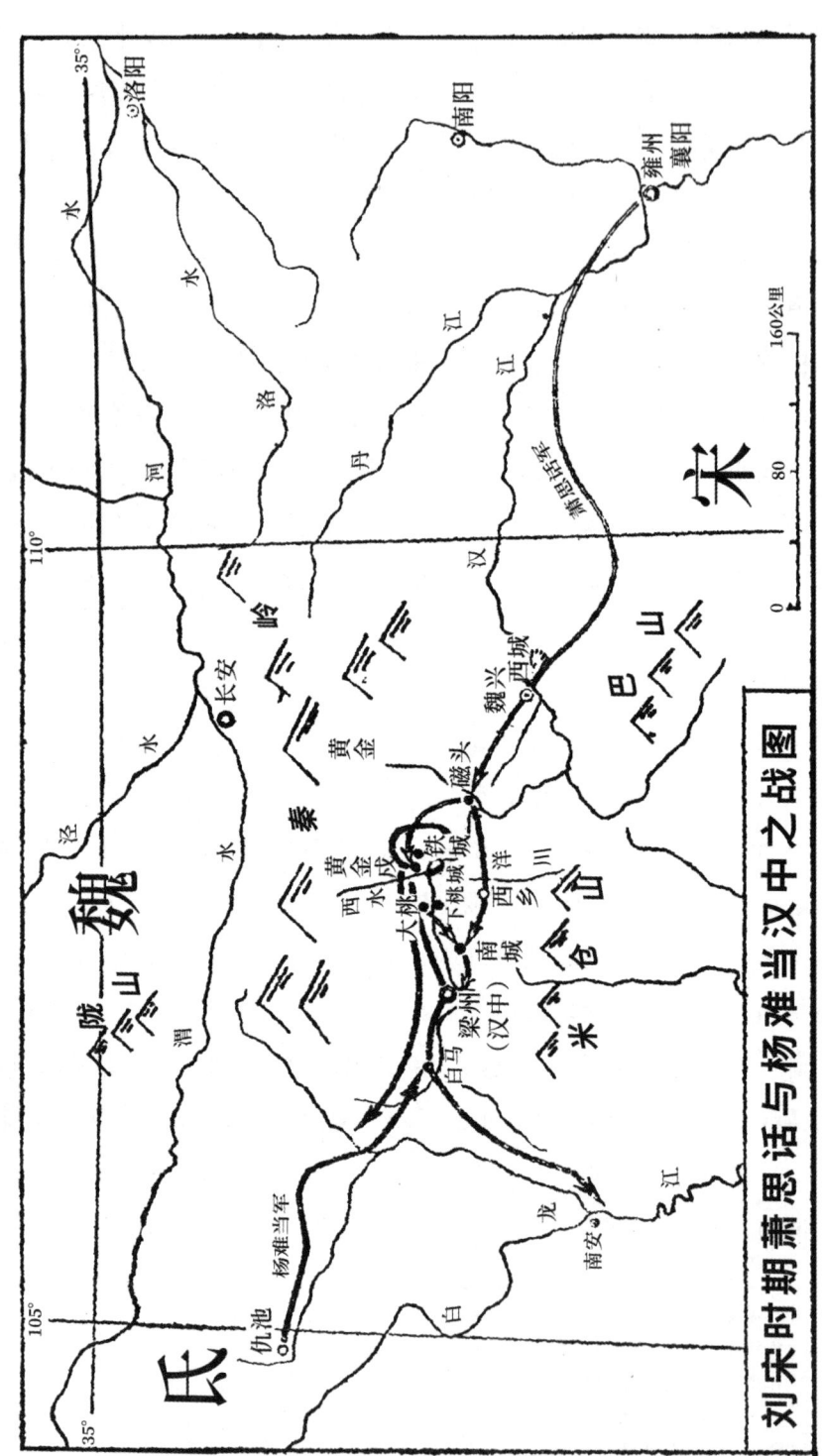

路转，这几条通道之中还有小路互相交错，而一些军事行动也就出入于其间。南宋初年，驻守在今河南西南部的桑仲，起兵反宋，企图由金州（治所在今陕西安康县）入川。当时他攻下襄阳，由此再攻均州（治所在今湖北均县西北旧均县城）和房州（治所在今湖北房县），直趋白土关（今湖北平利县东南的关垭子），为驻守于金州的王彦阻于平利县，中途折回。①而清代中叶，太平天国将领陈得才转战于皖北、豫西之后，由新野西趋郧阳（今湖北郧县），郧阳已在汉水之北。可是陈得才并未再循汉水西上，却南攻房县，并由九道梁和田家坝（皆在湖北竹山县南）绕过竹山，经竹谿而进入陕西境内，连破平利、兴安（今陕西安康县），向西攻破汉中。②

萧思话西攻汉中，于攻破铁城戍后，别军自洋川西进。而陈得才则由西乡西进。铁城、金水东西自来是汉水岸旁的主要军事通道，沿途置城设戍，络绎不绝。西乡一路城戍虽较少，然山路崎岖，也是一样不易通行的。

（四）由秦岭东西两端向南进攻的迂回战

汉中、安康北倚秦岭。秦岭高耸，谷道险阻，进军不易，再加上对方扼险拒守，困难更多。为了出奇制胜，一些由关中向南的进攻者往往采取迂回策略，或者东西并举，分散守军兵力，或者声东击西，突破薄弱环节，从侧面进攻，使对方猝不及防，因而就取得了胜利。较大规模的迂回战争约有三次。一次是南北朝末年，西魏的达奚武和王雄分道攻取梁朝的汉中和魏兴。③又一次是南宋初年，金撒离喝（即完颜杲）由商洛绕道饶风关（今陕西石泉县西北饶风岭上）进攻兴元府（治所在今陕西汉中市）。④再一次是南宋末年，蒙古由凤翔沿陈仓道及连云栈南下，破兴元府，过饶风关，

---

① 《宋史》卷三六八《王彦传》。
② 《续陕西省通志稿》卷一六九《纪事三》、卷一七〇《纪事四》、卷一七一《纪事五》。
③ 《周书》卷一九《达奚武传》，又《王雄传》；《资治通鉴》卷一六四《梁纪二〇》。
④ 《金史》卷八四《撒离喝传》。

绕道南阳，消灭金军主力于钧州（治所在今河南禹县）的三峰山。①

自东晋以至南北朝，在这个漫长的分裂割据时期，南北两方的统治者虽一再改易，但对位于秦岭巴山之间的汉中、安康地区的争夺却一直是断断续续、连绵不绝。梁朝末年，由于侯景掌握了政权，并向长江中游扩张势力。驻守在江陵（今湖北江陵县）的萧绎首当其冲。萧绎为了想得到西魏的援助，打算割南郑与魏，这就给西魏向南扩张提供了有利的条件。萧绎这样轻易的举动，为梁秦二州（当时二州都设在汉中，实际只是一个州）刺史萧循所反对。西魏于是就借口派遣达奚武和王雄两路出兵，分别由秦岭东西迂回前进。达奚武走的是陈仓道一路，在取得武兴和白马（今勉县西武侯镇）后，直逼汉中城下。这自然是一支主力部队。王雄则由子午谷进军。王雄于进入子午谷后，并没有循着这条通道一直向南，而是折往东南，趋向上津（今湖北郧西县西北上津镇）。上津濒甲水，在漫川关（今陕西山阳县南）南。甲水源头乃在今柞水县境，河旁迄今依然有间道可以通行。王雄当时可能就是沿着这样的小路东南行的。甲水流入汉水，其入汉处在今白河县西北。由这里溯汉水而上，就是旬阳、安康，而安康在当时为东梁州的治所。这里不仅和汉中同在汉水上游，而且是梁朝由江陵、襄阳西救汉中必经的道路。王雄由这里进军，不仅是要取得安康，孤立汉中，而且还要阻挠梁朝由江陵、襄阳对汉中的援助。安康的取得自然对于攻下汉中是有影响的。这样汉中所恃的援助只有来自成都经过剑门北上的一条路。这条通道上的援军的确也是行将达到了，但是没有通过白马城这最后一道关口，就为达奚武所击溃。汉中外援断绝，城中食尽就难于坚守了。达奚武在取得汉中后，还兼取了剑门以北各地。这样就使二百多年南北两方对于汉中、安康的争夺告了一个段落。

撤离喝迂回饶风关的经过是这样的。南宋初年，金人已占据了关中和陇上诸地，进一步企图取得汉中，进入四川。当时吴玠坚守和尚原，金人数次攻击，都未能突破。因而就想由商洛进军，做较大的迂回，从侧翼向

---

① 《元史》卷一一五《睿宗（拖雷）传》。

汉中攻击。撒离喝自关中东南出商洛，由上津路经洵阳（今陕西旬阳县）侧击金州（治所在今陕西安康县）。守将王彦不敌，退至石泉，去守饶风关。①饶风关位于石泉县西北饶风岭上，控制着沿汉水东西的通道。饶风岭高峻，山路狭窄，岭上数峰连绵相接，峰后又是陡断的深沟，沟西更高处的两峰之间，才是设关的所在。这里可以层层设防，步步御敌。当撒离喝已行近饶风关时，吴玠犹在河池（今甘肃徽县），闻警日夜疾驰300里，抢在撒离喝进攻之前，到达饶风关上，大出撒离喝的所料。金兵攻关不下，却从侧旁的祖溪关抄到饶风关后，破了关城。②饶风关既破，金兵就长驱直入汉中，驻守在汉中的宋军主帅刘子羽则退守大安军（治所在今宁强县大安镇）附近的潭毒山，吴玠也退守仙人关。③这两地互为犄角，都是四川的门户。金人攻潭毒山不下，又恐吴玠在侧面邀击，加上战线过长，馈饷不继，宋人坚壁清野，野无所掠，只好由褒斜道退去。④其虽然突入金、洋两州及兴元府，实际是得不偿失的。

后来蒙古由西向东冲过饶风关，却完全达到它的消灭金国主力的目的。当时蒙古已占据了关中及潼关以东的黄河以北各地。金国主力军驻在潼关并沿着黄河南岸向东布防。蒙古一时无由冲破这道防线。那时秦岭以南汉水流域还是宋朝的疆土。南宋是个弱国，蒙古一直没有把它看在眼里。因此蒙古就企图穿过宋朝的汉水上游，向中原的金国做一次大规模的迂回进军，避实就虚，直捣金国的后方。⑤

为了完成这次进军，蒙古一方面以相当大的兵力对潼关及其以东的河防发动攻势，以转移金兵的注意力⑥，一方面借口南宋杀死了蒙古的使者，作为强行借路的口实。就在和南宋交涉的时候，蒙古的主将拖雷就已率兵

---

① 《宋史》卷三六八《王彦传》。
② 《宋史》卷三六六《吴玠、吴璘传》。
③ 《宋史》卷三七〇《刘子羽传》。
④ 《宋史》卷三六六《吴玠传》。
⑤ 《元史》卷一《太祖纪》。
⑥ 《元史》卷二《太宗纪》。

四万,入散关,循陈仓道南下,攻破了凤州。在凤州分兵两路,一路继续循陈仓道前进,经两当、徽县、略阳、大安,转入金牛道,深入川北剑门关附近,一路则沿连云栈东南行,越凤岭和柴关岭,但在过武休关后,又向东沿文川而南,由东面进围汉中。进围汉中的一路自是这次迂回的主力,而南入川北一路则是防备东进迂回时,宋国抄攻它的后路。它在汉中完成了继续进攻的准备,就向东攻破饶风关,又攻下金、房、均三州,并在光化军(治所在今湖北光化县)渡过汉水,进入金境,由邓州(治所在今河南邓县)南阳直趋钧州,这样就绕过金国重兵扼守的潼关和黄河的天险,使金兵不能不抽调前方的军队,来对付由背后冲过来的敌人。[①] 黄河以北的蒙古军因之有了渡河南进的机会。河北的蒙古军由白坡(今河南洛阳市东北)渡河,与由邓县、南阳北上的主力在钧州三峰山夹击金军,取得大胜[②],为后来灭金的战争打下了基础。

　　从汉中、安康的形势看来,这一地区夹处在秦岭和巴山之间,两山对峙,正是南北两面的屏障。这样就形成了这一地区的易于防守的地位。无论秦岭和巴山都有重要的军事通道,是这一地区通往关中和巴蜀的重要途径,也是由关中和巴蜀向这一地区进军的必经之路,这些军事通路由于要越过高山峻岭,一般都是崎岖难行,而沿途设置的城池和关隘,又增加了防守的凭借,也使进攻者遭受到更多的困难。

　　汉水发源于汉中以西的勉县,东流至安康以东的白河,进入湖北省境。汉水的河谷形成这一地区的东西的通道。这一通道的形成,使这一地区容易受到来自东面的攻击。这样一个豁口和秦岭巴山分列南北的形势迥乎不同。虽然如此,陕、鄂之间汉水两岸也并非平夷无阻。这里汉水南北,群

---

① 《元史》卷一二一《按竺迩传》:"睿宗分兵由山南入金境,按竺迩为先锋,趣散关。宋人已烧绝栈道,复由两当县出鱼关,军沔州。宋制置使桂如渊守兴元。按竺迩假道于如渊曰:'宋仇金久矣,何不从我兵锋,一洗国耻。今欲假道南郑,由金、洋达唐、邓,会大兵以灭金,岂独为吾之利,亦宋之利也。'如渊度我军压境,势不徒还,遂遣人导我师由武休关东抵邓州西,破小关,金人大骇,谓我军自天而下。"

② 《元史》卷二《太宗纪》。

山并峙,道路也多分歧,而沿途险阻也层出不穷,同样也是防守的良好凭借。

虽有这样的险阻,却必须防守者善于利用,才能发挥更多的力量。三国末年,蜀汉尽撤秦岭南麓各关的守军,魏国钟会的南向进攻,就长驱直入,没有遇到强大的阻碍。① 南宋前期,吴玠等人坚守汉中附近蜀口各关,就能保障四川的安全,使南宋的半壁山河,没有西顾的忧患。② 两相对比,其间的差别是显而易见的。

四、从陕南向四周各地的进攻

陕南的汉中和安康是一个适于防守的地区,同时也有便于向邻近各方面发动进攻的条件。每当分裂割据时期,据有中原的军事力量,为了要消灭巴蜀的割据势力,统一全国,就要通过汉中和安康向南进攻,或者以汉中和安康为侧翼,与由长江而上进入夔门(今四川奉节县)的一路相配合。而据有巴蜀的军事力量,为了要取得关中,再进一步取得中原,也要通过汉中和安康向北进攻。汉水是由汉中经过安康流往襄阳和武汉的,据有中原的军事力量,为了要取得襄阳和武汉,除过由中原向南做正面的进攻外,这里也往往被用作侧面的力量。当然据有汉中和安康的军事力量欲求向外发展,采取进攻的手段也是必要的策略。汉中和安康本是一个四战之地,在防守方面是如此,在进攻方面也是一样的。

(一)由秦岭谷道的北向攻击

由汉中和安康向北进攻,秦岭自是必经的地方。进攻时,对于秦岭六

---

① 《三国志》卷二八《魏书·钟会传》。
② 《宋史》卷三六六《吴玠传》。

条主要谷道的具体运用,历来不尽相同。有单从一道出兵的,也有数道并进的。一般说来,前者是比较多的。

由陕南进攻关中,取得完全胜利的,要数到秦汉之间的刘邦。刘邦的对手是据有关中的雍王章邯。论力量,刘邦并不是强大的。刘邦初入关屯兵灞上时,号称有二十万人,实际只是十万,去汉中时,项羽拨给他三万人,另外还有些诸侯旧部而愿意跟随他的几万人,合起来不到二十万。① 章邯的军力不可具知,但他是有项羽这个强大后盾的,也是项羽授意他来阻止刘邦北攻的。章邯原来是秦朝的故将,关中人民对他是没有好感的。这自然是刘邦的一个有利条件。然而刘邦能获得胜利,还在他的战略的成功。当刘邦到汉中之后,曾烧绝栈道表示无意北归。这样就麻痹了章邯,使他斗志松懈。刘邦北攻时,走的是陈仓道。陈仓道当时称为故道,这是说这条通道已经不是通行的大路了。刘邦采取这样的步骤,不会因引起章邯过早的注意而受到阻碍。② 刘邦在北进的途中,为了减少侧翼可能遭受的威胁,解除后顾的忧虑,还曾分兵由陈仓道南半段向西进攻下辨(今甘肃成县西北)③和西县(今甘肃天水县西南)④。可是最重要的还是能够迅速占据陈仓道北口的陈仓县(今陕西宝鸡市东)。⑤ 这样就能够在秦岭北麓敌军前面获得一个立足点。获得这个立足点就能够继续以此为基地和敌军展开新的斗争,而且还可以掩护着谷道,转输军粮,不虑匮乏。

同是这条陈仓道,诸葛亮从此出兵时,却没有得到预期的效果。诸葛亮越过秦岭向北进攻,前后两次:一次是由陈仓道,一次是由褒斜道。根据诸葛亮的估计,陈仓道北口的陈仓城中,魏国的守兵才有千余人,蜀兵数万进攻,必获克捷,魏国由中原调遣援军一定是赶不到的。他却没有料到陈仓城的守将郝昭早已做了防守的准备,在众寡悬殊的情况下,固守了

---

① 《史记》卷八《高祖纪》。
② 《史记》卷八《高祖纪》。
③ 《史记》卷五四《曹参世家》。
④ 《史记》卷九五《郦商传》。
⑤ 《史记》卷八《高祖纪》。

二十多天。蜀国粮运不继，诸葛亮只好引兵归去。① 诸葛亮这次进兵和刘邦的差别，就是没有估计到对方防御的准备，顿兵坚城之下，未能获得一个立足点，以致功败垂成。（附图十三《三国时期诸葛亮北攻关中图》）

立足点的获得是为了能继续向前进攻。如果不能继续前进，扩大占领地区，则这个立足点就会受到敌军的包围，而难以立足下去。诸葛亮出兵陈仓道未能达到目的，后来出兵褒斜道，虽然获得斜谷北口的五丈原，一样未能取得更多的效果。② 五丈原在秦岭北麓，南北长约5公里，东西宽约1.5公里，高出现在的眉县城约100多米，原面平坦，东北西三面大都是陡峭的绝壁，易守难攻，确是一个有利的立足点。但是魏国的防守却也在加强，司马懿渡过渭水，背水筑垒，扼守着东去长安的通道，司马懿的部将郭淮又先控制了北原，蜀兵渡渭进攻，未能取胜。③ 魏军这样的布局已经算是严密，却又坚守不战，以图疲劳蜀军。④ 而诸葛亮又鉴于累次出军，皆以军粮运输不能及时赶到，没有成功，这次决定就地屯田，做持久的打算。两军相持一百多天，以诸葛亮逝世和蜀军退却而告结束。⑤

诸葛亮死后，姜维是一向以继承他的遗志自诩的。姜维也曾向秦岭以北进攻过，但其结果仿佛诸葛亮的陈仓之战。姜维的进军是由骆谷出兵的。这次出兵是乘着魏国东南有了乱事，关中比较空虚，而骆谷北口外的长城戍（今陕西周至县西南骆水东）又多有积谷，可以就地取食。姜维这样对形势的估计显然并不确实。蜀兵过了沈岭（今陕西周至县西南），关中魏兵就来阻挡，魏将邓艾的援军也从陇右赶来。魏军据守长城戍，顿使姜维的计划落空。邓艾又采取司马懿在五丈原下的策略，坚守不战，姜维最后也和诸葛亮在陈仓道一样，不得不班师回去。⑥

---

① 《三国志》卷三五《蜀书·诸葛亮传》。
② 《三国志》卷三五《蜀书·诸葛亮传》。
③ 《三国志》卷二六《魏书·郭淮传》。
④ 《晋书》卷一《宣帝纪》。
⑤ 《三国志》卷三五《蜀书·诸葛亮传》。
⑥ 《三国志》卷四四《蜀书·姜维传》。

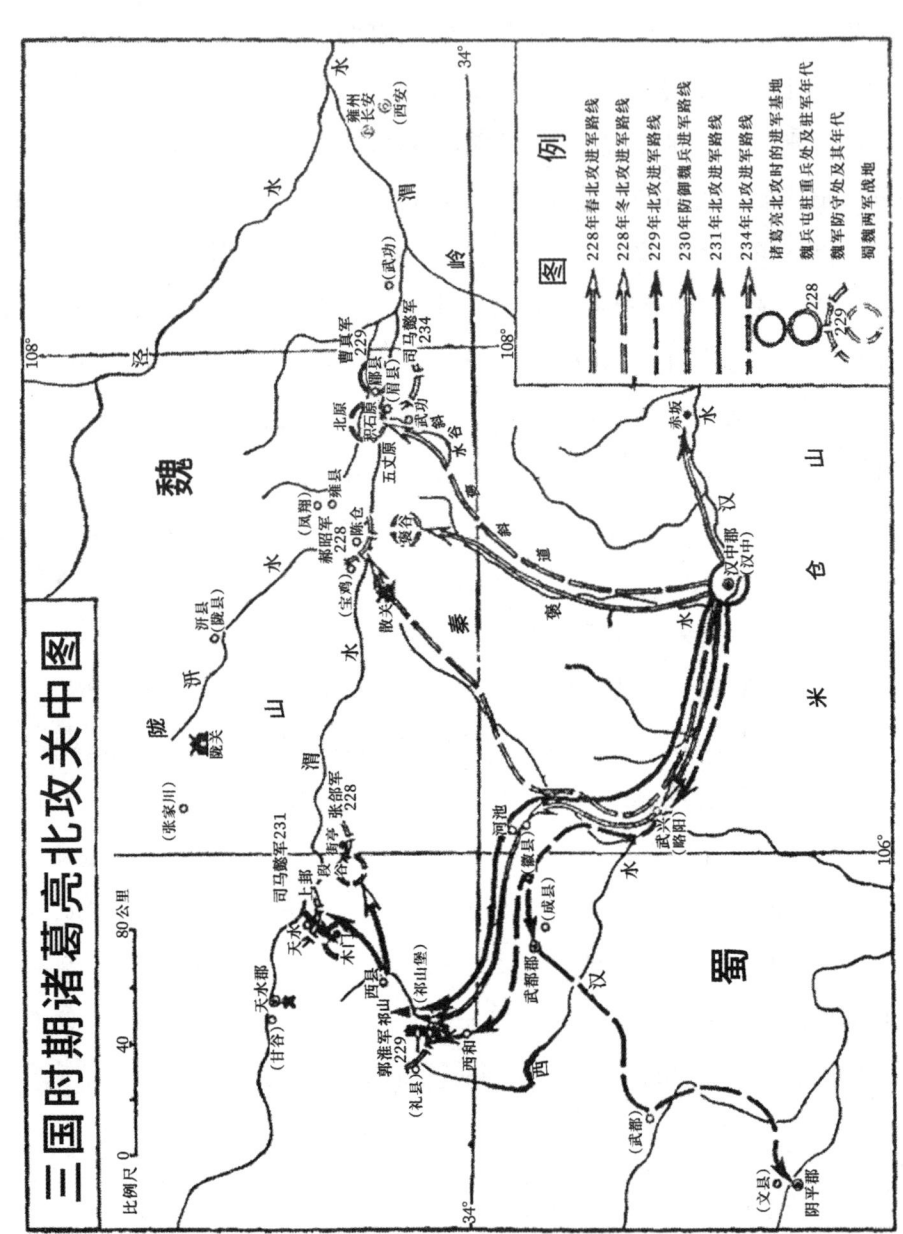

图十三 三国时期诸葛亮北攻关中图

诸葛亮和姜维的经历,到了东晋时期又为驻守在汉中的司马勋重演一次。司马勋曾经按照姜维的策略,出兵长城戍,也曾经按照诸葛亮的旧规,出兵五丈原。司马勋利用关中人民反对羯族后赵政权压迫的机会,向关中进军,占据了悬钩戍,其地距长安200公里。司马勋以此为立足点,派兵进攻长安。以兵力较少,未至即还。后来进攻五丈原时却连这一点也没有得到。这时后赵的政权行将崩溃,关中为前秦苻健所据有。苻健势力方强,司马勋屡战屡败,立足不住,退归南郑。①(附图十四《东晋时期司马勋进攻关中图》)这个立足点的问题,还可以由清代中叶云南农民起义军领袖蓝大顺占据盩厔(今陕西周至县)得到说明。蓝大顺从云南起义之后,转战四川各地,又进入陕南,在洋县建立政权。为了开辟新的根据地,又分兵由傥骆道北上,出黑水峪,占据了盩厔。这时在关中的清军还相当强大,起义军虽已获得立足点,却不能扩大占领的地区。所以虽然在战争中起义军射伤了围攻盩厔、镇压人民起义的刽子手多隆阿,最后,还是被迫放弃了这个立足点退入秦岭山中。②

当然,也还有为了增加进攻力量而几道同时出兵的。五代时期,据有四川的后蜀就曾派兵分道出散关和陇州进攻凤翔,并由子午道进攻长安。出散关就是遵循陈仓道。后蜀当时占有秦州(治所在今甘肃天水市),这出陇州之师就是由秦州循陇关道东行的。后蜀这次出兵,是后汉的晋昌(治所在今陕西西安市)节度使赵匡赞和凤翔节度使侯益背叛后汉,前来降附的缘故,既是这样,后蜀认为这次出兵,必会马到成功。不料蜀兵既出,赵匡赞却又重新归顺后汉,后汉还派遣王景崇邀击,因此蜀兵就在子午谷为后汉所击败。子午谷这路蜀兵败讯传出,凤翔的侯益也中途变卦,陈仓

---

① 《晋书》卷三七《济南惠王遂传附司马勋传》,又卷一〇七《石季龙载记下》,又卷一一二《苻健载记》。
② 《清史稿》卷四一五《多隆阿传》:"汉南诸贼纷扰,川匪蓝朝柱近踞盩厔。(同治)三年,春,亲率兵力攻,城小而固。多隆阿愤甚,临高指挥督战。城已垂破,忽中枪伤头目,将士攻城益力,旋克之。"易孔昭等《平定关陇纪略》卷一,余澍畴《秦陇回务纪略》卷八,《续陕西省通志稿》卷一七一《纪事五》。

图十四 东晋时期司马勋进攻关中图

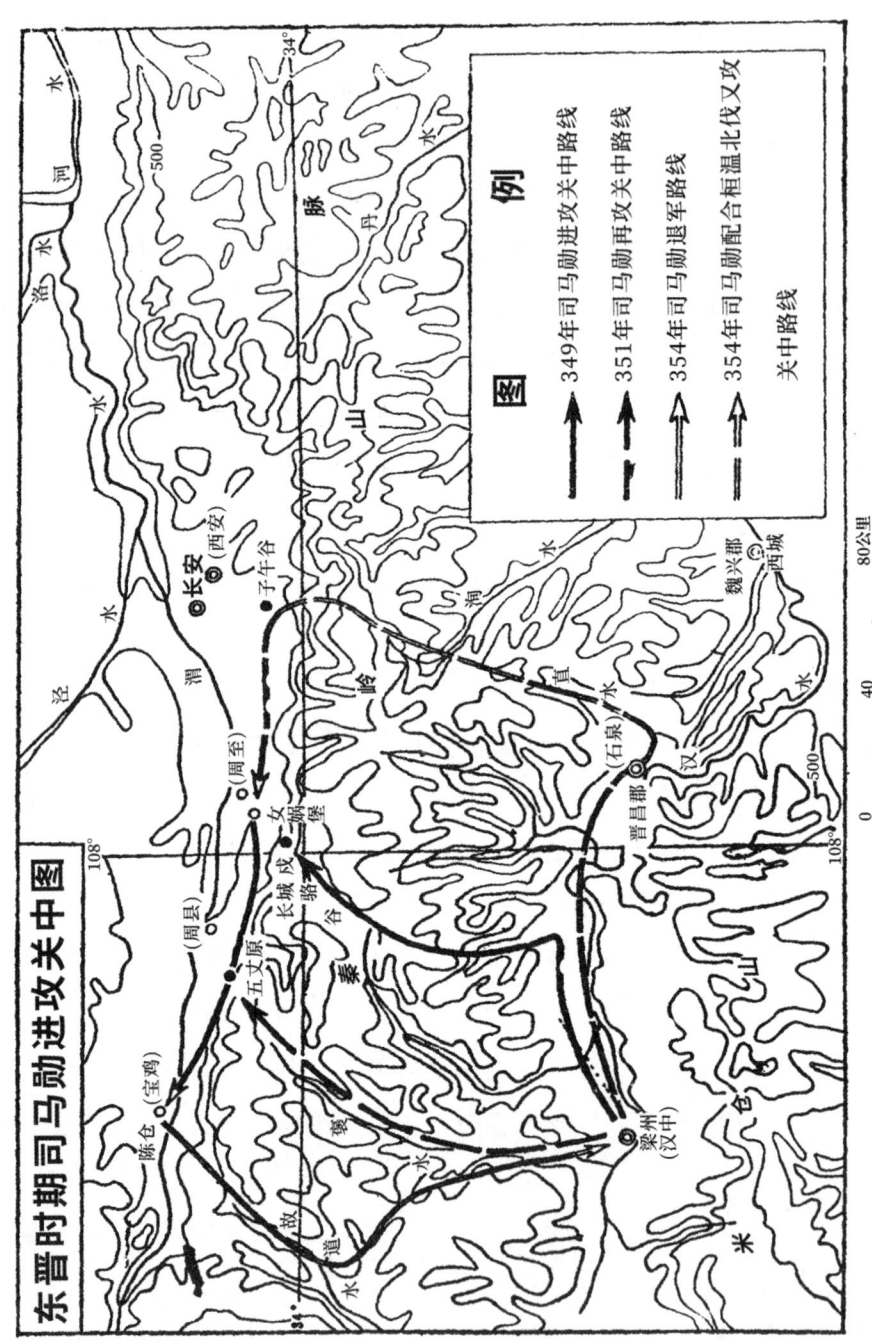

道上的蜀兵只好半道撤回。王景崇随后赶到，蜀兵在散关又吃了一次败仗。只有陇州一路的蜀兵全军回到秦州。后蜀这次出兵，陈仓道和子午道两路是主力，汉军迎击，重点也在这两路。两路主力败北，陇州一路成了孤军，自难独立支持。①（附图十五《五代时期后蜀进攻关中图》）

东晋时期，桓温和刘裕曾先后进攻关中。桓温进攻据有关中的前秦，刘裕进攻时，关中的割据者已经改成后秦。桓温伐秦是由江陵出发，经武关入关中。②为了互相配合，就命司马勋由汉中出子午道北攻。司马勋曾三次向秦岭以北进军，这是其最后的一次。司马勋北出子午谷时，桓温已到了白鹿原（今陕西蓝田县西北）上。前秦为了阻止这两支军力会合，就在子午谷附近击败了司马勋。司马勋败屯女娲堡（今陕西周至县西南）。因此对于配合桓温这次进军，没有起到多大作用。③当时据有甘肃的前凉的秦州（治所在今甘肃天水市）刺史王擢也出兵响应桓温，进攻陈仓。司马勋既退屯女娲堡，就向西会合王擢共攻陈仓。失败后，归回汉中。④

桓温进攻前秦归来后，过了六十多年，刘裕复进攻后秦。刘裕进军的规模远较桓温为宏大。当时兵分数路，或出武关，或出洛阳，或循汴水西上（汴水由今河南郑州北分黄河东流，至徐州南合于泗水，现在这段泗水就是运河），或循黄河西上。由汴水黄河西行的军队和出洛阳的军队都是

---

① 《资治通鉴》卷二八七《后汉纪二》。按：所记当时前蜀的出兵，共分三路：山南西道节度使兼中书令张虔钊为北面行营招讨安抚使出散关，雄武节度使何重建出陇州，奉銮肃卫都虞候李庭珪出子午谷。《旧五代史》卷一〇一《汉书三·隐帝纪上》："侯益与（赵）赞皆求援于蜀，蜀遣何建率军出大散关以应之。"何建即何重建。其出师道路与《资治通鉴》所说不同。《新五代史》卷六四《孟知祥附孟昶传》："契丹灭晋，汉高祖起于太原，中国多故，雄武军节度使何建以秦、成、阶三州附于蜀。"雄武军在秦州，则何重建的出师，当取陇州一路，不能再绕道出于大散关。《旧五代史》所说当是误文。后蜀此次出兵由于侯益和赵匡赞的变卦，其子午谷和大散关两路皆为王景崇所击败，仅陇州一路全师归来。稍后，王景崇与赵思绾叛汉附蜀，孟昶又派军接应。《新五代史》卷六四《孟知祥附孟昶传》说："昶遣张虔钊出大散关，何建出陇右，李庭珪出子午谷，以应思绾。"盖两次出师皆取相同的道路。以当时形势而论，蜀人全面进攻，总是包括这三条道路的。
② 《晋书》卷九八《桓温传》。
③ 《晋书》卷三七《济南惠王遂传附司马勋传》。
④ 《资治通鉴》卷九九《晋纪二一》。

图十五 五代时期后蜀进攻关中图

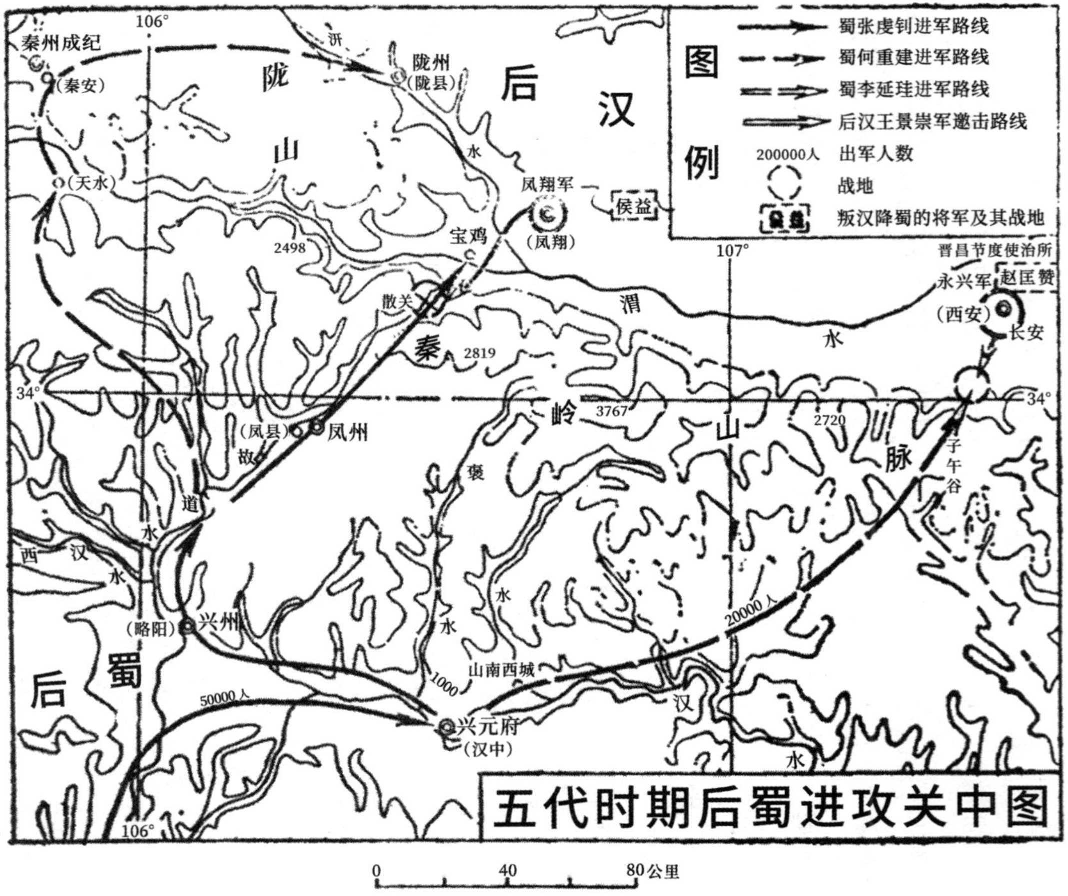

趋向潼关。① 而武关又是潼关的侧翼，这都是针对关中的东部。汉水上游当时也在东晋版图之中，刘裕为了对长安采取包围的形势，就派遣姚珍和窦霸各率数千人，分别由子午谷和骆谷北出。就在这时，潼关和青泥（在今陕西蓝田县南）双方酣战，后秦不能不抽出部分兵力防御子午谷和骆谷两道。② 这对于刘裕此后取得全盘的胜利还是起了一定的作用的。

至于从陕南出兵以配合由今甘肃东南部的向北进攻，在南宋后期曾有过一次较大规模的举动。当时共有五路兵马：张威出天水，程信出长道（今甘肃礼县东），陈立出大散关，田胄出子午谷，陈昱出上津（今湖北郧西县西北）。五路出师，重点实在长道一路，因为当时和西夏约会，共攻金国的巩州（治所在今甘肃陇西县）。程信由长道直至巩州城下，未能攻克，又约西夏共攻秦州，由于张威逗留不进，西夏也不复应约，程信只好中途归来，诸路兵也都停止前进。这次出兵所涉及的地区虽然宽广，然以军令不能统一，诸将又未能同心协力，主攻部队既未克敌取胜，其他各路也没有发挥配合作用。只是虚张声势，并未予金人以若何损伤。南宋为了替自己掩饰，只好追究责任，罢免了张威的军职。③

（二）秦岭西侧的迂回进攻和钳形攻势

秦岭高深，栈道险阻，无论行军运粮都会相当困难，因而北向出兵进攻，也受到一定的限制。据有巴蜀或汉中、安康的军事力量，为了取得关中和中原各地，往往迂回进军，以避免秦岭的阻隔。在这方面最脍炙人口的则为三国时期诸葛亮的西出祁山。祁山在今甘肃礼县东，西汉水迳其南向西流去。这里远在关中之西，距离中原更远。诸葛亮向来标榜着要进攻中原，灭掉魏国，却不止一次地向西北方面的祁山进军，这里面当然是有一番道理的。

---

① 《资治通鉴》卷一一七《晋纪三九》。
② 《晋书》卷一一九《姚泓载记下》。
③ 《宋史》卷四〇《宁宗纪四》。又卷四〇二《安丙传》：“夏人来乞师，并兵攻金人，丙且奏且行，分遣将士趋秦、巩、凤翔，委丁焴节制，师次于巩。夏人以枢密使子宁众二十余万，约以夏兵野战，宋师攻城。既而攻巩不克。乃已。”

诸葛亮由祁山迂回，前后两次。在进攻武都郡（治所在今甘肃成县西北）和阴平郡（治所在今甘肃文县西北）那一次，魏军想乘间邀击，诸葛亮还曾亲自进至建威城（今甘肃西和县北）。建威城就离祁山不远，应该属于一个地区。这样说来，诸葛亮六次向关中进攻，其中三次都在祁山。① 诸葛亮之所以要这样迂回进攻，主要有这几个原因：（1）避开秦岭的险阻；（2）祁山这条道路易于进军；（3）祁山周围各处产麦，就地取食，可以解决部分军粮问题。秦岭的险阻这是不必说起的。诸葛亮在祁山周围经过和作战的地方有建威城②、上邽（今甘肃天水市）③、街亭（今甘肃天水市东南）④、

---

① 《三国志》卷三五《蜀书·诸葛亮传》。
② 《三国志》卷三五《蜀书·诸葛亮传》："（建兴）七年，亮遣陈式攻武都、阴平，魏雍州刺史郭淮率众欲攻式，亮自出建威。"《水经·漾水注》："汉水又西，建安川水入焉。其水导源建威西北山白石戍东南，二源合注，东迳建威城南，又东与兰坑水会。水出西南近溪，东北迳兰坑城西，东北流注建安水。建安水又东迳兰坑城北，建安城南，其地故西县之历城也。"嘉庆《大清一统志》卷二一一《阶州》："建威在阶州北。"
③ 《三国志》卷三五《蜀书·诸葛亮传》："（建兴）九年，亮复出祁山。"《注》引《汉晋春秋》："宣王使（费）曜、（戴）陵留精兵四千守上邽，余众悉出，西救祁山。……分兵留攻（祁山），自逆宣王于上邽，……与宣王遇于上邽之东，敛兵依险，军不得交。"
④ 《三国志》卷三《魏书·明帝纪》："（太和）二年，遣大将军曹真都督关右，并进军。右将军张郃击亮于街亭。"卢弼《补注》："《汉书·地理志》，'天水郡街泉'；《郡国志》，凉州汉阳郡，略阳有街泉亭，刘昭注，'街泉故县，省'；《寰宇记》，'俗名汉街城，在陇城县在北六十里，马谡为张郃败处'；胡三省曰，'《续汉志》，汉阳略阳县有街泉亭，前汉之街泉县也，省入。'《一统志》，街泉废县、略阳故城均在甘肃秦安县东北。《巩昌府志》，今秦州东南七十里，地名街子口，即古街亭，误。"按：今秦安县东北设立张家川回族自治县，卢弼所说街事故地当在张家川县西略阳故城附近。诸葛亮此次出兵祁山，虽得南安、天水、安定三郡响应，兵力实未能尽至其地。《三国志》卷三五《蜀书·诸葛亮传·裴注》引《郭冲四事》："亮初出祁山，陇西、南安二郡应时降，围天水，拔冀城。"是当时降附，仅陇西、南安二郡，与天水、安定二郡无涉。所谓拔冀城亦只是夸大之辞，冀城依然为魏拒守，并未为蜀人所得。《三国志》卷四四《姜维传》："建兴六年，丞相诸葛亮军向祁山，时天水太守适出案行，维及功曹梁绪、主簿尹赏、主记梁虔等从行。太守闻蜀军垂至，而诸县响应，疑维等皆有异心，于是夜亡保上邽。维等觉太守去，追迟，至城门，城门已闭，不纳。维等相率还冀，冀亦不入维。维等乃俱诣诸葛亮。会马谡败于街亭，亮拔将西县千余家及维等还，故维遂与母相失。"如已拔冀县，姜维何能与母相失？当时天水郡治冀，魏天水太守保上邽，上邽在今甘肃天水市，是天水郡并未降附，蜀军亦无围天水事。天水郡既未降附，马谡何能独率一军，远至于今张家川回族自治县的所谓街亭？按之当时形势，则街亭当在天水郡中。《汉书·地理志》所说的天水郡街泉，《巩昌府志》所说的秦州东南70里的街子口，当是其处。《舆地纪胜》卷一八三《兴元府·景物上》："街亭，《三国志》，魏张郃与蜀将马谡战于此。"诸葛亮此次出兵祁山，与汉中关系不大，街亭不应在汉中附近。

卤城（当即甘肃礼县的盐关镇，在祁山东北）①、西县（又在卤城东北，西汉水北）②、木门（今甘肃天水市西南）③。这显然说明诸葛亮是由建安川（今甘肃西和县的西和河）而下，经西汉水上游而至于天水，并准备由天水经陇关进入关中的。由武兴（今陕西略阳县）至祁山一段路应当是经过今甘肃成县的。这条道路绕过了秦岭的西侧。天水南濒籍水，籍水支流南沟河距离西汉水上源很近，其间虽有山丘起伏，然并非高峻难越。这条道路的较难行走处是在成县的东西，因为没有较长的河谷可资利用。虽说如此，已较秦岭为平夷了。祁山附近皆是产麦区域，诸葛亮再次出祁山时，曾收割上邽的麦子，就是明证。虽然这样远道迂回，却并没有取得胜利。第一次由于先锋马谡违背诸葛亮的节制，行军失利，影响到主力被迫退却。第二次则是由于军粮接济不上，又退军回来。出建武城那一次，只是接应攻取武都、阴平的军队，并非就是企图前往关中的。

诸葛亮这样的战略，在当时就曾受到魏延的反对。魏延认为越秦岭北进，应该由褒中（在褒斜道南口）北出，循秦岭而东，再出子午道。并断言当时魏国驻守长安的夏侯楙，胆小怕事，又无谋略，听说蜀兵来到，必然会

---

① 《三国志》卷二六《魏书·郭淮传》："（太和）五年，蜀出卤城。"又卷二五《杨阜传》卢弼《注》："赵一清曰：'《方舆纪要》五九，卤城在冀、西县之间，或曰卤城即西城之伪。一清按：《汉志》陇西郡有西县。安定郡有卤县。《续志》，汉阳郡西县，故属陇西，安定无卤县，盖后汉省也。此当为安定的卤城。'弼按：赵说述《汉志》《续志》西与卤之别，是也。指杨阜起兵之卤城，为安定之卤城，误也。安定之卤城，后汉已省，则《传》文当云故卤城。且当时兵实在天水郡（即汉阳郡）冀县、西县地，不在安定也。"海按：卢弼指出赵一清所说诸葛亮出祁山时用兵的卤城乃在汉时的安定郡的非是，的是灼见。然谓此卤城为冀县、西县地，亦未能确指。《水经·漾水注》：西汉水又西南，迳宕备戍南，左则宕备水自东南，西北注之，右则盐官水南入焉。水北有盐官，在幡冢西五十许里，相承煮不辍，味与海盐同，故《地理志》云，西县有盐官，是也。卤城故址当在此地。

② 《三国志》卷三五《蜀书·诸葛亮传》："亮拔西县千余家还于汉中。"《水经·漾水注》："西汉水又西南合杨廉川水。水出西谷，众川泻流，合成一川，东南流迳西县故城北。"其地盖在祁山东北，天水郡治所西南，亦即今天水市的西南。《太平寰宇记》卷一三三《梁州》："西县有诸葛亮城，即孔明拔陇西千余家还汉中，筑此城以处之，因取名焉。"宋时西县在今陕西勉县，非陇西的西县。

③ 《三国志》卷一七《魏书·张郃传》："诸葛亮复出祁山。诏郃督诸将西至略阳。亮还保祁山。郃追至木门，与亮军交战，飞矢中郃右膝，薨。"今甘肃天水市西南，仍有地名木门。

先期逃走，如果从斜谷出兵，咸阳以西就可不费气力得到平定。诸葛亮没有听从魏延的建议，因此魏延对诸葛亮就不佩服，说是胆子太小。[①]其实诸葛亮也不是没有从秦岭出过兵。他曾分别出陈仓道与斜谷道，只是没有从子午道出兵而已。按照当时魏蜀两国的形势和秦岭的地理条件，从子午道出兵是有相当困难的。第一，由汉中通往长安的四条重要谷道中，子午道虽较陈仓道为短促，却也并非最为捷近，尤其是出赤坂（今陕西洋县东龙亭铺）和黄金谷（今龙亭铺东金水镇）后，就是魏境，路途遥远，中途多阻，行军转输易为魏国知晓。蜀军出谷后已非突袭性质，魏国当早已有所准备，那时不仅长安城难于攻下，就是立足点也将不易获得。第二，魏延的建议是由褒谷转入子午道，由褒谷进入秦岭后，距离子午道还相当遥远，而且又无道路可通，实际是无从前去的。

诸葛亮几次出祁山，都只是从陈仓道南段进军。在第一次出兵时，曾扬言从斜谷进攻眉县（今眉县东北渭水北岸），并派遣赵云等作为疑军，魏国果然派军堵挡。赵云兵弱，在箕谷（在褒水上游）失利[②]，退军时还烧毁赤崖以北的栈道（今褒水上源在太白县与江口之间的一段为红岩河，赤崖当在其旁，距太白县较近），以防魏军的追击[③]。赵云虽是败归，但诸葛亮迷惑魏国的目的，已经达到，因为这一路并非正式的进军。

到了五代时期，据有四川的前蜀和后蜀向关中进攻，承袭了诸葛亮这样的战略并加以发展，由迂回进攻改变为钳形攻势，就是说分路向关中西部的凤翔、陇县、宝鸡地区进攻。前蜀这样向关中西部进攻，前后共三次。第一次在后梁末帝贞明二年（公元916年）。这次一路出大散关，取宝鸡；

---

① 《三国志》卷四〇《蜀书·魏延传·注》引《魏略》。
② 《三国志》卷三六《蜀书·赵云传》。《资治通鉴》卷七一《魏纪三·胡注》："今兴元府褒县北十五里有箕山，郑子真隐于此。赵云、邓芝所据，即此谷也。又据《后汉书·冯异传》，箕谷当在陈仓之南，汉中之北。"按：《三国志》卷三五《蜀书·诸葛亮传》，"建兴六年，春，扬声由斜谷道取郿，使赵云、邓芝为疑军，据箕谷"，则箕谷不当在陈仓之南。
③ 《水经·沔水注》："汉水又东合褒水。水西北出衙岭山，东南迳大石门，历故栈道下谷，俗谓千梁无柱也。诸葛亮与兄瑾书云：'前赵子龙退军，烧坏赤崖以北阁道，缘谷百余里，其阁梁一头入山腹，其一头立柱于水中。今水大而急，不得安柱，此其穷极不可强也。'"

一路出故关（即大震关，在陇县西陇山上）。而且还曾经会攻过凤翔。①第二次在后梁末帝贞明五年（公元919年），前蜀再次分兵出散关并攻陇州。②接着在第二年再进攻一次。出故关的一路，经过咸宜（今陕西陇县西），攻到良原（今甘肃崇信县西北），接着攻陇州。出散关的军队在箭括岭（今陕西千阳县南），击败了岐军。③这三次都有取胜的可能，这就使对方的岐军难于应付，而且在最后一次，岐军主帅李茂贞还曾亲自出来到汧阳（今千阳县）抵挡，然而前蜀却都没有得胜。撤军的原因，一次因为大雪，一次因为大雨，最后一次则是因为军粮食尽。

后蜀进攻关中，前后也是三次。一次是分路出散关、陇州和子午谷，这在前面已经论述过了。接着的两次和前蜀一样，也采取钳形攻势，分别攻向宝鸡和陇州。这两次都是为了营救困守在凤翔的王景崇。④王景崇本是后汉驻在凤翔的守将，这时背汉降蜀，受到后汉的围攻。这两次出兵就在同一年中，前后只隔一个月，其实是一个战役的两个阶段。出陇州的一路只是企图分散后汉的兵力，并没有实际的战争。主力在宝鸡。两军初在宝鸡进行了争夺战，汉军增强了军力，蜀军就退到汉中。蜀军再次出兵，还曾进攻到箭括岭上，也以军粮不足退归。

前、后蜀之所以能采取钳形攻势，是因为都能够据有秦州。这一点和

---

① 《资治通鉴》卷二六九《后梁纪四》。
② 《资治通鉴》卷二七〇《后梁纪五》。
③ 《资治通鉴》卷二七一《后梁纪六》。
④ 《资治通鉴》卷二八八《后汉纪三》："乾祐三年，十月，蜀主遣山南西道节度使安思谦将兵救凤翔，……又遣雄武军节度使韩保贞引兵出汧阳，以分汉兵之势。……丙申，安思谦屯右界，汉兵屯宝鸡，思谦遣眉州刺史申贵将兵二千趣模壁，设伏于竹林。丁酉旦，贵以兵数百压宝鸡而阵，汉兵逐之，遇伏而败。蜀兵逐北，破宝鸡寨。蜀兵去，汉兵复入宝鸡。己亥，思谦进屯渭水，汉益兵五千戍宝鸡。思谦畏之，……退屯凤州，寻归兴元。十二月，王景崇累表告急于蜀。蜀主命安思谦再出兵救之。壬午，思谦自兴元引兵屯凤州，……进屯散关，遣马步使高彦俦、眉州刺史申贵击汉和箭筈都寨，破之。庚寅，思谦败汉兵于玉女潭。汉兵退屯宝鸡，思谦进屯模壁。韩保贞出新关，壬辰，军于陇州神前，汉兵不出，保贞亦不敢进。……蜀兵食尽，引去。"《资治通鉴》于是年九月，先载有："蜀兵援王景崇军于散关，赵晖遣都监李彦从袭击，破之。"《考异》："盖九月只是蜀边将小出，为汉所败，汉将因张大而奏之耳。"据此，这一年蜀兵出击实际只有两次。

诸葛亮不同，也是他们的有利条件。但是这些进攻有一点却彼此相似，粮食运输的困难成为他们未能达到目的的一个原因。

（三）由陕南向中原和江汉平原的进军

秦岭山脉的东西横峙，使陕南各地的防守具备了有利的条件，也使由陕南向北的进攻感到一定的困难。秦岭和巴山之间，由于汉水的东流，形成了一个"豁口"。由这个豁口向东进攻，是要较经过秦岭向北进攻为便利些。由这里向东进攻，直东可以趋向湖北的郧县和河南的南阳，偏向东北则可以经商洛分趋潼关的东西，偏向东南又可以威胁襄阳及江陵、武汉各地。

由这里向东的进攻，最早在战国末年。那时，汉水中游曾为楚国所据有，楚国还曾在那里设有一个汉中郡。① 秦国只有南郑及其附近的一些地方。② 后来秦国取得楚国的汉中，并以南郑为汉中郡的治所，汉中的名称就从那时沿用下来。汉中城位于汉水上游，汉水上游的城池而称为汉中，其原因

---

① 《史记》卷四〇《楚世家》："（怀王）十七年，与秦战丹阳，秦大败我军，斩甲士八万，虏我大将军屈匄、裨将军逢侯丑等七十余人。遂取汉中之郡。"是汉中郡的设立实肇始于楚国。《六国表》，楚怀王十七年为周赧王三年，秦惠文王后十三年。《六国表》于是年秦国栏中载："庶长章击楚，斩首八万"；于楚国栏中载："秦败我军屈匄"，虽未涉及汉中之郡的易手，两军相争固是事实。《汉书》卷二八《地理志》："汉中郡，秦置。"《水经·沔水注》："周赧王二年，秦惠王置汉中郡。"周赧王二年，汉中郡尚未入秦，秦何能在此置郡？《汉书·地理志》和《水经·沔水注》所记皆未溯其肇始之时。《沔水注》又说："南郑，即汉中郡治。"南郑为秦国旧土，非楚汉中郡所属，当是秦取楚汉中郡后，扩大其原来辖境，故南郑得为郡治所在。然南郑实在汉中上游，与汉中郡的名称不相符合，可知汉中郡本为楚郡，非秦国所始置。又按：《战国策》卷十五《楚策二·术视伐楚章》："术视伐楚，楚令昭鼠以十万军汉中。昭雎胜秦于重丘。苏厉谓宛公昭鼠曰：'王欲昭雎之乘秦也，必分公之兵以益之。秦知公兵之分也，必出汉中。'"按《策》文含义，楚国确实有过汉中郡，故昭鼠得以屯军其地，而又畏惧秦军的攻击。林春溥《战国纪年》系此事于周赧王十四年，顾观光《国策编年》系此事于周赧王九年，然《史记》已明确记载楚失汉中在周赧王三年，林、顾两家所说殆皆失之穿凿。

② 《史记》卷五《秦本纪》："躁公二年，南郑反。惠公十三年，伐蜀取南郑。"盖躁公二年南郑为蜀所据有，故惠公伐蜀，复得南郑。《正义》："春秋及战国时，其地属于楚。"按惠公伐蜀取南郑后，未再为他国所攘夺，《正义》所说自是误文。

就在这里。楚国汉中郡的西界在什么地方？没有确实的记载。不过旬阳（指旬水之阳，今旬阳及其以北的地方）作为楚国的要塞则早已为当时人们所称道。①秦国进攻的详情不可具知，然上庸（今湖北竹山县）则应是最后入秦的。②那时秦国虽已取得宛（今河南南阳市）、穰（今河南邓县）等地。③然秦国夺去上庸，似仍由汉中进军。上庸东距襄阳不远。楚国当时还未建置襄阳县，然其间是有道路可通到郢（今湖北江陵县北）的。④郢是楚国的都城。秦国既得上庸，楚国也就多受一层威胁。

襄阳位于汉水中游，居有重要的战略地位。由这里往北，就是南阳。由南阳折往东北，经方城（今河南方城县）可至中原各地，由南阳西北行，进入武关，可至关中。襄阳东南可至武汉，南向可至江陵。它对着长江中游起着屏障的作用。自来由北方向南进攻襄阳，一般都取道南阳。由汉水上游东下，也是一条侧翼出兵的道路。东晋中叶，据有黄河流域的前秦，为了要为进一步灭掉长江流域的东晋做准备，发动对襄阳的进攻。当时除过由鲁阳关（今河南鲁山县西南）、南乡（郡治在今河南淅川县南）和武当（今湖北旧均县）三路出兵外，还由汉中进攻魏兴（郡治在今陕西安康县西北）。这一路的目的自然也是襄阳。只是由于晋魏兴太守吉挹坚守城池，

---

① 《战国策》卷一四《楚策一·苏秦为赵合从说楚章》："楚天下之强国也，北有汾陉之塞郇阳。"
② 《战国策》卷一五《楚策二·楚怀王拘张仪章》："楚怀王拘张仪，将欲杀之，靳尚为仪谓……王之幸夫人郑袖曰：'……秦王奉以上庸六县为汤沐邑。'"《史记》卷四〇《楚世家》记此事于秦取汉中之地于楚之后，则上庸六县亦当为秦汉中郡的辖境。靳尚说楚王夫人事，当属于策士纵横之言。然《史记》卷五《秦本纪》载："昭襄王三年与楚上庸。"《六国表》在这一年中于楚国栏内亦载："秦复归我上庸。"不过这已在张仪死亡之后（《本纪》载："秦武王二年，张仪死于魏。"）。《史记》卷四〇《楚世家》："楚顷襄王十九年，秦伐楚，楚军败，割上庸汉北地予秦。"这应是上庸最后入秦的时代。
③ 《史记》卷五《秦本纪》："秦昭襄王十五年，攻楚，取宛。十六年，左更错取轵及邓。"《秦本纪》虽未记载取穰的年月，然《史记》卷七二《穰侯传》："（秦昭王十六）年，封魏冉于穰。"是穰之入秦，当在昭王十六年以前。
④ 《史记》卷七三《白起传》："白起攻楚，拔鄢、邓五城。其明年，攻楚，拔郢，烧夷陵。"白起拔郢是在取得鄢、邓五城之后，当是由鄢、邓南下攻取郢的。邓，汉时属南阳郡。鄢，汉时为宜城县。皆见《汉书·地理志》。邓在今湖北襄樊市北。宜城在今湖北宜城县。

前秦军队冲不过去。等到魏兴攻下后,那三路前秦军队早已取得襄阳了。①

由汉中、安康经汉水中游向东北方面进攻,以南宋初年王彦的部将任天锡进攻商(州治在今陕西商县)、虢(州治在今河南灵宝县)、陕(州治在今河南三门峡市西)、华(州治在今陕西华县)的战役最为典型。南宋自迁都临安(今浙江杭州市)后,和金人连年争战。宋高宗绍兴十一年(公元1141年),两国和议成立,各自罢兵。二十年后,金的统治者完颜亮企图吞并南宋,两国战端再起,秦岭西陲,淮水沿岸,又都成了战场。②这时王彦方驻守金州(治所在今安康县),配合这样的形势,也派遣任天锡等向商洛地区进攻,并打算进而取得潼关东西各地,以切断金国的河南和关中的联系。这对于金国正向秦(治所在今甘肃天水市)、陇(治所在今陕西陇县)、洮(治所在今甘肃临洮县)、兰(治所在今甘肃兰州市)方面的进攻是有很大的阻挡的。③任天锡由金州出发,经洵阳(今旬阳县),取得商州所属的丰阳县(今陕西山阳县),这显然是走的经上津进入漫川关的道路。由此再进而取得商洛县(今陕西丹凤县西北商洛镇)和商州城。由商州城东进,又取得朱阳县(今河南灵宝县西南)和虢州。④朱阳县和虢州都在弘农河畔,而弘农河上源又出自芦灵关附近。任天锡在这段征途上,可能是由今洛南县出芦灵关而东的。任天锡由这里向北取得陕州,还向西取得了华阴、华州和渭南。当时另一路兵由虢州向东进,沿洛水而下,取得长水(今河南洛宁县西)、永宁(今河南洛宁县东北)、寿安(今河南宜阳县)、嵩州(治所在今河南嵩县)而进入河南府(治所在今河南洛阳市)。任天锡采取这样的战略,出乎金人的预料,猝不及防,沿途金国官员于宋

---

① 《晋书》卷一一三《苻坚载记上》。
② 《宋书》卷三六六《吴璘传》。
③ 宋人是时乘势夺回秦、陇、洮、兰诸州,见《建炎以来系年要录》卷一九三,绍兴三十年十月。
④ 《建炎以来系年要录》卷一九三,绍兴三十年九月,"金州都统制王彦遣统制官任天锡、郭谌等领精兵出洵阳,至商州丰阳县克之。……任天锡复商洛县。……自商州……取朱阳县。"按:《宋史》有王彦传,为卷三六八。据此传中所说,彦固曾任金均房州按抚使知金州。然此王彦于绍兴九年卒于官,年五十。则绍兴三十一年为金州都统制的王彦当另是一人,与有传的王彦不同。

兵到达时，或者投降，或者干脆逃走。过了一些时候，金国才反转过来，组织力量和宋兵争夺虢、华、陕诸州。①（附图十六《南宋时期任天锡由金州进攻河南府图》）

然而规模最为巨大的经由汉水中游向东的进攻还要数南宋后期蒙古在钧州（治所在今河南禹县）三峰山歼灭金国主力的战争。这就是前面所叙述的由凤翔南下经过饶风关的迂回进军。这次进军历经汉中、安康，循着汉水东下，又经房县、均县和光化，折向南阳钧州，正显示出由这一地区向东进攻的形势。因此，就不惮重复地在这里再一次提到。

（四）越过巴山山脉向南进攻的战略意义及其进军道路

每当分裂割据时期，巴蜀这个地区往往形成割据的局面。这在据有中原的封建王朝看来，就成了统一全国的障碍，而必须消灭之。三国时期魏国的灭掉蜀汉，五代时期后唐的灭掉前蜀，宋初灭掉后蜀，都是相同的目的，而这些战争就都是经过陕南，越过巴山山脉来进行的。

然而有一些经过陕南越过巴山山脉取得巴蜀地区的战争，却具有更大的战略意义。一般说来，就是取得巴蜀，要为进一步向长江流域的中下游的进攻打好基础。由巴蜀顺长江而下向东进攻，有的要在取得巴蜀若干年以后才能实现。虽然如此，但对于占据长江流域的政权来说，威胁还是十分严重的。战国时期，秦国取得蜀国以后，就对楚国威胁进攻，说是秦兵乘船沿江而下，十多天就可到郢（楚国的国都，今湖北江陵县北）。这就不能不使楚王触目惊心，感到危险。②东晋时期前秦取得巴蜀之后，只有十年，便大举进攻东晋，巴蜀方面的军队也乘船顺流而下。只是由于战局发

---

① 《建炎以来系年要录》卷一九四，绍兴三十一年十一月，又卷一九五，绍兴三十一年十二月。
② 《战国策》卷一四《楚策一·张仪为秦破从连横说楚王章》。

图十六 南宋时期任天锡由金州进攻河南府图

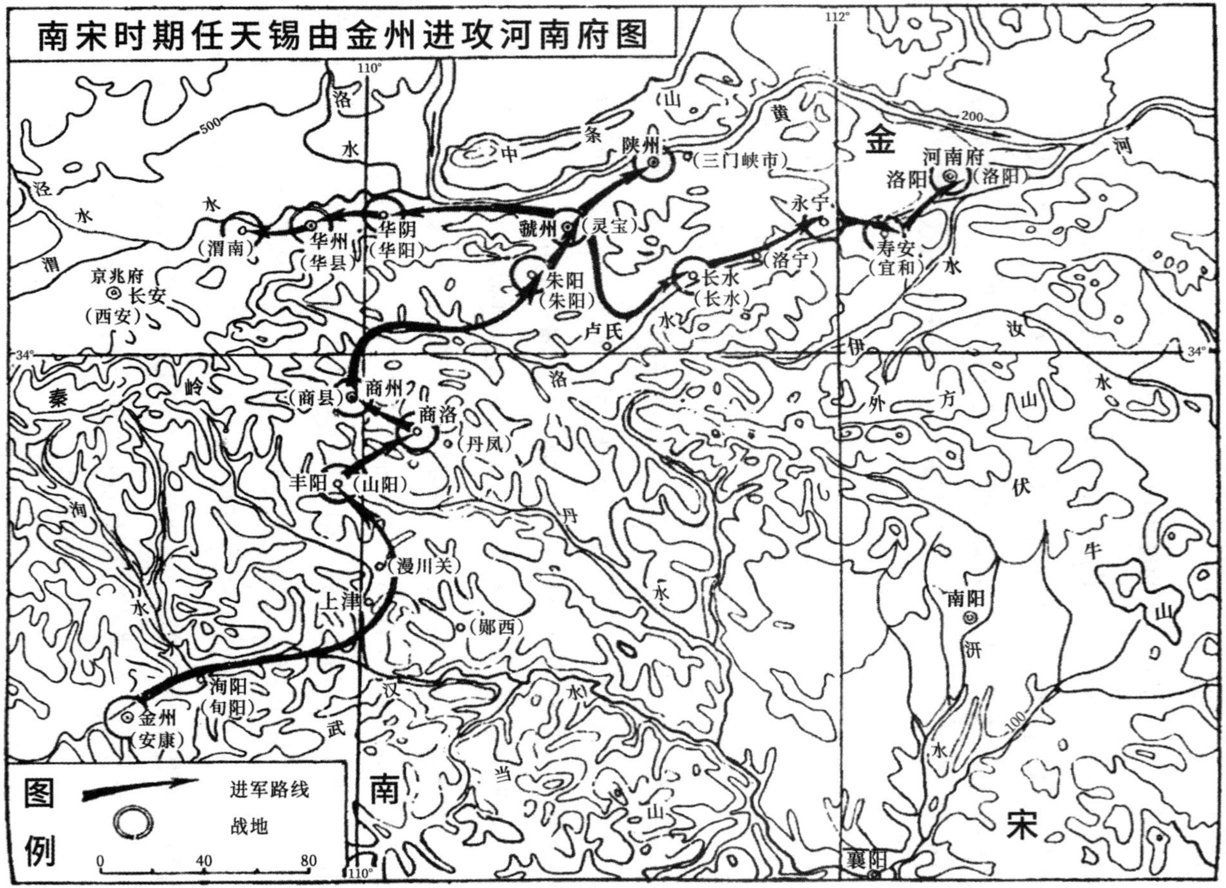

展很快，没有来得及参加战斗，前秦就已败于淝水。①南北朝后期，梁朝有了内乱，驻守成都的萧纪举兵沿江东下。驻守江陵的萧绎邀请西魏向成都进兵，以断绝萧纪的后路。西魏的宇文泰认为，夺取巴蜀，制服梁国，就在这一下，果然在取得成都的第二年就取得了江陵。②后来隋灭陈时，大举出师，其中出江陵一路，就是包括巴蜀的人力在内，沿江东下的。③再后来到了南宋后期，蒙古在攻下汉中后，接着就进入四川，与宋人相持于合州（治所在今四川合川县东北钓鱼城），甚至蒙古的统治者蒙哥也死于合州城下。④其目的也是企图沿江而下，灭亡南宋的。除过由巴蜀沿江向东进攻外，也有为了经营云南而由陕南向四川进攻的。清初，吴三桂据云南反抗清朝，逐渐扩充其势力，由四川北至汉中，更北至于陇上。清军为了镇压吴三桂，分别由广西、湖南、陕西进军，其中陕西的军队，就是经过巴山南下的。⑤

当然也还有出于一时的为了开拓疆土而由陕南向南进军的。南北朝时期，梁的汉中太守夏侯道迁降魏，魏人唾手取得汉中。⑥接着魏人又取得晋寿、巴西（治所在今四川广元、阆中二县）二郡，不仅进入了剑门关，而且进围涪城（今四川绵阳县）。这时指挥魏方军事的邢峦就请求乘胜夺取成都，魏国的统治者估计不易达到目的，没有答应。⑦其实邢峦的打算也只

---

① 《晋书》卷一一四《苻坚载记下》："太元七年，坚以谏议大夫裴元略为陵江将军西夷校尉巴西梓潼二郡太守，密授规模，今与王抚备舟师于蜀，将以入寇。……（太元八年，坚大举入寇），坚至项城，凉州之兵始达咸阳，蜀汉之军顺流而下。"
② 《周书》卷二一《尉迟景传》。
③ 《隋书》卷二《高祖纪下》："开皇八年，十月，命晋王广、秦王俊、清河公杨素并为行军元帅以伐陈，于是晋王广出六合，……荆州刺史刘仁恩出江陵，……合总管九十，兵五十一万八千，皆受晋王节度，东接沧海，西拒巴蜀，旌旗舟楫，横亘数千里。"
④ 《元史》卷三《宪宗纪》。
⑤ 《清史稿》卷四八〇《吴三桂传》："康熙十三年，时王辅臣已为陕甘提督，复以宁羌叛应三桂，莫洛死之。三桂遣其将王屏藩入四川，与吴之茂合军助辅臣。……十九年，春，将军赵良栋自略阳，破阳平关，克成都。王进宝自凤县破武（休）关，取汉中。王屏藩走保宁，师从之，战于锦屏山，薄城，屏藩自杀，保宁下，进克顺庆。"
⑥ 《魏书》卷七一《夏侯道迁传》。
⑦ 《魏书》卷六五《邢峦传》。

是想借此控制垫江（郡治在今四川合川县），依靠当地的地形，以保障川西一隅，并非就此吞并整个巴蜀的。

就取得整个巴蜀来说，陕西也并非唯一出兵的道路。三国时期，魏国派遣钟会、邓艾进攻蜀汉，钟会是由关头（今宁强县阳平关）循金牛道南下①，而邓艾却是由阴平（郡治在今甘肃文县）入蜀的②。明初进攻夏国（明玉珍在成都所建立的政权，这时明玉珍已死，其子明升继立），一路溯长江而上，一路由陈仓（今陕西宝鸡市），经阶州（治所在甘肃武都县）、文州（治所在今甘肃阴平县），渡过白水江，直抵绵州（治所在今四川绵阳市），就干脆避开陕南这一路了。③

巴山山脉有三条军事通道，就是金牛道、米仓道和荔枝道。而金牛道为其中主要的一条，历来的军事行动也是比较繁多的。其实，据有中原的王朝或来自秦岭以北的武力向南进攻时，决战的场所往往是在秦岭南坡和汉中平原，而不是在巴山山脉。因为汉中是四川的前卫，保守四川，就得防卫汉中，以保证蜀口不被突破。若是这些地方守不住，则南方的守军必然军心动摇，守志不固。而北来的军队就可以优势的兵力，乘战胜之威，长驱南下。巴山虽然险阻，作用也就难发挥了。三国后期，魏国钟会进攻蜀汉，已过汉水，蜀汉的姜维却还远远在巴山南麓剑门关（今四川剑阁县北）防守。钟会到了剑门关，由于邓艾先期已到成都，姜维只好出降。④南北朝末年，西魏的取得巴蜀，也没有经过多少战斗。前面已经说过，西魏的进攻巴蜀，是由于梁国的内乱引起的。本来在前一年，西魏的达奚武就已取得了汉中，为向巴蜀进攻铺平了道路。⑤这时尉迟迥率军南下，就直趋金牛道。由于梁国潼州（治所在今四川绵阳市）刺史杨乾运早有降意，没

---

① 《三国志》卷二八《魏书·钟会传》。
② 《三国志》卷二八《魏书·邓艾传》。
③ 钱谦益《国初群雄事略》卷五《夏明玉珍》，《明史》卷一二九《傅友德传》。
④ 《三国志》卷四四《蜀书·姜维传》。
⑤ 《周书》卷一九《达奚武传》。

有在剑门关设防，尉迟迥就这样一路未遇抵抗，直抵成都城下。① 五代时期，后唐郭崇韬进攻前蜀②，北宋初年，王全斌进攻后蜀③，都在三泉（今陕西宁强县西北）进行决定性的战争。三泉既败，两个蜀国就都难于再事支持。王全斌在进攻利州（治所在今四川广元县）和剑门关时，还曾遇到一些抵抗，郭崇韬则一路无阻，在成都接受蜀主王衍的投降。就是后来蒙古攻宋时，大安之战以后，也没有遇到阻碍，就取得了成都。④

由米仓道向南的进军，远较金牛道为少。东汉末年魏国的张郃和南宋后期蒙古的莫哥皆是由这条道路南下的。张郃的目的仅是企图在巴西郡（今四川阆中县）掠夺人口，但在宕渠（今四川渠县东北）与蜀将张飞相遇，狼狈败归。⑤ 蒙古莫哥由这里进军，是为了和蒙古统治者蒙哥会攻合州的钓鱼城。这条通道由于久无军事行动，已经荒塞不通，莫哥进军时还曾砍伐山林，修了700里道路。⑥ 当年九月由这里进军，次年二月始达到钓鱼城下。

由荔枝道南下出兵的，南北朝后期曾经有过一次。那时西魏刚刚占据了魏兴（郡治在今陕西安康县西北），并镇压了当地人民的起义，随即派遣军队南出，越过巴山，占领了巴州（治所在今四川巴中县），并向东发展，又占领了信州（治所在今四川奉节县东）。本来在这次经荔枝道向南出兵的前一年，西魏就已经取得成都及其附近各地，这次出兵后，巴蜀各地就都归入西魏的版图了。

上面的历史记载说明了这样的问题：汉中、安康地区诚然宜于防守，但对于向外进攻，也是具备了有利条件的。秦岭耸峙，深广险阻，行军较为艰难。由于有几条主要谷道，东西并列，可以斟酌运用，北出秦川。如果要避开这样艰险的所在，则秦岭西端，正可从事迂回进攻，由陇关东下，

---

① 《周书》卷二一《尉迟迥传》。
② 《旧五代史》卷五七《郭崇韬传》。
③ 《宋史》卷二五五《王全斌传》。
④ 《元史》卷一五五《汪世显传》。
⑤ 《三国志》卷一七《魏书·张郃传》。
⑥ 《元史》卷三《宪宗纪》，《续资治通鉴长编》卷一七五，宋理宗宝祐六年，蒙古蒙哥八年。

绕出关中的侧面。

汉中、安康地区四周多山，山岭重叠，诚为险峻。它的东部为汉水中游，形成一个"豁口"。由"豁口"东出，东北可以迂回到潼关的东西，正东可以直抵南阳以及中原各地，就是趋向东南，也可沿汉水而下，经襄阳、樊城（今湖北襄樊市）而达到江汉平原。

巴山山脉位于陕南之南，隔着巴山就是四川。历来由关中进攻四川，都要经过这条山脉。越过这条耸峙于川陕两地间的巴山山脉，就可以由四川沿长江而下，顺流至于洞庭湖南北，再东至于江浙平原。从历史事实观察，控制了这个地区，举兵东下，建立在建康（今江苏南京市）或临安（今浙江杭州市）的政权是未尝不感到威胁的。

（原载《河山集》四集，陕西师范大学出版社 1991 年版）

编后记

史念海先生作为我国现代历史地理学的主要创建人与开拓者，一生著作颇丰。这些作品堪称我国现代历史地理学知识的一座宝库。如何从浅显处入手，打开这扇宝库的大门，领略祖国山河之壮美，了解人文地理之演变源流，进而提升民族自豪感和文化自信，是当今广大读者强烈要求和极为关心的事情。本书出版正是立足于此。

在编辑过程中，编者主要考虑了以下几点：其一，收入文章难易适中，便于普通读者理解。其二，内容选择上侧重于那些对祖国山川河流、道路交通、重要都会进行系统性介绍的文章。鉴于史先生在历史军事地理领域的开创性成就，我们还收入了这方面的代表作如《关中的历史军事地理》《秦岭巴山间在历史上的军事活动及其战地》等。其三，收入原稿所有手绘图，这些手绘图的电子版读者可扫码下载后放大观看。其四，保留并精校文章原有注释2600余条，对个别存疑之处增加了编者注。

本次出版以《史念海全集》（人民出版社2013年版）为底本，同时以文章最初发表的版本作为校本，补充漏排字句和段落。由于这些文章撰写时间为20世纪60年代到90年代，其中涉及的一些地理名词、数字用法、计量单位都有不尽一致的地方，本次出版予以适当局部的统一。原稿中存在个别已经废止的异形字和异体字，编辑对已经有规范用字的予以了订正。《祖国锦绣河山的历史变迁》发表于 1981 年，个别内容表述与当前有所不同，做了适当删节。其余文章一律原文收入。要特别说明的是，书中收入的手绘图原稿已不存，复刻精修虽费时颇久，但依旧存在个别模糊不清之处，请读者予以谅解。

为尊重作者写作习惯及语言文字自身发展规律，对先生行文的习惯和语言风格我们尽量保留原貌。尽管全体编辑人员尽心竭力，反复雕琢打磨，但由于资料和水平有限，难免会出现遗漏和差错，诚望同行和广大读者提出宝贵意见。